仏教日常辞典

増谷文雄
金岡秀友
著

太陽出版

序

ひとの迷妄を払い、真に依るべきところ、進むべき道を示す上で、ことばの正しい理解は最初であり究極である。ヨーロッパの近代が、古く「百科辞典派《アンシクロペディスト》」の努力によって開かれたように、日本の近代も明治人の努力によって創《はじ》められたのではなく、遠く江戸中・後期の学人によってその緒についていたことは忘れてはならない。

日本の仏教学も同様で、明治の南条文雄（一八四九—一九二七）、高楠順次郎（一八六六—一九四五）両博士の以前に、江戸中・後期に世界的規模の大学者が輩出したことを無視するとすれば、それは大変な軽率であるか陰謀であるといわなくてはならない。

仏教の辞典でさえ、すでに江戸中期、泉涌寺の長老恵晃《えこう》（一六五六—一七三七）によって、古来の梵漢術語が蒐《あつ》められ、享保元年（一七一六）、『枳橘易土集《ききつやくどしゅう》』（原名『採捒枳橘集《さいれんききつしゅう》』）正続三十巻（刊行は明治三十八年＝一九〇五、哲学館）の名で完成している。世界で梵語研究の鼻祖とみられるチャールス・ウィルキンスより二十年先立つ日本の慈雲尊者飲光《おんこう》（一七一八—一八〇四）の『梵学津梁《ぼんがくしんりょう》』の中に、この書物が収録されているところから見ても、これをはじめとして日本の江戸期の梵学・仏教学の水準が、いかに高いものであったかを知ることができよう。

＊

しかし、明治以降の文運の興隆は目を瞠《みは》らせるに足るものがあったことはもちろんで、英独等よりのインド学の成果と、右に見た日本の伝統的仏教学とが相乗し、他国に例を見ない、わが国独自のインド学仏教学として今日に見るところは知られるとおりである。

ことに仏教の辞典は碩学の手により幾多の不滅の作が産み出され、望月信亨博士の大冊をはじめ、織田得能師の質的に最高といわれる辞典が相次いで刊行された。

その後も多くの碩学の手により、仏教辞典は続々と刊行されて今日に至ったのであるが、筆者の恩師、増谷文雄博士の手になる、この仏教辞典の原本（同文館、昭和十七年刊）は、次のような諸点で他書にない特色を有していたといえる。

まず、宗教学者であり仏教学者であった博士の特性が活かされ、叙述の現代性・一般性は希みうる最高のもので、筆者も改訂・増補にあたって能《あた》うかぎり、この点の増広に努めた。

その際、難解な述語・専門語を可能なかぎりひらき、しかも原意を失っていない。この点も増補にあたって意を注いだことはもちろんである。本書の分量増大は主としてこの点による。

筆者は増谷文雄（宗教学）・宮本正尊（仏教学）・中村元（インド哲学）という斯界の龍象に咫《し》尺《せき》することを得、学恩の万一にも報いえないことを歎くこと多年であったが、先年、増谷先生の子未亡人と御家族より増訂出版の御奨揚を得、いまここに校了・序を記す運びとなったのは夢のような喜びである。

先生に師事すること久しく、先生の偉業に参加する折のなかった小生にとり、今先生の御偉著の驥尾《きび》に付すことを得たのは、古稀を目前にした末学の望外の幸せである。

不肖の弟子の、この畢生の業を発起し督励し誘掖《ゆうえき》したのは、盟友にして同学なる太陽出版社主籠宮良治氏で、起案以来、今日に至る氏の友情は彼《か》の「(面壁《めんぺき》)九年」の忍耐を彷彿させるものがある。この間、その専門とする中国仏教の立場より全般的校訂、とくに年表の作成に心血を注いだ同学の里道徳雄教授および佐藤弘行君、筆者の著書に常に助力を惜しまれなかった孤島諒子さんには、今回はとくに立項でお世話になった。さらに、磯田寛子さんには「仏教常識」「コラム」の構成ほかに多大の助力を仰ぎ、そのコラムに美しい悉曇《しったん》を揮毫賜った高野山の鷲尾英仁僧正、優れた口絵に潤筆頂いた日野さちほさん、装幀・本文のレイアウトに力作を寄せられた野田健次郎さんらによって、文字通り仏教という古い袋に新しい生命を寄せて頂いた。最後になったが、全編にわたって項目の校閲、補正に当たり、筆者との連絡に努めた石川美恵・中村剛君の両修士を首とする皆さん方にも、心からの謝意を表し、共に本書を増谷先生の御霊前に捧げたい。

平成六年十一月

金岡秀友

凡例

本書の構成

本書の内容は次の六部より成る。

本文　簡便平易な仏教辞書を企図した増谷文雄博士による原本は、総語彙数約三千五百語であったが、日常生活の基層をなす仏教概念を中心に、新たに六百語を加えて、現代的仏教辞書として標準的な項目を採取・解説した。

付録Ⅰ「仏教常識」　原本収録の約二百項目に対し、〈仏事の部〉を中心に増広を加え、日常生活になじんだ仏教常識の約三百語を詳解した。

付録Ⅱ「仏教から出た日常語」　原本では、日常的に用いられる仏教術語約二百語が採取されている。日用という意味で原著者増谷博士の意を汲み、しかもなお現代でも広く一般的に使用される術語を加え、総数約三百項目について平易に解説した。

原本では、本文と重複する項目・内容も多々見られたが、それらに関しては適宜に本文参照等の記号を付し、可能な限り重複を避けた。

付録Ⅲ「仏像図解」　原本にはなく、今回新たに付したもので、寺院等で日常的に目にする仏像十三点に関し、持物《じぶつ》・荘厳具《しょうごんぐ》等を図説し、拝観の手引きとなるように努めた。

簡表　原本にはなく、新たに作成したものである。インドに発祥した仏教のアジア伝播を一覧し、現代日本に至るまでの浸透の様相を把握できるようにした。なお、年代その他に異説のあるときは監修者の責任において本文に従った。

索引　本文・付録の解説文中の用語約六千五百語を、五十音順に配列し、検出の便を図った。

見出し

(1)原則として表記は原本に準じた。ただし、漢訳術語については、慣用的な読み方を、現代仮名づかいの表記によりひらがなで示し、その下に漢訳を付した。外国語については、現地の読み方に近い表記をカタカナで示し、続いて原語もしくは原本に従い漢字音写を付した。

(2)漢訳術語は原則的に新字体で表記したが、仏教術語として広く定着しているものや固有名詞については、必ずしもこれに従っていない。

(3)術語は五十音順に配列し、清音を先、濁音・半濁音を後として、長音符（音引き）は読みに入れず、その次の音に従って並べた。

(4)同音異義語の場合は、第一字の画数の少ない方を先とした。

(5)同名の項目が複数ある場合、項目内で①②③のように別々に立てて示した。

本文

(1)解説文は、原本の香りを損わぬよう留意しつつ、より平易な現代語に改めた。その際、原本にあった尊称・敬語等は用いていない。

(2)項目の術語が人名の場合、項目の下に、生没年を西暦で（生年―没年）のように示した。その際、同世紀の場合は、没年を下二桁で表記した。なお、未詳のものに関しては、?を付した。

(3)原語については、必要に応じて、サンスクリット語、パーリ語、チベット語を記した。表示に当たっては原則的にサンスクリット語を優先した。

(4)術語の漢訳語は、音写もしくは意訳の主な訳語を掲載し、その一つ一つに対して、慣用的な読み方で振り仮名（ルビ）をふった。

(5)漢字の表記は、見出し同様、原則的に新字体で示した。

(6)特別な読み方をする漢字と仏教術語に関しては、振り仮名（ルビ）をふり、広く利用に資することを期した。

(7)解説文中の仏教術語で、特殊な概念を示す語については、術語の直後の（　）内で平易な解説を加え、同一項目内での理解の便を図った。

(8)本文で立項されている術語が、解説文中に出た場合、本文理解の参考となるよう術語の傍らに＊を付した。

(9)項目の理解の補助となる他項目は、文末に↓（見よ項目）を付した。

例：あいった〔阿逸多〕↓みろく（弥勒）

また、参照項目が附録Ⅰ・Ⅱの場合、〈 〉で各部を示した。

例：あくぎゃく〔悪逆〕↓仏教常識〈日常語〉同項

あとかざり〔後飾り〕↓仏教常識〈仏事の部〉中陰壇

⑽項目が漢訳の経・律・論・疏書の場合、文末に大正新脩大蔵経中の所在（巻数・番号）を付記した。

付録

(1)付録の部は、読みものとしても読まれることを願い、本文とは別に冒頭に目次を付した。

(2)各部・各項の配列は原本を踏襲した。ただし、〈仏事の部〉のみ、仏事の現代的な意味を重視し大幅に増広したため、五十音順に並べ換えた。

(3)項目は原本に従い漢字を見出し語とし、（　）に読み仮名を付けた。

記号・略号

文中における主な記号・略号は以下の通りである。

『　』――書名。　(梵)――サンスクリット語。　(巴)――パーリ語。　㊅――大正新脩大蔵経。

本書の編集に当たっては、関係各寺社にご協力戴いた。この場を借りて深甚の謝意を表したい。

参考文献

織田仏教大辞典（大蔵出版）／仏教学辞典（法蔵館）／仏教語大辞典（東京書籍）／仏教辞典（岩波書店）／仏教辞典（大東出版社）／仏教大辞彙（冨山房）／仏教大事典（小学館）／仏教文化事典（佼成出版社）／仏書解説大辞典（大東出版社）／望月仏教大辞典（世界聖典刊行協会）／模範仏教辞典（大文館書店）／仏教宗派辞典（東京堂出版）／浄土宗辞典（山喜房仏書林）／真宗大辞典（永田文昌堂）／禅学大辞典（大修館書店）／日蓮宗辞典（東京堂出版）／密教大辞典（法蔵館）／密教大辞典（密教辞典編纂会）／仏教儀礼辞典（東京堂出版）／仏具辞典（東京堂出版）／仏教民族辞典（新人物往来社）／印度仏教固有名詞辞典（法蔵館）／東洋仏教人名事典（新人物往来社）／日本仏教人名辞典（新人物往来社）／古寺名刹大辞典（東京堂出版）／全国寺院名鑑（全国寺院名鑑刊行会）／大日本寺院総覧（名著刊行会）／四国・西国巡礼（主婦の友社）／仏教史年表（法蔵館）／宗教年鑑・平成五年版（文化庁編）／大正新脩大蔵経・図像部（大蔵出版）／仏像（平凡社）／羅漢像（黄檗宗大本山萬福寺）

仏教日常辞典

あ ア

あ〔阿〕 梵語《ぼんご》*五十字の中の第一字。これを一切の言語の根本と考えたところから、種々の意義を付し、また種々の功徳《くどく》*があるものとされる。密教*における阿字観のような観法《かんぼう》*の対象ともなった。→あじかん(阿字観)

あい〔愛〕 (梵) tṛṣṇā 渇きの意。正しくは「愛欲」または「渇欲」という。物または婬《いん》を貪《むさぼ》り欲することで、衆生《しゅじょう》*が生死《しょうじ》*に流転《るてん》*する根本原因である十二因縁*の一つ。よい意味における愛は、仏教では慈悲*という言葉であらわすのが普通。

あいく〔阿育〕 (梵) Aśoka の音写。アショーカ王。無憂《むう》王ともいう。紀元前三世紀に中インド・マガダ(摩掲陀《まがだ》*)地方の王となり、後、ほとんど全インドを統一した。深く仏教に帰依《きえ》*し、多数の堂塔をたて第三結集《けつじゅう》(経典*類の編集)を行い、伝道僧を派遣するなど、仏教の興隆に力を尽くした。

あいくおうせきちゅう〔阿育王石柱〕 ガンジス河流域にあるアショーカ王(阿育《あいく》王*)の法勅を刻んだ高さ十メートルほどの石造円柱。頂上に獅子などの獣の彫刻が施されていたらしい。十基が発見されている。

あいぎょう〔愛楽〕 信愛欲楽《よくぎょう》の意で、法*(仏の教え)を愛し、道を楽しみ求めること。

あいけつ〔愛結〕 愛欲の煩悩《ぼんのう》*の意。煩悩は人を縛ることから結*とも称する。

あいご〔愛語〕 すべての人に対して、慈愛の心を抱き、慈悲*の言葉をもって接すること。道元*の『正法眼蔵《しょうぼうげんぞう》*』の抜粋をもとに編集された『修証義《しゅしょうぎ》』には「愛語能《よ》く回天《かいてん》の力あり」と説かれている。

あいぜん〔愛染〕 貪愛染着《とんないせんじゃく》の意。むさぼり愛してそれにとらわれ染まる心。染《せん》とは執着《しゅうじゃく》*する心の総称で、そこから諸々の悪*が生じる。→仏教常識〈日常語〉同項

あいぜんみょうおう〔愛染明王〕 (梵) Rāgarāja 愛染王ともいう。煩悩即菩提《ぼんのうそくぼだい》*の本尊*とされ、愛欲を司る神。その形像《ぎょうぞう》は、全身赤色で、三つの眼を怒らし、六本の手に杵、鈴、

弓、箭《や》、蓮華を持ち、頭には獅子の冠を頂き、赤い蓮華の上に結跏趺坐《けっかふざ》*している。外貌は忿怒《ふんぬ》の相をあらわしているが、その内証*は愛欲染着《せんじゃく》の至情を本体として、大きな愛によって俗世の痴愛を浄化するものとされる。

あいった〔阿逸多〕 →みろく（弥勒）

あいべつりく〔愛別離苦〕 愛する者と別れる苦しみ。八苦*の一つ。→しくはっく（四苦八苦）

あうん〔阿吽〕 （梵）a-hūṃの音写。「阿*」は口を開いて発する音声で、字音の最初にある基本であり、「吽」は口を閉じる時の音声で、字音の最後である。このことから密教*においては、この二音に宇宙の一切の真実がこめられているとする。阿字を菩提心《ぼだいしん》*に、吽字を涅槃《ねはん》*にあてる。寺院や神社の門前にある仁王*や狛犬は一方が口を開き、一方が閉じているのはこれを表わす。物事の始終の意味から、二人の気持ちが一致することを「阿吽の呼吸が合う」というように使われる。

あか〔閼伽〕 （梵）arghaの音写。阿伽とも書く。仏前または墓前に供える水。転じて、浄水を盛る器をもいう。

あく〔悪〕 （梵）akuśala 不善。三性《さんしょう》*（善・悪・無記《むき》*＝善悪いずれでもないこと）の一つ。倫理、道徳にはずれた行為、善くないこと。好ましくない結果を招く性質を有するもの。

あくぎゃく〔悪逆〕 →仏教常識〈日常語〉同項

あくごう〔悪業〕 殺生《せっしょう》*、偸盗《ちゅうとう》*など、すべて善くない行為をいう。善業の対語。

あくしゅ〔悪趣〕 （梵）durgati 悪道*ともいう。趣はおもむくの意。悪業《あくごう》*を積んだ者が来世《らいせ》*において赴き生じ苦の果報*を受けるところ。三悪趣（地獄*・餓鬼《がき》*・畜生*）、四悪趣（地獄・餓鬼・畜生・修羅《しゅら》*）、五悪趣（地獄・餓鬼・畜生・人・天*）などの別がある。善趣*の対語。

あくどう〔悪道〕 悪趣と同じ。六道*の中で、地獄*・餓鬼《がき》*・畜生*の三つの世界を三悪道とする。善道の対語。→あくしゅ（悪趣）

アグニ〔Agni〕 インド神話の神。火を擬人化した神で、神と人との間の仲介者として人の住家を守り、人の行為を監視するといわれる。→かてん（火天）

あくにんしょうき〔悪人正機〕 阿弥陀仏《あみだぶつ》*の本願*は、まさに悪人凡夫《ぼんぷ》*を救うためのものである、という意味。浄土門*（阿弥陀仏の力にすがり浄土*に往生*させる教え）、ことに浄土真宗*において強調される思想である。

あくま〔悪魔〕 仏道*をさまたげる悪神の総称。→まら（摩

羅）

あこ〔下火〕　下炬とも書く。葬式において、導師が炬《こ》（たいまつ）をとって棺の上にかざし、引導の偈《げ》をとなえる作法をいう。炬をかざすのは火葬の意である。

あごん〔阿含〕　梵語《ぼんご》・パーリ語の āgama の音写。伝承された教えという意味。広い意味ではすべての仏教経典をいうが、普通には小乗仏典の総称。すなわち『長《じょう》阿含経』『中阿含経』『増一《ぞういち》阿含経』『雑《ぞう》阿含経』の四《し》阿含を指していう。

あごんぎょう〔阿含経〕　→仏教常識〈経典の部〉同項

あごんじ〔阿含時〕　天台大師智顗《ちぎ》が、釈尊一代の説法を年次的に、順序立てて分類した五時八教の教相判釈《きょうそうはんじゃく》における五時の第一。釈尊は、菩提樹《ぼだいじゅ》の下で大覚を成就すると、まず『華厳経《けごんぎょう》』を説き、第二期の十二年間は鹿野苑《ろくやおん》にあって『阿含経』を説いたという。→ごじはっきょう（五時八教）

あさくさかんのん〔浅草観音〕　→せんそうじ（浅草寺）

あさじ〔晨朝〕　朝の説教または勤行《ごんぎょう》。六時行道の一つ。

あさだいもくゆうねんぶつ〔朝題目夕念仏〕　天台宗の行《ぎょう》法をいう俗語。天台宗では古来、朝は『法華経《ほけきょう》』にもとづく法華懺法《ほっけせんぼう》を修し、夕は阿弥陀仏《あみだぶつ》に関する例時作法を行ずる。

あじかん〔阿字観〕　梵字《ぼんじ》の阿字による宗教的冥想法。すべての存在物は本来固定的ではなく、生じたり滅したりするのでもないという原理を梵字の阿字に観想すること。密教において最も重要な秘密観法《かんぼう》である。

あしだ〔阿私陀〕　（梵）Asita の音写。足目《そくもく》（仙《せん》）と訳す。バラモン（婆羅門）教の学者で、釈尊が生まれた時、その相を観じて、俗世にあれば世界の覇者たる転輪聖《てんりんじょう》王《おう》となり、出家すれば偉大な仏陀となろう、と予言したと伝えられる。

アジャセ〔阿闍世〕　アジャータシャトル。（梵）Ajātaśatru の音写。阿闍多設咄路《あじゃたせっとつろ》とも書き、未生怨《みしょうおん》と訳す。釈尊と同時代のマガダ（摩掲陀）国の王。父はビンビシャーラ（頻婆娑羅《びんばしゃら》）王、母はイダイケ（韋提希）夫《ぶ》人《にん》。デーヴァダッタ（提婆達多《だいばだった》）にそそのかされて父王を殺したが、のち釈尊に帰依《きえ》して、仏教教団の有力な外護者となった。

あじゃり〔阿闍梨〕　（梵）ācārya の音写。師範となって弟子の行為を正しく導くことのできる大徳ある師。したがって、もとは一般の教師に通じるものであったが、後には真言の秘法を伝授する職位《しきい》の称となり、密教の高徳を示すものとなった。

アジャンター〔Ajaṇṭā〕 西インド・アウランガーバードの東北部の谷間に掘られた石窟寺院群。紀元二世紀から七世紀にかけて掘削され、二十四の僧院と五つの仏堂からなる。内に壁画があり、仏教美術の最も古いものとして、きわめて有名。

あしゅく〔阿閦〕 (梵) Akṣobhya の音写。無動・不動・無瞋恚《むしんに》と訳す。如来《にょらい》*の名。むかし大日如来*のもとで発《ほっ》願《がん》*し、修行*成って後、東方の世界に成仏《じょうぶつ》*して、その国土を善快・妙楽・妙喜と名づけ、現にその国土にあって説法*しているという。なお密教*においては、金剛界*五仏*の一つに配して、大円鏡智*をあらわすものとしている。像容は、右手を膝前で地に接する触地《そくち》(降魔《ごうま》)印で、これは釈尊*の降魔*成道《じょうどう》*に由来する。

あしゅら〔阿修羅〕 アスラ。(梵) Asura の音写。単に修羅ともいい、非天と意訳する。嵐を擬人化したインドの神で、帝釈天《たいしゃくてん》*(インドラ*)と争う鬼神《きじん》*。須弥山《しゅみせん》*下の大海の底に住して、常に三十三天*に戦いをいどむ神であるという。仏教にとりいれられ、乾闥婆《けんだつば》*・緊那羅《きんなら》*などとともに八部《はちぶ》衆*の一つとして護法《ごほう》神*となる。地獄*・餓鬼《がき》*・畜生*・修羅・人・天*からなる六道*の一つに配される。像容は日・月を両手にかかげる姿が多い。奈良興福寺*にある三面六臂《ぴ》の阿修羅像は有名。

あしゅらどう〔阿修羅道〕 修羅道ともいう。阿修羅*の住するところ、または阿修羅の状態をいう。衆生《しゅじょう》*が輪廻《りんね》*する六道*の一つで、瞋《しん》*(いかり)・慢《まん》*(おごり)・疑《ぎ》*(うたがい)を根本原因としてここに転生《てんしょう》*し、争いがやむことはないという。↓口絵図版〈十界図〉〈六道図〉

アショーカ〔Aśoka〕 ↓あいく(阿育)

あじろがさ〔網代笠〕 行脚《あんぎゃ》*の僧のかぶる笠。竹を編んでつくり、渋を塗り、漆《うるし》で止めたもの。

あすかでら〔飛鳥寺〕 ↓ほうこうじ (法興寺)

あそうぎ〔阿僧祇〕 (梵) asaṃkhya, asaṃkhyeya の音写。阿僧企耶とも書く。無数・無央数《むおうしゅ》と訳す。数えることのできないという意味。また、インドの数目の一つで、言いあらわすことの不可能な無量の数をいう。

あだいぶっだ〔阿提仏陀〕（梵）Ādi-buddha の音写。本初仏《ほんしょぶつ》（第一覚者）と訳す。チベット仏教の本仏*（根本の仏）で、チベット語では mchog-gi daṅ-poḥi saṅs-rgyas（チョーキ・タンプーイ・サンゲェ）という。

あっきらせつ〔悪鬼羅刹〕　悪鬼とは悪鬼神のこと。仏道*の障害となり、衆生《しゅじょう》*の心を乱して悪道*に向かわせる者。羅刹は（梵）rākṣasa の音写で、悪鬼の通名である。→らせつ（羅刹）

あづちのほうろん〔安土の法論〕　安土宗論ともいう。天正七年（一五七九）五月二十七日、近江（滋賀県）の安土において、浄土宗*の僧の霊誉、貞安《じょうあん》らと、日蓮宗*の僧の日珖《にっこう》、日諦《にったい》ら百人が、相対して法論（仏法*についての議論）を戦わせたが、浄土宗側の勝ちに帰して、日蓮宗側の普伝ら三人は斬刑に処せられた。

アティーシャ〔Atīśa〕（九八二―一〇五四）中観派《ちゅうがんは》*の学僧。インド・ベンガルの出身。ヴィクラマシラー寺の学者として名高く、西チベットのンガリ国王から招請を受け、チベットに入る。仏典*翻訳に尽力し、ほぼ彼の時代以後をチベット仏教の「後伝期」と呼ぶ。『菩提《ぼだい》道灯論』などを著わす。

あとかざり〔後飾り〕→仏教常識〈仏事の部〉中陰壇

あなりつ〔阿那律〕→アヌルッダ（阿菟楼駄）

あなん〔阿難〕→アーナンダ（阿難陀）

アーナンダ〔阿難陀〕（梵・巴）Ānanda の音写。略して阿難ともいう。無染《むぜん》、歓喜《かんぎ》、慶喜と訳す。釈尊*の従弟で、また十大弟子*の一人である。二十余年間、釈尊に常随して多聞《たもん》*第一と称せられ、第一結集《けつじゅう》*（経典*類の編集）に際しては、摩訶迦葉《まかかしょう》*の教えにしたがって大悟*した後、経蔵*を誦出する重大任務にあたった。→かしょう（迦葉）

あにゃきょうじんにょ〔阿若憍陳如〕（梵）Ājñāta-Kauṇḍinya の音写。阿若多憍陳如とも書く。略して、憍陳如ともいう。五比丘《びく》*の一人で、釈尊*最初の弟子である。

アヌルッダ〔阿菟楼駄〕（梵）Aniruddha（巴）Anuruddha の音写。阿那律《あなりつ》、阿楼駄とも書く。如意、離障、善意等と訳す。釈尊*の従弟で、また十大弟子*の一人である。ある時、釈尊の前で法*を聞きながら居眠りをし、叱責を受けたために不眠の誓いを立て、ついに肉眼をつぶしたが、天眼《てんげん》が開けて、天眼第一といわれた。

あのくかんのん〔阿耨観音〕　三十三観音*の一つで、岩上にあって海を見渡す姿をしている。海上で遭難したり、海の生物（竜魚諸鬼）に襲われた時、この観音を念ずれば、波浪に没することはないという。阿耨の名の由来は、竜魚などが阿耨達池《あのくたっち》（閻《えん》浮提《ぶだい》*に流れる四大河の水源）に因縁*をもつことにもとづく。

あのくたらさんみゃくさんぼだい〔阿耨多羅三藐三菩提〕（梵）anuttara-samyak-saṃbodhi の音写。阿耨多羅は「この上もない」、三藐は「正しい」、三菩提は「さとり」という意味で、無上正等覚《しょうとうがく》*と訳す。仏*のさとり*の智慧*をいう。仏は迷いを離れているから、さとりの智慧が円満であり、平等*の真実においてさらに知らないところがなく、この世において無上であるという意味を含んでいる。

あび〔阿鼻〕（梵）avīci の音写。無間地獄と訳し、極悪人のおちる地獄*のこと。叫喚《きょうかん》地獄*も八大地獄*の一つで、大火に責められ、熱湯の大釜に入れられる地獄。阿鼻叫喚として一般に使われ、大災害などで泣き叫ぶさまをいう。→むけんじごく（無間地獄）→口絵図版〈十界図〉

あびだつま〔阿毘達磨〕アビダルマ。（梵）abhidharma の音写。旧訳《くやく》*では阿毘曇《どん》という。対法《たいほう》*・無比法・大法などと訳す。法*についての詳しい説明（論*）のことをいう。また三蔵*（経・律・論）中の経*・律*を研究する論部*のこと。

あびだつまかいしんそくろん〔阿毘達磨界身足論〕三巻。世友《しょう》*著。玄奘《げんじょう》*訳。六足論《ろくそく》*の一つ。本事品《ぼん》、分別品の二品よりなる。(大)26・No.1540

あびだつまくしゃろん〔阿毘達磨倶舎論〕三十巻。世親《せしん》*著。玄奘《げんじょう》*訳。九品《くほん》よりなり、法相宗《ほっそう》*の正依《しょうえ》（もととする依りどころ）の論である。略して『倶舎論』*という。(大)29・No.1558

あびだつましきしんそくろん〔阿毘達磨識身足論〕十六巻。提婆設摩《だいばせつま》著。玄奘《げんじょう》*訳。六足論《ろくそく》*の一つ。五蘊《ごうん》*（色・受・相・行・識）が、業《ごう》*を原因として身心《しんじん》を形成することを説く。(大)26・No.1539

あびだつましゅういもんそくろん〔阿毘達磨集異門足論〕二十巻。舎利弗《しゃりほつ》*著。玄奘《げんじょう》*訳。六足論《ろくそく》*の一つ。仏滅*後の争論を避けるために、仏*の説法*を数によって編集した

もの。(大)26・No.1536

あびだつまじゅんしょうりろん〔阿毘達磨順正理論〕 八十巻。衆賢《しゅげん》著。玄奘《げんじょう》*訳。二万五千頌《じゅ》を八章に分けて、世親《せしん》*の『倶舎《くしゃ》*論』を論駁したもの。(大)29・No.1562

あびだつませせつそくろん〔阿毘達磨施設足論〕 迦旃延《かせんねん》*著。六足《ろくそく》*論の一つ。漢訳なし。

あびだつまぞうけんしゅうろん〔阿毘達磨蔵顕宗論〕 四十巻。衆賢《しゅげん》著。玄奘《げんじょう》*訳。『阿毘達磨順正理論*』の文を略出して、有部《うぶ》*の本義を顕揚する。(大)29・No.1563

あびだつまだいびばしゃろん〔阿毘達磨大毘婆沙論〕 二百巻。仏滅*四百年のころ、五百人の阿羅漢《あらかん》*が迦膩色迦《かにしか》*王の要請によって広く『発智《ほっち》論』を解釈・編集したもの。玄奘《げんじょう》*訳。有部《うぶ》*の依って立つ論*である。略して『大毘婆沙論』『婆沙論』ともいう。(大)27・No.1545

あびだつまほううんそくろん〔阿毘達磨法蘊足論〕 十二巻。大目犍連《だいもくけんれん》（目連*）著。玄奘《げんじょう》*訳。六足《ろくそく》*論の一つ。二十一品《ほん》、八千頌《じゅ》より成り、修行*による結果としてのさとり*を説く。(大)26・No.1537

あびだつまほっちろん〔阿毘達磨発智論〕 二十巻。迦多《かた》衍尼子《えんにし》著。玄奘《げんじょう》*訳。『発智論』・『発智身論』ともいい、有部《うぶ》*の依って立つ論*である。(大)26・No.1544

あびだつまほんるいそくろん〔阿毘達磨品類足論〕 十八巻。世友《しょう》*著。玄奘《げんじょう》*訳。六足《ろくそく》*論の一つ。六千頌《じゅ》を八章に分けて、五位*について説く。(大)26・No.1542

あびどん〔阿毘曇〕 阿毘達磨の玄奘《げんじょう》*以前の訳名。→あびだつま（阿毘達磨）

あぶつに〔阿仏尼〕（?—一二八三） 藤原為家の側室。歌文に巧みで、俗に北林禅尼《ほくりんぜんに》という。『十六夜日記』はその著である。

あま〔尼〕（梵）bhikṣuṇī の音写、比丘尼《びくに》*の略名。出家*して仏門*に入った女性のこと。

あまちゃ〔甘茶〕 甘茶の木の葉を乾かしたものを煎じてつくる。灌仏会《かんぶつえ》*のとき甘露*に擬して誕生仏*に注ぐ。

あみだきょう〔阿弥陀経〕 一巻。鳩摩羅什《くまらじゅう》*訳。阿弥陀仏《あみだぶつ》*の極楽*浄土*に生まれたいと願う者のために、極楽*の荘厳《しょうごん》*を説き、六方の諸仏の証明《しょうみょう》（阿弥陀仏のさとり*と人々への救いが確実なこと）をあげて、念仏*称名《しょうみょう》*をすすめる経典*。浄土の七経*、浄土三部経*の一つとして、最も広く知られている。(大)12・No.366 →仏教常識〈経典の部〉同項

あみだにょらい〔阿弥陀如来〕 →あみだぶつ（阿弥陀仏）

あみだぶつ〔阿弥陀仏〕 阿弥陀如来《にょらい》、略して弥陀《みだ》ともい

う。西方《さいほう》極楽浄土*に住む仏*で、浄土教*の本尊*である。この仏を信じ、その名号《みょうごう》*を唱えるものは、その願力によって必ず極楽浄土*に往生*することができるという。その救済を説いた代表的経典が『阿弥陀経*』等の浄土三部経*である。この仏の信仰*は、インド、中国、日本を通じて行われてきたが、鎌倉時代、法然《ほうねん》*によってついに独立、専修《せんじゅ》*の教門をなすに至った。阿弥陀とは梵語《ぼんご》* amita の音写で、無量(はかり知れない)という意味。このことから、また無量寿仏*(Amitāyus)、無量光仏*(Amitābha)ともいう。なお、この仏の放射状の後光*(光背)の形から、俗に「阿弥陀にかぶる」などの言葉がつくられた。

あらかん〔阿羅漢〕(梵)arhat の音写、応供《おうぐ》と訳す。煩《ぼん》悩《のう》*を断ち尽くし、高い智慧*を得て、世間の供養《くよう》*を受けるに値する境地に達した聖者《しょうじゃ》*をいう。略して羅漢という。→らかん(羅漢)

あらやしき〔阿頼耶識〕(梵)ālaya-vijñāna の訳。蔵識と漢訳。第八識ともいう。一切万法の種子《しゅうじ》*(あらゆる事物や現象を生じさせる力)を蔵する識*という意味で、人の心の根底にある根本の心をいう。我々のいわゆる自我の本源として心の奥底に蔵されているもので、宇宙万法の展開する根源であるという。法相宗《ほっそう》*では、阿頼耶識は妄識であるとし、妄《もう》を転じて悟りの智=大円鏡智*を得る(転識得智《てんじきとくち》)という。

あららからん〔阿羅邏迦蘭〕(梵)Ārāḍa-kālāma の音写。釈尊*がかつて教えを乞うたことのある数論《すろん》派*の学者。

あらんにゃ〔阿蘭若〕(梵)āraṇya の音写。空閑処《くうげんしょ》、閑《げん》静処《じょうしょ》と訳す。集落から三百歩または六百歩離れた場所で、比丘《びく》*の住んでいるところ。寺*または庵*のように、閑静で比丘の修行*に適するところをいう。

ありがたい〔有り難い〕→仏教常識〈日常語〉同項

あん〔庵〕いおり、寺庵ともいう。草のいおり。出家者*、隠遁者の住んでいる仮舎のこと。

あんぎゃ〔行脚〕出家者が仏道*修行*のために、諸国(諸地方)を遍歴すること。→仏教常識〈日常語〉同項

アングリマーラ→オウクツマラ(央掘摩羅)

あんご〔安居〕(梵)vārṣika の訳。雨《う》安居または夏《げ》安居ともいう。安は身心《しんじん》を静止すること、居は一定期間止住《しじゅう》

することと。インドでは仏教の僧侶*が、四月十五日より七月十五日にいたる九十日の間、雨期をさけて一切の外出を禁じて静座修行することをいう。

あんこくじ〔安国寺〕 ①足利尊氏、直義兄弟が夢窓《むそう》*国師の勧めにより、元弘〔南朝〕年間（一三三一―一三三三）以来の戦死者の冥福*を祈るため、国分寺*にならって全国に堂塔建立を発願《ほつがん》*。しかし南朝勢力の強い地方には及ばず、また、多くは既存の寺院を修復、改称したものである。室町幕府とともに衰えた。塔*は北朝の光厳院の院宣により安国寺利生塔《りしょうとう》と名づけられた。②不動院。広島県真言宗*教団。広島市東区牛田新町にあり、新日山安国寺と号する。行基《ぎょうき》*開創と伝えられる蓮華王寺を足利尊氏が安芸の安国寺として再興した。のち荒廃していたのを天正七年（一五七九）南禅寺*長老*の恵《え》瓊《けい》*が来住し、毛利氏の外護を得て再興。文禄三年（一五九四）寺を城の近くに移し、もとの地に不動院を残した。本尊*は薬師如来《にょらい》。

あんこくじえけい〔安国寺恵瓊〕 →えけい（恵瓊）

あんじゃ〔行者〕 禅宗*寺院で諸役の下にあって仕事をする未得度《とくど》の者をいう。現在では得度*・未得度を問わない場合もある。

あんじん〔安心〕 仏法*によって、心の平和を得て動じないことをいう。また、それによって到達した境地。安心立命《りゅうみょう》ともいう。一般には、心が落ち着いて心配がないことをいう。

あんち〔安置〕 仏像*をまつり納めること。

あんにょうじょうど〔安養浄土〕 西方《さいほう》十万億土にある阿《あ》弥《み》陀《だ》仏《ぶつ》*の国、極楽浄土*のこと。心を安らかにし、身を養う浄い世界であることから安養という。

あんらくこく〔安楽国〕 極楽浄土*のこと。苦悩を離れ、安穏悦楽なる世界の意。

あんらくしゅう〔安楽集〕 二巻。道綽《どうしゃく》*著。『観無量寿経*』を概説して、信心*をすすめ、往生*を願わせようとするもの。十二門よりなる。(大)47・No.1958

あんり〔行履〕 一切の行為をいう。

あんりゅう〔安立〕 安心立命《あんじんりゅうみょう》の略。安心*を得て、動揺しないことをいう。

い イ

い〔意〕 思考作用をいう。①精神活動を心《しん》*（citta 集起《じっき》と訳す）・意（manas 思量《しりょう》と訳す）・識《しき》*（vijñāna 了別《りょうべつ》と訳す）の三つに分類するうち、ものごとを認識する作用（思量）をいう。②六識*の依りどころとなる六根*のうち、意根をいう。③唯識《ゆいしき》*では、第七末那識《まなしき》*をいう。

いあんじん〔異安心〕 正統派の信仰*と異なる信仰をいう。とくに、浄土真宗*においてよく用いられる言葉。

↓いげ（異解）

いおう〔医王〕 ①法*を説く仏《ぶつ》*・菩薩《ぼさつ》*のこと。仏・菩薩は、人々の煩悩《ぼんのう》*から生じる苦*の病に対して、正しい法という薬を与えてこれを救済することから医王という。②薬師如来《にょらい》*のこと。↓やくし（薬師）

いぎ〔威儀〕 戒律*の異名。転じて、戒律にかなった立ち居振る舞い。↓仏教常識〈日常語〉同項

いぎぼそ〔威儀細〕 簡単な袈裟《けさ》*の一種。

いぎょうどう〔易行道〕 仏道*修行*において実践しやすい行《ぎょう》*。すべて自力《じりき》*による修行を難行道*というのに対して、念仏*他力《たりき》*によって救済を求めることを易行道という。

いげ〔異解〕 宗義（各宗派の仏教解釈）の見解が正統派と異なるものをいう。異端と同じ。↓いたん（異端）

いこう〔已講〕 僧侶*の職名。三大会《さんだいえ》*の講師《こうじ》*を勤め已《おわ》ったものの称。後世ではこれを僧侶の学階とする宗派もある。

いごう〔意業〕 身《しん》・口《く》・意《い》の三業《さんごう》の一つ。心*のはたらきによる業*をいう。↓さんごう（三業）

いこん〔意根〕 六根の一つ。↓ろっこん（六根）

いしき〔意識〕 六識*の一つ。意根*（精神活動）によって六境*の一つの法境（事物）を認識する機能。↓仏教常識〈日常語〉同項

いしやまでら〔石山寺〕 東寺真言宗*大本山。滋賀県大津市石山寺にあり石光《せっこう》山と号する。西国《さいごく》三十三所観音*の第十三番札所。天平勝宝元年（七四九）聖武天皇*の勅願により、良弁《ろうべん》*の開山*。紫式部が『源氏物語』を書いたところとしても有名。本尊は二《に》臂《ひ》如意輪《にょいりん》観音。

いしやまほんがんじ〔石山本願寺〕 大阪の大阪城本丸の地（石山）にあった本願寺*。石山御堂《みどう》、大阪御堂とも

いう。明応五年（一四九六）蓮如《れんにょ》*の建立*になり、顕如《けんにょ》*の時、織田信長に攻められ、講和ののち寺を紀州（和歌山県）鷺森《さぎのもり》に移し、さらに京都に移したものが現在の本願寺である。

いしょう〔異生〕（梵）pṛthag-jana の訳語。凡夫《ぼんぶ》*の別称。覚者《かくしゃ》（仏*）が真実に相応して生きるのに対して、凡夫は真実に異なる生き方をすることから異生という。

いしんでんしん〔以心伝心〕禅宗*の言葉。師弟間で、経典*・教説によらず、さとり*の心によって相手の心に法*を伝えること。転じて、文字や言葉を離れて、心をもって心に伝えることをいう。↓仏教常識〈日常語〉同項

イダイケ〔韋提希〕ヴァイデーヒー。韋提希は（梵）Vaidehī の音写。マガダ（摩掲陀《まがだ》*）国のビンビシャーラ（頻婆娑羅《びんばしゃら》*）王の妃。子のアジャセ*（阿闍世＝アジャータシャトル）王のために牢獄に幽閉された時、深く厭世《えんせ》の念を生じ、はるかに霊鷲山《りょうじゅせん》*に向かって、釈尊*の説法*を請うた。すると釈尊は、霊鷲山から王宮に降りて、獄中にあるイダイケのために『観無量寿経*』を説いたという。

いだてん〔韋駄天〕スカンダ。（梵）Skanda の訳。仏法*を守護する神で、三十二将の一つ。もとはバラモン教*のシヴァ*神の子であったが、仏教に取り入れられて伽《が》藍《らん》*の守護神となった。魔王*が仏の舎利《しゃり》*を奪って逃げた時、これを追って取り戻したという。そのために、よく走る神であるとされ、俗に、早く走ることを韋駄天走り、あるいは韋駄天のごとしという。

いたん〔異端〕わが道と同じではない道。異解《いげ》*、異義、邪義に同じ。

いちげつさんしゅう〔一月三舟〕おなじ月も、止まっている舟から見れば動かないように見え、南行する舟からは南に動くかに見え、北行する舟からは北へ行くかに思える。仏*の説法*が、衆生《しゅじょう》*の機根《きこん》*にしたがって種々に理解されることをたとえたもの。

いちご〔一期〕人間が生まれてから死ぬまでの期間。一生涯。

いちごいちえ〔一期一会〕師資《しし》*（師匠と弟子）・朋友の縁*の得難いこと。とくに禅家*に発し、日本仏教において

よく用いる語。転じて今生《こんじょう》の出会いの大切さをいう。

いちじいっせきのとう〔一字一石の塔〕『法華経《ほけきょう》』*の全文を、小石一個に一字ずつ書いて、これを地中に埋め、その上に塔*を建てたもの。

いちじつしんとう〔一実神道〕 詳しくは山王《さんのう》一実神道、または日吉《ひえ》一実神道という。神道の一派。法華《ほっけ》教学の一実三諦円融《さんだいえんにゅう》の理によって、わが国の一切諸神を仏教に結びつけて解釈するもの。

いちじふせつ〔一字不説〕『楞伽経《りょうがきょう》』*等に出る句で、釈尊*は悟りを得てから入滅*するまで、一字も法*を説かれなかった、ということ。これは、仏*は八万四《し》千の法*を説くが、仏の悟りは深く広大で、とうてい言語文字では表現することができないという意味の言葉。同義語に教外《きょうげ》別伝*、不立《ふりゅう》文字*がある。禅宗*で珍重される。

いちじょう〔一乗〕 いかなる衆生《しゅじょう》*もすべて一様に仏*になれるという教え。権《ごん》大乗教*が三乗*(声聞《しょうもん》乗・縁覚《えんがく》乗・菩薩《ぼさつ》乗)別々の法を立てるのに対して、実大乗教*は一乗の教えを説く。乗はもとは乗り物の意で、転じて仏の教えをいう。一仏乗も同じ。

いちじょうけ〔一乗家〕 一乗*の教えを説く宗旨*のこと。華厳《けごん》宗*、天台宗*等がそれである。

いちだいじ〔一大事〕 人間の生涯における究竟《くきょう》*の目的をいう。仏*がこの世に現われる一大目的。一大事因縁ともいう。→仏教常識〈日常語〉同項

いちだんし〔一弾指〕(梵)acchaṭā の訳語。「いちたんじ」ともいう。ごく短い時間のこと。六十五刹那《せつな》が一弾指であるなどといわれている。→せつな(刹那)

いちにちきょう〔一日経〕 多くの人を集めて一日のうちに『法華経《ほけきょう》』*を書写してしまうことをいう。頓写会《とんしゃえ》ともいう。

いちにょ〔一如〕 絶対にして平等*なる真如《しんにょ》*において、一切の事物はまったく同じであること。一は絶対不二《ふに》、如は平等無差別《むしゃべつ》を意味する。

いちにょかんのん〔一如観音〕 三十三観音*の一つ。雲に乗って空中を飛行する形をしている観音*である。雷や雹《ひょう》の害を除く。一如の名の由来は、『首楞厳三昧経《しゅりょうごんざんまいきょう》』巻下に、魔界*・仏界*ともに如*(真如《しんにょ》*)であり不二《ふに》不別(分かちがたい)とあることにもとづく。雷の魔も観音の智力と不二不別であるとする。

いちねん〔一念〕　きわめて短い時間。転じて、現在の瞬間の心をいう。また、念を称念《しょうねん》*の意味に解して、一声の称名《しょうみょう》念仏*のことをいう。

いちねんぎ〔一念義〕　浄土宗*の一流儀。幸西《こうさい》大徳の主張するところ。凡夫《ぼんぶ》*の信心*が阿弥陀仏《あみだぶつ》*の智慧*と冥合して一つとなったところに、往生*浄土の業《ごう》*は成るという。そのため、多念の念仏*を必要としないとする。

いちねんごうじょう〔一念業成〕　阿弥陀仏《あみだぶつ》*の本願*を信ずる凡夫《ぼんぶ》*の一念*によって、往生*浄土の業《ごう》*は成るということ。浄土真宗*の主張するところ。

いちねんさんぜん〔一念三千〕　人々の一念*の心（ふとざす念《おも》い）の中にすら三千（万有）の仏*の真実（一切の世界）がそなわり展開するということ。天台宗*でいうところ。

いちねんふしょう〔一念不生〕　一つの迷妄の念*も生起《しょうき》しない境地をいう。衆生《しゅじょう》*は本来仏性《ぶっしょう》*（仏になる可能性）を有する。ただ妄念が起こることによってこれが覆われる。だから、一念不生の境地に至れば、それが即ち仏の境地である。

いちねんほっき〔一念発起〕　一念発起菩提《ぼだい》心の略。仏道*を求めようとする志を起こすこと。

いちぶつじょう〔一仏乗〕　↓いちじょう（一乗）

いちまいきしょうもん〔一枚起請文〕　建暦二年（一二一二）正月二十三日、死を前にした法然《ほうねん》*が、源智《げんち》の要請に応じて書き与えたもの。わずか一枚の紙に浄土宗*の要旨を尽くしている。浄土宗全書九。

いちみ〔一味〕　海の水はどこでも同じように塩味があることから、釈尊*の教法の内容が唯一無二であることをたとえていう。↓仏教常識〈日常語〉同項

いちみのあめ〔一味の雨〕　釈尊*が同一の教法をもって種々の機根《きこん》*を導くことを、同じ雨が種々の草木を育てることにたとえていう言葉。

いちらいか〔一来果〕　（梵）sakrdāgāmin-phala の訳。音写して斯陀含果《しだごんか》という。声聞《しょうもん》*の四果《しか》*の第二。欲界修惑《しゅわく》*（情・意の迷い）九品《くほん》のうち、前六品を断ち切ってなお三品を残した者が得る地位で、残り三品のため、もう一度人界および天界*に生を受けなければならないとする。すなわち、人間界でこの果を得れば、次に天界に生まれ、その次に再び人間界に来て涅槃《ねはん》*を得る。また、天界でこの果を得れば、次に人間界に生まれ、その次に再び天界に生まれ直して涅槃を得る。このように、人間界と天界とを一往来するので一往来果《おうらいか》ともいう。

いちれんたくしょう〔一蓮托生〕 極楽浄土*に往生*して、同じ蓮華の上に生まれること。転じては、運命を共にすることをいう。

いっきゅう〔一休〕（一三九四—一四八一） 臨済《りんざい》宗*の僧。宗純《そうじゅん》と称する。号は狂雲子《きょううんし》。後小松天皇の皇子と伝えられ、六歳で出家*。近江（滋賀県）堅田の華叟宗曇《けそうそうどん》に印可《いんか》*を受け、師の没後はもっぱら諸方に遊化《ゆけ》する。大徳寺*（京都）の四十八世をつぎ、禅*の大衆化に努めた。書画、詩偈《げ》、道歌をよくし、いわゆる奇行をもって知られる。『狂雲集』『一休骸骨《がいこつ》』などの著作が有名。

いっこう〔一向〕 他事をふりむかないこと。→仏教常識〈日常語〉同項

いっこういっき〔一向一揆〕 一向宗*の僧侶*や門徒*が、戦国期（一五世紀末—一六世紀）に、時の守護大名に対して宗門*（宗派＝ここでは一向宗）擁護のために起こした幾度かの一揆騒動をいう。

いっこうしゅう〔一向宗〕 浄土真宗*の古称であり俗称。一向*に阿弥陀仏《あみだぶつ》*を頼み他を顧みないところから、他宗が名付けた名である。後、この宗名をきらい、江戸期を通じて諍訴し、明治に至ってついに浄土真宗の名を勅許された。

いっこはんこ〔一箇半箇〕 一人半人《いちにんはんにん》と同じで、きわめて少ない人数のこと。また、悟った者をいう。禅林*（禅宗*の寺院）における少数精鋭主義的教育法をあらわす言葉。

いっさいきょう〔一切経〕 仏教経典の総称。大蔵《だいぞう》経*または蔵経*ともいう。

いっさいしゅじょう〔一切衆生〕 この世に生存する生きとし生けるもの。

いっさいしゅじょう、しつうぶっしょう〔一切衆生、悉有仏性〕 一切衆生*には、すべてことごとく生まれながらにして仏性*（仏となる可能性）があるということ。

いっさいち〔一切智〕（梵）sarvajñā の訳語。三智*（道種智・一切智・一切種智）の一つ。あらゆる物・事のすべてを知る智慧*。

いっさいほう〔一切法〕 一切諸法・一切万物・一切万有等と同じ。ありとあらゆる物・事をいう。

いっさん〔一山〕 もと寺*は多く山にあったので、一寺というところを一山という。

いっしゅうき〔一周忌〕 一年目の忌日《きにち》*に行う仏事*のこと。一回忌ともいう。→ねんき（年忌） →仏教常識〈仏事の部〉年忌

いっしょうふしょ〔一生補処〕 一度だけ迷いの世界にしばられている者。現在生きている一生を過ぎれば、次の世では仏*の地位を補う位置にあるという意味で、等《とう》覚《がく》*の位をいう。弥勒《みろく》*は一生補処の菩薩《ぼさつ》*であるといわれる。

いっしょうふぼん〔一生不犯〕 生涯の間に一度も戒律*を犯さないこと。また、一生涯、戒律を守って男女の交わりをしないこと。

いっしんさんがん〔一心三観〕 すべてのことがそのままで仏教の真実である、ということを体得する天台宗*の観法《かんぼう》*。任意に起こる一念*の心に、空諦《くうたい》(あらゆる事象は因縁*によって生じ滅しているので実体がない)・仮諦《けたい》(諸現象は因縁の現われとして存在している)・中諦(一切は空*にも仮《け》*にも偏らない)の三諦《さんだい》*の真実を観破すること。『智度論《ちどろん》*』第二十七巻の「三智一心中得」の句、および『中論』*の四諦品《したいぼん》にある「衆因縁法、我説即是無、亦為是仮名、亦是中道義」の偈文《げもん》の要旨から、天台大師智顗《ちぎ》*が説いたもの。

いっしんせんねん〔一心専念〕 心を一つにして他の行《ぎょう》*を交えず、他の仏*を拝まず、専ら阿弥陀仏《あみだぶつ》*の仏名《ぶつみょう》を念ずること。専修《せんじゅ》*。雑行《ぞうぎょう》*を廃すること。

いっしんふらん〔一心不乱〕 心を一つに集中して、他の雑念のために乱されないこと。↓仏教常識〈日常語〉同項

いっすいしけん〔一水四見〕 一処四見、一境四心ともいう。同じ一つの水を、天人は宝で飾られた池と見、人間は水と見、餓鬼《がき》*は血と見、魚は住みかと見る。同一の物に対して見る者の心により、それぞれ異なる見解を抱くことをいう。

いっせつたしょう〔一殺多生〕 多くの人を生かすために一人の悪人を殺すこと。悪人に、殺人という堕《だ》地獄の大罪を犯させないため、悪人を殺してみずから地獄*へ堕ちる菩薩行《ぼさつぎょう》。大利のために小害をなすことで、『大方《だいほう》便仏報恩経《べんぶつほうおんぎょう》』の説話による。

いっせんだい〔一闡提〕 (梵) icchantika の音写。訳して断善根・信不具足という。本来解脱《げだつ》*の素質がなく、とうてい成仏《じょうぶつ》*する望みのない者。また、断善闡提《だんぜんせんだい》(自《じ》業《ごう》では成仏できず、仏*の願力《がんりき》によってのみ成仏することができる者)、大悲闡提《だいひせんだい》(一切衆生《しゅじょう》*を救うため故意に涅槃《ねはん》*に入らない者＝大悲の菩薩《ぼさつ》*)もある。

いってんご〔一転語〕 ひとことで、他人の迷いを転変させて、さとり*に導くことのできる語句。

いっとうさんらい〔一刀三礼〕　仏像*を彫刻する時、三度礼拝《らいはい》*しては一刀をおろすことをいう。写経*の一字三礼も同じで、敬虔な態度をいう。

いっとんきょう〔一音教〕　釈尊*は同一の音声をもって法*を説いたが、衆生《しゅじょう》*はそれを機根《きこん》*の違いから種々に解釈して、大乗*・小乗*などの差別《しゃべつ》*が起きたとする教判《きょうはん》*。

いっぺん〔一遍〕　（一二三九―八九）　諱《いみな》は智真《ちしん》。時《じ》宗*の開祖。伊予（愛媛県）の人。七歳で出家*し比叡山*で修行*。のち筑紫（北九州）の大宰府で聖達《しょうだつ》に浄土教*を学ぶ。衆生《しゅじょう》*済度《さいど》*のため勧進帳*および念仏札《ふだ》を携えて諸国を遍歴し、その足跡は日本全国に及んだ。このことから、遊行《ゆぎょう》上人とも捨聖《すてひじり》ともいう。念仏*に神祇《じんぎ》信仰を加味した点で特異である。明治十九年、円照大師の諡《し》号《ごう》*を賜わる。

いとくかんのん〔威徳観音〕　三十三観音*の一つ。左手に蓮華を持ち、岩上に座る観音である。

いにょう〔囲遶〕　古代インドの礼法。右回りにまわって敬礼すること。

いのう〔維那〕　「いな」「いの」ともいう。僧侶*の役名。禅寺では衆僧《しゅそう》の規律を司る重役であり、その他の宗派では勤行《ごんぎょう》*法要*の先導をする役である。

いのり〔祈り〕　宗教における重要な一般行為。目に見えない超自然的な力にすがり、その加護*を願う行為。祈《き》祷《とう》*、祈願*、祈念*など。

いはい〔位牌〕　死者の法名《ほうみょう》*（戒名*）を記して、仏壇*に安置するもの。もとは儒《じゅ》教から出た。↓仏教常識〈仏事の部〉同項

いばしんえん〔意馬心猿〕　意は馬、心は猿という意味で、奔馬や野猿が騒ぎ落ち着かないように、煩悩《ぼんのう》*、妄念《もうねん》*がしきりに生起《しょうき》して、心が動いて止まるところを知らない有様をいう。「意識は野馬の如く」（『瓔珞経《ようらくきょう》』）「心根は猿猴《おんこう》の如くにして暫くも停まる時あることなし」（『観普賢菩薩行法経《かんふげんぼさつぎょうぼうきょう》』）とある。

いはつ〔衣鉢〕　「えはつ」ともいう。三衣《さんえ》*と一鉢。この二つは僧*の持ち物として最も重要なものであることから、転じて法*を受けつぐことを衣鉢をつぐという。

いまどうしん〔今道心〕　仏道*修行*の心を起こし、出家*得《とく》度《ど》*してから日のまだ浅い者をいう。新到、新発意《しんぼち》、青《あお》道心ともいう。

いろはうた〔伊呂波歌〕　いろは四十七文字のことであるが、これはもと『涅槃経《ねはんぎょう》*』の四句の偈《げ》*を弘法大師空海*が歌に詠じたものとも伝えられる。色は匂へど散りぬ

るを＝諸行無常*、わが世たれぞ常ならむ＝是生滅法《ぜしょうめっぽう》、有為の奥山けふ越えて＝生滅滅已《しょうめつめっち》*、浅き夢みじ酔ひもせず＝寂滅為楽《じゃくめついらく》*、である。

いわとかんのん〔岩戸観音〕 三十三観音*の一つ。岩窟の中に端座する観音*。

いん〔印〕 →いんげい〔印契〕

いん〔因〕 結果を生起《しょうき》させる直接の原因をいう。

いん〔院〕 一つの区画をなす家屋敷というほどの意。寺*の別名に用いる。

いんか〔印可〕 印証ともいう。弟子の悟得したことを証明し、これを認可して称えること。

いんが〔因果〕 詳しくいえば因縁果。原因と条件と結果の関係。仏教では、一切の諸法*はすべてこの因果の法則によって生滅変化《しょうめつへんげ》するものであると教える。→いんねん〔因縁〕→仏教常識〈日常語〉同項

いんがおうほう〔因果応報〕 善因には善果の報い、悪因には悪果の報いがあるように、因果*が相応じてその報いに過誤のないことをいう。

いんきん〔引磬〕 現在では引《いん》磬《きん》と書き、これを「いんけい」とも読む。僧侶*の携え持つ小さな椀状をした鐘*。経典*の段落や仏事*などで注意を引くために用いる。→仏教常識〈法具の部〉磬

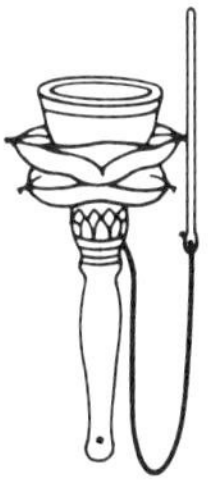

いんげい〔印契〕 （梵）mudrā 単に印、または印相《いんぞう》、契印、密印《みついん》ともいう。指で種々の形をつくり、それによって内心の証得したものを表示する。小指より順次に親指に数えて、地・水・火・風・空の五大《ごだい》*に擬し、また左手を定《じょう》*、右手を慧《え》*として、この左右の十指をもって種々の法徳を表示する。印は決定《けつじょう》*の意、契は偽りのない意である。

いんげん〔隠元〕 （一五九二―一六七三） 名は隆琦《りゅうき》。黄《おう》檗《ばく》宗*の開祖。明の福州の人。黄檗山*に参禅*し、鑑源より印可《いんか》*を受けて法嗣《ほうし》*となる。承応三年（一六五四）長崎興福寺の僧逸然《いつねん》の要請に応えて来朝し、後、江戸に出て、将軍家綱の崇敬を受けて宇治（京都府）に万福寺*を創立した。大光普照国師《だいこうふしょう》、真空大師などと勅諡《ちょくし》される。『黄檗普照禅師語録』などを著わす。

いんごう〔因業〕 因*と業*。業とその原因。業(行為)は果報*の因となることから因業という。俗には頑固で思いやりのないことをいう。

いんじょう〔引接〕 仏*が慈悲*の心から衆生《しゅじょう》*を教え導いて真実の世界に帰入させること。とくに、浄土教*で、

信者が往生*する時に阿弥陀仏《あみだぶつ》*が浄土*より来迎《らいごう》*して導くことをいう。

いんぜいねんぶつ〔引声念仏〕「いんじょうねんぶつ」ともいう。緩やかな曲調をもって阿弥陀仏《あみだぶつ》*の名号《みょうごう》*を唱詠すること。円仁《えんにん》*が入唐《にっとう》して、五台山*より伝来したもの。

いんだら〔因陀羅〕→インドラ

インド〔印度〕古くは天竺《てんじく》または身毒《しんどく》といい、東・西・南・北・中に分けて五天竺といった。

いんどう〔引導〕衆生《しゅじょう》*を導いて仏道*に入らせること。転じて、死者の葬儀に際し、導師*が死者に対して転迷開悟《てんめいかいご》*の法語を与え、死者を済度《さいど》*することをいうようになった。→仏教常識〈仏事の部〉同項

インドぶっきょう〔印度仏教〕→仏教常識〈宗派の部〉同項

インドラ〔Indra〕インド神話の神。驟雨《しゅうう》を神格化したもの。雷鳴、暴風雨を司り、悪鬼を降伏《ごうぶく》*して人類を保護し、諸神のうちで最も深く崇敬される。仏教の帝釈天《たいしゃくてん》*もまたこの神である。

いんに〔因位〕修行*中の期間という意味で、いまだ仏果《ぶっか》（仏*の位）を得ていない菩薩《ぼさつ》*の地位をいう。

いんねん〔因縁〕因*とは結果を生じる直接の原因。縁*は因をたすけて結果を生じさせる助縁。→いんが〔因果〕→仏教常識〈日常語〉同項

いんみょう〔因明〕（梵）hetu-vidyā の訳。インドの論理学。五明の一つ。ニヤーヤ学派の開祖とされるアクシャパーダ（足目《そくもく》）の創唱した論理学を古因明といい、のちディグナーガ（陳那《じんな》*）の改革したものは新因明という。→ごみょう〔五明〕

いんも〔恁麼〕中国の俗語を禅家*で採用したもの。その・この・このような・そのように等の意。

宇宙をあらわす種子

ア
始　胎蔵界の慈悲

ウン
終　金剛界の智徳

→本文2頁「あうん」

う ウ

う〔有〕 存在するもの、存在すること。また、生死《しょうじ》*の相続すること。無*、空《くう》*の対語。

ヴァイシェーシカ〔Vaiśeṣika〕 インド六派哲学*の一つ。音写して衛世師《えいせいし》といい、また勝論《かつろん》ともいう。カナーダ（迦那陀《かなだ》。紀元前一五〇—五〇頃）の創唱。一般に自然哲学を主張したといわれるが、正しくは認識論を主とする哲学である。宇宙の六原理（《梵》sad-padārtha 六句義《くぎ》）の把握に努め、正しい認識と解脱《げだつ》*に至ろうとするもの。

ヴァルナ〔Varuna〕 →ばるな（婆楼那）

うい〔有為〕 因縁*によって生じた諸々の現象をいう。無為*の対語。→ういてんぺん（有為転変）

ヴィシュヌ〔Viṣṇu〕 インド神話の神。太陽を神格化したもの。維持保存の神として、後世のバラモン（婆羅門）教*・ヒンドゥー教に重要な地位を占めた。

ういてんぺん〔有為転変〕 有為*の諸法*はすべて無常*であって、常に移り変わるという意味。→仏教常識〈日常語〉同項

ヴェーダ〔Veda〕 吠陀《べいだ》と音写。宗教的知識を意味し、またその知識を集成した文献を総称していう。四《し》ヴェーダといわれ、最も成立が古くヴェーダ思想の根本となる『リグ・ヴェーダ』*の他に、『サーマ・ヴェーダ』*『ヤジュル・ヴェーダ』*『アタルヴァ・ヴェーダ』がある。

ヴェーダーンタ〔Vedānta〕 吠檀多《べいだんた》と音写する。ヴェーダ*文献の最後（アンタ）をさす。知により解脱《げだつ》*をめざす。根本聖典は『ブラフマ・スートラ』。後に、この学派からシャンカラ（《梵》Śaṅkara 七〇〇—七五〇）、ラーマーヌジャ（《梵》Rāmānuja 一〇一六—九一）など、インド哲学史上の大思想家があらわれる。シャンカラには大乗仏教*の影響が色濃くみられ、論敵からは「仮面の仏教徒」と称された。

うえん〔有縁〕 仏《ぶつ》*・菩薩《ぼさつ》*との機縁《きえん》*が結ばれていること、またその人をいう。

うがく〔有学〕 修行*の途上にある者のこと。声聞《しょうもん》*の四果《しか》*のうち、前の三果の境地にあるものを有学といい、第四果のものを無学*という。さらに引き続いて学修すべき道程があるという意味。

うきよ〔浮世〕 また憂世とも書く。定めない憂《う》き苦《く》の世の中という意味。一般でも、同様に用いられる。

うきょう〔有教〕 有宗ともいう。空教*の対。倶舎《くしゃ》宗*、法《ほっ》相《そう》宗*等のように、あらゆる事象の本質的実在を主張する宗派*をいう。倶舎宗では過去・現在・未来にわたって、すべての現象の本体としての五蘊《ごうん》*が実在すると説き、法相宗では第八識（阿頼耶識《あらやしき》*）が有であり、あらゆる事象の展開する根本であるとしている。

うけい〔祈請〕 神仏に誓って、自分の心の正邪を表示すること。

うけん〔有見〕 ①有*（実在）に執《とら》われた偏見。常見《じょうけん》*と同じ。②無見の対。『倶舎論《くしゃろん》*』に説かれるところ。十八界、すなわち六根*・六境*（色《しき》・声《しょう》・香・味・触《そく》・法）・六識*のうち、色だけが物体として顕在化しているという意味で有見とし、他はすべて無見とされる。

うさ〔有作〕 無作*の対語。自然でないこと。作為的なこと。仏教では、無作自然《むさじねん》を尊び、有作不自然《うさふじねん》を排する。

うじでら〔氏寺〕 一氏族が帰依《きえ》*し、その祈願所として建てた菩提寺《ぼだいじ》*をいう。

うしゅう〔有宗〕 →うきょう（有教）

うじょう〔有情〕 生きとし生けるものの総称。衆生というのに同じ。→しゅじょう（衆生）

うしょとく〔有所得〕 認識の対象を、是非・有無*・善悪等の相対的分類でとらえ、その一方の概念に執《とら》われること。

うすさまみょうおう〔烏枢沙摩明王〕 （梵）Ucchuṣma の音写。不浄潔金剛、不浄忿怒《ふんぬ》と訳す。世の中の一切のけがれや悪*を焼き尽くして、不浄を清浄《しょうじょう》*に転じる徳をもつ明王*とされる。主として寺院*の台所、便所などに祀る。火焔を負い二臂《ひ》・四臂・六臂などの忿怒相《ふんぬそう》*をもつ像。

うそうむそう〔有相無相〕 存在性と非存在性、あるいは形態のあるものと無いもの、または、有為《うい》*と無為*などの意味。有象《うぞう》無象は、この語から転じたものとされる。

うぞうむぞう〔有象無象〕 象は形の意で、有形無形の一切の万物という意味。転じて、一般世人のことを蔑称する言葉。→前項 →仏教常識〈日常語〉同項

うだい〔有待〕 他に依存する存在。人体は食物など他からの助けを待って存在することからこう呼ばれる。す

なわち、人間を有待の身《しん》という。

うただいもく〔歌題目〕 日蓮宗*で法要*または説法*に際して、太鼓に合わせて題目*を唱えることをいう。

うだな〔優陀那〕 （梵）udāna の音写。自説または無問自説と訳す。弟子の質問を待たず、仏*が自ら法*を説きだしたもの。多く偈頌《げじゅ》*の形でのこっている。十二部経*の一つ。

うたねんぶつ〔歌念仏〕 声を長く引き、節をつけて、念仏*を歌い唱えること。後には、一種の遊芸となった。

うちしき〔内敷〕 荘厳《しょうごん》*のため、仏前の卓上に敷くもの。打敷、敷具。地布《じふ》、外敷《そとじき》の対語。

うちょうてん〔有頂天〕 ①色界《しきかい》*の第四禅天で、色究竟天《しきくきょうてん》ともいい、形のある世界（色界）の最頂上に位置する天*。またはそこに住む神々。②無色界*の第四処である非《ひ》想非非想処天《そうひひそうじょてん》のこと。俗に、喜びで夢中になり、最高の天に昇ったような気持ちになることを「有頂天になる」という。

うちわだいこ〔団扇太鼓〕 日蓮宗徒が題目*を唱える時に用いる柄のある太鼓。

うてん〔于闐〕 中央アジアの西方、現在の新疆《しんきょう》省の和田《ホータン》(Khotan) 地方。かつて大乗仏教*が大いに行われ、漢訳大蔵経《だいぞうきょう》*の主なものは多くこの地より伝訳された。

うでん〔優塡〕 （梵）Udayana の音写。コーシャーンビー（憍賞弥）国の王。妃の感化によって仏法*に帰依《きえ》*したが、釈尊*が、母（摩耶夫人《まやぶにん》*）に説法*をするため三十三天*に昇っていった時、再び仏*を拝することができないのを悲しんで病に患り、ついに仏の像を彫らせた。これが仏像*の始まりであると伝えられる。

うどんげ〔優曇華〕 （梵）udumbara の音写。霊瑞華《りょうずいげ》と訳す。きわめてまれに咲くとされる花。古来、三千年に一度花を開き、この花が開くときは転輪聖王《てんりんじょうおう》*が出現するといわれる。希有なることにたとえる。

うばい〔優婆夷〕 （梵）upāsikā の音写。近善女《ごんぜんにょ》、清信女《しょうしんにょ》と訳す。仏道*に入った在家*の女性をいう。

うばそく〔優婆塞〕 （梵）upāsaka の音写。近善男《ごんぜんなん》、清信士《しょうしんじ》と訳す。仏道*に入った在家*の男性をいう。

うばそくかい〔優婆塞戒〕 在家*の信者の守るべき戒律*。不殺生《ふせつしょう》、不偸盗《ふちゅうとう》、不邪婬、不妄語、不飲酒《ふおんじゅ》の五戒*。

うばだいしゃ〔優婆提舎〕 （梵）Upadeśa の音写。十二部経*の一つ。論議、逐《ちく》分別説と訳す。釈尊*の説を釈尊または弟子が分析し、論議し、問答して、理路を説明した経文《きょうもん》。

ウパニシャッド〔Upaniṣad〕 紀元前七、八世紀のころ、インド哲学の根本思想を編述した多くの論書。その数は二百余にものぼる。師弟が対座して伝授するので、奥義書と訳される。

うばり〔優波離〕 ウパーリ。(梵) Upāli の音写。釈尊*の十大弟子*の一人。理髪師の出で、戒律*を忠実に守り、持律《じりつ》第一と称せられた。第一結集《けつじゅう》(経典*類の編集)の時には、律蔵*を誦出編纂する重大な役をつとめた。

うぶ〔有部〕 説一切有部の略。小乗二十部*の一つ。「我空《がくう》法有《ほうう》(主観的な我*は空*であるが、諸々の現象は実在する)」・「三世実有《さんぜじつう》、法体恒有《ほったいごうう》(万有の本体は過去世・現在世・未来世の三世*を通じて恒に存在することをいう)」と主張する。→せついっさいうぶ(説一切有部)

うむ〔有無〕 有とは、我《が》*(認識する主体)が実在し、法*(客体である諸々の現象)も実在すると執着《しゅうじゃく》*する邪見*のことで、これを常見《じょうけん》*という。無とは、我もなく法もなしと執着する妄見《もうけん》*のことで、これを断見*という。有無の二見に偏らず、その中道*を歩むのが仏教の態度である。→仏教常識〈日常語〉同項

うもん〔有門〕 四門《しもん》*の一つ。諸法*(あらゆる事物・現象)は実有《じつう》*(実在するもの)であると説く教門、すなわち倶舎《くしゃ》宗*、法相《ほっそう》宗*の教えがそれである。

うよねはん〔有余涅槃〕 有余依《え》涅槃ともいう。無余《むよ》涅槃*の対語。煩悩《ぼんのう》*を断って涅槃*を得ても、なおこの肉体という条件が余分に残っているから、完全な涅槃には至らない状態。

うらぼん〔盂蘭盆〕 盂蘭盆会《え》の略。俗にお盆という。(梵) ullambana の音写。倒懸《とうけん》と訳す。さかさまに懸けられる苦しみの意。死者をその苦より免れさせるために、祭儀を設け、三宝《さんぼう》*(仏・法・僧)を供養《くよう》*する法会《ほうえ》*。目連《もくれん》*が、餓鬼道《がきどう》*におちたその母を救ったという『盂蘭盆経*』の説話によるものと伝えられる。→仏教常識〈行事の部〉盂蘭盆会 →次項

うらぼんぎょう〔盂蘭盆経〕 一巻。『盂蘭経』ともいう。竺法護《じくほうご》*の訳とされる。餓鬼道《がきどう》*におちた母を救おうとした目連《もくれん》*が、仏*の助言に従って、七月十五日に自恣《じし》*(自発的な懺悔《さんげ》*)を行うたくさんの僧*たちを供養《くよう》*し、その功徳《くどく》*で母を救うことができたという話が説かれる。先祖供養に布施《ふせ》*の功徳を関連させていることから、孝行を尊重する中国で作られた偽《ぎ》経*かともいわれる。(大)16・No.685

うろ〔有漏〕 (梵) sāsrava の訳。無漏《むろ》*の対語。漏《ろ》は煩悩《ぼんのう》*

の意味で、迷いを有する状態、また迷いの世界をもさす。煩悩と関係し、煩悩を増長させるものをすべて有漏という。

うろん〔胡乱〕 →仏教常識〈日常語〉同項

うろんざ〔胡乱座〕 禅宗*の言葉で、僧侶*がその出家*の年次によらず、乱雑に着席すること。

うん〔蘊〕 →ごうん（五蘊）

うんけい〔運慶〕（?—一二二三?）鎌倉初期の大仏師。康慶の子。東大寺*の大仏師職に補せられ、法印*となる。一般に備中法印《びっちゅうほういん》ともいう。写実的な力強い作風で、快慶と共作の東大寺南大門仁王像は有名である。

うんしょう〔雲照〕（一八二七—一九〇九）真言宗*の僧。出雲（島根県）の人。厳しく戒律*を守ったことによって有名。明治初期の仏教界の指導者の一人。東京に目白僧園を開き、広く教化《きょうけ》*に努めた。

うんじょかい〔蘊処界〕 →おんにゅうかい（陰入界）

うんすい〔雲水〕 行雲流水《こううんりゅうすい》、つまり雲が動いて行きとどまることがなく、水が流れて定住しないように、一カ所に止住しないで諸国を修行*して回る僧をいう。禅宗*の言葉。

うんのう〔雲衲〕 雲水《うんすい》のこと。→前項

うんぱん〔雲版〕 寺院*の庫裡《くり》*にかけて、食事の時など、これを叩いて時を知らせる板。雲の形をしている。

うんもん〔雲門〕 雲門文偃《もんえん》（「ぶんえん」ともいう）の称。（八六四—九四九）雲門宗の祖。中国嘉興《かこう》（浙江省《せっこう》）の人。十七歳で出家*。律*を学んだのち雪峰義存《せっぽうぎぞん》の法を嗣ぐ。韶州《しょう》（広東省）雲門山に禅寺を建立*、その徳を慕い多くの門下が集まった。その法系の雲門宗は、北宋代には臨済宗《りんざい》*とともに栄えたが、以後衰えた。

釈迦如来真言

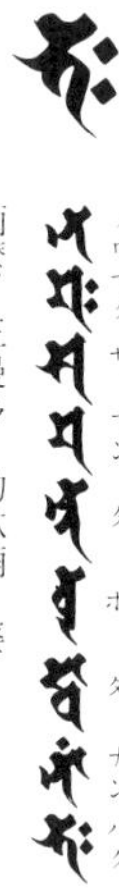

バク
bhaḥ

ノウマクサマンダボダナンバク
南麽 三曼多 勃駄喃 婆
namaḥ samanta buddhānāṃ bhaḥ

あまねく住する諸仏に帰依《きえ》し奉る。とくに釈迦如来に。

→本文161頁「しゃかにょらい」

《え　エ》

え〔慧〕　心のはたらき（心所《しんじょ》*）の一つ。善悪正邪などを選び分ける精神作用をいう。↓えがく（慧学）

えいか〔詠歌〕　西国《さいごく》三十三所観音*の霊場*を巡拝する巡礼*者たちの唱える和讃*をいう。三十三所に各々一首ずつの和歌を当てる。花山院奉納の勅吟であると伝える。後、これを模して四国八十八箇所*、坂東三十三所観音*等の観音霊場の寺々にも詠歌がつくられた。御詠歌とも巡礼歌ともいう。↓仏教常識〈寺院の部〉西国三十三所観音

えいかん〔永観〕　↓ようかん（永観）

えいかんどう〔永観堂〕　↓ぜんりんじ（禅林寺）

えいさい〔栄西〕　（一一四一―一二一五）「ようさい」とも読む。わが国臨済《りんざい》宗*の初祖。明庵《みょうあん》。葉上房《ようじょうぼう》と号する。天台葉上流の祖。通称は千光国師。備中（岡山県）の人。二度にわたって入宋《にっそう》し、天台山*の虚庵懐敞《きあんえしょう》の衣《い》鉢《はつ》*をつぎ、帰国後福岡・鎌倉・京都で禅*を唱え、建仁寺*を創建。また入宋中には、当地の喫茶の習慣に強く魅かれ、持ち帰った茶種を栽培した。『興禅《こうぜん》護国論』『喫茶養生記』等の著書がある。

えいざん〔叡山〕　↓ひえいざん（比叡山）

えいぞん〔叡尊〕　（一二〇一―九〇）律宗*中興の祖。大和（奈良県）の人。字は思円、興正菩薩《こうしょうぼさつ》と勅諡《ちょくし》。初め密教*を学び、のち戒律*復興を念願して嘉禎二年（一二三六）東大寺*で自誓受戒《じせいじゅかい》（戒師や立ち会い人がいない時、仏前に自ら誓い戒*を受けること）。西《さい》大寺*を復興し、戒律を講じ、真言律宗*の道を開く。社会事業に尽力し、朝廷のみならず広く民間からも尊崇される。正応三年寂す。『梵網古迹文集《ぼんもうこしゃくもんじゅう》』『感身学生《がくしょう》記』を著わす。

えいたいきょう〔永代経〕　永代読経《どきょう》の略。寺院が檀家*の要請により、死者のために毎月の忌日《きにち》*または毎年の正忌日に読経*して、永代に伝える法会《ほうえ》*の名で、永代供養《くよう》*ともいう。総永代経（春秋の二季に一、二昼夜読経して布教する）と特別永代経（ある一人のために特に読経する）とがある。↓仏教常識〈仏事の部〉永代供養

えいたいくよう〔永代供養〕　↓前項　↓仏教常識〈仏事の部〉同項

えいふくじ〔叡福寺〕　単立寺院（もと高野山真言宗*）。大

阪府南河内郡太子町。磯長《しなが》山聖霊《しょうりょう》院と号し、上太子、石川寺、磯長寺などと称する。聖徳太子*が自らの墓地と定め、推古三十年（六二二）亡くなり、ここに母や妃と共に葬られる（三骨一廟《びょう》）。後に伽藍《がらん》*が建立*された。本尊*の如意輪《にょいりん》*観音は止利《とり》*仏師の作とされる。

えいへいこうろく〔永平広録〕 懐奘《えじょう》、詮慧《せんね》、義演《ぎえん》の編。道元*の法語、偈頌《げじゅ》*等を収めた書。建長五年（一二五三）成立。『興聖寺《こうしょうじ》語録』一巻、『大仏寺語録』一巻、『永平寺語録』八巻の合わせて十巻よりなる。

えいへいじ〔永平寺〕 曹洞《そうとう》*宗大本山。福井県吉田郡永平寺町。寛元元年（一二四三）道元*を開祖として、波多野義重が草創*した。初め大仏寺と号し、のち吉祥《きちじょう》山永平寺と改称する。本尊*は釈迦如来《しゃかにょらい》。

えいへいじは〔永平寺派〕 道元*を開祖として、現在は曹洞《そうとう》*宗の一派。

えいへいしんぎ〔永平清規〕 道元*の著。曹洞《そうとう》*宗の日常の態度、儀式の作法等を教えたもの。上下二巻。

えおん〔慧遠〕 ①（三三四―四一六）中国念仏の始祖。廬山《ろざん》*の慧遠、大慧遠という。同志百二十三人とともに、江南の廬山（江西省）においてもっぱら念仏*の浄業《じょうごう》*を修する。これを白蓮社《びゃくれんしゃ》*という。②（五二三―五九二）隋代、地論《じろん》*宗南道派の学僧。敦煌《とんこう》の人。浄影寺《じょうようじ》*の慧遠、または小慧遠という。北周武帝の廃仏に抵抗したが意達せず、のち隋の文帝に召され長安の浄影寺で主な大乗*経典*の注釈講義、および著作に専心した。『大乗義章』二十巻等の著書多数。

えおんりゅう〔慧遠流〕 中国浄土教の一つの流派。→ろざんりゅう（廬山流）

えか〔会下〕「えげ」とも読む。説法*の会座《えざ》*に集まって、師僧の教えを受ける人をいう。会上《えじょう》（説法者）の対語。

えか〔慧可〕（四八七―五九三）中国禅宗の第二祖。洛陽の人。初め神光といったが、四十歳のとき菩提達磨《ぼだいだるま》*を少林寺*に訪れ、自らの左の臂《ひじ》を切断して求道《ぐどう》*の誠を示し（慧可断臂《だんぴ》）、ついに印可《いんか》*を得て名を慧可と改める。

えかい〔懐海〕（七二〇―八一四）中国福州の人。馬祖《ばそ》*に師事して法*を受け、百丈山に住んで百丈禅師と称される。禅寺の生活のきまりをまとめた初めての規則集『百丈清規《しんぎ》*』を著わした。「一日作《な》さざれば、一日食《くら》わず」の語は有名。

えがく〔慧学〕 三学の一つ。智慧*を生じさせて増長《ぞうじょう》させ、煩悩《ぼんのう》*を断って真実を体得するための修行*をいう。→さんがく（三学）

えかん〔懐感〕 唐代の僧。善導*から浄土門*の教えをうける。『釈浄土群疑論《しゃくじょうどぐんぎろん》』七巻の著書がある。寿不詳。

えきどう〔奕堂〕 →せんがい（旃崖）

えく〔壊苦〕 三苦の一つ。自分の身体、そのほか自分が愛着するものの破壊する時に感じる苦悩をいう。→さんく（三苦）

えけい〔恵瓊〕 （?—一六〇〇）臨済《りんざい》宗*の僧。安芸（広島県）の人。安国寺*に住したので安国寺恵瓊といわれる。弁才機智に富み、毛利輝元に重用される。本能寺*の変後、高松城の和議使となり、豊臣秀吉の信任を受け伊予に六万石を与えられた。関ケ原の戦いに西軍に組みし、敗れて斬首。寿不明。

えこ〔依怙〕 依り頼むこと。信頼して依りかかること。→仏教常識〈日常語〉同項

えこう〔回向（廻向）〕 （梵）pariṇāma の訳。回は回転、向は趣向の意味。自分の積んだ功徳《くどく》*を回《めぐ》らして、これを他に向けること。自分のために積んだ功徳が、死者・生者を問わず他人の功徳にもなるという考えの根拠には「自他不二《じたふに》」の大乗的衆生《しゅじょう》観があり、また「生死《しょうじ》*不二*」の考えもあった。一般に、読経《どきょう》法要*などをして死者の菩提《ぼだい》*を弔うことを回向というのもこれである。

えこう〔慧光〕 （四六八—五三七）中国定州長盧《ちょうろ》（河北省天津《てんしん》市）の人。勒那摩提《ろくなまだい》・仏陀禅師の弟子、光統律《こうずりつ》師《し》*という。『十地経論《じゅうじきょうろん》*』訳出時に勒那摩提と菩提流支《ぼだいるし》*の二訳を合糅《ごうにゅう》（異説をまとめて一つにすること）して、地論宗《じろんしゅう》*を興した。また、『四分律《しぶんりつ》*』の興隆につとめ、道雲・道惲《どうくん》などの弟子を育てた。

えこう〔壊劫〕 四劫の一つ。この世界の壊滅する時期。最初に衆生《しゅじょう》*世間、次いで器《き》*世間も破壊する時期。このとき劫火《こうか》*が世界を焼きつくす。→しこう（四劫）

えこういん〔回向院〕 浄土宗*。東京都墨田区東両国。明暦三年（一六五七）江戸の大火（振袖火事）に際し、焼死者十余万、これを牛島新田に埋葬して、寺を建てて諸宗山無縁寺といったが、その後、現在の地に移して回向院と称したので通称は両国回向院という。現在の大相撲は、天明元年（一七八一）または寛政年間（一七八九—一八〇〇）から、回向院境内で催された勧進相撲を前身とする。本尊*は阿弥陀如来《あみだにょらい》。

えこうへんじょう〔回光返照〕 禅宗*で、自己の本分（本来のすがた）を回顧し反省しながら修行*すること。浄土門*では還相回向《げんそうえこう》*をさす。

えこうほつがんしん〔回向発願心〕 浄土門*でいう三心《さんしん》*

（至誠心《しじょうしん》・深心《じんしん》・回向発願心）の一つ。自分の積んだ善根《ぜんごん》*功徳《くどく》*を浄土*に回向*して、そこに往生*することを願う心。

えこうもん〔回向文〕　法会《ほうえ》*を行う際、最後にその功徳《くどく》*を一切衆生《しゅじょう》*に回向*する、その願文*をいう。↓仏教常識〈仏事の部〉同項

えごうろ〔柄香炉〕　柄炉ともいう。仏《ぶつ》*・菩薩《ぼさつ》*の奉請《ぶじょう》・供養《くよう》*、経典*の焼香*供養に用いる把手のついた香炉*。わが国には仏教伝来とともにもたらされた。『根本説一切有部毘奈耶《こんぽんせついっさいうぶびなや》』にも記述があり、仏具の中でも最古のものの一つ。

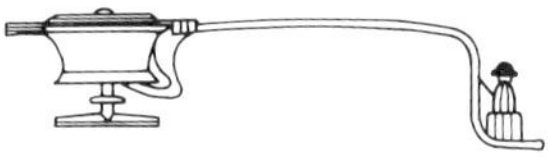

えざ〔会座〕　会場。説法*を聴くために人々が集まる場所の意味。

えし〔慧思〕　（五一五—五七七）中国天台宗の第二祖。智顗《ちぎ》*の師。豫州《よしゅう》（河南省）武津《ぶしん》の人。長安の驪山《りざん》で慧文《えもん》に師事して法華三昧《ほっけざんまい》（一心三観《いっしんさんがん》*）を体得、のち大蘇山で智顗に会い法*を伝える。慧思と智顗は、前生にてともに釈尊*の霊鷲山会《りょうじゅせんえ》に座し、『法華経《ほけきょう》*』の金口《こんく》*説法を聴聞したという。また、日本天台では、慧思の後生《ごしょう》*が聖徳太子*であるとする伝説を重視した。南岳《なんがく》*に住んだことから南岳大師という。

えしき〔会式〕　①朝廷の法会《ほうえ》*、寺院*の仏事*の総称。②日蓮*上人の正忌日《しょうきにち》に行われる法会。毎年十月十二、十三の両日。東京池上の本門寺*のお会式が最も有名。

えじき〔壊色〕　（梵）kaṣāya の訳。原色を壊すという意味で、青《しょう》・黄《おう》・赤《しゃく》・白《びゃく》・黒《こく》の五色を壊し、銅青（緑青色）、黒泥、木蘭（黒みがかった赤黄色）の三色のはっきりしない色。袈裟《けさ》*と音写し、この色で法衣《ほうえ》*を作るので、法衣を袈裟衣《けさえ》という。

えしゃく〔会釈〕　会通《えつう》・和会《わえ》ともいう。まったく相反するように思われる教説を、よく照らし合わせて、融会《ゆうえ》通釈することをいう。俗に、人をよくあしらうことを会釈というのも、人情を融合する意味から来たもの。↓仏教常識〈日常語〉同項

えしゃじょうり〔会者定離〕　会うものはまた必ず離れなければならないという意味。生者《しょうじゃ》必滅*（生あるものは必ず死ぬ）と対句をなす言葉。

えしん〔回心〕　廻心とも書き、「かいしん」ともいう。心を回《めぐ》らして、邪より正へ、悪*より善へ向かうこと。

えしんこうだい〔回心向大〕　小乗*の教えに執着《しゅうじゃく》*していた心を回《めぐ》らして、大乗*の教えへ向かうこと。小乗仏教*における自利《じり》*のみをめざす立場から、自利のみならず、

利他《りた》*をめざす大乗仏教*の立場へ心を転換すること。

えしんそうず〔恵心僧都〕　→げんしん（源信）

えたきしょう〔依他起性〕　唯識《ゆいしき》*の三性《さんしょう》*（遍計《へんげ》所執性《しょしゅうしょう》・依他起性・円成実性《えんじょうじつしょう》）の一つ。他に依って起るということから、他の因縁*の和合によって生起《しょうき》する法*（諸々の事物）のこと。故に実在でもなく、無*でもない。仮《け》有《う》*（仮の存在）の法とする。

えだんにりゅう〔恵檀二流〕　天台宗*における恵心《えしん》流（源信*の流派）と檀那《だんな》流（覚運の流派）の二流をいう。

えちょう〔慧澄〕　→ちくう（癡空）

えつう〔会通〕　→えしゃく（会釈）

えど〔穢土〕　浄土*の対語。汚穢《おえ》不浄なる国土という意味で、この世のことをいう。また、衆生《しゅじょう》*凡夫《ぼんぷ》*が流転《るてん》*輪廻《りんね》*する迷いの世界である三界《さんがい》*六道*の総称。

えにち〔慧日〕　（六八〇—七四八）慈愍《じみん》三蔵という。青州（山東省）の人。海路入竺《じく》して、滞在すること十三年、帰路、観音*の霊告をうけて、浄土教*を説く。諸教に浄土修法《しゅほう》を認め、念仏*融会《ゆうえ》の立場を開いた。これを慈愍流という。中国浄土教三伝の一派。

えのう〔慧能〕　（六三八—七一三）南宗禅*の祖。南海（広東省）の人。中国禅の実質的な開創者。五祖弘忍《ぐにん》について、その衣鉢《いはつ》*をうけ、南方に教えを弘めた。六祖大師と称される。その教えは『六祖法宝壇経』により知られる。

えはつ〔衣鉢〕　→いはつ（衣鉢）

えぶっし〔絵仏師〕　木に仏像*を彫刻するものを木仏師というのに対して、仏像を描き、また仏教寺院の色彩《いろどり》をするものを絵仏師という。平安中期からの呼称。

えま〔絵馬〕　神仏に祈願*、報謝*するため、馬の絵を描いて、神社仏閣に奉納する額。もと神馬に代用したものである。

えりんじ〔恵林寺〕　臨済《りんざい》宗*妙心寺派*。山梨県塩山《えんざん》市小屋《おや》敷《しき》にあり、乾徳《けんとく》山と号す。夢窓《むそう》*国師の開創。天正十年（一五八二）快川紹喜《かいせんしょうき》*（大通智勝《だいつうちしょう》国師）の時、織田信長の軍に焼かれた。本尊*は釈迦如来《しゃかにょらい》。

えん〔縁〕　（梵）pratyaya の訳。因縁の縁。因*を助けて果*を生じさせるもの。→いんねん（因縁）

えんがく〔縁覚〕　（梵）pratyeka-buddha の訳。辟支仏《びゃくしぶつ》*と音写。独覚《どっかく》・因縁覚と訳す。二乗*（声聞《しょうもん》乗・縁覚乗）または三乗*（声聞乗・縁覚乗・菩薩《ぼさつ》乗）の一つ。師によらず、因縁*を観じて、独力でさとり*を開いた聖者《しょうじゃ》*をいう。

えんがくじ〔円覚寺〕　臨済《りんざい》宗*円覚寺派*大本山。神奈川県鎌倉市山ノ内。瑞鹿《ずいろく》山と号す。鎌倉五山*の第二位。弘安五年（一二八二）宋の無学祖元《むがくそげん》*（仏光国師）を開山*として、北条時宗の創建になる。本尊*は釈迦如来《しゃかにょらい》。

えんがくじは〔円覚寺派〕　臨済《りんざい》宗十四派*の一つ。宋の無《む》学祖元《がくそげん》*を開祖として、鎌倉の円覚寺*を本山*とする。

えんぎ〔縁起〕　（梵）pratītya-samutpāda の訳。因縁生《しょう》*起《き》の意。物事はすべて因*・縁*・果*の道理によって起こるということ。なお、寺院*や仏像*の沿革功徳《くどく》*についての伝説・説話も縁起という。また、吉凶についても縁起がよい、縁起をかつぐ、という使い方がされる。

えんぎょう〔円教〕　偏教《へんぎょう》*の対語。円融《えんにゅう》円満（完全無欠）の教法という意味で、大乗仏教*究極の真実なる教えをいう。天台宗*でいう四《し》教*（蔵・通・別・円）の一つ。

えんぎろん〔縁起論〕　仏教思想の二大思潮の一つ。実相論*に対して、縁起*によって宇宙の成立を説明するものをいう。

えんけつふしょう〔縁欠不生〕　一切の法*（諸々の事物）は因縁*の和合によって生じるものであるから、たとえ因*は存在しても縁*を欠くときは、永久に生じないということ。

えんご〔円悟〕　①（一五六六―一六四二）臨済《りんざい》宗*の僧。中国南京の人。号は密雲。幻有《げんう》に師事し衣鉢《いはつ》*を伝えて、黄檗《おうばく》*の宗風を振るい、語録をのこした。日本の黄檗宗祖の隠元《いんげん》*の師。②圜悟禅師。→こくごん（克勤）

えんこうかんのん〔円光観音〕　三十三観音*の一つ。背に火焔形の光背《こうはい》*を負った観音*。

えんこうだいし〔円光大師〕　→ほうねん（法然）

えんじゃく〔円寂〕　涅槃《ねはん》*のこと。涅槃は旧訳《くやく》*では滅度《めつど》*、新訳*では円寂である。→はつねはん（般涅槃）

えんせ〔厭世〕　この世の中を厭《いと》って、出離解脱《げだつ》*を求めること。→仏教常識〈日常語〉同項

えんぜつ〔演説〕　→仏教常識〈日常語〉同項

えんそう〔円相〕　一円相《いちえんそう》ともいう。衆生《しゅじょう》*の心が周遍《しゅうへん》平等《びょうどう》（いきわたってかたよらぬこと）であることを円によって表象する。六祖慧能《えのう》*の弟子・南陽慧忠《えちゅう》の頃から用いられはじめる。本来の面目《めんもく》*（人間の本質）を示す。

えんちん〔円珍〕　（八一五―八九一）天台宗*の僧。寺門派《じもんは》*の祖。讃岐（香川県）那珂《なか》郡の人。姓は和気《わけ》氏。母は佐伯氏で空海*の姪である。延暦寺*の義真*に師事し、三十二歳で学頭となる。仁寿三年（八五三）入唐《にっとう》し、福州（福建省）開元寺*に入住、悉曇《しったん》*・律*を学ぶ。天台山*

に至り天台の教えを究め、長安青竜寺で金胎両部《こんたいりょうぶ》*の灌頂《かんじょう》*を伝えられ、伝法阿闍梨位《でんぽうあじゃりい》の灌頂を受ける。天安二年（八五八）帰国。天台・真言・倶舎《くしゃ》・因明《いんみょう》*・悉曇など四百四十余部・一千巻の典籍をもたらす。貞観一年（八五九）三井《みい》の園城寺《おんじょうじ》*に移り、同八年（八六六）同寺別当*となる。同十年（八六八）延暦寺第五世座主《ざす》*に任じられる。倶舎・因明を新たに伝えたほか、台密《たいみつ》*の完成に努めた。智証大師と諡《おくりな》される。『大日経指帰《しいき》』『講演法華《ほっけ》儀』などを著わす。

えんつう〔円通〕　仏*のさとり*の境界《きょうがい》*をいう。完全（円）で、一切に普《あまね》くゆきわたる（通）という意味。

えんどん〔円頓〕　円満頓速の意味で、すべてのものを具《そな》えていて、すみやかに成仏《じょうぶつ》*すること。

えんどんかい〔円頓戒〕　『法華経《ほけきょう》*』の要旨によって立てられた『梵網《ぼんもう》経』の十重禁、四十八軽戒《きょうかい》をいう。最澄《さいちょう》*の伝えるところ。大乗円頓教の戒律*という意味。

えんにち〔縁日〕　有《う》縁日。神仏・諸天・祖師*などの降生《ごうしょう》、成仏《じょうぶつ》*、入寂《にゅうじゃく》*等にあたる日で、この日にその神仏等に参詣すれば、すぐれた功徳《くどく》*を生じるとされる。↓仏教常識〈日常語〉同項

えんにゅう〔円融〕　諸法*が円満に融通*すること。それぞれが自らの立場を保ち、互いに融《と》け合って一体となり、しかも妨げることがないこと。

えんにん〔円仁〕　（七九四―八六四）天台宗*の第三世座主《ざす》*。日本の天台教学を大成した。下野（栃木県）の人。最澄《さいちょう》*に師事。承和五年（八三八）入唐《にっとう》して密教*を学ぶ。会昌《かいしょう》の法難（唐の武宗により、会昌二―五年＝八四二―八四五年にかけて行われた廃仏）に遭うが、八四七年に帰国。在唐の記録『入唐求法巡礼行記《にっとうぐほうじゅんれいこうき》』は有名。貞観六年寂す。諡《おくりな》して慈覚《じかく》大師。『顕揚大戒論』等およそ百部の著作がある。

えんねつじごく〔炎熱地獄〕　八熱地獄（等活《とうかつ》地獄・黒縄《こくじょう》地獄・衆合《しゅごう》地獄・叫喚《きょうかん》地獄・大叫喚地獄・炎熱地獄・焦《しょう》熱地獄・阿鼻《あび》地獄または無間《むけん》地獄）の一つ。身体の周囲から火焔が迫り苦しめる地獄*をいう。↓はちねつじごく（八熱地獄）↓口絵図版〈十界図〉

えんのおづぬ〔役小角〕　奈良時代の修験道《しゅげんどう》*の開祖。大和（奈良県）の人。葛城《かつらぎ》山の岩窟で修行*し、神験《じんけん》をあらわす。讒《ざん》言によって伊豆に流されたことがある。神変《じんぺん》大菩薩《だいぼさつ》と諡《おくりな》する。生没年不詳。

えんのぎょうじゃ〔役の行者〕　↓えんのおづぬ（役の小角）

えんぶだい〔閻浮提〕 ジャンブドヴィーパ。(梵) Jambu-dvīpa の音写。須弥山《しゅみせん》世界の四洲《ししゅう》*の一つ。須弥山の南方に位置する。もとインドの地をさしていったものであるが、後、我々の住むこの世界をいうことになった。↓しゅみせん（須弥山）↓185頁図版〈須弥山図〉

えんまおう〔閻魔王〕 ヤマラージャ。(梵) Yamarāja の訳。縛・双生《そうしょう》・平等王などと漢訳。冥界《めいかい》*（地獄*）の王で、十王*の首領。衆生《しゅじょう》*の罪を監視し、その応報*を明ら

かにする。もとインド神話中の双生（双子）の神である。↓仏教常識〈日常語〉同項

えんまもうで〔閻魔詣で〕 閻魔参りともいう。閻魔王*をまつる寺院*を巡ること。俗間に行われる年中行事の一つ。正月および七月の十六日を閻魔王の賽日《さいにち》*として、各所の閻魔堂に参詣する人が多い。

えんめいかんのん〔延命観音〕 三十三観音*の一つ。呪詛《じゅそ》（のろい）および毒薬の害を取り除き、延命をもたらすという。

えんめいじぞう〔延命地蔵〕 延命利生《りしょう》*の功徳《くどく》*を有する地蔵*菩薩《ぼさつ》のこと。ことに子供を護念して、その寿命を増《ぞう》長《ちょう》*させるという。

えんめいほう〔延命法〕 普賢《ふげん》*菩薩《ぼさつ》を本尊*として、寿命を延ばし、力の増長《ぞうちょう》*することを祈願*する密教*の修法《しゅほう》*をいう。

えんめいぼさつ〔延命菩薩〕 ↓ふげん（普賢）

えんりえど〔厭離穢土〕 「おんりえど」ともいう。この娑《しゃ》婆《ば》*世界を穢《けが》れた迷いの世界とみてこれを厭《いと》い、離れようと願うこと。欣求《ごんぐ》浄土*の対語。

えんりゃくじ〔延暦寺〕 天台宗*総本山。滋賀県大津市坂本にあり、山号*は比叡山*。本尊*は釈迦《しゃか》如来《にょらい》(西塔)、薬《やく》師《し》如来（東塔）、阿弥陀《あみだ》如来（横川《よかわ》*、のち聖《しょう》観音）を安置する。延暦四年（七八五）最澄《さいちょう》*の草創*。中世において隆盛をきわめ、一山に三千余坊があった。また僧兵*を蓄えて、横暴を振るうこともあった。元亀二年（一五七一）織田信長によって焼かれたが、のち豊臣・徳川政権が復興を助け、旧に復した。天下の総学問所といわれ、法然《ほうねん》*、親鸞《しんらん》*、日蓮*、道元*など鎌倉新仏教の祖

師*たちもここで修行*勉学した。

大日如来（金剛界）真言

バン
vaṃ

オン　バ ザラ　ダ ト　バン
唵　嚩日囉　駄観　鑁
oṃ vajra dhātu vaṃ

金剛界如来に帰命《きみょう》し奉る。特に大日如来（鑁尊）に。

→本文250頁「だいにちにょらい」

大日如来（胎蔵）真言

アーク
aḥ

ノウマクサマンダボダナンアビラウンケン
南麽　三曼多　勃駄喃　阿　尾　囉　吽　欠
namaḥ samanta buddhānāṃ a vi ra hūṃ khaṃ

あまねく諸仏に帰依し奉る。特に胎蔵五字真言尊（大日如来）よ。

→本文250頁「だいにちにょらい」

お　オ

おい〔笈〕　つづらの一種。四脚を付けて、地に置くことができるようにしてある。修験者《しゅげんじゃ》*や行脚《あんぎゃ》僧*が、峰中修行*に必要な衣服、書籍、仏像*、経巻《きょうかん》*を入れて背負うもの。

おいずり〔笈摺〕　巡礼*が着物の上に着る袖無しの羽織様の白衣。もと笈*を負って背の摺れることを防ぐために着たもの。

おうき〔応器〕　応量器または鉢ともいう。→はち（鉢）

おうぐ〔応供〕　→あらかん（阿羅漢）

オウクツマラ〔央掘摩羅〕　アングリマーラ。（梵）Aṅguli-māla の音写。釈尊*在世の頃、シュラーヴァスティー（舎衛城《しゃえいじょう》*）に住み、外道《げどう》*の教えを信じ、人を殺すのは涅槃《ねはん》*の因*であるとして、市に出て人を殺すこと九百九十九人、指を切り取り、それを鬘《まん》（首飾り）にして首にかけたことから指鬘《しまん》外道といわれる。千人目に自らの母を殺そうとした時、釈尊*に会って懺悔《さんげ》*改悛《かいしゅん》し、仏門に入ってついにさとりを得ることができたという。

おうげしん〔応化身〕 三身《さんじん》*の一つ。↓おうじんぶつ（応身仏）

おうげん〔応現〕 応化《おうけ》ともいう。仏《ぶつ》*・菩薩《ぼさつ》*が衆生《しゅじょう》*を救うために、衆生それぞれの機根《きこん》*に応じて種々の姿を現わすこと。

おうげんにえこう〔往還二回向〕 往相《おうそう》回向*と還相《げんそう》回向*の二つの回向*。

おうしゃじょう〔王舎城〕 ラージャグリハ。（梵）Rājagṛha の訳。中インドにあったマガダ（摩揭陀《まがだ》*）国の首都。現在のラージギールにあたる地。釈尊*在世中にビンビシャーラ（頻婆娑羅《びんばしゃら》*）王、イダイケ*（韋提希＝ヴァイデーヒー）夫人《ぶにん》、アジャセ*（阿闍世＝アジャータシャトル）などがいたと伝えられ、近くに竹林精舎《ちくりんしょうじゃ》*および霊鷲山《りょうじゅせん》*がある。

おうじょう〔往生〕 往《ゆ》き生まれること。死後、極楽浄土*や兜率天《とそつてん》*などに生まれかわること。↓仏教常識〈日常語〉同項

おうじょうしゅごのさんじゅうばんしん〔王城守護の三十番神〕 寅神、甲神、日神、卯神、乙神、辰神、雷神、風神（以上＝左青竜八神）、巳神、丙神、火神、午神、丁神、河伯神、己神、地神（以上＝前朱雀八神）、申神、庚神、月神、酉神、辛神、太白神、沢神、天神（以上＝右白虎八神）、亥神、壬神、水神、子神、癸神、海神、竜神、山神（以上＝玄武八神）の三十二神のこと。概数をとり、三十番神という。

おうじょうようしゅう〔往生要集〕 三巻。源信*の撰。経論の中から往生*極楽*に関する要文を集め、往生極楽の教行を勧説した書。㊅84・No. 2682

おうじょうらいさん〔往生礼讃〕 一巻。善導*著。『往生礼讃偈《げ》』ともいう。『無量寿経*』および竜樹*、天親*、彦琮《げんそう》等の『礼讃偈《げ》』によって、六時*礼讃の行法《ぎょうぼう》*およびその功徳《くどく》*を説明したもの。㊅47・No. 1980

おうじんぶつ〔応身仏〕 応化身《おうげしん》、化身《けしん》*、変化身《へんげしん》*ともいう。仏*の三身の一つ。衆生《しゅじょう》*を教化《きょうけ》*するため、衆生の機縁《きえん》*に応じて身を示現《じげん》*した仏のこと。↓さんじん（三身）

おうそうえこう〔往相回向〕 還相回向の対語。往相とは衆生《しゅじょう》*が浄土*に往生*する姿という意味で、自分の功徳《くどく》*を他の衆生に回向*して、共に浄土に往生を遂げようとすること。↓げんそうえこう（還相回向）

おうばく〔黄檗〕　黄檗山*または黄檗宗*の略。

おうばくさん〔黄檗山〕　中国福建省福州府福清県。この山にはよく黄檗（きはだ）を産するのでこういう。唐の貞元五年（七八九）正幹《しょうかん》禅師がここに一宇を建て般《はん》若《にゃ》堂といい、後に建福寺と号す。爾来、馬《ば》祖《そ》道一《どういつ》*の法灯を継ぐ一派の道場*となった。元に入って零落するが、明の神宗（一五七三―一六一九）の時、万福禅寺の額および内帑金《ないどきん》（皇帝の私費）を賜り、再建される。

おうばくしゅう〔黄檗宗〕　中国明代臨済《りんざい》宗が日本に伝来した流派。宇治万福寺《まんぷくじ》*を大本山*とする。承応三年（一六五四）隠元《いんげん》禅師*が来朝して宇治（京都府）に一宇を建立*し、黄檗山万福寺と号して、ここに中国臨済宗の禅風*を伝えた。この門流をうけて、明治九年（一八七六）宗名を立てて黄檗宗を称した。↓仏教常識〈宗派の部〉日本仏教

おうばくしんぎ〔黄檗清規〕　一巻。隠元《いんげん》*の撰述。高泉《こうせん》の編。木庵《もくあん》*の校閲。黄檗宗*の規則、儀式を述べたもの。
(大)82・No.2607

おうばくばん〔黄檗版〕　黄檗版大蔵経《だいぞうきょう》の略。鉄眼版《てつげんばん》ともいう。黄檗宗*の鉄眼*禅師が宇治万福寺*に宝蔵院を建立*し、明《みん》蔵六千七百七十一巻を翻刻した大蔵経をいう。延宝六年（一六七八）に完成した。↓仏教常識〈経典の部〉大蔵経

おうびょうよやく〔応病与薬〕　仏*が衆生《しゅじょう》*の素質・性向・要求・能力等（機根《きこん》*）に応じて種々の法*を説くことを、病に応じて種々適当な薬を与えることに譬《たと》えたもの。

おうほう〔応報〕　善悪の業因《ごういん》*（行為）に応じて、苦楽の果報*を得ること。↓いんがおうほう（因果応報）

おうぼう〔王法〕　仏法*の対語。国法のことで、法律や秩序をさす。

おうぼういほん〔王法為本〕　世間*に処するには、俗諦《ぞくたい》*門（世俗の道理）の王法第一*主義で行くべしとすること。為本の本は、末に対する本で中心という意味。浄土真宗*で用いられる言葉で、真諦《しんたい》*門の信心《しんじん》為本の対語。

おうりょう〔黄竜〕（一〇〇二―六九）慧南《えなん》と称する。中国臨済《りんざい》宗の一派、黄竜派*の祖である。中国信州（江西省）玉山の人。隆興府の黄竜山に住み、大いに黄竜派をおこした。普覚禅師と諡《おくりな》す。

おうりょうき〔応量器〕　↓はち（鉢）

おうりょうは〔黄竜派〕　中国禅宗五家《ごけ》七宗*の一つ。臨済《りんざい》宗*の第七祖石霜楚円《せきそうそえん》の門弟の黄竜*慧南《えなん》*に始まった。中国では二百年で絶え、わが国へは栄西《えいさい》*が伝えた。

おおたには〔大谷派〕　真宗＊十派の一つで、本山＊は東本願寺＊（通称＝お東）。祖廟大谷の地名にちなんで大谷派といい、単に真宗ともいう。別院＊五十余、末寺《まつじ》＊八千を超え、浄土＊真宗本願寺派＊（通称＝お西）とともに東西の二派をなす。

おおはらもんどう〔大原問答〕　大原談義ともいう。文治二年（一一八六）京都大原の勝林院において、法然《ほうねん》＊が、明遍《みょうへん》、証真《しょうしん》、智海《ちかい》らの南都北嶺《なんとほくれい》（奈良および比叡山＊）の学匠と、浄土＊念仏＊の法門＊（教義）について問答した事件をいう。

おおふく〔大服〕　福茶ともいう。元日に飲む茶のこと。村上天皇御悩（病気）に際し、六波羅蜜《はらみつ》＊寺の観音＊の霊告によって、観音に供えたお茶を服して平癒したという故事による。

おおみねいり〔大峰入〕　↓みねいり（峰入）

おがら〔麻幹、苧殻〕　↓仏教常識〈仏事の部〉同項

おくねん〔憶念〕　心の中に常におもって、忘れないこと。

おくのいん〔奥の院〕　神社仏閣の本殿拝殿の奥にある祖師＊、開山＊または本地仏《ほんじぶつ》＊などの像を安置する堂宇をいう。山上または岩窟の中に設けることも多い。

おくらひじ〔御蔵秘事〕　浄土真宗＊の異安心《いあんじん》＊の一つ。土蔵の中で阿弥陀仏《あみだぶつ》＊の本身を拝ませるという一種の秘事で、尾張（愛知県）を中心として広く東日本に行われたことがあった。

おくりごじゅう〔贈り五重〕　死者の血縁者が、死者に代わって五重相伝《そうでん》＊を受けること。浄土宗＊で行う。

おくりび〔送り火〕　七月十六日（または八月十六日）、すなわちお盆の終わりの日の夕方、祖先の御霊《みたま》を送るために門前で火を焚くこと。

おしょう〔和尚〕　（梵）upādhyāya 鄔波駄耶《うぱだや》と音写、親《しん》教師と訳す。戒和尚ともいい、もとは受戒＊の時の師のことであったが、後にすべて師と仰ぐ高徳の僧＊をいうようになった。現在では、すべて住職＊以上の僧の呼称となる。禅宗＊、浄土宗＊では「おしょう」と読み、天台宗＊では「かしょう」と読み、真言宗＊、律宗＊、浄土真宗＊では「わじょう」と読む。

おっくう〔億劫〕　仏教では「おっこう」と読む。↓仏教常識〈日常語〉同項

おとき〔御斎〕　非時《ひじ》＊の対語。仏事＊の食物をいう。↓とき（斎）↓さいじき（斎食）↓仏教常識〈仏事の部〉同項

おとりこし〔御取越〕　真宗＊の末寺《まつじ》＊においては、本山＊にお

いて行われる親鸞《しんらん》＊上人の報恩講＊（宗祖＊の忌日《きにち》＊に行う法要＊）に参詣するため、日を繰り上げて営むこと。また在家＊においては、報恩講を忌日以前に取り越して営むこと。転じて、報恩講そのものをいう。

おどりねんぶつ〔踊念仏〕 →くうやねんぶつ（空也念仏）

おに〔鬼〕 もとは死者の霊魂＊をいったが、転じて、餓鬼《がき》＊、夜叉《やしゃ》＊、羅刹《らせつ》＊などの暴悪なるものを鬼とした。また普通には、地獄＊にあって、閻魔王《えんまおう》＊に駆使され、罪人を呵責する獄卒《ごくそつ》＊を鬼という。

おにやらい〔追儺〕 →ついな（追儺）

おぶつみょう〔御仏名〕 かつて毎年十二月十九日から二十一日までの三日間、宮中において行われた仏事＊。三世《ぜ》＊三千仏の仏名を唱えて、六根《ろっこん》＊（眼《げん》・耳《に》・鼻《び》・舌《ぜっ》・身《しん》・意《い》）の罪の消滅することを祈った。

おふみ〔御文〕 蓮如《れんにょ》＊が浄土真宗＊の真意を信者に教えるために、ごく平易に書き記して宗徒＊に与えた消息を、孫の円如が集めたと伝える。大谷派＊では「おふみ」といい、本願寺派＊では「ごぶんしょう」（御文章）という。

おむろ〔御室〕 京都仁和寺の通称。真言宗＊御室派総本山。宇多天皇が出家＊して、ここに御室御所を造営した故事による。→にんなじ（仁和寺）

おやだま〔親珠〕 →仏教常識〈仏事の部〉同項

おん〔唵〕 オーム。（梵）omの音写。インドで太古より用いられた密語＊であるが、後に日本に入って真言宗＊においてまた重要な呪語《じゅご》となった。密教＊では、この語をもって阿《あ》＊（発生の意）、汚《お》（維持の意）、麽《む》（崩壊の意）の合成で、一切世界の始終であるとして、その功徳《くどく》＊は計り知れないものとする。

おんき〔遠忌〕 「えんき」ともいう。宗祖＊や中興の祖などの年忌＊の、五十回忌以後のものを修する法要＊をいう。

おんぎょうほう〔隠形法〕 密教＊、修験道《しゅげんどう》＊の行者《ぎょうじゃ》＊などが、自己の姿を隠して人に見せない修法《しゅほう》＊をいう。

おんこう〔飲光〕 →じうん（慈雲）

おんこうぶ〔飲光部〕 迦葉遺部《かしょういぶ》。小乗二十部＊の一つ。仏滅＊三百年の頃、説一切有部《せついっさいうぶ》＊より分かれた部派である。

おんじゅかい〔飲酒戒〕 飲酒についての戒律＊。→ふおんじゅかい（不飲酒戒）

おんじょうじ〔園城寺〕 天台寺門《じもん》宗総本山。滋賀県大津市園城寺町にあり、三井寺《みいでら》ともいう。長等山《ながら》と号する。天武天皇の頃（六七三―六八六）の創建で、貞観元年（八五九）智証《ちしょう》大師円珍《えんちん》＊が再建。延暦寺＊を山門＊というのに対して、この寺を寺門＊と呼ぶ。西国《さいごく》三十三所観音＊

の第十四番札所。観音堂の本尊*は六臂《ろっぴ》如意輪《にょいりん》観音。金《こん》堂《どう》*の本尊は弥勒菩薩《みろくぼさつ》。

おんじんびょうどう〔怨親平等〕 大慈悲を説く仏教を奉ずる者は、怨《おん》敵をも親友をも区別なく平等*にみるべきであるという考え方。

おんぞうえく〔怨憎会苦〕 八苦*の一つ。この世の中では、怨《うら》み憎む者とも会わなければならない、その苦しみをいう。→しくはっく（四苦八苦）

おんぞうそう〔陰蔵相〕 陰馬《おんめ》蔵ともいう。三十二相*の一つ。如来《にょらい》*の男根が腹中に蔵されて、外部には見えないことをいう。

おんでん〔恩田〕 父母師長のことをいう。父母師長によく仕えてその恩を報ずる時は福を得ることができる。田とは福田《ふくでん》*のこと。

おんにゅうかい〔陰入界〕 蘊処《うんじょ》界ともいう。五蘊《ごうん》*十二処*十八界*のこと。これを三科といい、一切諸法*（あらゆる事物・現象）を三通りに総括し統合したものである。

おんぼう〔隠亡〕 死体を火葬*にすることを職とする者、もしくは墓守のことをいう。

かカ

か〔果〕 因*の対。果実の意。原因によって生じた諸々の現象・事物等のありようをいう。

が〔我〕 アートマン。（梵）ātman の訳。自分の中に中心となるものを認め、自身の体験を認識する主体で、常に存在していると考えられたもの。これを肯定するのは外道《げどう》*で、仏教はこれを否定する態度をとる。

があい〔我愛〕 我*に愛着する煩悩《ぼんのう》*をいう。四《し》煩悩*の一つ。

かい〔戒〕 （梵）śīla の訳。尸羅《しら》と音写。身《しん》・口《く》・意《い》（三《さん》業《ごう》*）による悪*を制し、善を生じさせる道徳的ないましめ。三学*または六度*の一つ。五戒*、八戒*、十戒*、二百五十戒*、五百戒*などがある。→かいりつ（戒律）

かい〔界〕 （梵）dhātu の訳。駄都《だと》と音写。差別《しゃべつ》*・区別の意。彼此《ひし》の事物を差別して、混交させないこと。

がい〔蓋〕 （梵）āvaraṇa の訳。煩悩《ぼんのう》*のこと。人の心を覆って善心を起こさせないもの。

かいあんじ〔海晏寺〕 曹洞宗《そうとう》*。東京都品川区南品川にあり、蘭渓道隆《らんけいどうりゅう》*を開山*として、北条時頼が創建した。山号*は補陀落《ふだらく》山。本尊*の聖《しょう》観音は建長三年（一二五一）この地の海中で捕えた鮫の腹中にあったもので鮫頭《さめず》（鮫洲）観音と称される。初め臨済《りんざい》宗*であったが、慶長元年（一五九六）天叟慶存《てんそうけいぞん》が徳川家康の命によって中興し、曹洞宗に改宗した。

かいいんざんまい〔海印三昧〕 波が静かにおさまった海面に宇宙の万象がことごとくその姿を印現するように、煩悩《ぼんのう》*を滅した仏*の心の中には、三世《さんぜ》*（過去・現在・未来）の諸法*が明らかに現われることをいう。『華厳《けごん》経《ぎょう》』*を説くにあたり、仏陀*はこの三昧《さんまい》*（心の安定）に入ったという。

かいえさんじょう〔開会三乗〕 『法華経《ほけきょう》*』の中の言葉。仏*が三乗*（声聞《しょうもん》乗・縁覚《えんがく》乗・菩薩《ぼさつ》乗）の教えは互いに異なるものと思っている衆生《しゅじょう》*の誤りを正して、三乗をそのまま一乗*にして、その間に差別《しゃべつ》*のないことを会得させること。

かいき〔開基〕 寺院*を創建すること。創建のための財的支援者。転じて、創建した僧*その人をもいう。

かいきょう〔契経〕 （梵）sūtra 修多羅《しゅたら》*の訳。経典*のこと。古今を通じて真実（契）を述べるところより、この訳語が出た。

かいきょう〔開経〕 本経を説く前に、その序説として述べる経*のこと。

かいきょうし〔開教使〕 開教師ともいう。未だ教法のない土地に教えを広めに行くことを使命とする僧。

かいげん〔戒賢〕 シーラバドラ。（梵）Śīlabhadra 尸羅《しら》跋陀羅《ばっだら》と音写。六世紀ごろのインドの学僧。ナーランダ（那爛陀《ならんだ》）寺*においてダルマパーラ（護法《ごほう》*）に師事し、のちナーランダ寺の長老*として大衆《だいしゅ》*の尊崇を受け、正法蔵《しょうぼうぞう》の名で呼ばれていたと伝えられる。玄奘《げんじょう》*三蔵はこの人に学んだという。

かいげん〔開眼〕 眼目を開くという意味で、仏道*の真実に向かって眼を開くこと。↓仏教常識〈仏事の部〉同項

かいげんくよう〔開眼供養〕 開眼式ともいう。新たに仏像*を造って、これに魂を入れるために行う法会《ほうえ》*。仏*の眼を開くという意味である。

かいげんじ〔開元寺〕 ①開元二十六年（七三八）唐の玄宗の勅命によって、各州に一寺ずつ建立*された仏教寺院。わが国の国分寺*にあたる。②中国福建省泉州市温陵にある。唐代の垂拱二年（六八六）の創建。

かいげんしゃくきょうろく〔開元釈教録〕 二十巻。唐の開元十八年（七三〇）智昇《ちしょう》がこれまでの仏典*一千七十六部・五千四十八巻を集録したもの。略して『開元録』ともいう。㊅55・No.2154

かいごんけんじつ〔開権顕実〕 『法華経《ほけきょう》』*における言葉。衆生《しゅじょう》*を導くために用いられた三乗*（声聞《しょうもん》乗・縁覚《えんがく》乗・菩薩《ぼさつ》乗）の二次的な教えを開明して、一乗*真実の教えを顕《あら》わすこと。略して開顕といい、また開三顕一ともいう。

かいさん〔開山〕 開基*、開祖ともいう。山を開き寺を建てること。転じて、寺を開創した僧をいい、さらに一転して一宗一派を開いた宗祖*をも開山というようになった。

かいさんき〔開山忌〕 開山*の僧の忌日《きにち》*に行う追善供養《ついぜんくよう》*の法会《ほうえ》*をいう。

かいさんどう〔開山堂〕 一寺一山の開山*の僧の像を安置する堂のこと。

かいじごにゅう〔開示悟入〕 仏*のさとった真実を開き示し、衆生《しゅじょう》*を真実世界へ導き入れること。

かいじょうえ〔戒定慧〕 戒*とは行為や言語の悪*を防ぐこと。定《じょう》*とは心や意識を安定させ静めること。慧《え》*とは煩《ぼん》悩《のう》*を断ち真実をみること。この三つを三学と称する。→さんがく（三学）

かいせき〔介石〕（一八一八―一八八二）浄土真宗*の僧。熊本県の人。姓は佐田、等象斎《とうしょうさい》と号す。明治初年（一八六八）仏教排撃の風潮に対し、視実等象《しじっとうしょう》説（天動説）で反駁、視実等象儀（宇宙儀）をつくり、仏教の須弥《しゅみ》山《せん》*説（仏教的宇宙論）を主張した。『視実等象儀詳説』などを著わす。

かいせん〔快川〕 →しょうき（紹喜）

かいだい〔開題〕 経典*の題目*の意味を開示しながら、経《きょう》文《もん》の綱要を解釈することをいう。また、そのようにして作られた書物。

かいだいくよう〔開題供養〕 新たに書写した経文《きょうもん》を経堂*等に安置するにあたって行われる法会《ほうえ》*。法会にあたっては、その経文の概要を述べることになっているので開題という。→前項

かいだん〔戒壇〕 戒*を授ける式場をいう。唐代以来、道宣*の『関中創立戒壇図経』によって作壇した。この式場には土を盛り壇を築き、戒師がこれに登って戒を授ける。日本では、天平勝宝六年（七五四）東大寺*に築いたものが最初。

かいだんせき〔戒壇石〕 結界《けっかい》石ともいう。禅宗*または律宗*の寺*の門前に、「不《ふ》許《こ》葷酒《くんしゅ》入山門」（ねぎ・にらなどのように臭気のある野菜および酒類を、寺の門の中に入れることを禁ずる）と書いて立てられてある碑石のこと。

かいちょう〔開帳〕 開扉《かいひ》・啓龕《けいがん》ともいう。平常閉ざしてある仏像*の帳《とばり》を開いて、人々にこれを拝観させること。

かいどう〔開堂〕 新たに住職*となる僧が、寺に入って初めて説法*する行事をいう。禅宗*の法式である。

かいはらみつ〔戒波羅蜜〕 六波羅蜜*または十波羅蜜の一つ。波羅蜜*は訳して度《ど》*、海を渡るという意味。戒*は生死《しょうじ》*の海を渡す妙法であるから戒波羅蜜という。

かいびゃく〔開白〕 法会《ほうえ》*、修法《しゅほう》*などのはじめにあたって、祈願*の目的を述べること。開啓、表白*などともいう。結願《けちがん》*の対。

かいみょう〔戒名〕 本来は、授戒《じゅかい》、灌頂《かんじょう》*、得度《とくど》*などの儀礼をうけて仏門*に帰入した者が、師より授かる法名《ほうみょう》*をいう。後には、人々の死後、僧によって付けられた法名をいうようになった。→仏教常識〈仏事の部〉同項

かいもくしょう〔開目鈔〕 二巻。日蓮*著。祖書五大部*の一つ。文永九年（一二七二）流刑地の佐渡で書いたもの。(大)84・No.2689

かいりつ〔戒律〕 釈尊*の制定した禁戒*。悪*を防ぎ善を生むための道徳的ないましめ、生活上の規律。戒*は、求《ぐ》法《ほう》*のための自発的な修行*規範をいい、律*は集団の他律的な規則をいう。律を自律的な戒の精神で守ることが、仏*の道を修行する者の「戒律」の意味。

かいれんき〔開蓮忌〕 →仏教常識〈仏事の部〉同項

がき〔餓鬼〕 生前の悪業《あくごう》*の報いとして、死んでのち餓鬼道におち、常に飢えと渇きに苦しめられる亡者のこと。→がきどう（餓鬼道）→仏教常識〈日常語〉同項

がきどう〔餓鬼道〕 六道*の一つ。生前に福徳のない者の行く世界で、ここにある者は常に飢えと渇きの苦しみをうけ、たまたま食物を見てこれを食べようとすれば、たちまち火炎を発して食べることができないという。これを餓鬼という。→ろくどう（六道）→口絵図版〈十界図〉〈六道図〉

かく〔覚〕 （梵）bodhi の訳。菩提《ぼだい》*と音写。正法《しょうぼう》*を悟り得ること。

がくう〔我空〕 法空《ほっくう》*の対語。人空《にんぐう》あるいは生空《しょうくう》ともいう。我が身は五蘊《ごうん》*が諸々の関係によって仮に和合してあらわれたもので、常に存在しつづける独立の我*とい

う実体が存在するわけではない（空＊）という意味。

かくご〔覚悟〕　迷いの眠りからさめて、真実を体得して悟りの智慧＊を得ること。→仏教常識〈日常語〉同項

かくしん〔覚心〕（一二〇七―九八）臨済《りんざい》宗＊の僧。信濃（長野県）の人。心地と号す。栄西《えいさい》＊の弟子・退耕行勇《たいこうぎょうゆう》の法＊を承け、さらに建長元年（一二四九）宋に渡って仏眼《ぶつげん》清遠《せいおん》に禅＊を学び、張雄《ちょうゆう》に尺八を承け、帰朝ののち由良《ゆら》（和歌山県）西方寺（後の興国寺）の開山＊となった。江戸時代、普化《ふけ》宗＊の成立にともないその初祖とされる。謚号《しごう》＊は法灯禅師・法灯円明《えんみょう》国師。

かくじん〔客塵〕　煩悩《ぼんのう》＊のこと。煩悩は微細《みさい》でしかも数の多いことから塵といい、智慧＊によって払拭される故に客という。

かくねんたいご〔廓然大悟〕　真実を覆いかくす煩悩《ぼんのう》＊の雲がすっかり晴れわたって、悟りの境界《きょうがい》＊がひろびろと開けてくることをいう。

かくばん〔覚鑁〕（一〇九五―一一四三）新義《しんぎ》真言宗＊の派祖。肥前（佐賀県）の人。正覚坊と称す。十三歳で、仁和寺《にんなじ》＊の寛助《かんじょ》に師事。のち高野山＊にいて、伝法院＊、金《こん》剛峯寺《ごうぶじ》＊の座主《ざす》＊となったが、高野山の衆徒《しゅと》＊と合わず、ついに門下を率いて根来《ねごろ》に下った。のち、その風を慕って頼瑜《らいゆ》＊（一二二六―一三〇四）が教義を確立し別に一派を立てた。高野山を古義《こぎ》派と称し、根来山を新義派と称する。元禄三年（一六九〇）興教《こうぎょう》大師の謚号《しごう》＊を賜わる。著作に『五輪九字秘釈《ごりんくじひしゃく》』『孝養集』（伝）などがある。

がくもんそう〔学問僧〕　実際の修行＊よりも、学問を専門とする僧＊。

かくゆう〔覚猷〕（一〇五三―一一四〇）天台宗＊の僧。延暦寺＊の座主《ざす》＊となったが、わずか三日で辞任、鳥羽《とば》（三重県）に住んで鳥羽僧正《そうじょう》と称された。寓意画に長じ、その画風は鳥羽絵といわれた。『鳥獣戯画《ぎが》図』は国宝。

かくりん〔鶴林〕　インド・阿耆陀跋提河《あぎたばっだいが》（《梵》Ajitavatī）の西岸。釈尊＊がクシナガラ＊（拘尸那竭羅）城外の沙羅《しゃら》双樹《そうじゅ》＊の下で入滅＊した時、悲しみのため緑葉は枯れて白色となり、白鶴のようになったという。故に鶴林といわれる。

がくりょう〔学寮〕　学林＊に同じ。僧侶＊の学校のこと。

がくりん〔学林〕　僧侶＊の学校のこと。

かけぼとけ〔懸仏〕　銅や鉄、木製の板の中央に仏像＊を彫りつけ、紐をつけて吊り下げるもの。古くは御正体《ごしょうたい》とも呼ばれた。

がけん〔我見〕（梵）ātma-dṛṣṭi 身見《しんけん》*ともいう。五見*（身見・辺見・邪見・見取見《けんじゅ》・戒取見《かいしゅ》）の一つ。我*には実体が無いという真実を知らずに、我の存在に執《と》われる誤った見解をいう。

かげんみ〔過現未〕 過去*と現在*と未来*。→さんぜ〔三世〕

かこ〔過去〕 三世《さんぜ》*（過去・現在・未来）の一つ。前世《ぜんせ》のこと。因縁*によって生じた諸々の現象がその作用を終了した位をいう。過去世《かこせ》*の略。→仏教常識〈日常語〉同項

かご〔加護〕 神仏がその不可思議*な力を衆生《しゅじょう》*の上に加えて利益《りやく》*を与え、助け護ること。→かじ〔加持〕

かこしちぶつ〔過去七仏〕 →しちぶつ〔七仏〕

かこせ〔過去世〕 前世《ぜんせ》*。まえのよ。略して過去*ともいう。

かこちょう〔過去帳〕 霊名簿ともいう。寺において故人の法名《ほうみょう》*や年月日などを記しとどめておく帳簿をいう。

かさい〔火災〕 大三災の一つ。一劫《こう》のつきる時、人はみな悪業《あくごう》*をなして、為に天は雨を降らさず、諸河ことごとく渇き、大地より火おこり、一切を焼きつくし、悪道*ことごとく滅する、と説明される。一般には、火事のことをいう。→さんさい〔三災〕

がさん〔峨山〕 ①昌禎《しょうてい》。（一八五二―一九〇〇）臨済宗《りんざい》*の僧。姓を橋本という。天竜寺*滴水《てきすい》に教えを受け、滴水ののち天竜寺に住し大いに宗風をあげた。②韶碩《じょうせき》。（一二七四―一三六五）曹洞宗《そうとう》*の僧。能登（石川県）の人。加賀大乗寺の瑩山紹瑾《けいざんじょうきん》*の室に入り、衣鉢《いはつ》*を継ぐ。五哲と称される優れた禅僧たちをはじめ門下が多い。③慈棹《じとう》。（一七二六―九七）臨済宗の僧。陸奥《むつ》の人。三春の舟仙について出家*、後に白隠《はくいん》*門下となる。大方妙機禅師と勅謚《ちょくし》される。

かじ〔加持〕 護念*、加護*の意で、仏*の不可思議*な力によって衆生《しゅじょう》*が加護されること。①仏の救済の意志が衆生に注がれ、衆生の信心*に応じて互いに感応すること。②仏の力が衆生を助けて、仏の世界に導き入れること。転じて、仏の助力を得て、病気、災難、不浄、不吉を除くために修する祈祷法*を加持といい、真言宗*、天台宗*等において修される。

かしゃ〔火車〕 ひのくるま。地獄*の獄卒《ごくそつ》*がこれを引いてきて、罪のある亡者を乗せて地獄に送るという。転じて、生活、ことに経済生活の困難なことを「ひのくるま」という。→口絵図版〈十界図〉

かしゃく〔呵責〕 僧団における処罰の法の一つで、僧衆《そうしゅ》の面前で処罰を宣告し、三十五の権利を奪う。『四分律《しぶんりつ》

行事鈔《ぎょうじしょう》』僧綱《そうごう》編に説かれる。俗には、はげしく責めることをいう。

かしゃく〔掛錫〕 錫杖《しゃくじょう》*を掛けるという意味から、僧侶が寺院に止住することをいう。↓かた（掛塔）

がしゅう〔我執〕 （梵）ātma-grāha の訳。あらゆる事物は因縁*によって現われるので、常に存在しつづける独立の我*という実体はありえない、という真実を知らないで、我は実在であると思う執着《しゅうじゃく》*のこと。また、自分の意見に執着して、自分を押し立てることをいう。

がしょ〔我所〕 我がものという意味で、凡夫《ぼんぶ》*が我*ありと妄想《もうぞう》*し、一切万物は我の所有であると誤り考えているもの。

かしょう〔和尚〕 「おしょう」（和尚）を天台宗*では「かしょう」と読む。↓おしょう（和尚）

かしょう〔迦葉〕 カーシャパ。（梵）Kāśyapa の音写。仏弟子の中に迦葉の名を有して有名なものが五人あった。

①摩訶《まか》迦葉*（マハー・カーシャパ）（梵）Mahākāśyapa の音写。仏*十大弟子*の一人で、普通に迦葉といえばこの人をいう。もと婆羅門《ばらもん》*であったが、のち釈尊*に従い、すこぶる重んじられた。よく頭陀《ずだ》*の行《ぎょう》*を修し、頭陀第一と称された。釈尊の滅後には、五百人の比丘《びく》*を率いて第一結集《けつじゅう》*（経典類の編集）の大業をなしとげた。

②優楼頻螺《うるびんら》迦葉（ウルヴィルヴァー・カーシャパ）三迦葉*すなわち三人兄弟の迦葉の長兄で、はじめは事火《じか》外道《げどう》（拝火教徒）であったが、長兄五百、次兄三百、末子二百の弟子一千人とともに釈尊に帰依《きえ》*した。

③伽耶《がや》迦葉（ガヤー・カーシャパ）三迦葉の一人。優楼頻螺迦葉の弟。兄とともに釈尊に帰依した。

④那提《なだい》迦葉（ナディー・カーシャパ）三迦葉の一人。兄たちとともに釈尊に帰依した。

⑤十力《じゅうりき》迦葉*（ダシャバラ・カーシャパ）五比丘*の一人である婆沙婆《ばさば》の異名で、釈尊最初の弟子の一人である。

かじょうだいし〔嘉祥大師〕 ↓きちぞう（吉蔵）

かしょうぶつ〔迦葉仏〕 過去七仏の一つで、釈迦仏《しゃかぶつ》のすぐ前に出世*したという仏*。↓しちぶつ（七仏）

かしょうまとう〔迦葉摩騰〕 カーシャパマータンガ。（梵）Kāśyapamātanga の音写。中インドの人で、後漢明帝永平十年（六七）竺《じく》法蘭*とともに初めて中国に仏教を伝えたという僧。『四十二章経』*の訳者でもある。

かすいさい〔可睡斎〕 曹洞《そうとう》宗*。静岡県袋井市。万松《まんしょう》山と号し、本尊*は聖《しょう》観音。応永十四年（一四〇七）如仲《じょちゅう》の開創。門弟の一遵《いちじゅん》が東陽軒を建立*。十一世等膳《とうぜん》の時、武田信玄に追われた徳川家康を礼盤《らいばん》の下に隠し、衆僧《しゅそう》が大いに問答をして追手を欺いたが、家康はその間、熟睡していたということから、可睡斎と改名。以後、駿遠参（静岡県の中・西部および愛知県東部）三国の曹洞宗総録として寺風が大いにあがった。

かせんねん〔迦旃延〕　カーティヤーヤナ。（梵）Kātyāyana の音写。仏*十大弟子*の一人。もと婆羅門《ばらもん》*の出身で、のち仏教に帰依《きえ》*した。論議第一と称された。

かそう〔火葬〕　荼毘《だび》*（《梵》jhāpeti の音写）ともいう。五葬*（火葬・水葬・土葬・野葬・林葬）の一つ。死体を焼いて、これを葬ること。葬法*としては最も高等で、もとは、もっぱら貴人の葬法であった。文武天皇の四年（七〇〇）元興寺*の僧である道昭*によって始められた。

かた〔掛搭〕　禅僧が寺院*に止住すること。入堂の僧はまず、頭陀袋《ずだぶくろ》*や錫杖《しゃくじょう》*を僧堂の壁の鉤に掛ける。すると住持《じゅうじ》*がこれを見て、新来の僧のあることを知り、その居住を許すのである。↓かしゃく（掛錫）

かだ〔伽陀〕　（梵）gāthā の音写。偈《げ》*・頌《じゅ》*と訳す。十二部経*の一つ。諷吟するように作られた韻文である。

かだい〔火大〕　四大《し》*（地大・水大・火大・風大）、六大*（四大と空大・識大）の一つ。すべての事物の中に存する、熱を本質とするものをいう。

かたく〔火宅〕　『法華経《ほけきょう》*』七喩《しちゅ》の一つの火宅の喩《たと》えから来た言葉。迷える衆生《しゅじょう》*が住んでいる三界《さんがい》*の苦しみを、炎に焼ける家の中に住むことに喩えたもの。

がちりんかん〔月輪観〕　密教*における諸観法の基礎的観法。月輪の中に八葉の蓮華、その上に𑖀（阿字《あじ》*）を描いた軸の前に結跏趺坐《けっかふざ》*（足を組んで坐る）し、手印《しゅいん》（印《いん》契《げい》*）を結んで、仏*と自分が一体となることを体得する観法《かんぼう》*をいう。

かつ〔喝〕　叱咤《しった》する大声。禅宗*の僧侶がよくこれを用いて、参禅*の人を導く。↓仏教常識〈日常語〉同項

かつおうじ〔勝尾寺〕　高野山真言宗*。大阪府箕面《みのお》市勝尾寺。西国《さいごく》三十三所観音*の第二十三番札所。応頂山菩提《ぼだい》院と号し、本尊*は十一面観音。神亀四年（七二七）善仲、善算の兄弟（双生児）の僧が草庵*を結んだのにはじまり、文治四年（一一八八）源頼朝が復興した。

がっき〔月忌〕　↓仏教常識〈仏事の部〉同項

かつごう〔渇仰〕　師の教えを仰ぎ信じることは、のどの渇いた者が水を求めるがごときであることをいう。↓

仏教常識〈日常語〉同項

がっさい〔合斎〕→仏教常識〈仏事の部〉併修

がっしょう〔合掌〕（梵）añjali の訳。両手の掌《てのひら》を合わせておがむこと。もとはインドにおける敬礼法の一つである。→仏教常識〈行儀の部〉〈仏事の部〉同項

かっとう〔葛藤〕 葛《かずら》や藤が絡まり合いまといつくように、文字言語の詮議のわずらわしさをいう。禅宗*では多くの場合、古則公案《こそくこうあん》（古人の説示した禅*の課題を個別に明示したもの）のことをいい、一般では解き難い争いのことに用いる。

かつぶつ〔活仏〕 転生《てんしょう》活仏の略語。チベット、モンゴルで、仏《ぶつ》*、菩薩《ぼさつ》*、高僧*などの生まれかわりと信じられる優れた僧をいう。

かつま〔羯磨〕（梵）karman の音写。密教*などでコンマ（kamma）というのは、パーリ語*による音である。①作業・行為の意。②比丘《びく》*が戒*を受けたり、懺悔《さんげ》*をする時の作法をいう。

かつまあじゃり〔羯磨阿闍梨〕 戒場において受戒者*のために作法を指南する僧をいう。羯磨師ともいい、三師（和尚《おしょう》*、羯磨師、教授*）の一つである。

かつままんだら〔羯磨曼荼羅〕→ししゅまんだら（四種曼荼羅）

かつらぎさん〔葛城山〕 奈良県葛城郡にある山。修験道《しゅげんどう》*の霊場であり、また慈雲《じうん》*尊者のゆかりの地である。

かつろん〔勝論〕→ヴァイシェーシカ

かてん〔火天〕（梵）Agni 阿耆尼《あぎに》の訳。火光尊・火仙・火神ともいう。火を象徴化した神。その形像は四臂《しひ》で火焔に囲まれた苦行仙の姿と、二臂で眷属《けんぞく》*を伴う姿がある。密教*では大日如来《にょらい》*が事《じ》火外道《かげどう》（拝火教）を導くために示現《じげん》*した変化《へんげ》*身とされ、胎蔵界曼荼羅《たいぞうかいまんだら》*の外《げ》金剛部院に配される。→アグニ(Agni)

かどび〔門火〕 盂蘭盆《うらぼん》*または死者の葬礼に際して、夕刻門前において焚く火をいう。火を焚いて祖先の精霊《しょうりょう》*を迎えるのを迎え火、精霊を送るときに焚くのを送り火*という。

かなしばりのほう〔金縛りの法〕 不動金縛り法ともいう。不動明王*の威力によって、人の身体を動けないようにする秘法*。

がなぱち〔迦那鉢底〕（梵）Gaṇapati の音写。長鼻を意

味し、歓喜《かんぎ》*と意訳する。歓喜天または聖天《しょうでん》といわれる密教*の神。初めはバラモン教*の悪鬼神であったが、のち仏教に帰依《きえ》*して世界を守護し、三宝《さんぼう》*（仏・法・僧）を守るという。その像容は特殊で、象頭人身二天抱擁の双身像が最も多いが、単身の二臂《ひ》、四臂、または六臂像もある。これに祈るものは、病悩賊難を取り除き、夫婦和合を得て、また福徳も自在*になるという。

カニシカ〔迦膩色迦〕（梵）Kaniṣka の音写。ガンダーラ（鍵駄羅《けんだら》*）王国を建てた王。深く仏法*を信じ、その外護者として、アショーカ（阿育《あいく》*）王と並び称される。第四結集《けつじゅう》（経典*類の編集）の外護者。

かね〔鐘〕　寺院において、大衆《だいしゅ》*を集めるために、朝夕、法会《ほうえ》*、行事に際して鳴らすもの。梵鐘《ぼんしょう》*、釣鐘等と称するが、半鐘《はんしょう》はその形の小さいもの。仏教が中国に伝来して後、中国古来のものを利用して、新たに作られたもののようである。

かねくよう〔鐘供養〕　鐘*を新たに鋳造した時や、年に一度恒例として鐘の労苦に報いるために行われる法要*。

カピラじょう〔迦毘羅城〕　カピラヴァストゥ。（梵）Kapilavastu の訳。釈尊*降誕《ごうたん》の国。現在のネパールのタラーイ地方にあたる。釈尊の在世中すでに滅び、中国のインド求法《ぐほう》*僧の法顕《ほっけん》*が旅行した頃はまったく荒れ果てて、わずかに民家数十があったのみという。

かほう〔果報〕　（梵）vipāka の訳。原因に対する結果。とくに人間の行為（業《ごう》*）によって生じる結果・報いで、業果《ごうか》*・業報《ごっぽう》・報果ともいう。また今日では俗に、幸運の意味で用いられる。

かまくらござん〔鎌倉五山〕　→ござん（五山）

かまくらのだいぶつ〔鎌倉の大仏〕　→こうとくいん（高徳院）

がまん〔我慢〕　（梵）ātma-māna の訳。五蘊仮和合《ごうんけわごう》*の身を実体とみて自分（我*）に執着《しゅうじゃく》*し、自分を恃《たの》んで高ぶること。四根本煩悩《ぼんのう》の一つ。また七慢*の一つ。→仏教常識〈日常語〉同項

かみかぶり〔紙冠り〕　額烏帽子《ひたいえぼし》・紙烏帽子ともいう。法師《ほっし》*、陰陽師《おんみようじ》などが用いる三角の黒紙。また、白紙のものは、死者の救済や回向《えこう》*のために、死者の額にあてる。

かみこ〔紙衣〕「かみきぬ」ともいう。僧衣《そうえ》*の一種で、紙で作った衣《ころも》*。柿渋をぬり、足で踏み、手で揉み、柔らかくして作る。

かものちょうめい〔鴨長明〕→れんいん（蓮胤）

かもん〔科文〕科章・科節・科段ともいう。経*・論*を解釈するにあたり、その文章の内容に応じて大小の文段に細分し、その要旨を簡明に述べたもの。東晋の道安*の始めたところであるという。

ガヤ〔伽耶〕（梵）Gayā の音写。中部インド・パトナの南にある古代中インドを支配した都市。釈尊*成道《じょうどう》*の地（ブッダガヤー＝仏陀伽耶）はこの町より南方約十キロのところにある。

ガヤかしょう〔伽耶迦葉〕→かしょう（迦葉）

ガヤせん〔伽耶山〕意訳して象頭山という。中インド・ガヤー（伽耶*）の西南方約一・六キロのところにあり、仏縁の地である。

がらん〔伽藍〕（梵）saṃghārāma の音写、僧伽藍摩《そうぎゃらんま》の略。仏弟子たちが相集まって仏道*を修めるところ、すなわち寺院*のこと。

かりつや〔仮通夜〕→仏教常識〈仏事の部〉同項

かりていも〔迦梨帝母〕→きしもじん（鬼子母神）

かりょうびんが〔迦陵頻伽〕（梵）kalavinka の音写。妙《みょう》音鳥《おんちょう》などと訳す。鳴き声の美しい鳥であるという。『阿《あ》弥陀経《みだきょう》』*によれば、極楽*にこの鳥がいて美音を発し、仏法*を説くという。

カルダイ〔迦留陀夷〕（梵）Kālodāyin の音写。もと釈尊*が太子であった頃の師（一説には侍臣ともいう）であるが、後に出家*して、釈尊の弟子となった。

カルパ〔kalpa〕→こう（劫）

かるら〔迦楼羅〕ガルダ。（梵）Garuḍa の音写。金翅鳥《こんじちょう》、妙翅鳥《みょうしちょう》と漢訳される。美しい鳥の王で竜*を常食するといわれる。大乗経典*では阿修羅《あしゅら》*などとともに八部衆*の一つとされる。密教*では、病気・風雨などを除く修法《しゅほう》*（迦楼羅法）の本尊*であり、大梵天《ぼんてん》*、大自在天*あるいは文殊《もんじゅ》*菩薩《ぼさつ》の化身《けしん》*とされる。

かわさきだいし〔川崎大師〕→へいげんじ（平間寺）

かわせがき〔川施餓鬼〕水死した人、産死した人などの冥福*を祈って川辺にて修する法会《ほうえ》*のこと。→仏教常識〈仏事の部〉同項

かわら〔瓦〕 →仏教常識〈日常語〉同項

かん〔観〕 →かんざつ（観察）→しかん（止観）

がん〔願〕（梵）praṇidhāna の訳。誓《せい》願*ともいう。一定の目的を定めて、これを成就*することをねがい望むこと。後世の仏教において、大きな役割を演じた思想である。

がん〔龕〕 ①仏像*を刻出・安置するところのこと。②人の死骸を納める棺を意味し、龕棺、霊龕などともいう。→仏教常識〈法具の部〉同項

かんえいじ〔寛永寺〕 天台宗*大本山。東京都台東区上野にあり、東叡《とうえい》山と号す。寛永二年（一六二五）天海僧*正の開基*になり、すべて比叡山*延暦寺*に模したものであったが、慶応四年（一八六八）彰義隊の兵変に際し、兵火に罹って焼失。現在は霊廟勅額門、東照宮、五重の塔*などが残る。本尊*は薬師《やくし》三尊像。

がんおうびちょく〔眼横鼻直〕 眼は眼のありのままに横にあり、鼻は鼻のありのままに縦にあるということで、あるがままが真実であるという意味。

かんがく〔勧学〕 浄土真宗*本願寺派*などで用いる僧侶*の学問の階位で、一派の学事を統括する地位である。

かんぎ〔歓喜〕 よろこび。歓は身のよろこび、喜は心のよろこび。仏法*を聞き信仰*するよろこび。

かんぎえ〔歓喜会〕 →仏教常識〈行事の部〉同項

かんぎじ〔歓喜地〕 →じゅうじ（十地）

かんぎてん〔歓喜天〕 →がなぱち（迦那鉢底）

かんぎょう〔寒行〕 寒中三十日の間、毎夜寒さに耐え、苦行*を修すること。その中で、鉦《かね》を打ち念仏*を唱えて歩くのを寒念仏といい、裸形で水垢離《みずごり》*を取り神社仏閣に詣るのを寒参りと称する。→仏教常識〈行事の部〉寒念仏

かんぎょう〔観経〕『観無量寿経』の略。→かんむりょうじゅきょう（観無量寿経）

がんぎょう〔願行〕 誓願*と修行*の意で、仏教では、この二つを具足してはじめて事を成就*することができるとされる。

かんぎょうしょ〔観経疏〕『観無量寿経*』を注釈したもので、浄影寺《じょうようじ》*慧遠《えおん》*の撰（二巻）、天台大師智顗《ちぎ》*の撰（一巻）、嘉祥《かじょう》大師吉蔵《きちぞう》*の撰（一巻）、善導《ぜんどう》*（光明大師）の撰（四帖の疏《しょ》）等がある。

かんぎん〔看経〕「かんきん」「かんきょう」ともいう。もとは声を出さないで経文《きょうもん》を読むことであったが、後には読経《どきょう》*と同じ意味に用いられた。禅宗*の言葉。

かんげ〔勧化〕 勧進に同じ。↓かんじん（勧進）

がんごうじ〔元興寺〕 ↓ほうこうじ（法興寺）

かんざつ〔観察〕 (梵) vipaśyanā の訳。事物を心に思い浮かべて、細かく明らかに分別*すること。↓しかん（止観）↓仏教常識〈日常語〉同項

がんさどしょう〔願作度生〕 願作仏心《がんさぶっしん》と度衆生心《どしゅじょうしん》とのこと。願作仏心とは、仏*となることを願う心であり、度衆生心とは、衆生*を済度《さいど》*（救う）することを願う心。

かんざん〔寒山〕 中国唐代の人。天台山*に近い、寒巌《かんがん》の窟中に住み、時に国清寺《こくせいじ》*に現われ、拾得《じっとく》*とともに僧の残飯を集めて去った。その態度は狂人に似ているが、言辞は仏理にかない、また詞藻豊かで、その詩を集めたものに『寒山詩集』三巻がある。

かんじざい〔観自在〕 ↓かんぜおん（観世音）

かんしゅ〔貫主〕 貫首《かんじゅ》とも書く。一宗一派の頭領たる人。

かんじゅじ〔勧修寺〕 「かじゅじ」「かじゅうじ」とも読む。真言宗山階《やましな》派*（勧修寺派）大本山。亀甲山《きっこう》と号する。京都市山科《やましな》区勧修寺《かんしゅうじ》。醍醐《だいご》天皇の生母である藤原胤子《いんし》の願いにより、昌泰三年（九〇〇）承俊《じょうしゅん》律師を開山*として建立*。醍醐天皇の勅願《ちょくがん》寺*。定額《じょうがく》寺*に列せられて真言*・三論*兼修の学問道場となる。後伏見天皇の皇子である寛胤《かんいん》法親王（第十五世）が入住してから、代々皇室より入山する門跡《もんぜき》*寺院となり、通称は山科門跡。本尊*は千手《せんじゅ》観音。

かんしょう〔喚鐘〕 普通にいう半鐘《はんしょう》のこと。禅宗*では老師が入室・参禅*する合図の鐘。↓かね（鐘）↓仏教常識〈法具の部〉同項

かんしょう〔観照〕 細かく分別*して、明らかに知ること。

かんじょう〔勧請〕 勧《すす》め請《こ》うこと。仏*に対して説法*を請い、この世に久しく住して万人を救わんことを願うこと。

かんじょう〔灌頂〕 (梵) abhiṣeka の訳。頭頂に水をそそぐこと。水を頭頂にそそぎ、ある一定の地位にすすむ儀式とする。もとはインドで国王即位の時に際して行ったが、仏教では菩薩《ぼさつ》*が妙覚《みょうがく》*の位にのぼる時、諸仏が智水をそそいだというのにたとえて、結縁《けちえん》*や伝法*に際して行われる重要な儀式。

がんしょう〔願生〕 浄土*に往生*することを願うこと。

がんしょうのぼさつ〔願生の菩薩〕 本来、仏*には汚れがないので、地獄*に降下し衆生《しゅじょう》*を済度《さいど》*することができない。そこで、六道*に輪廻《りんね》*する一切の衆生を救うために願*を立て、あえて仏の立場を捨てて、煩悩《ぼんのう》*具足《ぐそく》の菩薩*

の位に立つもののことをいう。たとえば地蔵菩薩のこと。→じぞう（地蔵）

かんじん〔勧進〕 勧化《かんげ》＊ともいう。もとは人にすすめて仏道＊に入らせることであったが、後には寺院＊で寺堂の造立などのために寄付金を募ることなどをも勧進という習わしとなった。

かんじん〔観心〕 自分の心の本性を明らかに観察《かんざつ》＊すること。心は万法の主であり、何ひとつ心に関係しないものはないから、心を観察することは即ち一切の事理《じり》＊を観察することにもなる。

がんじん〔鑑真〕（六八八―七六三）律宗＊の僧。中国揚州（江蘇省）の人。入唐《にっとう》僧の栄叡《えいえい》、普照《ふしょう》の熱望に応じて、日本へ渡ることを決意したが、五回失敗、さらに失明するという難にあう。六度目に漸く目的を達し、天平勝宝六年（七五四）来日して、唐招提寺《とうしょうだいじ》＊を開創した。わが国に『四分律《しぶんりつ》＊』を伝えた最初の僧である。世に過《か》海《かい》大師、唐大和尚《とうだいわじょう》と尊称される。

かんじんちょう〔勧進帳〕 勧化《かんげ》帳ともいう。勧進＊の趣意を記して、寄付を集めるのに用いる帳面。歌舞伎十八番の「勧進帳」もこれである。

かんじんほんぞんしょう〔観心本尊鈔〕 一巻。日蓮＊の著で祖書五大部＊の一つ。詳しくは『如来滅後《にょらいめつご》五《ご》五百歳《ごひゃくさい》始《し》観心本尊鈔』といい、文永十年（一二七三）佐渡流罪中の作である。本尊＊である釈迦仏《しゃかぶつ》は自己の心中にあることを説く。(大)84・No.2692

かんじんもん〔観心門〕 教相門＊に対して、仏教の実践の方面、すなわち観心＊修行＊によって仏道＊修行の向上する方面をいう。→きょうかんにもん（教観二門）

かんぜおん〔観世音〕 菩薩《ぼさつ》＊の名。（梵）Avalokiteśvara 古くは「光世音」とも訳され、次いで観世音、略して観音と訳され、さらに観自在と訳された。これらのうち、観世音と観音がもっとも広く世に行われている。別名は救世《ぐぜ》菩薩・施無畏者《せむいしゃ》・蓮華手《れんげしゅ》菩薩など。観世音とは、世間＊の衆生《しゅじょう》＊の救いを求める音（声）を観じると、直ちに救済するという意味。南海の補陀落《ふだらく》＊山にあり、常に大慈悲をもって十方の諸国にその身を現わし、人々がその名を称する音声を観じて、人々すべてに解《げ》脱《だつ》＊を得させるという。柔和忍辱《にんにく》＊の相をして、その種々相によって、六観音＊、七観音＊、三十三観音＊等がある。

がんそ〔元祖〕 一宗を始めた祖師＊の意味であるが、普通には、浄土宗＊の開祖法然《ほうねん》＊のことに用いられることが多い。「大師は弘法《こうぼう》に、元祖は法然に占められる」という言葉がある。一般には、すべてのものごとを始めた人をいう。

かんとうしせつ〔関東四刹〕 黄檗《おうばく》宗＊の鉄牛《てつぎゅう》＊が関東に開創した四つの寺。駿河（静岡県）加島の瑞林寺、相模（神奈川県）入生田の長泰寺、武蔵（東京都）洲崎の興福寺、陸奥（宮城県）仙台の大念寺をいう。

かんとうじゅうはちだんりん〔関東十八檀林〕 江戸時代に関東にあった浄土宗＊の十八箇寺の檀林＊（学問所）のこと。→仏教常識〈寺院の部〉檀林

がんにんぼうず〔願人坊主〕 願人ともいう。江戸時代、人に代わって願＊かけの修行＊や水垢離《みずごり》＊などをした乞食《こつじき》＊坊主。それから転じて、単に乞食坊主をいい、また頭髪を汚らしくのばした僧などをもいう。

かんねん〔観念〕 観は観察《かんざつ》＊、念は念想の意味で、仏教の真実や仏《ぶつ》＊・菩薩《ぼさつ》＊の姿を心に思い浮かべて、それに思いを凝らすこと。→仏教常識〈日常語〉同項

かんねんぶつ〔寒念仏〕 →かんぎょう（寒行）→仏教常識〈行事の部〉同項

かんのうどうきょう〔感応道交〕「かんのうどうこう」とも読む。一方が感じると、もう一方がそれに応じるという意味で、衆生《しゅじょう》＊に善根《ぜんごん》＊を積もうとする機縁《きえん》＊があれば、仏＊の力が自然にこれに応じて、互いに交わり融《と》け合うということ。

かんのん〔観音〕 →かんぜおん（観世音）

かんのんぎょう〔観音経〕 一巻。鳩摩羅什《くまらじゅう》＊訳。『法華経《ほけきょう》＊』普門品の一品を別に立てて一経としたもので、『般若心経《はんにゃしんぎょう》＊』とともに最も広く読まれている経の一つである。主として観音＊菩薩《ぼさつ》の衆生《しゅじょう》＊救済を説く。→ふもんぼん（普門品）

かんのんせんぼう〔観音懺法〕 観世音《かんぜおん》＊菩薩《ぼさつ》を本尊＊として懺悔《さんげ》＊を行う方法で、故人のため罪業《ざいごう》＊を懺悔し、追福《ついふく》（追善＊）を祈ることなどを行うものである。

かんぶつ〔観仏〕 仏＊の相好《そうごう》＊（姿かたち）や功徳《くどく》＊を心に思い浮かべて観ずること。観仏三昧《ざんまい》の略称。

かんぶつえ〔灌仏会〕 仏生会《ぶっしょうえ》、降誕会《ごうたんえ》＊、または花まつりなどともいう。四月八日、釈尊＊降誕の日を記念して行う法会《ほうえ》＊で、甘茶＊を甘露＊に擬して、これを誕生仏＊の像にそそぎかける。日本では、六〇六年に元興寺《がんごうじ》＊で営まれたのが最初とされる。→仏教常識〈行事の部〉同項

かんぼう〔観法〕（梵）vipaśyanā の訳。心に万法（あらゆる事物・現象）を思い浮かべて、細かく明らかに分別＊すること。

がんほどき〔願解〕　神仏に願＊をかけ、その願の成った後、お礼として参詣することをいう。

かんまいり〔寒参り〕　→かんぎょう（寒行）

かんむりょうじゅきょう〔観無量寿経〕　一巻。撰者不明。『観無量寿仏経』または略して『観経』ともいう。末《まっ》世《せ》＊における衆生《しゅじょう》＊のために、極楽往生＊の道を説いたもので、浄土三部経＊の一つである。㊅12・No.365　なお、この経の注釈書を『観無量寿経疏《しょ》』という。→仏教常識〈経典の部〉三部経・浄土三部経

がんもん〔願文〕　仏《ぶつ》＊・菩薩《ぼさつ》＊の本願＊・誓願＊を書き表わした文。また、法会《ほうえ》＊にあたり施主《せしゅ》＊の願意を述べる表白文のこと。

がんりきえこう〔願力回向〕　浄土真宗＊のいうところで、願力とは阿弥陀仏《あみだぶつ》＊の救済のはたらきのことで、他力《たりき》＊による回向＊のこと。

かんろ〔甘露〕　アムリタ。（梵）amṛta の訳。阿密哩多《あみりた》と音写し、不死または天酒《てんしゅ》、美露《みろ》とも訳す。諸天の飲料で、その味は甘く蜜のごとしという。仏＊の教えにもたとえる。仏の誕生＊にあたって降ったという伝承があり、のちの灌仏会《かんぶつえ》＊で、誕生仏＊に甘露（甘茶＊）をそそぐのはそのため。

き　キ

き〔忌〕　身心《しんじん》をつつしむべき時。物いみ、または物いみの日のこと。

き〔記〕　→きべつ（記別）

き〔愧〕　もと、「ぎ」と読む。自分のおかした罪過について、他人に対して恥じる精神作用をいう。→ざんき（慚愧）→ざん（慚）

き〔器〕　うつわ。教法を信受し、または仏道＊を修する能力をいう。道器などと熟語にする。

き〔機〕　機発の意で、何らかのきっかけによって発動できる人の可能性をいう。機根《きこん》＊（根＊は能力の意）などと熟語にする。

ぎ〔疑〕　不定地《ふじょうじ》法《ほう》（『倶舎論《くしゃろん》＊』で説かれる心の分類の一つ。八つの構成要素から成り、それらはさまざまに結合し、善・悪＊・無記《むき》＊のいずれにもなるので、不定であるという）の一つ。あれこれ思い惑《まど》うこと。意が定まらずためらうこと。浄土教＊では、阿弥陀仏《あみだぶつ》＊の救いを信

じきることのできない自力《じりき》*の迷いの心をいう。

きあけ〔忌明け〕 →仏教常識〈仏事の部〉満中陰

きえ〔帰依〕 （梵）śaraṇa の訳。頼るという意。仏教では勝れたものに身をゆだね、絶対的に帰順するという意味。信仰*すること。→仏教常識〈日常語〉同項

きえん〔機縁〕 衆生《しゅじょう》*の心の動き方の中に、仏*の教化《きょうけ》*を受けるための因縁*が働いていることをいう。

ぎおん〔祇園〕 （梵）Jetavana の訳。勝林と意訳し、また祇樹給孤独園《ぎじゅぎっこどくおん》と称し、それを略して祇園という。もとジェータ（祇陀《ぎだ》）太子所有の苑林であったが、スダッタ（須達《しゅだつ》*）長者がこれを買い受け、釈尊*に奉ってこの地に精舎《しょうじゃ》*を建てた。このため祇園精舎*という。

ぎおんえ〔祇園会〕 全国の祇園社・天王社で行われる夏の祭礼。とくに、京都の祇園社において行われる斎会《さいえ》*をいう。詳しくは祇園御霊会《ごりょうえ》という。現在は祇園祭りといって、八坂神社として純然たる神式の祭りを行うが、もとは仏式で疫病退散のために行われた。

ぎおんしょうじゃ〔祇園精舎〕 祇園*に建てられた精舎*。釈尊*とその弟子たちのために、説法*および修道《しゅどう》*の場所として、スダッタ（須達《しゅだつ》*）長者の寄進したものである。七層の伽藍《がらん》*があって、荘麗を極めたという。→ぎおん（祇園）

ぎがい〔疑蓋〕 うたがい。疑いは心性（こころの本来のあり方）を覆《おお》って正道《しょうどう》（さとり）を悟らせないので疑蓋という。五蓋*の一つである。

きがん〔祈願〕 自己の願いごとをかなえるために、神仏に祈り願うこと。

きがんじょ〔祈願所〕 または祈願寺、御願《ごがん》寺ともいう。現世《げんぜ》および未来の幸福・利益《りやく》*を祈るために、勅命によって建てられた寺。

きき〔窺基〕 （六三二—六八二）正しくは基《き》。法相《ほっそう》*宗の祖。中国長安の人。玄奘《げんじょう》*の弟子で、玄奘の訳経（経典*類の翻訳）を補佐した。真諦《しんだい》*訳の唯識《ゆいしき》*説を批判、新たに法相唯識の立場を誇示する。慈恩《じおん》*寺にいたので、慈恩大師という。『大乗法苑義林《ほうおんぎりん》*章』『成唯識論述記《じょうゆいしきろんじゅつき》』等の著作がある。

ぎき〔儀軌〕 （梵）vidhi, kalpa の訳。詳しくは秘密儀軌。秘密壇場における密印*、念誦《ねんじゅ》*、供養《くよう》*等すべての儀式作法のこと。転じて、それら儀軌を記述した経典*をいう。

ききょう〔帰敬〕 帰依敬礼《きえきょうらい》の意。信仰*して敬い尊ぶこと。

ぎきょう〔偽経（疑経）〕 翻訳経典ではなく、主に中国で

撰述された経典*。疑《ぎ》偽《ぎ》経。「経録」によっては偽経とみなすには問題のある経典を「疑経」としている。漢魏以後、経典翻訳の盛んな頃、しきりと偽経が現れた。

ぎげいてん〔伎芸天〕 大自在天女または摩醯首羅頂生《まけいしゅらちょうしょう》天女ともいう。顔容うつくしく、伎芸に長じた女天神で、富楽を望めばすべてを満足させ、諸芸においては素早く成就*させるという。形像は天女形で、天衣瓔《てんねよう》珞《らく》（天女の身につける衣服と飾り）をつけ、左手に天《てん》花《げ》を盛った皿をささげ、右手は裾をつまんでいる。

ぎげん〔義玄〕 （?—八六七）臨済《りんざい》宗*の開祖。諡号《しごう》*は臨済慧照《えしょう》禅師。中国曹州南華（山東省兗《えん》州）の人。姓は邢《けい》氏。黄檗希運《おうばくきうん》に禅*を承け、鎮州臨済院に住して宗風をあげた。その教えは後に宗派*を形成し、臨済宗と称された。喝《かつ》*を用いることを特色として、四料揀《しりょうけん》・臨済四喝《しかつ》の語があり、その言行を弟子が集録したものが『臨済録』一巻である。没年には異説がある。

きご〔綺語〕 十悪*の一つ。真実にそむいて、巧みに飾った言葉。雑穢《ぞうえ》語とも、または無義語ともいう。

ぎこう〔擬講〕 講師《こうじ》*に擬せられるという意味で、もとは、三大会《さんだいえ》*の講師になることを請われた僧のことであったが、現在では、浄土宗*、大谷派*等で、僧侶の学階の一つとなっている。

きこん〔機根〕 仏法*を聞いて、それを悟得しうる能力をいう。→き〔機〕

きざん〔帰山〕 僧侶が自分の住する寺*に帰ることをいう。山は寺の意。

きじ〔亀茲〕 「きゅうじ」とも読む。西域《さいいき》*の古国クチャ（Kucha）。天山山脈の南麓《ろく》タリム盆地、現在の中国新《しん》彊《きょう》ウイグル自治区庫車県一帯。仏教文化が栄えた。

きしもじん〔鬼子母神〕 ハーリーティー。（梵）Hārītī の訳。迦梨帝《かりてい》と音写し、歓喜母《かんぎも》と訳す。夜叉《やしゃ》*女神である。自ら多くの子を生んだが、性質暴悪にして、他人の子を取って食った。しかし、釈尊*に会い、仏法*を聞くに及んで、三帰五戒（三帰依《きえ》*と五戒*）をうけて正道

に入った。像容は天女形で、左手に嬰児《えいじ》、右手には多産の象徴ザクロを持ち、周辺に童子《どうじ》を従える。後世、幼児養育の守護神として尊ばれるようになった。

きしゃ〔喜捨〕 喜んで財宝を施すこと。浄捨《じょうしゃ》、浄施《じょうせ》などともいい、主として仏*・法*・僧*の三宝《さんぼう》*を供養《くよう》*するため、金銭・物品を僧*に施すこと。→仏教常識〈日常語〉寄捨

きじゃく〔帰寂〕 入寂*ともいう。僧侶の死ぬことをいう。

ぎじゃく〔義寂〕（九一九―九八七）天台宗*の僧。中国温州永嘉《えいか》（浙江省）の人。浄光大師という。趙宋《ちょうそう》天台中興の祖である。

ぎじゃくっせん〔耆闍崛山〕（梵）Gṛdhrakūṭa 訳して霊鷲山《りょうじゅせん》*という。中インド・ラージャグリハ（王舎城*）の東北にそびえる山で、釈尊*が説法*した地として有名。

ぎじゅぎっこどくおん〔祇樹給孤独園〕 →ぎおん〔祇園〕

きしゅく〔耆宿〕 年老いて、物事に経験の深い人のこと。

きしょう〔起請〕 起誓ともいう。誓いを立てて神仏の加護*を請うこと。その趣旨を紙に記したものを起請文・起誓文という。

ぎじょう〔義浄〕（六三五―七一三）インド求法《ぐほう》*訳経僧。中国斉州（山東省）の人。三十七歳で志を立ててインドに赴き、在留二十余年、帰国して訳経（経典*類の翻訳）に専念し、律部百余巻、『金光明最勝王経《こんこうみょうさいしょうおうきょう》』*等およそ五十六部・二百三十巻を訳した。また『南海寄《なんかいき》帰内法伝《きないほうでん》』*四巻、『大唐西域求法高僧伝《だいとうさいいきぐほうこうそうでん》』*二巻等の重要な著作がある。

きしょうもつげ〔軌生物解〕 法*の字を解釈した言葉。法はよく人の軌範となり、物に対する理解の心を生じさせるという意味。任持自性《にんじじしょう》・軌生物解*の後半句。

きしん〔寄進〕 神社仏閣に財物を寄付すること。寄捨《きしゃ》、寄付ともいう。

きじん〔鬼神〕 超人的な力を有するものの総称。変幻自在の力をもち、仏法*・王法*を守護する善鬼神と、魔道を用いて修行者*を妨げ国土・人畜に災害を加える等のことをなす悪鬼神に分ける。前者を護法神、後者を羅《ら》刹《せつ》*、夜叉《やしゃ》*などと呼ぶこともある。

ぎしん〔義真〕（七八一―八三三）天台宗*の僧。相模（神奈川県）の人。通訳として最澄《さいちょう》*とともに入唐《にっとう》した。弘仁十三年（八二二）延暦寺*の第一世座主《ざす》*となった。

きしんろん〔起信論〕 →だいじょうきしんろん（大乗起信論）

きずい〔寄瑞〕 不思議*にして、めでたいしるしのこと。

きせい〔祈誓〕　心の中に誓いを立て、神仏の照覧と冥護《みようご》*を願うこと。

きせけん〔器世間〕　器世界ともいう。世間*とは世界の意味で、器世間とは山河・大地・草木など衆生《しゆじよう》*の住むべき物質的世界のこと。有情《うじよう》*世間（生きものの世界）に対する。

きせん〔希遷〕　（七〇〇—七九〇）禅宗*の僧。中国端州（広東省）高要の人。無際大師という。六祖の慧能《えのう》*に禅*を学び、衡山《こうざん》（南岳《なんがく》*）南寺に、石の上に庵*を結んで住む。このため石頭和尚《せきとうおしよう》とも呼ばれた。

きせん〔喜撰〕　平安前期の歌人で僧侶。桓武天皇の後裔と伝える。宇治山に隠棲し、密教*呪法をつとめ、穀類を食べることを避けて、長寿を求めたという。六歌仙の一人。生没年不詳。

きぞく〔帰俗〕　僧*であることをやめ、俗世へ帰ること。還俗《げんぞく》*に同じ。

きたまくら〔北枕〕　死者を寝かせるとき、頭を北にすること。釈尊*が最後*のとき、北枕で入滅*したという故事による。→仏教常識〈仏事の部〉同項

ぎだりん〔祇陀林〕　→ぎおん（祇園）

きちざん〔吉山〕　→みんちょう（明兆）

きちじょう〔吉祥〕　（梵）śrīの訳。「きっしょう」ともいう。善兆・吉兆・具徳・好事等という意味。

きちじょうじ〔吉祥寺〕　曹洞《そうとう》*宗。長禄二年（一四五八）太田道灌が青巌周陽《せいがんしゆうよう》を開山*として江戸城の近くに建立*。明暦三年（一六五七）の大火の後、現在地（東京都文京区本駒込《ほんこまごめ》）に移る。諏訪《すわ》山と号す。寺中に栴檀《せんだん》林（学林*＝学問所）がある。本尊*は釈迦如来《しやかにょらい》。

きちじょうてん〔吉祥天〕　「きっしょうてん」ともいう。（梵）Śrīmahādevī, Mahāśrī 室利摩訶提毘《しつりまかでいび》と音写。大吉祥天女、功徳《くどく》天とも訳される。インド神話の美と繁栄の女神であったが、早くより仏教に取り入れられた。像容は、左手に如意宝《によいほう》珠《じゆ》*をささげ、天衣《てんね》宝冠を着けて、端正な天女の姿をしている。

きちじょうてんにょほう〔吉祥天女法〕　密教*の修法《しゆほう》*で、吉祥天女*を本尊*として、福徳を祈る。

きちぞう〔吉蔵〕　（五四九—六二三）三論宗*の僧。中国金陵の人。法朗に教えを承け、長く嘉祥《かじよう》寺にあって教え

を広めたが、煬帝《ようだい》とともに北上し、長安の大陟居寺《ちょっこ》の代表的学僧であった。嘉祥大師といわれる。『三論玄義*』『大乗玄論』『法華義疏《ほっけぎしょ》』等の注疏のほか、著作が多い。

ぎっこどく〔給孤独〕（梵）Anāthapiṇḍada の訳。スダッタ（須達《しゅだつ》*長者）のこと。慈悲心が深く、幼くして父のない者（孤）、老いて子のない者（独）等、すべて憐れな困窮者に衣食《えじき》を給与したことから、給孤独といわれた。深く釈尊*に帰依《きえ》*して祇園精舎《ぎおんしょうじゃ》*を建立*した。

ぎっこどくおん〔給孤独園〕→ぎおん（祇園）

きとう〔祈祷〕神仏に福利を祈り求めること。祈願*と同じ。

きにち〔忌日〕故人の死んだ日。毎月その日を忌み慎み、読経《どきょう》*することが習慣である。命日、遠日《おんにち》などともいい、また諱日とも書く。→仏教常識〈仏事の部〉命日

きねん〔祈念〕祈り念じること。

きのじんしん〔機の深信〕→にしゅじんしん（二種深信）

ぎば〔耆婆〕（梵・巴）Jīvaka の音写の略。釈尊*の時代の有名な医者。釈尊やビンビサーラ（頻婆娑羅《びんばしゃら》*）王の病を治し、また深く仏教を信じて、父王を殺したアジャセ*（阿闍世＝アジャータシャトル）王が悔恨しているとき、説き勧めて仏教に帰依《きえ》*させた。

きぶく〔忌服〕→仏教常識〈仏事の部〉同項

きべつ〔記別〕（梵）vyākaraṇa の訳。授記《じゅき》*、または単に記《き》ともいう。仏*が弟子たちの成道《じょうどう》*を予言し、つぶさに未来*の証果*を説くこと。

きべは〔木辺派〕真宗十派*の一つ。近江（滋賀県）の錦《きん》織寺《しょくじ》*を本山*として、錦織寺派ともいう。

きほういったい〔機法一体〕衆生《しゅじょう》*の機根《きこん》*と阿弥陀仏《あみだぶつ》*の仏法*は、一体にして不離であるということ。浄土宗西《せい》*山《ざん》*派および浄土真宗*の要旨である。

きみいでら〔紀三井寺〕救世《ぐぜ》観音宗総本山（もと真言宗*）。和歌山市紀三井寺にある。紀三井山金剛宝寺護国院と号し、紀三井寺と通称される。宝亀元年（七七〇）唐から来日した為光《いこう》が、仏法*布教*の霊地を求めて、この地で千手《せんじゅ》観音*を感得し、堂*を建立*したのに始まる。西国《さいごく》三十三所観音*の第二番札所で、本尊*は十一面観音。名草山中腹に位置し、和歌の浦に臨み眺望絶佳。

きみょう〔帰命〕（梵）namas の訳。南無《なむ》*・南謨《なも》と音写。信心*の至極を表現する言葉で、仏*の教えの本命に帰順し、身命を投げ出して仏に帰依《きえ》*すること。

きみょうちょうらい〔帰命頂礼〕帰命*は三宝《さんぼう》*（仏・法・僧）に帰順服命（本命に服し順《したが》うこと）すること。項

礼とは、頭を地につけて敬礼することで、本来インドの最敬礼。

ぎもう〔疑網〕 うたがいのこと。疑いは心を縛って自由にさせないことから、網にたとえる。

きもん〔鬼門〕 家または城の東北隅を指していう。古来この方角を鬼*が出入りするところとして忌み恐れ、城などにおいては、この方角に社寺を建てて、鬼門除けとした。もとは陰陽家《おんみょうけ》（陰陽による易学を説く人）のいうところであったが、それが仏教にも入ってきた。

ぎや〔祇夜〕 （梵）geya の音写。重頌《じゅうじゅ》と訳す。十二部経*の一つ。前にある散文を、重ねて韻《いん》文で述べたもの。

ぎゃくえん〔逆縁〕 仏法*や経典*をそしるなど、悪い行いをしたことが縁*となって、仏道*に入ること。順縁*の対語。→仏教常識〈仏事の部〉同項

ぎゃくざい〔逆罪〕 仏法*に逆らう重大な罪をいい、これを犯すと無間《むけん》地獄*に堕ちるとされる。五逆罪、七逆罪（五逆罪に殺和尚《せつおしょう》と殺阿闍梨《せつあじゃり》を加える）等がある。→ごぎゃくざい（五逆罪）

ぎゃくしゅ〔逆修〕 「げきしゅ」「ぎゃくしゅう」ともいう。①あらかじめ自分の死後の冥福*を祈るために、生前に死後のための仏事*を修することをいう。②転じて、生前に戒名《かいみょう》*を付けることをいうこともある。③故人の冥福のために修する行《ぎょう》*。その功徳《くどく》*の多くは修する者に報いがくるという。④若者が亡くなり老人がその冥福を祈り修すること。⑤順修《じゅんしゅ》の対語。迷妄の見解に従って行動し、真実から離れること。

ぎゃくしゅうはい〔逆修牌〕 →仏教常識〈仏事の部〉同項

きゃくしょうそくもう〔隔生則忘〕 前生《ぜんしょう》・今生《こんじょう》・後生《ごしょう》*と、生を隔てれば以前の生涯のことを忘れるということ。

きゃら〔伽羅〕 （梵）kālāguru の音写の略。黒沈香木と訳される。一種の香料。沈香《じんこう》*に属する樹の芯をとって作るという。

きょう〔境〕 （梵）gocara, viṣaya, artha の訳。我々をとりまく一切の周辺。我々の観察し思考する対象。すなわち認識の対象。

きょう〔経〕 （梵）sūtra の訳。修多羅《しゅたら》*と音写。訳して経という。経（たていと）で花を貫いて花輪を作るように、言語文字《ごんぎょもんじ》をもって一切の理義（道理）を貫き、これを散逸させないものの意。釈尊*の説く教法、およびこれを書きとどめた典籍のこと。三蔵*（経・律・論）の一

つ。

ぎょう〔行〕（梵）caryā の訳。遮利夜《しゃりや》と音写。訳して行という。身《しん》・口《く》・意《い》の三業《さんごう》*によってなされる一切の造作をいう。この行は、理想実現のための重要な要素であって、願行《がんぎょう》*具足《ぐそく》し、智行《ちぎょう》円満（完全な智慧*と実践）なることをもって、仏教の理想は実現されるのである。また、この世に行われている種々の力、変化をも行（《梵》saṃskāra）という。

きょうあん〔軽安〕（梵）praśrabdhi の訳。善法を修する時、心が軽快になり安楽を感ずること。大善地法*の一つ。

ぎょううん〔行蘊〕→ごうん（五蘊）

きょうえ〔経衣〕 真言*または仏名《ぶつみょう》を書いて、死者に着せる衣。これを白麻で作ったものをとくに経帷子《きょうかたびら》という。→仏教常識〈仏事の部〉経帷子

きょうがい〔境界〕（梵）gocara, viṣaya の訳。六根*六識*等の対象となるもの。転じて、自己の力の及ぶところ、または自己の業因《ごういん》*によって得た果報*をいう。→仏教常識〈日常語〉同項

ぎょうかい〔行誡〕（一八〇六?—八八）浄土宗*の僧。武蔵（東京都）の人。姓は福田。廃仏毀釈《はいぶつきしゃく》*の危機を救うなど、明治初期に活躍した高僧*。回向院《えこういん》*、増上寺*に歴住して、知恩院*の門主《もんす》となる。和歌および文筆に優れ、『行誡上人全集』がある。

きょうかいし〔教誨師〕 刑務所において、受刑者のために教えを説き、正しい道にみちびく宗教家をいう。明治十四年（一八八一）に始まる。

きょうかたびら〔経帷子〕→きょうえ（経衣）→仏教常識〈仏事の部〉同項

ぎょうがん〔行願〕 実際の行*と心中の願*。この二つが備わって、はじめて大事が成し遂げられる。

きょうかんじごく〔叫喚地獄〕 八熱地獄*（八大地獄）の第四。殺生《せっしょう》*・偸盗《ちゅうとう》*・邪婬《じゃいん》・飲酒《おんじゅ》の罪を犯した者がこの地獄におち、熱湯の中に投げ入れられ、あるいは猛火の鉄室に入れられ、苦しみに耐えられず泣き叫ぶことから叫喚地獄という。→じごく（地獄）→あび（阿鼻）→口絵図版〈十界図〉

きょうかんにもん〔教観二門〕 釈尊*一代の教説は教相門と観心門《かんじんもん》*とに分けることができ、この二門は互いに補完し合うものなので、いずれかの一方に偏ってはならないとする。教相門とは、仏教の解学《げがく》*の方面、すなわち教相*を分別*し理義を修学することであり、観心門と

は、仏教の行学《ぎょうがく》の方面、すなわち観心修行*をなすことである。

きょうき〔経軌〕　密教*の経典*と、印*・真言*・三摩耶《さんまや》（三昧耶*）・曼荼羅《まんだら》*などの軌則・儀式をいう。

きょうぎ〔経木〕　桧や杉などの木材を紙のように薄く削ったもの。もとはこれに経文《きょうもん》を書写した。現在では、食べ物などを包み、あるいは折の下に敷くのに用いる。

ぎょうき〔行基〕（六六八―七四九）法相《ほっそう》宗*の僧。河内（大阪府）の人。諸国を遊化《ゆけ》して寺を建て、道を拓き、橋を架けるなど社会事業に尽力し、民衆に敬慕された。東大寺*の建立*に協力した。聖武天皇*によって大僧正《そうじょう》*に任ぜられたが、これはわが国における大僧正のはじまりである。行基菩薩《ぼさつ》と尊称される。

ぎょうき〔澆季〕　澆は薄い、季は末の意で、末世《まっせ》*となり、世が衰えて人間の道徳心の薄くなった時をいう。

ぎょうぎ〔行儀〕　律儀《りつぎ》*、威儀*ともいう。僧侶*の日常生活の規則。現在では行住坐臥《ざが》*、進退の作法、起ち居振る舞いの意味であるが、もとは仏教の言葉であって、道俗*（出家と在家）の順守すべき行事の儀式をいった。

きょうぎょう〔経行〕（梵）caikrama の訳。禅宗*では「きんひん」と読む。散歩の意で、坐禅*して睡眠を催した時、あるいは運動を必要とする時、一定の地をめぐり歩くことをいう。

きょうぎょうしんしょう〔教行信証〕　→次項

きょうぎょうしんしょうもんるい〔教行信証文類〕　略して『教行信証』、詳しくは『顕浄土真実教行証文類』。六巻。親鸞《しんらん》*の著。御本書《ごほんじょ》*とも称し、浄土真宗*開立の根本文書。内容は教（仏の言《ごん》教*。『無量寿経』*を根本とする）、行（教えに説かれた修行*。六字《ろくじ》の名号《みょうごう》*を称える）、信*（行の功徳利益《くどくりやく》*を信ずる）、証（行と信とによって得たさとり）*、真仏土（真の浄土*）、化身《けしん》土（疑心自力《ぎしんじりき》＝阿弥陀仏《あみだぶつ》*の救済を信じない人の生まれる浄土）の六巻から成り、広く経論釈《きょうろんじゃく》*（経典・論書・注釈）の文を引用して一宗の奥旨を述べている。(大)83・No.2646

きょうくよう〔経供養〕　経典*を供養*する法会《ほうえ》*。写経*をし、書き上げた経典や、取得した経典のために仏事*を行うこと。

きょうけ〔教化〕　教導感化《かんけ》の意。人を教え導いて、正しい道（仏道*）に入らせること。

きょうけい〔教系〕　教法は師資相承《ししそうじょう》*（師匠から弟子へと次々に教えを受け伝えること）するものであって、その系統を教系という。禅*の以心伝心《いしんでんしん》*の立場からは法系という。法脈と同じ。

きょうげべつでん〔教外別伝〕 禅宗*の言葉。仏道*を相伝するのに、文字言語に表わされた教えによらず、直ちに心から心に伝わることをいう。以心伝心《いしんでんしん》*の語とほぼ同義。

ぎょうごう〔行業〕 業*（行為）を行うこと。苦楽の果報*をうける身《しん》・口《く》・意《い》にかかわる一切の所作《しょさ》*をいう。→さんごう（三業）

ぎょうこつ〔行乞〕（梵）piṇḍa-pāta の訳。比丘《びく》*が乞食することをいう。また托鉢《たくはつ》*ともいう。→こつじき（乞食）

きょうじ〔脇士〕 脇侍とも書く。わきだち、わきじ。阿《あ》弥陀如来《みだにょらい》*の左右に観音*、勢至《せいし》*の二菩薩《ぼさつ》が侍《はべ》るように、すべて仏*の左右に侍る菩薩*を脇士という。

きょうじ〔経師〕 もと経巻の地紙をつくる法師《ほうし》*のことをいったが、後に転じて、書画などを表具する職人をいうようになった。

ぎょうしき〔形色〕 ①（梵）saṃsthāna 目に見られ、その形態の認められるものをいう。長短、方円、高下、正不正に分ける。②（梵）rūpāvacara 形体や色相《しきそう》の意で、人の顔色や容貌をいう。

ぎょうじゃ〔行者〕「あんじゃ」とも読む。一般には仏道*を修行*する人。わが国では、とくに天台・真言系の修《しゅ》験道《げんどう》*の人々で深山幽谷を跋渉《ばっしょう》し苦行*する者をいう。また、各地の霊場*を巡拝する人も行者と称した。禅宗*で、あんじゃと読む場合は、侍者をさす。

きょうしゅ〔教主〕 仏教の開祖、釈尊*のこと。化主と同じ。→けしゅ（化主）

きょうじゅ〔教授〕 教授師、教授阿闍梨《あじゃり》ともいう。とくに伝法*灌頂《かんじょう》*に際して、受法者に作法を教える役をする僧のこと。もとは仏教僧侶の役名である。一般には、高等教育の学校における教師をいう。

きょうしゅう〔経宗〕 ①経*を所依《しょえ》*として開いた宗旨*をいう。たとえば、華厳《けごん》宗*、天台宗*は『華厳経*』『法華経《ほけきょう》*』に依って立つ経宗である。②経の主旨。『般若経《はんにゃぎょう》*』は智慧*を、『維摩経《ゆいまぎょう》*』は解脱《げだつ》*をその主旨とするように、各経の主眼をいう。③日蓮宗*の別称。『法華経』をことに主張する宗派*という意味。

ぎょうじゅうざが〔行住坐臥〕 行*はあるくこと、住はとどまること、坐はすわること、臥はねること。四威儀《しいぎ》*ともいう。人間の日常の起居動作の四つの根本をいい、修行者*の守るべき規範（戒律*）が定められている。

きょうじんにょ〔憍陳如〕 →あにゃきょうじんにょ（阿

若憍陳如）

ぎょうずい〔行水〕 きよめのために清水で身体を洗いきよめること。今日のいわゆる行水はその転化したものと思われる。

きょうぜん〔教禅〕 教と禅＊の意。教とは釈尊＊の言教《ごんきょう》に依って立てられた宗派＊、すなわち華厳《けごん》、天台、浄土等の諸宗がそれであり、禅とは不立文字《ふりゅうもんじ》＊、教外《きょうげ》別伝＊に依って立てられた宗派、すなわち禅宗＊がそれである。

ぎょうぜん〔行善〕 止行二善の一つ。→しぎょうにぜん（止行二善）

きょうそう〔教相〕 仏＊の教えにおける種々の様相。天台宗＊などの教相判釈《はんじゃく》＊の場合は、各宗の教えの特色をいう。真言宗＊では、事相《じそう》＊（密教的実践）に対する密教の教理＊をいう。

きょうぞう〔経蔵〕 ①三蔵＊（経・律・論）の一つ。仏＊が説いた経典＊を集めたもの。律蔵＊、論蔵＊に対する。②経典を収納する建物。寺院で一切経＊を納めておく堂を経蔵または経堂＊という。→仏教常識〈経典の部〉法蔵、〈寺院の部〉同項

ぎょうそう〔行相〕 （梵）ākāra の訳。認識の対象となる事物を、主観の心がとらえ映し出した影像《ようぞう》。また唯識《ゆいしき》＊で、主観の認知の作用をいう。

きょうそうはんじゃく〔教相判釈〕 教理＊の特色を判定するという意味で、釈尊＊一代の教法を分教判別（説かれた教えを内容・形式などで分類し体系づける）すること。天台大師智顗《ちぎ》＊の五時八教＊の教相判釈が最も有名であり、その他にも種々の教相判釈がある。

きょうそうもん〔教相門〕 →きょうかんにもん（教観二門）

きょうづか〔経塚〕 経典＊を永く後世に伝えるために、経巻を納めた経筒を地中に埋め、そこに塚を築いたもの。

きょうづくえ〔経机〕 読経《どきょう》＊のときに経文《きょうもん》をのせる机をいう。経卓《きょうしょく》、経案《きんなん》ともいう。

きょうてん〔経典〕 仏陀＊の教法を書きとどめた書籍をいう。→きょう（経）

きょうどう〔経堂〕 経蔵＊ともいう。寺院において一切経＊を納めておく堂をいう。

ぎょうどう〔行道〕 仏道＊を修行＊すること。また遶《にょう》堂、遶仏などともいって、衆僧《しゅそう》（僧伽《さんが》＊の僧）が経＊を読みながら仏座の周囲を右まわりに回り歩くことをいう。

きょうどうしょく〔教導職〕 明治五年（一八七二）に教部省に設けられた職名で、神道、仏教の宣教者のこと。

同十七年にこの職名は廃止された。

きょうとのござん〔京都の五山〕 京都における臨済《りんざい》宗*の五大刹《せつ》をいう。天竜寺*、相国《しょうこく》寺*、建仁《けんにん》寺*、東福寺*、万《まん》寿《じゅ》寺*の五山（五つの寺）のこと。時代によって出入りがある。南禅寺*は五山の上と位置付けられた。→ござん（五山）

きょうとのじっせつ〔京都の十刹〕 京都における臨済《りんざい》宗*の大刹で、京都の五山（前項）に次ぐものを十刹という。等持《とうじ》寺、臨川《りんせん》寺、真如《しんにょ》寺、安国寺、宝幢《ほうどう》寺、普門《ふもん》寺、広覚寺、妙光《みょうこう》寺、大徳寺*、竜翔寺の十寺がそれである。→じっせつ（十刹）

きょうにょ〔教如〕 →こうじゅ（光寿）

きょうにんしん〔教人信〕 自信の対語。自分の信じるところを人に教えて信じさせること。

ぎょうねん〔凝然〕（一二四〇—一三二一） 華厳《けごん》宗*の学僧。伊予（愛媛県）の人。諸宗の学に通じ、東大寺*の戒壇院長老となる。著書『三国仏法伝通縁起《さんごくぶっぽうでんずうえんぎ》』『八宗《はっしゅう》綱要《こうよう》』その他およそ一千一百巻。

きょうはん〔教判〕 教相判釈の略。→きょうそうはんじゃく（教相判釈）

ぎょうぼう〔行法〕 修行*の方法。密教*では、これに四種類の行法（十八道の行法、胎蔵《たいぞう》界*の行法、金剛界*の行法、護摩《ごま》*の行法）があるとする。

きょうまん〔憍慢〕（梵）adhimāna の訳。自らたかぶり、心おごることをいう。

ぎょうよく〔楽欲〕 楽は願い、欲は求めるという意味で、願い求めることをいう。

きょうり〔教理〕 教義ともいう。教は仏陀*の説いた言教《ごん》（言葉で説いた教え）、理はその教えの中に説かれた法*の道理。一般に宗教上の道理をいう。

きょうりつろん〔経律論〕 →さんぞう（三蔵）

きょうりょうぶ〔経量部〕 小乗二十部*の一つ。仏滅*後三百年の初めに、説一切有部《せついっさいうぶ》*より分かれたといわれる。説一切有部が万物の過去*・現在*・未来*にあたる実有《じつう》*を説くのに対し、現在のみ実体があり過去・未来は実体なし（現在有体過未無体《うたいかみむたい》）と説く。心の三世《さんぜ》*にわたる連続は種子《しゅうじ》*（心の作用の基をなす力）によるとした。

きょうろんじゃく〔経論釈〕 経*と論*と釈*のこと。すなわち仏説《ぶっせつ》を伝えるものが経、その理論を祖述したものが論、その経論の意義を解釈したものが釈である。

ぎょき〔御忌〕 法然《ほうねん》上人*の忌日《きにち》*に行う法会《ほうえ》*。もとは正月二十五日の正忌日に行われたが、後には四月二十三日

より三日間にわたって行われるのが普通となった。浄土*真宗では御正忌《ごしょうき》の略語。↓仏教常識〈行事の部〉同項

ぎょくやぎょう〔玉耶経〕 竺曇無蘭《じくどんむらん》訳。一巻。釈尊*がスダッタ（須達《しゅだつ》*）長者の嫁、玉耶女《にょ》（パーリ仏典ではスジャーター）のために、七種の妻の道を説いて、その憍慢《きょうまん》*を戒めたものである。㊅2・No.143。異訳に『玉耶女経』があるが、失訳（訳者不明）。

きよざわまんし〔清沢満之〕（一八六三―一九〇三） 真宗*大谷派*の学僧。名古屋の人。父は徳永永則。明治二十年、東京帝国大学哲学科卒。同二十一年、京都大谷尋常中学校長を経て、高倉学寮《たかくらがくりょう》*に哲学を講じた。また、三河（愛知県）大浜西方寺《さいほう》に入り清沢の姓を継ぐ。同三十三年、東京に浩々洞《こうこうどう》を開き、同志門下と雑誌『精神界』を発行、精神主義を唱えて廃仏毀釈《はいぶつきしゃく》*後の仏教復興運動に尽力した。同三十六年寂す。著作多数。

きよみずでら〔清水寺〕 北法相宗《きたほっそう》大本山。京都市東山区清水にあり、音羽《おとわ》山と号す。延暦十七年（七九八）坂上田村麻呂の建立*。西国《さいごく》三十三所*観音の第十六番札所。本尊*は十一面千手千眼観音で秘仏。本堂*は崖に臨んで建てられ、寺の南側の掛出しは清水の舞台と称され、京都の西南を一望眼下に眺められるので有名。

ぎょらんかんのん〔魚籃観音〕 三十三観音*の一つ。像容は、大魚に乗っているものと、魚を魚籃《びく》に入れて持っているものがあり、羅刹《らせつ》*、悪鬼の害を除くことを司るという。中国の観音感応伝《かんのう》の一話が出典。

きん〔磬〕 磬子《きんす》、経磬《きょうきん》、銅鉢《どうはち》ともいう。仏教の楽器。銅または鉄製の鉢形で台上におき、読経《どきょう》*の際、桴《ばち》（皮または布で先端を包んだ棒）をもって打ち鳴らす。もと宋代の禅宗*で用い、中世以後、他宗でも法会《ほうえ》*の用具とする。↓仏教常識〈法具の部〉同項

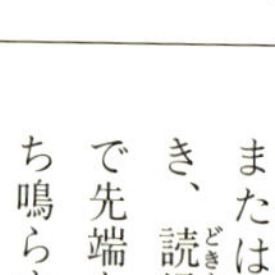

きんかい〔禁戒〕 仏道*の修行*において、禁じ守るべき戒律*のこと。

きんかくじ〔金閣寺〕 ↓ろくおんじ（鹿苑寺）

ぎんかくじ〔銀閣寺〕 ↓じしょうじ（慈照寺）

きんげん〔金言〕 釈尊*の口より出た、永久に変わらない聖語の意。金口《こんく》ともいう。↓仏教常識〈日常語〉同項

きんしょくじ〔錦織寺〕 真宗*木辺《きべ》*派の本山。滋賀県野州《やす》郡中主町《ちゅうず》にあり、「にしごりでら」ともいう。遍照《へんじょう》山天神護法院と号し、本尊*は阿弥陀如来《あみだにょらい》。天安二年（八五

八）円仁《えんにん》＊が最澄《さいちょう》＊作の毘沙門天《びしゃもんてん》＊像を安置する堂＊を建てたのに始まり、後、親鸞《しんらん》＊が『教行信証』＊を完成した寺と伝えられる。

きんなら〔緊那羅〕 →にんぴにん（人非人）

きんぶせんじ〔金峰山寺〕 金峰山修験《しゅげん》本宗総本山。奈良県吉野郡吉野町。国軸《こくじく》山と号し、蔵王《ざおう》堂、金輪王寺《こんりんのうじ》とも称する。役小角《えんのおづぬ》＊開基と伝えられる山伏《やまぶし》＊修行道場。平安中期には僧坊百余を数え、吉野衆として高野山＊と対抗した。建武三年（南朝の延元元年＝一三三六）後醍醐天皇は寺中に吉野朝廷を置き、正平三年（北朝の貞和四年＝一三四八）後村上天皇が賀名生《あのう》＊に遷幸《せんこう》するまでの十余年間、皇居の地であった。本尊は蔵王権現《ごんげん》。

阿弥陀如来真言

キリーク

hrīḥ

オン ア ミリ タ ティゼイ カ ラ ウン

唵 阿蜜㗚多 帝際 賀羅 吽

oṃ Amṛta teje hara hūṃ

無量光仏（阿弥陀如来）に帰命《きみょう》す、我等を済度《さいど》し給え。成就せよ。

→本文7頁「あみだぶつ」

く ク

く〔苦〕 苦しみ悩み、これに二苦、三苦＊、四苦＊、八苦＊、十苦＊等の種類がある。→しくはっく（四苦八苦）

くう〔空〕 （梵）śūnya の訳で、すべての物や事柄は、多様な関係性の上に変化しつづけている（因縁所生《いんねんしょしょう》）ので、実体がないということ。仏教のとくに重要な原理。

くうかい〔空海〕 （七七四―八三五）真言宗＊の開祖。密《みつ》号《ごう》＊（灌頂《かんじょう》＊を受けた時に授けられた名前）を遍照金剛《へんじょうこんごう》という。讃岐（香川県）の人。姓は佐伯氏。幼名は真魚《まお》と伝わる。十五歳のとき都に遊学し、のち山野に七年、久修練行《くしゅれんぎょう》した（謎の七年間）。飛鳥（奈良県）の久米寺《くめでら》で『大日経《だいにちきょう》＊』を感得したが解せず、延暦二十三年（八〇四）入唐《にっとう》し、長安青竜寺の恵果《けいか》＊阿闍梨《あじゃり》＊より密教の奥旨を受け、大同元年（八〇六）帰朝。密教弘通《ぐずう》の勅許を得て諸国を巡錫《じゅんしゃく》＊する。弘仁三年（八一二）京都の高《たか》雄山寺《おさんじ》で最澄《さいちょう》＊をはじめ多くの僧に秘密灌頂＊を授ける。弘仁七年（八一六）高野山＊を下賜《かし》され、金剛峯寺《こんごうぶじ》＊を開創した。『三教指帰《さんごうしいき》*』『十住心論《じゅうじゅうしんろん》*』『秘蔵宝鑰《ひぞうほうやく》』『即身《そくしん》成仏義《じょうぶつぎ》*』『般若心経秘鍵《はんにゃしんぎょうひけん》』等の著作が多く、また書（三筆の一人）や詩文にも長じ、文化輸入、定着に大功労があった。承和二年（八三五）高野山で入定《にゅうじょう》*。延喜二十一年（九二一）弘法大師と勅諡《ちょくし》される。

くうがん〔空観〕 三観*（空観・仮観《けかん》・中観）の一つ。空*を観察《かんざつ》*すること。

くうきょう〔空教〕 空宗ともいう。有教《うきょう》*（有宗《うしゅう》）の対。有《う》*に執着《しゅうじゃく》*するものを破り、一切は皆空《かい》*なりという教義を強調する宗派*をいう。成実《じょうじつ》宗*、三論宗*等はそれである。

くうくうじゃくじゃく〔空々寂々〕 この宇宙の一切のものは、すべてその実体はなく、空無にして何らとらえるところのないことをいう。

くうげ〔空仮〕 一切の万有は因縁*によって生じたもので、その実体はなく、仮に存在するに過ぎない。これを空仮という。

くうけん〔空見〕 ①空*に執着《しゅうじゃく》*する見解。②因*・縁*・果*の関係性や諸々の事物にあらわされる真実をまったく否定する偏見。

くうげんしょ〔空閑処〕 ↓あらんにゃ（阿蘭若）

くうこう〔空劫〕 四劫《しこう》（成《じょう》劫・住劫・壊《え》劫・空劫）の第四。この世界がまったく滅して空*に帰して、さらに次の成劫*にいたるまでの間をいう。この中にさらに二十の小劫がある。↓しこう（四劫）

くうしゅう〔空宗〕 ↓くうきょう（空教）

ぐうしゅう〔寓宗〕 付《ふ》宗ともいう。法相《ほっそう》宗*に付属する倶《く》舎《しゃ》宗*や、三論《さんろん》宗*に付属する成実《じょうじつ》宗*のように、一宗としては独立せず、他の宗派*に付随して存在する宗派をいう。

ぐうそう〔共相〕 ①自相（ものそれ自体としての特徴）の対。多くの事物に共通の性質や相状。共通性。②不共相の対。多くの人が共に感じたり受け入れたりすべき果報*。すなわち、山川草木《さんせんそうもく》等、現象世界のすべてをいう。

くうそくぜしき〔空即是色〕 空*、すなわち真実の在りようはそのまま事物（色《しき》*）の在り方に示されているという意味。色即是空*の句と対句になっているのできわめて有名である。これは『般若心経《はんにゃしんぎょう》*』の「舎利子《しゃりし》。色不異空。空不異色。色即是空。空即是色。受想行識《じゅそうぎょうしき》。亦《やく》復如是《ぶにょぜ》。」に代表される般若諸経の思想をもとにしており、すべてのもの（五蘊《ごうん》*）が空にほかならないことを表現している。

くうや〔空也〕（九〇三―九七二）「こうや」ともいう。天台宗*出自の浄土教*布教僧。出身不詳。遊行《ゆぎょう》*を好み、諸国を行脚《あんぎゃ》*しつづけた。また橋を架け、道を拓き、常に念仏*を唱えていた。天慶元年（九三八）京都に入り、市中に赴いて念仏を勧め民衆を教化《きょうけ》*したので、市聖《いちのひじり》*・阿弥陀聖《あみだひじり》と呼ばれた。天暦二年（九四八）比叡山*延暦寺*で戒*を受け光勝と称する。応和年間（九六一―九六三）西光寺（後の六波羅蜜寺《ろくはらみつじ》*）を開創。天禄三年同寺で寂す。踊《おどり》念仏の祖とされる。→くうやねんぶつ（空也念仏）

くうやき〔空也忌〕 空也（前項参照）は天禄三年（九七二）九月十一日に入寂《にゅうじゃく》*したが、それより先、京都を出て東行するのに際し、弟子たちに向かって「今日寺を出る日をもって予が命日*とせよ」といったことから、毎年十一月十三日を空也の忌日《きにち》*として、念仏*の法会《ほうえ》*を行うことになった。

ぐうやく〔藕益〕 →ちぎょく（智旭）

くうやねんぶつ〔空也念仏〕 鉢叩き、踊躍《ゆやく》念仏、踊《おどり》念仏ともいう。空也*の在俗*の弟子平定盛のはじめたもの。念仏*の功徳《くどく》*がつもって、極楽往生*ができるのを喜び、和歌や和讃や念仏を面白い節で唱え、拍子に合わせて踊る。→仏教常識〈行事の部〉同項

くえいっしょ〔倶会一処〕 多くの人々が一処に会し集まるという意味で、『阿弥陀経《あみだきょう》*』にあり、念仏*の行者《ぎょうじゃ》*が阿弥陀仏*により極楽*に生まれて、諸々の仏《ぶつ》*・菩薩《ぼさつ》*と会うことができることをいう言葉。

くえまんだら〔九会曼荼羅〕 金剛界曼荼羅*。両界《りょうがい》曼荼羅*の一つで、胎蔵《たいぞう》界曼荼羅*の対になる。『金剛頂経*』に基づくもの。羯磨会《かつまえ》（成身会《じょうしんえ》）、三昧耶《さんまや》会、微細《みさい》会、供《く》養《よう》会、四印《しいん》会、一印会《いっちんね》、理趣《りしゅ》会、降三世《ごうざんぜ》会、降三世三昧耶会の九会から成るので、これを九会曼荼羅という。これを図で示すと、次のようになる。修行*と成仏《じょうぶつ》*の経過を示すといわれる。

四印会	一印会	理趣会
供養会	羯磨会	降三世会
微細会	三昧耶会	降三世三昧耶会

くおん〔久遠〕 きわめて遠い過去*または未来*のことをいう。

くおんこじょう〔久遠古成〕 きわめて遠い過去*におい

て、すでに仏*となられたということ。

くおんじ〔久遠寺〕　日蓮宗総本山*。山梨県南巨摩郡身延《みのぶ》町。身延山*妙法華《みょうほっけ》院と号す。本尊*は一塔両尊四士*。日蓮*隠棲の地であり、またその納骨の霊場。佐渡から帰った日蓮は、文永十一年（一二七四）この地に来て、豪族の波木井《はきい》六郎実長《さねなが》に迎えられ、現在の西谷にあたる所に三間四面十二柱の草庵*を結んだ。それが身延山久遠寺のはじめである。武田氏、徳川氏の外護《げご》により栄えた。

くおんじつじょう〔久遠実成〕　仏陀*の成道《じょうどう》*を単に歴史的事実の上で見ず、仏陀の成道は実は既に久遠*の昔に成就*していたのだという考え方で、『法華経《ほけきょう》*』（如来寿《にょらいじゅ》量品《りょうほん》第十六）において最も強調される思想である。

くかい〔九界〕　十界*のうち仏界を除いた残りの九つをいう。すなわち地獄*界・餓鬼《がき》*界・畜生*界・修羅《しゅら》*界・人間界・天上界（天界《てんがい》*）・声聞《しょうもん》*界・縁覚《えんがく》*界・菩薩《ぼさつ》*界をさす。仏界に対して迷いの界であるこれら九つを総称していう。→じっかい（十界）②　→口絵図版〈十界図〉

くかい〔苦界〕　「くがい」とも読む。①この世は苦しみの世界であるということから、この世を苦界という。→次項　②苦悩のある世界、すなわち六道をいう。→ろくどう（六道）→仏教常識〈日常語〉同項

くかい〔苦海〕　「くがい」とも読む。苦界*、苦輪界とも称する。三界《さんがい》*（欲界《よくかい》・色界《しきかい》・無色界《むしきかい》）のことをいう。この三界は生死《しょうじ》*の苦界にして、その限りないことは大海のごとくであるという意味。『法華経《ほけきょう》*』寿量品《じゅりょうぼん》には「我、諸の衆生《しゅじょう》*を見れば、苦海に没在せり」とある。

ぐがん〔弘願〕　弘大なる誓願*ということ。仏*が一切衆《しゅ》生《じょう》*を救おうと願うことで、阿弥陀仏《あみだぶつ》*の四十八願*などがそれである。とくに、四十八願中の第十八願を弘願ということもある。

ぐかんしょう〔愚管抄〕　慈円著。神武天皇から承久の乱までの歴史書。七巻。過去を批判し、未来を楽しみ、しかも生者必滅《しょうじゃひつめつ》*の道理を説きつつ、その道理にはずれた者には貴賤《きせん》の別なく筆誅《ひっちゅう》を加えている。

くきょう〔究竟〕　（梵）uttara の訳。ものの最後または最上を究《きわ》めたことをいう。畢竟《ひっきょう》*に同じ。

くぎょう〔苦行〕　（梵）tapas, duskara-caryā の訳。さとり*を開くため、あるいは願望を達するために、堪えがたい苦しい修行*をあえてすること。インドでは主として外道《げどう》*の教えるところであり、仏教ではむしろ苦行自体を目的とすることを排する態度をとっていた。

ぐきょう〔弘教〕 仏教の教えを弘めること。

くぎょうりん〔苦行林〕 (梵) Uruvilvā の訳。釈尊*がさとり*を開く前の六年間、苦行*をしたところ。マガダ(摩掲陀*)国ガヤー(伽耶《がや》*)城の東南約十一キロ、ナイランジャナー(尼連禅河《にれんぜんが》*)の畔である。

くけつ〔口訣〕 口伝《くでん》・口授《くじゅ》ともいう。口頭で決定の要義を授け教えること。師が弟子に口頭で教えを伝授すること。なお、伝授された内容を墨書したものを、切紙《きりがみ》という。

くごう〔口業〕 →さんごう(三業)

くさいち〔草市〕 →仏教常識〈仏事の部〉同項

くさいにち〔九斎日〕 九つの斎日*をいう。正月、五月、九月のそれぞれ前半の半月(白月《びゃくがつ》。これに対して後半の半月を黒月《こくがつ》という)の三斎日と、その他の各月の八日、十四日、十五日、二十三日、二十九日、三十日の六斎日とを合わせた称。これらの日には、帝釈天《たいしゃくてん》*、四《し》天王《てんのう》*等が人間の善悪の業《ごう》*を見守っているから、とくに戒*をまもり、素食(野菜だけの食事)をして、善事を修めなければならないという。

くじ〔九字〕 真言宗*の僧*や修験道《しゅげんどう》*の行者《ぎょうじゃ》*(山伏《やまぶし》*)が、悪魔怨敵を退散させて、身を守るためにする禁呪《じゅ》の秘法*。口に「臨兵闘者皆陣列在《りんぴょうとうしゃかいじんれつざい》前《ぜん》」の九字を唱え、また図のように、指頭で空中に四縦五横の符を描く。これを九字を切るという。もと、中国の道教*から起こったもので、『抱朴《ほうぼく》子《し》』内篇を典拠とする。

くじ〔九地〕 三界《さんがい》(欲界・色《しき》界・無色界)を九種類に分けたもの。欲界*に一地、色界*に四地(四禅天)、無色界*に四地(四無色天)が分類される。→さんがい(三界)

クシナガラ〔拘尸那竭羅〕 (梵) Kuśinagara の音写。略して拘尸《くし》城という。中インドのマッラ(末羅)族の国。釈尊*がこの町の郊外の沙羅《しゃら》樹の林に入り、二本の大木(双樹)の下で入滅《にゅうめつ》*したことで知られる。

くじみょうごう〔九字名号〕 阿弥陀仏《あみだぶつ》*の徳を表わした「南無不可思議光如来《なむふかしぎこうにょらい》」という名号《みょうごう》*の九文字をいう。浄土真宗*ではこの九字を書き、本尊*の脇にかける。

くしゃ〔倶舎〕 句捨とも書く。(梵) kośa の音写。蔵《ぞう》・鞘《しょう》・繭《けん》と訳し、倉庫の意。『倶舎論*』または倶舎宗*の略。

くじゃくおうほう〔孔雀王法〕 孔雀経法ともいう。密教*

で行う修法《しゅほう》*の一つ。孔雀明王*を本尊*として、除災、祈《き》雨《う》などのために修する祈祷*法である。

くじゃくみょうおう〔孔雀明王〕　マハーマーユーリー。（梵）Mahāmāyūrī の訳。毒蛇を食う孔雀を神格化したもの。一面四臂《しひ》の菩薩形《ぼさつぎょう》をし、孔雀に乗っているので、孔雀王または孔雀明王という。除災、祈雨《きう》の修法《しゅほう》*の本尊*である。明王*ではあるが忿怒相《ふんぬ》*をとらない。

くしゃしゅう〔倶舎宗〕　『倶舎論』*によって立てられた宗派*。わが国では南都六宗の一つに数えられたが、のち勅令によって法相《ほっそう》宗*に付属させられ、寓《ぐう》宗*として存在した。宗祖は『倶舎論』の著者世親《せしん》*である。毘曇《びどん》宗*ともいわれ、説一切有部《せついっさいうぶ》*の系統をひくものである。↓仏教常識〈宗派の部〉日本仏教・同項

クシャトリヤ〔kṣatriya〕　↓せっていいり（刹帝利）

くしゃろん〔倶舎論〕　↓あびだつまくしゃろん（阿毘達磨倶舎論）

くしゅう〔九宗〕　↓はっけくしゅう（八家九宗）

くじゅうしん〔九住心〕　禅定《ぜんじょう》*を修するにあたって、心が散乱しないように心を一境にとどめる（住）が、そのとどめる方法によって、九種の住心があげられている。安住心（心を一境に安住させる）、摂《しょう》住心（心が対象に散れば、すぐに摂《おさ》め返らせる）、解《げ》住心（理解し知覚する心が対象に働けば、すぐに収め返らせる）、転住心（心の動揺がやんでますます安住を楽しむ）、伏《ふく》住心（長い禅定に怠け心を生じれば、これを折伏《しゃくぶく》*してさらに精《しょう》進《じん》*する）、息《そく》住心（内心が動き乱れる時、すぐに止息《しそく》させる）、滅住心（妄念*を生じればすぐに滅除する）、性《しょう》住心（妄念が消え、心性が本来明らかで清浄《しょうじょう》*であることを知って、そこに安住する）、持《じ》住心（禅定の結果、心が自ら正しい定*に安住して、自然に理にかなったあり方になる）がそれである。

くじゅうめつどう〔苦集滅道〕　仏教の根本をなす四つの真実で、これを四諦《したい》という。苦*とは生死《しょうじ》*の苦。集はその原因たる渇愛煩悩《かつあいぼんのう》（渇きにたとえられる貪《むさぼ》りのこころ）。滅はその渇愛煩悩を滅する方法。道はその方法論を実行して、さとり*の境地に到達する修行*をいう。↓したい（四諦）

くじょう〔九条〕　法衣《ほうえ》*の一種。九条の細長い布を横に縫い合わせた袈裟《けさ》*で、外出またはおごそかな儀式等に着

用するもの。→だいえ（大衣）→さんえ（三衣）

くじらまく〔鯨幕〕→仏教常識〈仏事の部〉同項

ぐずう〔弘通〕「ぐつう」ともいう。仏教が世に弘まること。

ぐぜい〔弘誓〕仏《ぶつ》*または菩《ぼ》薩《さつ》*が、一切衆生《しゅじょう》*の済度《さいど》*のために立てた弘大な誓願*。その精神を要約したものが四弘《しぐ》誓願*である。

ぐぜいのふね〔弘誓の船〕仏《ぶつ》*の弘大な誓願*が、衆生《しゅじょう》*を導いてさとり*の彼《か》の岸に渡すことを、船にたとえていった言葉。

ぐぜかんのん〔救世観音〕聖《しょう》観音*の一名。→かんぜおん（観世音）

くせんはっかい〔九山八海〕仏教の世界観である須弥山世界において、須弥山を中心として、その周囲に存在する山と海を総称した言葉。→しゅみせん（須弥山）→185頁図版〈須弥山図〉

くそう〔九想〕九相ともいう。貪欲《とんよく》*を取り除き惑業《わくごう》（煩《ぼん》悩《のう》*による行為）から離れるために、以下に示す、人の九種の屍相を心の中で観想すること。(1)脹《ちょう》＝膨れあがる。(2)青瘀《しょうお》＝黒ずむ。(3)壊《え》＝くずれる。(4)血塗《けちず》＝膿、血、肉が散乱。(5)膿爛《のうらん》＝膿み、虫が覆う。(6)噉《かん》＝鳥獣に食われる。(7)散＝散乱する。(8)骨＝白骨のみ残る。(9)焼＝焼かれて灰や土になる。この様子を描いたものが「九想図」である。経論により小異がある。

ぐそく〔具足〕→仏教常識〈日常語〉同項

ぐそくかい〔具足戒〕比《び》丘《く》*、比《び》丘《く》尼《に》*の必ず保つべき戒め。比丘の二百五十戒*、比丘尼の三百四十八戒*が代表である。戒*の条目は経論により異なるが、『四分律《しぶんりつ》*』の挙げるところ。二十歳から七十歳までに受けるもの。大戒ともいう。この戒を保持する時は、無量の戒徳がおのずから身に具わるということから、具足戒といわれる。

くたい〔苦諦〕四諦（苦諦・集《じっ》諦・滅諦・道諦）の第一。苦*に関する真実。すなわち、この世は苦悩に満ちているという事実に対して開眼《かいげん》*すること。→したい（四諦）

ぐち〔愚痴〕単に痴《ち》*ともいう。衆生《しゅじょう》*の根本的な煩悩《ぼんのう》*の一つで、智慧*にひらけず、現象に迷い真実をわきまえないこと。おろかなこと。三毒*（貪《とん》・瞋《じん》・痴）の一つ。→仏教常識〈日常語〉同項

くつげのけつじゅう〔窟外の結集〕第一結集（経典*類の編集）に際し、七葉窟《しちようくつ》*内の結集に洩れた人々は、別に窟外に集まって仏説（仏の説かれたこと）を集め、結集の事業を遂げた。これを窟外の結集といい、後の大《だい》

衆部《しゅぶ》*はこの系統をひくとされる。↓けつじゅう(結集)

くてい〔倶胝〕（梵）koṭi の音写。①インドにおける数の単位で、巨大な数をいう。千万にあたるといい、また百億にあたるともいう。②倶胝《ぐてい》和尚。唐代(年寿不詳)。天竜一指頭《いっしとう》の禅*を挙揚した。

くでんしょう〔口伝鈔〕 三巻。元弘元年（一三三一）の報恩講《ほうおんこう》*（宗祖*の忌日《きにち》*にちなんで営む法会《ほうえ》*）に際して、本願寺*の覚如《かくにょ》が、先師如信《にょしん》より口伝された親鸞《しんらん》*の言行を物語り、これを乗専《じょうせん》に筆記させたもので、浄土真宗*が親鸞の真意を伝えるものであることを強調している。(大)83・No.2663

ぐどう〔求道〕 仏法*の道を求め修めること。求法《ぐほう》*に同じ。

くどく〔功徳〕 善行を修めることによってその人にそなわる優れた徳性、性質。功は功能の意、徳は福徳の意であり、この功能は善行の徳として来るものであるから、あわせて功徳という。転じて一般には、よい行いの結果として与えられる神仏のめぐみをいう。

ぐとく〔愚禿〕 愚昧《ぐまい》なる禿頭《とくとう》という意味で、親鸞《しんらん》*が自らを卑称した言葉。愚は自己の謙称であり、禿は流罪の時に自ら姓として用いたものであった。しかし、実際は反転し、宗教的自信を示す語。

ぐとくしょう〔愚禿鈔〕 二巻。建長七年（一二五五）親鸞《しんらん》*八十三歳の時の著で、浄土真宗*の教相*、安心《あんじん》*を説いたもの。『二巻鈔』ともいう。(大)83・No.2648

くどん〔瞿曇〕 釈迦《しゃか》*一族の姓は（梵）Gotama である。これを音写して瞿曇とした。釈迦牟尼《むに》*のことをいう。

グナバドラ〔求那跋陀羅《ぐなばっだら》〕（三九四―四六八）（梵）Guṇabhadra の音写。功徳賢《くどくけん》と訳す。中インドの人。バラモン*出身で幼時より天文、書算、呪術、五明《ごみょう》*の諸論に精通し、『阿毘曇雑心論《あびどんぞうしんろん》』を読んで仏教に帰依《きえ》*したと伝えられる。広く三蔵*をおさめ、元嘉十二年（四三五）中国広州に至り、『雑阿含経《ぞうあごんぎょう》*』『楞伽経《りょうがきょう》*』『勝鬘経《しょうまんぎょう》*』等、五十二部・百三十四巻を漢訳した。

くぶきょう〔九部経〕 九分《くぶん》経ともいう。①小乗仏教*で十二部経*の中から毘仏略《びぶつりゃく》（方広《ほうこう》）、和伽羅《わから》（授記《じゅき》*）、優陀那《うだな》*（自説《じせつ》）の三部を除いたもの。すなわち修多羅《しゅたら》*（契経《かいきょう》*）、祇夜《ぎや》*（応頌《おうじゅ》）、伽陀《かだ》*（偈《げ》*）、尼陀那《にだな》*（因縁《いんねん》*）、伊帝目多伽《いていもくたか》（本事《ほんじ》*）、闍多伽《じゃたか》*（本生《ほんじょう》）、阿浮達磨《あぶだつま》（希有《けう》）、阿波陀那《あばだな》（譬喩《ひゆ》*）、優婆提舎《うばだいしゃ》*（論議《ろんぎ》）の九部をいう。②大乗仏教*で十二部経の中より尼陀那、阿波陀那、優婆提舎の三部を除く修多羅、祇夜、伽陀、伊帝目多伽、闍多伽、毘仏略、阿浮達磨、優陀那、和伽羅の九部をいう。

ぐふとくく〔求不得苦〕 →しくはっく（四苦八苦）

くぶんぎょう〔九分経〕 九部経*のこと。

ぐほう〔求法〕 仏法*をもとめること。信仰*を得んとすること。求道《ぐどう》*に同じ。

くほん〔九品〕 九種類の品目という意。九品の惑*、九品の往生*、九品浄土、九品弥陀《みだ》などという。

くほんいん〔九品印〕 上品上生《じょうぼんじょうしょう》から下《げ》品下生《ぼんげしょう》の九階級の印《いん》契《げい》*。上生（定《じょう》印＝悟りの印）は右手を下にして指先を伸ばし掌《てのひら》を重ねる。中生（説法印《せっぽういん》）は両掌を外に向けて並べ胸の辺に安んずる。下生（来迎《らいごう》印）は両掌を外に向けて右手を上にあげ（施無畏《せむい》印＝衆生《しゅじょう》*の畏《おそ》れを去らせる）、左手を下にする（与願《よがん》印＝衆生の願うものを与える）。親指につける指が人差指（上品）、中指（中品）、薬指（下品）の違いで印相《いんぞう》を分ける。

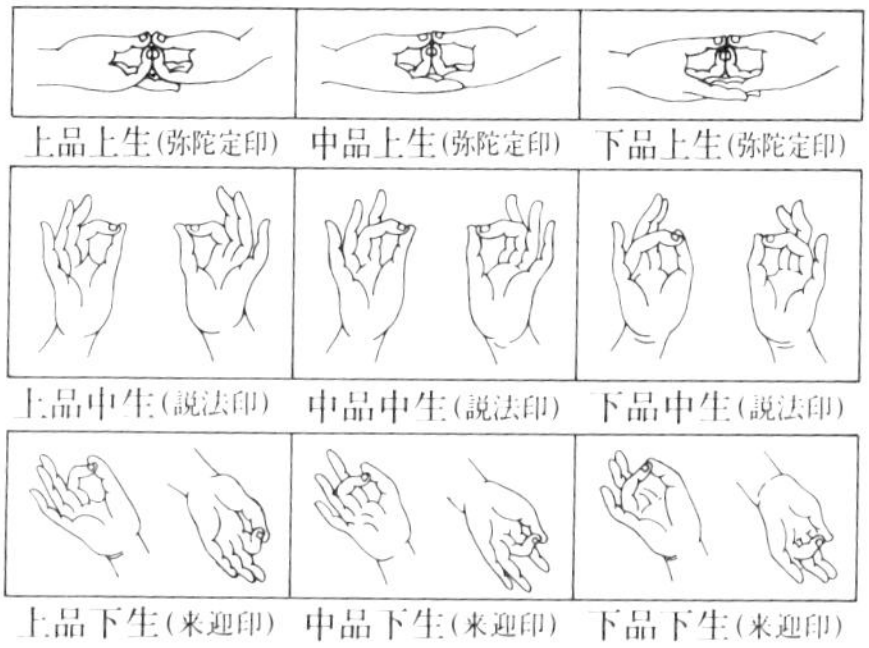

くほんじょうど〔九品浄土〕 九種類の浄土*。『観無量寿経*』には、浄土*に往生*する者はその信仰*・修行*の深浅、罪業《ざいごう》*の軽重により九階級に分けられ、大別して以下の九品（九種の階位）としている。上品上生《じょうぼんじょうしょう》、上品中《ちゅう》生《しょう》、上品下生《げしょう》、中品《ちゅうぼん》上生、中品中生、中品下生、下品《げぼん》上生、下品中生、下品下生。この九品の往生に対して、浄土にもまた九品の別が生じ、九品の印を結ぶ。→くほんいん（九品印）

くほんのおうじょう〔九品の往生〕 阿弥陀仏《あみだぶつ》*を念ずる者は、死後必ず阿弥陀仏に迎えられる（来迎引接《らいごういんじょう》）。その時、生前の行為により九つの階級（九品）があり、それに応じた浄土*に往生*するとされる。→前項

くまのごんげん〔熊野権現〕「ゆやごんげん」ともいう。和歌山県東牟婁郡にあり、本宮《ほんぐう》は本宮町、新宮《しんぐう》は新宮市、那智《なち》は那智勝浦町にあって、合わせて熊野三山または熊野三所権現という。平安朝より鎌倉時代にかけて、各層の信仰*を集め、参拝者はきわめて多かった。中世においては、本地垂迹《ほんじすいじゃく》*説によって、すべて僧徒の

司るところとなり、本宮は阿弥陀如来《あみだにょらい》*、新宮は薬師*如来、那智は千手《せんじゅ》観音*を本地《ほんじ》*とすると称されていた。また、『熊野本地絵巻』によれば、中天竺《てんじく》マガダ*国善財《ぜんざい》王の千人目の妻・五衰殿《ごすいでん》の女御《にょうご》が、王に捨てられたのち日本に至り、熊野に辿りついたとされる。女御は熊野で月足らずの王子を産んだが、この出産に立ち合い王子の扶養を助けたのが、女御の兄である僧であった。女御と王子と僧の三人が三熊野の本地であるという。

くまらじゅう〔鳩摩羅什〕 (三四四―四一三)クマーラジーヴァ。(梵) Kumārajīva の音写。普通には略して羅什という。中国の訳経《やくきょう》(経典*類の翻訳)史上、最も偉大な翻訳僧の一人で、四大訳経家*に数えられる。クチャ(亀茲《きじ》*)国の人であるが、姚秦《ようしん》の弘始三年(四〇一)長安に至り、逍遥園《しょうようえん》に住んで、経論三百余巻を訳した。門下は三千人に及び、その中の道生《どうしょう》、道融《どうゆう》、僧肇《そうじょう》、僧叡《そうえい》を什門《じゅうもん》(鳩摩羅什の門下)の四聖《ししょう》という。

ぐみょうしゅう〔弘明集〕 十四巻。梁の僧祐《そうゆう》撰。仏教を信じる僧侶*や在俗*の信徒*によって作られた諸種の文章を集録したもの。これによって道を弘め教えを明らかにするという意味で『弘明集』という。(大)52・No.2102

くめのせんにん〔久米の仙人〕 実在性は不明であるが、『元亨釈書《げんこうしゃくしょ》』*に見え、よく世間に知られる。大和(奈良県)の人。深山で松葉を食して仙法(神通《じんずう》力*)を修行*し、空中を飛行する力を得た。ある日、吉野川の上流を飛行中、川で衣を洗う女の白い脛《すね》を見て、染心《ぜんしん》(煩悩《ぼんのう》*)を生じ、仙法やぶれて墜落したという。だが、これを妻とした後、さらに修行して再び仙力を得、遷都の工事に仙術を用いて貢献したことから久米寺《くめでら》を興すことを許された、と伝えられる。

くもつ〔供物〕 神仏への供えもの。仏教では、仏*・法*・僧*の三宝《さんぼう》*を供養《くよう》*するために供える食物、香*、華などをいう。→仏教常識〈行儀の部〉同項

くやく〔旧訳〕 新訳*の対語。鳩摩羅什《くまらじゅう》*、真諦《しんだい》*らの訳経《やくきょう》(経典*類の翻訳)のように、唐の玄奘《げんじょう》*(七世紀)以前に訳された仏教経典を旧訳といい、玄奘以後のものを新訳という。なお、鳩摩羅什以前に訳されたものを古訳といって、旧訳から区別することもある。

くよう〔供養〕 仏*・法*・僧*の三宝《さんぼう》*や、死者の霊などに対して供物《くもつ》*をささげ、回向《えこう》*することをいう。これに三種があって、堂舎の装飾等をすることを敬《きょう》供養、読経《どきょう》*・礼讃《らいさん》*などをすることを行《ぎょう》供養、飲食《おんじき》・衣服《えぶく》等をすすめることを利供養という。→仏教常識〈行儀の部〉同項

くらまでら〔鞍馬寺〕 鞍馬弘教《ぐきょう》総本山（もと天台宗*）。京都市左京区鞍馬本町。松尾《しょうび》山金剛寿命院と号す。奈良朝開創の伝があるが、延暦十五年（七九六）皇城の北方鎮護のため、毘沙門天《びしゃもんてん》*を本尊*として藤原伊勢人《いせんど》が開基*。たびたび火災にあって、現在の堂塔は新しい。鞍馬山中にあり源義経が修行*をしたという伝説の地。中世を通して王侯武門とのゆかりが深く『今昔物語』『枕草子』などにも記されている名刹。鞍馬の火祭り（由《ゆ》岐《き》神社）でも有名。

くり〔庫裡〕 庫裏とも書く。寺院*の寺務所兼厨房《ちゅうぼう》。現在では、俗に本堂*に対して住持《じゅうじ》*の家族の住むところをすべて庫裡という。→仏教常識〈寺院の部〉同項

くりから〔倶利迦羅〕（梵）Kulika(la) の音写。倶哩迦羅とも書き、作黒と訳す。仏法*を守護する竜王*の名。不動明王《みょうおう》*の変化身《へんげしん》*とされる竜*が剣を呑む姿で盤石の上に立つ形像をとる。剣は不動明王の右手の持ち物をあらわし、竜は左手の索《さく》をあらわす。不動明王の三昧耶《さんまや》形《ぎょう》（衆生《しゅじょう》*をさとり*に導くために現わした形）でもある。なお、竜が剣にからまった図の刺青《いれずみ》を倶利迦羅紋《もん》紋《もん》というのは、これから出たものである。→仏教常識〈日常語〉倶利迦羅紋紋

くりき〔功力〕 ①修行*によって得た神変《じんぺん》*不可思議*の力。功徳《くどく》*力。②仏《ぶつ》*・菩薩《ぼさつ》*の衆生《しゅじょう》*に対する加護*の力。御利益《ごりやく》のこと。

くりだしいはい〔繰り出し位牌〕 →仏教常識〈仏事の部〉同項

くりん〔九輪〕 空輪ともいう。仏塔の棟上にかざる輪相で、相輪に属し九個の輪から成っているので九輪という。→そうりん（相輪）

ぐれん〔紅蓮〕（梵）padma 鉢特摩《はどま》と音写。①紅蓮華《げ》。赤色の蓮華をいう。千手《せんじゅ》観音*の四十手（一手で二十五手をあらわす）のうち、左の一手にこの花を持つことから、これを紅蓮華手《しゅ》という。②紅蓮地獄。八寒地獄*の第七にあたる地獄*で、この地獄にある衆生《しゅじょう》*は、寒気のために肉が割けて、紅蓮に似た様相を呈しているという。

くろだに〔黒谷〕 京都市左京区八瀬《やせ》の東、比叡山*西《さい》塔の北谷。青竜寺のあるところは、法然《ほうねん》*が修道研学したところで、これを本黒谷という。京都市左京区黒谷町の

東南、鹿谷《ししがたに》の西にあたる丘陵は、法然が移って布教したところで、新黒谷といい、ここに浄土宗*の大本山金《こん》戒光明寺《かいこうみょうじ》*がある。

くろだにしょうにん〔黒谷上人〕 法然のことをいう。↓ほうねん（法然）

ぐんぎろん〔群疑論〕 『釈浄土群疑論』の略。↓しゃくじょうどぐんぎろん（釈浄土群疑論）

くんしゅ〔葷酒〕 葷と酒の意。葷（ねぎ、にらなどの臭気を発する野菜＝婬欲を起こすもとと見られ避けられた）を食し、酒を飲むことをいい、これは仏教の禁ずるところ。「不許《ふこ》葷酒入山門《にっさんもん》（葷酒山門に入るを許さず）」の言葉でよく知られている。↓くんしん（葷辛）

くんじゅう〔熏習〕 （梵）vāsanā の訳。香の薫りが衣にうつり染み込むように、身《しん》・口《く》・意《い》（三業《さんごう》*）における善悪の業《ごう》*が、次第に真如《しんにょ》*または阿頼耶識《あらやしき》*に染み付くことをいう。唯識《ゆいしき》*の考え方である。

くんしん〔葷辛〕 葷はねぎ、にらのように一種の臭みのある野菜の総称。辛ははじかみのような辛味のある野菜の総称で、これらは臭気の不浄さと精力がつくことのために、仏教ではこれら葷辛を食すことを禁ずる場合が少なくない。↓くんしゅ（葷酒）

ぐんだりみょうおう〔軍荼利明王〕 クンダリー。（梵）Kuṇḍalī の音写。五大明王*の一つで、南方に配され、宝生如来《ほうしょうにょらい》（宝生仏《ぶつ》*）の教令輪身《きょうりょうりんじん》（忿怒身《ふんぬしん》）とされる。像容は一面八臂《はっぴ》にして忿怒の相を現わし、身体は青色で首、臂、脚に蛇がまといつく。諸々の悪鬼神を降伏《ごうぶく》*するという。

薬師如来真言

bhai（ベイ）

オン コ ロ コ ロ セン ダ リ マ トウ ギ ソ ワ カ

唵　呼嚧呼嚧　戦駄利　摩蹬祇　娑嚩訶

oṃ hulu hulu caṇḍāli mātaṅgi svāhā

帰命《きみょう》す、喜ばしきことよ、旃陀利《せんだり》・摩《ま》登祇《とうぎ》女、神は守護し給えり。成就せよ。

↓本文370頁「やくし」

け　ケ

け〔化〕　①教化《きょうけ》*の略。ひとを教え導いて、正しい方向へ変化させること。②（梵）nirmita の訳。不可思議*な力で種々の相状（形）をあらわすこと。化作《けさ》・化現《けげん》*などと用いる。③遷化《せんげ》*の略。この世の教化を終え、他の世に教化を遷《うつ》すこと。俗には死去したこと。

け〔仮〕　真正ではないこと。実ではなく仮の有《う》*（存在）であること。

け〔繋〕　→けばく（繋縛）

げ〔偈〕　（梵）gāthā の訳。頌《じゅ》と意訳する。経文《きょうもん》の中で、詩句をもって仏*の徳を讃嘆したり、教法の真実を述べたものをいう。

げあんご〔夏安居〕　→あんご（安居）

けい〔磬〕　「磬子《けいす》」「うちならし」ともいう。仏教楽器の一種。古くは石で、後世は青銅で「へ」の字形に造り、

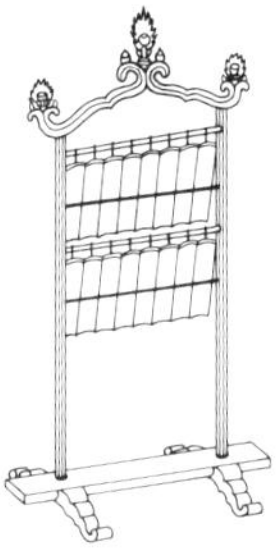

導師*の右側に編成してつるし、勤行《ごんぎょう》*の際打ち鳴らす。
→仏教常識〈法具の部〉同項

けいいんぶ〔鶏胤部〕　小乗二十部*の一。（梵）Kaukkutika の訳。灰山住部《けせんじゅうぶ》ともいう。仏滅*二百年頃、大衆部《だいしゅぶ》*より分派した一派で、三蔵*（経・律・論）のうち、論*を仏*の正説とする。

けいか〔恵果〕　（七四六―八〇五）青竜寺和尚《わじょう》ともいう。密教*付法《ふほう》*第七祖、真言*五祖の一人とされる。唐の人。姓は馬氏。不空《ふくう》*三蔵から密教の秘奥を受け、代宗の勅命により宮中の内道場の護持僧《ごじそう》*（加持祈祷の僧職）となる。次の徳宗・順宗の崇敬も厚く、三朝の国師*と称せられた。永貞元年（八〇五）日本の空海*に、不空から授けられた密教をことごとく伝授する。同年十二月寂す。『阿闍梨《あじゃり》大曼荼羅《だいまんだら》灌頂《かんじょう》儀軌《ぎき》』『金剛界金剛密号《みつごう》』等を撰述したとされる。

げいか〔猊下〕　猊座《げいざ》（獅子座）に座するに足る人物の意。今日では、各宗管長の尊称として用いる。

けいけん〔敬虔〕　→仏教常識〈日常語〉同項

けいさん〔慶讃〕　仏*の徳を慶賀し讃称すること。慶讃法要などという。

けいざん〔瑩山〕　→じょうきん（紹瑾）

けいざんしんぎ〔瑩山清規〕 二巻。瑩山*著。『永平清規*』等を参照して、わが国の曹洞宗《そうとう》*の規律を制定したものである。

けいしゅ〔稽首〕 インドの礼法の最上のもの。ひざまずいて顔を地につけて礼拝《らいはい》*すること。

けいちゅう〔契沖〕 (一六四〇―一七〇一) 真言宗*の僧。空心と称す。喧噪をきらって諸国を遊歴し、国風を好んで広く和書を読む。徳川光圀《みつくに》に請われて、『万葉代匠《だいしょう》記』二十巻を作り、その他、和歌に関する著作が多い。

けう〔仮有〕 仮《け》*の存在。すなわち、一切の事物は因縁*の和合によって仮に存在するという考え方をいう。実有《じつう》*の対語。

けえん〔化縁〕 「げえん」とも読む。教化《きょうけ》*の因縁*。化*とは人々を教え導くこと、縁*はその原因。仏《ぶつ》*や菩薩《ぼさつ》*が衆《しゅ》生《じょう》*を教え導くべき手掛かりをいう。

けか〔悔過〕 罪過を懺悔《さんげ》*すること。また、本尊*を前にして、悔過文《もん》、懺文《せんもん》を読んで悔過する行事をいう。

けが〔仮我〕 この世界における衆生《しゅじょう》*は因縁*和合によって仮に存在するものと見ること。故に我*は実体のあるものではなく、仮に我と名づけたものに過ぎない。故に仮我という。

げかい〔下界〕 上界(天界*)の対語。人間の住む世界のこと。

げがく〔解学〕 行《ぎょう》学*の対語。知的理解によって学問的に仏道*を研究すること。

けぎ〔化儀〕 化導《けどう》*(人々を教え導く)の儀式の意。釈尊*が衆生《しゅじょう》*を教化《きょうけ》*した説教*の形式をいう。

げき〔下機〕 上機(上根*)の対語。罪多く心が汚れて、仏道*を修行*する能力の乏しい者。下根ともいう。↓げこん〔下根〕

けぎのしきょう〔化儀の四教〕 天台大師智顗《ちぎ》*の五時《ごじ》八《はっ》教《きょう》*の教判*においては、釈尊*一代の説教*を化儀と化法《けほう》*の二門に分け、さらに化儀を分けて頓教《とんぎょう》*、漸教《ぜんぎょう》*、秘密教*、不定《ふじょう》教の四種としている。

けぎょう〔加行〕 (梵) prayoga の訳。ある段階に入る準備として、一段と力を加えて修行*すること。とくに真言宗*の行*をいうことが多い。

げきょう〔外教〕 ①外道《げどう》*と同じ。仏教以外の教え。②内教の対。精神面の修養を内教といい、身体の訓練を外教という。

げぎょう〔解行〕 理解と実践。智解と修行*のこと。学問によって教えを理解することと、実践的な修行を積むこと。解《げ》学*と行《ぎょう》学の併称。

げぎょうぐそく〔解行具足〕 智解（学問による理解）と修行*とが欠けるところなく整っていること。

げけしゅじょう〔下化衆生〕 菩薩《ぼさつ》*は大いなる誓願*を起こして、上に向かっては菩提《ぼだい》*（さとり）*を求め、下に向かってはあまねく衆生《しゅじょう》*を教化《きょうけ》*し済度《さいど》*することを目標としている。上求《じょうぐ》菩提*・下化衆生の後半句。しかし、上・下は価値の差を示すものではない。

けげん〔化現〕 （梵）nirmita の訳。仏《ぶつ》*や菩薩《ぼさつ》*が、衆生《しゅじょう》*を済度《さいど》*するため、その姿を変えてこの世に出現すること。↓けしん（化身）

げこん〔下根〕 下劣の根機という意味。仏道*を修行*する能力が劣っている人をいう。下機ともいう。↓げき（下機）

けごんぎょう〔華厳経〕 『大方広仏華厳経』の略。↓だいほうこうぶつけごんぎょう（大方広仏華厳経）

けごんごきょうしょう〔華厳五教章〕 ↓ごきょうしょう（五教章）

けごんじ〔華厳時〕 天台大師智顗《ちぎ》*の五時八教の教判《きょうはん》*における五時の第一にあたる。釈尊*が成道《じょうどう》*した最初の三《さん》七《しち》日（二十一日）の間、菩提樹《ぼだいじゅ》*下に座して『華厳経《けごんぎょう》*』を講じた時期をいう。このとき釈尊はその内証*をそのままに説いたという。↓ごじはっきょう（五時八教）

けごんしゅう〔華厳宗〕 『華厳経《けごんぎょう》*』に依って立てた宗旨*。その教判《きょうはん》*は、釈尊*一代の教えを分けて五教十宗とし、『華厳経』をもって最もすぐれた経*とする。中国唐代の賢首大師《げんじゅだいし》法蔵《ほうぞう》*において大成され、わが国には天平八年（七三六）の頃、唐の僧道璿《どうせん》によって伝えられた。今日では、東大寺*を本山*として五十余カ寺の末寺《まつじ》*を有する。↓仏教常識〈宗派の部〉中国仏教、日本仏教

けさ〔袈裟〕 （梵）kaṣāya の音写。訳して不正色《ふしょうじき》、壊色《えじき》、濁色《じょくじき》などという。出家*した比丘《びく》*の着るべき衣*のこと。それには青《しょう》・黄《おう》・赤《しゃく》・白《びゃく》・黒《こく》の五つの正色《しょうじき》をさけ、銅《どう》青《せい》（緑青色）、黒泥、木蘭《もくらん》（黒みがかった赤黄色）等の壊色を用いるべきことなど、いろいろの規則が定められていた。↓えじき（壊色）

けじぶ〔化地部〕 小乗二十部*の一派。（梵）Mahīśāsaka 仏滅*三百年頃、上座部《じょうざぶ》*中の説一切有部《せついっさいうぶ》*より分かれた一派。その説くところは大衆部《だいしゅぶ》*に近いものが多い。

けしゅ〔化主〕 教化《きょうけ》*の主という意味で、世の人々を教え導く仏*をさす。釈尊*のことを娑婆《しゃば》*の化主といい、阿弥《あみ》陀仏《だぶつ》*を浄土*の化主という。また、一山一派の貫主《かんしゅ》*をい

う。

げじゅ〔偈頌〕 偈は(梵) gāthā の音写。頌と訳す。梵語《ぼん》*の訳語に意訳を列記して偈頌とする。→げ〔偈〕

げしょうきょう〔下生経〕 →仏教常識〈経典の部〉三部経・弥勒三部経

けしん〔化身〕 (梵) nirmāṇa-kāya の訳。仏《ぶつ》*や菩薩《ぼさつ》*が衆《しゅ》生《じょう》*を済度《さいど》*するために、機《き》*に応じ、化現した姿をいう。→けげん(化現)

げしん〔解信〕 仰信《ごう》*の対語。教えの道理を論理的に理解して信じること。

げじん〔外陣〕 内陣*の対語。仏堂の中で、本尊*の安置してある内陣より一段低くなって、参詣者の座るところをいう。

げじんみっきょう〔解深密経〕 五巻。玄奘《げんじょう》*訳。八品《ほん》に分け、瑜伽《ゆが》*、唯識《ゆいしき》*の玄義*(奥深く微妙な教義)を述べたもので、法相宗《ほっそう》*の依って立つ本典である。㊅16・No.676

けしんめっち〔灰身滅智〕 身を焼き、智心を滅して、身《しん》心《じん》ともに滅した涅槃《ねはん》*に入ること。小乗仏教*における最後の境地であり、無余涅槃がそれにあたる。→むよねはん(無余涅槃)

けせいのにきょう〔化制の二教〕 律宗*の教判《きょうはん》*における仏教の分類法。道宣《どうせん》*の説。化教《けきょう》と制教のこと。化教とは、正法《しょうぼう》*を明らかにして、無明《むみょう》*を除き、真智(正しく真実を知る智慧*)を起こさせる教えで、智慧と禅定《ぜんじょう》*とを主とする。制教とは、身《しん》・口《く》・意《い》の悪業《あくごう》*を制し、実行上から悟境に到達させる教えで、戒律*を主とする。

けせんじゅうぶ〔灰山住部〕 →けいいんぶ(鶏胤部)

けた〔化他〕 自行《じぎょう》(自分の修行*を果たすこと)の対。他者を教化《きょうけ》*して、真実へ導くこと。

けだい〔懈怠〕 (梵) kausīdya の訳。怠けること。仏道*の修行*において力を尽くして勤めないことをいう。

げだつ〔解脱〕 (梵) vimukti, vimokṣa の訳。煩悩《ぼんのう》*の束縛を解き、この世の苦悩を脱すること。解脱に落ち着く境地を涅槃《ねはん》(究極の安らぎ)と呼び、仏教の最も重要な目標である。→ねはん(涅槃)

げだつしょうにん〔解脱上人〕 →じょうけい(貞慶)

けちえん〔結縁〕 因縁*を結ぶという意味。仏《ぶつ》*や菩薩《ぼさつ》*が衆《しゅ》生《じょう》*を済度《さいど》*するために、衆生に対して因縁を結ぶ場合と、衆生が仏道*の修行*のために、仏*・法*・僧*(三宝《さんぼう》*)に対して因縁を結ぶ場合とがある。

けちがん〔結願〕 法会《ほうえ》*(説法*・仏事*などを営むこと)、修《しゅ》法《ほう》*(加持*祈祷*)などの終了にあたって願意を結ぶこと。

またその最後の日をいう。開白《かいびゃく》*の対。

けちみゃく〔血脈〕　師より弟子に絶えることなく正法《しょうぼう》*を伝えること。あるいはその印としての書き付けをいう。

けちみゃくそうじょう〔血脈相承〕　師より弟子へと相うけて、正法《しょうぼう》*を相続すること。師資《しし》相承*ともいう。

けつ〔結〕　（梵）saṃyojana の訳。煩悩《ぼんのう》*のこと。煩悩は人の身心《しんじん》を結縛することから結という。

けっかい〔結界〕　（梵）sīmābandha 聖地の境界を制定して、修行*の障害を入らせないこと、およびその土地のことをいう。高野山*や比叡山*は古くは女人《にょにん》結界の地であって、女性の登山を禁じていたのはこれである。

けっかふざ〔結跏趺坐〕　如来坐《にょらいざ》ともいう。坐法の一つ。跏は足の裏、趺は足の甲のこと。右の足の裏を上向きにして左の腿の上におき、ついで左の足の裏を上向きにして右の腿の上におくのを降魔坐《ごうまざ》（下図）といい、その逆を吉祥《きちじょう》坐という。坐禅*する時の正しい坐相といわれ、金剛不壊《こんごうふえ》*の姿勢をなす。

けっきょう〔結経〕　普通の書物において、序論に対して結論があるように、経文《きょうもん》にもまた、開経*に対して結経がある。

けつげ〔結夏〕　入安居《にゅうあんご》、すなわち安居の初日、四月十五日のこと。夏《げ》安居の制を結ぶという意味である。これに対して、安居の終わりを解夏《げげ》、解制《げせい》という。→あんご（安居）

けっさい〔潔斎〕　婬事をやめ、酒肉を断ち、身心《しんじん》をきよめつつしむこと。物忌《ものいみ》*、精進ともいう。→しょうじん（精進）

げっしこく〔月氏国〕　大月氏国ともいう。紀元前後二百年ずつほど、中央アジアで栄えた牧畜民の国。イラン系とみられ月支ともいう。初め月支国は中国北部に興り、匈奴《きょうど》に追われて西遷した。蜀《しょく》西方に残存したものを小月支という。従って中央アジア月支を大月支という。三世紀のころクシャーン（貴霜《きそう》）王朝が成立し、カニシカ*（迦膩色迦）王の支配に入る。ペルシャ（波《は》斯《し》）の東部から中央アジアおよびインドにまたがる大国となる。ガンダーラ（犍駄羅《けんだら》*）王国とも称したが、五世紀の中頃に至り滅亡した。

けつじゅう〔結集〕　（梵）saṃgīti の訳。原義はともに歌うこと。釈尊*の遺された弟子たちがそれぞれ集まって、釈尊の教説を編集したことをいう。釈尊の入滅*後すぐにラージャグリハ（王舎城＊）郊外の七葉窟《しちようくつ》＊で行われたのが第一結集、仏滅＊百年のころヴァイシャーリー（毘《び》舎離《しゃり》＊）において行われたのが第二結集、仏滅二百余年のころアショーカ（阿育《あいく》）園《おん》において行われたのが第三結集であり、紀元後二世紀ごろカニシカ＊（迦膩色迦）王のもとで行われたのが第四結集とされるが、第三・第四結集については、南伝と北伝で伝承が一致しない。

けつじょう〔決定〕 堅固《けんご》＊に定まって動かないこと。疑いないこと。たとえば、如来《にょらい》＊の救済を信じて動じないことを決定の信＊という。

げっしょう〔月称〕 チャンドラキールティ。（梵）Candrakīrti インド中期中観《ちゅうがん》派＊の論師。プラーサンギカ（帰謬《きびゅう》論証派）の代表的人物。プラーサンギカは、インド論理学でもともと用いられていたプラサンガ論法（相手の主張に伴う矛盾を指摘して、その主張をくつがえす論法）を用いて空《くう》＊を論証することを主張する一派。この派はチベットに広く流布した。月称の著作には、『入《にゅう》中論』『四百論註』の他、梵《ぼん》語＊で現存する唯一の『中論頌《じゅ》』の注釈書『浄明句《じょうみょうく》論《ろん》（《梵》Prasannapadā）』がある。

げっしょう〔月照〕 →にんこう（忍向）

げっせん〔月僊〕（一七四一―一八〇九）浄土宗＊の僧。名古屋の人で、玄瑞《げんずい》と号した。有名な画僧で、蕪村や応挙に私淑して一機軸を出した。

けってい〔決定〕 仏教では「けつじょう」と読む。一般には、心の向かうところを定めること。決めることをいう。→けつじょう（決定）

げてん〔外典〕 内典＊の対語。仏教書以外のすべての書物をいう。

けど〔化土〕 仏が衆生《しゅじょう》＊の教化《きょうけ》＊・済度《さいど》＊のために、衆生に応じて種々に形を変えて仮に現わした国土。

けど〔化度〕 衆生《しゅじょう》＊を教化《きょうけ》＊（教え導く）して済度《さいど》＊（救う）すること。

けどう〔化導〕 人々を教え導くこと。

げどう〔外道〕 （梵）tīrtha-kara の訳。仏教以外の教え。もとは仏教以外の宗教、哲学をすべて外道といったが、後には、異端邪説およびそれを信じるものをいうこととなり、転じて俗には憤懣の対象を「この外道」などというようにもなった。

けねん〔懸念〕 繫念とも書く。心を一処にかけて、他のことを思わないこと。俗に、気がかりごとのあるのを懸念というのは、これより出たもの。

けばく〔繋縛〕 煩悩《ぼんのう》*が身心《しんじん》にまとい付いて、自由にならないことをいう。解脱《げだつ》*の対語。

けびょう〔華瓶〕「かびん」ともいう。仏前に花を供える法具。↓仏教常識〈法具の部〉同項

けぶつ〔化仏〕 衆生《しゅじょう》*の機根《きこん》*に応じて、仏*が種々の形をして現われる変化身《へんげしん》*。仏の分身。応化仏《おうけぶつ》、変化仏《へんげぶつ》ともいう。↓けしん（化身）

けほう〔仮法〕 実法の対語。因縁*の和合によって存在する仮のものをいう。

けほう〔化法〕 化儀《けぎ》*（衆生《しゅじょう》*を教化《きょうけ》*するための説法*形式）の対語。化導《けどう》*のための法門*、すなわち仏*が衆生を化導（教え導く）するために説いた教法をいう。天台大師智顗《ちぎ》*の教判《きょうはん》*における考え方であって、これに蔵教《ぞうぎょう》*、通《つう》教、別教《べっきょう》*、円教《えんぎょう》*の四種があり、化法の四《し》教という。↓ごじはっきょう（五時八教）

けほう〔華報〕 果報*の対語。業《ごう》*（おこない）という原因によって受ける当然の結果を果報というのに対し、果実が実を結ぶ前に華がひらくように、前段階の予報をいう。たとえば、来世《らいせ》*に極楽*に生まれるべき善因を行った者が、この世にいるうちに、長寿や富貴を得るというようなこと。

げぼん〔下品〕 九品のうち、最下位の三品をいう。↓くほん（九品）

けまん〔華鬘〕（梵）kusumamālā 倶蘇摩摩羅《くそままら》と音写。もとはインドの風習で、芳香のある花を糸でつなぎ、装身具にしたものである。出家*者は身につけず、室内の装飾や供養《くよう》*に用いた。後世では、金属製の仏堂荘《しょう》厳《ごん》具の一つをいう。

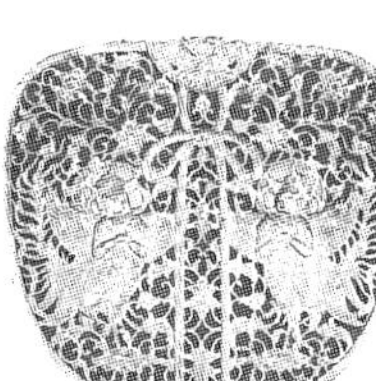

けみょう〔仮名〕 ①実体のないものにつけた仮の名称。②ありとあらゆる事物に名づけられた名称をいう。

げめんにょぼさつ〔外面如菩薩〕 外面は菩薩《ぼさつ》*のように柔かに、内心は夜叉《やしゃ》*のごとく暴悪なることをいう。これを外面如菩薩・内心如《ないしんにょ》夜叉と熟語にする。

けらく〔快楽〕 心に快く、身に楽しいこと。

げろう〔下﨟〕 上﨟《じょう》*の対語。下郎。もとは修行*の功を積むことが未だ浅い僧侶*のことをいったが、後には、一般に身分の低い者をいうようになった。

けろん〔戯論〕（梵）prapañca の訳。戯弄《けろう》の談論という意味で、いたずらにもてあそぶ意味のない無益な言論をいう。俗に冗談というのも、もとは同じ意味の言葉

である。

けわごう〔仮和合〕 因縁*によって仮に和合すること。事物の存在は、すべて因縁によって仮に寄りあつまり合して存在するということ。

けん〔見〕 (梵) darśana, dṛṣṭi, paśyati 見解、すなわち考え方のこと。

けん〔慳〕 財と法*に執着《しゅうじゃく》*して、ひとに施すことを不可能にさせる心の作用をいう。

けんえおう〔懸衣翁〕 「けんねおう」ともいう。三途《さんず》の川*のほとりで、奪衣婆《だつえば》がはぎとった罪人の衣を、衣領樹《えりょうじゅ》という樹の枝に懸けて、罪の軽重をはかる老人をいう。→だつえば(奪衣婆) →口絵図版〈十界図〉

けんがく〔兼学〕 諸宗派の教義を兼ね学ぶこと。八宗兼学の語がある。

げんかく〔玄覚〕 (六六五―七一三) 禅宗*の僧。唐の温州(浙江《せっこう》省)永嘉《ようか》の人。はじめは天台宗*を学び、のち慧《え》能《のう》*に師事して印可《いんか》*(さとり*の証明・認可)を得た。『証道歌*』『永嘉集』等の著作がある。真覚大師と敬称され、無相大師と諡《おくりな》す。なお、出生年には異説がある。

げんかん〔玄関〕 玄は奥深いの意。関は関所、戸口。もとは奥深い真実に通じる道に入る関門の意味であるが、転じて、禅寺において客殿に入る門をいい、また普通の家で正面の入口をいう。

けんき〔懸記〕 記《き》、記別《きべつ》*ともいう。はるかな未来*のことを記すという意味で、仏*の予言のことをいう。

げんぎ〔玄義〕 幽玄にして深妙な教義という意味。経典*の注釈書に『法華《ほっけ》玄義*』『観音《かんのん》玄義』等という場合には、その一つひとつの文句の解釈にとらわれず、その全体の真義をつかんで概説したものの意である。

けんぎょう〔顕教〕 密教*の対語。密教以外のすべての仏教をさす言葉で、衆生《しゅじょう》*の性質に応じ、言語文字で明らかに説き示された教えをいう。

けんぎょう〔検校〕 検《けん》知校量《ちきょうりょう》の意で、もとは一山の寺務を監督する僧侶*の職名であったが、後には盲人の高位の官名の一種となった。

げんくう〔源空〕 →ほうねん(法然)

げんぐきょう〔賢愚経〕 詳しくは『賢愚因縁経《いんねんきょう》』という。十三巻。慧覚《えかく》らの訳(『出三蔵記集《しゅつさんぞうきしゅう》』によれば、曇学《どんがく》ら八人の学僧による翻訳)。賢い人・聖なる人・愚かな人などの因縁*話を六十九品《ほん》に分けて説き、悪い行いをやめ善を積むことをすすめる。㊅4・No.202

けんご〔堅固〕 なにものにも惑わされず、動かないこと。

→仏教常識〈日常語〉同項

けんこう〔兼好〕 →よしだけんこう（吉田兼好）

げんごう〔賢劫〕 過去*・現在*・未来*にわたる劫《こう》のうち、現在の住劫を賢劫と名づけ、現在世《せ》の長い時間をいう。→こう（劫）

げんこうしゃくしょ〔元亨釈書〕 三十巻。元亨二年（一三二二）成立。菩提達磨《ぼだいだるま》*が、推古天皇の時代に来日したという記事より書きはじめ、後醍醐天皇の元亨年間（一三二一―二四）に至るまで、有名な僧尼《そうに》*や寺院*や諸宗伝来の概要等を記したもの。南禅寺*の僧、虎関師錬《こかんしれん》の撰。

げんざい〔現在〕（梵）pratyutpanna の訳。三世の一つ。現前に在る世、すなわち現在世のこと。→さんぜ（三世）

けんさく〔羂索〕 宝索、金剛索ともいう。もともとは、武器あるいは鳥や動物を捕えるための道具であるが、仏教では衆生《しゅじょう》*を導くための道具として、不動明王*や不《ふ》空羂索観音《くうけんさくかんのん》*などが持つ。青・黄《おう》・赤《しゃく》・白《びゃく》・黒《こく》の五色《ごしき》線をより合わせた索（綱）の一端に鐶《かん》をつけ、他の端に独鈷杵《とっこしょ》*をつけた形が多い。

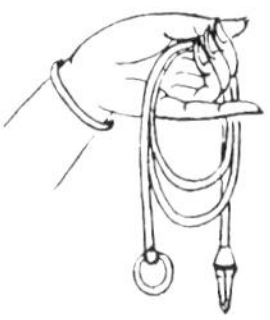

げんしき〔現識〕 『楞伽経《りょうがきょう》』*にいう三識の一つ。阿頼耶《あらや》識《しき》*の別名。一切の諸法*はすべて阿頼耶識によって顕現することから現識という。→さんしき（三識）

げんしき〔眼識〕 眼による認識作用のこと。眼によって対象を識別する作用をいう。

げんしぶっきょう〔原始仏教〕 →こんぽんぶっきょう（根本仏教）→仏教常識〈宗派の部〉インド仏教

げんじゃ〔験者〕「げんざ」ともいう。験をあらわす行者*という意味で、治病除災にすぐれた力を持つ僧や、修《しゅ》験道《げんどう》*の行者（山伏《やまぶし》*）のこと。

けんじゅ〔兼寿〕 →れんにょ（蓮如）

げんじゅ〔賢首〕 →ほうぞう（法蔵）

げんしょう〔元昭〕（一六七五―一七六三）黄檗宗《おうばくしゅう》*の僧。字を月海《げっかい》といい、売茶翁《まいさおう》と号す。肥前（佐賀県）の人。中国に渡り黄檗山*に学んだが、のち京都に出て東山に通仙亭《つうせんてい》を営み、茶を煎じて売った。その恬淡《てんたん》を愛する者が多い。煎茶《せんちゃ》道を興す。

げんじょう〔玄奘〕（六〇二―六六四）中国の四大訳経《しだいやっきょう》家《け》*（代表的な四人の仏典*翻訳家）の一人。唐の人。インドに渡ったことと、多くの経典*を翻訳したことで有名。三蔵法師《ほっし》*（経・律・論の三蔵*に精通している僧の意）・玄奘三蔵の名で知られる。唐の貞観三年（六二九）万難を排して西遊《さいゆう》し、ついにナーランダー（那爛陀寺《ならんだじ》*）に至り、主として唯識《ゆいしき》*を学び修め、貞観十九年（六四五）長安に帰る。『大唐西域記《だいとうさいいきき》*』はその旅行記であるが、それは後に戯曲化され『西遊記』が作られた。帰国後は梵本《ぼんぽん》*の翻訳に専念し、訳したものおよそ七十四部・一千三百二十五巻に及んだ。新しい訳語の採用、梵文原典に忠実なことから、その翻訳を新訳*と呼ぶ。

けんしょうじょうぶつ〔見性成仏〕　もともと自己に具わっている仏性《ぶっしょう》*を見きわめて、それこそが仏*に他ならぬと自覚*することをいう。主として禅宗*でいう言葉。

けんじょく〔見濁〕　五濁の一つ。末世《まっせ》*に至り、衆生《しゅじょう》*の邪見《じゃけん》*がいよいよ募って、知性が失われ世を混濁させることをいう。→ごじょく（五濁）

げんしん〔源信〕　（九四二―一〇一七）天台宗*の学僧。大和（奈良県）の人。名声を嫌い、比叡山*横川《よかわ》*の恵心院《えしんいん》に住んで専ら著作に従事したことから恵心僧都《えしんそうず》といわれ、またその温容から今迦葉《いまかしょう》と呼ばれた。『往生要集*』その他七十余部の著作があり、浄土*思想を弘め、恵心流の祖と仰がれる。その名声は中国にも伝わり、台州の周文徳は「日本小釈迦源信如来《しょうしゃかげんしんにょらい》」と讃賞し、宋の真宗皇帝もほめたたえたとされる。

げんしん〔現身〕　①現在*の肉身のこと。②応身《おうじん》に同じ。仏*が種々の身をもってこの世に化現《けげん》*したものを、現身仏または応身仏という。→おうじんぶつ（応身仏）

けんしんだいし〔見真大師〕　→しんらん（親鸞）

げんぜ〔現世〕　→げんざい（現在）

げんぜきとう〔現世祈祷〕　息災、延命などのような現世の幸福を求めて、神仏に祈祷*を行うこと。

げんぜりやく〔現世利益〕　息災、延命など、仏《ぶつ》*・菩薩《ぼさつ》*の恵みとして、現在*の世において直ちに現われて来る利益*をいう。

げんそうえこう〔還相回向〕　回向*の二相の一つで、往相《おうそう》回向の対語。かの浄土*よりこの穢土《えど》*に還《かえ》り来て、一切衆生《しゅじょう》*を済度《さいど》*して仏道*に向かわせること。→おうそうえこう（往相回向）

けんぞく〔眷属〕　眷愛隷属《けんないれいぞく》の意で、仏《ぶつ》*・菩薩《ぼさつ》*に従属する者をいう。

げんぞく〔還俗〕　僧侶*であることをやめて、普通の俗人にかえること。

けんだつば〔乾闥婆〕　（梵）Gandharva 食香《じきこう》、尋香行《じんこうぎょう》と訳す。八部衆《はちぶしゅう》（天・竜・夜叉《やしゃ》・乾闥婆・阿修羅《あしゅら》・迦楼《かる》羅《ら》・緊那羅《きんなら》・摩睺羅伽《まごらが》）の一つ。帝釈天《たいしゃくてん》*の雅楽を緊那羅*とともに担当する神。酒や肉類を嫌い、香*だけを食するといわれる。常に仏*の説法*の場に来て、仏法*を守護し、讃嘆する。↓はちぶ（八部）

けんだら〔揵駄羅〕 ガンダーラ。（梵）Gandhāra の音写。古代インドの十六大国*の一つ。現在のパキスタン北部。西方の影響を強く受けたすぐれた仏像*彫刻を生んだ。月氏国という。↓げっしこく（月氏国）

けんちゅうぶ〔賢冑部〕 小乗二十部*の一派。（梵）Bhadrayāniya 仏滅*三百年ごろ、犢子部《とくしぶ》*より分派したもの。その教義はほぼ犢子部に同じ。

けんちょうじ〔建長寺〕 臨済《りんざい》宗*建長寺派*大本山。神奈川県鎌倉市にあり、巨福《こぶく》山建長興国禅寺と号し、鎌倉五山*の第一。建長五年（一二五三）蘭渓道隆《らんけいどうりゅう》*を開山*として、北条時頼が建立*した。本尊*は地蔵菩薩《じぞうぼさつ》。

けんちょうじは〔建長寺派〕 建長寺*を本山*とする臨済《りんざい》宗*十四派の一つ。建長寺の開基*蘭渓道隆《らんけいどうりゅう》*を派祖とする。

けんど〔揵度〕 （梵）skandhaka （巴）khandhaka の音写。部、節、章、篇と訳し、部類別に集められたものの意味で、主に律蔵*の中の篇や章をいう。

けんどう〔見道〕 （梵）darśana-mārga 修道《しゅどう》*の対語。見諦《けんたい》道《どう》ともいい、修行*の階梯《かいてい》である三道*（見道・修道・無学道）の一つ。見惑《けんわく》*（感情・思想による迷い）から離れ、四諦《したい》*を明らかに観察《かんざつ》*する位。大乗*仏教の菩薩《ぼさつ》*道《どう》では、十地《じゅうじ》*（五十二位中、四十一位から五十位まで）の初地《しょじ》（歓喜地《かんぎじ》*）がこれにあたる。

げんとうにせ〔現当二世〕 現世《げんぜ》*と当来世《とうらいせ》、すなわち現在*の世と未来*の世のこと。

けんどん〔慳貪〕 （梵）mātsarya-mala の訳。物を惜しむ心がつよく、貪《むさぼ》り求めて飽くことを知らないこと。

けんにょ〔顕如〕 ↓こうさ（光佐）

けんにんじ〔建仁寺〕 臨済《りんざい》宗*建仁寺派*大本山。京都市東山区小松町。東山《とうざん》と号し、京都の五山*の一つ。建仁二年（一二〇二）栄西《えいさい》*を開山*として、源頼家の建立*したもので、京洛における禅寺のはじめである。五山文学*の中心であったが、天文二十一年（一五五二）兵乱にあい堂宇を焼失。のち安国寺《あんこくじ》恵瓊《えけい》*により再興。本尊*は釈迦如来《しゃかにょらい》。

けんにんじは〔建仁寺派〕 臨済《りんざい》宗*十四派の一つで、建仁寺*を本山*として、栄西《えいさい》*を派祖とする。

げんにんろん〔原人論〕 『華厳《けごん》原人論』の略。一巻。唐の宗密《すみつ》著。華厳の宗意によって人間を考究したもの。(大)

45・No.1886

げんぼう〔玄昉〕（?—七四六）法相宗《ほっそう》*の僧。大和（奈良県）の興福寺*にあり、霊亀二年（七一六）＝一説では、翌年の養老元年）入唐《にっとう》し、法相学（法*のありようを考究する学問）を究めて、天平七年（七三五）帰朝。初めて一切経《いっさいきょう》*（三蔵*とその注釈類）をもたらした。聖武天皇*の尊信を受けたが、学才を恃《たの》んで政治に関与し、大宰府に流された。

けんぽんほっけしゅう〔顕本法華宗〕日蓮宗*の一派で、什門《じゅうもん》派または妙満寺《みょうまんじ》派ともいう。京都の妙満寺*を総本山*として、二百余寺の末寺《まつじ》*を有している。

けんみつにきょう〔顕密二教〕顕教《けんぎょう》*と密教*のこと。

けんもんかくち〔見聞覚知〕眼に見ること、耳に聞くこと、鼻《び》・舌《ぜっ》・身《しん》に感受すること（覚）、意に知ることをいう。

けんようしょうぎょうろん〔顕揚聖教論〕二十巻。無著《むじゃく》*の作である『顕揚聖教論頌《じゅ》』と、それに対する世親《せしん》*の作とされる注釈文とを照合編集したもの。玄奘《げんじょう》*の訳。十一品《ほん》があって、瑜伽《ゆが》*、唯識《ゆいしき》*の教理*を論述したもの。(大)31・No.1602

げんりょう〔現量〕（梵）pratyakṣa の訳。詳しくは真現量という。花を花と見、人を人と見るように、ものそのものを直接そのまま覚知すること。今日いう感覚と知覚とをあわせたものに近い。

けんわく〔見惑〕修惑《しゅわく》の対。惑とは心の惑《まど》いで、煩悩《ぼんのう》*のこと。諸種の妄見《もうけん》*をいう。四諦《したい》*の道理を分別*し誤って、我見《がけん》*・偏見をいだくこと。

阿閦如来真言

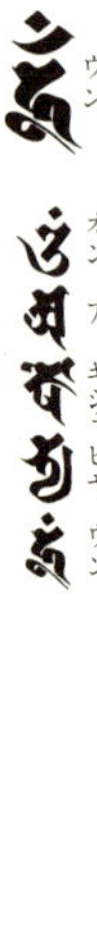

hūṃ

唵 阿乞叉毘夜 吽

oṃ Akṣobhya hūṃ

帰命《きみょう》す、無動なる者（阿閦如来）よ。成就せよ。

→本文4頁「あしゅく」

コ

ご〔悟〕　迷に対する覚*の意で、迷いから覚《さ》めること。真実を悟ること。

ごあく〔五悪〕　最も基本的な五つの悪事。①殺生《せっしょう》*・偸《ちゅう》盗《とう》*・邪婬《じゃいん》・妄語《もうご》*・飲酒《おんじゅ》の五戒に反する五つの悪事。↓ごかい（五戒）　②『無量寿経*』に説かれる五つの悪。闘争・不法・愛欲・二枚舌・欲しいまま、の五つ。

ごあくしゅ〔五悪趣〕　地獄*・餓鬼《がき》*・畜生*・人間・天*の五道をいう。浄土*に対して悪く劣ることから悪趣という。↓悪趣（あくしゅ）

ごあごん〔五阿含〕　パーリ語*による仏教経典において は、四阿含経《しあごんきょう》*のほかにさらに小乗雑《ぞう》部の経典*すなわち小《しょう》阿含（小部）を別立して、五阿含とする。↓あごん（阿含）

ごい〔五位〕　一切万法（あらゆる存在）を五種に類別したもの。(1)色法《しき》*（物質）、(2)心法《しんぼう》*（主体としての心）、(3)心所法《しんじょ》（心の働き）、(4)心不相応法《しんふそうおうぼう》（心と相応しないもの）、(5)無為法《むい》*（現象を超えた不変の存在）。

ごいしちじゅうごほう〔五位七十五法〕　倶舎宗《くしゃ》*において、心《しん》*を中心とした働きに関する万有の実体を分類して五つに大別し、それをさらに七十五種に分けた分類法をいう。

ごいひゃっぽう〔五位百法〕　法相宗《ほっそう》*において、人間の心にかかわる一切の諸法*（あらゆる事象）を五位*に分け、さらに百法に分類した分類法をいう。

こう〔劫〕　（梵）kalpa 劫波《こうは》と音写し、または大時、長時《じょうじ》と意訳する。極めて永い時間を表わす単位。縦横高さ四十里（約一六〇km）の城に芥子《けし》粒を満たして、その中から三年ごとに一粒を取り去り、遂にすべてを取りつくすに至る時間を一劫といい、これを芥子劫《けしこう》と称する。また、四十里四方の石（岩山）を、天人の軽い衣で三年に一度ずつ払拭し、遂にその石を磨滅しつくすに至る時間を一劫とし、これを払石劫《ふっしゃくこう》と称する。しかも、それは小劫で、その上にさらに中劫*、大劫*があるとされている。要するに、想像しうる限りの長時間をさす単位といえる。

こう〔香〕　（梵）gandha ①五塵《ごじん》*（色《しき》・声《しょう》・香・味《み》・触《そく》）の一つ。鼻根《びこん》に嗅がれ鼻識に識別されるもの。②邪気、不浄などを払うために焚くもの。煉香《ねりこう》、線香*、抹香《まっこう》*等がある。

こう〔講〕 もとは、僧侶*が集まって経典*の講究をする会合をいったが、後には、信者たちが集まって教えの真の意味を談じ合ったり、僧*を招いて説教*を聞いたり、あるいはまた霊場*巡拝のために会を作ったりしたものを講というようになった。なお、仏教との関係を離れて、金融のための組合をも講という。

ごう〔業〕 （梵）karman の訳。原義は為すこと。今日の言葉でいうと行為にあたるが、因果*関係と結合して、前世《ぜんせ》*から続いて働く力の一種とみなされ、業による輪《りん》廻《ね》*思想が生まれるのである。三業《さんごう》*（身《しん》・口《く》・意《い》）、不共《ふぐう》業《ごう》（個人）、共業《ぐうごう》（社会）、宿業《しゅくごう》*（前世）、新業（現世《げんぜ》*）などがある。三業とは、身体の動作の上に現われた行為のみでなく、口に言葉として表わしたことも、心に意思として考えたことをも含めており、身・口・意の所作《しょさ》*（おこない）すべてを業という。なお、宇宙全般の動きも業という。普通にはとくに悪業*のみをさす場合が多い。→仏教常識〈日常語〉同項

こうあん〔公案〕 公府の案牘《あんどく》の略。禅宗*において、禅*を修行*する者に課して研究推考させる問題のこと。その内容は、古来の、仏*や祖師*達が悟りを開いた機縁《きえん》*の話による。『景徳伝灯録《けいとくでんとうろく》』に著録される人数にちなんで、およそ千七百則あるとされる。

ごういん〔業因〕 善悪の果報*をうける原因としての善悪の行為をいう。業果《ごうか》*の対語。

こうおんてん〔光音天〕 色界《しきかい》*（物質の世界）十八天の第六。この世界には音声《おんじょう》による言葉がなく、語ろうとすると口から清らかな光が発せられ、これによって言語のはたらきをさせることから光音天という。

こうか〔劫火〕 （梵）kalpa-agni, yuga-anta-agni の訳。大三災の一つ。壊劫《えこう》*にあたって起こる大火災のことで、色界《しきかい》*の初禅天《しょぜんてん》まで火で破壊され、天地一切はこの劫火によって焼きつくされるという。→さんさい（三災）

ごうか〔業火〕 人間の悪業《あくごう》*の影響力のおそろしさを火にたとえたもの。また、地獄*で罪人を焼く猛火のこと。
→口絵図版〈十界図〉

ごうか〔業果〕 業因《ごういん》*の対語。業因によって招かれた果報*。

ごうが〔恒河〕 ガンガー。（梵）Gangā の音写。ガンジス河のことで、インドの東北を流れる大河。仏教発祥*前後のインド文明はこの流域に発達し、仏教もまたこの地方に興った。インドの三大河の一つ。

ごうかんえんぎ〔業感縁起〕　縁起論《えんぎろん》*の一つ。この世界における自他一切の事象は、すべて我々の業因《ごういん》*によって生じたものである、と主張する。小乗*諸部、とくに説《せっ》一切有部《いっさいうぶ》*の説くところである。

こうきじ〔高貴寺〕　高野山真言宗*。大阪府南河内郡の葛《かつら》城《ぎ》山中にあり、神下《こうげ》山と号する。奈良時代に役小角《えんのおづぬ》*の開創で香華《こうげ》寺と称していたが、弘法大師空海《くうかい》*が改称、ここで修行*した。安永年間（一七七二―八一）慈雲《じうん》*尊者飲光《おんこう》が再興、戒律*を復興して正法律《しょうぼうりつ》*を唱えて本山*とした。勅願寺《ちょくがんじ》*。

こうきょう〔紅教〕　チベット仏教の一派で、黄《こう》教*に対する旧派。紅帽《こうぼう》派ともいう。しかし近時は原名（ニンマ派）で呼ぶことが多く、この名を用いることは少ない。八世紀後半にチベットに渡ったパドマ・サンバヴァ（蓮《れん》華生《げしょう》）*を開祖とする。僧侶*は紅色の衣冠を用い、教主*は妻帯して、血脈《けちみゃく》*によって相続する。

こうきょう〔黄教〕　「おうきょう」ともいう。チベット仏教の一派。黄帽《こうぼう》派、今はゲルク派という。十四世紀の頃、ツォンカパ*（宗喀巴《そうかくは》）が、紅《こう》教*の腐敗を慨嘆して別に創始したもので、衣冠には黄色を用いることからこの名がある。出家*者の教団として強い勢力を持ち、この派の僧侶*たちは独身主義に徹している。ダライ・ラマ*は、この派の最高活仏《かつぶつ》*である。現在では、チベット、モンゴルを中心に行われている。

こうぎょうだいし〔興教大師〕　→かくばん（覚鑁）

こうげ〔香華〕　仏*に供養《くよう》*する薫香《くんこう》と草花。

こうけい〔公慶〕（一六四八―一七〇五）華厳《けごん》宗*の僧。字は敬阿《けいあ》。丹後（京都府）の人。東大寺*の英慶に師事し、大乗*・小乗*・浄土教*を究める。天和三年（一六八三）大仏*の破損修理を志し、元禄五年（一六九二）完工した。宝永二年寂す。

こうごう〔曠劫〕　曠は遠いという意味で、遠い過去*から遥かな未来*までの極めて永い時間をいう。永劫というのと同じ。

こうさ〔光佐〕（一五四三―九二）浄土真宗*の僧。顕如《けんにょ》という。本願寺*第十一世。元亀元年（一五七〇）織田信長と石山（大阪府）で戦い、天正八年（一五八〇）勅命によって紀伊（和歌山県）の鷺森《さぎのもり》に移り、同十九年（一五九一）豊臣秀吉より地を寄付されて、京都市堀川七条にうつり、ここに本願寺祖堂を建てた。

こうざ〔高座〕　法会《ほうえ》*（仏事*などを営むこと）または説教*の時、一般の席より一段高く設けられた導師*または教師の席をいう。

ごうざんぜみょうおう〔降三世明王〕（梵）Trailokyavijaya 五大明王《ごだいみょうおう》*の一つ。東方に位置し、三世《さんぜ》（貪《とん》・瞋《じん》・痴《ち》の三毒*と、三界《さんがい》*の両方の意味をもつ）を忿《ふん》怒身《ぬしん》で降伏《ごうぶく》*する神。四面八臂《ぴ》・三面八臂・一面四臂などの忿怒相*で、火焰を負い、手に武器を持つ。煩悩《ぼんのう》*対《たい》治《じ》*の象徴として大自在天*と烏摩妃《うまひ》を踏む。

こうじ〔講師〕法会《ほうえ》*等において経文《きょうもん》を講説する役をつとめる僧*。後には、日蓮宗*など僧侶*の学階として用いる宗派*もある。→仏教常識〈日常語〉同項

こうじゅ〔光寿〕（一五五八—一六一四）浄土真宗*の僧。教如《きょうにょ》と号す。大谷派*本願寺*第十二世。光佐《こうさ》*（顕如）の長子で、石山（大阪府）において織田信長と戦う（石山合戦）。慶長七年（一六〇二）徳川家康の命により、後陽成天皇の勅許を得て、京都市七条烏丸に本願寺を建立*した。これが東本願寺*のはじまりである。

こうじゅう〔講中〕講*に加入している連中という意味。

ごうしょう〔迎接〕来迎《らいごう》*引接《いんじょう》*という意味。臨終《りんじゅう》*にあたり、仏《ぶつ》*・菩薩《ぼさつ》*が枕頭に現われて、浄土*へ迎え取るということ。

こうしょうじ〔興正寺〕真宗*興正派*本山。京都市下京区醒ヶ井通りにある。円頓《えんどん》山と号し、文明十三年（一四八一）仏光寺*の経豪が創建。本尊*は阿弥陀如来《あみだにょらい》。

こうしょうじ〔興聖寺〕①曹洞《そうとう》宗*。京都府宇治市宇治山田。仏徳山観音導利院興聖宝林禅寺と号し、初め深草にあったが、後に宇治へ移る。本尊*は釈迦如来《しゃかにょらい》。天福元年（一二三三）道元*を開山*として創建され、日本曹洞五箇禅林の一つに数えられた。②臨済《りんざい》宗*興聖寺派*大本山。円通山と号す。京都市上京区上天神町。慶長八年（一六〇三）虚応円耳《こおうえんに》禅師の開山。

こうしょうじは〔興聖寺派〕黄竜《おうりょう》*派の虚応円耳《こおうえんに》を派祖とする。本山*は円通山興聖寺。→前項②

こうしょうは〔興正派〕真宗十派*の一つ。興正寺*を本山*とし、明治九年（一八七六）本願寺*より独立し一派を称する。現在四百八十余カ寺の末寺《まつじ》*を有す。

こうしん〔庚申〕庚申の日のこと。また、青面金剛《しょうめんこんごう》*の変《へん》化身《げしん》*をいう。→こうしんまち（庚申待ち）

こうじん〔荒神〕→さんぼうこうじん（三宝荒神）

ごうしん〔仰信〕　解《げ》信*の対語。道理を理論的に考えず、教えをそのままに信じること。

こうしんまち〔庚申待ち〕　庚申会《え》・猿待ちともいう。干《え》支《と》の庚申（かのえさる）の夜に猿の像（見ざる・言わざる・聞かざる）を掲げ、徹夜で帝釈天《たいしゃくてん》*と青面金剛《しょうめんこんごう》*とを祭る行事をいう。道教*の説に、人間の体内に三尸《さんし》虫（三匹の虫）がいて、庚申の日ごとに人の睡眠に乗じて天に上り、人の罪過と寿命を司る上帝《じょうてい》に訴えることから、この夜は眠らずにこれを守るという風習があり、これが仏教に混入したものとされる。俗信では、この夜胎内に宿った子は盗人になると信じられ、夫婦の交わりは避けられた。

こうすい〔劫水〕　大三災の一つ。壊劫《えこう》*にあたって起こる大水災のことで、色界《しきかい》*の第二禅天まで水で破壊され、天地一切のものがこの劫水によって滅せられるという。→さんさい（三災）

こうぜんごこくろん〔興禅護国論〕　三巻。栄西《えいさい》*著。宗門*の振興と国家の鎮護とを論じたもの。㊅80・No.2543

こうそう〔高僧〕　徳の高い僧侶*。

ごうたんえ〔降誕会〕　四月八日（スリランカ、ミャンマーなどの南方仏教圏*では五月の満月の日）釈尊*の誕生した日を記念するための法会《ほうえ》*。灌仏会《かんぶつえ》*、仏生会《ぶっしょうえ》*、花まつりともいう。→仏教常識〈行事の部〉灌仏会

こうちょうぜっそう〔広長舌相〕　仏*の三十二相*の一つ。舌が広く長いことで、言葉に虚偽のないことを表わす相であるとされる。

こうでん〔香典〕　香奠とも書く。本来、香奠は香*を薫じ供えること。香典は香を買うための金銭のことをいった。仏前または死者の霊前にすすめる供物《くもつ》*のこと。→仏教常識〈仏事の部〉香奠

こうどう〔講堂〕　→仏教常識〈寺院の部〉〈日常語〉同項

ごうどう〔業道〕　三道*（惑《わく》道・業道・苦《く》道）の一つ。凡《ぼん》夫《ぶ》*の身《しん》・口《く》・意《い》（三業*）による行いのこと。六道*（地獄・餓鬼《がき》・畜生・修羅《しゅら》・人間・天）へ輪廻《りんね》*させる業*をいう。

こうとくいん〔高徳院〕　浄土宗*。神奈川県鎌倉市長谷《はせ》。大異《だいい》山清浄泉寺と号す。通称、鎌倉大仏殿。露坐する本尊*の阿弥陀如来《あみだにょらい》（像高十一・五メートル、十三世紀造像）は「鎌倉の大仏」として知られる。

こうはい〔光背〕　→ごこう（後光）

こうふう〔劫風〕　大三災の一つ。壊劫《えこう》*にあたって起こる大風災のことで、色界《しきかい》*の第三禅天まで風で破壊され、

天地一切のものが吹き倒されてしまうという。→さんさい〔三災〕

ごうぶく〔降伏〕 威力をもって他を降参・伏従させるという意味で、仏*の力によって悪人、悪心を押さえることをいう。→仏教常識〈日常語〉同項

こうふくじ〔興福寺〕 法相宗《ほっそう》*大本山。奈良市登大路町《のぼりおおじ》。藤原鎌足の夫人鏡女王が、夫の病気平癒を祈願*するために建立*した寺で、起源は山科《やましな》（京都府）に創建した山階寺《やましなでら》、飛鳥《あすか》に移り厩坂寺《うまやさかでら》と称した。和銅三年（七一〇）平城京遷都とともに移り改称。藤原氏の氏寺《うじでら》*。奈良、平安時代を通じて日本仏教の中心地であった。藤原氏の祖神を祀る春日《かすが》社と一体となり栄えた。僧兵*はしばしば春日の神木をかつぎ朝廷に強訴したので、延暦寺*の僧兵とともに恐れられた。西国《さいごく》三十三所観音*の第九番札所。本尊*は釈迦如来《しゃかにょらい》。

ごうぶくほう〔降伏法〕 調伏法《ちょうぶく》*・折伏法《しゃくぶく》ともいい、密教*の修法《しゅほう》*である四《し》種法（息災法・増益法《ぞうやく》・敬愛法《きょうあい》・降伏法）の一つ。悪魔*、外道《げどう》*、怨敵などを押さえ鎮めるために、護摩《ごま》*をたいて祈る修法（加持*祈祷*）のこと。

こうぼうだいし〔弘法大師〕 →くうかい（空海）

ごうま〔降魔〕 八相《はっそう》*（降兜率《ごうとそつ》・託胎《たくたい》・出胎《しゅったい》・出家・降魔・成道《じょうどう》・転法輪《てんぼうりん》・入滅《にゅうめつ》）の一つ。修行*を妨げる悪魔*（欲望・煩悩《ぼんのう》*）を降伏《ごうぶく》*すること。釈尊*がまさに悟りを完成しようとしていた時、悪魔が現われて邪魔をしたが、釈尊は智慧*の力でそれを退散させたという。

ごうまのけん〔降魔の剣〕 不動明王《ふどうみょうおう》*等の持つ剣。諸々の悪鬼をよく降伏《ごうぶく》*させることからこういわれる。

こうみょう〔光明〕 （梵）prābhā, ālokaの訳。仏《ぶつ》*・菩薩《ぼさつ》*の身心《しんじん》のひかり、智慧*の相であって、十方に輝いて衆生《しゅじょう》*の無明《むみょう》*を破るといわれる。智光（心光）と身光（色《しき》光）の二種がある。→仏教常識〈日常語〉同項

こうみょうじ〔光明寺〕 ①西山《せいざん》浄土宗*総本山。京都府長岡京市粟生《あお》。報国山念仏三昧院と号し、法然《ほうねん》*上人の廟所。蓮生*（熊谷直実）の開基*。②なお、他にも光明寺と称する寺は多いが、なかでも神奈川県鎌倉市材木座の光明寺は、関東十八檀林*の第一として知られている。

こうみょうしんごんほう〔光明真言法〕 密教*の修法《しゅほう》*（加持*祈祷*）。光明陀羅尼《だらに》を本尊*とする光明真言信仰、およびその方法。滅罪、除病、息災のために行う祈祷法である。光明陀羅尼とは、以下のこと。「オン　アボキャ

ベイロシャノウ　マカボダラマニ　ハンドマ　ジンバラ　ハラハリタヤ　ウン（意訳＝帰命《きみょう》＊し奉る。不虚《ふこ》なる毘盧遮那仏《びるしゃなぶつ》＊よ、大印《たいいん》の珠《しゅ》よ、蓮華よ、光明＊よ、功徳《くどく》＊を廻したまえ）」。

こうもくてん〔広目天〕　四天王《してんのう》＊の一つで、須弥山《しゅみせん》＊中腹の西方にいる西方の守護神。ヴィルーパークシャ。（梵）Virūpākṣa 毘流波叉《びるはしゃ》と音写。訳して広目天という。身体は赤色で、甲冑《かっちゅう》をつけ、悪人を罰し、苦しみを与えて、仏心＊を起こさせるといわれる。

→185頁図版〈須弥山図〉

こうもんは〔興門派〕　→ほんもんしゅう（本門宗）

こうや〔空也〕　→くうや（空也）

こうやさん〔高野山〕　南山《なんざん》ともいう。和歌山県伊都郡高野町、紀の川の南に位置する。幽静の勝地で、天下の総菩提《ぼだい》所といわれる。弘仁七年（八一六）の頃、弘法大師空海＊がここに金剛峯寺《こんごうぶじ》＊を開創した。空海が渡唐将来した真言宗＊はここを中心として全国に宣布し、上代、中世に仏教の一大勢力となり、後に新義《しんぎ》真言宗＊の派祖と仰がれた覚鑁《かくばん》＊（興教《こうぎょう》大師）などの高僧＊を輩出した。現在は百十七の寺院（うち五十三は宿坊＊）がある。

こうやさんしんごんしゅう〔高野山真言宗〕　新義《しんぎ》諸派に対する真言宗＊の一派。高野山金剛峯寺《こんごうぶじ》＊を総本山＊として、真言宗の中で最も有力な一派で、現在の所属寺院は三千五百に及ぶ。

こうやひじり〔高野聖〕　高野山＊を根拠に勧進《かんじん》＊のために諸国を回った僧＊のこと。高野山では、学問を専門にする学侶方《がくりょがた》、主に事相《じそう》＊を専門にする行人方《ぎょうにんがた》に対し、勧進僧を聖方《ひじりかた》（以上三つをあわせて高野三方《こうやさんがた》）という。

ごうりき〔業力〕　果報《かほう》＊を引き起こす業＊の力をいう。

こうろ〔香炉〕　香＊を焚く器。三具足《みつぐそく》＊（仏前の供養《くよう》具）の一つ、比丘《びく》＊十八物《もつ》の一つ。→仏教常識〈法具の部〉同項

ごうん〔五蘊〕　（梵）pañca-skandha の訳。旧訳《くやく》＊では五陰《おん》または五衆《しゅ》ともいう。物質と精神を五つの性質（色《しき》・受《じゅ》・想《そう》・行《ぎょう》・識《しき》）の集まりとして示したもの。蘊は集まりの意で、五種のうち、色蘊は物質的要素、受蘊は感受作用、想蘊は表象作用、行蘊は意志等の心作用、識蘊は認識作用をさす。

ごうんけわごう〔五蘊仮和合〕　我々人間を含めてあらゆ

る事物は、多様な条件によって、五蘊*が仮に集まって存在するに過ぎないというのが、仏教の説くところ。

ごえい〔御影〕 仏《ぶつ》*や菩薩《ぼさつ》*などの画像や木像のこと。

こえろんは〔声論派〕 →みまんさ（弭曼差）

ごおうほういん〔牛王宝印〕 牛玉宝印とも書く。寺院*や神社で出す護符《ごふ》*の一種。民間ではこれを除厄の守札としている。

ごおん〔五陰〕 →ごうん（五蘊）

ごおんじょうく〔五陰盛苦〕 →しくはっく（四苦八苦）

ごかい〔五戒〕 （梵）pañca-śīla の訳。在俗*の信者のたもつべき五つの戒*で、不殺生戒《ふせっしょうかい》*（生きものを殺さない）、不偸盗戒《ふちゅうとうかい》*（盗みをしない）、不邪婬戒《ふじゃいんかい》（婬《みだ》らなことをしない）、不妄語戒《ふもうごかい》*（嘘をいわない）、不飲酒戒《ふおんじゅかい》*（酒を飲まない）がそれである。

ごがい〔五蓋〕 （梵）pañca-āvaraṇāni の訳。心を蓋《おお》う五つの煩悩《ぼんのう》*で、善行を妨げる。貪欲《とんよく》*蓋（むさぼり）、瞋恚《しんい》*蓋（いかり）、惛沈《こんじん》蓋（心の働きが衰えて睡眠を催すこと）、掉悔《じょうけ》蓋（心に落ち着きがなかったり、逆に悩み後悔すること）、疑《ぎ》*蓋（疑う気持ちが強いこと）の五つ。→がい（蓋）

ごがく〔五岳〕 →もんえ（聞慧）

こかわでら〔粉河寺〕 粉河観音宗総本山（もと天台宗*）。和歌山県那賀郡粉河町。風猛《ふうもう》山と号し、本尊*は千手千眼《せんじゅせんげん》観音。西国《さいごく》三十三所観音*の第三番札所。本来は補陀落《ふだらく》山施音寺という。宝亀元年（七七〇）大伴孔子古《おおとものくじこ》の建立*。寺に伝わる国宝の「粉河寺縁起絵巻」は秀逸。

ごかん〔五観〕 ①『法華経《ほけきょう》*』普門品《ふもんぼん》*に説かれる五種類の観法《かんぼう》*。真《しん》観・清浄《しょうじょう》観・広大智慧観・悲《ひ》観・慈《じ》観の五つをもって観世音《かんぜおん》*菩薩《ぼさつ》は衆生《しゅじょう》*を観察《かんざつ》*するという。②人・天*・声聞《しょうもん》*縁覚《えんがく》*・菩薩《ぼさつ》*・仏《ぶつ》*のそれぞれの眼である五眼《げん》（肉眼・天眼・慧《え》眼・法眼・仏眼）が見る五種の観。③僧侶*が食事のときに想起する五つの観*。食事五観ともいう。食物を得るまでの辛苦と施主《せしゅ》*の恩。この食物を受けるに足る徳が自身にあるか。この食物を多く貪《むさぼ》らないこと。この食物は飢えや渇きを癒す良薬であること。この食物は仏道*修行*のための資であること。

ごぎゃくざい〔五逆罪〕 単に五逆ともいう。正しい道理に逆らうことの甚しい五つの罪悪。すなわち一に母を殺し、二に父を殺し、三に阿羅漢《あらかん》*を殺し、四に仏身《ぶっしん》*を傷つけ血を出し、五に仏教教団を騒乱することであるが、大乗*仏教においては、また別途の五逆罪も説かれる。これらの罪を犯すものは無間地獄《むけんじごく》*に堕ちる因*をつくるとして、五無間業《むけんごう》ともいう。

ごきょう〔五教〕 さまざまな経典*に説かれた教説を、五種に分けた考え方で、賢首大師《げんじゅだいし》法蔵*はこれを小乗教（阿《あ》含《ごん》*経）、大乗始《し》教（般若経《はんにゃぎょう》*・解深密経《げじんみっきょう》*など）、大乗終教（楞伽《りょうが》*経、勝鬘経《しょうまんぎょう》*など）、頓教《とんぎょう》（維摩経《ゆいまぎょう》*など）、円教（華厳《けごん》*経・法華《ほけ》*経など）とに分けた。その他にも、種々の五教の考え方がある。

ごきょう〔五境〕 五識《ごしき》（五つの知覚作用）の対象となる五つの外境《げきょう》（対象）。すなわち眼《げん》識の対象としての色《しき》境、耳《に》識に対する声《しょう》境、鼻《び》識に対する香境、舌《ぜっ》識に対する味《み》境、身《しん》識に対する触《そく》境のことをいう。→ごしき（五識）→ごこん（五根）

ごぎょう〔五行〕 ①六波羅蜜《ろくはらみつ》*のうち、禅定《ぜんじょう》*と智慧*を合一して止観《しかん》*行とし、布施《ふせ》*行・持戒《じかい》*行・忍辱《にんにく》*行・精進《しょうじん》*行・止観行の五つに数えたもの。②『涅槃《ねはん》経*』に説かれる菩薩《ぼさつ》*の五種の行*。戒《かい》・定《じょう》・慧《え》の三学*を修する聖《しょう》行。清い心で衆生《しゅじょう》*の苦《く》*を除き楽を与える梵《ぼん》行。人為のものでなく、天然の理によって妙行を成し遂げる天行。深い慈悲*の心で人*・天*・声聞《しょうもん》*・縁覚《えんがく》*の小善の行を示す嬰児《ように》行。煩悩《ぼんのう》*や病苦をもつ衆生と同じく迷いや苦しみを示す病行。また、『大乗起信論《きしんろん》*』でも五種の菩薩の修行法が説かれている。③色《しき》・声《しょう》・香《こう》・味《み》・触《そく》の五境*の異名。

ごきょうしょう〔五教章〕 四巻。『華厳《けごん》*一乗教義分斉章《ぶんざいしょう》』の略。法蔵《ほうぞう》*著。十章に分けて、華厳宗の教判《きょうはん》*義理を述べたもの。(大)45・No.1866

ごく〔五苦〕 人生につきまとう五つの苦*。すなわち生《しょう》苦・老苦・病苦・死苦・愛別離《あいべつり》苦*（『広弘明《こうぐみょう》集』）がそれである。また、八苦のうちの前の四苦を一苦（生老病死苦）にまとめて、後の四苦（愛別離苦・怨憎会《おんぞうえ》苦・求不得《ぐふとく》苦・五陰盛《ごおんじょう》苦）と合わせて五苦とする（『大蔵法数《ほっすう》』）。→しくはっく（四苦八苦）

ごく〔御供〕 御供物の略。→ごくもつ（御供物）

こくう〔虚空〕 （梵）ākāśa の訳。空*ともいい、物理的な空間。虚にして形質がなく、空にして障碍《しょうげ》（さしさわり）のないところ。転じて、大空をいうこともある。

こくうぞう〔虚空蔵〕 アーカーシャガルバ。（梵）Ākāśa-garbha の訳。菩薩《ぼさつ》*の名。智慧*と福徳の広大無辺なことは、あたかも虚空*のごとくであり、衆生《しゅじょう》*の諸々の願いを成就*させるといわれる。

像容は容姿端正にして、蓮華座*に坐し、宝冠を戴き、瓔珞《ようらく》*をつけて、右手に智慧の利剣《りけん》を持ち（あるいは与《よ》願《がん》印を結び）、左手に如意宝珠《にょいほうじゅ》*をのせた福徳の蓮華を持つ。

こくえ〔黒衣〕　黒色の僧衣《そうえ》*で、多く平《へい》僧（無位無官の僧）または隠遁《いんとん》僧の着るもの。緇衣《しえ》*ともいう。

こくごん〔克勤〕（一〇六三—一一三五）臨済《りんざい》宗*の僧。中国彭《ほう》州（四川《しせん》省）の人。字は無著《むちゃく》、圜悟《えんご》と号する。五祖法演に師事して法を嗣《つ》ぎ、成都《せいと》の昭覚寺を経て、澧州《れいしゅう》（湖南省）夾山《かっさん》の霊泉院に住した。『碧巌録《へきがんろく》*』『撃節録』等の著作がある。

こくし〔国師〕　朝廷より賜わる号で、国家または帝王の師範であるという意味を有する。わが国では、禅僧に賜わり、高僧*一般に賜わる大師号*に相当する（禅宗*の高僧に大師号を賜わることもある）。花園天皇のとき、東福寺*開山*の弁円《べんねん》*に聖一《しょういち》国師と追賜《ついし》されたのが最初である。→仏教常識〈僧の部〉同項

こくせいじ〔国清寺〕　中国浙江《せっこう》省の天台山*にあり、天台大師智顗《ちぎ》*の遺志によって創建された寺。爾来、天台宗*の根本道場として、高僧*がそれぞれ住した。

ごぐそく〔五具足〕　仏前を供養《くよう》*する五つの道具。華瓶《けびょう》*一対、燭台一対、香炉*一個のこと。

ごくそつ〔獄卒〕　地獄*の役人である鬼*。大罪を犯してここに堕ちたものに種々の苦しみを与える役目をもつ。

こくたいじ〔国泰寺〕　臨済《りんざい》*宗国泰寺派大本山。富山県高岡市太田。摩頂山と号し、本尊*は釈迦如来《しゃかにょらい》。嘉暦三年（一三二八）後醍醐天皇の勅命をうけて慈雲妙意の創建したもの。勅願寺《ちょくがんじ》*として栄えた。

ごくねつじごく〔極熱地獄〕　八熱地獄の第七。大焦熱《だいしょうねつ》地獄のこと。→はちねつじごく（八熱地獄）→口絵図版〈十界図〉

こくぶんじ〔国分寺〕　奈良時代に、国分尼《に》寺*とともに護国を祈願*して全国六十八カ所に建てられた国家官寺の総称。聖武天皇*の天平十三年（七四一）国分寺建立*の詔《みことのり》をもって国ごとに官寺（国司の管理）を置き、正式には金光明四《こんこうみょうし》天王《てんのう》護国《ごこく》之寺《のてら》と称した。奈良の東大寺*を総国分寺*として『金光明最勝王経《さいしょうおうきょう》*』を講じさせた。平安中期には国分尼寺とともに衰え、現在は遺址となったところが多い。→仏教常識〈寺院の部〉同項

こくぶんにじ〔国分尼寺〕　聖武天皇*の勅願により国分寺*とともに国ごとに建立*された尼寺。正式には法華滅罪《ほっけめつざい》之寺《のてら》と称した。奈良の法華寺《ほっけじ》*を総国分尼寺*として『法《ほ》

華経《けきょう》＊』を読誦《どくじゅ》させた。→仏教常識〈寺院の部〉国分寺

こくべつしき〔告別式〕→仏教常識〈仏事の部〉同項

ごくもつ〔御供物〕神や仏＊に供える食物。

ごくらく〔極楽〕（梵）Sukhāvatī の訳。原義は楽のあるところ。安楽国＊、極楽浄土、無量光明土《こうみょうど》などともいい、阿弥陀仏《あみだぶつ》＊の浄土＊。西方《さいほう》十万億土の彼方にある国で、阿弥陀仏が常に説法＊をし、諸事不足なく備わり、楽のみあって苦＊あることがないという。

ごくらくおうじょう〔極楽往生〕死後に極楽＊へと赴き、そこに生まれて安らぎを得ること。転じて、安らかに死ぬことで、大往生ともいう。

ごくらくじょうど〔極楽浄土〕→ごくらく（極楽）

こけ〔虚仮〕真実の対語。実体のない、うそいつわり。

ごけ〔五家〕中国においては、禅宗＊の五つの宗派＊、すなわち臨済《りんざい》＊宗、潙仰《いぎょう》宗、曹洞《そうとう》＊宗、雲門《うんもん》宗、法眼《ほうげん》＊宗のことをいう。わが国では、真宗＊で主な五つの本寺、すなわち東本願寺＊、西本願寺＊、仏光寺＊、錦織《きんしょく》＊寺、専修《せんじゅ》＊寺のことをいう。

こけいのさんしょう〔虎渓の三笑〕中国の故事。廬山《ろざん》＊にこもっている慧遠《えおん》＊（仏教）を、ある時、その旧友の陶《とう》淵明《えんめい》（儒教）と陸修静《りくしゅうせい》（道教）の二人が訪ねた。慧遠はその帰途を送るが、かつて再び渡らないと誓った虎渓の石橋をうっかり渡り、安居《あんご》＊禁足の禁を破ってしまった。気がついて、手を打ちながら二人にそのことを語り、三人そろって大笑した。これを虎渓の三笑といって、よく画題となり、儒・仏・道の親和を象徴するものとされる。しかし実際には、三人の生没年が合わず、伝説である。

ごけしちしゅう〔五家七宗〕中国南宗禅《なんしゅうぜん》＊の七宗をいう。五家＊のうち、臨済《りんざい》＊宗は宋代になって黄竜《おうりょう》＊慧南《えなん》の黄竜派＊と、楊岐《ようぎ》＊方会《ほうえ》の楊岐派＊とに分かれた。この二派を五家に加えたもの。

ごけつ〔五結〕結は煩悩《ぼんのう》＊の意で、衆生《しゅじょう》＊を結縛して三界《さんがい》＊（欲界・色《しき》界・無色界）に流転《るてん》＊させる五つの煩悩。貪《とん》結（むさぼり）、恚《い》結（怒り）、慢《まん》結（高慢）、嫉《と》結（ねたみ）、慳《けん》結（ものおしみ）のこと。→けつ（結）

ごけん〔五見〕見は悪見、よこしまな考え方を意味し、身＊見、辺＊見、邪《じゃ》＊見、見取《けんじゅ》見（自分の見解だけを正しいと考えて他を誤りとする見解）、戒禁取《かいごんしゅ》見（誤った戒律＊を守ることによって解脱《げだつ》＊が得られるとする見解）の五つがそれである。

ごげん〔五眼〕人・天＊・二乗（声聞《しょうもん》＊・縁覚《えんがく》＊）・菩薩《ぼさつ》＊・仏《ぶつ》＊

のそれぞれの眼。すなわち、人の肉眼、天人の天眼、声聞・縁覚の慧眼《え》（一切は本来、空《くう》*であることを見抜く智慧*の眼）、菩薩の法眼（衆生《しゅじょう》*を救うために一切の法門*を見抜く眼）、仏の仏眼（前の四眼をすべてそなえ、諸法実相《しょほうじっそう》*を照らし見抜く眼）の五つをいう。

ごこう〔後光〕　光背《こうはい》ともいう。仏*や菩《ぼ》薩《さつ》*の後ろにある光明《こうみょう》*をいう。仏像*の背後に立てて、光り輝く仏・菩薩の威相をあらわす。

後光

ごこくじ〔護国寺〕　真言宗*豊山《ぶさん》*派大本山。東京都文京区大塚。神齢山悉地《しっち》院と号す。天和元年（一六八一）徳川綱吉の生母桂昌院《けいしょういん》の願により創建された。本尊*は桂昌院の念持仏、如意輪観音《にょいりんかんのん》。

ごこしょ〔五鈷杵〕　→こんごうしょ（金剛杵）

ごごひゃくさい〔五五百歳〕　五五百年、五個五百年ともいう。釈尊*の滅後二千五百年にわたる仏教*の盛衰を五つの五百年に分けて表わしたもの。第一の五百年は正しい教えが盛んで、解脱《げだつ》*堅固《けんご》*として、解脱の証果《しょうか》*を開くものが多い時期。第二の五百年は禅定《ぜんじょう》*堅固として、禅定を修する者が多い時期。第三の五百年は修行*は衰えるが、多聞《たもん》*堅固として、仏典*を読誦《どくじゅ》習学するものが多い時期。第四の五百年は修行も悟りもないが、造寺堅固として、寺院*堂塔*を建立*する者が多い時期。そして第五の五百年は闘諍《とうじょう》（争い）堅固として、法*（教え）の優劣を論じ争うもののみが多い時期である。『大集経《だいじっきょう》*』「月蔵分《げつぞうぶん》」に説く仏教の歴史観である。

ごこん〔五根〕　根*は能力、優れたはたらき、器官を意味し、五根とは、眼《げん》根、耳《に》根、鼻《び》根、舌《ぜっ》根、身《しん》根の五つの感覚器官。→ごしき（五識）→ごきょう（五境）

ござん〔五山〕　臨済《りんざい》*宗で最も寺格の高い五つの寺院*を挙げていう言葉。五山という名称の起こりは、中国宋代にあり、インドの鹿苑《ろくおん》寺・祇園《ぎおん》*寺・大林《たいりん》寺・竹林《ちくりん》寺・那爛陀《ならんだ》*寺の五つの精舎《しょうじゃ》*をもって天竺《てんじく》五山としたことによる。中国では宋代に、径山万寿《きんざんまんじゅ》寺、育王寺、天童寺、霊隠《りんにん》寺、浄慈《じんず》寺の五つの寺が五山とよばれ、日本でもそれにならって、建長寺*、円覚寺*、寿福寺*、浄智寺*、浄妙寺*を鎌倉五山*として、また天竜寺*、相国《しょうこく》寺*、建仁寺*、東福寺*、万寿《まんじゅ》*寺を京都の五山*とした。その他、京都および鎌倉に尼寺《あまでら》五山もある。京都の南禅寺*は、五山の上といわれた。なお、五山寺院は、時代によって変遷があり、一定しない。

ござんぶんがく〔五山文学〕　正安元年（一二九九）来朝

した宋僧の一山一寧《いっさんいちねい》に始まり、室町時代を通じて盛んであった。京都・鎌倉の五山*を中心とした漢文学で当時の文化を代表した。

コーサラ〔Kosala〕 憍薩羅《きょうさつら》と音写。釈尊*のころ、マガダ（摩掲陀《まがだ》*）国の北西にあった大国で、プラセーナジット（波斯匿《はしのく》*）王の領するところであった。

こじ〔居士〕「きょし」とも読む。（梵）gṛha-pati の訳。原義は家の主人。出家*剃髪《ていはつ》*しないで、家に居るままで仏門*に帰依《きえ》*した男子をいう。一般には、学徳があって仕官しない人をさした。後に転じて、男子の法名《ほうみょう》*につける称号となった。↓仏教常識〈僧の部〉同項

ごじ〔五時〕 天台大師智顗《ちぎ》*の教判《きょうはん》*において、釈尊*一代の説法*を年次の上から判別して、五つの時期に分けた考え方。華厳《けごん》*時、阿含《あごん》*時、方等《ほうどう》*時、般若《はんにゃ》*時、法華涅槃《ほっけねはん》*時の五つがそれである。↓ごじはっきょう（五時八教）

ごじ〔護持〕 よくまもりたもつこと。また祈祷*のこと。

ごしき〔五色〕（梵）pañca-varṇa 五つの基本色、青《しょう》・黄《おう》・赤《しゃく》・白《びゃく》・黒《こく》のこと。五正色《しょうじき》、五大色《しき》ともいう。これに対し中間にある緋《ひ》・紅・紫・緑・磂黄《くりげ》を五間色《けんじき》という。

ごしき〔五識〕 五種の外境《げきょう》*（対象）を知覚する五つの心識（知覚作用）のことで、眼《げん》識・耳《に》識・鼻《び》識・舌《ぜっ》識・身《しん》識をいう。眼根《こん》・耳根・鼻根・舌根・身根の五つの感覚器官（五根）によって、色形（色《しき》境）・音声（声《しょう》境）・香り（香境）・味（味境）・接触（触《そく》境）の五つの対象（五境）を認識するもの。↓ごきょう（五境）↓ごこん（五根）

こしごろも〔腰衣〕 裙子《くんす》ともいう。僧侶*が腰のあたりにまとう短い衣*のこと。

ごじそう〔護持僧〕 御持僧とも書く。天皇の身体加護のために、加持《かじ》*祈祷《きとう》*を行う僧の職をいう。

ごじのひほう〔五事の非法〕 ↓だいてんのごじ（大天の五事）

ごじはっきょう〔五時八教〕 天台大師智顗《ちぎ》*の教相判《きょうそうはん》釈《じゃく》*の内容で、左に掲げるように、五時とは釈尊*一代の説法*の次第を説いたもの、八教とはその説法の形式方法とその教法の浅深とを分けたものである。

五時——華厳《けごん》*時、阿含《あごん》*時、方等《ほうどう》*時、般若《はんにゃ》*時、法華涅槃《ほっけねはん》*時。

八教——〔化儀《けぎ》の四《し》*教〕頓《とん》教、漸《ぜん》教、秘密教、不定《ふじょう》教。

〔化法《けほう》*の四教〕蔵《ぞう》教、通《つう》教、別教、円教。

ごしゅ〔五衆〕 出家*の五種、すなわち比丘《びく》*・比丘尼《に》*・式《しき》叉摩那《しゃまな》*・沙弥《しゃみ》*・沙弥尼*のこと。

ごしゅ〔五趣〕　五道、五悪趣ともいう。地獄*・餓鬼《がき》*・畜生*・人間*・天*の世界のこと。衆生《しゅじょう》*がその業因《ごういん》*によって趣《おもむ》き住むところであるから趣という。→あくしゅ（悪趣）→口絵図版〈六道図〉

ごじゅうそうでん〔五重相伝〕　浄土宗*の教えを五段階に分け、順序だてて教え伝える法会《ほうえ》*のこと。初重より五重に至り、一宗の秘密として行われる。→仏教常識〈行事の部〉同項

ごじゅうにい〔五十二位〕　菩薩《ぼさつ》*の修行*の階段で、十信《じっしん》*・十住《じゅうじゅう》*・十行《じゅうぎょう》*・十回向《じゅうえこう》*・十地《じゅうじ》*・等覚《とうがく》*・妙覚《みょうがく》*を合わせて五十二位となる。

ごじゅうのとう〔五重の塔〕　屋根を五重につくり重ねた層状の塔*で、その上に相輪《そうりん》*をのせた仏塔。心礎に仏*の舎利《しゃり》*を安置する。元来の形式はインドの舎利塔(stūpa)である。法隆寺*五重塔は、日本最古のものである。真言宗*にあっては、地水火風空の五大*を象徴した。

ごじゅうはちかい〔五十八戒〕　十重戒《じゅうじゅうかい》と四十八軽戒《きょうかい》とを合わせて、五十八戒とする。

ごしゅうん〔五取蘊〕　取*は煩悩《ぼんのう》*をさし、有漏《うろ》*の五蘊のことをいう。→ごうん（五蘊）

ごしゅのじゃみょう〔五種の邪命〕　命《みょう》は生活の意味で、比丘《びく》*にあるまじき手段によって生活することを邪命といい、以下の五種がある。偽って異なる姿で利養《りよう》*を求めること。自ら自己の功能を説いて利養を求めること。吉凶を占って利養を求めること。高声で威圧して利養を求めること。利益《りやく》*を説いて人の心を動かして利養を求めること。

ごしゅのしょうぎょう〔五種の正行〕　浄土*に往生*するための正行*（念仏*）を五種に分類したもの。読誦《どくじゅ》正行、観察《かんざつ》正行、礼拝《らいはい》正行、称名《しょうみょう》正行、讃嘆供養《さんだんくよう》正行の五つをいう。→しょうぞうにぎょう（正雑二行）

ごしゅのそう〔五種の僧〕『顕宗論《けんしゅうろん》』に説く五種の僧*のこと。無恥《むち》僧（戒律*を犯し道を守らない僧）、瘂羊《あよう》僧（愚かな僧）、朋党《ほうとう》僧（徒党を組んで他と争う僧）、世俗《せぞく》僧（俗事を営んで他を知らない僧）、勝義《しょうぎ》僧（道を守り徳・智があって人を利する僧）の五つがそれである。

ごしゅのぞうぎょう〔五種の雑行〕　五種の正行《しょうぎょう》*（念仏）の対語。雑行*とは念仏*以外の行*のことで、読誦《どくじゅ》雑行、観察《かんざつ》雑行、礼拝《らいはい》雑行、称名《しょうみょう》雑行、讃嘆《さんだん》雑行がある。→しょうぞうにぎょう（正雑二行）

ごしゅのふじょう〔五種の不浄〕　衆生《しゅじょう》*の身にまつわる五種の不浄をいう。すなわち、種子《しゅうじ》不浄（内種は過去*

の煩悩《ぼんのう》*、外《げ》種は父母の遺体で、共に不浄である）、住処不浄（母胎の臭穢の処に十カ月の間住するのは不浄である）、自体不浄（身体が既に四大《しだい》*の不浄によって成り立つこと）、自相不浄（身体は常に九つの孔より種々の汚物を出すこと）、究竟《くきょう》不浄（死ねば塚に捨てられ腐乱して臭穢きわまること）の五つがそれである。

ごしゅふほん〔五種不翻〕 仏典*を漢訳する際に、梵《ぼん》語*をそのまま音写して、あえて翻訳しないものがあるが、その理由に五種があるという。すなわち秘密故《こ》（陀羅《だら》尼《に》*のような仏*の秘密の語）、多含《たごん》故（多義を含む語）、此方《しほう》無《む》故（此の地にない語）、順古《じゅんこ》故（古より翻訳しない習わしの語）、尊重故（尊重するが故に訳さない語）の五つがそれである。玄奘《げんじょう》*の創唱と伝えられるが、不明。

ごしゅほっし〔五種法師〕 教えを広める五種の人をいう。すなわち、受持《じゅじ》法師（如来《にょらい》*の教えをうけてよく記憶し忘れずに保つ人）、読経《どきょう》法師（経文《もん》を見て読む人）、誦経《ずきょう》法師（経文を見ないで暗誦する人）、解説《げせつ》法師（聖教《しょうぎょう》の文句を解釈する人）、書写法師（経文を書写する人）の五つがそれである。

ごしょう〔五障〕 女性の身にそなわる五種の障碍《しょうげ》のこと。すなわち一に梵《ぼん》*天王となることが出来ず、二に転輪聖王《てんりんじょうおう》*となることが出来ず、三に帝釈《たいしゃく》*天となることが出来ず、四に魔王となることが出来ず、五に仏*となることが出来ないという。『法華経《ほけきょう》*』の説くところである。

ごしょう〔後生〕 のちの世、来世《らいせ》*のこと。→仏教常識〈日常語〉同項

ごじょう〔五条〕 三衣《さんえ》*の一つ。天台宗*、真言宗*、真宗*等で用いる。長方形に裁ったもの五条からなり、四周に縁《へり》をつけてある。

ごじょう〔五乗〕 人々の能力にしたがって、仏*の教えを五種に分けたもの。乗*とは衆生《しゅじょう》*を理想の世界に運ぶ乗り物の意で、一般には、人乗、天乗、声聞《しょうもん》乗、縁覚《えんがく》乗、菩薩《ぼさつ》乗がそれである。

ごしょうじゃ〔五精舎〕 釈尊*在世のころの五つの精舎*のこと。すなわち、祇園《ぎおん》精舎*、霊鷲山《りょうじゅせん》*の精舎、獼猴江《みこうこう》の精舎、菴羅樹園《あんらじゅおん》の精舎、竹林《ちくりん》精舎*がそれである。

ごじょうしんかん〔五停心観〕 五度《ど》観門・五度門・五門禅・五門・五観・五念ともいう。心《しん》*の五種類の過ちを停止する五種の観法《かんぼう》*。不浄観*・慈悲観*・因縁《いんねん》観（縁起《えんぎ》観ともいい、一切は因*と縁*とによって生じると観察《かんざつ》*して愚痴《ぐち》*の心を対治《たいじ》*する観法）・界分別《かいふんべつ》観（界方便観・析《しゃっ》

界《かい》観・無我観ともいい、一切は六大＊の仮和合《けわごう》＊によって生じると観察して我《が》＊への執われを対治する観法）・数《す》息《そく》＊観の五つをいう。のちに、大乗＊の立場で五門禅と再編されるが、その場合、界分別観を省き、観仏《かんぶつ》観（仏＊の相好《そうごう》＊を観じて一切の煩悩《ぼんのう》＊を対治する観法）を加えて五つとする。

ごしょうぼだい〔後生菩提〕　来世《らいせ》＊に極楽＊に生まれること。また、来世に菩提《ぼだい》＊（さとり）＊の果＊を得ること。

ごじょく〔五濁〕　この世に存在する五つの汚濁《おじょく》をいう。劫《こう》濁（人の寿命の減少に伴って病気・戦争などの災厄が起こる）、見《けん》濁（邪悪なものの見方が栄え知性が失われる）、煩悩《ぼんのう》濁（人の心が煩悩＊に充たされる）、衆生《しゅじょう》濁（人間の果報＊が衰えて苦しみが増す）、命《みょう》濁（寿命が次第に短くなる）の五つ。

ごじょくあくせ〔五濁悪世〕　五濁＊の相が明らかに現われて、悪事のみが多い世の中をいう。→前項

ごしん〔五辛〕　五つの辛味のある野菜。仏教ではこれを嫌う。一般には、にら、にんにく、らっきょう、ねぎ、はじかみの五つ。→くんしん（葷辛）

ごじん〔五塵〕　五境《ごきょう》（色《しき》・受《じゅ》・想《そう》・行《ぎょう》・識《しき》）に同じ。境は極微《ごくみ》（梵《ぼん》＊語で parama-anu といい、これ以上分割不可能なものの最小単位）より成り、人の真性を汚し、煩悩《ぼんのう》＊を起こさせることから塵という。色塵、声《しょう》塵、香塵、味塵、触《そく》塵の五つをいう。→ごきょう（五境）

ごじんずう〔五神通〕　五種の神通＊。神通とは超人的な能力のことで、天眼通《てんげんつう》＊（よく遠近のものを見る）、天耳《てんに》通＊（よく一切の音声を聞く）、他心《たしん》通＊（よく他人の心を知る）、宿命《しゅくみょう》通（よく自他の過去のことを知る）、如意《にょい》通（神足《じんそく》通ともいう。自在に往来できる）をいう。六神通＊のうち漏尽《ろじん》＊通を欠くもので、外道《げどう》＊にも得られる。

ごずてんのう〔牛頭天王〕　（梵）Gośīrṣa-devarāja の訳。祇園精舎《ぎおんしょうじゃ》＊の守護神のことで、薬師如来《やくしにょらい》＊の化身《けしん》＊であるといわれる。京都の祇園《ぎおん》社《しゃ》にも防疫神として祀られている。

ごずめず〔牛頭馬頭〕　地獄＊の獄卒《ごくそつ》＊のことで、地獄におちた者に大苦を与えるという。牛頭人身のものと、馬頭人身のものとがある。→口絵図版〈十界図〉

こぞう〔小僧〕　修行＊未熟な少年の僧侶＊。→仏教常識〈僧の部〉同項

ごそう〔五葬〕　五つの葬式＊の様式で、土葬、火葬＊、水葬、

野葬、林葬がそれである。

ごだい〔五大〕（梵）pañca-mahābhūtāni の訳。一切万物を構成する要素である地・水・火・風の四大《し》*に、さらに空大（空間）を加えた五つの元素をいう。

ごだいさん〔五台山〕中国山西省にある仏教の聖地。文《もん》殊《じゅ》*信仰で知られる。後漢の永平年間（五八―七五）迦《か》葉摩騰《しょうまとう》*、竺法蘭《じくほうらん》*らがはじめて仏教を中国に伝えたが、彼らはやがてこの山に草庵*を結んだという。その後、多くの名僧、高僧*がこの山で修行*を行った。近世には、清朝の保護を受けて、チベット仏教寺院も多く建立*された。

ごだいみょうおう〔五大明王〕五大尊、五大尊明王、五忿怒《ふんぬ》ともいう。不動明王*（中央）、降三世《ごうざんぜ》明王*（東方）、軍荼利《ぐんだり》明王*（南方）、大威徳《だいいとく》明王*（西方）、金剛夜叉《こんごうやしゃ》*明王（北方）のこと。

ゴータマ〔Gotama〕→くどん（瞿曇）

ごだんのほう〔五壇の法〕密教*において、五大明王*を本尊*として行う修法《しゅほう》*で、兵乱の鎮定または息災増益《そくさいぞうやく》を祈るもの。

ごち〔五智〕（梵）pañca-jñānāni の訳。密教*でいう仏*の五つの智慧*。法界体性智《ほっかいたいしょうち》（真実世界の本来の性質である智*）、大円鏡智《だいえんきょうち》*（鏡のようにあらゆる事象を顕《あき》らかに照らし出す智）、平等性智《しょうち》*（真実世界の一切は差別*がなく平等*であると観ずる智）、妙観察智《みょうかんざっち》*（衆生《しゅじょう》*を観察*して適切な法*を説き、疑いを断ずる智）、成所作智《じょうしょさち》*（自利《じり》*・利他《りた》*の妙業《みょうごう》＝不可思議*なはたらきを成就*する智）の五つ。

こつあげ〔骨揚げ〕→仏教常識〈仏事の部〉箸渡し

こっし〔乞士〕比丘のこと。→びく（比丘）

こつじき〔乞食〕（梵）piṇḍa-pāta の訳。定められた規律によって他人に食を乞うこと。比丘《びく》*は乞食によって生きるものである。→仏教常識〈日常語〉乞食《こじき》

ごっしき〔業識〕「ごうしき」とも読む。唯識《ゆいしき》*の言葉。業《ごう》*とは行為の意で、無始以来、我々の心《しん》*がはじめて動き、そこに行為が生じてくるのは、無明《むみょう》*の力が存在するからであるとして、根本無明の力を業識とする。

こつじきのしじ〔乞食の四事〕比丘《びく》*の乞食*に際して守るべき四つの事。住正戒《じゅうしょうかい》（村や町に入って乞食する時には、身心《しんじん》をととのえ、正戒に住すべきこと）、住正威儀《いぎ》（乞食に際しては容貌をととのえ、威儀*を正して、人から敬信されるべきこと）、住正命《みょう》（戒律*に従って乞食し、よこしまな生活をしないこと）、住正覚《がく》（身体は苦*

のもとであると悟り、食はわずかに身を支えるだけで満足すべきこと）の四つがそれである。

ごっしょう〔業障〕 「ごうしょう」とも読む。悪業《あくごう》*は正《しょう》道《どう》をさまたげることから業障という。

ごてん〔五天〕 世《せ》天（人王《にんのう》）、生《しょう》天（三界《さんがい》*の諸天）、浄《じょう》天（声聞《しょうもん》*、縁覚《えんがく》*）、義《ぎ》天（菩薩《ぼさつ》*）、第一義天（仏*）をいう。

ごてんじく〔五天竺〕 古代インド（天竺）の区分で、東・西・南・北・中の五つに分ける。

ごどう〔悟道〕 仏道*の真実を悟《さと》ること。

ごどうのみょうかん〔五道の冥官〕 常に冥（暗闇）の世界で五道（地獄*・餓鬼《がき》*・畜生*・人間・天*）の衆生《しゅじょう》*の善悪を裁く役人。→口絵図版〈十界図〉

ごねん〔護念〕 保護憶念《おくねん》*の意。諸仏が行者*・信者を護って魔障を取り除くこと。また、その念力*をもって信心*を退転*させないことをいう。

ごねんもん〔五念門〕 阿弥陀仏《あみだぶつ》*の浄土*に生まれかわるための五つの行い。世親《せしん》*の『浄土論*』に説かれる。礼拝《らいはい》門（阿弥陀仏の仏像*を礼拝*する）、讃歎《さんだん》門（阿弥陀仏を讃える）、作願《さがん》門（阿弥陀仏の浄土に生まれたいと願う）、観察《かんざつ》門（阿弥陀仏の浄土の様子を想い浮かべる）、回向《えこう》門（自分の修めた功徳《くどく》*を他のすべてのものに回向*して他者がみな浄土に生まれるよう願う）をいう。

ごびく〔五比丘〕 釈尊*が成道《じょうどう》*後はじめてムリガダーヴァ（鹿野苑《ろくやおん》*）において教化《きょうけ》*した次の五人の比丘*のこと。憍陳如《きょうじんにょ》*、阿湿婆侍《あしばった》（馬勝《めしょう》）、跋提《ばてい》、摩訶男《まかなん》、婆沙婆《ばさば》（十力迦葉《かしょう》）。

ごひゃくかい〔五百戒〕 比丘尼《びくに》*の守るべき戒律*のことで、実際には三百四十八戒*であるのを、簡単に五百戒といったもの。

ごひゃくらかん〔五百羅漢〕 五百比丘《びく》、五百上首《じょうしゅ》ともいう。最高のさとり*の境地である阿羅漢果《あらかんか》を得た五百人の高僧*をいい、第一結集《けつじゅう》（経典*類の編集）の時に集合した五百人の比丘*のこと。あるいは第四結集の時に来集して『毘婆沙論《びばしゃろん》*』を編集した五百人の羅漢*をいう。

ごふ〔護符〕 呪物《じゅぶつ》崇拝の一種。多くは紙に呪文《もん》*などを書いたもので、災難、病気のまじないに、壁にはる、肌身につける、水で飲むなどする。神仏の加護*の力がその中にこもっていると信じられている。

ごぶ〔五部〕 五行ともいう。見道《けんどう》*において四諦《したい》*（苦諦・集《じっ》諦・滅《めっ》諦・道諦）を観察《かんざつ》*することと、これを修習する修道《しゅどう》*を加えたもの。

ごぶだいじょうきょう〔五部大乗経〕 諸々の大乗*経典*の

中から、天台大師智顗《ちぎ》*によって選び出された五部の大乗経。『華厳経《けごんぎょう》*』『大集経《だいじっきょう》*』『大般若波羅蜜多経《だいはんにゃはらみったきょう》*』『法華経《ほけきょう》*』『涅槃経《ねはんぎょう》*』をいう。

こぶつ〔古仏〕 久遠《くおん》*の古《いにしえ》に成仏《じょうぶつ》*した仏*。また、その心を得た祖師*たち。古い仏像*をもいう。

ごぶつ〔五仏〕 五智仏《ごちぶつ》、五智如来《にょらい》、五聖《しょう》、五禅定《ぜんじょう》仏ともいう。金剛界*と胎蔵《たいぞう》*界の二種がある。金剛界の五仏は、大日《だいにち》如来*（中央）、阿閦《あしゅく》*如来（東）、宝生《ほうしょう》如来（南）、阿弥陀《あみだ》如来*（西）、不空成就《ふくうじょうじゅ》如来（北）をいい、胎蔵界の五仏は、大日如来（中央）、宝幢《ほうどう》如来（東）、開敷《かいふ》華王《けおう》如来（南）、無量寿《むりょうじゅ》如来（阿弥陀如来・西）、天鼓《てんく》雷音《らいおん》如来（北）をいう。

ごぶっちょう〔五仏頂〕 仏*の頭頂にそなわる功徳《くどく》*を仏格化して崇拝の対象とした五尊をいう。白傘蓋《びゃくさんがい》仏頂、勝《しょう》仏頂、最勝《さいしょう》仏頂、光聚《こうじゅ》（火聚《かじゅ》）仏頂、除蓋障《じょがいしょう》（尊勝《そんしょう》）仏頂の五尊。または、最勝、除蓋障を除き金輪《こんりん》仏頂、高《こう》仏頂を加えた五尊とする。

ごぶんしょう〔御文章〕 ↓おふみ（御文）

ごぶんりつ〔五分律〕 三十巻。仏陀什《ぶつだじゅう》、竺道生《じくどうしょう》の共訳。化地部《けじぶ》*（弥沙塞部《みしゃそくぶ》）の戒律*で、詳しくは『弥沙塞部和《わ》醯《けい》五分律』という。全体を五章に分けることから五分律という。(大)22・No.1421

ごほう〔護法〕 仏道*の教法を保護すること。釈尊*は四大声聞《しょうもん》、十六阿羅漢《あらかん》*に仏法*を長く護持*するよう命じたといわれる。梵《ぼん》*天、帝釈《たいしゃく》*天、四天王*などの善神は、護法を誓ったことから護法善神《ぜんじん》という。

ごほう〔護法〕（五三〇―五六一）ダルマパーラ。（梵）Dharmapāla 達磨波羅《だつまぱら》と音写。意訳して護法。南インド出身の唯識《ゆいしき》*十大論師《ろんじ》の一人。世親《せしん》*の教系をうけてナーランダ（那爛陀《ならんだ》）寺*に住み、『唯識三十頌《じゅ》*』を注釈して、唯識の正統と称された。玄奘《げんじょう》*の師・戒賢《かいけん》*は、その弟子。また、『成《じょう》唯識論*』は護法説を中心として編成され、中国・日本の法相《ほっそう》唯識説の根幹となった。

ごぼう〔御坊〕 僧侶*または寺院*を敬って呼ぶ言葉。

ごほんじょ〔御本書〕 親鸞《しんらん》*の著『教行信証』のこと。浄土真宗*の根本宝典であることから本書といい、それに対して、この書の注釈書である存覚《ぞんかく》の『六要鈔《ろくようしょう》*』を末書と称する。↓きょうぎょうしんしょう（教行信証）

ごま〔護摩〕（梵）homa の音写、焚焼《ふんしょう》、火祭祀法《かさいしほう》などと意訳する。智慧*の象徴である火によって煩悩《ぼんのう》*の薪《まき》を焼くという意味で、火を焚いて仏*に祈り、円満なさとり*を体現することを目的とする。もと事火外道《じかげどう》（拝火教）

の行ったことを、仏教に取り入れたもの。→仏教常識〈行儀の部〉同項

ごまだん〔護摩壇〕 火壇《かだん》ともいい、護摩*を修するための炉《ろ》を据える壇をいう。

ごみ〔五味〕 五つの味で、酸味、苦味、甘味、辛味、鹹《かん》味（塩味）の五味。あるいは牛乳からつくられる乳製品の、乳味、酪《らく》*味、生酥《しょうそ》味、熟酥《じゅくそ》味、醍醐《だいご》*味の五味をいう。

ごみょう〔五明〕（梵）pañca-vidyā-sthānāni の訳。明*とは学問の意で、インドにおける五つの学問を五明という。その内容は、声明《しょうみょう》*（言語文字に関するもの）、工巧《くぎょう》明（工芸技術に関するもの）、医方《いほう》明（医術に関するもの）、因《いん》*明（論理に関するもの）、内《ない》明（自家の宗旨*を明らかにするもの）。

こむそう〔虚無僧〕 普化《ふけ》*宗の有髪《うはつ》の僧侶*。薦《こも》僧、普化僧*ともいう。僧衣《そうえ》*を着ず、袈裟《けさ》*および嚢《ふくろ》を首にかけ、尺八を吹いて諸国を乞食《こつじき》*修行*する。世は虚仮《こけ》*にして実体なしと観察《かんざつ》*し、心を虚にするので虚無僧という。

こもり〔籠り〕 神社や仏閣に参籠《さんろう》*すること。

ごや〔後夜〕 寅《とら》の刻、すなわち午前四時頃のこと。転じて、夜明け方のつとめをいう。

ごよく〔五欲〕 五種類の欲望。眼《げん》・耳《に》・鼻《び》・舌《ぜつ》・身《しん》の五《ご》根《こん》*によって、色《しき》・声《しょう》・香《こう》・味《み》・触《そく》の五つの感覚対象（五境《きょう》*）を貪《むさぼ》り享楽しようとして起こす欲望。境*は、人の欲*を引き起こすことから欲と名づけられる。

こり〔垢離〕 垢離とは身の垢《あか》をとるという意味で、神仏に願*を立てるに際し、冷水を浴びて身心《しんじん》を清めることをいう。水垢離《みずごり》*、潮《しお》垢離（海水で洗浴する）などがある。

ごりき〔五力〕（梵）pañca-balāni の訳。五つの優れた力。三十七道品《どうほん》*（三十七のさとりの手段*）の一つ。信力・精進《しょうじん》力・念力・定《じょう》力・慧《え》力をいい、これらはそれぞれ信仰*・努力・憶念*・禅定*・智慧*というさとりへ至らしめる五つの力である。

ごりんとう〔五輪塔〕 地《ち》・水《すい》・火《か》・風《ふ》・空《くう》の五大《ごだい》*にかたどって、五個の石、すなわち方形、円形、三角形、半月形、如意珠《にょいしゅ》（団）形の石を積み重ねた塔婆《とうば》*をいう。万物の構成要素である五大が変化展開してすべて

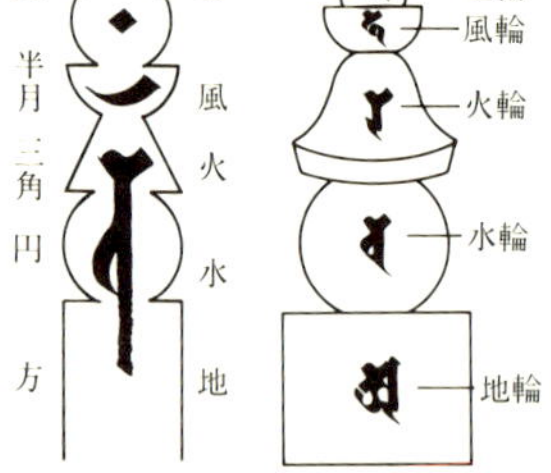

が生ずる、という密教*の思想から生まれたもの。

ごりんとうば〔五輪塔婆〕 五輪塔をかたどって板の上部に刻みを入れたもの。→ごりんとう（五輪塔）

ごろく〔語録〕 高僧*、ことに禅僧の言行を集録したもの。

ころも〔衣〕 もとは衣服の総称であるが、とくに僧侶*の着る衣服をいう。インドでは、ただ袈裟《けさ》*を着たが、日本では、袈裟の下に衲衣《のうえ》*を着る。主としてこれを衣とよぶ。

ごろんじ〔五論師〕 五人の論師。馬鳴《めみょう》、竜樹《りゅうじゅ》*、提婆《だいば》*、童受、勝受の五師は、仏滅*後のインドにおいて、大いに論*を作ったことから五論師という。

ごわく〔五惑〕 衆生《しゅじょう》*の十の根本煩悩《ぼんのう》*のうち、貪《とん》*（むさぼり）・瞋《しん》*（いかり）・痴《ち》*（おろかしさ）・慢《まん》*（おごり）・疑《ぎ》*（うたがい）の五つの妄惑《もうわく》。これを五鈍使《どんし》ともいう。

こん〔根〕（梵）indriya の訳。原義は能力・機能。根の用法として能生《のうしょう》（生ぜしめる働きがあること）または増《ぞう》上《じょう》（すぐれていること）の意味に用いられる。草木の根がよく幹や枝を生ずる力を持っているように、人をして善悪の所作業《しょさごう》を生じさせる力をいう。これに五根*、六根*、二十二根（衆生《しゅじょう》*の持つすべての肉体的・精神的な機能・能力）等の分類がある。一般には、ものごとに耐えうる気力をいう。

ごん〔勤〕 勇敢に勤めはげむ精神作用のことで、精進と同じ。→しょうじん（精進）

こんかいこうみょうじ〔金戒光明寺〕 浄土宗*大本山。京都市左京区黒谷町。通称は黒谷堂といい、山号は紫雲山。本尊*は阿弥陀如来《あみだにょらい》。法然《ほうねん》*の開基*とされる。

こんき〔根機〕 →仏教常識〈日常語〉同項

ごんきょう〔権教〕 実教*の対語。天台宗*、華厳《けごん》宗*等の一乗*教における言葉で、法相宗《ほっそうしゅう》*、三論宗*等の三乗教*は、真の大乗*の教えにみちびくために方便*として権《かり》に説いた教えであるという。

ごんぎょう〔勤行〕 仏道*に勤めること。もとは勤め励んで行うことをいったが、現在は朝夕一定の時刻に、仏前において礼拝《らいはい》*・読経《どきょう》*することをいう。→仏教常識〈行儀の部〉〈仏事の部〉同項

こんくじきせつ〔金口直説〕 金口は釈尊*の口の尊称で、仏*の口より直接に説かれた教法*をいう言葉。過誤がないことを強調する表現で、金口説、金口説法《せっぽう》ともいう。

ごんぐじょうど〔欣求浄土〕 極楽浄土*に往生*することを、すすんで願い求めること。厭離穢土《えんりえど》*と対句で用いられることが多い。

ごんげ〔権化〕（梵）avatāra 化現《けげん》*、応現*と訳す。仏*または菩薩《ぼさつ》*が、衆生《しゅじょう》*を救うために、権《かり》に姿を変えてこの世に現われること。または、その権《かり》に現われた姿をいう。転じて一般には、ある特性を最も著しく発揮したものをその権化という。↓次項

ごんげん〔権現〕 本地垂迹《ほんじすいじゃく》*の思想に基づいて説かれた説で、仏*または菩薩《ぼさつ》*が衆生《しゅじょう》*を済度《さいど》*するために、権《かり》にわが国の神に姿を借りて現われること、または、その権《かり》に現われた神をいう。権化《ごんげ》*、応現*、化現《けげん》*などともいう。両部*、一実《いちじつ》*の神道において、盛んにこの考え方を利用した。↓前項

ごんげんづくり〔権現造り〕 神社建築の一つの様式で、神社と仏教寺院とを習合した構造。本殿と拝殿の間を石の間（幣殿《へいでん》）でつなぎ、エ字型の平面をなす。京都の北野天満宮、栃木県の日光東照宮などの建築に見られる。

こんごう〔金剛〕（梵）vajra の訳。金剛（金剛石＝ダイヤモンド）をいい、また堅固《けんご》*と訳す。宝石の名で、七宝《しっぽう》*の一つ。また、金剛 杵《しょ》*の略。

こんごうかい〔金剛界〕（梵）vajradhātu の訳。胎蔵界《たいぞう》*の対語。真言密教*における、大日如来《だいにちにょらい》*の智*（理性と意志）を示した部門で、如来*の智徳は金剛*のように堅固《けんご》*で、一切の煩悩《ぼんのう》*を摧破《さいは》することにたとえていう。

こんごうかいまんだら〔金剛界曼荼羅〕 ↓くえまんだら（九会曼荼羅）

こんごうきょう〔金剛経〕 一巻。鳩摩羅什《くまらじゅう》*訳。『金剛般若《はんにゃ》波羅蜜経《はらみつきょう》*』のことで、『大般若経*』第九会《くえ》に同じ。一切の存在は空《くう》*・無我*であることを説き、無所得の妙理を教える。禅宗*で専らこの経を読誦《どくじゅ》する。㊅8・No.235

こんごうさった〔金剛薩埵〕 ヴァジュラサットヴァ。（梵）Vajrasattva 真言密教*の付法八祖《ふほうはっそ》*の第二祖で、金《こん》剛手菩薩《ごうしゅぼさつ》ともいい、不動堅固《ふどうけんご》の菩提心《ぼだいしん》*を象徴する。大《だい》日如来《にちにょらい》*の直説法《じきせっぽう》を結集して鉄塔に納め、のち竜猛《りゅうみょう》*に授けたという。

こんごうじ〔金剛寺〕 ①真言宗*智山《ちさん》*派別格本山。東京都日野市高幡。高幡《たかはた》山明王《みょうおう》院金剛寺と号し、通称は高幡不動。大宝年間（七〇一―七〇四）以前の創建と伝えられ、天平時代（七二九―七四九）行基《ぎょうき》*が大日堂を建立*。弘法大師空海*が不動明王*を安置して、清和天皇の勅願寺《ちょくがんじ》*となる。神奈川県の大山寺、千葉県の成田山新勝寺*とともに関東三不動の一つに数えられる。本尊*は不動明王。②真言宗*御室《おむろ》派大本山。大阪府河内長野市

天野町。天野山三宝院と号し、俗に女人高野《にょにんこうや》ともいわれる。天平年間（七二九―七四九）聖武《しょうむ》天皇*の勅願により行基《ぎょうき》*の開山*。弘法大師空海*の修行*道場*。後白河法皇の庇護により再興された。皇室の尊崇があつく、南北朝時代（十四世紀中期）南朝が行宮《あんぐう》を置いたばかりでなく、北朝の諸天皇も当寺を御座所《ござしょ》とした。その後も豊臣、徳川氏歴代により保護され栄えた。

こんごうしょ〔金剛杵〕（梵）vajra の訳。インド古代の武器の名称。堅固《けんご》*でよく物を砕くことから金剛*といい、密教*では、煩悩《ぼんのう》*を破る菩提心《ぼだいしん》*の象徴としてこれを用いる。鉄または銅で作り、その両端が一本になって分かれていないのを独鈷《とっこ》*（独鈷杵《しょ》）といい、三叉《みつまた》になっているのを三鈷《さんこ》杵、五叉になっているのを五鈷《ごこ》杵という。

こんごうしょうじ〔金剛証寺〕臨済《りんざい》*宗南禅寺派別格本山。三重県伊勢市朝熊《あさま》町。勝峰山兜率《とそつ》院と号し、通称朝熊山。欽明天皇時代（五四〇―五七一）に草創*と伝える。平安末頃より、伊勢信仰と共に盛行し、「朝熊かけねば片参り」といわれた。元中九年（一三九二）東《とう》岳文昱《がくぶんいく》が中興して臨済宗に改宗。江戸中期には伊勢参りの流行とともに栄えた。本尊*は福威智満虚空蔵菩薩《ふくいちまんこくうぞうぼさつ》。

こんごうしん〔金剛心〕何物にも破壊されない堅固《けんご》*な心*をいう。

こんごうしん〔金剛身〕金剛*のように堅固《けんご》*で壊れることのない身体。法身《ほっしん》*のこと。

こんごうじん〔金剛神〕ヴァジュラパーニ。（梵）Vajra-pāṇi 金剛手《こんごうしゅ》と訳し、金剛力士、仁王《におう》ともいう。金剛杵《しょ》*をもって仏法*を護る神で、その像は多く全身を露出し、ただ腰部に布をまとい、勇猛の相をあらわす。二神があって、よく寺門の左右に安置する。一方を那羅延《ならえん》金剛といい、他方を密迹《みっしゃく》金剛という。奈良東大寺*南大門の金剛神（運慶*・快慶作、平成五年修理完成）は有名。↓におう（仁王）

こんごうち〔金剛智〕ヴァジュラボーディ。（梵）Vajra-bodhi（六七一―七四一）密教*付法《ふほう》*（教えを伝える）の第五祖。中インドのイシャナヴァルマ王の第三王子とも、南インドのバラモン*出身ともいわれ、ナーランダ（那爛陀《ならんだ》）寺*で出家*し、南インドで竜智《りゅうち》に密教を学ぶ。

七二〇年、海路で中国に渡り、長安と洛陽で、『金剛頂《こんごうちょう》瑜伽中略出念誦経《ゆがちゅうりゃくしゅつねんじゅきょう》』など金剛界*系の密教経典*の漢訳および布教にあたった。

こんごうちょうぎょう〔金剛頂経〕 『大日経《だいにち》*』と並ぶ真言密教*の根本経典で、胎蔵界《たいぞう》*(『大日経』)が大日如来《にょらい》*の胎内に内蔵される慈悲*の世界を表わすのに対し、金剛界*は大日如来の金剛*のごとき智慧*の世界を表わす。ただ、これは狭義の『金剛頂経』すなわち「初会《しょえ》」の『金剛頂経』で、このほか『般若理趣経《はんにゃりしゅきょう》』の広本とされる「六会」の『金剛頂経』をはじめ、十八会の『金剛頂経』があったとされるが、現存の経典*との比定は終わっていない。金剛智《こんごうち》*、不空《ふくう》*、施護《せご》の三訳があるが、普通には不空訳三巻の『教王経《きょうおうぎょう》』(金剛頂一切如来真実摂《しょう》大乗現証大教王経)をいう。(大)18・No.865 ↓仏教常識〈経典の部〉同項

こんごうづえ〔金剛杖〕 山伏《やまぶし》*(修験者《しゅげんじゃ》*)のたずさえる杖で、白木で八角につくる。金剛不壊《ふえ》*の信念を表示したものである。

こんごうどうじ〔金剛童子〕 魔*を降伏《ごうぶく》*する神で、童形でしかも忿怒《ふんぬ》の相をしている。黄色と青色とがあり、黄童子は無量寿仏*の化身《けしん》*、青童子は金剛薩埵《さった》*の化身であるという。

こんごうどうじほう〔金剛童子法〕 密教*において、金剛童子*を本尊*として行う修《しゅ》法《ほう》*で、息災・調伏《ちょうぶく》*を祈る。

金剛童子

こんごうはんにゃはらみつきょう〔金剛般若波羅蜜経〕 ↓こんごうきょう(金剛経)

こんごうふえ〔金剛不壊〕 金剛*のように、堅固《けんご》*で、破壊されないこと。

こんごうぶじ〔金剛峯寺〕 高野山真言宗*総本山。和歌山県伊都郡高野町にあり、高野山と号す。弘仁七年(八一六)弘法大師空海*の建立*になり、爾来、皇室および諸侯の帰依《きえ》*があつく、寺運の最も隆盛な江戸時代初期には、二千余坊もあったという。明治に至って衰えをみせ、同二十一年の大火によって旧観を失ったが、現在なお百十余坊があり、わが国屈指の聖地である。

こんこうみょうきょう〔金光明経〕 四巻、十八品《ほん》。曇無《どんむ》讖《せん》*訳。義浄《ぎじょう》*訳十巻本の『金光明最勝王経《さいしょうおうきょう》*』の異訳で、内容は簡略なもの。天台大師智顗《ちぎ》*が『金光明経玄義《げんぎ》』

および『金光明経文句《もんぐ》』を作ってから大いに世に行われた。㊅16・No.663　→次項　→仏教常識〈経典の部〉同項

こんこうみょうさいしょうおうきょう〔金光明最勝王経〕　十巻、三十一品《ほん》。義浄《ぎじょう》*訳。略して『最勝王経』という。『金光明経*』には四訳があって、最も後に出て最もよく具備したものがこの経である。わが国では、聖武《しょうむ》天皇*はこの経に依って全国に国分寺*（金光明四天王護国《してんのうごこく》之寺《のてら》）を置き、最澄《さいちょう》*がこの経に『法華経《ほけきょう》*』『仁王経《にんのうきょう》*』の二経を加えて、鎮護国家の三部経*としたと伝えられる。㊅16・No.665　→仏教常識〈経典の部〉同項

こんごうやしゃ〔金剛夜叉〕　金剛夜叉明王ともいい、五大明王*の一つ。北方に配されて、身体は青黒色、三面六臂《ろっぴ》（五鈷杵《ごこしょ》《金剛杵*》）・金剛鈴《れい》*・弓・箭《や》・宝輪・剣を持つ）で、忿怒《ふんぬ》の相をあらわし、一切の魔怨を降伏《ごうぶく》*するという。不空成就如来《ふくうじょうじゅにょらい》の化身《けしん》*であるとする。

こんごうやしゃほう〔金剛夜叉法〕　密教*において、金剛夜叉*を本尊*として行う修法《しゅほう》*（加持祈祷）で、息災・調《ちょう》伏《ぶく》*を祈る。

こんごうりき〔金剛力〕　→仏教常識〈日常語〉同項

こんごうりきし〔金剛力士〕　→こんごうじん（金剛神）

こんごうれい〔金剛鈴〕　密教*で用いる法具*の一つ。金剛杵《しょ》*の形をした柄に鈴がついたもので、仏《ぶつ》*・菩《ぼ》薩《さつ》*の注意を引き、歓喜《かんぎ》*させるために振り鳴らされる楽器。

ごんごどうだん〔言語道断〕　究極・絶対の真実は言葉で表現できないものである、という意味。現在は「もってのほか」の意味で、過失をとがめる言葉として用いる。

ごんさく〔勤策〕　（梵）śrāmaṇera の訳で、原義は勤め励むこと。沙弥《しゃみ》*のこと。比丘《びく》*になろうと志して、勤め策《さく》励《れい》するので、この名称がある。

こんしこんでい〔紺紙金泥〕　紺色の紙に金泥で経文《きょうもん》・仏画を書いたもの。

ごんじつ〔権実〕　権《ごん》は仮のもの、一時的なものという意味、実《じつ》は永久不変の真実なるものという意味。方便*の

法*と真実の法をいう。時機に応じて方便として説き、教化《きょうけ》*の目的が達成されれば廃される法を権といい、究極不変なる法を実という。→ごんだいじょうきょう〔権大乗教〕

ごんじつにきょう〔権実二教〕 権教*と実教*をいう。権教は衆生《しゅじょう》*を真実に導くための仮に設けられたものであるから、教化《きょうけ》*の目的が達成されれば廃される。→ごんじつ〔権実〕

ごんじつふに〔権実不二〕 方便*の法*（権《ごん》）も、真実の法（実）も、その実体は一つであって、決して別のものではないということ。→ごんじつ〔権実〕

こんじょう〔根性〕 →仏教常識〈日常語〉同項

ごんじょうえんね〔欣浄厭穢〕 欣求《ごんぐ》浄土*、厭離穢土《えんりえど》*の略。浄土*往生*を願い求め、この穢土*を厭《いと》い去ろうと願うこと。

ごんだいじょうきょう〔権大乗教〕 実《じつ》大乗教*の対語。真実の大乗仏教*に導くための方便*として仏*が説いた権《かり》の教え。大乗教*を権・実の二教に分け、一切皆成仏《かいじょうぶつ》と説く宗を実大乗教として、そうでないものを権大乗教といい、大乗教であるが未だ真実円満の教門ではないとする。法相《ほっそう》、三論*などが権大乗教である。→ごんじつ〔権実〕

こんたいりょうぶ〔金胎両部〕 密教*でいう金剛界*と胎蔵《たいぞう》界*との両部のこと。

こんどう〔金堂〕 一寺の本尊*を安置する本堂*のことで、天台宗*では中堂、浄土宗*では阿弥陀《あみだ》堂、日蓮宗*では大堂という。→仏教常識〈寺院の部〉同項

こんどう〔金銅〕 銅で鋳造しその上に鍍金したもので、古来、仏像*の鋳造によく使用された。

こんぴら〔金毘羅〕 クンビーラ。（梵）Kumbhīra の音写。鰐《わに》の意。もとはインドの神。魚身でしかも蛇の形をしている鬼神王で、仏法*の守護神である。香川県琴《こと》平《ひら》町の金刀比羅《ことひら》宮は、元来この神を祀ったものといわれたが、明治期の廃仏棄釈《はいぶつきしゃく》*後は大物主神《おおものぬしのみこと》を祭神とし、崇徳天皇を配祀している。

こんぽんち〔根本智〕 根本無分別智《むふんべつち》、無分別智*、如理智《にょりち》ともいう。後得智《ごとくち》の対語。真実そのものの根本となる主・客の区別を超越した智*をいう。この智から諸々の智慧*が生じるので根本智という。

こんぽんちゅうどう〔根本中堂〕 比叡山*延暦寺*の一乗《いちじょう》止観院《しかんいん》のこと。最澄《さいちょう》*は比叡山に三宇を建て、北にあるのを文殊《もんじゅ》堂、中央のを一乗止観院、南にあるのを経蔵《きょうぞう》

と称した。一乗止観院はその中央にあることから、中堂という。

こんぽんぶっきょう〔根本仏教〕 後世の発達した仏教がさまざまな立場で釈尊*の教えを求める仏教であるのに対して、釈尊の説くところに直参《じきさん》しようとする仏教を根本仏教という。近代の仏教学研究によって生まれたもの。根本仏教と並んで原始仏教といわれるものは、普通、釈尊のみならず、仏弟子の教えまでを含め、後の部派仏教*、大乗仏教*に先行する仏教とみなす。今日では、この原始仏教が主として用いられ、根本仏教という用語はほとんど用いられない。

こんま〔羯磨〕 →かつま（羯磨）

こんりゅう〔建立〕 法門*（教理上の説*）を建てること。また、仏教寺院*を建てること。

こんりんざい〔金輪際〕 仏教の宇宙観である須弥山《しゅみせん》説によると、金輪は、世界を支える四輪の最上層にあり、金剛*でできている。上部は盤上で、その上に九山八海《くせんはっかい》*があるとされる。その金輪の最上部と九山八海の接触面（金輪の際《きわ》）を、金輪際という。今日では俗語として、「断じて」「どこまでも」の意に用いられている。→しゅみせん（須弥山）→185頁図版〈須弥山図〉

さ サ

さい〔作意〕 心所の一つ。注意を向けること。→しんじょ（心所）

さい〔斎〕 清浄《しょうじょう》*の意で、身《しん》・口《く》・意《い》の三業《さんごう》*をつつしむこと。後には、非時食《ひじじき》*をしないこと、すなわち午後に食事をとらないことをいい、さらに転じて、仏事*の時の食事をすべて斎というようになった。→さいじき（斎食）

さいいき〔西域〕 西の方の地方という意味で、中国よりインドや中央アジアの国々を呼んだ言葉。インド学、仏教学では「さいいき」と読み、東洋史学、中国学などでは「せいいき」という。

さいいきき〔西域記〕 十二巻。玄奘《げんじょう》著。詳しくは『大唐西域記』という。玄奘のインド旅行記で、西域*百三十八国の風土および仏跡を記載したもの。仏教研究上の重要な資料である。㊅51・No.2087 →げんじょう（玄奘）

さいえ〔斎会〕 僧*を集めて勤行《ごんぎょう》*をつとめ、食事を施す法《ほう》

会《え》*。→さい（斎）

さいかい〔斎戒〕 身心《しんじん》を清浄《しょうじょう》*に保つこと。心を清浄に保つことを斎*といい、身体を清浄に保つことを戒*という。斎戒沐浴《もくよく》と熟語にする。→はっさいかい（八斎戒）

さいぎょう〔西行〕（一一一八—九〇）平安末期の歌人。もとは佐藤義清《のりきよ》といい、鳥羽上皇に仕えた北面の武士であったが、二十三歳のとき感ずるところあって出家*、法名《ほうみょう》*を円位《えんに》と名のり、生涯を流浪の旅に過ごす。和歌に巧みで、『山家集《さんかしゅう》』その他の著作がある。

さいきょうじ〔西教寺〕 天台真盛《しんぜい》宗総本山。戒光山または大窪《おおくぼ》山智善《ちぜん》院と号する。滋賀県大津市坂本本町。寺伝によれば、推古天皇の時代に聖徳太子*が高麗《こうらい》僧の慧《え》慈《じ》や慧澄《えちょう》のために開創したとされる。天智天皇の六年（六六七）西教寺の勅額を賜わった。文明十八年（一四八六）に真盛*が入寺して念仏*道場*として中興。浄土教*関係の仏画を多数所蔵する。本尊*は阿弥陀如来《あみだにょらい》。

さいけ〔済家〕 臨済《りんざい》宗*の略称。

ざいけ〔在家〕 出家*の対語。居家《こけ》、住家ともいう。家にあって世俗的な生活をいとなむ者。→仏教常識〈日常語〉同項

さいご〔最後〕 人生のおわり、すなわち命終《みょうじゅう》の時をいう。一般には最も後であること、最終の意味に用いる。

ざいごう〔罪業〕 罪悪の行為。身《しん》・口《く》・意《い》（三業*）による罪。

さいごく〔西国〕 西国三十三所観音*の札所《ふだしょ》*を巡礼*すること。→次項、次々項

さいごくさんじゅうさんしょかんのん〔西国三十三所観音〕 西国（近畿地方）において三十三所の観音《かんのん》*像を安置する寺院*のこと。その一つひとつについては仏教常識〈寺院の部〉同項を参照のこと。→さんじゅうさんしょかんのん（三十三所観音）

さいごくじゅんれい〔西国巡礼〕 西国（近畿地方）三十三所の観音《かんのん》*を巡拝すること。または、その巡礼*者をいう。→前項

ざいこん〔罪根〕 根本罪ともいう。罪悪の根本。

さいざんじゅうぶ〔西山住部〕 小乗二十部*の一派。（梵）Avaraśaila 仏滅*二百年の頃、大衆部《だいしゅぶ》*より分派した一派。制多《せいた》山の西にある西山に住んでいたのでこの名がある。その主張は大衆部に近い。

さいし〔祭祀〕 神をまつること。まつり。

さいじ〔西寺〕 廃寺（国史跡）。平安京朱雀大路《すざくおおじ》の南端、羅城門の東側にある東寺《とうじ》*（教王護国寺）の空海*に対し

て、西側に守敏《しゅびん》の住する西寺があった。正暦元年（九九〇）焼失。残った塔も天福元年（一二三三）焼失して衰えた。明治二十四年（一八九一）守敏の一〇五〇年遠忌《おんき》*に、本跡地に近い西芳寺が西寺の名を継いだが、本来の西寺は土壇と礎石を残すのみである。昭和四十七年（一九七二）発掘調査が行われた。

さいじき〔斎食〕「とき」（斎）ともいう。正午までの決まった時間に、分量を過ごさない食事をすること。南方仏教*の比丘《びく》*は今でも厳守している。転じて、仏事*の時の食事をすべて斎食というようになった。→さい（斎）

ざいしょう〔罪障〕罪悪が正法《しょうぼう》*を開くさわり（障）となり、また善果を得るさわりとなることをいう。

さいしょうえ〔最勝会〕『金光明《こんこうみょう》最勝《さいしょう》王経《おうきょう》』*を講説して、国家安穏を祈る法会《ほうえ》*で、持統天皇の七年（六九三）宮中で行い、のち薬師寺*において毎年三月七日より七日間、これを行う。

さいしょうこう〔最勝講〕毎年五月の吉日を選んで五日間、宮中清涼殿《せいりょうでん》で、東大寺*・興福寺*・延暦寺*・園城寺《おんじょうじ》*（三井寺《みいでら》）の四大寺から選ばれた僧が『金光明《こんこうみょう》最勝《さいしょう》王経《おうきょう》*』を講じ、天下泰平を祈る儀式をいう。

さいじょうじょう〔最上乗〕最上の教法という意味で、諸宗各派がその教義について名づける語。

ざいせ〔財施〕法施《ほうせ》*の対語。ひとに財宝金銭を恵みほどこすこと。金品に対する自らの執着心から解放されるための修行*方法。→ふせ（布施）

さいせん〔賽銭〕神仏に参詣して奉る金銭のこと。賽は報賽《ほうさい》の意で、むくいまつること。俗になまって散銭《さんせん》ともいう。→仏教常識〈行儀の部〉同項

ざいぞく〔在俗〕出家*しないで、俗世に在ること。→ざいけ（在家）

さいだいじ〔西大寺〕①真言律宗*総本山。高野寺《たかのでら》ともいい、南都七大寺の一つであった。秋篠山四天院と号する。奈良市西大寺芝町にあり、本尊*は釈迦如来《しゃかにょらい》。天平神護元年（七六五）称徳天皇の勅願により、常騰《じょうとう》を開山*として草創*された。嘉禎二年（一二三六）興正菩薩《こうしょうぼさつ》叡尊《えいぞん》*を中興の祖として再興され、爾来、戒律*の大道場とされている。延応年間（一二三九―四〇）に始められた大茶盛《おおちゃもり》行事で知られる。②高野山真言宗*別格本山。岡山市西大寺にあり、金陵《きんりょう》山観音院と号する。宝亀年間（七七〇―七八一）安隆の開山*。犀戴寺《さいたいじ》と称していたが、承久三年（一二二一）後鳥羽上皇が北条氏調《ちょう》

伏《ぶく》*を祈願*して改称。火災にあい荒廃していたのを、文亀年間（一五〇一―〇四）忠阿《ちゅうあ》により修正会《しゅしょうえ》*が催されて再興。忠阿を中興開山*とする。本尊*は千手観音《せんじゅかんのん》。二月第三土曜日の裸祭りで有名。

さいちょう〔最澄〕（七六七―八二二）日本における天台宗*の開祖。近江（滋賀県）の人。姓は三津首《みつくべ》。後漢の献帝の末裔という。十二歳で出家*、十四歳で得度《とくど》*。南都（奈良）に至って三大部*（天台大師智顗《ちぎ》*の三部の代表的著作『法華玄義《ほっけげんぎ》*』『法華文句《ほっけもんぐ》*』『摩訶止観《まかしかん》*』）を読み、天台宗の弘通《ぐずう》*を志して延暦七年（七八八）比叡山*に根《こん》本中堂《ぽんちゅうどう》*を建て、桓武天皇の帰依《きえ》*を受ける。延暦二十三年（八〇四）勅命によって入唐《にっとう》し、在唐一年足らずで天台、密教*、禅*の三宗の奥旨をうけて帰朝。同二十五年、天皇に奏して、天台宗を従来の大乗*の四宗に加えて五宗とした。伝教大師《でんぎょうだいし》と諡《おくりな》される。『守護国界章《しゅごこっかいしょう》』『山家学生式《さんげがくしょうしき》*』『顕戒論《けんかいろん》』等数十部の著作がある。

さいてん〔西天〕「せいてん」ともいう。中国でインドをいう呼称。

ざいてん〔在纏〕煩悩《ぼんのう》*にまとわりつかれ縛られて、迷いの世界にいること。

さいてんにじゅうしそ〔西天二十四祖〕天台宗*で、インドの師資相承《ししそうじょう》*に二十四祖があるという。摩訶迦葉《まかかしょう》*、阿《あ》難《なん》*に出発し、馬鳴《めみょう》や竜樹《りゅうじゅ》*を経て、師子《しし》にいたる。

さいてんにじゅうはちそ〔西天二十八祖〕「せいてんにじゅうはっそ」ともいう。禅宗*で、インドの師資相承《ししそうじょう》*に二十八祖があるとする。摩訶迦葉《まかかしょう》*に出発し、阿難《あなん》*、馬鳴《めみょう》、竜樹《りゅうじゅ》*、師子《しし》等を経て菩提達磨《ぼだいだるま》*にいたる。

さいど〔済度〕仏《ぶつ》*・菩薩《ぼさつ》*が衆生《しゅじょう》*を生死《しょうじ》*の苦海《くかい》*より済《すく》い出して、常楽の彼《か》の岸（さとりの境界《きょうがい》*）に渡すこと。済は救済、度は渡の意。

さいどう〔斎堂〕禅寺で食堂《じきどう》*のことをいう。→仏教常識〈寺院の部〉同項

さいにち〔斎日〕身心《しんじん》をつつしみ、精進《しょうじん》*すべき日をいう。

さいにち〔賽日〕閻魔《えんま》に参詣する日で、閻魔詣《もうで》*または閻魔参りともいう。民間の年中行事の一つで、毎年正月十六日および七月十六日に行われ、この日は地獄*の釜の蓋も開くと称して、亡者も休息する日であると信じられている。また、もと商家では藪《やぶ》入りと称して、使用人にも一日の休暇を与える習慣があった。

さいのかわら〔賽の河原〕地蔵和讃《じぞうわさん》・賽の河原和讃にあるところで、冥途《めいど》*（死後の世界）の三途《さんず》*の川のほとり

にあって、小児の死んで赴くところであるという。そこでは、小児が父母のいないことの悲しみに耐えかねて石を積んで塔＊を造るが、大鬼が来て鉄の棒をもってこれを崩す。それを地蔵＊菩薩《ぼさつ》が出現して救うという。西院《さいいん》の河原ともいう。↓口絵図版〈十界図〉

ざいほう〔罪報〕　罪悪の行為の結果として受けるむくい。

さいほうじょうど〔西方浄土〕　阿弥陀仏《あみだぶつ》＊の浄土＊。阿弥陀仏がさとり＊を完成したとき、極楽浄土＊はこの地上より十万億の仏国土をへだてる西方にあると『阿弥陀経＊』に説かれ、西方浄土と呼ばれる。なお、西方には無数の浄土＊があるとされているが、とくに極楽浄土のみを西方浄土というのが普通。↓ごくらく(極楽)　↓じゅうまんおくど（十万億土）

さいもん〔祭文〕　声明《しょうみょう》＊の一つで、法会《ほうえ》＊に際して本尊＊・祖師＊の徳を讃え、供養《くよう》＊の意を述べるもの。なお、江戸時代に流行した一種の歌曲、すなわち歌祭文のことを普通には祭文ともいう。

さいらいい〔西来意〕　「せいらいい」ともいう。祖師＊西来の本意という意味。↓そしせいらい（祖師西来）

ざおうどう〔蔵王堂〕　金峰山《きんぷせん》修験本宗《しゅげんほんしゅう》総本山(もと天台宗＊)。金峰山寺＊のこと。奈良県吉野山にあり、国軸《こくじく》山と号する。役小角《えんのおづぬ》＊が感得したとされる蔵王権現《ざおうごんげん》を本尊＊とする。熊野と並ぶ修験道《しゅげんどう》＊の本場。本堂＊に金剛蔵王権現を安置する。延元（一三三六—三九）の頃、後醍醐天皇の行在所《あんざいしょ》となったことがある。

さかさびょうぶ〔逆さ屛風〕　↓仏教常識〈仏事の部〉同項

さがん〔作願〕　願いを起こすこと。

さじ〔作持〕　止持《しじ》＊の対語。悪事・悪業《あくごう》＊をつつしむ消極的な態度にとどまらず、すすんで積極的に善根《ぜんごん》＊功徳《くどく》＊をつむこと。作善に同じ。↓さぜん（作善）

さしぬき〔指貫〕　刺貫、差貫とも書く。袴の一種で、裾を紐で指し貫き、ふくらませて括ったもの。普通には衣《い》冠《かん》、直衣《のうし》、狩衣《かりぎぬ》に着用するものであるが、僧侶＊もまた法衣《ほうえ》＊の下に用いることがある。

ざす〔座主〕　大寺の管長。一山の寺務を総括する僧職の呼称であるが、後世には延暦寺＊、金剛峯寺《こんごうぶじ》＊、醍醐寺＊、日光山＊などにこの名称を用いた。

さぜん〔作善〕　造悪の対語で、善き行いをすること。仏

像*を彫刻し、堂塔を建立*して、経典*を読誦《どくじゅ》し、僧尼《そうに》*を供養《くよう》*するなどの善根《ぜんごん》*を修めること。→さじ（作持）

ざぜん〔坐禅〕 坐は足を組んですわること、禅*は精神を統一し三昧《さんまい》*に入ることの意。禅宗*で修行*の中心となる坐法のことで、静坐して、心を善悪・是非・有無*の差《しゃ》別相《べっそう》より遠ざけ、安楽自在*の境に逍遥《しょうよう》させる。その坐法は、坐して背骨を直立させ、体躯を真直にして、足は結跏趺坐《けっかふざ》*して、目を半眼にし、心を静める。

ざぜんようじんき〔坐禅用心記〕 一巻。瑩山紹瑾《けいざんじょうきん》*著。坐禅*の要領および規範を詳細に述べたもので、曹洞宗《そうとう》*の重要な書である。(大)82・No.2586

ざぞう〔坐像〕 坐っている仏像*のことで、多くは蓮台《れんだい》（蓮《れん》華座《げざ》*）の上に坐している。

ざっしゅ〔雑修〕 専修《せんじゅ》*の対語。雑行《ぞうぎょう》*（念仏*以外の行*）を修することをいう。

さった〔薩埵〕 （梵）sattva の音写。衆生《しゅじょう》*または有情《うじょう》*と訳し、生命があり情意を有するもの。生きとし生けるすべてのものの総称。なお、菩提薩埵《ぼだいさった》の略として薩埵ということもあり、菩薩《ぼさつ》*の意である。

さとり〔証〕 究竟《くきょう》*の真実を体得すること。証悟、証得、覚悟*というのも同じ。→ねはん（涅槃）

さば〔生飯〕 「さんぱん」とも読む。食前に飯の一部をとって傍におき、餓鬼《がき》*等に供することをいう。→仏教常識〈日常語〉同項

さべつ〔差別〕 仏教では「しゃべつ」と読む。→しゃべつ（差別）→仏教常識〈日常語〉同項

サーマ・ヴェーダ〔Sāma-veda〕 沙磨吠陀《しゃまべいだ》・娑摩薜陀《しゃまべいだ》、三摩《さんま》吠陀と音写。四《し》ヴェーダの一つ。主としてソーマ*の儀式に関する讃誦を集録した古代インドの聖典。

さらそうじゅ〔沙羅双樹〕 →しゃらそうじゅ（沙羅双樹）

ざん〔慚〕 自分のおかした罪悪過失を反省する精神作用をいう。→ざんき（慚愧）→き（愧）

さんあくしゅ〔三悪趣〕 三悪道ともいう。地獄*・餓鬼《がき》*・畜生*の三つの悪道*をいう。趣*はおもむき住するという意味で、衆生《しゅじょう》*が自分の業《ごう》*に引かれて趣き住する世界であることから趣という。これには六つがあって、それを分けて三善趣および三悪趣とする。→ろくどう（六道）→さんぜんしゅ（三善趣）→口絵図版〈十界図〉〈六道図〉

さんあくどう〔三悪道〕 →さんあくしゅ（三悪趣）

さんう〔三有〕 「さんぬ」ともいう。欲界*、色界《しき》*、無色界*の三界のこと。→さんぬ（三有）→さんがい（三界）

さんえ〔三衣〕「さんね」とも読む。僧*の所有する三種の衣服。僧伽梨《そうぎゃり》（大衣《だいえ》*＝九条から二十五条の布を縫い合わせたもの。正装）、鬱多羅僧《うったらそう》(上衣《じょうえ》＝七条*の布から成っているので七条衣《しちじょうえ》ともいう)、安陀会《あんだえ》(中衣《ちゅうえ》＝五条*の布を縫い合わせたもの）をいう。これらの衣は壊色《えじき》*で作られたので袈裟《けさ》とも呼ばれる。↓けさ（袈裟）

さんえ〔三慧〕三種の智慧*。聞慧《もんえ》*、思慧《しえ》*、修慧《しゅえ》のこと。聞慧は経典*の教えを聞いて生ずる智慧、思慧は思惟観《しゆいかん》察《ざつ》して得られる智慧、修慧は禅定《ぜんじょう》*を修することによって得られる智慧をいう。

さんえいっぱち〔三衣一鉢〕「さんねいっぱつ」とも読む。仏教の簡易生活を表わした言葉で、出家*修行僧は、仏*の制定した三衣*と一つの鉢*および坐具と水漉器《すいろき》（水中の虫を漉《こ》す器）のみが、私的所有物として許された。

さんえん〔三猿〕みざる、きかざる、いわざるとして、目、耳、口を塞いだ三匹の猿のこと。庚申《こうしん》*すなわち青《しょう》面金剛《めんこんごう》*の使者であるという。

さんえん〔三縁〕善導《ぜんどう》*が『観無量寿経*』の注釈書として書いた『観経疏《かんぎょうしょ》*』の「定善義《じょうぜんぎ》」に説かれることで、念仏*の三つの功徳《くどく》*をいう。すなわち、親縁《しんえん》(衆生《しゅじょう》*が口に阿弥陀仏《あみだぶつ》*を称え、仏*を礼拝《らいはい》*し、心に念ずるならば、仏と憶《おく》*念し合う)、近《ごん》縁(仏に会いたいという願いに仏が応じる)、増上《ぞうじょう》縁(念仏をするたびに罪が除かれ臨終《りんじゅう》*の時には必ず仏が迎えてくれる）の総称。

さんが〔僧伽〕「そうぎゃ」とも読む。saṃgha ↓そう（僧）

さんがい〔三界〕三有《さんぬ》ともいう。仏教の世界観で、衆生《しゅじょう》*が流転《るてん》*する迷いの世界を三つに分類したもの。欲界《よく》*(婬欲・食《じき》欲・睡眠欲の強い衆生が住むところ)、色界《しき》*（諸欲を離れた衆生が住むところ)、無色界《むしき》*(色《しき》*を離れた衆生が趣くところ)のこと。一般には、全世界の意味で、女性について「三界に家なし」のことわざもある。↓さんぬ（三有）

さんがいいっしん〔三界一心〕三界唯一心《さんがいゆいいっしん》ともいい、心《しん》外無別法《げむべっぽう》と対句をなす。心《しん》*が外界を対象として現わし出すので、外界が実在するように思われるが、この一心のはたらき以外に、別に三界*（欲界・色《しき》界・無色界＝世界のすべて）があるわけではない、という意味。

さんかいき〔三回忌〕故人の死後、満二年目の回忌をいう。↓じゅうさんぶつ（十三仏）↓仏教常識〈仏事の部〉年忌

さんがいきょう〔三階教〕隋の信行《しんぎょう》*（五四〇—五九四）

によって提唱された宗派。時により・処により・人によって〔三事〕、仏教を三階段に分け、過去の正法《しょうぼう》*（教《きょう》＝教え、行《ぎょう》*＝実践、証《しょう》*＝さとりがそろっていた時期）・像法《ぞうぼう》*（教と行のみが残る、正法に似た時期）の世と異なり、現在のような末法《まっぽう》*（教のみが残る時期）においては、第三階の仏教のみを修行*すべきものという主張に立つ。隋末から弾圧にあって、長安その他中央では早くからその跡を絶っていたが、敦煌《とんこう》から大量に史料が発見され、その全貌がほぼ明らかになった。↓さんじ（三時）↓しょうぞうまつ（正像末）

さんがいくきゅう〔三階九級〕 奈良朝以後に制定された僧綱《そうごう》*の内容で、大別して僧正《そうじょう》*・僧都《そうず》*・律師《りっし》*の三階がある。これをさらに分けて、僧正に大僧正*・僧正・権《ごん》僧正の三級、僧都に大僧都・権大僧都・少僧都・権少僧都の四級、律師に律師・権律師の二級の九級となることから三階九級という。↓仏教常識〈僧の部〉僧綱

さんがいごきゅう〔三階五級〕 奈良朝以前に制定された僧綱《そうごう》*の内容で、大別して僧正《そうじょう》*・僧都《そうず》*・律師《りっし》*の三階がある。これをさらに分けて、僧正に大僧正*・僧正、僧都に大僧都・少僧都、そして律師の一級を合わせて五級となることから三階五級という。↓前項 ↓仏教常識〈僧の部〉僧綱

さんかいだん〔三戒壇〕 奈良東大寺*の戒壇*、下野（栃木県）薬師寺*の戒壇、筑紫（福岡県）観世音寺の戒壇をいう。

さんがく〔三学〕 すべて仏教を修する者のおさめるべき三つの学（修行*部門）。戒学（悪を止め善を修する）、定《じょう》学（身心《しんじん》を静めて精神を統一する）、慧《え》*学（煩悩《ぼんのう》*を断って真実を体得する）のこと。

さんがくしんこう〔山岳信仰〕 山岳を神格化し崇拝する古来の民間における信仰*。東密《とうみつ》*（真言密教）および台《たい》密《みつ》*（天台密教）において、この信仰を継承し、山岳の本地《ほんじ》*（本体）は仏《ぶつ》*・菩薩《ぼさつ》*の垂迹《すいじゃく》*（本体のあらわれ）であるとする信仰が、修験道《しゅげんどう》*となった。

さんかしょう〔三迦葉〕 迦葉《かしょう》の名を有する三人。優楼頻《うるびん》螺《ら》迦葉、伽耶《がや》迦葉、那提《なだい》迦葉のこと。この三人は兄弟で、事火外道《じかげどう》（拝火教徒）であったが、釈尊*の成道《じょうどう》*後まもなく、千人の弟子とともに釈尊に帰依《きえ》*して、その弟子となった。↓かしょう（迦葉）

さんがつどう〔三月堂〕 正式には法華堂《ほっけどう》といい、奈良東大寺*にある。天平五年（七三三）良弁《りょうべん》*を開基*として創建された金鐘寺《こんしょうじ》に始まる。堂宇、本尊*の不空羂索観音《ふくうけんさくかんのん》、

日光・月光菩薩《がっこうぼさつ》、四天王*および執金剛神《しゅうこんごうしん》*像は、すべて天平年間の作で、美術学上の絶品とされる。

さんがん〔三観〕 世の中の見方を大別して、空観《くうがん》*（すべての事象は本質的には実体がない）、仮観《けかん》（すべての事象は縁起*によって仮に現われている）、中観*（空にも仮《け》*にもとらわれず、真実そのものを観察《かんざつ》*する）の三観とするのを、天台の三観という。その他、種々の三観を説くものがあるが、天台の三観が最も普通である。

さんがん〔三願〕 ①阿弥陀仏《あみだぶつ》*の誓願*を、摂法身《しょうほっしん》の願、摂衆生《しゅじょう》の願、浄土の願の三つに分けて三願という。②阿弥陀仏の四十八願*のうち、第十八・第十一・第二十二、あるいは第十七・第十八・第十一、あるいは第十八・第十九・第二十をとくに三願と称する。↓しじゅうはちがん（四十八願） ③菩薩《ぼさつ》*の三つの願*で、一切衆生《しゅじょう》*の成仏《じょうぶつ》*を願い、絶えることのない説法*を念願し、身命《しんみょう》をかけて仏法*を守ろうと願うこと。

さんがんてんにゅう〔三願転入〕 浄土真宗*で、阿弥陀仏《あみだぶつ》*の四十八願*中の第十九を方便要門《ほうべんようもん》（諸行往生《おうじょう》*を誓う本願*）、第二十を方便真《しん》門（自力《じりき》*念仏往生*を誓う本願）、第十八を真実弘願《ぐがん》門（他力《たりき》念仏*往生を誓う本願）とし、要・真・弘の順に、回心転入《えしんてんにゅう》（世俗の心をめぐらせて仏*の世界に入ること）して純粋な他力*に入る経路を説く。それを三願転入という。

ざんき〔慚愧〕「ざんぎ」ともいう。恥じ入る心。自らの罪を恥じること。↓仏教常識〈日常語〉同項

さんきえ〔三帰依〕 三帰、三帰戒ともいい、仏*・法*・僧*の三宝《さんぼう》*に帰依*すること。帰依仏、帰依法、帰依僧の三つの帰依がそれで、仏教徒の必須の条件。

さんぎじょうぶつ〔三祇成仏〕 三祇は三阿僧祇劫《あそうぎこう》の略で、極めて長い年月のこと。菩薩《ぼさつ》*が三祇の長年月の修行*を経て仏果を成就*することを三祇成仏という。

サーンキヤ〔Sāṃkhya〕 ↓すろん（数論）

さんきゅう〔参究〕 参禅*して、真実を究明すること。

さんきょう〔散経〕 法会《ほうえ》*の終了にあたって、読経《どきょう》*をすることをいう。

さんぎょう〔三教〕 仏教をその内容に応じて三種に分けて考える教判《きょうはん》*で、以下のように種々の三教を立てる。

◇南中《なんちゅう》の三教 斉の時代以後、江南の諸師のよく用いた教判で、漸教《ぜんぎょう》*・頓教《とんぎょう》*・不定教《ふじょうきょう》に分ける。

◇光統《こうず》の三教 後魏の光統律師（慧光《えこう》*）の立てた教判で、漸教・頓教・円教*に分ける。

◇南山の三教 南山律宗の祖道宣《どうせん》*の立てた教判で、性《しょう》

空教・相空教・唯識《ゆいしき》円教を説く。

◇天台の三教　化儀《けぎ》の四《し》教のうち、とくに頓教・漸教・不定教をあげて、大綱の三教とする。

なお、中国においては、一般的に儒《じゅ》教、道教、仏教を三教という。

さんぎょう〔三経〕→さんぶきょう（三部経）

さんきらい〔三帰礼〕仏教徒の依りどころの基本である仏・法・僧の三宝《さんぼう》に帰依《きえ》し、敬礼《きょうらい》すること。

さんく〔三句〕『大日経《だいにちきょう》』に説かれる句で「菩提心《ぼだいしん》を因とし、大悲を根《こん》とし、方便《ほうべん》を究竟《くきょう》とす」をいう。大日如《にょ》来《らい》の正遍知《しょうへんち》（宇宙に遍満する仏の智慧）についての説明であるが、真言行者の修行の階位を示す句ともされる。

さんく〔三苦〕衆生《しゅじょう》が迷いの生の中で受ける三種の苦しみ。苦々・壊苦《えく》・行苦《ぎょう》をいう。身心《しんじん》は苦の縁から生じて多くの苦しみを受けることを苦々といい、自分の意に愛着を感じるものが壊れ滅する時に感じる苦しみを壊苦といい、世間の諸現象の変化してやまないことをみて受ける苦しみを行苦という。

さんく〔三垢〕→さんどく（三毒）

さんけ〔三家〕法然《ほうねん》門下の分派のうちの三つの大きなもの、すなわち弁阿《べんあ》の鎮西《ちんぜい》派、証空《しょうくう》の西山《せいざん》派、親鸞《しんらん》の浄土真宗のことをいう。

さんげ〔山家〕その山に住む同族という意味で、中国の天台宗の流派をいう。山外《さんがい》に対する称で、天台の正系であることを意味する。

さんげ〔散華〕花を散じて仏を供養《くよう》することをいう。

さんげ〔懺悔〕過去の罪悪をさとり、それを告白して悔い改めること。懺は（梵）kṣama の音訳、悔過《けか》の意。これに悔の字を加えたのは梵漢両語を並置したものである。

さんげがくしょうしき〔山家学生式〕最澄《さいちょう》著。天台宗の修行規定を明確にし、南都（奈良）の旧仏教に対して独立を宣言した書。(大)74・No.2377

さんげのごほう〔懺悔の五法〕比丘《びく》が懺悔する時に行うべき五種の法式。袈裟《けさ》を着け右肩を袒《はだぬ》ぐこと、右膝を地に着けること、合掌《がっしょう》すること、大比丘の足を礼すること、犯した罪の名をいうこと、の五項をいう。

さんげめつざい〔懺悔滅罪〕懺悔の功徳《くどく》によって、すべての罪業《ざいごう》を滅し去り、身《しん》・口《く》・意《い》を清浄《しょうじょう》にすること。
→さんげ（懺悔）

さんげもん〔懺悔文〕懺悔のときに唱える言葉。『華厳《けごん》経《ぎょう》*』普賢行願品《ふげんぎょうがんぼん》（四十巻本）第四十に「我昔所造諸悪業、皆由無始貪瞋癡、従身語意之所生、一切我今皆懺悔」とある。これを懺悔文といって、誦経《ずきょう》に際してよく誦唱する。

さんごう〔三業〕 身《しん》・口《く》・意《い》で行われる行為。つまり、身体で行動すること（身業*）、言語で表現すること（口《く》業）、心に思うこと（意業*）をいい、人間の一切の行為を総括した言葉。

さんごう〔三綱〕 寺院*における三種の役僧。上座《じょうざ》（寺衆を領す）、寺主《じしゅ》（寺務を統括）、維那《いのう》*（寺規を正す）をいう。

さんごう〔山号〕 寺号（寺の名*）に冠する称号。もともと寺院*は山林に建てられ、某山某寺といわれたことに由来するという。中国では、寺院が山中にも造られ、山名を寺院名に冠して呼んだ。日本では、奈良時代以前に建てられた寺院には山号はないが、平安初期、寺院の多くは山岳に建てられ、その所在を示すため寺名に称号として冠した（高野山金剛峯寺《こんごうぶじ》など）。後、平地の寺にも山号を用いるようになった。

さんごう〔讃仰〕 徳を仰いで、讃《ほ》めたたえること。

さんごうしいき〔三教指帰〕 三巻。空海*著。儒教《じゅきょう》、道教*、仏教*の三教の趣旨を対比し、仏教を第一として仏道*に入るゆえんを示したもの。『聾瞽指帰《ろうこしいき》』として十八歳のとき著わしたものに少訂を加えて、延暦十六年（七九七）『三教指帰』と改めた。詞藻豊かで文章流麗な漢文である。

さんごく〔三国〕 →仏教常識〈日常語〉同項

さんごくぶっきょう〔三国仏教〕 インド、中国、日本の三国に弘通《ぐずう》*する仏教。

さんこしょ〔三鈷杵〕 →こんごうしょ（金剛杵）

さんさい〔三災〕 仏教の世界観による周期的な三種の災害。これには大小の二つがあり、火災*（劫火《こうか》*）、水災*（劫《こう》水《すい》*）、風災（劫風《こうふう》*）を大三災といい、飢饉《ききん》災、疾疫《しつえき》災、刀兵《とうびょう》災を小三災という。

さんさいがつ〔三斎月〕 正月、五月、九月の三月をいう。この三つの月は精進《しょうじん》*して悪*をつつしみ、善を修すべき月であるという。

さんじ〔三時〕 ①正法《しょうぼう》時、像法《ぞうぼう》時、末法《まっぽう》時の三つをいう。釈尊*の滅後なお正法*の行われる時を正法時、正法時の後に正法に似たものの行われる時を像法時、像法時以後、法*の滅し去ろうとする時を末法時という。②昼夜の六時*を昼と夜との各三時に分けて、昼の三時、夜の三時という。③過去*・現在*・未来*のことをいう。

さんしき〔三識〕 ①人間の意識*以上の三つの識*をいう。法相《ほっそう》宗*の教学で、末那識《まなしき》*、阿頼耶識《あらやしき》*、菴摩羅識《あんまらしき》をいう。②『楞伽経《りょうがきょう》』*によれば、真識、現識*、分別事識をいう。

さんじにもん〔山寺二門〕 わが国の天台宗*における山門*（延暦寺*）と寺門*（園城寺《おんじょうじ》*）のこと。

さんじのきょうはん〔三時の教判〕 法相《ほっそう》宗*で、釈尊*一代の教えを有《う》教*（初時）、空教*（二時）、中道教（三時）の三時期に区画して判釈《はんじゃく》*することをいう。

さんしゃ〔三車〕 『法華経《ほけきょう》*』譬喩品《ひゆほん》に説かれる火宅《かたく》*三車のたとえ。衆生《しゅじょう》*を済度《さいど》*してさとり*の境界《きょうがい》*に乗せて行く乗り物を車にたとえたもの。声聞《しょうもん》乗*、縁覚《えんがく》乗、菩薩《ぼさつ》乗*を、それぞれ羊《よう》*車、鹿《ろく》車、牛《ご》車にあてて、大乗仏教*のすぐれていることを説いている。→だいびゃくごしゃ（大白牛車）

さんしゅ〔山主〕 一寺一山の住職*をいう。

さんしゅ〔讃衆〕 法式《ほっしき》（儀式）を行い、讃偈《さんげ》（仏*などを讃嘆する偈*）を唱えるにあたって、その頭主を讃頭《さんとう》といい、その他を讃衆という。

さんじゅうさんかんのん〔三十三観音〕 『法華経《ほけきょう》*』普門《ふもん》品《ぼん》*に説く、観世音*菩薩《ぼさつ》が姿を変えて衆生《しゅじょう》*を救う三十三身《じん》の異形の観音。それにあてて、以下の三十三体の観世音がある。数は『法華経』普門品の三十三に合うが、典拠は不明。岩戸《いわと》観音*のごときは、日本で付加されたと見られる。楊柳《ようりゅう》観音*、竜頭《りゅうず》観音*、持経《じきょう》観音*、円光観音*、遊戯《ゆげ》観音*、白衣《びゃくえ》観音*、蓮臥《れんが》観音*、滝見《たきみ》観音*、施薬《せやく》観音*、魚籃《ぎょらん》観音*、徳王観音*、水月《すいげつ》観音*、一葉《いちよう》観音、青《しょう》頸《ぎょう》観音、威徳《いとく》観音*、延命観音*、衆宝《しゅほう》観音*、岩戸観音*、能静《のうじょう》観音、阿耨《あのく》観音*、阿摩提《あまだい》観音、葉衣《ようえ》観音*、瑠璃《るり》観音*、多羅尊《たらそん》観音、蛤蜊《こうり》観音、六時観音、普悲《ふひ》観音*、馬《め》郎婦《ろうふ》観音*、合掌《がっしょう》観音、一如《いちにょ》観音*、不二《ふに》観音*、持蓮《じれん》観音*、灑水《しゃすい》観音*。→さんじゅうさんじん（三十三身）

さんじゅうさんげんどう〔三十三間堂〕 天台宗*。妙法院に属する。京都市東山区七条の蓮華王院のこと。南叡《なんえい》山と号し、本尊*は千手《せんじゅ》観音坐像。長寛二年（一一六四）後白河法皇の勅命により平清盛が建立*し、千手観音*一千一体を安置する。現在の堂宇は文永三年（一二六六）の造営で、東西がおよそ六十六間あり、二間ごとに柱を立ててあるので、俗に三十三間堂という。

さんじゅうさんしょかんのん〔三十三所観音〕 観世音*菩《ぼ》薩《さつ》の像を安置する三十三所の寺院*のことで、『法華経《ほけきょう》*』普門品《ふもんぼん》*に説くところによって、この三十三所を巡礼*するものに功徳《くどく》*あらたかなりと信じられている。実際に祀られている観世音像は、三十三観音*あるいは三十三身《じん》*ではなく、十一面観音*、千手《せんじゅ》観音*、如意輪《にょいりん》観音*、聖《しょう》観音*、准胝《じゅんでい》観音*、馬頭《ばとう》観音*の六観音*が、もっとも盛んに信仰*され、またこれに不空羂索《ふくうけんさく》観音*を加えた七観音も広く行われた。西国《さいごく》三十三所観音*、坂東《ばんどう》三十三所観音*、秩父三十三所観音*（実際には三十四所）などがあり、西国三十三所観音が最も有名。↓仏教常識〈寺院の部〉同項

さんじゅうさんじん〔三十三身〕 三十三応化身《おうげしん》、観音*三十三身ともいう。観音菩薩《ぼさつ》*が衆生《しゅじょう》*を救うため、衆生の求めに応じて三十三の姿を現わすことをいう。仏身《ぶっしん》*、辟支仏《びゃくしぶつ》*身、声聞《しょうもん》*身、梵王《ぼんおう》身、帝釈《たいしゃく》*身、自在天*身、大自在天身、天大将軍身、毘沙門《びしゃもん》*天身、小王身、長者*身、居士《こじ》*身、宰官《さいかん》身、婆羅門《ばらもん》*身、比丘《びく》*身、比丘尼《びくに》*身、優婆塞《うばそく》*身、優婆夷《うばい》*身、長者婦女《ふにょ》身、居士婦女身、宰官婦女身、婆羅門《ばらもん》婦女身、童男《どうなん》身、童女《どうにょ》身、天*身、竜*身、夜叉《やしゃ》*身、乾闥婆《けんだつば》*身、阿修羅《あしゅら》*身、迦楼羅《かるら》*身、緊那羅《きんなら》*身、摩睺羅伽《まごらか》*身、執金剛《しゅうこんごう》*身の三十三身。『法華経《ほけきょう》*』普門品《ふもんぼん》*に説く。

さんじゅうさんてん〔三十三天〕 ↓とうりてん（忉利天）

さんじゅうしちどうほん〔三十七道品〕 三十七覚支《かくし》、三十七菩提分法《ぼだいぶんぽう》ともいう。仏道*を成就*するために踏むべき道に三十七の道品*がある。四念処《しねんじょ》*、四正勤《ししょうごん》*、四如意《しにょい》足《そく》*、五根《ごこん》*、五力《ごりき》*、七覚支*、八正道《はっしょうどう》*の七部三十七種にまとめたもの。

さんじゅうとが〔三獣渡河〕 兎と馬と象が河を渡る様子の相違を、声聞《しょうもん》*、縁覚《えんがく》*、菩薩《ぼさつ》*が煩悩《ぼんのう》*を滅する差異にたとえた言葉。兎は水面を泳ぎ渡り、馬は水中に浮かびながら足は河底につかないまま泳ぎ渡り、象は河底をしっかりと歩き渡る。

さんじゅうにそう〔三十二相〕 仏*や転輪聖王《てんりんじょうおう》*の身にそなわっている三十二のすぐれた相*をいう。三十二大人《だいにん》相《そう》、三十二大丈夫《だいじょうぶ》相ともいい、この相をそなえる者は、世俗にあっては転輪聖王、出家*しては仏陀*となるといわれる。足安平《そくあんびょう》相、足千輻輪《ぷくりん》相、手指繊長《しゅしせんちょう》相、手足柔《しゅそくにゅう》軟《なん》相、手足縵網《まんもう》相、足跟《こん》満足相、足趺《ふ》高相、腨如鹿王《せんにょろくおう》相、手過膝《しゅかしつ》相、陰蔵《おんぞう》*相、身縦広《しんじゅうこう》相、毛孔生青色《もうこうしょうしょうじき》相、身毛上靡《しんもうじょうみ》相、身金色《こんじき》相、常光一丈相、皮膚細滑《さいかつ》相、七《しち》処平満《しょひょうまん》相、両腋《えき》満相、身如師子《しんにょしし》相、身端直《しんたんじき》相、肩《けん》円満相、四十歯《し》相、歯白斉密《しはくさいみつ》相、四牙白浄《しげびゃくじょう》相、頰車如獅子《きょうしゃにょしし》相、咽中津液得上味《いんちゅうしんえきとくじょうみ》相、広長舌《こうちょうぜつ》*相、梵《ぼん》音深遠相、眼色《げんじき》

如紺青《にょこんじょう》相、眼睫如牛王《げんしょうにょごおう》相、眉間白毫《びゃくごう》相、頂成肉髻《ちょうじょうにくけい》相。

さんじゅうばんしん〔三十番神〕 天台宗*で『法華経《ほけきょう》*』を番（守護）するために、三十体の神名をあげ、これを例月三十日にふりあてた。一日＝熱田大明神、二日＝諏訪大明神、三日＝広田大明神以下がそれである。後にはこれにならい、天地守護の三十番神、禁闕《きんけつ》（宮中）守護の三十番神、王城守護の三十番神*などもできた。

さんしゅせけん〔三種世間〕 衆生《しゅじょう》*世間（命あるもの＝有《う》情《じょう》世間）、国土世間（衆生の住むところ＝器《き》世間）、五《ご》蘊《うん》*世間（衆生、国土とを構成する世間*＝五陰《おん》世間）をいう。これらの世間を超えた仏《ぶつ》*・菩薩《ぼさつ》*は出世間《しゅっせけん》*である。

さんしゅのじごく〔三種の地獄〕 熱地獄、寒地獄、孤独地獄（定処にあるのではなく、各人の感じるところにしたがって散在する地獄*）をいう。↓口絵図版〈十界図〉

さんしょう〔三性〕 ①唯識《ゆいしき》*の見方で、遍計所執性《へんげしょしゅうしょう》（自分の偏見によって誤って認識された一切の事物）、依他《えた》起性《きしょう》*（他の因縁*によって仮に現われ認識される一切の事物）、円成実性《えんじょうじっしょう》（諸々の現象の本来の性質）の三つをいう。②善、悪*、無記《むき》*（善・悪いずれでもないもの）をいう。

さんしょう〔三従〕 「さんじゅう」とも読む。『華厳経《けごんぎょう》*』普賢行願品《ふげんぎょうがんぼん》（四十巻本）巻二十八に説かれる言葉で、女性は常に自由がなく、幼くしては父母に従い、嫁しては夫に従い、老いては子に従うべきものという。

さんしょう〔三証〕 真実であるための三つの証明。すなわち、理証（道理・理論による証明）、文《もん》証（経典*に証拠文を見出すこと）、現証（現実的な実証）をいう。

さんしょう〔三聖〕 聖なる人や仏《ぶつ》*・菩薩《ぼさつ》*を三つ数えあげる句。①華厳《けごん》の三聖は、毘盧舎那《びるしゃな》*仏・文殊《もんじゅ》*菩薩・普賢《ふげん》*菩薩。②弥陀《みだ》の三聖は、阿弥陀《あみだ》*仏・観音菩薩*・勢至《せいし》*菩薩。③震旦《しんたん》（中国）の三聖は、老子・孔子・顔回。④比叡《ひえい》の三聖は、釈迦如来《にょらい》*・薬師《やくし》*如来・阿弥陀如来。

さんしょう〔三障〕 正しい教えを生きるうえで、障害となる三つの事柄。業障《ごっしょう》*（十悪*・五逆罪《ぎゃくざい》*等の悪業《あくごう》*＝必ず地獄*におちる行為）、煩悩障《ぼんのうしょう》（貪《とん》*・瞋《しん》*・痴《ち》*の煩悩*）、異熟障《いじゅくしょう》（仏縁の断たれたところに生まれる障）をいう。

さんじょう〔三乗〕 乗は乗り物の意で、人を乗せて彼岸《ひがん》*に到らしめるものをいい、これに小乗*（声聞《しょうもん》*乗）、中乗（縁覚《えんがく》*乗）、大乗*（菩薩《ぼさつ》*乗）の三乗があるとする。

さんじょうきょう〔三乗教〕 一乗*教の対語。声聞《しょうもん》*乗、縁《えん》覚《がく》乗*、菩薩《ぼさつ》乗*の三乗*を立てて、各々が異なるように教える教法をいう。権《ごん》大乗教に同じ。↓ごんだいじょうきょう（権大乗教）

さんじょうじゅ〔三定聚〕 三聚《じゅ》ともいう。仏教で、人の性質を三つに分けたもの。正《しょう》定聚（向上して必ず仏*になりうる聚類）、邪《じゃ》定聚（仏となりうる素質のないもの）、不《ふ》定聚（縁*があれば仏となり、縁がなければ堕落してゆくもの）をいう。

さんじょうわさん〔三帖和讃〕 親鸞《しんらん》*の著作のうち、『浄土和讃』*『高僧和讃』『正像末《しょうぞうまつ》和讃』*の三部をいう。浄土真宗*の基本典籍の一つ。

さんしん〔三心〕 三種の心《しん》*。『観無量寿経*』に説くところで、一に至誠《しじょう》心*、すなわち真実に浄土*を願う心。二に深《じん》心*、すなわち深く浄土を願う心。三に回向発願《えこうほつがん》心*、すなわち修める功徳《くどく》*を回向*して浄土に往生*することを願い求める心。この三心を具有する者は必ず往生を得るという。

さんじん〔三身〕 仏身《ぶっしん》には三種があるという考え方。天台宗*によれば、仏*に法身《ほっしん》*・報身《ほうじん》*・応身《おうじん》の三身があるとする。法相《ほっそう》宗*によれば、自性《じしょう》身・受用《じゅゆう》身*・変化《へんげ》身*の三身があり、また義浄《ぎじょう》*訳『金光明最勝王経《こんこうみょうさいしょうおうきょう》』*によれば、法身・応身・化身《けしん》*の三身があると説かれている。↓ぶっしん（仏身）

サンスクリット〔Sanskrit〕 ↓ぼんご（梵語）

さんずのかわ〔三途の川〕 『十王経』という偽経《ぎきょう》*（中国撰述の経典*）にある説。人が死んで冥途《めいど》*に赴《おもむ》く途中にある川のことで、その川に緩急の三つの瀬があり、生前の所業の如何によって、渡るのに三途の別があるという。川のほとりに奪衣婆《だつえば》*と懸衣翁《けんえおう》*がいて、亡者の衣を奪って衣領樹《えりょうじゅ》にかけるともいう。葬頭河《そうずか》、三瀬《みつせ》川なども呼ばれる。↓口絵図版〈十界図〉

さんせ〔三施〕 三種の布施。財施*、法施《ほうせ》*、無畏施《むいせ》*をいう。↓ふせ（布施）

さんぜ〔三世〕 前世《ぜんせ》（過去*）、現世《げんぜ》（現在*）、来世《らいせ》*（未来*）のこと。三際《さんさい》ともいう。

さんせけん〔三世間〕 三種の世間*。三種の差別《しゃべつ》*世界のこと。器《き》世間*（衆生《しゅじょう》*の生活する環境・国土等）、衆生世間（一切衆生*の世界）、智正覚《ちしょうがく》世間（仏*の世界）をいう。

さんぜしょぶつ〔三世諸仏〕 過去*、現在*、未来*の三世*に出現する数多くの覚者、すなわち仏陀*のこと。

さんぜそう〔三世相〕 仏教の因果《いんが》*論に道教*の宿命論的な考え方（五行説・占法）を加味して、人の生年月日や人相などによって、前世*、現世《げんぜ》*、来世*の因果を説く。

さんぜん〔参禅〕 禅*を学ぶこと。参とは、師の下に参至し、禅道に参入するという意味。

さんぜん〔散善〕 定善《じょうぜん》の対語。散乱した心のままで修める善根《ぜんごん》*をいう。↓じょうさんにぜん（定散二善）

さんぜんしゅ〔三善趣〕 三悪趣《さんあくしゅ》の対語。善業《ぜんごう》*を因として、趣《おもむ》き住する三つの善い世界。修羅《しゅら》*、人、天*の世界。↓ろくどう（六道）↓さんあくしゅ（三悪趣）↓口絵図版〈十界図〉〈六道図〉

さんぜんせかい〔三千世界〕 三千大千世界の略。須弥山《しゅみせん》*を中心とした九山八海《くせんはっかい》*を一つの小世界として、これを一千合わせたものを小千世界とし、小千世界を一千合わせたものを中千世界とし、中千世界を一千合わせたものを大千世界という。三千というのは、大・中・小の三種の千の意味である。一仏の教化《きょうけ》*する範囲。↓仏教常識〈日常語〉同項

さんぜんぶつ〔三千仏〕 過去世《かこせ》*・現在世・未来世の三劫《こう》に現われる三千の仏陀*。

さんそう〔山僧〕 一般に山寺の僧*をいい、またとくに比叡山*の僧（山法師《やまほうし》*）をいうこともある。

さんぞう〔三蔵〕 仏教の聖典類を経蔵《きょう》*（経典*類）、律蔵*（戒律*類）、論蔵*（論書類）の三種に分けた呼称。なお三蔵に精通した法師《ほっし》*を呼ぶのに三蔵ということがある。たとえば玄奘《げんじょう》*三蔵。↓仏教常識〈経典の部〉同項

さんぞうほっし〔三蔵法師〕 三蔵（経*・律*・論*）に精通した法師*のこと。聖教《しょうぎょう》三蔵ともいう。↓さんぞう（三蔵）

さんぞん〔三尊〕 中尊と両脇侍《きょうじ》（脇士《きょうじ》*）で一組の形式。阿弥陀《あみだ》*・観音《かんのん》*・勢至《せいし》*を弥陀《みだ》の三尊といい、薬師《やくし》*・日光・月光《がっこう》を薬師の三尊といい、また釈迦《しゃか》*・文殊《もんじゅ》*・普賢《ふげん》*を釈迦の三尊という。

さんだい〔三大〕 体大（本体）、相大（すがた・形）、用《ゆう》大（作用）の三つをいう。あらゆる事象にそなわる三つの基本的要素。

さんだい〔三諦〕 「さんたい」とも読む。諦は真実の意。真実のあらわれ方の三つで、宇宙には実体がないとする空《くう》*という真実（空諦）、しかし現象はあらわれるとする仮《け》*の真実（仮《け》諦）、そのいずれにもとらわれてはいけないとする真実（中諦）の三つは一つであることをいう。これを中心として、天台宗*の教理*が成立している。

さんだいえ〔三大会〕 三大勅会《ちょくえ》ともいう。興福寺*の維摩《ゆいま》会《え》*、薬師寺*の最勝会《さいしょうえ》*、大極殿の御斎会《ごさいえ》を南都の三大会

といい、円宗寺の法華会《ほっけえ》*および最勝会、法勝寺の大乗会《え》*を北京《ほっきょう》（京都）の三大会または天台の三会という。

さんだいえんにゅう〔三諦円融〕　空《くう》*、仮《け》*、中の三諦はあらゆる事象に本来そなわった徳性であって、それぞれに先天的に存在し、融通《ゆうずう》*無碍《むげ》*なるものであるとする考え方をいう。→さんだい（三諦）

さんだいひほう〔三大秘法〕　日蓮宗*の教義に説かれる三つの大秘密法門をいう。本門《ほんもん》の本尊*（久遠実成《くおんじつじょう》*釈迦牟尼《しゃかむに》*仏）、本門の題目*（南無妙法蓮華経《なむみょうほうれんげきょう》）、本門の戒壇*（本門*、すなわち法華経《ほけきょう》*後半に述べられる法華経の真精神を受け、修行*の場でこれを実行するための作法＝戒*およびその場所＝壇*）の三つ。

さんだいぶ〔三大部〕　教義の依りどころとされる三つの章疏《しょうしょ》（注釈書）のこと。天台大師智顗《ちぎ》*の最も重要な著書三部のこと。『法華玄義《ほっけげんぎ》*』十巻、『法華文句《もんぐ》*』十巻、『摩訶止観《まかしかん》*』十巻。これを天台の三大部という。別に律宗*の三大部、日蓮宗*の三大部もある。

さんだいぶつ〔三大仏〕　日本における造像史上最大の三仏像。一般には大和国（奈良県）東大寺*の大仏*、河内国（大阪府）知識寺の大仏、近江国（滋賀県）関寺の大仏の三つをいう。または東大寺、鎌倉高徳院*、京都方広寺*の大仏をいうこともある。

さんち〔三智〕　①『智度論《ちどろん》*』および『観音玄義《かんのんげんぎ》』に説かれる一切智*・道種《どうしゅ》智・一切種智。②『楞伽経《りょうがきょう》*』に説かれる世間《せけん》智・出世間《しゅっせけん》智・出世間上上智。③『宝蔵経』に説かれる真智・内智・外智《げち》。

さんどう〔三道〕　①修行*の階位をいう見《けん》道*・修《しゅ》道*・無学道。②輪廻《りんね》*する三道をいう煩悩《ぼんのう》道・業《ごう》道・苦道。

さんとく〔三徳〕　仏*の徳を三つの方面からいう恩徳（衆生《しゅじょう》*を救う恩）、断徳（一切の煩悩《ぼんのう》*を断ち切った徳）、智徳（一切をつぶさにみて余すことなく理解する智慧*）。

さんどく〔三毒〕　善根《ぜんごん》*を毒する三つの煩悩《ぼんのう》*。貪《とん》*（むさぼり）、瞋《しん》*（いかり）、痴《ち》*（愚かさ）のこと。垢《あか》にたとえて三垢《く》ともよぶ。

さんぬ〔三有〕　「さんう」ともいう。①三界《さんがい》*（欲界・色《しき》界・無色界）の生死《しょうじ》*をいう。また、三界の異名。この三界においては、業因《ごういん》*はいまだ尽きないで、生死の存在をつづけることから有《う》*という。②本有《ほんぬ》*（現生《げんしょう》＝現世《げんぜ》*の身心《しんじん》）、当有《とうう》（未来*の身心）、中有《ちゅうう》*（本有と当有の中間に受ける身心）をいう。

さんのう〔山王〕　滋賀県大津市の日吉《ひえ》神社の祭神で、最澄《さいちょう》*が比叡山*に延暦寺*を建てるにあたり、その守護神としたものである。その後、山王の二字は日吉神社の別称として広く行きわたり、今日に至っている。

さんのうしちしゃ〔山王七社〕 滋賀県大津市の日吉《ひえ》神社に付属する二十一社を、上七社、中七社、下七社に区分して、山王七社と通称する。

さんぱいくほん〔三輩九品〕 浄土*に往生*すべき者の品《ほん》（同じ種類のもの）などを三つおよび九つに分けたもの。『無量寿経*』には上・中・下の三輩を説き、『観無量寿経*』には九品*の往生を説いている。九品は三輩の一つひとつをさらに三等に分けたものである。↓くほんじょうど（九品浄土）

さんばく〔三縛〕 衆生《しゅじょう》*を縛《しば》って解脱《げだつ》*をさまたげる三種の煩悩《ぼんのう》*のこと。貪《とん》縛、瞋《しん》縛、痴《ち》縛がそれである。↓さんどく（三毒）

さんびゃくごじっかい〔三百五十戒〕 比丘尼《びくに》*の保つべき戒律*の概数をあげたもので、その実数は三百四十八戒である。↓次項

さんびゃくしじゅうはっかい〔三百四十八戒〕 比丘尼《びくに》*の保つべき戒律*の総数で、『四分律《しぶんりつ》*』に挙げられている。その内容は、八波羅夷《はらい》、十七僧残《そうざん》、三十捨堕《しゃだ》、百七十八単堕《たんだ》、八提舎尼《だいしゃに》、百衆学《しゅがく》、七滅諍《めつじょう》よりなる。普通三百五十戒*または五百戒*というのは、その概数を挙げたものである。↓はらい（波羅夷）↓そうざん（僧残）↓しゃだ（捨堕）↓たんだ（単堕）

さんぶ〔三部〕 密教*における諸仏《ぶつ》・諸菩薩《ぼさつ》の分類法で、仏部・蓮華部・金剛部をいう。また台密《たいみつ》*（天台密教）では胎蔵《たいぞう》界*・金剛界*・金胎両部《こんたいりょうぶ》*の三つをいう。

さんぶいっそうのほうなん〔三武一宗の法難〕 中国仏教史における廃仏《はいぶつ》政策のうち、大規模なもの四つを、時の皇帝の名に因んで総称したもの。第一は、北魏《ほくぎ》の太武帝による廃仏（四四六・北魏の廃仏）。第二は、北周の武帝による廃仏（五七四、五七七・北周の廃仏）。第三は、唐の武宗による会昌《かいしょう》の廃仏（八四五）。第四は、後周の世宗による廃仏（九五五・後周の廃仏）をいう。

さんぶかなしょう〔三部仮名鈔〕 七巻。浄土宗*の向阿《こうあ》著。『帰命本願鈔《きみょうほんがんしょう》』三巻、『西要鈔《さいようしょう》』二巻、『父子相迎《ふしそうごう》』二巻よりなる。流麗な和文をもって念仏*門の要旨を説いたものである。

さんぶきょう〔三部経〕 重要な三部の経典*を一揃いとしてあげたもので、これには以下の種々のものがある。

◇浄土三部経＝『無量寿経*』『観無量寿経*』『阿弥陀《あみだ》経*』

◇法華《ほっけ》三部経＝『無量義経*』『法華《ほけ》経*』『観普賢《ふげん》経』

◇大日《だいにち》三部経＝『大日経*』『金剛頂経*』『蘇悉地《そしつじ》経』
◇弥勒《みろく》三部経＝『上生経《じょうしょうしょう》*』『下生経《げしょう》*』『成仏経《じょうぶつ》*』
◇鎮護国家三部経＝『法華経』『仁王経《にんのう》*』『金光明経《こんこうみょう》*』
↓仏教常識〈経典の部〉同項

さんふくでん〔三福田〕①福田*とは、布施《ふせ》*や供養《くよう》*の種をまけば幸福の実を結ぶということを田にたとえたもので、人々が幸福の種を植えるべき三種のもの、すなわち敬田《きょうでん》（三宝《さんぼう》*）、恩田*（父母）、悲田《ひでん》（貧苦者）をいう。②『優婆塞戒経《うばそくかいきょう》』の説。報恩福田（父母）、功徳《くどく》福田（三宝）、貧窮福田（貧苦者）をいう。

さんふご〔三不護〕仏*の三業《さんごう》*（身《しん》業・口《く》業・意《い》業）は清《しょう》浄《じょう》*であり、過ちに陥ることもないので、過失から護る必要がないことをいう。身《しん》不護・口《く》不護・意《い》不護の三つ。

さんぶつえ〔讃仏会〕春秋二度の彼岸《ひがん》*を縁*として、仏*の徳を讃えるために修する法会《ほうえ》*。浄土真宗*本願寺派*で彼《ひ》岸会《がんえ》*のことを讃仏会という。↓仏教常識〈行事の部〉彼岸会

さんぶつげ〔讃仏偈〕仏*の功徳《くどく》*を讃えることを内容とする偈《げ》文。歎仏偈《たんぶつげ》*ともいい、多くの経典*中に見られる。

さんぶんかきょう〔三分科経〕諸々の経典*を三段に分けて考えること。㈠序分*（その経*の由って来る因縁*を説く分）、㈡正宗分《しょうじゅう》（その経の主たる所説の分）、㈢流《る》通分《ずう》*（その経の利益《りやく》*をあげ、その弘通《ぐずう》*をすすめる分）。

さんぼう〔三宝〕仏宝*、法宝*、僧宝*のこと。仏教徒はこれらを敬い、供養《くよう》*して大切にすることから三宝と呼ばれ、仏陀*は仏宝であり、仏陀の説いた教えは法宝であり、その教法に従って修行*するものは僧宝である。

さんぼういん〔三法印〕法印*とは仏教の教えの綱領という意味で、仏教*と外道《げどう》*の教えを区別する三種の印のこと。諸行無常印《しょぎょうむじょう》*、諸法無我印《しょほうむが》（あらゆる存在に我*はない）、涅槃寂静印《ねはんじゃくじょう》（最高の境地である涅槃*は苦*の滅した楽なるものである）の三つが含まれていれば仏教であると認められる。また、最初に一切皆苦印《いっさいかいく》（あらゆる存在は苦である）を加えて四法印ともいう。

さんぼうこうじん〔三宝荒神〕悪逆を罰するために忿怒《ふんぬ》の姿で、三宝*（仏・法・僧）を擁護する神をいう。俗に、この神は最も不浄をきらい、火の清浄《しょうじょう》*を愛することから、人家のかまどを居所とするという。

さんぼうもつ〔三宝物〕三宝*（仏・法・僧）に属する物。すなわち、仏像*堂塔などは仏物、経巻紙筆などは法物、僧房衣鉢《いはつ》などは僧物であり、その乱用は許さないとさ

れる。

さんぼうりん〔三法輪〕 法輪*とは仏*の教えのことで、真諦《しんだい》*が釈尊*一代の教説を三つに分類したもの。転法輪《てんぼうりん》(四阿含経《しあごんきょう》*等の小乗教*)、照法輪《しょうぼうりん》(般若経《はんにゃぎょう》*等の大乗教*)、持法輪《じほうりん》(法華経《ほけきょう》*、華厳経《けごんぎょう》*等の大乗教)をいう。

さんまい〔三昧〕 サマーディ。(梵) samādhi の音写。「ざんまい」とも読む。心を集中すること。三摩地とも音写し、定《じょう》*、等持《とうじ》*と訳す。心を一処に定めて動かず、観察《かんざつ》*した法*を正しく受けることのできる心境をいう。

さんまじ〔三摩地〕 →さんまい(三昧)

さんまや〔三昧耶〕 三摩耶とも書く。(梵) samaya の音写。「さまや」とも読み、平等・本誓《ほんぜい》・除障《じょしょう》・驚覚《きょうがく》と訳す。平等とは如来《にょらい》*が衆生《しゅじょう》*を加持《かじ》*して徳を等しくすること、本誓とは如来が衆生を菩提《ぼだい》*(さとり)に導くための大誓願を起こすこと、除障とは如来が方便*によって衆生の煩悩《ぼんのう》*を取り除くこと、驚覚とは如来が迷う衆生を驚動覚醒(めざめさせ修行*に立ち上がらせる)することをいう。

さんまやぎょう〔三昧耶形〕 「さまやぎょう」、三形《さんぎょう》ともいう。仏《ぶつ》*・菩薩《ぼさつ》*の所持する剣や宝珠《ほうじゅ》*、薬壺等の器具および手に結ぶ印契《いんげい》*をいう。

さんまやまんだら〔三昧耶曼荼羅〕 「さまやまんだら」ともいう。→ししゅまんだら(四種曼荼羅)

さんみつ〔三密〕 密とは甚深微妙《じんじんみみょう》にして凡夫《ぼんぶ》*の知り得ないという意味で、これには如来《にょらい》*の三密と衆生《しゅじょう》*の三密とがある。衆生の三密とは、身密《しん》(身に印契《いんげい》*を結ぶ)、口《く》密(口に真言*を唱える)、意《い》密(心に本尊*を観ずる)をいい、如来の三密とは、如来の身《しん》・口《く》・意《い》による微妙不可思議*なるすべてのはたらきをいう。→次項

さんみつかじ〔三密加持〕 修行*する衆生《しゅじょう》*の三密*が如来《にょらい》*の三密に相応感応すること。→前項 →かじ(加持)

さんみゃくさんぶつだ〔三藐三仏陀〕 (梵) samyak-saṃbuddha の音写。正等覚者《しょうとうかくしゃ》と訳す。仏の十号*の第三。正しく平等*に一切諸法(あらゆる事象)の道理に通達する仏陀*の称。

さんみゃくさんぼだい〔三藐三菩提〕 (梵) samyak-saṃbodhi の音写。正等正覚《しょうとうしょうがく》と訳す。仏*が一切諸法(あらゆる事象)の道理に正しく平等*に通達していること。仏のさとり*の智慧*をいう。

さんみょう〔三明〕 明《みょう》*とは、智慧*によって法*(真実)を明らかに知ることをいい、阿羅漢《あらかん》*果の聖者《しょうじゃ》*の有する三種の神通《じんずう》*のこと。宿命明《しゅくみょう》(過去*のことに通暁するこ

と)、天眼《てんげん》明(未来*のことに通暁すること)、漏尽《ろじん》明(現在*のことを知了して煩悩《ぼんのう》*を断ずること)。

さんもつ〔参物〕 神仏に供え奉る賽銭《さいせん》*。

さんもん〔三門〕 寺院*の正面にある楼門、すなわち山門のことをいう。寺院はもと閑静な山中に建てられ、すべて山号*を有するので、その門を山門といい、その様式は左・右・中の三門を並列して一門とするので三門としたとの説があるが、単に一門の場合でも三門と呼ばれる。奈良朝に造立された寺では普通、山号を持たず、平安朝以後、一般化した。なお、三門は空《くう》*、無相*、無作《むさ》*(無願)の三つの解脱門《げだつもん》(解脱*に入る門となり方法となる禅定《ぜんじょう》*)を象徴するものといわれている。↓さんもん(山門)② ↓仏教常識〈寺院の部〉同項

さんもん〔山門〕 ①天台宗*において、三井《みい》の園城寺《おんじょうじ》*を寺《じ》門《もん》*というのに対して、比叡山*を山門という。↓てんだいしゅう(天台宗)②寺院*は元来静寂な山地に建てられたので山門という。のち平地に建てられるようになっても同様に称した。↓さんもん(三門)

さんらい〔三礼〕 身《しん》・口《く》・意《い》の三つにかたどって、三たび礼拝《らいはい》*すること。三拝《さんぱい》に同じ。すなわち、身を屈め、あるいは五体投地《ごたいとうち》(全身を地面に投げ出す礼拝)し、口に仏*を讃えて、念仏*・真言*等を唱え、心中に仏を憶念*・観想すること。

さんりき〔三力〕 ①真言宗*でいう即身成仏《そくしんじょうぶつ》*のための三つの力。我功徳力《がくどくりき》(自身の修行*)、如来《にょらい》*加持力《かじりき》(如来からの働きかけ)、法界力《ほっかいりき》(自身の仏性《ぶっしょう》*)。②『般舟三昧経《はんじゅざんまいきょう》*』巻上による三昧*の力。威神力《いじんりき》、三昧力、本功徳力《ほんくどくりき》。③日蓮宗*でいう仏力(仏の慈悲*)、法力(『法華経《ほけきょう》*』の功徳*力)、信力(自身の信仰*の力)の三つ。

さんりんじん〔三輪身〕 真言密教*で、仏《ぶつ》*・菩薩《ぼさつ》*の衆生《しゅじょう》*を教化《きょうけ》*する姿を三種にまとめたもの。自性《じしょう》輪身(大日如《だいにちにょ》来《らい》*等の仏そのもの)、正法《しょうぼう》輪身(衆生を救済するために、菩薩の姿を示した身)、教令《きょうりょう》輪身(救い難い衆生に忿怒《ふんぬ》の姿を示した身)。

さんろ〔三漏〕 三界《さんがい》*(欲界・色《しき》界・無色界)の煩悩《ぼんのう》*を三つに分けたもの。漏*は、漏泄または漏出の意で、衆生《しゅじょう》*の煩悩をいう。欲漏《よくろ》(欲界*の煩悩)、有漏《うろ》*(色界と無色界*の煩悩)、無明漏《むみょうろ》(三界のすべてにわたる痴《ち》*の煩悩)の三つ。

さんろう〔参籠〕 神社仏閣等に、日数をさだめて、祈念のために籠《こも》り修行*することをいう。「おこもり」ともいう。

さんろん〔三論〕 三論宗*の依って立つところの三つの論

書。すなわち竜樹《りゅうじゅ》*の『中論*』四巻、『十二門論*』一巻、その弟子の提婆《だいば》*の『百論*』二巻のこと。

さんろんげんぎ〔三論玄義〕一巻、隋の吉蔵《きちぞう》*著。『中論*』『百論*』『十二門論*』(三論*)の奥義を採ってその要旨を概論したもの。㊅45・No.1852

さんろんしゅう〔三論宗〕『中論*』『百論*』『十二門論*』の三論*に依って立つ宗旨*で、『中論』および『十二門論』の著者の竜樹《りゅうじゅ》*、『百論』の著者の提婆《だいば》*らに出発し、鳩摩《くま》羅什《らじゅう》*によって漢訳され中国に根づき、隋の吉蔵《きちぞう》*に至って大成された。推古天皇の三十三年(六二五)日本にも伝えられたが、中世以降振るわず、ただ東大寺*に伝わるのみである。↓仏教常識〈宗派の部〉中国仏教、日本仏教

さんわく〔三惑〕「さんまく」とも読む。天台宗*でいわれる仏道*修行*上のさわりとなる三種の惑《わく》*のこと。見思《けんじ》惑(ものの見方・考え方の上に起こる迷い)、塵沙《じんしゃ》惑(衆生《しゅじょう》*を教化《きょうけ》*するための無数の方法を知りつくせないため、教化する上でさわりになる迷い)、無明《むみょう》惑(中道*のさわりになる迷い)をいう。また、貪《とん》*(むさぼり)、瞋《しん》*(いかり)、痴《ち》*(おろかさ)の三つの根本的な煩悩《ぼんのう》*をいう。

し シ

し〔使〕煩悩《ぼんのう》*のこと。煩悩は凡夫《ぼんぷ》*の心を駆使するので使という。

じ〔事〕理*の対語。現象界の多様な在り方の一切をいう。↓じり(事理)

しあくしゅ〔四悪趣〕↓しあくどう(四悪道)

しあくどう〔四悪道〕地獄*・餓鬼《がき》*・畜生*に修羅《しゅら》*を加えた四つの世界をいう。↓あくしゅ(悪趣)↓口絵図版〈十界図〉

しあごんきょう〔四阿含経〕漢訳仏典における四つの阿含経のこと。『長《じょう》阿含経*』『中阿含経*』『増一阿含経*』『雑《ぞう》阿含経*』をいう。↓あごん(阿含)

じいん〔寺院〕仏像*を安置し、仏法*を弘めるところ。某寺または某院と名付けることから、合わせて寺院という。寺*はもとは中国において、外賓を接待する官舎であったが、後漢の明帝の時の永平年中(五八—七五)初めてインドより仏僧が来たのを鴻臚《こうろ》寺に置き、翌年、

白馬寺*を建てて住まわせ、訳経《やっきょう》（経典*類の翻訳）に従事させてから、寺を仏僧の居所とするようになった。また院*とは、一区画をなして周囲に垣などをめぐらせた建物のことで、これを仏僧の居所に名付けたものである。

しう〔四有〕 →仏教常識〈仏事の部〉同項

シヴァ〔Śiva〕 湿婆《しば》と音写される。ヴィシュヌ*、ブラフマーとともにヒンドゥー教の最高三神の一つ。シヴァ派の主神。インダス文明の遺品中の苦行者《くぎょう》*の姿が原始の形と見られ、主に破壊の神、生殖・再生の神とみなされる。

じうん〔慈雲〕 （一七一八―一八〇四）真言宗*の僧で、正法律《しょうぼうりつ》*の開祖。大坂（大阪）の人。俗姓は上月氏。名は飲光《おんこう》、字を慈雲という。幼時に出家*、諸宗の学問に通じ、梵《ぼん》*語研究および戒律*復興を説く。主な著書に『梵学津梁《しんりょう》*』一千巻、『十善法語*』十二巻などがある。また、正法律を創始した。晩年、河内（大阪府）葛城《かつらぎ》山中の高貴寺《こうきじ》*に住したことから、葛城の慈雲尊者あるいは葛城山人《さんじん》と尊称された。

しえ〔思慧〕 三慧（聞《もん》慧・思慧・修《しゅ》慧）の一つ。思考によって得た智慧*のこと。→さんえ（三慧）

しえ〔紫衣〕 紫色の僧衣《そうえ》*。朝廷から僧侶*に紫衣の着用を許されることは僧侶の最上の名誉とされ、これを賜紫《しし》沙門《しゃもん》と称した。しかし、紫衣は戒律*に定めるところではなく、中国の則天武后に始まり、日本に伝わるところという。

しえ〔緇衣〕 緇は黒色、緇衣は黒衣、とくに墨染の衣《ころも》*。すなわち僧服*のことで、僧*を指していう語。

しおうてん〔四王天〕 六欲天*最下層の第一天。地居《じご》天の第一層で、須弥山《しゅみせん》*の中腹にあるという。→してんのう（四天王）→185頁図版〈須弥山図〉

しおばらい〔塩払い〕 →仏教常識〈仏事の部〉同項

しおん〔四恩〕 ひとが人たるための忘れてはならない四つの恩。父母《ぶも》の恩・衆生《しゅじょう》*の恩・国王の恩・三宝《さんぼう》*（仏・法・僧）の恩（『心地観経《しんじかんぎょう》*』）。国王恩・父母恩・師友恩・檀越《だんおつ》*恩（『釈氏《しゃくし》要覧』）。天下恩・国王恩・師尊恩・父母恩（『大蔵法数《ほっすう》』）。天地恩・国王恩・父母恩・衆生恩（『平家物語』）。

じおん〔慈恩〕 →きき（窺基）

じおんじ〔慈恩寺〕 中国陝西《せんせい》省西安市（長安）にあり、唐の高宗の建てた寺。大慈恩寺ともいい、玄奘《げんじょう》*はここに住して経*・論*を訳し、その弟子の慈恩大師基《き》（窺基《きき》*）

もまたここで法相宗《ほっそう》*を唱えた。

しか〔四果〕　小乗仏教*における修行*の成果を四段階に分けたもの。預流果《よるか》*＝凡夫《ぼんぶ》*の心を脱却して初めて聖道《しょうどう》*の流れに入ること。一来果《いちらいか》*＝人間世界の種々な思惑（認識のあやまり）の大半を断じ得た境地のこと。不還果《ふげんか》*＝人間世界の思惑を断じ去って再び俗世界に還ることのない境地のこと。阿羅漢果《あらかんか》*＝一切の惑《わく》*を去りつくした小乗*の極果で、さらにこのうえ学ぶべきこともないので無学果ともいう。

しか〔四華〕　→仏教常識〈仏事の部〉同項

じかい〔持戒〕　戒*をよく護持*して犯さないこと。

しかいだん〔四戒壇〕　三戒壇*（戒壇*＝戒律*を受けるための儀式の壇。大和の東大寺*・下野の薬師寺*・筑紫の観世音寺を天下の三戒壇と称した）に、さらに近江（滋賀県）の延暦寺*の戒壇を加えて四戒壇とする。

じかいはらみつ〔持戒波羅蜜〕　六度*の一つ。→かいはらみつ（戒波羅蜜）

しかかくげん〔四箇格言〕　日蓮*が『法華経《ほけきょう》*』至上の立場から諸宗排斥のために唱えた有名な言葉で、「念仏無《む》間《けん》・禅天魔・真言亡国・律国賊」の四句をいう。

じかく〔自覚〕　覚他（他のものの迷いを覚ますこと）の対語。自己の迷いを除いて、正法《しょうぼう》*に覚めること。

じかく〔慈覚〕　→えんにん（円仁）

しかん〔止観〕　（梵）śamatha-vipaśyanā の訳。止は心を統一して精神を集中させること、観*はそれによって起こる智慧*を用いて対象を正しく観察*するという意味で、禅定《ぜんじょう》*を修めて事理《じり》*（世の中の事象と、それを現出させる真実）を照見*すること。天台大師智顗《ちぎ》*は止観を天台宗*の実践法として『摩訶止観』十巻に細説している。→まかしかん（摩訶止観）

しかんたざ〔只管打坐〕　「すかんたざ」ともいう。曹洞《そうとう》宗*の基本となる言葉で、ただひたすら坐禅*に専心することをいう。

しき〔色〕　（梵）rūpa の訳。形があり、生成変化する物質的な現象・事象をいう。

しき〔識〕　眼《げん》・耳《に》・鼻《び》・舌《ぜつ》・身《しん》などの根《こん》*によって、その対象を識別する作用をいい、これに六識*または八識*等がある。

じき〔時機〕　時節と機根《きこん》*（能力）のこと。→仏教常識〈日常語〉同項

しきえ〔色衣〕　→仏教常識〈僧の部〉同項

しきかい〔色界〕　三界《さんがい》*（欲界・色界・無色界）の第二で、

欲界*の上にある世界。初禅《しょぜん》天から四禅《しぜん》天まで四つの天*がある。欲界の穢悪《えお》（婬欲・食欲・睡眠欲）を離れたといえども、なお物的存在の世界であることから色界という。↓さんがい（三界）

しききょう〔色境〕↓ろっきょう（六境）

しぎさんじ〔信貴山寺〕 信貴山真言宗総本山。奈良県生駒郡平群《へぐり》町。生駒山脈中の信貴山にあり、歓喜《かんぎ》院朝護《ちょうご》孫子《そんし》寺と号す。聖徳太子*創建と伝え、延喜年間（九〇一—九二三）命蓮《みょうれん》が再興。本尊*は毘沙門天《びしゃもんてん》。護良親王、楠正成など皇室・武家の尊崇が厚く、また鳥羽僧正*の『信貴山縁起絵巻』で有名。

じきしにんしんけんしょうじょうぶつ〔直指人心見性成仏〕 禅宗*の標傍する言葉。教外《きょうげ》別伝*、不立文字《ふりゅうもんじ》*の語と連関して、直ちに人心を指し、自己の本性を見きわめてそれを成仏*とすること。

しきしゃまな〔式叉摩那〕 （梵）śikṣamāṇā の音写。式叉摩那尼《に》ともいう。女性の出家者*で具足戒*を受けようとする者。訳して学法女《にょ》・正《しょう》学女・学戒女という。沙弥尼《しゃみに》*から比丘尼《びくに》*までの見習いの二年間である。

しきしん〔色身〕 ①物質的な存在としての身、すなわち肉体のこと。②無色無形の法身《ほっしん》*に対し、有色有形の身をいう。仏《ぶつ》*・菩薩《ぼさつ》*の相好身《そうごうしん》（肉体的特徴をそなえた身体）をさし、三十二相*などの特徴をそなえてインドに現われた歴史上の釈迦牟尼《しゃかむに》*をいうこともある。

しきしんふに〔色心不二〕 色*（身体）と心*（精神）は分けることができないことをいう。

じきそうおう〔時機相応〕 仏*の教法は、時代（時）にも叶い、人の機根《きこん》*（能力）にも相応*しているということ。

しきそくぜくう〔色即是空〕 いろ・形のあるものは、すなわち空《くう》*（実体がないという真実）であるという意味。空即是色の句と対句をなし『般若心経《はんにゃしんぎょう》』*の中の句として有名。↓くうそくぜしき（空即是色）

じきどう〔食堂〕 寺院*で僧*が食事をとるところ。黄檗《おうばく》宗*では斎《さい》*堂、曹洞《そうとう》宗*では僧堂という。もとは独立した食堂院をなす重要な建物だったが、後にすたれる。規模の小さい寺院では、住房である庫裡《くり》*と合併した。東大寺*二月堂*参籠《さんろう》所は、古い食堂作法を残す。

しきほう〔色法〕 五位《ごい》*の第一。物質的存在の総称で、諸法*（あらゆる事象）を分析して物質に関するものを集めたもの。倶舎《くしゃ》宗*によると、その中には五根《こん》*・五境《きょう》*・無表色《むひょうじき》（表にあらわれない行為を物質的存在としてみたもの）の十一があるという。

しきみ〔樒〕 モクレン科に属する常緑樹で、その葉は、青蓮華《しょうれんげ》の代用として仏事*に用いられる。また、枝葉や樹皮から抹香《まっこう》*や線香*が作られる。鑑真《がんじん》*が将来したという。

しきょう〔司教〕 浄土真宗本願寺派*や興正派*の学階名。勧学*の次位である。

しきょう〔四教〕 釈尊*が一生の間に説いた教えをその内容・形式などから四種に分けたもの。天台の四教をはじめとして、種々の分類法がある。四悉檀《ししつだん》もその一つ。

じきょうかんのん〔持経観音〕 三十三観音*の一つ。経巻を手にして巌頭に立つ姿で表わされる。

しきょうぎ〔四教義〕 智顗《ちぎ》*著。六巻あるいは十二巻。従来の教判《きょうはん》*である化儀《けぎ》の四教*（頓《とん》教・漸《ぜん》教・不定《ふじょう》教・秘密教）に加えて、蔵教・通教・別教・円教の化法《けほう》*の四教を解説したもの。『天台四教儀*』と区別して『大部四教義』と呼ぶ。(大)46・No.1929

しきょうぎ〔四教儀〕 『天台四教儀』の略。→てんだいしきょうぎ（天台四教儀）

じぎょうけた〔自行化他〕 まず自己の修行*を果たし、その道をもってさらに他人を教化《きょうけ》*（教え導く）することをいう。→じり（自利）

しぎょうにぜん〔止行二善〕 止善と行善とのこと。消極的に悪道*を抑止するのが止善であり、さらに進んで積極的に善道を修行*するのが行善である。

しく〔四苦〕 人生の主な苦悩を四種に分けたもの。生《しょう》苦・老苦・病苦・死苦をいう。→しくはっく（四苦八苦）

しぐぜいがん〔四弘誓願〕 すべての菩薩《ぼさつ》*が共通して起こす四種の誓願*で、「衆生《しゅじょう》*は無辺なれども誓って度《ど》*せんことを願う。煩悩《ぼんのう》*は無尽なれども誓って断ぜんことを願う。法門*は無量なれども誓って学ばんことを願う。仏道*は無上なれども誓って成《じょう》ぜんことを願う」と述べられている。

じくせん〔竺仙〕 （一二九二―一三四八）臨済《りんざい》宗*の僧。元の明州（浙江《せっこう》省）象山県の人。姓は徐氏。来《らい》禅子、来々《らい》、梵僊《ぼんせん》等と号す。元徳元年（一三二九）明極楚俊《みんきそしゅん》*とともに日本に渡来、浄妙寺*に住み、のち南禅寺*にあって楞《りょう》伽《が》院を創建して住する。その法流を竺仙派*という。貞和四年寂す。

じくせんは〔竺仙派〕 日本禅宗二十四流*の一派。→前項

しくはっく〔四苦八苦〕 人生における主な苦悩を四種に分け、また八種に分けたもので、生《しょう》苦・老苦・病苦・

死苦が四苦、それに愛別離苦*（愛する人や好ましいものと別れなければならない苦しみ）・怨憎会苦《おんぞうえく》*（いやな人や物事に会わねばならない苦しみ）・求不得苦《ぐふとくく》（求めても思い通りに得られない苦しみ）・五陰盛苦《ごおんじょうく》（我々の存在を構成する五蘊《ごうん》*そのものが苦しみである）の四つを加えて八苦とする。一般には、非常な苦しみを重ねることをいう。

じくほうご〔竺法護〕（二三九—三一六）ダルマラクシャ。（梵）Dharmarakṣa 曇摩羅刹《どんまらせつ》と音写。月氏菩薩《げっしぼさつ》、敦煌《とんこう》菩薩と尊称。もと大月支（サマルカンドを都とするインド北方のトルコ系古代遊牧国家）の人。代々敦煌に住み、八歳で出家*、外国沙門《しゃもん》*の竺高座に師事し、西晋の武帝の時代（三世紀）に師に随って西域《さいいき》*に至り、梵経《ぼんきょう》を持ち帰って翻訳する。『賢劫経《げんごうきょう》』『正法華経《しょうほけきょう》』等、百五十四部。古訳《こやく》の代表的訳経僧。

じくほうらん〔竺法蘭〕 もとはDharmarakṣaとされたが、Dharmakṣetraと梵語《ぼんご》*に還元され、次いでDharmaratnaの説も入れ、原音は確定していない。曇《どん》摩羅察《まらさつ》とも音写。中インドの人。後漢の明帝永平十年（六七）迦葉摩騰《かしょうまとう》*とともに中国に渡来、洛陽の白馬寺*に住んで『四十二章経*』を漢訳したと伝える。中国の仏教の始めである。洛陽に寂す。寿六十余。

じげん〔示現〕 仏《ぶつ》*・菩薩《ぼさつ》*などが衆生《しゅじょう》*を教え導くために様々な姿で現われること。神・仏が霊験《れいげん》*をあらわすこと。

しこう〔四向〕 小乗仏教*の聖者《しょうじゃ》*における修行*段階を四つに分けたもの。預流向《よるこう》（聖者の流類に加わるための修行の間）、一来向《いちらいこう》（一来果*への修行の間）、不還向《ふげんこう》（欲界*に再び還ることのない、色界《しきかい》*での修行の間）、阿羅漢《あらかん》向《こう》（阿羅漢果への修行の間）をいう。

しこう〔四劫〕 劫*＝カルパ（梵）kalpaは長い時間を表わす一単位。四劫とは、一つの世界の形成から次の世界の形成までの変遷を四期に分けたもの。世界が成立して生類が出来るのを成劫《じょうこう》*、生類が生活している間を住劫、世界の壊滅する時期を壊劫《えこう》*、世界がすべて空虚と化す時期を空劫*という。一劫は二十小劫から成る。一小劫は、人間の寿命が八万四千歳の時代から百年ごとに一歳ずつ減っていき、十歳に至る（一減）と今度は、また百年ごとに一歳ずつ寿命が増え、再び八万四千歳に至るまで（一増）の一増一減の長時間をいう。

しこう〔嗣講〕 真宗*大谷派*でいう僧侶*の学階で、講師《こうじ》*の次位のもの。

しごう〔諡号〕 高僧*の死後、朝廷から賜わる称号。大師*、国師*などをいう。おくりな。

しこうしか〔四向四果〕 小乗仏教*の修行*の聖者位《しょうじゃい》(四向*と、それに対応するさとり*の階位(四果*)をいう。

じごうじとく〔自業自得〕 自ら作った善悪の原因によって、自らが楽・苦の報果を受けること。『正法念経《しょうぼうねんぎょう》』の中の「自業自得レ果」の文から出た言葉。一般には、主として悪業《あくごう》*に対する悪果を受けることをいう。

じごく〔地獄〕 三悪道*、五趣《ごしゅ》*、六道*、十界*の一つ。(梵)naraka の音写で那落迦《ならか》(略して那落《ならく》または奈落*)。意訳して地獄。極重悪業《あくごう》*をつくる衆生《しゅじょう》*が赴き生ずる最も恐ろしいところで、世界の地下深いところにあるとする。閻魔王《えんまおう》*の支配するところで、配下の冥官《みょうかん》や獄卒《ごくそつ》*がいて、様々な拷問によって衆生に苦しみを与えるという。これには八熱地獄*、八寒地獄*等の各種がある。↓口絵図版〈十界図〉〈六道図〉

じこくてん〔持国天〕 ドゥリタラーシュトラ。(梵)Dhṛtarāṣṭra 提頭頼吒《だいずらた》と音写。持国、持国天王、安民と訳す。四天王*の一つ。須弥山《しゅみせん》*の第四層に住む。東方の天主で、東方を守護することから東方天ともいう。↓185頁図版〈須弥山図〉

じごくのかまのふた〔地獄の釜の蓋〕 ↓仏教常識〈仏事の部〉同項

じごくはいちじょう〔地獄は一定〕 末代の凡夫《ぼんぷ》*は罪が深いため、必ず地獄*へ堕ちると定まっていることをいう。『歎異抄《たんにしょう》*』の中の「いづれの行*もおよび難き身なれば、とても地獄は一定すみかぞかし」という親鸞《しんらん》*の言葉から出たもの。

しこくはちじゅうはっかしょ〔四国八十八箇所〕 四国にある弘法大師空海*の旧跡寺院八十八箇所をいう。詳しくは仏教常識〈寺院の部〉同項を参照。↓はちじゅうはちかしょ(八十八箇所)

じごくひじ〔地獄秘事〕 蓮如《れんにょ》*の御文《おふみ》*に「我が身はわろきいたづら者なりと思ひつめて」とあることから、自分の身は地獄*行きが必定であると思いつめることが信心*である、と主張する真宗*の異安心《いあんじん》*の一つ。寛政(一七八九―一八〇〇)の頃に、近江(滋賀県)の光常寺の住職*ら他五名の主張したもの。

しこくめぐり〔四国巡り〕 四国遍路《へんろ》、単に遍路*ともいう。

四国八十八箇所*を巡礼*（巡拝）すること。

しこん〔紫金〕　紫磨《しま》黄金の略。紫色を帯びる黄金。閻浮《えんぶ》樹林《じゅりん》の下を流れる河に生じる砂金で、閻浮檀金《えんぶだごん》ともいう。

じさい〔持斎〕　仏教で、午後になると食事をしないことを斎という。持斎とは、斎を保持することである。↓さい（斎）

じざい〔自在〕（梵）vaśitā　仏《ぶつ》*・菩薩《ぼさつ》*の完全な無障無碍《むげ》（何のさしさわりもない）の境地や能力をいう。一切の束縛から離れた状態。→仏教常識〈日常語〉同項

じざいてん〔自在天〕　マヘーシュヴァラ。（梵）Maheśvara の訳。摩醯首羅《まけいしゅら》と音写。ヒンドゥー教におけるシヴァ*神（Śiva）の異名。形は三目八臂《ぴ》で白牛に乗る姿が普通であるが、二・四臂の像もある。自在天外道《げどう》はこの神をもって世界の本体、世界創造の神として、衆生《しゅじょう》*はその喜怒によって楽・苦を受け、万法が滅すれば自在天に帰す、という。後に仏教に取り入れられた。

しし〔師資〕　師匠と弟子、師弟の間柄。師は弟子を教え導く人、資は師の教えを受ける資料で弟子のこと。老子の「善人不善人之師、不善人善人之資」から出た言葉。

しじ〔止持〕　消極的に不殺生《ふせっしょう》（ころさず）・不偸盗《ふちゅうとう》（ぬすまず）・不邪婬《ふじゃいん》（おかさず）・不妄語《ふもうご》（いつわらず）・不《ふ》悪口《あっく》（悪口をいわず）等を犯さないようにすること。作持《さじ》*の対語。

しじ〔四事〕　①供養《くよう》*に用いる四種のもの。房舎・衣服《えぶく》・飲食《おんじき》・散華《さんげ》焼香。または飲食・衣服・臥具《がぐ》・湯薬。あるいは衣服・飲食・散華*・焼香*の称。②説法*の四事。示（法*を示すこと）、教（教えること）、利（利益《りやく》*すること）、喜（讃嘆して喜ばせること）の称。

じし〔自恣〕（梵）pravāraṇā の訳。随意ともいう。夏安《げあん》居《ご》が終わった時、みずから自己の罪過を告白し、人に直され、悪*を改めて善を進めること。→あんご（安居）

ししおう〔獅子王〕　獅子中の王の意。仏《ぶつ》*・菩薩《ぼさつ》*は一切おそれるもののないことをいう。『無量寿経*』に「獅子王の如し、畏るるところなき故に」とある。

ししく〔獅子吼〕（梵）siṃha-nāda の訳。仏*の説法*を獅子の音声にたとえた言葉。大獅子がひとたび吼えると、

小獅子は勇み、百獣は畏伏《いふく》する。仏の説法を聞く時、菩薩《ぼさつ》*は精進《しょうじん》*百倍し、外道《げどう》*悪魔*は畏れてひれ伏す。転じて、すべて法*を説くことをいう。一般には、大いに呼びかけ叫んで、演説することをいう。

しししんちゅうのむし〔獅子身中の虫〕 ↓仏教常識〈日常語〉同項

ししそうじょう〔師資相承〕 師より弟子に法*を授け、弟子がこれを承け持つこと。

しじもん〔止持門〕 作持《さじ》*門の対語。戒律*を守って身《しん》・口《く》の悪業《あくごう》*をやめること。

じじゃく〔示寂〕 （梵）nirvāṇa（涅槃《ねはん》*）の意訳。寂滅《じゃくめつ》*（涅槃）を示現《じげん》*すること。すなわち仏《ぶつ》*、菩薩《ぼさつ》*、高僧*の死することをいう。

じしゃぶぎょう〔寺社奉行〕 鎌倉時代に始まった武家の職名。寺社の祭祀*、法会《ほうえ》*、領地の事を司る。足利時代には社家奉行、寺奉行に分け、徳川幕府は寺社奉行として、全国の寺社、寺社領の人民を支配し、その訴訟事務を司らせた。

しじゃみょうじき〔四邪命食〕 仏教者にふさわしくない四種の生活法。下口食《げくじき》（田園を耕すなど、顔面を下に向けて生活すること）。仰口食《ぎょうくじき》（星宿《せいしゅく》・術数など天を仰ぎ、これによって生活すること）。方口食《ほうくじき》（富豪に媚び諸方に巧言令色を用いて富を得て生活すること）。維口食《いくじき》（吉凶を占って衣食を求めること）。

ししゅ〔四衆〕 ①仏陀*の四種の弟子。四輩、四部衆、四部弟子ともいう。比丘《びく》*・比丘尼《びくに》*・優婆塞《うばそく》*（清信士《しょうしんじ》）・優《う》婆夷《ばい》*（清信女《しょうしんにょ》）のこと。②『法華文句《ほっけもんぐ》*』に説かれる経説の始終に関係のある四種の人。発起衆《ほっきしゅ》・当機衆・影《よう》響《ごう》衆・結縁《けちえん》衆の四種の衆生《しゅじょう》*。③『異部《いぶ》宗輪論述記』に説かれる竜象衆（大天*の流れをくむ分派。大天は五事の非法*を唱えた最初の仏弟子。根本分裂のもとをつくった）・辺鄙《へんぴ》衆（大天に加担する卑劣な門徒）・多聞《たもん》衆（聖者《しょうじゃ》*について法*を聞く凡夫《ぼんぷ》*の学者）・大徳衆（聖衆のこと。智徳を具備し、戒*が清く、学の広いもの）の称。

ししゅ〔四趣〕 四悪趣*のこと。地獄*・餓鬼《がき》*・畜生*・修羅《しゅら》*をいう。↓あくしゅ（悪趣）↓口絵図版〈十界図〉

ししゅう〔四洲〕 四大洲ともいう。仏教の宇宙観における須弥山《しゅみせん》*の四方にある四つの大陸。
東勝身洲《とうしょうしんしゅう》（Pūrva-videha）は半円形をした大陸。中国が比定される。
南瞻部洲《なんせんぶ》（Dakṣiṇa-jambudvīpa）は台形をした大陸。

南閻浮提《なんえんぶだい》ともいう。西牛貨洲《さいごけ》（Apara-godāniya）は円形をした大陸。西アジア以西が想定されている。北倶盧洲《ほっくる》（Uttara-kuru）は方形をした大陸。インド以北が想定されている。このうち南贍部洲（閻浮提*）は我々の住む大地で、その形はインド亜大陸の形状を反映したものである。↓185頁図版〈須弥山図〉

じしゅう〔時宗〕 一遍*を開祖とする念仏宗。遊行《ゆぎょう》宗・六時往生宗《おうじじょう》ともいう。『阿弥陀経《あみだきょう》*』等の「臨命終時《りんみょうじゅうじ》」の経文により、死は不定であるから、常に臨終《りんじゅう》*の心で念仏*し、往生*の業因《ごういん》*とすることを宗意とする。文永十一年（一二七四）一遍上人は熊野権現《ごんげん》*で、「六字名号一遍法、十界依正一遍体、万行離念一遍証、人中上々妙好華」の一頌《じゅ》を授かり開宗。諸国遊行*の旅をして念仏をすすめるので、遊行宗ともいわれる。総本山*は清浄光寺《しょうじょうこうじ》*（神奈川県藤沢市）。第二世の他阿《たあ》は遊行を相続し、宗規を完成した。熊野権現の神勅を開宗の根拠として、全国を遊行して弥陀《みだ》念仏を勧進《かんじん》*・賦算《ふさん》（「南無《なむ》阿弥陀仏決定《けつじょう》往生六十万人」と書いた念仏札《ふだ》の配布）することを総本山の宗主の法務とする。↓仏教常識〈宗派の部〉日本仏教

しじゅうくにち〔四十九日〕 人の死後七七日《しちしち》*の間を、中陰*あるいは中有《ちゅうう》*という。転じて、四十九日目に行う仏事*をいう。↓仏教常識〈仏事の部〉中有

しじゅうにしょうぎょう〔四十二章経〕 一巻。迦葉摩騰《かしょうまとう》*、竺法蘭《じくほうらん》*の共訳と伝える。出家*学道の要点と日常実践の教訓を説いて四十二章に分ける。インドより中国に伝来した経典*のはじめとされていたが、東晋の頃の中国撰述ではないか、という説がある。㊅17・No.784

しじゅうはちがん〔四十八願〕『無量寿経*』に説く阿弥陀《あみだ》仏《ぶつ》*の本願*。阿弥陀仏が法蔵という名の比丘《びく》*であった時、世《せ》自在王仏のところで修行*中に立てた四十八項目からなる誓願*。その第十八願が念仏*往生*の願で、浄土門*の依って立つところである。↓ほうぞうびく〔法蔵比丘〕

ししゅぜん〔四種禅〕 四種の禅定《ぜんじょう》*をいう。①実叉難陀《じっしゃなんだ》訳『楞伽経《りょうがきょう》*』巻三には、以下が説かれる。愚夫所行禅《ぐふしょぎょう》（外《げ》道《どう》*や声聞《しょうもん》*等が、我空《がくう》*、すなわち身心《しんじん》を主宰する主体＝我《が》*は、存在しないということを知って修する禅定）・観察義禅《かんざつぎ》（法空《ほっくう》*、すなわち一切の存在は因縁*によって生じたものであるから、実体は空*であるということを知り、その意味を深く観察《かんざつ》*する禅定）・攀縁真如禅《はんねんしんにょ》（思

慮や分別を超え、ありのままに真如《しんにょ》*をさとる禅定）・諸如来禅《にょらい》*（如来*のさとり*に入り、一切衆生《しゅじょう》*のために、不可思議*なはたらきを為す禅定）。②宗密《すみつ》著『禅源諸詮集都序《ぜんげんしょせんしゅうとじょ》』巻上には、以下がある。外道《げどう》禅・凡夫《ぼんぶ》禅・小乗禅・大乗禅。

ししゅそう〔四種僧〕①『十輪経』の説く、勝義僧《しょうぎ》（仏《ぶつ》*・菩薩《ぼさつ》*・縁覚《えんがく》*・声聞《しょうもん》*のこと）、世俗僧（出家*の威儀《いぎ》*をもち、仏の禁戒*を守る僧）、唖羊僧《あようそう》（愚痴魯鈍の僧）、無慚愧《ざんき》僧（禁戒を犯しても、慚愧*の心のない僧）をいう。②『智度論《ちどろん》*』の説く、有羞僧《うしゅうそう》（世俗僧）、無羞僧（無慚愧僧）、唖羊僧、実僧（勝義僧）をいう。③『心地観経《しんじかんぎょう》*』に説かれる、菩薩僧、声聞僧、凡夫《ぼんぶ》僧（有智《うち》凡夫＝智慧《え》*あるも煩悩《ぼんのう》*を断ちがたい出家者）、一類凡夫僧（三宝《さんぼう》*を信ずる凡夫僧）をいう。その他、四種沙門《しゃもん》、四種比丘《びく》のことをさすこともある。

ししゅねんぶつ〔四種念仏〕『華厳経行願品疏鈔《けごんぎょうぎょうがんぼんしょしょう》』に説かれる四種類の念仏*をいう。称名《しょうみょう》*（口称《く》）念仏、観像念仏（仏*の形像《ぎょうぞう》を憶念*し観察《かんざつ》*する念仏）、観想念仏（仏のすぐれた相好《そうごう》*を観想する念仏）、実相念仏（仏の真如《しんにょ》*実相を観ずる念仏）のこと。

じじゅほうらく〔自受法楽〕自ら悟った境界《きょうがい》*を自ら楽しむこと。→じじゅゆう（自受用）

ししゅまんだら〔四種曼荼羅〕密教*でいう曼荼羅*の四種。大曼荼羅*（諸尊の形像《ぎょうぞう》を描いたもの）。三昧耶《さんまや》*曼荼羅（諸尊の本誓《ほんぜい》を仏具で図示したもの）。法*曼荼羅（諸尊の種子《しゅじ》*を書いたもの）。羯磨《かつま》*曼荼羅（諸尊の威儀《いぎ》*動作を表わしたもの）。略して四曼ともいう。

じじゅゆう〔自受用〕自ら得た功徳《くどく》*・利益《りやく》*を自ら受用（受け止める）して、その法楽*を自ら味わうこと。他受用の対語。→じじゅほうらく（自受法楽）

ししょう〔四生〕生物の生まれ方を四つに分けた仏教の分類法。胎生《しょう》（母胎より生まれる＝人間・動物）。卵生（卵から生まれる＝鳥・魚・蛇）。湿生（湿気のある所から生まれる＝虫・カビなど）。化生《け》（過去*の業《ごう》*によって生まれる＝天人・地獄*）。

ししょう〔四姓〕（梵）catur-varṇa の訳。インドにおける種族の四階級。バラモン*（婆羅門）brāhmaṇa＝僧族とその子孫の貴族。クシャトリヤ*（刹帝利《せっていり》）kṣatriya＝王族・武士。バイシャ（吠舎《べいしゃ》*）vaiśya＝農商工族。シュードラ（首陀羅《しゅだら》*）śūdra＝奴僕。

じしょう〔自性〕（梵）svabhāva の訳。他と混じらず、変わることのないそのもの・その人自身の独自の性質。

じしょう〔自証〕 化他《けた》*の対語。仏*が他によらず、自ら悟り証すこと。自悟《じご》ともいう。また、悟った真実そのもの。

ししょうけん〔四正見〕 諸法*（あらゆる事象）を苦*・空《くう》*・無常*・無我*と見るのをいう。欲界《よくかい》・色《しき》界・無色界の三《さん》界《がい》*は苦の巷であり（苦）、幻のようで（空）、無常転変して（無常）、実在の我*はない（無我）とする。

ししょうごん〔四正勤〕 四正断・四意断・四正勝・四意端ともいう。三十七道品《どうぼん》*中、四念処《しねんじょ》*の次に修するもの。既に生じた悪*を滅するように勤めること。悪を未然に防止することに勤めること。善を積極的に生ずるように勤めること。既に生じている善をさらに増長*させるように勤めること。

じしょうじ〔慈照寺〕 臨済《りんざい》*宗相国寺《しょうこくじ》派。京都市左京区にある銀閣寺の本称。東山と号する。本尊*は釈迦如来《しゃかにょらい》。文明十四年（一四八二）足利義政がこの地に山荘を造り、柱、壁、戸障子等にすべて銀箔を塗布し銀閣と名づけた。遺命により寺とし、開山《かいさん》*に夢窓《むそう》*国師を奉ずる。相阿弥《そうあみ》作の庭園、銀閣・東求堂《とうぐどう》が現存する。

じじょうじばく〔自縄自縛〕 自己の煩悩《ぼんのう》*や悪業《あくごう》*のために自分を苦しめること。→仏教常識〈日常語〉同項

じしょうしょうじょうしん〔自性清浄心〕 衆生《しゅじょう》*の心性は本来清らかであるということ。心性本浄ともいい、とくに大乗仏教*において強調される。

しじょうしん〔至誠心〕 真に往生*浄土*を願う心。『観無量寿経*』に説く三心の一つ。→さんしん（三心）

ししょうたい〔四聖諦〕 →したい（四諦）

ししょうぼう〔四摂法〕 四摂事ともいう。菩薩《ぼさつ》*が衆生《しゅじょう》*を救うために用いる四つの方法。布施《ふせ》*摂（法*とものをほどこす）、愛語*摂（やさしい言葉をかける）、利行《りぎょう》摂（自らの行為で人々に利益《りやく》*を与える）、同事摂（人々と同じ立場に身を置く）をいう。

しじょうりょ〔四静慮〕 色界《しきかい》*の四種の禅定《ぜんじょう》*のこと。四《し》禅定、四禅ともいう。初禅は有《う》尋《じん》有《う》伺定《しじょう》（定*中なお、麁《あら》い精神作用《尋》細かい認識《伺》がともにあるのをいう）、二禅は無《む》尋唯《じんゆい》伺定《しじょう》（麁《そ》の尋がなく、細の伺がなお存すること）、三禅は無尋無《む》伺定《しじょう》（尋・伺がともになくなり、勝妙の楽が身に充満すること）、四禅は捨念法事定《しゃねんほうじじょう》（二禅の喜、三禅の楽を捨てて心に愛憎がなく、一念*平等清浄《しょうじょう》*なること）。成実《じょうじつ》*宗・天台宗*でいう。とくに『摩訶止観《まかしかん》*』（九之一）、『大智度《ちど》論*』（第十七）等。

ししん〔至心〕 『無量寿経*』に説く三心の一つ。至極の心。

じしんきょうにんしん〔自信教人信〕 善導*の『往生礼讃偈《おうじょうらいさんげ》*』にある句。自分も信じ、人にも教えて信じさせること。

しせん〔紙銭〕 祈祷*または盂蘭盆会《うらぼんえ》*に、絵馬*や『般若心経《はんにゃしんぎょう》*』と一緒に仏殿の柱にかけて鬼神《きじん》*に饗する銭形に切った紙。または、冥界（冥途《めいど》*）への供養《くよう》*のために作った銭。紙銭は、まとめて焼き冥界に送る。陰銭、寓銭、瘞銭《えいせん》ともいう。現在も、台湾・香港等で行われる。→ろくどうせん（六道銭）

しぜん〔止善〕 →しぎょうにぜん（止行二善）

しぜん〔四禅〕 四禅定《ぜんじょう》の略。→しじょうりょ（四静慮）

しぜん〔自然〕 仏教では「じねん」と読む。→じねん（自然）→仏教常識〈日常語〉同項

じそう〔事相〕 ①花咲き鳥歌う現実の姿。見聞覚知《けんもんかくち》*の世界をさす。②密教*では、教相*の対語。教理*に対する実践面をあらわす。修法《しゅほう》*によって展開する真実のあらわれの様子をさす。事相と教相は車の両輪にたとえられ、どちらが欠けても密教としては完全ではないとされる。

じぞう〔地蔵〕 菩薩《ぼさつ》*の名。クシティガルバ。（梵）Kṣiti-garbha 枳師帝掲婆《きしていぎゃば》と音写。訳して地蔵または持地《じち》ともいう。忉利天《とうり》*に在って釈迦如来《しゃかにょらい》*の付属（依頼）をうけ、釈尊*の入滅*から弥勒《みろく》*菩薩の出世までの無仏時代に、身を六道*の随所にあらわし分身《ぶんじん》・化身《けしん》*となり、一切衆生《しゅじょう》*を余すところなく教化《きょうけ》*救済して後、はじめて成仏《じょうぶつ》*せんと誓った菩薩（願生《がんしょう》の菩薩*）。その形像《ぎょうぞう》は、三段階の歴史をもつ。最初は菩薩形、次いで主として中国で沙門《しゃもん》形、最後に密教*時代に入って再び菩薩形となる。菩薩形は、主として『大日経疏《しょ》*』第五に説かれるように、天冠を頂き、袈裟《けさ》*を着て、左手に蓮華を持ち、右手に宝珠《ほうじゅ》*を持つ。沙門形は、『地蔵十輪経』にもとづき、『延命地蔵経』という偽経《ぎきょう》*の普及につれて錫杖《しゃくじょう》*を持った円頂の形像が一般化した。今日では両形ともに行われ、また六地蔵*、勝軍《しょうぐん》地蔵などの形像もあり、ひろく世に尊崇される。中国では女性を守る仏*として、日本では子供を守る仏としての尊崇の特色が見られ、十王十三仏*信仰では、閻魔王《えんまおう》*の本地《ほんじ》*とされる。→口絵図版〈十界図〉〈六道図〉

じぞうまつり〔地蔵祭〕 地蔵盆ともいう。毎年八月二十

三・二十四日に地蔵尊*を供養《くよう》*する法会《ほうえ》*のこと。↓仏教常識〈行事の部〉同項

したい〔四諦〕（梵）catur(-ārya)-satya の訳。諦*(satya)とは真実のこと。仏教の基本をなす四つの真実で、苦《く》諦*・集《じっ》諦*・滅《めっ》諦*・道《どう》諦*をさす。釈尊*が鹿野苑《ろくやおん》*における最初の説法*（初転法輪《しょてんぼうりん》）で説いたとされる。苦諦は迷いのこの世は一切が苦*であるという真実。集諦はその苦の原因が欲望や執着《しゅうじゃく》*にあるという真実。滅諦は欲望を離れた状態が苦滅の境地であるという真実。道諦は苦滅に至るためには八つの正しい修行方法*（八正《はっしょう》道《どう》*）によらなければならないという真実。↓くじゅうめつどう（苦集滅道）

しだい〔四大〕 大は（梵）mahā-bhūta の訳。物質を構成する四種の元素。地《ち》・水《すい》・火《か》・風《ふう》の四大には各々の本質と作用として、地には固さと保持、水には湿潤と収集、火には熱さと熟成、風には動きと成長があてられる。

しだいでし〔四大弟子〕 釈尊*の弟子中、とくに秀でた四人をいう。舎利弗《しゃりほつ》*、目犍連《もくけんれん》、須菩提《しゅぼだい》*、摩訶迦葉《まかかしょう》*。また、須菩提、迦旃延《かせんねん》*、摩訶迦葉、目犍連をいうこともある。

しだいふちょう〔四大不調〕 我々の身体はすべて四大*で構成されているから、この四つが平調ならば健康であるが、バランスをくずした時は病気になること。

しだいやっきょうけ〔四大訳経家〕 略して四大訳家《やっけ》ともいう。訳経とは経典*類の翻訳のことで、中国の代表的な訳経僧の四人をいう。鳩摩羅什《くまらじゅう》*、真諦《しんだい》*、玄奘《げんじょう》*、不空《ふくう》*。

したく〔支度〕 本尊*の供養《くよう》*物の支具（修法《しゅほう》*の道具）を度《はか》りととのえること。一般には、準備・用意の意で、物事の道具立てをすることに用いる。

じたふに〔自他不二〕 自と他は分けて考えることもできるが、本来は二つでないとみる境地。

じだん〔示談〕 ごじだん（御示談）という。浄土真宗*の僧侶が門徒*同朋の信仰相談*に応じること。転じて、双方の話し合いで訴訟・争いごとなどを解決することをいう。

しち〔四智〕 煩悩《ぼんのう》*を滅して得る四つの智慧*。大円鏡智*、平等性智《しょうち》*、妙観察智《みょうかんざっち》*、成所作智《じょうしょさち》*をいう。唯識《ゆいしき》*でいい、密教*に継承発展された。

しちか〔七科〕 菩薩《ぼさつ》*の位階の五十二を七つに大括して十《じっ》信《しん》*、十住《じゅうじゅう》*、十行《じゅうぎょう》*、十回向《えこう》*、十地《じ》*、等覚《とうがく》*、妙覚《みょうがく》*（煩《ぼん》悩《のう》*を滅し智慧*が円満となった位）を七科という。

しちかくし〔七覚支〕 覚《さと》りを得るための助けとなる七種

の修行*項目。修道《しゅどう》*の際にその真偽善悪を覚ることを覚支といい、択法《ちゃくほう》覚支（教えの中から真実を択《えら》び偽りを捨てること）、精進《しょうじん》覚支（真実な法*に精進*すること）、喜《き》覚支（真実の法を行ずる喜びに住すること）、軽安《きょうあん》覚支（身心《しんじん》を常に安らかに保つこと）、捨《しゃ》覚支（執着《しゅうじゃく》*を捨てること）、定《じょう》覚支（心を集中させること）、念覚支（禅定《ぜんじょう》*と智慧*を念ずること）の七つの覚支をもって禅定にはいるのである。

しちかんのん〔七観音〕 観世音菩薩《かんぜおんぼさつ》*が、衆生《しゅじょう》*を救うためにその身を七種に変えたのをいう。千手《せんじゅ》観音*、馬頭《ばとう》観音*、十一面観音*、聖《しょう》観音*、如意輪《にょいりん》観音*、准胝《じゅんでい》観音*、不《ふ》空羂索《くうけんさく》観音*の七つ。

しちこうそ〔七高祖〕 七祖、七高僧ともいう。釈尊*から親鸞《しんらん》*までの間で、弥陀《みだ》*の他力《たりき》*本願*を宣説した浄土門*を承け継ぐ七人の高僧*。竜樹*、世親《せしん》*（以上＝インド）、曇鸞《どんらん》*、道綽《どうしゃく》*、善導*（以上＝中国）、源信*、法然《ほうねん》*（以上＝日本）をいう。

しちしちにち〔七七日〕 人は死んで四十九日*の間は中有《ちゅうう》*（中陰《ちゅういん》）に迷っていて、どこにも転生《てんしょう》*しないという。そこでその間に追善供養《くよう》*をして、果報*を転じて善処に生まれるように、冥福*を祈らなければならないとし、そのため七日ごとに追善供養を営むのである。→じゅうさんぶつ（十三仏）→仏教常識〈仏事の部〉中有

しちしゅ〔七衆〕 道俗《どうぞく》*七衆ともいう。仏弟子を僧*・俗*、男・女別の七種に分けて、比丘《びく》*、比丘尼《びくに》*、沙弥《しゃみ》*、沙弥尼《に》*、式叉摩那《しきしゃまな》*、優婆塞《うばそく》*、優婆夷《い》*とする。前の五つは出家*の弟子、後の二つは在家*の弟子。

しちじょう〔七条〕 ①（梵）uttarāsaṅga 鬱多羅《うったら》僧をいう。三衣《さんえ》の一つ。インドでは僧*が村へはいる時に着用したという。七条の布片でつくられたので七条衣という。→さんえ（三衣） ②七条衣《え》、七条袈裟《けさ》ともいう。後世、法衣《ほうえ》*の上に着ける荘重な袈裟*の一種。

しちそ〔七祖〕 ①中国の東晋時代（三一七—三八五）に、慧遠《えおん》*は廬山《ろざん》*東林寺に念仏*の結社をつくって、これを白《びゃく》蓮社《れんしゃ》*と称した。その法流の高徳の七人、廬山の慧遠、長安の善導、南岳*の承遠《じょうえん》、長安の法照《ほっしょう》、新定の少康、永明の延寿、昭慶の省常を蓮社の七祖という。②華厳《けごん》宗*の七祖。馬鳴《めみょう》、竜樹*（以上＝インド）、杜順《とじゅん》*、智儼《ちごん》*、賢首《げんじゅ》*（法蔵）、清涼《しょうりょう》（澄観）、圭峯（宗密《すみつ》、以上＝中国）のこと。③真言宗*の七祖。大日如来《だいにちにょらい》*、金剛薩埵《こんごうさった》*、竜猛《りゅうみょう》*、竜智、金剛智*、不空*、恵果《けいか》*をいう。④浄土真宗*の七祖。→しちこうそ（七高祖）

しちだい〔七大〕 地《ち》・水《すい》・火《か》・風《ふう》・空《くう》・見《けん》・識《しき》の七種類の存在で、宇宙のすべてのことが総括され尽くしていることをいう。

しちどう〔七堂〕 完全なる寺院*に具備している七つの堂宇。たとえば真言宗*では、金堂《こんどう》*、講堂*、塔*、経蔵*、鐘楼、中門、大門をいうが、宗派*によって異なる。

しちどうがらん〔七堂伽藍〕→しちどう（七堂）→仏教常識〈寺院の部〉同項

しちなん〔七難〕 仏典*に説く七つの災難。『法華経《ほけきょう》*』普《ふ》門品《もんぼん》*、『薬師経』『仁王経《にんのうきょう》*』等に説かれるが、その具体的内容は経典*によって異なる。

しちぶつ〔七仏〕 過去七仏ともいう。釈迦牟尼《しゃかむに》*以前にこの世に現われた毘婆尸《びばし》仏*、尸棄《しき》仏、毘舎浮《びしゃぶ》仏、拘留孫《くるそん》仏、拘那含《くなごん》牟尼仏、迦葉《かしょう》仏*の六人の仏*と、釈迦牟尼仏を合わせた七仏をいう。

しちぶつつうかいげ〔七仏通戒偈〕 通戒偈、略偈ともいう。釈尊*のみでなく過去の七人の仏*が共通して奉持した禁戒*の偈文《げもん》。七仏*それぞれに通戒偈があるが、迦葉《かしょう》仏*の以下の四句が有名。「諸悪莫作《しょあくまくさ》（諸々の悪*をなすな）、衆善奉行《しゅぜんぶぎょう》（諸々の善を行え）、自浄其意《じじょうごい》（自ら心を浄《きよ》くする）、是《ぜ》諸仏教（これが諸仏の教えである）」。

しちほんとうば〔七本塔婆〕→仏教常識〈仏事の部〉同項

しちまん〔七慢〕 心所《しんじょ》*（心のはたらき）の慢についての七種類。慢＝自分より劣ったものには高ぶり、同程度のものには同等として譲らない。過慢＝同程度のものには自分がすぐれているとして、すぐれたものには同等とする。慢過慢＝すぐれたものにも、自分の方がすぐれているとする。我慢*。増長《ぞうじょう》慢*。卑下《ひげ》慢＝自分より多くすぐれたものに対して、自分は少しだけ劣っているにすぎないとする。邪《じゃ》慢＝自分には徳がないのに、あるとする。→まん（慢）

じちゅう〔地中〕 寺中または地内《じない》ともいう。一寺院の地域内にある付属の寺*をいう。

しちようくつ〔七葉窟〕（梵）Sapta-parṇa-guhā 釈尊*の入寂《にゅうじゃく》*後に第一結集《けつじゅう》（第一回の経典類*の編集）の行われたところ。中インドのラージャグリハ（王舎城*）付近の毘婆羅山《びばらせん》にある。

じつう〔実有〕 真実に有ること。すなわち現象の有無にかかわらず存在するという意味。仏教においては、真実有の存在は主として否定的な角度から種々に論じられた。仮有の対語。→けう（仮有）

じっかい〔十戒〕（梵）śrāmaṇera-saṃvara の訳。原意は沙弥《しゃみ》*・沙弥尼《に》*の守るべきもの。それが十条あるのでこのようにいう。不殺生戒《ふせっしょう》*（生きものを殺さない）、不偸盗戒《ふちゅうとう》*（盗みをしない）、不(邪)婬戒《ふじゃいん》（《妻妾以外のものと》婬らなことをしない）、不妄語戒《ふもうご》*（嘘をいわない）、不飲酒戒《ふおんじゅ》*（酒を飲まない）、不塗飾香鬘戒《ふずじきこうまん》（飾りや香*を身につけない）、不歌舞観聴戒《ふかぶかんちょう》（歌や舞を見たり聞いたりしない）、不坐高広大床戒《ふざこうこうだいしょう》（高く広い寝台にねない）、不非時食戒《ふひじじき》（午後に食事をしない）、不蓄金銀宝戒《ふちくこんごんほう》（金銀財宝を蓄えない）をいう。他にこの戒目の異なっている経典*もある。

じっかい〔十界〕①（梵）daśa-dhātavaḥ の訳。『倶舎論《くしゃろん》*』巻一では眼《げん》・耳《に》・鼻《び》・舌《ぜっ》・身《しん》の五根《こん》*と色《しき》・声《しょう》・香《こう》・味《み》・触《そく》の五境*を合わせていう。この場合の界とは対境の意。②迷いと悟《さと》りの各段階を、迷いから悟りへと種類分けして十種としたもの。地獄界、餓鬼《がき》界、畜生界、阿修《あしゅ》羅《ら》界、人間界、天上界（以上＝迷界《めいかい》*、すなわち凡夫《ぼんぶ》*の世界）、声聞《しょうもん》界、縁覚《えんがく》界、菩薩《ぼさつ》界、仏《ぶつ》界（以上＝悟《ご》界、すなわち聖者《しょうじゃ》*の世界）の称。↓口絵図版〈十界図〉

じっかいごぐ〔十界互具〕十界*の一つひとつに、互いに他の九界を具有するということ。『法華経《ほけきょう》*』の一切成仏《じょうぶつ》思想によるものである。↓前項②

しっかいじょうぶつ〔悉皆成仏〕人間はすべて仏*になれる性質を持つという意味で、仏に成るべしという思想。

じっかいまんだら〔十界曼荼羅〕日蓮*が開宗にあたって、自ら書いたという日蓮宗*の本尊*とする曼荼羅*。中央に南無妙法蓮華経《なむみょうほうれんげきょう》*の七字を記し、周りに地獄*から極楽*までの十界*を書いて別体とし、十界の互具互融（あいそなわること）の妙旨を表わしている。↓ほんもんのほんぞん（本門の本尊）

じっかん〔十干〕えとのこと。木《もく》、火《か》、土《ど》、金《ごん》、水《すい》の五行《ごぎょう》を陰陽に分けたもの。甲（きのえ）、乙（きのと）、丙（ひのえ）、丁（ひのと）、戊《ぼ》（つちのえ）、己《き》（つちのと）、庚《こう》（かのえ）、辛《しん》（かのと）、壬《じん》（みずのえ）、癸《き》（みずのと）。

じっかんしょう〔十巻章〕十巻書ともいう。真言宗*で重んじる七部十巻の典籍をいう。竜猛《りゅうみょう》*作『発菩提心論《ほつぼだいしんろん》*』一巻、以下すべて空海*著で『即身成仏義《そくしんじょうぶつぎ》*』一巻、『吽字《うんじ》義《ぎ》』一巻、『声字実相義《しょうじじつそうぎ》*』一巻、『弁顕密二教論《べんけんみつにきょうろん》*』二巻、『秘蔵宝鑰《ひぞうほうやく》』三巻、『般若心経秘鍵《はんにゃしんぎょうひけん》』一巻のこと。

じっきょう〔実教〕権《ごん》*教の対語。権教が衆生《しゅじょう》*を真実に導くための仮の方便*の教えであるのに対して、実教は真実不変の究極の教え、すなわち実大乗教*のことをいう。

じっく〔十苦〕 世間*で受ける十種の苦悩。生《しょう》苦、老苦、病苦、死苦、愁《しゅう》苦、怨《おん》苦、受苦(苦受)、憂《う》苦、病悩苦、流転《るてん》大苦。

しっこう〔執行〕 「しゅぎょう」「しぎょう」ともいう。寺社で諸々の事務を司る上首の役僧。転じて、事をとり行うこと。

しっこう〔執綱〕 一宗の上位にあって諸々の事務の大綱を司る僧*。

じっさい〔実際〕 (梵) bhūta-koṭi の訳。真際・真実際とも訳す。相対的な差別相を超えた真実そのものの世界をいう。これが真如《しんにょ》*の際極であるからである。無余《むよ》涅《ね》槃《はん》*のことをいうこともある。転じて一般には、まことの状態、あるいはまことの現場をいう。

しっじ〔悉地〕 (梵) siddhi の音写。成就*・完成の意で、それぞれの立場で主張するさとり*の境地をいい、三昧の中で得られた境地をいう。→さんまい〔三昧〕

しつじ〔執事〕 寺*の事務を司る僧*。大衆《だいしゅ》*の家政を司る雇用者。→仏教常識〈日常語〉同項

じっしゅえこう〔十種回向〕 回向*を十種に分けたもの。①回向する人とその功徳《くどく》*を受ける人との関係に三種ある。すなわち自を他に。少を多に。自の因行《いんぎょう》*を他の因行に回向する(以上=衆生《しゅじょう》回向)。②原因と結果の関係に三種ある。因*を果*に。劣を勝に。比を証*に回向する(以上=菩提《ぼだい》回向)。③目的と効果の関係に二種ある。事*を理*に。差別《しゃべつ》*の行《ぎょう》*を円融《えんにゅう》*の行に回向する(以上=実際回向)。④さとり*のための回向と日常に生かされた回向に二種ある。世《せ》を出世*に。理に順ずる(理屈どおりにものごとを行うこと)事行を理所成(道理のままに結果がでてくること)の事に回向する(以上=菩提回向、実際回向に共通)。『華厳経疏《けごんぎょうしょ》』二十六に説かれる。

じっしゅくよう〔十種供養〕 『法華経《ほけきょう》*』法師品《ほっしぼん》に説かれる、供養*に用いるもの十種。華《け》、香《こう》*、瓔珞《ようらく》*、抹香《まっこう》*、塗《ず》香*、焼香*、繒蓋《そうがい》*(天蓋)、幢幡《どうばん》、衣服《えぶく》、伎楽《ぎがく》、また合掌*を加える。

じっしゅじざい〔十種自在〕 自在*とはさわりのないこと。菩薩《ぼさつ》*の自在力《りき》に以下の十種がある。命《みょう》自在=寿命を自由に長短すること、心自在=三昧《さんまい》*に自由に出入する、財自在=一切の財物においての自由、業《ごう》自在=行動の自由、生《しょう》(受生《じゅしょう》)自在=生をうけて身を示すことの自由、解《げ》(信解《しんげ》)自在=正法《しょうぼう》*を信解*してすぐれた智慧*で衆生《しゅじょう》*を説度することの自由、願自在=願*にした

がい自由に菩提《ぼだい》*を成ずる、神力《じんりき》（如意《にょい》）自在＝神通《じんずう》*が自由自在、法《ほう》自在＝万法に精通し法*においての自由、智《ち》自在＝智慧*が自由自在。以上は旧訳《くやく》*『華厳経《けごんぎょう》*』第二十六「十地品《ぼん》」に説かれる。

じっしゅつう〔十種通〕 菩薩《ぼさつ》*の神通《じんずう》*の十種。他心通＝他人の現在の心を知る、天眼《てんげん》自在清浄《しょうじょう》通＝一切の事物を見透す、宿住智通＝過去世*を知る、智劫《ちこう》通＝永遠の*智に通ずる、天耳智《てんにち》通＝自在*に一切の音・声を聞き知る、無体性智《むたいしょうち》通＝空《くう》*にして自性《じしょう》*にとらわれぬ智に通ずる、善分別言音通＝物事を善く分別*しそれを表現する言語に通ずる、色身智《しきしんち》通＝肉体によって感得表現する智慧*を得る、一切法智通＝世のすべての道理に通ずる智慧、滅定智《めつじょうち》通＝煩悩《ぼんのう》*を滅し涅槃《ねはん》*の定智に入る智慧、をいう。『華厳経疏《けごんぎょうしょ》』二十一に依る。

じっしゅほうべん〔十種方便〕 菩薩《ぼさつ》*の修行*に用いる十種の方便*。布施《ふせ》*、持《じ》戒*、忍辱《にんにく》*、精進《しょうじん》*、禅定《ぜんじょう》*、智慧*、大慈、大悲*、覚悟*、転不退法輪。

じっしゅまぐん〔十種魔軍〕 煩悩《ぼんのう》*を魔*にたとえて十種をあげたもの。貪《とん》*欲、憂愁、飢渇《きかつ》、渇愛、睡眠《ずいめん》、怖畏《ふい》、疑悔《ぎけ》、瞋恚《しんに》*、利養*、自高慢。『智度論《ちどろん》*』十五、『小止観《しょうしかん》』等に説かれる。

じっしん〔十心〕 順流《じゅんる》*の十心と、逆流《ぎゃくる》の十心とがある。共に『摩訶止観《まかしかん》*』四の上に説かれる。順流の十心とは、無明《むみょう》*の昏闇《こんあん》、外に悪友を持つ、善を随喜《ずいき》*しない、三業《さんごう》*に罪をつくる、悪心の流布、悪心の相続*、過失を覆う、悪道*をおそれない、無慚《むざん》*無愧《むき》*、因果*を排斥し信じない、をいう。逆流の十心とは、深く因果を信じる、重い慚《ざん》愧《き》*を生じる、大怖畏《ふい》を生じる、懺悔《さんげ》*発露する、相続心を断たない、発菩提心《ほつぼだいしん》*、断悪修《しゅ》善（悪をやめ善をおこなうこと）、正法《しょうぼう》*を守る、十方仏を念じる、罪の性空《しょうくう》*（自性《じしょう》*が空*であること）を観じる、をいう。

じっしん〔十信〕 菩薩《ぼさつ》*の五十二位*の中の前十位をいう。*仏の教えを信じて疑わないことから信*という。信＝成*就を信じる心、念*＝六念を修する、精進《しょうじん》*＝専心にさと*りに邁進する、慧《え》*＝智慧*の眼が開けてくる、定《じょう》*＝心が禅定*になる、不退《ふたい》*＝定慧《じょうえ》の力によって修行*が退歩しない、回向《えこう》*＝得た証果*を仏地《ぶつじ》*に回向する、護法《ごほう》*＝得た証果を失わないように勤行《ごんぎょう》*する、戒*＝持《じ》戒清浄《しょうじょう》*である、*願＝十種の浄願を修する願心、の十位。『菩薩瓔珞本業《ぼさつようらくほんごう》経《きょう》』『首楞厳経《しゅりょうごんぎょう》』等に説かれる。

じっせつ〔十刹〕 「じっさつ」とも読む。中国の禅宗*で、五山《ござん》*に次ぐ寺格の高い十の寺。中天竺《てんじく》山天寧万寿永祚《えいそ》寺(杭《こう》州臨安府)、道場山護聖万寿寺(湖州烏程県)、蔣《しょう》山太平興国寺(建康上元府)、万寿山報恩光孝寺(蘇州平江府)、雪竇《せっとう》山資聖寺(明州慶元府)、江心山竜翔《りゅうしょう》寺(温州永嘉県)、雪峰山崇聖寺(福州候官県)、雲黄山宝林寺(婺《ぶ》州金華県)、虎丘《こきゅう》山雲巌《うんがん》寺(蘇州平江府)、天台山国清敬忠寺(台州天台県)。日本でもこれを移して全国に制定された。のち元中三年(一三八六)京都と鎌倉に定めた。京都の十刹*として、等持《とうじ》寺、臨川《りんせん》寺、真如《しんにょ》寺、安国寺、宝幢《ほうどう》寺、普門寺、広覚寺、妙光《みょうこう》寺、大徳寺*、竜翔《りゅうしょう》寺。鎌倉の十刹として、禅興寺、瑞泉《ずいせん》寺、東勝寺、万寿寺、大慶寺、興聖寺、東漸《とうぜん》寺、万福寺、法泉寺、長楽寺がある。

じっそう〔実相〕 ありのままの姿、本性。↓しょほうじっそう(諸法実相)

じっそうろん〔実相論〕 縁起論*の対語。諸法実相*の法門*ともいう。諸法実相の道理によって一切を説明しようとする天台宗*の教説をいう。

じったい〔集諦〕 (梵)samudaya-satyaの訳。四諦(四つの真実)の一つ。苦*の原因は、飽くことのない欲望にあるという真実をいう。↓したい(四諦)

じつだいじょうきょう〔実大乗教〕 権《ごん》大乗教*の対語。少しも方便*をまじえない真実の教法。天台宗*、華厳《けごん》宗*、真言宗*、禅宗*等の教えをいう。

シッダッタ〔悉達多〕 シッダールタ。(梵)Siddhārtha または(巴)Siddhatthaの音写。釈尊*が太子であった時の名。

しったん〔悉曇〕 (梵)siddhamの音写。成就*、吉祥と訳す。完成されたものという意味。古代インドの梵語《ぼんご》*の書体の一つで、中国・韓国・日本所伝の梵字*のことをいう。わが国へは、天平八年(七三六)菩提僊那《ぼだいせんな》*が初めて伝えたとされるが、七世紀初めの推古朝のとき法隆寺*に貝葉《ばいよう》*が将来されたとも伝えられる。

じっとく〔十徳〕 中古時代の衣服。素袍《すおう》に似て、両わきを縫ったもの。僧*、在家*の入道者*が着用したが、後に医者、文人が着るようになり、腰から下に襞《ひだ》をつけた。直綴《じきとつ》のなまりともいわれる。

じっとく〔拾得〕 唐代の天台宗*の僧。散聖(出家*・沙門《しゃもん》*の尊称)の豊干《ぶかん》が山中を経行《きょうぎょう》*している時、赤城山《せきじょうざん》の側で遺児をひろって養った。その名を拾得という。寒《かん》山《ざん》*と非常に仲がよくて、ともにすこぶる超脱の風があった。有名な寒山拾得の詩がある。年代は詳かでない。

しつねん〔失念〕 ↓仏教常識〈日常語〉同項

じっぷにもん〔十不二門〕 天台宗＊の湛然《たんねん》＊がその著『法華《ほっけ》玄義釈籤《げんぎしゃくせん》』において本迹《ほんじゃく》（本門と迹門）二門《にもん》＊の十妙を説くために十門に分け、これを一念＊の心に集めて観法《かんぼう》＊の大体を示したもの。色心《しきしん》不二《ふに》門、内外《ないげ》不二門、修性《しゅしょう》不二門、因果不二門、染浄《ぜんじょう》不二門、依正《えしょう》不二門、自他不二門、三業《さんごう》不二門、権実《ごんじつ》不二門、受潤《じゅじゅん》不二門。

しっぽう〔七宝〕 （梵）sapta-ratna の訳。「しちほう」ともいう。七つの宝石。①金《こん》、銀《ごん》、瑠璃《るり》＊、頗黎《はり》＊、硨磲《しゃこ》(貝)、赤珠《しゃくじゅ》（珊瑚《さんご》）、瑪瑙《めのう》。②珊瑚、琥珀《こはく》、如意珠《にょいしゅ》、甄叔迦《けんしゅくか》（赤宝）、釈迦毘陵迦《しゃかびりょうが》（能勝）、摩羅迦陀《まらがだ》（緑色宝）、金剛＊。③金、銀、珊瑚、真珠、硨磲、明月珠《みょうがつしゅ》、摩尼珠《まにしゅ》。④金、銀、瑠璃、珊瑚、琥珀、硨磲、瑪瑙。

じっぽう〔十方〕 東・西・南・北に四維《しい》（東南・東北・西南・西北）と上・下を加えたもの。

しでのやま〔死出の山〕 死天《しで》の山、四手《しで》の山ともいう。人間が死んで行くという冥府《めいふ》＊にある山で、獄卒《ごくそつ》＊が来て亡者をさいなむところ。閻魔王《えんまおう》＊のもとに至るためには、これに耐えてこの山を越えねばならないという。

してんのう〔四天王〕 仏教の宇宙観における仏教世界の中心にそびえる須弥山《しゅみせん》＊中腹の四王天＊にあって、それぞれ眷属《けんぞく》＊を従えて、山頂の帝釈天《たいしゃくてん》＊に仕え、仏法＊を守護する四王。持国天《じこくてん》＊（東方）、増長天《ぞうじょうてん》＊（南方）、広目天《こうもくてん》＊（西方）、多聞天《たもんてん》＊（毘沙門天《びしゃもんてん》＊＝北方）をいう。→185頁図版〈須弥山図〉

してんのうじ〔四天王寺〕 和宗《わしゅう》総本山（もと天台宗＊）。大阪市天王寺区。荒陵山《こうりょうざん》敬田院と号す。用明天皇二年（五八七）聖徳太子＊が蘇我馬子とともに物部守屋を攻めた時、四天王＊の像を造って戦勝を祈り、勝ってこの寺を玉造《たまつくり》の岩上に建てた。推古天皇元年（五九三）現在の地に移した。当時は施薬院《せやくいん》＊、療病院、悲田院《ひでんいん》＊、敬田院《きょうでんいん》の四堂を境内に建てて人々の救済に応じた。伽藍《がらん》＊配置は、南大門・中門・塔＊・金堂《こんどう》＊・講堂＊と南から北へと一直線上に建つ四天王寺式。たびたび焼失したが、その形式は受け継がれて再建された。西門は極楽浄土＊への門として信仰＊されている。本尊＊は如意輪観音《にょいりんかんのん》、腰壇に弥勒《みろく》仏、四天王・十三天の画像を安置する。

しとう〔四倒〕 四顛倒《てんどう》ともいう。真実を顛倒＊した（思いあやまった）四つの見解。無常＊を常、苦＊を楽、無我＊を我＊、不浄を浄と見ること。これを凡夫《ぼんぶ》＊の四倒という。他に二乗＊の四倒、菩薩《ぼさつ》＊の四倒などがある。

しどにっしょうとっか〔此土入聖得果〕 この世に生きながら聖者《しょうじゃ》＊の位にいたり、さとり＊の果＊を得ること。

じないしょう〔自内証〕 自己の心の内に証得した（身につけた）さとり*。たとえば、釈尊*の他者のための説法*を始める前のさとりをいう。

じなきょう〔耆那教〕「ぎなきょう」とも読む。→ジャイナきょう（耆那教）

しなごさん〔支那五山〕→ござん（五山）

しなじっせつ〔支那十刹〕→じっせつ（十刹）

しなん〔四難〕 仏*に会い、教えを信ずることについての四つの困難。値仏《ちぶつ》難（仏陀*在世時に生まれ合うことの難しさ）、説法難（仏法*を衆生《しゅじょう》*に説き教えることの難しさ）、聞法《もんぽう》*難、信受難（仏法を信じ受持《じゅじ》*することの難しさ）をいい、また別に諸仏難値、人身難得《にんじんなんとく》、好時難逢《なんほう》、大善難修《なんじゅ》ともいう。

しにょいそく〔四如意足〕 心のままに願いをかなえることのできる四つの方法。欲《よく》如意足（切に願うこと）、精進《しょうじん》如意足（間断なく励むこと）、心《しん》如意足（一心不乱になること）、思惟《しい》如意足（専心に思考すること）。

じねん〔自然〕 自然法爾《じねんほうに》、法自然ともいう。ありのままが真実であって、他から何の力も加わらない状態をいう。また自ら行くべきところへ行くありさまをいう。(1)無為《むい》自然（造作を待つことなく自ら涅槃《ねはん》*を顕現すること）。(2)業道《ごうどう》自然（善悪の業報は自他の力で如何ともできないこと）。(3)願力《がんりき》自然（他力《たりき》*を信じる行者*は何のはからいもなく法性《ほっしょう》常楽の浄土*に往生*し得ること）。(4)無因《むいん》自然（一切の事象はあるがままで自然であるということ）。

しねんじょ〔四念処〕 四念住《じゅう》ともいう。我々人間が妄見《もうけん》*を起こす対象は身《しん》、受《じゅ》*、心《しん》*、法《ぽう》の四つであるとして、身体は不浄である、感受するものは苦《く》*である、心は無常*である、法*は無我*（実体のないもの）である、と観《かん》察《ざっ》*する修行*をいう。これは、不浄、苦、無常、無我なるものを浄、楽、常、我《が》*とみなす四顛倒《してんどう》（四倒《しとう》*＝あやまった考え）を打破する修行でもある。これを身念処、受念処、心念処、法念処といい、これを別々に観察するのと、同時に観察するのとによって、別相《べっそう》念住位、総相《そうそう》念住位という。

じねんほうに〔自然法爾〕→じねん（自然）

しば〔湿婆〕→シヴァ

しばく〔四縛〕 四結《しけつ》ともいう。縛とは束縛されること。『鞞婆沙論《ひばしゃろん》』に説かれる衆生《しゅじょう》*を生死《しょうじ》*に迷わせる四つの縛。すなわち欲愛身縛、瞋恚《しんに》身縛、戒盗身縛、我見身縛をいう。また欲縛、有《う》縛、無明《むみょう》縛、見《けん》縛をもいう。

しばたつと〔司馬達等〕→たっと（達等）

しはらい〔四波羅夷〕 波羅夷*は（梵）pārājika の音写。戒律*のなかで最も重い罪で、根本罪ともいう。殺生《せっしょう》*、偸盗《ちゅうとう》*、邪婬《じゃいん》、妄語《もうご》*（大妄語）のことで、比丘《びく》*がこれを犯せば僧伽《さんが》*を追放される。→じっかい（十戒）

しはらみつ〔四波羅蜜〕 さとりの境地にある常《じょう》（涅槃《ねはん》*が不変不遷であること）、楽《らく》（生死《しょうじ》*の苦しみを離れたこと）、我《が》（大自在*を得たこと）、浄《じょう》（三惑*を清浄《しょうじょう》*にしたこと）の四つの徳をいう。密教*では金剛波羅蜜、宝《ほう》波羅蜜、法波羅蜜、羯磨《かつま》波羅蜜を四波羅蜜という。→はらみつ（波羅蜜）

じひ〔慈悲〕（梵）maitrī-karuṇā の訳。衆生《しゅじょう》*の苦しみを抜き、楽を与える仁愛のこころ。仏*の衆生を抱くおおらかな愛情をいう。他者へのいつくしみをあらわす慈と、他者の苦しみへの救済の意志をあらわす悲を併記したもの。一般には単に、あわれみ・なさけの意味に用いる。

じひかん〔慈悲観〕 五停心観《ごじょうしんかん》*の一つ。一切衆生《しゅじょう》*を観察《かんざつ》*し慈悲*の心を満たして瞋恚《しんに》*（いかり）を対治《たいじ》*する観法《かんぼう》*をいう。

しひゃくしびょう〔四百四病〕 仏教でいう人体の病気の総称。人間を構成する四大《しだい》*がバランスを失うと寒・熱等の病気を引き起こすとされ、四大の各々に一〇一種の病を生じることから四百四病という。

しふかとく〔四不可得〕 この世で得難い四つのもの、すなわち常幼、無病、長寿、不死*をいう。

しふしょう〔四不生〕 外道《げどう》*の邪見*を打ち破るための四つの否定論。不自生《ふじしょう》（いかなるものもそれ自体から生じない）、不他生《ふたしょう》（他のものより生じない）、不共生《ふぐうしょう》（自他の双方より生じない）、無因生《むいんしょう》（原因なくして生じない）。たとえば不自生とは、外道が一切の法*は自因から生ずるなどという邪見を抱くのを打ち破る。

しぶつ〔四仏〕 密教*で中央の大日如来《だいいちにょらい》*の四方に位置する仏*のことで、四方四仏ともいう。原図曼荼羅《まんだら》*によれば、以下のようになる。

	（東）	（南）	（西）	（北）
（金剛界《こんごうかい》）	阿閦《あしゅく》	宝生《ほうしょう》	阿弥陀《あみだ》	不空成就《ふくうじょうじゅ》
（胎蔵界《たいぞうかい》）	宝幢《ほうどう》	開敷華王《かいふけおう》	無量寿《むりょうじゅ》	天鼓雷音《てんくらいおん》

また、経典*によって仏の異称が配されることがあり、東方妙喜国《みょうきこく》の阿閦仏《あしゅくぶつ》*、南方歓喜国《かんぎこく》の宝相仏《ほうそうぶつ》、西方《さいほう》極楽

国の無量寿仏（阿弥陀仏《あみだぶつ》*）、北方蓮華荘厳《しょうごん》国の微妙《みみょう》声仏《しょうぶつ》と説かれたり、化仏《けぶつ》*、報生仏《ほうしょうぶつ》、如々仏《にょにょぶつ》、智慧仏のことをいう場合もある。

じぶつ〔持仏〕 内持仏または念持仏の略。内持仏は本堂*の外の私室にある仏像*、念持仏は自己の信仰*する仏*のこと。

じぶん〔自分〕 自分自身の能力、自己の分際《ぶんざい》（分斉*）の意。自己の修行*の階位をいう言葉。

しぶんりつ〔四分律〕 六十巻。姚秦《ようしん》の仏陀耶舎《ぶつだやしゃ》*、竺仏念《じくぶつねん》共訳。『四分律蔵』ともいう。第一分には比丘《びく》*の二百五十戒*、第二分には比丘尼《びくに》*の三百四十八戒*と受戒*、説戒の二犍度《けんど》（二章）。第三分には、自恣《じし》*等の十五犍度。第四分には、房舎、雑《ぞう》の二犍度と結集《けつじゅう》*法、調部、毘尼《びに》増一を合わせて説く。このように内容を四分したことから四分律と称する。㊅22・No.1428

しほう〔嗣法〕 仏教の法統をうけ嗣《つ》ぐこと。弟子が師匠から印可《いんか》*をうけること。

しほうそうもつ〔四方僧物〕 出家者*が受ける四つの施《せ》物《もつ》。常住*の常住（寺院*についている田園雑具のようなもの）、十方の常住（十方往来の僧に街頭で施す施物）、現前の現前（施主《せしゅ》*から受ける、寺に在住する僧だけへの施物）、十方の現前（施主が寺で方々の僧を集めて施す施物）を称し、四種僧物ともいう。

しほうりっそう〔指方立相〕 あらゆる事象は本来、差別《しゃべつ》*を越え平等*である、という見方に対して、東・西・南・北等の方位を指定し浄穢《じょうえ》・大小等の区別を相状として認めること。浄土宗*・浄土真宗*では西方《さいほう》を指定して、そこに阿弥陀仏《あみだぶつ》*がいるという。

しぼさつ〔四菩薩〕 ①『法華経《ほけきょう》*』に説かれる、上行《じょうぎょう》菩薩*、無辺行《むへんぎょう》菩薩、浄行《じょうぎょう》菩薩、安立行《あんりゅうぎょう》菩薩をいう。この四菩薩は、末代の混乱の世に『法華経』を弘めるように仏*の付嘱《ふしょく》を受けたという。②胎蔵界曼荼羅《たいぞうかいまんだら》*の中台八葉院の四維《しい》に配当される普賢《ふげん》*菩薩、文殊《もんじゅ》*菩薩、観自在《かんじざい》*菩薩、弥勒《みろく》*菩薩の四菩薩をいう。

しぼんのう〔四煩悩〕 唯識《ゆいしき》*で末那識《まなしき》*と相応する四つの煩悩*で、我痴《がち》（無我*を理解しないこと）、我見*（我《が》*ではないものを我とみて執着《しゅうじゃく》*すること）、我慢*（我を恃《たの》んで高ぶり他を蔑《さげす》むこと）、我愛*（我に愛着すること）をいう。四惑ともいう。

しま〔四魔〕 四種の魔*（《梵》māra 人命を害し、善事を妨害する）のこと。煩悩魔《ぼんのうま》、陰魔《おんま》（色《しき》・受《じゅ》・想《そう》・行《ぎょう》・識《しき》の五蘊《ごうん》*は苦《く》*を生ずるから魔である）、死魔、天子魔（善を妨害する他化《たけ》自在天*の魔王をいう）の四つ。

しまん〔四慢〕 七慢*のうちの四つの慢心。増上慢*、卑下慢、我慢*、邪慢。→まん（慢）

しまんろくせんにち〔四万六千日〕 仏《ぶつ》*・菩薩《ぼさつ》*の縁日《えんにち》*の特定の一日。千日詣で*と同じ系統の信仰で、この日の参詣は四万六千日の参詣と等しい功徳《くどく》*があるという。東京の浅草観音*は七月九日・十日の両日で、俗にほおずき市といい、古くから有名。

じみん〔慈愍〕 →えにち（慧日）

しむりょうしん〔四無量心〕 四無量、四梵行《ぼんぎょう》ともいう。慈《じ》無量心*（人々に楽を与える心）、悲《ひ》無量心*（人々の苦しみを取り除き、救いの手を差しのべる心）、喜《き》無量心（人々の楽をねたまず喜ぶ心）、捨《しゃ》無量心*（愛、憎しみ、親しみ、怨みを捨てる心）の四つ。この四つの心は利《り》他《た》*の功徳《くどく》*が無量であることから無量心という。

じむりょうしん〔慈無量心〕 四無量心*の一つ。他者に対するはかり知れないいつくしみの心。菩薩《ぼさつ》*の衆生《しゅじょう》*に対する慈愛の心は、功徳《くどく》*が無量であることから慈無量心という。→前項

しめ〔四馬〕 『雑阿含経《ぞうあごんぎょう》』*に説かれる、鞭《むち》の影を見て驚く馬（他の村に死者が出たのをきいて驚くこと）、鞭が毛にふれて驚く馬（自分の村に死者が出たのを見て驚くこと）、肉にふれて驚く馬（自分の身内の死に驚くこと）、骨に徹して初めて驚く馬（自分が病苦に悩んで初めて驚くこと）の四つの馬。機根《きこん》*によって無常*を知るのに遅速があることをたとえている。

しもつきえ〔十一月会〕 比叡山*延暦寺*で修せられる法華《ほっけ》十講のこと。十一月十四日から始め、十一月二十四日の天台大師智顗《ちぎ》*の忌日《きにち》*に終了する法会《ほうえ》*をいう。

しもん〔四門〕 ①東・西・南・北にある四個の門。②有《う》*・空《くう》*・亦有亦空《やくうやっくう》・非《ひ》有非空の四つ。天台宗*で究極のさとりの世界に入る入口として、この四つの門を説き、蔵教*・通教《つうぎょう》*・別教*・円教《えんぎょう》*の四つの教えに各四門を配して説く。③密教*の曼荼羅《まんだら》*で、東・南・西・北に発心《ほっしん》*・修行*・菩提《ぼだい》*・涅槃《ねはん》*を配することをいう。

じもん〔寺門〕 天台宗*の三井《みい》*の園城寺《おんじょうじ》*の門流。比叡山*延暦寺*を山門というのに対する。

じもんは〔寺門派〕 天台宗*の一派。智証大師円珍《えんちん》*を派祖とする。本山*は滋賀県三井《みい》の園城寺《おんじょうじ》*。天元四年（九八一）円珍門下の余慶《よけい》が、法性寺《ほっしょうじ》座主《ざす》に補せられたことから円仁《えんにん》*門下と争い、三井に分立した。

しもんゆうかん〔四門遊観〕 四門出遊《しゅつゆう》ともいう。釈尊*が太子の頃、王城の東・南・西・北の四門より出遊して、老人、病人、死人、沙門《しゃもん》*をそれぞれ見て、心に深く世を厭い、求道《ぐどう》*の心を起こしたことをいう。『仏本《ぶっぽん》行集経《ぎょうじっきょう》*』等に説かれている。

ジャイナきょう〔――教〕 Jainism の訳。耆那《じな》教。（梵）jina は聖者、勝者の意。インドで前六―五世紀ごろにマハーヴィーラ*（《梵》Mahāvīra 大雄と訳す）が起こした宗教*。仏陀*とほぼ同時代に、仏教*のようにヴェーダ*の教権を否定し、無神論を唱えた。倫理を重んじ、苦行《くぎょう》*を尊重する。一世紀ごろに白衣《びゃくえ》派と空衣《くうえ》派の二派に分かれたが、現代も三百万の信者をもつ。「ジャイナ」は、「ジナ」（勝者《しょうじゃ》）の教えの意味であるから、正式には「ジャイナ」、または「ジナ教」と呼ぶべきである。

しゃえいじょう〔舎衛城〕 （梵）Śrāvastī （巴）Sāvatthī の音写。中インドにあったコーサラ*（憍薩羅《きょうさつら》）国の都城。カピラヴァストゥ（迦毘羅《かぴら》城*）の西北ラプティ河畔にある。釈尊*在世の当時、プラセーナジット（波斯《はし》匿《のく》*）王はここに住んだ。ウッタル・プラデーシュ州のサーヘート・マーヘートに遺跡がある。

しゃか〔釈迦〕 （梵）Śākya の音写。インドの一種族の名。釈尊*はこの種族の出であった。↓しゃかむに（釈迦牟尼）

しゃかい〔遮戒〕 性戒《しょうかい》*の対語。出家者*や持戒《じかい》*者だけに限って遮《さえぎ》り禁止する戒律*のこと。たとえば飲酒戒《おんじゅかい》*のようなもの。

しゃかにょらい〔釈迦如来〕 釈迦牟尼《むに》*が歴史上の人物をさすのに対し、超歴史的な存在をいう。釈尊*の全人格が、多数の如来*として展開した多仏《たぶつ》崇拝・如来信仰の中心である。

しゃかむに〔釈迦牟尼〕 （梵）Śākya-muni の音写。前六―五世紀（異説ある）。インド（現在のネパール国のタラーイ地方）のカピラヴァストゥ（迦毘羅《かぴら》城*）の主、シュッドーダナ*（浄飯《じょうぼん》）王の王子。四月八日（南方仏教*ではウェーサカ月＝いまの四―五月の満月の日）母のマーヤー（摩耶《まや》）夫人《ぶにん》*が、出産のため実家へ帰る途中、城東のルンビニー（藍毘尼《らんびに》*）園の樹下で生まれ、四方に七歩あるいて「天上天下唯我独尊《てんげゆいがどくそん》*」と唱えたと

いう。母は生後七日目に亡くなり、叔母のマハープラジャーパティー（摩訶波闍波提《まかはじゃはだい》*）に養育された。名をシッダールタ（悉達多《しつだった》*）太子といい、長じてコーリヤ（拘利《くり》）城の主スブーティ（善覚王）の娘ヤショーダラー（耶輸陀羅《やしゅだら》*）と結婚（妃の名には異説がある）、一子ラーフラ（羅睺羅《らごら》*）をもうけた。二十九歳の時、世の無常*を悟り出家*した。まず諸々の仙人*を歴訪し、次いで苦行林《くぎょうりん》*に入って努力すること六年、ついに苦行*のみでは悟りを得られないことに気付き、ガヤー（伽耶《がや》*）村の菩提樹《ぼだいじゅ》*下に端座《たんざ》*静思して十二月八日未明に無上の正覚《しょうがく》*を得た。時に三十五歳。爾来四十余年、四方に巡遊して教化《きょうけ》*し人々に利益《りやく》*をもたらした。寿八十歳でクシナガラ*（拘尸那揭羅）城外の沙羅双樹《しゃらそうじゅ》*の間に臥して、最後の教えを説いて二月十五日入滅*した。仏教*はその一代の教えにもとづく。釈迦牟尼世尊《せそん》はシャーキヤ（釈迦）族出身の聖者《しょうじゃ》*の意で、略して釈尊という。

しやきょう〔写経〕 経文《きょうもん》を筆写すること、また、筆写した経文をいう。印刷技術の未発達だった時代では、経典*の筆写が仏法*を弘める重要な要素であったが、現代は、縁者の追福《ついふく》（追善*）のためや諸々の祈願*をこめて書写される。漸《ぜん》写経（多くの日を費やして筆写された経*）、頓《とん》写経（一日で完成させた経）、一筆《いっぴつ》経（一人で大部の経を筆写したもの）、血《けつ》写経（血で筆写したもの）等の種類がある。

しやく〔釈〕 ①釈迦《しゃか》*（《梵》Śākya）の略。②僧侶*が釈迦*の弟子であることを示すために法名《ほうみょう》*に冠した語。道安*に始まると伝える。出家*者のことを釈家《しゃくけ》*、釈門、釈氏などという。③経*・論*に対し、その注釈を釈という。

しやくきょう〔釈教〕 釈迦牟尼《しゃかむに》*の説いた教え、すなわち仏教*のこと。

しやくけ〔釈家〕 釈は釈尊*の略。すべて仏門*にあるものをいう。また経*・論*を釈（注釈）する人をいう。

じやくご〔寂護〕 シャーンタラクシタ。（梵）Śāntara-kṣita の訳。インド後期中観派《ちゅうがんは》*の学僧。八世紀にナーランダー僧院（那爛陀寺《ならんだじ》*）で活躍した。後に、チベットのティソンデツェン（khri sroṅ lde btsan）王に招かれ、チベットに渡る。チベット最初の本格的寺院であるサムイェー（bsam yas）寺の建立*に尽力し、初めてのチベット人出家者を育てるなど、インド仏教*の伝法*に大いにつとめた。『中観荘厳論《ちゅうがんしょうごんろん》』『摂《しょう》真実論』などを著わす。
しゃくし〔釈子〕 仏子に同じ。すなわち僧侶*をいう。釈氏。→ぶっし（仏子）①
しゃくじょう〔錫杖〕（梵）khakkhara 声杖《しょうじょう》、鳴《めい》杖、智杖とも訳す。金属で作られた上端の円環に数個の小環をつけ、歩行の際に音を出し、禽獣・虫類を追い、人々に遊行《ゆぎょう》*を知らせる。僧侶*、修験者《しゅげんじゃ》*等が携える杖。→仏教常識〈法具の部〉同項

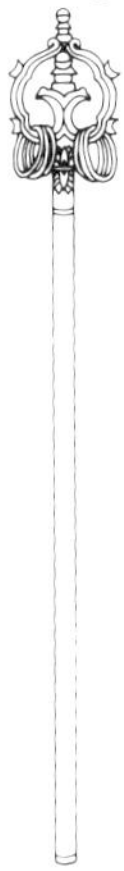

じゃくじょう〔寂静〕 静かなこと。身心《しんじん》一切の故意の活動を止めて平静に在ること。
しゃくじょうどぐんぎろん〔釈浄土群疑論〕 七巻。唐の懐感《えかん》*著。略して『群疑論』ともいい、また『決疑論』ともいう。浄土*の法門*について疑問を立て、これを解釈したもの。百十六章ある。㊅47・No.1960
しゃくそん〔釈尊〕 釈迦牟尼世尊《せそん》の略。→しゃかむに（釈迦牟尼）
しゃくぶく〔折伏〕 相手の主張を批判し、強硬に信受させる教化《きょうけ》*の方法。相手を容認して教化する摂受《しょうじゅ》*の対語。破邪に同じ。悪人悪法を摧《くじ》き伏すこと。
じゃくめつ〔寂滅〕 生死《しょうじ》*を離れ去り、寂静《じゃくじょう》*にして、無《む》為《い》*に住すること。涅槃《ねはん》*のこと。さとり*の境地。
じゃくめついらく〔寂滅為楽〕 涅槃《ねはん》*寂静《じゃくじょう》*の境地にはいって初めて真の安楽があるということ。→前項
しゃくもん〔迹門〕 →ほんじゃくにもん（本迹二門）
しゃくもんかいけん〔迹門開顕〕 天台宗*で、迹門*の仏*が方便《ほうべん》*のための三乗教*（声聞《しょうもん》*・縁覚《えんがく》*・菩薩《ぼさつ》*の教え）を開き、円妙なる法華《ほっけ》一実《いちじつ》教を顕《あら》わすことをいう。
じゃけん〔邪見〕 五見（身見・辺見・邪見・見取《けんじゅ》見・戒禁取見）の一つ。大きくは、妄見《もうけん》*（正確ではない見解に執われること）一般をいうが、ことに因果*の道理を無視する不正な見解をさす。一般には、すべてよこしまな見解をいう。→ごけん（五見）
しゃけんど〔遮犍度〕 二十犍度（犍度は章のこと）の第十四。罪ある者は僧*の中に入れないことを説き、また人の罪を指摘するのは五徳（時を知る・真実・利益《りやく》*・柔軟《にゅうなん》・慈心）をそなえた清浄《しょうじょう》*の人に限ることを明らかにする。『四分律《しぶんりつ》*』巻四十八に説かれる。
じゃしゅう〔邪執〕 よこしまな見解に固執すること。
しゃしん〔捨身〕 焼身・入水《じゅすい》・投身など、仏*に供養《くよう》*するため、あるいは他者の救済のために身を捨てて布施《ふせ》*すること。一般には、わが身を忘れて人々や国家のため

に働くことをいう。法隆寺*玉虫厨《ず》子《し》*の「捨身飼虎《しこ》」及び「施身聞偈《せしんもんげ》(捨身聞法《もんぽう》)」の図などは、その適例。〔図はキジル窟院壁画。菩薩《ぼさつ》*が投身し、自ら虎(一説に野干《やかん》)に食わせるところ〕

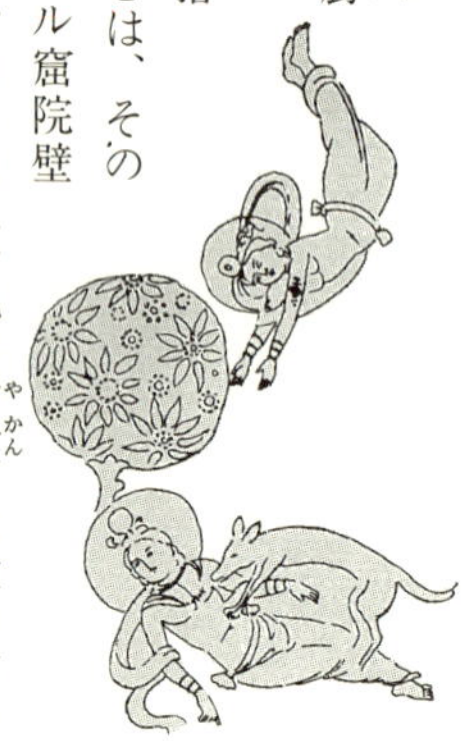

しゃすいかんのん〔灑水観音〕 三十三観音*の一つ。右手に水瓶《すいびょう》を持ち、水をそそぐ様をした立像《りゅうぞう》である。大水に流されたとき、その名を称えれば命が救われるとされる。

しゃそう〔社僧〕 神社付設の神宮寺《じんぐうじ》*で仏事*を修する僧侶*のこと。宮僧《くそう》、供僧《くそう》、神僧《じんそう》ともいう。

しゃだ〔捨堕〕 戒律*の名。→にさつぎはいつだい(尼薩耆波逸提)

じゃたか〔闍多伽〕 →ジャータカ(Jātaka)

ジャータカ〔Jātaka〕 釈尊*が前世*において菩薩《ぼさつ》*であった時、国王・僧・商人・女・動物などの姿をかりて人々を救済した行為を集めた物語であり、約五百五十話(パーリ原文では四百五十七)から成っている。本生譚《ほんじょうたん》*・本生話・暦生譚《れきしょうたん》と訳される。日本の『今昔物語』『宇治拾遺物語』等の中にも見られる。

しゃっくう〔綽空〕 →しんらん(親鸞)

じゃっこうど〔寂光土〕 詳しくは常寂光土という。→じょうじゃっこうど(常寂光土)

じゃどう〔邪道〕 不正な教え。→仏教常識〈日常語〉同項

しゃのく〔車匿〕 (梵)Chandaka の訳。闡鐸迦《せんたくか》と音写。楽欲《ぎょうよく》・欲作《よくさ》と訳す。釈尊*が出家*のとき、太子(釈尊)を白馬に乗せて出た侍者。仏弟子となって他の比丘《びく》*を軽んじたので、悪口《あっく》車匿の名がある。

しゃば〔娑婆〕 (梵)sahā の音写で、原義は忍耐。忍土《にんど》、忍界などと訳す。現実の世界をいい、人間はこの世界に生まれて様々な苦難を耐え忍ばなければならないという。→仏教常識〈日常語〉同項

しゃべつ〔差別〕 平等*の対語。現象世界の個々の事象のように、それぞれのものが独自のすがたをもっていること。大乗仏教*では、平等即《そく》差別とみて、平等と差別を切り離して考えない。

じゃま〔邪魔〕 仏教の修行者*に対して、妄見《もうけん》*を説いて菩《ぼ》提《だい》*（さとり）の正道《しょうどう》を害するものをいう。一般には、さまたげ、さわり、障害の意味に用いる。

しゃみ〔沙弥〕 （梵）śrāmaṇera の音写。息慈《そくじ》、勤策男《ごんさくなん》と訳す。七衆*の一つ。悪をやめて慈悲*の行《ぎょう》*を修する出家*の男子で、比丘《びく》*になる（具足戒*を受ける）前の者をいう。→しちしゅ（七衆）

しゃみかい〔沙弥戒〕 沙弥*の保持すべき戒律*で、殺生《せっしょう》*、偸盗《ちゅうとう》*などの十過非（おかしてはならないあやまち）を防止するもの。→じっかい（十戒）

しゃみに〔沙弥尼〕 （梵）śrāmaṇerikā の音写。勤策女《ごんさくにょ》と訳す。七衆の一つ。出家*の女性で比丘尼《びくに》*になる（具足戒*を受ける）前の者。→しちしゅ（七衆）

じゃみょう〔邪命〕 邪活命ともいう。命は生活の意で、まっとうでない方法で生活すること。→しじゃみょうじき（四邪命食）

じゃみょうせっぽう〔邪命説法〕 名聞《みょうもん》*、利養*のために説法*すること。

しゃむりょうしん〔捨無量心〕 四無量心の一つ。愛憎親怨を捨て去る心。→しむりょうしん（四無量心）

しゃもん〔沙門〕 （梵）śramaṇa の音写。桑門《そうもん》、沙門那《しゃもんな》ともいう。勤息《ごんそく》と訳し、善法を勤修《ごんじゅ》し、悪法を止息するという意味。出家*して仏道*を修める男性をいう。

しゃらけ〔沙羅華〕 葬式*に用いる白紙で作った華のこと。

しゃらそうじゅ〔沙羅双樹〕 娑羅双樹とも書く。沙羅は（梵）sāla の音写。インドに産する落葉高木で、高さ三十メートル以上に達し、長楕円形の葉に花は淡黄色で小さく、芳香を放つ。釈尊*が入滅*の時には臥床の四方にそれぞれ一双の沙羅樹が高くそびえ立っていたと伝える。しかも、それらは入滅の時たちまち枯れて白くなった（一説には、対の一方のみ枯れたといい、これを四枯四栄《しこしえい》と称する）ので、その様子を白鶴にたとえ、入滅の地を鶴林《かくりん》*ともいう。

しゃり〔舎利〕 （梵）śarīra の音写。身骨《しんこつ》と訳す。仏*または聖者《しょうじゃ》*の遺骨をいう。→仏教常識〈日常語〉同項

しゃりほつ〔舎利弗〕 舎利子《し》*ともいう。シャーリプトラ。（梵）Śāriputra の訳。仏十大弟子*の随一。智慧第一*と称され、法王子の称がある。釈尊*の後継ぎと目されていたが、釈尊より先に寂した。

しゅ〔取〕 （梵）upādāna の訳。対象に執着《しゅうじゃく》*することで、愛*または煩悩《ぼんのう》*のことをいう。五蘊《ごうん》*の取は、我々の

行為には煩悩が含まれているということ。十二因縁*の取は、欲望（渇愛）を取って放さないということ。

しゅ〔趣〕（梵）gati の訳。道《どう》と訳す。行くことの意。衆《しゅ》生《じょう》*が煩悩《ぼんのう》*（惑《わく》*）を起こし、業《ごう》*をつくり、その惑業《わくごう》に引かれて趣《おもむ》き住むところ。六趣*（道）に分ける。（梵）naya も「趣」と訳すが、この場合は理想の極地（たとえば『理趣経*』）をさす。→ろくしゅ（六趣）

じゅ〔呪〕（梵）dhāraṇī の意訳、陀羅尼《だらに》*。呪はもと中国で秘密語のことであったが、その用《ゆう》（効果作用）が陀羅尼と似ているので陀羅尼を呪と訳すようになった。現今ではふつう、長句の梵《ぼん》文を陀羅尼、短句を呪という。

じゅ〔受〕（梵）vedanā の訳。根《こん》*（認識器官）、境《きょう》*（認識対象）、識《しき》*（認識作用）の触《そく》*（接触和合）からもたらされる苦楽・不苦不楽等の感覚をいう。すなわち感覚のこと。

じゅ〔頌〕　→げ（偈）

しゅう〔宗〕　宗要の意。かなめとするところをいう。転じて、宗旨*、宗派*のことをいう。

じゅうあく〔十悪〕　身《しん》・口《く》・意《い》（三業《さんごう》*）の三つの分野のはたらきから起こる十種の悪*。殺生《せっしょう》*・偸盗《ちゅうとう》*・邪婬《じゃいん》（以上＝身）、妄語《もうご》*・綺語《きご》*・悪口《あっく》・両舌《りょうぜつ》*（以上＝口）、貪《とん》欲《よく》*・瞋恚《しんに》*・愚痴《ぐち》*または邪見《じゃけん》*（以上＝意）。十悪業《ごう》ともいう。十善の対語。→じゅうぜん（十善）

じゅういちめんかんのん〔十一面観音〕（梵）Ekādaśa-mukha の訳、原義は十一の顔をもつもの。十一の顔とは、衆《しゅ》生《じょう》*の苦しみを取り除く功徳《くどく》*をあらわす。除病、滅罪、求福《ぐふく》を祈る。十一面の配置には諸説あるが、頭上に十面があり、頂上に一仏面を置いて、合わせて十一面とするものなどがある。大光普照《だいこうふしょう》観音ともいい、慈悲*、忿怒《ふんぬ》等いろいろな相を示す。

じゅうえこう〔十回向〕　菩薩《ぼさつ》*の修行*の五十二位*のうちで三十一位から四十位まで。従空出仮観《じゅうくうしゅつけかん》（あらゆる事象の本体が空《くう》*であるとさとった後、再び、あらゆる事象は仮に形を伴うことをさとる観法《かんぼう》*＝事《じ》*）から中道*（理《り》*）に向かい、今までの己の功徳《くどく》*をあまねく衆生《しゅじょう》*に回向*する。救護《くご》衆生離《り》衆生相、不壊《ふえ》、等《とう》一切諸仏、至《し》一切処、随《じょ》無尽功徳蔵、入《にゅう》一切平等善根《ぜんごん》、等随順《とうずいじゅん》一切衆生、真如《しんにょ》

相、無縛無著解脱《むばくむじゃくげだつ》、入法界《にゅうほっかい》無量の各位の称。

しゅうえん〔終焉〕臨終*の末期《まつご》。最後。

じゅうおう〔十王〕①欲界*の六天（四王天*・忉利《とうり》天*・夜《や》摩《ま》天*・兜率《とそつ》天*・化楽《けらく》天・他化《たけ》自在天*）と四禅《しぜん》天（色界《しき》*の四天、すなわち初禅天・二禅天・三禅天・四禅天）の主のこと。②地獄*で衆生《しゅじょう》*の罪の軽重を定める十人の王をいう。『地蔵十王経』（偽経《ぎきょう》*）にもとづく信仰であるが、日本では地蔵信仰の隆盛とともに盛んになり、鎌倉時代より広く行われるようになった。秦広《しんこう》王・初《しょ》江《こう》王・宋帝《そうてい》王・五官王・閻魔《えんま》王*・変成《へんじょう》王・太山《たいざん》王（泰《たい》山府君《ざんふくん》）・平等王・都市王・五道転輪王のこと。初七日*よりはじまり、百カ日、一周忌*、三回忌*を主宰する。十仏と等しい。↓じゅうさんぶつ〈十三仏〉↓口絵図版〈十界図〉

じゅうおうじゅうさんぶつ〔十王十三仏〕十王信仰*に十三仏*信仰が習合して、十王の本地《ほんじ》*（根本の仏《ぶつ》*・菩薩《ぼさつ》*）には十仏が配されるようになり、懺悔《さんげ》*と慈悲*の両面の不二《ふに》*なることを示す室町時代におこった信仰*。後に、七回忌・十三回忌・三十三回忌の三仏が加えられて十王十三仏になった。↓じゅうおう〈十王〉↓じゅうさんぶつ〈十三仏〉↓仏教常識〈仏事の部〉中有

じゅうおうじゅうぶつ〔十王十仏〕↓じゅうおう〈十王〉② ↓じゅうさんぶつ〈十三仏〉

しゅうがく〔宗学〕自分の属する宗旨*に関する学問をいう。

じゅうぎゅうず〔十牛図〕禅宗*における見性《けんしょう》への道筋および悟境を示した図。北宋の清居《せいご》禅師による牧牛図頌《じゅ》十二章（失伝）から始まり、南宋初の廓庵師遠《かくあんしおん》の『十牛図頌』などが著作された。他に数種ある。牛は禅宗では本来の面目《めんもく》*（ありのままの姿）を意味し、尋牛《じんぎゅう》、見跡《けんせき》、見牛《けんぎゅう》、得牛《とくぎゅう》、牧牛《ぼくぎゅう》、騎牛帰家《きぎゅうきか》、忘牛存人《ぼうぎゅうそんにん》、人《にん》牛倶忘《ぎゅうぐぼう》、返本還源《へんぽんげんげん》、入鄽垂手《にってんすいしゅ》の順に修行*し、さとり*を得て、市巷に出て下化衆生《げけしゅじょう》*のため仏手《ぶっしゅ》を垂れる（衆生教化《きょうけ》）までのことを牛にたとえて説く。「十馬図」「十象図」もある。

しゅうきょう〔宗教〕人心の煩悩《ぼんのう》*を取り払って、安心立《あんじんりゅう》命《みょう》を与えようとする教え。相対有限を去って絶対無限に投入しようとする教え。仏教、キリスト教、イスラム教はその代表的なもの。宗教の語は、「宗と教」または「宗＝教」の意味などに分かれて、隋・唐代に広く議論された。

じゅうぎょう〔十行〕菩薩《ぼさつ》*の修行*の五十二位*のうち、二

十一位から三十位まで。従空出仮《じゅうくうしゅっけ》（ただのさとりの世界*に安住せず、世の中の救済にはたらき出る）して進んで中道*におもむくことから行《ぎょう》という。歓喜《かんぎ》行、饒益《にょうやく》行、無《む》違逆《いぎゃく》行、無《む》屈撓《くつぎょう》行、無痴乱行、善現行、無著《むちゃく》行、難得行、善法行、真実行。

じゅうこう〔住劫〕 四劫の一つ。→しこう（四劫）

じゅうごう〔十号〕 仏《ぶつ》十号、如来《にょらい》十号ともいう。釈尊*の十種の称号。(1)如来*、(2)応供《おうぐ》*、(3)正遍知《しょうへんち》*、(4)明行足《みょうぎょうそく》*、(5)善逝《ぜんぜい》*、(6)世間解《げ》（世間を知った人）、(7)無上士《し》（この上ない人）、(8)調御丈夫《ちょうごじょうぶ》（人々を調御*するに巧みな人）、(9)天人《てんにん》師《し》（神々と人間の師）、(10)仏《ぶつ》*、(11)世尊《せそん》*をいう。実際には十一の称号があるため、経典*によって(6)(7)が、また(7)(8)あるいは(10)(11)が一つにまとめられる。

じゅうごだいじ〔十五大寺〕 ①古い説では、東大寺*、興福寺*、薬師寺*、元興寺《がんごう》*、大安寺、西《さい》大寺*、法隆寺*（以上＝南都七大寺）、新薬師寺、本《もと》元興寺（あるいは法《ほっ》華《け》寺*）、唐招提寺《とうしょうだいじ》*、四天王寺*、崇福寺《すうふくじ》、弘福寺《ぐふくじ》、東寺《とうじ》*、西寺《さいじ》*をいう。②新説には、南都七大寺に、新薬師寺、不退寺、法華寺、超証寺《ちょうしょうじ》、竜興寺《りゅうこうじ》、唐招提寺、宗鏡寺《すぎょうじ》、崇福寺をいう。

しゅうこんごうじん〔執金剛神〕 「しゅこんごうじん」ともいう。（梵）Vajradhara の訳。執金剛、持《じ》金剛、金剛力士*などという。仏教の守護神。もとは、金剛杵《しょ》*を手にする金剛手《しゅ》（《梵》vajra-pāni）と呼ばれる力士、番神として登場したが、徐々に地位が高まり、裸形でなく、武具を持ち、鎧を着けた執金剛神となり、ついには、大日如来《だいにちにょらい》*の本地《ほんじ》*たる金剛薩埵《さった》*にまでなった。東大寺*の塑像は奈良時代彫刻の秀作として有名。

じゅうさんおう〔十三王〕 →じゅうさんぶつ（十三仏）

じゅうさんしゅう〔十三宗〕 仏教諸宗の総称で、中国においては毘曇《びどん》宗*、成実《じょうじつ》宗*、律宗*、三論宗*、涅槃《ねはん》宗*、地《じ》論《ろん》宗*、浄土宗*、禅宗*、摂論《しょうろん》宗*、天台宗*、華厳《けごん》宗*、法相《ほっそう》宗*、密教*をいう。日本仏教においては、全部で十三宗・五十六派と一口にいわれるが、その十三宗とは、華厳宗、天台宗、真言宗*、法相宗、律宗、浄土宗、臨済《りんざい》宗*、曹洞《そうとう》宗*、黄檗《おうばく》宗*、浄土真宗*、日蓮宗*、融通《ゆうずう》念仏宗*、時《じ》宗*のこと。

じゅうさんそうざん〔十三僧残〕 僧残は（梵）saṃghāvaśeṣa の訳。僧伽波尸沙《そうぎゃばししゃ》。波羅夷《はらい》*に次ぐ重罪であるが、この戒*を犯しても、すみやかに懺悔《さんげ》*すれば僧伽《さんが》*からの追放を免れるとする。失精《しっしょう》戒、触女人《そくにょにん》戒、麁語《そご》戒、嘆《たん》身索供養《しんさくくよう》戒、媒嫁《ばいか》戒、有主房《うしゅぼう》戒、無主房戒、無根謗戒、

仮根謗《けこんぼう》戒、破僧違諫《はそういかん》戒、助破僧違諫戒、汚家《おけ》擯謗《ひんぼう》違諫戒、悪性拒僧《あくしょうこそう》違諫戒をいう。

じゅうさんだいいん〔十三大院〕 十三大会《え》ともいう。胎《たい》蔵《ぞう》*界の曼荼羅《まんだら》*の構成である。各院が、大日如来《にょらい》*の徳をあらわす。中央に中台八葉院《ちゅうだいはちよういん》（八葉の蓮華は大日如来の心・人間の心をあらわし、衆生《しゅじょう》*の心を意味する。中心に大日如来、東西南北に四仏《しぶつ》*、そのあいだに四菩薩《しぼさつ》*の九尊を配する）。東に遍知院《へんちいん》（仏母《ぶつも》院ともいう。証《さとり》*への過程で解脱《げだつ》*道《どう》の後、さらに向上してゆく勝進《しょうじん》道にあたり、大円鏡智*の功徳《くどく》*を示す。一切如来の智慧*をあらわす三角智火《さんかくちか》＝一切遍知印《いっさいへんちいん》を中心に七尊がある）、釈《しゃ》迦《か》院（方便*を示し、三十九尊がある）、文殊《もんじゅ》院（智慧*を示し、二十五尊がある）。西に持明《じみょう》院（五大*＝五蔵を意味し、ここに五尊がある）、虚空蔵《こくうぞう》院（福と智*の二つの徳を意味し、二十八尊がある）、蘇悉地《そしつじ》院（妙成就《みょうじょうじゅ》の意味で、八尊がある）。北に観音《かんのん》院（慈悲*の意味で、三十七尊がある）、地蔵院（万法を生み出す意味で、九尊がある）。南に金剛手《しゅ》院（薩埵《さった》院ともいい、本有《ほんぬ》*所具の大日薩埵を意味し、三十三尊がある）、除蓋障《じょがいしょう》院（これは滅罪を意味し、九尊がある）。周囲に外金剛《げこんごう》部《ぶ》院（心数《しんじゅ》諸曼荼羅の心を意味し、二百五尊がある）。以上合わせて十二院、四百十四尊。これに四大護《しだいご》院（曼荼羅の四門*を守護する金剛神*）を加えて十三大院とする。ただし現図曼荼羅では四大護院を除く。［図参照］

↓たいぞうかいまんだら（胎蔵界曼荼羅）

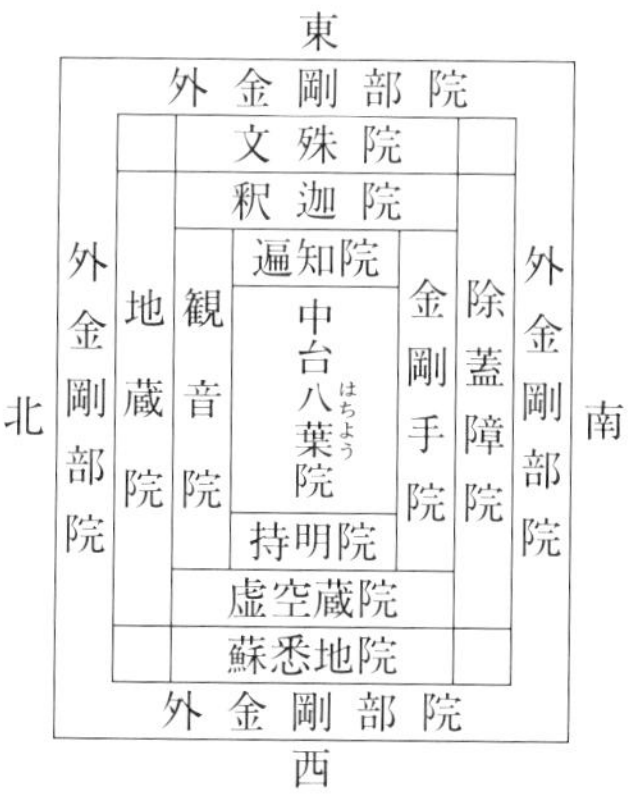

じゅうさんだいえ〔十三大会〕 ↓じゅうさんだいいん（十三大院）

じゅうさんぶつ〔十三仏〕 死者の中有《ちゅうう》*（中陰）および年《ねん》忌《き》*に法事*を行う（追善供養《ついぜんくよう》*）とき、本尊*とする十三の仏《ぶつ》*・菩薩《ぼさつ》*。経軌《きょうき》*にはなく、室町時代から行われた俗説。十王*信仰と習合し、後に三王が加えられ十三王となり、十三仏が本地《ほんじ》*として配された。

忌日	十三王	本地諸仏	予修日
初七日	秦広王《しんこう》	不動明王《ふどうみょうおう》	一月十六日
十四日	初江王《しょこう》	釈迦如来《しゃかにょらい》	二月二十九日
二十一日	宋帝王《そうてい》	文殊菩薩《もんじゅぼさつ》	三月二十五日
二十八日	五官王《ごかん》	普賢菩薩《ふげん》	四月十四日
三十五日	閻魔王《えんま》	地蔵菩薩《じぞう》	五月二十四日
四十二日	変成王《へんじょう》	弥勒菩薩《みろく》	六月五日
四十九日	太山王《たいざん》	薬師如来《やくし》	七月八日
百カ日	平等王《びょうどう》	観音菩薩《かんのん》	八月十八日
一周忌	都市王《とし》	勢至菩薩《せいし》	九月二十三日
三回忌	五道転輪王《ごどうてんりん》	阿弥陀如来《あみだ》	十月十五日
七回忌	蓮上王《れんじょう》	阿閦如来《あしゅく》	十一月十五日
十三回忌	抜苦王《ばっく》	大日如来《だいにち》	十一月二十八日
三十三回忌	慈恩王《じおん》	虚空蔵菩薩《こくうぞう》	十二月十三日

〔最後の三王は室町期以後成立〕

民間では大日如来*を中心として八方に十二仏を配し、一幅に描いてあらわす場合もある。↓仏教常識〈仏事の部〉年忌、中有

じゅうさんもんぜき〔十三門跡〕 門跡《もんぜき》寺院の主なるもの十三の称。成立・確定には異説あるが、現在では次のとおり。上野の輪王寺《りんのうじ》、大仏妙法院、聖護院《しょうごいん》*、照高院（一説に岩倉実相院）、粟田口青蓮院《しょうれんいん》、大原梶井宮《かじいのみや》、竹内曼珠院《まんしゅいん》、山科の毘沙門堂《びしゃもんどう》*、三井《みい》円満院（以上＝天台宗*）、御室《おむろ》の仁和寺《にんなじ》*、嵯峨の大覚寺《だいかくじ》*（一説に南都の一乗院《法相宗《ほっそう》*》）、山科の勧修寺《かんじゅじ》*（以上＝真言宗*）、東山の知恩院《ちおんいん》*（浄土宗*）のこと。↓もんぜき（門跡）

しゅうし〔宗旨〕 宗義の要旨のこと。一般には、帰依《きえ》*する宗派*のことをいう。

しゅうじ〔種子〕 （梵）bīja の訳。習気《じっけ》ともいう。第八識（阿頼耶識《あらやしき》*）中に存在して、ありとあらゆる事物や現象を生じさせる力を、植物の種にたとえていう。また一切の仏法*を生ずる種子として、菩提心《ぼだいしん》*のことをいう。

じゅうじ〔十地〕 菩薩《ぼさつ》*の修行*の階位五十二位*のうち、四十一位から五十位までの十位をいう。聖者位《しょうじゃ》*。この位の菩薩は中道*の仏智を持して、よく衆生《しゅじょう》*を化益《けやく》する。そのさまがあたかも大地が樹木を育てるのに似ていることから地《じ》という。歓喜《かんぎ》地（初めて中道の智慧*をさとって、衆生を化益して、身は実報土《じっぽうど》にあって歓喜を得る位）、離垢《りく》地（中道*無相*の道理をさとり、衆生界にあってよく煩悩《ぼんのう》*を離れた位）、発光《ほっこう》地（中道の智慧の光が

ますます発する位)、焰慧地《えんね》(無生忍《むしょうにん》に応じて智慧の光がますます盛んな位)、難勝地《なんしょう》(無明《むみょう》*に勝つ位)、現前地(寂滅《じゃくめつ》*無二の境地に立つ位)、遠行地《おんぎょう》(だんだんに上地に進んで行く位)、不動地 (この世の生死《しょうじ》*を離れて、有無*の二つの見解にわずらわされない位)、善慧地《ぜんね》(中道をさとる智慧を得る位)、法雲地《ほううん》(仏*の職位《しきい》を受けて慈悲*と智慧の溢れる位)。

じゅうじ〔住持〕 住職*に同じ。一寺院の主である僧*をいう。→仏教常識〈僧の部〉同項

じゅうじきほう〔十地寄報〕 十地*の菩薩《ぼさつ》*が諸々の天王の形をとって正法《しょうぼう》*を守り、衆生《しゅじょう》*を化度《けど》*すること。

じゅうじきょう〔十地経〕 唐の僧法界がインドから梵本《ぼんぽん》*を持ってきたものを、ホータン(于闐《うてん》*)国の尸羅達摩《しらだつま》が訳したもの。九巻、『華厳経《けごんぎょう》*』の十地品《ぼん》*の別本で、より詳しい。(大)10・No.287

じゅうじきょうろん〔十地経論〕 十二巻。世親《せしん》*著、菩提《ぼだい》流支《るし》*・勒那摩提《ろくなまだい》・仏陀扇多《せんた》の共訳。『華厳経《けごんぎょう》*』の十地品《ぼん》*を解釈したもの。初め流支訳と摩提・扇多訳の二本があったが、慧光《えこう》*が合糅《ごうにゅう》して一本とした。中国で地《じ》論宗*を興起させた所依《しょえ》*の経典*。(大)26・No.1522

じゅうじぼん〔十地品〕 十地位*の菩薩《ぼさつ》*の修行*のさまを説いたもの。『華厳経《けごんぎょう》*』の第二十二品《ほん》(六十華厳)または第二十六品(八十華厳)である。『十地経*』あるいは『十住経』として別行する。

しゅうじゃく〔執着〕 執著。→しゅうちゃく(執着)

じゅうじゅ〔重頌〕 (梵) geya 祇夜の意訳。十二部経*の一つ。→ぎや(祇夜)

じゅうじゅう〔十住〕 菩薩《ぼさつ》*の修行*の階位五十二位*のうち、十一位から二十位まで。心をまことの空理《くうり》(すべての存在は空*であると理解すること)に安住することから住という。発心《ほっしん》住(十信位の従仮入空《じゅうけにっくう》観ができてけがれのない智慧*を発し、真諦《しんたい》*の理に住する位)、治地《じち》住(常に空観《くうがん》*を修し心を清める位)、修行住(万善万行を修する位)、生貴《しょうき》住(法無我の理に安住して種性《しゅしょう》清浄《しょうじょう》なる位)、具足方便住(無量の善根《ぜんごん》*を具足して空観を助ける方便*とする位)、正心《しょうしん》住(般若《はんにゃ》*の空智を成就*する位)、不退住(空の無生をさとって、空・無相*・無願の三三昧《さんざんまい》から退かない位)、童真住(迷見を起こさず菩提心《ぼだいしん》*を破らないことが童心のような位)、法王子住(仏*の教えにより智解《ちげ》を生じ未来*は法王*になる位)、灌頂《かんじょう》住(法水で灌頂*するように、空・無相の理を観じて、無生智《むしょうち》を得る位)。

じゅうじゅうしんろん〔十住心論〕 十巻。天長年間（八二四―八三四）空海*著。『大日経《だいにちきょう》*』その他の経説によって、真言宗*の十住心（異生羝羊《いしょうていよう》心、愚童持斎《ぐどうじさい》心、嬰《よう》童無畏《どうむい》心、唯蘊《ゆいうん》無我心、抜業因種《ばつごういんしゅ》心、他縁《たえん》大乗心、覚心不生《かくしんふしょう》心、一道無為《いちどうむい》心、極無自性《ごくむじしょう》心、秘密荘厳《ひみつしょうごん》心）の教判*を説いたもの。詳しくは『秘密曼荼羅《まんだら》十住心論』という。(大)77・No.2425

じゅうじゅうびばしゃろん〔十住毘婆沙論〕 十七巻。竜樹*著。鳩摩羅什《くまらじゅう》*訳。『華厳経《けごんぎょう》*』十地品《じゅうじぼん》*の初地、二地を注釈したもの。序品から戒報品まで三十五品ある。この中の易行品《いぎょうほん》は別に取り出されて、浄土宗*で重んじられる。(大)26・No.1521

じゅうじゅうむじん〔重重無尽〕 一切万有（ありとあらゆるもの）が互いに主体となり客体となって、あい交錯し、重々に関連して際限がないことをいう。

じゅうじゅりつ〔十誦律〕 六十一巻。姚秦《ようしん》の弗若多羅《ふつにゃたら》、鳩摩羅什《くまらじゅう》*共訳。戒律*の項目を十種に分けて、第一誦《じゅ》から第三誦までの二十巻に二百五十戒。第四誦八巻に受戒、布薩《ふさつ》*、自恣《じし》*、安居《あんご》*、皮革、医薬、衣*の七門。第五誦七巻に八門を分けて、迦絺那衣《かちなえ》、倶舎弥《くしゃや》、瞻波《せんは》、般《ばん》茶盧伽《だるか》、悔《け》、遮《しゃ》、臥具《がぐ》、諍事《そうじ》。第六誦に雑誦《ぞうじゅ》六巻（あるいは五巻）。第七誦に尼律《にりつ》六巻（あるいは五巻）。第八誦に増一法《ぞういちほう》四巻。第九誦に優婆離問法《うばりもんぽう》四巻。第十誦に毘尼分別《びにぶんべつ》四巻。その後の毘尼序に第一、第二の結集《けつじゅう》*（経典類*の編集）の五百集法、七百集法および雑《ぞう》因縁を述べている。小乗薩婆多部《さつばたぶ》（有部《うぶ》*）の広《こう》律（詳しい戒律書）である。(大)23・No.1435

じゅうしょく〔住職〕 寺院*の主である住持《じゅうじ》*のこと。院主、方丈《ほうじょう》*ともいう。

しゅうしん〔執心〕 ↓仏教常識〈日常語〉同項

じゅうぜん〔十善〕 十悪*の対語で、十種の善い行い。すべて十悪を否定したもの。不殺生《ふせっしょう》（殺さない）、不偸盗《ふちゅうとう》（盗まない）、不邪婬《ふじゃいん》（道をはずれた性行為をしない）、不妄語《ふもうご》（嘘をつかない）、不両舌《ふりょうぜつ》（二枚舌をつかわない）、不悪口《ふあっく》（悪口をいわない）、不綺語《ふきご》（言葉をかざらない）、不貪欲《ふとんよく》（むさぼらない）、不瞋恚《ふしんに》（ねたまない）、不邪見《ふじゃけん》（よこしまな見方をしない）。以上の十善についての十の戒めを十善戒という。前生《ぜんしょう》で十善を行うと、この世で王位を受けるというところから、十善の天子という言葉がある。

じゅうぜんかい〔十善戒〕 ↓じゅうぜん（十善）

じゅうぜんてんし〔十善天子〕 ↓じゅうぜん（十善）

じゅうぜんほうご〔十善法語〕　十二巻。飲光《おんこう》＊述。十善戒＊の戒相・功徳《くどく》＊を、人間の本来守るべき根本的な戒めとして理解しやすい口調で説いている。『慈雲尊者《じうんそんじゃ》＊全集』巻十二に収録。

しゅうそ〔宗祖〕　一宗を開いた祖師＊のこと。

じゅうだいじ〔十大寺〕　桓武天皇の延暦十七年(七九八)に定められた官寺十カ所。大安寺、元興寺《がんごう》＊、弘福寺《ぐふく》、薬師寺＊、四天王寺＊、興福寺＊、法隆寺＊、崇福寺《すうふく》、東大寺＊、西大寺《さい》＊。これは南都七大寺に、弘福寺、四天王寺、崇福寺の三寺を加えたものである。

じゅうだいでし〔十大弟子〕　釈尊＊の弟子の中で最も優れた高弟十人をいう。摩訶迦葉《まかかしょう》＊(頭陀《ずだ》＊第一)、阿難陀《あなんだ》＊(多《た》聞《もん》＊第一)、舎利弗《しゃりほつ》＊(智慧第一＊)、須菩提《しゅぼだい》＊(解空《げくう》第一)、富《ふ》楼那《るな》＊(説法第一＊)、目犍連《もくけんれん》＊(神通《じんずう》＊第一)、迦旃延《かせんねん》＊(論義第一)、阿那律《あなりつ》＊(天眼《てんげん》第一)、優波離《うぱり》＊(持律《じりつ》＊第一)、羅睺《らご》羅《ら》＊(密行《みつぎょう》第一)。

しゅうちゃく〔執着〕　仏教では「しゅうじゃく」と読む。一般には、深く思いこむこと、執心して離れないことをいう。

しゅうと〔宗徒〕　宗門＊の信者。信徒に同じ。→しんと〔信徒〕

じゅうにいんねん〔十二因縁〕　三界《さんがい》＊(欲界・色界・無色《しき》界)の迷いの因果を十二種に分け、衆生《しゅじょう》＊が輪廻《りんね》＊する型を示したもの。十二支縁起、十二縁起ともいう。無明《むみょう》＊、行《ぎょう》＊、識《しき》＊、名色《みょうしき》、六処《しょ》、触《そく》＊、受《じゅ》＊、愛＊、取《しゅ》＊、有《う》＊、生《しょう》、老死をいう。無明によって行業《ぎょうごう》＊があり、ここに意識を生じる。意識が一度起これば心識《しんしき》(名)と相対する事物(色《しき》＊)との区別を生じ、心識が事物を感知する機関として眼《げん》・耳《に》・鼻《び》・舌《ぜつ》・身《しん》・意《い》の六根＊があって、外境《げきょう》(対象)にふれる。この認識によって苦楽の感情が生じ、進んで快楽への渇愛ができて、ついには外界の事物に執《しゅう》着《じゃく》＊を起こし、ここに生死《しょうじ》＊輪廻の果報＊を招くための行動が起こる。生死を離れようとすれば、この無明を断たなければならない。釈尊＊は菩提樹《ぼだいじゅ》＊下においてこの十二因縁を悟られたという。

じゅうにえんぎ〔十二縁起〕　→じゅうにいんねん〔十二因縁〕

じゅうにがっしょう〔十二合掌〕　(1)堅実心合掌(十指を真直に立て合わせて端を少し開く)、(2)虚心合掌(前のようにして掌《てのひら》をつけず)、(3)未敷蓮華《みふれんげ》合掌(前のようにして掌をもっと開く)、(4)初割蓮《しょかつれん》合掌(十指を合わせて中指以下の三指を少し開く)、(5)顕露《けんろ》合掌(二手を仰向け掌内を露《あら》わす）、(6)持水合掌（二手を仰向けて水をすくうようにする）、(7)帰命《きみょう》合掌（十指の端を相叉《そうさ》し右を左に加える。金剛合掌である）、(8)反叉《はんさ》合掌（二手の背を合わせ十指を交えて右を上におく）、(9)反背互相着《ほんはいごそうちゃく》合掌（横に左手を伏せて下に置き、右手を仰向けて左手に重ねる）、(10)横柱指《おうちゅうし》合掌（二手を仰向けて上に向け、二中指で相支え、指の端を上に向ける）、(11)覆手向下《ふくしゅこうげ》合掌（二手を揃え覆い二中指の端で相支え、十指の端を下へ向ける）、(12)覆手合掌（二手を揃え覆い二大指をあい接して十指を上に向ける）。これを密教*で十二合掌という。

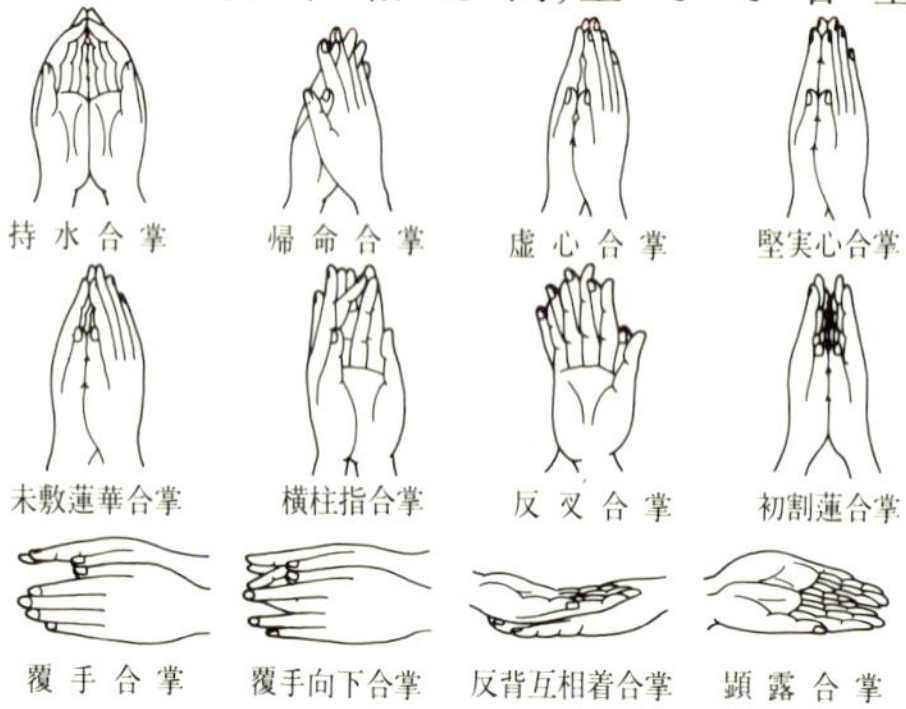

じゅうにこうぶつ〔十二光仏〕 阿弥陀仏《あみだぶつ》*をその光明《こうみょう》*の徳について名づけた十二の仏*の名。無量光仏*（無量光により過去*・現在*・未来*を照らし衆生《しゅじょう》*を救う）、無辺光仏（十方の衆生を照らし救う）、無碍光仏《むげこうぶつ》（一切の障害にさまたげられない）、無対光仏（他の仏・菩薩《ぼさつ》*の光明に対比し難い）、焔王光仏《えんおうこうぶつ》（衆生の煩悩《ぼんのう》*をことごとく焼きつくす）、清浄光仏《しょうじょうこうぶつ》（むさぼりのない生活に報いて得られる光明で、衆生の貪欲*をのぞく）、歓喜光仏《かんぎこうぶつ》（怒りのない生活に報いて得られる光明で、衆生の瞋恚《しんい》*を滅す）、智慧光仏（無痴の生活に報いて得られる光明で、衆生の痴*をやぶる）、不断光仏（三世《さんぜ》*を通じて絶えることのない光明）、難思光仏（仏以外には思慮し得ない光明）、無称光仏（言葉で表現できない光明）、超日月光仏《ちょうにちがっこうぶつ》（日・月の光明にも比べられないほどの尊い光明）。『無量寿経《むりょうじゅきょう》*』に説かれる。

じゅうにし〔十二支〕 干支《かんし》（えと）のこと。十干*十二支を暦数にあてはめたもの。子《ね》、丑《うし》、寅《とら》、卯《う》、辰《たつ》、巳《み》、午《うま》、未《ひつじ》、申《さる》、酉《とり》、戌《いぬ》、亥《い》のことで、これを『大集経《だいじっきょう》*』で説く十二獣*の鼠、牛、虎、兎、竜、蛇、馬、羊、猿、鶏、犬、猪にあてて訓読させる。十二因縁*をいう場合もある。

じゅうにじゅう〔十二獣〕 『大集経《だいじっきょう》*』第二十三で閻浮提《えんぶだい》*の四方の海中にある島（山）に住むという獣のこと。

一方角に三獣ずつ、全部で十二獣いるという。これは菩薩《ぼさつ》*の権化《ごんげ》*で、衆生《しゅじょう》*を済度《さいど》*するために形を変えて、十二月中、毎月一獣ずつ天地の間を往来して衆生を教化《きょうけ》*するという伝説がある。

じゅうにじんしょう〔十二神将〕 十二薬《やく》（夜《や》）叉《しゃ》大将ともいう。普通は忿怒《ふんぬ》像で天衣《てんね》甲冑《かっちゅう》をつけ、さまざまな武器を持って病魔を追い払うという薬師如来《やくしにょらい》*の眷属《けんぞく》*。薬師如来の十二の大願に応じてあらわれる分身ともいわれる。宮毘羅《くびら》大将（本地《ほんじ》*・弥勒《みろく》*＝宝杵《ほうしょ》を持つ）、伐折羅《ばさら》大将（本地・勢至《せいし》*＝宝剣を持つ）、迷企羅《めきら》大将（本地・阿弥陀《あみだ》＝宝棒を持つ）、安底羅《あんていら》大将（本地・観音*＝宝鎚《つい》を持つ）、頞儞羅《あにら》大将（本地・摩利支天《まりしてん》*＝宝叉《さ》を持つ）、珊底羅《さんちら》大将（本地・虚空蔵《こくうぞう》*＝宝剣を持つ）、因達羅《いんだら》大将（本地・地蔵*＝宝棍《こん》を持つ）、波夷羅《はいら》大将（本地・文殊《もんじゅ》*＝宝鎚を持つ）、摩虎羅《まこら》大将（本地・薬師*＝宝斧《ふ》を持つ）、真達羅《しんだら》大将（本地・普賢《ふげん》*＝羂索《けんさく》*を持つ）、招杜羅《しょうとら》大将（本地・金剛《神》*＝宝鎚を持つ）、毘羯羅《びから》大将（本地・釈迦《しゃか》*＝宝輪《りん》を持つ）。以上の本地と持物については『七仏本願経儀軌《ぎき》供養《くよう》法』に依る。俗に十二支*に配して護法*神としている。

じゅうにずだぎょう〔十二頭陀行〕 仏道*の修行者*が、衣食住の少欲知足*を行じる十二の誓行（生活のきまり）。『十二頭陀経』に説かれる。在阿蘭若処《ざいあらんにゃしょ》（人家を離れた静かなところに住する）、常行乞食《じょうぎょうこつじき》（乞食*をして、食物を得ても得なくても好悪の心を起こさない）、次第《しだい》乞食（貧富、貴賤の別なく逢った順序次第に乞食する）、受一食法《じゅいちじきほう》（一日一食）、節量食（過食をしない）、過中《かちゅう》不飲漿《ふおんしょう》（日中を過ぎて果実汁などの飲み物を取らない）、著弊衲衣《ちゃくへいのうえ》（古衣を洗って着る）、但三衣《たんさんね》（裏衣・上衣・内衣以外に貯えない）、塚間住《ちょうげんじゅう》（墓場に住む）、樹下止《じゅげし》（樹下に止住する）、露地座《ろじざ》（空地に座る）、但《たん》座不臥《ざふが》（座にすわるが横に臥すことはしない）のこと。

じゅうにてん〔十二天〕 仏法*を守護*する十二の天部の神々（もとインドの神々）。東方の帝釈《たいしゃく》天*、南方の焔摩《えんま》天（夜摩《やま》*天）、西方の水天*、北方の毘沙門《びしゃもん》天*、東南方の火《か》*天、西南方の羅刹《らせつ》*天、西北方の風天*、東北方の伊舎那《いしゃな》天（以上を八方天*という）、梵《ぼん》天*、地天、日天、月《がっ》天をいう。

じゅうにぶきょう〔十二部経〕 仏*の教えを形式や内容によって十二様に分けた見方。十二分経ともいう。修多羅《しゅたら》*（契経《かいきょう》*）、祇夜《ぎや》*（応頌）、伽陀《かだ》*（偈《げ》*）、尼陀那《にだな》*（因縁*）、伊帝目多伽《いていもくたか》（本事*）、闍多伽《じゃたか》*（本生）、阿浮達磨《あぶだつま》（希有）、阿波陀那《あばだな》（譬喩*）、優婆提舎《うばだいしゃ》*（論議）、優陀那《うだな》*（自説）、毘仏略《びぶつりゃく》（方広）、和伽羅《わから》（授記*）のこと。↓くぶきょう（九部経）

じゅうにぶんきょう〔十二分経〕　↓じゅうにぶきょう（十二部経）

じゅうにもんろん〔十二門論〕　一巻。竜樹*著。鳩摩羅什《くまらじゅう》*訳。大乗仏教*の一切皆空《かいくう》の思想を十二の門（章）に分けて明らかにしたもの。『中論*』『百論*』とあわせて三論*と呼ばれ、三論宗*の依って立つ論書となった。観因縁、観有果無果《かんうかむか》、観縁、観相、観有相無相《かんうそうむそう》、観一異《かんいちい》、観有無《かんうむ》、観性、観因果、観作者《かんさしゃ》、観三時、観生《かんしょう》の十二門から成る。㊀30・No.1568

じゅうにょぜ〔十如是〕　『法華経《ほけきょう》*』方便品《ぼん》の「諸法如是相如是性如是体如是力如是作如是因如是縁如是果如是報如是本末究竟等《くきょう》」という文による考え方で、相、性《しょう》、体、力、作、因、縁、果、報、本末《ほんまつ》究竟等の十種の如是を設定し、一切の事象はことごとくこの十如を具備する、ということ。↓いちねんさんぜん（一念三千）

しゅうねん〔執念〕　物事に固執して離れない妄念*。執念を断つことはさとり*の第一歩。執心ともいう。

じゅうねん〔十念〕　①仏身《ぶっしん》*など、十種の事に心を集中すること。念仏*、念法、念僧、念戒、念施《せ》、念天、念休《く》息《そく》、念安般《あんばん》、念身、念死のこと。②十声《じっしょう》念仏することをいう。

じゅうねんおうじょう〔十念往生〕　『観無量寿経*』で説く下品下生《げぼんげしょう》*の往生*。最も罪障の深い凡夫《ぼんぶ》*が臨終*に十《じっ》声《しょう》念仏をして往生すること。

しゅうは〔宗派〕　同一の宗教*を信じながら、主張する教義や行事等の相違から生じた分派をいう。

じゅうはちけん〔十八賢〕　廬山《ろざん》*の慧遠《えおん》*が般若《はんにゃ》台に白蓮社《びゃくれんしゃ》*を結社して百二十三人とともに念仏*の業《ごう》*を修行*した。その中でとくに高才な十八名を蓮社の十八賢という。慧遠《えおん》、西林《さいりん》、慧持《えじ》、道生《どうしょう》、曇順《どんじゅん》、僧叡《そうえい》、曇恒《どんこう》、道昺《どうあん》、曇詵《どんせん》、覚明《かくみょう》、道敬《どうけい》、覚賢《かくけん》、劉程之《りゅうていし》、張野《ちょうや》、周続之《しゅうしょくし》、張全《ちょうぜん》、宗炳《そうへい》、雷次宗《らいじそう》。この十八人の伝記は、『十八高賢伝』にまとめられている。

じゅうはちだいし〔十八大師〕　日本において、古来大師号を諡《おく》られた十八人の高僧。天台宗*の伝教《でんぎょう》（最澄《さいちょう》*）、慈覚（円仁《えんにん》*）、智証（円珍《えんちん》*）、慈慧（良源*）、慈摂《じしょう》（真盛《しんぜい》*）、慈眼《じげん》（天海*）、真言宗*の弘法《こうぼう》（空海*）、道興（実慧《じちえ》）、法光（真雅《しんが》）、本覚《ほんがく》（益信《やくしん》）、理源（聖宝《しょうぼう》）、興教《こうぎょう》（覚鑁《かくばん》*）、月輪《がちりん》（俊芿《しゅんじょう》*）、浄土真宗*の見真《けんしん》（親鸞《しんらん》*）、慧灯《えとう》（蓮如《れんにょ》*）、曹洞《そうとう》宗*の承陽《じょうよう》（道元*）、浄土宗*の円光（法然《ほうねん》*）、融通念仏宗*の聖応《しょうおう》（良忍*）の各大師。後に、主として明治以後の追謚《ついし》でさらに六人の大師*が加わり、現在は二十四大師がある。↓仏教常識〈僧の部〉大師

じゅうはちだんりん〔十八檀林〕 浄土宗*の十八箇の学苑。関東十八檀林*ともいい、増上寺*第十二代の源誉存応《げんよぞんのう》と徳川家康とが設置した。

じゅうはちふぐうほう〔十八不共法〕 仏《ぶつ》*のみが持つ十八の独特の功徳《くどく》*。十八不共仏法ともいう。身無失《しんむしつ》（おこないに過失がない）、口《く》無失（言語に過失がない）、念無失（心のはたらきに過失がない）、無異想《むいそう》（一切衆生《しゅじょう》*に対し親怨の思いがない）、無不定《ふじょう》心（心が散乱せず禅定《ぜんじょう》*に住している）、無不知已捨《ふちいしゃ》（一切を知りつくしていて無知のために捨てるということがない）、欲《よく》無滅《むめつ》（善を欲する心が滅しない）、精進《しょうじん》無滅（衆生を救うことに精進*しそれが滅しない）、念無滅（諸仏の法*を念持して滅することがない）、慧《え》無滅（あらゆる智慧*がそなわっていて滅しない）、解脱《げだつ》無滅（解脱*に欠けるところがない）、解脱知見無滅（解脱による知見に欠けるところがない）、一切身業随智慧行《いっさいしんごうずいちえぎょう》、一切口業《くごう》随智慧行、一切意業《いごう》随智慧行（以上の三つは、真実の身《しん》・口《く》・意《い》ということ）、智慧知過去世無碍《ちえちかこせむげ》、智慧知未来世無碍、智慧知現在世無碍（以上の三つは、過去*・現在*・未来*にわたって一切を知る智慧ということ）。

じゅうはっしゅう〔十八宗〕 日本における仏教十八宗。三論宗*、法相《ほっそう》宗*、華厳《けごん》宗*、律宗*、倶舎《くしゃ》宗*、成実《じょうじつ》宗*、天台宗*、真言宗*、融通《ゆうずう》念仏宗*、修験《しゅげん》宗、浄土宗*、臨済《りんざい》宗*、曹洞《そうとう》宗*、浄土真宗*、日蓮宗*、時《じ》宗*、普化《ふけ》宗*、黄檗《おうばく》宗*。

じゅうぶつみょう〔十仏名〕 東晋時代の道安*（三一二―三八五）の定めたもの。清浄法身毘盧遮那《しょうじょうほっしんびるしゃな》仏、円満報《ほう》身盧舎那《じんるしゃな》仏、千百億化身釈迦牟尼《けしんしゃかむに》仏、当来下生弥勒尊《とうらいげしょうみろくそん》仏、十方三世《さんぜ》一切諸仏（以上＝仏）。大《だい》聖文殊師利菩薩《しょうもんじゅしりぼさつ》、大乗普賢《ふげん》菩薩、大悲観世音菩薩、大《だい》智勢至《ちせいし》菩薩、諸尊菩薩摩訶薩《まかさつ》（以上＝僧）。摩訶般若波《まかはんにゃは》羅蜜《らみつ》（法）。実数には十二仏名があるが、概数をとって十仏名という。

西方《さいほう》無量寿仏

しゅうほうみょうちょう〔宗峰妙超〕 ↓みょうちょう（妙超）

じゅうぼんのう〔十煩悩〕 ①忿《ふん》（いきどおり）、覆《ふく》（いつわり）、慳《けん》*（うらやみ）、嫉《しつ》（ねたみ）、悩（あきらめ）、害（おどし）、恨《こん》（友情をそこなう）、諂《こん》（あざむく）、誑《おう》（うらぎり）、憍《きょう》（自己満足）。②無慚《むざん》*（無反省）、無《む》

愧《き》*(恥知らず)、不捨《ふしゃ》(不安定)、懈怠《けだい》*(心が重いこと)、昏沈《こんじん》(怠惰)、抱歎《ほうたん》(なげき)、放逸《ほういつ》*(不注意)、失念(ものわすれ)、心乱(こころの乱れ)、不正知《ふしょうち》(誤解)。③貪《とん》*(むさぼり)、瞋《しん》*(いかり)、痴《ち》*(おろかさ)、慢*(おごり)、疑《ぎ》*(うたがい)、身見《しんけん》*(私という実体があるとし、その身心《しんじん》を自分の所有物であるとみるあやまった考え)、辺見*(かたよった考え)、邪《じゃ》見*(因果*を否定する考え)、見取《けんじゅ》見(あやまった考えにとらわれ、それを真実とみること)、戒禁取見《かいごんしゅけん》(戒取《かいしゅ》見=あやまった戒*を守り、解脱《げだつ》*が得られるとすること)。

じゅうまんおくど〔十万億土〕 この世界から極楽*世界までの間にある仏《ぶっ》国土*の数を指す。転じて、極楽世界を意味する場合も多い。

じゅうもつ〔什物〕 寺院所蔵の種々の道具*類をいう。

しゅうもん〔宗門〕 宗旨*、宗派*のこと。

じゅうや〔十夜〕 浄土宗*寺院における行事。十日十夜にわたり別時《べつじ》念仏*を修する。毎年陰暦十月五日から十日間。↓仏教常識〈行事の部〉同項

じゅうやねんぶつ〔十夜念仏〕 ↓じゅうや(十夜)

じゅうりき〔十力〕 ①仏《ぶつ》*・如来《にょらい》*だけがそなえる十種の智慧*の力。処非処《しょひしょ》智力、業異熟《ごういじゅく》智力、静慮解脱等持等至《じょうりょげだつとうじとうし》智力、根上下《こんじょうげ》智力、種々勝解《しゅじゅしょうげ》智力、種々界智力、遍趣《へんしゅ》行《ぎょう》智力、宿住随念《しゅくじゅうずいねん》智力、死生《ししょう》智力、漏尽《ろじん》智力。②菩薩《ぼさつ》*の十力。発《ほっ》一切心堅固《けんご》力、不捨衆生大慈《ふしゃしゅじょうだいじ》力、具足大悲力、信《しん》一切仏法精進《しょうじん》力、思行禅定《しぎょうぜんじょう》力、除《じょ》二辺智慧力、成熟《じょうじゅく》衆生力、観法《かんぼう》実相力、入三昧《にゅうさんまい》解脱門力、無碍智《むげち》力。③力波羅蜜《りきはらみつ》の十力。深心《じんしん》力、深信《じんしん》力、大悲《だいひ》力、大《だい》慈《じ》力、総持《そうじ》力、弁才《べんざい》力、波羅蜜《はらみつ》力、大願《だいがん》力、神通《じんずう》力、加持《かじ》力。

じゅうりきかしょう〔十力迦葉〕 (梵) Daśabalakāśyapa の訳。釈尊*がムリガダーヴァ(鹿野苑《ろくやおん》*)で初めて済《さい》度《ど》*した五人の比丘《びく》*の一人。↓かしょう (迦葉)

じゅうろくかん〔十六観〕 『観無量寿経*』に説かれることで、阿弥陀仏《あみだぶつ》*の仏身《ぶっしん》*・国土を観想《かんそう》*する十六種の方法。日《にっ》想観*(落日を見て浄土*を観想する)、水《すい》想観(水や氷を見て浄土の大地の平坦な様を観想する)、地《ち》想観(浄土の大地を観想する)、宝樹《ほうじゅ》観(浄土の宝の樹を観想する)、宝池《ほうち》観(浄土の宝の池を観想する)、宝楼《ほうろう》観(浄土の五百億の宝楼閣を観想する)、華座《けざ》観(阿弥陀仏の七宝《しっぽう》*で飾られた蓮華《れんげ》の台座*を観想する)、像《ぞう》観(阿弥陀仏の像を観想する)、真身《しんじん》観(阿弥陀仏の身《しん》の姿を観想する)、観音観、勢至《せいし》観(阿弥陀仏の二脇《にきょう》菩薩《ぼさつ》である観

音*と勢至*を観想する)、普《ふ》観(極楽*の依正二報《えしょうにほう》《仏国土と仏*》の荘厳《しょうごん》*なる様を普《あまね》く観想する)、雑想《ざっそう》観(日想観から普観までのような観想のできないものが、一丈六尺の阿弥陀像を見て、種々に変現する雑想を観想する)、上輩《じょうはい》観、中輩観、下《げ》輩観(上中下の三観で、各自が自分に適した行いで往生*を得ることを観想する)の十六をいう。

じゅうろくぜんじん〔十六善神〕 『大般若波羅蜜多経《だいはんにゃはらみったきょう》』*およびこの経*を読誦《どくじゅ》する人を守護する十六の善神。この経を転読*するとき、釈迦像と並べてこの尊像を拝する。提頭頼吒《だいずらた》(持国天《じこくてん》*)、毘盧勒叉《びるろくしゃ》(増長天*)、摧伏《さいふく》毒害、増益《ぞうやく》、歓喜《かんぎ》、除一切障難《じょいっさいしょうなん》、抜罪垢《ばつざいく》、能仁《のうにん》、吠室羅《べいしら》摩拏《まぬ》(多聞天《たもんてん》*)、毘盧博叉《ばくしゃ》(広目天《こうもくてん》*)、離《り》一切怖畏《ふい》、救《く》護《ご》一切、摂伏諸魔《しょうふくしょま》、能救諸有《のうくしょう》、師子威猛《ししいみょう》、勇猛心地《ゆうみょうしんじ》。

じゅうろくだいこく〔十六大国〕 釈尊*在世当時のインドの十六の大国。

じゅうろくだいじ〔十六大寺〕 奈良を中心とする十六の大きな寺。東大寺*、興福寺*、元興《がんごう》寺*、大安寺、薬師寺*、西大《さいだい》寺*、法隆寺*、新薬師寺、大后寺、不退寺、法華《ほっけ》寺*、超証《ちょうしょう》寺、竜興寺、唐招提《とうしょうだい》寺*、宗鏡《すぎょう》寺、弘福《ぐふく》寺。

じゅうろくらかん〔十六羅漢〕 羅漢*(阿羅漢《あらかん》*)とはさとりを得た聖者《しょうじゃ》*の意で、永くこの世にあって正法《しょうぼう》*を護持《ごじ》*しようと誓った十六人の阿羅漢。衆生《しゅじょう》*が僧*を供養《くよう》*し仏法*を敬う時は、凡俗に身をかえて眷属《けんぞく》*を率いて来て勝れた果報*を得させるという。ピンドーラバラドゥヴァージャ(賓頭盧跋羅惰闍《びんずるばらだじゃ》=賓頭盧*)、カナカヴァッサ(迦諾迦伐蹉《かなかばっさ》)、カナカバラドゥヴァージャ(迦諾迦跋釐惰闍《かなかばりだじゃ》)、スビンダ(蘇頻陀《そひんだ》)、ナクラ(諾矩羅《なくら》)、バドラ(跋陀羅《ばだら》)、カーリカ(迦理迦《かりか》)、ヴァジュラプトラ(伐闍羅弗多羅《ばじゃらほったら》)、ジーヴァカ(戍博迦《じゅばか》)、パンタカ(半託迦《はんたか》)、ラーフラ(羅怙羅《らごら》=羅睺羅《らごら》*)、ナーガセーナ(那伽犀那《ながさいな》)、アンガジャ(因掲陀《いんかだ》)、ヴァナヴァーシン(伐那婆斯《ばなばし》)、アジタ(阿氏多《あした》)、チューダパンタカ(注荼半託迦《ちゅうだはんたか》=周利槃特《しゅりはんどく》*)。中国では、賓頭盧・慶友《きょうゆう》、または迦葉《かしょう》*・軍徒《ぐんと》鉢歎《はったん》を加えて十八羅漢とするのが一般である。

しゅうろん〔宗論〕 宗旨*、宗派*の優劣や真偽を論議すること。

しゅうん〔取蘊〕 有漏《うろ》*の諸法(煩悩《ぼんのう》*とともに生滅する事象)のこと。取とは煩悩の異名で、有漏の諸法は煩悩から生じ、煩悩に属し、また煩悩を生ずることから取蘊という。

しゅがい〔朱蓋〕 朱傘《しゅがさ》ともいう。朱に染めた傘。↓仏教

常識〈法具の部〉同項

じゅかい〔受戒〕　弟子が師より仏*の戒*を受けて誓う儀式。もとは三人の師と七人の証人（三師七証）を立てて受戒するのが定法であるが、辺境の地その他で師証の人数は流動する。

じゅかいけんど〔受戒犍度〕　二十犍度の一つ。戒*を受ける法（具体的な規定）を明らかにしている。十戒《じっかい》*を受け、衣鉢《いはつ》*が備わり、諸根《こん》*（身体と心の機能）を具足*した人は具足戒*を受ける。この時、三人の師と七人の証人があって、説法*引導《いんどう》*して戒徳を知らせ、問答して受戒させる。『四分律《しぶんりつ》*』三十一巻に説かれている。

じゅかいのしちしゅ〔受戒の七衆〕　七浄衆ともいう。比丘《びく》*、比丘尼《びくに》*、式叉摩那《しきしゃまな》*、沙弥《しゃみ》*、沙弥尼《しゃみに》*、優婆塞《うばそく》*、優婆夷《うばい》*のこと。

じゅき〔授記〕　仏*が記別を授けること。↓きべつ（記別）

じゅきせつ〔授記説〕　十二部経*の一つ。仏*が菩薩《ぼさつ》*、声聞《しょうもん》*などのために、その未来*を説いて懸記《けんき》*（予言）した教説をいう。

しゅぎょう〔修行〕　常に道を守って、善行《ぜんぎょう》を修めること。

じゅきょう〔誦経〕　経文《きょうもん》を暗《そら》んじて読むこと。

しゅきょうもくろく〔衆経目録〕　漢訳の一切経《いっさいきょう》*を類別した目録。①七巻。隋の開皇十四年（五九四）法経《ほうきょう》ら二十人が勅命により撰したもの。九条四十二分・二千二百五十七部・五千三百十巻を録す。別録六巻、総録一巻がある。隋の七巻録、または法経録ともいう。②五巻。隋の仁寿二年（六〇二）彦琮《げんそう》らが勅命により撰したもの。二千百十三部・五千七十二巻を録す。隋の五巻録、または彦琮録ともいう。③五巻。唐の竜朔三年（六六三）勅して一切経を写させ、静泰《じょうたい》が作った目録。二千二百十九部・六千九百九十四巻を録す。静泰録ともいう。

しゅくいん〔宿因〕　「すくいん」とも読む。宿世《しゅくせ》*（前世《ぜんせ》*）の業因《ごういん》*ともいい、過去世《かこせ》*につくった善・悪*のたねのこと。↓次項

しゅくえん〔宿縁〕　「すくえん」とも読む。宿因に同じ。前世《ぜんせ》*で結んだ因縁*。↓前項

しゅくごう〔宿業〕　宿世《しゅくせ》*の業《ごう》*ともいい、前世《ぜんせ》*（宿世）でなした善・悪*の行為のこと。現世《げんぜ》*でその報いを受ける。一般には過去のむくいをいう。

しゅくせ〔宿世〕　「すくせ」とも読む。前世《ぜんせ》*のことをいう。

しゅくぜん〔宿善〕　過去世《かこせ》*（宿世《しゅくせ》*）においてつくられた

善業《ぜんごう》、善根《ぜんごん》*をいう。

しゅくぼう〔宿坊〕 宿房とも書く。寺院*で参詣人を休息または宿泊させる僧坊のこと。高野山*、比叡山*などにある。

しゅくみょう〔宿命〕 命は生活の意で、とくに過去世《かこせ》*(宿世《しゅくせ》*)における生活のこと。一般には「しゅくめい」と読み、前世《ぜんせ》*から定まっている運命をいう。

しゅげいしゅちいん〔綜芸種智院〕 京都市南区九条。天長五年(八二八)空海*が庶民教育普及のために設立した私学。道俗*(出家者と在家者)の教師により内外《ないげ》諸典(仏教と仏教以外の典籍)を教授した。承和十二年(八四五)廃校。

しゅげんじゃ〔修験者〕 修験道*の行者《ぎょうじゃ》*。山伏《やまぶし》*ともいう。

しゅげんどう〔修験道〕 修験宗ともいう。仏教*の一派で、もっぱら山岳に起伏苦行《きぶくぎょう》して修行*し霊験《れいげん》*を得るのを目的とする。開祖は役小角《えんのおづぬ》*。宇多天皇時代に、聖宝《しょうぼう》が再興して三宝院《さんぼういん》流、すなわち当山《とうざん》派《は》(真言修験)を開き、堀河天皇時代に、増誉《ぞうよ》がまた聖護院《しょうごいん》*流、すなわち本山《ほんざん》派《は》(天台修験)を開いた。大和の金峰山《きんぶせん》、吉野、紀伊の熊野、加賀の白山、出羽の羽黒などが有名であったが、明治五年に廃宗され、同二十五年、天台修験宗のみが再興し、大和の金峰山を本山*として独立した。真言修験宗は醍醐《だいご》派《は》として独立した。

じゅこう〔珠光〕(一四二三—一五〇二)大和(奈良県)の人。姓は村田。十歳で奈良の称名寺《しょうみょうじ》に入って出家*し、二十五歳で還俗《げんぞく》*。大徳寺*一休*の俗弟子となり、参禅*のとき居眠りを催すのを恐れて、某医にすすめられ常に喫茶し、ついに茶の式を定めるに至った。一休より禅*の要旨をうけた後、六条堀川に四畳半の室を構えて茶式を行う。文亀二年五月寂す。茶道の元祖*といわれる。

しゅごうじごく〔衆合地獄〕 八熱地獄(等活《とうかつ》地獄・黒縄《こくじょう》地獄・衆合地獄・叫喚《きょうかん》地獄・大叫喚地獄・焦熱《しょうねつ》地獄・大焦熱地獄・無間《むけん》地獄)の一つ。二つの大鉄山の間にはさまれた罪人が圧死させられたり、大鉄槽の中で圧死させられる地獄*。→はちねつじごく(八熱地獄)→口絵図版〈十界図〉

しゅじ〔種子(字)〕 真言宗*において、仏《ぶつ》*・菩薩《ぼさつ》*・明王《みょうおう》*等を象徴する各種の悉曇《しったん》文字(梵字《ぼんじ》*)をいう。

じゅじ〔受持〕 仏*の教えを信受し、持《たも》つこと。

しゅじげさ〔種字袈裟〕 首にかける袈裟*。輪袈裟《わげさ》*を半分に折り、両端に長い紐をつけて、真中で結びつけたもの。中に真言*の種子*をこめたことからこの名称がある。

しゅじまんだら〔種子曼荼羅〕 四種《ししゅ》曼荼羅＊（四曼）のうち、法曼荼羅のことをいう。梵字《ぼんじ》＊（悉曇《しったん》＊）で諸尊を表わした曼荼羅＊であることから、その字母を種子＊という。

しゅしょう〔殊勝〕 ことのほかすぐれて世にまれなること。一般には、けなげなこと、神妙なことをいう。

しゅじょう〔衆生〕 有情《うじょう》＊の旧訳《くやく》＊。衆《おお》くの生を経て生存しているものという意味で、生きとし生けるもののことをいう。

しゅしょうえ〔修正会〕 毎年正月に、旧年の悪習を正し、前途の吉祥《きちじょう》＊を祈る法会《ほうえ》＊。修正月会《しゅしょうがつえ》の略。

しゅじょうおん〔衆生恩〕 四恩の一つ。一切の男子は慈父、一切の女子は悲母として、衆生＊の恩を思念すべきことをいう。↓しおん（四恩）

しゅじょうむへんせいがんど〔衆生無辺誓願度〕 四弘誓《しぐぜい》願《がん》の一つ。無量無辺の衆生＊を苦しみの世界から済度《さいど》＊しようとする広大なる誓願＊である。↓しぐぜいがん（四弘誓願）

じゅず〔数珠〕 珠数、誦珠、呪珠とも書き、念珠ともいう。仏《ぶつ》＊・菩薩《ぼさつ》＊を礼拝《らいはい》＊する時に手にかけ、あるいは念仏＊の遍数を数えるのに用いる。珠の数は普通百八個あり、百八の煩悩《ぼんのう》＊を退治することを意味している。↓仏教常識〈法具の部〉同項

しゅぜんじ〔修禅寺〕 修善寺とも書く。曹洞《そうとう》＊宗。静岡県田方郡修善寺町。肖盧《しょうろ》山と号す。空海＊の巡錫《じゅんしゃく》＊（巡り教化《きょうけ》＊する）の地で、弟子の杲隣《ごうりん》の開山。初め真言宗＊であったが、建長年間（一二四九―五六）蘭溪道隆《らんけいどうりゅう》＊が入寺して臨済《りんざい》＊宗に改めるが、後、北条早雲の外護で隆溪が来住し、曹洞宗に改めた。文久三年（一八六三）罹災し、明治二十年（一八八七）再建した。本尊＊は大日《だいにち》如来《にょらい》。鎌倉時代初期、源範頼と頼家がここで殺されている。頼家の面が今も寺に残っており、それをもとに岡本綺堂の書いた『修禅寺物語』で知られる。

しゅそ〔首座〕 禅寺の役僧。禅頭《ぜんとう》、首衆《しゅしゅ》ともいう。一山の坐＊禅＊修行の大衆《だいしゅ》＊のうちの第一位にあって模範となるもの。

じゅぞう〔寿像〕 生存中に描いた肖像。

しゅだいみょうじ〔首題名字〕 経典＊の初めに掲げられた題号。大方広仏華厳経《だいほうこうぶつけごんぎょう》、妙法蓮華経《みょうほうれんげきょう》などと称するもの。

しゅだつ〔須達〕 （梵）Sudatta の音写。「すだつ」ともいう。また須達多《しゅだつた》、蘇達多《そだつた》とも記す。シュラーヴァスティー（舎衛城《しゃえいじょう》＊）の長者＊。↓ぎっこどく（給孤独）

しゅたら〔修多羅〕 （梵）sūtra の音写。契経《かいきょう》＊、法本《ほうほん》、直《じき》

説《せつ》などと訳す。すべて聖教《しょうぎょう》のことをいう。また、十二部経*の一つ、散文体の『四阿含経《しあごんぎょう》*』その他の経典*をいう。さらに、僧*の衣を結ぶ打ち紐をも修多羅という。

しゅだら〔首陀羅〕（梵）śūdra の音写。首陀《しゅだ》ともいう。インド四姓《ししょう》*中の最下階級の名、シュードラ。もとは、アーリヤ民族に征服された先住民族のドラヴィダ人より成っていた。賤業に従事させられ、基本的人権および社会生活権の多くを奪われた身分である。

しゅっけ〔出家〕（梵）pravrajyā の訳。世俗の束縛（五欲*の家）を捨てて修行*の道に入ること。転じて、出家した人のことをいう。出家した者が再び世俗の世界に戻ることを還俗《げんぞく》*という。

しゅっさんのしゃか〔出山の釈迦〕「しゅっせんのしゃか」とも読む。成道《じょうどう》*して雪山《せっせん》*を出る釈迦*のこと。その枯痩蓬髪《こそうほうはつ》の様は、好んで文人画の画題とされた。

しゅっせ〔出世〕仏*が衆生《しゅじょう》*を救済するためにこの世に生まれ出ること。また、出世間*の略。転じて一般には、この世に現われること、立身することをいう。

しゅっせけん〔出世間〕有漏《うろ》*の世間*を出離《しゅつり》*すること。すなわち、煩悩《ぼんのう》*を滅することにより苦しみに満ちた現象世界を超越してさとり*の境地に入ることをいう。また、世俗を世間というのに対して仏法*を出世間とする。

しゅっせほんがい〔出世本懐〕釈尊*がこの世に生まれ出た本来の目的のこと。

シュッドーダナ〔首図駄那〕→じょうぼんのう（浄飯王）

しゅつり〔出離〕出ること、離れること。迷いのこの世界を離脱すること。

しゅてん〔衆天〕→そうぎゃだいば（僧伽提婆）

しゅと〔衆徒〕①「しゅうと」ともいい、大衆《だいしゅ》*ともいう。平安朝以後、奈良や比叡山*などの大寺に止住する多数の僧侶*をいい、後には僧兵*の意味にも用いた。②浄土真宗*では住職*の子弟あるいはそれに準ずる得度《とくど》*した僧（伴僧《ばんそう》*）のこともいう。

しゅどう〔修道〕（梵）bhāvanā-mārga の訳。修行*の階梯である三道《さんどう》*（見道・修道・無学道）の一つ。修惑《しゅわく》（具体的なものごとに対する情的な迷い）を断つ位。小乗仏教*では、一来向《いちらいこう》から阿羅漢向《あらかんこう》をいい、大乗仏教*の菩《ぼ》薩《さつ》道では初地《しょじ》から十地までをいう。→しこう（四向）、じゅうじ（十地）

じゅふくじ〔寿福寺〕臨済《りんざい》宗*建長寺派*。鎌倉五山*の一つ。神奈川県鎌倉市扇ケ谷《おうぎがやつ》にあり、亀谷《きこく》山金剛寿福禅寺と号す。本尊*は釈迦如来《しゃかにょらい》。もと源義朝の邸跡であったが、治承四年（一一八〇）岡崎義実が報恩のためにこの地に寺*を建て、さらに正治二年（一二〇〇）北条政子が栄西《えいさい》*を招き、清浄《しょうじょう》*結界《けっかい》*の地として大伽藍《がらん》を建てた。

しゅほう〔修法〕 行法《ぎょうぼう》*、密法《みっぽう》*、密供《みっく》などともいう。密教*の加持《かじ》*祈祷*の法をいう。口に真言*を唱え、手に印*を結び、心に仏《ぶつ》*・菩薩《ぼさつ》*の相*を観*ずる。大別して息災《そくさい》、増益《ぞうやく》、敬愛《けいあい》、鉤召《こうちょう》、降伏《ごうぶく》*の五法がある。大日如来《だいにちにょらい》*、不動明王*、聖天《しょうでん》*、薬師如来*、鬼子母神《きしもじん》*、観音菩薩*等、その本尊*によって種々の名称がある。国家のため、また個人のために行う。

しゅほうかんのん〔衆宝観音〕 三十三観音*の一つ。地上に座って右手を地につけ、左手を立てた左膝の上におく。長者*の姿を表わしたものである。珊瑚《さんご》・真珠などの宝物を求めて海に出たとき、大風にあい、羅刹《らせつ》*の国に漂着しても、その名を称えれば羅刹の難をのがれるとされる。

しゅぼだい〔須菩提〕 スブーティ。（梵）Subhūti の音写。善現、善吉《ぜんきつ》と訳す。仏*の十大弟子*の一人で、解空《げくう》（空《くう》*を理解すること）第一といわれた。

しゅみせん〔須弥山〕 スメール。（梵）Sumeru の音写。妙高山《みょうこうせん》と意訳する。仏教*の宇宙観の中心をなす巨大な山。世界の中央。金輪《こんりん》の上に十六万由旬《ゆじゅん》（一由旬は歩兵が一日で行軍する距離をいう）の高さでそびえ、七《しち》山《せん》・七海がその周囲にある。水面からの高さ八万由旬、縦横もまた同じ。四面は各々一色で、東西南北はそれぞれ黄金、頗黎《はり》*、白銀、瑪瑙《めのう》（異説あり）。日月《にちがつ》はこの山の周囲を回り、中腹に四《し》王天*、頂上に帝釈《たいしゃく》天*をはじめとして三十三天*の宮殿があり、六道*、四生《ししょう》*、二十五有界《うかい》はすべてここに住するという。山裾に須弥海があり、周囲の七山・七海および外側の鉄囲山《てっちせん》*を合わせて九山八海《くせんはっかい》*という。→次頁図版〈須弥山図〉

しゅみだん〔須弥壇〕 仏像*または仏龕《ぶつがん》を安置する壇で、須弥山《しゅみせん》*をかたどり、堂の中央にある。→仏教常識〈法具の部〉同項

しゅもく〔撞木〕 梵鐘《ぼんしょう》*をつきならす木、または喚《かん》*鐘を叩く器具。

じゅもん〔呪文〕 まじないの文句。陀羅尼《だらに》*の文句。→じゅ（呪）

しゅゆ〔須臾〕 （梵）muhūrta の訳。牟呼栗多《むこりった》と音写。一昼夜の三十分の一。一般にきわめて短い時間をいう。

須弥山図《しゅみせんず》——［解説］

インド特有の古典的世界観。宇宙・世界の中心には須弥山(Sumeru)という山があり、その基底は水中に八万由旬《ゆじゅん》(一由旬は約十里＝四十キロ)、水上(地上)に八万由旬で、頂上に帝釈天がある、とされる。帝釈天の位置は金輪《こんりん》の九山八《くせんは》海《かい》の中心で、その下は水輪、最下は欲界とされる。典型的な天動説として全仏教圏のほぼ全歴史に亙って信奉され、わが国でも最近まで信奉する向きがあった。

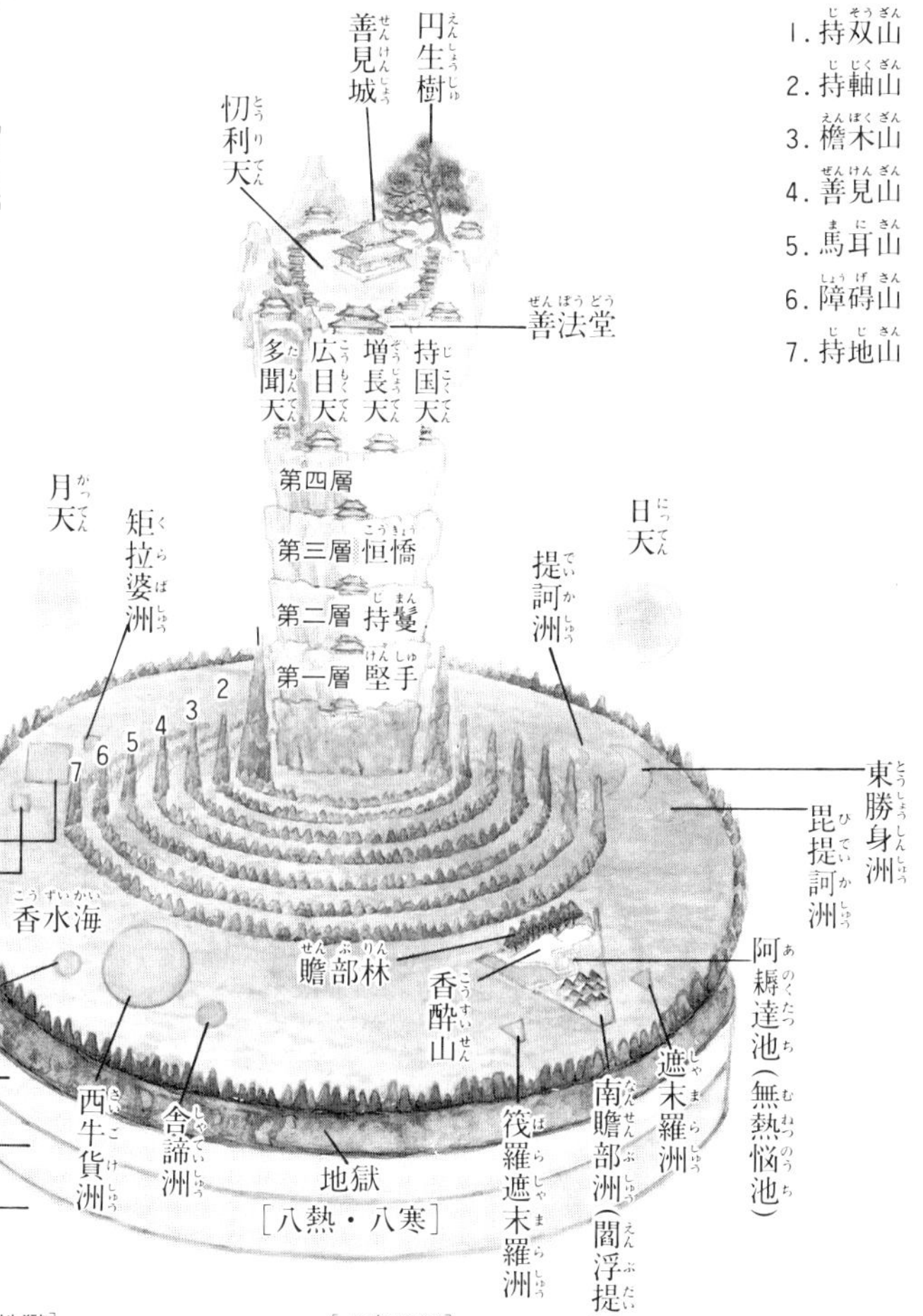

［八熱地獄］

1.等活《とうかつ》地獄
2.黒縄《こくじょう》地獄
3.衆合《しゅごう》地獄
4.叫喚《きょうかん》地獄
5.大叫喚地獄
6.焦熱《しょうねつ》地獄
7.大焦熱地獄
8.無間《むけん》地獄

［八寒地獄］

1.頞部陀《あんぶだ》地獄
2.尼刺部陀《にらぶだ》地獄
3.頞哳吒《あせた》地獄
4.臛臛婆《かくかくば》地獄
5.虎虎婆《ここば》地獄
6.嗢鉢羅《うばら》地獄
7.鉢特摩《はどま》地獄
8.摩訶鉢特摩《まかはどま》地獄

じゅゆうしん〔受用身〕 仏*の三身《さんじん》*の一つで、自《じ》受用身、他《た》受用身の二種がある。自受用身とは自ら得た法楽*を独り楽しむ仏身《ぶっしん》*であり、他受用身とは自己の法楽を他に施して受けさせる仏身をいう。

しゅら〔修羅〕 →あしゅら（阿修羅）

しゅらば〔修羅場〕 修羅（阿《あ》修羅*）は常に帝釈天《たいしゃくてん》*と戦闘する鬼神《きじん》*で、その戦場を修羅場という。転じて一般には、戦乱闘争の場所をいう。

しゅりはんどく〔周利槃特〕 チューダパンタカ。（梵）Cūḍapanthaka の音写。小路《しょうろ》、辺生《へんじょう》と訳す。路辺で生まれたのでこのようにいう。釈尊*の弟子。性質はきわめて愚鈍であったが、一心に修行*して、ついに阿羅漢果《あらかんか》*を得たという。

じゅりょう〔寿陵〕 →仏教常識〈仏事の部〉同項

じゅんえん〔順縁〕 仏*を供養《くよう》*したり説法*を聞くなど、順調な善い因縁*によって仏道*に入ること。また、善友や善知識《ぜんちしき》*が修行*について指導すること。逆縁*の対。

しゅんかん〔俊寛〕 （一一四二―七八） 平安末期の真言宗*の僧。仁和寺寛雅の子。藤原成親らと後白河法皇を奉じて平清盛を亡ぼそうと謀るが失敗、治承元年（一一七七）鬼界ケ島に流される。翌年配所で歿す。

じゅんきょう〔巡教〕 諸方を巡って伝道*、説教*すること。→次項

じゅんしゃく〔巡錫〕 巡教*と同じく、諸方を巡って仏道*を弘めること。僧*はすべて錫杖《しゃくじょう》*を持って巡遊することからこういう。

しゅんじょう〔俊芿〕 （一一六六―一二二七） 律宗*の僧。京都泉涌寺《せんにゅうじ》*の開山*。字は我禅《がぜん》、肥後（熊本県）の人。京都、奈良に大乗*・小乗*の戒律*を学び、建久十年（一一九九）宋に渡って天台宗*、禅宗*、律宗等の奥旨を極めて、建暦元年（一二一一）帰朝する。その際、北宋《ほくそう》官版大蔵経《かんぱんだいぞうきょう》を将来する。建仁寺《けんにんじ》*に寓し、のち仙遊寺《せんゆうじ》に移り、嘉禄二年（一二二六）諸堂宇を建てて泉涌寺と改称した。天台律宗の中興の祖と称される。安貞元年寂す。明治天皇より月輪《がちりん》大師と謚号《しごう》*を賜わる。その律流を北京律《ほつきょう》と称する。

しゅんじょうぼう〔俊乗房〕 →ちょうげん（重源）

じゅんせげどう〔順世外道〕 釈尊*時代の外道*の一派。この派は聖教《しょうぎょう》を否定し、道徳を否定し、ただ感覚的な欲望を満たすことを目的として、極端な物質的快楽主義を唱えるために順世外道という。

じゅんだ〔淳陀〕 チュンダ。（梵）Cunda の音写。周那《しゅうな》、

准陀《じゅんだ》、純陀とも書く。パーヴァー（波婆城《はばじょう》）の鍛冶屋。釈尊*の入滅《にゅうめつ》*の前日に来て教えを受け、最後の供養《くよう》*を進じた。

じゅんでいかんのん〔准胝観音〕（梵）Cundīの訳。六観音*（千手《せんじゅ》観音・聖《しょう》観音・馬頭《ばとう》観音・十一面観音・准胝観音・如意輪《にょいりん》観音）の一つ。真言密教*では七倶胝仏母《しちくていぶつも》という。七倶胝とは七億のことで、この尊の徳が広大であることをあらわしたもの。

じゅんる〔順流〕 生死《しょうじ》*の流れに順《したが》って流れ下る一方で、生死の流れに執《とら》われないさとり*からはますます遠ざかること。

じゅんれい〔巡礼〕 順礼とも書く。神社仏閣を巡回して、参拝すること。転じて、巡拝する人をいう。西国《さいごく》巡礼*、三十三所観音*巡礼等がある。四国八十八箇所*遍路《へんろ》*（弘法大師巡拝）も巡礼と呼ばれることがある。

しょ〔疏〕 経典*や論書を逐語的に注解した書物。

しょう〔世友〕（一世紀末―二世紀）ヴァスミトラ。（梵）Vasumitraの訳。「せう」とも読む。伐蘇蜜呾羅《ばそみつそら》と音写。ガンダーラ（犍陀羅《けんだら》*）国の人。『婆沙論《ばしゃろん》*』編纂の四大論《ろん》師《じ》（阿毘達磨《あびだつま》*に精通した学僧）の一人で、カニシカ*（迦膩色迦）王の尊敬をうけて、第四結集《けつじゅう》（経典類*の編集）において五百人の阿羅漢《あらかん》*の上首となった。『異部宗輪《いぶしゅうりん》論《ろん》』の著者と伝える。

しょう〔性〕 不変の意で、外部の影響では変わらない万有の本体のこと。一般には物の性質、生まれつきをいう。

しょう〔証〕 さとり*。真実を体得し、明らかに知ること。

しょう〔障〕（梵）āvaraṇaの訳。正しい道の障害となる煩悩《ぼんのう》*のこと。

じょう〔定〕（梵）samādhiの訳、三昧《さんまい》*と音写。心を一つに集中し、安定させること。守一《しゅいつ》。三学の一つ。↓さんがく（三学）

じょう〔乗〕（梵）yānaの訳。乗り物の意で、人を乗せて理想の境地へ運ぶ教法のこと。一乗*、二乗*（大乗、小乗）、三乗*（声聞《しょうもん》乗、縁覚《えんがく》乗、菩薩《ぼさつ》乗）、四乗（一乗と三乗）、五乗（四乗と人天《にんてん》乗、一乗と三乗と小乗、三乗と人乗と天乗、仏と二乗*と天乗と梵《ぼん》乗）の種類がある。

じょうあごんぎょう〔長阿含経〕 二十二巻。後秦の仏陀耶舎《やしゃ》*、竺仏念《じくぶつねん》の共訳。四分三十経がある。四阿含《し》*の一つ。パーリ語*原典の長部《ちょうぶ》（Dīgha-nikāya）に近い。↓仏教常識〈経典の部〉阿含経・同項

しょうあん〔章安〕（五六一―六三二）中国隋代の天台

宗*第四祖。姓は呉、諱は灌頂《かんじょう》。浙江《せっこう》省台州の人。陳の至徳元年（五八三）天台大師智顗《ちぎ》*に拝謁し、その弟子となり、随侍すること十三年、聴いた講説を編纂して百余巻に及んだ。博聞強記（広く物事を聞きよく記憶している）であった。天台大師の死後、国清寺《こくせいじ》*においてもっぱら講説をしていたが、後に会稽《かいけい》の称心精舎《しょうじんしょうじゃ》に『法華経《ほけきょう》*』を講じた。唐の貞観六年八月七日、国清寺で寂す。呉越王が諡《おくりな》して総持《そうじ》尊者という。著書も多く、『涅槃玄義《ねはんげんぎ》』『涅槃経疏《ぎょうしょ》』『観心《かんじん》論疏』『国清百録』等がある。

じょういき〔浄域〕　浄界、霊域に同じ。浄《きよ》いところ、神社・仏閣のあるところをいう。

しょういん〔正因〕　正しく一切の事象を生ずる因種。また、往生*や成仏《じょうぶつ》*という近果《ごんか》（直接の果）あるいは正果《しょうか》*（生存中の果）を招く正当な因種のこと。

しょううほう〔請雨法〕　仏教では五穀豊穣などのために雨乞いをするが、その時の祈祷法をいう。

しょうか〔証果〕　修行*の結果として得られるさとり*。

しょうが〔小我〕　→仏教常識〈日常語〉同項

しょうかい〔性戒〕　本性戒ともいう。在家*でも出家*でもすべてこれを犯せば罪となる戒律*。『倶舎論《くしゃろん》*』によれば、殺生《せっしょう》戒*、偸盗《ちゅうとう》戒*、邪婬《じゃいん》戒、妄語《もうご》戒*をさす。状況に応じて戒められた飲酒戒《おんじゅかい》*のごとき遮戒《しゃかい》*の対語。

しょうがく〔正覚〕　（梵）sambodhi の訳。正しいさとり*。一切諸法*を完全・円満にさとった仏*のさとり。

じょうがくじ〔定額寺〕　朝廷で数を限って勅額《ちょくがく》を下賜《かし》した官寺をいう。勅額寺*。「じょうぎゃくじ」ともいう。→仏教常識〈寺院の部〉同項

しょうかんのん〔聖観音〕　（梵）Āryāvalokiteśvara の訳。六観音*（聖観音・千手《せんじゅ》観音・馬頭《ばとう》観音・十一面観音・准胝《じゅんでい》観音・如意輪《にょいりん》観音）の第一。観世音《かんぜおん》菩薩（観音*）の総体。多面多臂《たひ》に変化する観音の本質的な姿をいい、基本身としての観音をさすことから正観音ともいう。像容の種類は多岐にわたるが、宝冠を戴き手に蓮華を持つ形が多い。

しょうき〔紹喜〕　（？―一五八二）臨済《りんざい》宗*関山《かんざん》派の僧。号は快川《かいせん》、美濃（岐阜県）の人。初め美濃の崇福《すうふく》寺に住し、後に甲斐《かい》（山梨県）の恵林寺《えりんじ》*に移り、武田氏に帰依《きえ》*された。正親町天皇より大通智勝《だいつうちしょう》国師の号を賜わ

る。天正十年（一五八二）織田信長が武田勝頼を攻め、四月恵林寺に火を放つと、「心頭滅却すれば火もまた涼し」と吟じて、学侶百余人とともに火に入って寂した。寿不祥。

しょうぎ〔勝義〕（梵）paramārtha ①最高の境界《きょうがい》*・境義のことで、真如《しんにょ》*をさす。②世間*に対して、出《しゅっ》世間*の深い妙義をいう。

しょうきょう〔小経〕浄土三部経*のうち『無量寿経*』二巻を大経*というのに対して、『阿弥陀経《あみだきょう》*』一巻を小経という。

しょうぎょう〔正行〕雑《ぞう》行*の対語。阿弥陀仏《あみだぶつ》*の浄土*に往生*するのには五つの正しい行業《ぎょうごう》*（おこない）がある。読誦《どくじゅ》、観察《かんざつ》*、礼拝《らいはい》*、称名《しょうみょう》*、讃嘆供養《さんだんくよう》がそれである。『観経疏《しょ》*』に依って善導*の説くところ。↓しょうぞうにぎょう（正雑二行）

じょうぎょうざんまい〔常行三昧〕天台宗*の教えを実践する法として天台大師智顗《ちぎ》*より始められた修行法の四《し》種《しゅ》三昧の一つ。七日または九十日を一期とし、常に阿《あ》弥陀仏《みだぶつ》*の周りを歩いて口に阿弥陀仏を称え、心に阿弥陀仏を思って休まない行《ぎょう》*。般舟《はんじゅ》三昧、仏立《ぶつりゅう》三昧ともいう。↓はんじゅ（般舟）

じょうぎょうぼさつ〔上行菩薩〕仏*から『法華経《ほけきょう》*』の付嘱《ふしょく》をうけた菩薩*の名。『法華経』第二十一如来神力品《にょらいじんりきぼん》、第二十二嘱累品《しょくるいぼん》等に説かれる。

じょうきん〔紹瑾〕（一二六八―一三二五）曹洞《そうとう》宗*の中興の祖。総持寺《そうじじ》*の開山《かいさん》*、号は瑩山《けいざん》、越前（福井県）の人。乾元元年（一三〇二）加賀（石川県）の大乗寺の主となり、のち能登（石川県）の諸岳寺《しょがくじ》を得て律寺を改めて曹洞宗の道場*、総持寺とした。正中二年寂す。後村上天皇より仏慈《ぶつじ》禅師、後桃園天皇より弘徳円明《ぐとくえんみょう》国師、明治天皇より常済《じょうさい》大師の諡号《しごう》*を賜わる。

しょうくう〔性空〕十八空（空《くう》*を十八種にわけたもの。『智度論《ちどろん》*』に詳説される）の一つ。一切の事物や現象は因縁*によって仮に和合したもので、その真実の性《しょう》*（本質）は空無《くうむ》であるとすること。

しょうくう〔証空〕（一一七七―一二四七）浄土宗*西山《せいざん》派*の開祖。字は善慧《ぜんね》（初めは解脱房《げだつぼう》と称した）、俗姓は源氏。加賀守親季《ちかすえ》（入道証玄）の長男。十四歳で法然《ほうねん》*によって得度《とくど》*。浄土*の教えを究め、後に天台学および台密《たいみつ》*をおさめる。法然が『選択集《せんちゃくしゅう》*』を著わす時、出典考証の任に当たる。翌年、九条道家のために『観経《かんぎょう》疏私記《しょしき》』十巻を作り、建保元年（一二一三）西山の善《よし》峰寺《みねでら》に住す。宝治元年寂す。鑑智《かんち》国師と勅諡《ちょくし》す。『選択集要決』五巻、『当麻曼荼羅註《たいままんだらちゆう》』十巻等の著作がある。

じょうぐうたいし〔上宮太子〕 ↓しょうとくたいし（聖徳太子）

じょうぐげけ〔上求下化〕 上求菩提《ぼだい》下化衆生《しゆじょう》の略。↓次項

じょうぐぼだいげけしゅじょう〔上求菩提下化衆生〕 略して上求下化ともいう。菩薩《ぼさつ》*が自利《じり》*、利他《りた》*の両行《ぎょう》を兼備し、一方は自利のために菩提《ぼだい》*（さとり）を求めて修行*し、一方は利他のために衆生《しゆじょう》*を教化《きょうけ》*するのをいう。

しょうげい〔聖冏〕（一三四一―一四二〇） 浄土宗*第七祖、常陸（茨城県）の人。東京伝通院《でんずういん》*の開山《かいさん》*。西蓮《ゆうれん》社了誉《りょうよ》と号し、額の三日月の相から三日月上人という。顕教《けんぎょう》*・密教*・禅*・浄土*の各教学に通じ、著述は二十余部に及ぶ。応永二十七年九月寂す。

じょうけい〔貞慶〕（一一五五―一二一三） 法相《ほっそう》宗*の学僧。字は解脱《げだつ》、藤原貞憲の子。興福寺*の覚憲《かくけん》に師事し、山城（京都）の笠置寺《かさぎでら》に隠棲。承元二年（一二〇八）海住山寺《かいじゆうせんじ》に移り、学徒が大いに集まる。建暦三年二月寂す。朝廷より解脱《げだつ》上人と諡号《しごう》*を賜る。

しょうけん〔正見〕 八正道の一つ。真実の理法を正しく見ること。すなわち、あらゆる偏見から離れて、見知すること。↓はっしょうどう（八正道）

しょうけん〔照見〕 仏《ぶつ》*・菩薩《ぼさつ》*の智慧*の光でことごとく照らし、あきらかに現（見）わすこと。『般若心経《はんにゃしんぎょう》*』の「照見五蘊皆空《ごうんかいくう》」の句で知られる。

じょうけん〔常見〕 断見*の対語。二見、七見の一つ。世界は永久不変であると執着《しゆうじゃく》*し、また、我身は死んでも再生すると執着する誤った見解をいう。↓にけん（二見）

じょうげんしんじょうしゃっきょうもくろく〔貞元新定釈教目録〕 三十巻。貞元十六年（八〇〇）唐の円照が勅命により撰定したもの。略して『貞元釈経録』『貞元録』という。仏教伝来から当時まで、七百三十四年間の翻訳の経典*、二千四百十七部・七千三百八十八巻を録載する。その中には『開元釈教録*』以後新たに加えたもの二百六十九部・三百四十一巻がある。㊅55・No.2157

じょうげんろく〔貞元録〕 『貞元新定釈教目録』の略称。↓前項

しょうご〔正語〕 八正道の一つ。常にいつわりの語を離れて、正しい口業《くごう》*を行ずること。↓はっしょうどう（八

正道）

しょうご〔摂護〕 摂取護念の意。仏*が衆生《しゅじょう》*を光明《こうみょう》*の中におさめとって護り給うこと。

しょうごいん〔聖護院〕 本山修験《しゅげん》宗（もと天台宗*）の総本山。京都市左京区聖護院中町にあり、本尊*は不動明王。智証大師円珍《えんちん》*の開基*で、はじめは岩倉にあって常光院と号したが、寛治四年（一〇九〇）白河上皇の勅願で増誉が中興し改称。平安末より法親王*が入室し、聖護院宮《しょうごいんのみや》と称して園城寺《おんじょうじ》*（三井寺）長吏と熊野三山検《さんざんけん》校《ぎょう》を兼ねた。延宝四年（一六七六）現在地に移る。仮御所ともなった。徳川時代は山伏《やまぶし》*を直管。

しょうこう〔焼香〕 薫《くん》物（香）*をたいて仏*や祖先、精霊《しょうりょう》*に手向けること。焚《ふん》香、拈《ねん》香ともいう。↓仏教常識〈行儀の部〉〈仏事の部〉同項

しょうごう〔正業〕 八正道の一つ。身体の活動において、正見《しょうけん》*（見解）・正思《しょうし》（思惟）にしたがって行動すること。なお、正定業《しょうじょうごう》*を略して正業という場合もある。↓はっしょうどう（八正道）

じょうこう〔成劫〕 四劫の一つ。空劫《くうこう》*の終わりに至り、生きものの生きる力（業力《ごうりき》*）の増大によって、風を生じて風輪《ふうりん》となり、風輪の上に水輪《すいりん》、水輪の上に金輪《こんりん》、金輪の上に地輪《じりん》を生じ、地輪の上から、人間の種々の世界が生じる。同時に地獄*から欲界《よくかい》*・色《しき》*界・無色《むしき》*界（以上＝三界《さんがい》*という）も成立する。この間を成劫といい、二十小劫があるという。↓しこう（四劫）↓185頁図版〈須弥山図〉

じょうこう〔錠光、定光〕（梵）Dīpaṃkara の訳。提惒竭《だいわかつ》羅《ら》と音写、灯作《とうさ》と訳す。また燃灯仏《ねんとうぶつ》*ともいう。過去久《く》遠《おん》の昔に出現した如来《にょらい》*で、釈尊*に記別《きべつ》*を授けた師仏である。

じょうごう〔定業〕 決定《けつじょう》業ともいう。生死《しょうじ》*の苦果を受けるのに定まっている業因*をいう。順現法受業《じゅんげんぼうじゅごう》（この世でつくった業《ごう》*のむくいをこの世で受けるもの）、順《じゅん》次生《じしょう》受業（次に生まれ変わった世で受けるもの）、順後《じゅんご》次《じ》受業（さらに次の生以後に受けるもの）とがある。

じょうごう〔長行〕（梵）gadya の訳。散文体の文章。韻文体の偈《げ》*、頌《じゅ》*に対する。

じょうごう〔浄業〕 清浄《しょうじょう》*なる行業《ぎょうごう》*（おこない）、すなわち諸々の善業をいう。また念仏*のことをもいう。

じょうこうじ〔浄興寺〕 浄土真宗*浄興寺派本山。新潟県上越市高田寺町。歓喜踊躍《かんぎゆやく》山と号す。本尊*は阿弥陀如来《あみだにょらい》。もとは稲田《いなだ》の禅房といい、建保五年（一二一七）

親鸞《しんらん》*が常陸（茨城県）茨城郡稲田に創立し、『教行信証《きょうぎょうしんしょう》*』を完成して開宗。その後兵乱のため信濃（長野県）に移り、下総磯部、信濃長沼等にあったが、慶長十五年（一六一〇）現在の地に移る。

しょうこくじ〔相国寺〕 臨済《りんざい》*宗相国寺派大本山。京都の五山*の一つ。京都市上京区今出川通にあり、永徳二年（一三八二）足利義満の開創、万年山相国承天《しょうでん》禅寺と号す。本尊*は釈迦如来《しゃかにょらい》。第一世は夢窓疎石《むそうそせき》*。応仁の兵乱で焼失、豊臣、徳川両氏がともに再建して旧観に復したが、天明八年（一七八八）また罹災した。その後再建して現在に至る。

じょうごじょうぶ〔調御丈夫〕 仏の十号*の一つ。（梵）puruṣadamya-sārathi の訳。富楼沙曇藐婆羅提《ふるしゃどんみゃくしゃらだい》と音写。如来《にょらい》*は大丈夫（覚者《かくしゃ》＝人間の中で最も勝れた人）の力によって、よく衆生《しゅじょう》*を調伏《ちょうぶく》*・制御し、涅槃《ねはん》*に導き入れるという意味を表わす。↓じょうぶ（丈夫）

しょうごん〔正勤〕 （梵）samyakpradhāna の訳。↓しょうごん（四正勤）

しょうごん〔荘厳〕 （梵）alaṃkāra の訳。かざり。たとえば仏身《ぶっしん》*・仏土*・仏具などのかざられたのを依正《えしょう》荘厳という。

じょうこん〔上根〕 すぐれた機根《きこん》*の人をいう。

じょうざぶ〔上座部〕 テーラヴァーダ。大衆部《だいしゅぶ》*に対する。（巴）Thera-vāda の訳。部派仏教*の一派で、仏滅*百余年後、大天《だいてん》*の五事《ごじ》*（大天の五カ条の異議）が原因となって原始仏教*に大衆と上座の二派ができた。上座部は保守派、大衆部は革新派であった。上座部は仏滅三百年頃にまた二派に分かれて、説一切有部《せついっさいうぶ》*を生じ、根本上座部は雪山《せっせん》*地方へ移った。後、上座部は本末合わせて十一部となった。↓仏教常識〈宗派の部〉インド仏教

じょうざぶっきょう〔上座仏教〕 上座部*の系統を引き、現在スリランカ、ミャンマー、タイなどで信仰*されている仏教のこと。前三世紀にアショーカ王（阿育《あいく》*）の子とされるマヘーンドラ（摩哂陀《まひんだ》*）がスリランカに仏教を伝え、マハーヴィハーラ（大寺）を建立*した。以後、消長を経て大寺の系統を正統派として現在まで栄える。

じょうさんにしん〔定散二心〕 定心*と散心のこと。定心は妄想をやめて思念を凝らす心で、散心は散動して静まらない心。

じょうさんにぜん〔定散二善〕 定善と散善*。定心*で行う

善根《ぜんごん》*を定善といい、散心で行う善を散善という。→前項

しょうじ〔生死〕（梵）jāti-maraṇa の訳。生まれることと死ぬこと。生《しょう》・老・病・死の四相《しそう》のうち、もっとも人間を迷わすものは生と死である。これには分段生死（欲望に支配される凡夫《ぼんぶ》*の寿命や肉体が限定される生き方）、変易生死《へんにゃくしょうじ》（阿羅漢《あらかん》*・辟支仏《びゃくしぶつ》*・菩薩《ぼさつ》*の業《ごう》*や煩悩《ぼんのう》*を超える生き方）の別がある。

しょうじき〔正直〕→仏教常識〈日常語〉同項

しょうじじっそうぎ〔声字実相義〕略して『声字義』。空海*著。十巻章*の一つ。密教*における三密*（身《しん》・口《く》・意《い》）の一つである口密《くみつ》（声・言葉・音）と文字は大日如来《だいにちにょらい》*の真実の表現であるということを説き、法身《ほっしん》*説法*の教義を明らかにした書。㊅77・No.2429

しょうじそくねはん〔生死即涅槃〕煩悩即菩提《ぼんのうそくぼだい》*と合わせて用いられることの多い語で、生死*と涅槃*とは仏*の智慧*によれば隔別されるものではなく、本来、区別を越えているということ。生死がそのまま涅槃であるということ。

じょうじつしゅう〔成実宗〕中国十三宗の一つ。訶梨跋《かりばつ》摩《ま》の『成実論*』を根本聖典とする。教義は、人《にん》（我《が》）空《くう》の他に法空《ほっくう》を論じ、我法二空《がほうにくう》観を徹底させて人法二空《にんぼうにくう》を悟ることを目的とする。小乗*と大乗*を会通《えつう》する立場を示し、中国では、姚泰《ようしん》の時代、鳩摩羅什《くまらじゅう》*がこの論を訳出してから南北朝末まで一世を風靡した。推古天皇の三十三年（六二五）三論*の学者である高麗の慧灌《えかん》がわが国にも伝えたが、わが国には専門道場がなく、一宗として存在せず、ただ三論宗*を学ぶ際に兼学するのみであった。→仏教常識〈宗派の部〉中国仏教、日本仏教

じょうじつろん〔成実論〕十六巻もしくは二十巻、訶梨《かり》跋摩《ばつま》著、鳩摩羅什《くまらじゅう》*訳。内容は五聚《じゅ》二百二品《ほん》に分かれ、四阿含経《しあごん》*の文を引用、問答形式で四諦《したい》*の道理を説いている。㊅32・No.1646

しょうじのくかい〔生死の苦海〕生まれては死に、死んでは生まれ、いつまでも解脱《げだつ》*することのできない六道*輪廻《りんね》*の苦界*を、大海の測り難く、はてしないことにたとえたもの。

しょうじゃ〔聖者〕仏《ぶつ》*・菩薩《ぼさつ》*・阿羅漢《あらかん》*などをさす。凡夫《ぼんぶ》*（一般の人）より優れており、無漏《むろ》*の智慧*を得たもののこと。

しょうじゃ〔精舎〕（梵）vihāra の訳。精廬《しょうろ》ともいう。智

徳を精練する修道者の止住する舎宅をいう。転じて寺院*のことをいう。

しょうしゃくにもん〔摂折二門〕 摂受《しょうじゅ》門と折伏《しゃくぶく》門をいう。摂受*は抱きとめること、折伏*は打ち砕くこと。正しい法*（仏の教え*）を弘めるのに、この二つの手段があるのをいう。

じょうじゃっこうど〔常寂光土〕 天台宗*で説く四種の浄土*（四土）の一つで、法身仏《ほっしんぶつ》*が住する浄土である。生《しょう》滅《めつ》の変化はなく（常）、煩悩《ぼんのう》*の惑乱もなく（寂）、智慧*（光）の徳の充つるところという。

じょうしゃひっすい〔盛者必衰〕 勢い盛んなものもいつかは必ず衰えることがある、とする仏教の人生観。↓次項

しょうじゃひつめつ〔生者必滅〕 生じたものは必ず滅ぶ時がある、という仏教の人生観。会者定離《えしゃじょうり》*と対句をなす。↓前項

しょうじゅ〔摂受〕 ①わが心を寛容にして、よく他人を受け入れること。折伏《しゃくぶく》*の対語。②護念と同じ。↓ごねん（護念）

じょうじゅ〔成就〕 誓ったことを成し終わって、しかも、それが失われることがないことを示す言葉。一般には、すべてのものができあがったことをいう。

しょうしゆい〔正思惟〕 八正道の一つ。けがれのない智慧*で、四諦《したい》*の道理を正しく思惟し観察《かんざつ》*すること。↓はっしょうどう（八正道）

じょうじゅう〔常住〕 （梵）nitya の訳。生滅変化のないことを名づけて常住という。無常*の対語。

しょうしゅうこくし〔正宗国師〕 白隠禅師のこと。↓はくいん（白隠）

しょうじょう〔小乗〕 （梵）hīnayāna の訳。原義は劣った乗り物。大乗*の対語。乗*は乗り物の意で、大乗仏教*の人々がこの教法を貶称して小乗と呼ぶ。すなわち、大乗が実をとらえ衆生《しゅじょう》*済度《さいど》*を目的としたのに対して、その形式すなわち戒*を重んじ自己の人格完成を目的としたものを小乗とした。インドではこの小乗仏教*に二十の別派（小乗二十部*）が生じ、中国、日本では、倶舎《くしゃ》*宗、成実《じょうじつ》*宗等が小乗仏教であるとされた。また南方仏教*は主として小乗である。現在は世界仏教者会議の決議により、この語は使わずに上座《じょうざ》仏教*という。

しょうじょう〔正定〕 八正道の一つ。正しい精神統一。散漫になりがちの念*を離れて、身心《しんじん》を静め、真空の道理に住して移らないこと。↓はっしょうどう（八正道）

しょうじょう〔清浄〕　浄ともいう。清らかなこと。煩悩《ぼんのう》*による穢《けが》れを離れていること。

じょうじょう〔上乗〕　乗*は教法の意で、もっともすぐれた教え（大乗*）をいう。転じて一般には、きわめて上等なことをいう。

じょうしょうきょう〔上生経〕　↓仏教常識〈経典の部〉三部経・弥勒三部経

しょうじょうけいいん〔清浄華院〕　浄土宗*四箇本山の一つ。京都市上京区寺町通。貞観二年（八六〇）清和天皇の勅願により、禁裏内道場として建立*された。円仁《えんにん》*を開山《かいさん》*とする。天暦五年（九五一）罹災し、現在の地に再建した。承安四年（一一七四）後白河法皇の受戒*の時、法然《ほうねん》*に賜わり、天台宗*を浄土宗に改めた。明治二十二年ふたたび罹災、同二十六年再建した。皇室との関わりが深く皇族の墓が多い。

しょうじょうごう〔正定業〕　称名《しょうみょう》念仏*すること。往生*のために行ずる五種の正行《しょうぎょう》*（読誦《どくじゅ》、観察《かんざつ》、礼拝《らいはい》、称名、讃嘆供養《さんだんくよう》）のうち、称名以外の四つが助業《じょごう》*（補助的な正行）であるのに対して、第四の称名を正定業という。善導*の『観経疏《しょ》*』に説かれる。

しょうじょうこうじ〔清浄光寺〕　時宗《じしゅう》*総本山。神奈川県藤沢市。藤沢山《とうたくさん》無量光院と号し、時宗の祖師*である一遍*遊行《ゆぎょう》上人の名にちなみ遊行寺、また藤沢道場ともいう。正中二年（一三二五）時宗の第四世の呑海《どんかい》の創建。後光厳天皇より勅額を賜わる。歴代の住職*はすべて祖師にならい、廻国《かいこく》遊行*するのを理想としている。たびたび罹災したが重建した。

しょうじょうじ〔証誠寺〕　真宗*山元《やまもと》派*本山。横越《よこごし》本山とも称する。越前三門徒の一つ。福井県鯖江市横越町。山元山護念院と号し、本尊*は阿弥陀如来《あみだにょらい》。もと親鸞《しんらん》*の北越流罪の時、越前（福井県）の山元に一宇を建てたのを、後に浄如《じょうにょ》大徳が堂宇を整えて、二条天皇より山元山証誠寺の勅額を賜わった。文明七年（一四七五）第八世の道性《どうしょう》が現在の地に移建し、明治十一年、独立して山元派の本山*となった。

じょうしょうじ〔誠照寺〕　真宗*誠照寺派*本山。福井県鯖江市本町にあり、鯖江御堂《みどう》・鯖江本山の称がある。上《うえ》野《の》山と号し、本尊*は閻浮檀金手引阿弥陀如来《えんぶだごんてびきのあみだにょらい》。もと上野庄の領主、波多野景之《はたのかげゆき》が親鸞《しんらん》*に帰依《きえ》*して、その流遷の時、自分の邸を寄進して寺とした。親鸞の五男有房も道性《どうしょう》上人と称して、ここに住したという。明治十一年、独立して誠照寺派を号した。

じょうしょうじは〔誠照寺派〕 真宗十派の一つ。誠照寺*を本山*とする。→前項

しょうしょうじん〔正精進〕 八正道の一つ。専心に戒*（悪を止め善を行う）・定《じょう》*（精神統一して雑念を払う）・慧《え》*（煩悩《ぼんのう》*を断ち真実を見極める）を行じて間断なく努めること。→はっしょうどう（八正道）

しょうじょうせぜ〔生々世々〕 世々生々《しょうしょう》ともいう。生まれ変わり、死に変わって、この世に生まれること。

しょうじょうてき〔小乗的〕 →仏教常識〈日常語〉同項

しょうじょうにじゅうぶ〔小乗二十部〕 インドの小乗仏教*が分裂して二十部となったものをいう。すなわち、釈尊*の滅後百年の頃、大天《だいてん》*の五事《ごじ》*が原因となって、上座《じょうざ》部*、大衆《だいしゅ》部*の二部ができ、滅後二百年の頃、大衆部から一説《いっせつ》部、説出世《せつしゅつせ》部*、鶏胤《けいいん》部*の三部を分出し、次に多《た》聞《もん》部*、さらに説仮《せっけ》部*を出し、滅後二百年の末期には、制多山《せいたせん》部*、西山住《さいざんじゅう》部*、北山《ほくさん》住部*の三部を派生し、その結果、大衆部は九部となった。また、仏滅後三百年の初めには上座部が分裂して、説一切有《せついっさいうぶ》部*、本上座部（雪《せっ》山《せん》部*）の二部となり、次に説一切有部から犢子《とくし》部*を出し、犢子部から法上部*、賢冑《けんちゅう》部*、正量《しょうりょう》部*、密林山《みつりんせん》部*の四部を派生、また説一切有部から化地《けじ》部*を出し、化地部から法蔵《ほうぞう》部*を出し、仏滅三百年の末、説一切有部から飲光《おんこう》部*を出し、仏滅四百年の初めには、説一切有部から経量《きょうりょう》部*を出して上座部は結局十一部となった。大衆部の九部と上座部の十一部を合わせて小乗の二十部という。仏滅後百年の二部の分裂（根本分裂）のもととなった二部（根本上座部と大衆部）を二十部より除き、枝末の十八部のみを列挙して「小乗十八部」ともいう（『異部宗輪論《いぶしゅうりんろん》』）。→仏教常識〈宗派の部〉インド仏教

しょうじょうにもん〔聖浄二門〕 中国浄土教の道綽《どうしゃく》*は、仏教を聖道*、浄土*の二門に教判*した。この世で修行*し煩悩《ぼんのう》*を断ち切ってさとり*を開き、証《しょう》*を得ることを聖道門（自力《じりき》*教）、阿弥陀仏《あみだぶつ》*の本願力によって念仏*して浄土に往生*して証を得ることを浄土門（他力《たりき》*教）とする。そして道綽は、末法《まっぽう》*の現在は聖道はさとり難く、浄土に入り易いとした。

しょうじょうぶっきょう〔小乗仏教〕 →しょうじょう（小乗）

しょうじょうほうげん〔清浄法眼〕 小乗仏教*の声聞《しょうもん》*が四聖諦《ししょうたい》*を観察《かんざつ》*し、大乗仏教*の菩薩《ぼさつ》*が人法二空《にんぼうにくう》（人空《にんぐう》＝我空《がくう》*と法空《ほっくう》*）を観察する智慧*の眼をいい、初果の聖《しょう》

者《じゃ》*（預流果《よるか》*を得たもの）にいう。

じょうしょさち〔成所作智〕 四智の一つ。二乗*（声聞《しょうもん》乗*・縁覚《えんがく》乗）や凡夫《ぼんぶ》*を教え導くためのはたらきに、種々の変化をあらわす智慧*。↓しち（四智）

しょうじょぞうのさんぎょう〔正助雑の三行〕 浄土門*の語。正行*とは称名《しょうみょう》*のこと。助行とは読誦《どくじゅ》、観察《かんざつ》*、礼拝《らいはい》*、讃嘆供養《さんだんくよう》のこと。この助行は正行を助けて浄土往生*の行《ぎょう》*となる。そして雑行*とは正・助の二つの行以外の一切の行業《ぎょうごう》*をいう。すべての善なる行いのことである。

↓しょうぞうにぎょう（正雑二行）

しょうじょにぎょう〔正助二行〕 ↓しょうじょぞうのさんぎょう（正助雑の三行）

しょうじん〔精進〕（梵）vīrya の訳で六波羅蜜《ろくはらみつ》*の一つ。勇気（vīra）を失わず、仏道*にはげみいそしむこと。また、酒・肉を断って身を清めることを精進潔斎《しょうじんけっさい》といい、肉を使わない料理を精進料理と呼ぶ。↓仏教常識〈行儀の部〉〈日常語〉同項

じょうしん〔定心〕 散心《さんじん》*の対語。散乱し移りゆく心に対し、意識を統一して一境《いっきょう》に集中する心をいう。

しょうじんおとし〔精進落とし〕 ↓仏教常識〈仏事の部〉同項

しょうしんげ〔正信偈〕 正信念仏偈《しょうしんねんぶつげ》の略。↓次項

しょうしんねんぶつげ〔正信念仏偈〕 親鸞《しんらん》*の『教行信証《きょうぎょうしんしょう》*』のうち、行巻の終わりにある七言六十行百二十句の偈頌《げじゅ》*（讃歌）。阿弥陀仏《あみだぶつ》*、釈迦*、三国*七祖*の教える念仏*を正信しなければならないことを述べ、報恩謝徳の誠意を表わした偈文である。㊅83・No.2646

しょうじんはらみつ〔精進波羅蜜〕 十波羅蜜、六波羅蜜*の一つ。修行*することに勇猛なること。

しょうじんび〔精進日〕 仏事*のために魚・肉を食さず、蔬菜だけで済ませることを精進*として、忌日《きにち》*には精進をする習慣から、忌日のことを精進日という。

じょうず〔上手〕 ↓仏教常識〈日常語〉同項

じょうすい〔浄水〕 ↓仏教常識〈仏事の部〉同項

じょうせつ〔浄刹〕 清浄《しょうじょう》*なる刹土《せつど》、すなわち浄土*のこと。浄土をいう場合と、寺院*のことをいう場合とがある。

しょうそう〔性相〕 不変・平等・絶対・真実の本体や道理およびそれ自体を性、変化・差別・相対の現象的な姿を相という。法相《ほっそう》*宗の教義はこの性*と相*を研究することを中心とすることから、唯識《ゆいしき》*およびその学問のことを性相学《しょうぞうがく》という。

しょうそう〔聖僧〕 さとり*を開いた徳の高い僧のこと。

禅宗*では食堂《じきどう》*・僧堂の本尊*のこと。たとえば文珠《もんじゅ》*、憍《きょう》陳如《じんにょ》*、布袋《ほてい》*などをいう。

しょうそういん〔正倉院〕 奈良市雑司町。東大寺*大仏殿の近くにある勅封《ちょくふう》の蔵《くら》。もと東大寺の宝庫、現在は宮内庁の管理。聖武天皇*遺愛の品々を収める。天平時代の宝物、文書の類を多く所蔵する。正倉とは古代の国《こく》衙《が》や大寺院にあった重要な倉庫のこと。

しょうぞうにぎょう〔正雑二行〕 極楽*浄土*に往生*するための行《ぎょう》*を二つに分類したもので、正行*と雑行*をいう。正行とは阿弥陀仏《あみだぶつ》*中心の経典*を読誦《どくじゅ》するのを読誦正行といい、以下、観察《かんざつ》*、礼拝《らいはい》*、称名《しょうみょう》*、讃歎供養《さんだんくよう》の正行とする。その他の行を雑行とし、回向《えこう》*しなければ往生行にならないとする。また、称名のみを正行（正業《しょうごう》*）とする場合、他の四つは助行《じょぎょう》（助業*）となる。↓しょうじょぞうのさんぎょう（正助雑の三行）

しょうそうにしゅう〔性相二宗〕 インド大乗仏教の二大教系である法性《ほっしょう》宗と法相《ほっそう》宗*のこと。法性宗は文殊《もんじゅ》*、竜樹*、提婆《だいば》*、清弁《しょうべん》*の系統で、中観《ちゅうがん》派*ともいう。法相宗は、弥勒《みろく》*、無著《むじゃく》*、世親《せしん》*、護法《ごほう》*、戒賢《かいげん》*らの系統で瑜伽《ゆが》宗*ともいう。

しょうぞうまつ〔正像末〕 釈尊入滅*後の仏教*を、遺教の信仰*される程度によって、三期に分けたもの。正法《しょうぼう》*、像法《ぞうほう》*、末法《まっぽう》*の三時。正法は仏滅*後五百年（教・行《ぎょう》*・証*が行われる時代）を、像法は正法の後千年（教・行のみが行われる時代）を、末法は像法の後一万年（教のみが残る時代）をいう。末法以外は年代につき諸説がある。↓さんじ（三時）①

しょうぞうまつわさん〔正像末和讃〕 一巻。『三帖《さんじょう》和讃*』の一つ。親鸞《しんらん》*八十六歳の時の著で、阿弥陀仏《あみだぶつ》*、釈迦*の二尊の慈悲*によって、我々に無上の信心*を起こさせる所以を明記している。詳しくは『正像末法《まっぽう》和讃』という。(大)83・No.2652

じょうそく〔上足〕 弟子を師匠の足にたとえて、高弟のことをいう。

しょうだいじょうろん〔摂大乗論〕 無著《むじゃく》*の著。『摂論』ともいう。小乗仏教*に対して十種の勝れた教相*を説いて、大乗仏教*の根本要義を宣揚するもの。三種の漢訳とチベット訳がある。①三巻。梁の真諦《しんだい》*の訳。摂論宗*の所依《しょえ》*。(大)31・No.1593 ②『摂大乗論本』三巻。唐の玄《げん》奘《じょう》*の訳。法相《ほっそう》宗*の所依。(大)31・No.1594 ③二巻。北魏の仏陀扇多《せんた》の訳。(大)31・No.1592

しょうだいじょうろんじゃく〔摂大乗論釈〕 無著《むじゃく》*の『摂

大乗論＊』を注釈したもの。二種がある。①世親《せしん》＊の作。㊅31・No.1595『世親摂論』と称する。(1)真諦《しんだい》＊訳、十五巻。㊅31・No.1596 (2)『摂大乗論釈論』達摩笈多《だつまぎゅうた》訳、十巻。㊅31・No.1596 (3)玄奘《げんじょう》＊訳、十巻。㊅31・No.1597 ②無性《むしょう》の作。『無性摂論』と称する。玄奘訳、十巻。㊅31・No.1598

じょうだん〔冗談〕 →仏教常識〈日常語〉同項

じょうちじ〔浄智寺〕 臨済《りんざい》＊宗円覚寺派＊。鎌倉五山＊の一つ。神奈川県鎌倉市山ノ内。金峰山浄智荘厳《しょうごん》禅寺と号し、本尊＊は釈迦＊・阿弥陀《あみだ》＊・弥勒《みろく》＊の三世仏《さんぜぶつ》。開祖は兀庵普寧《ごったんふねい》。北条宗政の菩提《ぼだい》＊を弔うため、弘安六年（一二八三）その子師時《もろとき》が建立＊した。

しょうつき〔祥月〕 故人の毎年の死亡月の命日＊をいう。→仏教常識〈仏事の部〉同項

しょうつきめいにち〔祥月命日〕 →仏教常識〈仏事の部〉同項

しょうでん〔聖天〕 大聖歓喜《かんぎ》天の略。→がなぱち（迦那鉢底）

じょうど〔浄土〕 清浄《しょうじょう》＊な仏＊の世界。仏《ぶつ》＊・菩薩《ぼさつ》＊が住んでいるという国で、五濁《ごじょく》＊がなく、悪道＊がないので浄土という。なお仏教では、十方に諸仏の浄土があるとし、多くの仏たちの浄土を説く経典＊ができたが、後世、西《さい》方《ほう》往生＊の思想がさかんになるとともに、とくに西方極楽＊を浄土と呼ぶようになった。

しょうどう〔唱導〕 教法を宣唱し、人々を教え導くこと。また、経文を唱えはじめること。

しょうどう〔聖道〕 ①聖者《しょうじゃ》＊の位にいたる修行＊をいう。②煩悩《ぼんのう》＊を滅しつくした智慧＊をいう。③仏の教え＊一般をいう。④浄土教＊で阿弥陀仏《あみだぶつ》＊の本願力によって往生＊するとする教えに対し、修行を自力《じりき》＊で行ってさとり＊を得ようとする教えをいう。

じょうとう〔常灯〕 終夜終日ともす灯明《とうみょう》＊をいう。また無尽灯、長明灯、常灯明ともいう。

じょうどう〔成道〕 （梵）abhisaṃbodhi の訳、原義は完全にさとる。仏道＊を成就＊することをいう。道は仏道のこと、正覚《しょうがく》＊のさとり。成は成就の意味。釈尊＊が六年間の苦行《くぎょう》＊の後、最高のさとりを得て修行《しゅぎょう》＊の道を完成したことをいう。

じょうどうえ〔成道会〕 釈尊＊の成道＊された毎年の十二月八日に行う法会《ほうえ》＊。また臘八《ろうはつ》会＊、略して臘八ともいう。→仏教常識〈行事の部〉同項

しょうどうか〔証道歌〕 一巻。紙数わずかに数葉。唐の永嘉《ようか》玄覚が禅の主旨を、六言句または七言句の長詩を

もって歌ったもの。詳しくは『永嘉証道歌』という。㊅48・No.2014

しょうとうがく〔正等覚〕 ↓あのくたらさんみゃくさんぼだい（阿耨多羅三藐三菩提）

しょうどうもん〔聖道門〕 浄土門*の対語。仏教の自力門《じりきもん》*のこと。↓しょうじょうにもん（聖浄二門）

じょうどきょう〔浄土教〕 この世において修行*して仏果を得ようとする聖道《しょうどう》*教に対して、人々が阿弥陀仏《あみだぶつ》*の浄土*に往生*して仏果を得ようとする教え。『無量寿経*』『観無量寿経*』等に起こった。インドから中国に伝わり、慧遠《えおん》流*、善導*流、慈愍《じみん》流*の三流があった。日本では最澄《さいちょう》*の門下にこれを受ける者が多く、空也*、源信*、良忍*らが深く心をこの教えに傾け、法然《ほうねん》*に至って浄土宗*、親鸞《しんらん》*に至って浄土真宗*、一遍*において時《じ》宗*の開立があった。↓仏教常識〈宗派の部〉中国仏教、日本仏教

しょうとく〔生得〕 性得に同じ。↓しょうとく（性得）

しょうとく〔性得〕 経験や学問によって得たのではなく、先天的に持っていること。修得の対語。

しょうとくたいし〔聖徳太子〕（五七四—六二二） 厩戸《うまやどの》豊聡耳皇子《とよとみみのおうじ》。用明天皇の第二皇子。帝に寵愛されて、宮南の上殿に居住することから上宮太子と称する。深く仏教に帰依《きえ》*し、蘇我馬子を助けて物部守屋を討ち、後、摂津（大阪府）玉造に四天王寺*を創立する。推古天皇元年（五九三）皇太子となり、かつ摂政に任じられた。同二年、四天王寺を難波に移築し、また同十五年、法隆学問寺（斑鳩寺《いかるがでら》）を建立*した。高麗の僧の慧《え》慈《じ》に経*・論*を学び、勅を拝して『法華経《ほけきょう》*』『勝鬘経《しょうまんぎょう》*』を講じ、十二年（六〇四）憲法十七条を定めた。十五年（六〇七）遣隋使を派遣し大陸文化の導入に努めた。また、悲田院《ひでんいん》*・敬田院《きょうでんいん》を建てて国民のために救済事業を行った。三十年二月二十一日、妃がまず薨じ、二十二日太子もまた薨じた。『勝鬘経』『法華経』『維摩経《ゆいまぎょう》*』の三経の義疏《ぎしょ》がある。肖像画・彫刻など広く人々の信仰*の対象とされている。

じょうどごそ〔浄土五祖〕 法然《ほうねん》*が定めた浄土宗*祖師*の系譜。曇鸞《どんらん》*、道綽《どうしゃく》*、善導*、懐感《えかん》*、少康の五人。

じょうどさんぶきょう〔浄土三部経〕 ↓さんぶきょう（三部経）↓仏教常識〈経典の部〉三部経・同項

じょうどじ〔浄土寺〕 ①高野山真言宗*。兵庫県小野市。極楽山と号する。聖武天皇*（七二四—七四九在位）の勅願により行基《ぎょうき》*が開創する。広渡《こうど》寺と称していたが、

戦乱などで荒廃する。建久五年（一一九四）俊乗坊重《ちょう》源《げん》*により再興、改称した。本尊*は薬師如来。②真言宗*泉涌寺派《せんにゅうじは》*大本山。広島県尾道市。転法輪《てんぼうりん》山大乗院と号する。聖徳太子*創建と伝え、嘉元四年（一三〇六）中興の祖である定澄《じょうちょう》が西国教化《さいごくきょうけ》*の道すがら、来住して再建した。暦応元年（一三三八）足利尊氏・直義が利生《りしょう》*塔を建立*したが焼失。本尊*は十一面観音。

じょうどしゅう〔浄土宗〕 法然《ほうねん》*を開祖とし、念仏*専修《せんじゅ》*によって阿弥陀仏《あみだぶつ》*の救済を仰いで浄土*に往生*すべきことを説く宗旨*。法然の門下には高僧*が多く、弁長*は鎮西《ちんぜい》派*、証空*は西山《せいざん》派*、隆寛*は長楽寺派、長西《ちょうさい》は九品寺《くほんじ》派を立てた。その中で九品、長楽の二派は早く亡びたが、他の二派は現存している。西山派は現在、浄土宗西山禅林寺派、西山浄土宗（もとは光明寺派）、浄土宗西山深草派に分かれ、それぞれ禅林寺*、光明寺*、誓願寺を総本山にして、末寺《まつじ》*千二百五十余寺を有す。鎮西派は浄土宗と称し、知恩院*を総本山とし、増上寺*、清浄華《しょうじょうけ》院《いん》*、知恩寺*、金戒《こんかい》光明寺*を四箇本山として、末寺七千余寺に達している。→仏教常識〈宗派の部〉日本仏教

じょうどしんしゅう〔浄土真宗〕 浄土教*の中でも専ら他《た》力《りき》*を中心とする宗派*。親鸞《しんらん》*を開祖とする。親鸞は元仁元年（一二二四）正月、常陸（茨城県）の稲田において『教行信証文類《きょうぎょうしんしょうもんるい》*』六巻を作った。これがこの宗の出発であるが、実際は八世の蓮如《れんにょ》*の頃（十五世紀）から宗旨*として認められるようになった。徳川時代の中頃から、それまで門徒宗*または一向宗*といっていたのに対し、末寺《まつじ》*で浄土真宗を名乗るものがあって、本山*も宗名を確立する必要に迫られ、安永三年（一七七四）幕府へその公認方を求めたが、増上寺*の反対にあい、輪王寺の宮の仲裁によって、一万日お預けとなる。明治五年に至って、浄土*の二字を略し、真宗を宗名とすることになった。親鸞みずから愚禿《ぐとく》*と称し、肉食妻《にくじきさい》帯《たい》*を含め非僧非俗の宗風で今日に及んでいる。東西両派をはじめ各派とも専ら在家*往生*を説く。現在では十派に分かれて、本派（西本願寺*）の門流を浄土真宗と称し、大谷派*（東本願寺*）の門流を真宗と称して区別する。→仏教常識〈宗派の部〉日本仏教・真宗

じょうどのしちきょう〔浄土の七経〕 中国浄土教の根本宝典。『無量清浄《しょうじょう》平等覚経』二巻、『大阿弥陀経《あみだきょう》*』二巻、『無量寿経*』二巻、『観無量寿経*』一巻、『阿弥陀経*』一巻、『称讃浄土仏摂受《しょうじゅ》経』一巻、『鼓音声王陀羅尼経《くおんじょうおうだらにきょう》』一巻のこと。

じょうどへんそう〔浄土変相〕　浄土変ともいい、浄土経典中の浄土*の仏《ぶつ》*・菩薩《ぼさつ》*や宝殿・宝樹などの様相を描いた図をいう。↓次項

じょうどまんだら〔浄土曼荼羅〕　諸仏の浄土*の様子を経典*にもとづいて造形的に表現した浄土変相図*のうち、とくに阿弥陀仏《あみだぶつ》*の極楽*浄土*の変相を描いたものをいう。↓前項

じょうどもん〔浄土門〕　聖道《しょうどう》門*の対語。往生*浄土門ともいう。仏教中の他力《たりき》門*をいう。↓しょうじょうにもん〔聖浄二門〕

じょうどろん〔浄土論〕　一巻。詳しくは『無量寿経優婆《うば》提舎願生偈《だいしゃがんしょうげ》』といい、また『浄土往生論』とも『往生論』ともいう。世親《せしん》*著。菩提留支《ぼだいるし》（流支《るし》*）訳。五言九十六句の偈《げ》*文によって、極楽*浄土の二十九種の荘厳《しょうごん》*を讃嘆《さんだん》して往生*を願い、後に長行《じょうごう》*（散文）によってその意義を述べ、五念門*（礼拝《らいはい》・讃歎・作願《さがん》・観察《かんざつ》・回向《えこう》）という正しい原因によって五つの功徳《くどく》門*という結果を得ることを説明している。(大)26・No.1524

じょうどわさん〔浄土和讃〕　『三帖《さんじょう》和讃』*（浄土和讃、高僧和讃、正像末《しょうぞうまつ》和讃）の一つ。親鸞《しんらん》*七十六歳の時の作。浄土往生*を説く韻文体で、百十八首から成る。(大)83・No.2650

しょうにゅう〔証入〕　正しい智慧*のはたらきによって真実を証《さと》り体得すること。

しょうにん〔上人〕　高徳の僧*をいう称号。わが国では空也*を初めて上人と呼んだ。↓仏教常識〈僧の部〉同項

しょうにん〔聖人〕　徳の高い僧*を上人《しょうにん》*といい、さらに尊重の意を加えるべき人を聖人という。聖者《しょうじゃ》*。↓仏教常識〈僧の部〉同項

しょうねつじごく〔焦熱地獄〕　（梵）Tapana の訳。炎熱《えんねつ》地獄ともいう。八熱地獄の第六。殺生《せっしょう》*・偸盗《ちゅうとう》*・邪婬《じゃいん》・飲酒《おんじゅ》・妄語《もうご》*の罪をつくったものがこの地獄*に堕ちるとする。そこでは、獄卒《ごくそつ》*が亡者をとらえて猛火の鉄室に入れて苦しめるという。↓はちねつじごく〔八熱地獄〕　↓口絵図版〈十界図〉

しょうねん〔正念〕　八正道の一つ。欲念を取り除き、不善の念をはなれ、思慮を正しくして正道を念ずること。また、一心に念仏*することをもいう。↓はっしょうどう〔八正道〕

しょうねん〔称念〕　観念*の対語。口に仏名《ぶつみょう》を称え、心に仏*を念ずること。

しょうねんおうじょう〔正念往生〕　四種往生〔正念往生、

狂乱往生、無記往生、意念往生）の一つ。臨終*に際し、一心に念仏*して、仏*の来迎《らいごう》*を拝し、合掌*して浄土*に往生*することを得るのをいう。

じょうはりのかがみ〔浄玻璃の鏡〕　浄玻璃（浄頗梨）、頗《は》黎《り》*（頗梨）の鏡、業鏡《ごうきょう》などともいう。『地蔵十王経』において、地獄*の閻魔王《えんまおう》*庁にある鏡で、これに照らせば死者の生前の善悪の諸業《ごう》がすべてそのままに映るという。

じょうぶ〔丈夫〕　正道《しょうどう》を勇進して退くことのない勇健な修行*者をいう。一般には、ますらお、男子の美称として用いる。

じょうふきょうぼさつ〔常不軽菩薩〕　不軽菩薩ともいう。『法華経《ほけきょう》*』の常不軽菩薩品《ぼん》に説かれる菩薩*。この菩薩は、比丘《びく》*、比丘尼《びくに》*および在家*の人々を見れば、いかなる人であっても直ちに礼拝《らいはい》*し、讃嘆して曰く、「我汝等を敬いて、敢て軽んぜず、汝等まさに菩薩の道を行じてみな仏*とならん」と。人々がその偽善なるやを怒って、石や杖で打てば、走り逃れて、また前の言葉を繰り返し、ついに仏となったという。

じょうぶつ〔成仏〕　仏*と成ること。無上のさとり*をひらくことをいう。

しょうぶついちにょ〔生仏一如〕　生仏不二《ふに》*、または生仏一体と同じ。生は衆生《しゅじょう》*の意で、一切衆生*にことごとく仏性《ぶっしょう》*（仏になれる性質）があるという見地から、衆生と仏*とは本来、まったく差異がないということ。

じょうぶつきょう〔成仏経〕　↓仏教常識〈経典の部〉三部経・弥勒三部経

しょうべん〔清弁〕　バーヴァヴィヴェーカ。（梵）Bhāva-viveka の訳。別名をバヴヤ（《梵》Bhavya）という。インド中期中観派《ちゅうがん》*の学匠。スヴァータントリカ（自立論証派＝陳那《じんな》*の論理学説にもとづいて空《くう》*を自立的に論証する一派）の祖とされる。プラサンガ論法によって空を論証する仏護《ぶつご》を批判したが、後に仏護の思想を継承する月称《げっしょう》に批判された。『中観心論頌《じゅ》』『般若《はんにゃ》灯論』などを著わす。↓ぶつご（仏護）↓げっしょう（月称）

しょうへんち〔正遍知〕　仏の十号*の一つ。等正覚*と同じ。仏は正しい道理を究め尽くして知らないことがないことから、正遍知という。↓とうしょうがく（等正覚）

しょうぼう〔正法〕　①正しい教法。②三時*の一つ。正法時のこと。↓しょうぞうまつ（正像末）

しょうぼうげんぞう〔正法眼蔵〕　①正法*は、正しい教えのこと。眼蔵は、眼はあらゆるものをうつし、蔵はあらゆるものをおさめ包み込むことで、仏法*の真髄をいう。②六巻、宋の大慧《だいえ》*宗杲《そうこう》の法語を沖密慧然《ちゅうみつえねん》がまとめたもの。③九十五巻、道元*著。『永平正法眼蔵』ともいう。道元禅師が三十二歳から五十四歳までの法語を和文で綴ったもの。禅師の全著述の中で最も重要なものである。(大)82・No.2582

しょうぼうりつ〔正法律〕 延享から寛政（一七四四—一八〇〇）の頃、慈雲尊者が唱導した真言律宗*のこと。↓じうん（慈雲）

じょうぼん〔上品〕『観無量寿経*』において、浄土*に生まれることを願うものを罪・修行*の程度により九品《くほん》*（九段階）に分類するうち、上位の三つ（上品上生《しょう》・上品中生・上品下生《げ》）をさす。

じょうぼんのう〔浄飯王〕（梵）Śuddhodana の訳。首図《しゅど》駄那《だな》、訳して浄飯、白浄《びゃくじょう》という。ネパールタラーイ地方にあったカピラヴァストゥ（迦毘羅《かぴら》城*）の釈迦族の王。シーハハヌ（《巴》Sīhahanu 師子頬《ししきょう》）王の子。コーリヤ族（《梵》Koliya）天臂《てんぴ》城（《梵》Devadaha）の王である善覚（スプラブッダ。《梵》Suprabuddha 善悟とも訳す）の娘（異説あり）マハーマーヤー（摩訶《まか》摩耶《まや》＝摩耶夫人《ぶにん》*）を娶り、悉達多《しっだった》*太子をもうける。産後七日で夫人を亡くしたが、後にその妹のプラジャーパティー（波闍波提《はじゃはだい》*）と再婚、ナンダ（難陀）をもうけた。

しょうまんぎょう〔勝鬘経〕 一巻。宋の求那跋陀羅《ぐなばったら》*訳。詳しくは『勝鬘師子吼《しく》一乗大方便方広経』という。大乗如来《にょらい》蔵系の代表的経典*で、如来蔵*による一乗*思想を説く。女性を主人公とした経典として著名。(大)12・No.353
↓仏教常識〈経典の部〉同項

しょうみょう〔正命〕 八正道の一つ。命は生活の意。正しい生活という意味で、出家*法を守り、五種の邪念（五種の邪命《じゃみょう》*）を捨てて、常に乞食《こつじき》*して正しい比丘《びく》*の生活をすること。↓はっしょうどう（八正道）

しょうみょう〔声明〕 ①（梵）śabda-vidyā の訳で、言葉の知識の意。五明《ごみょう》*（声明、因明、医方《いほう》明、工巧《くぎょう》明、内明）の一つ。言語・文字・音韻について研究する学問。また悉曇《しったん》*を研究する学問もいう。②梵唄《ぼんばい》*ともいう。仏*の前に誦する讃頌《さんじゅ》歌詠。仏の功徳《くどく》*を讃嘆するために曲をつけて経偈《げ》（詩句）を唱えること。

しょうみょう〔称名（唱名）〕 口に仏《ぶつ》*・菩薩《ぼさつ》*の名号《みょうごう》*を称えることと。浄土*教では、南無阿弥陀仏《なむあみだぶつ》*と口唱《く》することをいう。

じょうみょうじ〔浄妙寺〕 臨済宗*建長寺派*。鎌倉五山*の一つ。神奈川県鎌倉市。稲荷《いなり》山と号し、本尊*は釈迦如来《しゃかにょらい》。退耕行勇《ぎょうゆう》の開山*。文治四年（一一八八）足利義兼の創立。初めは極楽寺といったが、建仁元年（一二〇一）禅刹《ぜんさつ》*となり、元亨二年（一三二二）足利尊氏が父の法号*をとって浄妙寺と改称した。

しょうみょうねんぶつ〔称名念仏〕 口に仏《ぶつ》*・菩薩《ぼさつ》*の名号《みょうごう》*を称え、心に仏*を念ずること。称念*ともいい、主に浄土教*で阿弥陀仏《あみだぶつ》*の六字の名号*（南無《なむ》阿弥陀仏*）を称えることをいう。

しょうむてんのう〔聖武天皇〕（七〇一―七五六）第四十五代天皇、在位七二四―七四九年。文武天皇の第一皇子。大宝元年誕生。神亀元年（七二四）即位。皇后は光明皇后。深く仏教に帰依《きえ》*して、諸国に国分寺*を建て、また東大寺*に盧舎那《るしゃな》仏*を造立して、自ら三宝《さんぼう》*（仏・法・僧）の奴《やっこ》と称した。譲位後に入道*して、七五四年、鑑真《がんじん》*から受戒*し、勝満と号した。天平勝宝八年崩御。

しょうめつめっち〔生滅滅已〕 生死《しょうじ》*の尽きはてること。生も滅もともになくなること。

しょうめんこんごう〔青面金剛〕 ①顔色の青い金剛童《どう》子《じ》*。大威力があって病魔・病鬼を払い除くとされ、諸々の悪霊《あくりょう》邪鬼の難を除くために祈念される。②俗に民間で行われる庚申会《こうしんえ》*の本尊*。猿の形相《ぎょうそう》をしている。

じょうもつ〔長物〕 余剰物。必ずしも必要のない余分なもの。僧尼《そうに》*が必ず持つ三衣一鉢《さんえいっぱつ》*を除いたもの。僧尼以外の修行者は、それ以上のものを使用できる。

しょうもん〔声聞〕（梵）śrāvaka の訳。二乗*、三乗*、五乗*の一つ。仏*の教えを聞いて修行*し、さとりをひらく者をいう。→口絵図版〈十界図〉

しょうもんぎょう〔声聞形〕 →そうぎょう（僧形）

しょうもんじょう〔声聞乗〕 声聞*がさとり*を得るための教え。四諦《したい》*（苦《く》諦、集《じっ》諦、滅《めっ》諦、道《どう》諦）の法をいう。

じょうやとう〔常夜灯〕 →じょうとう（常灯）

じょうゆいしきろん〔成唯識論〕 十巻。唐の玄奘《げんじょう》*訳。護法*、安慧《あんね》らの十大論師《ろんじ》が世親《せしん》*の「唯識三十頌《じゅ》*」を注釈した疏《しょ》*を合わせ編集して訳出したもの。唯識*の性相《しょうそう》*および修行*の階位次第を説明している。法相宗《ほっそう》*の依って立つ論典である。(大)31・No.1585

じょうよう〔浄影〕→えおん（慧遠）②

じょうようじ〔浄影寺〕 中国長安（陝西省西安市）にあった大寺。隋の文帝が慧遠《えおん》*のために創建した寺である。

じょうようだいし〔承陽大師〕→どうげん（道元）

しょうようろく〔従容録〕 六巻または二巻。宋の禅僧万《ばん》松行秀《しょうぎょうしゅう》の述。行秀は順天府（北京市）の報恩寺に隠退して従容庵におり、湛然《たんねん》居士従源の要請によって、天童山の宏智正覚《わんししょうがく》の「頌古《じゅこ》百則」に示衆《じしゅ》・評唱・著語《じゃくご》を加えて評したのがこの書である。詳しくは『万松老人評唱天童覚和尚頌古《ひょうしょうてんどうかくおしょうじゅこ》従容庵録』という。(大)48・No.2004

じょうよく〔情欲〕→仏教常識〈日常語〉同項

しょうよくちそく〔少欲知足〕『遺教経《ゆいきょうぎょう》』*に説かれる、欲望を少なくすれば不満が少なく、いつも満足することを知る、ということ。人間の実践すべき善いおこないの一つ。

しょうらいもくろく〔請来目録〕 仏法*を求めて中国へ渡った僧*が日本へ持ち帰った経論《きょうろん》*、章疏《しょうしょ》などを記した文書。最澄《さいちょう》*の『台州録《たいしゅう》』、空海*の『御《ご》請来目録』など。

じょうらくがじょう〔常楽我浄〕 ①凡夫《ぼんぷ》*が自己と世界の真相を誤解して、無常*を常（永遠不滅）と思い、苦《く》*を楽（安楽）と思い、無我*を我*（自我がある）と思い、不浄を浄（清浄《しょうじょう》*）と思うこと。これを凡夫の四顛倒（四倒《し》*＝四つのあやまった考え）という。②『涅槃経《ねはんぎょう》*』『勝鬘経《しょうまんぎょう》*』では、涅槃*の四つの徳として、涅槃の不変不遷（常）にして、生死《しょうじ》*の二苦を離れ（楽）、大自在《じざい》*を得て（我）、三惑《さんわく》*清く尽きた（浄）のをいう。

しょうりょう〔精霊〕 人の魂や物の精のことで、単に霊、または精ともいう。

しょうりょうえ〔精霊会〕 盂蘭盆のこと。→うらぼん（盂蘭盆）

しょうりょうおくり〔精霊送り〕 盂蘭盆会《うらぼんえ》*の末日に精霊*の帰るのを送る儀式。山（山墓）または川に盆中帰宅していた祖霊（精霊）を送り返すこと。川に近いところでは、盆*の灯籠《とうろう》を象《かたど》る小灯籠を川に流す灯籠流しが行われる。→仏教常識〈仏事の部〉灯籠流し

しょうりょうしゅう〔性霊集〕 詳しくは『遍照発揮《へんじょうほっき》性霊集』。うち、第八・九・十の三巻は、仁和寺《にんなじ》*の済暹《さいせん》の補欠（従って、この三巻のみは『遍照発揮性霊集補闕鈔《ほけつしょう》』という）に成る。十巻。空海*の生涯にわたっての詩、上奏文、碑銘、願文*、手紙などを収録し、真済《しんぜい》が編纂した書。平安初期の代表的漢文。

しょうりょうだな〔精霊棚〕 盂蘭盆会《うらぼんえ》*に飲食《おんじき》果物等を供

えて故人の精霊*をまつる棚。仏壇*の傍ら等に設ける。

しょうりょうむかえ〔精霊迎え〕 盂蘭盆《うらぼん》*会《え》の初日に精霊*の来るのを迎える儀式。

じょうりょはらみつ〔静慮波羅蜜〕 十波羅蜜《じっぱらみつ》の一つ。安住静慮（現実の法楽《ほうらく》*に安住する）、引発静慮《いんぽつ》（六神通《じんずう》*を引き発《おこ》す）、弁事《べんじ》静慮（事業《じごう》によって衆生《しゅじょう》*を利益《りやく》*する）をいう。

しょうりんじ〔少林寺〕 中国河南省嵩山《すうざん》*の別峰少室山の北麓《ほくろく》にあり、北魏《ぎ》の太和年間（四七七―四九九）に孝文帝が跋陀《ばっだ》（仏陀）禅師のために建てた寺。菩提流支《ぼだいるし》*の訳経場であり、また、菩提達磨《ぼだいだるま》*の面壁《めんぺき》九年の面壁庵がある。慧可《えか》*も来住したと伝える。その他、仏殿、初祖殿、毘盧《びる》殿等の堂宇、および多くの古碑がある。

じょうるりせかい〔浄瑠璃世界〕 薬師《やくし》*（瑠璃光《るりこう》）如来《にょらい》*の浄土*のこと。

じょうろう〔上臈〕 下臈《げ》*の対語。法臘《ほうろう》*が多く、徳を積んだ僧侶*の総称。臈は臘の俗字。

しょうろうびょうし〔生老病死〕 ↓しくはっく（四苦八苦）

じょうろくのぶっしん〔丈六の仏身〕 立像《りゅうぞう》の高さが一丈六尺（約四・八五メートル）ある仏像*。仏*の身長が一丈六尺あったという伝説による。

しょうろん〔声論〕 ↓みまんさ（弭曼差）

しょうろんしゅう〔摂論宗〕 中国仏教十三宗*の一つ。無《む》著《じゃく》*の『摂大乗論*』を所依《しょえ》*とする。日本では法相宗《ほっそう》*に付属する。↓仏教常識〈宗派の部〉中国仏教

しょえ〔所依〕 能依《のうえ》（依るもの）の対語。依りどころ。子は母に対して能依であって、母は子に対して所依であるごときもの。

しょぎょう〔諸行〕 宇宙全体のあらゆる現象をいう。行*は遷流《せんる》の意で、うつり変わることを意味する。

しょぎょうむじょう〔諸行無常〕 三法印の一つ。あらゆる現象はすべてうつり変わって止まるところがないことをいう。一般には、主としてその哀れな方面を強調していう。↓さんぼういん（三法印）

しょくどう〔食堂〕 仏教では「じきどう」と読む。↓じきどう（食堂）↓仏教常識〈日常語〉同項

しょけ〔所化〕 能化《のうけ》*の対語。師によって教化《きょうけ》*される弟子。仏《ぶつ》*・菩薩《ぼさつ》*によって教え導かれる者。一般には、寺*に働いて生活する僧侶*の呼称となっている。

じょごう〔助業〕 助行《じょぎょう》ともいう。五種の正行《しょうぎょう》*のうち、第四の称名《しょうみょう》*正行を除いた読誦《どくじゅ》、観察《かんざつ》*、礼拝《らいはい》*（前三）、讃《さん》

嘆供養《だんくよう》（後一）を助業という。正定業の称名を助ける業*という意味。↓しょうじょうごう（正定業）

しょさ〔所作〕 ↓仏教常識〈日常語〉同項

しょしん〔初心〕 ↓仏教常識〈日常語〉同項

しょせん〔所詮〕 能詮《のうせん》の対語。表現の手段（能詮）としての文章または言語などにはっきりとした形で表わされている内容を所詮という。↓のうじょ（能所）↓仏教常識〈日常語〉同項

しょぜんまんぎょう〔諸善万行〕 あらゆる善い行業《ぎょうごう》*（おこない）をいう。

しょなのか〔初七日〕 ↓仏教常識〈仏事の部〉同項

じょぶん〔序分〕 三分科経《さんぶんかきょう》*の一つ。経*の初めにその経の由来を説く部分があるのをいう。これを通序（証信序）と別序（発起《ほっき》序）とに分ける。

しょほう〔諸法〕 万法、一切ともいう。ありとあらゆる事象。広い意味の万有で、十界《じっかい》*のすべての事理《じり》*をいう。

しょほうかいくう〔諸法皆空〕 法は存在物、現象を意味し、一切の現象には実体がない（空*）ことをいう。

しょほうじっそう〔諸法実相〕 一切の事物のありのままの姿。真実のあり方。諸法*とは相対的に区別される諸々の事象をいい、実相*とはその真実のありさまで、本質的な平等無差別の真実をいう。この諸法の実相のあり方を説くことを実相論*というが、その説き方は、三論宗*、天台宗*、禅宗*等によって違いがある。

しょや〔初夜〕 初更《しょこう》、甲夜《こうや》ともいう。戌《いぬ》の時のことで現在のおよそ午後八時にあたる。

じり〔自利〕 （梵）svārtha, ātma-hita の訳。利他《りた》*の対語。自分の上に功徳利益《くどく*りやく*》を得ること。さとり*を得ようと修行*に励み、その目的を自分一人において達成すること。↓じりりた（自利利他）

じり〔事理〕 事*とは相対差別的な現象、理*とは絶対平等の普遍的な真実。仏教では、事と理とが互いに融合して一体となった事理無碍《むげ》*（さまたげがない）の世界を理想とする。

じりき〔自力〕 他力《たりき》*の対語。自分の修得した功徳《くどく》*の力で勝果（仏の位）を得ようとすること。仏*の力によるのを他力という。

じりきもん〔自力門〕 自力*の法門*、自分の力で開くさとりの道*。

じりそうぎょう〔事理双行〕 事象を通じた修行*と真実の観法《かんぼう》*を兼ね修すること。坐禅*、戒律*等の身体的行業《ぎょうごう》*を修しながら、同時に精神面で真如《しんにょ》*の理*を観ずること。

じりつ〔持律〕　戒律*を保って犯さないこと。持戒*に同じ。

じりにかん〔事理二観〕　中国天台宗*山家《さんげ》*派でいう事理三千（一切の事象と一切の法性《ほっしょう》*）を観察《かんざつ》*すること。中国天台宗山外《さんがい》派でいう事観（他に向かって観察*する外観）と理観（自分の心を観察する内観*）との称。また唯識《ゆいしき》*観、実相観*とも称する。

じりょう〔寺領〕　寺院*の所有している土地、田畑や山林をいう。古くは寺田《じでん》ともいった。

じりりた〔自利利他〕　自分を利益《りやく》*すると同時に、他人をも利益すること。

じりりたえんまん〔自利利他円満〕　自利*の徳と利他*の徳が円満にそなわること。すなわち、如来《にょらい》*のさとり*の境《きょう》界《がい》*にともなう徳をいう。

しるいのしゅっけ〔四類の出家〕　身体は出家*しても心の出家をしないもの、身体は出家しないで心の出家をしたもの、身心《しんじん》ともに出家したもの、身心ともに出家しないもの、の四つの称。

じれんかんのん〔持蓮観音〕　三十三観音*の一つ。蓮の葉に乗り、両手に蓮の花をもち、童子《どうじ》童女《どうにょ》形《ぎょう》である。

しろん〔四論〕　三論宗*で根本聖典とする空観*・中観を説く三種の論書に『大智度論*』の一部百巻を加えたもの。この四論を所依《しょえ》*とする宗派を四論宗という。『中論』（『中観論*』のこと、竜樹《りゅうじゅ》*著）、『百論*』（提婆《だいば》*著）、『十二門論*』（竜樹著）、『大智度論』（竜樹著）。

じろんしゅう〔地論宗〕　世親《せしん》*の『十地経論*』に依って立つ宗派*。光統律師（慧光《えこう》*）を祖とする南道派と道寵《どうちょう》を祖とする北道派があった。慧光の弟子の法上が北斉の僧統を継ぎ、法上に浄影寺《じょうようじ》*慧遠《えおん》*が出て盛行したが、唐代に至り華厳《けごん》*宗に発展的に吸収される。→仏教常識〈宗派の部〉中国仏教

しわく〔思惑〕　個々の事象の真実のありさまを知らないために起こる煩悩《ぼんのう》*。その本体は貪《とん》*（むさぼり）・瞋《しん》*（いかり）・痴《ち》*（おろか）・慢*（高慢）の四惑である。新訳*では修惑《しゅわく》という。

しん〔心〕　色《しき》*の対語。認識の主体。異名として意*や識*をあてる。①心王《のう》（心そのもの）・心所（心のはたらき）と分類する場合は心王をさし、心所が対象を個別に把握する作用をいうのに対して、意識活動の本体であって対象の全体相を認知する作用をいう。→しんじょ（心所）②心を区別して、心臓（hrd, hrdaya 干栗駄《かりだ》と音写＝肉団心）・第八識*（citta 質多《しった》と音写＝集起《じっき》心）・第七識（manas 末那《まな》と音写＝思量心）・諸八識に通じる縁慮

心・真如心《しんにょ》*の異名である堅実心・諸経の要義を積聚した積聚精要心の六類に便宜上わけることができる。

しん〔信〕①（梵）śraddhā の訳。倶舎《くしゃ》*でいう大善地法《だいぜんじほう》*（善心が起こる時に付随して起こる心の作用の総称）の一つ。唯識《ゆいしき》*の十一善の一つ。正しい認識によって疑いがないこと。②信心*のこと。③四法（教・行《ぎょう》*・信・証*）の一つ。④五根《ごこん》（信・精進《しょうじん》*・念*・定《じょう》*・慧《え》*）の一つ。⑤菩薩《ぼさつ》*の修行の階位である五十二位*の初、十信《じっしん》*のこと。

しん〔瞋〕瞋恚《しんい》*、怒《ぬ》ともいう。自分の考えに違背したことが起こったとき、憎み憤り、身心《しんじん》を鎮められない心作用をいう。→次項

しんい〔瞋恚〕「しんに」ともいう。三毒《さんどく》*（貪《とん》・瞋《じん》・痴《ち》）の一つ。いかり。自分の心に逆らうものに対する怒りの心。→前項

しんいしき〔心意識〕心は（梵）citta の訳で、集起《じっき》（精神作用の中心）の意、意*は（梵）manas の訳で、思量（思考作用）の意、識*は（梵）vijñāna の訳で、了別《りょうべつ》（認識作用）の意で、すべての現象はこの心意識によるとされる。

しんが〔神我〕（梵）puruṣa の訳。インドの数論《すろん》派*で、霊我とも訳される純粋精神。物質的な本体である自性に反映し、現象世界を展開する精神的本体をいう。

しんかい〔新戒〕はじめて戒*を受けた出家者*をいう。

しんき〔心機〕心の発動。→仏教常識〈日常語〉同項

じんぎ〔神祇〕神は天上神、祇は地上神。一切の神々のことをいう。

しんきげん〔新帰元〕→仏教常識〈仏事の部〉同項

しんぎしんごんしゅう〔新義真言宗〕古義《こぎ》真言宗の対。覚鑁《かくばん》*を派祖とする真言密教*の分派。総本山*は一乗山大伝法院根来寺《ねごろじ》*（和歌山県那賀郡岩出町根来）。古義が大《だい》日如来《にちにょらい》*の本地《ほんじ》*である法身《ほっしん》*説法*を説くのに対し、新義は、加持《かじ》身説法を唱えて、高野山*から離れる。明治三十三年以後、新義真言宗智山《ちさん》*派と新義真言宗豊山《ぶさん》*派によって共同護持《ごじ》*されていたが、昭和二十四年、根来寺を総本山として新義真言宗を公称した。

しんきょう〔心境〕精神の状態。心の在り方、あり所。

しんぎょう〔心経〕『般若波羅蜜多《はんにゃはらみった》心経*』の略。また普通に『般若心経』ともよぶ。(大)8・No.251—256

しんぎょう〔信行〕（五四〇—五九四）三階教《さんがいきょう》*の開祖。中国魏郡の人。梁の武帝の大同六年に生まれ、隋の開皇九年（五八九）に召されて長安に入り、真寂寺に住した。末法《まっぽう》*の自覚を説き弾圧されたが地方に展開し、

敦煌《とんこう》十七寺は三階教寺院であった。開皇十四年寂す。

しんぎょう〔信楽〕 教えを信じ喜ぶこと。疑いなく信じることによって歓喜《かんぎ》*愛楽《あいぎょう》*の心を発すること。

じんきょうつう〔神境通〕 人の智慧*では理解できない不思議*な境界《きょうがい》*を現出させることのできる神通《じんずう》*力《りき》。

じんく〔塵垢〕 心をけがすもの、すなわち煩悩《ぼんのう》*をいう。

しんくう〔真空〕 唯識《ゆいしき》*では、宇宙の真実を知る上に三段階（三性《さんしょう》*）をたて、まよい（遍計所執性《へんげしょしゅうしょう》）、相対的判断（依他起性《えたきしょう》*）、さとり*（円成実性《えんじょうじつしょう》）とするが、さとりとは「真実」（真如《しんにょ》*）そのものをいい、これには、本体としての空《くう》*（真空）と仮現《けげん》としての有《う》*（妙有《みょうう》）の二面が不二《ふに》*の境地として存在している。虚無の空ではなく、つねに有に働く空をいう。

じんぐうじ〔神宮寺〕 本地垂迹《ほんじすいじゃく》*説により神社に付属して仏事*を修める寺*。神宮院、宮寺、神願寺、神護寺、神《じん》供《ぐ》寺ともいい、その僧を社僧*という。主として天台宗*、真言宗*にあった形式である。明治初頭の廃仏棄釈《はいぶつきしゃく》*により、ほとんどが廃絶、または転派（神社に変わること）させられた。

しんくうみょうう〔真空妙有〕 唯識《ゆいしき》*でいう円成実性《えんじょうじつしょう》（真如《しんにょ》*）は、我執《がしゅう》*（人《にん》執＝常に変わらない主体が存在するとみるとらわれ）と法《ほっ》執*（あらゆる事象に実体があるとみるとらわれ）の二執（二種類のとらわれ）を超絶した真実の空《くう》*であることから真空という。しかも、小乗仏教*の説く相対的な空ではなく、真実の有《う》*として働き出ることから妙有《みょうう》という。

しんけ〔真仮〕 真実と方便《ほうべん》*のこと。権実に同じ。↓ごんじつ（権実）

しんげ〔信解〕 仏*の説法*を聞いて、もっぱらその教えを信じてよく理解し切ること。

しんげだつ〔心解脱〕 心が煩悩《ぼんのう》*の束縛から離れること。

しんけん〔身見〕 五見の一つ。有《う》身見ともいう。我《が》見*と我所*見とを合わせたもので、自我の存在にとらわれ、また、これはわがもの、自分の所有であると固執する妄見《もうけん》*。↓ごけん（五見）

しんげん〔心眼〕 心の目、すなわち智慧*のことをいう。

しんこう〔信仰〕 古くは「しんごう」と読み、仰信《ごうしん》ともいった。客体である仏*や神を崇めてこれに身心《しんじん》を投入して奉事すること。仏教では、仏・法・僧の三宝《さんぼう》*を信じて疑わないこと。

しんごう〔身業〕 三業の一つ。身体の上に現われる一切の行為動作をいう。↓さんごう（三業）

じんこう〔沈香〕（梵）agaru の訳。沈水香の略。香木の最上のもの。インド諸地方の熱帯地に産する。黒色の良品を伽羅《きやら》＊という。

じんごじ〔神護寺〕①高野山真言宗＊。京都市右京区梅ケ畑高雄町。山号は高雄山《たかおさん》。平安時代以前にあった和気《わけ》氏私寺高雄山寺に、和気清麻呂《きよまろ》が河内《かわち》（大阪府）に創建した神願寺を八二四年に併合、神護国祚《こくそ》真言寺と称した。勅により空海＊が入寺し、弘仁三年（八一二）最《さい》澄《ちょう》＊をはじめとする百九十余人に金胎《こんたい》両部＊の灌頂《かんじょう》＊を授けた。荒廃していたのを鎌倉初期に文覚＊が再興。本尊＊は薬師《やくし》如来《にょらい》。②↓じんぐうじ（神宮寺）

しんごん〔真言〕（梵）mantra 呪《じゅ》＊と訳す。如来《にょらい》＊が真実そのものを表現する言語という意味。また、真言宗＊を略していう場合もある。

しんごんいんみしほ〔真言院御修法〕後七日《ごしちにち》御修法ともいう。正月八日から十四日までの七日間、宮中の真言院で国家の平安と五穀の豊穣を祈る儀式。承和二年（八三五）空海＊の奏請によって始まる。のち同院が廃絶され、東寺《とうじ》＊において毎年行われている。

しんごんしゅう〔真言宗〕空海＊が『大日経《だいにちきょう》＊』『金剛頂《こんごうちょう》経《ぎょう》＊』『蘇悉地経《そしつじきょう》』等の秘密経＊によって立てた宗旨＊の名。密教＊、密蔵、秘密教＊ともいう。空海は延暦二十三年（八〇四）入唐《にっとう》、恵果《けいか》＊に師事し金剛界＊・胎蔵《たいぞう》＊界両部の奥義をおさめ、新訳＊の経典＊百四十二部・二百四十七巻、梵《ぼん》字真言讃など四十二部・四十四巻、論疏《ろんしょ》章など三十二部・百七十巻を請来《しょうらい》し、弘仁七年（八一六）高野山＊に金剛峯寺《こんごうぶじ》＊を建立＊、三密相応による即身成仏《そくしんじょうぶつ》＊を説き、三密＊（身《しん》・口《く》・意《い》）のうちの口密《くみつ》を宗名とする。四種十《ししゅじゅう》住心《じゅうしん》をもって一代仏教を判釈《はんじゃく》＊し、金胎《こんたい》両部＊の曼荼羅《まんだら》＊を立てて宗義の奥旨をひらく。現在は古義《こぎ》真言宗の八派、新義真言宗＊の三派、そのほか多数の新分派があり、末《まつ》寺《じ》＊総数一万二千余寺に及ぶ。↓仏教常識〈宗派の部〉日本仏教

しんごんひみつ〔真言秘密〕如来《にょらい》＊の真言＊は深妙《じんみょう》な上に、うかがい知り難いことからこのようにいう。

しんごんみっきょう〔真言密教〕真言宗＊において、余《よ》乗《じょう》＊（自宗以外の教義）に対して宗乗（自宗の教義）の密教＊をいう。また、台密《たいみつ》＊（天台密教）に対して東密《とうみつ》＊をいう。

しんごんりっしゅう〔真言律宗〕空海＊入唐《にっとう》の時、真言宗＊とともに伝えた宗旨＊。真言宗の宗義により、主として有部《うぶ》＊の戒律＊を修学する。鎌倉初期、西大寺《さいだい》＊叡尊＊が南都

律（四分《しぶん》律*）と真言密教*を総合した。慶長（一五九六—一六一五）の頃、明忍《みょうにん》が盛んにこれを唱え、寛政（一七八九—一八〇一）の頃、慈雲《じうん》*においてほぼ大成、幕府は河内（大阪府）の高貴《こうき》寺*を本山*とさせて、長く真言宗に属していたが、明治二十八年（一八九五）独立して大和（奈良県）の西大寺を本山とした。

しんごんりょうぶ〔真言両部〕→こんたいりょうぶ（金胎両部）

しんざん〔晋山〕 新たに寺院*の住職*をつぐこと。その時に行う式を晋山式という。

しんじかんぎょう〔心地観経〕 八巻。詳しくは『大乗本《ほん》生心地観経《じょうしんじかんぎょう》』という。四恩《しおん》*を説くことで知られる。㊅3・No.159

しんじつほうど〔真実報土〕 方便化土《ほうべんけど》の対。本願*のごとく実践し、その報いとしてあらわれた真実の浄土*、すなわち極楽浄土*をいう。

じんしゅ〔神呪〕 →だらに（陀羅尼）

しんしゅう〔真宗〕 →じょうどしんしゅう（浄土真宗）

じんしゅう〔神秀〕（六〇五?—七〇六） 北宗《ほくしゅう》*禅の祖。中国開封（河南省）の人。五祖の弘忍《ぐにん》に師事し、のち唐の則天武后の帰依《きえ》*をうけて内道場に召され、ことに中宗皇帝の尊崇をうけた。荊州玉泉寺《けいしゅうぎょくせんじ》、大通寺《だいつうじ》に住し、中宗神竜二年寂す。勅して大通禅師と諡《おくりな》す。

しんじょ〔心所〕（梵）caitta 心数《しんじゅ》、心所有法《うほう》ともいう。対象を認識するときに付随して生じる感情や意志などのすべての精神作用をいう。心*（心王《のう》）のはたらきに従って起こる作用で、倶舎《くしゃ》*宗では四十六法、唯識《ゆいしき》*宗では五十一法を数える。→しん（心）→ごいしちじゅうごほう（五位七十五法）→ごいひゃっぽう（五位百法）

しんじょう〔審祥〕（?—七四二） 日本における華厳《けごん》*宗の初祖。新羅の人。早くから唐に遊学し、法蔵*に華厳宗をうけ、天平の頃、来朝して大安寺に留まる。良弁《ろうべん》*の奏聞により、勅請あって天平十二年（七四〇）十月、金鐘《こんしょう》道場（東大寺）で『華厳経*』を講ずる。十四年講義を終わり、同年寂す。

しんしょうじ〔新勝寺〕 新義真言宗*智山《ちさん》*派大本山。千葉県成田市。成田山明王院神護《じんご》新勝寺と号する。本尊*は不動明王。天慶三年（九四〇）の平将門の乱のとき、神護寺*（京都）で治世を祈った明王*像を寛朝がこの地に運び調伏《ちょうぶく》*、乱を鎮めた。江戸時代以後、門前町が盛んとなる。高尾山*、川崎大師*と並んで智山派関東三山といわれ、通称を成田のお不動さまとして親しまれ全国からの参詣者が多い。

しんじん〔信心〕　仏法*を信じて疑わない心。浄土真宗*ではまことのこころと読み、他力《たりき》*の信心とは如来《にょらい》*がこのまごころを行者《ぎょうじゃ》*に与えてくれるのだと解釈する。

しんじん〔深甚〕　仏教では甚深と書いて「じんじん」と読む。→仏教常識〈日常語〉同項

じんしん〔深心〕　三心《さんしん》*の一つ。深く信じるひたむきな心。

しんじんいちにょ〔身心一如〕　性相《しょうそう》*不二《ふに》*、色心《しきしん》不二*と同じ。肉体と精神は別々にあるのではなく、その実体は同一であるということ。

しんじんめい〔信心銘〕　一巻。禅宗*の第三祖僧璨《そうさん》*著。百四十六句、四字一句の偈《げ》*によって禅宗の奥義を簡明に説き、禅書の嚆矢《こうし》（ものごとの始め）ともいうもの。㊅48・No. 2010

じんずう〔神通〕　（梵）abhijñā の訳。禅定《ぜんじょう》*などによって得られる、神変《じんぺん》*不可思議*にして無碍《むげ》*自在*なる力。これには六種があり、六神通という。→ろくじんずう（六神通）

しんぜい〔真盛〕　（一四四三―九五）天台宗*真盛派*の開祖。伊勢（三重県）の人。比叡山*西塔の慶秀に師事する。山にあること二十余年。文明十五年（一四八三）虚栄をきらって黒谷*青竜寺に隠れ、日に六万遍称名《しょうみょう》*した。同十八年、近江（滋賀県）坂本の生源寺で『往生要集*』を講じ、西《さい》教寺*の荒廃を興して、戒律*と念仏*二門の弘通《ぐずう》*の道場*とし、その後諸国を遊行《ゆぎょう》*した。明応四年寂す。円戒国師・慈摂《じしょう》大師と諡《おくりな》される。

しんぜいは〔真盛派〕　天台宗*の一派。滋賀県坂本の西《さい》教寺*を本山*とする。真盛*が西教寺にあって、戒律*と念仏*を奨励したのに始まった。→前項

しんぞくにたい〔真俗二諦〕　真諦と俗諦のこと。諦*とは真実のことで、俗諦は世間*の真実。真諦は覚者*の智慧*に照らし出された真実。このことから、俗諦からいうときはすべては存在するもの（有《う》*）であり差別《しゃべつ》*であるが、真諦からいうと、一切は空《くう》*であり平等*である。なお、出《しゅっ》世間*のことを真諦といい、世間のことを俗諦ということもある。すなわち仏法*は真諦で、王法*は俗諦である。これは主として浄土真宗*の釈義である。

しんたい〔真諦〕　→しんぞくにたい（真俗二諦）

しんだい〔真諦〕　（四九九―五六九）（梵）Paramārtha の訳。「しんたい」ともいう。摂論《しょうろん》*宗の初祖。四大訳家《しだいやっけ》*の一人。西インドの人。五四六年、海路から中国広州に赴き、『金光明経《こんこうみょうきょう》*』『摂大乗論《しょうだいじょうろん》*』等、六十四部・

二百七十八巻を訳出した。

しんたん〔震旦〕　古くは「しんだん」と読む。（梵）cīna-sthāna（チーナスターナ）の音写。中国のこと。震は秦（中国）、旦はスターナ（国のこと）で、インドから中国をさしていう言葉。

しんたんろくそ〔震旦六祖〕　西天《さいてん》二十八祖*の対語。中国禅宗*の六人の祖師*。達磨《だるま》*、慧可《えか》*、僧璨《そうさん》*、道信、弘忍《ぐにん》、慧能《えのう》*をいう。

しんちおんじ〔新知恩寺〕　浄土宗*。関東十八檀林*の一つ。神田山と号し、幡随《ばんずい》院ともいう。慶長九年（一六〇四）徳川氏の招請により幡随意（号は智誉）が江戸に出て建立*。初め千代田区駿河台に創建されたが、のち台東区下谷に移り、明暦三年（一六五七）の大火で同区浅草に移転、昭和七年（一九三二）現在の小金井市前原町に移る。本尊は阿弥陀如来《あみだにょらい》*。

じんちょう〔晨朝〕　①昼を三時に分けたうちの卯《う》から巳《み》の刻（午前六―十時）をいう。②朝の勤行《ごんぎょう》*。「あさじ」ともいう。

しんと〔信徒〕　仏*の教えを信じる人々。信者。

しんとう〔新到〕　新来の僧*、新しく入寺した僧のこと。

しんどが〔信度河〕　（梵）Sindhu の音写。辛頭河とも書く。インダス河のこと。インドの西境を流れる大河で、インドの名はこの河に起源したものである。

しんどく〔真読〕　転読*の対語。一字一句、経文《きょうもん》を読むこと。

じんな〔陳那〕　ディグナーガ。（五世紀末―六世紀初）（梵）Dignāga, Diṅnāga の音写。域竜と意訳。仏教論理学者。南インドのアーンドラ（案達羅《あんだら》）国の出身。従来のインド論理学（因明《いんみょう》*）の論証形式である五支作法を改めて簡潔な三支作法を主張した。この新しい論理学を新因明という。著作には、仏教圏の論理学の綱要書となった『因明正理門論』の他に、『集量論《じゅうりょうろん》』『掌中論』などがある。彼の説は中国・日本にも伝わったが広く行われず、チベット・モンゴルでは研究された。

しんなん〔信男〕　→うばそく（優婆塞）

しんに〔瞋恚〕　→しんい（瞋恚）

しんにょ〔信女〕　→うばい（優婆夷）

しんにょ〔真如〕　（梵）tathatā の訳、原義はあるがまま。普遍的な真実。諸法*の実体実相*をなすもの、すなわち絶対平等、真実不変の理体*（根本の原理そのもの）を真如という。

しんにょえんぎ〔真如縁起〕　如来《にょらい》蔵*縁起*ともいう。我々の眼前の現象はすべて一心真如*を依りどころとして生起しているという説で、『起信論*』に説くところである。

しんにょじっそう〔真如実相〕 真如*のありのままの相*をいう。

しんにょのつき〔真如の月〕 もののあるがままの真実（真如*）を体得すると、それまでの迷妄が消え去ることを、月が出ると暗闇が破られることにたとえたもの。真如の光ともいう。

しんねん〔信念〕 信じて疑わない心をいう。信仰*と同じ意味に用いることが多い。

しんねんじょ〔心念処〕 →しねんじょ（四念処）

しんねんじょ〔身念処〕 →しねんじょ（四念処）

じんぺん〔神変〕 人力以上の不可思議*な力のはたらき。仏《ぶつ》*・菩薩《ぼさつ》*が衆生《しゅじょう》*を教化《きょうけ》*するため、超人的な力（神通《じんずう》*力《りき》）をもって様々な姿や動作を現わすこと。→仏教常識〈日常語〉同項

しんぼう〔心法〕 一切を色《しき》*（物）・心《しん》*の二つに分類するときは、心（心・心所《しんじょ》*すなわち心とそれに付随する心作用）をいい、五位《ごい》*（心王《しんのう》・心所法・色法・不相応法・無為法）とすれば、心王（心の本体）だけをいう。

しんぼっち〔新発意〕 「しんぼち」「しぼち」ともいう。新しい仏道入門者。または新たに発心《ほっしん》*すること。発意とは仏道*修行*の発《ほっ》願*をすること。貴人の出家*には入道*の語を用いる。

しんぼとけ〔新仏〕 →仏教常識〈仏事の部〉同項

しんみつ〔身密〕 三密（身密・口《く》密・意《い》密）の一つ。真言密教*で、身体によるはたらきをいう。→さんみつ（三密）

しんみょう〔神妙〕 →仏教常識〈日常語〉同項

じんみらい〔尽未来〕 尽未来際ともいい、未来*の際限を尽くすという意味で、未来永遠のことをいう。

しんめい〔神明〕 神は思いはかれないこと、明は光り照らすという意味。天神地祇《ちぎ》*のことをいう。神は人智でよく測り知ることができないが、人々の善悪・邪正を照らし出す力があるので、神明という。

しんやく〔新訳〕 旧《く》訳*の対語。唐の玄奘《げんじょう》*三蔵*の翻訳のことをいう。趙宋《ちょうそう》代の訳出経は宋訳もしくは宋訳出経というため、新訳は玄奘訳以後をさすが、とくに玄奘訳をさすのが普通である。

しんらん〔親鸞〕（一一七三―一二六二） 浄土真宗*の開祖。幼名は松若丸。日野有範《ありのり》の子。承安三年京都に生まれる。幼年で父母を失い、八歳で青蓮《しょうれん》院の慈円につ

いて得度《とくど》＊し、名を範宴《はんえん》と号したという。比叡山＊、南都に学んだが満足せず、深くさとり＊への道を求めて京都の六角堂＊に百日の参籠《さんろう》＊。のち法然《ほうねん》＊に謁して浄土門＊に帰し、名を綽空《しゃっくう》と改め、次いで善信《ぜんしん》と称した。承元元年（一二〇七）念仏停止《ねんぶつちょうじ》には師の法然とともに罪を得て、越後（新潟県）の国府に流される。その地での五年間、自ら愚禿《ぐとく》＊親鸞と称し、＊浄土他力《たりき》＊の教えを広める。建暦元年（一二一一）の冬赦免されて、信濃（長野県）、下野（栃木県）、常陸（茨城県）をめぐり教化《きょうけ》＊した。元仁元年（一二二四）正月、常陸・稲田において『教行信証《きょうぎょうしんしょうもんるい》文類』＊六巻を撰す。これは浄土真宗の開闢《かいびゃく》の本典である。その後方々に遊行《ゆぎょう》＊し著作に努めた。『三帖《さんじょう》和讃＊』『浄土文類聚鈔《もんるいじゅしょう》』等を著わし、弘長二年、京都の善法院で往生＊した。明治九年、勅して見真《けんしん》大師と諡《おくりな》す。

じんりき〔神力〕　仏《ぶつ》＊・菩薩《ぼさつ》＊の有する不可思議＊な力。仏・菩薩はこの神力のはたらきによって人々を救うとされる。↓ろくじんずう（六神通）

《ス》

ずいがんじ〔瑞巌寺〕　松島寺ともいう。臨済宗《りんざいしゅう》＊妙心寺派＊。宮城県宮城郡松島町。青竜山瑞巌円福禅寺と号す。天長五年（八二八）慈覚大師円仁《えんにん》＊の開基＊。延福寺と称して天台宗＊であったが、後に北条時頼が法身《ほっしん》禅師のために再興、禅刹《ぜんさつ》＊となり円福寺と改称。慶長年間（一五九六―一六一五）伊達政宗は海晏《かいあん》に要請して住職＊とし、伊達家の廟《びょう》所とした。本尊＊は聖《しょう》観音。

ずいき〔随喜〕　五種の懺悔《さんげ》＊法（滅罪の修行＊）である五悔《ごけ》の一つ。他人が善因を修して善果を得ることを喜ぶこと。転じて、仏教の儀式に参列することをいう。仏教常識〈日常語〉同項

ずいぎょうごう〔随形好〕　仏＊の相好《そうごう》＊（顔かたち）に大相と小相とがある。随形好とは、三十二の大相（三十二相＊）にしたがうさらに細かい相好をいう。これに八十種があって、八十随形好＊または八十種好という。

すいげつかんのん〔水月観音〕　三十三観音＊の一つ。その

形像には種々がある。『仏像図彙《ずい》』では、月下の海上に浮かんで、一葉の蓮華に立つ姿をしている。

すいさい〔水災〕　大三災の一つ。四劫《しこう》*のうち、壊劫《えこう》*の時に大雨が車軸のように降り、地下の水輪が湧き出して、世界が壊滅することをいう。↓さんさい（三災）

すいじ〔垂示〕　教えをたれて衆人に示すこと。多く禅宗*でいう言葉。また、垂戒・垂誨《すいかい》ともいう。

すいじゃく〔垂迹〕　本地《ほんじ》*の対語。仏《ぶつ》*・菩薩《ぼさつ》*が、ただちに本地（仏・菩薩のさとり）*に近づくことができない衆生《しゅじょう》*を救うために、仮に神明《しんめい》*の身を示現*すること。これは仏教が日本古来の神道をとり入れて教義的に生かすために立てた説である。↓ほんじすいじゃく（本地垂迹）

すいてん〔水天〕　ヴァルナ。（梵）Varuṇa 婆楼那《ばるな》*・縛嚕拏《ばろぬ》と音写。訳して水神・水王。水を司る神の名。十二天*・八方天*の一つ。両手に剣と輪索《りんさく》をもち、亀の背に乗り頭上に五竜冠をいただく。密教*では、胎蔵界曼荼羅《たいぞうかいまんだら》*の西方外金剛部院《さいほうげこんごうぶいん》および金剛界曼荼羅《こんごうかいまんだら》*の

四大神・外金剛部二十天のうちに配している。

ずいみん〔随眠〕　「ずいめん」ともいう。（梵）anuśaya の訳。有部《うぶ》*では人間の根本的な煩悩《ぼんのう》*のこと。常に衆生《しゅじょう》*につきまとって心を惛迷にさせ（随）、しかも作用が微細であって知ることが難しい（眠）ことから随眠という。唯識《ゆいしき》*では阿頼耶識《あらやしき》*中に眠伏（潜在）する煩悩の種子《しゅうじ》*をいう。現行惑《わく》（顕在的な心）の対語。

ずいわく〔随惑〕　随煩悩《ぼんのう》のこと。根本的な煩悩*に随《したが》って起こる煩悩をいう。倶舎宗《くしゃ》*では十九種。放逸《ほういつ》*、懈怠《けだい》*、不信、惛沈《こんじん》、掉挙《じょうこ》、無慚《むざん》*、無愧《むき》*、忿《ふん》、覆《ふく》、慳《けん》*、嫉《しつ》、悩《のう》、害、恨《こん》、諂《てん》、誑《おう》、憍《きょう》、睡眠《ずいみん》、悔《け》をいう。唯識宗*では二十種。忿、恨、覆、悩、嫉、慳、誑、諂、害、憍、無慚、無愧、惛沈、掉挙、不信、懈怠、放逸、失念*、散乱、不正知《ふしょうち》をいう。

すうざん〔嵩山〕　中国五岳の一つ。河南省登封県にある山。上古から神聖な山として名高く、少林寺*・嵩嶽寺《すうがくじ》など多くの寺院がある。

すうでん〔崇伝〕　「そうでん」ともいう。（一五六九―一六三三）臨済《りんざい》*宗の僧。字を以心《いしん》といい、一色秀勝の子。南禅寺*の長老*。江戸金地院《こんちいん》の開山*。豊臣秀吉、徳川三代の将軍に仕え、政治、外交、翻刻など多方面に活躍

し、黒衣の宰相と称された。寛永十年寂す。勅号を円照本光国師という。

すぎょうろく〔宗鏡録〕　百巻。宋の延寿《えんじゅ》著。大乗仏教*の経論六十部、インド、中国の聖賢《せいけん》*三百人の著書語録等を融合して、仏法一途、禅教一致の道理を説いた大著である。㊅48・No.2016

ずきん〔頭巾〕　→仏教常識〈日常語〉同項

ずこう〔塗香〕　身体に塗る香料。これによって身体の悪臭を取り去り清浄《しょうじょう》*にさせる。

ずし〔厨子〕　仏像*を安置する箱形あるいは円筒形の仏具→仏教常識〈法具の部〉同項

すずかけ〔篠懸〕　鈴掛とも書く。修験道《しゅげんどう》*の行者である山伏《やまぶし》*が服の上に着用する法衣《ほうえ》*。

厨子

すそくかん〔数息観〕　（梵）ānāpāna の訳。持息念ともいう。五停心観《ごじょうしんかん》*（邪心を停止するための五種の観法《かんぼう》*）の一つ。息の出入を数えて心を統一し、それによって心が乱れるのをとどめる観法。

ずだ〔頭陀〕　（梵）dhūta の音写。陶汰《とうた》、修治《しゅち》、浣洗《かんせん》と訳す。衣食住の執着《しゅうじゃく》*を取り去り、煩悩《ぼんのう》*の垢《あか》を払って、仏道*を求めること。十二の徳目があり、十二頭陀、十二頭陀行*ともいう。

ずだつちょうじゃ〔須達長者〕　→ぎっこどく（給孤独）

ずだぶくろ〔頭陀袋〕　→仏教常識〈日常語〉同項

すろん〔数論〕　（梵）Sāṃkhya の訳。数論派サーンキヤ学派のこと。インド六派哲学の一派。仏典*では雨衆外道《うしゅげどう》ともいう。カピラ（《梵》Kapila 迦毘羅仙《かびらせん》）を祖とするという。神我《しんが》*（プルシャ＝純粋精神）と自性《じしょう》（プラクリティ＝根本原質）を立て、現象世界は、この両者の結合によって展開されるとする。解脱《げだつ》*を説き、仏教*にやや近い説をなしている。学派としての成立は六派の中で最も古く、紀元前四世紀といわれる。→ろっぱてつがく（六派哲学）

観世音菩薩真言

sa

唵　阿嚧力迦　娑嚩訶

oṃ ālolik svāhā

帰命《きみょう》す、清浄なる蓮華部尊（観世音菩薩）よ。成就せよ。

→本文50頁「かんぜおん」

せ セ

せ〔施〕 （梵）dāna の訳。布施《ふせ》すること。ほどこすことによって大きな果報*を得ると説かれる。これに財施*、法《ほう》施《せ》*、無畏施《むいせ》*の三つ（三施*）がある。→ふせ（布施）

せいがん〔誓願〕 菩薩《ぼさつ》*が修行*の目的を願い定めて、それを必ず成就*することを誓うこと。四弘誓願《しぐぜいがん》*、弥陀《みだ》*の四十八願*、釈尊*の五百大願などがある。

せいがんとじ〔青岸渡寺〕 天台宗*。那智山と号する。和歌山県東牟婁郡那智勝浦町。仁徳天皇の頃（四世紀）に天竺《てんじく》僧の裸形上人が那智の滝壺から観音像を感得し庵《あん》*を建てたのに始まるという古寺。那智山は補陀落《ふだらく》*（観音*）浄土*とされた。西国《さいごく》三十三所観音*の第一番札所。本尊は如意輪《にょいりん》観音。

せいきょういっち〔政教一致〕 政治と宗教とが一つになった政事を行うこと。たとえば、わが国では称徳天皇の時代、天皇自ら入道*し、法諱《ほうい》（受戒*後の名前）を法基と称したが、皇位には止まり（出家*はせず）、法皇*とはならずに、道鏡*を出家*の大臣（太政大臣禅師）として政事を行った。はじめての法皇は昌泰二年（八九九）宇多天皇の受戒*による。

せいけん〔聖賢〕 智慧*が深く徳行《とくぎょう》*のすぐれた人をいう。詳しくは、見道位《けんどうい》*（智慧のさとりを得る位）以前の人を賢、以後の人を聖という。

せいけんじ〔清見寺〕 臨済宗《りんざいしゅう》*妙心寺派*。静岡県清水市興津清見寺町。巨鼇《こごう》山求王《ぐおう》院清見興国禅寺と号す。天武天皇の頃（七世紀後半）清見《きよみ》ヶ関の鎮護の寺として建立*。荒廃していたのを弘長元年（一二六一）関聖《かんしょう》禅師無伝聖禅《むでんしょうぜん》が浄見《きよみ》長者の帰依《きえ》*によって再建し禅寺とした。俗に「きよみでら」ともいう。本尊*は釈迦如来《しゃかにょらい》。

せいざんは〔西山派〕 浄土宗*の一派、証空*を派祖とする。現在は、西山浄土宗（総本山＝光明寺*）、浄土宗西山禅林寺派（総本山＝禅林寺*）、浄土宗西山深草派（深草流*。総本山＝誓願寺）の三派に分かれる。

せいし〔勢至〕 菩薩《ぼさつ》*の名。→だいせいし（大勢至）

せいしょうじ〔青松寺〕 単立寺院（もと曹洞宗《そうとうしゅう》*）。東京都港区愛宕町。万年山と号する。文明八年（一四七六）太田道灌の草創*。雲岡舜徳《うんこうしゅんとく》を開山*とする。曹洞宗江戸三箇寺の一つ。本尊*は釈迦如来《しゃかにょらい》。

せいたせんぶ〔制多山部〕 小乗二十部*の一派。支提山部《しだいせん》、支提迦部《しだいか》、只底舸部《していか》ともいう。仏滅*後二百年頃、大衆部《だいしゅぶ》*から分派した一派で、大天*を派祖とする。大天が制多山に住んでいたのでこの名がある。

せいちょうじ〔清澄寺〕 日蓮宗*大本山。「きよすみでら」ともいう。千葉県安房郡天津小湊町。千光山と号する。宝亀二年（七七一）不思議法師の建立*。日蓮*上人は初めてこの寺で七字の題目《だいもく》*（南無妙法蓮華経《なむみょうほうれんげきょう》）を高唱し、開宗を宣言した。本尊*は一塔両尊四士。

せいどう〔西堂〕 禅宗*寺院*で自寺の前の住職*を東堂*というのに対して、他寺の前住職を西堂という。また住持《じゅうじ》*を補佐する僧*の上首をいう。

セイロン〔錫蘭〕 Ceylon の訳。インド洋中の大きな島で、海峡を隔ててインドの東南端に位置する。現国名はスリランカ。↓セイロンぶっきょう（――仏教）

セイロンぶっきょう〔錫蘭仏教〕 セイロン島（スリランカ）を中心とした上座仏教*。紀元前三世紀頃、アショーカ（阿育《あいく》*）王の子マヘーンドラ（マヒンダ＝摩哂陀*）が入島、開教したもの。のち二派を生じ、次いで三派となる。完備したパーリ語*仏典*を有する。

せかい〔世界〕（梵）loka-dhātu の訳。①世は隔歴《きゃくりゃく》（仏*から隔てられた世界）の意、界は種族のこと。②時間と空間とを具有するもの。普通には衆生《しゅじょう》*の住む国土の意味に用いる。↓仏教常識〈日常語〉同項

せがき〔施餓鬼〕 施餓鬼会《え》*の略。また施食会《せじきえ》ともいう。↓せじきえ（施食会）↓仏教常識〈行事の部〉施餓鬼会

せがきえ〔施餓鬼会〕 ↓せじきえ（施食会）↓仏教常識〈行事の部〉同項

せけん〔世間〕（梵）loka の訳。世はつづくこと、間は別々であること。過去*・現在*・未来*の三世《さんぜ》*にながれ、しかも仮に相集まって相対的な区別があるのを世間という。世の中のこと。↓さんしゅせけん（三種世間）↓仏教常識〈日常語〉同項

せじきえ〔施食会〕 施餓鬼会《せがきえ》ともいう。餓鬼道*にあって苦しむ一切の衆生《しゅじょう》*と鬼神《きじん》*に飲食《おんじき》を施して供養《くよう》*する法《ほう》会《え》*。清浄《しょうじょう》*な地または水に食物を投ずる。阿難《あなん》*が餤口《えんく》餓鬼の告知によって行ったのが始まりであるという。↓仏教常識〈行事の部〉施餓鬼会

せしゅ〔施主〕（梵）dānapati の訳。陀那鉢底《だなぱってい》と音写。意訳して檀越《だんおつ》*。供養《くよう》*、布施《ふせ》*を行う人をいう。

せしん〔世親〕 ヴァスバンドゥ。（梵）Vasubandhu の

訳。婆藪槃豆《ばすばんず》。旧訳《くやく》*では天親《てんじん》という。五世紀頃の北インド、ガンダーラ（犍陀羅《けんだら》*）国プルシャプラ（ペシャワール）の人。兄は無著《むじやく》*、弟は師子覚《ししかく》という。初め小乗*仏教を信じたが、無著の誘化で大乗仏教*に入った。『阿毘達磨倶舎論《あびだつまくしやろん》*』三十巻、『弁中辺論《べんちゆうへんろん》』三巻、『唯識《ゆいしき》三十頌《じゆ》*』一巻、『十地経論《じゆうじきようろん》*』十二巻、『無量寿経優婆提《うばだい》舎願生偈《しやがんしようげ》（浄土論*）』一巻など、著作が多いことから、千部の論主《ろんじゆ》*（論師）という。

せそん〔世尊〕 ①仏*の十号*（十種の称号）の一つ。仏*は恩（大願力《だいがんりき》で衆生《しゆじよう》*を救う徳）・断《だん》（一切の煩悩《ぼんのう》*を断つ徳）・智《ち》*（一切諸法を照らす徳）の三徳*を円満に具足して、よく世間*にめぐみをもたらし、世に尊重されることから世尊という。②釈尊*のこと。

せついっさいうぶ〔説一切有部〕 （梵）Sarvāstivāda の訳。小乗二十部*の一派。聖《しよう》根本説一切有部、薩婆多部《さつばたぶ》、説因部、有部《うぶ》*ともいう。仏滅*三百年の初め、迦多衍尼子《かたえんにし》（Kātyāyanīputra）が根本上座部《じようざぶ》の本旨に背き、論蔵*を主とし、経《きよう》蔵*・律蔵*を従としたために紛争を生じ、この一派を生んだ。『阿毘達磨大毘婆沙論《あびだつまだいびばしやろん》*』『六足論*』『阿毘達磨発智論《あびだつまほつちろん》*』等はこの部の教義を述べたものであり、『倶舎論《くしやろん》*』もまた主としてこの部の教義を明らかにする。

せっきょう〔説教〕 讃題《さんだい》（主題で讃える仏*、経*）をもうけて宗旨*の趣きを説き聞かせること。浄土宗*の談義*、日蓮宗*の説法*、浄土真宗*の法談*等を総称する。

せっけ〔摂化〕 摂受化益《しようじゆけやく》の意。衆生《しゆじよう》*を引き受けて導き育てること。

せっけぶ〔説仮部〕 小乗二十部*の一派。多聞《たもん》分別部、分別説部、施設《せせつ》論部ともいう。仏滅*二百年の頃、大衆部《だいしゆぶ》*から分派した。迦旃延《かせんねん》*の弟子が広めたものである。

せっしゅう〔雪舟〕 （一四二〇—一五〇六）臨済《りんざい》宗*の画僧。諱《いみな》は等楊《とうよう》。または備渓斉《びけいさい》、米元山主人《べいげんさんしゆじん》、楊知客《ようしか》、雲谷軒《うんこくけん》等ともいう。備中（岡山県）の人。相国寺《しようこくじ》*で禅*を学び、応仁元年（一四六七）明に渡り、四明山《しめいざん》に登り天童山第一座となる。山水画に巧みで、名勝の地を描いた。帰朝して周防（山口県）の雲谷庵に住み、後に石見（島根県）の大喜庵《だいきあん》に住む。永正三年寂す。

せっしゅっせぶ〔説出世部〕 小乗二十部*の一派。出世説部、出世間説部、出世間語言《ごごん》部ともいう。仏滅*二百年の頃、大衆部《だいしゆぶ》*から分派した一派。世間*の法*と出世間*の法を分けて、世間の法は真実相に対する無知から生じたものであるから、実体のない仮の名称にすぎないとし、出世間の法を実有《じつう》*（真実在）とする。

せっしゅふしゃ〔摂取不捨〕　阿弥陀仏《あみだぶつ》*の光明*が、念仏*の衆生《しゅじょう》*を摂受《しょうじゅ》*して（救いとって）、捨てることのないこと。『観無量寿経*』に説かれる。

せっしゅもん〔摂取門〕　抑止《よくし》門（煩悩《ぼんのう》*を防ぐことを説く法門*）の対語。善悪の衆生《しゅじょう》*をことごとく救いとって漏らさない如来《にょらい》*の大慈悲の心を説く教法をいう。

せっしょう〔殺生〕　十悪*の一つ。有情《うじょう》*（生きとし生けるもの）の寿命を害すること。生物のいのちをとること。転じて一般には、むごいことをすることをいう。

せっせん〔雪山〕　インド北辺の山脈。ヒマラヤ（Himālaya）山の古称。現在のヒンドゥークシュをも含む。この山中で前世*に釈尊*が修行*したという伝説がある。

せっせんぶ〔雪山部〕　（梵）Haimavata の訳。小乗二十部*の一派。本上座部《ほんじょうざぶ》ともいう。仏滅*三百年の初め、上座部*から説一切有部《せついっさいうぶ》*が分派してのち上座部を本上座部といったが、次第に衰えて雪山*に入ったことから雪山部という。説一切有部が論蔵*を重んじるのに対して、経《きょう》蔵*を重んじる。

せっそくさらい〔接足作礼〕　ひざまずいて頭を低く垂れ、相手の足を両手の掌にうけて礼をすること。インドの礼法で最上のもの。頭面礼足《ずめんらいそく》、稽首《けいしゅ》礼足、仏足頂礼《ちょうらい》ともいう。

せっそん〔雪村〕　①曹洞《そうとう》宗*の画僧。諱《いみな》は周継《しゅうけい》、鶴船老《かくせんろう》・如圭《にょけい》と号す。常陸（茨城県）の人。出家*して福聚寺《ふくじゅうじ》に住した。生来、画を好み、とくに墨画に長じ洞雪《とうせつ》の門に学んで一家をなした。画に記した署名は、天正十七年（一五八九）八十六歳まであるが、没年不祥。②（一二九〇—一三四六）諱は友梅《ゆうばい》、幻空と号す。臨済《りんざい》宗*。五山《ござん》文学*中屈指の詩僧。越後（新潟県）の人。幼くして建長寺*に入り、建仁寺*にも参禅*した。十八歳で元に渡り諸山を歴訪、二十四年留まる。その間、元の世宗が日本攻略に破れた憤りにより投獄。十年後、許されて長安の翠微寺《すいびじ》に住し、詔《みことのり》により宝覚真空禅師の号を賜わる。天徳元年（一三二九）帰朝。建長寺、万寿寺*、建仁寺などに住し、貞和二年（正平元年）寂す。著書に『岷峨集《みんがしゅう》』『宝覚真空禅師語録』がある。

せったい〔摂待〕　仏教常識〈日常語〉同項

ぜったい〔絶対〕　相待《そうだい》*の対語。唯一のものであり、他に対比するもののないことをいう。絶待《ぜつだい》ともいう。一般には、何ものにも制約されず、何らの条件も付随しないことをいう。

せっちん〔雪隠〕 禅宗*寺院*で便所のことをいう。中国福州の雪峰義存《せっぽうぎぞん》禅師が隠所《いんじょ》（厠《かわや》）を掃除していて悟ったという故事によるともいわれる。

せっていり〔刹帝利〕 クシャトリヤ。（梵）kṣatriya の音写。インドの四姓《ししょう》*の一つ。バラモン*（婆羅門）の次の位で、王および武士の種族。釈尊*はこの種族と伝えられる。

せつな〔刹那〕 （梵）kṣaṇa の音写。念と訳す。きわめて短い時間を示す単位で、一回指を弾く間に六十五の刹那があるという。

せっぽう〔説法〕 仏法*を説き聞かすこと。

せはらみつ〔施波羅蜜〕 （梵）dāna-pāramitā の訳。檀《だん》那《な》波羅蜜と音写。六波羅蜜*、十波羅蜜《じっぱらみつ》の一つ。よく三《さん》施《せ》*（財施・法施《ほうせ》・無畏施《むいせ》）を行うことをいう。

せむい〔施無畏〕 三施《さんせ》*（財施・法施《ほうせ》・無畏施）の一つ。何ものも畏《おそ》れない力を与えてくれること。また、衆生《しゅじょう》*のさまざまな畏れを取り去り救済する力をもつ観音菩《かんのんぼ》*薩《さつ》を施無畏者という。

せやくいん〔施薬院〕 病気の人に治療を施し、飢えた人を養うところ。起源は聖徳太子*だが、天平二年（七三〇）光明皇后が設けてから、制度が整った。

せやくかんのん〔施薬観音〕 三十三観音*の一つ。右手を頬にあて、左手を膝の上に置き、蓮華を見る形像をしている。

ぜん〔禅〕 ①（梵）dhyāna の訳。禅那《ぜんな》の略。定《じょう》*、静慮《じょうりょ》*、棄《き》悪《あく》、思惟修《しいしゅ》などと訳す。六度*の一つ。心のはたらきを安静にして散乱させず、一境に安定させて真実の道理をさとること。②禅宗*の略称。③坐禅*の略称。

せんがい〔旃崖〕 （一八〇五―七九）曹洞宗《そうとう》*の僧。字は奕堂《えきどう》、名古屋の人。十四歳で出家*し、尾張（愛知県）の道契《どうかい》、三州足助《あすけ》（愛知県）の風外《ふうがい》に師事する。上野（群馬県）の竜海院、加賀（石川県）の天徳院に歴住し、明治元年（一八六八）永平寺*と総持寺*が争った時、その調和をはかり、同三年、推されて総持寺の独住第一代となる。弘済慈徳《こうさいじとく》禅師の号および紫衣《しえ》*を賜わる。同十二年寂す。

せんがくじ〔泉岳寺〕 曹洞宗《そうとう》*。東京都港区高輪にあり、万松山と号す。慶長十七年（一六一二）門庵《もんあん》宗関の開山*。赤穂《あこう》の浅野長矩《ながのり》、および四十七士の墓で有名。曹洞宗江戸三箇寺の一つ。本尊*は釈迦如来《しゃかにょらい》。

せんがじまいり〔千箇寺参り〕 願*をたてて千箇の寺院*に参詣巡礼すること。その際に納札を寺院の柱や扉にはり歩くこと。神社に参るのは千社《せんじゃ》参りという。その札を、寺社を問わず、「千社札《せんじゃふだ》」という。

せんかん〔宣鑑〕（七八二―八六五）中国唐代の禅僧。剣南（四川省）の人。諡号《しごう》*は見性《けんしょう》大師。青原行思《せいげんぎょうし》の法系を嗣ぐ。常に『金剛経』*を講じていたので周金剛と称された。澧州《れいしゅう》（湖南省）に三十年間住し、のち武陵（湖南省）徳山《とくさん》に住して教化《きょうけ》*活動を行ったので徳山宣鑑と称される。門弟への教化が厳格なことは臨済《りんざい》義玄*と並び、「臨済の喝《かつ》*、徳山の棒」と並称される。

ぜんき〔漸機〕 頓機《とんき》の対語。ただちに真実の教えに入ることができず、漸次に方便*に導かれて、真実の教えに入る者をいう。また、漸次に修学して証果《しょうか》*（修行によって得られるさとり）*を得る鈍根《どんこん》*の人をいう。

ぜんきじん〔善鬼神〕 仏法*を守護する大梵《ぼん》天王、三十三天王（帝釈天《たいしゃくてん》*）、四天王*、閻魔《えんま》王*、難陀《なんだ》竜王、跋難陀《ばつなんだ》竜王などの鬼神*をいう。

ぜんぎょう〔漸教〕 華厳《けごん》宗*で、文字言語を使って修行*の階級を説き、漸次に証果《しょうか》*（修行*によって得られるさとり）*を得ることを教える教法をいう。

ぜんぎょうほうべん〔善巧方便〕 善権《ぜんごん》方便、権巧《ごんぎょう》方便、巧便《ぎょうべん》とも同じ。巧みに人の能力に応じて、うまく方法を用いて済度《さいど》*すること。しかしこの方便*は、俗にいう方便（てだて・方法）とは異なり、終極には、真実方便（般若《はんにゃ》*）と一致（不二《ふに》*）するとされる。

せんげ〔遷化〕 死ぬこと。他の世界に遷移《せんい》化滅《けめつ》するという意味。高僧*の死に用いる。

ぜんけ〔禅家〕 禅宗*、またはその寺院*のこと。

ぜんけんりつびばしゃ〔善見律毘婆沙〕 毘婆沙律、善見律、善見論ともいう。（梵）samanta-pāsādikā の漢訳。十八巻。斉の僧伽跋陀羅《そうぎゃばつだら》の訳。第一巻から第四巻の初めまでは第一、第二、第三の結集《けつじゅう》*（経典*類の編集）およびアショーカ（阿育《あいく》*）王の王子マヘーンドラ（マヒンダ＝摩哂陀*）がセイロン（現スリランカ）に行ったことを記載し、以下第十八までに比丘《びく》*、比丘尼《びくに》*の戒律*を説いている。(大)24・No.1462

ぜんご〔漸悟〕 頓《とん》*悟の対。一定の順序を経て、次第に悟ること。

せんこう〔線香〕 白檀《びゃくだん》などの香料を粉末にして、松やになどの糊料で固め、線状にしたもの。香火が長くもち、一定になるようにした。仏前の供養《くよう》*に用いられる。→仏教常識〈行儀の部〉同項

せんこうこくし〔千光国師〕 →えいさい（栄西）

ぜんこうじ〔善光寺〕 単立寺院。天台宗*（僧寺）、浄土宗*（尼寺《にじ》）で管理。長野市元善町。定額《じょうがく》山と号する。本尊*は三国（インド・中国・日本）伝来の一光三尊（阿《あ》弥陀仏《みだぶつ》*と観音*、勢至菩薩《せいしぼさつ》*の光背《こうはい》*が一つになっている形）の阿弥陀如来《にょらい》。この本尊は欽明天皇十三年（五五二）百済《くだら》より贈られたわが国初伝の仏像*。摂津難波（大阪府）にあったが、推古天皇十年（六〇二）本田善光が信濃（長野市）に移す。インドの月蓋《がつがい》長者の持仏《じぶつ》*という。武田信玄は甲斐（山梨県）に新善光寺を造り、永禄元年（一五五八）この本尊を移した。しかし戦乱により各地に遷座《せんざ》し、慶長三年（一五九八）信濃の本寺に帰座した。「信濃の善光寺さん」と呼ばれて親しまれ、また、「牛に引かれて善光寺参り」の説話で有名。

ぜんごん〔善根〕 「ぜんこん」ともいう。善い果報*を受けるべき善因のことで、善根を植えれば必ず善果を結ぶとされる。→仏教常識〈日常語〉同項

ぜんざい〔善哉〕 よいかな、というほどの意味で、わが意にかなったのを称讃する言葉。

ぜんざいどうじ〔善財童子〕 スダナ・シュレースティ・ダーラカ。（梵）Sudhana-śreṣṭhi-dāraka の訳。『華厳《けごん》経*』の入法界品《にゅうほっかいぼん》の主人公。福城《ふくじょう》の長者*の子として生まれた時、無数の財宝を出現させたことから善財と名付けられたという。発心《ほっしん》*して五十三人の善知識《ぜんちしき》*を歴訪し、最後に普賢菩薩《ふげんぼさつ》*に会ってその十大願を聞き、阿弥《あみ》陀如来《だにょらい》*を信じるようになった。仏法*修行*の段階を教示したものとして親しまれている。東海道五十三次はこれに準拠したものといわれる。

ぜんさつ〔禅刹〕 禅宗*の寺。禅林*ともいう。

ぜんじ〔禅師〕 禅定《ぜんじょう》*（坐禅）に通じた師のこと。もとは一般に高僧*を尊んで禅師といい、後には、禅宗*に限って用いるようになった。→仏教常識〈僧の部〉同項

せんじしょう〔撰時鈔〕 二巻。日蓮*の著。祖書《そしょ》五大部*の一つ。末法《まっぽう》*初めの五百年はまさしく『法華経《ほけきょう》*』の広まる時であることを説いている。(大)84・No.2690

せんじゅ〔専修〕 雑修《ざっしゅ》*の対語。雑行《ぞうぎょう》*をすてて、もっぱら往生*の正行《しょうぎょう》*（阿弥陀仏《あみだぶつ》*にのみ対する行為）を修すること。また、ただ称名《しょうみょう》念仏*のみを修することをいう。

ぜんしゅ〔善趣〕 悪趣*の対語。趣*はおもむくという意味で、善い業因《ごういん》*によりその報いとして趣き住む世界。六道*のうちの人*・天*の二つの趣がそれである。→口絵図版〈十界図〉

ぜんしゅう〔禅宗〕 釈尊*の拈華微笑《ねんげみしょう》*を基として、経*・論*

によらず、ただちに仏*の心を衆生《しゅじょう》*の心に伝えることを説く。また仏心宗ともいう。不立文字《ふりゅうもんじ》*を標榜して、坐禅*を重視する。釈尊より摩訶迦葉《まかかしょう》*に伝え、二十八祖の達磨《だるま》*が梁の武帝の時(五〇二―五四九)中国に伝えた。日本では建久二年(一一九一)栄西《えいさい》*が臨済《りんざい》*宗を伝え、安貞元年(一二二七)道元*が曹洞《そうとう》*宗を請来し、承応三年(一六五四)明の僧の隠元《いんげん》*は臨済宗の一派を伝え、黄檗《おうばく》*宗と称した。現在は臨済宗、曹洞宗、黄檗宗で並び行われている。→仏教常識〈宗派の部〉中国仏教、日本仏教

せんじゅかんのん〔千手観音〕 (梵) Sahasrabhuja-sahasranetra 千手千眼《せんげん》観音、大悲観音ともいう。千の慈眼《じげん》、千の慈手によってあまねく衆生《しゅじょう》*を済度《さいど》*するという。六観音*、七観音*の一つ。千手というのは救済の範囲が広大で、その方便*(てだて)が無量であることを表わしている。普通は十一面四十二臂《ひ》像である。→じゅういちめんかんのん(十一面観音)

せんじゅじ〔専修寺〕 真宗*高田派*本山。三重県津市一身田町にあり、高田山と号す。専修阿弥陀《あみだ》寺、または無量寿寺という。嘉禄元年(一二二五)親鸞《しんらん》*が霊夢によって下野(栃木県)高田に建立*。寛正六年(一四六五)高田を別院として現在の地に移した。本尊*は阿弥陀如《にょ》来《らい》。

せんじゅねんぶつ〔専修念仏〕 他の諸々の行業《ぎょうごう》*をやめ、専ら南無阿弥陀仏《なむあみだぶつ》*を唱えること。→せんじゅ(専修)

ぜんじょう〔禅定〕 六度*の一つ。禅は禅那《ぜんな》*、定*はその訳名。→ぜん(禅)

ぜんしょうがくせん〔前正覚山〕 プラーグボーディ。(梵) Prāgbodhi の訳。鉢羅笈菩提《はつらぎゅうぼだい》と音写。マガダ(摩《ま》掲陀《がだ》*)国にある。釈尊*が成道《じょうどう》*の直前に登った山であるという。

ぜんじょうけんご〔禅定堅固〕『大集経《だいじっきょう》*』に説く五種の堅固(解脱《げだつ》堅固、禅定堅固、多聞《たもん》*堅固、塔寺堅固、闘《とう》諍《じょう》堅固*)の一つ。五五百歳《ごごひゃくさい》の第二。仏滅*後第二の五百年は像法《ぞうほう》*時(正法《しょうぼう》*と似た法の行われる時期)の初めにあたり、よくさとり*を開く者はいないが、四禅《しぜん》*八定《はちじょう》等の禅定*を修する者があって、仏法*を維持する者があることから、禅定堅固という。→ごごひゃくさい(五五百歳)

せんしょうじ〔専照寺〕 真宗*三門徒派本山。福井市豊《みのり》町。親鸞《しんらん》*の弟子真仏坊《しんぶつぼう》の法系を引く如道《にょどう》が、正応三年（一二九〇）同県足羽郡大町に建立*した。車屋道場という。第四世の浄一《じょういち》が再興して、蕗野保《ふきのほ》中野に一寺を開き専照寺という。天正十三年（一五八五）勅願所*となり、享保九年（一七二四）現在の地に移る。本尊*は阿弥陀如来《あみだにょらい》。

ぜんじょうはらみつ〔禅定波羅蜜〕 六波羅蜜*の一つ。↓じょうりょはらみつ（静慮波羅蜜）

ぜんじょうもん〔禅定門〕 禅定*の門戸に入るという意味。剃髪《ていはつ》*して染衣《ぜんえ》を着て仏道*を修する人のこと。

ぜんしんに〔善信尼〕（五七四―？）日本最初の尼僧《にそう》で、俗名は鞍部斯末売《くらつくりのしまめ》（嶋《しま》）、司馬達等《しばたっと》*の娘。敏達天皇十三年（五八四）慧便《えびん》に従って十一歳で得度《とくど》*した。蘇我馬子は、精舎《しょうじゃ》*を営みこれを迎える。崇峻天皇元年（五八八）馬子に要請して百済《くだら》に渡り、戒律*を学んで三年春帰国、桜井寺に居住し多くの尼僧を教導した。没年不明。

ぜんせ〔前世〕 ↓かこ（過去）

ぜんぜい〔善逝〕 スガタ。（梵）Sugata の訳。修伽陀《しゅがだ》と音写。仏*の十号*（十種の称号）の一つ。仏は無量の智慧*によって諸々の惑《わく》*（煩悩《ぼんのう》*）を断ち、因*より仏果（さとり*）に善く逝《ゆ》き去って退くことがないことから善逝という。

せんそうじ〔浅草寺〕 聖《しょう》観音宗総本山。伝法院《でんぼういん》、浅草《あさくさ》観音ともいう。山号は金竜山。東京都台東区浅草にあり、推古三十六年（六二八）土師臣中知《はじのおみなかとも》とその家臣である檜前浜成《ひのくまのはまなり》・武成《たけなり》の三人が、隅田川で網にかかった観音像をまつったのがはじまりと伝えられる。円仁《えんにん》*の中興。境内の浅草神社は右の三人を祀り、三社祭《さんじやまつり》で知られる三社権現《ごんげん》。一九五〇年、天台宗*より独立。本尊*は聖《しょう》観音（秘仏）。

せんたく〔選択〕 浄土宗*も含め仏教では「せんちゃく」と読む。浄土真宗*では「せんじゃく」と読む。↓仏教常識〈日常語〉同項

せんだつ〔先達〕 「せんだち」ともいう。先になって歩く人。師匠となる先輩のこと。

せんだら〔旃陀羅〕 チャンダーラ。（梵）caṇḍāla の音写。古代インドの種姓の名。最下位の種族。四姓《ししょう》*の下に位し、賤業に従事する。

せんだん〔栴檀〕 （梵）candana の音写。樹木の名。堅く芳香があるため、仏像*などの彫刻や香材*に使われる。

赤、白、紫、黒などの諸種があって薬効があり、よく治病するという。そのため、与薬の名がある。

ぜんちしき〔善知識〕（梵）kalyāṇa-mitra の訳、原義は善き友。悪知識の対語。正しい智慧*をそなえ、よく正《しょう》法《ぼう》*を説いて、人を仏道*に導く人。高徳の僧をいう。

せんちゃくしゅう〔選択集〕『選択本願念仏集』の略 ↓ せんちゃくほんがんねんぶつしゅう

せんちゃくほんがん〔選択本願〕 阿弥陀仏《あみだぶつ》*の四十八願《しじゅうはちがん》*のこと。阿弥陀仏が衆生《しゅじょう》*を救うため、諸仏の仏国土《ぶっこくど》から善妙なるものを選んで建立*した本願*（根本の願*）であることから選択本願という。また、とくに第十八願をさしていう場合もある。浄土真宗*においては、「せんじゃく」という。

せんちゃくほんがんねんぶつしゅう〔選択本願念仏集〕 一巻。法然《ほうねん》*著。建久九年（一一九八）九条兼実の求めに応じて著わされた。浄土三部経*などを引用する。往生*が念仏*をもととすることを述べたもの。十六章に分け、章ごとに念仏の要文を掲げ、これを解釈する。浄土宗*の根本的な論書である。㊅83・No.2608

ぜんつうじ〔善通寺〕 真言宗善通寺派総本山。五岳山誕生院と号する。香川県善通寺市善通寺町。弘法大師空海*の生地。大同四年（八〇九）空海は唐から帰朝して、その父佐伯善通の名と邸をもって本寺とし、講堂*、金《こん》堂*、護摩《ごま》堂等を創設した。本尊*は薬師如来《やくしにょらい》。

せんてい〔筌蹄〕 魚や獣を捕えるわな。転じて、目的を達する方便*をいう。

ぜんどう〔善導〕 （六一三―六八一） 浄土五祖《じょうどごそ》*（中国浄土教の代々の祖師*）の第三祖。中国臨淄《りんし》の人。道綽《どうしゃく》*のあとを受けて大いに浄土教*を弘め、中国浄土教の大綱を確立した。永隆二年寂す。終南大師、光明大師、光明寺の和尚ともいう。『観経疏《かんぎょうしょ》*』『往生礼讃《らいさん》*』『法事讃』『観念法門』『般舟讃《はんじゅさん》』等の著書がある。

ぜんどう〔禅堂〕 僧堂、坐禅堂のこと。

ぜんどうじ〔善導寺〕 浄土宗*。井上《せいじょう》山光明院と号する。福岡県久留米市善導寺町にある。建久二年（一一九一）弁長*の開基*で光明寺と称したが、建暦二年（一二一二）博多（福岡市）で善導大師*の霊像を感得してこれを安置し、以後善導寺と称す。本尊*は宝冠阿弥陀如来《ほうかんあみだにょらい》。

ぜんどうりゅう〔善導流〕 中国浄土教三伝の一つ。流支《るし》流、曇鸞《どんらん》流ともいう。菩提流支《ぼだいるし》*から曇鸞*に伝え、道綽《どうしゃく》*がこれを受け、善導*が弘通《ぐずう》*した。法然《ほうねん》*の浄土宗*はこれを継承したもの。

せんどく〔先徳〕 故人となった有徳の僧。

ぜんとん〔漸頓〕 漸次と頓速。果実がだんだん熟すようなことを漸といい、鏡に物がただちに映るようなことを頓という。

ぜんな〔禅那〕 →ぜん（禅）

ぜんなんじぜんにょにん〔善男子善女人〕 （梵）kulaputra, kuladuhitṛの訳。仏道*に正しい信仰*をもつ在家*の男女の信者。①善は善因（善いおこない）のこと。過去世《かこせ》*の善因の報いで今生《こんじょう》に仏法*を信じ得る人。②現世《げんぜ》*で善を修した男女。③たとえ罪悪に満ちた人でも、悔いて称名《しょうみょう》念仏*（南無阿弥陀仏《なむあみだぶつ》*を称えること）をすれば、善男子善女人という。

ぜんに〔禅尼〕 仏門に帰依《きえ》*した女性。

せんにちこう〔千日講〕 千日の間つづけて『法華経《ほけきょう》*』を講ずる法会《ほうえ》*。

せんにちまいり〔千日参り〕 →仏教常識〈行事の部〉同項

せんにちもうで〔千日詣で〕 千日参りともいう。→前項

せんにゅうじ〔泉涌寺〕 仙遊寺ともいう。真言宗*泉涌寺派総本山。京都市東山区山内町にあり、月輪山《がちりんざん》（泉山《せんざん》とも）と号す。空海*の創建と伝える法輪寺を建保六年（一二一八）俊芿《しゅんじょう》*が再興。清水が涌出するので泉涌寺と改称。本尊*は釈迦如来《しゃかにょらい》。江戸時代の諸天皇の陵があり御寺《みてら》と称されている。

せんにん〔仙人〕 山の中に住んで神変《じんぺん》*自在*の術があるとされる人。もとは、バラモン教*などの外道《げどう》*の修行者で神通《じんずう》*力《りき》を持った人をいった。

ぜんのつな〔善の綱〕 開帳*、常《じょう》念仏（不断念仏）、万日供《く》養《よう》などの時に、仏像*の手などにかけて引く綱。また葬式*の時、棺につないで引くひも。

せんぷくりんそう〔千輻輪相〕 足《そく》千輻輪相、足下《そくげ》二輪相ともいう。仏*の三十二相*の一つ。如来《にょらい》*の足の裏に千の輻輪（千の輻《や》をもつ車輪のような模様）があるのをいう。諸法*円満をあらわす相であるとする。

せんぶつえ〔千仏会〕 『三千仏名経《ぶつみょうきょう》』に説く過去*・現在*・未来*の無限の時間に現われるという千人の仏*に供養《くよう》*する法会《ほうえ》*。

せんぼう〔懺法〕 経*を読誦《どくじゅ》して罪障*を懺悔《さんげ》*する法会《ほうえ》*。懺悔は本来、僧団の中で自分の反省を告白することであったが、やがて諸々の祈願*成就*のために仏教行事として形式をととのえ行われるようになった。なお法華《ほっけ》懺法といって、『法華経《ほけきょう》*』を読んで罪障を懺悔する修法《しゅほう》*や、

また観音懺法、阿弥陀《あみだ》懺法、吉祥《きちじょう》懺法等もわが国において行われる。

せんぼうこう〔懺法講〕　略して懺法ともいう。朝廷で天皇が、歴代の天皇や聖人《しょうにん》*、皇后、皇太后をまつった仏事*。

ぜんむい〔善無畏〕　（六三七—七三五）シュバカラシンハ。（梵）Śubhakarasiṃha 戌婆掲羅僧訶《しゅばけいらそうか》、輸婆迦羅《しゅばから》と音写し、浄師子《じょうじし》と訳す。善無畏は意訳。マガダ（摩掲《まが》陀《だ》*）国の人。父は仏手《ぶっしゅ》王。十三歳で王位を継ぎよく治めたが、感ずるところがあって、位を兄に譲って出家*。ナーランダー（那爛陀《ならんだ》）寺*で密教*を承ける。七一六年長安に入り、玄宗皇帝の信任のもとで、密教の流布と訳経（経典類の翻訳*）に従事する。『虚空蔵求聞持法《こくうぞうぐもんじほう》』『大日経*』『蘇婆呼童子経《そばこどうじきょう》』『蘇悉地羯羅経《そしつじからきょう》』等を訳出した。善無畏が口述した『大日経』講義を弟子の一行《いちぎょう》が編集したものに『大日経疏《しょ》*』がある。

ぜんもん〔禅門〕　禅定《ぜんじょう》*の法門*。また禅宗*のこと。また仏門に入った男子のこと。

せんよ〔専誉〕　（一五三〇—一六〇四）新義真言宗豊山派《ぶさんは》*の祖。和泉（大阪府）の人。九歳で出家*、根来《ねごろ》の玄誉に従い顕教《けんぎょう》*・密教*を学ぶ。

ぜんらん〔善鸞〕　（?—一二九二?）浄土真宗*。親鸞《しんらん》*の第三子。正系を継がず、異安心《いあんじん》*（正統でない傍流）とされる。

ぜんりん〔禅林〕　禅門叢林《そうりん》の意。禅宗*の寺。

ぜんりんじ〔禅林寺〕　浄土宗西山《せいざん》*禅林寺派総本山。京都市左京区永観堂町にあり、聖衆来迎山《しょうじゅらいごうさん》と号す。通称は永観堂《ようかんどう》という。斎衡二年（八五五）空海*の弟子真紹《しんじょう》の創建。初め無量寿院と号し、のち禅林寺と改める。永観*律師が中興し、浄音*の入住以来、浄土宗西山派*に改める。本尊は「見かえりの阿弥陀《あみだ》」とよばれる阿弥陀如来《にょらい》。

勢至菩薩真言

サク
saḥ

オン　サン　ザン　ザン　サク　ソワカ
唵　参　髯　髯　索　娑嚩訶
oṃ saṃ jaṃ jaṃ saḥ svāhā

帰命《きみょう》す、勢至菩薩よ罪障を滅除せしめ給え。成就せよ。

→本文246頁「だいせいし」

そ ソ

そう〔相〕 (梵) lakṣaṇa, nimitta の訳、原義は特徴。事物の形状、色彩など、外にあらわれているもので、心の中に描き出せるものをいう。

そう〔僧〕 三宝《さんぼう》*(仏・法・僧)の一つ。サンガ。(梵) saṃgha 僧伽《そうぎゃ》。衆《しゅ》、和合衆*、和合僧と訳し、略して僧という。三人あるいは五人以上の比丘《びく》*が一カ所に集まり、和合して修行*する出家*の集団のこと。転じて、仏門に入り袈裟《けさ》*を着用して仏の道*を伝える者一人ひとりをいうようになった。→仏教常識〈僧の部〉同項

そう〔想〕 (梵) saṃjñā の訳、原義は表象、観念。事物の相*を心の中に描き浮かべ、それによって言語、動作を起こす因*となるもの。

ぞうあごんぎょう〔雑阿含経〕 四《し》阿含*の一つ。五十巻・千三百六十二経。宋の求那跋陀羅《ぐなばつだら》*(グナバドラ)訳。全体がごく短い経文の雑然たる寄せ集めから成っていることから雑阿含というが、その内容は、もっとも素朴に原始仏教*の内容を語っていて、仏教研究上きわめて重要な意味を有する。パーリ文のサムユッタ・ニカーヤ(相応部)に相当する。(大)2・No.99 →仏教常識〈経典の部〉阿含経・同項

そうあん〔草庵〕 草堂と同じ。草ぶきのいおり。僧尼《そうに》*の住む粗末な小さな家。

そうい〔僧位〕 →仏教常識〈僧の部〉同項

ぞういちあごんぎょう〔増一阿含経〕 四《し》阿含*の一つ。五十一巻。東晋の僧伽提婆《そうぎゃだいば》*訳。ごく短い経文を集めて、これを序品《じょぼん》のほか十一法・五十一品に分けている。所収の経*は四百七十二経に及ぶ。パーリ文のアングッタラ・ニカーヤ(増支部)に相当する。(大)2・No.125 →仏教常識〈経典の部〉阿含経・同項

ぞうえん〔雑縁〕 雑は雑乱の意で、外部から来て混ざり、修行*や念仏*を混乱させる五欲*の煩悩《ぼんのう》*や外道《げどう》*の意見などをいう。

そうおう〔相応〕 (梵) saṃprayukta の訳。法*と法とが互いに結びついた関係にあること。→仏教常識〈日常語〉同項

そうかい〔僧階〕 →仏教常識〈僧の部〉同項

そうぎ〔宗祇〕 (一四二一―一五〇二)天台宗*の僧。自然《じねん》

斎《さい》、見外斎《けんげさい》、種玉庵《しゅぎょくあん》などと号する。紀伊（和歌山県）の人。幼少で律僧となり、猪苗代兼裁に連歌、東常縁に『古今集』を学び、朝廷より花《はな》の下《もと》の号を賜わる。後、比叡山*にいたが、間もなく諸国を巡る。連歌によって有名。文亀二年寂す。『新撰菟玖玻集《しんせんつくばしゅう》』『竹林抄《ちくりんしょう》』『吾妻問答《あづまもんどう》』等の著作がある。

そうぎゃ〔僧佉〕 ↓すろん（数論）

そうぎゃだいば〔僧伽提婆〕 サンガデーヴァ。（梵）Saṃghadeva の音写。衆天《しゅてん》と訳す。北インドの人。前秦《ぜんしん》の建元年中（三六五―三八五）中国長安に渡来して仏法*を弘め、隆安二年（三九八）洛陽に遊行《ゆぎょう》*する。のち慧《え》遠《おん》*の要請により廬山《ろざん》*に入り、『八犍度論《はっけんどろん》』『阿毘曇心論《あびどんしんろん》』『中阿含経《ちゅうあごんぎょう》*』『増一阿含経《ぞういちあごんぎょう》*』等を訳す。寂年不明。

そうぎゃばっだら〔僧伽跋陀羅〕 サンガバドラ。（梵）Saṃghabhadra の音写。僧賢、衆賢《しゅげん》と訳す。西域《さいいき》*の出身で、斉の武帝の永明七年（四八九）竹林寺《ちくりんじ》において『善見《ぜんけん》律毘婆沙《りつびばしゃ》*』を訳す。

そうぎゃり〔僧伽梨〕 ↓だいえ（大衣）

そうぎょう〔僧形〕 声聞形《しょうもんぎょう》、比丘形《びくぎょう》ともいう。仏像*の形式の一つ。剃髪《ていはつ》*した円い頭で、修行僧として法衣《ほうえ》*のみまとうが、地蔵《じぞう》*菩薩《ぼさつ》のように、さらに袈裟《けさ》*をつけた形もある。羅漢《らかん》像、釈迦《しゃか》十大弟子像、高僧像等に見られる。

ぞうきょう〔蔵経〕 ↓だいぞうきょう（大蔵経）

ぞうきょう〔蔵教〕 天台宗*で、釈尊*が鈍根《どんこん》*（才知の低い）の衆生《しゅじょう》*に対して説いたという教え、すなわち小乗*教を蔵教という。化法の四教《しきょう》*の第一である。↓けほう（化法）

ぞうぎょう〔雑行〕 正行《しょうぎょう》*の対語。唐の善導*の説いた言葉で、五種の正行を除いたその他の善行《ぜんぎょう》によって極楽*に往生*しようとする時、これを雑行とする。正行が阿弥《あみ》陀仏《だぶつ》*に直結した善行であるのに対して、雑は阿弥陀仏に対して疎遠にして粗雑の意で、正行ではない善行をいう。

そうこう〔糟糠〕 ↓仏教常識〈日常語〉同項

そうごう〔相好〕 仏道*の果報*を積んできた者の顔貌・身体にあらわれる麗わしい形相《ぎょうそう》*のことで、その大なるものを相といい、小なるものを好という。釈尊*には三十二相*、八十随形好《ずいぎょうごう》*があるという。一般には、人の顔かたち、顔つきのこと。

そうごう〔僧綱〕 ↓仏教常識〈僧の部〉同項

そうこくぶんじ〔総国分寺〕 諸国の国分寺を総括する寺

のことで、奈良の東大寺*がそれである。→こくぶんじ（国分寺）

そうこくぶんにじ〔総国分尼寺〕 諸国の国分尼寺を総括する寺。奈良の法華寺《ほっけじ》*のこと。→こくぶんにじ（国分尼寺）

そうごしょく〔僧五職〕 寺務《じむ》、検校《けんぎょう》*、別当《べっとう》*、座主《ざす》*、長者《ちょうじゃ》の五種の僧職のこと。

そうさん〔僧璨〕 （?—六〇六）中国南北朝時代、禅宗*の第三祖。二祖の慧可《えか》*に法*をうけ、のち周の武帝が仏教徒を迫害したため各地に彷徨した。隋の煬帝大業二年に寂す。著書に『信心銘《しんじんめい》』*がある。唐の玄宗が鑑智《かんち》禅師と謚《おくりな》す。

そうざん〔僧残〕 →じゅうさんそうざん（十三僧残）

そうしき〔葬式〕 人の遺体を葬る儀式のこと。→そうほう（葬法）→仏教常識〈仏事の部〉同項

そうじじ〔総持寺〕 曹洞《そうとう》宗*大本山。神奈川県横浜市鶴見区にあり、諸岳山と号す。もと能登（石川県）にあり、天平時代、行基《ぎょうき》*が開基*した諸岳院を、元亨元年（一三二一）住持《じゅうじ》*の定賢律師《じょうけんりっし》が瑩山紹瑾《けいざんじょうきん》*に帰依《きえ》*して曹洞宗に改めた。明治三十一年罹災し、現在の地に移建した。本尊*は釈迦如来《しゃかにょらい》。

そうしゅう〔相宗〕 一切の諸現象の相状を研究する宗旨*で、倶舎《くしゃ》宗*、法相《ほっそう》宗*がそれである。性《しょう》宗（諸現象の本来の性質を研究する三論宗*、華厳《けごん》宗*など）の対語。

そうしゅん〔僧濬〕 →ほうたん（鳳潭）

そうじょう〔相承〕 弟子が師匠より正法《しょうぼう》*を承け伝えること。師資相承という。→ししそうじょう（師資相承）

そうじょう〔僧正〕 僧官の名で、僧綱《そうごう》の最上階である。中国では前秦《ぜんしん》の僧䂮《そうかい》がはじめてこれに任じられ、北魏に至って僧統と改める。わが国では、推古天皇の三十二年（六二四）はじめて高麗僧の慧灌《えかん》をこれに任じた。後に、大、正《しょう》、権《ごん》の三階級に分けられ、大僧正*は大納言に、正僧正は参議に準じられた。現在、諸宗でもこの称に準じる。→仏教常識〈僧の部〉僧綱・僧階

ぞうじょうじ〔増上寺〕 浄土宗*大本山。東京都港区芝公園にあり、三縁山広度院と号する。初め光明寺といい、弘法大師空海*の弟子宗叡《そうえい》が武蔵貝塚（東京都千代田区）に建立*した。明徳四年（一三九三）聖聡《しょうそう》が改宗して増上寺と改称。天正十八年（一五九〇）住持《じゅうじ》*の源誉が徳川家康に謁し、徳川一門の菩提《ぼだい》所に定められ、慶長三年（一五九八）現在の地に移る。しばしば罹災したがそのつど再建した。本尊*は阿弥陀如来《あみだにょらい》。

ぞうじょうてん〔増長天〕 ヴィルーダカ。(梵) Virūdhaka の訳。毘留勒叉《びるろくしゃ》と音写。増長と漢訳。四天王*の一つ。自他の善根《ぜんごん》*を増長させることからこの名がある。須弥山《しゅみせん》*の第四層にいて、南方の天主となって南州(閻浮提《えんぶだい》*)を守る。身には甲冑を着け、右手に利剣《りけん》(鋭い剣)または矛《ほこ》をとる。南方天王ともいう。↓185頁図版〈須弥山図〉

ぞうじょうまん〔増上慢〕 四慢《し》*、七慢*の一つ。思いあがり、高慢な心。とくに、徳およびさとり*を得ていないのに、得たと思い高ぶること。↓まん(慢)

そうず〔僧都〕 僧官の名。僧綱《そうごう》の第二階。推古天皇の三十二年(六二四)はじめて鞍部徳積《くらつくりのとくさか》をこれに任じた。後に、大、権《ごん》大、少、権少の四級に分け、僧位は法眼《ほうげん》*和尚位《かしょうい》により四位の殿上人《てんじょうびと》に準じられた。現在、各宗でもこの称を用いている。↓仏教常識〈僧の部〉僧綱・僧階

そうずか〔葬頭河〕 ↓さんずのかわ(三途の川)

ぞうずせん〔象頭山〕 ↓がやせん(伽耶山)

そうそう〔草創〕 はじめるの意で、寺院*などをはじめて建立《こんりゅう》*することをいう。

ぞうぞう〔造像〕 仏像*を造ることで、これには十一種の功徳《くどく》*があるといわれる。『造像功徳経』二巻による。

そうそく〔相即〕 波即ち水、水即ち波というように、相《あい》即して切り離すことのできない関係にあること。

そうぞく〔相続〕 因*と果*とが相《あい》続いて、断絶しないことをいう。一般には、受けつぐこと、とくに跡目を継ぐことをいう。

そうだい〔相待〕 (梵) apekṣa の訳。仏教では、この世の一切のものは、自と他は互いに相待《あいま》(俟)って存在していると見る。三本の線によって成立する三角形は、そのうちの一本が欠けても成立しなくなるというような関係をいう。↓仏教常識〈日常語〉相対《そうたい》

ぞうちょう〔増長〕 ↓仏教常識〈日常語〉同項

そうどう〔草堂〕 草庵に同じ。↓そうあん(草庵)

そうとうしゅう〔曹洞宗〕 禅宗*五家《ごけ》*の一つ。中国において、六祖の慧能《えのう》*は曹溪にあって法*を伝え、後系の良价《りょうかい》*が洞山にあって道を弘めたことから曹洞の名称があるとする。教義は臨済宗《りんざい》*と異なるところはないが、修行*の方法に異なるものがある。わが国へは、承陽《じょうよう》大師道

元＊によって招来され、四世の瑩山《けいざん》＊によって大いに弘められ、能登（石川県）に総持寺＊（現在は横浜市鶴見区）を建立＊。道元を開祖、瑩山を太祖と称し、現在は永平寺＊および総持寺を両本山として、強大なる宗勢を張っている。→仏教常識〈宗派の部〉日本仏教

そうに〔僧尼〕　男女の出家＊者をいう。

そうふく〔僧服〕　僧尼《そうに》＊の衣服。また法衣《ほうえ》＊、法服、僧衣ともいう。→仏教常識〈僧の部〉同項

そうへい〔僧兵〕　奈良の興福寺＊、比叡山＊の延暦寺＊、近江の園城寺《おんじょうじ》＊等に養われていた僧形《そうぎょう》＊の兵。平安朝末期から南北朝にいたる間、僧兵は跋扈《ばっこ》したが、延暦寺の僧兵は神輿《みこし》を奉じて朝廷に強訴《ごうそ》し、興福寺の僧兵は春日の神木を奉じて入洛《じゅらく》、強請《ごうせい》して我欲を貫いた。また、しばしば戦乱にも加わった。

そうほう〔宗彭〕　（一五七三―一六四五）臨済《りんざい》宗＊の僧。字は沢庵《たくあん》、東海、暮翁《ぼおう》、冥子《めいす》と号す。但馬《たじま》（兵庫県）の人。幼くして仏門に入り、慶長十一年（一六〇六）京都の大徳寺＊に入って第一座（僧堂内の第一位）に推され、また和泉（大阪府）の南宗寺を領する。大徳寺の高僧＊が得た紫衣《しえ》＊着用の勅許を、元和《げんな》の寺院法度《はっと》に反するとして江戸幕府が無効としたこと（紫衣事件）に抵抗し、元和六年夏、出羽（山形県）上ノ山に流される。九年、赦免されて徳川家康に召され、寛永十五年（一六三八）江戸品川の東海寺の開祖＊となる。のち京都に入り、上皇に召されて宮中で仏法＊を説く。正保二年十二月十一日、東海寺に寂す。

そうほう〔僧宝〕　三宝《さんぼう》の一つ。仏陀＊（仏宝）の教えに従って修行＊する僧＊。僧は自ら和合して修行し、人に道を伝えることから宝と称えられる。→さんぼう（三宝）

そうほう〔葬法〕　遺体を葬る方法。水葬、火葬＊、土葬、林葬（曠林に遺棄する）、鳥葬（死体を分断し鳥に与える）などがある。仏教では古くから火葬が行われる。

ぞうぼう〔像法〕　正《しょう》・像《ぞう》・末《まつ》の三時《さんじ》の第二時。仏滅＊後五百年の正法《しょうぼう》＊時が過ぎて後の一千年間をいい、正法はすでになく、正法に似た仏法＊が行われる時代であるという。像は似の意。→さんじ（三時）

そうほんざん〔総本山〕　一宗一派の本山＊、末寺《まつじ》＊を総括する本山。

そうもくこくど、しっかいじょうぶつ〔草木国土、悉皆成仏〕　草木や国土のように情のないものにも仏性《ぶっしょう》＊があって、すべてがことごとく仏＊に成るということ。『涅《ね》槃《はん》経《ぎょう》＊』にある文句で、天台宗＊において主張する説であ

る。草木成仏も同じ。

そうもん〔桑門〕→しゃもん（沙門*）

そうりょ〔僧侶〕 僧徒のこと。仏の教えを伝える人*。修行僧。

そうりん〔相輪〕 塔*の屋上を飾る部分の総称。インドの塔の形式が伝えられたもの。釈尊*を祀るためインドで造られた塔は、伏鉢《ふくばち》型の円墳の上に平頭・傘蓋《さんがい》をたてたもの。仏教が中国に伝わるとともに、この塔が相輪となり、建物としての塔の上に立てられるようになった。下から露盤・伏鉢・請花《うけばな》・九《く》輪《りん》・水煙・竜車・宝珠《ほうじゅ》*の七つの部分からなっている。

相輪

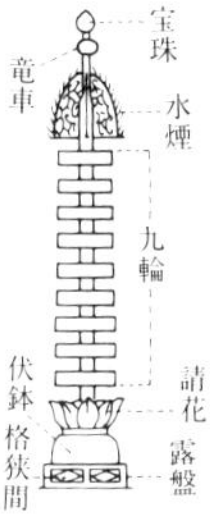

インドの塔

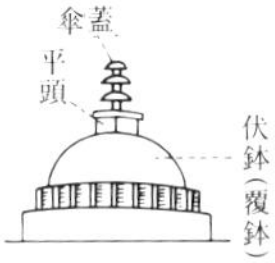

そうりん〔叢林〕 檀林ともいう。僧侶*が集まって和合（仏法*によって結ばれ親しみあうこと）し修行*するところ。寺院*、とくに禅宗*の寺をいう。

そく〔即〕 不二《ふに》*、不離《ふり》、和融の意で、二つの事象が相融して差別《しゃべつ》*（区別）のないこと。天台宗*ではこれを三つにして、二物相合《にもつそうごう》の即（二物が合して離れないこと）、背面相翻《はいめんそうほん》の即（表面は別の物のようでも深く探ると一つのものであること）、当体全是《とうたいぜんぜ》の即（甲の体そのままが乙の体であること）の三義を立て、また同時即（時間の隔たりのないこと）、異《い》時即（事と事が時間を隔てしかも相離れないこと）の二義を立てるものもある。

そく〔触〕 ①（梵）sparṣṭavya の訳。触れられるもの。六境*の一つ。身体で触れて知覚されるもの。②(1)（梵）sparśa の訳。感覚器官（根《こん》*）と対象（境《きょう》*）と認識作用（識《しき》*）の三者の接触。アビダルマ（阿毘達磨《あびだつま》*）では大《だい》地法《じほう》（心《しん》*とともにはたらく十種の心の作用）の一つ。(2)唯識宗《ゆいしきしゅう》*において感覚器官と対象と認識作用の三者が接触する時、感覚器官が変化すること。五遍行《へんぎょう》（あらゆる心・時・所に起こる心のはたらきの五つ。作意《さい》*・触《そく》・受《じゅ》*・想《そう》*・思《し》）の一つ。(3)十二因縁*の第六。感覚器官と対象とが接触すること。

ぞく〔俗〕 ①僧*の対語。出家*していない世間*の普通の人をいう。②（梵）vyavahāra の訳。出世間に対して世間のことをいう。→しゅっせけん（出世間）

ぞくこうそうでん〔続高僧伝〕 三十巻。唐の道宣《どうせん》*著。『唐高僧伝』ともいう。梁の初めから唐の貞観十九年（六四五）まで、百四十四年間の高僧*三百四十人の伝記および百六十人の付伝を、訳経《やくきょう》・義解《ぎげ》・習禅《しゅうぜん》・明律《めいりつ》・護法《ごほう》*・

感通《かんつう》・遺身《けんしん》・読誦《どくじゅ》・興福《こうふく》・雑科声徳《ざつかしょうとく》の十種に分類記録している。(大)50・No.2060

そくじにしん〔即事而真〕 主に密教*でいう言葉で、現象界の具体的なあらわれとしての事相*がそのまま真実であるということ。差別《しゃべつ》即平等、事即理のこと。僧肇《そうじょう》の著作『肇論《じょうろん》』の「不真空論」では、触《そく》事而真という。

ぞくしょう〔俗姓〕 僧侶*の出家*以前、俗人であった時の苗字をいう。

そくしんじょうぶつ〔即身成仏〕 天台宗*では、円頓《えんどん》一乗（一切が完全であり頓《速やか》に成仏*する教え）のさとり*をいい、この身このままで仏*の究極的なさとりを得ることをさす。これを最も強調するのは真言密教*である。真言宗*の「父母所生身即証大覚位《ぶもしょしょうしんそくしょうだいかくい》」、天台宗の「煩悩即菩提《ぼんのうそくぼだい》*、生死即涅槃《しょうじそくねはん》*」、華厳《けごん》宗*の「初発心時便成正覚《しょほっしんじべんじょうしょうがく》」もすべて同じ意味である。

そくしんじょうぶつぎ〔即身成仏義〕 一巻。空海*著。略して『即身義』という。空海の最も独創的な著述の一つで、真言宗*の三部書の一つ。即身成仏というものの原理を説き明かす。(大)77・No.2428 ↓前項

ぞくたい〔俗諦〕 世俗諦ともいう。真諦《しんたい》*の対語。世俗における真実。↓しんぞくにたい（真俗二諦）

そくよく〔触欲〕 五欲*の一つ。男女の肌、または柔軟な衣服に触れたいと欲する煩悩《ぼんのう》*。

そけん〔素絹〕 もとは生絹でつくった白い法服であるが、現在では、綾のない黒の絹の法衣《ほうえ》*をいう。

そげん〔祖元〕 （一二二六―八六） 臨済《りんざい》宗*の僧。諡《おくりな》は仏光禅師といい、円満常照国師と追諡《ついし》される。字は子元《しげん》、無学と号す。宋の明州（浙江《せっこう》省）慶元府に生まれる。十三歳で杭州浄慈寺《じんずじ》の北礀《ほくかん》により剃髪《ていはつ》*、五年後、径山《きんざん》の無準師範《ぶしゅんしぱん》に印可《いんか》*を受ける。さらに石溪《せっけい》、偃溪《えんけい》、虚堂《きどう》、物初《もっしょ》等を歴訪し、ついに無碍《むげ》*の機用（一切の執着《しゅうじゃく》*や恐れから解脱《げだつ》*した自在*な境界《きょうがい》*）を得た。弘安二年（一二七九）北条時宗の要請によって来日し、鎌倉の建長寺*に住す。弘安五年、時宗は円覚寺*を創建して、無学を開山*第一祖とする。同九年寂す。

そし〔祖師〕 一宗一派の開祖をいう。一般には、とくに日蓮*のことを御祖師様という。

そしき〔祖師忌〕 各宗の祖師*の正忌日《しょうきにち》に行う法会《ほうえ》*で、禅宗*の達磨忌《だるまき》*、浄土宗*の御忌《おんき》*、浄土真宗*の報恩講*、日蓮宗*の会式《えしき》*などをいう。

そしせいらい〔祖師西来〕 禅宗*で、祖師*の菩提達磨《ぼだいだるま》*が中国に渡来して、第二祖の慧可《えか》*に涅槃《ねはん》*の妙心（仏心*）を

以心伝心《いしんでんしん》*したことをいう。公案*で、「如何なるか是れ祖師西来意」と問い、真如《しんにょ》*のありようを問題とする。

そしぜん〔祖師禅〕 如来《にょらい》*禅の対語。如来蔵思想*に則って禅機（自らのさとり*と衆生《しゅじょう》*救済の完成）を示す如来禅に対して、仏性《ぶっしょう》*を如実に発揚する立場をいう。霊祐《れいゆう》*の「趯倒浄瓶《てきとうじんびん》」や「臨済《りんざい》の喝《かつ》*」「徳山《とくさん》の棒*」は祖師禅である。初出は、霊祐の法*を承けた仰山慧寂《ぎょうざんえじゃく》が香厳智閑《きょうげんちかん》に告げた言葉とされる。

そしゅん〔楚俊〕 （一二六二―一三三六） 臨済《りんざい》*宗明極《みんき》派の僧。元の明州（浙江《せっこう》省）慶元府の人。号は明極。幼少で出家*、径山《きんざん》、天童の諸寺に至り、第一座となる。元徳二年（一三三〇）招聘されて来朝し、後醍醐天皇、北条高時の帰依《きえ》*をうけ、京都、鎌倉に歴住する。延元元年（一三三六）退休してのち広厳寺《こうごんじ》を開創、楠正成の来訪に接しこれを教化《きょうけ》*する。同年寂す。著書に『九《く》会《え》語録』がある。

そしょごだいぶ〔祖書五大部〕 日蓮*の著書の中で主要なもの五部をいう。『観心《かんじん》本尊鈔*』『開目鈔*』『撰時鈔*』『総勘文《かんもん》鈔』『立正《りっしょう》安国論*』。また、日蓮宗*において単に五大部というときには、『総勘文鈔』のかわりに『報恩鈔』を加えた五つをいう。

そせき〔疎石〕 （一二七五―一三五一） 臨済《りんざい》宗*の僧。勅号は夢窓《むそう》、伊勢（三重県）の人。弘安元年（一二七八）父とともに甲斐（山梨県）に住み、九歳で出家*。はじめ奈良、京都に顕教《けんぎょう》*・密教*を学び、のち鎌倉の禅林*を歴遊、禅宗*に帰した。五山《ござん》文学*の最盛期をつくり、また造園にも才能を発揮した。暦応三年（一三四〇）後醍醐天皇の勅願所、京都嵯峨の天竜寺*の開山*となる。観応二年寂す。著書に『語録』の五巻、『臨川《りんせん》家訓』『夢中問答集』等がある。後醍醐天皇など七代の天皇から、夢窓、正覚《しょうがく》、心宗《しんしゅう》、普済《ふさい》、玄猷《げんゆう》、仏統、大円の勅号・国師*号を賜り、「七朝《しちちょう》の国師」として尊崇された。

そとば〔卒塔婆〕 （梵）stūpa の音写。窣堵波とも書く。塔に同じ。→とう（塔）

そばか〔蘇婆訶〕 （梵）svāhā の音写。吉祥《きちじょう》*、円寂《えんじゃく》*、息災、増益《ぞうやく》、無住、憶念持《おくねんじ》などと訳す。本来、ヴェーダ*の祭祀において、供物《くもつ》*を捧げる時に唱えた文句。後、大乗仏教*に取り入れられる。陀羅尼《だらに》*の終わりに唱える語。「そわか」ともいう。

ソーマ〔soma〕 蘇摩《そま》と音写。ソーマ樹からとった一種の飲料で、ヴェーダ*の祭祀において、神に捧げる供物《くもつ》*である。この中に酒精があって、火気を有すると信じられて地上神に加えられ、後に転じて月神とされた。

そもさん〔作麼生〕「如何、どうじゃ」という中国の俗語。禅宗*で用いる。

そわか〔薩婆訶〕→そばか（蘇婆訶）

そんえん〔尊円〕（一二九八―一三五六）天台宗*の僧。俗名は守彦、伏見天皇の第六皇子。出家*して天台座主《ざす》*となること四度、書に秀で、上代の筆法を参考にして研究を重ねて一派をなす。粟田《あわた》流または御家《おいえ》流という。延文元年寂す。

そんかん〔尊観〕（一二三九―一三一六）浄土宗*鎮西《ちんぜい》派*の僧。名越《なごえ》流の祖。字は良弁。出家*して良忠*に師事し、鎌倉名越の善導寺に住し、次いで安養寺の第三代となる。その一門を名越流という。正和五年寂す。『十六《じゅうろく》箇条疑問答《かじょうぎもんどう》』の著作がある。

そんじゃ〔尊者〕①（梵）āyuṣmat の訳。原義は年齢を重ねた人、長老*と訳される。優れた出家*者。②（梵）sthavira の訳、原義は尊敬されるべき人、大徳と訳される。徳が高く尊ばれるべき人。

そんしょうほう〔尊勝法〕諸仏の中で、もっとも功能がすぐれている尊勝仏頂《ぶっちょう》（除障仏頂）を本尊*として、除病、延命、滅罪、その他一切のために修する祈祷法。

〈た タ〉

たい〔諦〕→したい（四諦）真実にして虚妄でないこと。さとり*。真実。

だいい〔大意〕→仏教常識〈日常語〉大意《たいい》

だいあ〔大阿〕→どんりゅう（呑竜）

だいあみだきょう〔大阿弥陀経〕①二巻。詳しくは『仏《ぶっ》説諸仏阿弥陀三耶三仏薩楼仏檀過度人道経《せつしょぶつあみださんやさんぶつさつろうぶつだんかどにんどうきょう》』という。呉の支謙の訳。『無量寿経*』の異訳で、二十四願成就の阿弥陀仏*を説述したもの。②二巻。南宋の王日休の会《え》訳《やく》（二種類以上の経典*を合わせ、一つにまとめて訳すこと）。同経の異訳である『無量清浄平等覚経《むりょうしょうじょうびょうどうがくきょう》』『大阿弥陀経』『大乗無量寿荘厳《しょうごん》経』の四本を校合して一つの経本をつくったもの。四十八願*成就の阿弥陀仏を説いている。㊅12・No.364

だいいおう〔大医王〕仏*は衆生《しゅじょう》*の一切の煩悩《ぼんのう》*を医《いや》すが、それはあたかも良医が病をなおすが如くであるので、仏のことを大医王という。

だいいちぎ〔第一義〕（梵）paramārtha の訳。最もすぐれた道理。究極の真実。第一義《ぎ》諦《たい》のこと。→次項

だいいちぎたい〔第一義諦〕（梵）paramārtha-satya の訳。勝義諦《しょうぎ》*ともいう。ことばで表現される以前、乃至ことばの背後にある真実。二諦の一つで、俗諦《ぞくたい》*に対して真諦《しんたい》*のことをいう。真如《しんによ》*、真空*、実相*など、絶対の真実、究極の真実をさす。→しんぞくにたい（真俗二諦）

だいいちざ〔第一座〕首座《しゅそ》*、座元《ぞげん》、禅頭《ぜんとう》、首衆《しゅしゅ》ともいう。禅宗*の役僧で、坐禅僧の第一位にあるもの。

だいいとくみょうおう〔大威徳明王〕ヤマーンタカ。（梵）Yamāntaka の訳。

五大明王*の一つ。六面六《ろっ》臂《ぴ》六足があり、剣、鉾《ほう》、輪、杵《しょ》をとり、印《いん》*を結び、大白牛《びゃくご》にまたがり、忿怒《ふんぬ》相《そう》*をあらわして、一切の毒蛇悪竜を降伏《ごうぶく》*する。本地《ほんじ》*は阿弥陀仏《あみだぶつ》*で西方に配する。

だいえ〔大衣〕（梵）saṃghāṭi の訳。僧伽梨《そうぎゃり》と音写。重複衣と訳す。三衣《さんえ》の一つ。九条《く》*、十一条、十三条（以上＝両長一短、下品《げぼん》）、十五条、十七条、十九条（以上＝三長一短、中品）、二十一条、二十三条、二十五条（以上＝四長一短、上品）の三品九条の袈裟《けさ》*の総称。説法*や托鉢《たくはつ》*の時に用いる。→さんえ（三衣）

だいえ〔大慧〕（一〇八九―一一六三）臨済宗《りんざい》*楊岐派《ようぎ》*の僧。中国宣州の人、諱《いみな》は宗杲《そうこう》。師の円悟《えんご》*の『碧巌録《へきがんろく》*』を焚き、自ら『正法眼蔵《しょうぼうげんぞう》*』を著述した。降興元年寂す。普覚《ふかく》禅師と諡《おくりな》す。『大慧書《だいえしょ》』『大慧武庫《だいえぶこ》』などを著わす。

だいえんきょうち〔大円鏡智〕（梵）ādarśa-jñāna の訳。四智《しち》*の一つ。有漏《うろ》*の第八識*を捨てて初めて得る無漏《むろ》*の智*のことで、鏡のように、すべてをあるがままに現わし出す仏の智慧*のこと。大きな円鏡にあらゆる色像《しき》を映すように、三世《さんぜ》*（過去・現在・未来）一切の諸法*は常にこの智の上に現われ、あらゆる徳が円満して欠けることがないという。→しち（四智）

だいおんきょうしゅ〔大恩教主〕釈迦如来《しゃかにょらい》*のこと。広大な恩徳のある教法の主であることからこのようにいう。

だいか〔台下〕台は三公のこと。三公（中国の役職の上位三つ）の位に相当する貴人に対する尊称。現在では一宗の法主《ほっしゅ》*に対する敬称。

だいが〔大我〕我とは自在*のこと。凡夫《ぼんぷ》*の小我*に対して、

仏*のさとりの境*地の自在なるはたらきをいう。真我ともいう。

だいかく〔大覚〕 如来《にょらい》*の覚智《かくち》。仏*のさとり*の智慧*は自他との区別を越えているので大覚という。また、仏の異名。

だいかくじ〔大覚寺〕 真言宗*大覚寺派大本山。京都市右京区嵯峨大沢町にあり、山号は嵯峨山。本尊*は五大明《みょう》王《おう》。もと嵯峨天皇の離宮を寺としたもので、貞観十八年（八七六）恒寂法親王《ごうじゃくほっしんのう》（淳和天皇第二皇子）の開基*。爾来、諸皇子が相ついで来住したこともあり、南北朝時代、南朝の帰依《きえ》*もあって、嵯峨御所・大覚寺御門跡《ごもんぜき》と称する。

だいがんごうりき〔大願業力〕 阿弥陀仏《あみだぶつ》*の本願*のはたらきをいう。

たいき〔対機〕 説く人の相手となって教えを受ける人。そこから、相手の機《き》*（能力・傾向）を見てさまざまに手をかえて説くことを対機説法という。

だいき〔大機〕 小機の対語。大機大用《だいゆう》と熟字され、菩薩《ぼさつ》*の性質およびはたらきをもつ人、すなわち大乗*の教えをうけるに足りる人。

たいきせっぽう〔対機説法〕 →たいき（対機）→仏教常識〈日常語〉同項

だいきゅう〔大休〕（一二一五―八九）臨済《りんざい》宗*の僧。宋の温州の人。諱《いみな》は正念《しょうねん》。文永六年（一二六九）博多（福岡県）に来日、北条時宗に迎えられて禅興寺に住し、鎌倉の建長寺*、円覚寺*の諸寺に歴住、浄智寺*の開山*となる。正応二年寂す。語録が六巻ある。仏源《ぶつげん》禅師と諡《おくりな》す。この大休の法流を大休派といい、禅宗*二十四流*の一つに数えられる。

だいきょう〔大経〕『涅槃経《ねはんぎょう》*』のこと。または『無量寿経*』あるいは『大日経《だいにちきょう》*』のことをいう。

たいぐ〔胎宮〕 仏*の智慧*を疑いながら善根《ぜんごん》*を修して、極楽*に往生*しようと願うものの生まれる宮殿。

たいくつ〔退屈〕 逡巡して前進しないこと。→仏教常識〈日常語〉同項

たいけ〔台家〕 天台宗*のこと。

だいげんしゅりぼさつ〔大権修利菩薩〕 禅宗*の寺院*で、護法*神として仏殿に安置する。右手を額にあて、遠望の姿勢で、身に帝王の服を着けた容像をとる。もと大唐阿育王《あいくおう》山（浙江《せっこう》省寧波《ねいは》）の護法神である。

だいげんすいみょうおう〔大元帥明王〕「たいげんみょうおう」と読む（通常、「帥《すい》」は読まない）。アータヴ

アカ。(梵) Āṭavaka の訳。阿吒婆狗《あたばく》と音写。大元明王ともいう。曠野鬼神《こうやきじん》の意で、その秘法*は平安初期に小栗栖常暁《おぐるすじょうぎょう》によって唐よりもたらされた。明王部（智慧*の光明*をあらわす真言*を宣布する諸尊、とくに教化《きょうけ》*し難い衆生《しゅじょう》*のために忿怒《ふんぬ》の形相*で威圧する部類の神々。ただし孔雀《くじゃく》明王*のような尊も含まれる）の大将。仏法*を護持《ごじ》*する一切の将軍を統率して、国家を鎮護し、怨敵を降伏《ごうぶく》*するという。［図は柔和相］

たいこ〔太鼓〕→仏教常識〈法具の部〉同項

だいご〔大悟〕 徹底的にさとること。迷妄を打破し終わって、真実を洞察すること。

だいご〔醍醐〕 (梵) maṇḍa の訳。五味《ごみ》*（乳味・酪味・生酥《しょうそ》味・熟酥《じゅくそ》味・醍醐味）の第五。牛乳を精製してつくったものの中で、美味最上であることから、仏性《ぶっしょう》*、涅槃《ねはん》*のことをたとえる。→だいごみ（醍醐味）

だいこう〔大劫〕 『大智度論《だいちどろん》』*では、四中劫を大劫とする。一中劫は二十小劫である。縦横高さ百二十里（一里は約四キロ）の石を、天人が三年に一度、重さ三銖《しゅ》（黍《きび》三百粒の重さ）の羽衣《はごろも》で払い、ついにこの石が磨滅し尽きる間をいうとする。→こう（劫）→ちゅうこう（中劫）

たいごうしゅ〔対告衆〕 対告人《たいごうにん》ともいう。説法*の時に、聴衆の中からその法話の相手として選ばれた人。

だいこくてん〔大黒天〕 マハーカーラ。(梵) Mahākāla 摩訶迦羅《まから》と音写。大黒神、または摩訶迦羅大黒天ともいう。自在天*の化身《けしん》*で三宝《さんぼう》*（仏・法・僧）を守り、飲食《おんじき》を豊穣にするという。また六種の大黒があり、比丘《びく》大黒、摩訶迦羅大黒女《にょ》、王子迦羅大黒、真陀《しだ》（信陀《しだ》）大黒、夜叉《やしゃ》大黒、摩迦羅大黒で、黒色忿怒《ふんぬ》の像容。後世では、七福神の一つに数えられ、俵を踏み打出の小槌《こづち》を持つ姿で、福徳の神とする。

だいごじ〔醍醐寺〕 真言宗*醍醐派総本山。京都市伏見区醍醐伽藍町。深雪山と号する。貞観十八年（八七六）聖宝《しょうぼう》の開山*。醍醐天皇以来、歴代天皇の崇敬を得て、寺運ますます盛んであったが、文明二年（一四七〇）

兵火に罹り衰え、八十代座主《ざす》の義演《ぎえん》の時、豊臣秀吉の外護により中興した。本尊*は薬師如来《やくしにょらい》。

だいごみ〔醍醐味〕 五味《ごみ》*の第五。五味のうち、もっとも美味で諸々の病気に対する妙薬になるともいわれることから、天台宗*では法華涅槃時《ほっけねはんじ》*にたとえ、また一般には真実の教えにたとえる。↓だいご（醍醐）

たいじ〔対治〕 （梵）pratipakṣa の訳。対とは相対のこと、治とは打ち破ることをいう。仏*が衆生《しゅじょう》*の機《き》*（能力・傾向）に応じ、種々の方法を設けて、惑障（煩悩《ぼんのう》*）を取り除き、滅悪の利益《りやく》*を与えること。

だいし〔大姉〕 仏法*を信じる女子のことで、戒名《かいみょう》*の下に加える号。

だいし〔大師〕 大導師の意で、仏陀*の尊称にも、高僧*の尊称にも用いる。また朝廷から各宗の高僧に賜る諡号《しごう》*で、多くは死後に賜り、日本では二十四大師がいる。また、とくに弘法大師*をいう。↓じゅうはちだいし（十八大師）↓仏教常識〈僧の部〉同項

だいしこう〔大師講〕 弘法大師*に帰依《きえ》*する人々の講*。また、延暦寺*で行われる伝教《でんぎょう》大師*の忌日《きにち》*の法会《ほうえ》*。

だいじざいおうぼさつ〔大自在王菩薩〕 二十五菩薩*の一つ。八幡神（応神天皇を主座とする祭神）の本地《ほんじ》*（本体である真実身《しん》の菩薩*）であるという。八正道《はっしょうどう》*を示して権化《ごんげ》*の身をあらわし、八幡神となって苦しむ衆生《しゅじょう》*を救うといわれる。

だいじざいてん〔大自在天〕 ↓じざいてん（自在天）

だいじっきょう〔大集経〕 ↓だいほうどうだいじっきょう（大方等大集経）

たいしゃくてん〔帝釈天〕 シャクラ、インドラ。（梵）Śakra Devānām indra の訳。釈提桓因《しゃくだいかんいん》、釈迦提婆因陀羅《しゃかだいばいんだら》と音写し、略して能天主と訳す。須《しゅ》弥山《みせん》*の頂上、忉利天《とうりてん》*の天主で、善見《ぜんけん》城を居所とし、仏陀*を助け、成道《じょうどう》*後も常に従う。四天王*および他の三十二天（帝釈天を除いた忉利天の住人）を率いて、仏法*に帰依《きえ》*する人々を守り、阿修羅《あしゅら》*の軍を征服するという。↓185頁図版〈須弥山図〉

だいしゅ〔大衆〕 多くの僧*。また一般の衆生《しゅじょう》*をいう。一切衆生*の意味でも用いる。↓しゅと（衆徒）↓仏教常識〈日常語〉同項

だいしゅぶ〔大衆部〕 マハーサンギカ。（梵）Mahāsaṃghika の訳。摩訶僧祇部《まかそうぎぶ》のこと。インドの小乗仏教*の進

歩主義の一派。仏滅*後百年の頃、大天《だいてん》*という比丘《びく》*が五カ条の新説（大天の五事《ごじ》*）を立てて当時の教団の長老*たちと争い、賛成する多数の比丘を得て、独立して大衆部を立てた。後に、一説《いっせつ》部、説出世《せつしゅつせ》部*、鶏胤《けいいん》部*、多《た》聞《もん》部*、説仮《せっけ》部*、制多山《せいたせん》部*、西山住《さいざんじゅう》部、北山《ほくさん》住部*の八部派が生じた。↓仏教常識〈宗派の部〉インド仏教

だいじょう〔大乗〕 マハーヤーナ。（梵）Mahāyāna の訳。摩訶衍那《まかえんな》。小乗*の対語。大きな優れた乗り物という意味で、衆生《しゅじょう》*のあらゆる苦しみを取り除き、完全な平安の境界《きょうがい》*を実現させる生き方に導く教えをいう。これには権《ごん》大乗教*（法相《ほっそう》宗、三論宗等）と実《じつ》大乗教*（華《け》厳《ごん》宗、天台宗、真言宗、仏心＝禅宗、浄土宗等）の二つがある。

だいじょうあびだつまじゅうろん〔大乗阿毘達磨集論〕 七巻。無著《むじゃく》*の著。玄奘《げんじょう》*訳。唯識《ゆいしき》大乗の見地に立って諸義を論じた書である。(大)31・No.1605

だいじょうえ〔大乗会〕 京都三大会の一つ。五部《ごぶ》大乗経*（華厳経《けごんきょう》・大集経《だいじつきょう》・般若経《はんにゃぎょう》・法華経《ほけきょう》・涅槃経《ねはんぎょう》）を講説讃嘆する法会《ほうえ》*。承暦二年（一〇七八）十月十六日に京都の法勝寺で初めて行われた。真言宗*、天台宗*の高僧*を要請して修する。↓さんだいえ（三大会）

だいじょうかい〔大乗戒〕 大乗仏教*独自の戒律*。円頓戒、菩薩《ぼさつ》*戒ともいう。↓えんどんかい（円頓戒）

だいじょうきしんろん〔大乗起信論〕 馬鳴《めみょう》撰と記すが、中国地論《じろん》*宗南道派論師《ろんじ》の著。真諦《しんだい》*訳は一巻（(大)32・No.1666）。実叉難陀《じっしゃなんだ》訳は二巻（(大)32・No.1667）。略して『起信論』ともいう。大乗仏教*の通義を要約したもの。大乗*を衆生心《しゅじょうしん》ととらえ、一心、二門、三大、四信《ししん》、五行《ごぎょう》を説き、一心（衆生心）を二門（真如《しんにょ》*門と生滅《しょうめつ》門）に分け、一心を分けて三大《さんだい》*（体・相・用《ゆう》）として、さらに実践の行《ぎょう》法*を教えて、四信（真如と三宝《さんぼう》*を信じる）と五行*（布施《ふせ》・持戒《じかい》・忍辱《にんにく》・精進《しょうじん》・止観《しかん》）によって迷《めい》界《かい》*を離れるべきことを説く。また大乗通申《つうしん》論と称される。

だいしょうごんろんぎょう〔大荘厳論経〕 『大荘厳経』『大荘厳経論』『大荘厳論』ともいう。十五巻。馬鳴《めみょう》の著。鳩摩羅什《くまらじゅう》*の訳。善悪に関する因縁*の譬喩《ひゆ》*を説いた宗教的教訓を集めたもの。(大)4・No.201

だいじょうしか〔大乗四果〕 通教《つうぎょう》*の菩薩《ぼさつ》*が十地《じゅうじ》*（菩薩修行の階位）の修行*を経過するうえで、さとりの結果*に違いがあるのを、小乗仏教*の四果を借りて、これにそれぞれ当てたもの。預流果《よるか》*（初地）、一来果《いちらいか》*（八地）

不還果《ふげんか》*(十地)、阿羅漢果《あらかんか》*の四果をいう。→しか(四果)

だいじょうじゅぼさつがくろん〔大乗集菩薩学論〕二十五巻。法称《ほうしょう》著。宋の法護*、日称らの訳。しかし、現存する梵本《ぼんぽん》*（《梵》Śikṣā-samuccaya）によれば、シャーンティデーヴァ（寂天《じゃくてん》《梵》Śāntideva）の作とされる。大乗仏教*における菩薩*の修行*に関して、六波羅蜜《ろくはらみつ》*、阿蘭若《あらんにゃ》*、治心《ちしん》、恭敬作礼《くぎょうさらい》等の十八品《ほん》を説く。㊅32・No.1636

だいじょうじょうごうろん〔大乗成業論〕一巻。世親《せしん》*著。唐の玄奘《げんじょう》*訳。身《しん》・口《く》・意《い》などの諸々のはたらきの成立する理由を明らかにする書。㊅31・No.1609

だいじょうしょうごんきょうろん〔大乗荘厳経論〕十三巻。弥勒《みろく》*の著。唐の波羅頗伽羅蜜多羅《はらはからみったら》の訳。二十四品《ほん》に分けて、大乗仏教*における発心《ほっしん》*、修行*などを広く説いた書。瑜伽《ゆが》十支論の一つ。梵本《ぼんぽん》*（Mahāyāna-sūtra-alaṃkāra）が現存し、刊行されている。㊅31・No.1604

たいしょうだいぞうきょう〔大正大蔵経〕→だいぞうきょう（大蔵経）

だいじょうぶっきょう〔大乗仏教〕→だいじょう（大乗）→仏教常識〈宗派の部〉インド仏教

だいじょうほうおんぎりんしょう〔大乗法苑義林章〕七巻。法相宗《ほっそう》*の窺基《きき》*著。二十九章に分けて、大乗仏教*における種々の法相《ほっそう》*を詳解したもの。㊅45・No.1861

だいじょうほんしょうしんじかんぎょう〔大乗本生心地観経〕→しんじかんぎょう（心地観経）

だいじょうゆいしきろん〔大乗唯識論〕一巻。世親《せしん》*著。真諦《しんだい》*訳。㊅31・No.1589 立義（主張）、引証（理由）、譬《ひ》喩《ゆ》（実例）の三つに分けて、種々の難問に答え、唯識*の道理を明らかにした書。他に二つの異訳がある。(1)菩提流支《ぼだいるし》*訳『楞伽経《りょうがきょう》唯識論』（『破色心論《はしきしんろん》』）。㊅31・No.1588 (2)玄奘《げんじょう》*訳。『唯識二十論』一巻。㊅31・No.1590

だいずらた〔提頭頼吒〕→じこくてん（持国天）

だいせいし〔大勢至〕（梵）Mahāsthāma-prāpta の訳。摩訶那鉢《まかなはつ》。大精進、得大勢《とくだいせい》、大勢志と訳す。菩薩《ぼさつ》*の名。略して勢至ともいう。阿弥陀《あみだ》三尊*の一つ。智慧*の力で衆生《しゅじょう》*の迷いを取り除くとされる。『観無量寿経*』では左側に観音菩薩*、右側に勢至菩薩を配するが、密教*ではこれを反対に据える。その像は宝冠の頂に宝瓶をつける。

だいせつ〔大拙〕（一三一三—七七）臨済宗《りんざいしゅう》*大拙派*の祖。諱《いみな》は祖能《そのう》。鎌倉の人。比叡山*に学び、また双峯《そうほう》、東明《とうめい》*、夢窓《むそう》*に師事し、康永二年（一三四三）元に入る。延文三年（一三五八）帰朝。肥後（熊本県）永徳寺に住み、永和二年（一三七六）鎌倉の建長寺*に住して翌年寂す。勅諡《ちょくし》は広円明鑑禅師。

だいせつは〔大拙派〕 禅宗*の二十四流*の一派。建長寺*の大拙の法流をいう。→前項

だいぜんじほう〔大善地法〕 『倶舎論《くしゃろん》』*に説く心所六品《しんじょろくぼん》（心《しん》作用の六種類＝大地法・大善地法・大煩悩《ぼんのう》地法・大不善地法・小煩悩地法・不定《ふじょう》地法）の一つ。すべての善心に伴って起こる精神作用で、信*（正しい認識によって疑いがない）、不放逸《ふほういつ》*（悪事を防ぐ）、軽安《きょうあん》*（心が軽やか）、捨《しゃ》（心を躁《そう》とうつとのいずれにも片寄らせないで平安に保つ）、慚《ざん》*（善に感ずる）、愧《き》*（悪に感ずる）、無貪《とん》（むさぼりから離れる）、無瞋《しん》（いかりから離れる）、不害（他に害を与えない）、勤《ごん》*（勤勉に努力する）の十法（十種類の精神作用）をいう。

だいせんせかい〔大千世界〕→さんぜんせかい（三千世界）

たいぞうかい〔胎蔵界〕 金剛界*の対語。大日如来《にょらい》*の理*（慈悲*）の法身《ほっしん》*をいう。胎児が母胎によって養育されるように、衆生《しゅじょう》*が本来もっている菩提《ぼだい》心*が大慈悲行《ぎょう》の実践を養分として成長していくことをあらわしている。

たいぞうかいまんだら〔胎蔵界曼荼羅〕 密教*の両界《りょうがい》曼荼羅*の一つ。金剛界曼荼羅*と対をなす。大日如来《にょらい》*の慈悲*の徳をあらわす諸仏を十三の部（十三大院）に配置して図示したもので四百十四尊が描かれている。『大日経*』を根拠として、衆生《しゅじょう》*が本来、自らのうちにそなわっている仏性《ぶっしょう》*を、大日如来の助けにより具体的に実現する世界を象徴し、弘法大師空海*の請来した現図胎蔵界曼荼羅を基準とする。密教寺院（真言宗*・天台宗*）本堂*には、本尊*の向かって左に金剛界曼荼羅、右に胎蔵界曼荼羅を掛けるのを常とする。原語では「胎蔵マンダラ」といい、「界」の字はないが、慣例で、長く「胎蔵界」とする。→じゅうさんだいいん（十三大院）

だいぞうきょう〔大蔵経〕 一切経、蔵経ともいう。大乗仏教*・小乗仏教*の三蔵*（経・律・論）を中心にしてインド、中国、日本の高僧*の著書を収めたものである。梵《ぼん》語*、パーリ語*の蔵経をはじめとして、漢訳蔵経、チベット蔵経、モンゴル蔵経、満州蔵経等、種々の経本がある。その中で最も浩瀚《こうかん》で完備したものは漢訳蔵経である。その発行は、中国では宋の太祖の開宝四年（九七一）の蜀《しょく》版に始まり、その後、高麗《こうらい》蔵、宋《そう》蔵、元《げん》蔵、明《みん》蔵等の刊行があった。日本では早くから仏典*を写伝し、康和四年（一一〇二）に至り蔵経を翻刻したとい

うが、その経本は伝わっていない。寛永年中（一六二四―四四）に徳川家光が慈眼《じげん》大師天海《てんかい》＊によって活字版の蔵経を刊行させ、これを寛永寺版（東叡山《とうえいざん》版・天海蔵）という。その後、寛文年間（一六六一―七三）に黄檗《おうばく》宗＊の鉄眼《てつげん》＊が明蔵（万暦版）を刊行、これを黄檗版＊（鉄眼版）という。明治十三年から五年間を費やし、東京・弘教《こうきょう》書院は、高麗、宋、元、明の四本を対校《たいこう》した活字本の大蔵経を刊行、これを縮刷蔵経という。明治三十三年より六年間、京都・蔵経書院は、訓点を施した活版の蔵経を刊行し、大日本蔵経（正・続）と名づけたが、一般にこれを新版蔵経といった。また大正、昭和になってからは、大正新脩《しんしゅう》大蔵経の刊行があった。→仏教常識〈経典の部〉同項

だいそうじょう〔大僧正〕　僧綱《そうごう》の最高位。→そうじょう（僧正）→仏教常識〈僧の部〉僧綱

だいちどろん〔大智度論〕　百巻。竜樹＊著。鳩摩羅什《くまらじゅう》＊訳。また『大論』ともいう。『大品般若経《だいぼんはんにゃぎょう》』の逐条解釈したものであるが、初品《ぼん》（三十四巻）のみ全訳で、あとは鳩摩羅什の抄訳という（僧叡《そうえい》の序による）。解説は、学説・思想から伝説・地理その他諸般の記事を含み、仏教百科全書の趣がある。(大)25・No.1509

たいちょう〔諦聴〕　明らかに聞くこと。

だいつうぜんじ〔大通禅師〕　→じんしゅう（神秀）

たいてん〔退転〕　永い間の修行＊で得た道位を過失で失い、下位に落ちること。→ふたい（不退）

だいてん〔大天〕　マハーデーヴァ。（梵）Mahādeva の訳。摩訶提婆《まかだいば》。①大衆部《だいしゅぶ》＊の始祖。インド・マトゥラ（末土羅《まとら》）国の人。母に通じて父を殺し、また羅漢《らかん》＊を殺害し、母を害して、後に懺悔《さんげ》＊して仏門に入る。三蔵＊（経・律・論）を究め、アショーカ（阿育《あいく》＊）王の帰依《きえ》＊をうけ、鶏園寺《けいおんじ》にあって五事の新説を唱導した。これに賛成する革新派と反対する保守派（上座部＊）とで僧団が二分され、前者は大衆部＊を設立した。→次項　②制多山部《せいたせんぶ》＊の祖。大衆部で出家し、仏説を多聞《たもん》＊すべく精進《しょうじん》＊して制多山に住し、大衆部から分かれて制多山部を立てた。

だいてんのごじ〔大天の五事〕　阿羅漢《あらかん》＊の様相について、大天＊が主張した革新的な五項目をいう。余所誘（天魔に誘われた時は不浄の漏失《ろしつ》を免れない）、無知（事物の道理を知らない不染汚無知《ふぜんまむち》はある）、猶予（煩悩《ぼんのう》＊による疑惑はないが世間的な疑惑はある）、他令入（他者の指示によって自分の解脱《げだつ》＊を知る者がある）、道因声故起（四諦《したい》＊等の聖道《しょうどう》＊を実現するには、真実の実感を表現す

る声が重要である）の五事をいう。なお、上座部*はこれを妄語《もうご》*とする（五事の妄語）。

だいどう〔大道〕 すぐれた教法をいう。教法は人を導くこと坦々として大道のようであることからいう。

だいとうさいいきき〔大唐西域記〕 ↓さいいきき（西域記）

だいとうさいいきぐほうこうそうでん〔大唐西域求法高僧伝〕 二巻。義浄《ぎじょう》*著。唐の初めから五十年間に、中国や新羅などからインドへ入った求法*の高僧*六十余人の伝記を記したもの。㊅51・No.2066

だいとうないてんろく〔大唐内典録〕 十巻。唐の道宣《どうせん》*著。十条に分けて、二千二百六十二部・七千余巻の仏典*目録を挙げている。㊅55・No.2149

だいとうなんかいききないほうでん〔大唐南海寄帰内法伝〕 ↓なんかいききないほうでん（南海寄帰内法伝）

だいとく〔大徳〕 （梵）bhadanta の訳。婆檀陀《ばだんだ》。①仏*をいう。②徳が高く行《ぎょう》*の清い僧*。「だいとこ」とも読む。③戒師《かいし》をいう。④唐代における僧官の名。

だいとくじ〔大徳寺〕 臨済《りんざい》宗*大徳寺派*大本山。京都市北区紫野にあり、竜宝山と号す。元応元年（一三一九）赤松則村の草創*、妙超《みょうちょう》*（大灯国師）の開基*。元亨四年（一三二四）後醍醐天皇の勅願所*となり、京都の五山《ござん》*の一つに列した。のち罹災し、文明十年（一四七八）一休*宗純《そうじゅん》が再興した。本尊*は釈迦《しゃか》如来《にょらい》。多くの塔頭《たっちゅう》*子《し》院《いん》を有する。

だいとくじは〔大徳寺派〕 宗峰妙超《しゅうほうみょうちょう》*（大灯国師）を派祖とし、大徳寺*を本山*とする臨済《りんざい》宗*の一派。室町時代は妙心寺派*とともに林下《りんか》派と称されたが、紫衣《しえ》事件以後、臨済宗中で重きをなして今日に至る。↓前項

だいにちきょう〔大日経〕 七巻。詳しくは『大毘盧遮那《だいびるしゃな》成仏神変加持経《じょうぶつじんぺんかじきょう》』。唐の善無畏《ぜんむい》*・一行《いちぎょう》訳。真言宗*三部経*（大日三部経*＝『大日経』『金剛頂経*』『蘇悉地経《そしつじきょう》』）の一つ。チベット訳もある。第一巻には密教*の教理*として三句*の法門*（菩提心《ぼだいしん》*を因*とし、大悲*を根《こん》*とし、方便*を究竟《くきょう》*とする）を説き、第二巻以降は実践の方法として悉地*出現、密印《みついん》*、秘密曼荼羅《まんだら》、百字真言法、三昧耶《さんまや》*、世出世護摩法《せしゅつせごまほう》、供養《くよう》儀式、真言事業《じごう》など三十六品《ぼん》を広説する。この経*の法を胎蔵《たいぞう》法とするが、胎蔵界曼荼羅*はこの経によって描かれたものである。㊅18・No.848 ↓仏教常識〈経典の部〉三部経・大日三部経

だいにちきょうしょ〔大日経疏〕 二十巻。詳しくは『大毘盧遮那《びるしゃな》成仏《じょうぶつ》経疏』。『大日経*』の初めの六巻三十一品《ほん》

について善無畏《ぜんむい》*が講述したものを、弟子の一行《いちぎょう》が筆受《ひつじゅ》（筆記して文章化）、注釈を加えて編集したもの。中国密教の形成および空海*の思想に大きな影響を与えた。

だいにちさんぶきょう〔大日三部経〕↓仏教常識〈経典の部〉三部経・同項

だいにちにょらい〔大日如来〕マハーヴァイローチャナ。（梵）Mahāvairocana 摩《ま》訶毘盧遮那《かびるしゃな》と音写。大光明遍《へん》照《じょう》、遍一切処《へんいっさいしょ》、大日遍照と訳す。密教*の中心となる教主*で、『大日経』*『金剛頂経』*の本尊*。宇宙の実相*を仏格化した根本仏。金剛界*・胎蔵《たいぞう》*界の両界曼荼羅《りょうがいまんだら》*の中心仏として重視される。像容は宝冠を載き天衣瓔珞《てんねようらく》*をつけた菩薩《ぼさつ》*の姿をとる。美術的にも優れたものが多い。

だいねんぶつじ〔大念仏寺〕融通《ゆうずう》念仏宗*総本山。大阪市平野区平野にあり、大治二年（一一二七）聖応《しょうおう》大師良忍の草創*。詳しくは大源山諸仏護念院融通大念仏寺という。本尊*は一一一七年に良忍が感得した十一尊天得《てんとく》如来《にょらい》。

だいば〔提婆〕アーリヤデーヴァ。（梵）Āryadeva の訳。聖提婆《しょうだいば》の略。三世紀、南インドの人。天性の弁才があり、独眼のため世に迦那《かな》提婆（Kāṇadeva 迦那は片目の意）という。竜樹*の高弟で、空論《くうろん》を大成した竜樹を忠実に祖述し、『百論』*二巻を著わし、三論宗*の祖と称される。論破した外教徒《げきょうと》に恨まれ殺されたとされる。

だいばだった〔提婆達多〕デーヴァダッタ。（梵）Devadatta の音写。略して提婆、または調達《ちょうだつ》、天授、天熱、天与とも訳す。斛飯《こくぼん》（ドローノーダナ）王の子で、釈尊*の従兄、あるいは善覚長者の子ともいう。釈尊の成道《じょうどう》*ののち弟子となったが、釈尊の威勢を嫉み、背いて五百人の衆を率いて別立し、アジャセ*（阿闍世）王と手を結んで釈尊を滅ぼそうとしたが果たせず、王が改悔するに及んで、ついに悶死したという。

だいはちしき〔第八識〕↓あらやしき（阿頼耶識）

だいはつねはん〔大般涅槃〕摩訶《まか》般涅槃ともいう。（梵）Mahā-parinirvāṇa の訳。大滅度《だいめつど》と訳す。仏のさとり*または入滅*をいう。灰身滅智《けしんめっち》*を得た無余《むよ》涅槃*のこと。↓ねはん（涅槃）

だいはつねはんぎょう〔大般涅槃経〕釈尊*の入《にゅう》涅槃（入滅*）のことと、そのとき説かれた説法*を記録したもので、大乗*、小乗*によって相異がある。①北涼の曇無讖《どんむせん》*

の訳、四十巻、北本涅槃といい、大乗仏教*の『涅槃経』。㊅12・No.374 ②劉宋の慧観《えかん》、慧厳《えごん》、謝霊運《しゃれいうん》が、法顕《ほっけん》*訳の『泥洹経《ないおんきょう》』と北本とを合糅《ごうにゅう》したもので、涅槃宗*の所《しょ》依《え》*とする経。三十六巻、南本涅槃という。『涅槃経』は南本涅槃の成立から本格的な研究が始まり、江南では大乗戒経としても重視された。㊅12・No.375 ③『仏説《ぶっせつ》大般泥洹経《だいはつないおんきょう》』。東晋の法顕訳。三巻。㊅12・No.376 ↓仏教常識〈経典の部〉涅槃経

だいはんにゃきょう〔大般若経〕 ↓だいはんにゃはらみったきょう（大般若波羅蜜多経）

だいはんにゃしんどく〔大般若真読〕 『大般若経*』六百巻を正しく文句をたどって読誦《どくじゅ》すること。大般若会《え》などで行う。↓次項

だいはんにゃてんどく〔大般若転読〕 『大般若経*』の各題目と品目のみを読んで、その間はただ経巻の紙を繰って読誦《どくじゅ》に擬すること。↓前項

だいはんにゃはらみったきょう〔大般若波羅蜜多経〕 六百巻。唐の玄奘《げんじょう》*訳。『大般若経』ともいう。般若波羅蜜*、すなわち最高智の完成を説く諸部の経典*を集大成して、一切存在がすべて空《くう》*であること（諸法皆空《かいくう》*）をひろく説いたもの。漢訳仏典中、最大の経典である。㊅5—6・No.220 ↓仏教常識〈経典の部〉般若経

だいひ〔大悲〕 （梵）mahā-karuṇā の訳。衆生《しゅじょう》*の苦しみを救う仏*の大なる慈悲*心をいう。

だいびゃくえほう〔大白衣法〕 白衣観音*を本尊*として修する秘密法。円仁*が唐より伝えてから天台密教（台密《たいみつ》*）の秘法*として比叡山*に伝わる。

だいびゃくごしゃ〔大白牛車〕 白牛に引かれた大きな車。『法華経《ほけきょう》*』譬喩品《ひゆぼん》に説く三車《さんしゃ》の一つ。牛車に菩薩《ぼさつ》乗《じょう》*をたとえるのと同じ。また、牛車とは区別して大白牛車を仏乗（菩薩乗よりもさらに大きな乗り物）にたとえることもあり、両者を同一とみる三車家《さんしゃけ》（三論宗*・法相宗《ほっそうしゅう》*）に対して、こちらを四車家《ししゃけ》といい、天台宗*・華厳宗《けごんしゅう》*はこの立場をとる。↓さんしゃ（三車）

だいぶつ〔大仏〕 仏*の偉大さを具体的に強調するためにつくられた木造または鋳造の大きな仏像*で、多くは釈尊*の坐像*であるが、毘盧遮那仏《びるしゃなぶつ》*、阿弥陀仏《あみだぶつ》*の像もある。日本では明日香《あすか》（奈良県）の法興寺*（飛鳥寺）の大仏、奈良の東大寺*の大仏、鎌倉の高徳院*の大仏、京都の方広寺*の大仏（度重なる罹災を経て、昭和四十八年焼失。現存せず）を四大仏像という。

たいほう〔対法〕 ↓あびだつま（阿毘達磨）

だいほう〔大法〕 ①阿毘達磨《あびだつま》*のこと。②仏*の教法を敬っていう語。また小乗仏教*の教法に対して大乗仏教*の教法をいう。密教*では大修法《しゅほう》のことをいう。

だいほうこうぶつけごんぎょう〔大方広仏華厳経〕 釈尊*が成道《じょうどう》*の後、二・七日目（十四日目）に、文殊《もんじゅ》*、普賢《ふげん》*の聖者《しょうじゃ》*に対し、自証*（自らのさとり）のありのままを説いたという経典*。三つの訳があり、それぞれ六十巻、八十巻、四十巻があるが、四十巻本は『入法界品《にゅうほっかいぼん》』のみの唐訳であり、他の二本と性質が異なる。(大)9・No.278、279、293 →仏教常識〈経典の部〉華厳経

だいほうこうぶつけごんぎょうしょ〔大方広仏華厳経疏〕 六十巻。唐の澄観《ちょうかん》著。『華厳大疏』ともいう。八十華厳経を解釈したもの。(大)35・No.1735

だいほうしゃくきょう〔大宝積経〕 百二十巻。唐の菩提《ぼだい》流志《るし》*の訳編。『宝積経』ともいう。大乗経典*を集めたもので、全部で四十九部がある。(大)11・No.310

だいほうどうだいじっきょう〔大方等大集経〕 六十巻。隋の僧就《そうじゅ》編、北涼の曇無讖《どんむせん》*らの訳。略して『大集経』*という。思い切った奔放な思想で大乗仏教*の法門*を説いたもの。(大)13・No.397

だいほんざん〔大本山〕 本山*のこと。総本山*を立てる宗派*では、その下にあって末寺《まつじ》*を統括する寺。

だいぼんてん〔大梵天〕 マハーブラフマン。（梵）Mahā-brahman の訳。現実世界（欲界*）の上に位置するとされる仏*の世界への中間世界（色界《しきかい》*）の十八種（十八天）の第一。梵天ともいう。初禅天《しょぜんてん》の第三の天で大梵天王はその主。この天に住んで娑婆《しゃば》*世界を支配するという。

たいまでら〔当麻寺〕 高野山真言宗*と浄土宗*の両宗に属している。奈良県北葛城郡当麻町。二上《にじょう》山と号する。本尊*は千手《せんじゅ》観音。用明天皇の皇子麻呂子王《まろこのきみ》の草創*。はじめ禅林寺といって、河内（大阪府）にあり、白鳳の時代に現在の地に移る。天平宝字年間（七五七―七六四）藤原豊成の娘中将姫*がここで尼*となり法如《ほうにょ》と名乗った。阿弥陀如来《あみだにょらい》*に祈願*して蓮糸で織った浄土曼荼羅《まんだら》*（当麻曼荼羅）は有名。

だいまんだら〔大曼荼羅〕 四種《ししゅ》曼荼羅*の一つ。諸尊の様相の完全な形体を描いたもので、四種曼荼羅の中でもっとも広大なので大曼荼羅という。

たいみつ〔台密〕 真言宗*を東密《とうみつ》*というのに対して、日本天台宗*の密教*を台密という。この教えは『法華経《ほけきょう》*』を根拠とする。伝教《でんぎょう》大師最澄《さいちょう》*が入唐《にっとう》して順暁《じゅんぎょう》より伝えられ、また慈覚大師円仁《えんにん》*、智証大師円珍《えんちん》*も入唐してこの

教えを受け、後に伝えた。十三派に分かれる。

だいみんこくし〔大明国師〕 ↓ふもん（普門）

だいみんさんぞうしょうぎょうもくろく〔大明三蔵聖教目録〕 明代の大蔵経*目録。四巻。明の永楽年間（一四〇三—二四）勅命によって大蔵経を写録させ、南京と北京でそれぞれ翻刻したが、これはその北京（北蔵）の目録である。北蔵目録ともいう。

だいもく〔題目〕 典籍の首題。日蓮宗*では『法華経《ほけきょう》*』の首題である南無妙法蓮華経《なむみょうほうれんげきょう》*の七字をいう。これを唱えれば『法華経』の功徳《くどく》*が身にあつまるとする。↓仏教常識〈日常語〉同項

たいや〔逮夜〕 迨夜、大夜、宿夜《しゅくや》、伴夜《ばんや》ともいう。忌日《きにち》*の前夜のこと。↓仏教常識〈仏事の部〉同項

たかい〔他界〕 自分の属していない他の世界のこと。また、死去することをいう。

たかおさん〔高尾山〕 ↓やくおういん（薬王院）

たかおさん〔高雄山〕 ↓じんごじ（神護寺）

たかくらがくりょう〔高倉学寮〕 真宗*大谷派*の学校。寛文年中（一六六一—七三）筑紫《ちくし》観世音寺の講堂*を移して東本願寺*の別処、枳殻《きこく》邸内に設立したが、およそ八十年後の宝暦四年（一七五四）高倉通に移し、講堂、経蔵*、書庫、寮舎等を建てて現在の名を称した。宗学*研究を目的として、盛期には聴講者一千人を数えたという。

たかだは〔高田派〕 真宗*十派の一つ。三重県津市一身田《いっしんでん》の専修寺《せんじゅじ》*を本山*とする。このことから専修寺派ともいう。明治五年（一八七二）独立して真宗専修寺派と称し、十四年（一八八一）高田派と改めた。末寺《まつじ》*六百余がある。

だきにてん〔荼枳尼天〕 ダーキニー。（梵）Ḍākinī の音写。荼吉尼・吒枳尼とも書く。自在*の通力《つうりき》*で人の死を六カ月前に知り、その心臓を取って食うという。大黒天*の眷属《けんぞく》*夜叉《やしゃ》*で、像容は鬼神《きじん》*形《ぎょう》。後世、狐の背に跨がる三面二臂《ひ》像が多く作られ、剣と宝珠《ほうしゅ》*を持つ（図は一面二臂の美女像）。通力を与えてくれる神として瑜伽《ゆが》*行者《ぎょうじゃ》*に信仰*される。日本では稲荷《いなり》神社と同一視してまつられる。

たきみかんのん〔滝見観音〕 三十三観音*の一つ。断崖に座り滝を見る姿をしている。

たくあん〔沢庵〕→そうほう（宗彭）→仏教常識〈日常語〉同項

たくせん〔託宣〕 神や仏*のおつげ。

たくはつ〔托鉢〕 鉢《はち》*を持って食を乞うこと。僧*が施物《せもつ》をもらって歩くことをいい、乞食《こつじき》*、捧鉢《ほうはつ》、持鉢《じはつ》ともいう。

たけじざいてん〔他化自在天〕 六欲天*の一つ。六欲天の最上界に位置し、第六天ともいう。この天*に生まれたものは、他人のはたらきによる幸福を自在*に受用《じゅゆう》*し己れの幸福とするとされるところから、この名がある。この天に、大魔王波旬《はじゅん》*（《梵》Pāpīyas パーピーヤス）の宮殿がある。→てんま（天魔）

たしょう〔他生〕 自生*の対語。他の原因によって物の生ずること。また他の世（過去*・未来*の生）のこと。「袖すり合うも他生の縁*」のことわざがあるが、他生と書くのは誤りで、本来は多生の縁。多生とは、生死《しょうじ》*をかさねて受ける多くの生のこと。

たしんつう〔他心通〕 六神通《ろくじんずう》*の一つ。他人が心中に思うことを自由に知ることのできる通力《つうりき》*をいう。

たちばなでら〔橘寺〕 天台宗*。奈良県高市郡明日香《あすか》村。仏頭山上宮院菩提《ぼだい》寺と称する。聖徳太子*生誕の地に建立*した太子七カ寺の一つ。推古天皇十四年（六〇六）太子三十二歳の時、この地で『勝鬘経《しょうまんぎょう》』*を講じたという。本尊*は聖徳太子勝鬘経講讃坐像。

だつえば〔奪衣婆〕 葬頭河婆《しょうずかのばば》、懸衣嫗《けんえおう》ともいう。三途《さんず》の河（川）のほとりで罪人の衣を剝ぐ老鬼女のこと。また、その剝いだ衣を衣領樹《えりょうじゅ》（三途の河の岸に生えているという樹）に懸け、その罪の重さを問う鬼を懸衣翁《けんえおう》*という。→さんずのかわ（三途の川）→口絵図版〈十界図〉

たっちゅう〔塔頭〕 本寺院の寺域内にある子院をいう。もとは禅宗*寺院*で高僧*が入寂《にゅうじゃく》*した後、弟子が師徳を慕って塔*（墓）の頭《ほとり》に構えた房舎。

たっと〔達等〕 わが国に初めて仏教を伝えた人。南梁の人で姓は司馬氏。継体天皇の時（六世紀初め）、初めて仏像*を奉じて渡来し、大和国（奈良県）高市の坂田原に草堂*をいとなみ、後、日本に帰化した。蘇我氏が仏教を信じたのは達等の力によるという。

たつのくち〔竜口〕 神奈川県藤沢市片瀬竜口。もと鎌倉幕府の刑場。文永八年（一二七一）九月十二日、日蓮*が鎌倉幕府によって捕えられ、処刑されようとしたが、『法華経《ほけきょう》』*の功徳《くどく》*によって大難を免れたという土地。

たど〔他土〕 この現在の世界以外の世界。極楽*世界など。

たどとくしょう〔他土得証〕 此土入聖得果《しどにっしょうとっか》*（この世で、この身このままで仏の世界*に入ること）の対語。他力《たりき》念仏*の法門*をいう。この穢土《えど》*を捨て、無漏《むろ》*清浄《しょうじょう》*（煩悩《ぼんのう》*が完全になくなり清らかなこと）の極楽国*に行き、そこでついにさとり*を得ることをいう。

たなぎょう〔棚経〕 盂蘭盆《うらぼん》*の時、僧侶が精霊棚《しょうりょうだな》*に向かって経*を読むこと。↓仏教常識〈仏事の部〉同項

たねん〔多念〕 一念*の対語。できるだけ数多く称名《しょうみょう》念仏*することと。多念を良しとする思想を多念義といい、一念義*に対する。

だび〔荼毘〕 （巴）jhāpeti の音写。燃焼と訳す。死体を火葬にすること。↓仏教常識〈仏事の部〉同項

たほうとう〔多宝塔〕 ①多宝如来《にょらい》*と釈迦《しゃか》如来*並座《びょうざ》の塔*。釈尊*が霊鷲山《りょうじゅせん》*で『法華経《ほけきょう》*』を説いた時、多宝如来の宝塔が地下より涌出、その塔中より声を発して釈尊の説法*を讃嘆し証明したという。②単層に裳階《もこし》をつけたために二層に見える宝塔。方形の裳階と円筒形の塔身との連続部に白色漆喰《しっくい》の亀腹《かめばら》（饅頭《まんじゅう》型）があるのが特徴。その上に方形の屋根を載せ頂上に相輪《そうりん》*が立つ塔のこと。

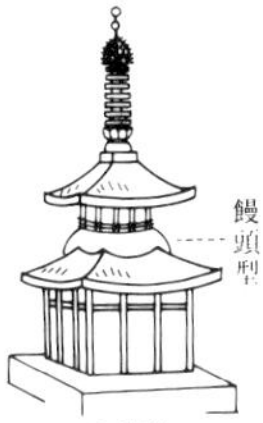

多宝塔

たほうにょらい〔多宝如来〕 往昔の世に宝浄国（ラトナ・ヴィシュッダ）にいた仏*で、『法華経《ほけきょう》*』の教えが真実であることを証明したという。『法華経』第十一宝塔品《ぼん》による。

たままつり〔霊祭〕 先祖の霊をむかえて祭ること。お盆。↓うらぼん（盂蘭盆）

たまや〔霊屋〕 故人の霊をまつる建物。

たもん〔多聞〕 多くの教えを聞いてこれを受持《じゅじ》*（受けとめ保つ）すること、つまり多聞博識をいう。とくに仏*の説いた十二部経*を聞いて、その意味を理解し憶持することをいう。多聞天*（毘沙門《びしゃもん》天）はこの力の権化《ごんげ》*。

たもんけんご〔多聞堅固〕 五五百歳の第三。釈尊*の入滅*後第三の五百年は像法《ぞうほう》*の末であって、修行*による徳が衰えたといっても、経典*だけはよく読み聞いて、自らに保持するものがあるのをいう。↓ごごひゃくさい（五五百歳）

たもんてん〔多聞天〕 ↓びしゃもんてん（毘沙門天）

たもんぶ〔多聞部〕 小乗二十部*の一。（梵）Bahuśrutīya 婆吼輸底柯《ばくりんていか》部の訳。大衆部《だいしゅぶ》*から分派したもの。祠皮衣《しひえ》（釈尊*在世時の阿羅漢《あらかん》*。はじめ仙人*で樹皮衣をまとい、天祠《てんし》を祀っていたので、この名がある）という阿羅漢

が大衆部の教義を浅薄として、別に仏*の直説《じきせつ》の深義を説いたものをいう。広く三蔵*（経・律・論）を学習して、深い意義を悟ることを旨とする。

たら〔多羅〕　ターラー。（梵）Tārā の音写。菩薩《ぼさつ》*の名。瞳子《とうし》、妙日精《みようにつしよう》と訳す。観音*の眼より生まれ、普眼《ふげん》（普《あまね》く一切衆生《しゅじょう》*を観察する眼）をもって衆生を救い取るという。美女の相をしている。またチベットでは、チベットに仏教をもたらしたとされる唐とネパールの公妃を、それぞれ白多羅《びやくたら》、緑多羅《ろくたら》の生まれ変わりとして尊崇している。

ダライ・ラマ〔Dalai bla ma〕　（漢）達頼喇嘛《だつらいらま》。チベット仏教ゲルク派（黄教《こうきよう》*）の最高活仏《かつぶつ》*。観音*菩薩《ぼさつ》*の化身《けしん》*として尊崇される。ダライはモンゴル語で大海の意、ラマはチベット語で法主《ほつしゆ》*の意。一五七八年、ソナム・ギャムツォがモンゴル王のアルタン・ハーンより受けた称号。政治と宗教を掌握する最高権力者であった。一九五九年のチベット動乱以後、現十四世ダライ・ラマのテンジン・ギャムツォはインドに亡命している。

だらに〔陀羅尼〕　（梵）dhāraṇī の音写。総持、能持、能遮と訳す。普遍的な真実を理解し、種々の善法を集め持って散失させないという意味。衆徳（諸々の功徳《くどく》*）を具足する経文《きようもん》または名号《みようごう》*をいう。

たりき〔他力〕　自力*の対語。衆生《しゆじよう》*を済度《さいど》*しようとする大慈悲に立つ如来《によらい》*の大願力《りき》をいう。また、この大願力にもっぱら依頼すること。↓仏教常識〈日常語〉同項

たりきねんぶつ〔他力念仏〕　往生*を阿弥陀仏《あみだぶつ》*にまかせて、もっぱら阿弥陀仏の名号《みようごう》*を称えること。

たりきもん〔他力門〕　他力*の法門*。他力による救済の教えを説く浄土門*のこと。

だるま〔達磨〕　①（梵）dharma の音写。法と訳す。↓ほう（法）　②中国禅宗の初祖、菩提達磨のこと。↓ぼだいだるま（菩提達磨）

だるまき〔達磨忌〕　達磨*の寂した忌日《きにち》*およびその法会《ほうえ》*。旧暦または新暦の十月五日である。

だん〔檀〕　①（梵）dāna の音写、檀那*。布施《ふせ》と訳す。六度*の一つ。↓ふせ（布施）↓仏教常識〈日常語〉檀那　②（梵）maṇḍala 曼荼羅《まんだら》*の意訳。修法壇《しゆほうだん》ともいう。仏《ぶつ》*・菩薩《ぼさつ》*等を安置し、供物《くもつ》*・供具《くぐ》を供える台（壇）をいう。

だんおつ〔檀越〕　（梵）dānapati の音写。施主《せしゆ》*と訳す。「だんのつ」ともいう。布施《ふせ》をする人のこと。↓ふせ

（布施）

たんか〔弾呵〕 誤りを責めて叱ること。維摩《ゆいま》*居士《こじ》が十六羅漢《らかん》*や菩薩《ぼさつ》*たちを論破し、閉口させた故事より出る。→仏教常識〈日常語〉啖呵

だんか〔檀家〕 寺院*に属する信徒*のこと。檀は檀越《だんおつ》*の略で、信徒はその寺に布施《ふせ》*をするので檀家という。浄土真宗*では信徒を門徒*という。→仏教常識〈仏事の部〉同項

だんぎ〔談義〕 説法*のこと。ものの道理を説き聞かすこと。→仏教常識〈日常語〉同項

たんけい〔湛慶〕（一一七三―一二五六）鎌倉時代の仏像*彫刻家。運慶《うんけい》*の長男、尾張《おわり》法印と称する。蓮華王院《れんげおういん》*（三十三間堂）の本尊*の千手《せんじゅ》観音像などはその作である。

だんけん〔断見〕 常見の対語。二見*の一つ。人は死ねばそのまま身心《しんじん》ともに断じ消滅して空無となり、二度と生ずることがないと固執する、因果*の理法を無視する妄見《もうけん》*をいう。→じょうけん（常見）

たんざ〔端座〕 威儀《いぎ》*を整えて正座すること。

だんじき〔断食〕 祈願*または修行*のため、日数を定めて食事を断つこと。自己修練のために行う一つの苦行*。一般では単に、一定の日数を定めて食事を断つことに用いる。

たんじょうぶつ〔誕生仏〕 釈尊*は誕生の時、右手は天*を指し、左手は地を指して、「天上天下唯我《てんじょうてんげゆいが》独尊《どくそん》*」といったとされる。この誕生の時の像を刻んだもの。灌仏会《かんぶつえ》*（四月八日・花まつり）の本尊*。

たんだ〔単堕〕 →はいつだい（波逸提）

たんだい〔探題〕 法会《ほうえ》*の論議の時、論議する論題を選定し、最終的な判定を下す最高職のこと。

たんてき〔端的〕 →仏教常識〈日常語〉同項

たんでん〔丹田〕 眉間《みけん》を上丹田といい、臍《へそ》の下三センチ位を下丹田という。体気をここに集めれば、精神が集中して思惟に適する状態になるとする。気海丹田と熟語する。

たんでん〔単伝〕 文字言語によらず、単に心より心に法*を伝えること。

だんどくせん〔檀特山〕 西北インドのガンダーラ（犍陀《けんだ》羅《ら》*）国にある山。陰山《いんざん》とも訳す。釈尊*が前生にスダー

ナ（須大拏）太子であった時、修行＊したと伝える山。

だんな〔檀那〕　六度＊の一つ。→ふせ（布施）→仏教常識〈日常語〉同項

だんなでら〔檀那寺〕　信徒＊からその所属する寺＊をさしていう語。→仏教常識〈仏事の部〉同項

たんにしょう〔歎異抄〕　一巻。親鸞《しんらん》＊の直接の説話を記録して、他力《たりき》＊信仰＊の極致を説いた書。親鸞の滅後、門下にその教えを誤解する者が出たので、その信仰の異なるのを歎き、正しい信心＊を示すためにこの書を撰出した。撰者未詳。如信《にょしん》撰など諸説があるが、現在は唯円《ゆいえん》撰説が有力である。(大)83・No.2661

たんねん〔湛然〕（七一一―七八二）中国唐代の天台宗＊中興の祖。晋陵荊渓《しんりょうけいけい》（江蘇《こうそ》省）の人。姓は戚氏、妙楽大師と称す。荊渓尊者とも呼ぶ。天台宗六祖として大いに宗風をおこす。著作に『法華玄義釈籤《ほっけげんぎしゃくせん》』十巻、『法華文句記《もんぐき》』十巻、『止観輔行《しかんぶぎょう》』十巻、『止観義例』『止観大意』等がある。絵画に巧みで胡蝶《こちょう》をよく描いた。興元元年寂す。

だんばらい〔壇払い〕　→仏教常識〈仏事の部〉同項

だんはらみつ〔檀波羅蜜〕　檀那《だんな》波羅蜜ともいう。六波羅蜜＊の一つ。施波羅蜜のこと。→せはらみつ（施波羅蜜）

たんぱんかん〔担板漢〕　ものの一面だけを見て全体を見ることのできない短見者をさす禅語。板を肩に担うと一方を見ることができないのにたとえた言葉。

たんぶつげ〔歎仏偈〕　讃仏偈《さんぶつげ》＊ともいう。仏の功徳《くどく》＊を讃歎することを内容とする詩節。とくに『無量寿経＊』上で、法蔵比丘《ほうぞうびく》＊が世自在王仏《せじざいおうぶつ》のところに詣でて、その仏徳を讃歎した四言八十句の偈頌《げじゅ》＊は有名。

だんまつま〔断末摩〕　末摩（《梵》marman の音写、支節・死穴・命根と訳す）を断つという意味で、身体を構成する地《ち》・水《すい》・火《か》・風《ふう》の四大《しだい》＊が不調和になった結果として末摩が断たれて死ぬこと。末摩とは、体内にある特殊な支節で、これに触ると激しい痛みを起こし必ず死ぬといわれる。またそれに伴う苦痛のこと。一般には、臨終＊の際の最後の苦しみをいう。

だんりん〔檀林〕　栴《せん》檀林の略。仏教の学問所の呼称。仁寿三年（八五三）に開創された檀林院を嚆矢《こうし》とし、徳川時代に最も多く設けられた。浄土宗＊の関東十八檀林＊などがある。→仏教常識〈寺院の部〉同項

だんわく〔断惑〕「だんなく」ともいう。煩悩《ぼんのう》＊を断つこと。

ち チ

ち〔痴〕 六煩悩《ぼんのう》*の一つ。愚痴《ぐち》*または無明《むみょう》*ともいう。事理《じり》*（個別なものと普遍的なもの）を明らかにすることのできない愚鈍の精神作用をいう。

ち〔智〕 智慧*のこと。事理《じり》*の是非・正邪を見分けるはたらきをいう。→次項

ちえ〔智慧〕 （梵）prajñā 般若《はんにゃ》と音写。智または智慧と訳す。一切の諸法*に通達して、取捨進退にとどこおりないこと。一切の現象やその背景にある理法を正しく理解する精神作用をいう。→仏教常識〈日常語〉同項

ちえはらみつ〔智慧波羅蜜〕 六波羅蜜*の一つ。→はんにゃはらみつ（般若波羅蜜）

ちおんいん〔知恩院〕 浄土宗*総本山。京都市東山区林下《りんか》町。華頂山《かちょうざん》知恩教院大谷寺《おおたにでら》と号す。法然《ほうねん》*が草庵*を結び、また入寂《にゅうじゃく》*したところ。数度の火災により焼失したが、そのたびに再建された。徳川家の外護が厚く、後陽成天皇の第八皇子良輔親王を要請して門主とし、知恩院門跡《もんぜき》*華頂宮と号す。本尊*は阿弥陀如来《あみだにょらい》。

ちおんじ〔知恩寺〕 浄土宗*四大本山の一つ。京都市左京区田中門前町にあり、百万遍《べん》ともいう。慈覚大師円仁《えんにん》*の草創*で、また法然《ほうねん》*の遺跡でもある。本尊*は釈迦如来《しゃかにょらい》。

ちぎ〔地祇〕 地の神、大地に属する神。

ちぎ〔智顗〕 （五三八―五九七）中国天台宗の大成者。荊《けい》州（湖南省）の人。字は徳安、姓は陳氏。十八歳のとき湘州果願寺の法緒《ほうちょ》について出家*し、また慧曠《えこう》律師に学び、のち慧思《えし》*禅師に大蘇山で随侍して心観（法華《ほっけ》三昧法《ざんまいほう》＝一心三観《いっしんさんがん》*の法）を受けた。太建七年（五七五）天台山*に入り、九年間山上で苦難の修錬をしたことから天台大師という。隋の煬帝は深く師に帰依《きえ》*し、智顗を迎えて戒*を受け、智者と呼んだ。故にまた智者大師と称される。開皇十七年十一月二十四日、天台山に寂す。『法華玄義《ほっけげんぎ》*』『法華文句《もんぐ》*』『摩訶止観《まかしかん》*』を三大部と称し、その他著作の現存するもの三十余部がある。その多くは、弟子の筆録になるものである。→てんだいしゅう（天台宗）

ちぎょく〔智旭〕 （一五九九―一六五五）中国明代末の天台宗*の僧。字は藕益《ぐうやく》、自ら八不道人《はっぷどうにん》と号する。雪嶺《せつれい》の法嗣《ほうし》*である。博学で内外の書に通じる。永歴九年寂す。

『閲蔵知津《えつぞうちしん》』『法海観瀾《ほっかいかんらん》』等四十余部の著作がある。

ちくう〔癡空〕（一七八〇—一八六二）天台宗*の学僧。字は慧澄《えちょう》、愚谷《ぐこく》と号す。近江（滋賀県）の人。天台宗近世の碩学である。東叡山《とうえいざん》*浄名院《じょうみょういん》で三大五部（三大部＝『法華玄義《ほっけげんぎ》*』『法華文句《もんぐ》*』『摩訶止観《まかしかん》*』・五小部＝『金《こん》光明経《こうみょうきょう》玄義』『金光明経文句』『観音玄義』『観音義疏《ぎしょ》』『観無量寿経疏（観経疏*）』）を講じたが、学徒の集まることは近代にその例を見ない。文久二年寂す。『法華玄義講義』『法華文句記講義』『摩訶止観輔行《ぶぎょう》講義』『妙宗鈔講義』『四教儀集註半字談《しきょうぎしゅうちゅうはんじだん》』等多数の著作がある。

ちくしょう〔畜生〕（梵）tiryañc の訳。音写は、底栗車《ていりしゃ》。横生《おうしょう》、傍生《ぼうしょう》とも訳す。ひとに畜養され、食用にされ、駆使されるものをいう。十界《じっかい》*、また三悪趣《さんあくしゅ》*の一つ。悪《あく》業《ごう》*をつくり、愚痴《ぐち》*（おろかさ）の多いものがこの畜生界に生まれるという。↓口絵図版〈十界図〉〈六道図〉↓仏教常識〈日常語〉同項

ちくりんしょうじゃ〔竹林精舎〕（梵）Venuvana-vihāra の訳。中インドのマガダ（摩掲陀《まがだ》*）国の王舎城《おうしゃじょう》*の地にあった寺*。釈尊*の成道《じょうどう》*後まもなく、ビンビサーラ（頻《びん》婆娑羅《ばしゃら》*）王が仏*および仏弟子のために、カランダカ（迦《か》蘭陀《らんだ》）長者が寄進した竹林に建てた仏教最初の伽藍《がらん》*。

ちけん〔智見〕（梵）jñāna-darśana の訳。智慧*によってものごとを見る力。

ちけんいん〔智拳印〕印契《いんげい》*の一つで、金剛界*大日如来《だいにちにょらい》*の印相《いんぞう》。左手（衆生《しゅじょう》*をあらわす）の人差指を立てて、それを右手（仏*をあらわす）の掌中に入れる。生仏不二《しょうぶつふに》迷悟一体《めいごいったい》（迷いの衆生も悟りの仏*も、あいいれない別のものなのではなく、等しい一つのものである）を示す。

ちごん〔智儼〕（六〇二—六六八）中国唐代の華厳《けごん》宗*の第二祖。姓は趙《ちょう》氏、天水（甘粛省）の人。十二歳で杜順《とじゅん》*について出家*し、師の後をうけて、終南山（陝西省西安市）の至相寺《しそうじ》に住み、盛んに華厳宗を弘めた。唐の総章元年、清浄寺《しょうじょうじ》に寂す。『華厳捜玄記《そうげんき》』『華厳孔目章《くもくしょう》』等二十余部の著作がある。

ちさんは〔智山派〕新義《しんぎ》真言宗*の一派で、京都東山の智《ち》積院《しゃくいん》*を本山*とする。初め豊山派《ぶさんは》*とともに根来寺《ねごろじ》*に属していたが、根来寺の滅亡に際し、智積院日秀の弟子の玄宥《げんゆう》は、山城（京都）に智積院を起こし、豊山派の長谷寺*と相対して一派をなした。↓しんごんしゅう（真言宗）

ちじ〔知事〕禅宗*の役僧で、寺内の事務を検校《けんぎょう》*（監督）

する者。執事《しつじ》*または東序ともいう。

ちしき〔知識〕 善知識に同じ。善く事理《じり》*をわきまえて人を導く者をいう。また、すべて高徳の僧*をいう。↓ぜんちしき（善知識）↓仏教常識〈日常語〉同項

ちしゃくいん〔智積院〕 真言宗*智山派《ちさんは》*総本山。京都市東山区東大路七条東瓦町にある。もと根来《ねごろ》（和歌山県）にあったが、豊臣秀吉に焼かれて山城（京都）の北野に移り、さらに徳川家康に領地を寄進されて現在の地に移った。金堂《こんどう》*の本尊*は大日如来《にょらい》。

ちしゃだいし〔智者大師〕↓ちぎ（智顗）

ちすいかふう〔地水火風〕↓しだい（四大）

ちそう〔馳走〕↓仏教常識〈日常語〉同項

ちちぶさんじゅうさんしょかんのん〔秩父三十三所観音〕 西国《さいごく》三十三所観音*にならい、埼玉県秩父地方に生じた三十三の観音霊場。ただし実際は三十四カ所ある。↓仏教常識〈寺院の部〉同項

ちどろん〔智度論〕『大智度論』の略。↓だいちどろん（大智度論）

ちのいけじごく〔血の池地獄〕 血をたたえた池の地獄*。罪のある女性が死んで堕《お》ちる地獄であるという。↓口絵図版〈十界図〉

ちはらみつ〔智波羅蜜〕 十波羅蜜《じっぱらみつ》の第十。自ら妙智《みょうち》（仏*の智慧*）の功徳《くどく》*を享受する智*（自受法楽智）と、衆生《しゅじょう》*を利益《りやく》*することを成就《じょうじゅ》*する智（成就有情《うじょう》智）とをいう。↓はらみつ（波羅蜜）

ちみょう〔智猛〕 中国雍《よう》州（陝西省）の人。後秦弘始六年（四〇四）同志の沙門《しゃもん》*十五人と長安を出て涼《りょう》州に入り、クチャ（亀茲《きじ》*）、コータン（于闐《うてん》*）、カシュミール（罽賓《けいひん》）を過ぎ、釈尊*の生地カピラヴァストゥ（迦毘《かぴ》羅城《らじょう》*）に達し、仏跡を巡礼*して、『泥洹経《ないおん》』などの梵本《ぼんぽん》*を入手して帰る。『泥洹経』二十巻を訳す。元嘉十四年（四三七）蜀《しょく》に帰り、元嘉の末、成都（四川《しせん》省）に寂す。生没年不詳。

ちもくぎょうそく〔智目行足〕 さとり*に至るためには、智*と行*とを兼ねそなえなければならないという意味で、それを目と足とにたとえた言葉。天台宗*の教相判《はん》釈《じゃく》*には、教義を知的に理解する学習法を智目といい、実践修行して観法《かんぼう》*を深め、仏*のさとりに至る修行法を行足という。

ちゅうあごんぎょう〔中阿含経〕 四《し》阿含経*の一つ。六十巻。東晋の僧伽提婆《そうぎゃだいば》*訳。五誦《じゅ》、十八品《ぼん》の中に二百二十二経がある。主として四諦《したい》*、十二因縁*の教義を説いて

いる。㊅1・No.26 ↓仏教常識〈経典の部〉阿含経

ちゅういん〔中陰〕 人の死後、七七日《しちしち》＊間（四十九日間）の忌日《きにち》＊中をいう。また中有に同じ。↓ちゅうう〔中有〕↓仏教常識〈仏事の部〉中有

ちゅういんだん〔中陰壇〕 ↓仏教常識〈仏事の部〉同項

ちゅうう〔中有〕 四有《しう》＊の一つ。前世《ぜんせ》＊に死んでまだ次の生を受けない間をいう。この間は人の身体の大きさは小児のようであるという。↓仏教常識〈仏事の部〉同項

ちゅうがんは〔中観派〕 （梵）Mādhyamaka, Mādhyamika の訳。竜樹＊の『中論頌《じゅ》』に基づいて空観《くう》＊を主張した学派。インド大乗仏教の二大学派の一つ。竜樹の弟子である提婆《だいば》＊に受けつがれたこの主張は、青目《しょうもく》ら『中論頌』の注釈家たちが活躍する時代を経て、後に清弁《しょうべん》＊の系統である自立論証派と、仏護《ぶつご》＊・月称《げっしょう》＊に代表される帰謬《きびゅう》論証派とに分かれた。

ちゅうがんは〔中巌派〕 日本禅宗・二十四流＊の一派。円《えん》月《げつ》（中巌と号す）の一派である。

ちゅうがんろん〔中観論〕 四巻。竜樹＊著、青目《しょうもく》釈。鳩摩《くま》羅什《らじゅう》＊訳。三論＊の一つ。竜樹の『中論頌《じゅ》』に青目が注釈を付したもので、略して『中論』ともいう。二十七品《ほん》に分けて、中（かたよらないこと）に固執することをも論破し、すなわち無所得中道＊を説く。㊅30・No.1564

ちゅうけい〔中啓〕 僧侶＊が法式のときに持つ扇の一種。↓仏教常識〈法具の部〉同項

ちゅうこう〔中劫〕 二十の小劫を一中劫とし、四つの中劫を一大劫とする。一小劫には、寿命について一増《いちぞう》（人の寿命が十歳から百年目ごとに一歳増えて、八万四千歳に達する間をいう）と一減《げん》（八万四千歳から百年目ごとに一歳ずつ減少して十歳に至る間をいう）があるので、一中劫には二十の増減があるという。古代インドで、大時（長い時間）をあらわす時の単位である。↓こう（劫）

ちゅうこうかいさん〔中興開山〕 一宗一派または一寺のいったん衰えたものを中途で興《おこ》した人をいう。

ちゅうごくぶっきょう〔中国仏教〕 ↓仏教常識〈宗派の部〉同項

ちゅうじょうひめ〔中将姫〕 藤原豊成の娘。箏《こと》をよくし、称徳天皇のとき宮中で演奏し、三位に叙せられる。継母に妬まれ、殺されようとしたため当麻寺《たいまでら》＊に去る。善《ぜん》心尼《しんに》と号し、後に法如と改める。宝亀六年（七七五）寂す。当麻曼荼羅《まんだら》は姫が蓮糸で織ったものであるとい

う。→たいまでら（当麻寺）

ちゅうそんじ〔中尊寺〕 天台宗*。岩手県西磐井郡平泉町。嘉祥三年（八五〇）慈覚大師円仁《えんにん》*の開基*と伝えられる。建武四年（一三三七）野火のため経蔵《きょうぞう》*、金色《こんじき》堂を残して灰燼となる。金色堂は藤原時代の建物の好資料である。本尊*は阿弥陀如来《あみだにょらい》。

ちゅうとう〔偸盗〕 （梵）adattādāna の訳。十悪の一つ。他人の財物を盗むのをいう。→じゅうあく（十悪）

ちゅうどう〔中道〕 苦*・楽、有*・無*などの偏った見解を離れた中正の道。仏教の思想的立場をあらわす語である。

ちゅうどうじっそう〔中道実相〕 一切の真実相は有《う》*でも空《くう》*でもなく、そのどちらにも執われない非有非空の中道*にあるということ。

ちゅうや〔中夜〕 夜間を三つに分けて、その中分をいう。およそ今の十時から二時の間。

ちゅうらんじゃざい〔偸蘭遮罪〕 （梵）sthūlātyaya の訳。薩偸羅遮那《さっちゅうらしゃな》、略して偸蘭遮。麁過《そか》と訳す。波羅夷《はらい》*罪（最も罪の重い根本罪）または僧残《そうざん》*罪（波羅夷に次ぐ重罪）に至る可能性をふくむ罪をいう。

ちゅうろん〔中論〕 中観論の略。→ちゅうがんろん（中観論）

ちょうかぜんじ〔鳥窠禅師〕 （七四一―八二四）禅宗*の僧。中国杭州（浙江《せっこう》省）富陽県の人。姓は潘氏、字は道林。勅して円修禅師と諡《おくりな》す。鵲巣《じゃくそう》禅師と呼ばれ、また白楽天との問答で名高い。

ちょうきも〔重忌喪〕 →仏教常識〈仏事の部〉同項

ちょうげん〔重源〕 （一一二一―一二〇六）浄土宗*の僧。俊乗坊《しゅんじょうぼう》と号す。姓は紀氏。仁安二年（一一六七）入宋《にっそう》し、翌年帰国。治承四年（一一八〇）兵火にかかり東大寺*が焼失、翌養和元年、法然《ほうねん》*の推挙により、東大寺再建の勧進職《かんじんしき》に任命される。諸国をめぐり苦労を重ねたが、源頼朝などの援助もあり、建久六年（一一九五）には後鳥羽天皇が行幸し、落慶供養《くよう》を行った。周防の阿弥陀寺《あみだじ》、播磨の浄土寺*など、各地の寺院建立・再建にも尽力した。

ちょうさいようこう〔兆載永劫〕 百万を兆といい、十万兆を載という。長い時間をいう。

ちょうじゃ〔長者〕 財と徳とを積んだ人。また徳行と年齢とを積んだ人をいう。わが国において東寺《とうじ》*の座主《ざす》*のことをいう。→仏教常識〈日常語〉同項

ちょうせのがん〔超世の願〕 阿弥陀仏《あみだぶつ》*の本願*をいう。三《さん》

世《ぜ》*（過去・現在・未来）の諸仏の誓願*よりすぐれた大悲*の誓願であることから超世の願という。

ちょうでんす〔兆殿司〕→みんちょう（明兆）

ちょうにちおう〔超日王〕ヴィクラマーディトヤ。（梵）Vikramāditya の訳。力《りき》日王とも訳す。インド・アヨーディヤー（阿踰闍《あゆじゃ》）国の王で、グプタ（笈多《ぎゅうた》）大王と称し、グプタ王朝の祖である。領地はすこぶる広大で宗教*を保護し、文学語学を奨励して、インド文明に隆盛をもたらした。無著《むじゃく》*、世親《せしん》*らはこの王の時代の人である。

ちょうぶく〔調伏〕身《しん》・口《く》・意《い》の三業《さんごう》*を調御して悪行を制御すること。また天台宗*、真言宗*などで神仏に祈り怨敵魔障を降伏《ごうぶく》*すること。

ちょうぶくほう〔調伏法〕密教*で不動明王*、降三世《ごうざんぜ》明王*、軍荼利《ぐんだり》明王*、大威徳《だいいとく》明王*、金剛夜叉《やしゃ》*などの忿怒《ふんぬ》像を本尊*として、怨敵を調伏*するために行われる修法《しゅほう》*（加持《かじ》祈祷）。

ちょうぶつ〔長物〕仏教では「じょうもつ」と読む。→じょうもつ（長物）→仏教常識〈日常語〉同項

ちょうもん〔聴聞〕→仏教常識〈日常語〉同項

ちょうらい〔頂礼〕インド古代の最敬礼。五体投地、五輪著地ともいう。頭を地にすりつけて足下に礼拝《らいはい》*すること。

ちょうろう〔長老〕智徳の備わった僧*。上座ともいう。『長阿含経《じょうあごんぎょう》』*には三種の長老を説いている。耆年《きねん》長老（年長のもの）、法長老（智徳のあるもの）、作《さ》長老（仮にみずから長老と号するもの）。→仏教常識〈日常語〉同項

ちょくがんじ〔勅願寺〕→仏教常識〈寺院の部〉同項

ちょくがんしょ〔勅願所〕勅命によって鎮護国家*、玉体《ぎょくたい》安穏（天皇の健康）を祈願*する寺社の称。

ちょくしゅごでん〔勅修御伝〕法然上人行状絵図《ほうねんしょうにんぎょうじょうえず》*の別称。

ちれい〔知礼〕（九六〇—一〇二八）天台宗*の僧。法智尊者、または四明尊者ともいう。中国明州四明（浙江《せっこう》省寧波《ねいは》市）の人。七歳で母を亡くして太平興国寺に入る。義通に天台を学び、天台中興の祖となる。宋の天聖六年正月、大衆《だいしゅ》*に説法し、念仏*数百遍を称えて寂す。著作に『続遺記《ぞくいき》』『金光明文句記《こんこうみょうもんぐき》』『観無量寿経疏《しょ》妙宗鈔』『観音別行玄義記《かんのんべつぎょうげんぎき》』『十不二門《じっぷにもん》指要鈔』『答釈《とうしゃく》日本源信問』等がある。

ちんごこっか〔鎮護国家〕教法をもって国家を護るこ

と。奈良、平安時代における日本仏教の特色である。『法華経《ほけきょう》』*『仁王経《にんのうきょう》』*『金光明経《こんこうみょうきょう》』*はとくにこのような教法を説くことから鎮護国家の三部経*という。

ちんごこっかのさんぶきょう〔鎮護国家の三部経〕→前項　→仏教常識〈経典の部〉三部経・同項

ちんじゅ〔鎮守〕　その土地を鎮め守る神。またはその社の称。また伽藍《がらん》神のこと。

ちんぜいは〔鎮西派〕　浄土宗*の一派。法然《ほうねん》*の弟子の弁長*を祖とする。弁長が鎮西（九州）の人で、教化《きょうけ》*を鎮西に布いたことから鎮西派という。その門下に六つの流派を出した。→じょうどしゅう（浄土宗）

ちんぞう〔頂相〕　もとは、如来《にょらい》*の頭頂部をさしたが、後に禅宗*においては、もっぱら祖師*の肖像画をさし、多くは半身像である。

釈迦三尊の種子

釈迦如来
文殊菩薩
普賢菩薩

〈ツ〉

ついぜん〔追善〕　追福、追修《ついしゅ》、追厳《ついごん》（天子のために行うときにいう）ともいう。死者の冥福《めいふく》*（死後の幸福）を祈り、善事を行うこと。また、死者の冥福を祈って、その忌日《きにち》*などに仏事*を営むこと。

ついぜんえこう〔追善回向〕→仏教常識〈仏事の部〉同項

ついぜんくよう〔追善供養〕　死者の冥福《めいふく》*のために善事を修し、その功徳《くどく》*を死者に供養*すること。

ついちょう〔追弔〕　死者を弔うこと。そのための仏事*を追弔会《え》という。

ついな〔追儺〕　鬼払い、鬼やらい。もとは大晦日《おおみそか》に行われた朝廷の年中行事。現在の節分の豆まきはこの遺風である。

つう〔通〕　自由自在にして、さわりのないこと。また、通力のこと。→つうりき（通力）

つうぎょう〔通教〕　天台の化法《けほう》*四教（蔵教・通教・別教・円教）の第二。通とは通同、通入、共通の意。声聞乗《しょうもんじょう》・

縁覚《えんがく》乗・菩薩《ぼさつ》乗の三乗*が共通して受ける大乗仏教*の初門の教えで、利根《りこん》*（能力がすぐれていること）、鈍《どん》根*（能力が劣っていること）に従って低くも高くも解釈される教え。機根《きこん》*（能力）によって蔵教*にも、別教*・円教*の二教にも通じることから通教という。

つうぶっきょう〔通仏教〕　一宗一派に偏らない仏教全般にわたる教義をいう。

つうべつにじょ〔通別二序〕　経*の序分*を証信序（当の経文《もん》が信じるべきものであり、後の衆生《しゅじょう》*に信*を起こさせるものであることを証明する部分をさす。「如是我聞《にょぜがもん》*一時仏在」など）と発起《ほっき》序（当の経の説法*が行われた動機・因縁*を説く部分）に分けたものをいう。証信序は諸経に通じ共通であるので通序といい、発起序はその一経にかぎることから別序とする。

つうりき〔通力〕　すべてのことに通達して自由自在なる神力《じんりき》*をいう。また神通《じんずう》力ともいう。→じんずう（神通）

ツォンカパ〔宗喀巴、Tson kha pa〕（一三五七―一四一九）チベット仏教の改革者、ラマ教*黄帽派（黄教《こうきょう》*）の開祖。法名ロプサンタクパ（Blo bzan grags pa）。チベット東北部のツォンカに生まれ、七歳で出家*、十六歳頃、中央チベットに出てサキャ・ナルタン等の学問寺で学ぶが三十六歳の時、僧侶*の堕落の改新をめざして厳格な戒律仏教を説きガンデン派（後のゲルク派）を創始した。従来の紅衣派（紅教《こうきょう》*）と区別するため黄色の衣*（帽）を着たのでこの名がある。ラサ郊外にガンデン（甘丹《かんたん》）寺を建立*しその清浄《しょうじょう》*な修行*と徳行をチベット全域に広め、信者は彼を阿弥陀《あみだ》仏*、または文殊《もんじゅ》*、または大黒天*の化身《けしん》*と尊敬した。これは後世に活仏《かつぶつ》ダライ・ラマ*の源流となる。主著に『菩提道《ぼだいどう》次第論』『秘密道次第論』等があり、インド仏教*からチベット仏教への展開を示す重要な資料である。

つじせっぽう〔辻説法〕　路傍に立って道行く人に説法*すること。日蓮*の辻説法が有名。

つぼさかでら〔壺坂寺〕　→みなみほっけじ（南法華寺）

つや〔通夜〕　寺*などにこもって終夜祈願*をこらすこと。また死者を弔う前夜に、親類縁者が故人の遺体を終夜守ること。→仏教常識〈仏事の部〉同項

つやぶるまい〔通夜振舞〕　→仏教常識〈仏事の部〉同項

つるぎのやま〔剣の山〕　剣が植えてあるという山。地獄*にあって、獄卒《ごくそつ》*が亡者をこの山に追いあげるという。→口絵図版〈十界図〉

つるのはやし〔鶴の林〕　→かくりん（鶴林）

〈て　テ〉

ていごく〔貞極〕（一六七七—一七五六）浄土宗*鎮西《ちんぜい》派*の学僧。一蓮社立誉《りゅうよ》と号す。京都の人。八歳で出家*の志をもったがかなわず、二十七歳で出家。山城（京都）岡崎の広誉《こうよ》、江戸（東京）伝通院《でんずういん》*の了因《りょういん》に師事し、三河島（同）の通信庵《つうしんあん》、根岸の四休庵《しきゅうあん》にあって教化《きょうけ》*を布いた。宝暦六年寂す。著作およそ八十余部・百五十余巻がある。

ていしょう〔提唱〕　提綱《ていこう》ともいう。提起唱導の意で、禅宗*において仏法*の宗旨*の大要を取りあげて聴衆に提示し、その意味を説き明かすこと。→仏教常識〈日常語〉同項

ていぜい〔提撕〕　後進を教え導くこと。

ていはつ〔剃髪〕　落飾《らくしょく》ともいう。僧*となるとき、頭を剃ること。世間*の虚飾をさけ、また外道《げどう》*（外教者）と区別するためであるという。

てつぎゅう〔鉄牛〕　→どうき（道機）

てつげん〔鉄眼〕　→どうこう（道光）

てっちせん〔鉄囲山〕　（梵）Cakra-vāḍa の訳。斫迦羅輪《しゃからりん》山《せん》と音訳す。鉄輪《てつりん》囲山《ちせん》、金剛囲山《ちせん》ともいう。須弥山《しゅみせん》を中心とする九山八海《くせんはっかい》*の最も外側を囲む山で、鉄で成り立っているといわれている。→しゅみせん（須弥山）→185頁図版〈須弥山図〉

てっぱつ〔鉄鉢〕　→はち（鉢）

てら〔寺〕　仏像*を安置し、僧尼《そうに》*が居住して仏道*を修し、あるいは教法を説くところ。寺院*、精舎《しょうじゃ》*、伽藍《がらん》*もまた同じ。→仏教常識〈寺院の部〉同項

てらいはい〔寺位牌〕　→仏教常識〈仏事の部〉同項

てらうけじょうもん〔寺請け証文〕　宗旨手形《てがた》、寺手形《てらてがた》などともいう。江戸時代に、庶民がその寺*の檀家*であることを証明するために出した手形。

てらおとこ〔寺男〕　寺院*に住み込んで、寺*の雑務に従事する男性。

てらざむらい〔寺侍〕　江戸時代に格式の高い門跡《もんぜき》寺院*などに仕えた武士で、寺*の事務や警護にあたった。

てん〔天〕　デーヴァ。（梵）deva の訳、神の意。提婆《だいば》と音写する。六道*の一つ。三界《さんがい》*（欲界《よくかい》・色《しき》界・無色界）の諸天をいう。また天界、天道ともいう。→口絵図版〈六

道図〉

でんえ〔伝衣〕「でんね」ともいう。禅宗*で法*を伝えること。また、伝法*の証として伝える衣*のこと。

てんかい〔天海〕（一五三六?—一六四三）天台宗*の僧。初めの名は随風、南光坊と号する。会津（福島県）の人。比叡山*の豪盛《ごうじょう》に恵心《えしん》流の秘奥を授かる。徳川家康に崇敬を受け、慶長十八年（一六一三）日光山*を賜る。後、秀忠をたすけて内外の機務に参与し、大僧正《だいそうじょう》*に登り、寛永元年（一六二四）東叡山《とうえいざん》寛永寺*の開山*となった。寛永年中、大蔵経《だいぞうきょう》*（天海版）を刊行。寛永二十年寂す。慈眼《じげん》大師と勅諡《ちょくし》された。

てんがい〔天界〕天、天道*、天上界ともいう。→てん（天）→口絵図版〈六道図〉

てんがい〔天蓋〕インドで説法*の時強い日差しを避けるための傘で、先の曲った長い柄に、布を張って作った蓋《ふた》をつるしたものが起源。仏像*の荘厳《しょうごん》*具となり、宝網・宝珠《ほうじゅ》*・瓔珞《ようらく》*・幡《ばん》などで飾り、方形・六角・八角・円形などがある。また虚無僧《こむそう》*のかぶる笠をもいう。→仏教常識〈法具の部〉同項

てんぎょう〔転経〕「てんぎん」ともいう。転読*に同じ。経巻《きょうかん》の初、中、後の数行だけを読んで、その他はただ紙を繰って読誦《どくじゅ》に擬すること。

でんぎょうだいし〔伝教大師〕→さいちょう（最澄）

てんぐ〔天狗〕修験道《しゅげんどう》*と関係が深く、民間信仰から起ったもの。古くより諸説があり、仏法*守護の八部衆*の一つである迦楼羅《かるら》*の変形ともいうが、典拠不明。現在では深山に住む想像上の怪物をいい、人の形をして、赤ら顔で鼻が高く翼を持ち、常に羽団扇《はうちわ》を持って飛行自在であるとされる。俗に、高慢なことを「天狗になる」という。

てんげんつう〔天眼通〕六神通《じんずう》*の一つ。自由自在に六道*の衆生《しゅじょう》*の生死《しょうじ》*苦楽のさまを知り、また、一切世間*の遠近、大小の事相*を透視することのできる通力《つうりき》*をいう。

てんじき〔転識〕①『成唯識論《じょうゆいしきろん》*』の説く八識《はっしき》*のうち、前七識（眼識《げんしき》*・耳《に》識・鼻《び》識・舌《ぜっ》識・身《しん》識・意《い》*識・末那《まな》*識）のこと。この七識は根本の識*である第八の阿頼耶識《あらやしき》*より転変し現出した識であることからこの名がある。②修行*によって妄識を転じて真智を得ること（転識得《てんじきとく》智《ち》）。前五識を転じて成所作智《じょうしょさち》*を、第六識を転じて妙観《みょうかん》察智《ざっち》*を、第七識を転じて平等性智《びょうどうしょうち》*を、第八識を転じて大円鏡智《だいえんきょうち》*を得る。

てんしょう〔転生〕車輪が回転するように、衆生《しゅじょう》*が三《さん》

界《がい》*六道*の中に生死《しょうじ》*を繰り返すこと。また一度死んだものが、他の立場に変転して再び誕生すること。↓りんね（輪廻）

てんじょうてんげゆいがどくそん〔天上天下唯我独尊〕 釈尊*が誕生した時、ただちに四方に七歩ずつ歩き、右手で天を、左手で地を指して唱えたとされる誕生偈《げ》*。宇宙の中で我より尊いものはないという意味であるが、成仏《じょうぶつ》*と救済の決意を示した言葉と理解されてきた。後に、唯我独尊は、一人よがりの意味で用いられるようにもなった。↓たんじょうぶつ（誕生仏）

てんじん〔天親〕 ↓せしん（世親）

てんじん〔点心〕 定まった食事の間に物を食べること。一般に間食のことをいうが、昼食をさすこともある。

てんじんちぎ〔天神地祇〕 天の神（梵天《ぼんてん》*・帝釈天《たいしゃくてん》*など）と地の神（堅牢《けんろう》地神・八大竜王など）。あまつ神とくにつ神。↓じんぎ（神祇）

てんしんどくろう〔天真独朗〕 伝教《でんぎょう》大師最澄《さいちょう》*が入唐《にっとう》して、道邃《どうずい》から観心《かんじん》*（心の本性を観察《かんざつ》*すること）の口訣《くけつ》*（師から弟子へひそかに伝える奥義）としてうけたという語。天真とは、衆生《しゅじょう》*の身心《しんじん》の本体は本来、生滅を超えた真実のあらわれであるという意味。独朗とは、この天真の境界《きょうがい》*に悟入《ごにゅう》すれば生死《しょうじ》*涅槃《ねはん》*の区別なく、一切が朗月（あかるく照る月）のように明らかとなり、衆生の身心がそのまま仏身《ぶっしん》*となるという意味。

でんす〔殿司〕 知殿《ちでん》、殿主《でんす》ともいう。禅寺で仏殿の事を司る役僧をいう。また、殿司のいるところをいう。

でんずういん〔伝通院〕 「でんずいん」ともいう。浄土宗*。関東十八檀林*の一つ。東京都文京区小石川にあり、無量山寿経寺という。本尊*は阿弥陀如来《あみだにょらい》。応永二十二年（一四一五）了誉の開基*。慶長七年（一六〇二）徳川家康の母・伝通院の遺骸をこの寺に葬り、寺号を改めて、伝通院と称する。徳川家代々の厚い外護により栄えた。

てんぞ〔典座〕 禅寺で、寺*の財政運営をはじめ、僧*の牀《じょう》座《ざ》、臥具《がぐ》、飲食《おんじき》等を司る役僧のこと。

てんだいさん〔天台山〕 中国浙江《せっこう》省台州府天台県の北部にある山。天台宗*の根本道場で、天台大師智顗《ちぎ》*が開いた。隋の煬帝《ようだい》が大師のために建立*した国清寺*などがある。

てんだいしきょうぎ〔天台四教儀〕 一巻。高麗《こうらい》の諦観《たいかん》著。天台智者大師智顗《ちぎ》*の四教義*を抄録したもの。天台宗*の教理*の大綱が説かれている。趙宋《ちょうそう》天台再興に寄与

した。(大)46・No.1931

てんだいしきょうぎしゅっちゅう〔天台四教儀集註〕 三巻。蒙潤《むにん》の著。諦観《たいかん》の天台四教儀*に注解をほどこしたもの。天台学初歩の指南書。

てんだいしゅう〔天台宗〕 天台法華円頓宗《ほっけえんどん》ともいう。北斉の慧文《えもん》がおこし、南岳《なんがく》*の慧思《えし》*が修正したものを、天台大師智顗《ちぎ》*が受けて『法華玄義《げんぎ》*』『法華文句《もんぐ》*』『摩訶止観《まかしかん》*』の三大部*を著わし、一宗を大成させたもの。智顗が天台山*に住したことからこの名がある。わが国へは、天平勝宝六年（七五四）唐僧の鑑真《かんじん》*が伝えたが、後に、延暦二十三年（八〇四）伝教《でんぎょう》大師最澄《さいちょう》*が入唐《にっとう》して、道邃《どうずい》、行満《ぎょうまん》の二人の師に法*をうけて翌年帰朝、比叡山*に入ってこの宗を弘める。その後、慈覚大師円仁《えんにん》*、智証大師円珍《えんちん》*の二師が入唐して宗風をあげ、山寺二門《さんじにもん》*（山門派・寺門派）の分流を見たが、よく歴代天皇の帰依《きえ》*をうけ、真言宗*とともに平安仏教の中心となった。なお、日本天台宗は中国天台宗と異なり、中国天台の上に、さらに密教*、禅宗*および菩薩戒《ぼさつ》*を加えて日本化したものであり、日本仏教の淵源は実にここに存したといわれる。→仏教常識〈宗派の部〉中国仏教、日本仏教

てんだいだいし〔天台大師〕 →ちぎ（智顗）

てんとう〔点頭〕 →仏教常識〈日常語〉同項

でんとう〔伝灯〕 法灯を伝えるという意味で、法脈を受け伝えることをいう。

てんどう〔天道〕 六道*の一つ。天に同じ。欲界《よくかい》*、色《しき》界*、無色界*の三界《さんがい》*の諸天をいう。→てん（天）

てんどう〔顛倒〕 迷うこと、乱れること、常規を失すること。→仏教常識〈日常語〉同項

でんどう〔伝道〕 弘法《ぐほう》に同じ。みちを伝えひろめること。

てんどく〔転読〕 真読*の対語。→てんぎょう*（転経）

てんにつう〔天耳通〕 六神通の一つ。自在に一切の言葉、音声を聞くことのできる神通力*。→ろくじんずう（六神通）

てんばく〔纏縛〕 からみしばること。まといくること。煩悩《ぼんのう》*のことをいう。

でんぽう〔伝法〕 法*を授け伝えること。

でんぽういん〔伝法院〕 →せんそうじ（浅草寺）→ねごろじ（根来寺）

でんぽうはっそ〔伝法八祖〕 伝持《でんじ》八祖ともいう。真言宗*の秘密の教えを伝持する八人の祖師*をさす。竜猛《りゅうみょう》*・竜智・金剛智*・善無畏《ぜんむい》*・不空《ふくう》*・一行《いちぎょう》・恵果《えか》*・空海*をい

う。付法の八祖の対。↓ふほうはっそ（付法八祖）

てんぼうりん〔転法輪〕 須弥山《しゅみせん》*を中心とする仏教世界の大王、転輪聖王《てんりんじょうおう》*の輪宝《りんぼう》*が、行く先々の一切の障害物を破壊し、道路を切り開くように、仏*が説法*して衆生《しゅじょう》*の邪見*を破りさとり*へと導くことをいう。

てんま〔天魔〕 十魔、四魔《しま》*の一つ。詳しくは天子魔といい、魔天、魔王ともいう。欲界《よくかい》*第六天（他化《たけ》自在天*）の主のこと。名をパーピーヤス（波旬《はじゅん》*）といい、人の修行*するのを見て魔軍を起こし、人を欲楽の道に誘い、驕慢《きょうまん》*（おごり高ぶること）・放逸《ほういつ》*（なまけること）の心を起こさせたりして、仏道*修行を妨げることから、天魔と称する。

てんめいかいご〔転迷開悟〕 迷いを転じて、さとり*を開くこと。三界《さんがい》*（欲界《よくかい》・色《しき》界・無色界）に生死《しょうじ》*する煩悩《ぼんのう》*を脱して、涅槃《ねはん》*寂静《じゃくじょう》*の菩提《ぼだい》*（さとり）を得ること。

てんりゅうじ〔天竜寺〕 臨済《りんざい》*宗天竜寺派*本山。京都の五《ご》山《ざん》*の一つ。京都市右京区嵯峨町にあり、霊亀山天竜資聖禅寺と称す。暦応二年（一三三九）足利尊氏が後醍醐天皇の追福《ついふく》*のために建立*し、夢窓疎石《むそうそせき》*禅師を開山*とする。本尊*は釈迦如来《しゃかにょらい》。

てんりゅうじは〔天竜寺派〕 臨済《りんざい》宗十四派*の一つ。夢窓《むそう》疎石《そせき》*禅師を派祖とする。↓前項

てんりんじょうおう〔転輪聖王〕 （梵）cakravartirāja の訳。斫迦羅伐辣底遏羅闍《しゃからばつらていかつらじゃ》と音写。転輪王、略して輪王ともいう。仏教的宇宙観の中心をなす須弥山《しゅみせん》*の四州《ししゅう》*（世界）を統領する王で、三十二相*（偉人のそなえるすぐれた身体的特徴）を備え、輪宝《りんぼう》*を転じて一切を威服させるという。

金剛界・胎蔵(界)大日三尊の種子

金剛界三尊の種子

大日如来
転法輪金剛薩埵
教令輪降三世明王

胎蔵三尊の種子

大日如来
転法輪般若菩薩
教令輪不動明王

《と　ト》

ど〔度〕 ①わたる、わたす（済度《さいど》*）の意。迷いの世界から*さとりの世界に渡ること。また、迷える衆生《しゅじょう》*をさとりに導くことを度《ど》するという。②パーラミター。（梵）pārmitā の訳。波羅蜜多《はらみった》と音写し、到彼岸《とうひがん》と訳す。仏*の境地に至る菩薩《ぼさつ》*修行*の総称をいう。五度《ごど》（布施《ふせ》*・持戒《じかい》*・忍辱《にんにく》*・精進《しょうじん》*・禅定《ぜんじょう》*）、六度*（五度と智慧*）、十度（六度と方便*・願*・力《りき》・智*）に分類される。↓はらみつ（波羅蜜）③転じて、出家*すること、僧*となること。↓とくど（得度）

といきり〔訪切〕 ↓仏教常識〈仏事の部〉同項

とう〔塔〕 （梵）stūpa 卒塔婆《そとば》*、塔婆《とうば》*、兜婆《とうば》などと音写。廟《びょう》、方墳、大聚《だいじゅ》、聚相、高顕と訳す。舎利《しゃり》*を納めるため、供養《くよう》*のため、報恩のため、霊域をあらわす等のために建てたもの。層塔（三重・五重・七重など）の数は多宝塔《たほうとう》*（二重）を除き必ず奇数である。釈尊*を祀るため古代インドで造られた塔は伏鉢《ふくばち》型の円墳の上に平頭・傘蓋《さんがい》をたてたもの。仏教が中国へ伝来されるとともに、この塔が相輪《そうりん》*となり、建物としての塔の上に立てられるようになった。↓仏教常識〈寺院の部〉同項

どう〔堂〕 神仏をまつってある建物。

どう〔道〕 道には通入、輪転《りんでん》、軌路《きろ》等の意味がある。三悪道*、三善道、五道、六道*等は輪転（輪のようにまわる）の意味で、業因《ごういん》*により五道・六道等の果報*を受け、次第にめぐり行き転輪《てんりん》（輪廻《りんね》*）することから道といい、惑《わく》*（煩悩《ぼんのう》*）・業《ごう》*・苦《く》*の三道*もまた因果*相続して絶えず転輪するので道という。人《にん》道、仏道*等は軌路（踏むべき路）の意。正《しょう》道、邪道*等は通入の意で、ある結果に到達すべき通路をいう。また、教えのことをいう場合もある。

どう〔幢〕 はた、はたぼこ。旗の一種で、仏《ぶつ》*・菩薩《ぼさつ》*の荘《しょう》厳《ごん》*の仏具*である。竿頭に竜頭《りゅうず》*の形をつけ、たれぎぬをつるしたもの。幡《ばん》（のぼり）と合わせて幢幡《どうばん》という。

どうあん〔道安〕 （三一二—三八五）中国の初期仏教確立者の一人。常山扶柳《ふりゅう》（河北省）の人。姓は衛氏。十二歳で出家*。容貌が醜く苦役すること三年、後に仏《ぶっ》図《と》澄《ちょう》*に師事。師の入寂《にゅうじゃく》*後、後趙《ごちょう》の内乱を避けて、教団を率いて南下し、襄陽《じょうよう》の檀渓《だんけい》寺に住む。後に前秦《ぜんしん》王の

苻堅《ふけん》に迎えられて長安に入り、五重寺に住んで仏典*の研究や講経に尽力する。衆徒《しゅと》*数千という。前秦の建元二十一年寂す。左手に肉の隆起があり、印《いん》*のようであったことから印手菩薩《いんしゅぼさつ》という。著作には『綜理衆経《そうりしゅきょう》目録』他、多数の経序《きょうじょ》類があったことが、『出《しゅっ》三蔵記集』に記載されている。

とうあんご〔冬安居〕　夏《げ》安居*のように、僧侶*が十月十六日から翌年の正月十五日まで、一カ所にこもって坐禅*を中心とした修行*に励むこと。

どういつ〔道一〕　（七〇九―七八八）禅僧。漢州（四川《しせん》省）の人。姓は馬氏。一般に馬祖《ばそ》と呼ばれる。洪州（江西《こうせい》省南昌市）の開元寺*に住む。南岳《なんがく》*懐譲《えじょう》から法*をつぎ、その宗風を起こす。大寂《だいじゃく》禅師と諡《おくりな》す。

とうえいざん〔東叡山〕↓かんえいじ（寛永寺）

とうかいじ〔東海寺〕　臨済《りんざい》*宗大徳寺派*。東京都品川区北品川。万松山と号す。寛永十五年（一六三八）徳川家光の開基*。沢庵《たくあん》*禅師を開山*とする。本尊*は釈迦如来《しゃかにょらい》。

とうがく〔等覚〕　仏*の異称。菩薩《ぼさつ》*修行*の五十二位*中の第五十一位。等正覚《とうしょうがく》*、金剛心*、一生補処《いっしょうふしょ》*、有上士《うじょうし》ともいう。菩薩の極位で、その智徳がほとんど仏の正覚《しょうがく》*（正しいさとり）に等しいという意味から等覚という。

どうかく〔道覚〕　（一六三〇―一七〇七）黄檗《おうばく》宗*の僧。字は了翁。出羽（山形県）の人。承応四年（一六五五）黄檗山で隠元《いんげん》*に師事し、霊薬の錦袋円《きんたいえん》を発明して売り、六年後、その利益で七千余函の書を求めて、江戸不忍池《しのばずのいけ》（東京・上野）の中に島を築き文庫を作った。次いで東叡山《とうえいざん》*に勧学寮を起こし、全国の諸大寺に二十四の大蔵経*と土蔵を寄付した。宝永四年寂す。

とうかつじごく〔等活地獄〕　八熱地獄*の第一。閻浮提《えんぶだい》*の下、一千由旬《ゆじゅん》*（一由旬は歩兵が一日で行軍する距離をいう）にあって、この中の罪人は互いに苦しめ合い、それを獄卒《ごくそつ》*が虐殺し、生き返るとまた再び苦しめ殺す。殺生《せっしょう》*罪を犯したものが堕ちる地獄*であるという。↓口絵図版〈十界図〉

とうき〔投機〕　機《き》*と機の投合すること。修行*者のとらわれのない心機*（心のはたらき）と、仏祖《ぶっそ》（釈尊*）の心機とが合して大悟《だいご》*徹底することをいう。↓仏教常識〈日常語〉同項

どうき〔道機〕　（一六二八―一七〇〇）黄檗《おうばく》宗*の僧。字は鉄牛、自牧子《じぼくし》と号す。石見《いわみ》（島根県）の人。明暦元年（一六五五）隠元《いんげん》*に師事し、後、向島《むこうじま》（東京都）に弘《こう》福《ふく》寺を創立し、また下総（千葉県）に新田八万石を開

拓した。元禄十三年寂す。大慈普応国師と勅諡《ちょくし》される。

どうきょう〔道教〕 仏教＊・儒《じゅ》教と並んで中国に行われる一宗教。老子を教祖とし、神仙思想を中核とする。長寿養生《ようじょう》の教えを説く。

どうきょう〔道鏡〕 （？—七七二） 法相《ほっそう》宗＊の僧。河内（大阪府）の人。天平宝字五年（七六一）孝謙上皇が近江（滋賀県）で病気を患ったとき召されて祈祷＊し効験があった。爾来、宮中内の道場＊に進出した。同八年（七六四）大臣禅師に叙せられ、天平神護元年（七六五）太政《だいじょう》大臣禅師となり、翌年さらに法王＊となって権勢を振るったが、和気清麻呂らに妨げられ、宝亀元年（七七〇）下野（栃木県）薬師寺＊の別当＊に左遷された。同三年同所に寂す。

どうぎょう〔同行〕 同じ仏祖《ぶっそ》（釈尊＊）の道を求める修行＊者をいう。

どうぎょうににん〔同行二人〕 四国八十八箇所＊遍路《へんろ》＊で強調される考え方で、一人で遍路（観音＊霊場の巡拝）していても、いつも弘法大師＊はその人と一緒に仏道＊修行＊の遍路をしているという意味。弘法大師と同じ時空にいて、自らも大師と同じ遍路修行をしているという信仰＊による言葉。

どうぐ〔道具〕 身をたすけて仏道＊の修行＊をすすめる物具のこと。転じて、一般世間では器物をいう。↓仏教常識〈日常語〉同項

どうげん〔道元〕 （一二〇〇—五三） 曹洞《そうとう》宗＊の開祖。諱《いみな》は希玄、仏法房と称する。久我通親《こがみちちか》（一説に、その子通《みち》具《とも》）の子。十三歳で比叡山＊で剃髪《ていはつ》＊修行＊、後に建仁寺《けんにんじ》＊に入り、禅宗＊に帰依《きえ》＊。貞応二年（一二二三）宋に入り、如浄《にょじょう》＊に従って曹洞禅をうけて、安貞元年（一二二七）帰朝。建仁寺に寓し、天福元年（一二三三）京都深草に興聖寺《こうしょうじ》＊を創建し移住する。寛元二年（一二四四）波多野義重が大仏寺（のち永平寺＊と改める）を越前（福井県）志比に創立して、師に要請して開山＊とする。貴族・権勢に近づくことを避け坐禅＊を重んじた。建長五年（一二五三）病のため京都で療養したが、四月二十五日寂す。孝明天皇より仏性伝東《ぶっしょうでんとう》国師の号を賜わり、明治十二年、承陽《じょうよう》大師＊と加諡《かし》される。著書に『正法眼蔵《しょうぼうげんぞう》＊』『永平広録《こうろく》＊』『永平清規《しんぎ》＊』『学道用心集』『典座《てんぞ》教訓』等がある。

どうこう〔道光〕 （一六三〇—八二） 黄檗《おうばく》宗＊の僧。字は鉄眼《てつげん》、肥後（熊本県）の人。十三歳で出家＊、後に隠元《いんげん》＊のもとに赴き、その弟子木庵《もくあん》＊の弟子となる。大蔵経＊（万

暦版の復刻であり、黄檗版*ともいう）開刻の大志を発《ほっ》心《しん》*して、諸方に資金を募り、京都に印房をおいて木版工を集め、宇治黄檗山に宝蔵院を建てて木版の貯蔵所とした。寛文十年（一六七〇）大阪瑞竜寺《ずいりゅうじ》の中興開山*となり、延宝二年（一六七四）病の父を肥後に見舞い、没後そこに三宝寺を開創。同六年、開刻の功を奏する。また、天和二年（一六八二）近畿地方の荒災を救う。同年寂す。宝蔵《ほうぞう》国師と諡《おくりな》される。

とうざん〔洞山〕→りょうかい（良价）

とうじ〔東寺〕　東寺真言宗総本山*。京都市南区九条町。正式には金光明四天王教王護国寺《こんこうみょうしてんのうきょうおうごこくじ》秘密伝法院《ひみつでんぽういん》と称する。延暦十五年（七九六）大納言藤原伊勢人に勅し、都の南端、羅城門の東側に造らせた。そのため通称を東寺という。西側の西寺《さいじ》*（廃寺）とともに平安京鎮護の大寺院であった。弘仁十四年（八二三）弘法大師空海*に賜り、それより真言宗*の根本道場となった。たびたび焼失。延徳三年（一四九一）再建し、今日に至る。本尊*は薬師如来《やくしにょらい》。

とうじ〔等至〕　（梵）samāpatti の訳。三摩鉢底《さんまぱってい》と音写。定《じょう》*（心の散乱しない状態）の七つの名称の一つ。身心《しんじん》を平等で安らかな状態に至らしめるという意味。定を修すれば正しく平等*（平等心＝心が対立、相剋しないこと）の境地に至ることから等至という。

とうじ〔等持〕　（梵）samādhi の訳。三昧《さんまい》*・三摩地《さんまじ》と音写。定《じょう》*（心の散乱しない状態）の七つの名称の一つ。瞑想が深まると、心が一境に安立《あんりゅう》*して動ぜず、平等*（平等心）を維持することからこの名がある。

どうし〔導師〕　（梵）nāyaka の訳。人を導いて仏道*に誘引する師という意味。法会《ほうえ》*の時にその中心となる僧*。また葬式*で引導《いんどう》*をする僧。

どうしゃく〔道綽〕　（五六二—六四五）中国唐代初期の浄土教*の祖師*、浄土五祖*の第二。姓は衛氏。十四歳で出家*し、もっぱら『涅槃経《ねはんぎょう》*』を講じた。汶水《ぶんすい》石壁（山西省）の玄中寺に曇鸞《どんらん》*の碑文を見て感得するところがあり、浄土門*に帰依《きえ》*した。時に四十八歳。爾来、称名《しょうみょう》*を日に七万遍、『観無量寿経*』を講ずること二百遍に及んだという。称えた念仏*の数を小豆《あずき》で数える小豆念仏など庶民教化《きょうけ》*に多大な力量を発揮した。貞寛十九年、玄中寺に寂す。『安楽集*』二巻はその遺著である。

どうしょう〔道昭〕　（六二九—七〇〇）法相《ほっそう》宗*の僧。河内（大阪府）の人。白雉四年（六五三）入唐《にっとう》して、慈恩寺*の玄奘《げんじょう》*に師事し、また慈恩大師窺基《きき》*と親交を結ぶ。在唐八年。帰朝後、斉明天皇六年（六六〇）元興《がんこう》寺《じ》*の西南隅に禅院をたてて法相宗を弘伝《ぐでん》する。これがわが国の法相宗の初めである。文武天皇二年（六九八）大僧都《だいそうず》*となり、同四年寂す。遺言により火葬*。わが国における火葬の最初と伝える。

どうじょう〔道場〕 ①（梵）bodhi-maṇḍa の訳。菩提《ぼだい》*道場の略で、釈尊*がさとり*を開いた場所。②仏法*を説き、または仏道*を行《ぎょう》ずる場所。③祈祷*修法《しゅほう》*をするところ。
→仏教常識〈寺院の部〉〈日常語〉同項

とうしょうがく〔等正覚〕 仏*の十号*の一つ。三藐三仏陀《さんみゃくさんぶつだ》*の意訳で、正偏《しょうへん》（遍）知《ち》*ともいう。如来《にょらい》*は一切に平等*に当てはまる正しい理法（もののありよう）を覚知することから等正覚という。また、等覚《とうがく》*の菩薩《ぼさつ》*のこともいう。

とうじょうけんご〔闘諍堅固〕 五五百歳の第五。仏滅後*第五の五百年は、末法《まっぽう》*に入って、諸々の比丘《びく》*は戒*を持たず、わが法*が勝れ他の法は劣るといい、互いに論争して自宗を護持《ごじ》*することから闘諍堅固という。→ごごひゃくさい（五五百歳）

どうじょうじ〔道成寺〕 天台宗*。和歌山県日高郡川辺町にあり、天音山千手院《てんのんざんせんじゅいん》と号する。本尊*は千手観音。安《あん》珍清姫《ちんきよひめ》の物語によって名高い。

とうしょうだいじ〔唐招提寺〕 律宗*総本山。奈良市五条町。招提寺ともいう。聖武《しょうむ》天皇*が戒師《かいし》をわが国に招請したことに応じ、天平宝字三年（七五九）鑑真《がんじん》*が来日して草創*。孝謙天皇の勅願を受け、講堂*は平城宮朝集殿を移し、藤原清河らが堂舎を施入。五重の塔*は弘仁元年（八一〇）建立*。平安時代には律学の不振により衰えたが、後に中川実範《じっぱん》、解脱《げだつ》上人貞慶《じょうけい》*、中興の祖の大悲菩薩覚盛《だいひぼさつかくじょう》らによって再興された。日本最初の戒場と称されて、戒律*中心の寺であった。本尊*は盧遮那仏《るしゃなぶつ》。

どうしん〔道心〕 正しい道を求めて仏道*を修めようとする心、菩提心《ぼだいしん》*に同じ。また、十三歳あるいは十五歳以上で仏道にはいった人のこと。

どうせん〔道宣〕 （五九六―六六七） 南山律宗の祖。姓は銭氏、十六歳で出家*、智首《ちしゅ》に従い律《りつ》*を学ぶ。終南山《しゅうなんざん》（陝西《せんせい》省西安市南郊）に住したので南山律師という。貞観十九年（六四五）玄奘《げんじょう》*が西域《さいいき》*より帰来すると、訳経（経典類*の翻訳）場に参加し影響を受けた。四分律《しぶんりつ》*を唱道して南山律宗を興した。唐の乾封二年寂す。『行事鈔』『戒疏《かいしょ》』『業《ごう》疏』『続高僧伝*』『大唐内典録*』等の著作がある。梁の僧祐律師の再来を自認し、史学者・

文献学者としても有名。

どうぞく〔道俗〕 道は出家*、俗は在家*。僧侶*と俗人のこと。

どうたい〔道諦〕 四諦の一つ。八正道《はっしょうどう》*その他、さとり*の因*となる修行*、またその結果とその悟境（さとりの境地）をもいう。→したい（四諦）

とうだいじ〔東大寺〕 華厳《けごん》宗*総本山。大華厳寺と称す。奈良市雑司町にあり、本尊*の盧遮那仏《るしゃなぶつ》は古くは五丈三尺五寸（実測によれば十四・八五メートル）といわれた金銅《こんどう》仏で、一般に奈良の大仏*という。天平年中（七二九―七四九）聖武《しょうむ》天皇*の勅建になり、開基*は良弁《ろうべん》*、勧進《かんじん》*は行基《ぎょうき》*、落慶導師は菩提僊那《ぼだいせんな》*であることから四聖《ししょう》建立の伽藍《がらん》*と称す。全国の国分寺*の総本山*として、金《こん》光明四天王護国寺《こうみょうしてんのうごこくじ》ともいう。現在の仏殿は、元禄五年（一六九二）公慶《こうけい》*が再建したもの。明治年間に修理、昭和五十年（一九七五）大屋根が修理された。昭和五十五年（一九八〇）大仏殿昭和大修理落慶供養《くよう》が行われ、平成五年（一九九三）南大門仁王像吽形《におうぞううんぎょう》につづき、阿形《あぎょう》の修理が完成した。国宝多数。

とうどう〔東堂〕 禅寺で前の住持《じゅうじ》*（住職）のいるところをいう。東庵ともいう。また現在では東堂という一職位もある。

とうば〔塔婆〕 →とう（塔）→仏教常識〈仏事の部〉同項

とうばくよう〔塔婆供養〕 →仏教常識〈仏事の部〉同項

とうふくじ〔東福寺〕 臨済《りんざい》宗*東福寺派大本山*。京都の五山*の一つ。京都市東山区本町にあり、慧日《えにち》山と号する。本尊*は釈迦如来《しゃかにょらい》。嘉禎二年（一二三六）九条道家の創立、聖一《しょういち》国師弁円《べんねん》*を開基*とする大寺院。

とうふくじは〔東福寺派〕 臨済《りんざい》宗十四派*の一つ。弁円《べんねん》*を派祖とし、東福寺*を本山*とする。

とうぶん〔当分〕 天台宗*の用語。説教*の内容を解釈する方法で、跨節《かせつ》（『法華経《ほけきょう》*』を中心とする立場から、他の諸法を判断すること）の対語。三乗教*のそれぞれの位置にとどまって、その教旨を解釈すること。→仏教常識〈日常語〉同項

どうほん〔道品〕 道分《どうぶん》、菩提《ぼだい》分法ともいう。正《しょう》道の品類《ほんるい》（区分）で、涅槃《ねはん》*に至る修行法に三十七種があり、三十七道品*ともいう。また、三十七覚支《かくし》ともいう。

とうみつ〔東密〕 真言宗*のこと。台密《たいみつ》*（天台密教）の対語。弘法大師空海*の伝えた密教*で、東寺《とうじ》*中心に起こったのでこのようにいう。

とうみつじゅうにりゅう〔東密十二流〕 東密*の二大系統

である小野《おの》流・広沢《ひろさわ》流*から分流したものの総称。根本十二流、野沢《やたく》十二流*ともいう。仁和御《にんなご》流、保寿院《ほじゅいん》流、西院《にしのいん》流、華蔵院《けぞういん》流、忍辱山《にんにくせん》流、伝法院《でんぼういん》流＝以上は広沢六流。勧修寺《かんじゅじ》*流、随心院《ずいしんいん》流、安祥寺《あんじょうじ》流、三宝院《さんぼういん》流、理性院《りしょういん》流、金剛王院《こんごうおういん》流＝以上は小野六流。

とうみょう〔灯明〕 神仏の前に奉る灯火。神仏の智慧*の明らかなことを象徴する。↓仏教常識〈行儀の部〉同項

どうみょうじ〔道明寺〕 真言宗*御室《おむろ》派の尼寺《にじ》。大阪府藤井寺市道明寺にある。推古天皇の時、土師連《はじむらじ》八島（菅原道真の祖）が、家を施入して寺とし、聖徳太子*より道明寺の号を賜わる。有名な道明寺糒《ほしい》はここから始まる。本尊*は十一面観音。

とうめい〔東明〕 （一二七二―一三四〇） 曹洞《そうとう》宗*の僧。中国明州（浙江《せっこう》省）の人。諱は慧日《えにち》。延慶年中（一三〇八―一〇） 来日して、鎌倉の諸大寺に歴住した。その法流を東明派*という。

とうめいは〔東明派〕 日本禅宗の二十四流*の一派。東明*慧日《えにち》の伝えた禅流。↓前項

とうよう〔等楊〕 ↓せっしゅう（雪舟）

とうりてん〔忉利天〕 （梵）Trāyastriṃśa の音写で、三十三天と訳す。六欲天*の第二。須弥山《しゅみせん》の頂《いただき》、閻浮提《えんぶだい》*（この地上世界）の上、八万由旬《ゆじゅん》*（一由旬は歩兵が一日で行軍する距離をいう）のところにある。須弥山の頂上は四角形で、四隅の峰ごとにそれぞれ八天ずつあり、中央と合わせると計三十三になることから、この名がある。中央を善見城《ぜんけんじょう》といい、帝釈天《たいしゃくてん》*の居城である。ここに住む天人の寿命は、地上世界の百年を一日として一千年であるという。↓しゅみせん（須弥山） ↓185頁図版〈須弥山図〉

どうりゅう〔道隆〕 ↓らんけいどうりゅう（蘭溪道隆）

とうりょう〔東陵〕 中国元代の曹洞宗《そうとう》*の僧。明州（浙江《せっこう》省）の人。諱は永璵《えいよ》。天童山の雲外雲岫《うんしゅう》に師事して天寧寺に住す。観応二年（一三五一）来日して聖福《しょうふく》寺に入り、夢窓《むそう》*国師を天竜寺*に訪ね、のち南禅寺、*鎌倉の建長寺、*円覚《えんがく》*寺に歴住。貞治四年（一三六五）寂す。妙応光国慧海慈済《みょうおうこうこくえかいじさい》禅師と勅諡《ちょくし》する。

どうりょう〔道了〕 曹洞《そうとう》宗*の僧。相模（神奈川県）小田原に庵住し、怪力の持ち主で挙動は凡人と異なる。晩年に小天狗に化して、相模最乗寺の守護神となると伝えられる。応永年間（一三九四―一四二七） 妙覚道了《みょうかくどうりょう》和尚の追号を受けてから俗間で道了大薩埵《だいさった》と尊ばれ、

誠心講はその信者の団体である。

とうりょうは〔東陵派〕　日本禅宗の二十四流＊の一派。元の東陵＊慈済《じさい》禅師の伝えた禅＊の一派。

どうりん〔道林〕　↓ちょうかぜんじ（鳥窠禅師）

とうりんじ〔東林寺〕　中国廬山《ろざん》＊（江西省）。東晋の孝武帝太元六年（三八一）慧遠《えおん》＊がここに白蓮社《びゃくれんしゃ》＊を結び、爾来、浄土教＊の道場＊となった。

とうろうながし〔灯籠流し〕　↓仏教常識〈仏事の部〉同項

とかく〔兎角〕　ものの真にありえないことを兎の角にたとえていう言葉。一般には、ともすれば、何にせよの意味に用いられる。

とがのおしょうにん〔栂尾上人〕　↓みょうえ（明恵）

とき〔斎〕　斎食《さいじき》。不過中食のことで、正午前に分量を越えない食事をすること。以後（非時《ひじ》＊）は食事をしないことが戒律＊で定められている。転じて肉食《にくじき》しないことになり、仏事＊のときの食事をいう。↓さいじき（斎食）

どきょう〔読経〕　看経《かんぎん》（経＊の黙読）の対語。声を立てて経を読むこと。↓仏教常識〈行儀の部〉同項

ときん〔頭襟〕　頭巾、兜巾とも書く。修験者《しゅげんじゃ》＊のかぶる小さなずきん。十二因縁＊にかたどって十二のひだがあり、ひもで頭に結ぶ。

とくおうかんのん〔徳王観音〕　三十三観音＊の一つ。岩の上に座り、左手を膝にし、右手に緑葉の枝をもった形像をとる。

とくごう〔得業〕　仏道＊修行＊の所定の階梯を修了すること、およびその修了者。また、三大会《さんだいえ》＊の講師《こうじ》＊を勤めた僧＊の称号。国名もしくは房名を付して呼ぶのを通例とする。

とくさん〔徳山〕　↓せんかん（宣鑑）

とくしぶ〔犢子部〕　小乗二十部の一。（梵）Vātsīputrīya 跋私弗多羅部《ばっしふったらぶ》の訳。仏滅＊三百年頃、説一切有部《せついっさいうぶ》＊から分派したもの。↓しょうじょうにじゅうぶ（小乗二十部）

どくしょうどくしどっこどくらい〔独生独死独去独来〕　人間の生死《しょうじ》＊には、名利《みょうり》＊（名声と利益）も親戚・従者も伴わない。独り生まれ来て独り死に至ることをいう。『無量寿経＊』に説かれる文。

とくだつ〔得脱〕　解脱《げだつ》＊を得ること。迷いの世界を脱し、安心《あんじん》＊立命《りゅうみょう》（心が静まり他から動かされることがない）の心境に至ること。

とくど〔得度〕　度とは梵語《ぼんご》＊の波羅蜜《はらみつ》＊（pāramitā）の訳語で、迷いの世界からさとり＊（涅槃《ねはん》＊）の世界（彼岸《ひがん》＊）に渡ること。その波羅蜜を得るという意味。転じて、未

来*には必ず涅槃に渡れる、そのはじまりということから、僧*の入門を得度という。現在は、そのとき本山*から度牒《どちょう》*（出家許可証）をもらう。この式を得度式という。↓ど（度）

とくほん〔徳本〕（一七五八―一八一八）浄土宗*捨世派《しゃせいは》の僧。紀伊（和歌山県）の人。二十七歳で出家*、ただ念仏*して四方に彷徨し、世に徳本行者《ぎょうじゃ》と称して尊ばれた。文政元年寂す。

どしゃかじ〔土砂加持〕 密教*で光明真言《こうみょうしんごん》（大日如来《だいにちにょらい》*の真言*）一百八遍を称え加持*した土砂を死者に散ずれば、土砂の功徳《くどく》*にによ り遺体が柔軟になるとする。その後、死者の顔容・手（合掌*）等の形をととのえ、またその土砂を墓*に散じて罪を滅させるという。

とじゅん〔杜順〕（五五七―六四〇）中国（隋・唐代の）華厳《けごん》*宗の第一祖。雍《よう》州（陝西《せんせい》省）万年の人。終南山《しゅうなんざん》に住んで『五教止観《しかん》』『法界《ほっかい》観門』等を著わし、華厳宗の端緒を開いた。唐の太宗は深く杜順に帰依《きえ》*し、帝心尊者の号を賜わった。貞観十四年寂す。

としょのひつじ〔屠所の羊〕 人の肉身が一刻一刻と死に近づくことを、羊が屠所に引かれて行くのにたとえた言葉。『涅槃経《ねはんぎょう》*』に説かれる。

とそつてん〔兜率天〕 トゥシタ。（梵）Tusita の音写で、妙足《みょうそく》、上足、知足などと訳す。欲界《よくかい》*六天の第四で、将来に仏*となる菩薩《ぼさつ》*の住む所とされる。この天*の天人は一切に自ら満足することを知っていることからこの名がある。弥勒《みろく》*菩薩はここにあって説法*し、下生成仏《げしょうじょうぶつ》*の時を待っているという。

どだつ〔度脱〕 生死《しょうじ》*の海をわたり、迷い苦しみを脱して、さとり*の世界に入ること。↓ど（度）

とちょう〔斗帳〕 帳台の上または神仏の龕《がん》*などに垂れる小さなとばりのこと。

どちょう〔度牒〕 もとは僧尼《そうに》*の得度《とくど》のとき、朝廷から与えられた許可の証。現在では本山*から与えられる。↓とくど（得度）

とっこ〔独鈷〕 ↓こんごうしょ（金剛杵）

とばそうじょう〔鳥羽僧正〕 ↓かくゆう（覚猷）

どまんじゅう〔土饅頭〕 土を饅頭のように高く積み上げて墳墓としたものをいう。

とみながなかもと〔富永仲基〕（一七一五―四六）江戸中期の儒《じゅ》学者。通称は三郎兵衛、号は謙斎。大阪尼ヶ崎の人。『出定後語《しゅつじょうこうご》』を著わし、加上《かじょう》（もとのものにのちの考えが加わり、変化・展開すること）説にもとづく歴史観によって、大乗*非仏説（経典*は釈迦*の金口直説《こんくじきせつ》*ではなく、順次成立・発展したとする説）を説く。一般に排仏書とされるが、むしろ文献学的見地に立って、仏教史に向きあったものとして近年評価が高い。他に、『翁《おきな》の文《ふみ》』などを著わす。

とゆらでら〔豊浦寺〕 奈良県高市郡明日香《あすか》村豊浦。向原《むくはら》寺《でら》と称し、また、建興寺、小墾田《おはりだ》寺、桜井寺とも称された。欽明天皇十三年（五五二）百済《くだら》から仏像*、経*・論*を献じたとき、蘇我稲目はこれを受けて小墾田の家に安置し、後に向原の別邸を献じて寺とした。わが国最初の寺である。敏達天皇の時（五七二—五八五）向原寺の跡に豊浦堂を建てたのが、後の豊浦寺である。現在は向原寺《こうげんじ》（浄土真宗*本願寺派*）境内に塔*の心礎と堂跡だけが残っている。

どら〔銅鑼〕 からかねで造った楽器で、法会《ほうえ》*などに用いる。近頃では茶会の合図用にも使われる。↓仏教常識〈法具の部〉同項

とり〔止利（鳥）〕 わが国最初の仏師《ぶっし》*。七世紀の人。止利仏師と称せられ、姓は鞍作《くらつくり》、帰化人の司馬達等《しばたっと》*の孫。飛鳥時代の彫刻家として北魏《ほくぎ》様式をとり入れた。六〇六年、推古天皇の勅命により法興寺*に一丈六尺（約四・八五メートル）の仏像*を造る。法隆寺*金堂《こんどう》*の釈迦*三尊*の光背《こうはい》*に造像銘があることで有名。生没年不詳。

とりこしくよう〔取越し供養〕 ↓仏教常識〈仏事の部〉同項

とりべの〔鳥辺野〕 鳥辺山ともいう。京都鴨川の東、五条から南一帯の地（清水寺《きよみずでら》*、大谷廟《びょう》裏山の地）を鳥戸《とりべ》野または鳥部野と呼んで、古くから火葬場であった。藤原道長もここに荼毘《だび》*したと『栄花物語』にある。

とん〔貪〕 （梵）rāga, lobha の訳。三毒《さんどく》*または六煩悩《ろくぼんのう》*の一つ。むさぼりの心。ものに執着《しゅうじゃく》*する心。

どんえん〔曇延〕 （五一六—五八八）姓は王、中国の蒲《ほ》州桑泉（山西省）の人。北周太祖の帰依《きえ》*を受け雲居《うんご》寺を与えられた。その後、国統《こくとう》となったが、破仏《はぶつ》（北周時代に行われた仏教弾圧）の際には、太行山《たいこうさん》の百梯寺《ひゃくたいじ》に隠れた。隋代には文帝に信任され仏法*を再興した。開皇八年寂す。『涅《ね》槃《はん》義《ぎ》疏《しょ》』をはじめ、『宝性《ほうしょう》論』『勝《しょう》鬘経《まんぎょう》*』『仁王経《にんのうきょう》*』等の疏《しょ》*がある。

とんぎょう〔頓教〕 漸教《ぜんきょう》*の対語。次第に一定の順序を経ることなく、頓速にさとり*を得ることを説く教法をいう。↓とんぜんにきょう（頓漸二教）

とんご〔頓悟〕 漸悟《ぜんご》*の対語。次第に一定の順序を経ない

で、直観的にさとり*の境地に至ること。

どんこん〔鈍根〕 利根《りこん》*の対語。下根《げ》*のこと。能力が劣っていること。

とんじゃく〔貪着〕 →仏教常識〈日常語〉同項

とんしょうぼだい〔頓証菩提〕 すみやかに仏道*のさとり*の智慧*である菩提*を完成すること。

とんせ〔遁世〕 「とんせい」ともいう。俗世をのがれ出て、仏門に入ること。

とんぜんにきょう〔頓漸二教〕 頓教*と漸教*のこと。機《き》*を得るとたちまちさとり*に直入するのを頓といい、次第に一定の段階を経て悟入《ごにゅう》するのを漸という。古来、仏教*をこの二教に分けて教判*を立てるものが多いが、その説き方にはさまざまある。

どんまなんだい〔曇摩難提〕 ダルマナンディ。(梵) Dharmanandi の音写。法喜と訳す。トカラ(覩貨羅)の人。建元二十年(三八四)長安に至り、『中阿含経《ちゅうあごんぎょう》*』『増一《ぞういち》阿含経*』『三法度論《さんほうど》』等、百余巻を訳出した。

どんむせん〔曇無讖〕 「どんむしん」ともいう。(三八五—四三三) ダルマラクシャ。(梵) Dharmarakṣa の訳。中インドの人。北涼《ほくりょう》のころ中国に至り、『金光明経《こんこうみょうきょう》*』『涅槃経《ねはんぎょう》*』等を訳出した。『涅槃経』の訳出にあたり、さらに後分《ごぶん》があると聞き、これを求めに行こうとするが、姑蔵《こぞう》の河西王沮渠蒙遜《そきよもうそん》は北魏《ほくぎ》の要請に応じて赴くと疑って、刺客を派遣して殺害させた。

どんよく〔貪欲〕 「とんよく」とも読む。三毒《さんどく》*の一つ。自分の心の趣くところに執着《しゅうじゃく》*してむさぼるこころ。一般には、非常に欲の深いことをいう。

どんらん〔曇鸞〕 (四七六—五四二) 中国浄土教*・善導流*の祖。雁門《がんもん》(山西省)の人。五台山*で僧*となり、はじめ四論《しろん》宗(三論宗*の一派。三論*に『大智度論*』を加えた四論を考究する)を学んだが、菩提流支《ぼだいるし》*から『観無量寿経*』を授かり、釈然と省悟して浄土教に帰依《きえ》*した。興和四年、遥山《ようざん》寺に寂す。著作に『浄土論註』二巻等がある。浄土五祖*の第一、浄土真宗*七高祖《しちこうそ》*の第三でもある。

どんりゅう〔呑竜〕 (一五五六—一六二三) 浄土宗*の僧。字は故信《こしん》。大阿《だいあ》と号する。武蔵(埼玉県)の人。徳川家康の寵遇をうけ、大光院(郡馬県太田市)の開山*となった。元和九年寂し、大光院の西に廟《びょう》を建てて葬った。生活困窮者の子供を救済したことからこれを子育て呑竜と称して、多くの信仰*を集めている。

な ナ

ないおん〔泥洹〕 →ねはん（涅槃）

ないかん〔内観〕 心を静かにして、自己そのものを精細に観察《かんざつ》*すること。

ないしょう〔内証〕 （梵）pratyātma-adhigamana の訳、自内証*とも訳す。言語文字にあらわし得ない内心のさとり*をいう。→仏教常識〈日常語〉同項

ないじん〔内陣〕 外陣《げじん》*の対語。本堂*の奥の仏像*を安置してあるところ。

ないてん〔内典〕 外典《げてん》*の対語。すべて仏教*の典籍のことをいう。

ないぶつ〔内仏〕 本堂*の本尊*に対して、僧侶*が私的な生活の場に安置し礼拝《らいはい》*する仏*。→じぶつ（持仏）

ながさいな〔那伽犀那〕 →なせん（那先）

なこ〔那箇〕 禅僧の用語。それ、これ、という意味。

なせん〔那先〕 （前二世紀）ナーガセーナ。（梵）Nāga-sena の音写。那伽犀那《ながさいな》。竜軍または象軍と訳す。中インドの人。宿願（前世《ぜんせ》*からの願い）によって出家*し、阿羅漢果《あらかんか》*を得て、ミリンダ（弥蘭陀《みらんだ》）王の帰依《きえ》*をうけた。また、馬鳴《めみょう》の真如縁起説《しんにょえんぎせつ》*（すべての事象は真如*を根本的なよりどころとしてあらわれているという説）の先駆者として『三身論《さんじんろん》』を著わしたことが、慈恩大師窺基《きき》*の『対法論疏《たいほうろんしょ》』等に見えるが、『三身論』は伝わっていない。また『那先比丘経《なせんびくきょう》』（『ミリンダ王問経』《巴》Milindapañha）は問答形式の経典*で、那先が国王に答えて仏教の要義を説いたものである。

なっしょ〔納所〕 禅宗*の寺院*で寺務を扱うところ。またはその役僧をいう。

なむ〔南無〕 （梵）namas の音写。帰命《きみょう》*、敬礼《きょうらい》、帰敬《ききょう》*などと訳す。仏*に帰依《きえ》*敬順することをいう。

なむあみだぶつ〔南無阿弥陀仏〕 六字の名号《みょうごう》*という。『観無量寿経*』に見える言葉。阿弥陀仏《あみだぶつ》*の救いを頼み奉ることを意味する言葉である。浄土門*では、この名号を称えるものは、八十億劫《こう》*の生死《しょうじ》*の罪をも除くことができ、弥陀の浄土*に往生*することができるという。

なむさんぼう〔南無三宝〕 仏《ぶつ》・法《ぼう》・僧《そう》の三宝《さんぼう》*に帰依《きえ》*すること。→仏教常識〈日常語〉南無三

なむみょうほうれんげきょう〔南無妙法蓮華経〕 日蓮宗*

の三大秘法*の一つ。『法華経《ほけきょう》*』に帰依《きえ》*信順することを意味し、また、お題目《だいもく》*という。→みょうほうれんげきょう（妙法蓮華経）

ならえんてん〔那羅延天〕 ナーラーヤナ。（梵）Nārāyaṇa の音写。金剛力士*、堅固《けんご》力士ともいう。大力を有する神で、力を求めるときこの神に祈るという。ヴィシュヌ*の別名。→びちゅうてん（毘紐天）

ならく〔奈落〕（梵）naraka の音写。那落迦《ならか》ともいう。地獄*のこと。または地獄の罪人。転じて、ものごとのどん底、最後のところ、浮かぶ瀬のないところ。また、劇場の舞台や花道の下のことをいうようになった。

ならのしちだいじ〔奈良の七大寺〕 東大寺*、西《さい》大寺*、法隆寺*、薬師寺*、大安寺、元興寺*、興福寺*のこと。

ならのだいぶつ〔奈良の大仏〕→とうだいじ（東大寺）

ならんだじ〔那爛陀寺〕 ナーランダー。（梵）Nālandā の音写。もとラージャグリハ（王舎城《おうしゃじょう》*）の付近にあった寺。五世紀の初頭に建てられ、七世紀の初め玄奘《げんじょう》*の入竺《じく》の時は、インド仏教*の中心であった。

なり〔那裏〕 這裏《しゃり》（ここ）の対語。禅僧の用語。那辺《なへん》ともいう。そこ、あそこ、何処《いずこ》という意味。

なりたさん〔成田山〕→しんしょうじ（新勝寺）

なんいにどう〔難易二道〕 難行《なんぎょう》道*と易行《いぎょう》道*のこと。菩薩《ぼさつ》*が不退転*のさとり*の位に至るのに、困難な方法と容易な方法があることをいう。一般には浄土教*でいう語で、他力《たりき》*による浄土門*を易行道とし、自力《じりき》*による聖《しょう》道門*を難行道とする。

なんかいききないほうでん〔南海寄帰内法伝〕 四巻。唐の義浄《ぎじょう》*著。四十章ある。略して『南海伝』ともいう。義浄が自らインドにおもむいて見聞したインド仏僧の風俗、行事、儀式等を述べたもの。ビール（S. Beal）の英訳がある。(大)54・No. 2125

なんがく〔南岳〕 中国の湖南省衡陽《こうよう》市地区衡山《こうざん》県にある山、衡山。陳の光大二年（五六八）慧思《えし》*が弟子四十人とともにこの山に入り、八年間滞在したことから、慧思を南岳大師ともいう。南宗禅*の初祖とされる六祖の慧能《えのう》*の弟子懐譲《えじょう》も衡山に住し、南岳と称する。

なんぎょうどう〔難行道〕 易行《いぎょう》道*の対語。自力《じりき》*によって永く困難な諸行*（念仏以外の行*）を修して、不退転*の境地に入ること。自力の法門*をいう。→なんいにどう（難易二道）

なんさんほくしち〔南三北七〕 中国の南北朝時代（五—六世紀）に行われていた教判《きょうはん》説*の代表的なものを十種

類に分け、江南《こうなん》の三人の師、江北《こうほく》の七人の師をあらわしたもの。智顗《ちぎ》*の『法華玄義《ほっけげんぎ》』*による。

なんしゅうぜん〔南宗禅〕 達磨《だるま》禅（達磨*を開祖とする中国の禅宗*）第五祖の黄梅弘忍《おうばいぐにん》から大通神秀《だいつうじんしゅう》*と大鑑慧能《だいかんえのう》*が出たが、前者は長安・洛陽などの北地に展開したので北宗禅といわれ、後者は広州をはじめとする南地で広まったことから南宗禅という。北宗禅は漸悟《ぜんご》*的であり、南宗禅は頓悟《とんご》*的であるとされるが、北宗禅は早く滅し後代の禅はすべて南宗禅である。

なんじょうもくろく〔南条目録〕 一巻。南条文雄《ぶんゆう》著。詳しくは、『大明三蔵聖教目録《だいみんさんぞうしょうぎょうもくろく》』*（A Catalogue of the Chinese Translation of the Buddhist Tripitaka）という。明治十六年（一八八三）英国オックスフォード大学より刊行。漢訳蔵経の英文解題《かいだい》*である。黄檗《おうばく》*版大蔵経*中の『大明三蔵聖教目録』について経題の原語を記し、漢訳年代を究めて英訳注解したもの。

なんぜんじ〔南禅寺〕 臨済《りんざい》*宗南禅寺派大本山。京都市左京区南禅寺福地町。正応四年（一二九一）亀山上皇が離宮を寄進し寺としたもの。五山《ござん》*の上に位置付けられ、十方住持《じっぽうじゅうじ》寺院であった。大明《だいみん》国師普門《ふもん》*の開基*。南禅寺派は、臨済《りんざい》宗十四派*の一つで、この普門を祖とする。本尊*は釈迦如来《しゃかにょらい》。

なんとんほくぜん〔南頓北漸〕 中国禅宗*の五祖とされる弘忍《ぐにん》門下から派生した禅宗*の系統で、慧能《えのう》*による南宗禅*と神秀《じんしゅう》*による北宗禅*のこと。前者は以心伝心《いしんでんしん》*をもって頓悟《とんご》*を教え、後者は仏説《ぶっせつ》をたどって修行*する漸悟《ぜんご》*の教えであることからこのようにいう。

なんぽうぶっきょう〔南方仏教〕 北方仏教*の対語。アショーカ（阿育《あいく》*）王以後にセイロン*（現スリランカ）、ビルマ（現ミャンマー）方面に広まった仏教*のこと。大部分は原始仏教*経典*に依拠し、いわゆる小乗仏教*であるが、インドネシアのジャワ島に残るボロブドゥールの遺跡は、大乗仏教*思想にもとづく構造物であり、密教*の教理*で理解できるとする説もある。また、ベトナムは近隣諸国との抗争に伴い上座仏教*ももたらされたが、現在は大乗仏教圏である。

阿弥陀三尊の種子

阿弥陀如来
観音菩薩
勢至菩薩

《に　ニ》

に〔尼〕　比丘尼《びくに》*の略。尼僧のこと。あま*。

にいぼん〔新盆〕→仏教常識〈仏事の部〉同項

におう〔二王〕　仏法*を守護する金剛神《こんごうじん》*をいい、寺門の左右にその像を安置する。一方を密迹《みっしゃく》金剛、他方を那羅《なら》延《えん》金剛といい、上半身裸の忿怒《ふんぬ》形が多い。『法華経《ほけきょう》*』巻八によると多聞天《たもん》*・持国天《じこく》*を、あるいは『不空羂索陀《ふくうけんさくだ》羅尼自在王呪経《らにじざいおうじゅきょう》』によると、持国天・増長天《ぞうちょう》*をこれにあてる。守護の意味から、『仁王経《にんのうぎょう》*』にしたがって仁《に》王《おう》*とも書く。それぞれ開口（阿《あ》*）、閉口（吽《うん》*）によって表わす。

におう〔仁王〕→こんごうじん（金剛神）→前項

におうもん〔仁王門〕　仁王を安置してある社寺の楼門のこと。→におう（二王）

にかい〔尼戒〕　比丘尼《びくに》*の保つべき戒律*。もと三百四十一戒であったが、南山《なんざん》律師（道宣*）はこれに七滅諍《めつじょう》（教団の争いをしずめる七つの規則）を加えて三百四十八戒*とした。

にがつどう〔二月堂〕　奈良の東大寺*大仏殿東北の山腹にある十一面悔過《けか》*法会《ほうえ》*を修するための堂。羂索《けんさく》堂ともいう。良弁《ろうべん》*の高弟実忠《じっちゅう》の建立*。本尊*は十一面観音。毎年二月に修《しゅ》二月会《え》を行うので二月堂の名がある。ただし現在は三月一日から二七《にしち》日（十四日）間行われ、「お水取り」で名高い。

にくじきさいたい〔肉食妻帯〕　僧*にして肉を食し、妻を持つこと。もとは浄土真宗*の宗風。

にけん〔二見〕　断《だん》見*（無見＝因果*を認めない）と常見《じょう》*（有《う》見*＝常住する我*があるとする）のこと。

にけんだにゃくだいし〔尼乾陀若提子〕　ニガンタ・ナータプッタ（マハーヴィーラ）。（紀元前四四八―三七六）（巴）Nigaṇṭha Nātaputta（梵）Nirgrantha Jñātaputra の音写。ジナ（耆那）教の教祖。六師外道《ろくしげどう》*の一人。三十歳で出家*し、十二年間苦行*をして大悟《だいご》*を得た。ジャイナ教*を開き、大雄《だいゆう》（マハーヴィーラ《梵》Mahāvīra）と尊称された。

にさつぎはいつだい〔尼薩耆波逸提〕（梵）Naiḥsargika-prāyaścittika の音写。捨堕《しゃだ》*と訳す。僧*の戒律*の名。貪《とん》心（むさぼりの心）によって集めた財物を捨て他の僧たちの前で、その罪を懺悔《さんげ》*すべき戒*である。

にじってん〔二十天〕 悪*を呵責し善を守る、以下の二十の天神をいう。梵《ぼん》天*、帝釈《たいしゃく》天*、毘沙門《びしゃもん》天*、持国《じこく》天*、増長天*、広目《こうもく》天*、金剛密迹《みっしゃく》、摩醯首羅《まけいしゅら》、散脂大将《さんしたいしょう》、大弁《だいべん》才《ざい》、功徳《くどく》、韋駄《いだ》天*、堅牢地神《けんろうじじん》、菩提樹《ぼだいじゅ》神、鬼子母神《きしもじん》*、摩利支《まりし》天*、日宮《にちぐう》天子、月宮《がつきゅう》天子、娑竭羅《ばかつら》竜王*、閻魔《えんま》王*。

にしほんがんじ〔西本願寺〕 浄土真宗*本願寺派*本山。京都市下京区堀川通花屋町。竜谷山《りゅうこくざん》と号す。↓ほんがんじ（本願寺）

にじゅうごぼさつ〔二十五菩薩〕 念仏*の衆生《しゅじょう》*を守る二十五の菩薩*のこと。悪鬼神を防ぐために、阿弥陀仏《あみだぶつ》*に従って浄土*より来る以下の菩薩。『十往生経』（偽経《ぎきょう》*といわれる）に出ている。観世音《かんぜおん》*、大勢至《だいせいし》*、薬王《やくおう》*、薬上*、普賢《ふげん》*、法自在王、獅子吼《ししく》*、陀羅尼《だらに》*、虚空蔵《こくうぞう》*、宝蔵、徳蔵、金《こん》蔵、金剛蔵、山海慧《さんかいえ》、光明《こうみょう》王、華厳《けごん》王、衆宝《しゅほう》王、月光《がっこう》王、日照王、三昧《さんまい》王、定《じょう》自在王、大自在王*、白象《びゃくぞう》王、大威徳《だいいとく》王、無辺身《むへんじん》。

にじゅうしりゅう〔二十四流〕 日本の禅宗*の分流二十四派のこと。道元*派、東明派*、東陵《とうりょう》派*（以上＝曹洞《そうとう》宗*）、千光派、聖一《しょういち》派、法灯派*、大覚派、兀庵《ごったん》派、大休派、法海《ほっかい》派*、無学派*、一山《いっさん》派、大応派、西磵《せいかん》派、鏡堂派、仏慧《ぶっえ》派*、清拙《せいせつ》派、明極《みんき》派*、愚中《ぐちゅう》派、竺仙《じくせん》派*、別伝派、古先派、大拙《だいせつ》派*、中巌《ちゅうがん》派*（以上＝臨済《りんざい》宗*）をいう。

にじゅうはちきょうかい〔二十八軽戒〕 戒律*のうちで、たとえこれを犯しても、ただ失意罪（故意の罪ではない）として、深く咎めない二十八種の禁戒*をいう。『優《う》婆塞戒経《ばそくかいきょう》』に説かれる。

にしゅじんしん〔二種深信〕 善導*が『観無量寿経*』に説かれている三心《さんしん》*の中の深心《じんしん》*（深く信じる心）を解釈して立てたもの。その一は機《き》*の深信（自分の罪の自覚）、その二は法*の深信（阿弥陀仏《あみだぶつ》*の本願*にすがる心）のこと。

にしゅのえこう〔二種の回向〕 往相《おうそう》回向*と還相《げんそう》回向*のこと。①浄土宗*の説。自分の修した善事を一切に回向し*て、皆とともに浄土*往生*を願うことを往相とし、いったん浄土に生まれ、そこで功徳《くどく》*を積んでからこの世に還って一切衆生《しゅじょう》*を導き、浄土往生を願うことを還相という。②浄土真宗*の説。浄土に往生すること（往相）も、往生の後、さらにこの世に還って衆生*を教え導くこと（還相）も、いずれも阿弥陀仏《あみだぶつ》*から凡夫《ぼんぶ》*に回向される絶対他力《たりき》*の回向であるとする。

にじょう〔二乗〕 乗*とはさとり*または救いへと運ぶ乗り

物のことで、二種の教法をいう。①声聞《しょうもん》*乗と縁覚《えんがく》*乗のこと。②声聞乗と菩薩《ぼさつ》*乗のこと。③大乗*と小乗*のこと。④別教《べっきょう》*一乗*と三乗*のこと。

にそうしじゅう〔二双四重〕 ①真言宗*の言葉で、横竪四《おうじゅし》義あるいは二門四義ともいう。空海*の教判《きょうはん》*である十《じゅう》住心《じゅうしん》（十種類の心のありよう）について横竪（空間的時間的）に分類して四種に解釈したもの。

四種十住心
- 竪
  - 顕密合論《けんみつごうろん》十住心
  - 真言行者《しんごんぎょうじゃ》十住心
- 横
  - 五種三昧道《さんまいどう》十住心
  - 普門万徳十住心

②親鸞《しんらん》*の教判で、二超二出《にちょうにしゅつ》の教相*によって釈尊*一代の教法を判釈《はんじゃく》*したものをいう。

竪出——自力《じりき》*門の漸教《ぜんぎょう》*（法相《ほっそう》など）
竪超——自力門の頓教《とんぎょう》*（禅*、真言*、法華《ほっけ》、華厳《けごん》など）
横出——他力門*の漸教（観経《かんぎょう》*の意）
横超——他力門の頓教（無量寿経*の意）

にそだんぴ〔二祖断臂〕 中国禅宗*第二祖の慧可《えか》*は、達磨《だるま》*に道を求めても得られず、雪の中、刀で左臂を断って志を示し、ついに道を得たという。爾来、これを断臂の慧可と称する。

にそん〔二尊〕 浄土教*で阿弥陀仏《あみだぶつ》*と釈迦牟尼仏《しゃかむにぶつ》*のことをいう。

にだな〔尼陀那〕 （梵）nidāna の音写。因縁と訳す。十二部経*の一つ。種々の因縁を説いた部分をいう。

にちいん〔日印〕 （一二六四—一三二八）法華《ほっけ》宗*（陣門流）の派祖。越後（新潟県）寺泊《てらどまり》の人。鎌倉で日朗《にちろう》*の弟子となる。永仁五年（一二九七）越後蒲原郡に青蓮華寺《しょうれんげじ》を創建して、正和二年（一三一三）日朗をその初祖に仰いで、同寺を本成寺*と改めた。嘉暦二年（一三二七）本成寺を本門*の三大秘法*の根本道場*として、同三年寂す。

にちおう〔日奥〕 （一五六五—一六三〇）日蓮宗*不受不施《ふじゅふせ》派の開祖。仏性院《ぶっしょういん》、安国院と号す。京都の人。豊臣秀吉および徳川家康に千僧会《せんぞうえ》（千人の僧*を招いて食を供し、法会《ほうえ》*を営むこと）に招かれても赴かず、慶長五年（一六〇〇）対馬《つしま》に流された。慶長十七年帰京、不受不施（『法華経《ほけきょう》*』を信じない者から施物《せもつ》を受けず、またそのような者には施《せ》*をしない）の教義を説く。寛永七年、妙覚寺に寂す。『宗義制法論』『守護正義《しょうぎ》論』『禁断謗施《ほうせ》論』等の著作がある。↓ふじゅふせは（不受不施派）

にちがつとうみょうぶつ〔日月灯明仏〕 （梵） Candra-sūryapradīpa の訳。原義は月と太陽とを灯明*とするもの。『法華経《ほけきょう》*』の序品《じょぼん》に出る仏*の名で、はるかな過去*において『法華経』を説いたという仏である。

にちれん〔日蓮〕 （一二二二—八二）日蓮宗*の開祖。幼名は善日。父は貫名左衛門重忠、母は清原氏。貞応元年二月十六日、安房（千葉県）長狭郡小湊の漁家に生まれる。十二歳で清澄《きよすみ》山に登り、出家*して是聖房蓮長《ぜしょうぼうれんちょう》と名のる。仁治三年（一二四二）比叡山*に至り、十一年間修学。また大和、紀伊、摂津の諸寺を巡遊。建長五年（一二五三）清澄山に帰り四月、法華《ほっけ》宗*を創唱する。以後、鎌倉で辻説法《つじせっぽう》*を行い、文応元年（一二六〇）『立《りっ》正安国論《しょうあんこくろん》』*を北条時頼に奉上したが、伊豆の伊東に流される。弘長三年（一二六三）鎌倉に帰り、また諸宗を罵り、文永八年（一二七一）竜口《たつのくち》*で斬られようとしたが、死一等を減ぜられ、佐渡に流される。同十一年、赦免されて身延山《みのぶさん》*（山梨県）に入る。弘安五年、武蔵（東京都）池上《いけがみ》に寂す。著作に『撰時鈔*』『開目鈔《かいもくしょう》*』『観心《かんじん》本尊鈔*』『守護国家論』『立正安国論』など四百数十部がある。大正天皇より立正《りっしょう》大師と勅謚《ちょくし》。

にちれんしゅう〔日蓮宗〕 日蓮*が『法華経《ほけきょう》*』を宗義として開いた宗派*で、法華《ほっけ》宗*、一乗円頓《えんどん》宗ともいう。この宗派は本来、天台宗*の流れをくむが、天台宗が諸教を包括するのに対して、これはもっぱら『法華経』一経により七字の題目《だいもく》*（南無妙法蓮華経《なむみょうほうれんげきょう》）を唱えて他宗排斥の態度をとった。現在、諸派を立ててはいるが、いわゆる日蓮宗は、甲斐（山梨県）の身延山《みのぶさん》*久遠寺《くおんじ》*を総本山*とし、東京・池上《いけがみ》の本門寺*、京都の妙顕寺*、本圀《ほんこく》寺《じ》、下総（千葉県）法華経寺*の四大本山のほか、三十九の本山*、四千六百余の末寺《まつじ》*をもつ。↓仏教常識〈宗派の部〉日本仏教・同項

にちろう〔日朗〕 （一二四五—一三二〇）日蓮宗*の僧、六老僧*の一人。筑後房といい、大国阿闍梨《だいこくあじゃり》と称す。下総（千葉県）の人。幼い頃より日蓮*に従って苦楽を共にしたが、日蓮が身延山《みのぶさん》*に入るとすぐ鎌倉の妙本寺*を司り、池上《いけがみ》の本門寺*をも兼務、また下総の本土寺の開山*となる。弘安五年（一二八二）の日蓮滅後はよくその後をまもり、文保二年（一三一八）池上に庵居、元応二年寂す。『本迹見聞鈔《ほんじゃくけんもんしょう》』等の著作がある。

にっこう〔日興〕 （一二四六—一三三三）日蓮宗*の僧。六老僧*の一人。日蓮正《しょう》宗の祖。伯耆房《ほうきぼう》といい、白蓮阿闍梨《びゃくれんあじゃり》と称す。甲斐（山梨県）の人。日蓮*に侍して布教に

努め、弘安二年（一二七九）熱原《あつはら》法難に際してはよく信徒*を指導した。日蓮没後は身延《みのぶ》の墓所を守る。後に身延山*を離れ、富士に大石寺《たいせき》を創建、また本門寺《ほんもんじ》*を開き、弟子の育成に尽くした。元弘三年寂す。『安国論問答』等の著作がある。

にっこうさん〔日光山〕栃木県上都賀郡日光町の西北に位置する霊山。輪王寺《りんのうじ》*、東照宮、大猷院《だいゆういん》などがある。

にっしつ〔入室〕開室ともいう。法門*（教え）を親しく受けること。

にっしん〔日親〕（一四〇七—八八）日蓮宗*の僧。久遠《くおん》成院《じょういん》と号す。上総（千葉県）の人。『立正《りっしょう》治国論』を撰し将軍足利義教《よしのり》に諫言したが捕えられ、赤熱の鍬を脇につけられ、また鍋を焼いて頭に被せられたが、少しも動じなかったことから、鍋冠《なべかぶ》り上人と呼ばれた。後に京都の本法寺の開山*となる。長享二年寂す。『折伏正義鈔《しゃくぶくしょうぎしょう》』『埴谷鈔《はにやしょう》』『伝灯鈔』*等の著作がある。

にっそうかん〔日想観〕極楽浄土*に往生*するための十六種の行法《ぎょうぼう》*（十六観）の第一で、太陽の沈むのを見て西《さい》方《ほう》の極楽を想うこと。『観無量寿経』*に説かれる。↓じゅうろくかん（十六観）

にっぽんぶっきょう〔日本仏教〕↓仏教常識〈宗派の部〉同項

ににんつかい〔二人使い〕↓仏教常識〈仏事の部〉同項

にねはん〔二涅槃〕『智度論《ちどろん》』*に説かれる有余《うよ》涅槃*と無《む》余《よ》涅槃*のこと。

にひゃくごじっかい〔二百五十戒〕比丘《びく》*の守るべき戒律*の総称。『四分律《しぶんりつ》』*に出る。

にへん〔二辺〕中道*を離れて一方に傾くことを辺という。これに、有無*の二辺、または苦楽の二辺などがある。

にもん〔二門〕仏教*全体を二種に分類したもの。たとえば、浄土教*で聖道《しょうどう》*（自力《じりき》*の修行*により、この世でさとりを得ること）・浄土*（他力《たりき》念仏*によって浄土*に生まれること）の二門を立て、『法華経《ほけきょう》』*に本《ほん》（久遠《くおん》*の本仏*＝はるか昔に成道《じょうどう》*した仏*の根本のすがた）・迹《じゃく》（本仏が衆生《しゅじょう》*を導くためにこの世に現わしたすがた）の二門があり、また折伏《しゃくぶく》*（強く責めて迷いをさますこと）・摂受《しょうじゅ》*（相手をやさしく受けいれ説得すること）の二門があるようなものをいう。

にゃくだいし〔若提子〕ジャイナの開祖。↓にけんだにゃくだいし（尼乾陀若提子）

にゅうじゃく〔入寂〕入滅に同じ。僧*の死ぬことをい

う。↓にゅうめつ（入滅）

にゅうじょう〔入定〕　禅定《ぜんじょう》*に入ること。転じて、高僧*の死ぬことをいう。

にゅうしん〔入信〕　信仰*に入ること。

にゅうどう〔入道〕　仏門に入ること。俗には、在家*で剃《てい》髪《はつ》*しているものをいう。↓仏教常識〈僧の部〉同項

にゅうめつ〔入滅〕　滅度《めつど》*（涅槃《ねはん》*）に入ること。入涅槃、入寂《にゅうじゃく》*に同じ。生死《しょうじ》*の苦界*を去ること。高僧*の死ぬことをいう。

にょ〔如〕　（梵）tathatā の訳、原義は、そのように。時と処によって変化のないこと。あるがままの姿、普遍的な真実。諸法*の本性（あらゆる存在の本質的なあり方）に名づける。

にょい〔如意〕　①物事が自分の思い通りになること。②爪杖《そうじょう》ともいって、僧*の所持する道具の一つ。↓仏教常識〈法具の部〉同項

にょいほうじゅ〔如意宝珠〕　望みの財物を出し、一切の苦しみを除く宝の珠。

にょいりんかんのん〔如意輪観音〕　（梵）Cintāmaṇi-cakra 六観音*または七観音*の一つ。如意宝珠《ほうじゅ》*の三昧《さんまい》*に住して自在*に説法*し、衆生《しゅじょう》*のあらゆる苦しみを取り除き、利益《りやく》*を与えるという。一面六臂の坐像*が多い。この観音*を本尊*として行う修法《しゅほう》*を、如意輪観自在菩薩念誦法《ねんじゅほう》という。

にょいりんじ〔如意輪寺〕　浄土宗*。奈良県吉野郡吉野町。延喜年中（九〇一―九二二）日蔵《にちぞう》*の開基*で南朝の勅願《ちょくがん》寺《じ》*。また如意輪堂ともいう。正平三年（一三四八）楠正行《まさつら》は、一族百四十余人の姓名を過去帳*に記入し、また後醍醐天皇とともに堂扉に辞世の歌を記した。本尊*は役小角《えんのおづぬ》*の作と伝えられる如意輪観音。

にょうばち〔鐃鈸〕　法会《ほうえ》*に用いる楽器。銅盤ともいう。もと鐃と鈸の二種の楽器であったが、混合して一種のものの名称となった。↓仏教常識〈法具の部〉同項

にょうやく〔饒益〕　利益《りやく》*することをいう。

にょじつ〔如実〕　真実の道理にかなっていることをいう。あるがまま。真実。↓仏教常識〈日常語〉同項

にょじょう〔如浄〕　（一一六二―一二二八）中国南宋末の曹洞宗《そうとう》*の僧。長翁と号し、天童と称す。わが国の道元*の師。南宋の紹定元年寂す。『天童如浄禅師語録』二巻がある。

にょぜがもん〔如是我聞〕 かくの如くわれ聞けりという意味。経文《きょうもん》の冒頭にある言葉。信じるべきことを証明する序分*なので証信序（通序）とも呼ばれる。釈尊*は入滅*の時、阿難《あなん》*に告げて、一代の経文はその経初にこの語を置いて、外道《げどう》*の聖典と区別せよ、といったという。

にょにんきんぜい〔女人禁制〕 仏法*の道場*に女性の立ち入るのを禁ずること。かつては女性をけがれの多いものとし、男性の修行*の障害となるとして立ち入りを禁止した。

にょにんじょうぶつ〔女人成仏〕 古代インドでは女性の地位は非常に低く、梵天《ぼんてん》*・帝釈天《たいしゃくてん》*・魔王・転輪聖王《てんりんじょうおう》*・仏*にはなれない（五障《ごしょう》*）とされていた。大乗仏教*になり、男性に生まれ変われば女性でも成仏*できる（変《へん》成男子《じょうなんし》*）と説かれるようになった（『勝鬘経《しょうまんぎょう》*』など）。やがて、日本の浄土教*の成立と共に、専修《せんじゅ》念仏*によって男女の区別なく極楽往生*することが説かれ、成仏の平等性がいわれるようになった。

にょほう〔如法〕 仏法*、仏戒にかなった行いをすること。

にょぼん〔女犯〕 僧侶*が女性と性的交わりをし、戒律*を犯すこと。

にょらい〔如来〕 （梵）tathāgata の訳。多陀阿伽度《ただあがど》。訳して如来という。仏*の十号*（十種類の称号）の一つ。如実*に到来したものという意味。仏、仏陀*（さとれるもの）と同義。

にょらいぜん〔如来禅〕 祖師《そし》*禅の対語。如来*の境地に入り、自らのさとりと衆生《しゅじょう》*救済を完成する禅定《ぜんじょう》*。祖師禅の宗義に反して、『楞伽経《りょうがきょう》*』『般若経《はんにゃぎょう》*』等の如来の教説に導かれてさとりに達すべきことを説く禅*である。教学的立場を色濃く持つ禅の立場。主として馬祖道一《ばそどういつ》*以前の禅風を指すが、祖師禅においても基底を形成している。

にょらいぞう〔如来蔵〕 （梵）tathāgata-garbha の訳。真如《しんにょ》*・仏性《ぶっしょう》*とほぼ同義。真如がいまだ開発されないで、衆生《しゅじょう》*の煩悩《ぼんのう》*の中に隠れ覆われていること。

にれんぜんが〔尼連禅河〕 （梵）Nairañjanā の音写。ナイランジャナー。有金河《うこんが》、不楽著河《ふらくじゃくが》と訳す。ガヤ（伽耶*）付近を流れる河で、現在はパルグ河と呼ばれるガンジス河の一支流。釈尊*は六年の苦行*の後、この河で沐浴《もくよく》し東岸にあった菩提樹《ぼだいじゅ》*の下で成道《じょうどう》*したという。

にん〔忍〕 （梵）kṣānti の訳。①忍辱《にんにく》*のこと。たえしのぶこと。②認知。認めること。

にんがい〔仁海〕（九五一―一〇四六）真言宗*小野流の始祖。和泉（大阪府）の人。高野山*の雅真に師事し、のち石山の元杲《げんごう》から伝法*灌頂《かんじょう》*をうけて、山城（京都府）の小野に曼荼羅《まんだら》寺を創建した。長暦二年（一〇三八）東大寺*の僧正《そうじょう》*となる。しばしば降雨をいのって霊験《れいげん》*があったため、雨《あめ》僧正ともいわれる。永承元年寂す。

にんこう〔忍向〕（一八一三―五八）法相《ほっそう》宗*の僧。幕末の勤王《きんのう》僧。京都清水寺《きよみずでら》*成就院《じょうじゅいん》の僧で、字は月照《げっしょう》。幕府を倒そうと策したが、幕吏に追われて薩摩藩に逃れ、西郷隆盛と薩摩潟に身を投じたが、隆盛一人が助かる。明治二十四年（一八九一）正四位を贈られる。

にんじじしょう・きしょうもつげ〔任持自性・軌生物解〕能持《のうじ》自性・軌生物解ともいう。法*の定義である。それ自身の特性を保持し、軌範となって、他の物に一定の了解を生じさせるものを法という、という意味。

にんしょう〔忍性〕（一二一七―一三〇三）大和（奈良県）の人。律宗*の僧、字は良観。叡尊《えいぞん》*、覚盛《かくじょう》に師事し戒律*を学ぶ。癩《らい》病者救済施設として奈良に北山十八間戸を営み、諸国を歴遊して貧民を助ける。北条長時の要請により鎌倉の極楽寺に住し、戒律を弘めるとともに、社会事業に尽くした。嘉元元年寂す。

にんでん〔人天〕人間界と天上界。またはその衆生《しゅじょう》*のこと。

にんなじ〔仁和寺〕真言宗*御室《おむろ》派総本山。京都市右京区御室大内にあり、大内山と号す。御室御所（門跡《もんぜき》*）ともいう。光孝、宇多両天皇の造立にかかり、歴代の法《ほう》親王《しんのう》*（出家*した親王）が入住した。本尊*は阿弥陀《あみだ》三尊。→おむろ（御室）

にんにく〔忍辱〕（梵）kṣānti の訳。六度*の一つ。他から加えられる苦痛屈辱をしのび、うらみをもたないこと。また修行*を退転*しないこと。忍耐と同じ。→ろくはらみつ（六波羅蜜）

にんにくはらみつ〔忍辱波羅蜜〕忍波羅蜜に同じ。→にんはらみつ（忍波羅蜜）

にんのうえ〔仁王会〕朝廷で毎年三月および七月に、大極殿、紫宸《ししん》殿、清涼殿等において、天変地異・悪疫流行の難から朝廷と国家を護るため『仁王護国般若《はんにゃ》波羅《はら》蜜《みっ》多《た》経（仁王経*）』を講ずる儀式をいう。斉明天皇六年（六六〇）五月、はじめて行われた。

にんのうぎょう〔仁王経〕①『仁王護国般若《はんにゃ》波羅《はら》蜜《みっ》多《た》経』二巻。唐の不空《ふくう》*訳。八品《ほん》よりなる。㊅8・No.246 ②『仁王般若波羅蜜経』二巻。鳩摩羅什《くまらじゅう》*訳。鎮護国家*の

三部経*の一つである。㊅8・No.245

にんのうぎょうぼう〔仁王経法〕『仁王経*』を読んで修する祈祷*法である。日月、星辰、火、水、大風、炎旱、兵賊の七難が来る時にこの法を行う。

にんのうはんにゃぎょう〔仁王般若経〕『仁王経』のこと。→にんのうぎょう（仁王経）→仏教常識〈経典の部〉三部経・鎮護国家の三部経

にんはらみつ〔忍波羅蜜〕六波羅蜜*または十波羅蜜《じっぱらみつ》の一つ。忍度《にんど》ともいう。忍辱《にんにく》*を行じて彼岸《ひがん》*に至ること。

にんぴにん〔人非人〕キンナラ。（梵）Kiṃnara の意訳。八部衆*の緊那羅と音写。疑人《ぎにん》、疑神《ぎじん》、音楽天と訳す。八部衆の一つで、人とも神とも畜生*とも定められない存在で、よく歌舞をなす怪存在である。転じて、人でなし、人の道にはずれたことをする者をいう。

薬師三尊の種子

薬師如来
日光菩薩
月光菩薩

ね ネ

ねごろじ〔根来寺〕新義真言宗*総本山。和歌山県那賀郡岩出町根来。一乗山大伝法院と号す。同院の座主《ざす》*（興教大師覚鑁《こうぎょうだいしかくばん》*）が鳥羽上皇の院宣により金剛峯寺《こんごうぶじ》*の座主を兼ねたため、高野の衆徒《しゅと》*と反目を生じた。正応元年（一二八八）頼瑜《らいゆ》*によりこの地に移り、新義派を独立させた。初めは、大治五年（一一三〇）興教大師覚鑁が高野山*に創建したもの。本尊は大日*如来《にょらい》。

ねはん〔涅槃〕ニルヴァーナ。（梵）nirvāṇa の訳。滅度《めつど》*、円寂《えんじゃく》*と訳す。仏*のさとり*の境地をいう。迷いから自由となることで、仏教徒がめざすべき究極の境地。

ねはんえ〔涅槃会〕仏忌《ぶっき》、涅槃忌、更衣《きさらぎ》の別れともいう。毎年二月十五日（新暦三月十五日）釈尊*入滅*の忌日《きにち》*に涅槃像*をかけて、『遺教経《ゆいきょうぎょう》*』等を読経《どきょう》*し供養《くよう》*する法会《ほうえ》*。→仏教常識〈行事の部〉同項

ねはんぎょう〔涅槃経〕→だいはつねはんぎょう（大般涅槃経）

ねはんしゅう〔涅槃宗〕　中国の十三宗＊の一つ。『涅槃経＊』を所依《しょえ》＊（根本的な依りどころとする経典＊）とする。北涼のころ、曇無讖《どんむせん》＊が「北本《ほくほん》涅槃」を訳出して、本宗の端を開き劉宋の慧観《えかん》がこれを大成した。隋代では五衆《ごしゅう》（官立の仏教研究団体。大論＝『大智度論《だいちどろん》＊』・講論＝『金剛般若波羅蜜経《こんごうはんにゃはらみつきょう》＊』・講律＝『四分律《しぶんりつ》＊』・涅槃＊＝『涅槃経』・十地《じゅうじ》＊＝『十地経＊』の五つの衆団からなる）にも数えられ、成実《じょうじつ》宗＊とともに盛行した。やがて天台宗＊や華厳《けごん》宗＊などの大乗仏教＊諸宗派が成立する中で衰微した。→仏教常識〈宗派の部〉中国仏教

ねはんぞう〔涅槃像〕　釈尊＊が沙羅双樹《さらそうじゅ》＊の下で涅槃＊に入るさまを描いた画像。臥《が》仏像、寝《ね》釈迦ともいう。→しゃかむに（釈迦牟尼）

ねん〔念〕（梵）smṛti　①記憶して忘れないこと。過去＊のことを記憶するだけでなく、心が対象を記し認識することもいう。②観念＊ともいう。観察《かんざつ》＊することで、ものごとの真実を心に思い浮かべること。

ねんき〔年忌〕　故人の祥月《しょうつき》＊忌日《きにち》＊のこと。→じゅうさんぶつ（十三仏）→仏教常識〈仏事の部〉同項

ねんかい〔年回〕→ねんき（年忌）

ねんげみしょう〔拈華微笑〕　禅宗＊の興隆当時、他宗の教判＊や教証に対抗するために案出された説話。釈尊＊が霊《りょう》鷲山《じゅせん》＊で弟子たちを前に、大梵天《だいぼんてん》王＊から受けた蓮華《れんげ》を拈《ひね》り、何の法＊も説かず黙して四方を見たが、応ずるものがなく、ひとり摩訶迦葉《まかかしょう》＊のみが仏の意＊を悟って微笑したので、彼に正法眼蔵《しょうぼうげんぞう》＊・涅槃妙心《ねはんみょうしん》等を付したという。これを釈尊の拈華微笑といい、この説話を根拠づけるために、後世になって『大梵天王問仏決疑経』が創作された。

ねんじゅ〔念珠〕　→じゅず（数珠）

ねんじゅ〔念誦〕　心に念じながら、経＊や真言＊、陀羅尼《だらに》＊などを称えること。また、寺院において一定のきまり文句を称える作法。

ねんとう〔燃灯〕　錠光仏の別名。→じょうこう（錠光）

ねんぶつ〔念仏〕　仏＊を思念すること。すなわち、仏の相《そう》好《ごう》＊を観察《かんざつ》＊し、功徳《くどく》＊を憶想し、名号《みょうごう》＊を称念＊するなどのこと。なお、浄土門＊においては、もっぱら阿弥陀仏《あみだぶつ》＊の名号を称えることをいう。

ねんぶつおうじょう〔念仏往生〕　諸行《しょぎょう》＊往生＊の対語。念仏＊を因＊として、往生の果＊を得ることをいう。浄土教＊における他力《たりき》＊の因果＊にして、『無量寿経＊』に説く阿弥陀仏《あみだぶつ》＊の第十八願に誓うところである。

ねんりき〔念力〕 一事に集中し憶念*して、諸々の障害を退け、散失しない力をいう。

千手観音菩薩真言

キリク
hrīḥ

オン バ ザラ ダ ラマ キリク
唵 嚩日羅 達摩 紇哩
oṃ vajra dharma hrīḥ

金剛教法具足尊（観世音菩薩）に帰命《きみょう》し奉る。成就せよ。

→227頁「せんじゅかんのん」

十一面観音菩薩真言

キヤ
ka

オン ロ ケイ ジン バ ラ キリク
唵 嚕鶏 入嚩羅 紇哩
oṃ loke jvala hrīḥ

帰命《きみょう》す。世の光明なる自在主（観世音菩薩）よ。成就せよ。

→本文166頁「じゅういちめんかんのん」

〈の ノ〉

のう〔衲〕 衲衣の略。転じて僧の自称（拙衲《せつのう》）。→のうえ（衲衣）

のういん〔能因〕（九八八—？）平安時代の歌僧。俗名は橘永愷《ながやす》。歌を藤原長能《ながとう》に習い、古曽部《こそべ》入道として知られる。『玄々集』『歌枕《うたまくら》』の著作がある。

のうえ〔衲衣〕 不用の布地で縫いつづった僧衣《そうえ》*のこと。

のうかん〔納棺〕 →仏教常識〈仏事の部〉同項

のうきょう〔納経〕 現世《げんぜ》*安穏や追善供養《ついぜんくよう》*のため経文を書写して寺*（諸国霊場）に納めること。のち金銭を奉納し経巻に替えて供養*を請い、納経帳に仏号、寺名、月日を書いてもらった。集印帳（集印帖）はこれが変形したものである。

のうけ〔能化〕 所化《しょけ》*の対語。能《よ》く人を教えて、その道に安住させる人、すなわち仏《ぶつ》*・菩薩《ぼさつ》*のことをいう。真言宗*の新義諸派（智山《ちさん》派*・豊山《ぶさん》派*）では、管長の尊称。

のうこつ〔納骨〕 火葬*に付した骨を拾い、骨堂または塔《とう》

婆《ば》*に納める儀式をいう。→仏教常識〈仏事の部〉同項

のうじょ〔能所〕 能と所。能とはある動作の主体となるもの、所とはその動作の客体（目的）となるものをいう。たとえば、所依《しょえ》*・能依《のうえ》*、能化《のうけ》*・所化《しょけ》*のようなもの。

のうにん〔能忍〕 ①仏の異*称の一つ。②（？—一一九四頃）臨済《りんざい》*宗の僧。日本達磨《だるま》宗の祖。字は大日。摂津水田（大阪府吹田市）に三宝寺を開き、大いに禅風を揚げたが、後を伝える弟子がいないことをののしられ、文治五年（一一八九）弟子二人を入宋《にっそう》させ、育王山拙《せっ》庵《たん》徳光に自分のさとり*を示して印可《いんか》*をうける。甥の悪《あく》七兵衛景清《しちびょうえかげきよ》に誤殺されたと伝える。達磨宗の系統は、後に道元*門下に蝟集《いしゅう》し、曹洞《そうとう》*宗禅とともに展開した。

のべおくり〔野辺送り〕→仏教常識〈仏事の部〉同項

のべのけぶり〔野辺の煙〕→仏教常識〈仏事の部〉同項

のり〔法〕 仏法*、ほとけ*の教法のこと。

のりのあめ〔法の雨〕 仏*の教化《きょうけ》*（教え導く）があまねく衆生《しゅじょう》*を潤すのを雨にたとえた言葉。

のりのうみ〔法の海〕 仏法*の道理が深遠であることを海にたとえた言葉。

〈は ハ〉

ばい〔貝〕 ほら貝のこと。これを吹いて大衆《だいしゅ》*をまねき、法事*の時を知らせる。

はいあくしゅぜん〔廃悪修善〕 悪*をやめて善事を積むこと。

はいしじりゅう〔廃師自立〕 師の説に背き、自分の説を立てること。

ばいたら〔貝多羅〕 （梵）pattra の音写。多羅樹《たらじゅ》の葉のこと。昔インドでは、これに針で文字を記した。

はいつだい〔波逸提〕 六聚戒《ろくじゅかい》（波羅夷《はらい》*・僧残《そうざん》*・偸蘭遮《ちゅうらんじゃ》*・波逸提・提舎尼《だいしゃに》・突吉羅《ときら》）の一つ。（梵）prāyaścittika, pāyattika の音写。堕《だ》、単堕*と訳す。戒律*中の軽微なもので、これを犯した者はあるいは財物を捨て、または単に別の人に懺悔《さんげ》*することで清浄《しょうじょう》*となりうるとされる。しかし、この規定をも破れば、必ず地獄*に堕ちるべき罪業《ざいごう》*をつくることになるので、堕という。

ばいのく〔唄匿〕 （梵）bhāṣā の音写。讃頌《さんじゅ》、讃嘆《さんだん》と訳

す。声明のこと。→しょうみょう（声明）

はいぶつきしゃく〔廃仏毀釈〕 仏法*を廃し、釈教（釈迦*の教え）を棄てるという意味で、寺院*や僧侶*を排斥する思想と行動をさす。日本ではとくに、徳川時代の末期から明治初期にかけて、神道《しんとう》・儒教《じゅきょう》の二道の学者が神国思想を鼓吹して、仏教廃棄の運動を起こした。

ばいよう〔貝葉〕→ばいたら（貝多羅）

はいりゅう〔廃立〕 二つのものを比較して、一方を廃棄し他方を立てること。天台宗*では方便*としての権教《ごんきょう》*を廃して真実の大乗教*を立てることをいう（廃立権実）。浄土教*では、諸々の善行を廃して、本願*念仏*の一つの行《ぎょう》*を立てることをいう。

はか〔墓〕 死者の遺体や骨を葬ったところ、塚《つか》、墳《ふん》。古代人は死霊を恐れたので、深く埋めたり、上に石を置いた。古くは『日本書紀』大化二年（六四六）の条に、大化の薄葬令《はくそうれい》による墓の尊卑区別の規定がある。「墓」が遺体を埋葬するところをさすのに対し、塚・墳・冢《ちょう》・壟《ろう》は盛り土をさす。なかでも、高く築いたものを墳といい、とくに皇室の墳墓は山陵《みささぎ》といった。→仏教常識〈仏事の部〉同項

はかい〔破戒〕 持戒《じかい》*の対語。受戒*しておきながら、身《しん》・口《く》・意《い》をつつしまず、戒*を破ること。

ばがぼん〔薄伽梵〕 婆伽婆《ばかば》ともいう。→せそん（世尊）

はくいん〔白隠〕（一六八五—一七六八） 臨済《りんざい》宗*の僧。諱は慧鶴《えかく》、鵠林《こうりん》と号した。駿河（静岡県）の人。信濃（長野県）の正受《しょうじゅ》老人（道鏡慧端《えたん》）より法*をつぐ。故郷の松蔭《いん》寺に住し、伊豆の竜沢《りゅうたく》寺の開山*となった。よく平易に禅*を説いて、広く道俗《どうぞく》*（出家と在家）の間に教化《きょうけ》*を布いた。明和五年、松蔭寺に寂す。神機独妙《しんきどくみょう》禅師、正《しょう》宗《しゅう》国師の諡号《しごう》*があり、禅の中興の祖と称される。著作に『語録』十巻、『荊叢毒蘂《けいそうどくずい》』五巻、『夜船閑話《やせんかんな》』『毒語心経《しんぎょう》』『槐安《かいあん》国語』等がある。また、書画多数。

はくばじ〔白馬寺〕 中国河南省洛陽市の東郊にある中国最初の仏寺。後漢明帝の永平十年（六七）迦葉摩騰《かしょうまとう》*、竺法蘭《じくほうらん》*の二人の僧が仏像*、経典*を白馬に載せて洛陽に来たとき、この寺を造り住まわせたという。

はしのくおう〔波斯匿王〕 プラセーナジット（《梵》Prasenajit）王。勝光、勝軍と訳す。釈尊*の教団の大外護《げご》者。釈尊在世時のコーサラ国*の王で、コーサラとカーシーを領土とし、マガダ（摩掲陀《まがだ》*）国に並ぶ大強国をよく治めた。一説に、釈迦族*のマハーナーマと婢《はしため》とを両親とする娘を釈迦族であると偽られ王妃とし、ヴィ

ドゥーダバ（瑠《る》璃《り》王*）をもうけたことが釈迦族滅亡の原因となり、晩年、ヴィドゥーダバに王位を奪われたと伝えられる。皇太子の祇《ぎ》陀《だ》太子はスダッタ（須《す》達《だっ》）長者*とともに、祇園精舎《ぎおんしょうじゃ》*の寄進*をしたことで有名。

はじゃけんしょう〔破邪顕正〕 邪見《じゃけん》*（よこしまなものの見方）、邪執《じゃしゅう》*（よこしまなとらわれ）、邪教（外《げ》教*徒の教え）を打ち破り、正《しょう》教、正道、正見*を顕《あら》わすことをいう。

ばしゃのしだいろんじ〔婆沙の四大論師〕 世友《しょう》*、法救《ほっく》*、妙音《みょうおん》*、覚天《かくてん》の四人の論師をいう。『婆《ば》沙論《しゃろん》*』の主な編纂者であるとすることからこのように呼ばれた。婆沙の四評家《しひょうけ》ともいう。

はじゃはだい〔波闍波提〕 プラジャーパティー。（梵）Prajāpatī の音写。生主と漢訳。釈尊*の母マーヤー（摩《ま》耶《や》）夫人《ぶにん》*の妹で、釈尊の養母。後に仏弟子となった。これが比丘尼《びくに》*のはじめである。

ばしゃろん〔婆沙論〕 →あびだつまだいびばしゃろん（阿毘達磨大毘婆沙論）

はじゅん〔波旬〕 パーピーヤス。（梵）pāpīyas の音写。悪者《あくしゃ》、殺者《せっしゃ》と漢訳。仏法*を妨げる魔王。人間を悪*に誘い、滅亡に導く者をいう。→てんま（天魔）

はしわたし〔箸渡し〕 →仏教常識〈仏事の部〉同項

はせでら〔長谷寺〕 ①単立（浄土系）。神奈川県鎌倉市。海光山慈照院長谷寺と号し、俗に長谷観音堂と称する。本尊*の十一面観音は身長三丈六尺（約十メートル）あり、長谷の観音*として有名である。徳道《とくどう》を開山*とする。②真言宗*豊山《ぶさん》*派の総本山。→はつせでら（長谷寺）

ばそ〔馬祖〕 →どういつ（道一）

はそうけんど〔破僧犍度〕 二十犍度の一つ。破和合僧の事（僧団の和合を妨げる罪）を説いたもの。→はわごうそう（破和合僧）

はた〔幡〕 仏*の荘厳《しょうごん》*の具で、これを堂中にかける。→仏教常識〈法具の部〉〈日常語〉同項

はたりし〔波吒釐子〕 パータリプトラ。（梵）Pāṭaliputra の音写。華氏城《けしじょう》と訳される。ガンジス河（恒河）の南岸、現在のパトナにあたる。チャンドラグプタ（月護）王はここをマガダ（摩掲陀《まがだ》*）国の首都とし、全インドを統治した。

はち〔鉢〕 「はつ」とも読む。（梵）pātra の音写、鉢多羅《はたら》の略。鉄鉢《てっぱつ》ともいう。意訳して応器または応量器という。僧侶*が常に持つべき食器のこと。僧侶がこれを携えて行乞《ぎょうこつ》*することを托鉢《たくはつ》*という。→仏教常識〈法具の

部〉同項

はちげだつ〔八解脱〕 八種の解脱観*のこと。すなわち、精神を統一して煩悩《ぼんのう》*を除くための八種類の観法《かんぼう》*をいう。内有色想観外色《ないうしきそうかんげしき》解脱、内無色想観外色《ないむしきそうかんげしき》解脱、浄解《じょうげ》脱身作証具足住《だつしんさしょうぐそくじゅう》、空無辺処《くうむへんしょ》解脱、識無辺処《しきむへんしょ》解脱、無所《むしょ》有処《うしょ》解脱、非想非々想処《ひそうひひそうしょ》解脱、滅受想定解脱身作証具《めつじゅそうじょうげだつしんさしょうぐ》足住《そくじゅう》の八つがそれである。

はちじゅうずいぎょうごう〔八十随形好〕 八十種好《はちじっしゅごう》ともいう。如来《にょらい》*の身体には三十二相*に随伴する八十種の好があるという。好とは相*を細別したものである。

はちじゅうはちかしょ〔八十八箇所〕 四国における弘法大師空海*の遺跡八十八箇所寺をいう。大師の信徒*はこの聖地を巡拝して祈願*する。鎌倉時代に始まり、江戸時代に盛んに行われた。↓仏教常識〈寺院の部〉四国八十八箇所

はちだいじごく〔八大地獄〕 八熱地獄のこと。「八寒地獄は十六小地獄に対応している」↓はちねつじごく（八熱地獄）↓口絵図版〈十界図〉

はちだいしんしょう〔八大神将〕「じんしょう」とも読む。梵天《ぼんてん》*と帝釈天《たいしゃくてん》*と四天王《してんのう》*と密迹《みっしゃく》、金剛《こんごう》の二力士（二王*）とをいう。仏法*を護持*する善神として経蔵*の堂中にまつる。

はちなん〔八難〕（梵）aṣṭākṣaṇa の訳。正法《しょうぼう》*を聞くことのできない八つの境界《きょうがい》*。地獄*・畜生*・餓鬼《がき》*（以上の三つの難は苦しみが激しすぎて法*を聞くことができない）、長寿天・辺地（以上の二つの難は楽しみが多すぎてかえって法を求めようとする心が起こらない）、盲聾《もうろう》瘖瘂《いんあ》（身体の機能的障害）、世智弁聡《せちべんそう》（世間的智恵があるために他のことに心が奪われ法を聞くことができない）、仏前仏後（仏陀*がいないとき）の八難をいう。

はちねつじごく〔八熱地獄〕 閻浮提《えんぶだい》*の下、五百由旬《ゆじゅん》（一由旬は歩兵が一日で行軍する距離をいう）のところにあるという。火熱をもって亡者を苦しめる八種の地獄*。等活《とうかつ》*、黒縄《こくじょう》（熱鉄の縄で縛られる地獄）、衆合《しゅごう》*、叫喚《きょうかん》*、大叫喚（殺生《せっしょう》*、偸盗《ちゅうとう》*、邪婬《じゃいん》、飲酒《おんじゅ》、妄語《もうご》*をなした者が、途方もない間、苦しめられる地獄）、焦熱《しょうねつ》*、大焦熱（殺生、偸盗、飲酒、妄語、邪見《じゃけん》*、非梵行《ひぼんぎょう》《婬行》をなした者が、凄じい炎熱で苦しめられる地獄）、無間《むけん》*の各地獄をいう。↓185頁図版〈須弥山図〉↓口絵図版〈十界図〉

はちぶ〔八部〕 八部衆ともいう。仏法*を守護する八種の異類のこと。天*、竜*、夜叉《やしゃ》*、乾闥婆《けんだつば》*、阿修羅《あしゅら》*、迦楼羅《かるら》*、

緊那羅《きんなら》*、摩睺羅伽《まごらが》*をいう。

はちふくでん〔八福田〕 幸福の原因となる善事を行うべき八種の対象。仏田《ぶつ》、聖人田《しょうにん》、僧田、和尚田《おしょう》、阿闍梨《あじゃり》田、父田《ふ》、母田《も》、病田の称。福田とは幸福が芽ぶき育つ田、という意味。→ふくでん（福田）

はちふじょうもつ〔八不浄物〕 僧家で貯えてはならない八種の財物のこと。田宅、種物、穀帛《こくはく》、奴婢《ぬひ》、畜獣、金銭、釜鍋、象牙をいう。異説もある。

はちぶはんにゃ〔八部般若〕 大品《ぼん》、小品、放光、光讃、道行《どうぎょう》、金剛、天王問《てんのうもん》、文殊《もんじゅ》の八種の『般若経《はんにゃぎょう》*』のこと。

はちぼんは〔八品派〕「はっぽんは」ともいう。日蓮宗*の一派。日隆《にちりゅう》を派祖とする。『法華経《ほけきょう》*』本門*の八品を所《しょ》依《え》*（依りどころ）とすることからこの名がある。京都の本能寺*を本山*とするので本能寺派ともいったが、近年、本門法華宗《ほっけ》と改めた。末寺《まつじ》*三百三十余。

はちまんしせんのほうもん〔八万四千の法門〕 釈尊*一代の教法の総称。八万四千とは数の多さを示し、法門*とは釈尊の説いた教法。その教法が無量広大で数えきれないことをいう。

はちまんしせんのぼんのう〔八万四千の煩悩〕 衆生《しゅじょう》*の煩悩*に八万四千種あるという。煩悩の数かぎりないことをいう。

はつ〔鉢〕 →はち（鉢）

はっかい〔八戒〕 →はっさいかい（八斎戒）

ばつかばせん〔跋伽婆仙〕 バールガヴァ。（梵）Bhārgava の音写。釈尊*が出家*して最初に師事した仙人*。苦行婆羅門《ばらもん》*である。

はっかんさいかい〔八関斎戒〕 →はっさいかい（八斎戒）

はっかんじごく〔八寒地獄〕 閻浮提《えんぶだい》*の下、五百由旬《ゆじゅん》（一由旬は歩兵が一日で行軍する距離をいう）、八熱地獄*のそばにあるという。寒冷をもって亡者を苦しめる八種の地獄*。頞部陀《あんぶだ》（梵）arbuda の音写、皰《ほう》と訳す＝寒さのために皰（腫《は》れ物）ができる地獄。尼刺部陀《にらぶだ》（梵）nirarbuda の音写、皰裂と訳す＝寒さのため皰が裂ける地獄。頞哳吒《あせた》（梵）atata の音写＝寒さを忍ぶ声が出る地獄。臛臛婆《かくかくば》（梵）hahava の音写＝寒くて舌も動かず、わずかな声が出る地獄。虎虎婆《こごば》（梵）huhuva の音写＝寒くて口も開かず、わずかな声が漏れる地獄。〔頞哳吒、臛臛婆、虎虎婆の名称は、それらの地獄の住人が発する声の音写〕 嗢鉢羅《うばら》（梵）utpala の音写＝青蓮華《しょうれんげ》を意味し、寒さのために身が裂けて、青蓮華のようにみえる地獄。鉢特摩《はどま》（梵）padma の音写＝紅蓮華を意味し、寒さのために身が裂けて、紅蓮華のようにみえる地獄。摩訶鉢特摩《まかはどま》（梵）mahā-padma の音写＝大紅蓮華を意味し、寒さのために、身が折れたり裂けたりして、大紅蓮華のようにみえる地獄。訳語や解釈については異説がある。ここでは、唐代の普光《ふこう》『倶《く》舎論記《しゃろんき》』（光記）第十一にもとづいた。→口絵図版〈十界図〉→185頁図版〈須弥山図〉

はっく〔八苦〕→しくはっく（四苦八苦）

はっくぎ〔八句義〕禅*宗の骨子をなす八句の義。正法眼《しょうぼうげん》蔵《ぞう》*、涅槃《ねはん》妙心、実相無相、微妙《みみょう》法門、不立文字《ふりゅうもんじ》*、教外《きょうげ》別伝《べつでん》*、直指人心《じきしにんしん》*、見性成仏《けんしょうじょうぶつ》*の八句をいう。

はっくどくすい〔八功徳水〕『称讃浄土経』に説かれる。清冷《しょうりょう》、澄浄《ちょうじょう》、甘美などの八つの徳を備えた浄土*の水のこと。

ばっくよらく〔抜苦与楽〕仏《ぶつ》*・菩薩《ぼさつ》*が衆生《しゅじょう》*の苦悩を抜き快楽を与えること。大悲《だいひ》*は衆生の苦悩を抜き、大慈《だいじ》は快楽を与えるとする。→じひ（慈悲）

はっけくしゅう〔八家九宗〕わが国平安朝の仏教は、華《け》厳《ごん》*宗、律*宗、法相《ほっそう》*宗、三論*宗、成実《じょうじつ》*宗、倶舎《くしゃ》*宗、天台*宗、真言*宗の八宗（八家）であった。これに禅*宗を加えて九宗となる。八宗と九宗を並べてこのようにいう。

はっさいかい〔八斎戒〕八関《はっかん》斎戒（関は禁の意）ともいう。『中阿含経《ちゅうあごんぎょう》*』に説かれる。在*家の信*者が一昼夜に限って守るべき八種の戒律*。在家の出家*戒。出家戒と同じ功徳《くどく》*を得るとされ、出家・在家両者にまたがって、中国の南北朝以降盛んに行われた。とくに中国大乗仏教の展開に重要な立場を担った。六斎日《さいにち》（旧暦の八日、十四日、十五日、二十三日、二十九日、三十日）に行う。不殺生《ふせつしょう》（生きものを殺さない）、不偸盗《ふちゅうとう》（盗みをしない）、不邪婬《ふじゃいん》（婬らなことをしない）、不妄語《ふもうご》（嘘をいわない）、不飲酒《ふおんじゅ》（酒を飲まない）、不臥高大床《ふがこうだいしょう》（豪華な寝床で寝ない）、不華鬘瓔珞《ふけまんようらく》（身を飾りたてない）、不歌舞戯楽《ふかぶけらく》（歌を歌ったり舞を舞ってはいけない。また、それを見たり聞いたりしてはいけない）の八種と不非時食《ふひじじき》（定まった時以外に食べてはいけない）の一斎をいう。また、不華鬘瓔珞、不歌舞戯楽を合わせて不塗飾香鬘歌舞観聴戒《ふずじきこうまんかぶかんちょうかい》とし、不非時食戒を第八に数える場合もある。この八禁戒をもって斎法（威儀《いぎ》*を整えること）を助成するとする。

はっしき〔八識〕唯識《ゆいしき》*では衆生《しゅじょう》*の心識《しんしき》（認識作用）を分析して八種とする。眼《げん》識、耳《に》識、鼻《び》識、舌《ぜつ》識、身《しん》識、意《い》*識、末那《まな》*識（自我への迷い執われを生ずる識*）、阿頼《あら》耶《や》識*（一切の展開の根本となる識）のこと。

はっしゅう〔八宗〕 平安朝時代の八宗派仏教のこと。華《け》厳《ごん》宗*、律宗*、法相《ほっそう》宗*、三論宗*、成実《じょうじつ》宗*、倶舎《くしゃ》宗*の南都六宗と、天台宗*、真言宗*の北京《ほっきょう》二宗がそれである。

はっしょうどう〔八正道〕 四諦《したい》*、十二因縁*とともに原始仏教*の根本教義。中正にして道理にかない、涅槃《ねはん》*（さとり*の境地）に至る道を正道《しょうどう》といい、これに八種がある。正見《しょうけん》*（四諦への正しい観察《かんざつ》*・見解）、正思惟《しゆい》*（正しい考察・思慮）、正語《ご》*（正見・正思惟にもとづく言語）、正業《ごう》*（正しい行動）、正命《みょう》*（正しい生活方法）、正精進*（正しい努力）、正念*（正しい教法への思念）、正定《じょう》*（正しい禅定《ぜんじょう》*・瞑想）のこと。

はつせでら〔長谷寺、初瀬寺、泊瀬寺〕 ふつう「はせでら」という。新義真言宗*豊山《ぶざん》派*総本山。奈良県桜井市初瀬にあり、豊山神楽院《かぐらいん》と号し、本《もと》長谷寺ともいう。本尊*の錫杖《しゃくじょう》*をもつ十一面観音は二丈六尺七寸（約八メートル）あり、「長谷の観音」として有名。霊験《れいげん》*あらたかであるという。西国《さいごく》三十三所観音*の第八番札所。朱雀元年（六八六）道明《どうみょう》の造立。

はっそう〔八相〕 八相成道《じょうどう》ともいう。釈尊*がこの世にあらわれて、衆生《しゅじょう》*に随順して一生の間に示す八種の相*をいう。八種のあげ方には種々あるが、大別して二種ある。①降兜率《ごうとそつ》（兜率天*よりこの世に降《くだ》る）、托胎《たくたい》（入胎《にったい》＝母の摩耶夫人《まやぶにん》*の右脇より胎内に入る）、住胎《じったい》（母の胎内にありながら、十方に光明*を放ち百方の衆生に説法*する）、出胎《しゅったい》（摩耶夫人の右脇より誕生する）、出家*、成道《じょうどう》*、転法輪《てんぼうりん》*、入滅*。②降兜率、托胎（入胎）、出胎、出家（出城）、降魔《ごうま》*、成道、転法輪、入滅。「四相《しそう》」（生・住・異・滅）より発達した。

はっと〔法度〕 法規のこと。→仏教常識〈日常語〉同項

はつねはん〔般涅槃〕 （梵）parinirvāṇa の訳。滅度《めつど》*、円《えん》寂《じゃく》*と訳す。涅槃に同じ。→ねはん（涅槃）

はっぷ〔八不〕 『中論《ちゅうろん》*』で一切諸法（ありとあらゆる物・事）の真実のあり方を表現するための言葉。八つの「不」。不生《ふしょう》、不滅、不去《こ》、不来、不一《ふいつ》、不異、不断、不常のこと。

はっぷしょうかん〔八不正観〕 不生《ふしょう》、不滅、不去《こ》、不来、不一《ふいつ》、不異、不断《だん》、不常の八不*をいう。これらは衆《しゅ》生《じょう》*が執《とら》われる八種の誤りを正すので八不の正観といわれる。

はっぷちゅうどう〔八不中道〕 八種の誤った固執を「不」字によって否定し去ったところにあらわされる、言

語・思慮を超えた真実のあり方をいう。

はっぽうてん〔八方天〕 帝釈《たいしゃく》天*(東方)、火《か》天*(東南方)、焔魔《えんま》天(南方)、羅刹《らせつ》天(西南方)、水《すい》天*(西方)、風《ふう》天*(西北方)、毘沙門《びしゃもん》天*(北方)、伊舎那《いしゃな》天(東北方)のこと。

ばとうかんのん〔馬頭観音〕 ハヤグリーヴァ。(梵) Hayagrīva の訳。六観音*の一つ。馬頭大士ともいう。頭上に馬頭を頂く忿怒《ふんぬ》形の観音*で、主として畜生道*を教化《きょうけ》*し利益《りやく》*するという。

はなみどう〔花御堂〕 花亭《かてい》ともいう。降誕会《ごうたんえ》*のとき誕生仏*を安置するための、花でかざった小堂をいう。

はもん〔破門〕 師弟の関係を絶って、門下を追放すること。また、宗徒*たる資格を剝奪して、宗門*より排除すること。

はらい〔波羅夷〕 (梵) pārājika の音写。無余《むよ》、極悪、断《だん》頭《ず》、不共住《ふぐうじゅう》と訳す。六聚戒《じゅかい》(波羅夷・僧残《そうざん》*・偸蘭遮《ちゅうらんじゃ》*・波逸提《はいつだい》*・提舎尼《だいしゃに》・突吉羅《ときら》)の一つ。戒律*の中で最も重い極悪罪である。邪婬《じゃいん》(婬らなことをする)、偸盗《ちゅうとう》*、殺生《せっしょう》*、妄語《もうご》*の四罪のことで、四《し》波羅夷*という。この罪を犯せば、ともに僧伽《さんが》*の中に住むことができず、永く仏法*の外に追放されるという。転じて、俗に解雇、放逐の意味に用いる。「おはらいばこ」の語源。

はらだいもくしゃ〔波羅提木叉〕 (梵) prātimokṣa の音写。別解脱《べつげだつ》と訳す。比丘《びく》*、比丘尼《に》*が守る戒*の条文で、根本であるので戒本という。この戒を保持すれば、十悪*の中の身《しん》および口《く》の犯す七支《しちし》(殺生《せっしょう》*・偸盗《ちゅうとう》*・邪《じゃ》婬《いん》・妄語《もうご》*・綺語《きご》*・悪口《あっく》・両舌《りょうぜつ》*)の罪を別々に解脱*することからこのようにいう。

はらたんざん〔原坦山〕 (一八一九—九二) 曹洞《そうとう》宗*の僧。覚仙、鶴巣《かくそう》と号し、磐城(福島県)の人。医学と仏教を修め、明治十二年(一八七九)東京大学印度哲学科の初代講師となった。明治二十五年寂す。主著に『惑《わく》病《びょう》同源論』『首楞厳経《しゅりょうごんぎょう》講義』『無明論《むみょうろん》』等がある。

はらな〔波羅奈〕 ヴァーラーナシー。(梵) Vārāṇasī の音写。婆羅痆斯《ばらなし》ともいう。古代インドの十六大国*の一つ。中インドのベナレス市を中心とした古国で、カーシー(迦尸《かし》)国ともいう。市の東北に初転法輪《しょてんぼうりん》の地、鹿野苑《ろくやおん》*(サールナート)がある。釈尊*は成道《じょうどう》*後、この国の鹿野苑で五比丘《びく》に対して、はじめて説法*した。↓ごびく(五比丘)

はらみつ〔波羅蜜〕 (梵) pāramitā の訳。波羅蜜多《はらみった》と音写。究竟《くきょう》*、度《ど》、到彼岸《とうひがん》とも訳す。衆生《しゅじょう》*の救済をめざす菩薩《ぼさつ》*の基本的な実践徳目。これによって、生死《しょうじ》*の此岸《しがん》(煩悩《ぼんのう》*による苦しみの世界)を渡り涅槃《ねはん》*の彼岸*に到るという。この徳目には六(六波羅蜜*)、あるいは十(十《じっ》波羅蜜《ぱらみつ》)がある。後者は、前者のうちの般若《はんにゃ》波羅蜜*から、方便*・願《がん》*・智《ち》*・力《りき》の四《し》波羅蜜*を分けて合わせたものである。↓ろくはらみつ(六波羅蜜)↓ど(度)

バラモン〔婆羅門〕(梵)Brāhmaṇa の音写。浄行《じょうぎょう》と訳す。インドの四姓《ししょう》*の最高位にある種族。僧侶*の階級で、神と等しい力を持つという。その生活には梵行《ぼんぎょう》*・家《か》住《じゅう》・林棲《りんせい》・遊行《ゆぎょう》*の四期がある。幼時は父母の膝下にあっても、成長して家を出て師に聖典を学び(梵行期)、壮年には家に帰って妻を娶《めと》って生業を営み(家住期)、年をとると出家*して山林に苦行*して(林棲期)後、山林を出て諸方に遊行、世事を超脱して人の施物《せもつ》によって生活をした(遊行期)。

バラモンきょう〔婆羅門教〕仏教*以前のインドの宗教*。ヴェーダ*に基づき、一般人民の日常の教えとしたもの。仏教以後のバラモン教は普通ヒンドゥー教という。

はり〔頗黎〕(梵)sphaṭika の訳。私頗胝迦《しはていか》と音写。水《すい》精《しょう》と訳す。水晶のこと。七宝《しっぽう》*の一つ。

パーリご〔巴利語〕Pāli の訳。南方仏教*の聖典語。発生地は、マガダ*説、ウッジェーニー説など異説が多い。梵語《ぼんご》*に比べると俗語に富む。後に、セイロン*(現スリランカ)に入り、南方仏教の経典*はほとんどこれで記されている。

ばるな〔婆楼那〕ヴァルナ。(梵)Varuṇa の音写。インド神話中の天空神。仏教で十二天*、八方天*の一つ。水《すい》天《てん》*。西方の守護神。夜の大空を神格化したものという。

はわごうそう〔破和合僧〕破僧ともいう。五逆罪*の一つ。僧*にして仏教僧団の和合を乱し分裂をはかる罪のこと。これには破羯磨《こんま》僧(比丘《びく》*の集団内で戒*の別義を立てて和合を乱す)と破法輪《ほうりん》僧(自ら邪法を立てて仏法*を求める僧たちを分離させる。デーヴァダッタ《提婆達《だいばだっ》多《た》*》だけがこれにあたる)の二種がある。

はんえん〔範宴〕↓しんらん(親鸞)

はんかふざ〔半伽趺坐〕片足を組んで趺坐*すること。固く組んだ上側の足をはずし、片方の足だけをひざの上にのせる座り方で、菩薩像《ぼさつぞう》に多くみられる。↓けっかふざ(結伽趺坐)

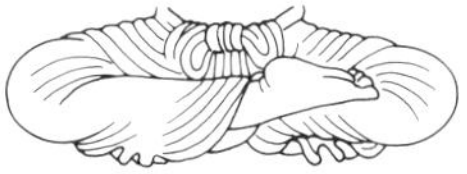

はんじゃく〔判釈〕教相判釈の略。↓きょうそうはんじゃく(教相判釈)

はんじゅ〔般舟〕(梵)pratyutpanna の訳。現前、仏立《ぶつりゅう》と訳す。坐禅*して思惟し続ければ、坐禅中に仏*が眼前に現われるということ。なお、般舟三昧《ざんまい》というのは、七日ないし九十日の間、身《しん》・口《く》・意《い》の三業《さんごう》*において正《しょう》行《ぎょう》をなすことをいい、そのとき現前に仏の姿を見ることができるという。

はんじゅざんまいきょう〔般舟三昧経〕 三巻。後漢の支《し》婁迦讖《るかせん》の訳。般舟*三昧の行法《ぎょうぼう》*、功徳《くどく》*等を説く。阿弥陀《あみだ》仏《ぶつ》*を説く経文の中で最古のものである。㊅13・No.418

ばんずいいん〔幡随院〕 「ばんずいいん」ともいう。→しんちおんじ（新知恩寺）

はんぜんらま〔班禅喇嘛〕 →パンチェン・ラマ（Pan chen bla ma）

ばんそう〔伴僧〕 番僧とも書く。法要*において導師*に伴う僧をいう。

はんそうぼうごんげん〔半僧坊権現〕 半僧坊大権現ともいい、半僧坊とも略す。静岡県引佐《いなさ》郡奥山の臨済宗《りんざいしゅう》*方《ほう》広寺《こうじ》*派大本山方広寺境内にある。同寺の開山*である無《む》文元選《もんげんせん》が元から帰国する際、海上の大風から守り、のち博多や京都の大寺からの招請を断り奥山に入るにあたって、再び現われて元選を助けた。元選のもとで剃髪《ていはつ》*得度《とくど》*し、後に天狗《てんぐ》*となったと伝えられる神異のもののことをいう。その神力《じんりき》*によってながく国家を鎮護し、法*の伝統をまもり一山を守護すると誓ったことから、寺の境内に祠られた。鎌倉の建長寺*山上の奥の院*にも祠られており、参拝者が絶えることがない。

パンチェン・ラマ〔Pan chen bla ma〕 ダライ・ラマ*に次ぐ位のゲルク派（黄《こう》教*）の活仏《かつぶつ》*。阿弥陀仏《あみだぶつ》*の化身《けしん》*とされる。パンチェンとは、偉大な学匠を意味する梵語《ぼんご》*（paṇḍita）と、大・偉大を意味する蔵《ぞう》（チベット）語（chen po）の合成語。

ばんどうさんじゅうさんしょかんのん〔坂東三十三所観音〕 西国《さいごく》三十三所観音*にならって、関東に定めた三十三カ所の観音札所。→仏教常識〈寺院の部〉同項

ばんなじ〔鑁阿寺〕 真言宗*大日《だいにち》派の本山。栃木県足利市家富町。金剛山仁王院法華《ほっけ》坊と号す。通称は大日堂、堀内大御堂という。鑁《ばん》（金剛界*）・阿《あ》*（胎蔵界《たいぞうかい》*）はそれぞれ大日如来《にょらい》*をあらわす種子《しゅじ》*（象徴的意味をもつ文字）で、真言宗*の理想を示す文字である。建久七年（一一九六）足利義兼創建で足利氏の氏寺《うじでら》*、北関東随一の名刹といわれる。

はんにゃ〔般若〕 プラジュニャー。（梵）prajñā の音写。智慧と訳す。→ちえ（智慧）→仏教常識〈日常語〉同

項

はんにゃぎょう〔般若経〕 ↓仏教常識〈経典の部〉同項

はんにゃじ〔般若寺〕 真言律宗*。奈良市般若寺町。本尊*は文殊《もんじゅ》菩《ぼ》薩《さつ》騎《き》獅《し》像。白雉四年（六五三）孝徳天皇の御不例（病気）平癒祈願のため蘇我氏が建立*したと伝える。境内の十三重石塔は般若寺型と称されて有名である。

はんにゃじ〔般若時〕 天台宗教判《きょうはん》*の五時《ごじ》*の第四。釈尊*が方等時《ほうどうじ》*の後、二十二年にわたって摩訶《まか》、金剛、大品《だいぼん》等の諸々の般若経《はんにゃぎょう》*を説かれた時をいう。この時、大乗*・小乗*の二教が対立するという誤った見解を打破したという。↓ごじはっきょう（五時八教）

はんにゃしんぎょう〔般若心経〕 ↓はんにゃはらみったしんぎょう（般若波羅蜜多心経）

はんにゃはらみつ〔般若波羅蜜〕 プラジュニャー・パーラミター。（梵）prajñā-pāramitā の音写。智慧《ちえ》波羅蜜のこと。六度《ろくど》*または十度の一つ。五波羅蜜（布施《ふせ》*・持《じ》戒《かい》*・忍辱《にんにく》*・精進《しょうじん》*・禅定《ぜんじょう》*）を完全に実現することによって体得される真実の智慧*をいう。↓はらみつ（波羅蜜）

はんにゃはらみったしんぎょう〔般若波羅蜜多心経〕「はんにゃはらみたしんぎょう」ともいう。唐の玄《げん》奘《じょう》三蔵*の訳など、異訳七本がある。『般若心経』または『心経』ともいう。わずか二百六十二文字をもって『大般若経*』の心要を説いたもの。㊅8・No.251

はんまんにきょう〔半満二教〕 釈尊*一代の教えを判別して、半字教（小乗*）と満字教（大乗*）としたもの。曇《どん》無讖《むせん》*の声聞《しょうもん》蔵（半）・菩薩《ぼさつ》蔵（満）説、菩提流支《ぼだいるし》*の阿《あ》含時《ごんじ》十二年間（半）・方等以後涅槃《ほうどういごねはん》（満）説もある。

地蔵菩薩真言

カ
オン カ カ カ ビサンマエイ ソワカ

唵 訶 訶 訶 微娑麼曳 娑嚩訶

ha
oṃ ha ha ha vismaye svāhā

帰命《きみょう》す、ハハハ（笑声）稀有なる徳を有する威力尊（地蔵菩薩）よ。成就せよ。

↓本文148頁「じぞう」

《ひ　ヒ》

ひ〔碑〕 死者の功徳《くどく》*を石に刻んで、衆人に見える場所に建てたもの。

ひえいざん〔比叡山〕 京都の東北約十三キロ、京都、滋賀の両府県にまたがる山。頂上は四明《しめい》岳、大岳の二大峰に分かれ、別称を日枝山《ひえさん》、または叡山、台嶺《たいれい》、北嶺などという。延暦七年（七八八）最澄《さいちょう》*がここに延暦寺*を建立*以来、長く日本仏教*の聖地となっている。

ひがしほんがんじ〔東本願寺〕 真宗*大谷派*本山。京都市下京区烏丸通七条。慶長七年（一六〇二）徳川家康の帰依《きえ》*によって、教如《きょうにょ》*は西本願寺*と別立し、現在の地に建立*した。現在の堂宇は明治二十八年（一八九五）以降に再建したもの。本尊*は阿弥陀如来《あみだにょらい》。→ほんがんじ（本願寺）

ひがん〔彼岸〕 パーラミター。①（梵）pāramitā の訳。詳しくは到《とう》彼岸という。煩悩《ぼんのう》*による苦しみの世界を此《し》岸《がん》というのに対し、涅槃《ねはん》*（さとり）の境界《きょうがい》*を彼岸といい、そこに到達すること。→はらみつ（波羅蜜）②世間一般にお彼岸と称して行われる彼岸会《え》とは、春分・秋分の前後七日間にわたって行われる仏教行事。春分・秋分の日を中日《ちゅうにち》とし、中日三日前を彼岸の入り、最後の日を明けとする。俗人は寺に参詣し、僧は連日読経《どきょう》*法談*して仏事*を行ずる。→仏教常識〈行事の部〉彼岸会、〈日常語〉同項

ひがんえ〔彼岸会〕→ひがん（彼岸）②

びく〔比丘〕（梵）bhikṣu の音写。乞士《こつし》と訳す。具足戒《ぐそくかい》*を受けた男性の出家者*。僧*のこと。

びくかい〔比丘戒〕 比丘*の保持すべき戒律*で、二百五十戒*がある。

びくに〔比丘尼〕（梵）bhikṣuṇī の音写。乞士女《こつしにょ》、勤事《ごんじ》女と訳す。具足戒《ぐそくかい》*を受けた女性の出家者*。尼僧のこと。

びくにかい〔比丘尼戒〕 比丘尼*の保つべき戒律*で、五百戒*というが、その実数は三百四十八戒*である。

びくのさんぎ〔比丘の三義〕 比丘*という語に破悪、怖魔、乞士《こつし》（食を乞うて身を養い、法*を乞うて心を養うもの）の三つの意味があることをいう。

ひじ〔非時〕 食事をしてはいけない時。正午以後のこと。

ひじじき〔非時食〕　定められた時間以外に食事をすること。正午を過ぎて食事をすること。

ひじぼうもん〔秘事法門〕　浄土真宗*の異安心《いあんじん》*の一種。教義を公表せず、秘密のうちに伝授することをいう。親《しん》鸞《らん》*の実子の善鸞*より起こるといわれ、これに十劫《じっこう》秘事、不拝《おがまず》秘事、御蔵《おくら》秘事*等がある。

びしゃ〔毘舎〕　ヴァイシャ。(梵) vaiśya の音写。吠舎《べいしゃ》とも書く。インドの四姓《ししょう》*の第三で、農業・工業・商業などの従事者。身分的には上位二階級の支配を受ける。

びしゃもんてん〔毘沙門天〕　ヴァイシュラヴァナ。(梵) Vaiśravaṇa の音写。多聞天《たもんてん》ともいう。四《し》天王《てんのう》*・十二天*の一つ。須弥山《しゅみせん》*の中腹、第四層に住し、夜《や》叉《しゃ》*・羅刹《らせつ》*を率いて北方を守護する。故に北方天ともいう。甲冑に武装した像である。↓185頁図版〈須弥山図〉

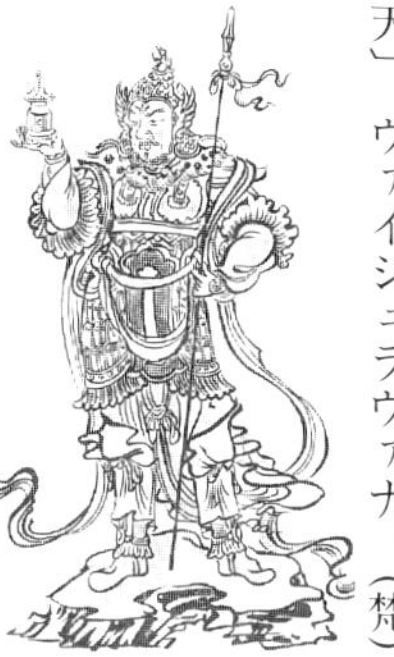

びしゃもんどう〔毘沙門堂〕　天台宗*。門跡《もんぜき》*寺院*の一つ。京都市山科区安朱稲荷山《あんしゅいなりやま》町。護法山安国院出雲寺と号す。本尊*は毘沙門天。延暦年中（七八二—八〇六）最《さい》澄《ちょう》*が京北の出雲路に庵*を造り、自作の毘沙門像を安置した。後に法親王《ほうしんのう》*（皇子が出家*した後、親王の宣下を受けたもの）の住院となった。天海*の弟子の公海《こうかい》が師の志をついで中興し、現在の地に移した。

びしゃり〔毘舎離〕　ヴァイシャーリー。(梵) Vaiśālī の音写。吠舎離《べいしゃり》とも書く。釈尊*在世時のインド六大国の一つ。ガンジス河をはさんでマガダ（摩掲陀《まがだ》*）国の対岸に位置する。仏滅*後百年の第二結集《けつじゅう》（経典*類の編集）が行われた地。ジャイナ教*の開祖マハーヴィーラ*の生地。

ひじょうじょうぶつ〔非情成仏〕　草木《そうもく》国土など情を持たないものもすべて成仏*する（草木国土悉皆《しっかい》成仏*）ということ。

ひそうひひそうじょ〔非想非非想処〕　非有《う》想非無想処ともいう。無色界《むしきかい》*の第四天。三界《さんがい》*（欲界・色界・無色界）の最上位で、有頂天《うちょうてん》*ともいう。この天*に生まれると粗《あら》い想念による煩悩《ぼんのう》*がなく（非想）、きわめて微細《みさい》な煩悩がある（非非想）状態に生きることになるという。仏教以外からは解脱《げだつ》*（さとり*）の境地とされるが、仏教では迷いの世界とされる。

ひち〔悲智〕　慈悲*と智慧*のことで、仏*は衆生《しゅじょう》*を教化《きょうけ》*（教え導く）するのに悲智の二門*によって行う。

ひちえんまん〔悲智円満〕 慈悲*と智慧*とが欠けるところなく完全に具わること。

びちゅうてん〔毘紐天〕 （梵）Viṣṇu の音写。ヴィシュヌ神のこと。ヒンドゥー教三大神の一つで、宇宙維持の神。ガルダ（迦楼羅《かるら》*＝金翅鳥《こんじちょう》）に乗り、輪を前導として、何物をも破砕することが可能という。密教*では那羅延天《ならえんてん》*の別名とされる。

ひっきょう〔畢竟〕 究竟《くきょう》*ともいう。→仏教常識〈日常語〉同項

ひつじょう〔必定〕 不退転のこと。必ず成仏《じょうぶつ》*すると定まった位をいう。→ふたいてん（不退転）

ピッパラ〔畢鉢羅〕 （梵）pippala の音写。樹の名。釈尊*はこの樹の下で成道《じょうどう》*した。このことから菩提樹《ぼだいじゅ》*ともいう。クワ科の常緑喬木で高さ十数メートルに及ぶ。

ピッパラくつ〔畢鉢羅窟〕 中インドの王舎《おうしゃ》*城付近にあった洞窟。摩訶迦葉《まかかしょう》*がよく住したという。『阿育《あいく》王伝』第四等には、ここで第一結集《けつじゅう》（経典*類の編集）が行われたとあるが、律蔵*等によると第一結集は七葉窟《しちようくつ》*にて行われたとする。

ひでんいん〔悲田院〕 聖徳太子*が四天王寺*に設けた四箇《しか》院《いん》の一つ。王朝時代に貧者、老人、孤児、病者を引き取って養ったところ。天平二年（七三〇）光明皇后により平城京の左右に設置され、全国の国分寺*にも設けられるようになった。

ひどう〔非道〕 ①道に外れたこと。②非有非空《ひうひくう》の中道*（有*にも空*にも偏らない真実のありよう）をいう。

びどん〔毘曇〕 →あびだつま（阿毘達磨）

びどんしゅう〔毘曇宗〕 倶舎《くしゃ》宗の前駆で、『阿《あ》毘曇心論』『雑《ぞう》阿毘曇心論』等の諸論に依って立つ宗旨*。→くしゃしゅう（倶舎宗）→仏教常識〈宗派の部〉中国仏教

びなや〔毘奈耶〕 （梵）vinaya の音写、毘尼《びに》ともいう。律に同じ。原義は取り除く、教育する。僧侶*が正しく修行*生活を行うための規則。これを集成したものが律蔵*。→りつ（律）

びに〔毘尼〕 →びなや（毘奈耶）→りつ（律）

ひのくるま〔火の車〕 →かしゃ（火車）

びばしぶつ〔毘婆尸仏〕 ヴィパシュイン。（梵）Vipaśyin の音写。浄観、勝観などと訳す。過去七仏《かこしちぶつ》*の第一。九十一劫《こう》*の昔、人の平均寿命が八万歳だったころ、般頭《はんず》

婆提《ばだい》（旃頭摩提《せんずまだい》）城に生まれ、波羅樹《はらじゅ》の下に成道《じょうどう》*して、説法*し衆生《しゅじょう》*を済度《さいど》*したという。→しちぶつ（七仏）

びばしゃろん〔毘婆沙論〕→あびだつまだいびばしゃろん（阿毘達磨大毘婆沙論）

ひほう〔秘法〕 秘密法の略。密教*で行う護摩《ごま》*、念誦《ねんじゅ》*、坐法などの法*（方法・法則《ほっそく》）の総称。

ひぼう〔誹謗〕 仏*の正法《しょうぼう》*をそしること。→仏教常識〈日常語〉同項

ひみつ〔秘密〕 奥義、奥旨のこと。また、秘めて示さないこと。また密教*のこと。→仏教常識〈日常語〉同項

ひみつかんじょう〔秘密灌頂〕 密教*で行う灌頂*法の総称。

ひみつきょう〔秘密教〕 化儀《けぎ》の四教《しきょう》*の一つ。秘密不定教《ふじょう》という。また密教*のこと。

ひむりょうしん〔悲無量心〕 四《し》無量心の一つ。菩薩《ぼさつ》*が衆《しゅ》生《じょう》*の苦しみを取り除き、苦界《くかい》*から救おうとする限りない大悲*心（あわれみの心）をいう。→しむりょうしん（四無量心）

びゃくえ〔白衣〕 白色の衣服。僧*の黒衣《こくえ》*に対して、俗人をすべて白衣ということがある。

びゃくえかんのん〔白衣観音〕 ①三十三観音*の一つ。石上に草を敷き、その上に結跏趺坐《けっかふざ》*する像である。②大白衣、白処。この尊は常に白衣を着け白蓮の中にある。息災除病や安産などの信仰*の対象とされる。胎蔵界曼荼羅《たいぞうかいまんだら》*の中台八葉院《ちゅうだいはちょういん》の北方観音部の一尊。蓮華《れんげ》部の部母《ぶも》（副将）。

ひゃくかにち〔百箇日〕 →仏教常識〈仏事の部〉同項

びゃくごうそう〔白毫相〕 仏*の三十二相*の一つ。仏の眉《み》間《けん》に白い細毛があり、清浄《しょうじょう》*柔軟《にゅうなん》にして右にうずまき、常に光明《こうみょう》*を放つ。これを白毫という。

びゃくごしゃ〔白牛車〕 →だいびゃくごしゃ（大白牛車）

びゃくしこんま〔白四羯磨〕 一白三羯磨の略。僧*の中で物事を決定する場合、受戒《じゅかい》*などの重要事項はまず他の僧の前で事の次第を発表する。これを表白《ひょうびゃく》*という。次に三度、その可否を問う。これを羯磨*という。一度の表白、三度の羯磨という意味で、重要事を決める時の作法である。

びゃくしぶつ〔辟支仏〕 （梵）pratyekabuddha の音写、独覚《どっかく》、縁覚《えんがく》*と訳す。飛花《ひか》落葉などの外からの縁*によって独力で悟る人。①無仏《むぶつ》の世（仏*の現われない時代）

に出て他からの教えを得ず、独り自ら修行*して悟り*を得ることから独覚と名づける。また、数人が一カ所に集まって修行し、諸々の縁をきっかけとして悟りを得ることから縁覚と名づける。②天台宗*では、無仏の世に悟る人を独覚、仏の在世中に十二因縁*を観じて得道《とくどう》する者を縁覚とする。

ひゃくじょう〔百丈〕→えかい（懐海）

ひゃくじょうしんぎ〔百丈清規〕「はじょうしんぎ」ともいう。二巻。唐の百丈懐海《えかい》*の編。禅寺の規則を定めた最初のもの。元代に勅命によって改修された『勅修《ちょくしゅ》百丈清規』十巻㊅48・No.2025に対して『百丈古《こ》清規』という。

ひゃくはち〔百八〕百八の煩悩《ぼんのう》*になぞらえて種々の事物の数に用いる。たとえば、百八の念誦《ねんじゅ》*、百八の数珠《じゅず》*、百八の鐘*などに見られる。

ひゃくはちのかね〔百八の鐘〕寺院*で除夜の半夜（真夜中＝十二時）からつく百八遍の鐘*。百八の煩悩《ぼんのう》*を洗除するためであるという。

ひゃくはちのぼんのう〔百八の煩悩〕人間の煩悩*を百八類に計算したもの。

ひゃくまんべん〔百万遍〕→ちおんじ（知恩寺）

ひゃくみのおんじき〔百味の飲食〕いろいろな珍味、さまざまの佳肴《かこう》（美味のご馳走）のこと。『無量寿経』*によれば、極楽浄土*には百味の飲食が充満していると説かれる。百味にはさまざまな説がある。

ひゃくゆぎょう〔百喩経〕四巻。僧伽斯那《そうぎゃしな》の撰。求那毘地《ぐなびじ》訳。経蔵《きょうぞう》*より百の譬喩《ひゆ》*を選び、三世《さんぜ》*の因果の道理を示したもの。後世二喩を欠いて、九十八喩ある。㊅4・No.209

びゃくれんしゃ〔白蓮社〕中国の東晋時代、廬山《ろざん》*における慧遠《えおん》*の念仏結社*。太元十五年（三九〇）に結成され、中国の浄土教*はこれより隆盛に向かった。仏堂の東西の二つの池にある蓮華《れんげ》の花にちなんで白蓮社という。

ひゃくろん〔百論〕二巻。提婆《だいば》*著。姚秦《ようしん》の鳩摩羅什《くまらじゅう》*訳。三論*の一つで、三論宗*の基本典籍とされる。仏教以外の教えに説かれる多様な迷執《めいしゅう》を否定し、中論*的な立場を内在させている。㊅30・No.1569

ひゆ〔譬喩〕説法*を理解させるために用いたたとえ話。

ひゆせつ〔譬喩説〕十二部経*の一つ。アヴァダーナ（阿《あ》波陀那《ばだな》）。経典*の中で、譬喩*をもって教理*を説明した部分のこと。

ひょうごう〔表業〕無表業（表にあらわれず、後の結果を生み出す原因になるもの）の対語。他者に表示するはたらきで、『倶舎論《くしゃろん》*』では、身《しん》業*（動作）と語《ご》業（言語）の二つをいう。

びょうちゅうむすい〔瓶中無水〕　三論宗*で、空観《くうがん》*（一切は因縁*によって生じるので実体はない、という見解）にたとえる語。五蘊《ごうん》*の中に我*という実体はないという意味である。

びょうどう〔平等〕　差別《しゃべつ》*の対語。不同なく一様であること。一切にあまねきこと。↓仏教常識〈日常語〉同項

びょうどういん〔平等院〕　単立（もと天台・浄土の両宗に属す）。京都府宇治市。朝日山と号す。本尊*は定朝《じょうちょう》作の阿弥陀如来《あみだにょらい》。もと源融《みなもとのとおる》の別荘。のち宇多、朱雀両天皇の離宮となり、永承七年（一〇五二）藤原頼通が寺とした。本尊が安置されている鳳凰堂《ほうおう》は有名。

びょうどうしょうち〔平等性智〕　如来《にょらい》*の五智《ごち》*（法界体性智《ほっかいたいしょうち》・大円鏡智《だいえんきょうち》・平等性智・妙観察智《みょうかんざっち》*・成所作智《じょうしょさち》*）の一つ。一切が平等*であるという真実を悟り、あらゆる差《しゃ》別《べつ》*を離れて、衆生《しゅじょう》*のために種々の教導をし利益《りやく》*を与える智*をいう。第七識を転じて得られる。五仏《ごぶつ》*に配するときは宝生仏《ほうしょうぶつ》*の智とされる。

ひょうびゃく〔表白〕　法会《ほうえ》*等を行う時に、その趣旨を本尊*・僧*・大衆《だいしゅ》*に告げるために読みあげる文。啓白《けいびゃく》、開《かい》白《びゃく》*ともいう。

ひりょう〔比量〕　（梵）anumāna の訳。因明《いんみょう》*（インド論理学）の用語。真比量の略。三量（現《げん》量*・比量・聖教《しょうぎょう》量＝権威ある文献に引用された言葉）の一つ。一つの事柄によって、他の事柄を正しく推知すること。

びるしゃなぶつ〔毘盧遮那仏〕　ヴァイローチャナ・ブッダ。（梵）Vairocana-buddha の音写。毘盧舎那仏とも記す。毘盧遮那は太陽の意。光明遍照《こうみょうへんじょう》、遍一切処《へんいっさいじょ》と訳す。仏*の名。智慧*の光が遍《あまね》く法界《ほっかい》*を照らして円明《えんみょう》であるという意味である。仏身《ぶっしん》*論においても最重要の仏であるが、これに「大」を意味する摩訶《まか》（《梵》mahā）を付した摩訶毘盧遮那仏は大日如来《だいにちにょらい》*と訳され、法身《ほっしん》*としての最究極の形である。それ以前の『華厳経《けごんぎょう》*』等においては、盧遮那仏、毘盧遮那仏などと音写され、報身《ほうじん》*・応身《おうじん》と様々に解釈されてきた。

ひろさわりゅう〔広沢流〕　真言宗*の実践作法（事相《じそう》*）二派の一つ。真言宗の寛朝《かんちょう》が、山城（京都市）嵯峨の広沢の遍照寺《へんじょうじ》に住し、仁海《にんがい》*の小野流に対して、自流を広沢流と称した。↓とうみつじゅうにりゅう（東密十二流）

ひんじゃのいっとう〔貧者の一灯〕 貧しい中から誠意をもって供養《くよう》*する一灯は、富者の万灯にも勝るということ。

びんずる〔賓頭盧〕 ピンドーラ・バラドゥヴァージャ。（梵）Piṇḍola-bharadvāja の音写の略。詳しくは賓頭盧跋羅惰闍《ばらだじゃ》という。釈尊*の弟子、十六羅漢《らかん》*の第一。白頭長眉の羅漢*である。その像を伽藍《がらん》*の前に安置し、自分の患部に当たる像の場所をなでて除病を念じる風習が古くから行われている。

びんばしゃら〔頻婆娑羅〕 ビンビシャーラ。（梵）Bimbisāra の音写。ビンビサーラ（頻毘娑羅）王ともいう。影堅《ようけん》、模実《もじつ》と意訳する。仏陀時代のマガダ（摩掲陀《まがだ》*）国の王。ラージャグリハ（王舎城《おうしゃじょう》*）に住し、皇后とともに釈尊*に深く帰依《きえ》*、釈尊とその教団を保護した。晩年、息子のアジャセ*（アジャータシャトル＝阿闍世《あじゃせ》）に幽閉され、皇后のイダイケ*（ヴァイデーヒー＝韋提《いだい》希《け》）夫人《ぶにん》の助けの甲斐もなく殺されたという。

ふ　フ

ふうじゅ〔諷誦〕 声をあげて経文《きょうもん》、偈《げ》文、呪文《じゅもん》*を読誦《どくじゅ》すること。

ふうだい〔風大〕 →しだい（四大）

ふうてん〔風天〕 （梵）Vāyu の訳。風を神格化したもの。十二天*、八方天*の一つ。両界曼荼羅《りょうがいまんだら》*では最外《げ》院の西北隅に配される。老仙形であり、幢幡《どうばん》を持ち、衣服などが風に翻った姿で描かれる。

ふおんじゅかい〔不飲酒戒〕 五戒、十戒の一つ。酒を飲むことを禁ずる戒律*。→ごかい（五戒）→じっかい（十戒）

ふかく〔不覚〕 覚*の対語で、真如《しんにょ》*（あるがまま）の実相*を覚知しない衆生《しゅじょう》*の妄心（迷いのこころ）をいう言葉。

転じて一般には、覚悟の確かでないこと、油断して失敗することをいう。

ふかくさりゅう〔深草流〕　もと浄土宗*西山《せいざん》派*の一流。隆信*を派祖とする。山城（京都市）深草に真宗院を創建して、念仏*を弘めたのでこのように名づける。現在は浄土宗西山深草派と称し、京都の誓願寺を総本山*とする。

ふかしぎ〔不可思議〕　①思慮が及ばず、言語による表現もできないこと。考えても知ることが不可能なこと。②異様なこと。ふしぎ。怪しいこと。

ふかとく〔不可得〕　衆生《しゅじょう》*の思慮では会得できないということで、一切の真実のありようをいう。

ふかんざぜんぎ〔普勧坐禅儀〕　一巻。道元*著。仏祖嫡伝《ちゃくでん》の坐禅*の意義や方法、功徳《くどく》*などについて、四六駢儷体《しろくべんれいたい》で著わしたもの。㊅82・No.2580

ぶぎょう〔奉行〕　教を奉じて、行いを正しくすること。

ふくう〔不空〕　（七〇五—七七四）アモーガヴァジュラ。（梵）Amoghavajra の訳。阿目佉跋折羅《あもくきゃばざら》と音写。不空金剛と訳す。北インドか中央アジア出身。中国の四大《しだい》訳経家《やっきょうけ》*（鳩摩羅什《くまらじゅう》*、真諦《しんだい》*、玄奘《げんじょう》*、不空）の一人。真言宗*付法《ふほう》*の第六祖、伝法*の第五祖。十三歳のとき叔父に連れられ長安に行き、金剛智《こんごうち》*に師事。七四一年、師との死別を機にスリランカに渡る。竜智より『金剛頂経《ちょうぎょう》*』系の密教*を授けられ、経論《きょうろん》五百余部を入手、七四六年長安に戻る。『理趣経《りしゅきょう》*』など百十部・百四十三巻を訳出して真言宗*を大成した。唐の玄宗、粛宗、代宗の三代の帝師となり、大暦九年、長安の大広寺に寂す。

ふくうけんさくかんのん〔不空羂索観音〕　「ふくうけんじゃくかんのん」ともいう。（梵）Amoghapāśa の訳。六観音*の一つ。多くは三面六臂《ぴ》で、手に蓮華《れんげ》、錫杖《しゃくじょう》*、羂索《けんさく》*を持つ。不空とは空虚ではない大慈悲の意味、羂索とは綱のことで、これをもって一切衆生《しゅじょう》*をもらさず救うという。不空羂索法は、この観音*を本尊*として修する密教*の修行法*である。

ふぐうほう〔不共法〕　自他別々に感得した法*のことで、他に共通しない独特のもの。たとえば、それぞれの身体のように、その人だけが感得したものをいう。また、仏*のみが有する徳をいう。

ふくしょく〔復飾〕 還俗すること。→げんぞく（還俗）

ふくでん〔福田〕（梵）puṇya-kṣetra の訳。幸福を生み出す田という意味で、如来《にょらい》*または比丘《びく》*などの供養《くよう》*に応じられるもののこと。仏*または僧*などに供養すれば福徳を生ずることから、これを田にたとえていう。

ふけ〔普化〕（？—八六〇）中国唐代の神異《じんい》僧。盤山の宝積《ほうしゃく》禅師*に法を受け、鎮州（河北省正定《せいてい》県）にあって、臨済義玄《りんざいぎげん》*とともに禅機*（禅の極意を得るための能力・努力）を示した。

ふけしゅう〔普化宗〕 禅宗*の一派で、中国唐代の普化*を開祖とする宗派*。日本には建長六年（一二五四）入宋《にっそう》していた東福寺*の覚心《かくしん》*が帰国し伝えたとされる（下総《千葉県》の一月寺を本寺とした）。また、永仁年間（一二九三—九八）天外明普《てんげみょうふ》が虚無《こむ》宗と称して尺八吹奏による禅*を弘めた。徳川時代には武士以外の入宗を禁じたが、幕末には、諸国無頼の徒の集団となり、明治四年（一八七一）廃宗となった。

ふけそう〔普化僧〕 普化宗*の僧*。全国を尺八吹奏をして行脚《あんぎゃ》*する虚無僧《こむそう》*のこと。

ふげん〔普賢〕 サマンタバドラ。（梵）Samantabhadra の訳、三曼多跋陀羅《さんまんたばつだら》と音写。菩薩《ぼさつ》*の名。華厳《けごん》の三聖《さんしょう》*の一つ。普賢とは仏*の慈悲*のきわみという意味。釈迦仏《しゃかぶつ》の右側の脇士《きょうじ》*で、慈悲を司る。また、延命の徳があることから延命菩薩ともいう。

ふげんか〔不還果〕（梵）anāgāmin-phala の訳、阿那含《あなごん》と音写。四向四果《しこうしか》の一つ。欲界《よくかい》*修惑《しゅわく》（煩悩《ぼんのう》*）の九品《くほん》*（九種類）を断ち尽くした聖者《しょうじゃ》*をいう。もはや欲界に還ることがないのでこの名がある。→しこうしか（四向四果）

ふざ〔趺坐〕 足を組んで座ること。結伽趺坐に同じ。→けっかふざ（結伽趺坐）

ふさつ〔布薩〕（梵）poṣadha または upavasatha の音写。浄住、増長《ぞうじょう》、相句説罪《そうくせつざい》などと訳す。諸々の不善や煩悩《ぼんのう》*を断じて、清浄《しょうじょう》*な修行*をするための懺悔《さんげ》*式をいう。毎月十五日、月末に行う。

ぶさんは〔豊山派〕「ぶざんは」ともいう。新義真言宗*の一派。大和（奈良県）の長谷寺《はせでら》*を本山*とする。興教《こうぎょう》大師覚鑁《かくばん》*を宗祖*として、専誉《せんよ》*を派祖とする。弘治の頃（一五五五—五八）根来《ねごろ》山の学頭頼玄《らいげん》の下に専誉が、智積《ちしゃく》院日秀《いんにっしゅう》の下に玄宥《げんゆう》がいて、共に学頭となる。根来山焼き打ちののち天正十五年（一五八七）専誉は大和に入り、豊山長谷寺に門を張って豊山派と称し、玄宥は京都東山に智山派《ちさん》*をおこした。明治三十三年（一九〇〇）に独立し、二千余の末寺《まつじ》*がある。

ふしぎ〔不思議〕 不可思議に同じ。心に思いがたく言語に量《はか》りがたいことをいう。→ふかしぎ（不可思議）

ふじゃく〔普寂〕 ①（六五一—七三九）北宗禅*第七祖。神秀《じんしゅう》*の弟子。長安の大禅定寺《だいぜんじょうじ》・嵩山《すうざん》*（河南省）嵩嶽寺《すうがく》にあって、教学禅の立場から広く禅*を伝えた。弟子は多士済済で一行阿闍梨《いちぎょうあじゃり》などがいる。諡号《しごう》*は大照禅師。②（一七〇七—八一）浄土宗*西山派《せいざん》*の僧。字は徳門、道光と号する。伊勢（三重県）の人。近代まれにみる学僧で、よく各宗に通じ、諸国から要請されて講演を行った。天明元年寂す。晩年にいたるまで著述と講説に明け暮れ、著作は各部門にわたってきわめて多い。

ぶしゅうぎぶくろ〔不祝儀袋〕→仏教常識〈仏事の部〉同項

ふじゅふせこうもんは〔不受不施講門派〕 日蓮宗*の一派。野呂日講《のろにちこう》を派祖とし、岡山の本覚寺《ほんがく》を本山*とする。

ふじゅふせは〔不受不施派〕 日蓮宗*の一派。文禄四年（一五九五）日奥《にちおう》が開く。『法華経《ほけきょう》*』の信者でないものから施《せ》*を受けず、また施をしない。岡山の妙覚寺を本山*とする。→にちおう（日奥）

ふじょうかん〔不浄観〕 五停心観《ごじょうしんかん》*の一つ。我々の身体・食物等を不浄と観じ、それによって貪《むさぼ》りの心を滅ぼすこと。

ふしょうこくし〔普照国師〕→いんげん（隠元）

ふじょうせっぽう〔不浄説法〕 名声や利益のために汚れた心*で法を説くこと。または、邪法（よこしまな教え）を説くこと。

ふしょのぼさつ〔補処の菩薩〕 一生補処の菩薩*に同じ。→いっしょうふしょ（一生補処）

ふしん〔普請〕 普《あまね》く同志に請《こ》い、力を合わせて共に事をなすことで、とくに塔堂を営繕すること。一般には単に、建築すること、あるいは建築そのものをいう。

ふせ〔布施〕（梵）dāna（檀那《だんな》*と音写）の訳。六波羅蜜《ろくはらみつ》*、十波羅蜜《じっぱらみつ》の一つ。他者に説法*や財物などを施すことによって修行*すること。また、出家*、仏教教団、貧者に財物等を施し与えること。衣食等を与えることを財施*といい、教えを説くことを法施*といい、恐怖を取り除くことを無畏施《むいせ》*という。これを三施《さんせ》という。→仏教常識〈行儀の部〉〈日常語〉同項

ふせっしょうかい〔不殺生戒〕 五戒、十戒の一つ。生き物を殺すことを禁じる戒律*。→ごかい（五戒）→じっ

かい（十戒）

ふせはらみつ〔布施波羅蜜〕→せはらみつ（施波羅蜜）

ふせん〔不遷〕（一七八五―一八六七）曹洞《そうとう》宗*の僧。字は物外《もつがい》。伊予（愛媛県）の人。江戸の吉祥寺*に住し、禅*および剣術で知られた。諸藩士と国事を謀り勤王《きんのう》を説いた。

ふぞうふげん〔不増不減〕①増えることも減ることもないこと。一切は空《くう》*（因縁*によって生滅するありよう）であることから、増減がないこと。②無尽《むじん》*に同じ。尽きることがない、ということ。

ふぞく〔付属〕法*を授けて、その維持と弘伝《こうでん》（弘め伝えること）を頼むこと。

ふたい〔不退〕不退転ともいう。さとり*の境地から退かないこと、得た功徳《くどく》*を決してなくさないこと。→ふたいてん（不退転）

ふだいし〔傅大士〕（四九七―五六九）天台宗*。中国東陽郡烏傷《うしょう》県（浙江《せっこう》省義烏県）の人。姓は傅《ふ》、名は翕《きゅう》、字は玄風、号は善慧《ぜんね》。有髪の道士で、また東陽大士ともいう。一切経《いっさいきょう》*（経・律・論とその注釈書）を蔵する転輪蔵（回転式書架）はこの人の創始である。

ふたいてん〔不退転〕（梵）avinivartaniya の訳。不退ともいう。仏道*修行*の過程において、既に得た功徳《くどく》*を決して退失することがないことをいう。→ふたい（不退）→仏教常識〈日常語〉同項

ふだいはい〔札位牌〕→仏教常識〈仏事の部〉同項

ふだしょ〔札所〕霊場*巡礼*の時に祈願*、氏名、月日などを書いた札を納める寺のこと。四国八十八箇所*、西国《さいごく》三十三所観音*など。

ふだらく〔補陀落〕ポータラカ。（梵）Potalaka の音写。補陀洛迦《か》。観音*菩薩《ぼさつ》*の住むという山の名。中国では杭州湾外の舟山列島（浙江《せっこう》省）中にあるといい、玄奘《げんじょう》*三蔵の『大唐西域記《さいいきき》*』にはインドの南端にあると記されている。チベットでは観音霊場*にちなんで、ダライ・ラマ*（観音菩薩の化身《けしん》*）の宮殿をポタラ宮という。

ふだんこう〔不断香〕→仏教常識〈仏事の部〉同項

ふちゅうとうかい〔不偸盗戒〕五戒、十戒の一つ。他人の財物を盗むことを禁じる戒律*。→ごかい（五戒）→じっかい（十戒）

ぶつ〔仏〕仏陀の略。→ぶつだ（仏陀）

ぶつえは〔仏慧派〕日本禅宗の二十四流*の一派。霊山《りょうぜん》仏慧禅師の流れをくむ一派。

ぶっきょう〔仏教〕釈尊*（仏）の説かれた教法、および

それがインド、中国、日本等に弘通《ぐずう》*、発達したものを総称する。

ぶつぐ〔仏具〕 →仏教常識〈仏事の部〉同項

ぶつげ〔仏華〕 →仏教常識〈行儀の部〉同項

ぶつご〔仏護〕 ブッダパーリタ。（梵）Buddhapālita の訳。インド中期中観派《ちゅうがんは》の学匠。プラーサンギカ（帰謬《きびゅう》論証派＝相手の矛盾を指摘することで、その主張をくつがえすプラサンガ論法を用いて空《くう》*を論証する一派）の祖とされる。竜樹*の『中論頌《じゅ》』の注釈である『根本中論註』を著わす。この系統は月称《げっしょう》*に受けつがれた。→ちゅうがんは（中観派）

ぶっこうじ〔仏光寺〕 真宗*仏光寺派本山。京都市下京区高倉通仏光寺。渋谷山阿弥陀《あみだ》仏光寺と号す。寺伝では建暦二年（一二一二）親鸞《しんらん》*の開基*。もと山科にあって興正寺と称したが、後醍醐天皇より仏光寺の号を賜わる。なお仏光寺派は、親鸞の弟子の真仏を派祖として、末寺《まつじ》*三百六十余がある。本尊は阿弥陀如来《にょらい》。

ぶっこくき〔仏国記〕『高僧法顕伝』の別称。→ほっけんでん（法顕伝）

ぶっし〔仏子〕 ①仏*の教えを信ずる者。また仏弟子のこと。②一切の衆生《しゅじょう》*をいう。

ぶっし〔仏師〕 仏工ともいう。仏像*の彫刻や造立に従事する工匠をいう。

ぶつじ〔仏地〕（梵）buddha-bhūmi の訳。菩薩《ぼさつ》*の究極の階位。共十地《ぐうのじゅうじ》（三乗*に共通する十段階の境地）の第十位。情・智に関するあらゆる障害から解放され、ついに成道《じょうどう》*した階位。

ぶつじ〔仏事〕 仏教に関係のある行事のこと。→仏教常識〈仏事の部〉同項

ぶっしょう〔仏性〕（梵）buddha-dhātu の訳。人間が生まれながらにして持っている仏*になる可能性のこと。

ぶっしょうえ〔仏生会〕 →かんぶつえ（灌仏会）

ぶっしょうろん〔仏性論〕 四巻。世親《せしん》*著。陳の真諦《しんだい》*訳。仏性*を説いて、四分十六品《ほん》がある。(大)31・No.1610

ぶつしょぎょうさん〔仏所行讃〕 五巻。馬鳴《めみょう》*著。北涼の曇無讖《どんむせん》*訳。釈尊*の伝記を説いて讃嘆した詩文。文辞豊麗をきわめる。漢訳・チベット語訳は二十八章よりなるが、梵《ぼん》文の原典（《梵》Buddhacarita）は十四章の途中までしか現存しない。(大)4・No.192

ぶっしん〔仏心〕 仏*のこころ。大慈悲の心をいう。また衆生《しゅじょう》*の中に本来あるとする仏性をもいう。→ぶっしょう（仏性）

ぶっしん〔仏身〕（梵）buddha-kāya の訳。仏*の身体。もとは、釈尊*の身体をさした。釈尊の遺言では、生滅《しょうめつ》変化する肉体に執《とら》われず、各自の身心《しんじん》に法*を実現するように教示したが、釈尊の入滅*を機に、仏のさとり*とは何なのか、そのさとりを明らかに体得した仏はどのように存在するのか……等々の問題が生じた。仏は人格的存在か、理としての存在か、徳としての存在か、また、不滅の法としての存在であるとすれば歴史上の釈尊はどう位置するのか、法そのものを仏とするならば、どのように衆生《しゅじょう》*を済度《さいど》*するのか。これらの議論を仏身論という。①初期仏教では、釈尊の説いた法を法身《ほっしん》*(dharma-kāya)といい、釈尊を生身《しょうじん》（色身《しきしん》*＝rūpa-kāya）という。これを二身説という。②大乗仏教*興隆後、法身は法そのものであり、釈尊の生身は衆生に対応して済度する目的から、この世に出現した応身《おうじん》*(nirmāṇa-kāya)とされた。また、仏となるための修行*を積み、その因*による報いとしての身体をもつ仏を報身《ほうじん》*(saṃbhoga-kāya)とされた。これを法報応《ほっぽうおう》の三身《さんじん》*説という。③ほかに四身説、十身説などがある。

ぶっしんしゅう〔仏心宗〕 禅宗*の別称。禅宗は仏陀*の心印（さとり*の印証）を伝えるとすることからこの名がある。

ぶつぞう〔仏像〕 仏*の色身《しきしん》*（身体）を想像してつくったもので礼拝《らいはい》*の対象となる絵画や彫刻をいう。

ぶっそとうき〔仏祖統記〕 五十四巻。南宋の志磐《しばん》著。中国天台宗の立場から、釈尊*以下のインド、中国の高僧*の伝記と系統を記したもの。(大)49・No.2035

ぶつだ〔仏陀〕（梵）Buddha の音写。略して仏*。覚者《かくしゃ》*と訳す。目覚めた人の意。古来インドでは一般に真実を悟ったものを意味していたが、仏教では、開祖のシャーキャムニ（釈迦牟尼《しゃかむに》*）をさす。教理*の上では修行*の目標であり、信仰*の対象としては、凡夫《ぼんぷ》*・声聞《しょうもん》*・縁《えん》覚《がく》*とは明確に区別され、超人的存在である。また、とくに釈尊*をいう。

ぶっだばつま〔仏陀跋摩〕 ブッダヴァルマン。（梵）Buddhavarman の音写。覚鎧《かくがい》と訳す。西域《さいいき》*の人。元嘉九年（四三二）渡宋（渡来の年時・場所には諸説がある）、『阿毘曇毘婆沙論《あびどんびばしゃろん》』百巻を訳した。

ぶっだやしゃ〔仏陀耶舎〕（四—五世紀）ブッダヤシャス。（梵）Buddhayaśas の音写。覚明《かくみょう》と訳す。カシュミール（罽賓《けいひん》）の人。東晋の時代に中国に渡来。赤髭でよく毘婆沙《びばしゃ》（経*・律*の注釈書）を解したので、赤髭毘婆沙と称された。『四分律《しぶんりつ》』*『長阿含経《じょうあごんぎょう》』*等を訳出して、インドに帰った。

ぶつだん〔仏壇〕 ↓仏教常識〈法具の部〉〈仏事の部〉同項

ぶっつうじ〔仏通寺〕 臨済宗《りんざいしゅう》*仏通寺派*大本山。広島県三原市高坂町。山号は御許山《みきさん》。本尊*は釈迦如来《しゃかにょらい》。応永四年（一三九七）小早川春平の創建で、愚中周及《ぐちゅうしゅうきゅう》を開山*とする。

ぶっつうじは〔仏通寺派〕 臨済宗《りんざいしゅう》十四派*の一つ。愚中《ぐちゅう》周及《しゅうきゅう》を開祖とし、仏通寺*を本山*とする。

ぶっつうぜんじ〔仏通禅師〕（一二二九―一三一二）痴兀《ちこつ》大慧《だいえ》の謚号《しごう》*。臨済宗《りんざいしゅう》*の僧。伊勢（三重県）の人。はじめ比叡山*に学び、密教*にも精通。東福寺*にて弁円《べんねん》*と問答し、かえってその弟子となり法*を嗣ぐ。のち東福寺住持《じゅうじ》*になる。伊勢の安養寺、大福寺の開山*。

ぶってん〔仏典〕 仏教の聖典。

ぶつど〔仏土〕 仏*の在住する国土、仏の世界。また、仏《ぶっ》刹《せつ》、仏国、仏界、浄土*などともいう。これには二土、三土、四土の各説がある。

ぶつどう〔仏道〕 ①仏果《ぶっか》。仏*のさとり*をいう。②仏の説いた教法の道。さとりに導く道、仏になるための道を意味する。

ぶっとちょう〔仏図澄〕（二三二―三四八）ブッダシンハ。（梵）Buddhasiṃha の音写。師子覚と訳す。姓は帛《はく》氏。中央アジアのクチャ（亀茲《きじ》*）の人。晋の懐帝永嘉四年（三一〇）敦煌《とんこう》を経て洛陽に来る。のち後趙王石勒《せきろく》の元に赴き帰信を得る。中国人出家者の道を開き、寺を多数開創し、初めて巨大仏教教団をつくった。永和四年寂す。神通《じんずう》*力《りき》や呪術、予言に長けた神異《しんい》僧でもあり、死後、墓を発《あば》いてみると屍はなく、杖と靴が残るのみであったと伝えられる。これが、仏教における尸解仙《しかいせん》記事の最初である。弟子に釈《しゃく》道安*、竺法雅《じくほうが》、竺法太《ほうたい》らがいる。

ぶっとん〔仏音〕 仏鳴《ぶつみょう》ともいう。ブッダゴーシャ。（梵）Buddhaghoṣa の訳。中インド・マガダ（摩掲陀《まがだ》*）国のブッダガヤ（仏陀伽耶）付近の人。四三〇年頃セイロン*（現スリランカ）に渡り、大寺（Mahāvihāra）の蔵書を閲覧し、マヒンダ（摩哂陀《まひんだ》*）の伝えた三蔵《さんぞう》*をパーリ語*に翻訳して注釈した。セイロンの仏教徒はその学徳をたたえて、弥勒《みろく》*の再来とした。

ぶっぱん〔仏飯〕 ↓仏教常識〈行儀の部〉〈仏事の部〉同項

ぶっぽう〔仏宝〕 三宝《さんぼう》*の一つ。仏*のこと。仏は衆生《しゅじょう》*の機*（能力）にしたがって法*を説き、これを救済することから宝という。

ぶっぽう〔仏法〕 仏陀*の説かれた教法。

ぶっぽうそう〔仏法僧〕 →さんぼう（三宝）

ぶっほんぎょうきょう〔仏本行経〕 七巻。劉宋の宝雲訳。釈尊*一代の伝記を三十一品《ほん》に分けて説いたもの。㊅4・No.193

ぶっほんぎょうじっきょう〔仏本行集経〕 六十巻。『本行集経』ともいう。隋の闍那崛多《じゃなくった》訳。釈尊*の伝記を最も詳しく説いたもので法蔵部《ほうぞうぶ》*の所伝といわれる。㊅3・No.190

ぶつみょうえ〔仏名会〕 →ぶつみょうさんげ（仏名懺悔）

ぶつみょうさんげ〔仏名懺悔〕 御仏名、仏名会《え》ともいう。十二月十五日から十七日までの三夜（後には十九日より三夜、その後は一夜）過去・現在・未来の三世《さんぜ》*の諸仏の御名を称えて罪障を懺悔《さんげ》*する行事である。

ぶつめつ〔仏滅〕 ①釈尊*の寿命の終わること。仏*の入滅《にゅう》*をいう。②暦の六輝《ろっき》（先勝《せんしょう》・友引・先負《せんぷ》・仏滅・大安・赤口《しゃっく》）の一つ。勝負なしの日。もともとは物滅と書かれたが、廃仏毀釈《はいぶつきしゃく》*のとき、仏滅と書くようになった。

ふと〔浮屠〕 仏陀の旧訳《くやく》*。→ぶつだ（仏陀）

ふどうそん〔不動尊〕 →ふどうみょうおう（不動明王）

ふどうほう〔不動法〕 不動明王《みょうおう》*を本尊*として息災増益《そうやく》のために修する祈祷法*。

ふどうみょうおう〔不動明王〕 アチャラナータ。（梵）Acalanātha の訳。密号《みつごう》*は常住金剛。五大（尊）明王*の一つ。大日如来《だいにちにょらい》*が一切の悪魔*を降伏《ごうぶく》*するために変化《へんげ》*して、忿《ふん》怒《ぬ》身をあらわしたもの。常に大火炎の中にあって石上に座る。不動尊、不動使者などともいう。すべての人のあらゆる災厄を救うため、身軽な姿（使者形《ししゃぎょう》）をする、とされる。

ふに〔不二〕 二つでないこと。空《くう》*をあらわす言葉で、すべての現象の根底となる真実は相対的な概念を超えているということ。

ふにかんのん〔不二観音〕 三十三観音*の一つ。両手をたれて前に重ね、蓮の葉に乗って水上に浮かぶ姿の像である。

ぶはぶっきょう〔部派仏教〕 仏滅*後百年より以後、三百年間の仏教*をいう。この間に、小乗二十部と称される二十の部派が成立した。→しょうじょうにじゅうぶ（小乗二十部）→仏教常識〈宗派の部〉インド仏教

ふひかんのん〔普悲観音〕 三十三観音*の一つ。両手を衣で覆い、前に垂れて、丘に立つ像である。

ふほう〔付法〕 教法を付属*すること。師が弟子に教法を伝授して後進に伝えさせること。付法相承《そうじょう》*という。

ふほういつ〔不放逸〕 大善地法《だいぜんじほう》*の一つ。悪法をふせぎ、善法にいそしむ精神作用をいう。

ふほうはっそ〔付法八祖〕 真言宗*の信仰*を伝える八師をさす。大日如来《だいにちにょらい》*・金剛薩埵《こんごうさった》*・竜猛《りゅうみょう》*・竜智・金剛智《ち》*・不《ふ》空《くう》*・恵果《けいか》*・空海*をいう。

ふもうごかい〔不妄語戒〕 五戒、十戒の一つ。うそ・いつわりをいうことを禁ずる戒律*。→ごかい（五戒）→じっかい（十戒）

ふもん〔普門〕（一二一二—九一） 臨済《りんざい》宗*の僧。京都の南禅寺*の開山*。字は無関、諱《いみな》は玄悟、普門と号す。信濃（長野県）の人。東福寺*の円爾弁円《えんにべんねん》*に師事して禅*を修め、建長三年（一二五一）四十歳で宋に渡り、留学十二年ののち帰朝。正応四年（一二九一）亀山上皇は離宮を改めて南禅寺を創立、師を第一開山に迎えた。同年、東福寺に寂す。仏心禅師、大明《だいみん》国師と勅諡《ちょくし》する。

ふもんぼん〔普門品〕 詳しくは『妙法蓮華経《みょうほうれんげきょう》*』観世音菩《かんぜおんぼ》薩《さつ》普門品といい、単に観音品ともいう。『法華経《ほけきょう》*』第二十五品で、もとは独立の経典*であったとみられ、今日でも別立して『観音経《かんのんぎょう》*』ともいう。

ふようぎょう〔普曜経〕 大乗*の仏伝。八巻。西晋の竺法《じくほう》護《ご》*訳。(大)3・No.186 異訳に『方広大荘厳経《ほうこうだいしょうごんきょう》*』十二巻。唐の地婆訶羅《じばから》訳がある。(大)3・No.187

プラークリット〔Prākṛt〕 サンスクリット*がインドの聖語であるのに対して、これはインドにおける俗語である。

ブラフマン〔brahman〕 →ぼん（梵）

ふりゅうもんじ〔不立文字〕 文字にとらわれないこと。禅宗*で標榜する語で、法*は言語文字によらず、心から心へのみ伝えられるという意味。多く「教外別伝《きょうげべつでん》*」「以《い》心伝心《しんでんしん》*」と連用される。

ふりょうぎきょう〔不了義教〕 了義教*の対語。真実の意味を隠して明瞭にせず、方便*をもって仮に説いた説教*をいう。

ふるな〔富楼那〕 （梵）Pūrṇa Maitrāyaṇīputra の音写の略。満慈子、満

願子と訳す。仏*の十大弟子*の第五。バラモン*出身で、母は阿若憍陳如《あにゃきょうじんにょ》*の妹。仏弟子の中でも説法*に最も優れていたため説法第一といわれる。

ふわくにんじょう〔扶惑潤生〕 煩悩《ぼんのう》*のたすけをかりて生をうけること。菩薩《ぼさつ》*が衆生《しゅじょう》*のために、わざと煩悩を断ぜず、三界《さんがい》*（欲界《よくかい》・色《しき》界・無色界）に生を受けること。

ぶんざい〔分斉〕 程度、分位（差別された範囲または相当の位置）をいう。一般には分際と書く。

ふんぞうえ〔糞掃衣〕 五種衲衣《のうえ》の一つ。塵の中に捨てられた布で作った衲衣*。

ふんだりけ〔芬陀利華〕 （梵）puṇḍarīka の音写。白蓮華《びゃくれんげ》と訳す。蓮華の一種。

ふんぬそう〔忿怒相〕 仏像*の形容《ぎょうよう》の一つで、慈悲*相の対。明王《みょうおう》*などの忿怒・威猛《いみょう》の表情をいう。温和な表現では教化《きょうけ》*し難い衆生《しゅじょう》*を救うためにあらわされる。

ふんべつ〔分別〕 （梵）vikalpa の訳。思惟《しゆい》、計度ともいう。心が対象を思惟し認識判断する作用をいう。一般でもほぼ同じ意味で用いられ、思慮のあること、道理をわきまえることをいう。

へ

へいげんじ〔平間寺〕 通称、川崎大師。真言宗*智山《ちさん》*派大本山。金剛山金乗院と号す。神奈川県川崎市大師河原。大治年間（一一二六―三一）平間兼乗《ひらまけんじょう》が海中より得た弘法大師空海*像を本尊*として堂*を建立*、尊賢を開山*に請じた。鳥羽天皇の勅願寺《ちょくがんじ》*であったが、のち荒廃していたのを明和年間（一七六四―七一）隆範が入寺再興した。厄除け大師として知られる。高尾山薬王院*、成田山新勝寺*とともに、智山派関東三山の一つ。

べいしゃ〔吠舎〕 ヴァイシャ。→びしゃ（毘舎）

へいしゅう〔併修〕 →仏教常識〈仏事の部〉同項

へいぜい〔平生〕 臨終《りんじゅう》*の対語。ふだんのとき。

へいぜいごうじょう〔平生業成〕 臨終《りんじゅう》業成*の対語。平生*に往生*のことを考え、安心《あんじん》*を得て往生の業事《ごうじ》（はたらき）を成就*すること。

べいだ〔吠陀〕 →ヴェーダ（Veda）

べいだんた〔吠檀多〕 →ヴェーダーンタ（Vedānta）

へきかんばらもん〔壁観婆羅門〕　菩提達磨《ぼだいだるま》のこと。『二入《ににゅう》四行論』によれば、達磨大師は、嵩山《すうざん》*の少林寺*（河南省登封県）で面壁《めんぺき》（壁に向かって坐禅*すること）九年に及んだので、当時の人がこのように呼んだという。↓ぼだいだるま（菩提達磨）

へきがんろく〔碧巌録〕　十巻。詳しくは『仏果圜悟《ぶっかえんご》禅師碧巌録』。宋の圜悟克勤《こくごん》*著。碧巌とは、政和年間（一一一一―一一一七）禅師が持住した澧《れい》州（湖南省）霊泉院の方丈《ほうじょう》*の名にちなんだもの。内容は雪竇《せっちょう》禅師（明覚大《みょうかくだい》師重顕《しじゅうげん》）の『頌古《じゅこ》百則』（百則の公案*に対し、自ら体得した境地を詩句で表現したもの）をとって、それに垂示《すいじ》（小序）・評唱・著語《じゃくご》（短評）したものである。(大) 48・No.2003

べついん〔別院〕　一宗の本山*以外で、これに準ずる寺院*の呼称。

べつがん〔別願〕　仏《ぶつ》*・菩薩《ぼさつ》*共通の願*である四弘誓願《しぐぜいがん》*のような総願に対して、薬師《やくし》*の十二願、弥陀《みだ》*の四十八願*のような仏・菩薩独自の誓願*のこと。

べっきょう〔別教〕　天台教判（天台宗*の教相判釈《はんじゃく》*）の化《け》法《ほう》*四教の第三。この教えは声聞《しょうもん》*・縁覚《えんがく》*とは別に、もっぱら菩薩《ぼさつ》*のために大乗*の法*を説き、前の蔵・通、後ろの円と異なる（別なる）教えであることからこのようにいう。また、別教一乗（華厳《けごん》*宗でいう、三乗*を超えた絶対的な一乗*）のことをいう。

べつじねんぶつ〔別時念仏〕　如法《にょほう》念仏ともいう。特別の道場*を設け、一日・二日、または一週間・二週間・三週間、長い時は九十日などと期間を定めて、とくに勇《ゆう》猛《みょう》に余念なく念仏*すること。

べっしん〔別申〕　通申《つうしん》の対語。ある特殊のことを述べること。

べっそんまんだら〔別尊曼荼羅〕一尊を中心に描いた曼荼羅*のこと。釈迦《しゃか》曼荼羅、如意輪《にょいりん》曼荼羅など。

べっとう〔別当〕　「べとう」ともいう。僧官の名。諸寺の長官で一山の寺務を統轄するもの。転じて後に、乗馬の口取《くちとり》、馬丁《ばてい》の呼称となった。

べんあ〔弁阿〕　↓べんちょう（弁長）

へんぎょう〔偏教〕　一方に偏《かたよ》った教え。小乗*あるいは大乗*のうちの権《ごん》*教をいう。

へんげ〔変化〕　形を変えていろいろな姿を現わすこと。転じて、ばけものの意。↓仏教常識〈日常語〉同項

べんけい〔弁慶〕　（?―一一八九）伝説色の強い豪傑僧。武蔵坊と号する。幼名は鬼若丸、熊野別当の湛増《たんぞう》の子

と伝えられている。書写山で学んだと伝えられるが、学問を好まず、武道に秀でていた。源義経の臣下となり、功績をあげるが、後、義経とともに奥州（岩手県）に落ちのび、文治五年衣川で戦死した。

へんげしん〔変化身〕　三身《さんじん》*の一つ。衆生《しゅじょう》*を化益《けやく》するために化現《けげん》*した仏身《ぶっしん》*をいう。

へんけん〔辺見〕　（梵）antagrāha-dṛṣṭi の訳。辺執《じゅう》見ともいう。五見*の一つ。人間の身体は死後断滅する（滅び去り何もなくなる＝断見*）として、あるいは常住*する（常見*）として、それぞれ執着《しゅうじゃく》*する断見と常見の二つの妄見*。

べんけんみつにきょうろん〔弁顕密二教論〕　略して『二教論』二巻、空海*著。顕教《けんぎょう》*と密教*の優劣、浅深を論じた書で十巻章《じっかんしょう》*の一つ。㊅77・No. 374

べんざいてん〔弁才天〕　サラスヴァティー。（梵）Sarasvatī 大弁才天、大弁才功徳《くどく》天、妙音《みょうおん》天、略して弁天ともいう。もと河川の神であったが、後に弁論の女神となり、学問・芸術等の守護神となる。

仏教*に取り入れられて『金光明最勝王経《こんこうみょうさいしょうおうきょう》*』大弁才天《てん》女品《にょぼん》に吉祥天《きちじょうてん》*とともに詳説される。弁財天と記される場合、財産の守護神的性格を有する。像容は古くは八臂《ぴ》で武器を持つ。後に二臂で琵琶《びわ》を持つ像が造られた。わが国で弁天を七福神に加えたのは弁財天と混同したもののようである。

へんじ〔辺地〕　①周辺の境地。②阿弥陀如来《あみだにょらい》*の本願*を疑うものの生まれるところ。『無量寿経*』で説疑城胎宮《せつぎじょうたいぐ》、すなわち第二十願の自力《じりき》*念仏*（自分の力による修行*）のものの生まれるところ。↓たいぐ（胎宮）③辺鄙《へんぴ》な土地。仏典*では中国・ギリシャをさす。

へんじゅう〔偏執〕　ある一つの見解に固執すること。

へんじょう〔遍昭〕　遍照とも書く。（八一六―八九〇）天台宗*の僧。俗姓は良岑宗貞《よしみねむねさだ》、桓武天皇の孫。世に良《りょう》少将という。出家*の後は、花山僧正《かざんそうじょう》、中院僧正、良僧正という。元慶《がんけい》寺を創建。和歌に長じ、六歌仙、三十六歌仙の一人である。寛平二年寂す。

へんじょうこんごう〔遍照金剛〕　↓くうかい（空海）

へんじょうなんし〔変成男子〕　転女成男《てんにょじょうなん》ともいう。女性は五障《ごしょう》*（梵《ぼん》天・帝釈《たいしゃく》天・魔王・転輪聖《てんりんじょう》王・仏になれない）のために仏道*修行*を成就*できないので、成仏《じょうぶつ》*するにはこの身において、または浄土*に生まれて男性に変わらねばならないとする。『法華経《ほけきょう》*』提婆達多品《だいばだったぼん》などに説かれる。

べんしょうろん〔弁正論〕　八巻。唐の法琳《ほうりん》著。道教*・儒《じゅ》教と仏教*を比較して、仏教のすぐれていること、正しいことを述べたもの。㊀52・No.2110

べんず〔弁事〕　禅寺で雑務を司る役僧。

へんたんうけん〔偏袒右肩〕　古代インドの礼法の一つで、比丘《びく》*が尊者《そんじゃ》*に対する時、衣*の右肩を露出する着方をいう。外出遊行《ゆぎょう》*の時は、両肩に衣をかける通肩の姿となる。この二つの形は後に如来形《にょらいぎょう》の仏像*に用いられる。

へんち〔遍知〕　（梵）parijñāna の訳。偏知ともいう。あまねく一切を知り尽くすこと。これには二つある。四諦《したい》*の道理をあまねく知るのを無漏智《むろち》*（智遍知）といい、無漏智によって煩悩《ぼんのう》*を断ずるのを断遍知という。

べんちょう〔弁長〕　（一一六二―一二三八）浄土宗*第二祖、鎮西《ちんぜい》流の祖。号は聖光《しょうこう》房。字は弁阿《べんあ》(弁阿弥陀仏《みだぶつ》)と号する。筑前（福岡県）の人。比叡山*で天台を学んだが、弟の死に無常*を感じ、建久八年（一一九七）吉水で法然《ほんねん》*の浄土教*を聞く。筑後を中心に浄土宗を弘め、建久二年（一一九一）筑後山本に後の善導寺*を創建。嘉禎四年寂す。二祖上人、鎮西上人と敬称される。文政十年（一八二七）大紹正宗国師《しょうじゅう》と勅諡《ちょくし》する。『浄土宗要集』六巻、『徹選択集《てっせんちゃく》』二巻、『念仏三心《さんじん》要集』一巻、『浄土宗名目《みょうもく》問答』三巻等の著作がある。→ちんぜいは（鎮西派）

べんてん〔弁天〕→べんざいてん（弁才天）

へんにゃく〔変易〕　①（梵）pariṇāma の訳。転変、明らかな変異。②変易生死《しょうじ》の略。輪廻《りんね》*を離れた聖者《しょうじゃ》*の生死*。これに対して輪廻に支配される凡夫《ぼんぶ》*の生死を分断《ぶんだん》生死という。

べんねん〔弁円〕　（一二〇二―一二八〇）臨済《りんざい》宗*の僧。京都の東福寺*の開山*。字は円爾《えんに》、駿河（静岡県）の人。嘉禎元年（一二三五）宋に入り、径山《きんざん》の無準師範《ぶしゅんしぱん》に禅*の要諦をうけ、在宋六年後帰国、藤原道家に迎えられて東福寺の開山となる。弘安三年十月十七日寂す。聖一《しょういち》国師と勅諡《ちょくし》す（国師*号の最初）。著書に『三教要略』『十宗要道』等がある。その法流を東福寺派*と称する。

へんぶん〔変文〕「へんもん」とも読む。中国で唐代に、仏教*の影響から発達した民間文学の一つ。変とは、仏典*の内容を図示した変相図（仏教説話画・浮き彫り）

の意味で、密教*の曼荼羅《まんだら》*と同義。阿弥陀《あみだ》*変、浄土*変、地獄*変、目連《もくれん》*変、維摩《ゆいま》*変などを説明し講唱するための台本を変文という。唐代後半の仏教寺院は、布教の方法の一つとしてこれを用い、流行をきわめた。その用語は、禅*の語録などとともに、現代口語（白話《はくわ》）のもととなった。

へんろ〔遍路〕→じゅんれい（巡礼）

文殊菩薩真言

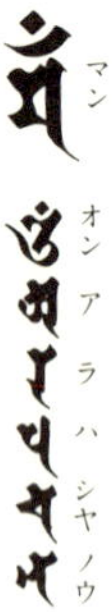

マン　オンアラハシヤノウ

maṃ

唵　阿囉鉢遮那

oṃ arapacana

無戯論者《むけ》（文殊菩薩）に帰命《きみょう》し奉る。

→本文369頁「もんじゅ」

ほ　ホ

ほう〔法〕（梵）dharma 達磨《だるま》*と音写。法則、規範、のりの意味で、仏教の中心観念。①それ自体の特性を保持するもの。性質。属性。②他物に対する了解心を生じさせるもの。存在するもの。諸法*。③道理。真実。④正義。善。⑤仏陀*の教法。

ぼう〔坊〕　もとは市街の一区画をいったが、のち寺中の小院を指すようになった。禅宗*における塔頭《たっちゅう》*と同じ。転じて、僧*の住居をいい、また僧そのものをいう。

ほういち〔抱一〕→もんせん（文詮）

ほういつ〔放逸〕（梵）pramāda の訳。心所《しんじょ》*の名。修行*を妨げるなげやりな精神作用。なまけること。

ほういん〔宝印〕　法印とも書く。如来《にょらい》*の種子《しゅうじ》*（象徴する文字）である梵字《ぼんじ》*を刻んで印したもの。

ほういん〔法印〕　①正法《しょうぼう》*が真実であり不動不変であることを称して印（印可《いんか》*決定《けつじょう》*）という。仏*の教法が仏教*以外の教えと異なる特徴を示す標幟。三法印《さんぽう》*、四法印（三法印と一切皆苦《かいく》）などがある。②密教*にいう印契《いんげい》*をさす。③法印大和尚位《だいかしょうい》の略で僧位*の名。

ほううん〔法雲〕　①（四六七―五二九）中国江蘇省の人。姓は周氏。梁の武帝の勅命によって光宅寺《こうたくじ》の主となったことから光宅寺法雲と称された。武帝は大いに師を敬い、梁の三大法師《ほっし》（智蔵・僧旻《そうみん》・法雲）の一人であった。大通三年寂す。著書に『法華経義記《ほけきょうぎき》』八巻 ㊅33・No.1715がある。②（一〇八八―一一五八）中国長州の人。字は天瑞《てんずい》、自ら無機子《むきし》と称する。天台の清弁《せいべん》から法*（仏の教え）を継ぎ、蘇州景徳寺に住して『翻訳名義集《みょうぎ》*』七巻あるいは二十巻 ㊅54・No.2131を著わす。宋の紹興二十八年寂す。

ほううん〔法蘊〕　法聚《ほうじゅ》ともいう。蘊は集まること。法門*（さとり*に至る教え）を集めたもの。八万四千の法蘊、八万の法蘊など。

ほうえ〔法衣〕　僧侶*の着る衣服《えぶく》。または衲衣《のうえ》*、僧衣《そうえ》*、法服、僧服*などという。↓仏教常識〈仏事の部〉同項

ほうえ〔法会〕　斎会《さいえ》*、法要*、仏事*ともいう。多くの僧俗（出家*と在家*）が集まって仏*を讃歎し、法*（仏の教え）を説き、施物《せもつ》を供養《くよう》*するなどの仏事をいう。↓仏教常識〈仏事の部〉同項

ほうえつ〔法悦〕　法*（仏の教え）を聞いて生じる悦《よろこ》び。

ほうえん〔法筵〕　法座ともいう。講経（経典*の解説・講義）、法話などの開かれる会座《えざ》*（あつまり。むしろの敷かれた場所）をいう。

ほうおう〔法王〕　（梵）dharma-rāja の訳。仏法*の王という意味で、如来《にょらい》*のことをいう。

ほうおう〔法皇〕　太上法皇《だいじょう》の略。譲位の後、出家*、入道*する上皇《じょうこう》をいう。昌泰二年（八九九）受戒*した宇多天皇を最初とする。

ほうおんこう〔報恩講〕　一般には、宗祖*の忌日《きにち》*に信徒*を集めて報恩のために行う法要*。真宗*では親鸞《しんらん》*への報恩謝徳（報謝*）のため、忌日を満座（最終日）として一週間前から営む法会《ほうえ》*。本願寺派*は新暦に換算して一月九日から十六日まで。大谷派*は十一月二十一日から二十八日まで。御七夜ともよばれる。

ほうおんじゅりん〔法苑珠林〕　百巻。唐の道世《どうせ》編。六六八年成立。およそ百編に分け、種々の名目《みょうもく》*（用語）、法門*（諸派の教え）を明らかにしている仏教百科事典。㊅53・No.2122

ほうが〔奉加〕　神仏に財物を寄進*すること。その旨を記した文書を奉加状という。↓仏教常識〈日常語〉同項

ほうが〔法我〕 ↓ほっしゅう（法執）

ほうかいは〔法海派〕 日本禅宗の二十四流＊の一派。仏心《ぶっしん》寺《じ》門徒という。京都の仏心寺の静照《じょうしょう》の法流（教えの系統）をくむ一派。

ほうかいぼう〔法界坊〕 （一七五一—一八二九） 穎玄と称し、法界坊はその号である。近江（滋賀県）坂田郡の上品《じょうぼん》寺で出家＊し、堂宇修理のため、江戸に出て吉原の遊女を勧進《かんじん》＊主に托鉢《たくはつ》＊により梵鐘《ぼんしょう》＊を鋳造した。歌舞伎の脚本では堕落坊主として描かれているが、実像ではない。

ほうがちょう〔奉加帳〕 奉加＊の人名とその財額を記した帳簿。

ほうき〔法器〕 法＊（仏の教え）をうけるに堪える衆生《しゅじょう》＊。また、仏教を信じる因縁＊のある人。

ほうぐ〔法具〕 ↓仏教常識〈法具の部〉同項

ほうけにど〔報化二土〕 真実報土＊（阿弥陀如来《あみだにょらい》＊の本願＊のままに修行＊した者の生まれる極楽浄土＊）と方便＊化土《けど》＊（自《じ》力《りき》＊修行者が生まれる国土で、阿弥陀如来がこれらの行者＊のために方便として仮に化現《けげん》＊させた国土）のこと。

ほうげん〔法眼〕 ①（梵）dharma-cakṣus の訳。五眼《ごげん》（肉眼・天眼《げん》・慧《え》眼・法眼・仏《ぶつ》眼）の一つ。一切の諸法＊（あらゆる事象・現象）を観る眼。②法眼宗＊の祖。大法眼禅師清涼文益《しょうりょうぶんえき》のこと。（八八五—九五八）余杭《よこう》（浙江《せっこう》省）の人。羅漢桂琛《らかんけいしん》の法系であり、昇州（江蘇省南京市）清涼院などで活躍した。大智蔵大導師と諡号《しごう》＊される。③法印＊に次ぐ僧位《そうい》＊。法眼和尚位《かしょうい》の略。

ほうげんしゅう〔法眼宗〕 中国禅宗＊の五家七宗＊の一宗派。十世紀の中葉、大法眼禅師清涼文益《しょうりょうぶんえき》によって唱えられ、唐の末期から南京を中心とする都市禅として特異な禅風を誇ったが、宋代中期に衰退した。

ほうご〔法護〕 （九六三—一〇五八） ダルマラクシャ。（梵）Dharmarakṣa の音写。インドの人。宋の景徳元年（一〇〇四）中国に至り、訳経院《やくきょういん》（経典＊類の漢訳のために建てられた国営施設）にあって、『大乗集菩薩学論《だいじょうじゅぼさつがくろん》＊』など十三部・百六十二巻を訳出した。嘉祐三年寂す。演教《えんぎょう》三蔵と諡《おくりな》する。

ほうごう〔法号〕 ↓ほうみょう（法名）

ほうこうじ〔方広寺〕 ①天台宗＊。京都市東山区茶屋町。大仏殿と称する。本尊＊は盧舎那仏《るしゃなぶつ》の木造坐像で、その高さは六丈（約十八メートル）に及んだが、罹災して今はない。現在は釈迦如来《しゃかにょらい》。豊臣秀吉の創建。宗陳《そうちん》を開山＊とする。秀頼が奉納した梵鐘《ぼんしょう》＊銘《めい》「国家安康」の四字が豊臣家滅亡のもとになった。②臨済《りんざい》宗*方広寺派*大本山。深奥山《じんのうざん》と号す。静岡県引佐《いなさ》郡引佐町。本尊*は釈迦如来《しゃかにょらい》。至徳元年（一三八四）奥山朝藤《ともふじ》の建立*。無《む》文元選《もんげんせん》（聖鑑《しょうがん》国師）の開基*。寺内に半僧坊権現《はんそうぼうごんげん》をまつり、火伏せの霊験《れいげん》*あらたかという。↓はんそうぼうごんげん（半僧坊権現）

ほうこうじ〔法興寺〕　真言宗*豊山《ぶさん》派*。奈良県高市郡明日《あす》香《か》村。元興《がんごう》寺、飛鳥寺《あすかでら》ともいう。『日本書紀』によれば、飛鳥朝時代、ここに蘇我馬子が大伽藍《がらん》を造営し、聖徳太子*が止利《とり》*仏師に丈六《じょうろく》（一丈六尺＝約四・八メートル）の釈迦如来《しゃかにょらい》*像を造立（六〇六年）させて安置した。養老二年（七一八）に法興寺の大部分が平城京に移り、新元興寺と称したのに対し、旧寺は本《もと》元興寺と呼ばれる。新元興寺は、南都七大寺の一つに数えられたが、のち衰え、仮堂と塔跡のみ現存する。本元興寺も現在は、飛鳥大仏*を安置する安居院《あんごいん》を残すのみ。

ほうこうじは〔方広寺派〕　臨済《りんざい》宗*の一派で、方広寺*を大本山*とする。無《む》文元選《もんげんせん》を開祖として、現在、末寺《まつじ》*約百六十余がある。↓前々項②

ほうこうだいしょうごんぎょう〔方広大荘厳経〕　十二巻。唐の地婆訶羅《じばから》訳。大乗*思想に立脚して、釈尊*一代の伝記を記したもの。(大)3・No.187

ほうこうはんにゃぎょう〔放光般若経〕　詳しくは『放光般若波羅蜜《はらみつ》経』。二十巻。西晋《せいしん》の無羅叉《むらしゃ》、竺叔蘭《じくしゅくらん》の共訳。九十品《ほん》に分ける。(大)8・No.221

ほうごんじ〔宝厳寺〕　真言宗*豊山《ぶさん》派*。滋賀県東浅井郡。琵琶湖北端の竹生島《ちくぶじま》にある。厳金山《がんこんざん》と号し、通称、竹生島。西国《さいごく》三十三所観音*の第三十番札所。神亀元年（七二四）行基《ぎょうき》*の開創。本尊*は千手《せんじゅ》観音。『平家物語』にも記され、江戸時代にも栄えていたが、明治の神仏分離令によって本殿（伏見城の遺構を移したもので豪華な桃山建築）には竹生島の守護神・浅井姫命《あざいひめのみこと》を祀り、都《つ》久夫須麻《くぶすま》神社になり、他は宝厳寺に属した。本殿の弁才天*は日本三弁天（江の島、厳島《いつくしま》）の一つとして有名。

ほうし〔法嗣〕　禅宗*では「はっし」「はっす」とも読む。嗣《し》*法*の弟子。法*（仏の教え）のあとつぎ。

ほうじ〔法事〕　仏事*に同じ。故人の追福《ついふく》（追善*）や善根《ぜんごん》*のため読経《どきょう》*し、仏*に供養《くよう》*し、僧*に施すこと。↓仏教常識〈仏事の部〉仏事

ほうしゃ〔報謝〕　仏祖《ぶっそ》の恩徳に感謝して、善業《ぜんごう》をつむこと。また、仏事*を修した僧*に布施《ふせ》*物《もつ》を寄進*すること。

ほうしゃくきょう〔宝積経〕　↓だいほうしゃくきょう（大

宝積経）

ほうじゅ〔宝珠〕 （梵）maṇi の訳。珠《しゅ》とも訳し、摩尼《まに》*、末《ま》尼《に》と音写。音写と漢訳を並記し摩尼宝《ほう》、摩尼珠《しゅ》ともいう。宝石の総称だが、とくに如意《にょい》宝珠*をさすこともある。転輪聖王《てんりんじょうおう》*の七宝《しっぽう》の一つ。災厄を除くなどの不可思議*な力があるとされる。橋の欄干などにみられる擬《ぎ》宝《ぼ》珠《し》は、これをかたどったものという。

ほうじゅう〔法住〕 法性《ほっしょう》*十二名《みょう》の一つ。一切の事象は真実のあり方（理法）のあらわれであり、真実そのものは必ず一切の事象に内在して住するということ。

ほうしょう〔法勝〕 二世紀頃（?）のインドの人。ダルマシュリー。（梵）Dharmaśrī の音写。達摩尸利《だるましり》。説一切有部《せついっさいうぶ》*（小乗二十部*の一つ）の教義に通じ、『阿毘曇心論《あびどんしんろん》』四巻 ㊅28・No.1550を著わした。

ほうじょう〔方丈〕 寺*の長老*、住持《じゅうじ》*（住職）の居所をいう。『維摩経《ゆいまぎょう》*』で、維摩居士《こじ》*が一丈四方の居室に三万二千の師子座（仏*の座るところ）を設けたと説かれるところからこの名がついた。転じて、寺院*の主僧のことをいう。とくに禅宗*で用いられる。↓仏教常識〈寺院の部〉同項

ほうじょう〔法城〕 真実の城という意味で、仏*の教法（教え）の堅固《けんご》*なることを城にたとえた語。

ほうじょうえ〔放生会〕 人に補えられた魚や鳥を買い集めて、法*を修して放す法会《ほうえ》*。陰暦八月十五日に行う。この時、魚を放す池を放生池《ち》という。放生は不殺生戒《ふせっしょうかい》*の精神から起こったもので、天武天皇五年（六七六）に始まる。

ほうじょうぶ〔法上部〕 小乗二十部*の一派。（梵）Dharmottarīya の訳。仏滅*三百年頃、上座部*系の犢子部《とくしぶ》*から分派した一派である。その教理*は犢子部と大差がない。

ほうしょうぶつ〔宝生仏〕 ラトナサンバヴァ。（梵）Ratnasaṃbhava 羅怛曩三婆縛《らたんのうさんばば》と音写。宝生如来《にょらい》。金剛界五仏《ごぶつ》*（大日《だいにち》如来・阿閦《あしゅく》如来・宝生如来・阿弥陀《あみだ》如来・不空《ふくう》成就《じょうじゅ》如来）の一つ。南方月輪《がちりん》の中位に配され、大日如来*の平等性智《びょうどうしょうち》*から流出して一切の財宝を司る仏*とされる。

ほうじん〔報身〕 （梵）saṃbhoga-kāya の訳。三身《さんじん》*の一つ。菩薩《ぼさつ》*としての誓願*および修行*が完成し、その報果（むくい）として成就*した万徳円満（あらゆる功徳《くどく》*が欠けることなくそなわる）の仏身《ぶっしん》をいう。↓ぶっしん（仏身）

ほうしんのう〔法親王〕 「ほっしんのう」ともいう。皇子

の出家＊後に、天皇の命を伝える公文書によって、親王の称を与えられたもの。康和元年（一〇九九）白河天皇の皇子である覚行《かくぎょう》法親王を初めとする。

ぼうず〔坊主〕　一寺一坊の主の意。もと住持《じゅうじ》＊（住職）のことであったが、現在は転じて僧＊のことおよび僧形《そうぎょう》＊の人をいう貶称《へんしょう》。↓仏教常識〈僧の部〉同項

ほうせ〔法施〕　「ほっせ」ともいう。三施《さんせ》＊の一つ。法＊（仏＊の教え）を他人に聞かせて、他人の善根《ぜんごん》＊を増やすこと。↓ふせ（布施）

ほうぞう〔法蔵〕　↓仏教常識〈経典の部〉同項

ほうぞう〔法蔵〕　（六四三―七一二）華厳《けごん》＊宗の第三祖。祖父はサマルカンド（康居《こうきょ》）出身の帰化人で、中国の長安に生まれる。字は賢首《げんじゅ》。賢首大師、香象《こうぞう》大師と称される。智儼《ちごん》＊に『華厳経』＊を学び、広くこれを伝え、また八十華厳の訳出を助けるなどして華厳宗を大成した。著書は『華厳経探玄記』二十巻、『五教章』＊等多数。先天元年寂す。

ほうぞうびく〔法蔵比丘〕　ダルマーカラ。（梵）Dharmākara 曇摩迦留《どんまかる》、曇摩迦と音写。阿弥陀仏《あみだぶつ》＊がもと菩薩《ぼさつ》＊であった時の名。かつて国王であったが出家＊して比丘《びく》＊となり、法蔵と号した。過去世《かこせ》＊の世《せ》自在王仏の教化《きょうけ》＊によって、四十八願＊を立て、修行＊を成就＊した結果、阿弥陀仏となる。

ほうぞうぶ〔法蔵部〕　小乗二十部＊の一派。（梵）Dharmagupta の訳。曇無徳《どんむとく》部、法密部ともいう。仏滅＊三百年頃、化地部《けじぶ》＊から分派した一派である。中国仏教に大きな影響を与えた四分律《しぶんりつ》＊（曇無徳律）は、この部の所伝。

ほうたく〔宝鐸〕　風鐸《ふうたく》ともいう。仏堂または塔＊の四隅にかける大きな鈴のこと。

ほうたん〔鳳潭〕　（一六五九―一七三八）華厳《けごん》＊宗の僧。諱《いみな》は僧濬《そうしゅん》。華嶺《かれい》山人・幻虎《げんこ》道人と号す。越中（富山県）の人（一説に摂津）。性格は豪邁、奇気があった。比叡山＊で教学を修め、のち中国、インドに外遊しようとしたが国禁で果たせず、摂津（大阪）、山城（京都）の地に研学して、自ら華厳宗の再興を期した。宝永の初め江戸に下り、大聖《だいしょう》道場に華厳を講じ、享保八年（一七二三）山城の松尾に華厳寺を開いた。元文三年寂す。著作多数。

ほうだん〔法談〕　説法＊談義の略。法＊（仏の教え）の意味を説き語ること。

ほうど〔報土〕　菩薩《ぼさつ》＊としての誓願＊および修行＊が完成し、その果報＊として得た浄土＊。たとえば、弥陀《みだ》＊の報土を極

楽＊とするようなもの。

ほうどうきょう〔方等経〕　詳しくは大乗方等経典という。『華厳経《けごんぎょう》＊』『法華経《ほけきょう》＊』等の大乗＊経典＊の総称である。

ほうどうじ〔方等時〕　天台宗＊の教判《きょうはん》＊（釈尊＊一代の教えの解釈）における五時《ごじ》＊の第三時。釈尊が阿含時《あごんじ》＊の後の八年間、『維摩経《ゆいまぎょう》＊』『思益経《しやくきょう》』『楞伽経《りょうがきょう》＊』『勝鬘経《しょうまんぎょう》＊』等の通大乗経（方等経＊）の教えを説いた時をいう。→ごじはっきょう（五時八教）

ほうとうは〔法灯派〕「ほっとうは」ともいう。日本禅宗・二十四流＊の一派。由良《ゆら》門徒という。紀井（和歌山県）由良の法灯円明《ほっとうえんみょう》国師覚心《かくしん》を派祖とする。→かくしん（覚心）

ほうに〔法爾〕（梵）dharmatā の訳。天然、自然というのに同じ。諸法＊のおのずから常にあるがままのこと。→じねん（自然）

ほうねん〔法然〕（一一三三―一二一二）浄土宗＊の開祖、源空《げんくう》。黒谷《くろだに》上人と称される。美作《みまさか》（岡山県）の人。漆《うる》間時国《まときくに》の子。幼名は勢至丸《せいしまる》。父に死別し九歳で出家＊。十五歳のとき比叡山＊に入って皇円《こうえん》から天台を学び、のち黒谷へ隠棲し叡空《えいくう》に師事。唐の善導＊の『観無量寿経疏《しょ》（観経疏＊）』により弥陀《みだ》＊の本願＊による往生＊をさとり、承安五年（一一七五）三月、四十三歳で浄土宗を開く。専修《せんじゅ》念仏＊を弘め、あらゆる階層の多くの人々に帰依《きえ》＊、尊崇された。従来の仏教諸宗から迫害を受け、承元元年（一二〇七）専修念仏は停止、土佐（高知県）に流罪。翌年許される。建暦二年、東山大谷で寂す。『選択《せんちゃく》本願念仏集＊』等の著作がある。円光大師、慈教大師、明《めい》照《しょう》大師等の諡号《しごう》＊をうける。

ほうねんしょうにんぎょうじょうえず〔法然上人行状絵図〕　法然上人伝絵《でんえ》、また勅修御伝《ちょくしゅごでん》ともいう。四十八巻。二百三十七段。後伏見上皇の勅命によって撰述した法然＊上人の伝記絵。法語、消息、弟子の小伝等を網羅してある。

ほうのじんしん〔法の深信〕　機《き》＊の深信＊の対。二種深信＊の一つ。深く阿弥陀仏《あみだぶつ》＊の本願＊力を信じること。

ほうばく〔法縛〕　法理（仏法＊の理論面）に執着《しゅうじゃく》＊して縛られ、法＊（仏＊の教え）をうけてしかも真実のさとり＊を知らないこと。法執《ほっしゅう》＊に同じ。

ほうべん〔方便〕（梵）upāya の訳。近づく、到達するの意。てだて。よい方法を用いて衆生《しゅじょう》＊を導くこと。また、権実《ごんじつ》＊の権（第二義的・仮の）の智慧＊をいう。→仏教常識〈日常語〉同項

ほうべんいんにゅう〔方便引入〕　これまで仏道*と無縁の衆生《しゅじょう》*を、方便*をもって仏道に導き入れること。

ほうべんけもん〔方便仮門〕　真実の教えに導き入れるため、仮に設けた方便*の教え。

ほうべんはらみつ〔方便波羅蜜〕　十波羅蜜《じっぱらみつ》*の第七。菩薩《ぼさつ》*が方便*をもって種々に身をあらわし、衆生《しゅじょう》*を済度《さいど》*すること。回向《えこう》方便善巧《ぜんぎょう》（六度《ろくど》*の行《ぎょう》*によって集めた善根《ぜんごん》*を有情《うじょう》*に回向*して、彼らとともに無上のさとり*を求める）と抜済《ばっさい》方便善巧（一切衆生*を済度する）の二つがある。この方便波羅蜜が、さらに願《がん》*・智《ち》*・力《りき》の三つの波羅蜜を生み、六波羅蜜*と併せて十波羅蜜となる。

ほうぼう〔法宝〕　三宝《さんぼう》*（仏宝・法宝・僧宝）の一つ。仏法*の尊ぶべきことは宝のようであることからこのようにいう。

ほうぼう〔謗法〕　誹謗正法《ひほうしょうぼう》の略。仏*の教法をそしること。この過失を犯すことを謗法罪といい、五逆罪《ごぎゃくざい》*（殺母《せつも》・殺父《ぶ》・殺阿羅漢《あらかん》・出仏身血《しゅつぶつしんけつ》・破和合僧《はわごうそう》）以上の重罪とされる。

ほうみょう〔法名〕　仏門*に入ったものにつける名。後世には故人の諡号《しごう》*をいう。↓かいみょう（戒名）↓仏教常識〈仏事の部〉同項

ほうみょうじ〔法明寺〕　日蓮宗*。東京都豊島区南池袋。威光山と号し、通称を雑司《ぞうし》ヶ谷《がや》鬼子母神《きしもじん》という。弘仁元年（八一〇）慈覚大師円仁《えんにん》*の創建と伝え、正嘉元年（一二五七）日蓮*の弟子日源が改宗。寺中の鬼子母神*は子育ての神として有名。

ほうみょうじく〔法名軸〕　↓仏教常識〈仏事の部〉同項

ほうめつ〔法滅〕　①諸法*（あらゆる事象）が滅び尽くすこと。②仏法*が滅び尽くすこと。仏法は正法時《しょうぼうじ》（仏滅*後五百年または千年）、像法時《ぞうほうじ》（その後の五百年または千年）、末法時《まっぽうじ》（次の一万年）の順にしだいに滅してゆき、この三時《さんじ》*（正《しょう》・像《ぞう》・末《まつ》の三つの時期）以後はことごとく滅び尽くすといわれる。

ぼうもり〔坊守〕　一寺一坊の守護をあずかる人。また、浄土真宗*の住職*の妻のことをもいう。

ほうもん〔法門〕　法*（仏*の教え）は真実への門（入り口）であることから法門という。諸派の仏法*（教え）をいう。

ほうゆう〔法融〕　（五九四—六五七）牛頭《ごず》宗の開祖。中国潤州（江蘇省）延陵の人。俗姓は韋《い》氏。貞観十七年（六四三）牛頭山幽栖《ゆうせい》寺に禅室をかまえて住す。顕慶二年寂す。その徳は禽獣にまで及んだという。その宗風を

牛頭禅と称する。唐末には衰えたが、わが国には最澄《さいちょう》*が伝えた。

ほうよう〔法要〕 教法のかなめ。また、滅罪・追善*などのために修する誦経《じゅきょう》*・梵唄《ぼんばい》*（仏教儀式の音楽）等の法《ほう》会《え》*のこと。

ほうらく〔法楽〕 ①仏法*を味わって喜び、善行による徳を楽しむこと。②神仏に詩歌や経文を誦して供養《くよう》*することをいう。もと音楽を奏して法事*を行ったのでこのようにいう。

ほうりき〔法力〕 のり（仏*の教え）の力。仏法*の威力。

ほうりゅうじ〔法隆寺〕 聖徳《しょうとく》宗総本山（もと法相《ほっそう》宗*大本山）。奈良県生駒郡斑鳩町。法隆学問寺、斑鳩寺《いかるがでら》ともいう。南都七大寺（奈良にある七つの大寺＝東大寺*・西《さい》大寺*・法隆寺・薬師寺*・大安寺・元興《がんごう》寺*・興福寺*）の一つ。推古天皇十五年（六〇七）聖徳太子*の創建になる。本尊*は釈迦如来《しゃかにょらい》。伽藍《がらん》*は現存する世界最古の木造建築であり、金堂《こんどう》*、五重塔*、夢殿《ゆめどの》はとくに有名。仏像*や厨子《ずし》*など美術の粋を極めた国宝・重文級の遺品を多数蔵している。一九九二年、ユネスコの世界文化遺産に選ばれた。

ほうりん〔法輪〕 （梵）dharma-cakra の訳。仏*の教法（教え）のこと。仏法*（仏の教え）がよく衆生《しゅじょう》*の迷妄《めいもう》（迷い）を破砕《はさい》（破り打ち砕く）することを、車輪にたとえた言葉。

ほうるい〔法類〕 同宗同派の僧侶*および寺院*にして、平素から関係深いものをいう。

ほうろう〔法臘〕 僧*の出家*後の年数をいう。臘次《ろうじ》ともいい、生寿《しょうじゅ》に対する。

ほくさんじゅうぶ〔北山住部〕 小乗二十部*の一派。（梵）Uttaraśaila の訳。仏滅*二百年の時、大衆部《だいしゅぶ》*から分派した一派である。その主張するところは大衆部とほぼ同じである。

ほくしゅうぜん〔北宗禅〕 ↓なんしゅうぜん（南宗禅）

ほけきょう〔法華経〕 『妙法蓮華経』の略称。↓みょうほうれんげきょう（妙法蓮華経）

ほけきょうじ〔法華経寺〕 日蓮宗*大本山。日蓮宗五大本山の一つ。千葉県市川市中山。正中山《しょうちゅうざん》と号す。日蓮*の弟子、日常の開基*。斯波、北条氏の外護により栄えた。本尊*は一尊四士《いっそんしし》（一尊―久遠《くおん》*の釈迦《しゃか》*＝永遠不滅の仏*を中心に、四士―四菩薩《ぼさつ》*＝釈迦が久遠の昔に教化《きょうけ》*した四人の弟子たちを配したもの）。

ぼさつ〔菩薩〕 ボーディサットヴァ。（梵）bodhisattva の音写、菩提薩埵《ぼだいさった》の略。覚有情《かくうじょう》、大心衆生《しゅじょう》、大士《だいし》と訳す。大いなる誓願*を立て、六波羅蜜《ろくはらみつ》*の行《ぎょう》*を修し、上は菩提*（さとり）を求め、下は衆生*を教化《きょうけ》*しよう（上求《じょうぐ》菩提下化《げけ》衆生*）として、仏道*に入って修行*する人。仏像*（菩薩形《ぎょう》）の多くは在家*の姿で、宝冠、天衣、瓔珞《ようらく》*で身を飾っている。

ぼさつかい〔菩薩戒〕（梵）bodhisattva-śīla, bodhisattva-saṃvara の訳。菩薩*の修行*をする人の受持*すべき戒律*で、大乗戒*または仏性《ぶっしょう》戒ともいう。

ぼさつじ〔菩薩地〕「ぼさっち」ともいう。三乗*（声聞《しょうもん》乗・縁覚《えんがく》乗・菩薩乗）に共通している三乗共十地《さんじょうぐうのじゅうじ》（修行*者の十段階の境地。乾慧《けんね》地・性《しょう》地・八人《はちにん》地・見《けん》地・薄《はく》地・離欲《りよく》地・已弁《いべん》地・辟支仏《びゃくしぶつ》地・菩薩地・仏《ぶつ》*地）の第九位。第八位の空観《くうがん》*から再び三界《さんがい》*に生をうけて、衆生《しゅじょう》*を化益《けやく》する位をいう。

ぼさつじょう〔菩薩乗〕（梵）bodhisattva-yāna の訳。三乗*（声聞《しょうもん》乗・縁覚《えんがく》乗・菩薩乗）、五乗*（三乗と人《にん》乗・天《てん》乗）の一つ。自分と他者との区別を越えた菩薩*の立場をいい、六波羅蜜《ろくはらみつ》*を修し、自利《じり》*・利他《りた》*の二利を成就*して仏*の位にいたる仏道*をいう。

ぼさつようらくきょう〔菩薩瓔珞経〕十四巻。姚《よう》秦の竺《じく》仏念《ぶつねん》訳。菩薩*の法*、六波羅蜜《ろくはらみつ》*、四聖諦《ししょうたい》*、唯識《ゆいしき》*等の法門*（教義）を説く。(大)16・No.656

ぼし〔墓誌〕→仏教常識〈仏事の部〉同項

ほしまつり〔星祭〕星供《ほしく》ともいう。『宿曜経《すくよう》』等の説により、北斗七星・九曜・十二宮・二十八宿を供養《くよう》*して、除災求福《ぐふく》を祈願*する法会《ほうえ》*。

ぼだい〔菩提〕ボーディ。（梵）bodhi の音写。智《ち》*、道《どう》*、覚《かく》*などと意訳する。①さとり*。仏*の正覚《しょうがく》*（正しいさとり）の智慧*のこと。②仏の智慧をさとるために修すべき道。

ぼだいさった〔菩提薩埵〕→ぼさつ（菩薩）

ぼだいじ〔菩提寺〕菩提所、檀那寺《だんなでら》、香華院《ごうげいん》、氏寺《うじでら》*ともいう。一家の祖先を葬り、菩提を弔《とむら》う寺をいう。→仏教常識〈仏事の部〉檀那寺

ぼだいじゅ〔菩提樹〕（梵）bodhi-druma, bodhi-vṛkṣa の音写。覚《かく》樹、道《どう》樹、思惟《しゆい》樹ともいう。釈尊*がこの樹の下でさとり*（菩提*）を得たことから菩提樹と呼ばれる。本来は畢鉢羅《ぴっぱら》*（《梵》pippala）といい、クワ科に属する常緑喬木《きょうぼく》。

ぼだいしょ〔菩提所〕一家の祖先の菩提を弔《とむら》う寺、檀那《だんな》寺《でら》*のこと。→ぼだいじ（菩提寺）

ぼだいしりょうろん〔菩提資糧論〕 六巻。竜樹*著。自在比丘《びく》釈。隋の達摩笈多《だつまぎゅうた》訳。般若波羅蜜《はんにゃはらみつ》*を菩提*の資糧（さとり*のもとになる素材）として、種々の菩薩《ぼさつ》*の行《ぎょう》*を明らかにしたもの。㊅32・No. 1660

ぼだいしん〔菩提心〕 （梵）bodhi-citta の訳。すべて仏道*を行じ、仏果《ぶっか》（さとり*）を求める心をいう。この心を発することを発《ほっ》菩提心*または発心《ほっしん》*という。

ぼだいせんな〔菩提僊那〕 （七〇四―七六〇）ボーディセーナ。（梵）Bodhisena の音写。覚軍と訳す。南インドのバラモン*（婆羅門）出身。中国を経て、天平八年（七三六）来日、大安寺に住し、呪術にたくみで、また常に『華厳経《けごんぎょう》』*を節をつけて唱え（諷頌《ふじゅ》）ていたとされる。天平勝宝四年（七五二）東大寺*大仏*の開眼供養《かいげんくよう》*の導師*となる。天平宝字四年寂す。

ぼだいだるま〔菩提達磨〕 菩提達摩とも書く。ボーディダルマ。（梵）Bodhidharma の音写。南インドの人。中国禅宗の初祖。梁の普通元年（五二〇）ごろ中国に来て、嵩山《すうざん》*の少林寺*（河南省登封県）で壁観《へきかん》（壁に向かって静かに坐禅*すること）を九年間行じた（面壁《めんぺき》九年）。壁観を中心とする実践を主張し、梁の武帝との禅問答や慧可《えか》*の断臂《だんぴ》（二祖断臂*）による入門など伝説が多い。大通二年（五二八）寂とされるが、死後に達磨がインドへ帰る姿を見たという話もあり、伝記不承。著作なども謎とされる。唐の代宗によって円覚《えんがく》大師と諡《おくりな》された。

ぼだいるし〔菩提流支〕 ボーディルチ。（？―五二七）（梵）Bodhiruci の音写。道希《どうき》と訳す。北インドの人。あまねく三蔵《さんぞう》*に精通した。魏の永平元年（五〇八）洛陽（河南省）に来て、永寧《えいねい》寺に住し、七百人の梵僧《ぼんそう》（梵語*に通じた僧*）を率いて訳経（経典*類の翻訳）の元匠（中心的翻訳者）となる。訳出した経*・論*は三十九部・百二十七巻に及んだ。そのうちの『十地経論《じゅうじきょうろん》』*の訳出により地論《じろん》宗*の祖とされ、また『無量寿経論』（『浄土論*』）の訳出により、浄土教*の祖と仰がれた。

ぼだいるし〔菩提流志〕 ボーディルチ。（五七二？―七二七）（梵）Bodhiruci の音写。覚愛と訳す。南インドの人。六十歳で仏門*に入る。弘道元年（六八三）唐の高《こう》宗《そう》に迎えられて長寿二年（六九三）洛陽（河南省）に来る。『大宝積経《だいほうしゃくきょう》』*など五十三部・百十一巻を訳す。開元十五年寂す。開元一切遍知《へんち》三蔵と勅謚《ちょくし》した。

ほっかい〔法界〕 ダルマダートゥ。（梵）dharma-dhātu の音写、達磨駄都《だるまだと》。認識の対象となるあらゆるもの、宇宙の一切の事象をいう。これを解釈して理《り》法界（差別《しゃべつ》*のない真実の境界《きょうがい》*）、事《じ》法界（差別のある現象世界）などの別を立てる。

ほっかいえんぎ〔法界縁起〕 法界無尽《むじん》縁起、無尽縁起、一乗縁起ともいう。一切が一にそなわり、一に一切が現われているとする世界観をいう。

ほっかいしだいしょもん〔法界次第初門〕 六巻。隋の智《ち》顗《ぎ》*撰。初学者のために法界次第初門（仏*の世界から現実世界が開展して行く過程の説明）三百科を撰したもの。(大)46・No.1925

ほっかいじょういん〔法界定印〕 禅定印《ぜんじょういん》ともいう。印契《いんげい》*の一つ。さとり*の境地を表わす印契で、五指を伸ばして左掌の上に右掌を重ね丹田《たんでん》*（臍《へそ》の下部）上に安んずる。胎蔵界《たいぞうかい》*大日如来《だいにちにょらい》*の印契。

ほっかいしん〔法界身〕 法身仏《ほっしんぶつ》のこと。一切の事象および全宇宙に現われている、真実の理法（ありよう）を象徴する仏*をいう。↓ほっしん（法身）↓ぶっしん（仏身）

ほつがん〔発願〕 （梵）praṇidhāna の訳。誓願*を発起《ほっき》*すること。さとり*を求める心（菩提心《ぼだいしん》*）を起こし、修行*により浄土*を実現して人々を救おうとする願心を起こすこと。↓仏教常識〈日常語〉同項

ほつがんえこう〔発願回向〕 願*を起こして回向*すること。また、極楽浄土*に往生*しようと思う心を起こすこと。

ほっき〔発起〕 おもいたつこと。物の生起《しょうき》すること。また、くわだてをはじめること。↓仏教常識〈日常語〉同項

ほっきょう〔法橋〕「ほうきょう」ともいう。法橋上人位の略。僧位*の一つ。貞観六年（八六四）制定された位。↓仏教常識〈僧の部〉僧綱

ほっく〔法救〕 ダルマトラータ。（梵）Dharmatrāta の訳。達磨多羅《だるまたら》。二世紀頃のインドの人。婆沙《ばしゃ》の四大論師《しだいろんじ》*（『婆沙論』*を編集した中心的人物とされる四人の学者。法救、妙音《みょうおん》*、覚天《かくてん》、世友《しょう》*）の一人。

ほっく〔法鼓〕 禅寺で説法*の際に用いられる、法堂《はっとう》（法*を説く堂*）の東北の隅にある太鼓*。なお法（仏の教え）を説くことを、「法鼓を打ち鳴らす」という。

ほっくう〔法空〕 我空《がくう》*の対語。あらゆる事象は因縁*によって生じた仮の存在であり、その実体は空無であるということ。

ほっくきょう〔法句経〕 （梵）Dharmapada（巴）Dhammapada の漢訳。真実の言葉の意。二巻。インドの法《ほっ》

救撰《くせん》(婆沙《ばしゃ》の四大論師《しだいろんじ》*の法救*と同一人物かどうかは確かでない)とされる。呉の維祇難《いぎなん》訳。わかりやすく簡単に教えをまとめた詩句集。㊅4・No. 210

ほっけいちじょう〔法華一乗〕『法華経《ほけきょう》*』に説く一乗*(唯一の真実なる教え)の法門*(教義)のこと。完全なる菩薩《ぼさつ》*一乗の法門は『法華経』のみに説かれているとする。

ほっけえ〔法華会〕『法華経《ほけきょう》*』を講讃(経典*を解説し讃えること)する法会《ほうえ》*。法華八講、法華十講などがあり、円宗寺の法華会(天台の三大会《さんだいえ》*の一つ)、延暦寺*の霜月《しもつき》会《え》*(十一月会)が有名。日本では天平十八年(七四六)に始まる。

ほっけげんぎ〔法華玄義〕二十巻。天台三大部(法華三大部*)の一つ。天台大師智顗《ちぎ》*の述、弟子の章安尊者*灌《かん》頂《じょう》の記。詳しくは『妙法蓮華経玄義《みょうほうれんげきょうげんぎ》』といい、略して『妙玄』ともいう。鳩摩羅什《くまらじゅう》*訳の『法華経*』の経題のみについて、『法華経』の深淵な教理*を概説したもの。㊅33・No. 1716

ほっけさんだいぶ〔法華三大部〕天台三大部ともいう。天台宗*の基本的な典籍。天台大師智顗《ちぎ》*が講述し、弟子の章安《しょうあん》*尊者灌頂《かんじょう》が書き記した三部の論書をいう。『法華玄義《げんぎ》*』『法華文句《もんぐ》*』『摩訶止観《まかしかん》*』のこと。

ほっけさんぶきょう〔法華三部経〕→仏教常識〈経典の部〉三部経・同項

ほっけじ〔法華寺〕真言律宗*の尼寺。法華滅罪之寺《めつざいのてら》と称し、氷室《ひむろ》御所ともいう。奈良市法華寺町。天平年間(七二九―七四九)光明皇后が父藤原不比等の家を喜捨《きしゃ》*して、大和国分尼寺《こくぶんにじ》*(総国分尼寺)として創建したといわれる。悲田院《ひでん》*、施薬院《せやく》*を建てた。荒廃していたのを慶長六年(一六〇一)豊臣秀頼が再興。本尊*の十一面観音像は平安初期の遺宝。

ほっけしちゆ〔法華七喩〕『法華経《ほけきょう》*』に説かれている七種の比喩。火宅《かたく》喩、窮子《ぐうじ》喩、薬草喩*、化城《けじょう》喩、衣珠《えしゅ》喩、髻珠《けいしゅ》喩、医子《いし》喩のこと。

ほっけしゅう〔法華宗〕『法華経《ほけきょう》*』を信奉する宗派*。天台宗*および日蓮宗*のこと。また、日蓮宗の本門流・陣門流・真門流のこと。

ほっけせんぼう〔法華懺法〕『法華経《ほけきょう》*』を読誦《どくじゅ》して、犯した罪障*(煩悩《ぼんのう》心)を懺悔滅罪《さんげめつざい》*する修行*法。

ほっけねはんじ〔法華涅槃時〕天台の教判*の五時《ごじ》*の第五。釈尊*が般若時《はんにゃじ》*の後、入滅*に至るまでの八年間、『法華経《ほけきょう》*』と『涅槃経《ねはんぎょう》*』を説いたとする時をいう。→ごじはっき

ょう（五時八教）

ほっけほう〔法華法〕『法華経《ほけきょう》*』を転読《てんどく》*して修する密教*の修法《しゅほう》*。息災を祈るために修し、また常に修する。

ほっけもんぐ〔法華文句〕 二十巻。天台三大部（法華三大部*）の一つ。詳しくは『妙法蓮華経文句《みょうほうれんげきょうもんぐ》』という。天台大師智顗《ちぎ》*の述。弟子の章安《しょうあん》*尊者灌頂《かんじょう》筆記。『妙法蓮華経*』の文句を解釈したもの。(大)34・No.1718

ほっけん〔法顕〕（三三九？—四二〇？）中国東晋時代の渡天僧《とてんそう》（天竺《てんじく》=インドに渡った求法《ぐほう》*僧）。山西省平陽（襄垣県《じょうえんけん》）の人。晋の隆安三年（三九九）長安を発しインドに至り、梵語《ぼんご》*（サンスクリット語）を学び、梵本*（サンスクリット語で書かれた経典類*）を求めて十余年後帰国。建康（南京）の道場寺において『大般泥洹経《だいはつないおんきょう》』（『大般涅槃《ねはん》*経』）を訳す。荊州《けいしゅう》の辛寺《しんじ》に寂す。その旅行記『仏国記《ぶっこくき》*』の著書がある。

ほっけんでん〔法顕伝〕 一巻。東晋の法顕*著。詳しくは『高僧法顕伝』。『仏国記《ぶっこくき》』または『歴遊天竺記伝《てんじく》』ともいう。求法《ぐほう》*のためインドに遊学した時の旅行記。S. Beal の英訳あり。(大)51・No.2085 →前項

ほっし〔法師〕「ほうし」ともいう。清浄《しょうじょう》*の行《ぎょう》*（仏道修行）を修め、世の軌範（てほん）となる僧*をいう。

ほっしゅ〔法主〕①「ほうしゅ」ともいう。仏*のこと。また、教えを説く人。②「ほっす」ともいう。一宗の管長の呼称。

ほっしゅう〔法執〕 二執の一つ。諸法*（あらゆる存在）は実在するもの、と誤って執着《しゅうじゃく》*すること。または教法（教え）に執《と》われること。他の一つは、我《が》*に執われる我執*（人執）。

ほっしょう〔法性〕（梵）dharmatā の訳。あらゆる事象の本性であり、仏*のさとり*の内容をなすもの。真如《しんにょ》*・実相*・法界《ほっかい》*などとともに仏教の真実を表わすものとして用いられる。

ほっしん〔法身〕（梵）dharma-kāya の訳。三身《さんじん》の一つ。真如《しんにょ》*の理法（ありよう）と一致する仏身《ぶっしん》、法界《ほっかい》*に遍在する真実そのものを現わす仏身のこと。→さんじん（三身）→ぶっしん（仏身）

ほっしん〔発心〕 発菩提心の略。仏道*に入ろうとする心を発すること。また、出家*得度《とくど》*すること。→ほつぼだいしん（発菩提心）→仏教常識〈日常語〉同項

ほっす〔払子〕（梵）vyajana の訳。払塵《ふつじん》ともいう。獣毛または麻などを束ねて柄をつけた

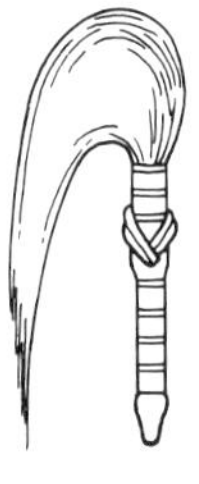

僧具。→仏教常識〈法具の部〉同項

ほっすう〔法数〕　諸法*の数、法門*（教義上で分類された項目）の数という意味で、三界《さんがい》*、五蘊《ごうん》*、七十五法、四諦《したい》*、六度《ろくど》*など、数を帯びている教えのこと。

ほっそうしゅう〔法相宗〕『成唯識論《じょうゆいしきろん》*』を所依《しょえ》*（基本的な依りどころとなる典籍）とし、その他六経十一論に依って立つ宗派。『解深密経《げじんみっきょう》*』一切《いっさい》法相品《ぼん》によって、法相の名を立てた。また唯識宗、慈恩宗ともいう。中国では、玄奘《げんじょう》*、慈恩大師窺基《きき》*によって弘められ、わが国へは斉明六年（六六〇）元興寺《がんごうじ》*の道昭《どうしょう》*がはじめてこれを伝えた。明治五年（一八七二）九月、真言宗*の所轄となったが、同十五年六月、独立の許可を得た。興福寺《こうふくじ》*を大本山*とし、のち薬師寺《やくしじ》*を加えて二大本山とする。さらに近時、京都の清水寺《きよみずでら》*も独立し、北《きた》法相宗となった。→仏教常識〈宗派の部〉中国仏教、日本仏教

ほったい〔法体〕①（梵）svabhāva の訳。あらゆる事象の本体のこと。②浄土教*では、名号《みょうごう》*または念仏*をいう。③出家*の姿をいう。

ほったいごうう〔法体恒有〕　→うぶ（有部）

ぼっとう〔没頭〕→仏教常識〈日常語〉同項

ほっぽうぶっきょう〔北方仏教〕　南方仏教*の対語。アショーカ（阿育《あいく》*）王以後、インドの北方に発達して、中国、朝鮮、日本に伝わった仏教*の総称。その多くは大乗仏教*である。

ほつぼだいしん〔発菩提心〕　仏果《ぶっか》、菩提*を求める心を起こすことをいう。→ほっしん（発心）

ほつぼだいしんろん〔発菩提心論〕①『金剛頂瑜伽中発《こんごうちょうゆがちゅうほっ》阿耨多羅三藐三《あのくたらさんみゃくさん》菩提心論』の略。『菩提心論』ともいう。一巻。竜猛《りゅうみょう》*著。不空《ふくう》*訳。十巻章《じっかんしょう》*の一つ。十巻章中、本書のみが唯一の空海*以外の作。顕教《けんぎょう》*と密教*の比較を論じ、密教が優れた教法であることを説くことから、台密《たいみつ》*・東密《とうみつ》*ともにこの論を必須の要書とした。注釈書多数。㊅32・No.1665　②『発菩提心経論』の略。二巻。世親《せしん》*著。鳩摩羅什《くまらじゅう》*訳。菩提心*を起こすことを細かく注釈し論じている。㊅32・No.1659

ほてい〔布袋〕　唐の末葉、中国明州（浙江《せっこう》省）奉化《ほうか》県の人。名は契此《けいし》。雪竇山資聖寺《せっちょうざんししょうじ》に住した。肥満体をして袋と杖を持ち市内を乞食《こつじき》*し、吉凶、晴雨を予知した。多くは寝処にばかりいたことから布袋和尚《おしょう》と呼ばれた。後梁の貞明二年（九一六）明州獄林寺の東廊の下に寂す。弥勒《みろく》*菩薩《ぼさつ》の下生《げしょう》者といわれ、中国江南を中心に信仰*が盛んである。日本では七福神の一人として信仰さ

れる。

ほとけ〔仏〕 仏《ぶつ》*の訓読語。語源は不明。契沖《けいちゅう》*の『万葉代《だい》匠《しょう》記』等では浮屠《ふと》家《け》の転訛《てんか》とする。これは中国の古典や仏典*でブッダを浮屠《ふと》*・浮図《ふと》と音写されたのに基づく。①仏陀*のこと。さとり*を得たもの。②仏像*、また仏の名号《みょうごう》*をいう。③転じて、死者またはその霊魂*。

ほら〔法螺〕「ほうら」ともいう。①仏*の説法*をたとえていう。②密教*では千手《せんじゅ》観音*の持ち物の一つ。③修験者《しゅげんじゃ》*が修法《しゅほう》*（修行*と加持*祈祷*）の時に用いる一種の楽器。↓仏教常識〈法具の部〉〈日常語〉同項

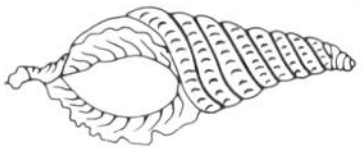

ぼろ〔梵論〕また梵論梵論《ぼろぼろ》、梵論字《ぼろんじ》とも書く。深編笠をかぶり、尺八を吹きながら、門戸を回って物を乞う有髪の修行*者。普化《ふけ》宗*の僧*。近世では、虚無僧《こむそう》*のことをいう。

ぼん〔盆〕↓仏教常識〈仏事の部〉同項

ぼん〔梵〕ブラフマン。①（梵）brahmanの音写。清浄《しょうじょう》*、寂静《じゃくじょう》*と意訳する。ウパニシャッド*哲学の最高原理。また、バラモン教*における宇宙創造の最高神として神格化されたものは、ブラフマーという。②色界《しきかい》*初禅天《しょぜんてん》*（四禅*天の最初。粗《あら》い精神作用（《尋《じん》》）と細かい認識（《伺《し》》）の主、がともにある禅定《ぜんじょう》*の段階をその境地とした天*）の主、大梵天《だいぼんてん》*の略称。

ほんがく〔本覚〕始覚《しかく》の対語。真如《しんにょ》*が修行*の結果として現われたことを始覚《しかく》というのに対し、本覚は衆生《しゅじょう》*に本来的にそなわっている真如そのものをいう。

ぼんがくしんりょう〔梵学津梁〕慈雲《じうん》*尊者飲光《おんこう》編。一千巻。日本に伝わる梵語《ぼんご》*、参考資料を網羅し、内容から七部に分けた梵学に関する百科全書。明和三年（一七六六）頃完了。現在は大阪府河内の高貴寺《こうきじ》*に蔵されている。

ほんがん〔本願〕本因（もともとの原因）の誓願*という意味で、仏《ぶつ》*・菩薩《ぼさつ》*が過去世《かこせ》*においてすべての衆生《しゅじょう》*を救おうとして立てた誓願をいう。

ほんがんじ〔本願寺〕浄土真宗*本山。初め親鸞《しんらん》*の娘の覚《かく》信尼《しんに》が遺骨を京都東山の大谷に葬り、文永九年（一二七二）吉水《よしみず》の北に移し御影堂《みえいどう》*を建てたのに始まる。亀山天皇より、久遠実成阿弥陀《くおんじつじょうあみだ》本願寺の号を賜り、親鸞を一世として、如信《にょしん》が二世、覚如《かくにょ》が三世となり大いに宗風をあげる。しかし地方の門徒*が独立するなどで次第に衰えていった。長禄元年（一四五七）八世の蓮如《れんにょ》*

が法灯を継ぎ勢いを盛りかえし、中興の祖と仰がれる。文明十二年（一四八〇）京都山科《やましな》に松林山本願寺を再興した。天文元年（一五三二）十世証如《しょうにょ》の時、日蓮宗徒により焼失。摂津（大阪府）の石山《いしやま》に移ったが、のち石山合戦（石山本願寺*と織田信長との争い）のため、天正八年（一五八〇）十一世顕如《けんにょ》*の時、石山を織田氏に付して、紀伊（和歌山県）の鷺《さぎ》ノ森に移り、また和泉（大阪府）貝塚、摂津中島天満と転じ、十九年豊臣秀吉が用地を寄進*したことによって、京都市下京区堀川通（現西本願寺*の地）に移る。慶長七年（一六〇二）教如《きょうにょ》*は徳川家康によって別に一寺を七条烏丸《からすま》（現東本願寺*の地）に建て、これより東西両本願寺に分かれた。東を大谷派*、西を本願寺派*という。

ほんがんじしょうにんしんらんでんね〔本願寺聖人親鸞伝絵〕一巻。浄土真宗*の開祖親鸞*の伝記および絵画。永仁三年（一二九五）覚如《かくにょ》が詞を選び、康楽寺の浄賀によりその絵を描かせた。（大）83・No.2664

ほんがんじは〔本願寺派〕真宗十派*の一つ。西本願寺*を本山*とする。十二世准如《じゅんにょ》の時、長兄の教如《きょうにょ》*が東本願寺*（大谷派*）を別立して以来、ともに親鸞《しんらん》*の血脈《けちみゃく》*を伝える。→ほんがんじ（本願寺）

ボンきょう〔Bon-po〕ポン教ともいう。チベットで仏教*が伝わる以前から行われていた宗教*。開祖をシェンラプ・ミボ（gshen-rabs mi-bo シェン氏の系譜の人間）と称する。自然崇拝と呪物崇拝や呪術・供犠《くぎ》による霊魂*支配などを行うシャーマニズムの一つ。後に仏教と習合し、とくにニンマ派（紅《こう》教*）と類以した教理*を持つ。

ぼんぎょう〔梵行〕（梵）brahma-caryāの訳。梵は清《しょう》浄《じょう》*を意味し、欲望を断ずる行いを修すること。不婬《ふいん》行（みだらなことをしない）のこと。

ほんげん〔本元〕（一二八二―一三三二）臨済《りんざい》宗*の僧。字は元翁《げんおう》。顕日《けんにち》について得度《とくど》*し、美濃（岐阜県）の古渓《こけい》に庵居《あんきょ》した。また相模（神奈川県）の万寿寺、京都の南禅寺*に住した。正慶元年寂す。仏徳《ぶっとく》禅師と勅謚《ちょくし》す。

ぼんご〔梵語〕インド古代の聖語。サンスクリット（Sanskrit）という。大乗仏教*の経典*はもと多くこの語をもって記された。

ほんざん〔本山〕一宗の総本寺をいう。総本山*、大本山*、本山の三種がある。→仏教常識〈寺院の部〉同項

ほんじ〔本地〕垂迹《すいじゃく》*の対語。本来のあり方。仏《ぶつ》*・菩薩《ぼさつ》*が衆生《しゅじょう》*を救うために仮に現わした身を垂迹身というのに

対して、それらの本来の真実身である仏・菩薩をいう。↓ほんじすいじゃく（本地垂迹）

ほんじ〔本事〕　本事経ともいう。十二部経＊の一つ。（梵）Itivṛttaka の訳。伊帝目多迦《いていもくたか》と音写。如是《にょぜ》語、如是説とも訳す。経＊の中で説かれた仏弟子の過去世《かこせ》＊に関する説話をいう。経文《きょうもん》の切れ目に「……という」（…iti）の語があるので「如是語」（……ということば）の経と名付けられた。

ぼんし〔梵志、梵士〕　バラモン＊。①（梵）Brāhmaṇa の訳。インドの四姓《ししょう》＊のうち、最上位の司祭・僧侶＊階級をさす。ヴェーダ＊の学習のほか、祭祀＊などを執り行う者をいう。②（梵）Brahmacārin の訳。浄斎《じょうえい》とも訳す。バラモン（婆羅門）の生活の四期の中の第一期。清浄《しょうじょう》行（梵行＝不婬行）。師について修学する期間をいう。③もともと外道《げどう》＊であって、後に仏教＊に入った者を称する語。

ぼんじ〔梵字〕　古代・中世のインド文字の総称。もと「完成」「典雅」を意味するブラフマン（梵《ぼん》＊と音写）の派生《はせい》語＝ブラーフミー（梵字）の訳語として、中国・朝鮮・日本等において定着した。悉曇《しったん》＊が代表的書体。

ほんじすいじゃく〔本地垂迹〕　本地＊より迹を垂れるという意味で、本地の仏《ぶつ》＊・菩薩《ぼさつ》＊がさまざまな神の姿をかりてあらわれ、衆生《しゅじょう》＊と縁＊を結んで（結縁《けちえん》＊）ついに仏道＊に導き入れるという説のこと。この説はわが国で奈良、平安のころ盛んに唱えられた。

ほんじもん〔本地門〕　加持《かじ》門の対語。大日如来《だいにちにょらい》＊の自性《じしょう》＊法《ほっ》身《しん》＊のこと。真言＊の行者《ぎょうじゃ》＊が加持＊によって仏＊の身《しん》・口《く》・意《い》を実現したときの身を加持身《しん》といい、その身による教説の法門＊を加持門というのに対し、大日如来が過去・現在・未来の三世《さんぜ》＊に常にあって、真実・智慧＊をそなえて一切の根本的なよりどころを欠けることなくそなえる（円満）法門をさす。

ほんじゃくにもん〔本迹二門〕　天台宗＊では『法華経《ほけきょう》＊』二十八品《ほん》を本・迹の二門に分ける。前半の十四品は迹《しゃく》門の説法＊で、後半の十四品は本門の説法である。迹門とは釈尊＊の成道《じょうどう》＊より法華《ほっけ》の会座《えざ》＊に至る四十余年の説法をいい、本門とは久遠実成《くおんじつじょう》＊（はるかな昔に成仏《じょうぶつ》＊している）の法身《ほっしん》＊をあらわす最後の真髄の説法をいう。

ぼんしょう〔凡聖〕　凡夫《ぼんぶ》＊と聖者《しょうじゃ》＊のこと。↓ぼんしょういちにょ（凡聖一如）

ぼんしょう〔梵鐘〕　寺院＊のつりがね。↓仏教常識〈法具の部〉同項ぼんしょういちにょ〔凡聖一如〕 凡夫《ぼんぶ》＊（煩悩《ぼんのう》＊に迷う衆生《しゅじょう》＊）も聖者《しょうじゃ》＊（煩悩から自由になった人）も、本来は仏＊の本《ほん》性《しょう》（仏性《ぶっしょう》＊）において同一であるということ。凡聖不二《ふに》ともいう。

ほんじょうじ〔本成寺〕 法華《ほっけ》宗陣門流総本山。新潟県三条市。日陣《にちじん》を門祖とし、末寺《まつじ》＊百七十余がある。

ほんじょうたん〔本生譚〕 十二部経＊の一つ。→ジャータカ（Jātaka）

ぼんしょうふに〔凡聖不二〕 →ぼんしょういちにょ（凡聖一如）

ぼんせつ〔梵刹〕 （梵）brahma-kṣetra の音写。清浄《しょうじょう》＊なる国土のこと。また寺院＊のことをいう。

ほんぞん〔本尊〕 ①崇拝の中心とされる仏《ぶつ》＊・菩薩《ぼさつ》＊像。②寺院＊に安置する中心の尊像。

ぼんちょうちん〔盆提灯〕 →仏教常識〈仏事の部〉同項

ほんでん〔本典〕 一宗の根本聖典のこと。たとえば、浄土真宗＊では『教行信証《きょうぎょうしんしょう》＊』六巻をいう。

ぼんてん〔梵天〕 →だいぼんてん（大梵天）

ほんどう〔本堂〕 一寺の本尊＊を安置する堂宇、すなわち金堂《こんどう》＊をいう。浄土系では阿弥陀《あみだ》堂といい、禅宗＊では仏殿と称する。

ほんぬ〔本有〕 もとから先天的にそなわっているもの。また、生まれてから死ぬまでの間の現身＊（肉体）をいう。

ぼんのう〔煩悩〕 （梵）kleśa の訳。原義は惑《わく》＊ともいう。身《しん》心《じん》を乱し悩まし、正しい判断を妨げる精神作用のこと。

ほんのうじ〔本能寺〕 法華《ほっけ》宗＊本門流四大本山の一つ。京都市中京区寺町。応永二十二年（一四一五）日隆《にちりゅう》の開基＊。もと本応寺と号する。天正十年（一五八二）織田信長は本寺において殺され、そのとき一山が全焼した。天正一七年（一五八九）豊臣秀吉の命により、現在地に移転。本尊＊は題目《だいもく》（南《な》無妙《むみょう》法蓮《ほうれん》華経《げきょう》）。

ほんのうじは〔本能寺派〕 →はちぼんは（八品派）

ぼんのうそくぼだい〔煩悩即菩提〕 煩悩＊（迷い）と菩提＊（さとり）とは相即不二《そうそくふに》（分かちがたい）の関係にあるということ。

ぼんばい〔梵唄〕 →しょうみょう（声明）②

ぼんぶ〔凡夫〕 （梵）pṛthag-jana 必栗託仡那《ひつりつたきつな》と音写。異《い》生《しょう》＊と訳される。仏道＊を理解していない者。聖者《しょうじゃ》＊の対語。煩悩《ぼんのう》＊にしばられ輪廻《りんね》＊をくり返す衆生《しゅじょう》＊のこと。

ほんぶつ〔本仏〕 末仏《まつぶつ》の対語。分身の諸仏に対して根本の一仏をいう。

ぼんぽん〔梵本〕 梵語*で書かれた文献。

ほんみょうじ〔本妙寺〕 日蓮宗*。熊本市花園。山号は発《ほっ》星《しょう》山。天正十九年（一五九一）加藤清正が肥後（熊本県）の大守《たいしゅ》になったとき日真を招じて創建。加藤家の菩提寺《ぼだいじ》*。本尊*は一塔両尊四士《いっとうりょうそんしし》。

ほんみょうほっけしゅう〔本妙法華宗〕 日蓮宗*の一派。本隆寺派、法華宗真門流《ほっけしゅうしんもんりゅう》ともいう。→ほんりゅうじ（本隆寺）

ほんもん〔本門〕 →ほんじゃくにもん（本迹二門）

ほんもんじ〔本門寺〕 ①日蓮宗*大本山。東京都大田区池《いけ》上《がみ》。長栄山大国院と号する。弘安五年（一二八二）池上宗仲の創建。日蓮*を開基*とし、また日蓮入寂《にゅうじゃく》*の遺跡である。本尊*は一尊四士《いっそんしし》。②日蓮宗霊跡寺院（大本山）。静岡県富士宮市北山。富士山本門寺根源《こんげん》と号す。北山《きたやま》本門寺と称される。六老僧*の一人で後に身延山《みのぶさん》*を離れた日興《にっこう》*が、永仁六年（一二九八）石川孫三郎能忠の外護により開創。本尊*は大曼荼羅《まんだら》。

ほんもんしゅう〔本門宗〕 日蓮宗*興門派。日興《にっこう》*を派祖として、駿河（静岡県）北山本門寺等の七本山がある。末寺《まつじ》*二百余がある。→前項②

ほんもんのかいだん〔本門の戒壇〕 日蓮宗*の三大秘法*の一つ。『妙法蓮華経《みょうほうれんげきょう》』*を本門*の戒体《かいたい》（悪*を行うことを抑える心がまえ）として、この五字に帰依《きえ》*して南無《なむ》妙法蓮華経*と唱えるのを本門独特の円頓戒《えんどんかい》*とする。

ほんもんのだいもく〔本門の題目〕 日蓮宗*の三大秘法*の一つ。南無妙法蓮華経《なむみょうほうれんげきょう》*の七字を唱えること。これをもって本尊*に帰命《きみょう》*し、ついに成仏《じょうぶつ》*を得るとする。

ほんもんのほんぞん〔本門の本尊〕 日蓮宗*の三大秘法*の一つ。十界曼荼羅《じっかいまんだら》*を本尊*とすることをさす。

ほんもんほっけしゅう〔本門法華宗〕 →はちぼんは（八品派）

ほんやくみょうぎしゅう〔翻訳名義集〕 七巻あるいは二十巻。南宋の法雲《ほううん》*編。梵漢《ぼんかん》字典。一一四三年に完成。六十四編に分けて、梵語*を翻訳した意味内容を分類し集めたもの。それまでの漢訳者たちの訳語の決定のしかたについて、地域差、時代差があることを指摘した。仏学三書（『釈氏要覧《しゃくしようらん》』*『教乗法数《きょうじょうほっすう》』『翻訳名義集』）の一つ。

ほんやくみょうぎたいしゅう〔翻訳名義大集〕 マハーヴュットパッティ。(梵)Mahāvyutpatti チベットのティデ・ソンツェン王代（八〇三―八一五）に成立した仏教語彙集。梵語《ぼんご》*と、それに対応するチベット訳語の約九五〇〇語を収録。のち増広されて、モンゴル・満州等の諸語も対同され、清朝治下で刊行された。日本で荻原雲来《うんらい》、榊亮三郎《さかきりょうざぶろう》らの校訂本（Mahāvyutpatti＝『翻訳名義大集』）が出版され、とくに後者は、梵語・漢訳の他に、チベット語訳および和訳が付されている。（大）54・No.2131

ほんらいのめんもく〔本来の面目〕　面目は顔の意で、自己の姿をいう。禅*宗の第六祖慧能《えのう》*の造語で、人々に本来そなわっている口で説くことのできない心の真実性をいう。

ほんらいむいちもつ〔本来無一物〕　一切の事象はすべて仮の存在であって、本来は一物も執着《しゅうじゃく》*すべきものはないということ。

ほんりゅうじ〔本隆寺〕　法華《ほっけ》宗真門《しんもん》流の総本山。京都市上京区智恵光院通り。慧光山と号する。長享二年（一四八八）妙顕寺*より分立した日真《にっしん》が六角西洞院《ろっかくにしのとういん》に草庵*を開創。翌年四条大宮に堂宇を建立*したが、天文法華*の乱（一五三六）で焼失。のち現在地に再建。本尊*は久遠実成《くおんじつじょう》の釈迦仏《しゃかぶつ》。末寺《まつじ》*一七五がある。

ま　マ

ま〔魔〕　魔羅の略。摩羅とも書く。→まら（摩羅）

まいさおう〔売茶翁〕　→げんしょう（元昭）

まいす〔売僧〕　もと禅*宗の言葉で、商売によって利益を求める堕落僧をいう。

まか〔摩訶〕（梵）mahā の音写。原義は偉大な。大きな、多くの、勝れた、の三つの意味を持つ言葉。

まがいぶつ〔摩（磨）崖仏〕　丘陵の岩壁に彫られた文字、仏像*。インド（アショーカ王*の法勅など）、中国（雲崗《うんこう》・竜門など）に多い。日本では大分・臼杵《うすき》や大谷《おおや》のものが有名。

まかえん〔摩訶衍〕　→だいじょう（大乗）

まかかしょう〔摩訶迦葉〕　マハーカーシャパ。（梵）Mahākāśyapa の音写の略。大飲光《おんこう》、大亀氏《だいきし》と訳す。仏の十大弟子*の一人。もとバラモン*（婆羅門）であったが、釈尊の成道後《じょうどう》*三年頃、仏弟子となり、無執着《しゅうじゃく》の行《ぎょう》*で第一（頭陀《ずだ》*第一）と称された。釈尊の入滅*後、教団の統率者となり、ラージャグリハ（王舎城*）において第一結集《けつじゅう》*（経典類の編集）を主宰した。とくに禅宗*で尊ばれる。→かしょう（迦葉）

まかかせんねん〔摩訶迦旃延〕→かせんねん（迦旃延）

まかしかん〔摩訶止観〕 二十巻。智顗《ちぎ》*述。弟子の章安尊者灌頂記。天台の三大部*の一つ。初期修行法を集大成し、天台宗*の観心《かんじん》*を説いたもので、この宗の修行*の本拠とするところである。十章に分ける。㊅46・No.1911

まかそうぎりつ〔摩訶僧祇律〕 四十巻。東晋の仏駄跋陀《ぶつだばつだ》羅《ら》、法顕《ほっけん》*の共訳。四部律《しぶりつ》の一つで、大衆部《だいしゅぶ》*の伝える律《りつ》*である。㊅22・No.1425

まがだ〔摩掲陀、摩伽陀〕（梵）Magadha の音写。インドのビハール州ガンジス河以南の地域。仏陀*時代の四大国、十六大国*の一つ。都ははじめラージャグリハ（王舎城*）であったが、後にパータリプトラ（波吒釐子《はたりし》*）に移された。仏教にもっとも関係の深い国。釈尊*の成《じょう》道《どう》*も最初の伝道*もこの国において行われた。ほぼ今日のビハール州にあたる。

まかはじゃはだい〔摩訶波闍波提〕→はじゃはだい（波闍波提）

まかはんにゃはらみつきょう〔摩訶般若波羅蜜経〕 二十七巻。姚秦《ようしん》の鳩摩羅什《くまらじゅう》*訳。『大般若波羅蜜多経*』の第二分を別訳したもの。㊅8・No.223

まくらかざり〔枕飾り〕→仏教常識〈仏事の部〉同項

まくらぎょう〔枕経〕→仏教常識〈仏事の部〉同項

まくらだんご〔枕団子〕→仏教常識〈仏事の部〉同項

まくらなおし〔枕直し〕→仏教常識〈仏事の部〉同項

まくらめし〔枕飯〕→仏教常識〈仏事の部〉同項

まごらが〔摩睺羅伽〕（梵）mahoraga の音写。大腹、大腹行と訳す。八部《はちぶ》衆*の一つで、人身蛇首の蛇神という。

まつおじ〔松尾寺〕 高野山真言宗*。香川県仲多度郡琴平町。象頭《ぞうず》山と号す。本尊*は釈迦如来《しゃかにょらい》。大宝年間（七〇一—七〇三）創建。金毘羅大権現《こんぴらだいごんげん》を祀る寺として知られる。明治の神仏分離で普門院一坊をのこし現在に至る。

まっこう〔抹香〕 粉末にした香のこと。→こう（香）→仏教常識〈行儀の部〉同項

まつごのみず〔末期の水〕→仏教常識〈仏事の部〉同項

まつじ〔末寺〕 本山*、本寺に付属する寺。

まっせ〔末世〕 すえのよ。末法*の世。俗に、道義のすたれた世のことをいう。→次項

まっぽう〔末法〕 正法《しょうぼう》*・像法《ぞうぼう》*・末法の三時《さんじ》の第三。釈尊*の

入滅*後、正法時、像法時をすぎて、仏法*の衰微する時期。この時代は、修行*さえも行われず、教法だけが残っている時代。→さんじ（三時）

まっぽうとうみょうき〔末法灯明記〕 一巻。最澄《さいちょう》*の著。正法《しょうぼう》*・像法《ぞうほう》*・末法*の三時*を説き、機《き》*にかなえる仏法*の取捨を主張している。

まつま〔末摩〕（梵）marman の訳。→だんまつま（断末摩）

まなしき〔末那識〕（梵）mano-vijñāna の訳。末那は（梵）manas の音写。意*と訳す。八識《はちしき》*中の第七識のこと。第六識と区別するために末那識という。常に絶えまなく思量する意識。

まに〔摩尼〕（梵）maṇi の音写。無垢《むく》*、離垢《りく》、如意珠《にょいしゅ》と訳す。宝珠《ほうじゅ》の総称である。→ほうじゅ（宝珠）

マハーヴィーラ（梵）Mahāvīra の訳。ジャイナ教*の開祖。→にけんだにゃくだいし（尼乾陀若提子）

まはじゅん〔魔波旬〕 天魔波旬ともいう。魔羅《まら》（摩羅*。Māra＝悪魔の総称）と波旬*（Pāpīyas＝魔王の名前）とを併せていうものである。

まひんだ〔摩哂陀〕（梵）Mahendra（巴）Mahinda の音写、大帝と漢訳する。紀元前三世紀、仏教をはじめてセイロン*（現スリランカ）に伝えた人。アショーカ（阿《あ》育《いく》*）王の子。二十歳の時、モッガリプッタ・ティッサを師として、妹サンガミッターとともに出家*。後に伝道*のため諸々の比丘《びく》*とともにスリランカに赴き、王を教化《きょうけ》*した。兄妹協力して布教につとめ、首都アヌラーダプラにマハーヴィハーラ（大寺）を建立*し、仏教の基礎を築く。

まもりがたな〔守り刀〕→仏教常識〈仏事の部〉同項

まやさん〔摩耶山〕 神戸市灘区六甲山の西南の一峰。ほぼ七百メートルの山上に仏母《ぶつも》摩耶山忉利天上寺《とうりてんじょうじ》があり、摩耶夫人《ぶにん》*をまつる。旧暦の初午《はつうま》（二月初めの午の日）に参詣することをとくに摩耶参りという。もともとは飼い馬の無病息災を祈り、馬を引いて登った。風光絶佳で有名。

まやぶにん〔摩耶夫人〕 マーヤー。（梵）Māyā（Mahāmāyā）の音写。大智母《だいちも》、天后《てんこう》などと訳す。シュッドーダナ（浄飯王《じょうぼんのう》*）の妻で、釈尊*の生母である。ルンビニー（藍毘尼《らんびに》*）で釈尊出生後七日で死去。

まら〔摩羅〕（梵）Māra の音写。魔羅とも書き、略して単に魔ともいう。殺《せつ》者、悪者などと訳す。善法を妨げ、修行*を妨げるもの。転じて男根をいい、これを断つことを羅切《らせつ》という。

まりしてん〔摩利支天〕

マリーチ。（梵）Marīci の音写。威光・陽炎と訳す。かげろうを神格化したもの。梵天《ぼんてん》*の眷属《けんぞく》*で護身、勝利、財福などを司る。古来、武士の守り本尊*であった。猪《いのしし》に乗った二臂《ひ》像・三面六臂像・三面八臂像などが作られ天女形である。

まん〔慢〕（梵）māna の訳。倶舎《くしゃ》*宗では八不定地法《ふじょうじ》（善にも悪*にもなり、定まった本性を持たない心の作用）の一つ。唯識《ゆいしき》*宗では六煩悩《ろくぼんのう》*の一つ。他人に対して自分がすぐれていると妄想《もうぞう》*する精神作用。他に対してのおごり、高ぶりの心。七慢*、八慢などと分類する。

まんがん〔満願〕 月日をかぎった祈願*の日数の満ちたこと。結願と同じ。→けちがん（結願）

まんぎょう〔万行〕 一切の善行のこと。

まんし〔満之〕 →きよざわまんし（清沢満之）

まんじ〔卍〕 万字・徳字ともいう。仏教が古くから用いる標形で、塞縛悉底迦《そくばしってぃか》（svastika スヴァスティカ）といい、仏陀*の頭髪や胸にあらわれた旋毛《せんもう》の相で、吉祥《きちじょう》*のしるしの表象として用いられた。あるいは、仏心印《ぶっしんいん》（仏*のさとり*の象徴）として説明される。日本でも寺院の記号、標識、紋章として用いられる。

まんじゅじ〔万寿寺〕 臨済《りんざい》宗*東福寺派*。京都の五山*の一つ。京都市東山区本町。山号は京城山《けいじょうざん》。本尊*は阿弥陀《あみだ》如来《にょらい》。承徳元年（一〇九七）白河上皇の勅命で、郁芳《いくほう》門院藤原媞子《ていし》の遺宮を寺としたもの。六条御堂《みどう》という。

まんじゅしゃげ〔曼殊沙華〕（梵）mañjūṣaka の音写。檻《かん》花、如意華《にょいげ》などと訳す。天上の華の一種で、色は鮮白、柔軟で、これを見る者はおのずから悪業《あくごう》*をはなれるという。日本では彼岸花《ひがんばな》の別名。

まんだら〔曼荼羅〕（梵）maṇḍala の音写。曼陀羅とも書く。輪円《りんねん》具足*、壇《だん》*、道場*と訳す。原義は本質をもてるもの。仏のさとり*を成就*した境地、および宇宙の本質を体系的に表現したもので、これを観想、崇敬の対象とする。それを図絵《ずえ》にしたものを中国、日本では曼荼羅という。大曼荼羅*（諸尊を描いたもの）、三昧耶《さまや》曼荼羅*（仏具*）、法曼荼羅（種子《しゅじ》*）、羯磨《かつま》曼荼羅*（一切の動き）を四種《ししゅ》曼荼羅という。→ししゅまんだら（四種曼荼羅）

まんだらけ〔曼陀羅華〕（梵）māndāra の音写。適意《てきい》、天妙、白《びゃく》と訳す。天上の華で、色清らかで香りよく、見るものの心を悦ばせるという。

まんちゅういん〔満中陰〕→仏教常識〈仏事の部〉同項

まんどうえ〔万灯会〕 燃灯会ともいう。多くの灯明《とうみょう》＊を点じて、もろもろの罪を懺悔《さんげ》＊する法会《ほうえ》＊。

マントラ 〔梵〕mantra の音写。真言＊、神呪《じんしゅ》＊、秘密語などと訳す。もとはヴェーダ＊に説かれた神々への聖句であったが、日本の真言宗＊では、法身《ほっしん》＊大日如来《にょらい》＊の言説《ごんぜつ》であり、また諸尊の本質を示す言説であるとされる。陀羅《だら》尼《に》＊が長句であるのに対し、マントラは短句。

まんぷくじ〔万福寺〕 黄檗《おうばく》宗＊大本山。京都府宇治市。黄檗山と号する。本尊＊は釈迦如来《しゃかにょらい》。寛文元年（一六六一）渡来僧の隠元《いんげん》＊禅師が明《みん》の万福寺に模して建立＊。代々中国の僧が住したが、元文五年（一七四〇）竜統《りゅうとう》が初めてわが国の人としての住持《じゅうじ》＊（住職）となった。

まんぷくじは〔万福寺派〕 もと臨済《りんざい》宗＊の一派であったが、のち独立して黄檗《おうばく》宗＊と称した。隠元《いんげん》＊を派祖とする。→前項

〈み ミ〉

みいでら〔三井寺〕→おんじょうじ（園城寺）

みえい〔御影〕 高僧＊の画像や木像のこと。とくに真言宗＊における弘法大師＊の像をいう。

みえいく〔御影供〕「みえく」ともいう。故人の影像を掲げて、その霊を供養《くよう》＊すること。多くは弘法大師空海＊入《にゅう》定《じょう》＊の日（三月二十一日）に、大師の御影＊を供養すること。

みえいどう〔御影堂〕「みえどう」ともいう。①宗派＊の開祖や中興の祖などの影像を安置する堂＊をいう。②新善光寺のこと。京都市下京区五条にあり、時《じ》宗＊御影堂派＊の本寺。

みえいどうは〔御影堂派〕 時《じ》宗＊十二派の一つ。一遍《いっぺん》＊の弟子、王阿《おうあ》を派祖、京都五条の新善光寺を本山＊とする。

みくじ〔御籤〕 吉凶を決するため、神仏に祈って探りとるくじのこと。おみくじ。

みさいえ〔御斎会〕「ごさいえ」ともいう。宮中行事の一

つ。毎年正月八日から七日間、大極殿（後には清涼殿、物忌《ものいみ》*の時は紫宸殿《ししん》）で『金光明最勝王経《こんこうみょうさいしょうおうきょう》*』を講説して、国家の安寧を祈る儀式をいう。

みしほ〔御修法〕「みしゅほう」「みすほう」ともいう。真言密法《みっぽう》を修すること。真言宗*の後七日《ごしちにち》の御修法の略。正月八日より七日間宮中で行われる玉体安穏《ぎょくたい》（天皇の健康）を祈り、御衣《ぎょい》に行う修法《しゅほう》*（加持*祈祷*）。延暦二十四年（八〇五）天台宗*の円澄《えんちょう》に詔して紫宸殿《ししん》において五仏頂法を修させたのが内裏《だいり》御修法の初めというが、承和の初めに宮中の修法は真言宗にゆずり、天台宗は延暦寺*の総持院で別に修するといわれる。

みしゃそくぶりつ〔弥沙塞部律〕 詳しくは『弥沙塞部和《わ》醯《けい》五分律』。 →ごぶんりつ（五分律）

みじん〔微塵〕（梵）paramāṇu-rajas の訳。これ以上切断できないものをいう。目で見える最小のもの。非常に小さなもの。転じて一般には、ごくわずかなことをいう。

みずごくよう〔水子供養〕→仏教常識〈仏事の部〉同項

みずごり〔水垢離〕 神仏に祈願*するため冷水を浴びて身体のけがれを取り除くこと。→こり（垢離）

みだ〔弥陀〕 阿弥陀仏の略称。→あみだぶつ（阿弥陀仏）

みだのじょういん〔弥陀の定印〕 上品上生《じょうぼんじょうしょう》*印《いん》、また密教*では妙観察智《みょうかんざっち》*印《いん》ともいう。印《いん》相《ぞう》の一つ。丹田《たんでん》*（臍《へそ》）の辺に右手を下にして掌《てのひら》を重ね、親指と人差指の指先を合わせる。坐像*の多くはこの印*を結ぶ。

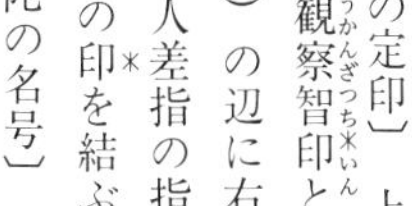
弥陀の定印

みだのみょうごう〔弥陀の名号〕 阿弥陀仏《あみだぶつ》*が衆生《しゅじょう》*を救うために成就*した名号*。阿弥陀仏の四字、南《な》無《む》阿弥陀仏*の六字。他に九字（南無不可思議光如来《こうにょらい》）、十字（帰命尽十万無礙光如来《きみょうじんじっぽうむげこう》）の名号もある。

みついん〔密印〕→いんげい（印契）

みっきょう〔密教〕 瑜伽《ゆが》教ともいう。秘密仏教の略。顕《けん》教《ぎょう》*の対語。顕教の諸仏が、衆生《しゅじょう》*の状況に応じて教えを説くのに対して、法身《ほっしん》*大日如来《にょらい》*が自らのさとり*の内容を大日如来自身の言説《ごんぜつ》で説く深密《じんみつ》秘奥なる教法をいう。日本には、空海*の東密《とうみつ》*（真言密教）と、最澄《さいちょう》*の台密《たいみつ》*（天台密教）とがある。

みつぐそく〔三具足〕 仏前の三つの供養《くよう》具。華瓶《けびょう》*、燭台《しょくだい》（蠟燭《ろうそく》立て）、香炉《こうろ》*をいう。華瓶・燭台を各一対ずつ配するものは、全体の数をとって五具足*という。

みつご〔密語〕 ①深い密意をこめて説かれる方便*の語。②秘密語。マントラ*、ダラニ（陀羅尼《だらに》*）の意。③親密の語。

みつごう〔密号〕 ①文字の表面的解釈では知り得ない深い意味をもつ語。②諸仏・諸菩薩《ぼさつ》の金剛名号《こんごうみょうごう》（密教名）。空海*の遍照《へんじょう》金剛*は、大日如来《にょらい》*の密号を用いたもの。

みつごんじょうど〔密厳浄土〕 密厳国ともいい、大日如《にょ》来《らい》*の浄土*。真言宗*ではこの世、国土そのものが密厳仏《ぶっ》国《こく》であると説く。曼荼羅《まんだら》*の境界《きょうがい》*であり、『華厳経《けごんぎょう》』*に説く蓮華蔵《れんげぞう》世界*も浄土教*の極楽浄土*も、十方の浄土はことごとくこの世界にあるとされる。覚鑁《かくばん》*の『密厳浄土略観』㊅79・No.2515に説かれる。

みっぽう〔密法〕 秘法*ともいう。密教*で行う修法《しゅほう》*（加持*祈祷*）。空海*、最澄《さいちょう》*以後、大いに行われた。台密《たいみつ》*（天台密教）、東密《とうみつ》*（真言密教）によってそれぞれ異なる。

みつりんせんぶ〔密林山部〕 密林住《じゅう》部、密林山住部ともいう。（梵）Saṇṇāgarika の訳。小乗二十部*の一派。仏滅*三百年の頃、犢子部《とくしぶ》*から分派した一派。

ミトラ〔Mitra〕 インド神話『リグ・ヴェーダ』*中の契約・友情の天神。太陽を神格化したもの。

みなみほっけじ〔南法華寺〕 真言宗*豊山《ぶさん》派*。奈良県高市郡高取町。壺坂《つぼさか》山平等王院と号す。通称は壺坂寺《つぼさかでら》。西《さい》国《ごく》三十三所観音*の第六番札所。大宝三年（七〇三）弁《べん》基《き》の開創（諸説あり）と伝える。本尊*は一丈八尺五寸（約五・六メートル）の千手《せんじゅ》観音。昭和五十八年（一九八三）長年のハンセン病患者救済事業に対してインド政府より石造の観音立像（約二十メートル）が贈られた。『壺坂霊験記《れいげんき》』、および盲人のために芳香の花多く、とくに牡丹で有名な寺。

みねいり〔峰入〕 大《おお》峰入の略。毎年陰暦四月八日から九月八日までの間、修験者《しゅげんじゃ》*が大和（奈良県）の大峰山中に入り、ほこらや谷・峰などを巡礼*参拝して久修練行《くしゅれんぎょう》することをいう。

みのぶさん〔身延山〕 山梨県南巨摩郡身延町にある一一五三メートルの山。文永十一年（一二七四）日蓮*はこの山に入って庵*を結んだ。現在、日蓮宗*の総本山*久遠《くおん》寺《じ》のあるところである。↓くおんじ（久遠寺）

みぶきょうげん〔壬生狂言〕 ↓仏教常識〈行事の部〉同項

みぶでら〔壬生寺〕 律宗*の別格本山。京都市中京区壬生梛《なぎ》ノ宮町。本尊*は地蔵菩薩《ぼさつ》。正暦二年（九九一）三井《みい》寺《でら》*の快賢《かいけん》の建立*。幕末には新撰組の宿舎が境内にあった。壬生狂言で広く知られている。↓次項

みぶねんぶつ〔壬生念仏〕 四月（もと陰暦三月）二十一日から二十九日まで、壬生寺*で行う仏会《ぶつえ》のこと。この

時に行われる狂言は、壬生狂言として有名。→仏教常識〈行事の部〉壬生狂言

みまんさ〔弭曼差〕 ミーマーンサー。(梵) Mīmāṃsā の音写。紀元前二世紀の頃、ジャイミニ (Jaimini) の開くところと伝えられる。ヴェーダ* (吠陀《べいだ》) の経典*を尊び、神の啓示としてヴェーダの語や概念の常住*であることを主張し、祭祀*の実行を強調することから、語を表現する声の常住を説く。

みょう〔妙〕 思いの及ばない不可思議*なこと。

みょう〔明〕 知ること。知識。また、さとり*の智慧*をいう。

みょうあん〔明庵〕 →えいさい (栄西)

みょうえ〔明恵〕 (一一七三―一二三二) 華厳《けごん》宗*の僧。明恵は号、諱《いみな》は高弁。紀伊 (和歌山県) の人。苦練修学し、高雄《たかお》山の文覚《もんがく》*に師事。諸師より華厳・密教*・禅*を学ぶ。後鳥羽上皇から栂尾《とがのお》山を賜り高山《こうざん》寺と称して復興、華厳道場として盛んに華厳宗を弘めた。貞永一年寂す。著書に『摧邪輪《さいじゃりん》』等七十余巻がある。

みょうおう〔明王〕 (梵) vidyā-rāja の訳。①陀羅尼《だらに》*の異称。②大日如来《にょらい》*の命令をうけて、教化《きょうけ》*し難い衆生《しゅじょう》*を救済するために、多くは忿怒《ふんぬ》身をあらわし、諸々の悪魔*を降伏《ごうぶく》*する諸尊をいうが、孔雀《くじゃく》明王*のような慈悲相の例外もある。智慧*の光明《こうみょう》*をもって一切の魔障を打ち破ることから明王という。

みょうおん〔妙音〕 ゴーシャ。(梵) Ghosa の訳、瞿沙《くしゃ》と音写。二世紀頃の北インドの人。婆沙《ばしゃ》の四大論師《しだいろんじ》* (法《ほっ》救《く》*、覚天《かくてん》、世友《しょう》*、妙音) の一人。『阿毘曇甘露味論《あびどんかんろみろん》』の著作がある。

みょうおんてん〔妙音天〕 →べんざいてん (弁才天)

みょうおんぼさつ〔妙音菩薩〕 ①(梵) Gadgada-svara-nāma bodhisattva の訳。『法華経《ほけきょう》*』妙音菩薩品《ぼん》に説かれる菩薩*。東方の浄華宿王智如来《じょうけしゅくおうちにょらい》の浄光荘厳《しょうごん》国の菩薩という。②文殊菩薩の異名。→もんじゅ (文殊)

みょうが〔冥加〕 冥護《みょうご》、冥益《みょうやく》、冥感《みょうかん》ともいう。顕加《けんか》 (仏《ぶつ》*の加護*がはっきりと顕《あらわ》にみられること) の対語。仏・菩薩《ぼさつ》*によって、知らないうち (冥) に加護をうけ、利《り》益《やく》*をさずけられること。→仏教常識〈日常語〉同項

みょうがきん〔冥加金〕 仏*の冥加*に感謝する心から、仏寺、仏僧に献納する金銭をいう。

みょうがく〔妙覚〕 菩薩《ぼさつ》*修行*の五十二位*の五十二位、最後の位。煩悩《ぼんのう》*を滅し尽くして、円満なる智慧*を完成させる位をいう。

みょうかんざつち〔妙観察智〕 四智《しち》（大円鏡智*・平等性《しょう》智*・妙観察智・成所作智《じょうしょさ》*）の一つ。密教*では法界《ほっかい》体性智を加えた五智*の一つ。妙とは、衆生《しゅじょう》*の思慮を超えた絶妙な自在力*の意、観察*は一切を観察し精通することをいう。衆生のすべてを正しく観察し尽くして、さとり*へ導く仏の智慧*。↓しち（四智）

みょうぎょうぐそく〔明行具足〕→みょうぎょうそく（明行足）

みょうぎょうそく〔明行足〕 仏*の十号*（称号）の一つ。法*を証することの明らかな智慧*を明とし、三学《さんがく》*（仏道修行者の学ぶべき戒《かい》・定《じょう》・慧《え》の三つ）の修行*を行《ぎょう》*という。仏は智慧と実行とを円満に具足する（欠けることなくそなえる）ことからこのようにいう。

みょうけん〔妙見〕 菩薩《ぼさつ》*の名。北辰《ほくしん》菩薩ともいう。北斗七星を神格化したもので、国土を護り災厄を救う菩薩。

みょうけんじ〔妙顕寺〕 日蓮宗*大本山。京都市上京区寺之内通。具足山竜華院《ぐそくりゅうげ》と号す。本尊*は一塔両尊四士《いっとうりょうそんしし》。元亨元年（一三二一）日像《にちぞう》が開基*。京都における日蓮宗最初の寺。建武元年（一三三四）後醍醐天皇の勅願《ちょくがん》寺《じ》*となり、法華宗号の綸旨《りんじ》を賜わる。日蓮*、日朗*、日像の真骨を納める堂がある。

みょうご〔冥護〕→みょうが（冥加）

みょうごう〔名号〕 称号のことで、おもに仏《ぶつ》*・菩薩《ぼさつ》*の名をいう。

みょうこうにん〔妙好人〕 善導*の『観無量寿経疏《しょ》』（観経疏*）散善義《さんぜんぎ》に説かれ、一般に念仏者を賞讃した語。余念なく阿弥陀仏《あみだぶつ》*の慈悲*に随喜*する（ありがたく思う）念仏*の行者《ぎょうじゃ》*。浄土真宗*でいう言葉。

みょうこうにんでん〔妙好人伝〕 六巻。正編五、続編一。仰誓《ごうせい》、僧純、象王《しょうおう》の共著。江戸時代の浄土真宗*の妙好人*の伝記を集めたもの。

みょうじ〔名字〕 名号に同じ。一般には、人の家姓をいう。↓みょうごう（名号）↓仏教常識〈日常語〉同項

みょうじのびく〔名字の比丘〕 戒律*を守らない末世《まっせ》*の比丘*のこと。名目のみの比丘の意。

みょうじん〔明神〕 天神鬼神のこと。人の見えないところを見ることから明といい、人の知らないことを知るゆえに神という。また、神仏習合説*による仏教側からの神祇《じんぎ》*の呼称。仏徳を光明で表わしたもので権現《ごんげん》*とともに平安時代から用いられた。春日明神、住吉明神など。

みょうしんじ〔妙心寺〕 臨済宗《りんざいしゅう》*妙心寺派*大本山。京都市

右京区花園妙心寺町。山号は正法山《しょうぼうざん》。本尊*は釈迦如来《しゃかにょらい》。延元二年（一三三七）大灯国師（妙超*）に参禅*した花園上皇が師の弟子の関山慧玄《かんざんえげん》を招いて開山*として、花園にあった離宮を改めて禅寺としたもの。

みょうしんじは〔妙心寺派〕 臨済宗《りんざいしゅう》十四派*の一つ。慧玄《えげん》を派祖として、妙心寺*を本山*とする。↓前項

みょうすう〔名数〕 仏法*の名目《みょうもく》*の数。法数《ほっすう》*に同じ。

みょうせんじしょう〔名詮自性〕 ものの名はそれ自体、そのものの性質をあらわすということ。

みょうちょう〔妙超〕（一二八二―一三三七） 臨済宗《りんざいしゅう》*の僧。京都の大徳寺*の開山*。字は宗峰《しゅうほう》、播磨（兵庫県）の人。十一歳で播磨の書写山に入り、天台学を学ぶ。禅*を京都の万寿寺*の仏国《ぶっこく》国師に学ぶ。のち大応国師南《なん》浦紹明《ぽしょうみょう》に従って法嗣《ほうし》*となり、二十六歳で印可《いんか》*を受ける。嘉暦元年（一三二六）紫野に庵居し、やがて大徳寺を開く。延元二年寂す。大灯国師と勅諡《ちょくし》。

みょうつうじ〔明通寺〕 真言宗*御室《おむろ》*派。福井県小浜市。棡《ゆずり》山と号する。大同元年（八〇六）坂上田村麻呂《さかのうえのたむらまろ》の創建と伝える古刹。本尊*は薬師如来《やくしにょらい》。杉木立ちの間にそびえる三重塔は鎌倉期の数少ない仏塔で、国宝である。

みょうでんじ〔妙伝寺〕 日蓮宗*本山。京都市左京区東大路北門前町。法鏡山と号す。文明九年（一四七七）日《にち》意《い》の建立*。西の身延《みのぶ》と称した。兵火にあうなどで転々としたが、宝永五年（一七〇八）現在の地に移る。本尊は日蓮聖人像。

みょうほう〔妙法〕（梵）saddharma の訳。原義は正しい法*。妙法は鳩摩羅什《くまらじゅう》*による訳語（旧訳《くやく》*）。最も優れて不可思議*で絶妙な法のこと。『法華経《ほけきょう》*』の美称でもある。

みょうほうじ〔妙法寺〕 ①日蓮宗*。神奈川県鎌倉市大町松葉ヶ谷。楞厳《りょうごん》山蓮華院と号す。日蓮*の開基*で、日蓮宗最初の寺である。日朗*が第二世となる。②日蓮宗。東京都杉並区堀ノ内。日円山と号し、「堀ノ内のお祖師様」の名で親しまれている。元和元年（一六一五）日円尼《に》の創建というが、明和六年（一七六九）の火災で旧記が焼失し詳細不明。本尊*は一塔両尊四士《いっとうりょうそんしし》。十月十三日・十四日のお会式《えしき》で知られる。

みょうほうれんげきょう〔妙法蓮華経〕 七巻。姚秦《ようしん》の鳩《く》摩羅什《まらじゅう》*訳。二十八品《ほん》からなり、前半十四品は迹門《しゃくもん》*の説法*、後半十四品は本門*の説法であるとする。すべてのものが成仏《じょうぶつ》*すると説き、仏陀*の永遠の生命を簡潔に説き明かしている。天台宗*、日蓮宗*の根本聖典。㊅9・No.262 ↓ほんじゃくにもん（本迹二門）↓仏教常識〈経

典の部〉法華経

みょうほんじ〔妙本寺〕 ①日蓮正《しょう》宗本山。千葉県安房郡鋸南《きょなん》町。山号は中谷山。建武二年（一三三五）日郷の開山*。本尊*は一塔両尊《いっとうりょうそん》四士《しし》。②日蓮宗*本山。神奈川県鎌倉市大町。山号は長興山。弘安年間（一二七八―八八）日朗《にちろう》*の開山*。本尊*は宗祖奠定《でんじょう》の大曼荼羅《だいまんだら》。

みょうまんじ〔妙満寺〕 顕本法華《けんぽんほっけ》宗*総本山。京都市左京区岩倉。山号は妙塔山。本尊*は宗祖奠定《でんじょう》の大曼荼羅《だいまんだら》。永徳三年（一三八三）日什《にちじゅう》の開創。庭園は雪の庭といわれ、また中川ノ井は洛陽七名水の一つとして有名。寺宝の鐘は天正年間鋳造の紀州道成寺《どうじょうじ》*にあった安珍清姫の鐘を寄贈されたものと伝える。数度寺地を替え、現在地には昭和四十三年（一九六八）に移った。

みょうまんじは〔妙満寺派〕 →けんぽんほっけしゅう〔顕本法華宗〕

みょうもく〔名目〕 法門*の名称、数目のこと。→仏教常識〈日常語〉同項

みょうもん〔名聞〕 名声。名が世に広まること。

みょうらくだいし〔妙楽大師〕 →たんねん〔湛然〕

みょうり〔名利〕 名聞《みょうもん》*（名声・名誉）と利養《りよう》*（利欲・利得）のこと。

みょうり〔冥利〕 神仏より知らず知らずのうちに受ける利益《りやく》*のこと。また、善業《ぜんごう》の報いとして授かる利益。幸福をもいう。

みらい〔未来〕 （梵）anāgata の訳。原義は「未だ来ない」。三世《さんぜ》の一つ。将来のこと。一般でも、同じ意味に用いられている。→さんぜ〔三世〕

みろく〔弥勒〕 マイトレーヤ。（梵）Maitreya の音写。慈《じ》氏《し》と訳す。①菩薩《ぼさつ》*の名。字は阿逸多《あいった》(Ajita)、無勝《むしょう》・莫《もっ》勝《しょう》と訳す。将来必ず仏*になると約束された菩薩。現在は兜率天《とそってん》*にあって修行*しながら諸天衆のために説法*しているが、釈尊*の滅後、五十六億七千万年を経て再び娑婆《しゃば》*世界に出現して、釈迦《しゃか》仏《ぶつ》のあとを補う未来仏であるといわれ、これを補処《ふしょ》の弥勒という。②弥勒を歴史上の人物とみる場合は、三五〇―四三〇年頃の人で、無著《むじゃく》の師とされる。インド仏教*の瑜伽《ゆが》行《ぎょう》派の祖。『瑜伽師地論《しじろん》*』『大乗荘厳《しょうごん》経論*』『中辺分別論《ちゅうへんふんべつろん》』などはその作とされ、彼の論を引き継いで弟子の無著が『摂《しょう》大乗論*』などの諸論を展開した

とされる。→むじゃく（無著）

みろくげしょうきょう〔弥勒下生経〕 一巻。西晋の竺法《じくほう》護《ご》*訳。弥勒三部経*、弥勒六部経*の一つ。釈尊*が祇園精舎《ぎおんしょうじゃ》*においてアーナンダ*（阿難《あなん》）に対し、弥勒*が当来世《とうらいせ》（未来）*に兜率天《とそつてん》*より下生《げしょう》して、竜華樹《りゅうげじゅ》の下に成道《じょうどう》*し、衆生《しゅうじょう》*救済のために生まれて来ることを説いたもの。(大)14・No.453 →前項

みろくげしょうじょうぶつきょう〔弥勒下生成仏経〕 一巻。鳩摩羅什《くまらじゅう》*訳、義浄《ぎじょう》*訳の二訳がある。弥勒六部経*の一つ。弥勒菩薩《ぼさつ》*の国土、時期、種族、出家*、成道《じょうどう》*、転法輪《てんぼうりん》*、度人《どにん》（どれだけの人を救うか）などについて詳述する。(大)14・No.454-455 →みろく（弥勒）

みろくさんぶきょう〔弥勒三部経〕 →仏教常識〈経典の部〉三部経

みろくじょうしょうきょう〔弥勒上生経〕 一巻。劉宋《りゅうそう》の沮渠京声《そきょけいせい》訳。詳しくは『観《かん》弥勒菩薩《ぼさつ》上生兜率天《とそつてん》経』という。弥勒六部経*の一つ。仏*が祇園精舎《ぎおんしょうじゃ》*でウパーリ（優《う》波離《ばり》*）に対し、弥勒菩薩が兜率天上*に往生*することを告げ、その天上の荘厳《しょうごん》*、およびその功徳《くどく》*を説いたもの。(大)14・No.452 →みろく（弥勒）

みろくだいじょうぶつきょう〔弥勒大成仏経〕 一巻。姚《よう》秦《しん》の鳩摩羅什《くまらじゅう》*訳。弥勒六部経*の一つ。『弥勒下生《げしょう》成仏経』の異本。(大)14・No.456

みろくらいじきょう〔弥勒来時経〕 一巻。失訳（訳者不明）。弥勒六部経*の一つ。(大)14・No.457 →次項

みろくろくぶきょう〔弥勒六部経〕 もっぱら弥勒菩薩《ぼさつ》*について説いた六部の経典*。『弥勒下生経《げしょうきょう》*』『弥勒来時《らいじ》経*』『弥勒下生成仏《じょうぶつ》経*』（鳩摩羅什《くまらじゅう》*訳）、『弥勒大成仏経*』『弥勒上生《じょうしょう》経*』『弥勒下生成仏経*』（義浄《ぎじょう》*訳）のこと。

みんき〔明極〕 →そしゅん（楚俊）

みんきは〔明極派〕 日本禅宗の二十四流*の一派。明極《みんき》楚《そ》俊《しゅん》*禅師の流れをくむ一派。

みんちょう〔明兆〕（一三五二―一四三一） 臨済《りんざい》宗*の画僧。諱《いみな》は吉山《きちざん》、破草鞋《はそうあい》と号する。淡路（兵庫県）の人。京都の東福寺*に入り大道一以《だいどういちい》に師事する。応永年中（一三九四―一四二七）東福寺の殿司《でんす》*となり、兆殿司《ちょうでんす》といわれる。生来絵画を好み、宋の李竜眠《りりょうみん》に学んで一家をなす。永享三年寂す。十六羅漢《らかん》、寒山拾得《かんざんじっとく》、達磨《だるま》正面像などは有名。

む ム

む〔無〕 梵《ぼん》語*の否定辞aの訳。①非有《ひう》。ないこと。存在しないこと。②相対性を否定して絶対を観察《かんざつ》*すること。③断見《だんけん》*。虚無思想。

むい〔無為〕 （梵）asaṃskṛta の訳。有為《うい》*の対語。為は造作の意。因縁*によって生じ、変化し、滅してゆくということがないという意味。変化する性質を越えた真実の法*をいう。

むい〔無畏〕 （梵）vaiśāradya の訳。仏《ぶつ》*・菩薩《ぼさつ》*の徳の一つで、何物にも畏《おそ》れることのない智慧*にもとづく説法*をいう。

むいせ〔無畏施〕 三施《さんせ》*（財施・法施・無畏施）の一つ。施無畏*ともいう。何物にも畏《おそ》れることのない力を与えること。このことから、畏れを取り除き救ってくれる観音*菩薩《ぼさつ》を施無畏者という。

むいちもつ〔無一物〕 →仏教常識〈日常語〉同項

むいねはんがい〔無為涅槃界〕 生滅変化《しょうめつへんげ》のありようを離れた寂滅《じゃくめつ》無為（生じることも滅することもなく、因縁*のつくりだすものもない涅槃*）の仏*の世界をいう。浄土*教の説く極楽*のこと。

むいほう〔無為法〕 →むい（無為）

むいんげどう〔無因外道〕 一切の事象は原因がなくて自然に生ずる、と主張する外道*。

むいんけんろん〔無因見論〕 外道四見《げどうしけん》（外道四執《しゅう》。あらゆるものの生じる原因を、大自在天*に帰着させる邪因《じゃいん》邪果《じゃか》説。現世《げんぜ》《因*》を認めるが、後世《果*》を否定する有因無果《ういんむか》説。因果*を認めない無因無果《むいんむか》説。現世《果》を認めるが、その原因を求めない無因有果《むいんうか》説の四つ）の一つ。原因がなく一切の事象は生じる、という無因外道の見解（無因有果説）。

むうじゅ〔無憂樹〕 （梵）aśoka の訳、阿輸迦《あしゅか》と音写。マメ科の落葉樹。新葉は淡紫色、橙、赤の花を春につける。釈尊*はルンビニー（藍毘尼《らんびに》*）園のこの樹の下で生まれたという。

むえんづか〔無縁塚〕 弔《とむら》うもののない死者の塚のこと。

むえんのしゅじょう〔無縁の衆生〕 縁*のない衆生*。過去世において仏《ぶつ》*・菩薩《ぼさつ》*と因縁*を結んだことのない衆生のこと。

[仏教日常辞典]＝組見本（70%縮小）

ひんじゃのいっとう〔貧者の一灯〕 貧しい中から誠意をもって供養《くよう》*する一灯は、富者の万灯にも勝るということ。

びんずる〔賓頭盧〕 ピンドーラ・バラドゥヴァージャ。（梵）Pindola-bharadvāja の音写の略。詳しくは賓頭盧跋羅惰闍《ばらだじゃ》という。釈尊*の弟子、十六羅漢《らかん》*の第一。白頭長眉の羅漢*である。その像を伽藍《がらん》*の前に安置し、自分の患部に当たる像の場所をなでて除病を念じる風習が古くから行われている。

びんばしゃら〔頻婆娑羅〕 ビンビシャーラ。（梵）Bimbisāra の音写。ビンビサーラ（頻毘娑羅）王ともいう。影堅《ようけん》、模実《もじつ》と意訳する。仏陀時代のマガダ（摩掲陀《まがだ》*）国の王。ラージャグリハ（王舎城《おうしゃじょう》*）に住し、皇后とともに釈尊*に深く帰依《きえ》*、釈尊とその教団を保護した。晩年、息子のアジャセ*（アジャータシャトル＝阿闍世《あじゃせ》）に幽閉され、皇后のイダイケ*（ヴァイデーヒー＝韋提《いだい》希《け》）夫人《ぶにん》の助けの甲斐もなく殺されたという。

〈ふ〉

ふうじゅ〔諷誦〕 声をあげて経文《きょうもん》、偈《げ》文、呪文《じゅもん》*を読誦《どくじゅ》すること。

ふうだい〔風大〕 →しだい（四大）

ふうてん〔風天〕 （梵）Vāyu の訳。風を神格化したもの。十二天*、八方天*の一つ。両界曼荼羅《りょうがいまんだら》*では最外《げ》院の西北隅に配される。老仙形であり、幢幡《どうばん》を持ち、衣服などが風に翻った姿で描かれる。

ふおんじゅかい〔不飲酒戒〕 五戒、十戒の一つ。酒を飲むことを禁ずる戒律*。→ごかい（五戒）→じっかい（十戒）

ふかく〔不覚〕 覚*の対語で、真如《しんにょ》*（あるがまま）の実相*を覚知しない衆生《しゅじょう》*の妄心（迷いのこころ）をいう言葉。

転じて一般には、覚悟の確かでないこと、油断して失

に連れられ長安に行き、金剛智《こんごうち》*に師事。七四一年、師

【著者のことば】

仏教の研究に、
辞書は本国のインドや
中国においてさえ不可欠であり、
要求は不断であった。
わが国においてもこれまで、
仏教辞典はさまざまな形で公刊されてきたが、
本辞典で著者は仏教に対する最新の研究を盛り込んだうえで、
日常生活に溶け込んだ仏教、思想史のうえでも決して特殊とは
いえなくなっている仏教術語をとくに集中的に採択・解釈につとめた。
宗教学的仏教辞典、仏教学的宗教辞典がその狙いである。

——金岡秀友

太陽出版
東京都文京区本郷４-1-14　〒113-0033
TEL 03(3814)0471　FAX 03(3814)2366
URL http://www.taiyoshuppan.net/

むえんぼとけ〔無縁仏〕 無縁の亡者。弔《とむら》う縁者のない故人のこと。

むが〔無我〕（梵）anātman, nirātman の訳。人間は五《ご》蘊《うん》*（色《しき》・受《じゅ》・想《そう》・行《ぎょう》・識《しき》）が仮に和合しているもの（仮《け》和合*）であり、身心《しんじん》を主宰する主体として衆生《しゅじょう》*が認識している我*というものは、本来存在しないということ。これを人《にん》無我という。なお、一切の事象もまた仮和合の存在であるので、存在も現象もまた無我とする。これを法無我という。→仏教常識〈日常語〉同項

むがいん〔無我印〕 諸法無我印ともいう。三法《さんぼう》印*（諸行無常*・諸法無我・涅槃寂静《ねはんじゃくじょう》）の一つ。一切の事象は因縁*の和合による存在であって、実在のものではないとすること。

むがく〔無学〕 有学《うがく》*の対語。仏法*を極め、煩悩《ぼんのう》*を断じて、もはや学ぶべきものがないことをいう。阿羅漢果《あらかんか》といい、最高の位である。→しか（四果）

むがくい〔無学位〕 五位《ごい》の一つ。阿羅漢果《あらかんか》のこと。煩悩《ぼんのう》*を断じつくして、さらに学ぶべき法*がない位のこと。→前項 →しか（四果）

むがくか〔無学果〕（梵）aśaikṣa-phala の訳。声聞四果《しょうもんしか》の第四。阿羅漢果《あらかんか》のこと。→しか（四果）

むがくそげん〔無学祖元〕 →そげん（祖元）

むがくは〔無学派〕 日本禅宗の二十四流*の一派。仏光門徒という。現在の臨済《りんざい》*宗円覚《えんがく》寺派*のこと。無学祖元《そげん》*を開祖とする。

むき〔無記〕 ①涅槃《ねはん》*に導くことの助けにならないような形而上学的質問に対して、答えを与えないこと。世界は常住*であるか否か等の外道《げどう》*からの問いに、釈尊*が是非の答えを出さなかったことに因み、これに十四無記、十六無記等がある。②（梵）avyākṛta の訳。ものの性質を三つに分類した三性《さんしょう》*の一つで、善でもなく悪*でもない片寄らない特性のために区別して記すことができないことをいう。

むき〔無愧〕 →むざん（無慚）

むきほう〔無記法〕 無記《むき》*性《しょう》の法（善でも悪*でもない中庸の性質の事象）をいう。有記法《うきほう》（善性または悪性の法）の対語。

むく〔無垢〕 煩悩《ぼんのう》*の汚れのないこと。清浄《しょうじょう》*なること。→仏教常識〈日常語〉同項

むくはらでら〔向原寺〕 →とゆらでら（豊浦寺）

むげ〔無碍(礙)〕 ①物質的に空間を占有しないこと。②自在*にしてさわりのないこと。

むげこう〔無碍（礙）光〕十二光の一つ。阿弥陀仏《あみだぶつ》*の光《こう》明《みょう》*のこと。→じゅうにこうぶつ（十二光仏）

むげこうにょらい〔無礙光如来〕阿弥陀仏《あみだぶつ》*のこと。

むけんじごく〔無間地獄〕（梵）avīci の訳。阿鼻《あび》と音写。八熱地獄*の第八。閻浮提《えんぶだい》*の下二百由旬《ゆじゅん》（一由旬は歩兵が一日で行軍する距離をいう）のところにある極苦の地獄*で、無間とは苦しみに絶え間がないという意味。→あび（阿鼻）→口絵図版〈十界図〉

むさ〔無作〕有作《うさ》*の対語。①身《しん》・口《く》・意《い》の動作をせずに自然に相続する（受けつがれる）こと。無作戒、無作色《しき》（無表色《むひょうじき》）など。②意図がないこと。自然のままにあること。③生滅が無いこと。無為《むい》*。

むざん〔無慚〕（梵）āhrīkya の訳。大不善地法《だいふぜんじほう》（普遍的に悪*である心のはたらき。無慚・無愧《むき》のこと）の一つ。自ら罪をつくっても、自身に反省して少しも恥じない心をいう。これに対して、他をかえりみず、身勝手に悪事を行って恥じることのない心を無愧という。転じて、痛ましい、気の毒の意に用いる。

むしきかい〔無色界〕（梵）ārūpya-dhātu の訳。三界《さんがい》（欲界・色界・無色界）の一つ。色*（物質）の存在しない、純粋に精神的な世界。ここに四天（空無辺処《くうむへんしょ》・識《しき》無辺処・無所有処《むしょうしょ》・非想非非想処《ひそうひひそうしょ》*）があるという。→さんがい（三界）

むじしょう〔無自性〕（梵）niḥsvabhāva の訳。諸法*（あらゆる事象）はもともと因縁*の和合によって成立するので、それ自身に特有の本性を持たないということ。

むしどくご〔無師独悟〕師がなくて独りで悟《さと》ること。

むじゃく〔無著〕（三一〇？―三九〇？）アサンガ。（梵）Asaṅga の訳。インド大乗仏教*の学匠。北インドのガンダーラ（犍陀羅《けんだら》*）国のプルシャプラ（現ペシャワール）の人。父は憍尸迦《きょうしか》。世親《せしん》*の兄。賓頭盧阿羅漢《びんずるあらかん》の教えをうけ、のち弥勒《みろく》*から法*を聞いて得るところあって、瑜《ゆ》伽《が》*、唯識《ゆいしき》*を大成した。著作に『摂大乗論《しょうだいじょうろん》*』三巻、『顕揚《けんよう》聖教論《しょうぎょうろん》*』二十巻、『大乗阿毘達磨集論《あびだつまじゅうろん》*』七巻等がある。

むじゅう〔無住〕（一二二六―一三一二）臨済宗《りんざいしゅう》*の僧。道鏡一円と号す。鎌倉の人。尾張長母寺《ちょうもじ》の開創。諡号《しごう》*は大円国師。『沙石集《しゃせきしゅう》』十巻等の著書がある。

むじょう〔無常〕（梵）anitya の訳。常なることの無いこと。一切のものは生滅《しょうめつ》・変化して常住*でないこと。人生のはかないこと。

むじょういん〔無常印〕三法印の一つ。仏教で諸行*は無常*であると説くことをいう。→さんぼういん（三法印）

むじょうしょうとうがく〔無上正等覚〕 無上正覚とも漢訳される。（梵）anuttara-samyak-sambodhi の訳。阿《あ》耨多羅三藐三菩提《のくたらさんみゃくさんぼだい》*と音写。訳して、この上もなく正しいさとり*。仏*のさとりの智慧*は最上で、平等*かつ円満であることをいう。

むじょうどう〔無上道〕 道*とは菩提《ぼだい》*（さとり）をいう。無上菩提*に同じ。仏*のさとりのこと。→前項

むしょうのしょう〔無生の生〕 浄土*往生*の生は、六道*輪《りん》廻《ね》*の世界の生と違い、生滅《しょうめつ》を超越した仏*の境界《きょうがい》*に生まれるものであることをいう言葉。

むじょうぼだい〔無上菩提〕 仏*のさとり*。仏のさとりは最上であり、これをこえるものがないことをいう。

むしょとくちゅうどう〔無所得中道〕 言語や思慮をもってはとらえがたく、有《う》*とも空《くう》*とも分けがたい中道*のこと。三論宗*でいう。

むしん〔無心〕 分別思慮の心のはたらかないこと。→仏教常識〈日常語〉同項

むじんざい〔無尽財〕 長生銭《ちょうしょうせん》、庫質銭《くちせん》、無尽物《むじんもつ》ともいう。担保をとり、利子をかけて寺院*の金銭を貸与し、利益をあげること。

むじんぞう〔無尽蔵〕 広大な尽きることのない徳を蔵すること。→仏教常識〈日常語〉同項

むそう〔無相〕（梵）animitta の訳。菩薩《ぼさつ》*の最高の境地。一切の形や姿、執着《しゅうじゃく》*を離れた境界《きょうがい》*をいう。涅槃のこと。→ねはん（涅槃）

むそう〔夢窓〕 →そせき（疎石）

むに〔牟尼〕（梵）muni の音写。寂黙《じゃくもく》、仁《にん》、仙、智者などと訳す。久しく山林にあって、心を修め道を学ぶ人のこと。また、釈迦牟尼仏《しゃかむにぶつ》*のことをいう。

むのう〔無能〕（一六八三—一七一九）浄土宗*の僧。字は守一《しゅいち》、諱《いみな》は学運、興蓮社良崇《こうれんじゃりょうすう》と号す。磐城（福島県）の人。若くして江戸に出て増上寺*に学んだが、のち郷里に帰り、念仏*に専念して、持戒《じかい》*清浄《しょうじょう》*、衣食をもっとも慎しむ。享保四年寂す。

むふんべつち〔無分別智〕（梵）nirvikalpa-jñāna の訳。人間のもつ認識・判断など（分別智）は迷いによるもので、真実を悟ることはできないが、菩薩《ぼさつ》*の智慧*（無分別智）は分別*（対象をおしはかること）を超えた高い次元の智慧である、ということ。

むみょう〔無明〕（梵）avidyā の訳。①仏教の真実を知らないこと。また無智（真実・真如《しんにょ》*に反すること）をいう。②心所《しんじょ》*（心のはたらき）の名。痴煩悩《ちぼんのう》。倶舎《くしゃ》宗*で

は大煩悩地法《だいぼんのうじほう》（無明・放逸《ほういつ》*＝なげやり・懈怠《けだい》*＝なまける・不信・惛沈《こんじん》＝沈み込む・掉挙《じょうこ》＝浮かれる）の一つ。唯識《ゆいしき》宗*では、根本煩悩（貪《とん》*＝むさぼり・瞋《しん》*＝いかり・痴《ち》*＝おろかさ・慢《まん》*＝おごり・疑《ぎ》*＝うたがいためらう・悪見《あくけん》＝まちがった見方）の一つ。現象と真実について無知であること。③十二因縁*の一つ。倶舎宗では過去《かこ》世《せ》*の煩悩*のこと。唯識宗では第六識に対応する愚痴《ぐち》*・無痴《むち》*のこと。④『大乗起信論《きしんろん》*』では不覚*のこと。真如について無自覚なこと。⑤天台宗*では三惑《さんわく》*（見思惑《けんじ》・塵沙惑《じんじゃ》・無明惑）の一つ。⑥浄土真宗*では、自力《じりき》*の執《しゅう》着《じゃく》*心を捨てず、阿弥陀仏《あみだぶつ》*の救いを頼まず疑い惑うことをいう。

むみょうくんじゅう〔無明薫習〕 四《し》薫習（無明*・妄心《もう》・妄境界《もうきょうがい》・浄法）の一つ。無明が真如《しんにょ》*に熏習*（うつり染み込む）して、諸々の現象や精神作用を生じさせることをいう。

むもんかん〔無門関〕 一巻。詳しくは『禅宗無門関』という。宋の無門慧開《えかい》著。古来の禅録から公案《こうあん》*四十八則を集め、その奥義を解釈したもの。(大)48・No. 2005

むよねはん〔無余涅槃〕 無余依《え》涅槃の略。四種《ししゅ》涅槃（本来自性清浄《じしょうしょうじょう》涅槃・有余《うよ》涅槃*・無余涅槃・無住処《むじゅうしょ》涅槃）の一つ。生死《しょうじ》*の苦しみを離れた真如《しんにょ》*。煩悩《ぼんのう》*を断ち身体をも滅して、灰身滅智《けしんめっち》*の境地における涅槃*をいう。

むらたじゅこう〔村田珠光〕 →じゅこう（珠光）

むりょうぎきょう〔無量義経〕 曇摩伽陀耶舎《どんまかだやしゃ》訳、一巻。法華《ほっけ》三部経*（『無量義経』『法華《ほけ》経*』『観普賢《かんふげん》経』）の一つ。「説法*無量なるが故に義もまた無量。無量義とは一法より生ず、その一法とは即ち無相*。」と説かれ、『法華経』の序説的内容であることから、『法華経』の開経*とされる。三品《さんぼん》（徳行、説法、十功徳《くどく》）より成る。(大)9・No. 383 結経《けっきょう》*は『観普賢経』。

むりょうこう〔無量光〕 阿弥陀仏《あみだぶつ》*の十二光の一つ。阿弥陀仏の光明《こうみょう》*は量《はか》ることができないことから無量光という。→じゅうにこうぶつ（十二光仏）

むりょうこうぶつ〔無量光仏〕 アミターバ・ブッダ。（梵）Amitābha-buddha の訳。無量光明覚者《こうみょうかくしゃ》。阿弥陀仏《あみだぶつ》*の名号《みょうごう》*である十二光仏の一つ。→じゅうにこうぶつ（十二光仏）

むりょうじゅ〔無量寿〕 （梵）amitāyus の訳。阿弥陀仏《あみだぶつ》*の寿命は長遠にして量《はか》りがたく、その浄土*に生まれるものも、また寿命が無量であること。

むりょうじゅきょう〔無量寿経〕 二巻。曹魏《そうぎ》の康僧鎧《こうそうがい》訳。

阿弥陀仏《あみだぶつ》*の四十八願*成就*のことを説く。浄土三部経*の一つで、『大経《だいきょう》』『大《だい》無量寿経』ともいう。㊅12・No.360 ↓仏教常識〈経典の部〉三部経・同項

むりょうじゅぶつ〔無量寿仏〕 アミターユス・ブッダ。(梵)Amitāyus-buddha の訳。阿弥陀庾斯仏陀《あみだゆすぶつだ》と音写し、無量寿命覚者《じゅみょうかくしゃ》と訳す。阿弥陀仏*の名号《みょうごう》*の一つ。↓むりょうじゅ〔無量寿〕

むろ〔無漏〕 有漏《うろ》*の対語。漏*は煩悩《ぼんのう》*を意味し、煩悩を断滅し尽くし、迷いのなくなった境地を無漏という。

むろうじ〔室生寺〕 真言宗*室生寺派大本山。奈良県宇陀郡室生村。室生山悉地《しっち》院、あるいは宀一《べんいつ》山と号す。役《えん》小角《のおづぬ》*の創建と伝え、宝亀年間(七七〇—七八〇)に興福寺*の賢憬《けんけい》*が堂を建立*。のち空海*が来住して真言密教*の道場*とした。貞観二年(八六〇)堅慧《けんね》が住して女人《にょにん》の参詣を許したことから女人高野《にょにんこうや》と称されるようになった。興福寺(法相《ほっそう》宗*)の所管であったが、元禄七年(一六九四)護持《ごじ》院の隆光《りゅうこう》*によって真言宗に改宗。徳川綱吉の生母桂昌院《けいしょういん》の外護《げご》により栄えた。山腹に建つ堂塔はすべて小型で優美、仏像*など多くの国宝を蔵している。

め メ

めいかい〔迷界〕 まよいの世界。衆生《しゅじょう》*が煩悩《ぼんのう》*につながれて流転《るてん》*する境界《きょうがい》*。欲界《よくかい》*・色《しき》界*・無色界の三界をいう。↓さんがい(三界)

めいど〔冥途〕 冥土とも書く。冥《くら》いところの意。死者の霊魂《れいこん》*がさまよい行くという闇黒の世界。死後の世界。

めいどのたび〔冥土の旅〕 死出《しで》の旅。冥土への旅。↓前項

めいにち〔命日〕 忌日に同じ。↓きにち(忌日)↓仏教常識〈仏事の部〉同項

めいふ〔冥府〕 冥途《めいど》に同じ。↓めいど(冥途)

めいふく〔冥福〕 死後の世界における幸福。

めいろ〔迷盧〕 蘇《そ》迷盧の略。須弥山のこと。↓しゅみせん(須弥山)

めっそう〔滅相〕 四相《しそう》(因果*によってつくられたあらゆるものが、生じてから滅するまでにとる四つの形態をいう。生《しょう》・住《じゅう》・異《い》・滅《めつ》)の一つで、現在の法*(あるべ

きすがた）を破壊する作用をいう。すなわち、業《ごう》*が尽き命が終わって、身心《しんじん》ともに滅し去ること。一般には法外な、とんでもないことの意味に用いる。

めったい〔滅諦〕（梵）nirodha-satya の訳。四諦《したい》（四つの真実＝苦《く》諦・集《じっ》諦・滅諦・道《どう》諦）の一つ。苦滅諦の略。さとり*の目標。欲望を離れ、苦しみを滅した状態が理想であるという真実。↓したい（四諦）

めつど〔滅度〕（梵）nirvāṇa（涅槃《ねはん》）の意訳。涅槃に入れば生死《しょうじ》*を滅し、煩悩《ぼんのう》*を超度することから滅度という。↓ねはん（涅槃）

めみょう〔馬鳴〕アシュヴァゴーシャ。（梵）Aśvaghoṣa の訳。阿湿縛窶沙《あしゅばぐしゃ》と音写。一―二世紀の人。中インド・シュラーヴァスティー（舎衛国）のバラモン*（婆羅門《ばらもん》）出身の仏教詩人。はじめ外道《げどう》*であったが、パールシバ（脇尊者《きょう》）に出会い仏教に帰依《きえ》*した。文学や音楽に多くの傑作を残す。著作に『仏所行讃《ぶつしょぎょうさん》*（《梵》Buddha-carita）』『美わしのナンダ（《梵》Saundarānanda-kāvyā）』などがある。『大乗起信論《きしんろん》*』『大宗地玄文本論《だいしゅうじげんもん》』『大荘厳論経《だいしょうごんろんぎょう》*』なども馬鳴の著作とされるが、これとは別人である。馬鳴には二人説、複数説がある。

めろうふかんのん〔馬郎婦観音〕三十三観音*の一つ。婦女の形相をしている観音*である。

めんじゅくけつ〔面授口訣〕略して面授。師が弟子に面と向かって法を授け、口頭で秘法を伝えること。

虚空蔵菩薩真言

タラーク

trāḥ

オン　バ　ザラ　アラ　タン　オンタラク　ソワ　カ

唵　嚩日羅　羅怛曩　唵　怛洛　娑嚩訶

oṃ vajra-ratna oṃ trāḥ svāhā

帰命《きみょう》す、金剛宝持者よ、虚空蔵菩薩よ。成就せよ。

↓本文97頁「こくうぞう」

弥勒菩薩真言

yu

オンバイタレイヤ　ア　ソワ　カ

唵　毎怛哩野　娑嚩訶

oṃ maitreya svāhā

帰命《きみょう》す、慈愛ある弥勒尊よ。成就せよ。

↓本文358頁「みろく」

も モ

もうけん〔妄見〕 妄執《もうじゅう》*（あやまったとらわれ）による見解をいう。

もうご〔妄語〕（梵）mṛṣā-vāda の訳。十悪*または口《く》の四《し》過《か》（口が行う四つのあやまち）の一つ。虚妄の言を吐くこと。うそ・いつわりを言うこと。なお、悟っていないのに悟ったと嘘を言うのを大妄語という。

もうじゅう〔妄執〕（梵）abhiniveśa の訳。真実を正しく観察《かんざつ》*せず、煩悩《ぼんのう》*に執《とら》われた誤った執着《しゅうじゃく》*をいう。

もうぞう〔妄想〕 五法（名《みょう》＝なまえ・相*＝事物の特徴・妄想・正智《しょうち》＝正しい智慧*・如如《にょにょ》＝真如*。『楞伽経《りょうがきょう》*』に説かれる）の一つ。真実にそむいた想念。みだらな、よこしまな思い。↓仏教常識〈日常語〉同項

もうどう〔蒙堂〕 禅寺で、監寺《かんす》（住職*の代理で寺務を監督する役）以下の退職したものの居住する休養所のこと。

もうねん〔妄念〕 迷妄の執念*。現象にとらわれた誤った思いをいう。↓仏教常識〈日常語〉同項

もくあん〔木庵〕（一六一一―八四）黄檗《おうばく》*宗の僧。性瑫《しょうとう》という。黄檗三筆の一人。中国泉州（福建省）の人で、十九歳のとき開元寺*で出家*。諸師に歴参して隠元《いんげん》*禅師に師事した。明暦元年（一六五五）隠元とともに来日し、宇治の万福寺*の第二世となった。貞享元年寂す。慧明《えみょう》国師と諡《おくりな》す。

もくぎょ〔木魚〕 仏具*。木を刻んで魚の形（円形）とし、中を空洞にして表面に魚鱗を彫刻、これをたたいて音を出すもの。僧侶が読経《どきょう》*する時、拍子をととのえるために用いる。↓仏教常識〈法具の部〉同項

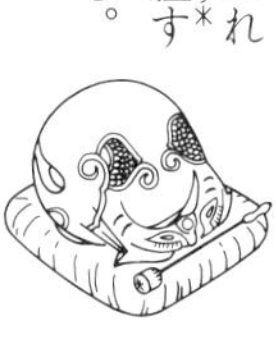

もくけんれん〔目犍連〕↓もくれん（目連）

もくじきしょうにん〔木食上人〕①応其《おうご》（一五三七―一六〇八）。真言宗*の僧。近江（滋賀県）の人。字は深《しん》覚《がく》、興山《こうざん》上人ともいう。もと武士。高野山*にあって木食（五穀を絶ち、果実の類のみを食する）の生涯を送る。天正十三年（一五八五）豊臣秀吉の高野山進攻にあたり、一人よくこれを退け、以後、豊臣氏の知遇を得て高野山の再興に当たった。慶長十三年寂す。②行勝《ぎょうしょう》（一一三〇―一二一七）。真言宗*の僧。高野山一心

院の開祖。摂津（大阪府）の人。大峰山で山岳修行を重ね、後に高野山*で穀類を絶ち、一山の興隆に精進《しょうじん》*した。寿永三年（一一八四）に止雨法を修《しゅう》し、賞として一切経*を勅賜された。現存する宋《そう》版蔵経で三七四四巻ある。③五行《ごぎょう》（一七一八―一八一〇）。甲州（山梨県）八代郡の人。真言宗*の僧。常陸（茨城県）の木食観海《かんかい》より木食戒を受け、蝦夷《えぞ》・日向《ひゅうが》にわたり全国を回《え》遊し、諸寺*・仏像を復興した。

もくれん〔目連〕　マウドガリヤーヤナ。（梵）Maudga-lyāyana の音写、目犍《けん》連ともいう。釈尊*の十大弟子*の第二。ラージャグリハ（王舎城《おうしゃじょう》*）のバラモン*（婆羅門《ばらもん》）出身。もとシャーリープトラ（舎利弗《しゃりほつ》*）とともに外道《げどう》*であったが、ともに仏弟子となり、神通《じんずう》*第一と称される。餓鬼《がき》*道に堕ちた母を救うための供養《くよう》*（盂蘭盆会《うらぼんえ》*）の起源となった人。↓うらぼんぎょう（盂蘭盆経）

もつがい〔物外〕　↓ふせん（不遷）

もつごさぞう〔没後作僧〕　↓仏教常識〈仏事の部〉同項

もっそう〔物相〕　盛相とも書く。飯の量を盛り計り、あるいは飯を盛って人別に供する器。

もったい〔勿体〕　無体と同じで、体がないこと。すなわち、一切の存在はそのもの自身としての存在ではなく、様々な因縁*によって成立しているという意味。↓仏教常識〈日常語〉同項

ものいみ〔物忌〕　神仏に仕えるため、一定期間、身心《しんじん》を潔白にし、飲食を慎み、けがれに近づかないこと。潔《けっ》斎《さい》*、精進《しょうじん》*と同じ。

もんえ〔聞慧〕　三慧《さんえ》*（聞慧・思《し》慧・修《しゅ》慧）の一つ。経典*の教えを聞いて得る智慧*。

もんえ〔聞慧〕（一八〇九―九三）真宗*大谷派*。豊後（大分県）専念寺の僧。五岳、竹邨《ちくそん》・左竹園《さちくえん》と号す。詩書画に長じた。諡《おくりな》は玄通院《げんずういん》。

もんえん〔文偃〕　↓うんもん（雲門）

もんがく〔文覚〕　平安末・鎌倉初期の真言宗*の僧。山城（京都府）高雄《たかお》山神護寺《じんごじ》*の中興。俗姓は遠藤盛遠《もりとお》といい、北面の武士であった。十八歳の時、源渡《みなもとのわたる》の妻袈《け》裟《さ》御前《ごぜん》を誤って殺し、悔悟して出家*、熊野山*で苦行した。後白河法皇の怒りにふれて伊豆に配流され源頼朝の知遇を得る。後に神護寺および東寺《とうじ》*の復興に尽力。正治元年（一一九九）平氏の遺児を奉じて謀叛《むほん》を起こし、佐渡に流され、のち対馬《つしま》（長崎県、一説に隠岐《おき》）に流されて没す。生没年不詳。

もんししゅえ〔聞思修慧〕　三慧《さんえ》のこと。経典*の教えを聞

いて得る智慧＊（聞慧）と、考え（思念）観察《かんざつ》＊して得る智慧（思《し》慧）と、禅定《ぜんじょう》＊を修して得る智慧（修慧）をいう。→さんえ（三慧）

もんじゅ〔文殊〕 マンジュシュリー。（梵）Mañjuśrī の音写、文殊師利《しり》の略、曼殊尸利《まんじゅしり》とも音写。妙吉《みょうきち》祥《じょう》、妙徳、妙首《しゅ》と訳す。菩薩《ぼさつ》＊の名。獅子にのり、普賢《ふげん》＊菩薩とともに、釈尊＊の脇士《きょうじ》＊としてその左側にあって、諸仏の智慧＊を司るとする。

もんじゅえ〔文殊会〕 毎年七月八日、東寺《とうじ》＊、西寺《さいじ》＊において、文殊菩薩《ぼさつ》＊を供養《くよう》＊する法会《ほうえ》＊。

もんじゅしりもんぎょう〔文殊師利問経〕 二巻。梁の僧《そう》伽婆羅《ぎゃばら》訳。十七品《ほん》がある。大乗仏教＊の諸戒などを説き、大乗律蔵に属する。㊅14・No.468

もんぜき〔門跡〕 門徒一跡の意。もとは寺院＊における僧侶＊の主僧のこと。寺＊の格を示す語で、親王（宮《みや》）の居住する寺を宮門跡、摂家《せっけ》の子弟の入室した寺院を摂家門跡といい、門跡に準じられたのを准《じゅん》門跡（脇《わき》門跡）という。また、上記の寺の主に女性（内親王、女王等）が入室する寺を尼《あま》門跡という。→仏教常識〈寺院の部〉同項

もんせん〔文詮〕（一七六一―一八二八）浄土真宗本願＊寺派＊の画僧。字は暉真《きしん》。俗姓は酒井忠因《ただなお》、画名は酒井抱一《ほういつ》。姫路城主の酒井忠似《ただざね》の弟として江戸（東京都）に生まれる。三十七歳で得度《とくど》＊、江戸築地《つきじ》の唯心寺にあり、画に巧みであった。代表作は「夏秋草図屏風《なつあきくさのず》」。

もんと〔門徒〕 ①門下の弟子のこと。②宗門＊の信徒＊。③寺院＊の檀家＊のこと。④門徒宗の略。→次項

もんとしゅう〔門徒宗〕 浄土真宗＊の俗称。この宗では信徒＊のことを常に門徒＊と呼ぶことからこの名称がある。

もんぽう〔聞法〕 仏＊の教法を聞くこと。

もんまつ〔門末〕 本山門末の略。宗門＊の枝末《しまつ》の意で、一宗の末寺《まつじ》＊信徒＊の総称。

もんよのだいどう〔門余の大道〕 八万四千の法門＊のほかに他力《たりき》念仏＊の大道が存在するのをいう。

《や　ヤ》

やくおう〔薬王〕　↓やくおうぼさつ（薬王菩薩）

やくおういん〔薬王院〕　真言宗智山《ちさん》*派大本山。東京都八王子市高尾《たかお》町。高尾山薬王院有喜《ゆうき》寺と号し、成田不動（新勝寺《しんしょうじ》*）、川崎大師（平間寺《へいげんじ》*）とともに智山派の関東三山の一つ。本尊*は薬師如来《やくしにょらい》。天平十六年（七四四）行基《ぎょうき》*の草創*と伝える。南北朝時代（一三三四―九二）に俊源《しゅんげん》が中興して飯縄権現《いづなごんげん》（不動明王*の化身《けしん》*）をまつり本寺の守護神とし、以後、修験道《しゅげんどう》*の根本道場となった。

やくおうぼさつ〔薬王菩薩〕　二十五菩薩*の一つ。観《かん》薬王ともいう。良薬を施して、衆生《しゅじょう》*の身心《しんじん》の苦悩を取り除く菩薩*であるという。また『法華経《ほけきょう》*』中には「薬王菩薩本事品《ぼん》」があり、その功徳《くどく》*が説かれる。↓やくじょうぼさつ（薬上菩薩）

やくき〔約機〕　約法*の対語。法*を受ける者の方からみるということ。

やくし〔薬師〕　バイシャジュヤグル。（梵）Bhaiṣajyaguruの訳。鞞殺社窶嚕《びさしゃぐろ》と音写。薬師如来《にょらい》、薬師瑠璃光《るりこう》如来、大医王仏《だいいおうぶつ》ともいう。東方の浄瑠璃《じょうるり》世界*の教主*。菩薩《ぼさつ》*として修行*していた時、十二の大願を発して、衆生《しゅじょう》*の病をいやし、苦悩を救う法薬を与えるとされる。左手に薬壺《やっこ》を持ち、脇士《きょうじ》*の日光菩薩、月光《がっ》菩薩と合わせて薬師三尊をなす。眷属《けんぞく》*（随従する諸尊）として護法神の十二神将《じんしょう》*をまつる。

やくしじ〔薬師寺〕　①法相《ほっそう》*宗大本山。奈良市西ノ京町。南都七大寺の一つ。本尊*は薬師三尊。天武天皇九年（六八〇）皇后（後の持統天皇）の病気平癒*を祈願して、金銅の薬師像を作り、高市郡岡本に草創*。平城京遷都に伴い養老二年（七一八）元正天皇の時、平城右京（現在の地）に移した。旧地の寺は本薬師と呼ばれ史跡になっている。東塔（各階に裳階《もこし》《壁面に造られた屋根》をつけた三重塔）以外は焼失、再建を繰り返し荒廃した。昭和五十一年以後、高田好胤《こういん》管長の勧募の下、『般《はん》若心経《にゃしんぎょう》*』写経《しゃきょう》*の志納により金堂《こんどう》*、西《さい》塔、僧房、回廊

等が再建され旧観に復しつつある。なお、この寺の最《さい》勝会《しょうえ》*は南都の三大会*の一つである。②下野《しもつけ》薬師寺。栃木県河内郡南河内町。天武天皇の勅願により創建。天平宝字五年（七六一）に戒壇《かいだん》*を建立*。三戒壇*の一つ。宝亀元年（七七〇）道鏡*が配流され別当*となる。荒廃していたのを、足利尊氏《たかうじ》により、国分寺*にならって諸国に建立した安国寺*として再興。

やくじょう〔薬上〕→やくじょうぼさつ（薬上菩薩）

やくじょうぼさつ〔薬上菩薩〕二十五菩薩*の一つ。薬王菩薩*の弟で、電光明《みょう》と号する。醍醐《だいご》*の上妙薬をもって、正法《しょうぼう》*を弘める僧に供養《くよう》*奉上したのでこの名称があるという。薬王菩薩とともに、法隆寺金堂《こんどう》*の釈迦《しゃか》三尊像の脇士《きょうじ》*とされる。

やくそうゆ〔薬草喩〕法華《ほっけ》七喩*の一つ。『法華経《ほけきょう》*』薬草喩品《ぼん》に説かれる。種々の草木が同じ雨によって潤い成長することにたとえ、仏*の教えが一切衆生《しゅじょう》*を教化《きょうけ》*し利益《りやく》*を与えるさまを説いたもの。

やくほう〔約法〕約機《やくき》*の対語。法*の立場からみるということ。

やしゃ〔夜叉〕ヤクシャ。(梵) Yakṣa の音写。薬叉《やくしゃ》とも書く。勇健、暴悪と訳す。八部衆*の一つ。インド神話では財宝の神クベーラの財宝の番をする鬼神《きじん》*であったが、仏教に取り入れられて、羅刹《らせつ》*とともに毘沙門天《びしゃもんてん》*の従者として北方を守護し、仏法*の守護者となる。これには天夜叉・地夜叉・虚空《こくう》夜叉の三種があり、天と虚空は飛行することができるが、地夜叉は飛行できないとされる。「外面如菩薩《げめんにょぼさつ》*、内心如夜叉」といわれるように、俗に、恐ろしい顔や心を持つ人にたとえていう。

やしゃ〔耶舎〕ヤシャ。(梵) Yaśa の音写。耶輸陀《やしゅだ》(《梵》Yaśoda) ともいう。名聞《みょうもん》、名称《みょうしょう》と訳す。中インド・バーラナシー（波羅奈《ばらな》国）の長者*の子であったが、ムリガダーヴァ（鹿野苑《ろくやおん》*）で釈尊*に会い出家*。その父母と妻もまた、釈尊の成道《じょうどう》*後、最初の優婆塞《うばそく》*、優婆夷《い》*となった。

やしゃだいしょう〔夜叉大将〕仏法*を守護する夜叉*の将をいう。毘沙門天《びしゃもんてん》の眷属《けんぞく》*には八夜叉大将がある。↓びしゃもんてん（毘沙門天）

やしゅだら〔耶輸陀羅〕ヤショーダラー。(梵) Yaśodharā の音写。釈尊*出家*前の妃。ラーフラ（羅睺羅《らごら》*）の母。釈迦《しゃか》族のスブーティ（善覚王）の娘で、釈尊の従妹と伝えられる。のち出家して慚愧《ざんき》*第一といわれるが、その伝承には異説が多く、初期の経典*では妃の名をあげていない。妃の名をあげるのは比較的後代の経典。妃の名としてゴーパー、バッダカッチャー等がある。同一人の異名か異人かについても諸説がある。

ヤジュル・ヴェーダ〔Yajur-veda〕 耶柔吠陀《やじゅうべいだ》と音写。四《し》ヴェーダ*（吠陀）の一つ。犠牲の儀式に用いる祭詞を集め、またこの儀式に関する解釈をほどこしたもの。

やたくじゅうにりゅう〔野沢十二流〕 真言密教*の根本流派である小野流の六流と、広沢流《ひろさわ》*の六流のこと。

やちゅうじ〔野中寺〕 高野山真言宗*。大阪府羽曳野市野々上。青竜山徳蓮院《とくれん》と号し、通称、中《なか》の太子。聖徳太*子建*立四十九院の一つで、蘇我馬子の創建。金銅弥勒《みろく》半跏《はんか》像は丙寅《ひのえとら》の銘文があり、天智天皇五年（六六六）と推定される白鳳仏で知られる。

やましなごぼう〔山科御坊〕 浄土真宗*。寛正六年（一四六五）比叡山*の衆徒《しゅと》*により京都市山科区東山大谷廟《おおたにびょう》を破壊され、蓮如《れんによ》*は北陸へ逃れたが、のち文明十年（一四七八）ここに本願寺*を開創。天文元年（一五三二）日蓮宗徒に焼かれたため、証如《しょうにょ》は寺を大阪石山（石山本願寺*）に移した。しかしここ山科は蓮如、実如《じつにょ》の墳墓地なので、享保十七年（一七三二）本願寺派*は北山別院旧堂を移築、大谷派*は長福寺をここに移して別院*とした。

やまでら〔山寺〕 ↓りっしゃくじ（立石寺）

やまてん〔夜摩天〕 ヤーマ。（梵）Yāma の音写。須《しゅ》夜摩天（Suyāma）ともいう。六欲天*の第三。昼夜なく随時に快楽を受けることから善時天・時分《じぶん》天と訳す。この天の衆《しゅ》生《じょう》*は、人間の七歳くらいの様子で生まれ、その一昼夜は人間の二百年に相当し、寿命は二千歳であるとされる。また、閻魔王《えんまおう》*をさす。

やまぶし〔山伏〕 山野に起伏して修行*をすること。修験《しゅげん》道《どう》*の行者《ぎょうじゃ》*、修験者*のこと。

やまほうし〔山法師〕 山寺の僧。また、とくに比叡山*延暦寺*の僧徒のことをいった。

やまもとは〔山元派〕 真宗十派*の一つ。越前（福井県）の証誠寺《しょうじょうじ》*を本山とする。

ゆ　ユ

ゆ〔喩〕　因明《いんみょう》*（インドの論理学）の用語。古因明（陳那《じんな》*より前）の五分《ごぶん》作法（宗・因・喩・合・結）、新因明（陳那以後）の三支《さんし》作法（宗・因・喩）の一つ。因（小前提）を補助して宗（命題）を成立させるために例証を挙げる部分をいう。たとえば「金魚は魚である（宗）」「水中を泳ぐ生物であるから（因）」「喩《たと》えば他の魚類の生態のように（喩）」の論法で既知の事実をもって、未知の事実を推知させることをいう。

ゆいいつしんとう〔唯一神道〕　神道の一派。両部神道*の対語。神代から純粋に相続されて、天照大神を唯一絶対の神とする。さらに仏教*を交えない神道であるとするが、結局は神を本地《ほんじ》*、仏*を垂迹《すいじゃく》*とする仏教神道を出るものではない。後土御門天皇（十五世紀後半）の頃、吉田神社の卜部兼倶《うらべかねとも》の創唱したもので、吉田神道・卜部神道ともいう。

ゆいきょうぎょう〔遺教経〕　一巻。姚秦《ようしん》の鳩摩羅什《くまらじゅう》*訳。詳しくは『仏垂般涅槃略説教誡経《ぶっすいはつねはんりゃくせつきょうかいきょう》』という。仏陀*が沙《しゃ》羅双樹《らそうじゅ》*の下で涅槃《ねはん》*に入ろうとしたとき、弟子たちに下された教誡（教えのいましめ）を記したとする大乗経典*。㊅12・No.389

ゆいしき〔唯識〕（梵）vijñapti-mātratā の訳。一切の諸法*（あらゆる事象）はすべて心識《しんしき》（精神活動）の展開により仮に現われたもので、心識のみ実有《じつう》*（真実の存在）であるとして、三識《さんしき》*ないし八識《はっしき》*を立てて論ずるものを唯識という。法相《ほっそう》宗*の説くところである。

ゆいしきさんじゅうじゅ〔唯識三十頌〕　一巻。世親《せしん》*著。唐の玄奘《げんじょう》*訳。詳しくは『唯識三十論頌《じゅ》』といい、五言四句の頌《じゅ》*三十によって唯識*の要旨を説いたもの。法相《ほっそう》宗*の依って立つ論である。㊅31・No.1586

ゆいしきしゅう〔唯識宗〕→ほっそうしゅう（法相宗）

ゆいしん〔唯心〕　一切の現象はすべてそれらの本体である真如《しんにょ》*心の変現したものであって、本質において真如を離れたものではないとすること。とくに『華厳経《けごんぎょう》*』の強調する思想である。

ゆいしんえんぎ〔唯心縁起〕　あらゆる現象は唯《ただ》、真如《しんにょ》*心の縁起*による顕現である、という縁起説。

ゆいしんげ〔唯心偈〕　六十巻本『華厳経《けごんぎょう》*』第十一、夜摩《やま》天宮《てんぐう》菩《ぼ》薩《さつ》説偈《せつげ》品《ぼん》で説かれる偈《げ》*。華厳《けごん》教学では、心の在り方によって、迷えば衆生《しゅじょう》*、さとれば仏*となるが、いずれも心を離れることはないと解釈する。

ゆいま〔維摩〕 維摩詰《きつ》ともいう。ヴィマラキールティ。(梵) Vimalakīrti の音写。浄名《じょうみょう》、無垢称《むくしょう》と訳す。インドのヴァイシャーリー(毘舎離《びしゃり》*)国の長者*。在家*で菩薩《ぼさつ》*の修行*をし、文殊《もんじゅ》*菩薩と問答したという『維摩経*』の主人公である。

ゆいまえ〔維摩会〕 十月十日より十六日(藤原鎌足の忌《き》日《にち》*)まで、奈良の興福寺*において、『維摩経*』を講じて供養《くよう》*する法会《ほうえ》*をいう。斉明天皇三年(六五七)藤原鎌足の陶原《すえはら》の家に山階寺《やましなでら》(後の興福寺)を建立*して初めて修した。南都の三大会《え》*の一つ。

ゆいまきつ〔維摩詰〕 →ゆいま(維摩)

ゆいまぎょう〔維摩経〕 初期の大乗*経典*の一つ。インド・ヴァイシャーリー(毘舎離《びしゃり》*)の長者*で大乗仏教*に通達した居士《こじ》*維摩*を主人公とし、病気見舞に訪ねた仏弟子の文殊《もんじゅ》*との問答形式で不二《ふに》*の法門*を説く。古来、禅家*に重用される。チベット訳と漢訳三本が現存する。①『維摩詰《きつ》経』二巻。呉の支謙《しけん》訳。現存する漢訳『維摩経』の最古。(大)14・No.474 ②『維摩詰所説経』三巻。姚秦《ようしん》の鳩摩羅什《くまらじゅう》*訳。『不可思議解脱《げだつ》法門経』ともいう。古来、最も広く用いられる。(大)14・No.475 ③『説無垢《せつむく》称《しょう》経』六巻。唐の玄奘《げんじょう》*訳。(大)14・No.476 →仏教常識〈経典の部〉同項

ゆうかい〔宥快〕 (一三四五―一四一六)真言宗*の僧。字は性厳《しょうごん》、京都の人。藤原実光《さねみつ》の子。高野山宝性《ほうしょう》院の信《しん》弘《こう》に金胎両部《こんたいりょうぶ》*の秘法*を受け、また顕教《けんぎょう》*・密教*の諸教を研鑽する。高野山*の教相学*を大成し、その住《じゅ》寺の名をとって宝《ほう》門と称し、無量寿院にあって論を張った寿門の長覚と相対した。宝門は理具《りぐ》(仏性《ぶっしょう》*)・加持《かじ》*(修行*)・顕得《けんとく》(成仏《じょうぶつ》*)の三つの「而二《にに》」を唱え、寿門の「理具」の「不二《ふに》」教学に対し、仏身《ぶっしん》*論・修行論上の二大潮流となった。この両者によって行われた教学上の達成を、世に「応永の大成」という。以後も両説の支持・紹介は続いたが、大正二年(一九一二)両院合併し、論争も止んだ。応永二十三年寂す。著書に『大日経口之疏《だいにちきょうくちのしょ》鈔《しょう》』八十五巻、『宗義決択《けっちゃく》集』二十巻、『宝鏡鈔』一巻などがある。

ゆうかい〔幽界〕 死後の世界のこと。

ゆうずうねんぶつしゅう〔融通念仏宗〕 大念仏宗ともいう。永久五年(一一一七)聖応《しょうおう》大師良忍《りょうにん》*が阿弥陀仏《あみだぶつ》*か

ら直接授けられたという偈頌《げじゅ》*（一人《いちにん》一切人《にん》、一切人一人、一行《ぎょう》一切行、一切行一行、是名他力《たりき》往生、十界一念、融通念仏、億百万遍、功徳《くどく》円満）によって開宗した。『華厳経《けごんぎょう》』*『法華経《ほけきょう》』*を正依《しょうえ》（中心的な依りどころ）、浄土三部経*を傍《ぼう》依（補助的な依りどころ）として、念仏*の融通*（あい通じあうこと）を説く。一人の称える念仏の功徳*と衆人の称える念仏の功徳とが融通しあって往生*が約束されるということから、この宗名がある。良忍、法明《ほうみょう》、融観《ゆうかん》を三祖と称し、大念仏寺*を総本山*とする。↓仏教常識〈宗派の部〉日本仏教

ゆうてん〔祐天〕（一六三七―一七一八）浄土宗*鎮西《ちんぜい》派*の僧。字は愚心《ぐしん》、明蓮社顕誉《みょうれんしゃけんよ》と号す。磐城（福島県）の人。常に隠遁の志を持ち、若き日、成田山*に参籠《さんろう》*して霊験《れいげん》*を蒙ったという説（『成田山史』『増上寺史』共に記載）もあり、名声が大いにあがっても大寺の住職*であることを好まず、諸国を遊歴して浄土教*を弘めた。相模（神奈川県）の牛島に隠棲したが、ついに伝通院《でんずういん》*に入り、さらに増上寺*第三十六代の貫主《かんしゅ》*となった。東京目黒の祐天寺は、弟子の祐海《ゆうかい》が建立*し、師を開山*としたもの。

ゆうれい〔幽霊〕 死者の霊魂《れいこん》*がこの世に姿を現わしたもの。

ゆが〔瑜伽〕（梵）yoga の音写。相応《そうおう》と訳す。調息（息に集中する修行法）等で心を整えること。境《きょう》*（対象）は心作用（心のはたらき）に相応（一致）し、行《ぎょう》*は理法（もののあり方）に相応し、証果《しょうか》*（修行*によって得るさとり*）は諸々の功徳《くどく》*に相応し、また主観と客観とが相応融合（ぴったり一致しとけあう）した状態をいう。種々の観法《かんぼう》*の修行をさしていう。↓ヨーガ

ゆがしじ〔瑜伽師地〕（梵）yogācārya-bhūmi の訳。瑜伽*の修行者*の所依《しょえ》*および実行すべき十七地をいう。

ゆがしじろん〔瑜伽師地論〕 百巻。弥勒《みろく》*述、無著《むじゃく》*編。唐の玄奘《げんじょう》*訳。漢訳は本地《ほんじ》分・摂決択《しょうけっちゃく》分・摂釈《しょうしゃく》分・摂異《しょうい》門《もん》分・摂事《しょうじ》分の五分より成る。瑜伽行者《ぎょうじゃ》の境《きょう》*（区別された認識対象）・行《ぎょう》*（修行*）・果《か》*（さとり*）を説く。梵《ぼん》文の原典が現存する。㊅30・No.1579

ゆがしゅう〔瑜伽宗〕 法相宗の別称。↓ほっそうしゅう（法相宗）

ゆかん〔湯灌〕 ↓仏教常識〈仏事の部〉同項

ゆぎょう〔遊行〕 僧侶*が諸地方をめぐり歩くことをいう。禅宗*では行脚《あんぎゃ》*という。

ゆぎょうじ〔遊行寺〕 ↓しょうじょうこうじ（清浄光寺）

ゆぎょうしょうにん〔遊行上人〕　時宗*の総本山*である藤沢（神奈川県）清浄光寺《しょうじょうこうじ》*の歴代の住職*をいう。一遍*上人*が諸国を遊行*して念仏*教化《きょうけ》*したことに始まる。なお、とくに一遍上人のみをいうこともある。

ゆげかんのん〔遊戯観音〕　三十三観音*の一つ。五彩の雲に乗って、左手を片膝の上に置き、法界《ほっかい》*に遊戯（自在*な活動）する姿をしている。

ゆじゅん〔由旬〕（梵）yojana の音写。古代インドで距離を表わす単位。歩兵の一日行程で、一由旬は十里（約四十キロ）に当たるという。諸説がある。

普賢菩薩真言

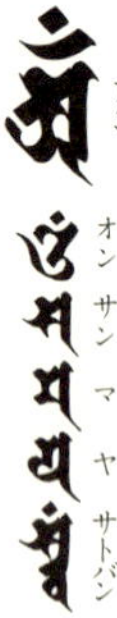

アン　オン サン マ ヤ サトバン

aṃ

唵　三昧耶　薩怛鑁

oṃ samayas sattvaṃ

帰命《きみょう》す、汝は如来と平等なる者なり。

→本文316頁「ふげん」

よ　ヨ

ようかん〔永観〕（一〇三三—一一一一）三論宗*の僧。「えいかん」ともいう。文章《もんじょう》博士・源国経の子。京都の禅林寺*で出家*。南都で三論・法相《ほっそう》・華厳《けごん》を学んだが、浄土信仰をもち禅林寺に帰り三論の奥義を伝え浄土教*を布教した。長承元年寂す。『往生拾因《じゅういん》』一巻、『阿弥《あみ》陀《だ》経要記』『往生講式』一巻等を著わす。なお、出生年には異説がある。

ようかんどう〔永観堂〕→ぜんりんじ（禅林寺）

ようぎ〔楊岐〕（九九六—一〇四九）中国臨済《りんざい》宗の第八世。方会《ほうえ》という。袁《えん》州の人で、慈明《じみょう》禅師から法*を継ぎ、のち袁州楊岐山に住み、特色ある禅風を立てた。その流れを楊岐派という。→次項

ようぎは〔楊岐派〕　中国禅宗の五家《ごけ》七宗*の一派。臨済《りんざい》宗*の楊岐方会《ほうえ》を派祖とする。宋以後は臨済宗の主流を占め、わが国の臨済宗*は多くこの流れをくむ。→前項

ようしゃ〔羊車〕『法華経《ほけきょう》』*に説かれる三車の一つ。声《しょう》

聞乗《もん》*にたとえる。→さんしゃ（三車）

ようらく〔瓔珞〕（梵）muktāhāra の訳。真珠、宝石などの連珠の飾り。主に仏《ぶつ》*・菩薩《ぼさつ》*像の首、胸を飾る。また、天蓋《てんがい》*や仏前の荘厳《しょうごん》*具をいう。→仏教常識〈法具の部〉同項

ようりゅうかんのん〔楊柳観音〕 三十三観音*の一つ。薬王観音ともいう。病をよく除くことからこの呼称がつけられたと思われる。揚柳とは、衆生《しゅじょう》*の願いに対応することは柳の枝が風になびくようであるという意味をもつ。仏書の書題として愛好される。像容は、右手に柳の枝を持ち、左手に施無畏《せむい》*印を結ぶ。

ヨーガ〔yoga〕①瑜伽《ゆが》と音写。相応《そうおう》と意訳する。原義は結合。解脱《げだつ》*に向けての修行法。起源はインダス文明のハラッパー遺跡出土の印章に見出されるという。後にインドの宗教一般に行われ、仏教においても古来、基本的な修行法として重用される。→ゆが（瑜伽）②開祖パタンジャリ（Patañjali）に帰される『ヨーガ・スートラ』（Yoga-sūtra＝二—四世紀頃成立）を根本経典とする学派。

よかわ〔横川〕 比叡山*三塔（他に東塔・西塔《さい》）の一つ。滋賀県大津市坂本の西北にある。横川谷をへだてて東塔の北にあることから北塔ともいう。慈覚大師円仁《えんにん》*の開いたところで、恵心僧都《えしんそうず》源信*もまたここに住し、横川の僧都*と称された。

よかわのそうず〔横川の僧都〕→げんしん（源信）→前項

よく〔欲〕 自己の好むところに対して、これを得ようとする心。

よくかい〔欲界〕（梵）kāma-dhātu の訳。三界《さんがい》の一つ。地獄*、餓鬼《がき》*、畜生*、修羅《しゅら》*、人間および六欲天*の総称。欲望の支配する世界。この世界の衆生《しゅじょう》*はすべて食欲、色《しき》欲、眠欲に耽《ふけ》ることからこの名称がある。→さんがい（三界）

よくとん〔欲貪〕 衆生《しゅじょう》*を下界*（欲界*）に結びつけて解脱《げだつ》*を妨げる五種の煩悩《ぼんのう》*（五下分結《ごげぶんけつ》＝欲貪・瞋恚《しんに》*・身見*・戒禁取《かいごんしゅ》見・疑《ぎ》*）の一つ。欲欲ともいい、欲界で五欲*（色《しき》・声《しょう》・香《こう》・味《み》・触《そく》）をきっかけにして起こる執着《しゅうじゃく》*の煩悩のこと。

よしだけんこう〔吉田兼好〕（一二八三—一三五一） 京都にいた歌人で随筆家。吉田に住んでいたことから吉田兼好という。卜部兼顕《うらべかねあき》の子。後宇多天皇に仕えて左

兵衛尉となったが、天皇崩御の後出家*し、風月を友として世を送った。和歌と文章に長じ、『徒然草』および歌集の著作がある。

よしみず〔吉水〕 京都の大谷の別名。知恩院*のあるところ。法然《ほうねん》*はここに庵居して浄土教*を弘め、またこの地で亡くなった。

よしゅう〔余宗〕 自宗から他宗のことをいう場合の言葉。

よじょう〔余乗〕 宗乗の対語。乗*は教法（教え）の意。自宗の教義に対して他宗の教義をさしていう言葉。また、大乗仏教*以外の教義をさす場合もある。

よみ〔黄泉〕 あの世。冥途に同じ。死後の世界のことをいう。→めいど（冥途）

よるか〔預流果〕 （梵）srotāpanna-phala の訳。須陀洹《しゅだおん》と音写。入流《にゅうる》、逆流《ぎゃくる》などと訳す。声聞四果《しょうもんしか》の一つ。三界《さんがい》*の見惑《けんわく》*（知的迷見）を脱し得て、初めて聖者《しょうじゃ》*の流類《るるい》（仲間）に預《あず》かり入ったという意味で、修道《しゅどう》*に入った位のこと。→しか（四果）

〈ら ラ〉

らいごう〔来迎〕 「らいこう」ともいう。浄土*に生まれることを願う人の臨終《りんじゅう》*の際、仏《ぶつ》*・菩薩《ぼさつ》*が来現して、浄土へ迎え入れるということ。

らいごういん〔来迎印〕 →くほんいん（九品印）

らいせ〔来世〕 未来*の世界。つぎの世。また後生《ごしょう》*ともいう。→仏教常識〈日常語〉同項

らいはい〔礼拝〕 合掌*恭敬して仏《ぶつ》*・菩薩《ぼさつ》*の前にひざまずいて拝すること。→仏教常識〈行儀の部〉同項

らいゆ〔頼瑜〕 （一二二六―一三〇四）新義真言宗*の学僧。紀州（和歌山県）の人。字は俊音《しゅんおん》。中性《ちゅうしょう》院と号す。高野山*で出家*、京・奈良を遊歴し、華厳《けごん》・法相《ほっそう》・東密《とうみつ》*など顕密《けんみつ》*諸宗を学ぶ。高野山に帰り文永三年（一二六六）大伝法院の学頭になるが、高野の衆徒《しゅと》*が乱を起こしたため、正応元年（一二八八）大伝法院、密厳院《みつごん》を根来《ねごろ》に移した。派祖の覚鑁《かくばん》*の教義を継ぎ、新義真言宗を確立した。著書はきわめて多く、教相*事相*（教義と

儀軌*）にわたり百余部・三百余巻がある。智山《ちさん》・豊山《ぶさん》の新義教学はこの師により確立された。

らかん〔羅漢〕（梵）arhat の音写。小乗仏教*においては聖者《しょうじゃ》*たちをさしたが、時代が下り、大乗仏教*が興起するにつれて、重んじられなくなった。しかし、羅漢の中でも、賓頭盧《びんずる》*尊者のように、釈尊*から記別《きべつ》*を受けて衆生《しゅじょう》*済度《さいど》*のために働くものたちは信仰*され、中国唐代には下化《げけ》衆生*の羅漢の思想が発展した。これはやがて十六羅漢*（四洲《し》*の一つ一つに四人の護方神＝阿羅漢を配当する）、五百羅漢*（第一結集《けつじゅう》に参加した五百人の阿羅漢にちなむ）を生み出していった。なお中国では、十八羅漢が広く信仰されている。→あらかん（阿羅漢）

らかんじ〔羅漢寺〕　曹洞宗《そうとう》*。大分県下毛郡本耶馬渓町。青の洞門で知られる耶馬渓の景勝地にある。山号は耆《ぎ》闍崛山《じゃくつせん》。本尊*は釈迦牟尼仏《しゃかむにぶつ》。暦応三年（一三四〇）栄《えい》西《さい》*の法孫、照覚《しょうかく》の建立。五百羅漢*をはじめ、七百余体の石像で有名。

らくしょく〔落飾〕　剃髪に同じ。→ていはつ（剃髪）

らくはつぜんね〔落髪染衣〕　髪を落とし、衣*を染めるという意味で、出家*すること。

らくみ〔酪味〕　五味の第二。牛乳から酪を出すのを、釈尊*が十二部経*の次に小乗*の九部経*を説いたことにたとえる。→ごみ（五味）

らごら〔羅睺羅〕　羅云《らうん》ともいう。ラーフラ。（梵）Rāhula の音写。覆障《ふくしょう》と意訳する。釈尊*の十大弟子*の第九。釈尊の実子で、釈尊の成《じょう》道《どう》*後に出家*し、弟子となる。小妄語《もうご》（軽いうそ・いつわり）が多くひとを困らせたため、彼にちなんで小妄語戒が制定された。釈尊の叱責を受けた後、よく戒めを守り、密行《みつぎょう》（戒*を綿密に護持*する）第一といわれる。また、『大唐西域記*』巻六には、玄奘三蔵《げんじょう》*が釈尊の入滅*の地（クシナガラ*）に至った時、土地の古老から聞いた話として、この羅睺羅は涅槃《ねはん》*に入らず、死して後の今もなお父・釈尊の墓所を守っていると伝えられていることが記されている。

ラージャグリハ　→おうしゃじょう（王舎城）

らじゅう〔羅什〕　→くまらじゅう（鳩摩羅什）

らせつ〔羅刹〕（梵）rakṣa, rākṣasa の音写。護者、食人《じきにん》鬼《き》と訳す。悪鬼*の通称である。後、仏教の守護神となる。

ラマきょう〔喇嘛教〕 チベット仏教の俗称。チベット語で高僧をラマ（喇嘛）と呼ぶことに由来するが、現在ではほとんど用いられない。

らやえんぎ〔頼耶縁起〕 仏教の縁起論の一つ。法相《ほっそう》宗の唯識《ゆいしき》説。宇宙のあらゆる現象・存在は阿頼耶識より縁起したものであるとする。→あらやしき（阿頼耶識）

らんけいどうりゅう〔蘭渓道隆〕（一二一三―七八）中国臨済《りんざい》宗の僧、諱《いみな》は道隆、号は蘭渓、宋の西蜀涪江《せいしょくばいこう》の人。寛元四年（一二四六）来日する。建長四年（一二五二）北条時頼の請願により鎌倉の建長寺開山となる。文永二年（一二六五）勅命により京都の建仁寺に移る。文永五年再び東下し弟子の育成に努めたが、門下の讒言により甲斐（山梨県）に流され、在留三年で鎌倉に帰り、弘安元年寂す。語録『大覚録』三巻がある。大覚禅師と勅諡《ちょくし》する。わが国の禅師号下賜の最初である。

らんびに〔藍毘尼〕 ルンビニー。（梵）Lumbinī の音写。藍毘尼園《おん》ともいう。釈尊誕生の地。ネパール南部のタラーイ地方ルンミンデーイー村の古称。一八九六年、アショーカ（阿育《あいく》）王建立の石柱が発見され、その碑文により、釈尊誕生の地であることが確認された。

り

り〔理〕 ①事《じ》の対語。具体的な現象（事）を生起させている根本の原理。経験的認識を超越した真如《しんにょ》。②ものごとに対する道理のこと。→じり（事理）

りえき〔利益〕 仏教では「りやく」と読む。→りやく（利益）→仏教常識〈日常語〉同項

リグ・ヴェーダ〔Ṛg-veda〕 梨倶吠陀《りぐべいだ》と音写。四ヴェーダの一つ。インド古代民族の讃歌を集めた聖典で、その崇拝する諸神を讃嘆したもの。→ヴェーダ（吠陀）

りこん〔利根〕 鈍《どん》根の対語。知能、機《き》根がするどくすぐれた者をいう。

りじむげほっかい〔理事無礙法界〕 四《し》法界（事《じ》法界・理《り》法界・理事無礙法界・事事《じじ》無礙法界）の一つ。真実（理）と現象（事）とがさわりなく融合した方面から名づけた宇宙のこと。→ほっかい（法界）

りしゅきょう〔理趣経〕 詳しくは『大楽金剛不空真実三《だいらくこんごうふくうしんじつさん》摩耶《まや》経』、また『般若《はんにゃ》理趣経』ともいう。唐の不空《ふくう》訳。

一巻。大日如来《にょらい》*が金剛薩埵《さった》*のために、般若理趣（真実の極み）が清浄《しょうじょう》*であることを説いたもので、十七章から成る。真言宗*の重要経典。㊅8・No.243

りしょう〔利生〕　利益衆生《りやくしゅじょう》の略。衆生*を利益*すること。

りた〔利他〕　自利《じり》*の対語。自分の功徳《くどく》*利益《りやく》*を他人に施すこと。

りたい〔理体〕　①万有の本体。②大日如来《にょらい》*のこと。

りつ〔律〕（梵）vinaya の訳、毘奈耶《びなや》*と音写。戒律のこと。→かいりつ（戒律）

りつぎ〔律儀〕（梵）saṃvara, saṃvṛti の訳。仏*の制定した規律を守って威儀《いぎ》*をただすこと。戒律*に同じ。日常語としての「りちぎ」「りちぎもの」（道徳的でまじめ《な人》）も、この「律儀」から出たものと思われる。→かいりつ（戒律）

りっきょうかいしゅう〔立教開宗〕　教義を確立して、一宗を開くこと。

りっし〔律師〕　①よく戒律*を理解し、身に実践する者をいう。②僧官の名称で、僧の戒律を統制する僧をいった。天武天皇の時、元興寺《がんごうじ》*の僧の善往《ぜんおう》がはじめて律師に任ぜられた。現今では、各宗とも僧階*の最下位に置かれることが多い。

りっしゃくじ〔立石寺〕　天台宗*。山形市山寺。宝珠《ほうしゅ》山と号し、通称、山寺《やまでら》という。貞観二年（八六〇）慈覚大師円仁《えんにん》*の開山*。このとき比叡山*から分灯した法灯は今も根本中堂で燃え続けている。古来、先祖供養《くよう》の寺として信仰*をあつめる。また、奥の院には修験者《しゅげんじゃ》*の回峰《かいほう》行《ぎょう》の行者道《ぎょうじゃみち》が残っている。本尊*は薬師如来《やくしにょらい》。

りっしゅう〔律宗〕　律蔵《りつぞう》*によって立てた宗旨*。中国では、唐の道宣《どうせん》*がこの宗派を大成し、日本へは天武天皇の時、道光《どうこう》が入唐《にっとう》して伝え、聖武天皇*の時、道璿《どうせん》が来朝して伝え、天平勝宝六年（七五四）鑑真《がんじん》*が来朝、三たび伝えて、この宗派は栄えた。その後、泉涌寺《せんにゅうじ》*の俊芿《しゅんじょう》*もまた入宋《にっそう》してこの宗を招来し、京都に弘めた。前者を南都律というのに対して、後者を北京《ほっきょう》律という。また享和年中（一八〇一―〇三）には慈雲《じうん》*尊者飲光《おんこう》が出て、正法律《しょうぼうりつ》*を唱えてから真言律が盛んになり、明治二十八年（一八九五）真言律宗*の独立を見た。→仏教常識〈宗派の部〉中国仏教、日本仏教

りっしょうあんこくろん〔立正安国論〕　一巻。日蓮*著。文応元年（一二六〇）天災が多いのは『法華経《ほけきょう》*』を信じないためであり、もしこのままならば国家に禍いがあるとして、この書を北条時頼に献じた。そのために

日蓮は伊豆に流された。日蓮三大部の一つ。(大)84・No.2688

りつぞう〔律蔵〕（梵）vinaya-piṭakaの訳。三蔵《さんぞう》*（経蔵・律蔵・論蔵）の一つ。釈尊*の定めた戒律*に関する典籍を集めたものをいう。→仏教常識〈経典の部〉同項

りつのさんしゅう〔律の三宗〕唐の頃、四分律《しぶんりつ》宗が分かれて三派となったのをいう。道宣《どうせん》*の南山宗、法礪《ほうれい》の相《そう》部《ぶ》宗、懐素《かいそ》の東塔宗のことをいう。

りばた〔離婆多〕レーヴァタ。①（梵）Revataの音写。舎利弗《しゃりほつ》*の弟。雨やどりの祠《ほこら》で、二人の鬼が屍の取り合いをしているのを見、人身が仮和合《けわごう》*であることを知って出家*。少欲知足《しょうよくちそく》*で、禅定《ぜんじょう》*を好んだ。②仏滅*後百年頃の人。第二結集《けつじゅう》（経典*類の編集）のとき、ヤサ・カーカンダカプッタ長老とともに十事非法（バイシャーリーのバッジプッタカという比丘《びく》*が、時代・地域に合わせて新たに唱えた十項目の提案を、戒律*として認めないこと）を決議した。

りぶつ〔理仏〕①法身《ほっしん》*の異称。②天台宗*では六即仏《そくぶつ》（理《り》即仏・名字《みょうじ》即仏・観行《かんぎょう》即仏・相似《そうじ》即仏・分真《ぶんしん》即仏・究《く》竟《きょう》即仏）のうちの理即仏をいい、一切衆生《しゅじょう》*に本来そなわっている真如《しんにょ》*の理性（変わることのない本質、真実そのもの）のこと。これが修行*と研鑽によって、人の身心《しんじん》に顕《あら》われて仏*となる。

りやく〔利益〕（梵）artha, hitaの訳。幸を与えること。自ら益することを功徳《くどく》*といい、他を益するのを利益という。

りゃくこうしゅぎょう〔歴劫修行〕菩薩《ぼさつ》*が発心《ほっしん》*してから成仏《じょうぶつ》*するまで、三祇百大劫《さんぎひゃくだいこう》（阿僧祇劫《あそうぎこう》*を三回、大劫*を百回という長時間）の修行*をすることをいう。

りゅう〔竜〕（梵）nāgaの訳、那伽《なが》と音写。八部衆*の一つ。蛇形の鬼神《きじん》*の一つ。もとは、インド神話の蛇を神格化したもので、大海または地底に住む。強い毒と神秘的な習性により畏怖《いふ》され、降雨を招くものとして崇拝される。それが仏教に取り入れられて、仏法*の守護神となった。請雨・止雨法との関係が深い。竜と漢訳されたため、中国古来の竜との習合が行われ、原型が変容をきたした。人面人形で冠上に竜形を表わす像容が多い。

りゅうおう〔竜王〕竜神に同じ。→りゅうじん（竜神）

りゅうかん〔隆寛〕（一一四八—一二二七）浄土宗*長楽寺《ちょうらくじ》派の派祖。字は皆空《かいくう》、無我と号す。京都の人。山城（京都市）の長楽寺に住し多念義《たねんぎ》*を主張した。法然《ほうねん》*に師事

し、安貞元年（一二二七）比叡山*の定昭《じょうしょう》の『弾選択《だんせんちゃく》』に『顕《けん》選択』を著わして反論、そのため奥州に配流となり（実際に行ったのは弟子）、相模（神奈川県）飯山に寂した。著書に『浄土要義』『捨子《しゃし》問答』等がある。その法流を長楽寺流または多念義と称す。

りゅうぐう〔竜宮〕 竜王*の住む宮殿で、水底または水上にあるという。

りゅうげじ〔竜華寺〕 日蓮宗*。静岡県清水市村松。山号は観富《かんふ》山。本尊*は日蓮上人。寛文十年（一六七〇）日《にち》近《ごん》（徳川家の親族）の開基*。徳川家に外護《げご》された。俗に富士見寺といわれる。

りゅうこう〔隆光〕（一六四九—一七二四）新義真言宗*の僧。大和（奈良県）の人。字は栄春。顕教《けんぎょう》*・密教*を修め、将軍綱吉に招かれて江戸知足《ちそく》院に住し、護持《ごじ》院と改称。ゆえに護持院大僧正《だいそうじょう》*と呼ばれる。「生類憐《しょうるいあわれ》みの令」を将軍に進言した僧として有名。享保十年寂す。行《ぎょう》学に通じ、『聖無動経慈怒鈔《しょうむどうきょうじぬしょう》』等の著作がある。

りゅうこくがっこう〔竜谷学校〕 浄土真宗本願寺派*の学校。寛永十六年（一六三九）良如《りょうにょ》上人の時、本寺の境内に創建した。現在の竜谷大学はその後身。

りゅうしゃく〔留錫〕 僧は常に錫杖《しゃくじょう》*を持つことから、僧の滞留することをいう。

りゅうじゅ〔竜樹〕 ナーガールジュナ。（梵）Nāgārjuna の訳。那伽樹那《なが じゅな》と音写。①二—三世紀の南インドの人。はじめ小乗仏教*を学んだが、ヒマラヤ地方である老比《び》丘《く》にあい、大乗仏教*の経典*を授かり大乗の法*を宣揚したと伝えられる。『大智度論《だいちどろん》*』百巻、『十住毘婆沙論《じゅうじゅうびばしゃろん》*』十七巻、『中論*』四巻、『十二門論*』一巻などの著作があり、その著作の多さから「百本論師《ろんじ》」ともいわれる。後世の大乗仏教諸宗の教旨はほとんどがここに発した。このことから「八宗の祖師」と称される。②竜猛《りゅうみょう》ともいう。七世紀の南インドの人。南天（南インド）の鉄塔を開いて、金剛薩埵《こんごうさった》*から両部大経（『大日経*』・『金剛《こんごう》頂経《ちょうぎょう》*』）を授けられたと伝えられる密教*の祖師*。

りゅうしん〔隆信〕（一二一三—八四）浄土宗*西山《せいざん》深草派の始祖。立《りゅう》信ともいう。字は円空。証空《しょうくう》*に浄土*の教えを学ぶこと二十余年、山城（京都市）深草に真宗院を建てて念仏*を弘めた。これを深草《ふかくさ》流*という。弘安七年寂す。

りゅうじん〔竜神〕 竜王に同じ。八部衆*の一つ。海中に住んで雨水を司る神で、不思議*な神力《じんりき》*があるという。

↓りゅう（竜）

りゅうず〔竜頭〕 竜首《しゅ》ともいう。鐘磬《しょうけい》（鐘も磬も吊りさげてたたく楽器）の上にあって竜*の頭の形をしたもの。これに鈎をつけて鐘磬を吊るす。

りゅうずかんのん〔竜頭観音〕 三十三観音*の一つ。雲の中の竜*に乗る姿をした観音*である。

りゅうぞう〔竜象〕 高僧*のこと。水陸の王者たる竜*と象にたとえていう。

りゅうみょう〔竜猛〕 →りゅうじゅ〔竜樹〕②

りよう〔利養〕 利財を貪《むさぼ》って私腹を肥やそうとすること。

りょうあんじ〔竜安寺〕 臨済《りんざい》宗*妙心寺派*。京都市右京区竜安寺。大雲山と号す。宝徳二年（一四五〇）細川勝元が妙心寺*五世の義天（恵光《えこう》）を請じて開山*とした。虎の子渡しの石庭で有名。本尊*は釈迦如来《しゃかにょらい》。

りょうえい〔良栄〕（一三五二―一四二三）浄土宗*の僧。陸奥（青森県）の人。高蓮社理本《こうれんしゃりほん》という。応永九年（一四〇二）下野（栃木県）芳賀郡に大沢山円通寺を創建し、その門流を大沢《おおさわ》流という。同三十年寂す。

りょうかい〔良价〕（八〇七―八六九）中国曹洞《そうとう》宗の祖。中国会稽《かいけい》の人。姓は兪《ゆ》氏。洞山《とうざん》と称する。潙山霊祐《いさんれいゆう》*に参じた後、雲巌曇晟《うんがんどんじょう》に師事して禅*の奥義を大悟《だいご》*し、のち洞山にあって禅を流布した。究極的に平等即差別《びょうどうそくしゃべつ》の世界観を示した五位《ごい》思想（洞山五位）は有名（一説に後世の仮託という）。成通十年寂す。勅して悟本《ごほん》大師と諡《おくりな》す。著作に『宝鏡三昧歌《ほうきょうざんまいか》』一巻、『洞山語録《ごろく》』等がある。

りょうかいまんだら〔両界曼荼羅〕 両部曼荼羅ともいう。密教*における、『金剛頂経《こんごうちょうぎょう》*』による金剛界*と、『大日経*』による胎蔵《たいぞう》*界の両部の曼荼羅*のこと。

りょうがきょう〔楞伽経〕 釈尊*が楞伽山《せん》*にあって、大慧《だいえ》菩薩《ぼさつ》に対して説いた経典*。主として、如来蔵縁起《にょらいぞうえんぎ》（あらゆる事象は如来蔵*＝仏*になる可能性を依りどころとして縁起*していること）について説いている。四訳がある。①四巻、北涼の曇無讖《どんむせん》*訳。現存せず。②『楞伽阿跋多羅宝経《あばったらほうきょう》』四巻。宋の求那跋陀羅《ぐなばっだら》*訳。(大)16・No.670 ③『入《にゅう》楞伽経』十巻。魏の菩提流支《ぼだいるし》*訳。(大)16・No.671 ④『大乗入楞伽経』七巻。唐の実叉難陀《じっしゃなんだ》訳。「七巻楞伽」ともいい、代表的な訳出経典。(大)16・No.672

りょうがせん〔楞伽山〕 ランカー。（梵）Laṅkāの音写。Laṅkāはスリランカをさす。『楞伽経*』によれば、南インドの摩羅耶《まらや》山あるいはその山頂にある城の名をいう。スリランカ南部のアダムズ・ピーク（二二四三メートル）との説もあり、スリランカの国名もこれに基づくという。

りょうかん〔良寛〕（一七五八―一八三一）曹洞《そうとう》宗*の僧。大愚《だいぐ》と号す。越後（新潟県）出雲崎《いずもざき》の人。備中（岡山県）玉島円通寺の国仙《こくせん》禅師に随行。寛政二年（一七九〇）印可《いんか》*を受け諸地方を行脚《あんぎゃ》*。のち故郷に戻り国上山《くがみやま》の五合庵に隠棲。和歌、俳句、漢詩、書に秀れる。寺を持たず、経も読まず、ひたすら子供たちと遊び暮らした。天保二年寂す。

りょうぎ〔了義〕（梵）nīta-artha の訳。未了義、不了義の対語。了義教ともいう。その意味が完全に解明されたもの。完全な教え。真実の教え。唯識《ゆいしき》宗*では、説一《せついっ》切有部《さいうぶ》*の実在論と中観《ちゅうがん》*の空《くう》*思想を不了義とし、唯識思想を了義教とする。

りょうぎょう〔良暁〕（一二五一―一三二八）浄土宗*第四祖。白旗《しらはた》流の派祖。字は寂慧《じゃくえ》、智慧光《ちえこう》と号す。比叡山*で顕教《けんぎょう》*・密教*を修めたが、良忠*に師事して浄土教*に帰し、相模（神奈川県）の白旗に幽居して念仏*に専念する。嘉暦三年寂す。

りょうくう〔良空〕①（?―一二九七）浄土宗*鎮西《ちんぜい》派*小《お》幡《ばた》流の祖。字は慈心。初め顕教《けんぎょう》*・密教*を修め、のち良忠*に法*を受け、山城（京都府）小幡に尊勝寺を創建する。その一門を小幡流という。永仁五年寂す。②（一六六九―一七三三）真宗*高田派*の僧。五天、慧日《えにち》院と号す。『高田開山親鸞聖人正統伝《しんらんしょうにんしょうとうでん》』十巻を編する。

りょうけん〔亮賢〕（一六一一―八七）新義真言宗*の僧。上野（群馬県）の人。将軍綱吉と母公桂昌院《けいしょういん》の帰依《きえ》*あつく、天和元年（一六八一）江戸（東京）音羽に護国寺*を創建した。貞和四年寂す。

りょうげん〔良源〕（九一二―九八五）天台宗*中興の祖。近江（滋賀県）の人。俗姓は木津氏。比叡山*で出家し諸々の大徳《だいとく》*より顕教《けんぎょう》*・密教*を学ぶ。康保三年(九六六)天台座主《ざす》*となり、在職二十年、天元四年（九八一）大《だい》僧正《そうじょう》*となる。寛和元年寂す。慈慧《じえ》大師と勅諡《ちょくし》し、また世に元三《がんざん》大師、角《つの》大師という。江戸天台の祖、慈眼《じげん》大師天海《てんかい》*（一五三六?―一六四三）と併せて両大師といい、東京上野の東叡《とうえい》山寛永寺*の開山堂*にまつる。『九品《くほん》往生義《おうじょうぎ》』等の著作がある。

りょうじゅせん〔霊鷲山〕（梵）Gṛdhrakūṭa の音写、耆闍《ぎじゃ》崛山《くっせん》。また鷲峰《じゅぶ》山ともいう。中インド・マガダ（摩掲《まが》陀《だ》*）国の首都ラージャグリハ（王舎城*）の東北にある山。釈尊*が説法*された山で、この山には仙人*が多く住み、山の形が鷲の頭の形に似ているのでこのようにいう。多くの大乗*経典*も、釈尊説法の会座《えざ》*（場所）を、この山に仮託する。

りょうぜつ〔両舌〕（梵）paiśunya の訳。離間《りけん》語ともいう。十悪*の一つ。二枚舌を使うこと。中傷、陰口。両方の人に対して、互いに相異なった言を吐くこと。

りょうそくそん〔両足尊〕仏*の尊称。二足尊ともいう。二足を有する生類、すなわち人天の中で最も尊ぶべき者の意味であり、また大願と修行*、あるいは福徳と智慧*とを共に具足*している者という意味である。

りょうだいし〔両大師〕天台宗*復興に尽力した元三《がんざん》大師（良源*）と慈眼《じげん》大師（天海《てんかい》*）の併称。東京上野の寛永寺*にまつる。

りょうちゅう〔良忠〕（一一九九―一二八七）浄土宗*第三祖。石見《いわみ》（島根県）の人。天台・倶舎《くしゃ》・法相《ほっそう》・禅*を修め、のち筑後（福岡県）で弁長《べんちょう》*より浄土教*の秘要を授与される。正嘉二年（一二五八）鎌倉の光明寺《こうみょうじ》*の開山*となる。字は然阿《ねんあ》。弘安十年寂す。永仁二年（一二九四）記主《きしゅ》禅師と勅諡《ちょくし》する。『観経疏記《かんぎょうしょき》』『選択集決疑鈔《せんちゃくしゅうけつぎしょう》』『註往生論私記《しき》』『安楽集私記』など十余部の著作がある。

りょうにん〔良忍〕（一〇七二―一一三二）融通《ゆうずう》念仏宗*の開祖。尾張（愛知県）知多郡の領主秦道武（一説に秦実房）の子。永久五年（一一一七）融通念仏を唱え、天治元年（一一二四）勅命によって禁中に融通念仏会《え》を営み、次いで諸国に布教し、摂津（大阪府）住吉に大念仏寺*を開創した。天承二年寂す。安永二年（一七七三）聖応《しょうおう》大師と勅諡《ちょくし》する。

りょうぶしんとう〔両部神道〕真言宗*に伝わる神仏習合（神道と仏教との融和）の説をいう。両部習合ともいう。平安朝時代に、行基《ぎょうき》*の神仏一体説、および最澄《さいちょう》*、空海*の本地垂迹《ほんじすいじゃく》*説を受け、真言の両部（金剛界*・胎蔵《たいぞう》界*）の説によって某神は某菩薩《ぼさつ》の垂迹*（本体のあらわれ）であり、某仏は某神の本地*（本体の仏*）であるとし、神仏両道の一致を説く一派である。

りょうぶまんだら〔両部曼荼羅〕→りょうがいまんだら（両界曼荼羅）

りょうべん〔良弁〕（六八九―七七三）「ろうべん」ともいう。日本の華厳《けごん》宗*第二祖。相模（神奈川県）または近江（滋賀県）の人。幼時、大鷲にさらわれ春日大社の杉の枝に置かれていたとの伝説がある。大和（奈良県）東大寺*の開山*。東山の小堂で練心修行していたが、天平五年（七三三）聖武《しょうむ》天皇*がその徳風を聞かれ、勅して三月堂*（羂索院《けんさくいん》）を賜わった。次いでその地に東大寺*を造営し、師はその別当となった。宝亀四年寂す。通称は金鐘行者《こんしょうぎょうじゃ》。

りん〔鈴〕→仏教常識〈仏事の部〉同項

りんざいぎげん〔臨済義玄〕→ぎげん（義玄）

りんざいしゅう〔臨済宗〕禅宗*五家七宗《ごけしちしゅう》*の一つ。臨済義《ぎ》玄《げん》*において初めてこの宗名をとなえた。その法系はすこぶる栄え、わが国では文治三年（一一八七）栄西《えいさい》*が再度入宋《にっそう》してこの宗を伝え、聖福《しょうふく》寺、建仁寺*を円（天台法華《ほっけ》の円教*）・密（真言密教*）・禅*の三宗兼学道場としたのに始まる。現在でも大いに行われている。また、この宗に伝わる禅風を臨済禅という。→仏教常識〈宗派の部〉日本仏教

りんざいしゅうじゅうよんぱ〔臨済宗十四派〕建仁寺派*、建長寺派*、東福寺派*、円覚《えんがく》寺派*、南禅寺派、大徳寺派*、天竜寺派*、相国《しょうこく》寺派、妙心寺派*、永源寺派、仏通寺派*、国泰《こくたい》寺派、方広寺派*、向嶽《こうがく》寺派のこと。

りんじゅう〔臨終〕臨命《りんみょう》終時の略。一生の終わる時をいう。末期《まつご》と同じ。

りんじゅうごうじょう〔臨終業成〕平生《へいぜい》業成*の対語。臨終*に際して来迎《らいごう》仏*を拝し、初めて浄土*に往生*することが定まることをいう。

りんじゅうぶつ〔臨終仏〕→仏教常識〈仏事の部〉同項

りんね〔輪廻〕サンサーラ。（梵）samsāra の訳、原義は流れること。流転《るてん》*ともいう。インド古来の考え方で、三界《さんがい》*六道*に迷いの生死《しょうじ》*をつづけることを、車輪が廻って停止しないことにたとえていう。

りんのうじ〔輪王寺〕天台宗*門跡《もんぜき》*寺院。栃木県日光市山内。別院の中禅寺は坂東三十三所観音*の第十八番札所。山号は日光山。本尊*は阿弥陀如来《あみだにょらい》、千手《せんじゅ》観音、馬頭《ばとう》観音。日光門跡と称される。天平神護二年（七六六）勝道《しょうどう》が日光の山域に入って四本竜寺《しほんりゅうじ》を草創*したのに始まり、のち慈覚大師円仁《えんにん》*が登山して常行《じょうぎょう》堂・法華《ほっけ》堂などを建立*、以後天台宗に属す。明暦元年（一六五五）守澄《しゅちょう》法親王が入って、輪王寺と改めた。寺域に東照宮がある。

りんばん〔輪番〕寺院*を番守する僧の役名。諸僧や諸寺が順序に従って一定期間寺務などの役を務めること。大寺では、座主《ざす》*・門跡《もんぜき》*などは常住執務せず、名目上はその下にある輪番が主管の任に当たることが多い。

りんぼう〔輪宝〕転輪聖王《てんりんじょうおう》*が持つという七宝《しっぽう》（輪王《りんのうの》七宝＝輪・象・馬・珠・玉女《ぎょくにょ》・主蔵臣《居士《こじ》*》・主兵臣《将

軍》の七宝）の一つ。王より先にその前を進み、敵をうち破るとされる。仏*が衆生《しゅじょう》*に法*を説くことをこれにたとえて転法輪《てんぽうりん》*といい、このため輪宝は仏の説法*の象徴とされた。

不動明王真言

カーンマーン　ノウマク　サマ　ンダ　バ　ザラ　ダン　カン

hāmmāṃ　namaḥ　samanta　vajrāṇāṃ　hāṃ

南麼　三曼多　伐折羅赦　悍

あまねく住する金剛部諸尊に帰依し奉る。特に不動明王に。

→322頁「ふどうみょうおう」

不動三尊の種子

カーンマーン　タ　タラ

不動明王　こんがら童子　せいたか童子

る　ル

るしゃなぶつ〔盧遮那仏〕　→びるしゃなぶつ（毘盧遮那仏）

るずう〔流通〕　仏教の流れ広まって行くことをいう。

るずうぶん〔流通分〕　三分（序分*・正宗分《しょうじゅう》・流通分）の一つ。経典*の正宗分（本論）が終わった後、これを後世に流布《るふ》伝道*するために弟子に付与したことを記して、一部の終わりとした部分をいう。

るてん〔流転〕　（梵）pravṛtti の訳。迷いの世界に生死《しょうじ》*を繰り返して、三界《さんがい》*（欲界《よくかい》・色《しき》界・無色界）、六道*（地獄・餓鬼《がき》・畜生・修羅《しゅら》・人間・天）、四生《ししょう》*（胎生・卵生・湿《しつ》生・化《け》生）の間を流れあるくこと。→りんね（輪廻）　→仏教常識〈日常語〉同項

ルドラ〔Rudra〕　仏典*では魯達羅《ろだら》、嚕捺羅《ろなら》と音写、暴悪、黒天と訳す。『リグ・ヴェーダ*』では破壊の神。強烈な破壊力と万物蘇生の力をもつモンスーンを神格化したもの。後、ヒンドゥー教*の三大神の一つ、シヴァ*とな

る。仏教に取り入れられて自在天*、またはその従者（眷《けん》属《ぞく》*）となる。

るり〔瑠璃〕（梵）vaiḍūryaの訳。毘《び》瑠璃・吠《べい》瑠璃の略。七宝《しっぽう》*の一つ。六面体、菱形、十二面体等の青色の宝石。

るりおう〔瑠璃王〕 毘《び》瑠璃王。ヴィドゥーダバ。（巴）Vi-ḍūḍhabha（《梵》Virūḍhaka）の音写。増長《ぞうじょう》・悪生《あくしょう》と訳す。コーサラ*（憍薩羅《きょうさつら》）国の王、プラセーナジット（波斯匿《はしのく》）王*の子。父王の不在に乗じて王位を奪い、父王を幽閉し（一説に殺害し）のちマガダ（摩掲陀《まがだ》*）国と戦ってこれを滅ぼし、また釈迦《しゃか》族に怨みを抱いてカピラヴァストゥ（迦毘羅《かぴら》城*）を滅ぼした。

るりかんのん〔瑠璃観音〕 三十三観音*の一つ。高王《こうおう》観音ともいい、香王観音とも書く。『高王観音経』によれば、この菩薩《ぼさつ》*は諸々の苦厄から人々を救うとされる。また、危急の時、この経を千遍読誦《どくじゅ》すれば、死者を甦らせることができるという。像容は一般に、蓮《れん》華《げ》の一葩《は》（花弁）に乗って水上に浮かび、両手で香炉《こうろ》*を捧げる。

ルンビニー〔Lumbinī〕 ↓らんびに（藍毘尼）

れ レ

れいうんじ〔霊雲寺〕 真言宗*霊雲寺派の総本山。東京都文京区湯島。宝林山仏日《ぶつにち》院と号す。元禄四年（一六九一）五代将軍綱吉の帰依《きえ》*あつい浄厳《じょうごん》（梵学《ぼんがく》近世の鼻祖）によって創建され、学山として今日に及ぶ。

れいがんじ〔霊巌寺〕 浄土宗*。東京都江東区白河町。道《どう》本《ほん》山東海院と号す。本尊*は阿弥陀如来《あみだにょらい》。関東十八檀林*の一つ。寛永元年（一六二四）雄誉《おうよ》霊巌の開創。

れいきゅうしゃ〔霊柩車〕 ↓仏教常識〈仏事の部〉同項

れいぐぜん〔霊供膳〕 ↓仏教常識〈仏事の部〉同項

れいげん〔霊験〕 霊妙なる効験の意。信仰*や祈願*に対して、神仏の不可思議*な感応があることをいう。↓仏教常識〈日常語〉同項

れいこん〔霊魂〕 霊は不可思議*の意、魂は精神。肉体の他に不可思議な精神的な生命体があると考えられたもの。たましい。

れいじょう〔霊場〕 聖なる土地という意味で、神社仏閣

のある地をいう。霊地、聖域、聖地もほぼ同義。

れいゆう〔霊祐〕（七七一—八五三）中国唐代の僧。潙《い》仰《ぎょう》宗の祖。福州長渓《ちょうけい》（福建省）の人。諡号《しごう》*は大円禅師。百丈懐海《えかい》*の法*を嗣ぎ、懐海の命を受け潙山《いさん》（湖南省）に住し禅*を広めたので、潙山霊祐といわれる。『語録』『潙山警策《きょうさく》』等を著わす。門下に慧寂《えじゃく》・香厳智閑《きょうげんちかん》等を輩出し、慧寂が仰山《きょうざん》（江西省）に住したため、霊祐と慧寂の派を潙仰宗と呼ぶ。

れきだいさんぼうき〔歴代三宝紀〕十五巻。隋の費長房《ひちょうぼう》撰。『長房録』『開皇三宝録』ともいう。開皇十七年（五九七）成立。勅撰の教録。訳経の分類、訳者の伝記ならびに仏教渡来から隋までの仏法弘通《ぐずう》*の史実を述べたもので、仏教史料として重要。(大)49・No.2034

れんいん〔蓮胤〕（一一五五—一二一六?）天台宗*の僧。俗名は鴨長明《かものながあきら》。もと後鳥羽上皇に仕えて和歌所の寄人《よりうど》であったが、鴨御祖社《かものみおやのやしろ》の禰宜《ねぎ》になろうとして許されず、のち出家*して大原山に庵居、建暦年間（一二一一—一二一三）鎌倉に遊学し、帰京してまた日野外山《とやま》に入り、和歌管絃に親しんだ。著作に『方丈記』『発心集《ほっしん》』などがある。

れんげおういん〔蓮華王院〕→さんじゅうさんげんどう（三十三間堂）

れんげかい〔蓮華戒〕カマラシーラ。（梵）Kamalaśīla の訳。（七四〇—七九七）インド後期中観派《ちゅうがんは》*の学僧。シャーンタラクシタ（寂護《じゃくご》*）の弟子とされる。チベット王ティソンデツェンに招かれ、七九四年頃にチベットに渡る。中国の禅僧摩訶衍《まかえん》と論争（サムイェーの宗論）、チベット側資料によればカマラシーラの勝利とする。以後チベットは、インド系の仏教の導入に力を注いだ。『修習次第《しゅうじゅしだい》』『中観光明論《ちゅうがんこうみょうろん》』『中観荘厳《しょうごん》論細疏《さいしょ》』などを著わす。

れんがかんのん〔蓮臥観音〕三十三観音*の一つ。池の中の蓮華《れんげ》の上に趺坐《ふざ》*して合掌*した姿をしている。

れんげざ〔蓮華座〕蓮華台、蓮台ともいう。仏《ぶつ》*・菩薩《ぼさつ》*の台座。単純に満開の蓮華を形どったものから二段、三段と重ねた複雑な形のものまである。

れんげしょう〔蓮華生〕（八世紀頃）パドマサンバヴァ。（梵）Padmasambhavaの訳。北インド・ウディヤーナ（烏仗那《うじょうな》）の人。チベット仏教の開祖。密教*に精通し多くの神変《じんぺん》*（不思議な力）を現わしたとされる。八世紀後半に土着宗教を信仰する人々を教化《きょうけ》*しながらチベットに入り、シャーンタラクシタ（寂護《じゃくご》*）とともにサムイェー寺の建立*に尽力した。古派であるニンマ派(紅《こう》教)*では、グル・リンポチェ(導師*)と呼び、開祖として厚い尊敬を受ける。

れんげぞうせかい〔蓮華蔵世界〕 『華厳経《けごんぎょう》*』に説かれる毘盧舎那仏《びるしゃな》*の願行《がんぎょう》*によって成立する世界で、すべての仏《ぶつ》*・菩薩《ぼさつ》*が衆生《しゅじょう》*を導く境界《きょうがい》*であるという。一切の国、一切のものが大蓮華に含蔵され、清浄《しょうじょう》*堅固《けんご》*であるという。

れんげつに〔蓮月尼〕 (一七九一—一八七五) 浄土宗*の尼《に》僧。彦根(滋賀県)の人。近藤某に嫁し、四人の子供と夫に先立たれて若くして尼*となる。陶器を作り、自詠の歌を記し、これを売って生活した。この陶器は人気を呼び、京都の陶工が競ってこれを模倣したが、筆跡はついに模することができなかったという。勤王《きんのう》運動を助成した。明治八年寂す。歌集『海人《あま》(海女)の刈藻《かるも》』がある。

れんさい〔斂祭〕 →仏教常識〈仏事の部〉同項

れんしょう〔蓮生〕 (一一四一—一二〇八) 浄土宗*の僧。武蔵(埼玉県)熊谷の人。俗名は熊谷次郎直実。安居《あんご》院聖覚《いんしょうがく》に武士の悩みと世俗の苦しみから出離*する道を問い、その指示によって京都黒谷の法然《ほうねん》*に会い、その弟子となって法力房《ほうりきぼう》と号した。のち武蔵に帰り、承元二年寂す。

れんにょ〔蓮如〕 兼寿《けんじゅ》。(一四一五—九九) 浄土真宗*本願寺*八世。浄土真宗中興の祖。字を蓮如という。幼名を布袋丸《ほていまる》といい、十七歳で出家*する。後年、各地に教化《きょうけ》*のために遊行《ゆぎょう》*、北陸門徒の組織に成功して大いに宗風をあげる。著作に『正信偈《しょうしんげ》大意』一巻があり、慧灯《えとう》大師と諡《おくりな》す。

れんにょしょうにんごいちだいききがき〔蓮如上人御一代記聞書〕 一巻(『真宗法要』本)。蓮如*の子の実悟《じつご》の『蓮如上人仰《おおせの》条々連々聞書』、弟子の空善《くうぜん》の『空善日記』などを再編したもの。蓮如の言行を集録してあり、三百十四条からなる。諸刊本があり、元禄二年本は四巻・二百六十八条、「仮名聖教」本は一巻・三百十六条から成る。(大)83・No.2669

ろ ロ

ろ〔漏〕 (梵) āsrava の訳。もれ出ること。煩悩《ぼんのう》*のこと。煩悩は人の六根《ろっこん》*よりたえず瘡《かさ》の膿《うみ》のように漏れ流れることから、このようにいう。

ろうあん〔朗庵〕 普化《ふけ》宗*の僧。応仁(一四六七—八六)の頃の人で生没年・出身地等不詳。普化道者、風穴《ふうけつ》道者と称する。常に尺八を好み、宇治吸江菴《きゅうこうあん》に住して京都の市中を唱道した。一休*禅師と親しかったという。虚無僧《こむそう》*の祖と仰がれる。

ろうこ〔老胡〕 長老*である外国人の意。禅宗*で釈迦*または達磨《だるま》*のこと。

ろうしょうふじょう〔老少不定〕 老人も若者も、死期に定まりのないこと。明日の命は予測できないということ。

ろうはち〔臘八〕 「ろうはつ」ともいう。十二月八日のこと。釈尊*が成道*された日であるとする。→じょうどうえ(成道会)

ろうべん〔良弁〕 →りょうべん(良弁)

ろくおんじ〔鹿苑寺〕 臨済宗*相国寺《しょうこくじ》*派。京都市北区金閣《きんかく》寺《じ》町。山号は北山《きたやま》。本尊*は聖《しょう》観音。もと足利義満の別荘であったが、その遺命によって寺として、夢窓疎石《むそうそせき》*を開山*とした。寺内に金閣があり通称、金閣寺という。

ろくおんじ〔鹿苑時〕 →あごんじ(阿含時)

ろくがつえ〔六月会〕 延暦寺*で、最澄《さいちょう》*の忌日《きにち》*である六月四日から五日間にわたって行う法会《ほうえ》*で、法華《ほっけ》十講が行われる。大師講*、水無月会《みなづきえ》ともいう。

ろくかんのん〔六観音〕 唐の道邃《どうずい》が『摩訶止観《まかしかん》*』の説によって定めた、地獄*から天*に至る六道《ろくどう》*をそれぞれの姿で担当して衆生《しゅじょう》*を救う大悲《だいひ》観音・大慈《だいじ》観音・師子無畏《ししむい》観音・大光普照《だいこうふしょう》観音・天人丈夫《てんにんじょうぶ》観音・大梵深遠《だいぼんじんおん》観音の六種の観音。台密《たいみつ》*では、聖《しょう》観音*・千手《せんじゅ》観音*・馬頭《ばとう》観音*・十一面観音*・不空羂索《ふくうけんさく》観音*・如意輪《にょいりん》観音*のこと。東密《とうみつ》*では、不空羂索観音の代わりに准胝《じゅんでい》観音*を加える。

ろくくぎょうげどう〔六苦行外道〕 『涅槃経《ねはんぎょう》*』に説かれる苦行*に執着《しゅうじゃく》*する六種の外道*。自餓《じが》外道・投淵《とうえん》外道・赴火《ふか》外道・自坐《じざ》外道・寂黙《じゃくもく》外道・牛狗《ごく》外道のこと。

ろくさいねんぶつ〔六斎念仏〕 →仏教常識〈行事の部〉同項

ろくじ〔六時〕　一日を晨朝《じんじょう》・日中・日没《にちもつ》・初夜・中夜・後夜の六つに分けて六時という。もと江戸などで、この六時に打つ梵鐘《ぼんしょう》＊を「六時の鐘」といった。

ろくしき〔六識〕　（梵）sad-vijñānaの訳。六境《ろっきょう》＊（色・声《しょう》・香《こう》・味《み》・触《そく》・法《ほう》）を知覚する六種の心識（認識作用）。眼識《げんしき》＊・耳《に》識・鼻《び》識・舌《ぜっ》識・身《しん》識・意《い》識＊のこと。また第六の意識のことをいう。

ろくしげどう〔六師外道〕　釈尊＊在世時、中インドで勢力のあった六人の外道＊をいう。善や悪＊を行っても果報＊はないとし、道徳を否定するプーラナ・カッサパ（富蘭《ふらん》那迦葉《なかしょう》）。アージービカ（邪命《じゃみょう》外道）の代表的人物で、定められた通りの輪廻《りんね》＊を終えなければ解脱《げだつ》＊はない（決定論《けつじょうろん》）と説くマッカリ・ゴーサーラ（末伽梨拘舎梨《まつかりくしゃり》）。善・悪の果報や、来世《らいせ》＊の有無について不可知論を説くサンジャヤ・ヴェーラーティプッタ（刪闍耶毘羅胝子《さんじゃやびらていし》）。ローカーヤタ（順世《じゅんせ》外道＊）の先駆的人物で、死後の存在を否定する感覚的唯物論を説くアジタ・ケーサカンバリン（阿耆多翅舎欽婆羅《あぎたししゃきんばら》）。人間を成り立たせる七要素（地・水・火・風・苦・楽・魂）は不変であると説くパクダ・カッチャーヤナ（迦羅鳩駄迦旃延《からくだかせんねん》）。ジャイナ教＊の開祖＊であるニガンタ・ナータプッタ（尼乾陀若提子《にけんだにゃくだいし》＊）。［この項の人名表記はパーリ語による］

ろくじぞう〔六地蔵〕　墓地や村の入口などに立つ六体の地蔵＊をいう。『地蔵本願経』に六道＊の能化《のうけ》＊（地蔵菩薩《ぼさつ》を六道に配して各々の道を教化《きょうけ》＊するもの）が説かれる。①胎蔵界曼荼羅《たいぞうかいまんだら》＊地蔵院には、堅固意《けんごい》・宝印手《ほういんしゅ》・持地《じじ》・宝手《ほうしゅ》・宝処《ほうしょ》・延命《えんめい》の六地蔵があげられる。②『蓮華三昧経《れんげざんまいきょう》』には、不休息《ふぐそく》・護讃《ごさん》・救勝《くしょう》・諸竜《しょりゅう》・牟尼《むに》・光味《こうみ》の六地蔵があげられる。③『十王経＊』には、金剛願《こんごうがん》・金剛宝《ほう》・金剛悲《ひ》・金剛幢《どう》・放光王・預天賀の六地蔵があげられる。④『顕宗記』には、日光・除蓋障《じょがいしょう》・持地・宝印・宝珠《ほうしゅ》・檀陀《だんだ》の六地蔵があげられる。⑤『覚禅鈔《かくぜんしょう》』地蔵巻下には、大堅国（天＊）・大清浄《しょうじょう》（人）・清浄無垢《むく》（修羅《しゅら》＊）・大光明《こうみょう》（畜生＊）・大徳清浄（餓鬼《がき》＊）・大定智悲《だいじょうちひ》（地獄＊）があげられている。

ろくじのみょうごう〔六字の名号〕　弥陀《みだ》＊の名号＊のこと。南無阿弥陀仏《なむあみだぶつ》＊の六字をいう。

ろくしゅ〔六趣〕　→ろくどう（六道）

ろくじゅうにけん〔六十二見〕　仏教以外の外道《げどう》＊の見解を六十二異端説としてまとめたもの。

ろくじらいさん〔六時礼讃〕　善導＊の『往生礼讃＊』に説かれる。浄土＊往生＊を願うものが、日課として昼夜にわたる六時*に礼拝《らいはい》*讃嘆《さんだん》の行業《ぎょうごう》*を修することをいう。

ろくしん〔六親〕 父、母、妻、子、兄、弟の称。

ろくじん〔六塵〕 六境（色《しき》・声《しょう》・香《こう》・味《み》・触《そく》・法《ほう》）のこと。これらは六根《ろっこん》*を介して衆生《しゅじょう》*の心に作用し、仏性《ぶっしょう》*を覆いかくすことから塵という。↓ろっきょう（六境）

ろくじんずう〔六神通〕 （梵）ṣaḍ-abhijñā の訳。原義は六種の自在*な能力。六通《つう》ともいう。(1)神足通《じんそくつう》＝意のままに飛行して行ける力。(2)天眼通《てんげんつう》*＝肉眼では見ることのできないものを見通す力。(3)天耳通《てんにつう》*＝通常では聞き得ない言語・音声を聞く力。(4)他心通《たしんつう》*＝他人の心のありさまを知る力。(5)宿命通《しゅくみょうつう》＝過去世《かこせ》*のありさまを知る力。(6)漏尽通《ろじんつう》*＝自在に煩悩《ぼんのう》*（漏*）を断ずる力。以上のうち、漏尽通を除いて五神通*ともいう。また、天眼通・宿命通・漏尽通を三明《さんみょう》*ともいう。

ろくそう〔六相〕 『華厳経《けごんぎょう》*』『十地経《じゅうじきょう》*』で、宇宙万有のすがたに六種があるのをいう。総相（全体）・別相（部分）・同相（共通性）・異《い》相（個別性）・成《じょう》相（相似性）・壊《え》相（独立性）のこと。

ろくそくろん〔六足論〕 説一切有部《せついっさいうぶ》*に依って立つ六つの論書で、『阿毘達磨発智論《あびだつまほっちろん》*』を身《しん》論というのに対して、これを助けるもの（足《そく》論）であるから六足論という。『阿毘達磨集異門《しゅういもん》足論*』『阿毘達磨法蘊《ほううん》足論*』『阿毘達磨品類《ほんるい》足論*』『阿毘達磨施設《せせつ》足論*』『阿毘達磨識身《しきしん》足論*』『阿毘達磨界身《かいしん》足論*』のこと。

ろくそそう〔六麁相〕 『大乗起信論《きしんろん》*』に説かれる、三細《さんさい》（無明業相《むみょうごうそう》・能見《のうけん》相・境界《きょうがい》相）の境界相によってさらに六種の顕著な相の起こるのをいう。智《ち》相、相続相、執取《しっしゅ》相、計名字《けみょうじ》相、起業《きごう》相、業繋苦《ごうけく》相のこと。

ろくだい〔六大〕 一切の存在を構成する根本元素。地《ち》大・水《すい》大・火《か》大・風《ふう》大・空《くう》大・識《しき》大。『倶舎論《くしゃろん》*』では四大種・空界・識界を説く。密教*では六大体大《たいだい》（凡夫《ぼんぶ》*も如来《にょらい》*も六大という共通のものによってつながること）を説く。空海*の『即身成仏義《そくしんじょうぶつぎ》*』では、一切の存在も大日如来*も六大を体性《たいしょう》（本体）とするため、相即《そうそく》*の関係にあると説く。

ろくど〔六度〕 ↓ろくはらみつ（六波羅蜜）

ろくどう〔六道〕 六趣《ろくしゅ》ともいう。衆生《しゅじょう》*が自ら行った行為（業《ごう》*）によって、趣《おもむ》き生まれる（輪廻《りんね》*転生《てんしょう》*）六種の世界。地獄*・餓鬼《がき》*・畜生*・修羅《しゅら》*・人間・天上*の各道のこと。地獄・餓鬼・畜生は悪業《あくごう》*により生まれるので三悪道*と称され、修羅・人間・天上は善業から生まれることから三善道（三善趣*）という。↓口絵図版〈十界図〉

〈六道図〉

ろくどうせん〔六道銭〕 紙銭《しせん》ともいう。死者の冥途《めいど》*の旅費として棺中に入れるもの。↓仏教常識〈仏事の部〉同項

ろくどうまいり〔六道参り〕 ↓仏教常識〈行事の部〉同項

ろくはらみつ〔六波羅蜜〕 (梵) sat-pāramitāの訳。「ろっぱらみつ」ともいい、六度ともいう。菩薩《ぼさつ》*が実践すべき六種の徳目。(1)布施《ふせ》* (dāna) =与えること。(2)持戒《じかい》* (śīla) =戒律*を守ること。(3)忍辱《にんにく》* (kṣānti) =苦しみを堪え忍ぶこと。(4)精進《しょうじん》* (vīrya) =仏道*をたゆまず実践すること。(5)禅定《ぜんじょう》* (dhyāna) =精神を統一すること。(6)智慧* (prajñā) =真実の智慧を得ること。

ろくはらみつじ〔六波羅蜜寺〕 真言宗*智山《ちさん》*派。京都市東山区松原通り。普陀落《ふだらく》山普門院と号す。天暦五年(九五一)京都に悪疫流行、空也《くうや》*が十一面観音像*を刻み祈ったのに始まる。応和三年(九六三)堂*を建立、西光《さいこう》寺と称した。空也の弟子の中信《ちゅうしん》が改称。西国《さいごく》三十三所観音*の第十七番札所。この地は平氏一門の邸宅が立ち並び、鎌倉時代、六波羅探題の置かれたところである。空也踊躍《ゆやく》念仏、万灯会《まんどうえ》*などが行われる。

ろくぶだいじょうきょう〔六部大乗経〕 法相《ほっそう》宗*が依りどころとする六部の大乗*経典*をいう。『大方広仏華厳経《だいほうこうぶつけごんぎょう》*』『解深密経《げじんみつきょう》*』『如来《にょらい》出現功徳荘厳《くどくしょうごん》経』『阿毘達磨《あびだつま》経』『楞伽《りょうが》*経』『大乗密厳《みつごん》経』のこと。

ろくぼんししょう〔六凡四聖〕 十界《じっかい》*のうち、凡夫《ぼんぷ》*の世界である前の六界(地獄*・餓鬼《がき》*・畜生*・修羅《しゅら》*・人間・天*)を六凡といい、聖者《しょうじゃ》*の世界である後の四界(声聞《しょうもん》*・縁《えん》覚《がく》*・菩薩《ぼさつ》*・仏《ぶつ》*)を四聖という。↓口絵図版〈十界図〉

ろくぼんのう〔六煩悩〕 六種の根本煩悩をいう。貪《とん》*(むさぼり)・瞋《しん》*(いかり)・痴《ち》*(おろかさ)・慢《まん》*(おごり)・疑《ぎ》*(うたがいためらう)・悪見(あやまった見方)のこと。

ろくもつ〔六物〕 比丘《びく》*、比丘尼《びくに》*の常に持つべき六種の生活用具。僧伽梨《そうぎゃり》(大衣《だいえ》*)、鬱多羅僧《うったらそう》(上衣《じょうえ》)、安陀会《あんだえ》(内衣《ないえ》)、漉水嚢《ろくすいのう》(飲料水を濾過《ろか》するための道具)、応《おう》器《き》*(鉢)、尼師壇《にしだん》(座具)のこと。

ろくやおん〔鹿野苑〕 ムリガダーヴァ。(梵) Mṛgadāvaの訳、略して鹿苑・鹿林ともいう。ベナレス市の北東約七キロにあるサールナート*に遺跡*がある。釈尊*が成《じょう》道《どう》*後、初めて五人の修行者に説法*をした地。

ろくようしょう〔六要鈔〕 十巻。延文五年(一三六〇)

存覚《ぞんかく》の撰。浄土真宗*の根本宝典である『教行信証《きょうぎょうしんしょう》』*六巻を注解したもの。

ろくよく〔六欲〕 凡夫《ぼんぶ》*が執着《しゅうじゃく》*する六種の欲*。色《しき》欲（青・赤・黄等の色彩に対する貪り）・威儀《いぎ》恣態《したい》欲（身体の動作に対する貪《むさぼ》り）・形貌《ぎょうみょう》欲（姿や美貌に対する欲）・言語《ごんご》音声《おんじょう》欲（言語の使い方や魅力的な声に対する欲）・細滑《さいこつ》欲（皮膚のキメが細やかで、スベスベしていることに対する欲）・人相欲（他の人から好ましいと思われる人相に対する欲）をいう。

ろくよくてん〔六欲天〕 欲界《よくかい》六天、六天ともいう。三界《さんがい》*（欲界・色《しき》界・無色界）のうち、欲界*に属する六種の天*、すなわち、四《し》王天*・切利《とうり》天*・夜摩《やま》天*・兜率《とそつ》天*・化《け》楽《らく》天・他化《たけ》自在天*をいう。このうち、四王天は須弥山《しゅみせん》*の中腹に、切利天は須弥山の頂上に、夜摩天以上は須弥山上の空中にあるとされる。

ろくろうそう〔六老僧〕 ①日蓮*の六人の高弟をさす。日《にっ》昭《しょう》、日朗《にちろう》*、日興《にっこう》*、日向《にっこう》、日頂《にっちょう》、日持《にちじ》をいう。他にまた日蓮の弟子である日什《にちじゅう》の六人の高弟（日仁《にちじん》、日金《にっきん》、日《にち》妙《みょう》、日穆《にちぼく》、日全《にちぜん》、日義《にちぎ》）をさすこともある。什門《じゅうもん》の六老僧という。②親鸞《しんらん》*の六人の高弟をさす。明光《めいこう》、明空《みょうくう》、源海《げんかい》、源誓《げんせい》、了海《りょうかい》、了源《りょうげん》をいう。

ろざん〔廬山〕 中国江西省の北部、鄱陽《はよう》湖の西畔にあり匡山《きょうさん》ともいう。東晋の太元六年（三八一）慧遠《えおん》*が来住し、この山に白蓮社《びゃくれんしゃ》*を結び、念仏*を修してより以来、中国浄土教の聖地となった。気候がよく、風光絶佳である。

ろざんりゅう〔廬山流〕 中国浄土教三伝（廬山流・善導流*・慈愍《じみん》流の三つ―日本でのみ言われる）の一つ。東晋の慧遠《えおん》は廬山*に白蓮社《びゃくれんしゃ》*を結んで、念仏*の行《ぎょう》*を修した。その法流が中国浄土教の第一伝となった。また慧遠流ともいう。↓えおん（慧遠）

ろじんつう〔漏尽通〕 （梵）Āsravakṣaya-jñānaの訳。六神通《じんずう》*の一つ。漏*は煩悩《ぼんのう》*の意で、人間の苦しみの根源となる煩悩を断ちつくして、再び迷いの境涯に生まれることのない神通力*をいう。

ろじんのびく〔漏尽の比丘〕 漏*は煩悩《ぼんのう》*の意で、煩悩を断ちつくして、色《しき》*・声《しょう》・香《こう》*などに染汚《ぜんま》（染まってけがれること）されることのない比丘*のこと。阿羅漢のこと。↓あらかん（阿羅漢）

ろっかくどう〔六角堂〕 天台宗*。京都市中京区六角通り東洞院西入。西国《さいごく》三十三所観音*の第十八番札所。寺号は紫雲山頂法寺《しうんざんちょうほうじ》。本尊*は如意輪《にょいりん》観音。聖徳太子*の建立*

と伝えられる。建仁元年（一二〇一）親鸞《しんらん》*が百日参籠《さんろう》*して法然《ほうねん》*の門に入った。第二十七世の専鎮《せんちん》の時、足利義政から華道（池坊《いけのぼう》）家元の号を賜わり、現在に相続している。

ろっかくとうば〔六角塔婆〕　↓仏教常識〈仏事の部〉同項

ろっきょう〔六境〕　六根《ろっこん》の六対象。認識作用の対象。(1)色《しき》境＝色彩・形状。(2)声《しょう》境＝言語・音声。(3)香《こう》境＝香りや匂い。(4)味《み》境＝甘い、辛い等の味。(5)触《そく》境＝身体によって触れられるもの。(6)法《ほう》境＝思考。↓ろっこん（六根）

ろっこん〔六根〕　六種の感覚器官、認識能力。(1)眼《げん》根＝視覚。(2)耳《に》根＝聴覚。(3)鼻《び》根＝嗅覚。(4)舌《ぜっ》根＝味覚。(5)身《しん》根＝触覚。(6)意《い》根＝思考器官。↓ろっきょう（六境）

ろっこんしょうじょう〔六根清浄〕　身心《しんじん》ともに清浄*になること。六境《ろっきょう》*に対する執着《しゅうじゃく》*を断じ、六根*を清浄にさせて、六根が互いに他の根*の作用をそなえて完全な作用をあらわすことをいう。

ろっぱてつがく〔六派哲学〕　インドに発達したヴェーダ*やウパニシャッド*を根底にして派生した六つの哲学体系。ミーマーンサー（弭曼差《みまんさ》*）、ヴェーダーンタ*、ニヤーヤ、ヨーガ*、サーンキヤ*、ヴァイシェーシカ*をさす。これらの成立年代は明確ではないが、紀元前五百年頃から紀元後六百年頃までに学派的成立と展開が認められる。

ろん〔論〕　三蔵《さんぞう》*の一つ。↓ろんぞう（論蔵）

ろんげ〔論家〕　論書をつくって仏法*を弘通《ぐずう》*した僧。竜樹*、世親《せしん》*などをいう。

ろんじゅ〔論主〕　論書の著者のこと。世親《せしん》*は千部の論主といわれる。

ろんしゅう〔論宗〕　仏典*の中の論部*の典籍によって起こった宗旨*。三論宗*、法相《ほっそう》宗*、成実《じょうじつ》宗*、倶舎《くしゃ》宗*の四宗などをいい、経宗*、律宗*に対しての名称。

ろんぞう〔論蔵〕　三蔵《さんぞう》*の一つ。仏*自らが教義について論じたもの、および仏弟子たちが仏に準じて経説を組織化し体系化して解釈した典籍の総称。↓仏教常識〈経典の部〉同項

ろんぶ〔論部〕　論蔵*の部。一切経*のうち、経蔵*・律蔵*の二蔵に対して論蔵をいう。

わ　ワ

わかればな〔別れ花〕　→仏教常識〈仏事の部〉同項

わきじ〔脇士〕　→きょうじ（脇士）

わく〔惑〕　（梵）kleśa の訳。煩悩《ぼんのう》*のこと。煩悩は衆生《しゅじょう》*の心を惑わすことからこのようにいう。

わげさ〔輪袈裟〕　種子《しゅじ》袈裟、畳《たたみ》袈裟の類をいう。綾や金襴などで作られた幅六―七センチのもので、輪になっていて首にかける略式の袈裟*。在家*の信者も用いる。

わげんあいご〔和顔愛語〕　顔の表情を和らげ、言葉を愛《いと》しく語ること。

わごうしゅ〔和合衆〕　saṃghaの意訳。五人（あるいは三人）以上の比丘《びく》*が仏法*によって結ばれ、和合して修行*するのをいう。僧、和合僧ともいう。→そう（僧）

わこうどうじん〔和光同塵〕　光を和らげ、塵《ちり》に同ずるの意。仏《ぶつ》*・菩薩《ぼさつ》*が方便*手段として、しばらく智慧*の光を覆って煩悩《ぼんのう》*の塵と同化し、衆生《しゅじょう》*との縁*を結んで仏の教えに衆生を導くこと。

わごとうろく〔和語灯録〕　五巻。詳しくは、『黒谷《くろだに》上人和語灯録』という。法然《ほうねん》*の手になる和文の法語（教えを説いた言葉）二十四章を集めたもの。文永十二年（一二七五）了恵道光《りょうえどうこう》の編集したものである。

わさん〔和讃〕　和文を用いて仏徳を讃嘆する讃歌のこと。

わしのみね〔鷲の峰〕　→りょうじゅせん（霊鷲山）

わじょう〔和上〕　→おしょう（和尚）

わとうこうあん〔話頭公案〕　参禅*の人に対して古則《こそく》（規範となる釈尊*・高僧*の言葉やおこない）・公案《こうあん》*などの一節または一則を示すこと。頭は助字。

五大明王種子

北・金剛夜叉　東・降三世明王
中央・不動明王
西・大威徳明王　南・軍荼利明王

付録Ⅰ

仏教常識

◎経典の部
◎宗派の部
◎寺院の部
◎僧の部
◎行事の部
◎仏事の部
◎法具の部
◎行儀の部

目次

経典の部 407
三蔵 407
法蔵 407
律蔵 407
論蔵 407
大蔵経 408
——内容
——種類
阿含経 410
長阿含経
中阿含経
増一阿含経
雑阿含経
般若経 411
華厳経 412
法華経 412
涅槃経 413
維摩経 414
勝鬘経 414
全光明経 414
阿弥陀経 415
三部経 415
法華三部経
大日三部経
鎮護国家の三部経
弥勒三部経
浄土三部経

宗派の部 418
インド仏教 418
中国仏教 420
毘曇宗
成実宗
律宗
三論宗
涅槃宗
地論宗
浄土宗
禅宗
摂論宗
天台宗
華厳宗
法相宗
真言宗
日本仏教 422
三論宗
法相宗
華厳宗
律宗
成実宗
倶舎宗
天台宗
真言宗
融通念仏宗
浄土宗
臨済宗
真宗
曹洞宗
日蓮宗
時宗
黄檗宗
宗派別寺院数

寺院の部 426

寺 426
道場 426
本山 426
各宗派の本山
門跡 429
勅願寺 429
定額寺 430
檀林 430
西国三十三所観音 430
板東三十三所観音 435
秩父三十三所観音 438
四国八十八箇所 442
国分寺 452
所在地一覧
七堂伽藍 454
金堂・本堂 455
講堂 455
塔 455
方丈 455
経蔵 456
三門・山門 456
斎堂 456
庫裡・庫裏 456

僧の部 457

僧 457
僧綱 457
僧位 457
僧階 458
各宗派の僧階
僧服 459
色衣 459
各宗派の色衣
比丘 460
比丘尼 460
沙門 460
上人 460
聖人 460
大師 460
大師号一覧
国師 461
禅師 461
和尚 462
和上 462
住持 462
坊主 462
新発意 462
入道 462
小僧 462
居士 462

行事の部 463

灌仏会 463
千日参り 463
四万六千日 463
地蔵まつり 464
寒念仏 464
十夜 464
施餓鬼会 464
五重相伝 465
空也念仏 465
六斎念仏 466

壬生狂言 466
六道まいり 466
彼岸会 466
讃仏会 467
盂蘭盆会 467
歓喜会 468
成道会 468
涅槃会 468
御忌 468

仏事の部 469

位牌 469
引導 469
打敷 469
永代供養 469
回向文 469
麻幹、苧殻 469
御斎 470
親珠 470
開眼 470
戒名 470
開蓮忌 470
月忌 470
合斎 470
合掌 470
仮通夜 470
川施餓鬼 470
忌明け 470
忌日 470
忌服 470
北枕 471
逆縁 471
逆修牌 471
経帷子 471
草市 471
鯨幕 471
繰り出し位牌 471
香奠 471
告別式 472
骨揚げ 472
勤行 472
逆さ屏風 472
四有 472
塩払い 472
四華 472
地獄の釜の蓋 472
七本塔婆 472
十三仏 472
寿陵 473
精進落とし 473
浄水 473
焼香 473
祥月 473
祥月命日 473
初七日 473
新帰元 473
新仏 473
葬式 473
逮夜 473
棚経 474
荼毘 474
檀家 474
檀那寺 474

壇払い　474
中陰壇　474
中有　474
重忌喪　474
追善回向　475
通夜　475
通夜振舞　475
寺位牌　475
訪切り　475
塔婆　475
塔婆供養　475
灯籠流し　475
取り越し供養　475
新盆　475
二人使い　475
年忌　476
納棺　476
納骨　476
野辺送り　476
野辺の煙　476
墓　476

箸渡し　477
百箇日　477
不祝儀袋　477
札位牌　477
不断香　477
仏具　477
仏事　477
仏壇　477
仏飯　477
併修　477
法衣　477
法会　478
法事　478
法名　478
法名軸　478
墓誌　478
盆　478
盆提灯　478
枕飾り　478
枕経　478
枕団子　478

枕直し　479
枕飯　479
末期の水　479
守り刀　479
満中陰　479
水子供養　479
命日　479
没後作僧　479
湯灌　479
鈴　479
臨終仏　480
霊柩車　480
霊供膳　480
斂祭　480
六道銭　480
六角塔婆　480
別れ花　480
法具の部　481
法具　481
数珠　481

中啓 481
如意 482
払子 482
鉢 482
錫杖 482
朱蓋 483
梵鐘 483
喚鐘 483
磬 483
磬 483
太鼓 484
鐃鈸 484
銅鑼 484
木魚 484
法螺 484
仏壇 485
龕 485
厨子 485
須弥壇 485
幡 486
天蓋 486

華瓶 487
香炉 487
瓔珞 487

行儀の部 488

合掌 488
十二合掌
礼拝 488
焼香 489
線香 489
抹香 489
仏飯 489
勤行 489
各宗派の在家勤行式
読経 490
精進 490
供養 491
供養の種類
供物 491
仏華 491
灯明 492

護摩 492
布施 492
賽銭 492

経典の部

三蔵（さんぞう）――仏教の経典*のすべてを総括して称する言葉。蔵とは、一切の文義または教理*をおさめ蔵するという意味で、三というのは、この一切の経典を分けて法蔵*（または経蔵*）、論蔵*、律蔵*の三つとするからである。なお、三蔵を蔵経、大蔵経*または一切経*と呼ぶこともある。なおまた、法（経*）・律*・論*の三蔵に通暁するものを三蔵法師《ほっし》*といい、略して単に三蔵ということもある。法蔵、律蔵、論蔵および大蔵経については次項からを参照。

法蔵（ほうぞう）――釈尊*の教えを載録する経典*の総称。釈尊の教えはすべて正しい法*にかなったものである。このことから釈尊の教えをすべて法と呼び、この法を集めたものを法蔵と称するのである。なお、法蔵はまた一般に経蔵*とも呼ばれる。経*とは、梵語《ぼんご》*の sūtra（修多羅《しゅたら》*）の訳で「たていと」を意味し、経《たていと》で花を貫いて花輪をつくるように、釈尊が教示した言葉をもって一切の理義（道理・教義）を貫き、これを散失させないのを経とするのである。なお、経にはほとんどすべて冒頭に「如是我聞《にょぜがもん》*」（かくのごとく我れ聞けり）の句があり、論*および律*にはこれがない。経のみが釈尊の教えそのものを記録するが故である。

律蔵（りつぞう）――戒律*を集録した経典*の総称。律*とは、梵語《ぼんご》*の vinaya（毘奈耶《びなや》*）の訳で、文字どおりに訳すと「調伏《ちょうぶく》*」ということで、身《しん》・口《く》・意《い》の三業《さんごう》*をおさめて、悪*を調伏するのが律または戒律である。戒*は一つひとつの条文をさし、律は全体をいうとされる。これはもと、第一結集《けつじゅう》（経典類の編集）において優波離《うぱり》*の誦出《じゅし》したものを結集したものとされ、漢訳蔵経中には、『四分律*』『五分律*』『十誦律*』『摩訶僧祇《まかそうぎ》律*』の四部があり、これに飲光部《おんこうぶ》*のものを加えて五部律になるが、後には『梵網《ぼんもう》経』『菩薩地持《ぼさつじじ》経』等に説かれたものを大乗律と呼び、かの四分律等を小乗律とするに至った。

論蔵（ろんぞう）――論蔵とはおよそ、法蔵*を解釈したものの集録といってよい。論*とは梵語《ぼんご》*で abhidharma（阿《あ》毘達磨《びだつま》*）であるが、阿毘というのは「対」と訳される言葉、達磨は「法*」であるから、阿毘達磨を直訳すると「対法*」となる。対法とは、法蔵に対してこれを解釈したものということで、これを意訳して論という語をあてたのである。このことから、論蔵の論というのは、議論の論よりはむしろ解釈の意味が強いといえる。漢訳蔵経中、論蔵に属するものは『阿毘達磨発智論《ほっちろん》』*『六足論』*『婆沙論《ばしゃ》』*『倶舎論《くしゃ》』*等のほか七種があり、さらに広義には、釈経論《しゃくきょうろん》(『大智度論《だいちどろん》』*等)、『中観論《ちゅうがんろん》』*『瑜伽師地論《ゆがしじろん》』*等をも含める。

大蔵経(だいぞうきょう)――仏教の経典*を集大成したものを大蔵経または一切経*と呼ぶ。その中には、経*・律*・論*の三蔵*はもとより、三国(インド・中国・日本)仏教*の高僧*の撰述をも含む。したがって、この名称は単に漢訳経典に限らず、梵語《ぼんご》*、パーリ語*ならびにチベット、モンゴル、満州語訳のものにも用いられるが、なかでも、漢訳大蔵経はもっとも浩瀚《こうかん》である。唐の開元年間(七一三―七四一)にできた『開元釈教録《しゃくきょうろく》』*には、大小乗の経・律・論・賢聖集伝《げんじょうしゅうでん》(論部に収録された以外の賢聖《大宗教家・大学者》の著作《集》と伝記《伝》)を合わせて一千七十六部・五千四十八巻をあげており、最新の大蔵経である『大正新脩大蔵経』には三千五十三部・一万一千九百七十巻(ただし図像および総目録を除く)を所載している。『大正新脩大蔵経』によってその内容を見ると次の通りである。

1　阿含部《あごんぶ》(第一・二巻)――根本および原始の仏教経典、すなわち四部の阿含*を収める。

2　本縁部(第三・四巻)――仏陀*の伝記に関するもの。いわゆる前生物語をも含む。

3　般若部《はんにゃ》(第五―八巻)――五・六・七巻に『大般若経』*六百巻を収める。一切経のうち最大の経典である。第八巻は中小の『般若経』四十部を収める。

4　法華部《ほっけ》(第九巻)――『妙法蓮華経《みょうほうれんげきょう》』*その他天台宗*、日蓮宗*所属の経典を含む。

5　華厳部《けごん》(第九・十巻)――諸種の『大方広仏華厳経』*を収める。

6　宝積部《ほうしゃく》(第十一・十二巻)――『大宝積経』*『勝《しょう》鬘経《まんぎょう》』*浄土三部経*等を含む。

7　涅槃部《ねはん》(第十二巻)――『大般涅槃経《だいはつ》』*等を含む。

8　大集部《だいしゅう》(第十三巻)――『大集経《だいじつきょう》』*のほか、『大集月蔵経』や『般舟三昧経《はんじゅざんまいきょう》』*などを収める。

9　経集部(第十四―十七巻)――『解深密経《げじんみつきょう》』*や『維《ゆい》摩経《まぎょう》』*など諸種の経典を集める。

10　密教部(第十八―二十一巻)――『大日経』*その

ほか真言宗*の根本経典を含む。

11　律部（第二十二―二十四巻）――四分律《しぶんりつ》*、五分《ごぶん》律*、十誦《じゅうじゅ》律*など、律に関する経典をすべて集めている。

12　釈経論《しゃくきょうろん》部（第二十五・二十六巻）――『大智度《だいちど》論《ろん》*』百巻その他を収める。

13　毘曇《びどん》部（第二十六―二十九巻）――『婆沙《ばしゃ》論*』『六《ろく》足《そく》論*』等を含む。『婆沙論』は有部《うぶ》*の根本聖典で、『大般若経』につぐ大部の経典である。

14　中観《ちゅうがん》部（第三十巻）――『中論*』『百論*』その他を含む。

15　瑜伽《ゆが》部（第三十・三十一巻）――『瑜伽師地《しじ》論*』『成唯識《じょうゆいしき》論*』等を含む。

16　論集部（第三十二巻）――『成実《じょうじつ》論*』や『大乗起信論*』など諸種の論を集める。

［以上、第一巻より第三十二巻にいたるまでは、古来インド撰述の経典であると伝えられている］

17　経疏《きょうしょ》部（第三十三―三十九巻）――経蔵*の注疏《ちゅうそ》（詳しい説明）。

18　律疏《りつしょ》部（第四十巻）――律蔵*の注疏。

19　論疏《ろんしょ》部（第四十―四十四巻）――論蔵*の注疏。

20　諸宗部（第四十四―四十八巻）

21　史伝部（第四十九―五十二巻）

22　事彙《じい》部（第五十三巻・五十四巻）

23　外教《げきょう》部（第五十四巻）――外道《げどう》*すなわち仏教以外の宗教*の経典。

24　目録部（第五十五巻）

［以上、第三十三巻より第五十五巻にいたるまでは、おおよそ中国でできた経典であると信じられている］

25　続経疏部（第五十六―六十一巻）

26　続律疏部（第六十二巻）

27　続論疏部（第六十三―七十巻）

28　続諸宗部（第七十―八十四巻）

29　悉曇《しったん》部（第八十四巻）

［以上、第五十六巻より第八十四巻にいたるまでは、およそ日本においてできた経典であるとされている］

30　古逸《こいつ》部（第八十五巻）――敦煌《とんこう》で発掘された経典のように、近世になって初めて発見された経典を収めてある。

31　疑似《ぎじ》部（第八十五巻）――偽作であると思われる

経典を集めている。

［以上、所収の経典総計＝三千五十三部・一万一千九百七十巻］

なお、古来より著名の版行大蔵経はつぎの通り（同一の版下でも、印行と所蔵寺等により、現状には異同がある）。

◇**宋蔵**《そう》**官版**（**蜀**《しょく》**版**）――宋の太祖により開宝四年（九七一）雕造《ちょうぞう》を始め、十二年後の太宗の太平興国八年（九八三）十三万余枚の版木完成。五千四十八巻。

◇**高麗**《こうらい》**蔵**――顕宗の二年（一〇一一）開板。宋蔵官版をもととして作成。のちモンゴル軍により焼失。高宋三十八年（一二五一）再雕。六千五百五十八巻。八万余枚の版木は、慶尚南道の伽耶《がや》山海印寺に所蔵。

◇**元**《げん》**蔵**――元の世祖の至元十四年（一二七七）より二十七年までかかって完刊する。六千十巻よりなる。

◇**明**《みん》**蔵**――官版には南北二蔵があり、南蔵は太祖による勅版で、六千三百三十一巻。北蔵は成祖による勅版で、永楽十八年（一四二〇）着手し、二十年かけて印行。六千三百六十一巻を所載する。万暦版は万暦年間（一五七三―一六一九）に作られた私版で、北蔵を底本とし、六千七百七十一巻よりなる。

◇**寛永寺版**――寛永十四年（一六三七）より十二年かけて完成。徳川家光の命を奉じ、天海*僧正の手により印行したもの。六千三百二十三巻ある。

◇**黄檗**《おうばく》*****版**――寛文年間（一六六一―七三）黄檗宗*の鉄《てつ》眼《げん》*和尚の悲願により、明の万暦版を印行したもの。六千九百五十六巻。

◇**縮刷蔵経**――高麗蔵を底本とし、宋、元、明の四本を対校して五号活字に縮刷したもの。行誡《ぎょうかい》*らの発《ほっ》願《がん》*により、明治十三年（一八八〇）より五年間を費やして完成。四十帙《ちつ》、四百十八冊よりなる。

◇**大正蔵経**――『大正新脩大蔵経』の略。大正十三年、高楠順次郎、渡辺海旭《かいぎょく》が監修して開版した。八十五巻。三千五十三部・一万一千九百七十巻を収めたが、さらに図像ならびに総目録を加えて全百巻とした。

阿含経（あごんぎょう）――阿含*とは、梵語《ぼんご》*āgama の音写で、「伝」または「教法」の意味。第一結集《けつじゅう》（経典*類の編集）以来、僧団の長老*たちによって伝承されてきた教法という意味である。これにパーリ語*所伝のものと漢訳所伝のものとがあり、前者によれば五部の阿含があり、後者によれば四部の阿含があるとするが、漢訳の四《し》阿含の内容を示せば次の通りである。

『長《じょう》阿含経』*二十二巻　仏陀耶舎《ぶつだやしゃ》*訳
『中阿含経』*六十巻　僧伽提婆《そうぎゃだいば》*訳
『増一《ぞういち》阿含経』*五十一巻　僧伽提婆訳
『雑《ぞう》阿含経』*五十巻　求那跋陀羅《ぐなばっだら》（グナバドラ）*訳

これら阿含経の特色は、釈尊*の教法をもっとも素朴に伝えている点にあり、仏教の根本思想を知るためには、欠くことのできないものである。なお、漢訳四阿含の要略を示すと次の通りである。

◇長阿含経――比較的に長文の経文を集め、それを四分に分けて、二十二巻・三十経を収めている。その中には『大本経』『遊行経《ゆぎょう》』『梵動経』などの有名で、しかも重要な経文がある。

◇中阿含経――長からず短からず、適度な長さの経文を集め、これを五つの誦《じゅ》に分けて、さらに十八品《ほん》に分けている。その中に、六十巻・二百二十二経が含まれる。

◇増一阿含経――ごく短い経文を集めたもので、なかにはわずか数行で終わるものもある。まず序品《じょぼん》があって、ついで「第一法」より順次に「第十一法」に至る。その形式から増一の名が生まれたのである。内容は序品および十一法、五十一巻・四百七十二経より成っている。四阿含の中では最も素朴性を欠き、大乗*の諸経に近いものを含んでいる。

◇雑阿含経――分も品も誦もなく、経*全体がごく短い経文の雑然たる寄せ集めから成る。雑阿含の名称の生まれたゆえんである。だが、その内容は、もっとも素朴に原始仏教*の内容を語っているものとして、きわめて重要な意味をもつ。全体で五十巻・千三百六十二経より成っている。

なお、パーリ語*の阿含経は、この漢訳の四阿含に該当するもののほか、さらに小阿含ともいうべき『小部経蔵』を有し、これを四阿含に加えて五阿含とする。この『小部経蔵』の内容は十五分に分かれているが、その中には『本生譚《ほんじょうたん》』*や『法句経《ほっくきょう》』*など有名なものを含んでいる。

般若経（はんにゃぎょう）――般若波羅蜜《はらみつ》*の理を説いた経典*の総称で、浩瀚《こうかん》（広大）なる大乗*経典の中でも最も大部のものであり、小はわずか二百六十二文字の『般若心経』*から、大は六百巻二百七十五品の『大般若経』*

にいたり、さらにその注釈である『大智《ち》度《ど》論*』なども加えると、約一千巻を数えて、一切諸経の三分の一強を占めている。だが、その思想は比較的簡単明瞭で、要するに、一切の法*はその本質よりして空《くう》*であることを達観して、何ものにもとらわれない自由自在の生活を養おうとするのが、この『般若経』の要旨である。そうして、この般若*の思想は、原始仏教*の思想の総合の上に立ち、同時に、あらゆる大乗思想への発展がその中に蔵されているので、古くは、この経典をもって「三乗通申《つうしん》」と称された。声聞《しょうもん》*・縁覚《えんがく》*・菩薩《ぼさつ》*の三乗にともに通じるからである。

華厳経(けごんぎょう)——詳しくは『大方広仏《だいほうこうぶつ》華厳経』という。八十巻本＝実叉難陀《じっしゃなんだ》訳(新訳)*、六十巻本＝仏《ぶっ》駄跋陀羅《だばつだら》(覚賢)訳(旧訳《くやく》*)、四十巻本＝般若《はんにゃ》訳(入法《にゅうほっ》界品《かいぼん》の別訳)の三種があり、華厳宗*の根本聖典である。仏伝では、釈尊*は菩提樹《ぼだいじゅ》*の下で成道《じょうどう》*すると、やがて、そこを立って鹿野苑《ろくやおん》*に赴き、そこで最初の説法*をしたのであるが、『華厳経』では、この仏伝を離れて、樹下成道の釈尊はそのままそこで禅定《ぜんじょう》*に入り、その定中*において最初の説法として、いま悟得したばかりの華麗崇厳なる教えを説かれたが、それが『華厳経』であるというのである。この経*の基底をなす思想は、次のような三界一心《さんがいいっしん》*の原理である。すなわち、三界*の所有《しょう》はみな心に由《よ》る。一切の世界はすべて、この一心の作用に他ならない。いま釈尊がこの説法において華麗崇厳なる世界を展開したのも、大昔より修行*を重ねて清《しょう》浄《じょう》心を成就*された功徳《くどく》*の結実、一心の反映である。故に我々もまた、日々の修行にいそしみ、汚れの俗世にあって、しかも智慧*をみがき、かの清浄*な世界へと急ごうではないか、とするのがこの経の心である。したがって、この経においては、修行の段階ということが重要な意味を与えられ、菩薩《ぼさつ》*の十地《じゅうじ》*を説くところの「十地品*」が右の善財童子《ぜんざいどうじ》*の修行譚である「入法界品」と並んで、とくに重要な地位を占めている。

法華経(ほけきょう)——詳しくは『妙法蓮華経《みょうほうれんげきょう》*』(八巻、鳩摩羅什《くまらじゅう》*訳)といい、妙法*とは正しい教え、蓮華経とは清くうるわしい経*という意味である。全文二十八品《ほん》よりなり、釈尊*一代の説法*はこの経に尽きるとして、最も尊重されてきた経典*である。その思想の高遠なことはいうまでもなく、それはやがて教理*の深遠を誇る天台宗*を生むこととなったが、他方また、その中にもられた宗教的雰囲気の素晴らしいこと、その文章の流暢華麗をきわめること、さらに、その譬喩《ひゆ》*因縁*の巧妙なことなど、たしかに仏教文学の王座を占めるにふさわしいものがある。『法華経』二十八品は、これを前後の十四品ずつに分けて考えることが可能で、前半の十四品を迹門《しゃくもん》*といい、後半の十四品を本門*とする。そのうち、迹門を貫くものはいわゆる「三乗*開会《かいえ》」の精神であって、釈尊一代の説法にはさまざまあるけれども、帰するところはすべての人を一乗*道に帰入させることである、とする。また本門の説くところの要点は、いわゆる「悉皆成仏《しっかいじょうぶつ》*」の理想であって、一乗道は未来永劫にわたって存在し、必ず一切衆生《しゅじょう》*を成仏*させるものであることを明らかにしている。なおこの経の弘通《ぐずう》*については、多くをいうまでもなく、一切諸経中の第一にあり、天台宗や日蓮宗*はもちろん、その他の諸宗でもこの経を尊ぶものが多い。一般に『観音経《かんのんぎょう》*』と称して尊崇されている経文《きょうもん》は、この『法華経』の第二十五品、観世音菩薩普門品《かんぜおんぼさつふもんぼん》のことであって、独立した一経として広く普及している。

涅槃経(ねはんぎょう)――詳しくは『大般《だいはつ》涅槃経*』という。これには大乗*の『涅槃経』と小乗*の『涅槃経』(法《ほっ》顕《けん》*訳、三巻)があり、また大乗の『涅槃経』には、南本(慧厳《えごん》・慧観・謝霊運が六巻泥洹《ないおん》経を参照し、北本を校合したもの)と北本(曇無讖《どんむせん》*訳、四十巻)があるが、普通には大乗の南本の『涅槃経』三十六巻をいう。その内容は、釈尊*の入《にゅう》涅槃のこと、ならびにその際説かれた説法*を記すことを建前としたものであるが、その実は、入涅槃のことは付けたしで、涅槃*そのものの本質を開明するための教理*問題を説くことが中心となっている。その内容を概括すると、次のようである。

1 法身《ほっしん》*は常住*にして、いささかも変易があるものではないこと。

2 涅槃は不変不遷(常)にして、二苦(生苦・死苦)を離れ(楽)、大自在を得て(我)、三惑《さんわく》*の清く尽き(浄)たる境地であるということ。

3 一切衆生《しゅじょう》*はことごとく仏性《ぶっしょう》*を有し、仏*を信じないもの(一闡提《いっせんだい》*)すらも、ついに成仏《じょうぶつ》*の時があること。

これらのことが釈尊が入滅《にゅうめつ》*に際しての説法という形式で説かれ、それが、第一の法身常住の思想を中心として一つの体系をなしている。

維摩経（ゆいまぎょう）――この経*は中国において七回以上訳されたが、現存するものは次の三訳のみである。

1　『維摩詰《きつ》経』二巻　支謙《しけん》訳
2　『維摩詰所説経』三巻　鳩摩羅什《くまらじゅう》*訳
3　『説《せつ》無《む》垢称《くしょう》経』六巻　玄奘《げんじょう》*訳

このうち、一般には羅什訳が専ら行われている。その説くところは『般若経《はんにゃぎょう》*』の思想を背景として、これを人々の実生活に即して説き、大いに在家*主義を主張し、小乗*を破折して大乗*に摂入《しょうにゅう》することを要旨とする。その芸術的表現のすぐれていることは『華厳経《けごんぎょう》*』『法華経《ほけきょう》*』などと並び称され、維摩詰*という居士《こじ》*を主人公としてその所説を述べさせた点にその特色がある。インド・中国においても大いに行われたが、わが国においては聖徳太子*が『維摩経義疏《ぎしょ》』をつくってより以来、長く在家仏教の典拠として、日本仏教*に深い影響を残している。

勝鬘経（しょうまんぎょう）――詳しくは『勝鬘師子吼《ししく》一乗大方便方広経』という。求那跋陀羅《ぐなばつだら》*訳、一巻。この経*の主人公は阿踰闍《あゆじゃ》（アヨーディヤー《梵》Ayodhyā）国王の妃勝鬘夫人で、この聡明で信仰深い女性が仏*の威神力によって仏に代わって大乗*無上の深義を説くが、その因縁*と内容とを記したのがこの経である。そのため、この経の内容はまず夫人がこの経を説くにいたった因縁を述べ、ついで説法*の内容として摂受《しょうじゅ》*正法《しょうぼう》*のこと、三乗*方便*のこと、一乗*真実のこと、如来蔵《にょらいぞう》*法身《ほっしん》*のことなどを述べているが、それよりもむしろ、この経の説者が女性であることがこの経のもつ大きな意義であり、この経が有名になったこともその点によるものであった。聖徳太子*は『法華経《ほけきょう》*』『維摩経《ゆいまぎょう》*』とともに、この経の義疏《ぎしょ》（解説書）をつくったので、それらとともに三経と称されて、古くから尊崇を集めてきた。

金光明経（こんこうみょうきょう）――この経*は、梵本《ぼんぽん》*も発見・出版・翻訳（英・独・和）されており、漢訳では左記の三本が現存している。

1　『金光明経』四巻　曇無讖《どんむせん》*訳
2　『合部金光明経』八巻　宝貴等訳
3　『金光明最勝《さいしょう》王経*』（最勝王経）十巻　義浄《ぎじょう》*訳

その説くところを要約すると、施政者たるものは常にこの経を読誦《どくじゅ》し、正法《しょうぼう》*によってよく国を治め、国民は捨身《しゃしん》*の精神をもって社会に尽くしてゆけば、必ず諸仏諸天の冥護《みょうご》*を受けて、国家はますます隆盛に赴くことを得る、というものである。そのために、この経は『法華《ほけ》経*』および『仁王《にんのう》経*』とともに鎮護国家の三部経*とされ、インド・中国・日本を通じて、古来より深く尊崇されてきた。わが国では、ことに奈良朝から平安朝にかけてこの経を尊崇し講読することが行われ、聖徳太子*が四天王寺*を建てたのもこの経の指教によるとされ、また聖武天皇*の勅願により諸国に国分寺*を建立*したのも、この経に基づいてであった。このため国分寺はすべて金光明四天王護国之寺《ごこくのてら》と称され、必ずこの経を備えることを眼目とした。なおこの経は、諸仏諸天に対する尊崇祈祷を生み出す要素を多く蔵しており、弁才天*の崇拝や吉祥天《きちじょうてん》*の礼拝《らいはい》*はこの経を基として生まれた。

阿弥陀経（あみだきょう）——一巻。鳩摩羅什《くまらじゅう》*訳。法然《ほうねん》*によって浄土宗*正依《しょうえ》の経典*とされ、『無量寿経*』『観無量寿経*』とともに浄土三部経*と称されるが、この三部経中ではこの経*がもっとも短い経文《きょうもん》であるので『小経』とも呼ばれ、もっとも広く読誦《どくじゅ》されている。この経の内容は、かつて釈尊*が祇園精舎《ぎおんしょうじゃ》*にあって、舎利《しゃり》弗《ほつ》*らの弟子のために説いた説法*の形で極楽*の依正《えしょう》二報（衆生《しゅじょう》*と国土）の荘厳《しょうごん》*を次のように説いたものである。「この世界を去ること西方《さいほう》十万億仏国土を経たところに極楽という世界があり、その情景は、荘厳にして華麗なること言語の及ぶところではない。その世界の主は阿弥陀仏*で、無辺の光明《こうみょう》*と無量の寿命をもち、三《さん》世《ぜ》*とこしえに常住*である。しかも、その光明と寿命とは、この世界に生まれる者すべてが享受し得るところである。では、どうすればこの世界に生まれることができるのかというと、それには我々の個人の修行*によって積まれる小さな善根《ぜんごん》*、小さな福徳は無力であって、ただ、かの阿弥陀仏がその過去世《かこせ》*において積んだ偉大なる善根・福徳のみがよく極楽往生*の因縁*たり得る。故に、人々は阿弥陀仏の名号《みょうごう》*を称えてその功徳《くどく》*を享受すべきである」と説き、念仏*による極楽往生をすすめるのがこの経の究極の眼目をなしている。

三部経（さんぶきょう）——仏教において種々の立場か

ら、とくに三部の経典*を選び出したものを三経または三部経という。その著名なものは次の通り。

◇**法華《ほっけ》三部経**――天台宗*、日蓮宗*において根本所依《しょえ》*の経典*三部をいう。『法《ほ》華経《けきょう》』*（412頁に前述）を主体として、これに『無量義経』*および『観普賢《かんふげん》経』を開《かい》結《けっ》二経（開経*と結経*）として加えたものがそれである。

●『無量義経』＝一巻、曇摩伽陀耶舎《どんまかだやしゃ》訳。この経は『法華経』の前序とも称すべきもので、古来『法華経』の開経として重用されている。三品《ぼん》に分けて、疾得《しっとく》成仏《じょうぶつ》（すこぶる短い時間、時に現生《げんしょう》《現世《げんぜ》*》のうちに成仏*すること）の無量義を説く。

●『観普賢経』＝一巻、曇摩蜜多《どんまみった》訳。詳しくは『仏説《ぶっせつ》観普賢菩薩行法経《ぼさつぎょうぼうぎょう》』といい、釈尊*入滅*の三カ月前、阿難《あなん》*、迦葉《かしょう》*、弥勒《みろく》*の三人が仏滅*後の修行*および大乗*の要法を請問したのに対して、釈尊が普賢観門および六根*の罪の懺悔《さんげ》*を説いたものである。『法華経』説法*の結経と称される。

◇**大日《だいにち》三部経**――真言密教*の依って立つ経典*として尊重される三部の経典をいう。『大日経』*『金剛頂経《こんごうちょうぎょう》』*『蘇悉地《そしつじ》経』の三部がそれである。

●『大日経』＝七巻、善無畏《ぜんむい》*、一行《いちぎょう》の共訳。詳しくは『大毘盧遮那成仏神変加持《びるしゃなじょうぶつじんぺんかじ》経』という。初めに対告《たいごう》衆《しゅ》*である秘密主《ひみつしゅ》が一切智*を得るための方便*を問うたのに仏*が答えて、菩提心《ぼだいしん》*、大悲《だいひ》*、方便を説き、さらに悉地《しつじ》出現、密印*、秘密曼荼羅《まんだら》、百字真言法、三昧《さま》耶《や》*、世出世《せしゅつせ》護摩《ごま》法、供養《くよう》儀式、真言事業《じごう》等を三十六品《ほん》にわたって広く説明している。この経*の所説の法*を胎蔵《たいぞう》法といい、胎蔵界曼荼羅*はこの経によって描かれたものである。

●『金剛頂経』＝広本と略本があり、そのうち不空*訳『金剛頂一切如来《にょらい》真実摂《しょう》大乗現証大教王経』三巻を普通には『金剛頂経』という。これは広本十八会《え》の初会《しょえ》四品のうちの一品の分訳である。この経に説くところは、『大日経』の胎蔵界*に対して金剛界*の法門*を明らかにすることにあり、大日如来《にょらい》*の智徳が一切の煩悩《ぼんのう》*を摧破することを明らかにしている。金剛界曼荼羅*はこの経によって描かれたものである。

●『蘇悉地経』＝三巻、善無畏訳。詳しくは『蘇悉地羯羅《から》経』という。その内容は、三十四品に分けて、真言*の持誦《じじゅ》、灌頂《かんじょう》*、祈請《きしょう》（祈祷《きとう》*）、護摩《ごま》*、成就《じょうじゅ》*、時《じ》分《ぶん》等を詳説する。蘇悉地とは妙成就の意味である。

◇**鎮護国家の三部経**——鎮護国家*を説く著名な経典*として『法華経《ほけきょう》*』『仁王般若経《にんのうはんにゃぎょう》』『金光明経《こんこうみょうきょう》*』の三つをあげて、鎮護国家の三部経または三経という。『法華経』(412頁)『金光明経』(414頁)についてはすでに前述した。

●『仁王般若経』＝二巻、鳩摩羅什《くまらじゅう》*訳。詳しくは『仁王護国般若波羅蜜多《はらみった》経』という。仁王とは国王の名で、釈尊*がこの仁王のために鎮護国家の法*を説いたのがこの経*であり、わが国でも奈良朝のころより仁王経法*を修したり、仁王講を行じたりして、この経を護国の経として尊崇してきた。

◇**弥勒三部経**——弥勒《みろく》*菩薩《ぼさつ》の信仰に関する経典*として『上生経《じょうしょうきょう》』『下生《げしょう》経』『成仏《じょうぶつ》経』の三部をあげていう。

●『上生経』＝一巻、沮渠京声《そきょけいせい》訳。『弥勒上生経*』詳しくは『観弥勒菩薩上生兜率天《とそつてん》経』といい、仏*の説法*の会座《えざ》*にある弥勒菩薩が、やがて命終《みょうじゅう》*して兜率天*に上生すべきこと、および兜率天の荘厳《しょうごん》*、弥勒の功徳《くどく》*を述べたもの。

●『下生経』＝一巻、竺法護《じくほうご》*訳。『弥勒下生経*』あるいは『観弥勒菩薩下生経』ともいう。弥勒菩薩が当来《とうらい》世《せ》(未来*)において兜率天より下生し、竜華樹《りゅうげじゅ》の下で成道《じょうどう》*して、三乗*の教えを説き衆生《しゅじょう》*を教化《きょうけ》*することを説いたもの。

●『成仏経』＝一巻、鳩摩羅什《くまらじゅう》*訳。詳しくは『弥勒大成仏経*』といい、舎利弗《しゃりほつ》*の請問によって釈尊*が弥勒菩薩の下生成仏を説いたもの。

なお、弥勒菩薩については六種の経典をあげて弥勒六部経ということもある。『弥勒下生経』(竺法護訳)、『弥勒来時経*』(失訳)、『弥勒下生成仏経*』(鳩摩羅什訳)、『弥勒大成仏経』(鳩摩羅什訳)、『観弥勒菩薩上生兜率天経』(沮渠京声訳)、『弥勒下生成仏経*』(鳩摩羅什訳、義浄*訳)がそれである。

◇**浄土三部経**——浄土門*の諸派が根本聖典とする三部の経典*、すなわち『無量寿経*』『観無量寿経*』および『阿弥陀《あみだ》経*』をいう。そのうち『阿弥陀経』については既述の通り(415頁)。

●『無量寿経』＝二巻、康僧鎧《こうそうがい》訳。浄土の三部経の中でもっとも大部であるから『大経』ともいう。阿弥陀仏*が四十八願《しじゅうはちがん》*成就*の消息を述べ、称名《しょうみょう》念仏*の易《い》行道《ぎょうどう》*である他力《たりき》*の法門*を明らかにしたものである。

●『観無量寿経』＝一巻、畺良耶舎《きょうりょうやしゃ》訳。『観無量寿仏経』

『観経』とも呼ぶ。アジャセ*(阿闍世《あじゃせ》)王の悪逆*が逆縁*となり、その母イダイケ*(韋提希《いだいけ》)夫人《ぶにん》のために釈尊*が阿弥陀仏およびその浄土*の荘厳《しょうごん》*を説示したものである。女性を聞者《もんじゃ》として説いたところに、この経*の意義の一面がある。

四天王真言

唵　髯婆羅　惹攞荼羅也　娑嚩訶

oṃ jaṃbhāra jaleḍharaya svāhā

帰命す。北・東・西・南の四天に。成就せよ。

→本文156頁「してんのう」

四天王種子

北・多聞天(毘沙門天)　東・持国天

西・広目天　南・増長天

宗派の部

インド仏教(いんどぶっきょう)――インドの仏教は、釈尊*の仏教建立をほぼ世紀前六―五世紀とし、インド仏教の衰滅をおよそ十三世紀初頭のこととすれば、前後約千八百年に及んでいる。この千八百年の歴史をもつインド仏教の宗派*は、つぎのような区分によって考えることができる。

1　原始仏教時代*――仏教にいまだ分派を生じない以前。すなわち、釈尊入滅《にゅうめつ》*後約百年、第二回の結集《けつじゅう》*の頃に至るまでの時代をいう。この結集をめぐって、初めて上座部《じょうざぶ》*と大衆部《だいしゅぶ》*の二派を生じるに至った。

㈠　上座部――穏健で保守的な人々の派。上座の長老*は多くこの部に所属した。

㈡　大衆部――革新的な大衆の一派で、大天*がこれを率いた。

2　部派仏教時代*――上座部、大衆部の分裂後は、分裂また分裂と引きつづいて新しい部派が生じた。その部派の数は南伝（南アジアや東南アジアに伝えられた仏教）によれば十八、北伝（中央アジアや東アジアに伝えられた仏教）によれば二十と伝えられている。これは仏滅*後百年から四百年に及んだ。それを系統によって図示すると次の通りである。

㈠　北伝によるもの（二十部）

- 上座部
  - 説一切有部《せついっさいうぶ》*
    - 犢子部《とくしぶ》*
      - 法上部《ほうじょうぶ》*
      - 賢胄部《けんちゅうぶ》*
      - 正量部《しょうりょうぶ》
      - 密林山部《みつりんせんぶ》*
    - 化地部《けじぶ》*
      - 法蔵部《ほうぞうぶ》*
    - 飲光部《おんこうぶ》*
    - 経量部《きょうりょうぶ》*
  - 雪山部《せっせんぶ》*
- 大衆部
  - 一説部《いっせつぶ》
  - 説出世部《せつしゅつせぶ》*
  - 鶏胤部《けいいんぶ》*
  - 多聞部《たもんぶ》*
  - 説仮部《せっけぶ》*
  - 制多山部《せいたせんぶ》*
  - 西山住部《さいざんじゅうぶ》*
  - 北山《ほくさん》住部*

㈡　南伝によるもの（十八部）

- 上座部
  - 犢子部
    - 正量部
    - 密林山部
    - 賢胄部
    - 法上部
  - 化地部
    - 法蔵部
    - 説一切有部
      - 飲光部
      - 説転部《せってんぶ》
      - 経量部*
- 大衆部
  - 制多山部
  - 一説部
  - 牛家部《ごけぶ》
    - 説仮部
    - 多聞部

3　大乗仏教*時代――仏滅四、五百年のころより次第に大乗仏教が興起してきたが、その大乗仏教の代表的人物は竜樹《りゅうじゅ》*、無著《むじゃく》*および世親《せしん》*で、竜樹によって大いに起こり、無著、世親によって大成されるが、それがインドの大乗仏教史の概要であった。したがって、インドの大乗仏教はこの三人の人物によって代表される二つの宗派に大別されている。

㈠　大乗空教《くうきょう》――中観派＊と称する。竜樹の『中観論《ちゅうがんろん》＊』に基づき、世界の一切は空《くう》＊であると諦観する一派。

㈡　大乗有教《うきょう》――瑜伽《ゆが》＊派または唯識《ゆいしき》＊派と称す。無著および世親の所説を拠りどころとして、一切世界はただこの一心から生じ仮にあらわれたものであるとして、心識の分析に理論の精密を誇る一派である。

なお、大乗仏教時代には、この他に密教＊、浄土教＊などもあったが、大約して、インド仏教の宗派は古来、小乗二十部＊、大乗二宗と称されている。

中国仏教（ちゅうごくぶっきょう）――中国に仏教が伝来した正確な年代は不明であるが、一般的には、後漢の明帝永平十年（六七）に迦葉摩騰《かしょうまとう》＊、竺法蘭《じくほうらん》＊の二人がインドより渡来して『四十二章経《しじゅうにしょうぎょう》＊』等を翻訳したのが初めであるといわれている。その後、中国の仏教は引きつづいて今日に至っているが、その間、最も力を注いだのは経典＊の招来と翻訳と注釈の事業であり、中国仏教の諸宗派は、主としてそれらの経＊・律＊・論＊を拠りどころとして成立した。その宗派＊は古来、以下の十三宗＊があるとされている。毘曇《びどん》＊宗、成実《じょうじつ》＊宗、律宗＊、三論宗＊、涅槃《ねはん》＊宗、地論《じろん》＊宗、浄土宗＊、禅宗＊、摂論《しょうろん》＊宗、天台宗＊、華厳《けごん》＊宗、法相《ほっそう》＊宗、真言宗＊。各宗の委細については、本文同項を参照のこと。

◇**毘曇宗**――『六足論＊』『阿毘達磨発智論《あびだつまほっちろん》＊』、等の諸論を宗旨＊とする一派で、真諦《しんだい》＊、玄奘《げんじょう》＊以前の有部《うぶ》＊の教義は概してこの宗に属したが、後に真諦、玄奘が『倶舎《くしゃ》論＊』を訳してからは、倶舎宗＊に代えられた。

◇**成実宗**――訶梨跋摩《かりばつま》の『成実論＊』を所依《しょえ》＊とする宗派で、姚秦《ようしん》の時代、鳩摩羅什《くまらじゅう》＊が『成実論』を訳出してから成立した。

◇**律宗**――もっぱら律蔵＊に依って立つ宗派である。姚秦の時代に鳩摩羅什、仏陀耶舎《ぶつだやしゃ》＊らによって『十誦律《じゅうじゅりつ》＊』『四分律《しぶんりつ》＊』の翻訳がされてのち起こり、唐代の道宣《どうせん》に至って大成した。

◇**三論宗**――『中論＊』『百論＊』『十二門論＊』の三つの論に依って立つ宗旨である。鳩摩羅什の翻訳によって起こり、隋の嘉祥《かじょう》大師吉蔵《きちぞう》＊に至って大成した。

◇**涅槃宗**――『涅槃経＊』を所依《しょえ》＊とする宗旨で、北涼《ほくりょう》の高祖武王のころ、曇無讖《どんむせん》＊が『北本大般涅槃経《ほくほんだいはつねはんぎょう》』を訳出してこの宗の端を開き、のち慧観《えかん》によって大成された。

◇**地論宗**――世親《せしん》*の『十地経論《じゅうじきょうろん》』*に依って立てた宗旨で、北魏《ほくぎ》の宣武帝のころ、菩提流支《ぼだいるし》*らによって『十地経論』が訳出され、その研究が盛んとなって地論宗が成立した。

◇**浄土宗**(蓮《れん》宗)――まず菩提流支の『浄土論』*の訳出によって浄土教*の勃興が促され、ついで畺良耶舎《きょうりょうやしゃ》の『観無量寿経』*の訳出によって吉蔵らの浄土教義の研究がさかんとなり、隋の末期に至って、善導《ぜんどう》*によって大成された。

◇**禅宗**――梁《りょう》の武帝のころ、菩提達磨《ぼだいだるま》*の渡来があり、彼は禅宗を伝えて慧可《えか》*に付託。以後、四人の祖を経て五祖の弘忍《ぐにん》に至る。その門下に慧能《えのう》*、神秀《じんしゅう》*の二人の高足があり、慧能は南方に、神秀は北方に禅*を伝えて、すこぶる盛大となるに至った。

◇**摂論宗**――無著《むじゃく》*の『摂大乗論《しょうだいじょうろん》』*を所依とする宗旨で、梁《りょう》の時代、真諦《しんだい》*三蔵が来朝してこの経を訳出してからこの宗が成立した。しかし、後に玄奘が法《ほっ》相《そう》宗*を伝えるに及び、この宗は法相宗に付属するに至った。

◇**天台宗**――天台とは中国浙江《せっこう》省にある山の名である。この宗の大成者である智顗《ちぎ》*がその山に住したことから天台を宗名とする。この宗はもと北斉《ほくせい》の慧文《えもん》に起こり、南岳《なんがく》*の慧思《えし》*を経て、智顗が法華《ほっけ》三大部*を著わすに至って大成した。釈尊*一代の説法*、すなわちすべての経典を一代の五つの時期に分かち、それに八つの教義を配して(五時八教《ごじはっきょう》*)、それぞれの教義的特色(教相*)を明らかにし、空《くう》*(万物に実体なし)・仮《け》*(しかし可視的世界はある)・中(真実は空・仮のどちらでもない)の三つの真実(三諦《さんだい》*)が共に成立した教え(三諦円融《えんにゅう》*)に立ち、自らの心を見つめることによっての成仏《じょうぶつ》*(観心《かんじん》成仏)を説く宗旨である。

◇**華厳宗**――『華厳経《けごんぎょう》』*に依って立つ宗旨で、釈尊一代の仏教を五教十宗*に分け、『華厳経』を最も勝れたものとする。『華厳経』は東晋安帝のころ、覚賢《かくけん》三蔵によって訳出されて以来、たびたび伝訳されて隋の末期のころ杜順《とじゅん》*によって一宗をなし、智儼《ちごん》*を経て、法蔵に至って大成された。

◇**法相宗**――世親《せしん》*の『成唯識論《じょうゆいしきろん》』*を本論として、六経十一論を所依とする。そのうちの『解深密経《げじんみっきょう》』*の一切法相品《ほっそうぼん》にちなんで法相宗の名がある。また唯識宗*

ともいう。唐の玄奘は入竺《じく》して戒賢《かいげん》*にこの宗旨を受け、帰朝の後『成唯識論』等を訳出したが、その弟子窺基《きき》*らによって、ついにこの宗の大成をみた。

◇**真言宗**(密《みっ》宗)――『大日経《だいにちきょう》』*『金剛頂経《こんごうちょうぎょう》』*等の秘密経*に依って立つ宗旨である。唐の開元年間、善無畏《ぜんむい》*が来朝して『大日経』を訳し、また金剛智《こんごうち》*、その高弟の不空《ふくう》*は『金剛頂経』を訳出し、この宗の組織的教義を大成した。

以上が中国仏教の十三宗の概要であるが、この十三宗という言い方はごく概略の言い方で、この他にもなお毘曇宗とは別に倶舎宗*を説き、三論宗のほかに四論宗をあげることもできる。また、特殊な存在として三《さん》階《がい》*教があった。この三階教はもっとも強固な特殊の教団を組織して、末法《まっぽう》*仏教を説いていたが、政府の忌諱するところとなって、弾圧によって消滅した。

日本仏教(にっぽんぶっきょう)――日本の仏教は欽明天皇のころ(六世紀中期)朝鮮を通じて中国仏教*を受けたものである。それ以後、奈良朝を経て平安朝に至るまでの仏教は、まったく中国仏教そのままであった。

そのころ既に六宗があり、これを以下に示すように「南都の六宗」または「古京の六宗」という。各宗の委細については、本文同項を参照のこと。

◇**三論宗**――推古朝の末期(七世紀初め)高麗の僧慧《え》灌《かん》によって伝えられる。

◇**法相《ほっそう》宗**――白雉四年(六五三)道昭《どうしょう》*が唐より帰来してこの宗を伝える。

◇**華厳《けごん》宗**――天平八年(七三六)唐の道璿《どうせん》の来朝によって伝えられた。

◇**律《りつ》宗**――天平勝宝六年(七五四)唐の鑑真《がんじん》*が来朝してこの宗を弘めた。

◇**成実《じょうじつ》宗**――推古朝の末期(七世紀初め)高麗の僧慧灌により三論宗*とともに伝えられ、以後、三論宗とともに華厳宗付属の寓宗《ぐうしゅう》*となった。

◇**倶舎《くしゃ》宗**――法相宗とともに道昭によって伝えられたが、勅令により法相宗に付属させられて寓宗となった。

日本の仏教が真に日本人の仏教となったのは、最《さい》澄《ちょう》*と空海《くうかい》*以後のことであり、さらに日本仏教の完全な日本化と民衆化を実現したのは鎌倉時代であって、法《ほう》然《ねん》*、親鸞《しんらん》*、日蓮《にちれん》*、栄西《えいさい》*、道元《どうげん》*などの名僧を輩出して、日本仏教の精粋はまったくここに集まる観があった。この時代以後に起こった日本仏教の宗派*はつぎの通り。また、各宗の委細については本文同項を参照のこと。

◇**天台宗**――最澄の開立。最澄は天台三大部*を読んでこれに傾倒し、延暦二十三年（八〇四）勅命によって唐に渡り、帰朝ののち比叡山《ひえいざん》*にあってこの宗を弘めた。なお、日本天台は、顕密《けんみつ》一致（顕教*と密教*を兼習する）、四宗一源《ししゅういちげん》（天台*・禅*・戒律*・密教は一つの源から発する）、鎮護国家*を説き、中国天台とまったく面目を異にするものであった。

◇**真言宗**――空海の開立。空海は延暦二十三年（八〇四）入唐《にっとう》し、恵果《けいか》*によって両部《りょうぶ》（『大日経*』と『金剛頂経*』）の奥義を受け、弘仁七年（八一六）高野山*に金剛峯寺《こんごうぶじ》*を建立*してこの宗を開き、はじめて真言宗と称した。

◇**融通《ゆうずう》念仏宗**――永久五年（一一一七）良忍《りょうにん》*が弥陀直《みだじき》授《じゅ》の四句偈《しくげ》（一人《いちにん》一切人、一切人《にん》一人、一行《いちぎょう》一切行、一切行一行）によって開宗し、京都に遊化《ゆげ》して弘通《ぐずう》*した。

◇**浄土宗**――法然の開立。戦国乱世の世に際して、凡《ぼん》夫《ぶ》*の仏教こそふさわしいとして、承安五年（一一七五）開宗を宣言した。

◇**臨済《りんざい》宗**――建久二年（一一九一）栄西によって開立された。栄西はもと比叡山に仏法*を学んだが、再度の入宋《にっそう》の結果、臨済の禅風をもたらしてこれを弘めた。

◇**真宗**――親鸞の開立。親鸞はもと比叡山に学び、のち法然に師事。他力《たりき》念仏*をひろめた。元仁元年（一二二四）西念寺《さいねんじ》にて『教行信証《きょうぎょうしんしょう》*』を著述。これをもって立宗とされる。

◇**曹洞《そうとう》宗**――道元の開立。道元はもと比叡山に学び、また栄西に禅を問うたが、貞応二年（一二二三）入宋してさらに禅を究め、帰国後、宇治（京都府）に興聖寺《こうしょうじ》*を創建し、越前（福井県）に永平寺《えいへいじ》*を開いて曹洞宗の本拠とした。

◇**日蓮宗**――日蓮の開立。日蓮は比叡山等に仏教を学び、建長五年（一二五三）三十二歳の時、安房（千葉県）の清澄山《きよすみ》に帰り、日蓮宗の開創立案を宣言した。

◇**時《じ》宗**――一遍《いっぺん》*の立宗。一遍は浄土宗西山派《せいざんは》*の聖達《しょうだつ》に学び、文永十一年（一二七四）熊野権現《ごんげん》*に参籠《さんろう》*して霊験《れいげん》＊を得た。これを時宗開創の時とする。

◇**黄檗《おうばく》宗**――隠元《いんげん》＊の創立による。隠元は中国福建省にある黄檗山＊万福寺の主であったが、わが国の承応三年（一六五四）に来朝して、宇治（京都府）に黄檗山万福寺＊を創建して黄檗禅の本拠とした。

なお、現在の日本仏教の宗派は、戦前まで十三宗＊五十六派であったものが、戦後急激な分派行動が行われ、多様なものとなっている。主なものを表示すると、次の通りである。

	（宗派名）	（寺院数）
天台宗系……	天台宗	三、〇六五
	天台寺門宗	一九八
	天台真盛宗	四二一
	本山修験宗	一五七
真言宗系……	高野山真言宗	三、四一七
	真言宗御室派	七七一
	〃　大覚寺派	三四二
	〃　東寺派	八六
	東寺真言宗	一四四
	真言宗泉涌寺派	五九
	〃　山階派	一二八
	〃　醍醐派	八一七
	〃　善通寺派	一九三
	〃　智山派	二、八四二
	〃　豊山派	二、六二八
	新義真言宗	二一一
	真言律宗	九一
浄土宗系……	浄土宗	六、九〇一
	浄土宗西山深草派	二四九
	〃　西山禅林寺派	三六五
	西山浄土宗	六〇〇
浄土真宗系……	浄土真宗本願寺派	一〇、三六四
	真宗大谷派	八、五三五
	〃　高田派	六二四
	〃　興正派	四八三
	〃　仏光寺派	三六五
	〃　木辺派	二〇六
	〃　出雲寺派	六二
	〃　山元派	二一
	〃　誠照寺派	五二
	〃　三門徒派	三九

禅宗系……	臨済宗建仁寺派	七〇
〃	東福寺派	三六五
〃	建長寺派	四〇六
〃	円覚寺派	二〇八
〃	南禅寺派	四二七
〃	大徳寺派	二〇一
〃	妙心寺派	三、四〇七
〃	天竜寺派	一〇四
〃	永源寺派	一三一
〃	相国寺派	九四
〃	方広寺派	一六九
〃	向岳寺派	六二
〃	仏通寺派	五一
〃	国泰寺派	三五
	曹洞宗	一四、四八八
	黄檗宗	四六二
日蓮宗系……	日蓮宗	四、六三〇
	日蓮正宗	五六四
	顕本法華宗	二一二
	法華宗（本門流）	三八四
	〃 （陣門流）	一七二
	〃 （真門流）	一六六
	本門仏立宗	二七〇
	時宗……	四一〇
	融通念仏宗……	三五六
	律宗……	二五
	法相宗……	二九
	華厳宗……	六〇

（平成五年版　文化庁編『宗教年鑑』による）

その他、立正佼成会、霊友会教団、創価学会など、新興教団として多くの信徒*を集め、あるいは社会の注目を引いているものがある。また、戦後の顕著な現象として単立の仏教系宗教法人が続出し、平成四年十二月の実情報告によれば、単立寺院二、〇二四、単立教会一八一、布教所、その他一四〇、計二、三四六に及んでいる。

寺院の部

寺（てら）——仏像*、経巻を奉安し、僧尼《そうに》*が居住して仏道*を修め、教法を説く殿舎をいう。すなわち、精舎《しょうじゃ》*のこと。寺はもと中国で外国の使臣を遇する公館であったが、これを精舎の意味に用いるようになったのは、迦《か》葉摩騰《しょうまとう》*、竺法蘭《じくほうらん》*の二人のインド僧が初めて経典*を携えて渡来したとき、二人を鴻臚寺《こうろじ》に宿泊させたことによるという。わが国で「寺」を「てら」と呼ぶのは、朝鮮語の「チエル」（礼拝所）の転訛であるといい、また梵語《ぼんご》*の「テーラ」（長老*）に由来するともいう。インドの寺のはじめは、釈尊*が在世のころ頻婆娑羅《びんばしゃら》*王が献じた竹林《ちくりん》精舎*であり、中国では、迦葉摩騰、竺法蘭のために建てた白馬寺《はくばじ》*が最初の寺であった。わが国では、欽明天皇の時代に、朝鮮より仏像、経巻が到来したとき、蘇我稲目がその住居を寄進*して寺とした。これを向原寺《むくはらでら》*といい、わが国はじめての寺であった。

道場（どうじょう）——道場とは、もとは菩提《ぼだい》*道場の意で、諸仏が金剛座に座して正覚《しょうがく》*（正しいさとり）を成《じょう》じる場所をいったのであるが、後には広く仏法*を説き仏道*を修める場所をいうようになった。また、密教*が行われるに至っては、修法《しゅほう》*の場所をさして道場というようになった。なお後世においては、一般に修行*の場所を道場ということにもなり、武術修行の場所をも道場と称するようになった。なお、念仏*道場、専門道場などの用法もある。

本山（ほんざん）——一宗派内の各寺の最上位にあり、これを統轄する本寺をいう。単に本山と称するもののほか、大本山*、総本山*等の呼称がある。各宗派のおもな本山はつぎの通りである。

◇天台宗*

天台宗	総本山	延暦寺《えんりゃくじ》*（滋賀）
天台寺門宗《じもん》	総本山	園城寺《おんじょうじ》*（滋賀）
天台真盛宗《しんぜい》	総本山	西《さい》教寺*（滋賀）
本山修験宗《しゅげん》	総本山	聖護院《しょうご》*（京都）

◇真言宗*

高野山真言宗*	総本山	金剛峯寺《こんごうぶじ》*（和歌山）
御室《おむろ》派	総本山	仁和寺《にんな》*（京都）

大覚寺派《だいかくじ》　大本山　大覚寺＊（京都）
醍醐派《だいご》　総本山　醍醐寺＊（京都）
善通寺派　総本山　善通寺＊（香川）
犬鳴派《いぬなき》　大本山　七宝滝寺《しっぽうりゅうじ》（大阪）
東寺真言宗　総本山　教王護国寺［東寺《とうじ》］＊（京都）
信貴山《しぎさん》真言宗　総本山　朝護孫子寺《ちょうごそんしじ》［信貴山寺］＊（奈良）
新義真言宗＊　総本山　根来寺《ねごろ》＊（和歌山）
智山派《ちさん》＊　総本山　智積院《ちしゃく》＊（京都）
大本山　新勝寺＊（千葉）
大本山　平間寺《へいげん》＊（神奈川）
大本山　有喜寺《ゆうき》［高尾山《たかおさん》］＊（東京）
豊山派《ぶさん》＊　総本山　長谷寺《はせ》＊（奈良）
大本山　護国寺＊（東京）
泉涌寺派《せんにゅうじ》　総本山　泉涌寺＊（京都）
山階派《やましな》　大本山　勧修寺《かんじゅ》＊（京都）

◇浄土宗＊

浄土宗　総本山　知恩院＊（京都）
大本山　金戒《こんかい》光明寺＊（京都）
大本山　知恩寺＊（京都）
大本山　清浄華院《しょうじょうけ》＊（京都）
大本山　増上寺＊（東京）
西山《せいざん》禅林寺派総本山　禅林寺＊（京都）
西山深草派　総本山　誓願寺（京都）
西山浄土宗　総本山　光明寺＊（京都）

◇浄土真宗＊

浄土真宗本願寺派＊本山　［西］本願寺＊（京都）
真宗　大谷派＊本山　［東］本願寺＊（京都）
〃　東京本願寺派本山本願寺（東京）
〃　高田派＊　本山　専修寺《せんじゅ》＊（三重）
〃　興正派《こうしょう》＊　本山　興正寺＊（京都）
〃　仏光寺派　本山　仏光寺＊（京都）
〃　木辺派《きべ》＊　本山　錦織寺《きんしょく》＊（滋賀）
〃　出雲路派　本山　毫摂寺《ごうしょう》（福井）
〃　山元派《やまもと》　本山　証誠寺《しょうじょう》＊（福井）
〃　誠照寺派《じょうしょうじ》　本山　誠照寺＊（福井）
〃　三門徒派　本山　専照寺＊（福井）

◇時宗＊

総本山　清浄光寺《しょうじょうこう》＊（神奈川）

◇融通《ゆうずう》念仏宗＊　総本山　大念仏寺＊（大阪）

◇臨済《りんざい》宗＊
天竜寺派＊　大本山　天竜寺＊（京都）
相国《しょうこく》寺派　大本山　相国寺＊（京都）
建仁寺派＊　大本山　建仁寺＊（京都）
南禅寺派　大本山　南禅寺＊（京都）
妙心《みょうしん》寺派＊　大本山　妙心寺＊（京都）
建長寺派＊　大本山　建長寺＊（神奈川）
東福寺派＊　大本山　東福寺＊（京都）
大徳寺派＊　大本山　大徳寺＊（京都）
円覚《えんがく》寺派＊　大本山　円覚寺＊（神奈川）
永源寺派　大本山　永源寺（滋賀）
方広《ほうこう》寺派＊　大本山　方広寺＊（静岡）
仏通《ぶっつう》寺派＊　大本山　仏通寺＊（広島）
国泰《こくたい》寺派　大本山　国泰寺＊（富山）
向岳《こうがく》寺派　大本山　向岳寺（山梨）

◇曹洞《そうとう》宗＊　大本山　永平寺＊（福井）
大本山　総持寺＊（神奈川）

◇黄檗《おうばく》宗＊　大本山　万福寺＊（京都）

◇日蓮宗＊
日蓮宗　総本山　久遠《くおん》寺＊（山梨）
大本山　本門寺＊（東京）
大本山　妙顕《みょうけん》寺＊（京都）
大本山　本圀《ほんこく》寺（京都）
大本山　法《ほ》華経《けきょう》寺＊（千葉）
大本山　誕生寺（千葉）
大本山　清澄《せいちょう》寺＊（千葉）
日蓮正宗　総本山　大石《たいせき》寺（静岡）
顕本法華《けんぽんほっけ》宗＊　総本山　妙満《みょうまん》寺＊（京都）
法華宗（本門流）大本山　光長寺（静岡）
大本山　鷲山《じゅせん》寺（千葉）
大本山　本興寺（兵庫）
大本山　本能寺＊（京都）
法華宗（陣門流）総本山　本成《ほんじょう》寺＊（新潟）
法華宗（真門流）総本山　本隆寺＊（京都）
本門法華宗＊　大本山　妙蓮《みょうれん》寺（京都）
不受不施《ふじゅふせ》派＊　祖山　妙覚《みょうかく》寺（岡山）
本門仏立《ぶつりゅう》宗　大本山　宥清《ゆうせい》寺（京都）

◇律《りつ》宗*　総本山　唐招提寺《とうしょうだいじ》*（奈良）
◇真言律宗*　総本山　西《さい》大寺*（奈良）
◇法相《ほっそう》宗*　大本山　興福寺*（奈良）
　　　　　　大本山　薬師寺*（奈良）
◇北法相《きたほっそう》宗　大本山　清水寺《きよみずでら》*（京都）
◇聖《しょう》観音宗　総本山　浅草寺《せんそうじ》*（東京）
◇聖徳《しょうとく》宗　総本山　法隆寺*（奈良）
◇華厳《けごん》宗*　大本山　東大寺*（奈良）

門跡（もんぜき）――門徒*一跡《いっせき》、または一門法跡《いちもんほうせき》の意で、一家系または一門流で官家または摂関所住の名刹を統領することをいい、初めは寺院*における主僧を称する言葉であったが、後には寺院の資格を示す語となった。門跡寺院の呼称は宇多天皇の譲位・出家*の後、御室《おむろ》の仁和寺《にんなじ》*に入ったのを御門跡と称したのにはじまる。門跡寺院としては主な十三カ寺を、十三門跡*と称するほか、つぎの諸寺もまた門跡寺院に列せられている。
三宝《さんぼう》院、随心院、蓮華《れんげ》光院（明治以後、大覚寺*に併合）［以上三カ寺＝真言宗*］、一乗院（廃絶）、大乗院（廃寺）［以上二カ寺＝法相《ほっそう》宗*］、本願寺*、東本願寺*、専修《せんじゅ》寺*、仏光寺*、興正寺*［以上五カ寺＝浄土真宗*］。

勅願寺（ちょくがんじ）――歴代天皇もしくは皇后の発願《ほつがん》*によって創建または供養《くよう》*された寺*をいう。ただし、勅願寺の呼称は古くにはなく、武家の勃興後、その祈願所*と区別する必要が生じて初めてこの呼称が用いられたもののようである。勅願寺の例としては、次の各寺が著名。
秋篠《あきしの》寺（光仁、桓武両天皇の勅願寺）
延暦《えんりゃく》寺*（桓武天皇の勅願と伝えられる）
檀林寺（嵯峨天皇の皇后の御願による。廃寺）
嘉祥《かじょう》寺（文徳天皇の御願による）
貞観《じょうかん》寺（清和天皇の御願による）
元慶《がんけい》寺（陽成天皇の御願による）
浄福寺（光孝天皇、皇后の御願による）
仁和《にんな》寺*（光孝天皇、宇多天皇の御願による）
円融《えんにゅう》寺（円融天皇の御願による）

蓮華王院《れんげおういん》*（後白河法皇の御願による）

なお、佐伯氏の建立*した清閑寺《せいかんじ》が一條天皇によって勅願寺となり、仁海《にんがい》*の創建した随心院が後堀河天皇の時代に勅願寺となった例もあり、また皇子の安産、玉体の安穏（天皇の健康）を祈願*させるために、一時的に勅願寺となった寺が、爾後、その名誉を伝えて勅願寺と称するものも少なくない。

定額寺（じょうがくじ）——官寺として承認された寺院*をいう。わが国の寺院は官寺と私寺に大別することができるが、私寺の増加するに従い、あるいは寺格の向上を願い、あるいは維持の確立を望んで、官寺の待遇を受けることを出願するものに対して、勅命によって官寺の列に加わらせることが行われた。このように、私寺のうち一定数を限って昇格させ、官寺の取り扱いを受けさせたものが定額寺である。延喜五年（九〇五）に定額寺となった勧修《かんじゅ》*寺、同十三年に昇格した醍醐《だいご》寺*等がその例である。

檀林（だんりん）——仏教を学ぶ僧徒の教育機関、すなわち仏教の学問所をいう。仁寿三年（八五三）の檀林院に始まり、のち檀林寺と改め、檀林院の精神を承け、葬儀よりも学徒の修学の場として、檀林寺が奨励された。はじめ浄土宗*において行われ、のち他宗にも影響を及ぼし、「学林《がくりん》*」などと称されて盛行した。なかでも、浄土宗*の以下に示す関東十八檀林*が著名。

光明寺*（神奈川）、伝通院《でんずういん》*、増上寺*、霊巌《れいがん》寺*、新知恩寺*、霊山《りょうぜん》寺、大善寺（以上＝東京）、勝願寺、浄国寺、蓮馨《れんけい》寺（以上＝埼玉）、生実大巌《おゆみだいがん》寺、東漸《とうぜん》寺、結城《ゆうき》弘経《きょう》寺、飯沼弘経寺、常福寺、大念寺（以上＝茨城）、大光院、善導寺（以上＝群馬）。

西国三十三所観音（さいごくさんじゅうさんしょかんのん）——近畿地方の三十三所の観音像*を安置する寺院*のこと。これらの寺院を札所*として、これを巡拝することを西国巡礼*という。平安朝の中頃よりはじまり、初めは単に三十三観音と称したが、やがて各地に三十三観音ができると、西国の二字を冠して区別するようになった。各霊場*にはそれぞれ一首ずつの御詠歌《ごえいか》があり、巡礼*の際や観音講などに唱えられる。一種の哀調をおびたものである。その寺名、山号*、宗旨*、札所本尊*、所在地、御詠歌は次の通り。

第一番　那智山《なちさん》寺　天台宗*
那智山青岸渡寺《せいがんとじ》*　如意輪《にょいりん》観音
和歌山県東牟婁《むろ》郡那智勝浦町那智山

補陀落《ふだらく》や岸うつ波は三熊野《みくまの》の
那智のお山にひびく滝津瀬《たきつせ》

第二番　紀三井寺《きみいでら》＊　救世《ぐぜ》観音宗総本山
紀三井山金剛宝寺《こんごうほうじ》護国院　十一面観音
和歌山市紀三井寺

ふるさとをはるばるここに紀三井寺
花の都も近くなるらん

第三番　粉河寺《こかわでら》＊　粉河観音宗総本山
風猛《ふうもう》山粉河寺　千手千眼《せんじゅせんげん》観音
和歌山県那賀郡粉河町

ちちははの恵みも深き粉河寺
仏《ほとけ》の誓いたのもしの身や

第四番　槇尾寺《まきのおでら》　天台宗
槇尾山施福《せふく》寺　十一面千手千眼観音
大阪府和泉市槇尾山町

深山路《みやまじ》や檜原松原《ひばらまつばら》わけゆけば
まきの尾寺に駒ぞいさめる

第五番　葛井《ふじい》寺　真言宗＊御室《おむろ》派
紫雲《しうん》山葛井寺　十一面千手千眼観音
大阪府藤井寺市藤井寺

まいるより頼みをかくる葛井寺
花のうてなに紫の雲

第六番　壺阪寺《つぼさかでら》＊　真言宗豊山《ぶさん》派＊
壺阪山南法華《みなみほっけ》寺　十一面千手観音
奈良県高市郡高取町壺阪

岩をたて水をたたえて壺阪の
庭のいさごも浄土なるらん

第七番　岡寺《おかでら》　真言宗豊山派
東光山竜蓋《りゅうがい》寺　如意輪《にょいりん》観音
奈良県高市郡明日香村岡

今朝みればつゆ岡寺の庭の苔《こけ》
さながら瑠璃《るり》の光なりけり

番外　徳道《とくどう》上人廟《びょう》　真言宗豊山派
豊山法起《ほっき》院　徳道上人
奈良県桜井市初瀬

極楽はよそにはあらじわが心
同じはちすのへだてやはある

第八番　初瀬寺《はっせでら》＊　真言宗豊山派総本山
豊山長谷《はせ》寺　十一面観音
奈良県桜井市初瀬

いくたびもまいる心は初瀬寺
山も誓いも深き谷川

第九番　南円堂　法相《ほっそう》宗＊大本山
興福寺＊南円堂　不空羂索《ふくうけんさく》観音
奈良市登大路町

春の日は南円堂にかがやきて
三笠《みかさ》の山に晴るるうす雲

第十番　御室戸寺《みむろと》　本山修験宗《しゅげん》
明星《みょうじょう》山三《み》室戸寺　千手観音
京都府宇治市菟道《うじ》滋賀谷

夜もすがら月をみむろとわけゆけば
宇治の川瀬にたつは白波

第十一番　上醍醐寺《かみだいごじ》　真言宗醍醐派総本山
深雪《みゆき》山上醍醐寺　准胝《じゅんでい》観音　京都市伏見区醍醐町

逆縁《ぎゃくえん》もらさで救う願《がん》なれば
准胝堂は頼もしきかな

第十二番　岩間寺《いわまでら》　真言宗醍醐派
岩間山正法《しょうほう》寺　千手観音　滋賀県大津市石山内畑町

みなかみはいずくなるらん岩間寺
岸うつ波は松風の音

第十三番　石山寺《いしやまでら》＊　東寺真言宗大本山
石光《せっこう》山石山寺　二臂《にひ》如意輪観音　滋賀県大津市石山寺

のちの世を願う心はかろくとも
仏のちかい重き石山

第十四番　三井寺《みいでら》＊　天台寺門《じもん》宗総本山
長等《ながら》山園城寺《おんじょうじ》＊　如意輪観音　滋賀県大津市園城寺町

いでいるや波間の月を三井寺の
鐘《かね》のひびきにあくるみずうみ

番外　元慶寺《がんけいじ》　天台宗
華頂《かちょう》山元慶寺　薬師如来　京都市山科区北花山河原町

まてといわばいともかしこし花山《はなやま》に
しばしとなかん鳥の音《ね》もがな

第十五番　今熊野《いまくまの》　真言宗泉涌寺《せんにゅうじ》派
新那智山観音寺　十一面観音　京都市東山区泉涌寺山内町

昔よりたつとも知らぬ今熊野
仏のちかいあらたなりけり

第十六番　清水寺《きよみずでら》＊　北法相《きたほっそう》宗大本山
音羽《おとわ》山清水寺　十一面千手千眼観音　京都市東山区清水

松風や音羽の滝のきよみずを
むすぶ心はすずしかるらん

第十七番　六波羅蜜寺《ろくはらみつじ》＊　真言宗智山《ちさん》派＊

補陀洛《ふだらく》山六波羅蜜寺　十一面観音
京都市東山区松原通大和大路

重くともいつつの罪はよもあらじ
六波羅堂へまいる身なれば

第十八番　六角堂《ろっかくどう》＊　天台宗
紫雲《しうん》山頂法《ちょうほう》寺　如意輪《にょいりん》観音
京都市中京区六角通東洞院西入

わが思う心のうちはむつのかど
ただまろかれと祈るなりけり

第十九番　革《こう》堂　天台宗
霊鹿《れいゆう》山革堂行願《ぎょうがん》寺　千手観音
京都市中京区寺町通竹屋町

花をみて今はのぞみもこうどうの
庭のちぐさもさかりなるらん

第二十番　善峰寺《よしみねでら》　天台宗
西山《にしやま》善峰寺　千手観音
京都市西京区大原野小塩町

野をもすぎ山路《やまじ》に向かう雨の空
よしみねよりも晴るる夕だち

第二十一番　菩提《ぼだい》寺　天台宗
菩提山穴太《あなお》寺　聖《しょう》観音
京都府亀岡市曽我部町穴太

かかる世に生れあう身のあな憂《う》やと
思わでたのめ十声《とこえ》ひとこえ

第二十二番　総持《そうじ》寺　高野山真言宗＊
補陀洛《ふだらく》山総持寺　千手十一面観音
大阪府茨木市総持寺町

おしなべて老いも若きも総持寺の
仏のちかいたのまぬはなし

第二十三番　勝尾《かつおう》寺　高野山真言宗
応頂《おうちょう》山勝尾寺　十一面千手観音
大阪府箕面市勝尾寺

重くとも罪には法《のり》のかちおでら
仏をたのむ身こそやすけれ

第二十四番　中山観音　真言宗中山寺派大本山
紫雲《しうん》山中山寺《なかやまでら》　十一面観音
兵庫県宝塚市中山寺

野をもすぎ里をもゆきて中山の
寺へまいるはのちの世のため

番外　尼寺《にんじ》のお寺　真言宗花山院《かざんいん》派
東光山花山院菩提《ぼだい》寺　薬師瑠璃光《るりこう》如来
兵庫県三田市尼寺

ありま富士ふもとの霧は海にして

波かと聞けば小野の松風

第二十五番　清水寺《きよみずでら》　天台宗
御岳《みたけ》山清水寺　十一面千手観音
兵庫県加東郡社町平木

あわれみやあまねきかどの品じなに
なにをか波のここにきよみず

第二十六番　一乗寺　天台宗
法華《ほっけ》山一乗寺　聖《しょう》観音
兵庫県加西市坂本町

春は花夏はたちばな秋は菊
いつもたえなる法《のり》のはなやま

第二十七番　円教寺《えんぎょう》　天台宗
書写山円教寺　六臂如意輪《ろっぴにょいりん》観音
兵庫県姫路市書写

はるばると登れば書写の山おろし
松のひびきもみのりなるらん

第二十八番　成相寺《なりあい》　高野山真言宗
成相山成相寺　聖《しょう》観音
京都府宮津市成相寺

波のおと松のひびきもなりあいの
風ふきわたす天の橋立

第二十九番　松尾寺《まつのおでら》　真言宗醍醐《だいご》派
青葉山松尾寺　馬頭《ばとう》観音
京都府舞鶴市松尾

そのかみはいく世《よ》へぬらんたよりをば
ちとせもここにまつの尾の寺

第三十番　竹生島《ちくぶじま》　真言宗豊山派
厳金《がんこん》山宝厳寺《ほうごんじ※》　千手千眼観音
滋賀県東浅井郡びわ町

月も日も波間にうかぶ竹生島
ふねに宝を積むここちして

第三十一番　長命寺《ちょうめいじ》　単立（天台系）
姨綺耶《いきや》山長命寺　千手十一面聖《しょう》観音
滋賀県近江八幡市長命寺町

やちとせや柳にながきいのち寺《でら》
はこぶあゆみのかざしなるらん

第三十二番　観音正《しょう》寺　単立（天台系）
繖《きぬがさ》山観音正寺　千手千眼観音
滋賀県蒲生郡安土町石寺

あなとうとみちびきたまえ観音寺
遠き国よりはこぶあゆみを

第三十三番　谷汲山《たにぐみさん》　天台宗
谷汲山華厳《けごん》寺　十一面観音
岐阜県揖斐郡谷汲村徳積

今までは親とたのみしおいずるを

ぬぎておさむる美濃のたにぐみ

なお、この西国三十三観音に、坂東三十三所観音、＊秩父《ちちぶ》三十三所観音＊（ただし実数は三十四）を加えて「百観音」と称することがある。

坂東三十三所観音（ばんどうさんじゅうさんしょかんのん）——西国《さいごく》三十三所の巡礼＊にならい、徳川時代に至って、関東においても三十三所の巡礼回国が行われはじめた。これを東国三十三所または坂東三十三所観音という。寺名、山号＊、宗旨＊、本尊＊、所在地、御詠歌は以下の通り。

第一番　杉本観音　天台宗＊
大蔵山《だいぞうざん》杉本寺　十一面観音　神奈川県鎌倉市二階堂
　頼みあるしるべなりけり杉本の
　　ちかいは末の世にもかわらじ

第二番　岩殿《がんでん》寺　曹洞宗＊
海雲山岩殿寺　十一面観音　神奈川県逗子市久木
　たちよりて天の岩戸をおし開き
　　仏をたのむ身こそたのしき

第三番　田代《たしろ》観音　浄土宗＊
祇園《ぎおん》山安養院田代寺　千手観音　神奈川県鎌倉市大町
　枯木にも花咲くちかい田代寺
　　世を信綱の跡ぞひさしき

第四番　長谷《はせ》観音　単立（浄土系）
海光山長谷寺《はせでら》＊　十一面観音　神奈川県鎌倉市長谷
　はせ寺へまいりて沖をながむれば
　　由比のみぎわに立つは白波

第五番　飯泉観音　高野山真言宗＊
飯泉山勝福《しょうふく》寺　十一面観音　神奈川県小田原市飯泉
　かなわねばたすけたまえと祈る身の
　　船に宝を積むはいいづみ

第六番　飯山《いいやま》観音　高野山真言宗
飯上山《いいがみ》長谷寺《はせでら》　十一面観音　神奈川県厚木市飯山
　飯山《いやま》寺建ちそめしよりつきせぬは
　　いりあいひびく松風の音

第七番　金目《かなめ》観音　天台宗
金目山光明寺　聖《しょう》観音　神奈川県平塚市南金目
　なにごとも今はかないの観世音
　　二世安楽とたれか祈らむ

第八番　星の谷観音
妙法山星谷《しょうこく》寺　聖《しょう》観音　真言宗*大覚寺派　神奈川県座間市入谷
さわりなす迷いの雲をふき払い
月もろともに拝む星の谷《や》

第九番　慈光寺　天台宗
都幾《とき》山慈光寺　十一面千手千眼観音　埼玉県比企郡都幾川村西平
聞くからに大慈大悲の慈光寺
誓いもともに深きいわどの

第十番　岩殿観音　真言宗智山《ちさん》派*
巌殿山正法《いわどのさんしょうぼう》寺　千手観音　埼玉県東松山市岩殿
のちの世の道を比企見《ひきみ》の観世音
この世をともに助けたまえや

第十一番　吉見《よしみ》観音　真言宗智山派
岩殿山安楽寺《あんらくじ》　聖観音　埼玉県比企郡吉見町御所
吉見よと天の岩戸を押し開き
大慈大悲のちかいたのもし

第十二番　慈恩寺　天台宗
華林《かりん》山慈恩寺　千手観音　埼玉県岩槻市慈恩寺
慈恩寺へまいるわが身もたのもしや
うかぶ夏《げ》島を見るにつけても

第十三番　浅草《あさくさ》観音　聖観音宗総本山
金竜山浅草寺《せんそうじ》*　聖観音　東京都台東区浅草
深きとが今よりのちはよもあらじ
つみ浅草へまいる身なれば

第十四番　弘明寺　高野山真言宗
瑞応《ずいおう》山弘明《ぐみょう》寺　十一面観音　神奈川県横浜市南区弘明寺町
ありがたや誓いの海をかたむけて
そそぐ恵みにさむるほのみや

第十五番　白岩《しらいわ》観音　金峰山修験本宗
白岩山長谷《ちょうこく》寺　十一面観音　群馬県群馬郡榛名町白岩
誰もみな祈る心は白岩の
初瀬の誓いたのもしきかな

第十六番　水沢観音　天台宗
五徳山水沢寺《みずさわでら》　千手観音　群馬県北群馬郡伊香保町水沢
たのみくる心も清き水沢の
深き願いをうるぞうれしき

第十七番　出流《いずる》観音　真言宗智山派別格本山
出流山満願寺　千手観音　栃木県栃木市出流町

ふるさとをはるばるここにたちいづる
　わがゆく末はいずくなるらん

第十八番　立木《たちき》観音堂　天台宗
日光山中禅《ちゅうぜん》寺　千手観音　栃木県日光市中禅寺歌ケ浜

中禅寺のぼりて拝むみずうみの
　うたの浜路にたつは白波

第十九番　大谷《おおや》観音　天台宗
天開《てんかい》山大谷寺　千手観音　栃木県宇都宮市大谷町

名を聞くもめぐみ大谷の観世音
　みちびきたまえ知るも知らぬも

第二十番　西明《さいみょう》寺　真言宗豊山《ぶさん》派＊
独鈷《とっこ》山西明寺　十一面観音　栃木県芳賀郡益子町

西明寺ちかいをここに尋ぬれば
　ついのすみかは西とこそきけ

第二十一番　八溝《やみぞ》山　天台宗
八溝山日輪寺　十一面観音　茨城県久慈郡大子町上野宮

迷う身が今は八溝へ詣りきて
　仏のひかり山もかがやく

第二十二番　佐竹寺《でら》　真言宗豊山派
妙福山佐竹寺　十一面観音　茨城県常陸太田市天神林町

ひとふしに千代をこめたる佐竹寺
　かすみがくれに見ゆるむら松

第二十三番　佐白《さしろ》観音　普門宗
佐白山観世音寺　十一面千手観音　茨城県笠間市笠間

夢の世にねむりもさむる佐白山
　たえなる法《のり》やひびく松風

第二十四番　雨引《あまびき》観音　真言宗豊山派
雨引山楽法寺　延命観音　茨城県真壁郡大和村本木

へだてなき誓いをたれも仰ぐべし
　仏の道に雨引の寺

第二十五番　大御堂《おおみどう》　真言宗豊山派
筑波山大御堂　千手観音　茨城県つくば市宮脇

大御堂かねは筑波の峰にたて
　かた夕暮れにくにぞ恋しき

第二十六番　清滝寺　真言宗豊山派
南明《なんめい》山清滝《きよたき》寺　聖《しょう》観音　茨城県新治郡新治村

わが心今よりのちはにごらじな

清滝寺へ詣る身なれば

第二十七番　飯沼《いいぬま》観音　真言宗智山派

飯沼山円福寺　十一面観音　千葉県銚子市馬場町

このほどはよろずのことを飯沼に

聞くもならわぬ波の音かな

第二十八番　滑河《なめかわ》観音　天台宗

滑河山竜正《りゅうしょう》院　十一面観音　千葉県香取郡下総町滑川

音にきくなめかわ寺の朝日《けさ》ケ渕

あみ衣にてすくうなりけり

第二十九番　千葉寺《ちばでら》　真言宗豊山派

海上山千葉寺　十一面観音　千葉市中央区千葉寺町

千葉寺へまいるわが身もたのもしや

岸うつ波に船ぞうかべる

第三十番　高倉《たかくら》観音　真言宗豊山派

平野《せいや》山高蔵《こうぞう》寺　聖観音　千葉県木更津市矢那

はるばると登りて拝む高倉や

富士にうつろう阿娑婆《あさば》なるらん

第三十一番　笠森観音　天台宗

大悲山笠森寺　十一面観音　千葉県長生郡長南町笠森

日はくるる雨はふる野の道すがら

かかる旅路をたのむ笠森

第三十二番　清水観音　天台宗

音羽山清水《きよみず》寺　千手観音　千葉県夷隅郡岬町鴨根

濁るともちひろの底は澄みにけり

清水寺に結ぶ閼伽《あか》桶

第三十三番　那古《なこ》観音　真言宗智山《ちさん》派

補陀洛山那古《なこ》寺　千手観音　千葉県館山市那古

補陀洛はよそにはあらじ那古の寺

岸うつ波を見るにつけても

秩父三十三所観音（ちちぶさんじゅうさんしょかんのん）——西国《さいごく》三十三所観音*にならい、徳川時代のころから埼玉県秩父地方に三十三所観音*を定めて、これを巡礼*することが行われた。これを秩父三十三所観音という。だが、その実数は三十四所である。寺名、山号*、宗旨*、本尊*、所在地、御詠歌*は以下の通り。

第一番　妙音寺　曹洞《そうとう》宗*

誦経山四万部《しまぶ》寺　聖《しょう》観音　秩父市大字栃谷

ありがたや一巻《ひとまき》ならぬ法《のり》の花

数は四万部の寺のいにしえ

第二番　真福寺　曹洞宗
大棚山真福寺　聖観音　秩父市大字山田
めぐりきて頼みをかけし大棚の
誓いも深き谷川の水

第三番　岩本寺　曹洞宗
岩本山常泉《じょうせん》寺　聖観音　秩父市大字山田
補陀落は岩本寺と拝むべし
峰の松風ひびく滝津瀬

第四番　新木寺《あらきでら》　曹洞宗
高谷《こうこく》山金昌《きんしょう》寺　十一面観音　秩父市大字山田
あらたかに参りて拝む観世音
二世安楽と誰も祈らん

第五番　語歌堂《ごかのどう》　臨済《りんざい》＊宗南禅寺派
小川山長興寺　准胝《じゅんでい》観音　秩父郡横瀬町
父母のめぐみも深き語歌の堂
大慈大悲の誓いたのもし

第六番　荻野堂　曹洞宗
向陽山卜雲《ぼくうん》寺　聖観音　秩父郡横瀬町苅米
初秋に風吹き結ぶ荻の堂
宿かりの世の夢ぞさめける

第七番　牛伏《うしぶせ》堂　曹洞宗
青苔《せいたい》山法長寺　十一面観音　秩父郡横瀬町苅米
六道をかねてめぐりて拝むべし
またのちの世を聞くも牛伏

第八番　西善《さいぜん》寺　臨済宗南禅寺派
清泰《せいたい》山西善寺　十一面観音　秩父郡横瀬町根古屋
ただたのめまことの時は西善寺
きたり迎えん弥陀《みだ》の三尊

第九番　明智《あけち》寺　臨済宗南禅寺派
明星山明智寺　如意輪《にょいりん》観音　秩父郡横瀬町
めぐりきてその名を聞けば明智寺
心の月はくもらざるらん

第十番　大慈寺　曹洞宗
万松《まんしょう》山大慈寺　聖観音　秩父郡横瀬町
ひたすらに頼みをかけよ大慈寺
六つのちまたの苦にかわるべし

第十一番　常楽寺　曹洞宗
南石《なんこく》山常楽寺　十一面観音　秩父市熊木町
罪とがも消えよと祈る坂ごおり
朝日はささで夕日かがやく

第十二番　野坂寺　臨済宗南禅寺派

仏道山野坂寺　聖観音　秩父市野坂町
老の身に苦しきものは野坂寺
いま思い知れのちの世の道

第十三番　慈眼《じげん》寺　曹洞宗
旗《き》下《か》山慈眼寺　聖観音　秩父市東町
御手に持つはちすのははき残りなく
浮世の塵をはけの下寺

第十四番　今宮坊　臨済宗
長岳《ちょうがく》山今宮坊　聖観音　秩父市中町
昔より立つとも知らぬ今宮に
参る心は浄土なるらん

第十五番　少林寺　臨済宗建長寺派＊
母巣《ははそ》山少林寺　十一面観音　秩父市番場町
みどり児のははその森の蔵福寺
ちちもろともに誓いもらすな

第十六番　西光《さいこう》寺　真言宗＊豊山《ぶさん》派＊
無量山西光寺　千手観音　秩父市中村町
西光寺誓いを人に尋ぬれば
ついの住家は西とこそ聞け

第十七番　林寺　曹洞宗
実正《じっしょう》山定林《じょうりん》寺　十一面観音　秩父市桜木町
あらましを思い定めし林寺
鐘ききあえず夢ぞさめける

第十八番　神門《ごうど》寺　曹洞宗
白道《はくどう》山神門寺　聖観音　秩父市下宮地町
ただたのめ六則ともに大悲をば
神門にたちてたすけたまえる

第十九番　竜石《りゅうせき》寺　曹洞宗
飛淵《ひえん》山竜石寺　千手観音　秩父市大畑町
あめつちを動かすほどの竜石寺
詣る人には利生あるべし

第二十番　岩之上《いわのうえ》堂　臨済宗南禅寺派
法王山岩之上堂　聖観音　秩父市寺尾
苔むしろ敷きてもとまれ岩の上
玉のうてなも朽ちはつる身を

第二十一番　矢之《やの》堂　真言宗豊山派
要光山観音寺　聖観音　秩父市寺尾
梓弓いる矢の堂に詣で来て
願いし法《のり》にあたる嬉しさ

第二十二番　童子《わらべ》堂　真言宗豊山派
華台《かだい》山永福寺　聖観音　秩父市寺尾
極楽をここで見つけて童《わら》う堂

後の世までもたのもしきかな

第二十三番　音楽寺　臨済宗南禅寺派
松風《しょうふう》山音楽寺　聖観音　秩父市寺尾
音楽のみ声なりけり小鹿坂《おがさか》の
しらべにかよう峰の松風

第二十四番　法泉寺　臨済宗南禅寺派
光智《こうち》山法泉寺　聖観音　秩父市別所
天照らす神の母祖《ははそ》の色かえて
なおも降りぬる雪の白山《しらやま》

第二十五番　御手判《おてはん》寺　曹洞宗
岩谷山久昌《きゅうしょう》寺　聖観音　秩父市久那
水上《みなかみ》はいずくなるらん岩谷堂
朝日もくなく夕日かがやく

第二十六番　岩井堂　臨済宗建長寺派
万松山円融《えんゆう》寺　聖観音　秩父市下影森
尋ね入りむすぶ清水の岩井堂
心の垢をすすがぬはなし

第二十七番　月影堂　曹洞宗
竜河《りゅうが》山大淵《だいえん》寺　聖観音　秩父市上影森
夏山やしげきが下《もと》の露までも
心へだてぬ月の影もり

第二十八番　橋立《はしたて》堂　曹洞宗
石竜山橋立堂　馬頭観音　秩父市上影森
霧の海たち重なるは雲の波
たぐいあらじとわたる橋立

第二十九番　石札《いしふだ》堂　曹洞宗
笹戸山長泉院　聖観音　秩父郡荒川村上田野
分けのぼり結ぶ笹の戸おし開き
仏を拝む身こそたのもし

第三十番　法雲寺　臨済宗建長寺派
瑞竜山法雲寺　如意輪観音　秩父郡荒川村白久
一心に南無観音と唱えれば
慈悲深か谷の誓いたのもし

第三十一番　観音院　曹洞宗
鷲窟《しゅうくつ》山観音院　聖観音　秩父郡小鹿野町飯田観音山
深山路をかきわけ尋ね行きみれば
鷲のいわやにひびく滝つ瀬

第三十二番　法性《ほっしょう》寺　曹洞宗
般若《はんにゃ》山法性寺　聖観音　秩父郡小鹿野町般若
願わくは般若の船に法《のり》を得ん
いかなる罪も浮かぶとぞ聞く

第三十三番　菊水寺《きくすい》　曹洞宗
延命山菊水寺　聖観音　秩父郡吉田町桜井
　春や夏冬もさかりの菊水寺
　　秋のながめにおくる年月
第三十四番　水潜寺《すいせん》　曹洞宗
日沢山《にったく》水潜寺　千手観音　秩父郡皆野町下日野沢
　よろず世の願いをここにおさめおく
　　苔の下より出づる水かな

四国八十八箇所(しこくはちじゅうはちかしょ)——四国における弘法大師*空海*の遺跡である八十八箇寺をいう。大師の信徒*は「南無大師遍照金剛《なむだいしへんじょうこんごう》」と唱えつつ、これを巡拝して祈願*する。これを遍路*《へんろ》という。この風習は徳川時代に盛んに行われ、単に八十八箇所*と称したが、他地域においてこれを模するものがあり、四国の二字を冠して区別することになった。寺名、山号*、宗旨*、本尊*、所在地、御詠歌は以下の通り。

●徳島県(阿波《あわ》)第一番—第二十三番札所*・第六十六番札所

第一番　霊山寺《りょうぜん》　高野山真言宗*
竺和山《じくわ》霊山寺　釈迦如来《にょらい》　鳴門市大麻町板東
　霊山の釈迦のみ前にめぐりきて
　　よろずの罪も消え失せにけり
番外　第一番奥の院　種まき大師
八葉山東林院《とうりん》　薬師如来　鳴門市大麻町大谷
　種まきし稲穂みのりて栄えゆく
　　大師のめぐみ仰げもろ人
第二番　極楽寺　高野山真言宗
日照山極楽寺　阿弥陀《あみだ》如来　鳴門市大麻町桧
　極楽の弥陀の浄土へ行きたくば
　　南無《なむ》阿弥陀仏くちぐせにせよ
第三番　金泉寺《こんせん》　高野山真言宗
亀光山《きこう》金泉寺　釈迦如来　板野郡板野町大寺亀山
　極楽の宝の池を思えただ
　　黄金の泉澄みたたえたる
第四番　大日寺　東寺真言宗
黒巌山《こくがん》大日寺　大日如来　板野郡板野町黒谷
　眺むれば月白妙《つきしろたえ》の夜半《よわ》なれや
　　ただ黒谷《くろたに》に墨染《すみぞめ》の袖
第五番　地蔵寺　真言宗*御室《おむろ》派
無尽山《むじん》地蔵寺　勝軍《しょうぐん》地蔵菩薩《ぼさつ》　板野郡板野町羅漢

六道《ろくどう》の能化《のうげ》の地蔵大菩薩
みちびき給えこの世のちの世

第六番　安楽寺　高野山真言宗
温泉山安楽寺　薬師如来　板野郡上板町引野
かりの世に知行《ちぎょう》争うむやくなり
安楽国の守護をのぞめよ

第七番　十楽寺《じゅうらくじ》　高野山真言宗
光明山十楽寺　阿弥陀如来　板野郡土成町高尾
人間の八苦を早く離れなば
到らん方は九品《くぼん》十楽

第八番　熊谷《くまたに》寺　高野山真言宗
普明《ふみょう》山熊谷寺　千手《せんじゅ》観音　板野郡土成町土成
薪《たきぎ》とり水くま谷《たに》の寺に来て
難行《なんぎょう》するも後の世のため

第九番　法輪《ほうりん》寺　高野山真言宗
正覚《しょうかく》山法輪寺　涅槃《ねはん》釈迦如来　板野郡土成町土成
大乗のひぼうもとがもひるがえし
転法輪《てんぽうりん》の縁とこそきけ

第十番　切幡《きりはた》寺　高野山真言宗
得度《とくど》山切幡寺　千手《せんじゅ》観音　阿波郡市場町切幡

欲心をただ一筋《ひとすじ》に切幡寺
後の世までの障《さわ》りとぞなる

第十一番　藤井寺　臨済《りんざい》宗＊妙心寺《みょうしんじ》派＊
金剛山藤井寺　薬師如来　麻植郡鴨島町飯尾
色《いろ》も香《か》も無《む》比中道《ひちゅうどう》の藤井寺
真如《しんにょ》の波のたたぬ日もなし

第十二番　焼山《しょうさん》寺　高野山真言宗
摩盧《まろ》山焼山寺　虚空蔵《こくうぞう》菩薩　名西郡神山町下分
後の世を思えばくぎょう焼山寺
死出《しで》や三途《さんず》の難所《なんしょ》ありとも

番外　杖杉《じょうしん》庵　真言宗
杖杉庵　地蔵菩薩・不動明王・弘法大師　名西郡神山町下分
ありがたや大師の加持《かじ》の力にぞ
消えつる罪はのちの世まで

第十三番　大日寺　真言宗大覚寺派
大栗《おおぐり》山大日寺　十一面観音　徳島市一宮町西丁
阿波《あわ》の国一《くにいち》の宮《みや》とはゆふだすき
かけて頼めや此の世後の世

第十四番　常楽《じょうらく》寺　高野山真言宗
盛寿《せいじゅ》山常楽寺　弥勒《みろく》菩薩　徳島市国府町延命

常楽の岸にはいつか到らまし
　弘誓《ぐぜい》の船に乗りおくれずば

第十五番　国分寺　曹洞《そうとう》宗＊
薬王山国分寺　薬師如来　徳島市国府町矢野
　薄く濃くわけわけ色を染めぬれば
　　流転《るてん》生死《しょうじ》の秋のもみじは

第十六番　観音寺　高野山真言宗
光耀《こうよう》山観音寺　千手観音　徳島市国府町観音寺
　忘れずもみちびき給え観音寺
　　西方《さいほう》世界弥陀《みだ》の浄土へ

第十七番　井戸寺　真言宗善通寺《ぜんつうじ》派
瑠璃《るり》山井戸寺　七仏薬師如来　徳島市国府町井戸
　面影《おもかげ》をうつしてみれば井戸の水
　　むすべば胸の垢や落ちなん

第十八番　恩山寺《おんざん》　高野山真言宗
母養《ぼよう》山恩山寺　薬師如来　小松島市田野町恩山寺谷
　子を産めるその父母《ちちはは》の恩山寺
　　訪《とぶら》いがたきことはあらじな

第十九番　立江《たつえ》寺　高野山真言宗
橋池《きょうち》山立江寺　延命地蔵菩薩　小松島市立江町若松
　いつかさて西のすまいのわが立江
　　弘誓《ぐぜい》の船に乗りて到らん

第二十番　鶴林《かくりん》寺　高野山真言宗
霊鷲《りょうじゅ》山鶴林寺　地蔵菩薩　勝浦郡勝浦町生名
　しげりつる鶴の林をしるべにて
　　大師ぞいます地蔵帝釈《たいしゃく》

番外　二十番奥の院　高野山真言宗
月頂山慈眼《じげん》寺　十一面観音　勝浦郡上勝町正木
　あまとおや鶴の奥山おくたえて
　　願う功力《くりき》に法《のり》ぞかよわん

第二十一番　太竜《たいりゅう》寺　高野山真言宗
舎心《しゃしん》山太竜寺　虚空蔵《こくうぞう》菩薩　阿南市加茂町竜山
　太竜の常にすむぞやげに岩屋
　　舎心聞持《もんじ》は守護のためなり

第二十二番　平等寺　高野山真言宗
白水《はくすい》山平等寺　薬師如来　阿南市新野町秋山
　平等にへだてのなきと聞く時は
　　あら頼もしき仏とぞみる

第二十三番　薬王寺　高野山真言宗
医王山薬王寺　薬師如来　海部郡日和佐町奥河内

みな人の病《や》みぬる年の薬王寺
　瑠璃《るり》の薬を与えまします

番外　鯖大師《さばだいし》　高野山真言宗
八坂《やさか》山八坂寺　弘法大師　海部郡海南町浅川
かげだにもわが名を知れよ一つ松
　古今来世を救いみちびく

●高知県（土佐）第二十四番―第三十九番札所

第二十四番　東寺《ひがしでら》　真言宗豊山《ぶさん》派＊
室戸《むろと》山最御崎《ほつみさき》寺　虚空蔵菩薩　室戸市室戸岬町
明星のいでぬる方の東寺
　暗き迷いはなどかあらまじ

第二十五番　津寺《つでら》　真言宗豊山派
宝珠《ほうじゅ》山津照《しんしょう》寺　地蔵菩薩　室戸市室津
法《のり》の船入《い》るか出《い》ずるかこの津寺
　迷うわが身を乗せて給えや

第二十六番　西寺《にしでら》　真言宗豊山派
竜頭《りゅうず》山金剛頂《こんごうちょう》寺　薬師如来　室戸市元乙
往生にのぞみをかくる極楽は
　月のかたむく西寺のそら

第二十七番　神峰寺《こうのみね》　真言宗豊山派
竹林山神峰寺　十一面観音　安芸郡安田町唐浜
み仏の恵みの心こうのみね
　山もちかいも高き水音

第二十八番　大日寺　真言宗智山《ちさん》派＊
法界《ほうかい》山大日寺　大日如来　香美郡野市町母代寺
露霜《つゆじも》と罪を照らせる大日寺
　などか歩みを運ばざらまし

第二十九番　国分寺　真言宗智山派
摩尼《まに》山国分寺　千手千眼《せんじゅせんげん》観音　南国市国分
国を分け宝を積みて建つ寺の
　末の世まで利益《りやく》のこせり

第三十番　善楽寺　真言宗豊山派
百々《どど》山善楽寺　阿弥陀《あみだ》如来　高知市一の宮
人多くたち集まれる一の宮
　昔も今も栄えぬるかな

第三十番　安楽寺　真言宗豊山派
妙色《みょうしき》山安楽寺　阿弥陀如来　高知市洞ケ島
人多くたち集まれる安楽寺
　昔も今も栄えぬるかな

（注）三十番が二カ寺あるのは、土佐神社の別当寺として栄えていた善楽寺が明治の神仏分離令によって廃寺となり、預けていた阿弥陀如来を本尊として安楽寺が札所となった。

しかし、善楽寺も昭和四年再建して札所を名乗ったため、二カ寺が札所となった。平成六年から、安楽寺を三十番善楽寺の奥の院として落着した。

第三十一番　竹林寺　真言宗智山派
五台山竹林寺　文殊菩薩《もんじゅ》　高知市五台山
南無《なむ》文殊み世《よ》の仏の母と聞く
われも子なれば乳《ち》こそほしけれ

第三十二番　峰寺《みねでら》　真言宗豊山派
八葉山《はちよう》禅師峰寺《ぜんじぶじ》　十一面観音　南国市十市
静かなるわがみなもとの禅師峰寺
うかぶ心は法《のり》の早船《はやぶね》

第三十三番　雪蹊寺《せっけい》　臨済宗《りんざい》妙心寺派《みょうしんじ》
高福山《こうふく》雪蹊寺　薬師如来　高知市長浜
旅の道うえしも今は高福寺
のちのたのしみ有明《ありあけ》の月

第三十四番　種間寺《たねま》　真言宗豊山派
本尾山《もとお》種間寺　薬師如来　吾川郡春野町秋山
世の中にまける五穀《ごこく》の種間寺《でら》
深き如来の大悲《だいひ》なりけり

第三十五番　清滝寺《きよたき》　真言宗豊山派
医王山清滝寺　薬師如来　土佐市高岡町清滝

澄む水を汲《く》めば心の清滝寺
波の花ちる岩の羽《は》ごろも

第三十六番　青竜寺《しょうりゅう》　真言宗豊山派
独鈷山《とっこ》青竜寺　波切不動明王　土佐市宇佐町竜
わずかなる泉にすめる青竜は
仏法守護のちかいとぞきく

第三十七番　岩本寺《いわもと》　真言宗智山派
藤井山岩本寺　不動・阿弥陀《あみだ》・薬師・観音・地蔵　高岡郡窪川町茂串
六つのちり五つのやしろあらわして
深き仁井田《にいだ》の神のたのしみ

第三十八番　金剛福寺《こんごうふく》　真言宗豊山派
蹉跎山《さだ》金剛福寺　三面千手観音　土佐清水市足摺岬伊佐
補陀洛《ふだらく》やここは岬の船の棹《さお》
取るも捨つるも法《のり》のさだやま

第三十九番　延光寺　真言宗智山派
赤亀山《しゃっき》延光寺　薬師如来　宿毛市平田町中山
南無薬師諸病悉除《なむやくししょびょうしつじょ》の願こめて
まいるわが身を助けましませ

●愛媛県（伊予）第四十番―第六十五番札所

第四十番　観自在寺　真言宗大覚寺派
平城山観自在寺　薬師如来　南宇和郡御荘町平城
心願《しんがん》や自在の春に花咲きて
うき世のがれてすむやけだもの

番外　四十番奥の院　竜光院
臨海《りんかい》山福寿《ふくじゅ》寺竜光院　十一面観音　宇和島市天神町
みめぐみの杖をたよりに有為《うい》の山
越えてくもらぬ月を見るかな

第四十一番　三間《みま》の稲荷《いなり》　真言宗御室《おむろ》派
稲荷山竜光寺　十一面観音　北宇和郡三間町戸雁
この神は三国《さんごく》流布《るふ》の密教を
守らせ給わんちかいとぞきく

第四十二番　仏木《ぶつもく》寺　真言宗御室派
一《いっ》 顆《か》山仏木寺　大日如来　北宇和郡三間町則
草も木も仏になれる仏木寺
なお頼もしき鬼畜人天《きちくにんてん》

第四十三番　明石《めいせき》寺　天台寺門《じもん》宗
源光山明石寺　千手観音　東宇和郡宇和町明石
聞くならく千手《せんじゅ》不思議のちかいには
大盤石《だいばんじゃく》もかろくあげ石

番外　十夜《とよ》が橋　真言宗御室《おむろ》派
十夜が橋永徳寺　弥勒《みろく》菩薩　大州市十夜が橋
行きなやむ浮世の人を渡さずば
一夜も十夜の橋と思ほゆ

第四十四番　大宝《だいほう》寺　真言宗豊山派
菅生《すごう》山大宝寺　十一面観音　上浮穴郡久万町菅生
今の世は大悲《だいひ》のめぐみ菅生山
ついには弥陀《みだ》のちかいをぞ待つ

第四十五番　岩屋《いわや》寺　真言宗豊山派
海岸山岩屋寺　不動明王　上浮穴郡美川村七鳥
大聖《だいしょう》の祈る力のげに岩屋
石の中にも極楽ぞある

第四十六番　浄瑠璃《じょうるり》寺　真言宗豊山派
医王山浄瑠璃寺　薬師如来　松山市浄瑠璃町
極楽の浄瑠璃世界たくらえば
受くる苦楽はむくいならまし

第四十七番　八坂《やさか》寺　真言宗醍醐《だいご》派
熊野《くまの》山八坂寺　阿弥陀《あみだ》如来　松山市浄瑠璃町八坂
花を見てうた詠《よ》む人は八坂寺《でら》
三仏《さんぶつ》じょうの縁とこそきけ

番外　文殊《もんじゅ》院　真言宗醍醐《だいご》派

大法山文珠院徳盛《とくせい》寺　地蔵菩薩　松山市恵原町
われ人を救わんための先達《せんだつ》に
みちびき給う衛門《えもん》三郎

第四十八番　西林《さいりん》寺　真言宗豊山派
清滝《せいりゅう》山西林寺　十一面観音　松山市高井町
弥陀仏《みだぶつ》の世界を尋ね行きたくば
西の林の寺にまいれよ

第四十九番　浄土寺　真言宗豊山派
西林《さいりん》山浄土寺　釈迦如来　松山市鷹子町
十悪《じゅうあく》のわが身を棄てずそのままに
浄土の寺にまいりこそすれ

第五十番　畑寺《はたでら》　真言宗豊山派
東山繁多《ひがしやまはんた》寺　薬師如来　松山市畑寺町
よろずこそ繁多なりとも怠らず
諸病なかれとのぞみ祈れよ

第五十一番　石手《いして》寺　真言宗豊山派
熊野《くまの》山石手寺　薬師如来　松山市石手町
西方《さいほう》をよそとは見まじ安養の
寺に詣《まい》りて受くる十楽《じゅうらく》

第五十二番　太山《たいさん》寺　真言宗智山派
滝雲《りゅううん》山太山寺　十一面観音　松山市太山寺町
たいさんへ登れば汗のいでけれど
のちの世思えば何の苦もなし

第五十三番　円明《えんみょう》寺　真言宗智山派
須賀《すが》山円明寺　阿弥陀《あみだ》如来　松山市和気町
来迎《らいごう》の弥陀《みだ》の光の円明寺
照りそう影は夜な夜なの月

第五十四番　延命《えんめい》寺　真言宗豊山派
近見《ちかみ》山延命寺　不動明王　今治市阿方
くもりなき鏡の縁とながむれば
のこさず影をうつすものかな

第五十五番　南光坊《なんこうぼう》　真言宗醍醐《だいご》派
別宮《べっくう》山南光坊　大通智勝如来　今治市別宮町
このところ三島《みしま》に夢のさめぬれば
別宮とてもおなじ垂迹《すいじゃく》

第五十六番　泰山《たいさん》寺　真言宗醍醐派
金輪《こんりん》山泰山寺　地蔵菩薩　今治市小泉
みな人の詣《まい》りてやがて泰山寺
来世《らいせ》の引導《いんどう》たのみおきつつ

第五十七番　栄福寺　高野山真言宗
府頭《ふとう》山栄福寺　阿弥陀《あみだ》如来　越智郡玉川町八幡甲
この世には弓矢をまもる八幡《やわた》なり

来世は人を救う弥陀仏《みだぶつ》

第五十八番　仙遊《せんゆう》寺　高野山真言宗
作礼《されい》山仙遊寺　千手観音　越智郡玉川町別所甲
たちよりて作礼の堂に休みつつ
六字をとなえ経を読むべし

第五十九番　国分寺　真言律《りつ》宗＊
金光《こんこう》山国分寺　薬師如来　今治市国分甲
守護のため建ててあがむる国分寺
いよいよめぐむ薬師なりけり

第六十番　横峰《よこみね》寺　真言宗御室《おむろ》派
石鈇《いしづち》山横峰寺　大日如来　周桑郡小松町石鎚
たてよこに峰や山辺に寺たてて
あまねく人を救うものかな

第六十一番　香園《こうおん》寺　単立（真言系）
栴檀《せんだん》山香園寺　大日如来　周桑郡小松町南川甲
後の世を思えば詣《まい》れ香園寺
とめてとまらぬ白滝の水

第六十二番　宝寿《ほうじゅ》寺　高野山真言宗
天養山宝寿寺　十一面観音　周桑郡小松町新屋敷甲
さみだれのあとに出でたる玉の井は
白坪《しらつぼ》なるや一の宮川

第六十三番　吉祥《きちじょう》寺　真言宗東寺《とうじ》派
密教《みっきょう》山吉祥寺　毘沙門天《びしゃもんてん》　西条市氷見乙
身の内の悪《あ》しき非報《ひほう》を打ちすてて
みな吉祥をのぞみ祈れよ

第六十四番　前神《まえがみ》寺　真言宗石鈇《いしづち》派
石鈇山前神寺　阿弥陀《あみだ》如来　西条市洲の内甲
前は神うしろは仏《ほとけ》極楽の
よろずの罪をくだく石づち

番外　いざり松　真言宗御室《おむろ》派
摩尼《まに》山延命寺　延命地蔵菩薩　宇摩郡土居町
千代かけてちかいの松のほとりこそ
なおありがたき法《のり》の道かな

第六十五番　三角《さんかく》寺　高野山真言宗
由霊《ゆれい》山三角寺　十一面観音　川之江市金田町三角寺
おそろしや三つの角《かど》にもいるならば
心をまろく慈悲を念ぜよ

番外　椿《つばき》堂　高野山真言宗
邦治《ほうじ》山常福寺　延命地蔵菩薩　川之江市川滝町椿堂
たちよりて椿の寺に休みつつ
命をかけて弥陀をたのめよ

第六十六番　雲辺寺《うんぺんじ》
巨鼇山《きょごうざん》雲辺寺　千手観音　真言宗御室《おむろ》派
はるばると雲のほとりの寺にきて
月日を今はふもとにぞ見る
徳島県三好郡池田町白地

●香川県（讃岐）第六十七番―第八十八番礼所

第六十七番　小松尾《こまつお》寺　真言宗善通寺《ぜんつうじ》派
小松尾山大興《だいこう》寺　薬師如来
植えおきし小松尾寺を眺むれば
法《のり》の教えの風ぞ吹きぬる
三豊郡山本町辻小松尾

第六十八番　神恵院《じんねいん》　真言宗大覚寺《だいかくじ》派
琴弾《ことひき》山神恵院　阿弥陀《あみだ》如来
笛の音《ね》も松吹く風も琴弾くも
歌うも舞うも法《のり》のこえごえ
観音寺市観音寺町

第六十九番　観音寺《かんおんじ》　真言宗大覚寺派
七宝《しっぽう》山観音寺　聖《しょう》観音
観音の大悲の力強ければ
重き罪をもひきあげてたべ
観音寺市観音寺町

第七十番　本山寺《もとやまじ》　高野山真言宗
七宝山本山寺　馬頭《ばとう》観音
もとやまに誰《たれ》か植えける花なれや
春こそ手折《たお》れたむけにぞなる
三豊郡豊中町本山甲

第七十一番　弥谷寺《いやだにじ》　真言宗善通寺派
剣五《けんご》山弥谷寺　千手観音
悪人と行きつれなんも弥谷寺
ただかりそめも善き友ぞよき
三豊郡三野町字大見乙

番外　海岸寺　真言宗醍醐《だいご》派
経納《きょうのう》山迦毘羅衛《かびらえ》院海岸寺　聖《しょう》観音
瀬戸の岸まなこや開く海岸寺
仲多度郡多度津町西白方

第七十二番　曼荼羅寺《まんだらじ》　真言宗善通寺《ぜんつうじ》派
我拝《がはい》師山曼荼羅寺　大日如来
よろこび満ちぬ身も心にも
わずかにも曼荼羅おがむ人はただ
二《ふた》たび三《み》たびかえらざらまし
善通寺市吉原町

第七十三番　出釈迦寺《しゅっしゃかじ》　真言宗御室《おむろ》派
我拝師山出釈迦寺　釈迦如来
迷いぬる六道衆生《ろくどうしゅじょう》救わんと
とうとき山に出《い》ずる釈迦寺《でら》
善通寺市吉原町

第七十四番　甲山寺《こうやまじ》　真言宗善通寺派
医王山甲山寺　薬師如来
十二神味方に持てるいくさには
善通寺市弘田町

おのれとこころかぶと山かな

番外　仙遊《せんゆう》寺　真言宗善通寺派　善通寺市仙遊町
仙遊ケ原仙遊寺　地蔵菩薩
天《あま》が下ひとり聖《ひじり》み仏《ほとけ》の
あそび給えしあとぞ尊き

第七十五番　善通寺＊　真言宗善通寺派総本山
五岳《ごがく》山善通寺　薬師如来　善通寺市善通寺町
われ住まばよも消えはてじ善通寺
ふかきちかいの法《のり》のともしび

第七十六番　金倉《こんぞう》寺　天台寺門《じもん》宗
鶏足《けいそく》山金倉寺　薬師如来　善通寺市金蔵寺町
まことにも神仏僧《しんぶつそう》を開くれば
真言加持《しんごんかじ》の不思議なりけり

第七十七番　道隆《どうりゅう》寺　真言宗醍醐《だいご》派
桑多《そうた》山道隆寺　薬師如来　仲多度郡多度津町北鴨
ねがいをば仏《ぶつ》道隆に入りはてて
菩提《ぼだい》の月を見まくほしさに

第七十八番　郷照《ごうしょう》寺　時《じ》宗＊
仏光《ぶっこう》山郷照寺　阿弥陀《あみだ》如来　綾歌郡宇多津町西町
踊りはね念仏唱《とな》う道場寺
ひょうしをそろえ鉦《かね》を打つなり

第七十九番　天皇寺　真言宗御室派
金華《きんか》山高照《こうしょう》院　十一面観音　坂出市西庄町
十楽《じゅうらく》のうき世の中をたずぬべし
天皇さえもさすらいぞある

第八十番　国分寺　真言宗御室《おむろ》派
白牛《はくぎゅう》山国分寺　十一面千手観音　綾歌郡国分寺町国分
国を分け野山をしのぎ寺々に
詣《まい》れる人を助けましませ

第八十一番　白峰《しらみね》寺　真言宗御室派
綾松《りょうしょう》山白峰寺　千手千眼観音　坂出市青海町
霜さむく露白妙《つゆしらたえ》の寺のうち
み名を称《とな》うる法《のり》の声ごえ

第八十二番　根香《ねごろ》寺　単立（天台系）
青峰《あおみね》山根香寺　千手観音　高松市中山町
宵の間のたえふる霜の消えぬれば
あとこそ鐘の勤行《ごんぎょう》のこえ

第八十三番　一宮《いちのみや》寺　真言宗御室派
神毫《しんごう》山一宮寺　聖《しょう》観音　高松市一宮町
讃岐《さぬき》一宮《いちのみや》のみ前に仰ぎ来て
神の心を誰《たれ》かしらいう

第八十四番　屋島《やしま》寺　真言宗御室派
南面《なんめん》山屋島寺　十一面観音　高松市屋島東町
梓弓《あずさゆみ》屋島の寺にもうでつつ
祈りをかけて勇むもののふ

第八十五番　八栗《やくり》寺　真言宗大覚寺《だいかくじ》派
五剣《ごけん》山八栗寺　聖観音　木田郡牟礼町
煩悩《ぼんのう》を胸の智火にて八栗をば
修行者ならでたれか知るべき

第八十六番　志度《しど》寺　真言宗善通寺派
補陀落《ふだらく》山志度寺　十一面観音　大川郡志度町
いざさらば今宵《こよい》はここに志度の寺
いのりの声を耳にふれつつ

第八十七番　長尾《ながお》寺　天台宗*
補陀落山長尾寺　聖観音　大川郡長尾町西
あしびきの山鳥《やまどり》の尾の長尾寺
秋の夜すがらみ名をとなえよ

第八十八番　大窪《おおくぼ》寺　真言宗大覚寺派
医王山大窪寺　薬師如来　大川郡長尾町多和
南無《なむ》薬師諸病なかれとねがいつつ
まいれる人はおおくぼの寺

国分寺（こくぶんじ）——天平十三年（七四一）聖武天皇*の勅願によって、国ごとに設置された国立の寺。これには僧寺と尼寺との二箇寺があり、僧寺を金光明四天王護国之寺《こんこうみょうしてんのうごこくのてら》といい、尼寺《にじ》を法華滅罪之寺《ほっけめつざいのてら》と称した。その目的は「国泰《やす》く、人楽しみ、災除き、福至る」ことを願って、聖武天皇が国家の元首として『金光明最勝《さいしょう》王経《おうきょう》』*の説くところに従い、その功徳《くどく》*によって四天王*の加護*を得ることにある。すなわち、各寺に『金光明最勝王経』等の国家鎮護の功徳のある経典*を備えさせ、これを転読《てんどく》*して国家の平安を祈願*させることにあった。なお、奈良に東大寺*を建立*して大仏*を鋳造させたのも、その趣旨から出たもので、これは大和の国分寺であり、同時に日本の総国分寺*たる地位を占めた。それに対して、光明皇后の誓願により、尼寺として建立を見るに至った法華寺《ほっけじ》*が、大和の国分尼寺であり、同時に日本の総国分尼寺の地位に立つものであった。諸国の国分寺は通例、国府の付近に設けられた。これを表によって示せば以下のようになる。ただし、尼寺は所在不明のものがあるが、多くは国分僧寺の付近にあったものと思われる。

	国名	僧寺	尼寺
畿内	山城	京都府相楽郡加茂町例幣	同町法花寺野
	大和	奈良県奈良市雑司町	同市法華寺町
	河内	大阪府柏原市国分東条町	同
	和泉	〃和泉市国分町	未詳
	摂津	〃大阪市天王寺区国分寺	同市東淀川区柴島
東海道	伊賀	三重県上野市西明寺	同
	伊勢	〃鈴鹿市国分町	同町花の木
	志摩	〃志摩郡阿児町国府	未詳
	尾張	愛知県稲沢市矢合町椎ノ木	同市法花寺町
	三河	〃豊川市八幡町本郷	同町忍地
	遠江	静岡県磐田市中央町	未詳
	駿河	〃静岡市追手町、と大谷の二説あり	未詳
	伊豆	〃三島市泉町	未詳
	甲斐	山梨県東八代郡一宮町国分	同町東原
	相模	神奈川県海老名市国分	同
	武蔵	東京都国分寺市西元町	同
	安房	千葉県館山市国分	未詳
	上総	〃市原市惣社	同市根田
	下総	〃市川市国分	同
	常陸	茨城県石岡市府中	同市若松
東山道	近江	滋賀県大津市石山国分町	同市瀬田神領町
	美濃	岐阜県大垣市青野町	不破郡垂井町
	飛驒	〃高山市総和町	同市岡本町
	信濃	長野県上田市国分	同
	上野	群馬県群馬郡群馬町東国分	同
	下野	栃木県下都賀郡国分寺町国分	同
	陸奥	宮城県仙台市木の下	同市白萩町
	出羽	山形県飽海郡八幡町法連寺	未詳
北陸道	若狭	福井県小浜市国分	未詳
	越前	〃武生市大虫本町	未詳
	加賀	石川県小松市古府町	未詳
	能登	〃七尾市国分	未詳
	越中	富山県高岡市伏木一宮	未詳
	越後	新潟県 未詳	未詳
	佐渡	〃佐渡郡真野町国分寺	未詳

山陰道	丹波	京都府亀岡市千歳町国分	同市河原林町
	丹後	〃宮津市国分	未詳
	但馬	兵庫県城崎郡日高町国分寺	同町水上
	因幡	鳥取県岩美郡国府町国分寺	同町法花寺
	伯耆	〃倉吉市国分寺	同市国府
	出雲	島根県松江市竹矢町	同
	石見	〃浜田市国分町	同
	隠岐	〃隠岐郡西郷町池田	同
山陽道	播磨	兵庫県姫路市御国野町国分寺	同
	美作	岡山県津山市国分寺	同
	備前	〃赤磐郡山陽町馬屋	同町穂崎
	備中	〃総社市上林	同
	備後	広島県深安郡神辺町御領	未詳
	安芸	〃東広島市西条町吉行	同
	周防	山口県防府市国分寺町	未詳
	長門	〃下関市南部町	未詳
	紀伊	和歌山県那賀郡打田町東国分	岩出町西国分
	淡路	兵庫県三原郡三原町八木	未詳

南海道	阿波	徳島県徳島市国府町矢野	名西郡石井町石井
	讃岐	香川県綾歌郡国分寺町国分	同町新居
	伊予	愛媛県今治市国分	同市桜井
	土佐	高知県南国市国分	未詳
西海道	筑前	福岡県太宰府市国分	同
	筑後	〃久留米市国分町	同
	豊前	〃京都郡豊津町国分	同町徳政
	豊後	大分県大分市国分	未詳
	肥前	佐賀県佐賀郡大和町尼寺	同
	肥後	熊本県熊本市出水	水前寺公園
	日向	宮崎県西都市三宅	同市石松
	大隅	鹿児島県国分市向花	未詳
	薩摩	〃川内市国分寺町	未詳
	壱岐	長崎県壱岐郡芦辺町国分本村触	島分寺のため僧寺のみ
	対馬	〃下県郡厳原町今屋敷	（同上）

七堂伽藍（しちどうがらん）——七堂*を具備した伽藍*という意味で、七堂とは完全なる寺院*に具備すべき七種の堂宇をいう。七堂については説が分かれ、また宗派*に

よって異なるものがある。次の通り。
1　真言宗*の七堂――金堂*、講堂*、塔*、経蔵*、鐘楼、中門、大門をいう。
2　禅宗*の七堂――仏殿、法堂、僧堂（雲《うん》堂ともいう）、庫裡《くり》*、三門*、浴《よく》堂、西浄《せいじょう》をいう。
3　唐様の七堂――仏殿、宝塔、東方丈《ひがしほうじょう》、西《にし》方丈、鐘楼、鼓《こ》楼、山門*をいう。
4　百済《くだら》様の七堂――金堂、講堂、塔、鐘楼、鼓楼、中門、大門をいう。

金堂（こんどう）――南都六宗（三論宗*・成実《じょうじつ》宗*・法相《ほっそう》宗*・倶舎《くしゃ》宗*・華厳《けごん》宗*・律《りつ》宗*）および天台宗*、真言宗*の寺院*において、その本尊*を安置する最も重要な堂舎であることから金堂という。ただし、天台宗では時に中堂と称する。また、浄土宗*、浄土真宗*では阿弥陀《あみだ》堂といい、日蓮宗*では大堂という。なお、後世に至っては、各宗とも本堂*と呼ぶのが普通となった。

本堂（ほんどう）　→金堂（前項）

講堂（こうどう）――七堂伽藍《しちどうがらん》*の一つ。法*（仏の教え）を説き経*を講ずる堂舎で、金堂*の外に講堂のあるのが本来の様式である。禅宗*においては法堂という。

塔（とう）――（梵）stūpa　卒塔婆《そとうば》、卒堵婆《そとば》*と音写し、略して単に塔婆*という。本来は墳墓の意で、釈尊*が入滅*するとすぐにその舎利《しゃり》*を八分して、八つの塔を建立*した。爾来、起塔供養《くよう》がさかんに行われ、阿育《あいく》王*はその領内に八万四千の塔を立てたという。その建立の目的は、舎利を安置する以外に、供養*のため、報恩のため、霊域を表示するため、等である。わが国では、蘇我馬子*が大野の丘の北に塔を立てたのを初めとして、聖徳太子*は四天王寺*内に五重の塔*を建てた。その様式は多層を原則とし、三重、五重を普通とするが、そのほか、七重（東大寺*）、九重（大官大寺）、十三重（多武峰《とうのみね》の談山《たんざん》神社）等の様式のものも建てられた。なお、今日一般的に卒塔婆または塔婆と称するものは、この塔を簡略にしたもので、上部を塔の形にした細長い板に経文の一句を記して、これを墓所に立てる習いである。

方丈（ほうじょう）――寺院*堂宇の一つ。古くは「維摩《ゆいま》*の方丈」の語があって、維摩居士《こじ》は一丈四方の居室に三万二千人の座を設けたという。この言い伝えにより一寺の長老*住持《じゅうじ》*の居室を方丈といい、さらに転じて、住持その人を方丈ともいう。ただし、わが国の禅寺の建築を見ると、住持は必ずしも方丈におらず、多くの室を有する書院を方丈と称して住持の室は別棟にあり、堂頭または正堂《しょう》と称する。この風習はやがて他宗の寺院建築にも見られるようになった。

経蔵(きょうぞう)——経典*などを納めておく蔵《くら》の意味で、経堂*、修多羅《しゅたら》蔵などともいい、転輪蔵の様式のものは輪蔵とも称する。これらは、寺院建築の重要な要素で、七堂*の中に数えられる。

三門(さんもん)——禅宗*寺院*の仏殿正面にある楼門をいう。わが国の寺院に三門が最初に建てられたのは鎌倉時代、禅宗渡来以後のことで、それ以前はただ大門、中門のみが通例であった。三門の構造は通常二層で、上層中央に釈迦、両側に十六羅漢《らかん》*などを配し、下層左右に金剛力士*像などを安置した。三門の制度は禅宗以外に浄土宗*、日蓮宗*で行われ、その他の宗派*では多くこれを大門または山門という。↓本文同項

山門(さんもん)　↓三門*(前項)

斎堂(さいどう)——禅宗*で食堂《じきどう》*をいう言葉で、古くは僧堂と斎堂とは同一であったが、今日では別のものである。

庫裡・庫裏(くり)——庫は物を貯えておく蔵《くら》、裡は母屋《おもや》の裏(うち・なか)の意味で、寺院*の厨房《ちゅうぼう》を庫裡という。すなわち、本尊*の仏餉《ぶっしょう》(仏飯《ぶっぱん》*)および衆僧《しゅそう》の食事を調理する屋舎で、大寺では大小二棟があるものもあり、大庫裡は本尊の仏餉を、小庫裡は衆僧の時食《じじき》(規定の時間内にとる食事)を調進する。ただし近頃では、仏殿等に対して、衆僧の房舎および厨房を合わせて庫裡と呼ぶのが通例。

大黒天真言

ウン
hūṃ

オン マ カ キャ ラ ヤ ソワ カ
唵 摩訶迦羅耶 娑嚩訶
oṃ mahākālāya svāhā

帰命《きみょう》す。大黒天に。成就せよ。

本文243頁「だいこくてん」

吉祥天真言

シリー
śrī

オン マ カ シリ ヤ エイ ソワ カ
唵 大吉祥 娑縛賀
oṃ mahāśriye svāhā

帰命す。大なる吉祥よ。成就せよ。

↓本文56頁「きちじょうてん」

僧の部

僧（そう）――僧とは（梵）sangha の音写、僧伽《そうぎゃ》の略で、僧伽とは、意訳して衆または和合の意味。『大智度論*』巻三には「多くの比丘《びく》*一処に在りて和合す。これを僧伽と名づく」と説かれ、律*制には、四人以上の仏道修行*者の集まりを僧と名づけると定めている。僧侶*というのは、梵漢《ぼんかん》両語を併記したものであるが、後年、僧をも僧侶をも単に一人の出家*者を指していうようになり、現在では本来の意味ではほぼ使われなくなった。

僧綱（そうごう）――古くは、わが国において僧尼《そうに》*を統督し、法務を司るために設けた僧官を総称して僧綱といい、その官庁を僧綱所と称した。最初にこれを置いたのは推古天皇三十二年（六二四）のことで、その時には僧正《そうじょう》*、僧都《そうず》*、法頭《ほうず》の三つの位階があったが、やがて分化してつぎの三階五級《さんがいごきゅう》*となり、

僧正……{大僧正* / 僧正

僧都……{大僧都 / 少僧都

律師《りっし》*……律師

さらに分化して、つぎの三階九級《さんがいくきゅう》*となった。

僧正……{大僧正 / 僧正 / 権《ごん》僧正

僧都……{大僧都 / 権大僧都 / 少僧都 / 権少僧都

律師……{律師 / 権律師

なお、僧綱の官にあるものの位として、法印*、法眼《ほうげん》*、法橋《ほっきょう》*の三つの位階が定められ、これらも僧綱に合わせ称することとなった。だが、後世に至って、この三つの位階は俗人にも与えられるようになった。この僧綱は明治維新の際、全面的に廃止され、今日各宗において用いられている僧階*は、その名称は同一でも、実態はまったく異なるものである。

僧位（そうい）――古くは、僧侶*に賜わる位階のことで、

淳仁天皇の天平宝字四年（七六〇）初めて僧侶に位階を賜わることが定められてより以来、時代によって多少の違いはあるが、その根幹は次の二色九階《にしきくかい》であった。

大法師《ほっし》位

伝灯《でんとう》法師位　修行《しゅぎょう》法師位

伝灯満《まん》位　修行満位

伝灯住《じゅう》位　修行住位

伝灯入《にゅう》位　修行入位

このうち伝灯というのは、学道より進むもの、修行は行業《ぎょうごう》*より進むものの僧位で、僧位をその機根《きこん》*に応じて二色に分けたが、やがて学道を重んじる傾向が強くなり修行位を受けるものは稀になって、後には伝灯一色となり、さらに住位、入位を省略して結局、満位、法師位、大法師位の三階のみとなるに至った。なお、僧綱《そうごう》*の官にあるものに対しては、とくに法印大和尚《かしょう》位、法眼《ほうげん》和尚位、法橋《ほっきょう》上人位の三つの位階を制定した（和尚の読み方については、本文「おしょう」参照）。だが、明治六年（一八七三）に至り、僧位の制度はすべて廃止された。今日存在するものは、別に各宗において設けられたものである。

僧階（そうかい）——各宗においてそれぞれ設けられた僧侶*の階級のことで、法階または職級ともいう。多くは律師《りっし》*、僧都《そうず》*、僧正《そうじょう》*と次第に上進し、各階を大・少に分け、かつ正《しょう》・権《ごん》を設けている。なお、それらは教師《きょうじ》*以上の僧階であり、その下にはさらに衆徒《しゅと》*、讃衆《さんしゅ》*その他の制度がある。以下に主な宗派*の僧階を示す。

天台宗*——大僧正*、権大僧正、僧正*、権僧正、大僧都、権大僧都、僧都*、少僧都、権少僧都、大律師、中律師、律師*、権律師。

真言宗*——大僧正、権大僧正、中僧正、権中僧正、少僧正、権少僧正、大僧都、権大僧都、中僧都、権中僧都、少僧都、権少僧都、大律師、律師、権律師、教師（新義では試補）。

浄土宗*——大僧正、正僧正、僧正、大僧都、僧都、少僧都、律師。

曹洞宗《そうとう》*——大教正《きょうせい》、権大教正、大教師《きょうし》、権大教師、正教師、一—三等教師。［法階］大和尚《おしょう》、和尚*、座元《ぞげん》、上座《じょうざ》。

臨済宗《りんざい》*（妙心寺派*）——［法階］特住《とくじゅう》、歴住、再住、前住、住持*、準住、東堂《とうどう》*、西堂《せい》*、塔主《たっす》、前堂、首座《しゅそ》*、蔵主《ぞうす》、知客《しか》、沙弥《しゃみ》。

黄檗宗《おうばく》*——禅住《ぜんじゅう》、都寺《とす》、版首《はんしゅ》、特位《とくい》、首座、西堂、常《どう》主《しゅ》、座元《ぞげん》、禅士《ぜんじ》、沙弥。
真宗*(大谷派)*――大僧正、権大僧正、僧正、権僧正、大僧都、権大僧都、僧都、権僧都、律師、権律師、法師位、満位、入位。
浄土真宗*(本願寺派)*――教導師、教師。
日蓮宗*――大僧正、権大僧正、僧正、権僧正、大僧都、権大僧都、僧都、権僧都、大講師、権大講師、講師*、準講師。
時《じ》宗*――大僧正、権大僧正、中僧正、権中僧正、少僧正、権少僧正、大僧都、権大僧都、中僧都、権中僧都、少僧都、権少僧都、訓導、準導。
融通《ゆうずう》念仏宗*――大僧正、権大僧正、僧正、権僧正、大僧都、権大僧都、中僧都、権中僧都、少僧都、権少僧都。
法相《ほっそう》宗*――大僧正、権大僧正、中僧正、権中僧正、僧正、権僧正、大僧都、権大僧都、中僧都、権中僧都、少僧都、権少僧都、大律師、律師、権律師、大法師、法師。
華厳《けごん》宗*――大僧正、権大僧正、僧正、権僧正、大僧都、権大僧都、中僧都、権中僧都、少僧都、権少僧都、大律師、律師、権律師、大法師、法師。

僧服(そうふく)――僧尼《そうに》*の衣服の総称。普通には単にころもと称する。戒律*によって定められた僧服は、五条*、七条*、九条*の三衣《さんえ》*であるが、仏教が北方に伝わるとともに、インドで定められたままでは気候に適さないので、三衣の下に他の衣服を着用するようになり、やがて、三衣はこれを袈裟《けさ》*と別称し、その下の直綴《じきとつ》、素絹《そけん》等をころもと称するに至った。これに律衣《りつえ》と色衣《しきえ》*とがある。律衣とは、戒律に定められた壊色《えじき》*、すなわち木蘭色または鼠《ねずみ》色を用いるものをいい、色衣とは、紫、緋《ひ》その他の色を寺格または僧位*によって用いるものをいう。なお、黒衣《こくえ》*は、律衣、色衣の双方に属し、一般には最低位のものと、平僧または隠遁僧、あるいは師僧、兄僧等の葬儀に出席する僧がこれを着用する。

色衣(しきえ)――戒律*のさだめによらない色の法衣《ほうえ》*をいう。元来、僧侶*の学徳を表彰するために官制の衣帯《いたい》に準じて許されたもので、わが国では仏教の渡来とともにこの制度が伝えられ、色は紫、緋《ひ》、香《こう》(香木の液汁で染めたもの)の三種で、いずれも綸旨《りんじ》(天子の詔《みことのり》)によって着用を許された。ただし、明治に至って、各宗の管長がこれを許可するようになった。主な宗派*の色衣を以下に掲げる。

天台宗*――緋、紫、松襲《まつがさね》、萌黄《もえぎ》玉虫、木蘭《もくらん》、黒。
真言宗*――緋、紫、鳶《とび》、萌黄。
浄土宗*――緋、紫、松襲、萌黄。
臨済《りんざい》宗*（妙心寺派*）――緋、紫、鶯《うぐいす》茶、黄、青、鼠、紺。
曹洞《そうとう》宗*――紫、黄、緋、藤紫、牡丹《ぼたん》、鼠、黒。
黄檗《おうばく》宗*――鬱金《うこん》、銀鼠《ぎんねず》、水、黒。
浄土真宗*（本願寺派*）――緋、鴇《とき》、紫、藍海松《あいみる》、媚《こび》茶、萌黄、松葉、紅葉重《もみじがさね》、裏桔梗《ききょう》、落葉重《おちばがさね》、葉裏《はうら》、青丹《あおに》、薄茶、葡萄《ぶどう》、花、浅黄、黒。
真宗*（大谷派*）――緋、紫、香、黒。
日蓮宗*――紫、緋、白。
時《じ》宗*――紫、緋、藤、赤、樺《かば》、青、黄、水。
融通《ゆうずう》念仏宗*――緋、紫、木蘭、黒。
法相《ほっそう》宗*――鈍色《にびいろ》、紫、萌黄、黒、白。
華厳《けごん》宗*――緋、紫、色衣（白）、黒。

比丘（びく）　→本文同項

比丘尼（びくに）　→本文同項

沙門（しゃもん）　→本文同項

上人（しょうにん）――学徳の高い僧侶*を敬っていう尊称で、浄土宗*、日蓮宗*においてとくに多く用いられる。

聖人（しょうにん）――学徳の高い僧侶*の敬称であることは上人*と同じであるが、とくに重い敬意を表する場合に聖人を用いるのが通例。たとえば、浄土真宗*では親鸞《しんらん》*に聖人をもちい、歴代の祖師*を上人という。

大師（だいし）――わが国では、貞観八年（八六六）に最《さい》澄《ちょう》*に対して伝教《でんぎょう》大師、円仁*に対して慈覚大師の号を賜わったのを最初として、現在までに二十四大師を数える。以下にそれを列記する。

天台宗*
伝教大師　最澄　貞観八年（八六六）下賜
慈覚大師　円仁*　貞観八年（八六六）下賜
智証大師　円珍*　延長五年（九二七）下賜
慈慧《じえ》大師　良源*　永延元年（九八七）下賜
慈眼《じげん》大師　天海*　慶安元年（一六四八）下賜
慈摂《じしょう》大師　真盛《しんぜい》*　明治十六年（一八八三）下賜

真言宗*
弘法大師　空海*　延喜二十一年（九二一）下賜
本覚《ほんがく》大師　益信《やくしん》　徳治三年（一三〇八）下賜
興教《こうぎょう》大師　覚鑁《かくばん》*　元禄三年（一六九〇）下賜
理源大師　聖宝《しょうぼう》　宝永四年（一七〇七）下賜
道興大師　実慧《じちえ》　安永三年（一七七四）下賜

法光大師　真雅《しんが》　文政十一年（一八二八）下賜
月輪《がちりん》大師　俊芿《しゅんじょう》＊　明治十六年（一八八三）下賜
融通《ゆうずう》念仏宗＊
聖応《しょうおう》大師　良忍＊　安永二年（一七七三）下賜
浄土宗＊
円光大師　法然《ほうねん》＊　元禄十五年（一七〇二）下賜
東漸大師　〃　正徳元年（一七一一）下賜
慧成《えじょう》大師　〃　宝暦十一年（一七六一）下賜
弘覚《こうかく》大師　〃　文化八年（一八一一）下賜
慈教大師　〃　万延二年（一八六一）下賜
明照《めいしょう》大師　〃　明治四十四年（一九一一）下賜
和順《わじゅん》大師　〃　昭和三十六年（一九六一）下賜
浄土真宗＊
見真大師　親鸞《しんらん》＊　明治九年（一八七六）下賜
慧灯《えとう》大師　蓮如《れんにょ》＊　明治十五年（一八八二）下賜
曹洞宗《そうとう》＊
承陽《じょうよう》大師　道元＊　明治十二年（一八七九）下賜
常済大師　瑩山《けいざん》＊　明治四十二年（一九〇九）下賜
臨済宗《りんざい》＊
無相大師　関山《かんざん》　明治四十二年（一九〇九）下賜
黄檗宗《おうばく》＊
真空大師　隠元《いんげん》＊　大正六年（一九一七）下賜
微妙《みみょう》大師　授翁《じゅおう》　昭和二年（一九二七）下賜
日蓮宗＊
立正《りっしょう》大師　日蓮＊　大正十一年（一九二二）下賜
時宗《じ》＊
円照大師　一遍《いっぺん》＊　明治十九年（一八八六）下賜

国師（こくし）――生前の特賜《とくし》、または寂後《じゃくご》の諡号《しごう》＊として朝廷より学徳兼備の高僧＊に下賜される称号。インドにおいても例があり、中国においても多くの例が見られるが、わが国においては正和元年（一三一二）花園天皇の時、東福寺＊の開山＊弁円《べんねん》＊に対して聖一《しょういち》国師の号を賜わったのがはじめであり、生前の特賜としては元応二年（一三二〇）後醍醐天皇の勅旨により、徳倹《とくけん》に対して仏灯大光《ぶっとうだいこう》国師の号を賜わったのが最初。なお、この国師号は、もっぱら禅僧に賜わるもので、現代においては臨済宗《りんざい》＊、曹洞宗《そうとう》＊の管長に対して、特賜の国師号を賜わるのを通例としている。

禅師（ぜんじ）――禅定《ぜんじょう》＊に通達した師主という意味で、高僧＊に賜わる勅号の一つ。元来は禅門＊に限らず、天台宗＊の祖慧思《えし》＊も南岳禅師と称されたが、禅宗＊がおこるに及んで禅宗に限って用いられることになり、わが国においては、鎌倉建長寺*の開山*道隆*に対して大覚禅師の号を賜わったのを初めとして、禅家*の高僧で滅後または生前にこの号を賜わったものが多い。

和尚（おしょう）　→本文同項

和上（わじょう）　→本文同項

住持（じゅうじ）――普通には住職*とも称する。寺*に居住し、仏法*を護持*して断滅させないという意味。元来は禅宗*の言葉であるが、現在では一般に用いられる。

坊主（ぼうず）――坊は房とも書き、僧房のこと。坊主とは僧房の主の意味で、もとは一寺院の住持《じゅうじ》*のことであったが、後にはすべて一般に僧侶*をいい、さらに僧形《そうぎょう》*の人をも呼ぶようになった。古くは「ぼうしゅ」と読んでいたが、足利時代よりぼうずと発音するようになった。現代では僧侶に対する蔑称として差別語の中に挙げられる。

新発意（しんぼっち）　→本文同項

入道（にゅうどう）――本来は新たに仏道*に入ることの意味で、とくに貴人の出家*に用いる言葉であるが、後には、在宅のまま剃髪《ていはつ》*染衣《ぜんね》したものをいう語ともなった。

小僧（こぞう）――小僧には二つの意味があって、一つには少年僧をいい、また一つには仏門*に入って未だ修行*の浅いものをいう。前者はまた、雛僧《すうそう》とも称する。転じて後世では、商店の丁稚《でっち》を小僧ともいう。

居士（こじ）――居士とは家族の長のことであるが、これを二つの場合に用いた。その一つは、財宝に恵まれて徳の高いものをいう場合、他の一つは、在家*であって仏門に帰依《きえ》*したものをいう場合である。なお後世においては、男子の法名《ほうみょう》*（戒《かい》*名）として居士号を用いることが多い。

聖天真言

ギャグギャク

gaḥ gaḥ

オンキリクギャクウンソワカ

唵　擬哩　虐　吽　娑嚩訶

oṃ hrīḥ gaḥ hūṃ svāhā

帰命す。権《ごん》（女天なる観音）と実《じつ》（男天なる毘奈夜迦神）の二仏は不二なり。成就せよ。

→本文45頁「がなぱち」

行事の部

灌仏会（かんぶつえ）——四月八日、右手で天を指し左手で地を指して立つ釈迦像に甘茶*を灌《そそ》ぐ儀式。この日は釈尊*がこの世に生まれた日で、この像は誕生仏が「天《てん》上天下唯我独尊《じょうてんげゆいがどくそん》*」と宣言したのを像化したもの。釈迦仏に灌ぐことから灌仏会というが、また仏生会《ぶっしょうえ》、竜華《りゅうげ》会《え》、降誕会《ごうたんえ》*、誕生会ともいい、現代では花まつりといって一般大衆に親しまれている。この法会《ほうえ》*の起源は『摩訶刹頭経《まかさつずきょう》』に、釈尊降誕のとき天上より梵天《ぼんてん》*・帝《たい》釈天《しゃくてん》*等が下ってきて、十二種の香湯雑華を太子に灌いだとあるのによる。

　この行事はかなり古くから行われ、インドでも行われた形跡があり、中国では北魏《ほくぎ》の頃から盛んに行われ、わが国では推古天皇の時代に毎年四月八日に斎会《さいえ》*を行ったことが『日本書紀』に見られる。

　この日は、花御《み》堂をつくり、美しい花で飾った小さな堂の中に水盤を置き、その中央に釈迦像を立てて、水盤の中にたたえた甘茶を灌ぐ。参詣者は甘茶を尊像に浴びせ、そして少量を持ち帰る。その甘茶を墨にして、

　ちはやふる卯月八日は吉日よ
　　かみさけ虫を成敗ぞする

という歌を書いて屋内に張り、ムカデ等の害虫駆除のまじないとした。なお近頃は、東京、京都などでは華々しい仏教行事として各宗合同の花まつりが行われている。

千日参り（せんにちまいり）——千日の間つづけて神社仏閣に参詣祈願すること。後には特定日の参詣によって、一日で千日間参詣したのと同じ功徳《くどく》*があるとする信仰*。大阪の四天王寺*では毎年八月九日・十日を千日参りとしている。七月十日に観音参詣*をするのは、京都の清水寺《きよみずでら》*にはじまる。和歌山の紀三井寺《きみいでら》*では、本尊*の十一面観音*への千日参りとして、新旧両暦の八月九日に参詣者が雲集する。京都愛宕神社では八月一日に千日参りがあり、滋賀県唐崎の明神では、六月三十日に千日参りの行事が行われる。これは痔疾が全快するといわれている。

四万六千日（しまんろくせんにち）→本文同項

地蔵まつり（じぞうまつり）――従来は旧暦の七月二十四日、現在では、八月二十三・二十四日に行われる地蔵*菩薩《ぼさつ》をまつる祭り。これを地蔵会《え》、地蔵盆ともいう。この祭りは関西で多く行われ、京都では古くから加茂深泥ケ池、山科、伏見、鳥羽、桂、太秦《うずまさ》の地蔵尊を巡礼*する風習があった。

寒念仏（かんねんぶつ）――小寒大寒の真冬の夜、三十日間、鉦《かね》をたたいて街路を巡回して念仏*し、あるいは和讃*をとなえて歩く修行*。仏教徒の寒修行である。「かんねぶつ」「かねぶつ」ともいい、情緒にあふれ、よく俳句や歌の季題ともなった。

寒念仏さては貴殿でありしかな　一茶

十夜（じゅうや）――通例旧暦の十月五日夜から十五日朝までの、十日十夜にわたって行ずる浄土宗*における念仏会《え》で、十夜会、お十夜ともいう。『大無量寿経』下に「此において善を修すること十日十夜なれば、他方諸仏の国土において善をなすこと千歳するに勝れたり」と説くのによる。ただし、『真如堂縁起《しんにょどうえんぎ》』はその起源をつぎのように伝えている。

むかし、後花園天皇の御代に、足利執権職の子に平貞国というものあり、願*を立て、洛東の真如堂に三日三夜参籠《さんろう》*して、満願*のうえ剃髪《ていはつ》*しようとしたところ、夢に一人の高僧*があらわれ、「汝我を信ずること篤し、来世《らいせ》*には、必ず弥陀《みだ》*の誓願*によりて救われる、剃髪のことはいま三日を待て」といって、一首の歌を示した。

心だに立てし誓いの叶《かな》いなば
世の営みは兎《と》にも角《かく》にも

そこで貞国は、感泣して出家*を思いとどまったところ、翌日公命があって、父は隠居となり、三日にして貞国が家督を継ぐに至った。このことが上聞に達して、三日三夜についで、七日七夜の念仏*を修めさせた。

これが、十夜の起源であるという。この真如堂の十夜は一般に「蛸《たこ》十夜」と称し、法要*中、門前に軒を並べる露店では蛸を売り、それを食すれば疫病をまぬがれるという。

施餓鬼会（せがきえ）――餓鬼道*におちた有縁《うえん》*無縁の亡者のために、読経《どきょう》*を行って供養《くよう》*する法会《ほうえ》*。その因縁*を『救抜焔口餓鬼陀羅尼経《くばつえんくがきだらにきょう》』は次のように記している。

むかし阿難《あなん》*尊者が樹下の石の上に坐禅*していると、夜中、口から焔《ほのお》を吐いた餓鬼*が現われて「汝は今より三日の後、命つきて餓鬼道に生まれるであろう」と言った。阿難は驚いて、それを免れるための方法を問うと、餓鬼は答えて「もし明日、百千恒河沙数《ごうがしゃすう》の餓鬼および百千の婆羅門《ばらもん》*仙人*に対し、一石の飯食《はんじき》を施《ほどこ》し、かつ我がために三宝《さんぼう》*を供養すれば、その功徳《くどく》*によりて、汝の命は延び、我も餓鬼道をのがれることができるであろう」と言った。そこで阿難は釈尊*のもとに行き、その由を告げると、釈尊は「自分は過去世*において観《かん》世音菩薩《ぜおんぼさつ》*から受けた真言《しんごん》*がある。その陀羅尼*を誦すれば、百千恒河沙数の餓鬼ならびに婆羅門仙人に、上妙の食を充足せしめ、また十方の三宝を供養するに当たるが故に、その功徳によって餓鬼はその苦を免れて天上界に生まれ、また阿難よ、汝は福徳寿命を増上することを得るであろう」と教えた。これが施餓鬼会の因縁であるという。

わが国では禅宗*、浄土宗*、真言宗*において毎年七、八月ごろに行われる。水死者のための川施餓鬼*、無縁の亡者（弔《とむら》う縁者のいない故人）のための無縁施餓鬼などもある。

五重相伝（ごじゅうそうでん）――単に五重ともいい、浄土宗*において行われる重要な法会《ほうえ》*で、一種の入信*の儀式。これをつぎのように五段階に分けることから五重相伝と称する。相伝とは、つたえつぐこと。

初重――随自意門《ずいじいもん》相伝といい、『往生記』を相伝する。記は機*と同意で、まず往生*の機を知ることから知機とも称す。

二重――授手印《じゅしゅいん》相伝といい、浄土宗の安心《あんじん》*、起行《きぎょう》、作《さ》業《ごう》、行儀*等を説く。鎮西《ちんぜい》上人（弁長《べんちょう》*）の『末代念仏授手印』による。

三重――領解鈔《りょうげしょう》相伝といい、授手印をさらに深く説いて、機と法*とを合して往生を得ることを領解させる。記主《きしゅ》禅師（良忠《りょうちゅう》*）の『領解末代念仏授手印鈔』による。

四重――決答《けっとう》相伝ともいい、前の領解の上にさらに問答決議して、往生の信仰*を不動のものとする。記主禅師の『決答授手印疑問鈔』による。

五重――十念相伝といい、『観経』*下々品《ぼん》の十念往生*について口授《くじゅ》心伝を行い、入信の印可《いんか》*とする。密伝であって、曇鸞《どんらん》*大師の『往生論註』（『浄土論註』）による。

その期間は一週間を要し、相伝を行うべき伝灯師を必要とする。これによって仰信《ごうしん》*、解信《げしん》*、証信の三つの信仰を与え、信仰の心髄に入らせるのである。

空也念仏（くうやねんぶつ）――空也*上人の弟子である平

定盛がはじめた念仏*。十一月十三日の空也忌*および十二月十三日から三十一日まで、ならびに彼岸*の中日などに行われる。その由来は次のように伝えられている。

かつて空也上人が鞍馬山貴布弥《きふね》付近を通りかかると、平定盛が鹿を殺して帰るのに会った。そこで上人は殺生《せっしょう》*の恐るべきことを説くと、定盛は翻然と悔悟して、弟子になることを乞うた。しかし上人は「いまは貴殿は妻子もあることなれば、出家*するにも及ぶまい。そのままで念仏すれば往生*することができる。念仏を称える時にこれを叩かれるがよい」と持っていた瓢簞《ひょうたん》を与えた。定盛は大いに喜び、それから毎夜、瓢簞を叩いて町中を念仏して歩いたという。

このことから、空也念仏を鉢叩きともいう。

六斎念仏（ろくさいねんぶつ）――浄土宗*西山《せいざん》派*の道空がはじめた踊《おどり》念仏*で、鉦《かね》・太鼓を叩いて念仏*しながら踊る。かつては、京都の吉祥《きっしょう》院（吉祥天満宮）等において、八月の盂蘭盆会《うらぼんえ》*および天女堂の法会《ほうえ》*に際し、夜を徹して踊念仏が行われたが、今日では、四月二十五日と八月二十五日の年二回、菅原町の六斎念仏保存会により一時間半ほど行われている。

壬生狂言（みぶきょうげん）――京都の壬生寺*の年中行事で、四月二十一日から二十九日までの大念仏会*にあたって、毎日午後行われる無言の狂言。元来は寺の縁側で行われたが、現在では別棟の狂言堂があり、男性の信者が面白い仮面をかぶり、鰐口《わにぐち》、太鼓、笛に合わせてこれを演じる。その作品は郷土色豊かで喜ばれ、観衆も多く、結願《けちがん》*日には深夜まで演じられる。正安二年（一三〇〇）の大念仏会の折、当寺の円覚上人が風俗勧《かん》化《げ》*の方便として工夫したのに起源を発している。なお、春の節分の日とその前日の二日間、および九月または十月の三日間公開される。

六道まいり（ろくどうまいり）――「りくどう」ともいう。京都の臨済《りんざい》宗*六道珍皇寺《ちんのうじ》で行われる会式《えしき》*。この寺の庭には多くの石地蔵があって六道の辻と称する。毎年八月七日―十日の盆会《ぼんえ》には、人々の参詣が多く、寺の東にある鐘楼の迎鐘《むかえがね》を引いて精霊《しょうりょう》*を迎える。これを六道まいりという。精霊は、各家庭に迎えられたあと、十六日の大文字の送り火で送られてゆく。

彼岸会（ひがんえ）――お彼岸といって、三月および九月に行われるこの仏教行事は、もっとも民衆化され、わが国の社会生活の中に深く溶け込んだ行事である。彼岸*とは涅槃《ねはん》界*（さとりの世界）のことで、迷いの此岸《しがん》からさとり*の彼《か》の岸を指していったもので、梵語《ぼんご》*ではpāramitā（波羅蜜多《はらみった》）といい、訳して到《とう》彼岸という。世間で行われる彼岸会は、春分および秋分の初日より数えて前三日をはじめとし、その後七日間、在家*のものは寺院*に参詣し、僧*は連日読経《どきょう》*と法話をして仏事*を行ずる。なお注目に値することは、この彼岸会はインドにも中国にも見られず、日本においてのみ古くから行われていることで、その起源は明確ではないが、桓武天皇の時代には同様の行事が行われていたようである。『日本後紀』大同元年（八〇六）の条に「宜しく国分僧をして、春秋二仲日別七日、心を存して『金剛経《こんごうきょう》』*を読ましむべし」とあることからそれを知ることができる。この法会《ほうえ》*を春秋の二季に定められたことに関しては、春分・秋分が時正《じしょう》と称して気候はよく、昼・夜の長さは同じで、仏事勧修《かんじゅ》の最好時であるところから、せめて一年に二度、日頃の懈怠《けだい》*を反省して仏道*精進《しょうじん》*の機会を与えるがためにこの時に定めたものと思われる。

讃仏会（さんぶつえ）――お彼岸の法要*を、浄土真宗*本願寺派*においてはとくに讃仏会と称する。本山*では彼岸*にあたって、仏徳を讃嘆するために本堂*を飾りつけ、初、中、結の日中を選び、法要を営むならわしである。

盂蘭盆会（うらぼんえ）――お盆。世間一般に最も広く行われている仏教行事で、七月十五日または八月十五日に行われる。盂蘭盆*とは梵語《ぼんご》*ullambanaの音写で、意訳して倒懸《とうけん》という。亡者が地獄*にあって倒懸（逆さまに懸けられる）の苦しみを受けるのに対して、祭儀を設け、三宝《さんぼう》*に供養《くよう》*し、苦*を免れさせる法会《ほうえ》*で、元来インドの風俗であったものを釈尊*が採ったものと思われる。その因縁*は『盂蘭盆経*』につぎのように説かれている。

目連《もくれん》*尊者が、今はなき母に孝養しようと、「母は如何に」と天眼通《てんげんつう》*をもって見ると、母は餓鬼道《がきどう》*におちて痩せ衰えている。そこで尊者は飯器にめしを盛って与えようとすると、たちまち火を発して食うことができない。尊者は悲しんで釈尊のところに行き、その由を告げて教えを乞うた。それに対して釈尊は「それは汝の母の罪業《ざいごう》*が深いためで、とうてい汝一人の力ではどうすることもできない。十方衆僧《しゅそう》の力を借りる他はあるまい。幸い七月十五日は衆僧が安居《あんご》*を終わって自恣《じし》*の日であるから、この日、衆僧のために飯食《はんじき》、百味《ひゃくみ》、五菓を備えて、これらを供養するがよい。そうすれば、過去七世の父母《ぶも》および現世《げんぜ》の父母にいたるまで、餓鬼の苦しみを免れるであろう」と教えた。そこで目連尊者はその通りに実行して、母を苦しみから救うことができたという。

わが国では、『日本書紀』に推古天皇十四年（六〇六）「寺ごとに四月八日、七月十五日設斎せしむ」とあるのを最古とし、次第に一般に行われるようになった。ことに日本人の国民性である孝の教えと一致して、広く行われることとなって今日に至っている。この日は亡者のために精霊棚《しょうりょうだな》*をつくり、種々のものを供養し、僧侶を招いて読経《どきょう》*を願う。これを棚経《たなぎょう》*という。また、この際行われる盆踊りは、地方娯楽の有力なものの一つとなった。

歓喜会（かんぎえ）――浄土真宗*では盂蘭盆会《うらぼんえ》*をとくに歓喜会という。その意味は、盂蘭盆会と少し異なり、生々世々《しょうじょうせぜ》*の父母兄弟の恩を追憶し、また仏恩の深重なることを専念に念じ、厚く三宝《さんぼう》*に帰依《きえ》*して供養《くよう》*するための法会《ほうえ》*である。

成道会（じょうどうえ）――釈尊*は三十五歳の十二月八日の払暁、大覚《だいかく》*を成就*された。したがって仏教徒はこれを記念、奉讃して、この日に成道会の法会《ほうえ》*を営むことが古くから今日にいたるまで行われている。なお、『延《えん》喜式《ぎしき》』の年中行事には西《さい》大寺*の成道会を三月十五日としているが、これは『西域記《さいいきき》*』第八の所伝によったものである。

涅槃会（ねはんえ）――釈尊*は八十歳の二月十五日、沙羅《しゃら》双樹《そうじゅ》*の下において涅槃*に入られた。それにちなんで、毎年二月十五日には涅槃の図像をかけて供養《くよう》*の法会《ほうえ》*を行う。これを涅槃会といい、また常楽会ともいう。わが国においては淳和天皇の時代、山階寺（興福寺*）において涅槃会を行ったことが『今昔物語』に見られる。なお、仏生会《ぶっしょうえ》*と成道会《じょうどうえ》*と涅槃会を釈迦の三会《え》という。

御忌（ぎょき）――浄土宗*の宗祖法然《ほうねん》*上人*の忌日《きにち》*にいとなむ法要*。もとは一月二十五日の正《しょう》忌日に修したが、後には、毎年四月十九日から七日間、春暖の好日を選んでいとなむことに改められた。東山天皇は元禄十年（一六九七）勅して上人に円光大師の号を賜り、知恩院*を総本山としてここに御忌を修めさせた。

仏事の部

位牌（いはい）――故人の法名《ほうみょう》*や戒名《かいみょう》*を記して仏壇*に安置するもの。儒《じゅ》教では位版《いはん》という木の札に生前の官位、姓名を記し、ここに神慮*が宿るとするが、これを宋代のころから禅宗*で採用したことから仏教でも用いられるようになった。

引導（いんどう）――本来は衆生《しゅじょう》*を仏道*へ導くことであるが、一般には葬儀に際し導師*が故人に対して偈文《げもん》を与える儀式をいう。これは迷妄の生死《しょうじ》*の世界から仏*の世界へ導き入れることを意味する。釈尊*が義母マハープラジャーパティー（摩訶波闍波提《まかはじゃはだい》*）の葬儀に「一切行《ぎょう》は無常*なり。生ずるものは必ず尽きるところあり。不生即ち不死、此の滅を最楽とす」という偈*を説かれたという故事に由来する。中国では、黄檗希運《おうばくきうん》が母の溺死に際して行ったのが最初とされ、日本でも禅宗*の弘通《ぐずう》*とともに広まり、やがて各宗派で行われるようになった。

打敷（うちしき）――寺院*や仏壇*の仏具*の下に敷かれる布製の敷物。金襴などで造られることが多い。

永代供養（えいたいくよう）――永代読経《どきょう》、永代経*ともいう。追善*のために故人の忌日《きにち》*ごとに寺院で永久に行う読経供養。檀家*では、永代経資金として多額の金子を供進するのが普通であるが、それによって死者は、永代にわたって無縁（弔《とむら》う縁者がいない）の霊となることを免れるわけである。

回向文（えこうもん）――諸々の功徳《くどく》*を他に回し向けるための願文*。浄土教*にもとづく宗派*では「願わくは此の功徳をもって、あまねく一切に施し、同じく菩提心《ぼだいしん》*をおこして安楽国*に往生*せん」という善導*の『観経疏《かんぎょうしょ》*』玄義分《げんぎぶん》の序からの一句をいう。それ以外の宗派では「願わくは此の功徳をもって、あまねく一切に及ぼし、我等と衆生《しゅじょう》*とみな共に仏道*を成ぜんことを」という『法《ほ》華経《けきょう》*』『金剛頂経《こんごうちょうぎょう》*』などからの一句をいう。

麻幹、苧殻（おがら）――皮をはいだ麻《あさ》の茎《くき》。「あさがら」ともいい、精霊会《しょうりょうえ》*の迎え火や送り火*に焚く。また、これで作った苧殻箸は精霊棚*に供えられ、精霊*の乗り物とされる胡瓜《きゅうり》や茄子《なす》の牛馬の足にも使われることが多い。

御斎（おとき）――法要*の際の会食をいう。正客に僧侶を迎えて仏法*の話を中心に食事をともにすること。

親珠（おやだま）――母珠《もしゅ》ともいう。数珠《じゅず》*の中心となる、T字型の穴のあいている大粒の珠で、糸の結び目のないもの。

開眼（かいげん）――開眼光、開光明《こうみょう》、開光、開明ともいう。新しい仏像*や位牌《いはい》*、墓地などを清め、仏*の世界をそこに開現すること。そのための法要*を開眼法要、開眼供養《くよう》*という。

戒名（かいみょう）――仏教に帰依《きえ》*し仏教の戒*を受けた出家*者の名をいう。世俗で生涯を送った人も、死後は仏弟子となって仏*の世界へ旅立つという考え方から、僧*が故人に与える名。→〈本部〉没後作僧（もつごさそう）

開蓮忌（かいれんき）――死後三日目の追善*法要*の日。この日に塚固めとして六角塔婆《とうば》を立てる慣習もある。→〈本部〉六角塔婆（ろっかくとうば）

月忌（がっき）――月参りともいう。毎月の命日*に、月忌法要を営むこと。

合斎（がっさい）→〈本部〉併修（へいしゅう）

合掌（がっしょう）――仏前の基本的作法で、両手の掌を合わせること。もとはインドや東南アジアの礼儀。インドでは右手は清浄《しょうじょう》*な手であり、左手は不浄な手であるとされることから、仏教では右手は仏*の世界、左手は衆生《しゅじょう》*の煩悩《ぼんのう》*をあらわすといわれる。仏の世界に衆生が一致する姿である。よく知られる「右ほとけ左われぞと合わす手（掌）の中にゆかし南無《なむ》*のひとこえ」の歌もこれをいう。

仮通夜（かりつや）――葬儀の前夜に本通夜を行うのに対し、それ以前に内輪で行う通夜*をいう。

川施餓鬼（かわせがき）――川で水死したもののために、川に浮かべた船や川辺で施餓鬼会《え》*を行い、供養《くよう》*の品々を川に流す法要*。浜施餓鬼は海で水死したもののために浜辺で行われる施餓鬼会をいう。

忌明け（きあけ）→〈本部〉満中陰（まんちゅういん）

忌日（きにち）→〈本部〉命日（めいにち）

忌服（きぶく）――近親者の死に際して一定の期間、身を慎み喪《も》に服すること。本来、忌*とは、けがれに触れることを忌み慎むという意味、服とは喪服のことで、喪にいる間は別に喪服を着して哀悼の意をあらわすことをいう。わが国の忌服の定めはすでに『大宝令《たいほうりょう》』にもあり、鎌倉、室町時代はすべてその制度によったようであるが、徳川時代に至り、服忌令を定め、公家を除く世間一般はこれに従った。明治以後は当分武家の制度を用い、京家の制度を廃すと布告された。なお、旧幕府時代の忌中の慣例としては、門戸を閉じ、魚肉を食べず、酒を飲まず、ひげを剃らず、弔せず、賀せず、音楽をなさず、嫁取せず、兄弟は財を分けないことをもって法とした。現在、一般的な忌服期間は、配偶者は十日間、父母は七日間、子供は五日間、祖父母・兄弟姉妹・配偶者の父母は三日間、孫・叔父叔母・伯父伯母・配偶者の祖父母・配偶者の兄弟姉妹は一日間とされる。

北枕(きたまくら)――釈尊*の入滅《にゅうめつ》*の姿である頭北面西《ずほくめんさい》右脇臥《うきょうが》になぞらえて、遺体の頭を北に向けて安置すること。状況により西枕がこれに準ずる。

逆縁(ぎゃくえん)――①仏道*に逆らうことがかえって仏*の導きのきっかけとなること。②(1)親などの年長者が子供など年少者の供養《くよう》*をすること。親が子供の喪主にはならないという慣習もいう。(2)生前に敵であった者が供養すること。(3)通りすがりの者が供養すること。③仏道の修行*を妨害する因縁*。

逆修牌(ぎゃくしゅうはい)――寿牌《じゅはい》ともいう。生前に作っておく位牌《いはい》*。この場合の戒名《かいみょう》*や法名*は朱で記される。

経帷子(きょうかたびら)――遺体に着せる死装束《しにしょうぞく》のひとつで、経文《きょうもん》を記した白木綿《もめん》の着物。必ず左前に着せる。出家僧の衣*を意味するところから明衣《みょうえ》、浄衣《じょうえ》ともいう。死装束はその他に額《ひたい》には頭布になぞらえた三角布や手甲《てこう》、脚絆《きゃはん》、足袋《たび》、わらじ、杖、六道銭*の入った頭陀袋《ずだぶくろ》*などの旅支度がととのえられるが、略式の紙製の経帷子を棺に納めるやりかたも多い。真宗*では、死後ただちに浄土*に誕生するという意味から死装束は用いない。

草市(くさいち)――お盆(盂蘭盆会《うらぼんえ》*)の精霊棚《しょうりょうだな》*を作るための諸材料をとり揃えて売る臨時の市。盆市、はな市ともいう。

鯨幕(くじらまく)――鯨の黒い皮と白い脂肪層とになぞらえて、黒と白の布を縦に交互にはぎ合わせ、上に黒の布を横にはいだ、凶事用の幕をいう。

繰り出し位牌(くりだしいはい)――繰り位牌ともいう。数枚の板位牌を納め、祥月命日《しょうつきめいにち》*の順に差し替えることのできる位牌*。屋根を取り外して差し替える。

香奠(こうでん)――奠はすすめるという意味で、本来は仏*を供養《くよう》*する方法の一つである香《こう》供養をさし、また故人の霊前に供える食物や金銭をいう。香資《こうし》、香典《こうでん》は香*の代金という意味。

告別式(こくべつしき)――故人に永遠の別れを告げる儀式。通常は葬儀に続いて行われる。

骨揚げ(こつあげ) →〈本部〉箸渡し(はしわたし)

勤行(ごんぎょう)――「おつとめ」ともいう。信仰*を培うために仏前で定時に経*を読み礼拝《らいはい》*すること。仏*の教えを身につけ自らの身心《しんじん》に仏を実現させる修行*法の一つであり、また仏の功徳《くどく》*を先祖を含む一切に及ぼすために行われる。日常勤行式の内容は宗派*の教義によって異なる。

逆さ屏風(さかさびょうぶ)――遺体の枕元に逆さに立てる屏風のこと。非日常性の意味から屏風を逆さに立て、魔除とする習慣をいう。

四有(しう)――衆生《しゅじょう》*が生まれて死に、再度生まれるまでの間を四つに分けたもの。生有《しょうう》(誕生の一刹那《せつな》)、本有《ほんぬ》*(生きている間)、死有《しう》(死の一刹那)、中有《ちゅうう》*(次の生有までの間)。

塩払い(しおばらい)――葬儀に参加した者が帰ってきた時に、門口で清めの塩を体にふりかけること。

四華(しか)――死華《しか》、紙華《しか》、死花花《しかばな》、地取《じしゅ》、野花《のばな》、紙幣《しべい》ともいう。葬儀に用いられる白紙の造花。釈尊*が涅槃《ねはん》*に入られた時に、沙羅双樹《しゃらそうじゅ》*の花がいっせいに白く色を失ったという伝説から、位牌《いはい》*の両側や墓地の四方に立てられる。

地獄の釜の蓋(じごくのかまのふた)――中国で七月一日を開鬼門《かいきもん》(地獄*の門の開く日)、七月三十日を関《かん》鬼門(地獄の門の閉じる日)とし、その間は故人の霊や幽鬼が生者の世界に出てくるとされることから、日本でもお盆(盂蘭盆会《うらぼんえ》*)の期間の始まる日の夜明けには地獄の釜の蓋が開くとする俗信がある。この日は釜蓋《かまのふた》朔《ついたち》、かまふたの祝い、釜の口開けなどとも呼ばれ、閻《えん》魔詣《まもう》*での日とする地方もある。

七本塔婆(しちほんとうば)――七本ぼとけともいう。満中陰*に供養《くよう》*される特殊な塔婆*で、三十センチほどの小さな板塔婆を七本木枠に納め、十三仏*のうち初七日*から七七日《しちしち》*までの七尊の種字《しゅじ》*と戒名《かいみょう》*、供養文などが書かれて新しく埋葬された墓地に立てられる。

十三仏(じゅうさんぶつ)――初七日*から三十三回忌までの十三回の法要*に配当される仏《ぶつ》*・菩薩《ぼさつ》*をいう。詳しくは、本文169―170頁「じゅうさんぶつ」の項参照。

寿陵（じゅりょう）――寿墓、寿蔵ともいう。自分で生前に造る墓。戒名《かいみょう》*や法名*を彫って朱を入れておく。

精進落とし（しょうじんおとし）――精進落ち、精進明けともいう。精進*が終わり、肉類を交えた食事をとること。

浄水（じょうすい）――仏壇*に供える清らかな水。礼拝《らいはい》*する人と仏*が清浄《しょうじょう》*な世界を共有することを意味する。

焼香（しょうこう）――香*をたくこと。香は仏*を供養《くよう》*するための基本的なものの一つで、芳香によって仏の世界をたたえるとともに衆生《しゅじょう》*の心を清めるとされる。追善供養*では香はとくに亡き人の食事ともいわれ、焼香により仏の加護*と死者の冥福*（死後の幸福）を祈ることが行われる。焼香の作法は宗派*によって多少異なる。

祥月（しょうつき）――正月《しょうつき》ともいう。祥月というのは、もと『礼記』から出た言葉で、亡くなった親の十三月の祭り（一周忌*）を小祥とし、二十五月の祭り（三周忌）を大祥としたが、仏教の習俗としては、年々に廻ってくる故人の死去の月を祥月という。正月というのは正忌日《きにち》の略で、命日*と同じ月という意味。

祥月命日（しょうつきめいにち）――故人の命日*と同じ月日をいう。

初七日（しょなのか）――死後七日目の追善*法要*の日。故人が不動明王*の導きを受ける日とされる。

新帰元（しんきげん）――中陰壇*に飾られる位牌《いはい》*の戒名《かいみょう》*の冠に使われる言葉で、新たに元の世界に帰る、という意味。

新仏（しんぼとけ）――新精霊《にいじょうりょう》、若精霊《わかじょうりょう》ともいい、四十九日目の追善*法要*がすんだ後に、初めてお盆（盂蘭盆《うらぼん》会《え》*）を迎える故人をいう。↓〈本部〉新盆（にいぼん）

葬式（そうしき）――葬儀式の略称。わが国において浄土真宗*と日蓮宗*では故人は既に仏*の世界にあるという教義から、葬儀式で授戒させることはないが、他の宗派*では授戒作法と中有《ちゅうう》*への引導*が葬儀式の二大要素であり、これに告別式*を続ける場合が多い。葬り方には土葬、火葬*、水葬、林葬、鳥葬等がある。日本には古来殉死を伴った土葬の風習があったが、七〇〇年、元《がん》興寺《ごうじ》*の道昭*の入寂《にゅうじゃく》*にあたり仏教の葬法*に従って遺体を荼毘《だび》*に付して以来、火葬が次第に定着し、現在では法律で荼毘に付してから埋葬することに統一されている。

逮夜（たいや）――葬儀の前夜あるいは月忌《がっき》*や年忌*の前夜をいい、この夜に僧*の読経《どきょう》*を仰ぐ慣習がある。

棚経(たなぎょう)――お盆(盂蘭盆会《うらぼんえ》*)の期間中に菩提《ぼだい》寺《じ》*の僧が、それぞれの檀家*の精霊棚《しょうりょうだな》*で追善回向《えこう》*の読《ど》経《きょう》*をし、在家*の修行*である布施《ふせ》*行を導く習慣。江戸時代に菩提寺の僧が宗門人別帳*作成のために戸別訪問したことに始まるといわれる。

荼毘(だび)――闍毘《じゃび》とも書き、焼身、焚焼《ふんしょう》と訳す。遺体を火葬*することをいい、釈尊*が荼毘に付されたことから、火葬が一般化した。日本における火葬の文献上の初出は『続日本紀』にあり、文武天皇四年(七〇〇)に、仏教僧の道昭*が遺言によって荼毘に付されたとされる。一八九七年、伝染病予防法が施行され、火葬が普及しはじめ、一九四五年以後、その普及率は土葬に替わって急速に伸びた。一九八四年の段階では九四パーセントに達している。

檀家(だんか)――特定の寺院*に帰依《きえ》*し、信仰*を培うための布施《ふせ》*等の修行*を行う家をいう。檀家制度は江戸幕府によるキリシタン排除政策の一環として制度化されたもので、所属寺院の作成する宗門人別帳*が戸籍証明となることから家単位で特定寺院に登録されるようになった。

檀那寺(だんなでら)――菩提寺《ぼだいじ》*のこと。檀那*とは梵語《ぼんご》*で布施《ふせ》*という意味をあらわすダーナ(梵)dānaという語の音写で、檀那寺は信者の布施行《ぎょう》を導きその帰依《きえ》*に対して広く仏法*を施す寺をいう。

壇払い(だんばらい)――壇びきともいい、満中陰*の法要*後に中陰壇*を片づけることをいう。

中陰壇(ちゅういんだん)――後飾《あとかざ》りともいう。葬儀の後に、火葬場から戻った遺骨を迎え、忌明け*まで祀る祭壇。

中有(ちゅうう)――中陰*ともいう。『中陰経』等に説かれる、死の後、次の生を受けるまでの期間の称。生存を陽とすると、この間は陰に当たることから中陰ともいう。最短で七日間といわれるが通常は四十九日間とされ、この期間に追善*のための中陰法要が、最初の七日目(初七日*)にはじまり、七日ごとに営まれる。とくに四十九日目は満中陰*といって重視される。わが国では『続日本紀』に聖武天皇*の詔《みことのり》として「親王薨せば七日毎に供斎《くさい》をなして僧一百人をもって限りとし、七七斎し訖《おわ》らば、之を停めよ。」とあり、聖武天皇崩御の時は、各大寺で盛大に七七斎が行われたことが文献に見られる。

重忌喪(ちょうきも)――忌服《きぶく》*期間中にさらに近親者が亡

くなった場合、その日から新たに忌服期間を数えて喪に服すること。

追善回向(ついぜんえこう)――自らが仏法*に帰依《きえ》*し供《く》養《よう》*することによって、その善行《ぜんぎょう》の功徳《くどく》*を故人に回し向けることをいう。

通夜(つや)――伴夜《ばんや》、夜伽《よとぎ》ともいう。本来は徹夜で遺体を守り故人をしのぶことをいったが、現在は限られた時間内に僧侶*による通夜の読経《どきょう》*、法話を中心に行われることが多い。本通夜は葬儀の前夜に行われるが、仮通夜*はそれ以前に身近なものだけで内輪に行われる。

通夜振舞(つやぶるまい)――通夜に弔問者の焼香*後、僧侶*と弔問者に食事を供養《くよう》*すること。

寺位牌(てらいはい)――満中陰*の後に寺に納められた白木の位牌*や、菩提寺《ぼだいじ》*に安置される札《ふだ》位牌*をいう。

訪切り(といきり)――訪上げ、訪留め、取上げ仏、弔い上げともいう。故人の最終の年回法要*をいい、この後は先祖一般に属するとされる。最終法要は十三回忌、三十三回忌、五十年忌等に行われることが多い。

塔婆(とうば)――卒塔婆《そとうば》*(卒堵婆)の略称。もとは仏舎《ぶっしゃ》利《り》*を納めた舎利塔をいったが、日本では墓標や追善供《く》養《よう》*に用いられるようになった。上部に五つの形をかたどった塔婆*は五大*(地・水・火・風・空)をあらわす五輪塔*の一種で、衆生《しゅじょう》*が本来そなえている仏*の本質を表現している。

塔婆供養(とうばくよう)――追善供養*のために、墓*に塔婆*を立てること。多くは薄く細長い板の上部に五輪形をかたどったものに、梵字《ぼんじ》*や経文《きょうもん》や戒名《かいみょう》*などを書き入れて立てる。これは衆生《しゅじょう》*の身に仏*を実現させた姿をあらわし、故人の成仏《じょうぶつ》*を象徴するとともに、立てる人の自覚を深め、またその善行《ぜんぎょう》の功徳《くどく》*を故人に回し向ける(回向《えこう》*)という意味で行われる。

灯籠流し(とうろうながし)――精霊《しょうりょう》流しともいう。盂《う》蘭盆会《らぼんえ》*の最後の日の夕刻に、精霊*を灯籠や供物《くもつ》*とともに小さな精霊舟に乗せて川や海に流し、死後の世界に送りかえす習慣。

取り越し供養(とりこしくよう)――命日*に法要*ができない場合に、それ以前の日に行う法要をいう。

新盆(にいぼん)――故人が満中陰*の後に初めて迎えるお盆(盂蘭盆会《うらぼんえ》*)をいう。あらぼん、初盆《はつぼん》ともいう。

二人使い(ににんつかい)――葬儀の前に、菩提寺《ぼだいじ》*や関係者に連絡する役の人が、必ず二人一組で行動する習慣をいう。一人で行動すると死霊にとりつかれるという恐れから生じた慣習。

年忌（ねんき）――故人の毎年の祥月命日《しょうつきめいにち》＊をいい、また一定年度の祥月命日に追善＊法要＊を行うこと。一年目を一周忌＊とし、満二年目を三回忌＊とするが、これは『礼記』の小祥忌（一周忌）、大祥忌（三回忌）に由来する。以後、七回忌、十三回忌、十七回忌、二十三回忌、二十七回忌、三十三回忌と続く。これらは後に、十王十三＊仏信仰と習合し、各忌を司る王と仏＊が配された。［本文「じゅうさんぶつ」の表を参照のこと］『虎関散語《こかんさんご》』（『禅林象器箋《しょうきせん》』に引用）には「四十九日＊の追薦（追善＊）は経文に見え、百箇日、一周忌、三回忌は中華の偽礼、外典《げてん》＊に見えたり。十三年、三十三年等は日本に始まる。少納言入道信西という者卒す。その子の中に才人あり。始めて十三年、三十三年の追薦を修す。爾来日本にこの仏事＊あり」と記されている。三十五回忌、三十七回忌、五十回忌を営む地方もある。五十年以後、五十年ごとに法要を営む場合は遠忌《おんき》＊というが、おもに祖師忌＊に用いられる。→〈本部〉訪切（といきり）

納棺（のうかん）――棺に遺体を納めること。通常は遺族と近親者によって行われる。また燃えにくい品を避けて、故人の愛用品等も副葬品として共に入れられる。

納骨（のうこつ）――埋《まい》骨ともいう。納骨堂や墓地の納骨室に遺骨を納めること。骨壺のまま納めることもあるが、遺骨は土に帰るのが自然であるという考え方から、墓地の納骨室の床をはらずに遺骨を丁寧に土の上に納める方法もとられる。

野辺送り（のべおくり）――野送り、野辺の送りともいう。故人を火葬場や埋葬の地まで見送ること。

野辺の煙（のべのけぶり）――遺体を茶毘《だび》＊に付す時の煙。

墓（はか）――塚ともいう。遺体を土中に埋葬して、その上に土墳を築き、あるいは墓標を設ける。前者は土葬時代のものであり、後者は火葬＊が採用されて以後のものに属し、普通に墓というのは後者のことをさす。仏伝によれば、釈尊＊入滅＊の後、その舎利《しゃり》＊を八分して八塔を立てたという。故人の追善供養《くよう》＊のために立てられた墓は、奈良時代に建立＊された仏塔や層塔のように、墓上に据えられる塔形として発展し、室町中期以後、墓塔に種子《しゅじ》＊・仏像＊・名号《みょうごう》＊・題目＊などが浮き彫りとして刻まれ、仏塔・仏龕《ぶつがん》の性格を兼ね備えるようになった。したがって、その次第変化に応じて、宝塔、層塔、宝《ほう》篋印《きょういん》塔、五輪塔＊、塔婆＊、石碑と種々の墓が存在する。明治十七年（一八八四）に至り、内務省通達によって新墓地開発が禁じられるとともに、伝染病予防のため火葬が普及しはじめると、火葬後の遺骨を納める家墓があらわれ普及した。現在主として行われるものは石碑であるが、それにも舟後光《ふなごこう》形のもの、笠付石碑、櫛形石碑、打切形のもの、兜巾《ときん》形のもの（文人《ぶんにん》形）、板碑《いたび》形のもの、祠《ほこら》形のもの、卵形の無縫《むほう》塔（僧侶の墓標）などがある。正面に戒名《かいみょう》*をきざみ、側面に俗名、死没の年月日等を記し、一ないし三段の台石の前面には閼《あ》伽《か》*の水器等を設けるのを通例とする。

箸渡し（はしわたし）――荼毘《だび》*に付した遺骨を、二人がかりで箸で挟み骨壺に入れ、また打敷《うちしき》*の敷き紙に置く方法をいう。箸と橋が音通することから故人を無事に来《らい》世《せ》*へ橋渡しすることを意味するといわれる。

百箇日（ひゃっかにち）――故人の死後百日目に追善*の法要*を営むこと。儒《じゅ》教で百日目に営まれる卒哭《そっこく》忌に由来する。

不祝儀袋（ぶしゅうぎぶくろ）――葬儀や法事*の時に現金を包む専用の封筒。表書きは葬儀の場合は御香奠《こうでん》、御霊前などとし、法事の場合は御仏前、御香料、御供物《くもつ》料などが多く書かれる。水引は一周忌*まで黒白のものを用い、それ以後は黄白、青白、双銀なども使われる。

札位牌（ふだいはい）――一人だけの戒名《かいみょう》*や法名*を記した位牌*。

不断香（ふだんこう）――通夜*の枕飾り*で供養《くよう》*される一本線香が、絶えることなく香り続けること。

仏具（ぶつぐ）――寺院*や仏壇*で仏*を供養《くよう》*するための諸道具をいう。三具足《みつぐそく》*（香炉*、燭台、華瓶《けびょう》*）、五具足*（香炉、一対の燭台、一対の華瓶）、灯籠《とうろう》*、茶湯器《ちゃとうき》、仏飯器《ぶっぱんき》、鈴《りん》*、経机等。

仏事（ぶつじ）――法事*と同じ。仏法*に帰依《きえ》*し供養《くよう》*する法要*をいうが、追善回向《えこう》*のために行われることが多い。

仏壇（ぶつだん）――仏像*や曼荼羅《まんだら》*や先祖の位牌《いはい》*などを安置して礼拝《らいはい》*するための壇*をいう。宗派*によって、安置方法が異なる。

仏飯（ぶっぱん）――仏供《ぶつく》、仏餉《ぶっしょう》ともいう。仏前に供えるご飯。

併修（へいしゅう）――合斎《がっさい》ともいう。二人以上の故人の年回*行事を一緒に行うこと。この場合は若い年忌*の命日*に合わせる。一般に七回忌までの併修は避ける場合が多い。

法衣（ほうえ）――「ほうい」とも読む。出家*者の着用する衣服のことで、もとは戒律*に定められた三種類の袈《け》裟《さ》*（三衣《さんえ》*）をいう。現在では袈裟の下に着用する色《しき》服や袴なども総称し、その地位や営む法要*の種類によって色や組み合わせに相違がある。

法会（ほうえ）――①法*（仏*の教え）を説く会合。経典*の講和会、通常の法話会、寺院*の建築物の落成、尊像の開眼《かいげん》*、開山《かいさん》*の年忌*等もこれに含まれる。②故人の追善*法要*を営むこと。

法事（ほうじ）→〈本部〉仏事（ぶつじ）

法名（ほうみょう）――仏門に入ったものが師より受ける名をいい、また故人が導師*から受ける戒名《かいみょう》*をいう。葬儀の際に導師が故人に剃刀を当てる作法をするのは故人の剃髪《ていはつ》*・出家*の意味からで、没後作僧《もつごさそう》*の場合は法名の上に院・院殿等を付けることがあり、また下には信《しん》士《じ》・信女《しんにょ》*・居士《こじ》*・大姉《だいし》*等を付けることが多い。

法名軸（ほうみょうじく）――法名*を記した紙を表装した軸。真宗*では、故人は阿弥陀如来《あみだにょらい》*の浄土*に生まれるので故人の依りどころとしての位牌《いはい》*を祀ることがなく、この軸を仏壇*にかける。

墓誌（ぼし）――その墓地に埋葬されている故人の事跡を記した石。また金石に故人の事跡を記して棺とともに埋葬するもの。

盆（ぼん）――正しくは盂蘭盆会《うらぼんえ》*といい、『盂蘭盆経*』の目連《もくれん》*による亡き母の供養《くよう》*の故事にもとづく法要*をいう。中国の先祖供養の習慣と古来からの霊祭《たままつり》*が結びついたものであるともいわれ、日本では僧自恣《じし》*（僧が反省し精進《しょうじん》*をあらたに誓う）の日とされる七月十五日を中心にした一定期間中に先祖供養の諸行事が行われる。→仏教常識〈行事の部〉盂蘭盆会

盆提灯（ぼんちょうちん）――精霊祭《しょうりょうまつり》（盂蘭盆《うらぼん》*の霊祭《たままつり》*）に飾る提灯。多くは新《にい》盆*には無地の白いものを飾り、それ以後は模様の入ったものが用いられる。

枕飾り（まくらかざり）――納棺*までの間、安置されている遺体の枕元に置かれたもので、供養《くよう》*の品々を供えた白木の台や小机のこと。または、そういったものを供えること。供養の品には、燭台、香炉*、樒《しきみ》*を生けた花立て、枕飯《まくらめし》*、枕団子*、清浄《しょうじょう》*な水、鈴《りん》*が置かれる。

枕経（まくらぎょう）――枕づとめともいう。枕飾り*の前で僧侶*が故人に戒名《かいみょう》*や法名*を授けて読経《どきょう》*をすること。この僧侶を伽僧《とぎそう》という。古くは、終夜、枕頭で経*を読誦《どくじゅ》した。

枕団子（まくらだんご）――枕飾り*に供えられる上新粉《じょうしんこ》で作った団子。茹《ゆ》で、または蒸した団子が六個（六道*

の供養《くよう》*の意味）か七個（六道に浄土*を加えた供養の意味）で白紙の上に盛られる。

枕直し（まくらなおし）――遺体を棺におさめる前に、北枕で寝かせて安置すること。→〈本文〉きたまくら（北枕）→〈本部〉北枕（きたまくら）

枕飯（まくらめし）――一膳飯ともいう。亡くなった直後に通常とは異なる炊き方で用意された御飯を一粒残らず盛り切り、上に一本箸を立てて枕飾り*に供えられる高盛飯《たかもり》。故人の復活を祈る供物《くもつ》*という意味や、死後ただちに霊場*参りに出かける故人の弁当であるという意味などがいわれる。

末期の水（まつごのみず）――死に水ともいう。人の臨終*に際しその人の口に捧げられる最後の水。入滅*直前の釈尊*の求めに対して鬼神《きじん》*が水を捧げ供養《くよう》*したという『長阿含経《じょうあごんきょう》*』中の『遊行経《ゆぎょうきょう》』の故事に由来する習慣。

守り刀（まもりがたな）――遺体の上に、魔除《まよけ》や鎮魂の意味で置かれる刀。刀以外にも鋏《はさみ》やナイフ、短木刀等が代用され、刃先を足にむけて置かれる。

満中陰（まんちゅういん）――忌明《きあ》け。死後四十九日目の追善*法要*の日。中陰*の満結の日という意味。この法要の後、遺族は忌みから明け、通常の生活にもどるとされる。

水子供養（みずごくよう）――胎児のうち、あるいは誕生直後に亡くなった子供に対する追善供養《くよう》*をいう。多くは地蔵菩薩《ぼさつ》*を主尊として営まれる。

命日（めいにち）――忌日《きにち》*、捨《しゃ》命日、命終日《みょうじゅうにち》、不楽日《ふらくにち》ともいう。多くはこの日に故人のための追善*・追福の供養《くよう》*を営み、また仏法*を自覚し精進《しょうじん》*する日とする。『真俗仏事篇』に「忌日とは親《しん》亡ぶる日、言うところは親死せる日に当れば、その心、親を思うのみにして、私事をなさず、忌み慎み…故に忌日という」とある。

没後作僧（もつごさそう）――人が死後に戒*を授けられ、戒名《かいみょう》*を与えられて出家者*として扱われること。

湯灌（ゆかん）――棺におさる前に遺体を洗い清めること。この習俗は中国に起こり、『勅修清規《ちょくしゅしんぎ》』の遷化《せんげ》*の項には「小師、侍者、親随人は、安排洗浴し、着衣油髪して、龕《がん》*に入るべし」とある。それがわが国にも伝えられたものである。湯や水の扱い方の注意がとくに伝承されているところもあるが、アルコールで拭い清めるやり方も多い。髭を剃ったり薄化粧させるなどのことも、併せて行われる。

鈴（りん）――読経《どきょう》*の始めと区切りに打ち鳴らす仏具*。鈴棒を鈴の内側に軽く当て余韻を残すように鳴らすことで、心を禅定《ぜんじょう》*に導くといわれる。

臨終仏（りんじゅうぶつ）——臨命終《りんみょうじゅう》の仏*ともいう。浄土*教の信者の臨終*に際して迎えに来られるという阿《あ》弥《み》陀《だ》如来《にょらい》*とその聖衆《しょうじゅ》。

霊柩車（れいきゅうしゃ）——遺体を運ぶための、棺専用車をいう。

霊供膳（れいぐぜん）*——お盆（盂蘭盆会《うらぼんえ》*）の精霊棚《しょうりょうだな》*や、故人の命日や法要*で霊前に供える精進《しょうじん》料理の膳。強いにおいをもつ葱《ねぎ》や韮《にら》や大蒜《にんにく》などを避けた一汁三菜が供《く》養《よう》*される。

斂祭（れんさい）——斂は遺体を納めるという意味で、古くは小斂（死装束を着せること）大斂（納棺*）という語も用いられた。斂祭は納めの式ともいい、火葬*の直前にかまどの前で営まれる読経《どきょう》*および最後の別れの儀式をいう。

六道銭（ろくどうせん）——死者を棺に納める時、ともに棺に中へ入れる銭をいう。銅銭あるいは紙《し》*銭を六枚用いる。中国古来には、瘞銭《えいせん》を土中に埋めて死者の用に供するという風習があった。瘞銭はまた昏寓銭《こんぐうせん》ともいい、『事物起源』には「漢葬は昏寓銭ありて、昏晩に銭を壙中に埋め、死者の用となす、唐の王岐に至って、乃ち葬祭に紙銭を焚いて、以て之に代う」とあって、これに由来するといわれる。日本では六道輪廻《りんね》*の路用とも、三途《さんず》*の川の渡し賃とも、再生した時に食べる飴《あめ》代とも意味付けがされている。

六角塔婆（ろっかくとうば）——塚固め、多羅卒都婆《たらそとば》ともいう。土葬の場合、埋葬の三日後に墓*の印として立てられる塔婆*。長さが一尺八寸（約五十四センチ）直径二寸（約六センチ）の角材を六面に削り上下を尖らせた形。

別れ花（わかればな）——葬儀の際に、出棺直前に行われる最後の対面で棺中の遺体の周囲に捧げ飾られる花。

毘沙門天真言

ベイ
bhai

ノウマク サ マンダ ボ ダ ナン ベイシラ マンダ ヤ ソワ カ

南麽　三曼多勃駄喃　倍羅縛曼荼　娑嚩訶
namaḥ samantabuddhānāṃ vaiśravamaṇḍaya svāhā

あまねく住する諸仏に帰命《きみょう》し奉る。とくに毘沙門天に。成就せよ。

→本文309頁「びしゃもんてん」

法具の部

法具（ほうぐ）――仏教はインドに起こり、チベット、モンゴル、中国、朝鮮、日本と伝来する間に、各地の伝統、風習を混入し、現在はきわめて繁雑、華麗な仏教儀式を有するに至った。その儀式を荘厳《しょうごん》*にするための仏具*、道具を法具、または荘厳具ともいう。

数珠（じゅず）――僧侶*に限らず、一般人も仏*を礼拝《らいはい》*する際には必ず数珠を持つ風習がある。数珠は紀元二世紀頃、インドにできたと考えられている。諸尊の中でも准胝《じゅんでい》観音*は第四の手に数珠を持ち、十一面観音*もまた数珠を携えている。外道《げどう》*では、事火《じか》外道の本尊*も数珠を持っている。数珠に関する文献としては『木槵子経《もくげんしきょう》』『数珠功徳経《くどくきょう》』『金剛頂瑜伽念珠経《こんごうちょうゆがねんじゅきょう》』等があり、そのうちの『木槵子経』は数珠の功徳*について次のように記している。

「若し煩悩《ぼんのう》*業苦《ごうく》を滅せんと欲せば、まさに木槵子（木槵子とはインドに産する喬木で、多くの数珠がつくられた）一百八を貫いて、常に自ら随え、行住坐臥《ぎょうじゅうざが》*、散乱の心を息《や》め、仏陀*（仏）、達磨《だるま》*（法）*、僧伽《さんが》*（僧）*の名を称え、すなわち一木槵子を掐《つま》ぐるべし。是の如くにして漸次に修し、百遍乃至二十万遍に満ちて、身心《しんじん》乱れずば、命を捨てし時、第三焔天《えんてん》（夜摩天《やまてん》*）に生ずるを得、もし復《また》一百万遍に満つれば、まさに百八の結業《けつごう》（煩悩*）を断除するを得べし」。

また、その珠の数、構造について『数珠功徳経』の記すところは、百八珠を普通として、五十四珠、二十七珠、十四珠等をあげ、用材としては鉄、赤銅、真珠、珊瑚《さんご》、木槵子、蓮子《れんし》（蓮華の実）、水精《すいしょう》（水晶）、菩提《ぼだい》子《し》等をあげている。わが国では、聖武天皇*の天平八年（七三六）天竺《てんじく》*僧の菩提僊那《せんな》*が摂津難波（大阪府）に渡来して献上したものが最初であるという。後世では、各宗派がそれぞれ特色を生かして、種々の数珠を使用するに至った。

中啓（ちゅうけい）――扇の一種で、仏事*の儀式用として用いる。形状は、親骨の上端を外にそらし、たたんだ時も半ば啓《ひら》くようになっている。このことから中啓という。白骨七本を本格とする。僧*用の扇はインドにも中国にもあったが、この中啓は宮中で公卿が衣冠束帯の場合、桧扇と同様に夏季にのみ使用したのをいつからか仏教に取り入れて、公卿の笏《しゃく》を持つ風習に準じて僧侶*が仏教儀式に用いることとなったものである。

如意（にょい）――説法*、法会《ほうえ》*、論議の際、講師《こうじ》*の僧*が威《い》儀《ぎ》*をととのえるために所持する道具。普通は長さ約四十センチ、長いものは約九十センチに及ぶものもあり、木、竹、角、獣骨で造り、端は雲形をしている。『高僧伝』には、慧遠《えおん》*がこれを愛用したことが見られ、『釈氏《しゃくし》要覧』には、如意の起源の一説として、爪杖《そうじょう》（まごのて）の変形で、手の届かぬところをも意の如く搔くことから如意という、といっている。

払子（ほっす）――三十センチ以上の柄の先に長い毛を束ねて付けた道具で、引導*の僧*が用いるもの。また、白《びゃく》払《ほつ》、払塵《ふつじん》ともいい、かつてインドでは比丘《びく》*が蚊や蠅を追うのに用いたものであるという。これを法具*として用いたのは中国が最初で、悪障、災難を払うものとして、ことに唐代の禅宗*において盛んに用いられた。『和漢三才図会』にはつぎのように記されている。「払子は禅宗の重んずるところなり。若し得道のものあれば、師これに払子を授与し、以て法門*の規準となす。今は多く羆《ひぐま》の毛を用いて作る」。

鉢（はち）――僧侶*の食器で、一人の量に応ずる器、すなわち一人前の食糧の入る器の意味から応器*または応量器*という。この鉢は三衣《さんえ》一鉢《いっぱち》*といって、釈尊*以来、比《び》丘《く》*の所持する法器として最も重要なものの一つであり、比丘は日々この鉢をささげて乞食《こつじき》*遊行《ゆぎょう》*して、仏道*精進《しょうじん》*につとめた。したがって、贅沢なものは禁じられ、ただ瓦鉢《がはつ》と鉄鉢《てっぱつ》*の二種のみが許されている。古い経典*には、この鉢の功徳《くどく》*と不思議*とがさまざまに記されている。

錫杖（しゃくじょう）――僧侶*、修験者《しゅげんじゃ》*の携える杖で、金《こん》錫《しゃく》、徳杖ともいい、またこれを地について鳴らすことから、声《しょう》杖ともいう。構造は、上部は錫《すず》、中部は木、下部は牙または角でつくり、杖頭は塔婆《とうば》*の形をして、これに大きな鐶《かん》をはめ、さらにこれに小鐶数個をかけて、地に突くたびに鳴るようにしてある。『毘那耶雑事《びなやぞうじ》』によると、ある時、一人の比丘《びく》*が食を乞うて長者*の家に入ったところ家人がみな驚き恐れたことがあったので、釈尊*はこの錫杖を工夫し、比丘はこれを突き鳴らして人家に行くことにしたという。それ以来この錫杖は、鉢*とともに比丘の必携のものとなり、今日、僧*が法縁を布《し》いて歩くことを巡錫*・飛《ひ》錫といい、滞在することを留《る》錫・掛《か》錫*という。

朱蓋(しゅがい)——朱色に塗った長柄の傘で、法要*の際、屋外を歩くとき導師*の頭上にかざす。その起源はインドにあり、貴人に天蓋*をかざす風習が転じて朱蓋をかざすこととなったものであろう。中国では隋、唐のころ、さかんに貴人富者がこの朱傘を利用、わが国でも、貴人、僧侶*がこれを用いることが多かった。朱色は、インドで尊貴を意味する。

梵鐘(ぼんしょう)——寺院*の鐘楼にある釣鐘のことで、洪《こう》鐘、撞《どう》鐘、鯨《げい》鐘ともいう。有名な句に「祇園精舎《ぎおんしょうじゃ》*の鐘の声」とあるが、梵鐘の起源は実は中国であるらしい。この鐘の功徳《くどく》*については多くの経文《もん》にいろいろ説かれているが、要するに、この鐘の音によって心の眼を醒まし、無常*をさとり、煩悩《ぼんのう》*を破折《はしゃく》するのが真の鐘の功徳である。除夜の鐘が百八の煩悩を打ち砕くというのも、この功徳による。なお、釣鐘を有するものは寺院のみに限らず、神社にも有するものがあり、播磨(兵庫県)の尾上神社や豊前(大分県)の宇佐八幡宮の鐘は有名である。ゆえに、梵鐘と称して、梵刹《ぼんせつ》*すなわち寺の鐘を区別するのである。

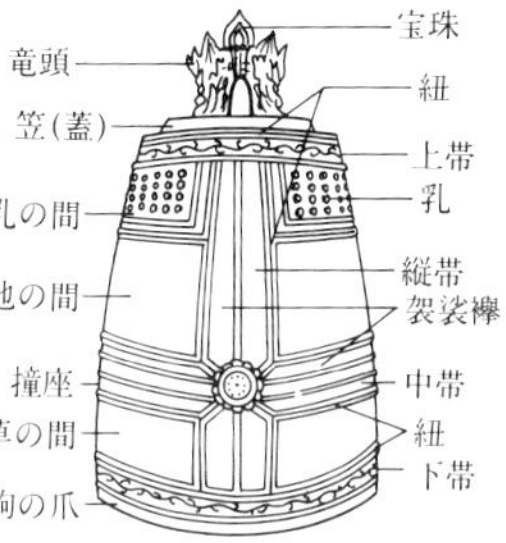

喚鐘(かんしょう)——小鐘とも、半鐘ともいう。形は梵《ぼん》鐘《しょう》*に似ていて、小さく、高さ六十センチからせいぜい七十五センチまでを普通とする。法要*などの開始を大衆に告げるために鳴らすので喚鐘という。

鏧(きん)——喚鐘《かんしょう》*を仰向けにしたような形で、直径は三十—六十センチ、高さは直径よりやや短いのが普通。これを台の上の褥《しとね》にのせ、読経《どきょう》*の前後、中間に枹《ばち》(皮または布で先端を包んだ棒)をもって打ち鳴らす。この鏧の小さく携帯用に仕立てたものを引鏧《いんきん》、または手《しゅ》鏧《きん》という。

磬(けい)——古くから中国で用いられた一種の楽器で、石または玉を扁平に刻み、磬架につるして打ち鳴らす。後世には多くが銅製となり、仏前台座の右側の磬架につるして、導師*が勤行《ごんぎょう》*の際これを打ち鳴らす。『真俗仏事篇』は、これを鳴らすのは「本尊*諸天を驚《きょう》覚《がく》する為なり」と説いている。長さは十五—二十四センチ、幅十二—十五センチで、両端がやや垂下して「へ」の字型をし、二端に紐を貫いて架につるす。しばしば鳥などの模様が刻んである。また玉磬《ぎょく》、浮磬《ふ》、方磬《ほう》などの名称がある。

太鼓（たいこ）――誦経《ずきょう》、梵唄《ぼんばい》*等に際して用いる楽器として重要な法具*の一つであり、鐘楼と相対して、鼓楼もまた七堂*の一つに数えられることがある。種類は、鼓楼につるす大太鼓より日蓮宗*の信者の団扇《うちわ》太鼓《だいこ》*にいたるまでさまざまであるが、最もよく禅宗*において用いられる。

鐃鈸（にょうばち）――仏教楽器の一つ。一般に「じゃわらん」ともいう。円形の銅板の中央部をまるく隆起させて、その頂に小孔を穿って紐を通し、二個をすり合わせて音を出す。円板の直径は三十センチから四十五センチ。法会《ほうえ》*の始終などに用いることが多い。

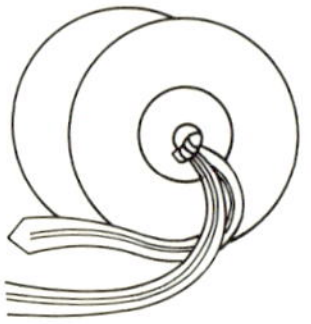

銅鑼（どら）――法会《ほうえ》*の際に用いる楽器の一つ。唐金《からかね》で造り、直径約四十五センチ、盆のような形をして、これをつるして中央のいぼ状のところを打って音を出す。中国で始まったものと思われる。なお、茶人などは数寄屋などにこれを用いるものもある。

木魚（もくぎょ）――天台宗*、禅宗*、浄土宗*の諸宗において、誦経《ずきょう》、唱名《しょうみょう》*のときに打ち鳴らす仏具*。木魚の文字が示すように、木を魚の形にし、中をくり抜いて、これを打つと妙音を出す。大は六十センチ以上、小は十五センチに満たないものもある。これは以前、禅寺などで使った「魚鼓《ぎょく》」「魚板《ぎょばん》」と同じく、高くつるして打ち、大衆に知らせる役目をしたものであったが、現在は褥《しとね》の上におき、ばいをもってこれを打ち、読経《どきょう》*、唱名の調子をなしている。

法螺（ほら）――修験道《しゅげんどう》*で修法《しゅほう》*の際に用いる法具*。小は二十五センチから大は四十五センチに及び、円錐形の法螺貝で造られる。なお、山伏《やまぶし》*はまた別に小さな法螺をおのおの腰に付け、山中修行のとき、暗夜・雲霧に道を失わないように吹いて互いの合図とする。古くはインドにおいて法会《ほうえ》*説法*のおり、この法螺を吹いて合図とし、道俗*を集めたものである。『法華経《ほけきょう》*』はこの法螺について「之を吹けば大乗*の法義を演じて大法*の威力を彰することを表示す」と記しているが、その他、この法螺の音声の功徳《くどく》*について記した経典*は少なくない。この法螺の製作に用いる貝は沖縄方面で産するが、ごく大きいものはインド方面から来る。後に一般的な俗語として、「大法螺《おおぼら》を吹く」等の用法があるのは遺憾な濫用といえる。

仏壇（ぶつだん）――仏壇を用いることは、徳川時代に普及した。仏教渡来後、平安時代までは篤信家の中には仏像*安置の庵*を設けたものもあったが、一般の家では、仏閣霊場から受けた紙に神仏の像を描いたものを壁や柱にはった程度であった。室町時代の頃には仏画が大いに行われ、庶民はこれを安置するのに厨子《ずし》*をつくり、位牌《いはい》*、骨壺とともにその中に安置した。これが仏壇の前駆である。徳川時代には、切支丹《きりしたん》に対する政策などの理由により、貧富上下を問わず必ず仏壇を設けることが強制された。その結果、今日ではあらゆる家庭に仏壇があり、仏像、位牌等を安置し、祖先を祀ることが行われている。

龕（がん）――龕と厨子《ずし》*とは同一視されることが多いが、全く別個のものである。龕は本来、岩壁を掘って室として仏像*等を安置するところのこと。『観仏三昧海経《かんぶつざんまいかいぎょう》』の巻四には「一々の須弥山《しゅみせん》*に龕室無量あり、一々の龕中に無量の化仏《けぶつ》*あり」とある。大同《だいどう》、雲崗《うんこう》の石仏は広大な龕を掘り、無数の仏像を彫刻してあることで有名。また、木材、石材等で厨子形を造り、仏《ぶつ》*・菩薩《ぼさつ》*、祖師*、先徳《せんどく》*の像を安置するものをも龕とするが、このように龕と厨子とが次第に近づいてきた。現在では、形状は塔婆《とうば》*に似て、四面に鳥居を設け、四方に幡《はた》*をかけて、その中に仏像を安置するものが多く造られる。なお、後世では、人の遺体を入れる柩をも龕と称することがある。

厨子（ずし）――仏《ぶつ》*・菩薩《ぼさつ》*の像を安置する仏具*で、立箱に左右にひらく開戸を付け、あるいは漆を塗り、あるいは箔を置く等の荘飾をする。大きいものは御堂《みどう》造といって数坪に及ぶものもあり、小さいものは印籠《いんろう》厨子といって懐中に入れられるものもある。また、立箱の形には、方円、楕円、長方形などがあり、屋根を付けるものも多い。インド、中国を経てわが国にも早くより伝わり、奈良法隆寺*所蔵の玉虫厨子等、現存してわが国の美術史上に輝けるものも多い。なお、厨子は経典*を収めるために造られたものもあり、後世には、本箱、置戸棚と同様に使用されたこともある。

須弥壇（しゅみだん）――寺院*の仏堂において、仏像*または厨子《ずし》*を安置する壇*で、須弥座ともいう。仏座を仏教の宇宙観における須弥山《しゅみせん》*の位置になぞらえて、このよ

うに称する。わが国においては、飛鳥、奈良時代の仏堂は、床板を張らず、堂の中央部に土を盛って須弥壇とした。平安時代においては、板敷床の上に木造の須弥座をつくった。鎌倉時代には、禅宗*とともに唐の様式のものが伝来した。その後は、宗派*によって多少ずつ様式を異にして今日に至っている。

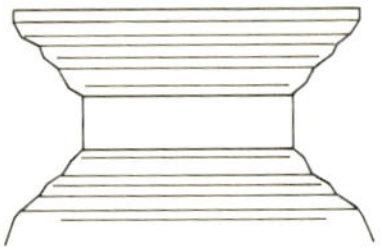

幡（はた）――梵語《ぼんご》*の patākā の訳。波多迦《はたか》と音写する。仏《ぶつ》*・菩薩《ぼさつ》*の威徳を表示する荘厳《しょうごん》具。わが国では、大法要、説法*の行われる際、寺院*の境内に立て、あるいは本堂*の荘厳具として用いられる。釈尊*はこの幡を立てることの功徳《くどく》*をしばしば説き、『百縁経《ひゃくえんぎょう》』には、波多迦長者が前世《ぜんせ》*において仏塔に幡をかけた功徳をもって、出生のとき大幡の降ったことが語られている。この幡の形状は、三角の首部の下に細長い幡身があり、その下に数本に分かれた脚部があるのが原則である

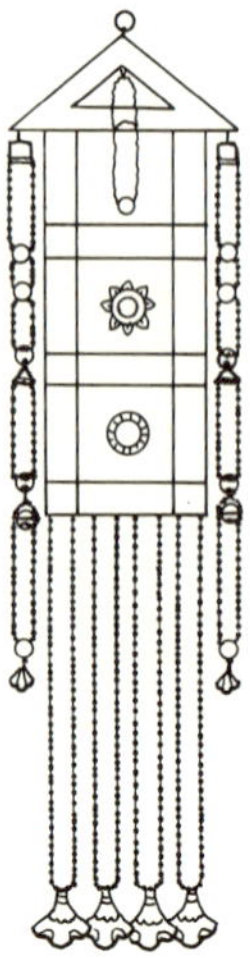

が、時代によって多少の相異があり、鎌倉時代以後のものは幡身の両脇に二本の手を垂れ、脚部は長く二本を垂れて、あたかも人体をかたどっているようである。現在、寺院において見られるものは主としてこの型である。材料は布製のものが普通であるが、また金銅製、珠玉製、板製、糸製のものもある。なお、使用の場所によって大小・形態を異にし、庭幡《ていばん》、幢幡《どうばん》、幡蓋《ばんがい》等の区別がある。また、日本語の「はた」の語源は、この波多迦であると思われる。

天蓋（てんがい）――本尊*、祖師*、導師*の頭上にかざす宝蓋をいう。また単に蓋ともいい、蓮華《れんげ》蓋ともいう。本尊、祖師の頭上にあれば仏《ぶつ》天蓋といい、導師にかざすものは人《にん》天蓋という。もと熱帯地方のインドで、暑さを避けるため王侯貴人の出遊に傘を用いる風俗があり、釈尊*の説法*にあたっても、弟子および篤信の者が帛布でつくった傘で日光をさえぎったという。それが転化して朱傘となり、また天蓋となったものと思われる。わが国にある最古のものは、奈良法隆寺*の金堂*に懸けられている方形のもので、

推古朝につくられたものといわれる。

華瓶(けびょう、かびん)——仏華《ぶつげ》*を活けて仏前に供える法具*。読み方によって二種類に分けられ、「けびょう」と呼ぶものは密教*系のもので、形状は口が狭く、腹が大きく、高さが約十五センチより二十五センチ以内。「かびん」と呼ぶものは禅宗*によって伝えられたもので、口径が太く、本尊*の前の卓上に置く。元来、仏華はインドにおいては散華《さんげ》*と盛華のみであったから、華瓶は中国を起源とみるべきであり、おおよそ唐の時代にはじまったものとされる。

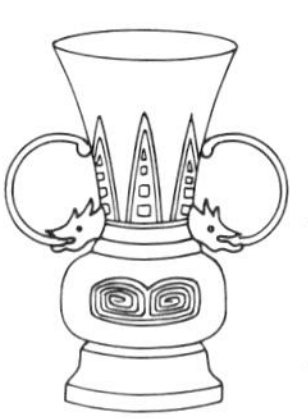

香炉(こうろ)——仏前に香*を焚く器で、仏壇*の荘厳《しょうごん》具の中で重要なものの一つ。『浄飯王般涅槃経《じょうぼんのうはつねはんぎょう》』には、釈尊*が父王の死にあたって自ら手に香炉をとって礼拝《らいはい》*したことが記されている。したがって、一定の器に香を焚いて供養《くよう》*することは、古代インドよりの風習であったことがわかる。今日では、諸寺や家庭にも各種の香炉があり、なかには荘麗を極めた工芸的作品も少なくない。材料には金、銀、赤銅、瑠璃《るり》*、陶器など無数にあり、形状もまた様々であるが、大別していえば以下のようになる。机上に置くのを置《おき》香炉といい、方形、円形、八角形等のものがある。手に持つものは柄《え》を付けることから柄香炉*と呼ぶ。また、常に仏前に置き、香を埋めておいて不断に香煙を立てているものを常香炉という。また象形につくって、これを跨いで身の汚穢《おえ》(けがれ)を浄めるものに香象《こうぞう》というものもある。なお、鑑賞用の美術工芸品としても珍重され、その形状はさらに種々様々である。

瓔珞(ようらく)——本来は、珠玉または貴金属を糸に連ねて作った装身具で、頭にあるのを瓔といい、身体部にあるのを珞とするという。インドでは、貴人、ことに婦人、少年がこれを頭、胸、首などにかけて身を粧った。仏教ではこれを菩薩《ぼさつ》*の像や天蓋*の装飾として用い、仏前の荘厳《しょうごん》*とする。

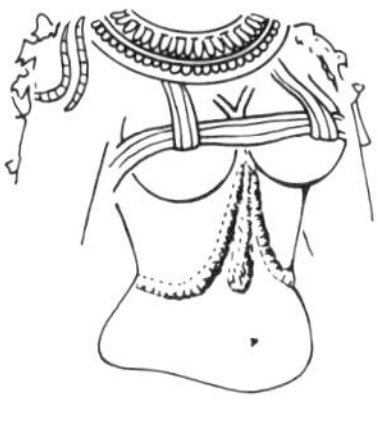

行儀の部

合掌（がっしょう）——両手の掌を合わせておがむことで、もとインドの敬礼法の一つであった。これには十二の様式があることが『大日経疏《しょ》』*に説かれている。

1 堅実心《けんじつしん》合掌——両指、両掌を正しく合わせせる。

2 虚心《こしん》合掌——両指を合わせ、両掌の間を少し離れさせる。

3 未開蓮《みかいれん》（未敷蓮華《みふれんげ》）合掌——両指を合わせ、両掌をやや丸くして空間をつくる。

4 初割蓮《しょかつれん》合掌——両方の親指と小指を合わせ、他の三指を離れさせる。

5 顕露《けんろ》合掌——両方の小指をつけ、両掌を仰向ける。

6 持水《じすい》合掌——両掌を仰向け、両指をまげて、水をすくうようにする。

7 金剛《こんごう》合掌——両掌を合わせ、両指を互いに交わらせて、右手の五指を左手の上にする。帰命《きみょう》合掌ともいう。

8 反叉《はんさ》合掌——両掌の背を合わせ、十指を相互に交わらせる。

9 反背互相着《ほんはいごそうちゃく》合掌——右掌を左掌の上にして、背と背とを相合する。

10 横柱指《おうちゅうし》合掌——合掌を仰向けて、中指の指先だけを合わせる。

11 覆手向下《ふくしゅこうげ》合掌——両掌を下に向けて、中指の指先のみを着ける。

12 覆手合掌——両親指をつけ、両掌を下に向ける。

以上の十二種があり、これを十二合掌*という。↓本文174頁同項図版

礼拝（らいはい）——仏《ぶつ》*・菩薩《ぼさつ》*の前に低頭敬礼して、恭敬の意をあらわす作法。一拝、三拝、九拝などの種々の様式があり、『大智度《ちど》論』*巻第百には「礼に三種あり、一には口礼《くらい》、二には膝を屈して頭は地に至らず、三には頭地に至る、これを上礼とす」と三拝が説かれ、『西域記《さいいきき》』*は、発言《ほつごん》慰問、俯首示敬《ふしゅじきょう》、掌手高揖《しょうしゅこうゆう》、合掌平《びょう》拱《く》、屈膝《くっしつ》、長跪《ちょうき》、手膝踞地《しゅしつこじ》、五輪倶屈《くくつ》、五体投地《ごたいとうち》の九拝を説いている。そのほか、十八拝を説くものもあるが、わが国では次の上・中・下品《ぼん》の三種の礼拝を定め

ている。

上品《じょうぼん》——五体投地の礼拝。

中品——長跪《き》合掌の礼拝。

下《げ》品——首を垂れて合掌する礼拝。

焼香（しょうこう）——仏前に薫香を焚く作法をいう。これによって邪気を払い、仏霊を招じる。インド以来の儀式で、極めて重んじられる作法。五種供養《くよう》、六種供養の一つ。また行香《ぎょうこう》、炷香《しゅこう》ともいい、禅宗*では拈香《ねんこう》ともいう。その作法は、指先で香をつまみ、静かに香炉*の中に投じて焼くのを法とする。『法式紀要《ほっしききよう》』はこの作法を詳説して、「尊前に進みて、一揖《ゆう》（軽くおじぎをすること）、香盒《こうごう》の蓋を右方に取り、頂かず焼香一回して香盒の蓋をなし、微音にて称名《しょうみょう》*、合掌*、一揖して退下するものとす。中啓《ちゅうけい》*は座して焼香の時は膝の正面に置き、起って焼香のときは懐中にす」とする。

線香（せんこう）——各種の香料を紛末にし、糊《のり》でかためて線状にしたもの。これに火を点じて、仏前の香炉*に立てる。焼香*と同じく、邪気を払い、仏*を招じるためである。一部に、線香を四つに折って立てる風習がある。これは、横超断四《おうちょうだんし》流の偈《げ》*にいうとおり、人の欲*と有《う》*（存在）と見《けん》*（見方）と無明《むみょう》*（無智）の四流（四つのはたらき）を象徴し、一本の香を四つに折る。しかしこの心をもって香を薫ずれば、必ずしも四つに折って薫じなくてもよい。

抹香（まっこう）——香*の一種で、沈香《じんこう》*、白檀《びゃくだん》等をついて紛末としたもの。これを塔像に散布し、あるいは手に塗って香気をただよわせる。僧*を称して抹香くさいというのは、この香気のためである。

仏飯（ぶっぱん）——仏前に米飯の初穂を供えること。仏《ぶっ》供《く》、仏餉《ぶっしょう》ともいい、これを盛る器を仏器《ぶっき》という。仏前に仏飯を供えることはインド古来の風習であり、わが国にも早くから伝わり、『延喜式《えんぎしき》』等にもその記事が見える。仏飯の意義については、『孝信録』*に三つの理由をあげて、「一は本尊*に奉って、報謝の意より供養《くよう》*をなす。二は無縁（弔《とむら》う縁者のいないもの）に施す。三は自己の食事をするに当り、いわゆるお初穂を奉るの心に外ならぬ。これ密行の作法なれども、理準ずべし。当流には、仏飯を供えること、報徳の義は勿論なり」と説かれている。

勤行（ごんぎょう）——一定の時刻に仏前で読経《どきょう》*すること。その時刻については、古くから昼三時（三回）、夜三時とするのが通例であるが、『真俗仏事篇』はそれについて次のように記している。「仏前にて看経《かんぎん》*勤行すること、世俗には朝夕の二時に限れりと思えり、答曰く、必ずしも二時に限らず、時処の軌に曰く、四時（晨《あさ》、午《ひる》、昏《くれ》、夜半《よなか》）、三時（晨、午、昏）、二時（晨、昏）、一時（暇の時）、無間《むけん》一切時（行住坐臥《ぎょうじゅうざが》*）に修するなりと説きたまえり。蓋し、人の機《き》*各々異なるを以て、其の機根《きこん》*に応じて勤めさせしむ。故にかくの如く多くの時刻を説き給えり。然れども、実は無間一切時を仏*の本懐となす。何となれば、行住坐臥の阿字《あじ》*の三昧《さんまい》*に住するを無間一切時という故なり」。誦読《じゅどく》すべき経典*については各宗派によって異なる。

読経（どきょう）——経文《きょうもん》を読むのに、声をたてて読むことを読経といい、声を出さないで読むことを看経《かんぎん》*という。ただし看経もまた、後世に至って読経と同じ意味に用いることが多い。宗派*によっては誦経《ずきょう》、諷経《ふぎん》とも称し、大部の経文の紙をばらばらと翻しながら略読することを転読《てんどく》*ともいう。その読音は普通にお経読みというように呉音を用いるが、まれには漢音を用いることもあり、和訳して読む場合にはこれを訓読という。

読《どく》経*は仏教の行儀*の中でも最も重要なもので、その功《く》徳の広大なことは経典のしばしば強調するところである。その功徳は一言でいうと、信受奉行《しんじゅぶぎょう》にありということができる。すなわち、経*を読むことはおのずから経の説くところの意味を了解し、信受し、さらにそれを実践するに至ることである。しかし、今日では死者を縁*として、その追善*のために読経をし、あるいは僧*を招いて読経を依頼するのを普通とする。読経についての注意としては、『真俗仏事篇』に次のように述べられている。「経を読むに、たとえ諳《そら》んずるとも、本を見るべし。恐らくは文を失《あやま》り、あるいは忘れあらんか」。つまり、諳んじたとしても、本なしで読むことを戒めているのである。

精進（しょうじん）——仏教術語でありながら世間一般で間違えて用いられている言葉は少なくないが、この精進という語はその代表的なものである。精進とは、梵《ぼん》語*vīryaの音写、毘梨耶《びりや》の訳で、六波羅蜜《ろくはらみつ》*の一つに数えられ、正しい仏法*の理想境に向かって力強く専念に修行*邁進することをいい、精は無雑の意味で、まじり気のないことを意味する。智顗《ちぎ》*撰『法界次第《ほっかいしだい》初門』巻下之上はさらにこれを詳説して、身心《しんじん》についての二種の精進を述べ、礼拝《らいはい》*、読経《どきょう》*、布施《ふせ》*の行《ぎょう》*を身の精進、忍《にん》辱《にく》*、禅定《ぜんじょう》*、智慧《ちえ》*の行を心の精進としている。このような意味の精進が、現在では全く消極的に、魚・肉を食べないこと、また野菜のみの料理をいうことになったが、これは、仏道修行者*のもっとも身近な苦痛が食事の精進にあったからだと思われる。この消極的な精進の用法は、中国では後漢の頃から、わが国では平安期の頃からである。

供養(くよう)——供給資養《くぎゅうしよう》という意味で、恭敬尊尚の念を持ち、香華《こうげ》*、灯明*、飲食《おんじき》、財物等を三宝《さんぼう》*に供え奉ること、あるいは祖先、故人の精霊《しょうりょう》*に対して財物、善根《ぜんごん》*、読経《どきょう》*等を追進する行為をいい、仏教の行儀*中、最も重要なものの一つ。経典*はこの供養の種類について、さまざまの区分を説いているが、その代表的なものを記すと以下のようになる。

二種供養——(1)財供養=香華、飲食等の財物を供養すること。(2)法供養*=如説に修行*して衆生《しゅじょう》*を利益《りやく》*すること。

三種供養——(1)利益供養=香華、飲食等を供養すること。(2)敬《きょう》供養=讃嘆恭敬すること。(3)行《ぎょう》供養=妙法*を受持修行すること。

四事供養——(1)飲食、(2)衣服、(3)臥具、(4)湯薬。

六種供養——(1)水、(2)塗香《ずこう》*、(3)華、(4)焼香*、(5)飲食、(6)灯明。この六種のものは、布施《ふせ》*、持戒《じかい》*、忍辱《にんにく》*、精《しょう》進《じん》*、禅定《ぜんじょう》*、智慧《ちえ》*の六波羅蜜《ろくはらみつ》*を表示するものであるという。

供物(くもつ)——仏前に供える財物をいう。香華《こうげ》*、飲食《おんじき》、灯明*もすべてそうであるが、今日では、主として菓子、果物の類をいう。インド、中国において百味の飲食を供養《くよう》*したことは諸経に説くところであり、菓子、餅《びょう》等の供物を法会《ほうえ》*が終わって後、信者に分けて仏縁を結ぶ風習は、わが国では奈良朝のころより行われている。供物の供え方には、須弥盛《しゅみもり》、拈《ねん》盛、直《じき》盛、段《だん》盛等の区別があり、また数種類の供物がある時は、餅を首座として、次に菓子、果物と配列するのが通常である。

仏華(ぶつげ)——供華《くげ》ともいい、一般にはお花と称する。仏前、霊前に供える花をいう。草花または樹の枝を花瓶に生けて供えるのが普通であるが、差しかえの手数をはぶくために紙、木、金で造花をつくり、これを供えることも多い。インドでは、花を供養《くよう》*するには散華《さんげ》*供養と盛華《じょうげ》供養とがあったが、わが国において普通に行われているものは立華《りゅうげ》供養。これは花を長時間保つのに便利である。なお、供華の注意として『真俗仏事篇』は次のことを記している。「刺《とげ》のある樹の花は、調伏《ちょうぶく》*の所用にして、諸尊の供養物とせず。また臭き花、苦く辛味の花をも除き、また木槿花《むくげ》をも禁じて供養すべからず」。なお、葬儀のとき柩の前に用いる白紙の華を紙華《しか》（四華《しか》*）という。

灯明（とうみょう）——仏前に奉る灯火をいう。灯火は仏教においてはきわめて尊ばれ、法*を承け継ぐことを法灯をつぐともいい、灯明は仏*の智慧*の明らかなることを象徴するものとされている。したがって灯明は、その数の多いのを尊び、平安朝の初期には東大寺*において万灯会《まんどうえ》*という法要*が行われた。しかし、「富者の万灯より貧者の一灯」とも称して、供養《くよう》*としての灯明もまた恭敬の至心をもつことが肝要である。灯明の種類は、仏事勤行《ごんぎょう》*の際の臨時に点火する灯明のほか、昼夜不断に点火するものに常灯明または長灯明と称するものもある。なお、灯明に関する注意としては、消す際に口で吹いてはならないことがあげられる。

護摩（ごま）——密教*の修法《しゅほう》*の一つ。もとインドの事火外道《じかげどう》の行じたものであったが、のち仏教に入り、密教において大いに行われるに至った。その本旨は、護摩の行者《ぎょうじゃ》*または施主《せしゅ》*の煩悩《ぼんのう》*罪障を大日如来《だいにちにょらい》*の智火で焼き尽くすことで、それによって息災・増益等の功徳《くどく》*を得るのである。最も普通に行われる息災法の護摩は、火炉は円形で、行者は白衣*を着ける。護摩の本尊*は火天《かてん》*であるが、この火天の本地《ほんじ》*は不動明王*であり、したがって護摩で焚き上げられる火は、不動明王すなわち大日如来の智火を表現したものである。

布施（ふせ）——布は普を意味し、自己の所有物を普《あまね》く分けて他人に与えることを布施とする。六波羅蜜《ろくはらみつ》*の一つ、四摂法《ししょうぼう》*の一つとして、仏教で重んじるところの一つである。施物の種類には次のものがある。財施《ざいせ》*（財物を施すこと）、法施《ほうせ》*（仏法*を施すこと）、無畏施《むいせ》*（衆生《しゅじょう》*をして一切の畏怖《おそれ》をなくさせること）の三種に分けるものがあり、あるいは下施《げせ》（飲食《おんじき》施）、中施《ちゅうせ》（珍宝施）、上施《じょうせ》（身命《しんみょう》施）と上中下の三つに分けるものもある。だが、今日においては普通、僧侶の読経《どきょう》*等に対する謝礼としての包み金をのみ布施と称する風習がある。なお、檀那寺《だんなでら》*という言葉は施物をなすべき寺という意味。

賽銭（さいせん）——神社、仏寺に参詣のとき、投ずる銭をいう。また散銭《さんせん》ともいう。賽とはむくいの意味で、賽銭は報謝*の意志表示である。したがって、これによって家内安全、商売繁昌等を祈るべきではなく、もっぱら報恩感謝の気持ちで投進すべきである。

付録II

仏教から出た日常語

目次

[あ]
愛染 499
悪逆 499
有り難い 499
行脚 499
安心 499
安楽 499

[い]
異口同音 499
威儀 499
意識 499
以心伝心 499
韋駄天 499
一言居士 500
一大事 500
一味 500
一蓮托生 500
一向 500
一心不乱 500
一刹那 500
因果 500
因業 500
因縁 500

[う]
有為転変 500
浮世 500
有象無象 501
有頂天 501
有無 501
胡乱 501

[え]
依怙 501
会釈 501
縁起 501
厭世 501
演説 501
縁日 501
閻魔王 501

[お]
往生 502
大袈裟 502
億劫 502

[か]
餓鬼 502
覚悟 502
過去 502
火災 502
呵責 502
喝 502
渇仰 502
葛藤 503
果報 503
我慢 503
紙衣 503
伽藍堂 503
瓦 503
観察 503
勧進 503
勧進帳 503
勧進元 503
元祖 503
堪忍 503
観念 503

[き]
帰依 503
機嫌 504
寄捨 504
鬼畜 504
寄付 504
境界 504
経木 504
行儀 504
経師 504
教授 504
行水 504
形相 504
金言 504

[く]
苦界 504
苦言 504
具足 504
愚痴 504
功徳 505
倶利迦羅紋紋 505

[け]
敬虔 505
決定 505
外道 505
懸念 505
下臈 505
玄関 505
堅固 505

[こ]
業 505

講師　505
講堂　505
業腹　505
降伏　505
光明　505
居士　506
乞食　506
後生　506
根　506
根機、根気　506
権化　506
金剛力　506
根性　506
金輪際　506

［さ］

在家　506
最後　506
沙汰　506
生飯　506
差別　506
三界　506
慚愧　507
三国　507
三千世界　507

［し］

時機　507
四苦八苦　507
自業自得　507
自在　507
獅子吼　507
獅子身中の虫　507
自縄自縛　507
自然　507
支度　507
示談　507
実際　507
執事　507
十徳　507
失念　507
慈悲　507
邪見　507
邪道　508
娑婆　508
邪魔　508
舎利　508
執心　508
執着　508
宿業　508
宿命　508
殊勝　508
出世　508
修羅場　508
小我　508
正直　508
成就　508
上乗　508
小乗的　508
精進　508
上手　508
冗談　508
上品・下品　508
丈夫　508
情欲　508
諸行無常　509
食堂　509
所作　509
初心　509
所詮　509
心機　509
深甚　509
神変　509
神妙　509

［す］

随意　509
随一　509
随喜　510
随分　510
頭巾　510
頭陀袋　510

［せ］

世界　510
世間　510
摂取　510
殺生　510
接待　510
絶対　510
善根　510
選択　510

［そ］

相応　511
糟糠　511
相好　511
相続　511
相対　511
増長　511
息災　511

［た］

大意　511

第一義 511
対機説法 511
退屈 511
退治 512
大衆 512
大丈夫 512
題目 512
沢庵 512
達者 512
脱落 512
他力 512
啖呵 512
談義 512
断食 513
端的 513
檀那 513
［ち］
智恵（智慧） 513
畜生 513
知識 513
馳走 513
長者 513
長物 513
聴聞 513
長老 513
［つ・て］
通力 514
提唱 514
徹底 514
点頭 514
顛倒 514
［と］
投機 514
道具 514
道場 514
到底 514
到頭 514
当分 514
兎角 515
貪着 515
［な・に］
内証 515
南無三 515
奈落 515
二枚舌 515
如実 515
人間 515
人非人 515
念願 515
［は］
莫迦 515
幡 516
法度 516
破門 516
波羅夷 516
般若 516
［ひ］
彼岸 516
悲願 516
非業 516
畢竟 516
皮肉 516
誹謗 516
秘密 516
平等 516
［ふ］
不覚 517
無事 517
不思議 517
不浄 517
普請 517
布施 517
不退転 517
不断 517
不如意 517
分身 517
分別 517
［へ・ほ］
別当 517
変化 517
奉加 518
方便 518
発願 518
発起 518
発心 518
没頭 518
法螺 518
本懐 518
［み・む］
未曽有 518
冥加 518
名字 518
名目 518
冥利 519
未来 519

無一物　519
無我　519
無垢　519
無情　519
無心　519
無尽　519
無尽蔵　519
無造作　519
無頓着　519
無分別　519
無念　520
無法　520

［め・も］

迷惑　520
滅相　520
滅法　520
妄想　520
妄念　520
勿体　520

［ゆ・よ］

融通　520
用心　520

［ら・り・る・れ］

来世　521
利益　521
料簡　521
流転　521
霊験　521

あ

愛染〔あいぜん〕 本来は、貪り愛して染着する情をいう。現在では、すべて愛着の深いことにこの語を用いる。

悪逆〔あくぎゃく〕 本来は八逆の一つで、祖父母、父母を殺そうとし、あるいは殴打した罪、および伯叔父、姑、兄姉、外祖父母、夫、夫の父母を殺した罪をいう。現在では、すべてひどい悪事をいう。

有り難い〔ありがたい〕「是の諸々の菩薩《ぼさつ》*は甚だこれ有り難し」(『法華《ほけ》経*』安楽行品《ぼん》)に由来する。「有ることが難しい」「めったに会えない」の意味から、めったにないことをしてくれたことへの感激・感謝の気持ちをあらわす言葉となった。

行脚〔あんぎゃ〕 本来は、僧*が仏道*修行*のために師友をもとめて、または教化《きょうけ》*のために諸国を遊行《ゆぎょう》*することをいう。現在では、目的をもって旅行することをいう。

安心〔あんしん〕「あんじん」と読む。→本文同項

安楽〔あんらく〕 本来は、極楽浄土*の別名で、諸々の苦悩がなく、安穏快楽なこと。一般には、心安らかに苦悩のないことをいう。

い

異口同音〔いくどうおん〕 大勢の人が一斉に同じことをいうこと。「その時梵王《ぼんのう》、諸の梵衆《しゅ》とともに異口同音に合掌讃歎《さんだん》して」(『弥勒《みろく》大成仏経』)とある。

威儀〔いぎ〕 本来は、戒律*のことをいい、また戒律にかなった立居振舞のこと。現在では「威儀を正す」といって、いかめしい立居振舞、また作法にかなった振舞をいう。

意識〔いしき〕 六識*または八識*の一つ。過去*・未来*に対してはたらき、対象を総体的にとらえて認識・思考すること。現在では、知、情、意一切の覚めて活動しているときの精神作用をいう。

以心伝心〔いしんでんしん〕 本来は禅宗*の言葉で、文字・経文によらずに、直接師資《しし》*(師匠と弟子)が相面して、心より心へと仏法*の真実を授受すること。現在では、もっと軽い意味で、言語・文字に現わさず、心より心へと思うところを伝えることをいう。

韋駄天〔いだてん〕 →本文同項

一言居士〔いちごんこじ〕　何事にも一言自分の説をいわないではいられない人のことをいう。維摩《ゆいま》*居士《こじ》は何かにつけて仏弟子たちをやりこめた（『維摩経*』）という。そこから出た言葉。

一大事〔いちだいじ〕　本来は、衆生《しゅじょう》*済度《さいど》*のために仏*がこの世に出現したことをいったもので、「諸仏世尊《せそん》は、唯一大事の因縁*を以ての故に世に出現したもう」（『法《ほ》華《け》経*』方便品《ぼん》）による。現在では大変なこと、重大事件をいう。

一味〔いちみ〕　本来は、事理《じり》*の平等*なことを海水がすべて同じ塩味であるのに譬えた言葉。現在では、心を同じくして味方する人々のことで、「一味同心」「一味和合」などという。

一蓮托生〔いちれんたくしょう〕　→本文同項

一向〔いっこう〕　本来は、信仰的に他の念をまじえることなく、専心に精進《しょうじん》*することをいう。現在では、まるで、少しも、など否定の意味に用いられる。

一心不乱〔いっしんふらん〕　もと『阿弥陀経《あみだ》*』等にある言葉で、心を一つにして散乱しないことをいう。一般の語法としては、一事に心をそそいで、他をかえりみないことをいう。

一刹那〔いっせつな〕　本来は一つの刹那《せつな》*の意味であり、刹那とは極めて短い時間の単位である。『毘婆沙論《びばしゃ》*』の説。現在では、その瞬間というほどの意味に用いる。

因果〔いんが〕　原因と結果のこと。一切の諸法*はみな因縁*と結果の法則によって生滅変化するものであると説く。一般には、不幸、不運、悪事の報いをいう。たとえば「親の因果*が子に報い」など。

因業〔いんごう〕　→本文同項

因縁〔いんねん〕　現在では、由来、来歴、ゆかりの意味に広く用いられているこの言葉は、本来、仏教*の根本原理の一つを表わしたもので、因*とは結果を招くべき直接の原因、縁*とは因をたすけて結果を生じさせる助縁。この因と縁とによって一切の生滅を説くのが仏教の立場である。

う

有為転変〔ういてんぺん〕　本来は、因縁*によって生滅変化する無常*の現象をいったものである。転じて、定めなき世の中を形容していう言葉。

浮世〔うきよ〕　→本文同項

有象無象〔うぞうむぞう〕　本来は、有形無形の一切万物をいう。一般には、一向に役に立たない大勢の人々の意味。

有頂天〔うちょうてん〕　↓本文同項

有無〔うむ〕　有無の二見*といって、有*の見解も無*の見解も、いずれも中道*を得ないで、かたよった見解であるとする。これを一般の用語として、有とも無ともいわせず、右とも左ともいわせないことを、有無を言わせずという。

胡乱〔うろん〕　禅宗*でいう胡乱座から出た言葉。胡乱座とは、僧侶がその出家*の年次によらずに乱雑に着席すること。これから転じて、胡乱とは、まぎらわしいこと、合点の行かないこと、怪しく疑わしいことをいう。

え

依怙〔えこ〕　『法華経《ほけ》*』普門品《ふもんぼん》*には「観世音浄*聖《じょうしょう》は苦悩死厄に於て能《よ》く為に依怙となれり」とあり、信じてたよりにすることをいう。俗にいう依怙ひいきとは、観音菩薩《ぼさつ》*の慈悲*はすべての人に平等*であるが、凡夫《ぼんぶ》*は頼りにされ慕われれば可愛く思うのは当然で、特別扱いにして他者と区別してしまうのをいう。

会釈〔えしゃく〕　本来は、全く相反すると思われる説をもよく照合して融会通釈《ゆうえつうしゃく》するという意味であるが、転じて、一般には人に挨拶すること、気を配りあいきょうのよいこと、人情を融会することをいう。

縁起〔えんぎ〕　↓本文同項

厭世〔えんせ〕　本来は、この世の中を厭《いと》い、出離《しゅつり》*解脱《げだつ》*を求めることをいう言葉であるが、現在では、単に世の中を厭うという意味に用いることが多い。

演説〔えんぜつ〕　法*を説くこと。「世尊《せそん》*、法を演説し」（『法華経《ほけ》*』序品《じょぼん》）とある。現在は大勢の人の前で自分の主義・主張・意見を述べることに用いる。

縁日〔えんにち〕　本来は、神仏の降生《ごうしょう》、成仏《じょうぶつ》*、入寂《にゅうじゃく》*等にあたる日の意味で、祭りや供養《くよう》*が行われる。この日にその神仏に参詣すれば功徳《くどく》*を生じること殊のほかあらたかであるとする。現在では、その縁日の掛店等のにぎわいをのみいうことが多い。

閻魔王〔えんまおう〕　単に閻魔ともいう。地獄*の主で、衆生《しゅじょう》*の罪業《ざいごう》*を監視し、その応報*を明らかにするという。俗にこわい顔をした人を譬えていうことがある。

お

往生〔おうじょう〕　死後、浄土*や兜率《とそつ》天*などにおもむいて生まれることをいうのであるが、俗語として、ひどい目にあうこと、参ったことを、往生するというように用いる。

大袈裟〔おおげさ〕　出家*者の着る袈裟*は、本来はゴミの中から拾った布をつぎはぎした雑色《ぞうしき》の衣*であったが、仏教が北に伝わるうちに、次第に儀式用の豪華な袈裟になっていった。このことから、仰々しく誇張した表現をいう。なお、袈裟は一方の肩から斜めにかけることから、「袈裟懸け」「袈裟斬り」の言葉が生じた。

億劫〔おっくう〕　「おっこう」が訛ったもの。劫《こう》*とは極めて長い時間を意味し、その一億倍という天文学的な時間のこと。そのような時間を考えると、目前のことは些細なとるに足りないことに思われ、面倒でやる気が出ないことをいう。

か

餓鬼〔がき〕　本来は、餓鬼道*におちた亡者のことで、常に飢渇の苦しみを受けるものをいう。現在では、食欲その他の欲望のしきりな者を賤称し、さらに転じて、子供のことをいうこともある。

覚悟〔かくご〕　本来は、迷いの夢からさめて正法《しょうぼう》*を悟り得ることをいうが、転じて、広く物事の道理をさとることをいい、また一般には、諦める、あるいは決心をあらわす言葉として用いられている。

過去〔かこ〕　本来は三世《さんぜ》*の一つで、有為《うい》*の諸法*がその作用を終わった位をいう。一般には、過ぎ去った時をいうのに用いられる。

火災〔かさい〕　→本文同項

呵責〔かしゃく〕　→本文同項

喝〔かつ〕　本来は、禅宗*の僧*が参禅*の人を導くために用いる叱声であるが、一般には、大声でどなりつけること、しかりつけることをいうことが多い。

渇仰〔かつごう〕　本来は、師の教えを仰ぎ求め、仰ぎ信ずることをいう。一般には、何事にあってもあこがれ慕うことをいう。

葛藤〔かっとう〕 ↓本文同項

果報〔かほう〕 ↓本文同項

我慢〔がまん〕 自分（我*）を依りどころとして心が驕《おご》り高ぶること、思いあがることをいう。転じて一般には、「辛抱する」「耐える」という良い意味になった。思いあがった心を押さえるには、強い意志と忍耐が必要だということからだと思われる。

紙衣〔かみこ〕 ↓本文同項

伽藍堂〔がらんどう〕 伽藍*とは、もとは仏弟子たちの修行*の場所のことをいったが、後に寺院の建物をさすようになった。大きな建物の中はひろびろとした空間であることから、転じて空虚な様子をいう。

瓦〔かわら〕 （梵）kapāla の音号。百済《くだら》から伝来し、寺院の屋根に用いたことに始まる。のち一般住居に普及した。

観察〔かんさつ〕 本来、仏教では「かんざつ」と濁って読み、物事を心に思い浮かべて、細かに、明らかに分別*することをいう。現在では、よく注意して見ること、あるいは自然の状態をよく注意して調べることをいう。

勧進〔かんじん〕 ↓本文同項

勧進帳〔かんじんちょう〕 ↓本文同項

勧進元〔かんじんもと〕 本来は、勧進*のための相撲の興行元の意味であるが、現在では、すべての興行元をいう。

元祖〔がんそ〕 ↓本文同項

堪忍〔かんにん〕 本来は、娑婆《しゃば》*世界の訳語である堪忍世界の略で、この世界の衆生《しゅじょう》*は忍んで悪事を行い、この教化《きょうけ》*のために諸菩薩《ぼさつ》は堪え忍んで苦労をつむという。一般には、堪えしのぶこと、あるいは怒りを忍んで許すことをいう。

観念〔かんねん〕 本来は、事理*を心に思い浮かべて、細かく明らかに分別*することである。一般には、あきらめ、覚悟*の意味に用いる。なお、哲学および心理学の用語としてもこの言葉を用いる。

き

帰依〔きえ〕 信仰*して一途に依りたのむことで、本来は仏教語であるが、現在ではそのまま一般にも用いられる。

機嫌〔きげん〕　本来は、人の忌み嫌うことを伺い知ることをいう言葉であったが、一般には、こころもち、気持ちの意味から安否、起居をたずねる場合に用いる言葉である。

寄捨〔きしゃ〕　寺社に寄進*し、貧者に施し与えること。喜捨と書くのも同じで、現在では、同じ意味で一般に用いる。

鬼畜〔きちく〕　人間が業《ごう》*によって落ちる悪道*（地獄・餓《が》鬼《き》・修羅《しゅら》・畜生）のことで、餓鬼*と畜生*で代表させている。現在は恩義を知らないもの、むごい心のものをいう。

寄付〔きふ〕　寺社等に金銭物品を義援すること。本来は仏教語であるが、現在では一般の言葉として用いられている。

境界〔きょうがい〕　本来は、業《ごう》*の報いによって各自のうける境遇または地位のこと。一般には、境遇、分限の意味に用いる。

経木〔きょうぎ〕　→本文同項

行儀〔ぎょうぎ〕　→本文同項

経師〔きょうじ〕　→本文同項

教授〔きょうじゅ〕　→本文同項

行水〔ぎょうずい〕　→本文同項

形相〔ぎょうそう〕　本来は、単に姿・形のことであるが、現在は「憤怒の形相」などと良くないことに使うことが多い。

金言〔きんげん〕　本来は、仏の口（金口《こんく》）より出た法語の意味であるが、現在では、尊重すべき語、格言の意味に用いられる。

く

苦界〔くがい〕　本来は、六道*生死《しょうじ》*の苦しみの絶えないこの世界のことをいう。転じて俗に、遊女の境界をいう言葉となった。

苦言〔くげん〕　聞くのに好ましくないが、身のためになる忠言のこと。

具足〔ぐそく〕　本来は、十分に具わって足りないことがないのを具足するという。転じて、道具、調度をいい、さらに転じて甲冑《かっちゅう》一揃いをいうこととなった。

愚痴〔ぐち〕　本来は、無明《むみょう》*の意味で、心性愚昧であって、事*に迷い、理*をわきまえないことをいう。一般には、理非の分からない愚か言、言って甲斐のないことを言い嘆くことをいう。

功徳〔くどく〕 →本文同項

倶利迦羅紋紋〔くりからもんもん〕 不動明王*の変化身《へんげしん》*とされる倶利迦羅*竜王*の姿を、背中いっぱいに描いた刺青《いれ》青《ずみ》のこと。転じて、図柄が竜王でなくても背中に刺青した者をいうようになった。

け

敬虔〔けいけん〕 本来は、神仏に帰依《きえ》*して敬い尊ぶこと。現在では、ひろく敬いつつしむ態度をいう。

決定〔けってい〕 →本文同項

外道〔げどう〕 →本文同項

懸念〔けねん〕 →本文同項

下臈〔げろう〕 →本文同項

玄関〔げんかん〕 →本文同項

堅固〔けんご〕 本来は、信念*の不動不変なること、大きな樹の根株の抜くことができないようなことをいう。一般にはすべて、ものの固いこと、破れがたいことをいう。

こ

業〔ごう〕 本来は仏教で、身《しん》・口《く》・意《い》のすべてにおける行為をいうのであるが、後には、とくに悪業《あくごう》*のみを指していう場合が多く、また、いまいましいこと、残念なこと、怒りに堪えないことを業*または業腹《ごうはら》ということもある。

講師〔こうし〕 本来は、法華会《ほっけえ》*、最勝会《さいしょうえ》*などで経*の意義を講じる役にある僧をいったが、現在では、講演会や学校で講義をする人をいう。

講堂〔こうどう〕 本来は、法*を説き経*を講じる堂舎のことで、七堂*の一つに数えられていた。現在では、学校その他において、訓話または儀式を行う室をいう。

業腹〔ごうばら〕 →ごう（業）

降伏〔こうふく〕 仏教では「ごうぶく」と読み、神仏の功力《くりき》*によって悪道*、外道《げどう》*、怨敵等をおさえ鎮めることをいう。一般には、降参するという意味。

光明〔こうみょう〕 本来は、仏《ぶつ》*・菩薩《ぼさつ》*の身心《しんじん》に備わる光であって、智慧*の相*であるという。これには闇を破る力と法*を現わす力があるという。一般には、単に明るい光の意に用いている。

居士〔こじ〕　→本文同項

乞食〔こじき〕　本来は「こつじき」と読んで、仏教における比丘《びく》*の生活をいったもの。現在では、食物を人に乞うて生活する者のことである。

後生〔ごしょう〕　来世《らいせ》*、未来*のこと。転じて、来世の安楽、極楽*への往生*を意味するようになり、さらに転じて、他に助けを求めて哀願する時に用いる言葉となった。

根〔こん〕　→本文同項

根機、根気〔こんき〕　本来は、人の性質、種類をいう語であるが、転じて、一般には物事に耐える精神力をいう。

権化〔ごんげ〕　→本文同項

金剛力〔こんごうりき〕　金剛神《じん》*（仁王《におう》*）より出た言葉。金剛神とは、金剛杵《しょ》*をもって仏法*を守る神で、たけく勇ましいこと無二であると伝えられる。一般には、剛勇無双の力をいう。

根性〔こんじょう〕　本来は、人間の気力のもとを根*といい、善悪の習慣を性という。一般には、心だての意味。

金輪際〔こんりんざい〕　→本文同項

さ

在家〔ざいけ〕　本来は、出家*に対する言葉。家にあって妻子父母を有するもののこと。一般には在郷の家、田舎家をいう。

最後〔さいご〕　→本文同項

沙汰〔さた〕　本来は、沙石より金を汰《よ》り分けることで、仏教では善悪を分類することをいう。転じて、一般には、さばき、処置の意味に用い、また報知、音信、噂の意味に用いる。

生飯〔さば〕　供膳の飯の一部をとりわけて、幽界*の衆《しゅ》生《じょう》*に供養《くよう》*することを「さんぱん」（生飯）または「さば」と称する。これより転じた言葉。一般には、さばを読むといって、鯖《さば》を数えるときに急いで数を読みごまかすことから、数をごまかして利益を不当に得ることをいう。

差別〔さべつ〕　本来は「しゃべつ」と読み、平等*に対する語で、万法一如《いちにょ》*の法性《ほっしょう》*に対して生類の個々を指していう言葉。一般には、けじめ、わかちの意味で用いる。

三界〔さんがい〕　→本文同項

慚愧〔ざんぎ〕　慚*は自ら内心に罪を恥じること。愧*は人の前に自己の罪を告白して恥じること。一般には、罪を恥じることをいう。

三国〔さんごく〕　三つの国、とくに日本、中国、インドの意。もと仏典*の言葉。俗に「三国一の花嫁」などと使われる。

三千世界〔さんぜんせかい〕　三千大千世界の略で、須弥《しゅみ》山《せん》*世界説におけるすべての世界を合わせていうもの。一般に、あらゆる世界の意味に用いる。

し

時機〔じき〕　本来は、時期と根機*のこと。機*とは、もののはたらき、人の動きを意味する。一般には、適当な機会という意味。

四苦八苦〔しくはっく〕　→本文同項

自業自得〔じごうじとく〕　→本文同項

自在〔じざい〕　本来は、心が煩悩《ぼんのう》*の縛をはなれて無碍《むげ》*なること。一般には、思いのままなことをいう。

獅子吼〔ししく〕　→本文同項

獅子身中の虫〔しししんちゅうのむし〕　獅子の体内にいながら、獅子を害する虫のこと。仏弟子でありながら、かえって仏法*をそこなう者をいう。転じて、味方でありながら、同じ味方に害をなす者をさす。

自縄自縛〔じじょうじばく〕　自分の縄で自分を縛ること。転じて、自分の心がけや行為のために自分が苦しむことをいう。

自然〔しぜん〕　仏教では「じねん*」と読み、人為の造作をうけることなくして自らにしてあるがままなこと。一般には、天然のままで人為の加わらないことをいう。

支度〔したく〕　→本文同項

示談〔じだん〕　→本文同項

実際〔じっさい〕　→本文同項

執事〔しつじ〕　本来は、禅林*でその知事*（寺内の事務一般を司る役僧）を執事ともいう。一般には、貴人の左右に侍して事務を執行する人をいう。

十徳〔じっとく〕　→本文同項

失念〔しつねん〕　本来は心が散乱し、自制心を失い、はっきり記憶していないこと。現在では単に、ものごとを忘れたことをいう。

慈悲〔じひ〕　→本文同項

邪見〔じゃけん〕　→本文同項

邪道〔じゃどう〕 本来は、八正道《はっしょうどう》*に反した生き方、さとり*への道にはずれた横道のこと。現在は単に道にはずれた考え方、やり方をいう。

娑婆〔しゃば〕 俗世界、人間世界をいう。一般では、この世の中の意味で、また獄中にいる者が外の自由な世界をいうのに用いる。

邪魔〔じゃま〕 →本文同項

舎利〔しゃり〕 仏*・聖者《しょうじゃ》*の遺骨のことであるが、俗にはその色や形が似ていることから、米のことをいう。

執心〔しゅうしん〕 物事に深く固執して離れない心をいう。一般には、深く思い込むこと、深く心にかけることなどをいう。

執着〔しゅうちゃく〕 →本文同項

宿業〔しゅくごう〕 →本文同項

宿命〔しゅくめい〕 →本文同項

殊勝〔しゅしょう〕 →本文同項

出世〔しゅっせ〕 →本文同項

修羅場〔しゅらば〕 →本文同項

小我〔しょうが〕 大我*の対語で、差別《しゃべつ》*界の我*の意。一般には、小さな我意をいう。

正直〔しょうじき〕 本来は、究竟《くきょう》*の真実に徹すること。一般には、心が正しく偽りのないことをいう。

成就〔じょうじゅ〕 →本文同項

上乗〔じょうじょう〕 →本文同項

小乗的〔しょうじょうてき〕 小乗*は大乗*の対語で、小根の人の修する法門*を意味する貶称。一般には、大きな立場に立つことを大乗的というのに対して、小さな立場をとることを小乗的という。

精進〔しょうじん〕 本来は、精神を尽くして悪行《あくぎょう》をおさえ、善行を修すること。また勤《ごん》*ともいう。現在では単に、肉食せず、菜食することをいうことが多い。

上手〔じょうず〕 本来は仏教で、「じょうしゅ」と読み、上方、上座の意味。一般には、すべて物事の巧みなこと、またはその人をいう。

冗談〔じょうだん〕 本来は、仏道*修行*に関係のない無用の談議のこと。一般に、むだぐち、むだばなしのこと。

上品・下品〔じょうひん・げひん〕 極楽往生*をするときの資質のちがいを、「上品《じょうぼん》*上生《じょうしょう》」から「下品《げぼん》*下生《げしょう》」までの九階級にわけるが、転じて一般には、そのものの品格の良し悪しをいう。

丈夫〔じょうぶ〕 →本文同項

情欲〔じょうよく〕 四欲（情欲・色《しき》欲・食欲・婬《いん》欲）の

一つで、情愛の欲をいう。一般には、性欲、色欲のうごめきをいう。

諸行無常〔しょぎょうむじょう〕 ↓本文同項

食堂〔しょくどう〕 仏教では「じきどう」と読む。伽藍《がらん》*には必ず食事をする堂*が設けられ、厳しい作法の修行*の場である。一般には単に、食事をするところをいう。

所作〔しょさ〕 本来は能作の対語で、身《しん》・口《く》・意《い》の三業《さんごう》*（人間の行動・言語・意志の働き）を能作（行動の主体＝人間等の行動者）というのに対して、これら行動者によってなされた動作・行動等の結果をいう。つまり、しわざ、身のこなし、ふるまいのこと。歌舞伎の舞台で演ぜられる舞踊や舞踊劇のことを「所作事」という。

初心〔しょしん〕 仏道*に入り、さとり*を求める心を起こすことを初発心《しょほっしん》といい、転じて一般には、初めに思いたった時の心持ちをいう。世阿弥《ぜあみ》の名言に「初心忘るべからず」がある。

所詮〔しょせん〕 仏教では、経文《きょうもん》等によって表現される意味をいう。一般には、つまるところ、結局の意で用いられる。

心機〔しんき〕 本来は、心の発動をいうが、一般には心の動き、心の働きの意味で、心機一転などと熟語として用いられることが多い。

深甚〔しんじん〕 本来は、甚深と書いて「じんじん」と読み、仏法*の玄妙なることをいう言葉で、法*の幽妙なのを深といい、深の極を甚という。一般には、甚だ深いことをいい、深甚なる考慮などという。

神変〔しんぺん〕 仏教では「じんぺん」と読む。妙用（仏*の微妙な働き）の測ることのできないのを神といい、もとの形が転換するのを変という。一般には、人智で測ることのできない変化《へんげ》*をいうのに用いる。

神妙〔しんみょう〕 測ることのできないのを神、思議してはならないのを妙*とする。転じて、一般には奇特なこと、殊勝*なことをいい、さらに転じて、素直なこと、優しいことをいう。

す

随意〔ずいい〕 安居《あんご》*の最終日に行う作法、すなわち自恣《じし》*のことであったが、一般には、心のまま、心まかせの意味。

随一〔ずいいち〕 本来は、二個または三個以上の中の一つという意味で、第一等の意味ではなかった。一般には第一等、第一番のこと。

随喜〔ずいき〕　五悔《ごげ》の一つで、他人の善事を見てこれに随順し歓喜すること。現在は、信仰*してありがたく感ずることをいう。

随分〔ずいぶん〕　本来は、力量の分限に随《したが》うことをいう。現在一般には、すこぶる、はなはだの意味に用いられる。

頭巾〔ずきん〕　布でつくり、防寒等のために頭にかぶるものであるが、これはもと仏僧、とくに禅宗*の風俗であり、現在の禅宗においては、臨済《りんざい》宗*では六角形のもの、曹洞《そうとう》宗*では俗にいう大黒頭巾の形のものを用いている。

頭陀袋〔ずだぶくろ〕　もとは頭陀行《ずだぎょう》*の僧が、首にかけて携帯する袋をさした。現在では、何でも入る大きな袋のことをいい、また他に、死人を葬る時、その首にかける袋のことをもいう。

せ

世界〔せかい〕　生きとし生けるものが住む山川国土のこと。一般には、地球および地球上の人類をいう。

世間〔せけん〕　出《しゅっ》世間*の対語で、生きとし生けるものがあい依って生活する境界《きょうがい》*の意味。一般には世の中の意味、あるいは自分以外の世の中の人々の意味に用いる。

摂取〔せっしゅ〕　仏*が慈悲*の手に衆生《しゅじょう》*を救い取ること。一般には、おさめとるの意。あるいは栄養物を体内に取り入れることをいう。

殺生〔せっしょう〕　→本文同項

接待〔せったい〕　本来は、布施《ふせ》*の一方法で、各地を行脚《あんぎゃ》*する修行僧に門前で湯茶を供養《くよう》*することをいったもの。のちにこの風習が一般化し、道端や店の前などに清水または湯茶を用意して往来の人にふるまい、門茶《かどちゃ》と呼ばれていた。現在も四国八十八箇所*巡礼*路で行われている。

絶対〔ぜったい〕　→本文同項

善根〔ぜんこん〕　仏教では「ぜんごん」と読み、身《しん》・口《く》・意《い》の三業《さんごう》*の善が堅固《けんご》*で抜くことができないことから善根という。一般には、すべて慈善の行為をいう。

選択〔せんたく〕　本来は、すべて悪*を捨て善を選びとること。一般には、単に選ぶことをいう。

そ

相応〔そうおう〕 契合、すなわち相かなうという意味。一般には、つりあうこと、ふさわしいことをいう。

糟糠〔そうこう〕 本来は、譬喩《ひゆ》*の言葉で、糟は酒をとった後のかす、糠は米をとった後のぬか、それを憍慢《きょうまん》*の比丘《びく》*および粗悪な法*にたとえる。現在では粗末な食物、あるいは貧しい生活の意味で、「糟糠の妻」などと熟語にすることが多い。

相好〔そうごう〕 ↓本文同項

相続〔そうぞく〕 ↓本文同項

相対〔そうたい〕 相待*とも書く。仏教では「そうだい」と読み、自と他が相互に相まって存立することをいう。一般には、相互いに関係して、その関係を離れては考えられないことをいう。

増長〔ぞうちょう〕 本来は、四天王*の一つである増長天*の名に由来するもののようである。この天*は南方を守る善神で、忿怒《ふんぬ》の相をして、左手は腰部にあて、右手には利剣をとり、自他の威徳や善根《ぜんごん》*を増長させるという。一般には、次第に甚だしくなるという意味で、主として、おごりたかぶることをいう。

息災〔そくさい〕 本来は、罪障や災害を消滅、息止すること。転じて一般には、身にさわりのないこと、無事なことに用いる。

た

大意〔たいい〕 本来は、始終をまとめ、始めと終わりを定めること。すなわち全体の意味をひっくくったものをいう。一般でもほぼ同様に用いる。

第一義〔だいいちぎ〕 根本の意義、最もすぐれた道理をいい、一般の用語法もそれ以外ではない。

対機説法〔たいきせっぽう〕 本来は、相手の機*（能力）に相応するように法*を説くこと。一般では、相手の人柄、知識の程度に応じてものを言うこと。

退屈〔たいくつ〕 本来の意味は困難なのを見て尻ごみすることで、菩薩《ぼさつ》*行《ぎょう》中に生じる三退屈には次のものがある。

① 菩提広大屈《ぼだいこうだいくつ》—無上の菩提*は深遠広大であると聞いて生じる退屈。

② 万行難修屈《まんぎょうなんしゅうくつ》—布施《ふせ》*の万行はきわめて修し難いと

聞いて生じる退屈。

③　転依難証屈《てんねなんしょうくつ》―転依の妙果《みょうか》（煩悩《ぼんのう》＊による妨げと無《む》明《みょう》＊による妨げを転じて涅槃《ねはん》＊と菩提を得ること）は証し難いと聞いて生じる退屈。

そして、これらの退屈を対治《たいじ》＊するのを三練磨《れんま》とする。現在一般に用いられる意味は、やや転じて、いやになることを意味し、さらに転じて、ひまで苦しむことをいう。

退治〔たいじ〕　仏教では対治＊と書く。煩悩《ぼんのう》＊を断ずる、悪＊を降伏《ごうぶく》＊する意から、転じて一般には、害をなすものを征伐することをいう。

大衆〔だいしゅ〕　本来は、多くの僧＊のことをいう。現在は一般民衆をさしていい、読み方も変化して「たいしゅう」という。

大丈夫〔だいじょうぶ〕　本来は、偉大な人、仏《ぶつ》＊・菩薩《ぼさつ》＊のことをいったが、そこから立派な男子をさし、さらに転じて、確かなこと、間違いのないこと、安否を伺うことにも用いられるようになった。

題目〔だいもく〕　本来は、経典＊の首題を題目といい、一般には、広く典籍、論文、創作の首題をこのようにいう。

沢庵〔たくあん〕　徳川時代の名僧、宗彭《そうほう》＊（沢庵禅師）のことであるが、現在では、干《ほ》し大根を食塩と糠《ぬか》とで漬けた漬け物の名前となった。

達者〔たっしゃ〕　仏教＊の奥義を究めた人のことをいうが、今は単に物事に熟達していること、達人のことをいう。また、体の丈夫な意味にも用いる。

脱落〔だつらく〕　禅宗＊でよく使われる語で、坐禅＊をして自我への捉われを離れ、一切のものと自分が一体になる境地をいう。一般には、仲間について行けずにとり残される、脱け落ちるという悪い意味に用いられる。

他力〔たりき〕　自力《じりき》＊に対して、主として衆生《しゅじょう》＊救済の誓願＊をたてた如来《にょらい》＊の願力に依ることをいう。一般にはさらに広く、すべて他の力に依る（他力本願）ことを意味する。

啖呵〔たんか〕　仏教＊で言われる弾呵＊は、誤りを叱責することだが、俗には、歯切れのよい言葉で勢い鋭くまくしたてることを「啖呵を切る」という。

談義〔だんぎ〕　本来は説法＊のことで、ものの道理を説き聞かせることの意味。現在では、ものの道理や意義を説くことを意味しながらも、長談義と称してやや軽蔑の意をさしはさむほか、小言の意味に用いて、お談義をくうと称し、意見されることを厄介視したりなどするのに用いる。

断食〔だんじき〕 ↓本文同項

端的〔たんてき〕 本来は、正確分明の意味に用いた。現在では、明白に、てっとりばやくの意味に用いられている。

檀那〔だんな〕 梵語dānaの音写で、布施《ふせ》*と意訳する。一般には、旦那と書き、使用人に対しての主人、目下の者が目上の者を呼ぶ語、商売で男の客に対する場合などに用いる。すべての財物を与える人であるからである。

ち

智恵（智慧）〔ちえ〕 梵語prajñā（般若《はんにゃ》*）の訳で、六波《は》羅蜜《らみつ》*の一つ。事理《じり》*を照見*し正邪を分別*する心作用をいうが、一般にはやや広義に、物事を思慮し、計画し、処理する頭脳のはたらき一般をいう。

畜生〔ちくしょう〕 本来は、性質が暗愚で自立せず、他のために畜養される生類をいう。一般には獣類一般をさし、時には義理人情をわきまえない人間を蔑称するのに用いる。

知識〔ちしき〕 善知識*ともいい、事理《じり》*をわきまえてよく人を導く者のことで、学僧、名僧をこのように呼んだが、一般では、事物に関する個々の認識一般をいう習わしである。

馳走〔ちそう〕 仏*のために韋駄天《いだてん》*が走り回って食物を集めたことから、人をもてなす料理を御馳走といい、俗に、ふるまい、饗応の意味に用いる。

長者〔ちょうじゃ〕 福徳にすぐれた者のこと。インドではこれら長者の外護《げご》により、仏教教団が発達した。一般には、資産家、富豪のことをいう。

長物〔ちょうぶつ〕 仏教では「じょうもつ」と読み、下《げ》根《こん》*の比丘《びく》*が金、銀、米、薬など余分の所有物を必要としたことをいう言葉であった。現代では、無用の長物といって、あっても用のないもの、邪魔*になるものの意味に用いる。

聴聞〔ちょうもん〕 仏*の教えを聞くこと。一般では、説法*だけでなく演説などを聞くことに用いる。

長老〔ちょうろう〕 仏道*に優れた年長の僧*の通称。日本では主として禅宗*の住職*の称として用いる。一般には、年老いたものの敬称。

つ

通力〔つうりき〕　→本文同項

て

提唱〔ていしょう〕　宗師が宗旨*の要文をあげて意義を説き明かすこと。転じて、禅宗*で経典*、語録*等を講述することをいうが、現在ではさらに転じて、物事を発起*し、企画を提示することをいう場合もある。

徹底〔てってい〕　さとり*の底に徹することをいい、大悟*徹底などと熟語にするが、一般には、底の底まで行きとどくことをいい、あるいは意味が十分に理解疎通することをいう。

点頭〔てんとう〕　うなずくこと、合点することの意味。一般の用語も同様である。

顚倒〔てんどう〕　本来は、迷うこと、乱れることをいうが、一般では「てんとう」と発音し、さかさにすることと、ひっくり返ることをいう。

と

投機〔とうき〕　一般の用語としては、ヤマをはること、不確実な利益を目標として冒険的な商行為をすることをいう。

道具〔どうぐ〕　修行*をたすけ、仏道*を進めるのに役立つ物具のことであり、転じて、僧家に蓄える器物の総称となったが、さらに転じて、現在ではもっぱら世間一般の用具器具をいうこととなった。

道場〔どうじょう〕　諸仏《ぶつ》が金剛座に坐して正覚《しょうがく》*を成ずるところをいい、また広く仏道*を修する場所をいうが、一般ではこれを転用して、武術その他の修行場を道場ということが多い。

到底〔とうてい〕　本来は、畢竟《ひっきょう》*という意味であったが、現在では、つまるところ、どうしても、の意味で用いる。

到頭〔とうとう〕　畢竟《ひっきょう》*のこと。現在では、とどのつまり、結局、ついに、の意味に用いる。

当分〔とうぶん〕　当相自分の意味で、しばらく自己の教法の立場にとどまってその教旨を見ることをいう。転じて一般では、しばらくの間、当座のところの意味に用いる。

兎角〔とかく〕 →本文同項

貪着〔とんじゃく〕 本来は、むさぼり愛して、執着《しゅうじゃく》*することをいう。一般では、深く心にかけることを意味し、とくに物事に心を掛けないことを、貪着がない、あるいは貪着しないという。ただし、頓着と書くことが多い。

な

内証〔ないしょう〕 内心のさとり*の意味で、転じて現在では、内密という意味に用いていている。

南無三〔なむさん〕 南無三宝《さんぼう》*の略。南無*とは帰命《きみょう》*、帰敬《ききょう》*の意味で、仏*・法*・僧*の三宝*に信頼帰依《きえ》するときに南無三宝と称したのであるが、現在ではこれを転じて、失敗した時にしまったと同じ意味でいう言葉。

奈落〔ならく〕 →本文同項

に

二枚舌〔にまいじた〕 十戒《じっかい》*の一つ。両舌《りょうぜつ》*のこと。違う相手にそれぞれ迎合して矛盾したことを言う、嘘をつくこと。一般でも同じように用いられる。

如実〔にょじつ〕 本来は、真実にして誤りのないことをいい、転じて、一般の語として、その通りに実現することをいう。

人間〔にんげん〕 人界の衆生《しゅじょう》*をいい、また世間*と同じく世の中のことをいうが、現在では、単数の人をいう場合もあり、また人類一般をいうこともある。

人非人〔にんぴにん〕 →本文同項

念願〔ねんがん〕 念*は心の作用、憶念のこと。心にかけて強く思い願うことをいう。

は

莫迦〔ばか〕 梵語《ぼんご》*moha（愚痴《ぐち》*）の音写とみられる。mohaは、謨賀《ぼか》、慕何とも書く。また、年老いた者や愚かな者を、梵語でmahallaka（摩訶羅《まから》と音写。莫訶羅とも書く）という。一般には、馬鹿と書かれ、愚かなこと、ののしる言葉として用いる。

幡〔はた〕　梵語《ぼんご》*patākā の音写。波多迦《はたか》ともいう。旗の総称で、寺院*を荘厳《しょうごん》*する仏具*。一般の用語としては、旗の字をあてる。

法度〔はっと〕　仏教*の法規のことで、転じて禁制の意味にも用いる。一般での用法もまた同じ。

破門〔はもん〕　→本文同項

波羅夷〔はらい〕　→本文同項

般若〔はんにゃ〕　本来は、真実を認識し、さとり*を開く最高の智慧《ちえ》*をいう。一般には、恐ろしい鬼女のことをさすが、これは面打ちの般若坊が、女性の嫉妬、悲しみ、怒りを表現した鬼女の面を作ったことにちなんだもの。

ひ

彼岸〔ひがん〕　仏道*に精進《しょうじん》*して、煩悩《ぼんのう》*にみちた現世《げんぜ》*（此《し》岸）を解脱《げだつ》*し、涅槃《ねはん》*の世界である彼《か》の岸にわたることをいう。後にわが国では、彼岸の法要*を彼岸（彼岸会《え》の略）と称する。

悲願〔ひがん〕　仏《ぶつ》*・菩薩《ぼさつ》*が衆生《しゅじょう》*を救うために大慈悲によっておこす誓願*をいう。転じて是非とも成就*したいと念じる悲壮な願いのこと。

非業〔ひごう〕　前世《ぜんせ》*の業因《ごういん》*の報いに非ずという意味で、転じて、現世《げんぜ》*の災害によって死ぬことをいい、また普通の定命《じょうみょう》を得ないで夭死することをいう。

畢竟〔ひっきょう〕　最後の果*まで究めつくすことであるが、現在では、つまるところの意味に用いる。

皮肉〔ひにく〕　本来は、骨髄に対していう言葉で、皮や肉の意味。後世転じて、遠まわしの意地悪い非難をいう言葉となった。

誹謗〔ひぼう〕　本来は、誹謗正法《しょうぼう》といって正法*をそしること、ことに大乗*経典*をそしって仏説*（仏の金口直説《こんくじきせつ》*）にあらずとすることをいったが、一般には、単にそしることをいう。

秘密〔ひみつ〕　顕露《けんろ》の対語で、深奥にして容易に人に示さないことをいい、また密意《みつい》の意味で、仏*が不可思議*の意味をもって述べられたことをいう。一般には、人にかくして示さないこと、公開しないことなどをいう。

平等〔びょうどう〕　差別《しゃべつ》*の対語で、本来は、不同でなく一様であること、一切にあまねくことをいう。一般でもほぼ同じ意味に用いられるが、近代思想においては、とくに権利、分配の均一を意味することが多くなった。

ふ

不覚〔ふかく〕 →本文同項

無事〔ぶじ〕 本来は為すべき患いのないこと、障りのないことをいい、転じて一般には、変わったことのないこと、つつがないことをいう。

不思議〔ふしぎ〕 →本文同項

不浄〔ふじょう〕 清浄《しょうじょう》*の対語で、汚穢《おえ》、醜悪、罪過等を不浄とする。転じて一般においては、汚れていること、女性の月経、また大小便および大小便所をいう言葉となった。

普請〔ふしん〕 →本文同項

布施〔ふせ〕 本来は、すべて自己の持ち物を他人に分け与えることをいい、それには財物とともに知識や正《しょう》法《ぼう》*も含まれていた。一般的には、単に僧侶*への読経《どきょう》*等の謝礼としての包み金をいう。

不退転〔ふたいてん〕 本来は、退転*することなく精進《しょうじん》*、勤行《ごんぎょう》*すること、あるいは功徳《くどく》*善根《ぜんごん》*が積もって退転することのない境地をいうが、のち一般には、単に屈しないでよく努めることをいうようになった。

不断〔ふだん〕 読経《どきょう》*や祈祷《きとう》*などを絶えず続けることをいい、不断経、不断輪などの言葉がある。一般には、絶え間のないこと、つねづね、平生、の意味に用いられている。

不如意〔ふにょい〕 本来は、如意*の対語で、思いのままにならないこと、転じて一般には、貧乏、生計の困難なことをいう言葉となった。

分身〔ぶんしん〕 仏《ぶつ》*・菩薩《ぼさつ》*が衆生《しゅじょう》*を教え救うために、種々な姿となりあらゆる場所に現われること。また、その姿をいう。一般には、一つの身が二つ以上に分かれることで、生まれた子や派生した組織などにも用いる。

分別〔ふんべつ〕 →本文同項

へ

別当〔べっとう〕 →本文同項

変化〔へんげ〕 神仏が仮に人の姿をとって現われることで、権化《ごんげ》*と同じであったが、後に転じて、ばけもの、妖怪のことをいうようになった。

ほ

奉加〔ほうが〕　神仏に寄進＊する物品の中に財物を加え奉ることであったが、後にはすべて神仏のために財物などを集めることをいい、さらに転じて、奉加帳＊を回して集める寄付一般をいうようになった。

方便〔ほうべん〕　本来は、仏＊が衆生《しゅじょう》＊を化導《けどう》＊するために仮の方法を設けること。転じて一般には、目的のために利用する一時の手段をいう。

発願〔ほつがん〕　本来は誓願＊を発起《ほっき》＊することであるが、後には、何事にも願いごとをたて、あるいは企画することをいう。

発起〔ほっき〕　本来は発心《ほっしん》＊（次項）と同様、一念発起して仏道＊に入る場合の用語であるが、転じて後世では、すべて思い立って事をはじめることを発起といい、その人を発起人と称する。

発心〔ほっしん〕　本来は、菩提《ぼだい》心＊をおこして出家＊入道＊するという意味であるが、転じて、思いたつことをいうこともある。

没頭〔ぼっとう〕　没頭忘我などという。頭を突っこんで我を忘れること。一般でも、同様に物事に熱中することをいう。

法螺〔ほら〕　仏僧、修験者《しゅげんじゃ》＊が用いる道具の一つで、法会《ほうえ》＊、経行＊等の際に吹くもの。一般には、大言するもの、虚言を吐くものを「法螺を吹く」という。

本懐〔ほんかい〕　仏教では「ほんがい」と読む。仏《ぶつ》＊・菩薩《ぼさつ》＊がこの世に出る本来の願望。一般には、かねてからの願い、本望のこと。

み

未曽有〔みぞう〕　未だ曽《かつ》て起こったことがないこと、希有なことをいう。一般でも同じ意味で用いられている。

冥加〔みょうが〕　目に見えない神仏の力が我々の上に加わって守ってくれることをいう。一般用語としても、同様の意味において、冥加にあまる、冥加がつきるなどという。

名字〔みょうじ〕　→本文同項

名目〔みょうもく〕　一般には、事物の称号、名称をいうが、仏教では、法門＊の名称、数目をいう言葉で、『七十五法名目』その他の名目集もある。

冥利〔みょうり〕 ↓本文同項

未来〔みらい〕 ↓本文同項

む

無一物〔むいちもつ〕 慧能《えのう》*の有名な偈《げ》*に、「本来無一物*」の句があり、生死《しょうじ》*、迷悟、凡聖《ぼんしょう》*、去来の相*がなく、一切の煩悩《ぼんのう》*を離れた境地をいう。また、「無一物中無尽蔵」(蘇東坡《そとうば》)といわれ、自由自在で金銭・物質に捉われないことをいう。一般には、文字どおり、何一つ一銭の金も持たないことに用いられる。(詳しく言えば「嚢中《のうちゅう》無一物」)。

無我〔むが〕 仏教では、我*の常在を否定する言葉であるが、一般では、我を忘れてすることをいい、無我夢中などという。

無垢〔むく〕 清浄《しょうじょう》*にして煩悩《ぼんのう》*の汚れのないこと。一般には、純粋でまじりけのないことをいい、また、ある場合には性の純潔をいうこともある。

無情〔むじょう〕 有情《うじょう》*の対語。木や石のような心のないものをいう。一般には、情け心のないことをいう。

無心〔むしん〕 分別知慮の心のはたらかないこと。一般には、何の邪念もないことをいうが、さらに転じて、金銭をねだることをいう場合もある。

無尽〔むじん〕 つきないこと。転じて、互助的な庶民金融の一つである頼母子《たのもし》講をいう。頼母子講とは、講中*の人が一定の掛金をして、期日に抽選または入札により所定の金額を順次融通する組織。鎌倉時代から幕末・明治にかけて行われたもので、無尽講ともいう。

無尽蔵〔むじんぞう〕 本来は、徳が広大で極まりのないのを無尽*といい、無尽の徳を蔵するのを無尽蔵とするが、一般では、単にとってもとっても尽きないことをいう。

無造作〔むぞうさ〕 人為的に造り出したものではなく、ありのままであること。一般には、慎重に考えず、手軽にやってのけるさまをいう。

無頓着〔むとんちゃく〕 正しくは無貪著と書く。何ものにも執着《しゅうじゃく》*しない心のあり方。転じて、物事を気にかけない、無関心の意味に用いられる。

無分別〔むふんべつ〕 分けて対立することのない絶対智、真実の智慧《ちえ》*の境地のことであるが、一般には意味が逆転して、思慮に欠けた、前後の考えのないことに用いる。

無念〔むねん〕　本来は、妄念*がないという意味から、正《しょう》念《ねん》*のことを無念という。一般には、残念、口惜しいことをもいう。

無法〔むほう〕　本来は、現在の法*を有《う》法というのに対して、過去*および未来*の法を無法という。一般には、法にないこと、乱暴なことを無法という。

め・も

迷惑〔めいわく〕　事理《じり》*を誤るのを迷、事理に明らかでないことを惑という。一般には、何事かにからんで困ることをいう。

滅相〔めっそう〕　↓本文同項

滅法〔めっぽう〕　因縁*の造作を離れた法*の世界。何人にも目に見えない真実の世界をいう。転じて一般には、常識では考えられない、とんでもないという意味に用いられる。

妄想〔もうぞう〕　五法の一つで、まことではない分別心、真実にそむいた想念の意味。一般には、単にみだりな思いの意味に用い、「もうそう」と読みならわしている。

妄念〔もうねん〕　迷妄の執念*のこと。一般においては、よこしまなる求め、みだりな考えの意味に用いられている。

勿体〔もったい〕　存在するものはすべて、様々な因縁*によって成立している、つまり一切のものは因縁生起《しょうき》のものであるという意味。転じて一般には、かたじけない、無駄に費やすのは惜しいということを勿体ないという。

ゆ・よ

融通〔ゆうずう〕　「ゆずう」とも読む。事理《じり》*が相互に通じて差別隔絶することがないことをいう。転じて現在では、金銭のやりくり、貸借すること、あるいは臨機応変に事を処理することをいう。

用心〔ようじん〕　本来は、専念に心を用いることをいうが、一般では、注意、警戒することを用心するという。

ら・り・る・れ

来世〔らいせ〕　本来は、未来*の世、来るべき世の意味。一般には、死んだ後に行って生まれるという世界を意味していることが多い。

利益〔りえき〕　ためになること、人に幸せを与えることで、一般には、自己の利得、もうけの意味に用いる。

料簡〔りょうけん〕　教法の意義を分別解釈すること。転じて考えをめぐらす、思案することをいう。

流転〔るてん〕　生死《しょうじ》流転のことで、迷いの世界に生死*をくり返すこと。転じて現在では、定住するところがなく、流れ歩いて流浪の生活をすることをいう。

霊験〔れいけん〕　仏《ぶつ》*・菩薩《ぼさつ》*の有する不可思議*な感応をいう。やや転じて一般には、祈願*に対して神仏の霊妙なる感応があらわれることをいう。

梵天真言

ボラ

bra

ノウマクサ　マンダ　ボ　ダ　ナンボラカンマネイソワカ

南麼　三曼荼　勃駄喃　没羅訶摩寧　娑嚩訶

namaḥ samanta buddhānāṃ brahmaṇe svāhā

あまねく住する諸仏に帰命《きみょう》し奉る。とくに梵天に。成就せよ。

→本文252頁「だいぼんてん」

帝釈天真言

イー

i

ノウマクサ　マンダ　ボ　ダ　ナン　イ　ンダラ　ヤ　ソワ　カ

南麼　三曼多　勃駄喃　印捺羅也　娑嚩訶

namaḥ samanta buddhānāṃ indrāya svāhā

あまねく住する諸仏に帰命《きみょう》し奉る。とくに帝釈天に。成就せよ。

→本文244頁「たいしゃくてん」

付録III

仏像図解

釈迦如来

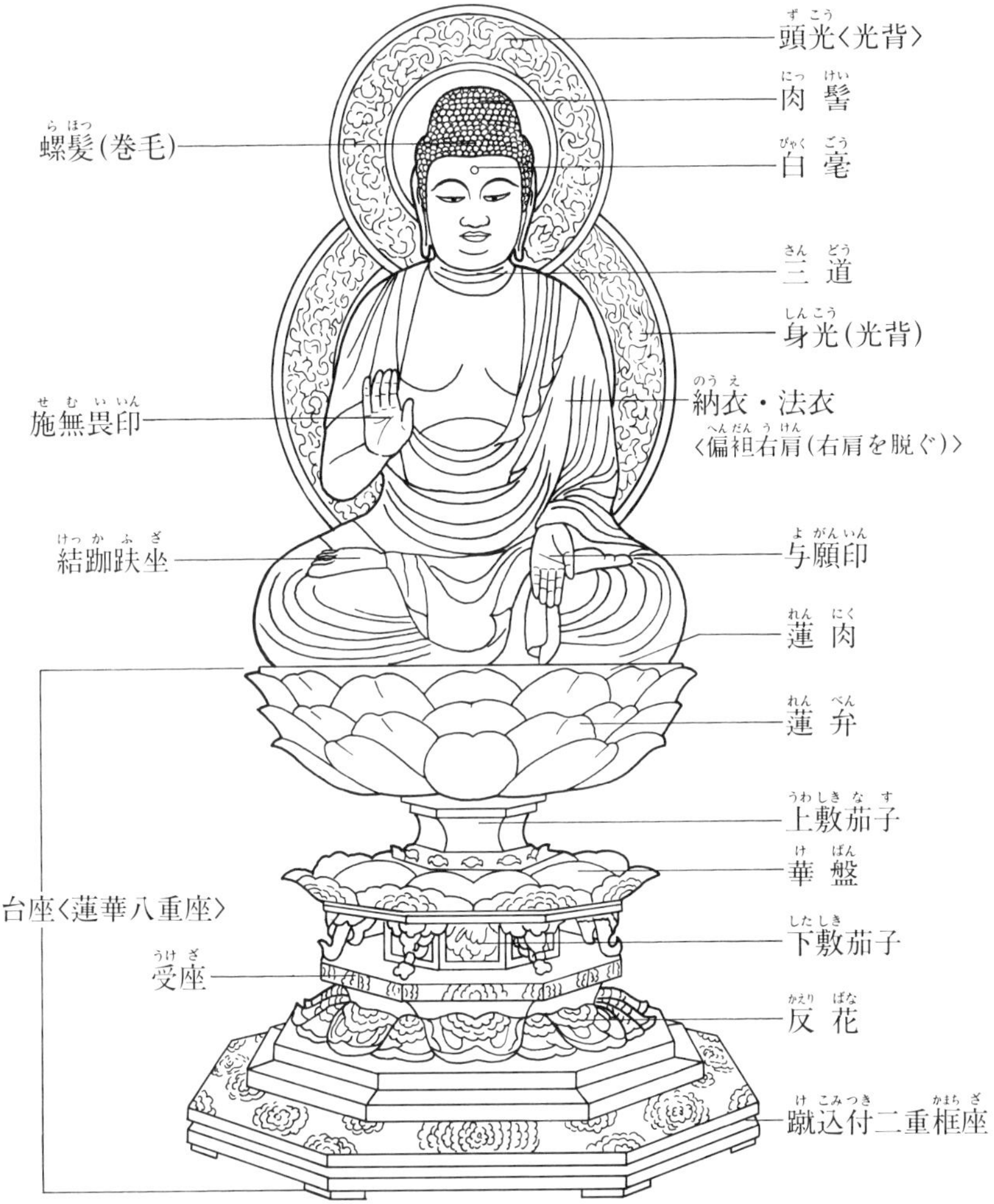

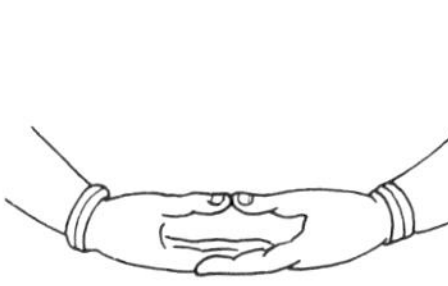

法界定印《ほっかいじょういん》
(禅定印《ぜんじょういん》)

説法印
(転法輪印《てんぼうりんいん》)

降魔印《ごうまいん》
(触地《そくち》印)

大日如来(金剛界)

宝髻《ほうけい》
宝冠
白毫《びゃくごう》
三道
瓔珞《ようらく》
智拳印《ちけんいん》
(胎蔵界は法界定印《ほっかいじょういん》)
臂釧《ひせん》
条帛《じょうはく》
腕釧《わんせん》
裳・裙《くん》
蓮肉
蓮弁
蓮華座

阿弥陀如来

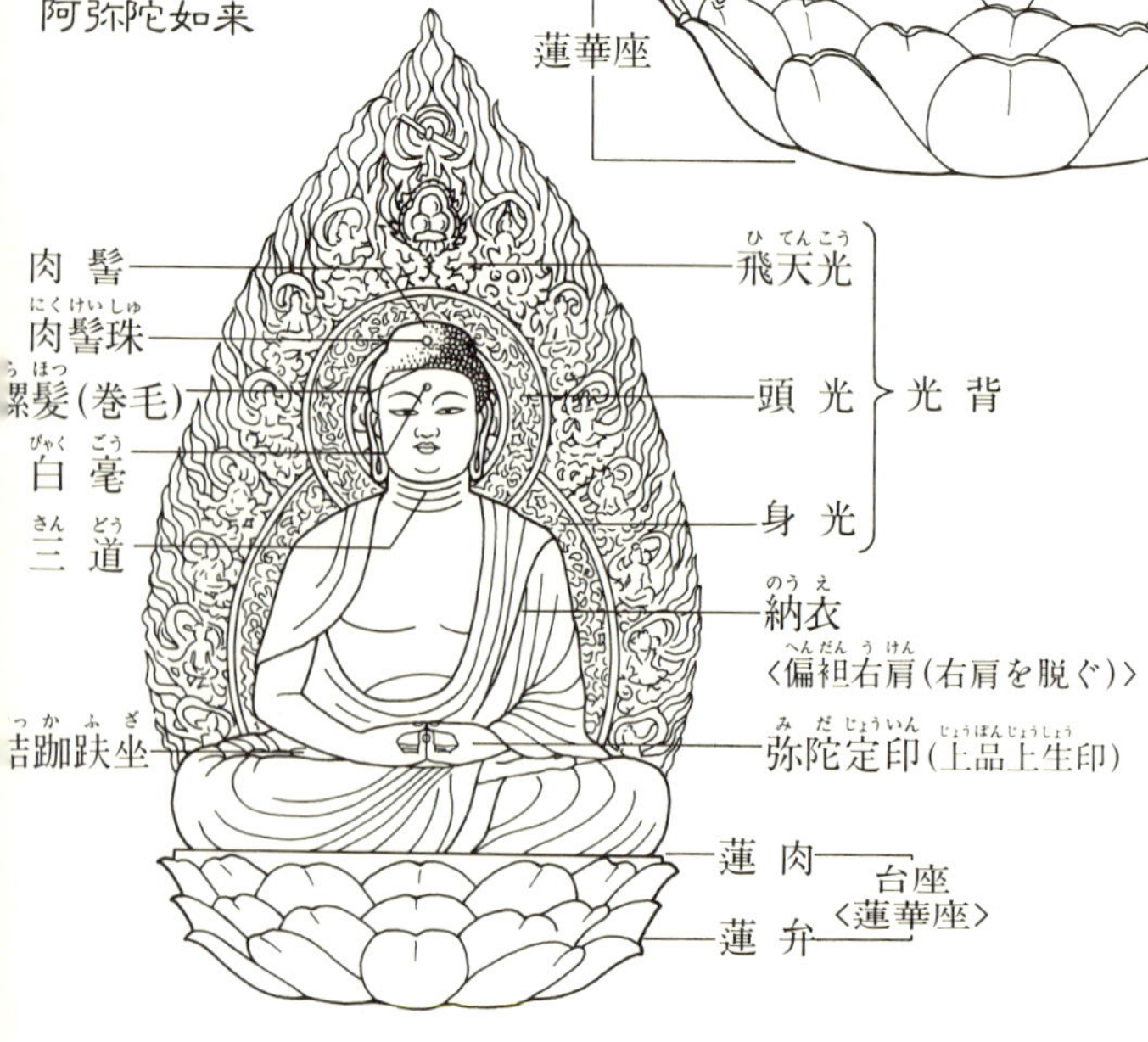
肉髻
肉髻珠《にくけいしゅ》
螺髪《らほっ》(巻毛)
白毫《びゃくごう》
三道《さんどう》
結跏趺坐《っかふざ》
飛天光《ひてんこう》
頭光
身光
光背
納衣《のうえ》
〈偏袒右肩《へんだんうけん》(右肩を脱ぐ)〉
弥陀定印《みだじょういん》(上品上生印《じょうぼんじょうしょう》)
蓮肉
蓮弁
台座
〈蓮華座〉

薬師如来

肉《にっ》 髻《けい》
螺《ら》 髪《ほつ》
白《びゃく》 毫《ごう》
三 道
納衣《のうえ》
〈偏袒右肩《へんだんうけん》(右肩を脱ぐ)〉
施無畏印《せむいいん》
薬 壺
与願印《よがんいん》

輪 光
宝 冠
化《け》 仏《ぶつ》
(阿弥陀如来)
法 輪
白《びゃく》 毫《ごう》
腕《わん》 釧《せん》
三 道
蓮 華
如意宝珠
臂《ひ》 釧《せん》
輪王坐
(片膝を立てた座り方)
蓮華座

如意輪観音

〔六 臂〕

聖観音

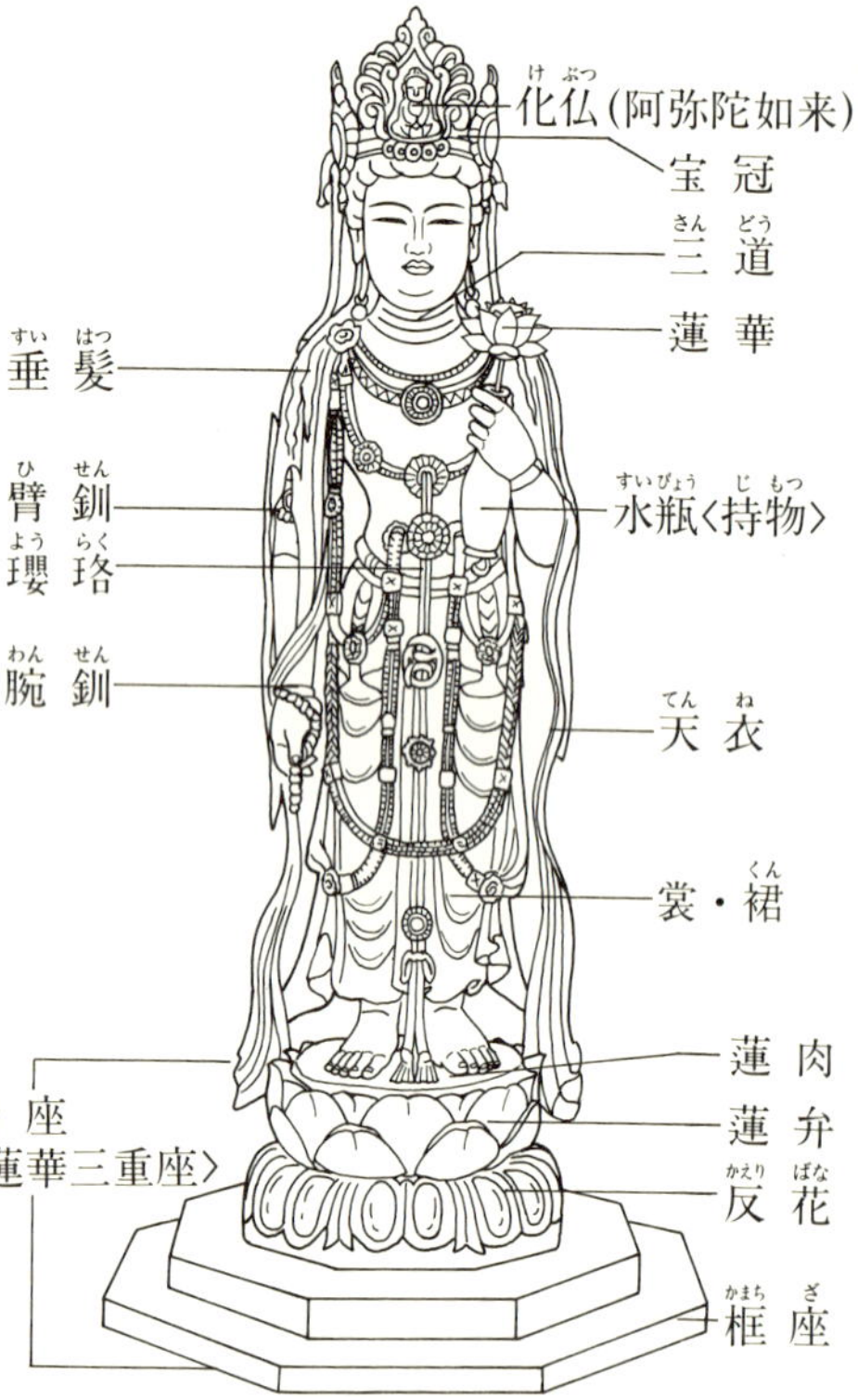
化《け》仏《ぶつ》(阿弥陀如来)
宝冠
三《さん》道《どう》
蓮華
垂《すい》髪《はつ》
臂《ひ》釧《せん》
水瓶《すいびょう》〈持物《じもつ》〉
瓔《よう》珞《らく》
腕《わん》釧《せん》
天《てん》衣《ね》
裳・裙《くん》
台座
〈蓮華三重座〉
蓮肉
蓮弁
反《かえり》花《ばな》
框《かまち》座《ざ》

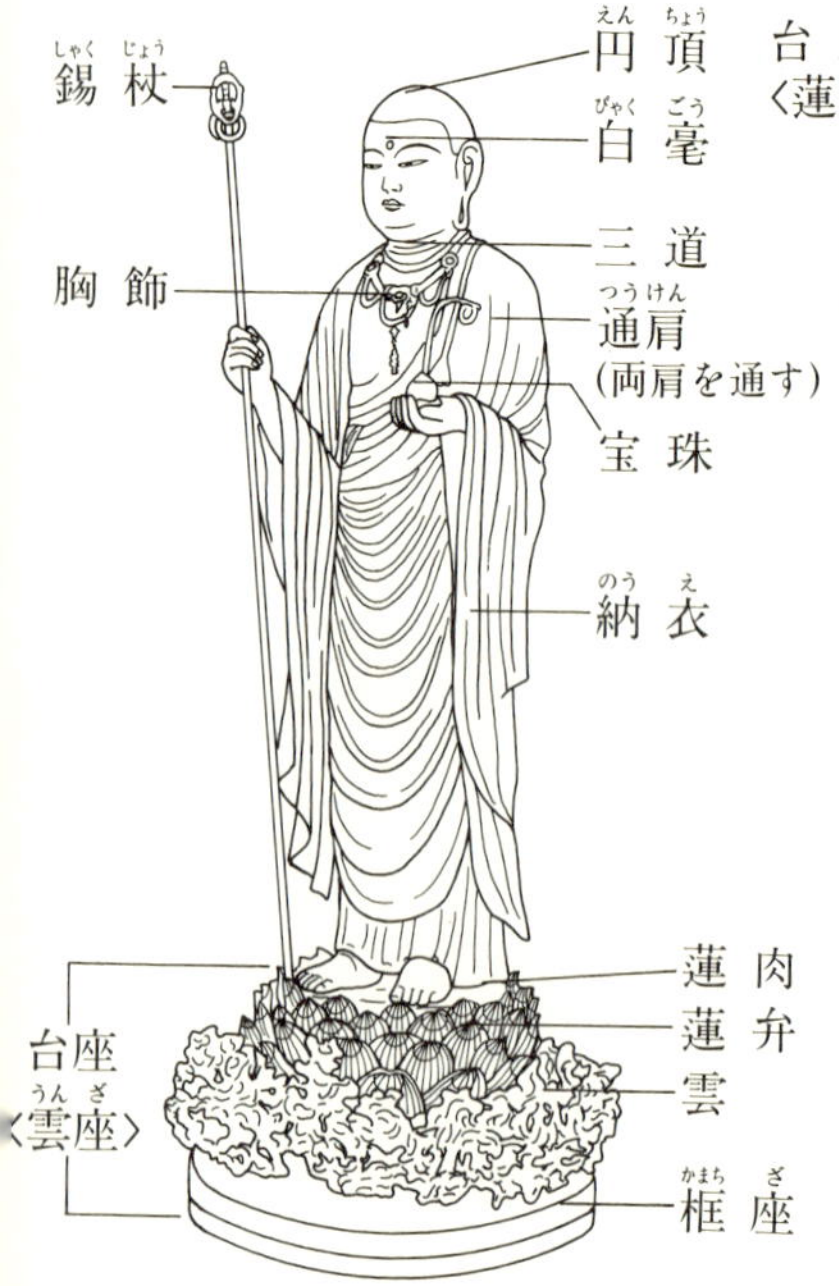
錫《しゃく》杖《じょう》
円《えん》頂《ちょう》
白《びゃく》毫《ごう》
三道
胸飾
通肩《つうけん》
(両肩を通す)
宝珠
納《のう》衣《え》
蓮肉
蓮弁
台座
〈雲《うん》座《ざ》〉
雲
框《かまち》座《ざ》

地蔵菩薩

十一面千手観音

白毫《びゃくごう》
宝冠台
錫杖《しゃくじょう》
項上仏
紫蓮華
月精摩尼《がっしょうまに》
三道
項上化仏
跋折羅《ばざら》
(三鈷杵)
五色雲《ごしきうん》
蒲桃《ほとう》
青《しょう》蓮華
宝箭《ほうせん》
宝剣
鉞斧《えつふ》
合掌
髑髏《どくろ》
宝経
宝輪
胡瓶《こびょう》
施無畏印《せむいいん》
楊柳枝《ようりゅうし》
石帯《せきたい》
宝印
数珠《じゅず》
天衣《てんね》
化仏《けぶつ》(阿弥陀如来)
変化《へんげ》面
戟鞘《げきしょう》
白《びゃく》蓮華
日精摩尼《にっしょうまに》
金剛杵《しょ》
化仏
如意珠
宮殿《くうでん》
紅《ぐ》蓮華
宝篋《ほうきょう》
鉄鉤《てっこう》
宝螺《ほうら》
瓔珞《ようらく》
宝弓
腕釧《わんせん》
宝鏡
条帛《じょうはく》
玉環《ぎょくかん》
軍
(水
宝鉢《ほうはつ》
榜棑《ほうはい》(盾)
白払子《びゃくほっす》
羂索《けんさく》
宝鐸《ほうたく》
裳・裙《くん》
蓮肉
台座
〈蓮華座
蓮弁

馬頭観音

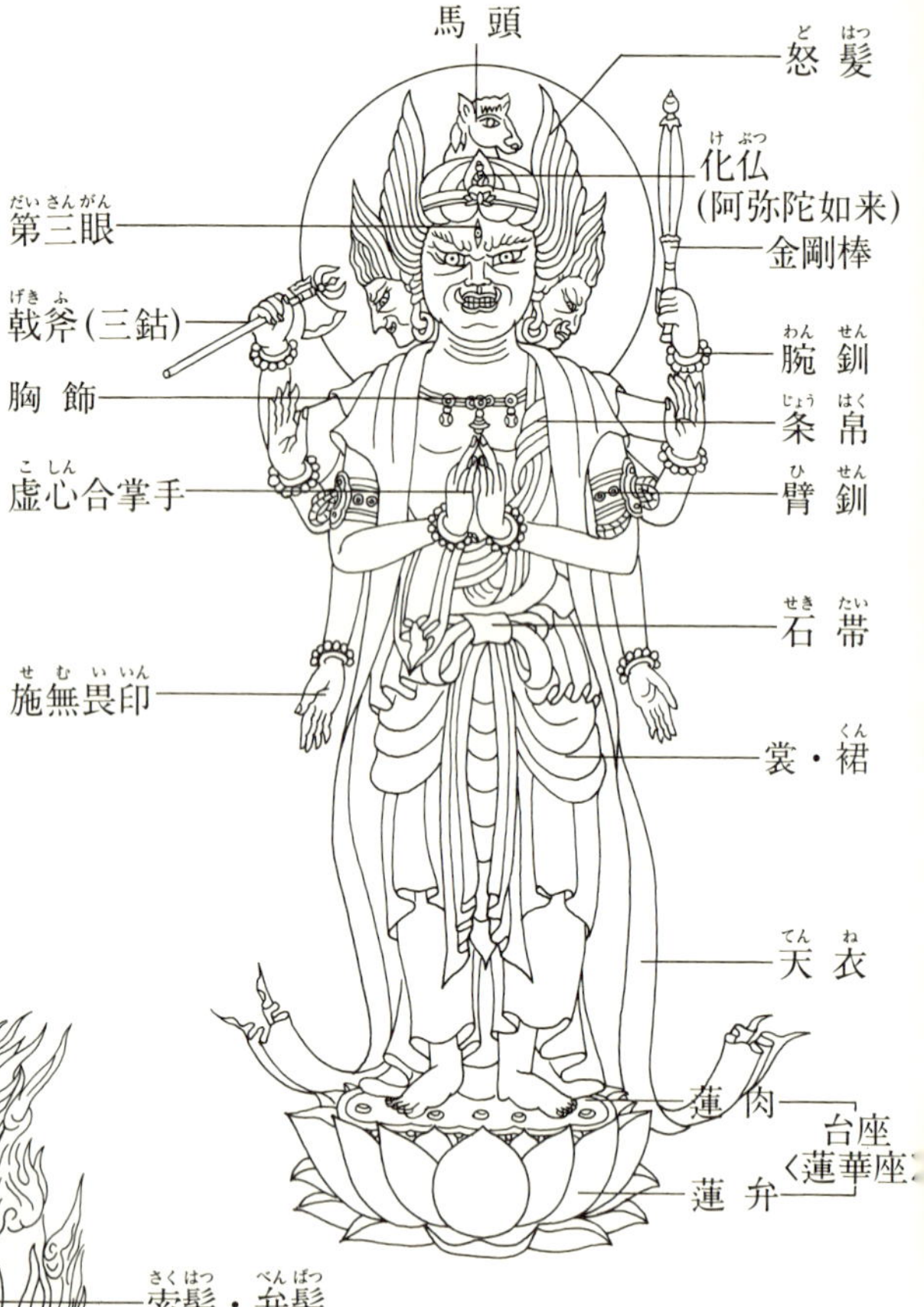

馬頭
怒《ど》髪《はつ》
化仏《けぶつ》
(阿弥陀如来)
第三眼《だいさんがん》
金剛棒
戟斧《げきふ》(三鈷)
腕釧《わんせん》
胸飾
条帛《じょうはく》
虚心《こしん》合掌手
臂釧《ひせん》
石帯《せきたい》
施無畏印《せむいいん》
裳・裙《くん》
天衣《てんね》
蓮肉
台座
〈蓮華座
蓮弁

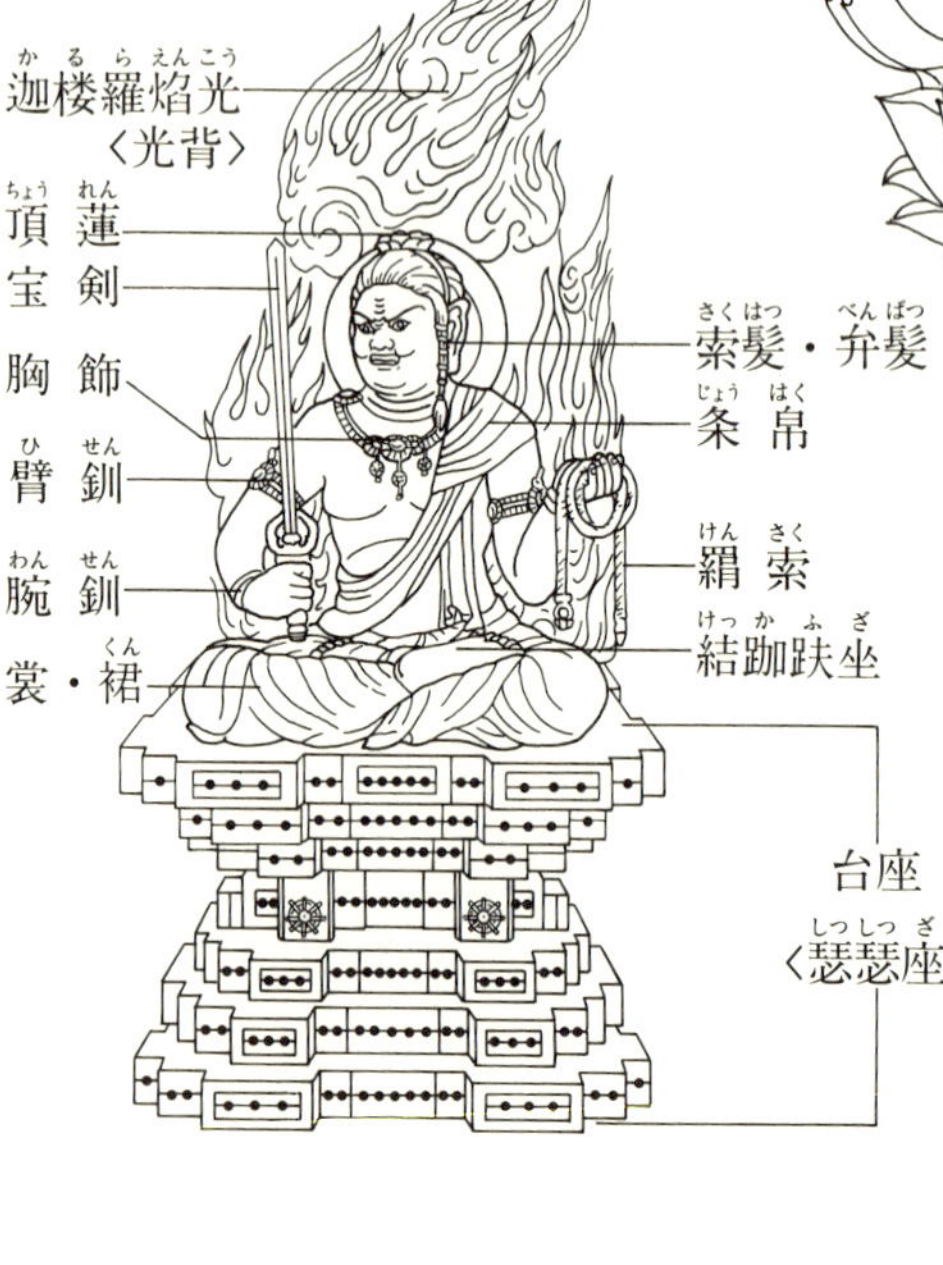

迦楼羅焔光《かるらえんこう》
〈光背〉
頂蓮《ちょうれん》
宝剣
胸飾
臂釧《ひせん》
腕釧《わんせん》
裳・裙《くん》
索髪《さくはつ》・弁髪《べんぱつ》
条帛《じょうはく》
羂索《けんさく》
結跏趺坐《けっかふざ》
台座
〈瑟瑟座《しつしつざ》〉

不動明王

毘沙門天

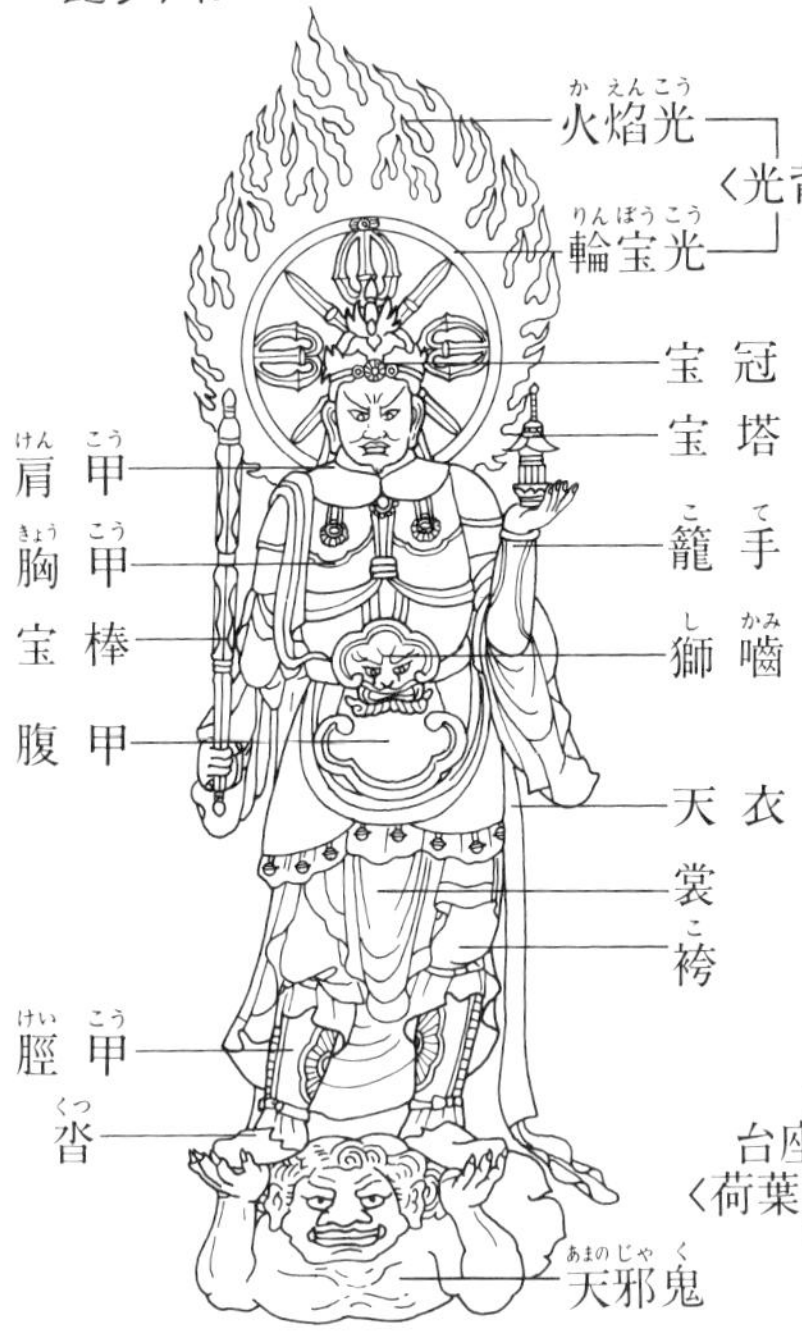
火焔光《かえんこう》
〈光背〉
輪宝光《りんぽうこう》
宝冠
宝塔
肩甲《けんこう》
籠手《こて》
胸甲《きょうこう》
宝棒
獅噛《しかみ》
腹甲
天衣
裳
袴《こ》
脛甲《けいこう》
沓《くつ》
天邪鬼《あまのじゃく》

吉祥天

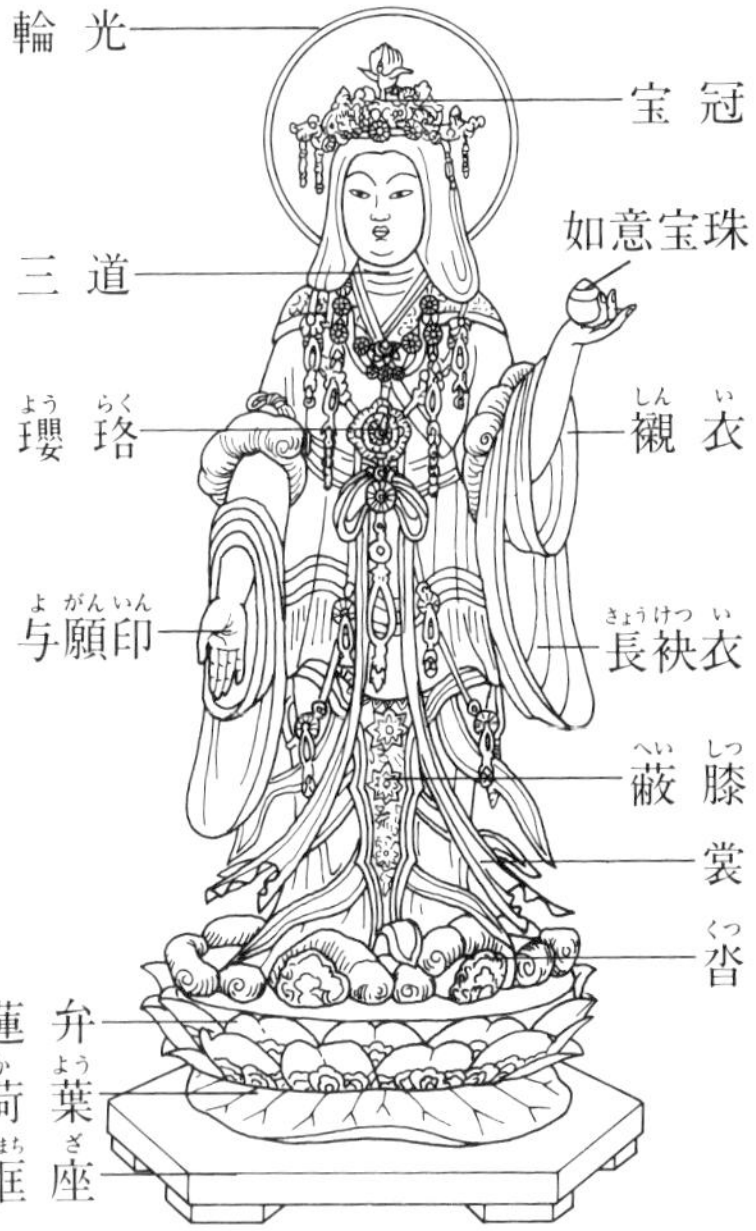
輪光
宝冠
如意宝珠
三道
瓔珞《ようらく》
襯衣《しんい》
与願印《よがんいん》
長袂衣《きょうけつい》
蔽膝《へいしつ》
裳
沓《くつ》
蓮弁
台座〈荷葉座〉
荷葉《かよう》
框座《かまちざ》

弁財天

輪光《りんこう》
宝冠
白毫《びゃくごう》
垂髪《すいはつ》
三道
瓔珞《ようらく》
臂釧《ひせん》
琵琶
天衣
腕釧《わんせん》
裳・裙《くん》
輪王坐
〈片膝を立てた座法〉
蓮肉
台座〈蓮華座〉
蓮弁

光明真言

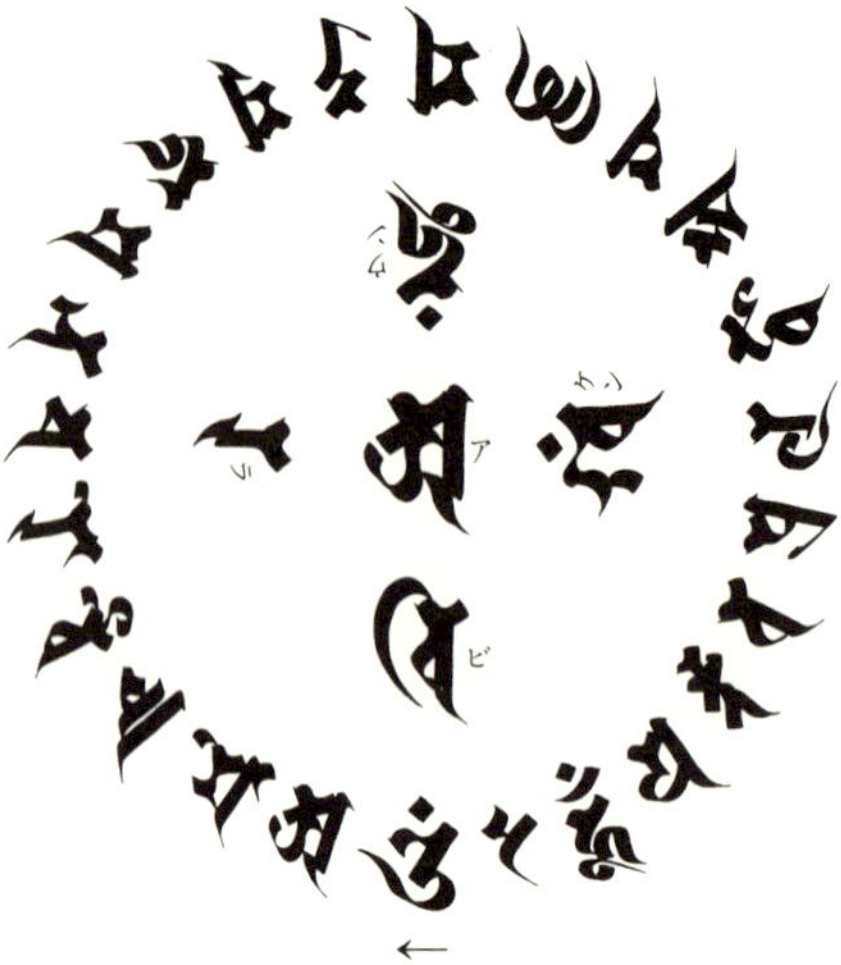

↓オン アボキャ ベイロシャノウ マカボダラ マニ ハンドマ ジンバラ ハラハリタヤ ウン 休止符

唵 阿謨伽 尾嚧左曩 摩賀母捺囉 麽抳 鉢納麽 入嚩攞 鉢囉韈哆野 吽（休止符）

oṃ amogha vairocana mahāmudrā maṇi padma jvala pravarttaya hūṃ

↓本文94頁「こうみょうしんごんほう」（意訳）

如意輪観音菩薩真言

hriḥ

唵 跛娜麽 振多麽抳 入嚩羅 吽

oṃ padma cintāmaṇi jvala hrīḥ

帰命《きみょう》す。蓮華の上なる如意宝珠の光明よ。成就せよ。

↓本文291頁「にょいりんかんのん」

馬頭観音菩薩真言

hūṃ

唵 阿蜜都 納婆嚩 吽 発吒 娑嚩訶

oṃ Amṛta udbhava hūṃ phaṭ svāhā

帰命《きみょう》す。甘露の発生するを。あらゆる怖れを打ちくだくを。成就せよ。

↓本文304頁「ばとうかんのん」

生まれ年（十二支）守り本尊種子

生まれ年	種子	守り本尊
子《ね》	キリーク	千手観世音菩薩
丑《うし》寅《とら》	タラーク	虚空蔵菩薩
卯《う》	マン	文殊菩薩
辰《たつ》巳《み》	アン	普賢菩薩
午《うま》	サク	勢至菩薩
未《ひつじ》申《さる》	バン	大日如来
酉《とり》	カーン	不動明王
戌《いぬ》亥《い》	キリーク	阿弥陀如来

十三仏種子

忌日	種子	本尊
初七日	カーン	不動明王
二七日	バク	釈迦如来
三七日	マン	文殊菩薩
四七日	アン	普賢菩薩
五七日	カ	地蔵菩薩
六七日	ユ	弥勒菩薩
七七日	ベイ	薬師如来
百ヶ日	サ	観音菩薩
一周忌	サク	勢至菩薩
三回忌	キリーク	阿弥陀如来
七回忌	ウン	阿閦如来
十三回忌	バン	大日如来
三十三回忌	タラーク	虚空蔵菩薩

仏教史簡表

凡例

(1)◎は年代に幅のある記事、あるいは年代の不確定な記事であることを示す。
(2)地名は以下の略号を用いて示す。

【インド仏教圏】（無印はインド）

S・スリランカ　B・ビルマ　C・カンボジア　Th・タイ　L・ラオス　IN・インドネシア

T・チベット　M・モンゴル

【中国仏教圏】（無印は中国）

K・朝鮮半島　V・ヴェトナム

西暦	インド仏教圏	中国仏教圏
紀元前		
二五〇〇	インダス文明(〜一五〇〇頃)	殷王朝興る(一六〇〇頃)
一五〇〇	アーリア人、パンジャーブ地方に侵出(〜一二〇〇頃)	
一二〇〇	◎『リグ・ヴェーダ本集』成立	殷滅び、周興る(一〇二七)
八〇〇	◎ブラーフマナ文献成立／◎ウパニシャッドの思想家ヤージュニャヴァルキヤ(前七世紀以降)	周、東遷し東周を建てる。春秋時代始まる(七七一)
六〇〇	◎十六大国が成立し、マガダ・コーサラ・アヴァンティ・ヴァンサの四大国が繁栄	
五〇〇	古ウパニシャッド成立(八〇〇〜)	孔子(五五一〜四七九)
四八五	釈尊入滅(南伝所説。北伝では三八三)。ラージャグリハ(王舎城)郊外で第一結集開かれる ◎六師外道などの自由思想家が活躍 マハーヴィーラ、ジャイナ教興す ◎マガダ国王アジャータシャトル即位(異説あり)	戦国時代始まる(〜二二一)。墨子(四八〇〜三九〇頃)
三八三	ヴァイシャーリーで第二結集(仏滅後一〇〇年、または一一〇年)／◎原始仏教教団、上座部と大衆部に根本分裂／ ◎阿含『法句経』など、一部の原始仏教聖典の原形成立	
三五〇	この頃、文法学者パーニニ『アシュタ・アディヤーイー(パーニニ文典)』を著す	
三二七	アレキサンダー大王、西北インドに侵入	
三一七	チャンドラグプタ、ナンダ王朝を倒しマウリヤ王朝を創始(異説多し)。この頃、カウティリヤ『実利論』を著す(後三世紀、現形が確定)	荘子(三七〇〜三〇〇頃) 孟子(三七二〜二八九)
三一二	セレウコス・ニカトール、セレウコス朝シリアを建国	
三〇〇	この頃、メガステネース、インドに派遣され、のち『イン	

西暦	インド仏教圏	中国仏教圏
	ド誌』を著す／◎サーンキヤ学派開祖カピラ（三五〇～二五〇頃）	
三〇五	チャンドラグプタ、セレウコス・ニカトールの侵入を阻止	
二九三	ビンドゥサーラ王即位（異説多し）	
二六八	アショーカ王即位（一説二六九年）	
二六一	アショーカ王、カリンガ国を征服。これを契機に仏教に帰依し、インド各地や周辺のギリシャ系諸国に伝道使節を派遣。また石柱法勅・磨崖法勅を刻し、寺院・仏塔を建立	
二五五	ディオドトス一世、セレウコス朝シリアから独立、グレコ・バクトリア王国を創始	
二五〇	この頃、カーティヤーヤナ『パーニニ文法』を補修	
二四八	この頃アルサケース、パルティアにアルサケース（安息）王朝を創始	
二四七	Sマヒンダら、仏舎利・仏鉢を携えてスリランカに伝道。デーワーナンピヤ・ティッサ王、仏教に帰依しアヌラーダプラにマハーヴィハーラ（大寺）を建立	
二二六	ササン王朝ペルシャ成立／◎南インドにシャータヴァーハナ朝アーンドラ国成立（前三世紀頃。異説あり）	
二二三	セレウコス朝アンティオコス三世即位（～一八七）	韓非子没／秦始皇帝、中国を統一（二二一）
二〇六	ヒンドゥー教興起（二〇〇頃） ◎サーンチー第一塔建造（前二世紀前半）	秦滅び、漢興る
一九三	シャータヴァーハナ朝シャータカルニ王即位（～一六八）	
一八九	バクトリア王デメトリオス即位し、ガンダーラ地方に侵入	
一八七	プシャミトラ、マウリヤ王朝を倒しシュンガ王朝を建てる（～七五頃）。以後パータリプトラのクックターラーマ（鶏	

	園寺)を破壊するなど仏教を迫害	
一七四	この頃、月氏、匈奴に逐われ西方に移動	
一七一	パルティア王国ミトラダテース一世即位(～一三八頃)	
一六一	Sドゥッタガーマニー・アバヤ王即位(～一三七)。仏教を再興しルワンヴェリセーヤ大塔建立	
一五〇	この頃、ギリシャ人王メナンドロス(一五五～一三〇頃)ナーガセーナ長老(那先比丘)と対論し、『ミリンダ王問経』の原形成立。この頃、カーティヤーヤニープトラ(迦多衍尼子)『発智論』、パタンジャリ『マハーバーシャ』なる	
一四〇	◎バールフトの大塔建立/◎ミーマーンサー学派開祖ジャイミニ(二〇〇～一〇〇頃)	漢武帝即位/淮南王劉安『淮南子』なる(一三九)
一三六		張騫、月氏国に至る。武帝、五経博士を置く。儒教を国教化
一三〇	大月氏、バクトリアを征服	漢霍去病、匈奴を討つ(一二一)
一一五		漢、河西に酒泉・武威の二郡を置く
一〇四	◎ヴァイシェーシカ学派開祖カナーダ(一五〇～五〇頃)	漢李広利、フェルガーナ(大宛)に遠征
一一一	◎仏教の部派分裂ほぼ完了(一〇〇頃)	V漢、南越を征服、交趾・九真・日南の三郡を置く
八九	Sワッタガーマニー・アバヤ王即位(～七七)。アバヤギリヴィハーラ(無畏山寺)を建立し、仏教教団は大寺派と無畏山寺派に分裂。この頃、アルヴィハーラでシンハラ語による仏典書写が始まる	司馬遷『史記』なる(九一)
八三	ホータン(于闐)王ヴィジャヤサンバヴァ、仏教に帰依しツアルマ(賛摩)寺を建てる	
八〇	マウエース(一〇〇～七五)治下のサカ・パフラヴァ、ギリシャ人王国を倒してインドに覇権を確立	
七五	シュンガ王朝滅び、カーンヴァ王朝成立(～三〇頃)	
七〇	サカ・パフラヴァのアゼース一世、タキシラのジャンディアールにゾロアスター教寺院を建立	
五八	ヴィクラマ紀元始まる(あるいは五七)	漢、西域都護府を置きタリム盆地を支配(六〇)

西暦	インド仏教圏	中国仏教圏
	◎ヴェーダーンタ学派開祖バーダラーヤナ（一〇〇〜後一頃）／◎アジャンターの石窟寺院開鑿始まる	
五〇	この頃、大乗仏教運動起こる	西域十八国、漢に入貢（四五）
二	◎『マヌ法典』成立（前二〇〇〜二〇〇頃）	大月氏王使の伊存、博士弟子景盧に浮屠経を口授
紀元後 二五	◎『般若経』『華厳経』『法華経』『維摩経』などの初期大乗経典成立（一〜三世紀）	後漢興る
四〇	クシャーナ（貴霜）のクジューラ・カドフィセース、バクトリアを統一の後、ガンダーラ地方に侵入	V徴側・徴弐姉妹、乱を起こし後漢の支配から独立
六〇		楚王英、黄帝・老子・浮屠（仏）を併せ祀る（六五頃）
六七	◎ガンダーラやマトゥラーで仏像の製作始まる／◎ニヤーヤ学派開祖ガウタマ（五〇〜一五〇頃）	迦葉摩騰と竺法蘭、洛陽に至り、白馬寺に住して『四十二章経』を訳すという
七八	ウィマ・カドフィセース、インドにクシャーナ帝国を創始。シャカ暦始まる	漢、亀茲に西域都護府を移し、班超を都護とする（九一） 班超、部下甘英をローマ帝国に派遣（九七）
一〇〇	この頃『ミーマーンサー・スートラ』成立、『バガヴァッド・ギーター』の現形確定	この頃、許慎『説文解字』なる
一二三	カラシャール（焉耆）・クチャ・ホータンなど、漢に帰属	班勇、西域長史となる
一四四	カニシカ王即位（一二八年など異説あり）。仏教を保護しガンダーラにカニシカ大塔建立／◎アシュヴァゴーシャ（馬鳴、一〇〇〜一六〇頃）『仏所行讃』『サウンダラ・ナンダ』など／◎パールシュヴァ（脇尊者）『大毘婆沙論』や『ヴァイシェーシカ・スートラ』成立（一五〇頃）成立	安世高、洛陽に至り『修行道地経』などの訳出を開始（一四七）
一五六	フヴィシュカ王の統治（〜一九二頃）始まり、フヴィシュカ寺院建立。この頃、鮮卑、全モンゴルを掌握	支婁迦讖、洛陽に至り『道行般若経』『般舟三昧経』などを訳出（一六七頃）
一八四	◎ナーガールジュナ（龍樹、一五〇〜二五〇頃）『中論』『十二門論』『大智度論』などを著し、空観による大乗仏教理	黄巾の乱起こる／V士燮、交趾を支配（一八七）
一九三		笮融、広陵に浮屠寺を造り仏会を設ける／Vこの頃、渡来

	論を確立／◎アーリヤデーヴァ(提婆、一七〇～二七〇頃)『百論』『四百論』などを著す	僧伽羅闍梨、福厳寺にあって尊崇を受ける
二〇七		曇果・康孟詳『中本起経』を訳出
二一四	Sヴォーハーリカティッサ王(～二三六)統治。大乗仏教(方広部)が伝えられ無畏山寺に拠る。王、これを弾圧	曹丕、魏朝を建て、三国時代始まる(二二〇)／支謙、呉に入り『瑞応本起経』などを訳出(二二〇頃)
二二五	イクシュヴァーク朝興り、首都ナーガールジュナ・コンダで仏教隆盛に向かう	曹植、魚山にて梵唄をつくると伝える
二二九	◎ウパティッサ(二～三世紀)『解脱道論』／◎マートリチェータ(二世紀後半～三世紀頃)『百五十讃』『四百讃』など／◎ラーフラバドラ(羅睺羅跋陀羅、二〇〇～三〇〇頃)	呉の朱応・康泰、交州刺史呂岱の命により扶南に使し、のち朱応『扶南異物誌』を著す
二四七		康僧会、交趾より海路建業に至り、建初寺に住す／◎蒼梧太守牟子『理惑論』なる
二五〇		曇柯迦羅、洛陽に入り『僧祇戒本』を訳出、羯磨授戒法を行うと伝える
二五二		康僧鎧、洛陽に入り『無量寿経』などを訳出。呉の孫権没
二五三	Sゴーターバヤ王即位(～二六六)し、無畏山寺の大乗仏教徒を追放	曇諦、洛陽に入り『曇無徳羯磨』などを訳出と伝える(二五四)
二五九		白延、洛陽に入り『首楞厳経』『菩薩修行経』などを訳出
二六〇	◎『ヤージュニャヴァルキヤ法典』成立(三世紀) ◎プラーナ文献編纂始まる(三世紀以降)	朱士行、経典の梵本を求め于闐へ出発。この頃、竹林の七賢／Vこの頃、支彊良接、交趾にあり訳経に従事
二六五	◎『解深密経』『如来蔵経』『勝鬘経』『涅槃経』などの中期大乗経典成立(二〇〇～四〇〇頃)	竺法護(敦煌菩薩)長安に至り『正法華経』『無量寿経』『修行道地経』などの訳出を開始。司馬炎(武帝)魏を滅ぼし晋を建てる
二七六	Sマハーセーナ王統治(～三〇三)。無畏山寺の比丘、大寺を破壊。王、ジェータワナヴィハーラ(祇陀林寺)を創建し、祇陀林寺派成立	『春秋左氏伝集解』の著者、杜預(二二二～二八四)／義興、会稽太白山に入る。会稽霊宝寺・金陵鶏籠山寺創建(三〇〇)／V耆域、扶南・広州に在る(三〇〇頃)
三〇七	◎ピンガラ(青目、三〇〇頃)『中論』に註釈／◎ハリヴァルマン(訶梨跋摩、二五〇～三五〇頃)『成実論』	竺道潜(法深)、建康に入り王侯の帰信を受ける。石勒、鄴を攻略し万余人を殺戮
三一〇		仏図澄、洛陽に入る(別説あり)。この頃、郭象『荘子注』を

西暦	インド仏教圏	中国仏教圏
		著す
三一一	Sシリメーガワンナ王(三〇三～三三一)カリンガより仏歯を請来。この頃『ディーパヴァンサ(島史)』なる	永嘉の変。匈奴、洛陽に入り、晋帝を捕らえる
三一二		金陵甘露寺創建。帛尸梨蜜多羅、建康に入り建初寺に住す
三一六		西晋滅び、五胡十六国時代始まる。建康禅林寺創建
三一七		司馬睿(元帝)東晋を建国。この頃、葛洪『抱朴子』なる
三二〇	チャンドラグプタ一世即位し、グプタ王朝始まる	後趙、九品を制定
三二一		竺僧顕、江南の名山を巡り西方往生を修す
三二二	◎イーシュヴァラクリシュナ(四世紀)『サーンキヤ・カーリカー』を著す	東晋、王敦の乱起こる
三二三		東晋明帝、皇興寺・道場寺を建立し、義学僧百人を集める
三三〇		後趙、仏図澄を大和尚とする。この頃、羅含『更生論』なる
三四〇	サムドラグプタ王の治世(三三五～三七六頃)	東晋、王への沙門敬礼問題生じる。盧山帰宗寺創建
三五一		僧朗、泰山に入る。符堅、前秦を建て長安に都す
三六四	◎『ニヤーヤ・スートラ』成立、ヴァーツヤーヤナ『ニヤーヤ・バーシャ』を著す(三五〇頃)	竺道潜、宮中に『道行般若経』を講じて尊崇を受ける。支遁(道林)、竺道潜の講席を継ぐ。この頃、建康瓦官寺建立
三六七	◎シュリーラータ(室利邏多、四世紀頃)	楽僔、敦煌鳴沙山に石窟を開鑿
三七二	◎ダルマトラータ(達磨多羅、四世紀)『阿毘曇心論』『五事毘婆沙論』を著す	K符堅、僧順道を高句麗に遣わし仏像経典を伝える
三七四		K西域僧阿道、高句麗に入る
三七五		K高句麗に肖門寺・伊弗蘭寺創建
三七九	チャンドラグプタ二世統治(三七六～四一四頃)	釈道安(三一二～三八五)と習鑿歯、符堅に捕われ長安に入る。王羲之(書家、三〇三～三七九)
三八三		僧伽跋澄、長安に入り『鞞婆沙論』を訳す。僧伽提婆、長安にて『八犍度論』を訳す。曇邕、長安に入る
三八四		K胡僧摩羅難陀、東晋より百済に入る
三八六		拓跋珪、北魏を建国

三九〇	キダーラ・クシャーナ族の支配(～四六〇頃)	慧遠(三三四～四一六)廬山に入り、白蓮社を結ぶ。劉遺民、誓願文をつくる。顧愷之(画家、三四四～四〇五)
三九二	◎マイトレーヤ(弥勒、三五〇～四三〇頃)『瑜伽師地論』『大乗荘厳経論』『現観荘厳論頌』など、瑜伽行唯識の論書を著す	K高句麗広開土王、平壌に九寺を創建
三九五		K曇始、東晋より経律数十部を携えて平壌に入る
三九六		北魏、法果を道人統に任ずる
四〇一	◎『マハーバーラタ』最終的に成立(四〇〇頃)	鳩摩羅什(三四四～四一三)長安へ迎えられる。以後『妙法蓮華経』『中論』『大品般若』などの大乗仏典を訳出
四〇三	◎堅慧(サーラマティ、四～五世紀頃)『究竟一乗宝性論』『大乗法界無差別論』を著す	桓玄、沙門に君親を敬礼させる
四〇四		慧遠『沙門不敬王者論』を著す
四〇八		仏駄跋陀羅(覚賢、三五九～四二九)長安へ至り、のち追われて廬山から建康に移る
四一〇		仏陀耶舎、長安へ来たり『四分律』などを訳す
四一二	Sこの頃、無畏山寺に五千人、大寺に三千人、チェーティパッバタヴィハーラ(支提山寺)に二千人の比丘が住す	曇無讖(三八五～四三三)姑蔵に入り『涅槃経』三十六巻や『金光明経』などを訳す
四一三		僧肇(三八四～四一四)『涅槃無名論』を著す。東晋、土断法を施行し戸籍を整理
四一四	グプタ王クマーラグプタ一世即位(～四五五)し、のちナーランダー寺を創建	法顕、インドより海路揚都に帰着(四一六)。のち『法顕伝』を著す
四二〇		劉裕(武帝)東晋に代わり宋を建てる。仏駄跋陀羅、建康で『華厳経』六十巻を訳す
四二三	INこの頃、求那跋摩、闍婆国(インドネシア)で教化	仏陀什、揚都に入り『五分律』『弥沙塞比丘戒本』『弥沙羯磨』などを訳す。陶淵明(三六五頃～四二七)
四二八	Sマハーナーマ王(四一〇～三二)、宋に使を派遣	謝霊運(三八五～四三三)
四三一	Sこの頃ブッダゴーシャ(仏音)三蔵注釈や『清浄道論』を著す	求那跋摩没。『菩薩善戒経』など訳出
四三四	S比丘尼十一人を宋に派遣(四三三)	僧伽跋摩、南林寺で比丘尼三百人に具足戒を授ける
四三五		求那跋陀羅、広州に至り『勝鬘経』『楞伽経』などを訳す

西暦	インド仏教圏	中国仏教圏	日本仏教
四三九	◎S大寺派の註釈家ウパセーナ（五世紀頃）	北魏、華北を統一し南北朝始まる。智猛『西域記』を著す	
四四五	◎ブッダダッタ（仏授、五世紀頃）南インドで『入阿毘達磨論』を著す	この頃、杯度（三八〇～四五八）屯門山（広東省）に来り、杯度庵・霊渡寺に住す	
四四六	◎『ブラフマ・スートラ』『ヨーガ・スートラ』成立（四五〇頃）	北魏太武帝、廃仏を断行。道士寇謙之（三六五～四四八）	
四五〇	◎アサンガ（無著、三九五～四七〇頃、別説あり）『摂大乗論』『顕揚聖教論』などを著す	北魏の宰相崔浩、誅殺される／Kこの頃、新羅に仏教初伝	
四五二		北魏文成帝、仏教復興の詔勅を発布	
四五四	◎ヴァスバンドゥ（世親、四〇〇～八〇頃、異説多し）『阿毘達磨倶舎論』『唯識二十論』『唯識三十頌』『仏性論』などを著し、唯識教学を大成	曇曜、雲崗五大石窟の開鑿を開始	
四五七		慧簡『閻羅王五天使者経』などを訳す。于闐などの五十余国、北魏に朝貢／曇曜、昭玄沙門統に任ぜられる（四六〇）	
四七五		K百済、高句麗に圧され熊津に遷都	
四七六	◎グナマティ（徳慧、四二〇～九〇頃）『唯識三十頌釈』	北魏、僧祇戸・仏図戸を設ける／北魏平城に百余寺、四方に六四七八寺。宋の法持、天下僧正となる（四七七）	
四七九	エフタル王トーラマーナ、西北インドに侵入（四八〇頃）	南朝、宋滅び、斉興る。求那毘地、建康に入る	
四八四	C扶南王カウンディニヤ・ジャヤヴァルマン、仏教僧ナーガセーナを南斉に派遣	K辛卯銘金銅三尊仏像なる（四八〇頃）／北魏、均田制・三長制を施行（四八五）	顕宗天皇二年に後漢・献帝の曽孫三津首百枝が、滋賀で比丘の形造を造ったという
四九三	◎サンガバドラ（衆賢、五世紀後半）『阿毘達磨順正理論』を著し『倶舎論』を論駁／S『マハーヴァンサ（大史）』	北魏、平城より洛陽に遷都。僧制四十七条を立てる。斉の玄暢（四一〇～九四）・法献（四二三～九七）、僧主とな	

	の原形なる（五世紀末）	り江北・江南を分任
四九五	Sモッガラーナ一世即位（〜五一二）。仏教の浄化と保護を行い、仏髪を請来	五時教判の先駆者、僧柔没。この頃、竜門や麦積山石窟の造営始まる
四九八		K高句麗に金剛寺創建
五〇二		揚州光宅寺創建。蕭衍、斉に代わり梁を建国
五〇四	◎Sダンマパーラ（五または六世紀頃）『イティヴッタカ』『ウダーナ』『テーラガーター』などに註釈を付す	梁武帝、道教を捨て仏教に帰依。以後五十余年間、崇仏事業を行う。北魏、柔然の攻撃に備え、北方に九城を置く
五〇八	◎Sマハーナーマ（五〜六世紀）『無碍解道』に註釈を付す	勒那摩提、菩提流支、仏陀扇多、相次いで洛陽に至る。梁、百官九品十八班の制度を定める
五一一	◎グナプラバ（徳光、五〜六世紀）『律経』『菩薩戒品疏』などを著す	勒那摩提、菩提流支『十地経論』を訳出。郝騫ら舎衛国より栴檀仏像を伝え揚都に帰着
五一四		神異僧宝誌（四一八〜）没。梁武帝「断酒肉文」を記す。開善寺建立、智蔵（四五八〜五二二）住す
五一五	ミヒラグラ王即位し、仏教を迫害	北魏胡太妃の執政始まる。北魏で沙門法慶らの大乗賊の乱起こる
五一六		洛陽永寧寺に九層塔建立。梁の宝唱ら『経律異相』を著す
五一八	◎アーリヤ・ヴィムクティセーナ（六世紀頃）『現観荘厳論註』を著す	『出三蔵記集』『弘明集』の編者僧祐（四四五〜）没
五一九	◎ヴァイシェーシカ学派プラシャスタパーダ（四五〇〜五五〇頃）『パダールタダルマ・サングラハ』を著す	梁の慧皎『高僧伝』を撰す
五二一		宋雲・恵生、西域より大乗諸経の梵本を携え洛陽に帰着。柔然、北魏に下り

西暦	インド仏教圏	中国仏教圏	日本仏教
		二部族に分裂	
五二二	Sシラーカーラ王即位(〜三五)し、大乗仏教を保護	北魏、北辺鎮軍の大暴動起こる(五二四)	司馬達等、来朝し大和高市郡の草堂に仏像を安置するという(五二二)
五二五	◎ブッダパーリタ(仏護、四七〇〜五四〇頃)『中論註』を著し、プラーサンギカ派の祖となる	梁、法雲(四六七〜五二九)大僧正となり光宅寺にて教化。この頃、麗道元『水経注』なる	
五二六	◎ディグナーガ(陳那、四八〇〜五四〇頃)『集量論』『因明正理門論』『観所縁論』などを著し、仏教論理学を大成	K沙門謙益、倍達多と共に中インドより帰国し、百済に律蔵をもたらす。曇旭・恵仁、律疏を著す	
五二七		僧旻(四六七〜)没。建康に同泰寺が完成し、梁武帝、同泰寺に捨身。この頃、昭明太子『文選』なる/K新羅、仏教公認の是非を巡り異次頓殉死	
五二八	◎シャンカラスヴァーミン(商羯羅主、四五〇〜五三〇頃)『因明入正理論』/◎アスヴァバーヴァ(無性、五三〇頃)『摂大乗論釈』『大乗荘厳経論註釈』	菩提達摩没(五三六年など異説多し)/K新羅法興王、殺生を禁ずる。この頃より、新羅仏教興隆に向かう	
五二九	マールワー王ヤショーダルマン、エフタルを撃退(五三〇)	梁武帝、同泰寺に無遮大会を設け捨身。この頃、劉勰『文心彫龍』なる	
五三四		洛陽永寧寺の九層塔焼失。宇文泰、孝文帝を殺し北魏滅ぶ。高歓、孝静帝を立て東魏朝始まる	
五三五		宇文泰、文帝をたて西魏朝始まる。西魏道臻、沙門大統となる	
五三八	C梁僧雲宝、扶南に入り仏髪を求める(五三九)	K百済、所夫里(扶余)に遷都/K慶尚南道大義面金銅仏立象(五三九)	百済の聖明王より仏像・経巻を贈られる(一説五五二)

五四一	◎ナンダ(難陀、五〇〇～五〇頃)	K百済聖王、梁武帝に朝貢。涅槃経義を質し、工匠・画師を求める／李賁、竜編城を占拠。南越王と称し万寿国を築く(～五四四)	
五四二	◎バーヴァヴィヴェーカ(清弁、五〇〇～七〇頃)『般若灯論』『中観心論頌』などを著し、スヴァータントリカ派の祖となる	浄土教の曇鸞(四七六～)没	
五四四		K新羅興輪寺完成し、真興王、出家得度を許す	
五四八		真諦(四九九～五六九)海路広州に入る。のち『摂大乗論』『大乗起信論』『仏性論』『大乗唯識論』などを訳出。侯景の乱起こり、梁滅ぶ／V李仏子、後李南帝を称す(～六〇二)	
五四九		K新羅僧覚徳、梁より帰国	
五五〇	チャールキヤ朝興る(～七五三)／◎ミーマーンサー学派シャバラスヴァーミン『ミーマーンサースートラ・バーシャ』を著す(五五〇頃)	東魏倒れ、北斉朝始まる。北斉、この頃十統を置き、地論宗法上(四九五～五八〇)大統となる／K新羅、安蔵を大書省に任ず	
五五一	◎C真臘(クメール)、扶南から独立(六世紀半ば)	K新羅、高句麗僧恵亮を迎えて僧統に任じ、百座講会・八関斎を設ける	百済伝来金銅釈迦像の礼拝の可否を巡り蘇我・物部両氏争う(五五二)
五五三	◎スティラマティ(安慧、五一〇～七〇頃)『唯識三十頌釈』『中辺分別論釈』『大乗中観釈論』などを著す	K新羅僧義信、インド求法より帰国。真興王、俗離山法住寺を開創し迎える	
五五六	◎ダルマパーラ(護法、五三〇～六一)『成唯識論』を著す	那連提黎耶舎(四九〇～五五六)、鄴に入り『大集月蔵経』『法勝阿毘曇心論』などを訳す。宇文覚、西魏を倒し北周朝を建てる	
五五七		陳覇先、梁を滅ぼし陳朝を建てる	
五五八		慧思(五一五～七七)『立誓願文』を著	

西暦	インド仏教圏	中国仏教圏	日本仏教
		す	
五六〇		北周の宇文護、孝明帝を弑し武帝を立てる	
五六二		K新羅、任那を併合	任那の日本府滅ぶ
五六六		K新羅皇竜寺創建	
五七四	シンハヴィシュヌ即位(~六〇〇)しパッラヴァ朝創始	北周武帝、廃仏を断行。経像を毀ち、沙門・道士二百余万を還俗させる／K新羅皇竜寺の丈六釈迦像造立	
五七五	Sアッガボーディ一世即位(~六〇八在位)	智顗(五三八~九七)天台山に入り、のち天台三大部などを著す	
五七七		北周、北斉を併合し、北斉領内にも廃仏を拡大	百済威徳王より経論・律師・禅師・比丘尼・呪禁師・造仏工・造寺工を献上
五七八		K新羅義淵、地論宗の法上大統に聞持／Vこの頃、観縁、法雲寺に住す	
五八〇		北周静帝、仏教を復興し通道観を廃す／Vインド僧毘尼多流支、安南法雲寺に入り菩提達摩の禅を伝える	
五八一		北周滅び、隋興る。隋文帝、五岳に仏寺を置く	
五八四		隋、四十五州に大興善寺を置く(五八二)	恵便、高句麗より渡来し、善信尼・禅蔵尼・慧善尼らを得度。蘇我馬子、石川の宅に仏殿を造る
五八五			物部守屋、仏殿を焼き仏像を捨てる
五八七		慧遠(五二三~五九二)浄影寺に入り『大乗義章』などを著す	用明天皇、仏教に帰依。蘇我馬子・聖徳太子、物部守屋を滅ぼす

五八九	◎ニヤーヤ学派のウッディョータカラ（六世紀後半）『ニヤーヤ・ヴァールッティカ』を著す	陳滅び、隋、中国を統一。霊裕（五一八～六〇五）宝山霊泉寺に石窟を開く。三階教信行（五四〇～九四）長安真寂寺に入る／K新羅僧円光、陳に入る	百済僧慧聡ら、仏舎利をもたらす（五八八）
五九〇			善信尼ら百済より帰国し桜井寺に住す
五九三			聖徳太子、推古帝の摂政となり、難波に四天王寺を造立
五九四		法経『衆経目録（法経録）』を撰す。この頃『顔氏家訓』の著者、顔之推没	推古天皇、三宝興隆の詔を下す
五九五			高句麗僧慧慈ら来朝し、聖徳太子の師となる
五九六	Tこの頃、ソンツェン・ガンポ王即位		法興寺（飛鳥寺）完成。善徳を寺司とし、慧慈・慧聡住す
五九七		費長房『歴代三宝紀』を撰す	
五九九		K百済、殺生禁止令を出す	
六〇〇	◎バダンタ・ヴィムクティセーナ（六・七世紀）『現観荘厳論頌評釈』 ◎ヤショーミトラ（称友、六～七世紀頃？）『明義阿毘達磨倶舎論註解』	三論宗の吉蔵（五四九～六二三）揚州慧日寺に入る。文帝、信行の『三階集録』を禁断。日厳寺建立／K百済、王興寺開創	
六〇一	◎ヴァイシェーシカ学派の慧月（マティチャンドラ、五五〇～六五〇頃）『勝宗十句義論』を著す	文帝、この年から三度にわたり全国に舎利塔を建立／K百済、弥勒寺開創。新羅、円光帰国／V隋、交趾の覇権を奪回し、林邑に遠征	聖徳太子、斑鳩宮を造営
六〇二		彦琮（五五七～六一〇）『衆経目録（彦琮録）』を著す	百済僧観勒、天文地理・暦法・遁甲方術の書を伝える
六〇三			秦河勝、蜂岡寺（太秦広隆寺）を造営
六〇四		隋、煬帝即位。科挙制始まる	憲法十七条を定める

西暦	インド仏教圏	中国仏教圏	日本仏教
六〇五	ハルシャヴァルダナ王（六〇六～四七在位）統治。カーニヤクブジャに都す	静琬、房山雲居寺に大蔵経の石刻を始める（～六三九）。通済渠・永済渠等の大運河工事始まる	鞍作鳥（止利仏師）、銅・繍の丈六像を造る（六〇六）
六〇七		K円光、隋に乞師表を出す（六〇八）	小野妹子を隋に遣す。法隆寺創建
六〇九		道綽（五六二～六四五）玄中寺に詣で浄土教に帰依。融併寺塔の勅出る。隋、吐谷渾を撃つ	高句麗僧曇徴、来朝し、紙・墨・彩色・碾磑の製法を伝える（六一〇）
六一一		隋、高句麗に出兵（六一二）、以来三度に及ぶ	聖徳太子『勝鬘経義疏』を著し、以後『維摩経義疏』『法華経義疏』を著す（異説あり）
六一八		煬帝殺害され隋滅ぶ。李淵、唐を建国	
六二〇	Tこの年以降、官位十二階制度成立	K新羅安含、西域僧の毘摩羅真諦・農伽陀らと共に隋より帰国	
六二一		傅奕『寺塔僧尼沙汰十一条』を上表	
六二二		法琳（五七〇～六四〇）『破邪論』を著す。道仏二教の論争激化	聖徳太子没。橘大郎女、天寿国繍帳を造る
六二三		浄土宗道綽（五六二～六四五）	鞍作鳥、法隆寺金堂釈迦三尊像を造立
六二四	東チャールキヤ朝興る（～一〇七五）	道宣（五九六～六六七）終南山へ入る。均田法・租庸調法・戸籍法を制定／K高句麗へ五斗米道伝わる	僧正・僧都・法頭を定め、僧尼を統括（僧綱の始め）。この年、寺院四十六所、僧八百十六人、尼五百六十九人
六二六		高祖、道仏二教に沙汰。京に三寺二観、諸州に一寺一観と各千人の僧のみ残し、他は全廃させる	高句麗僧慧灌来朝、三論宗を伝える（六二五）／蘇我馬子没（六二六）
六二七		太宗即位、貞観の治始まる／Kこの頃、玄太・阿梨耶跋摩・慧業・玄照・慧輪	

六二八		など、新羅僧が西域やインドに求法 建唐戦没者供養の七日七夜の行道礼懺（集団供養の始め）／V衆善寺法賢没	蘇我蝦夷、金銅小釈迦三尊像を造立
六三〇	パッラヴァ朝ナラシンハヴァルマン王の統治（～六八頃）	天台宗国清寺灌頂（五六一～六三二）	第一回遣唐使を派遣。飛鳥岡本宮に遷都
六三五		ペルシャ僧阿羅本、長安に入り、景教を伝える。のち波斯寺を創建	
六三六	◎シーラバドラ（戒賢、五二九～六四五）、ナーランダー寺で教化	新羅僧慈蔵、入唐	
六三七		相部律宗法礪（五六九～）没。『道僧格』なる。道先仏後の詔下る	百済大寺の造営に着手（六三九）
六四〇	T文成公主、クンソン・クンツェン王に降嫁／IN訶陵国、唐に入朝	華厳宗初祖杜順（五五七～）没	南淵請安・高向玄理、唐より帰国
六四三	Tクンソン・クンツェン王没。のちラモチェ寺（小招寺）を建立	K高句麗、唐に遣使し、道士叔達人ら『老子道徳経』を携え高句麗に入る。慈蔵、帰国し芬皇寺に住す	飛鳥板蓋宮に遷都。蘇我入鹿、山背大兄王を襲撃
六四四		顔師古（五八一～六四五）	富士川の辺の大生部多、常世神と称して虫を祀る
六四五	◎チャンドラキールティ（月称、六〇〇～五〇頃）『プラサンナパダー』『入中論』などを著す ◎『大日経』成立（七世紀半ば）	玄奘（六〇二～六四）インド留学から帰国。『大般若経』『瑜伽師地論』『大毘婆沙論』『倶舎論』『成唯識論』『大唐西域記』などの翻訳著述を始める。道宣（五九六～六六七）『続高僧伝』を著す。玄応『一切経音義』なる／K新羅皇竜寺九層塔なる。この頃、新羅仏国土説行われる	中大兄皇子・中臣鎌足、蘇我氏を滅ぼす。仏教興隆の詔下る。十師・法頭を置き、僧尼・寺院を統制
六四六		K慈蔵、通度寺を開創（六四七）	大化の改新の詔。薄葬令を宣す
六四八	Tソンツェン・ガンポ王没（六四九）。	長安大慈恩寺建立され、翻経院を設置	三韓に学問僧を派遣／班田収授法施行

西暦	インド仏教圏	中国仏教圏	日本仏教
	のちトゥルナン寺（大招寺）を建立		（六五二）
六五三		Vこの頃、普光寺法燈・崇業寺恵厳ら教化	道昭（六二九～七〇〇）入唐し、玄奘に師事。僧旻没
六五七	C真臘ジャヤヴァルマン一世即位（～八一頃）。ヒンドゥー教と仏教が併存	K梵魚寺開創（六五五）	飛鳥寺の西に須弥山を築き、盂蘭盆会を行う
六五八			智通・智達、入唐して玄奘より法相を学ぶ。阿倍比羅夫、蝦夷を討つ
六六〇	◎ダルマキールティ（法称、六〇〇～八〇頃）『ニヤーヤ・ビンドゥ（正理一滴）』『プラマーナ・ヴァールッティカ（量評釈）』などを著し、経量瑜伽派成立	K百済滅亡	道昭、唐より帰国し法相宗を伝える。百の高座を設け仁王般若経会を行う
六六一		王玄策、三たび入竺し仏頂骨を携え帰国。のち『中天竺行記』を著す。新羅僧義湘（六二五～七〇二）入唐し、終南山至相寺に入る	白村江の戦いで唐・新羅軍に大敗（六六三）
六六四		道宣『集古今仏道論衡』『大唐内典録』などを著す。即天武后、政権を掌握	対馬・壱岐・筑紫などに防人と烽を置き、筑紫に水城を築く
六六六		諸州に一寺一観を設置	近江大津京に遷都（六六七）
六六八		道世『法苑珠林』を著す。華厳宗智儼没（六〇二～）／K新羅、唐の援護を受けて高句麗を滅ぼし半島を統一。唐、高句麗の故地に安東都護府を置く	中臣鎌足の夫人鏡女王、山階寺（興福寺）を建立（六六九）
六七〇	T吐蕃、青海南部を支配下におく	Vこの頃、会寧、交趾で訳経に従事	法隆寺焼失。庚午年籍なる
六七一			近江令施行。大海人皇子、吉野に入る
六七二			壬申の乱起こる。飛鳥浄御原宮に遷都
六七三	◎チャンドラゴーミン（六二〇～八〇〇頃）文法書や唯識論書を著す	Vこの頃、運期・窺冲・慧琰・智行ら中国僧の弟子となりインドへ渡る	川原寺で一切経を書写。百済大寺を高市に移転

六七五	◎デーヴェーンドラブッディ（六三〇～九〇頃）『プラマーナヴァールッティカ・パンジカー（量評釈細疏）』を著す	浄土教善導（六一三～六八一）	殺生禁断の詔。四方に一切経を求める
六七六		地婆訶羅（六一三～八七）長安へ入る／K義湘、太白山に浮石寺を創建、海東華厳宗を開く	放生会始まる。諸国に金光明経・仁王般若経を講ずる。国司任用の制を定める
六七七	◎ヴェーダーンタ学派のガウダパーダ（六四〇～九〇頃）『マーンドゥーキヤ・カーリカー』を著す	慧能（六三八～七一三）曹渓宝林寺に入り南宗禅を築く／K新羅、唐を半島から撃退。唐、安東都護府を遼東に移す	高市大寺を大官大寺と改称
六八〇		V唐、竜編に安南都護府を置く（六七九）	諸寺の官治の範囲を定め、食封所有を三十年に限定。宮中に金光明経を講じる。薬師寺建立を発願。
六八二	◎この頃、ドゥヴァーラヴァティー（堕羅鉢底）・シュリークシェートラ（室利察呾羅）などでは大衆部・上座部・根本説一切有部・正量部が行われ、ヒンドゥー教と併存	法相宗慈恩寺窺基（六三二～）没。『成唯識論述記』『大乗法苑義林章』『因明大疏』など	僧正・僧都・律師を定め僧綱制を確立（六八三）
六八四		K新羅、永興寺成典を置く。この頃、九州五京の制なる	八色の姓を制定
六八五		Vこの頃、大乗燈、インドを遊歴	諸国の家ごとに仏舎を造り、仏像・経典の礼拝を命ずる
六八六		V毘尼多流支派四世、建陽寺清弁没	天武天皇没し、飛鳥寺・大官大寺などで無遮大会を設ける。大津皇子の叛
六八七	INこの頃、スリウィジャヤ（仏逝国）に僧千余名あり、大乗仏教盛ん	K新羅、元暁（六一七～）没。『起信論疏』『十門和諍論』など	
六九〇	◎クマーリラ（ミーマーンサー学派、六五〇～七〇〇頃）『ミーマンサー・シュローカヴァールッティカ』を著す	武周革命。武后、帝位に就き国号を周とする。諸州に『大雲経』を頒ち大雲経寺を設置	飛鳥浄御原律令を諸司に分つ（六八九）
六九三		菩提流志（五七二？～七二七）長安に入り後『大宝積経』や陀羅尼経典を訳出。武后、自ら金輪聖神皇帝と称する	諸国で仁王般若経を講説

西暦	インド仏教圏	中国仏教圏	日本仏教
六九四		ペルシャの払多誕、マニ教を伝える ◎V振多提婆・曇潤・智弘ら、安南を経てインドに渡る	金光明経百部を諸国に置き、毎年正月に読ませる。藤原京に遷都
六九五	◎アヴァローキタヴラタ(観誓、七〜八世紀)『般若灯論註釈』を著す ◎『金剛頂経』成立(七末〜八世紀)	明佺ら『大周刊定衆経目録』を編纂。義浄(六三五〜七一三)、インド遊学から長安に帰着し、『弥勒下生成仏経』『薬師七仏本願経』『根本説一切有部毘奈耶』『南海寄帰内法伝』『大唐西域求法高僧伝』などを翻訳著述。薛懐義殺される	遣新羅使小野毛野らを派す
六九六	◎ヴィニータデーヴァ(調伏天、七〇〇頃)ヴァスバンドゥ、ダルマキールティの著作に註釈	円測(六一三〜)没。『解深密経疏』『成唯識論疏』など	
六九八		渤海興る(〜九二六)	薬師寺ほぼ完成
六九九	◎ミーマーンサー学派プラバーカラ(七〇〇頃)	実叉難陀(六五二〜七一〇)『華厳経』八十巻を訳出	役小角伊豆に配流となる／僧尼令を発布。大宝律令制定(七〇一)
七〇五	C真臘、水真臘と陸真臘に分裂	唐朝再興される。中宗、諸州に中興寺を置く	僧正・大僧都・小僧都・律師を任命し諸国に国師を置く(七〇二)
七〇六		北宗禅神秀(六〇五?〜)没。この頃、流亡農民増加し、多く私有荘園に入る	諸国に飢疫流行、土牛を造り疫気を払う。一町十五束の田租を定める
七〇八		浄覚『楞伽師資記』なる	季の御読経始まるという
七一〇	Tティデ・ツクツェン王、唐から金城公主を迎え、タクマルのディンサン・ラカン寺など五寺を建立	劉機知(六六一〜七二一)『史通』なる。中宗、韋后により殺害される	平城京に遷都。山階寺を平城京に移転し、興福寺と号す
七一二	◎瑜伽行中観派シュリーグプタ(八世	華厳宗法蔵(六四三〜)没。『華厳経探玄記』『五教章』『妄尽還源観』など。	『古事記』なる ◎行基(六六八〜七四九)、民衆教化と

	紀頃）	玄宗即位し、開元の治始まる	社会事業に従事
七一三		偽濫僧一万二千人余を還俗させる	風土記編纂の詔
七一六		善無畏（六三七～七三五）長安に入る。『大日経』など訳出	荒廃した寺院を統合し、寺の財物田園を検校
七一七	金剛乗の祖、インドラブーティ（六八七～）没		百姓の私度を禁じ、行基の民間布教を禁圧
七一八	S金剛智、スリランカへ密教を伝えるという（七一九）	慈愍慧日（六八〇～七四八）インドより帰り、浄土宗慈愍流を開く（七一九）	法興寺（元興寺）・薬師寺を平城京に移転。僧尼の統制を強化。道慈（？～七四四）、唐より帰国し三論宗を伝える。藤原不比等ら養老律令を撰定
七二〇	◎瑜伽部密教の学匠シャーキャミトラ（八世紀）『初会金剛頂経』に註釈	金剛智（六七一～七四一）と不空（七〇五～七四）相次いで洛陽に入る	初めて僧尼に公験を授ける。舎人親王『日本書紀』なる
七二三		呉鏡『貞観政要』なる（七二一）／傭兵制始まる	興福寺に悲田院を設置。三世一身法を定める。筑紫観世音寺の開創に着手
七二五			除災のため、宮中に僧六百人を召して大般若経を読み、三千人を度す
七二六		徐堅『初学記』なる	興福寺東金堂創建
七二七		一行（六八三～）没。『大日経疏』『開元大衍暦』『渾天黄道儀』など。新羅僧慧超、インドより唐に帰り、のち『往五天竺国伝』を著す	渤海の使者、入京／義淵没。諸国に金光明経を頒つ（七二八）
七二九		李通玄（六三五～七三〇）『新華厳経論』なる	長屋王の変起こる。異端幻術を学び呪詛すること、山林修行を禁止。諸国に仁王経を講ずる
七三〇	プラティハーラ朝興る（～一〇四九頃）	智昇（六五八～七四〇）『開元釈経録』を著す／開元礼なる。マニ教を禁止（七三二）	皇后宮職に施薬院を設置。妄りに禍福を説き死魂を祀る安芸・周防の者などあり、これを禁ずる

西暦	インド仏教圏	中国仏教圏	日本仏教
七三三		全国を十五道に分つ。各戸に『老子』を備えさせる	得度の条件を厳にする(七三四)
七三五	◎シャーンティデーヴァ(寂天、六五〇～七五〇頃)『入菩提行論』『大乗集菩薩学論』などを著す		玄昉(?～七四六)唐より帰国。一切経をもたらし、興福寺に納める
七三六		玄宗、『御注金剛般若経』を全国に配布	インド僧菩提僊那、ヴェトナム僧仏哲、唐僧道璿ら来朝
七三七 七四〇	◎シャンカラ(ヴェーダーンタ学派不二一元論派、七〇〇～五〇頃)『ブラフマ・スートラ・バーシャ』	開元律令格式なる 全国諸郡に開元寺を置く(七三八)。この頃、『遊仙窟』の著者張文成没	国ごとに釈迦像を造り大般若経を写す 光明皇后の発願により一切経を書写。藤原広嗣の乱起こり、国ごとに観音像・観音経を造写。新羅僧審祥、金鍾道場に初めて華厳経を講じる
七四一 七四三 七四五	Sこの頃、密教が隆盛		国分寺・国分尼寺建立の詔下る 墾田永代私有法を施行 行基を大僧正に任ずる。玄昉、筑紫観世音寺に配流となる
七四六	◎ジュニャーナガルバ(七〇〇～六〇頃)『二諦分別論』を著す ◎シャーキャブッディ(八世紀)『プラマーナヴァールッティカ・ティーカー(量評釈註疏)』を著す	不空、スリランカより長安に戻り、浄影寺に灌頂壇を開く。『金剛頂経』『発菩提心論』などを訳出	諸寺が百姓の墾田地を購入し寺地とすることを禁止
七四七		度牒制始まる	法隆寺・元興寺・大安寺などの『伽藍縁起并流記資財帳』なる
七五一	ゴーパーラ、パーラ王朝を創始。のちオーダンタプリー寺を建立(七五〇)	悟空(七三一～?)中使張韜光に従い西域に赴く。唐軍、タラス河の戦で大食軍に破れる/K大相金大城、慶州仏国寺を創建	『懐風藻』なる
七五三	ラーシュトラクータ朝興る(～九七三	この頃、王維(六九九～七五九)・李白	東大寺大仏開眼供養行われる(七五二)

	頃）	（七〇一～六二）活躍	
七五四	Tティソンデツェン王即位。ポン教徒の権臣マシャン・トンパキェー、破仏政策を遂行	安史の乱（七五五～七六三）	鑑真（六八八～七六三）来朝し律宗を伝える／東大寺に戒壇建立（七五四）
七五六	◎八世紀半ば、ジャワ島にシャイレンドラ朝興起（～九世紀半ば）し、大乗仏教・密教が盛ん。ボロブドゥール、プラオサン寺など建立される	安禄山殺され、玄宗、都へ帰る。進納	聖武天皇没し、遺物を東大寺に収める
七五七		得度制始まる 塩の専売制度始まる	諸国に梵網経を講ずる。養老律令を施行。橘奈良麻呂の乱起こる
七五九			唐招提寺建立
七六〇	B雲南の南詔、シュリークシェートラを滅ぼす	荷沢神会（六八六～）没。史思明、洛陽を占拠／K月明、兜率歌を作り活躍	良弁・慈訓ら、四位十三階の僧位制定を奏上
七六一	Tティソンデツェン王、ネパールよりシャーンタラクシタ（寂護、七二五～七八八頃）を招聘	Kこの頃、真表律師、法相宗を開創	下野薬師寺・筑紫観世音寺に戒壇を開く
七六四	◎シュバグプタ（八世紀）『バーヒヤールタシッディ・カーリカー（外境論証頌）』などを著す	吐蕃・回鶻の長安侵攻相次ぐ／K白月山南寺創建、弥勒・釈迦像を祀る	恵美押勝（藤原仲麻呂）の乱起こる
七六五			寺院墾田を除き墾田永年私有法を廃止。西大寺の創建
七六六		Kこの頃、恵通、総持宗を開く	伊勢大神宮寺に丈六仏像を造立。道鏡（？～七七二）を法王とする
七六七	◎プールナヴァルダナ（八世紀頃）『倶舎論』の註釈を著す	V崑崙闍婆、交趾に侵入。この頃、反唐の乱、相次ぐ	東大寺別当良弁（六八九～七七三）
七六八		長安大興善寺に灌頂道場を建立	春日神社創建／和気清麻呂、宇佐八幡の神託を奏じ大隅に配流（七六九）
七七〇	ダルマパーラ王即位（～八一〇）し、のちヴィクラマシラー寺を創建／Tシャーンタラクシタ再度チベットに入る	杜甫（七一二～）没	百万塔陀羅尼を諸国に分置。道鏡を下野薬師寺別当に左遷
七七三	Tパドマサンバヴァ（蓮華生）チベット		学徳兼備の僧を選び、十禅師を定める

西暦	インド仏教圏	中国仏教圏	日本仏教
	に入り、タントラ仏教を伝える		(七七二)
七七五	Tサムイェー寺建立始まる		吉備真備(六九三〜)没
七七九	Tサムイェー寺本堂完成し、チベット人六名に具足戒を授ける。崇仏詔勅が発布され、訳経事業始まる		淡海三船『唐大和上東征伝』を著す。公験授与の基準を厳にする
七八〇		如浄ら『勅僉定四分律疏』なる。楊炎、均田・租庸調制を廃し両税法を導入	僧綱らを戒め、正法を修することを命ずる
七八一	T良琇・文素、チベットに入る	太秦景教流行中国碑なる。河朔三鎮・河南二鎮の反乱起こる。両税法の施行	阿閦寺・芸亭の創始者、石上宅嗣(七二九〜)没
七八二	バースカラ(ヴェーダーンタ学派、七五〇〜八〇〇)	荊渓湛然(七一一〜)没。天台三大部注釈『法華玄義釈籤』『止観大意』『止観輔行』など	造法華寺司・鋳銭司を廃止/定額寺および国師の数を定める(七八三)
七八四	◎密教思想家ジュニャーナパーダ(八世紀後半)	顔真卿(七〇九〜)没	国師の任用基準を厳にし、任期を六年と定める。長岡京に遷都
七八五	◎ブッダグフヤ(八〜九世紀)『大日経』『金剛頂経』に註釈	K新羅、初めて僧官を置く/Vこの頃定空(七二九〜八〇八)、古法に瓊林寺を建立し、荷沢禅を宣揚	最澄(七六七〜八二二)東大寺で具足戒を受け比叡山に入る。僧の村里への出入、布教を禁止。私に山林に入ることを禁止
七八六	T吐蕃、敦煌を占領。禅僧摩訶衍、チベットに入り中国禅の布教を開始	澄観(七三八〜八三九)『華厳随疏演義鈔』を著す(七八七)	威儀師の数を定める。近江梵釈寺建立
七八八		馬祖道一(七〇九〜)没	最澄、比叡山寺を建立。思託『延暦僧録』を著す
七九四	Tカマラシーラ(蓮華戒)ナーランダーより招かれ、サムイェー寺で摩訶衍と教義論争	悟空、インドより長安に帰着。尸羅達摩、長安に入る(七九〇)	平安京に遷都

七九五		禅宗普願、南泉山に入る	国師を講師と改め国ごとに一人を置く
七九六			東寺・西寺・鞍馬寺創建さる
七九七			空海（七七四～八三五）『三教指帰』を著す。『続日本紀』なる
七九八	◎ダルモーッタラ（七五〇～八一〇頃）『ニヤーヤビンドゥ・ティーカー（正理一滴註）』などを著す	般若『華厳経』四十巻を訳す	年分度者の制を改め、試度の科を定める。清水寺創建
七九九		K梵修入唐し、澄観の『新訳後文華厳経義疏』を新羅にもたらす	
八〇〇	◎ハリバドラ（八〇〇頃）『現観荘厳光明』を著す	円照『貞元新定釈経目録（貞元録）』を著す（一説、七九九）	
八〇一		智炬・勝持『曹渓宝林伝』なる。杜佑（七三五～八一二）『通典』を著す	二十歳以上の試度を許す。坂上田村麻呂、蝦夷を平定
八〇二	Cジャヤヴァルマン二世即位（～五〇）。水陸両真蠟を統一し、アンコール帝国を建てる	K伽倻山海印寺創建	最澄、高雄山寺で法華会を修す
八〇四	Tティデ・ソンツェン王、カルチュンに仏寺を建立、崇仏誓約の詔勅を発布		最澄・空海、入唐
八〇五	◎密教思想家ヴィマラミトラ（九世紀初頭）	恵果（七四六～）没。文諗・少康『往生浄土瑞応刪伝』を編む	最澄帰国して天台宗を伝え、高雄山寺にて灌頂を修す
八〇六		この頃、白居易（七七二～八六四）『長恨歌』なる	華厳・天台・律・三論・法相の年分度者の数を定める。空海帰国し『請来目録』を著す
八〇七		慧琳（七三七～八二〇）『一切経音義』を著す。左右街功徳使制確立。	京の巫覡の徒の淫祀を禁ず。斎部広成『古語拾遺』なる
八一〇	デーヴァパーラ王即位（～五〇在位）し、のちソーマプリー寺を開創		初めて蔵人を置く。藤原仲成・薬子の乱。高岳親王、出家し真如と号す
八一二		『元和郡県史』なる（八一三）	空海、高雄山寺にて最澄らに結縁灌頂

西暦	インド仏教圏	中国仏教圏	日本仏教
八一四	Tイェシェーデら『翻訳名義大集』『二巻本訳語釈』を編纂	『百丈清規』の編者百丈懐海（七二〇〜）没	を授ける 藤原冬嗣、興福寺南円堂を創建（八一三）／『凌雲集』なる
八一五	Tティック・デツェン王即位し、オンチャンドに九層のペメー・タシーゲペル寺を建立		『新撰姓氏録』なる
八一六			空海、高野山の下賜を請い勅許を得る
八一七			最澄『照権実鏡』を著し、法相宗徳一との三権一実論争始まる
八一八			最澄『守護国界章』を著す。『文華秀麗集』なる
八一九	◎カルナカゴーミン（九世紀）ダルマキールティの論理学書に註釈	韓愈（七六八〜八二九）『論仏骨表』を上表。柳宗元（七七三〜）没	最澄「四条式」を定め、比叡山円頓戒壇設立を請願。空海、高野山金剛峯寺を開創
八二〇		V無言通、仙遊建初寺に入り、馬祖・百丈の禅を伝える。無言通派禅宗成立	最澄『顕戒論』を著す。『弘仁格式』を施行
八二一		この頃、慧海『頓悟要門』なる／K道義、唐より帰り初めて南宗禅を伝える	東大寺真言院創建。円頓戒壇設立勅許。景戒『日本霊異記』なる（八二二）
八二三	Tラサに唐蕃会盟碑建立／T『デンカルマ目録』なる（八二四）	牛僧儒・李宗閔の党争始まる	空海、東寺を賜り教王護国寺と称す。比叡山一乗止観院に延暦寺の号を賜る
八二六	Bモン族のタトーン王国成立（八二五）	杭州竜興寺に華厳経社を結成／K洪陟、唐より帰国。のち智異山実相寺に教化し、実相山派成立	実慧（七八六〜八四七）観心寺を開く（八二七）／空海、綜芸種智院を開創（八二八）
八三〇		K慧昭、唐より帰国／Vこの頃、無言通派初祖感誠	護命『大乗法相研神章』・豊安『戒律伝来記』・義真『天台法華宗義集』・空海

八三三	Sセーナ一世即位し、密教に帰依	『円覚経略疏』『禅源諸詮集都序』などの著者、宗密(七八〇～八四一)	『十住心論』などなる(天長勅撰六本宗書)　義真(七八一～)没。『令義解』なる
八三四			空海、後七日御修法を上奏し宮中真言院で恒例となる。護命(七五〇～)没
八三五	◎プラジュニャーカラグプタ(九世紀頃)ダルマキールティの論理学書に註釈	甘露の変起こる	真済(八〇〇～六〇)この頃までに『性霊集』を編纂
八三八		K玄昱(七八七～八六八)唐より帰国(八三七)	円仁(七九四～八六四)・円行(七九九～八五二)・常暁(?～八六六)ら入唐。小野篁、隠岐に配流となる。初めて内裏に仏名悔過を修す
八三九		K慧哲(七八五～八六一)唐より帰国、桐裏山(鳳頭山)大安寺に教化	清涼殿で初めて灌仏会を修す。『日本後紀』なる(八四〇)
八四五	T吐蕃王朝分裂(八四三)	武宗、会昌の破仏を断行(八四二～五)。この頃、宦官の権勢強まり、国政を壟断／K無染(八〇〇～八八)唐より帰国し、聖住寺に住す	年分度者を十四人と定める。承和の変起こる。橘逸勢没(八四二)
八四七	チョーラ朝興る(八五〇～一一八九頃)	宣宗、仏教復興の勅を宣す／K梵日(八一〇～八九)唐より帰国し、のち闍崛山寺に入る。道允(七九八～八六八)唐より帰国	円仁、唐より帰国し『入唐求法巡礼行記』を著す
八五一		Vこの頃、無言通派二祖善会	円仁、初めて比叡山に常行三昧を修す
八五三		潙仰宗の潙山霊祐(七七一～)没	円珍(八一五～九一)、入唐
八五四		K鳳林寺審希(八五四～)没	円仁、天台座主となる
八五八			円珍、帰国し、請来した経論を園城寺に収める。『伝述一心戒文』の著者、光定(七七九～)没
八六〇		K体澄、迦智山宝林寺を開創	石清水八幡宮建立

西暦	インド仏教圏	中国仏教圏	日本仏教
八六三		臨済宗祖臨済義玄(?~八六七)	疫病流行。神泉苑に御霊会を修して崇道天皇・伊予親王らの霊を祀る
八六四		曹洞宗祖洞山良价(八〇七~八六九)	僧綱の位階を定める 真如、唐からインドへ向う
八六六		K曦陽山派祖道憲(八二四~八八二)	最澄・円仁に諡号を賜る(勅諡号の始め)。藤原良房、摂政となる
八六七		潙仰宗の仰山慧寂(八〇七~八八三)	円珍『講演法華儀』を著し、翌年、天台座主となる
八六九		桂州の兵乱	『貞観格式』なり、七一年施行
八七〇		義存(八二二~九〇八)雪峰山に入る	
八七二		帰義節度使張義潮没	
八七四		王仙芝、河北で反乱を起こす／黄巣の乱(八七五~八八四)	聖宝(八三二~九〇九)醍醐寺を開創(八七六)。真雅(八〇一~七九)貞観寺に入る。安然(八四一~?)『悉曇蔵』を著す(八八〇)
八七七	Cインドラヴァルマン一世即位(~八八九)し、アンコール・トムの建設始まる	K憲康王、皇竜寺に行幸し、僧に斎し講経させる／Vこの頃、毘尼多流支派の通善・竜樹扶持ら活躍	
八九二	◎カンバラ(九・一〇世紀頃)『明鬘論』などを著す	銭鏐、瑞相寺を建立し、弥勒三生石像を安置／K甄萱、全羅道を制圧し、後百済王を称す	昌住『新撰字鏡』なる ◎義昭『日本感霊録』なる(九世紀後半)
八九四		趙州従諗(七七八~八九七)	遣唐使を廃止
八九八		K道詵(八二六~)没	宇多上皇、仁和寺で出家(八九九)
九〇〇	◎ラヴィグプタ(九~一〇世紀)ダルマキールティの著作に註釈	K師子山興寧禅院折中(八二六~)没	菅原道実(八四五~九〇三)『菅家文草』なる
九〇一		K弓裔、梁吉を倒して江原道に覇権を確立し、後高句麗王弥勒仏と自称	私に壇法を修するを禁ずる。菅原道実を大宰権帥に左遷。『三代実録』なる

九〇二		左右街功徳使制、廃止	延喜の荘園整理令
九〇三		V羅貴安（八五〇～九三五）	山城など十一国に新たに読師を置く
九〇四		雲門宗の雲門文偃（八六四～九四九）	宇多法皇、仁和寺御室に移る
九〇五		幼璋、天台に金光明道場を建て光明大会を設ける。この頃、鄭還古『杜子春伝』なる	紀貫之ら『古今和歌集』なる
九〇六	◎『バーガヴァタ・プラーナ』成立（十世紀）		円城寺益信（八二七～）没
九〇七		智宣、西域求法より汴京に帰る。朱全忠、唐を滅ぼし後梁を建国。五代十国時代始まる。遼、建国	藤原時平ら『延喜格』を撰す
九一四		法眼宗の清涼文益（八八五～九五八）	三善清行、意見封事十二箇条を上進
九一七			『聖徳太子伝暦』なる
九一八		K王建（高麗太祖）、新羅を圧し高麗朝を開く。「訓要十条」を制定し、八関会・燃灯会を設ける	『三十帖策子』を東寺に留める
九一九		K太祖、松京城に法王寺・王輪寺など十伽藍を建立	東寺長者観賢（八五三～九二五）醍醐寺座主、金剛峯寺別当を兼ねる
九二三		後梁滅亡し、後唐成立	筑前国筥崎宮を造営
九二六		後唐明宗、仏教の粛清を命ずる。遼、耶律阿保機没	藤原忠平ら『延喜式』なる（九二七）
九二八	IN東部ジャワにシンドック王即位（～九四七）し、クディリ朝（～一二二二）始まる。シヴァ派と仏教が併存。古代ジャワ語による著作活動が活発化	K利厳（八七九～九三六）須弥山広照寺に入り、曹洞系の禅を伝える（九三一）。禅門九山派成立	源順『倭名類聚抄』なる（九三一頃）
九三六		K新羅滅亡（九三五）／後唐滅亡し、後晋成立、汴京に都する	平将門・藤原純友の反乱（承平・天慶の乱）起こり、諸社寺で調伏祈禱盛ん（～九四一）

西暦	インド仏教圏	中国仏教圏	日本仏教
九三八		遼、南下して後晋を滅ぼす（九四六）／後漢成立（九四七）	空也（九〇三～七二）京都に入り念仏を称える
九四八		天台徳韶（八九一～九七二）、呉越忠懿王の国師となる	
九五一	◎『秘密集会タントラ』成立（十世紀）	後周、後漢を滅ぼして建つ／K光宗、大奉恩寺・仏日寺を開創	醍醐寺五重塔なる
九五四		Vこの頃、無言通派三祖雲峰	横川の法華三昧堂創建
九五五		後周世宗、仏教粛正の勅を下す。呉越忠懿王、八万四千の宝塔を造り『法篋印心呪経』を収める	◎入唐僧日延、帰国し、呉越王の『宝篋印経』と宝塔を伝える
九五七		K僧科を設け、僧の位次階級を定める	法性寺焼失（九五八）
九六〇	◎カシュミールシヴァ派アビナヴァグプタ（九六〇頃）	宋興る。宋太祖、廃仏停止の勅を下し、童行八千人を度す	
九六一	アプルターギン、アフガニスタンにガズニー朝を興す（九六二頃）	宋太祖、光義（太宗）を功徳使に任命。高麗僧諦観、天台三大部を持ち呉越に入る／K帰法寺均如（九二三～九七三）	良源（九一二～八五）、宮中の法華八講で東大寺法蔵らと教義論争（応和の宗論）。空也、六波羅蜜寺で万灯会を修す（九六三）
九六五		永明延寿（九〇四～七四）『宗鏡録』を著す。道円、五天竺を巡歴し十八年を経て帰国。宋、後蜀を滅ぼす	天文博士安倍晴明（?～一〇〇五）
九六六		行勤ら百五十七人、インド西域に遊学	小野道風（八九六～）没
九六七		『旧五代史』なる	
九六八		V丁部領、丁朝大瞿越国（～九八〇）を建て、中国の支配から脱する	初めて祇園御霊会行われる。良源、二十六箇条の起請を定める。金峰山寺焼失（九七〇）

九七三	チャールキヤ朝（カルヤーナ）興る	『釈華厳教分記円通鈔』など／V文武僧三道の品階を定め、無言通派四祖匡越を僧統、張麻尼を僧録に任ずる	千観（九一九～九八四）
九七四	◎ジターリ（九四〇～八〇頃）『ヘートゥタットヴァ・ウパデーシャ』を著す	薛居正『新編五代史』を編む	慶滋保胤、勧学会堂宇建立勧進のための知識文を草す
九七九		北漢滅び、宋中国を統一／V宋、水陸より大瞿越国に侵入	藤原兼家、延暦寺恵心院を建立
九八〇		V黎桓即位し、宋軍を撃破。前黎朝始まる（～一〇〇九）。匡越・法順ら、王に侍する	内裏焼失
九八一		李昉ら『太平広記』を編纂	広沢流寛朝（九一六～九九八）
九八二		東京太平興国寺に訳経院を設置、天息災ら訳経に従事。遼、契丹と号する／K崔承老、事務二十八条を上表	丹波康頼『医心方』なる
九八三		訳経院を伝法院と改め、印経院とともに経典を刊行。蜀版大蔵経完成。『太平御覧』なる	奝然、入宋
九八四	◎プラジュニャーカラマティ（九五〇～一〇〇〇頃）	K成宗、燃灯会・八関斎・捨宅寺院を禁止	源為憲『三宝絵詞』を著す。この頃までに『宇津保物語』『落窪物語』なる
九八五			源信（九四二～一〇一七）『往生要集』なり、翌年宋の周文徳に贈る
九八六		この頃、遼の希麟『続一切経音義』を著す	奝然、清凉寺釈迦像、宋版大蔵経などを携え宋より帰国。この頃、慶滋保胤『日本往生極楽記』なる
九八八		賛寧（九一九～一〇〇一）『宋高僧伝』を著す	性空（九一〇～一〇〇七）書写山円教寺を開創
九九一		K韓彦恭、宋より大蔵経を携え帰国	具平親王『弘決外典抄』なる

西暦	インド仏教圏	中国仏教圏	日本仏教
九九二	◎ジナ（一〇～一一世紀頃）		源信『因明論疏四相違略註釈』を宋に送る
九九三	◎シャンカラナンダ（一〇～一一世紀頃）	V宋、李朝のヴェトナム支配を承認し、大行帝を交趾郡王に封ずる	円仁門徒と円珍門徒争う。円仁門徒、比叡山を下り、天台宗は山門派と寺門派に分裂
九九六		遵式（九六三～一〇三二）四明宝雲寺に浄業会を結ぶ	疫病流行し、北野に御霊会を修す（九九四）
九九八	ガズニー朝マフムード即位（～一〇三〇）／Tこの頃、ジュニャーナキールティ、チベットにジュニャーナパーダ流の密教を伝える	天台、山家・山外論争。遼、行均『竜龕手鑑』を著す（九九七）	「新制十一個条」を制定し、仏事神事を厳にする（九九九）。この頃、清少納言『枕草子』なる
一〇〇二	Cスーリヤヴァルマン王即位（～五〇）し、大乗仏教を信奉		天台宗檀那流祖覚運（九五三～一〇〇七）。勧修（九四五～一〇〇八）
一〇〇三	INスリウィジャヤ王、宋に遣使し、新造寺院の寺号と梵鐘の下賜を願う ◎ボーディバドラ（一〇〇〇頃）		寂昭、入宋。源信『天台宗疑問二十七箇条』を託して知礼に送り、知礼これに答える
一〇〇四	◎ドゥルヴェーカミシュラ（一一世紀頃）	四明知礼（九六〇～一〇二八）『十不二門指要鈔』を著す。道原『景徳伝灯録』を著す	皮聖行円、行願寺を建立。この頃『和泉式部日記』なる
一〇〇五	INスリウィジャヤ王、チョーラ朝に遣使し、ナーガパティナムの寺院建立の許可を願う	Vこの頃、万行	藤原道長（九六六～一〇二七）、法性寺五大堂を建立。興福寺僧徒の強訴起こり、以後頻発（一〇〇六）
一〇〇八		陳彭年『大宋重修広韻』なる／V大行帝、宋に大蔵経を請う	藤原道長、金峰山に埋経（一〇〇七）
一〇一〇		太平興国寺に戒壇を建て、出家受戒を	この頃までに紫式部『源氏物語』なる

一〇一一	◎ラトナーカラシャーンティ(九五〇~一〇五〇頃)	巌にする/K燃灯会・八関斎会を復活/V李公蘊(太祖)即位し、李朝を開く(~一〇二五)。昇竜に遷都し、城外に興天御寺・勝厳寺を建立 K契丹、高麗に侵入し開京を攻略。顕宗、敵国撃退を祈願して大蔵経の雕造を命じる/V天徳府に八寺を創建	選子内親王『発心和歌集』なる(一〇一二)。この頃、藤原公任『和漢朗詠集』なる
一〇一三		楊億・惟浄ら『大中祥符法宝録』を著す。『冊府元亀』なる	仁海(九五一~一〇四六)、神泉苑で請雨経法を修す(一〇一八)
一〇一九	◎ジュニャーナシュリーミトラ(九八〇~一〇三〇頃)	道誠『釈氏要覧』を著す/一〇二一頃、僧三十九万人余、尼六万人余という	刀伊の賊(契丹)九州を侵す。藤原道長出家し、無量寿院開創に着手
一〇二二		天台宗山外派の孤山智円(九六七~)没。『金錍論顕性録』『閑居編』など/K高麗版大蔵経完成し開城の符仁寺に蔵す	藤原道長、法成寺金堂を供養。仏師定朝(?~一〇五七)を法橋位に叙す
一〇二七	T干支紀年法によるチベット暦始まる	惟浄『天聖釈経録』を編纂	書家藤原行成(九七二~)没
一〇二八		V太宗即位(~一〇五四)し、国号を大越と号す	平忠常の乱起こる(~三一)
一〇三〇	◎Bパガン地方で左道的な混淆宗教アリーが盛ん	張君房『雲笈七籤』を撰す。長水子璿(?~一〇三八)	疫病流行。諸国に丈六観音像を描かせ観音経を転読させる
一〇三四	Tティデ、ツォンカを統一し青唐王国を建てる(一〇三二頃)	V宝性・心明、ともに焼身供養し七宝の舎利を残す	横川首楞厳院覚超(九六〇~)没
一〇三五		夏竦「伝法院碑銘」を撰す。臨済宗楊岐派祖楊岐方会(九九六~一〇四九)	◎実睿『地蔵菩薩霊験記』なる 延暦寺・園城寺僧徒の抗争始まる(~十三世紀末)
一〇三九		李元昊、西夏を建国(一〇三八)	延暦寺僧徒、関白藤原頼通邸に強訴
一〇四一	Tガリ王チャンチュプ・オェの招聘により、アティーシャ(九八二~一〇五四)西チベットに入る(一〇四二)	V太宗、彫仏千余・画仏千余・宝幢万余の完成を祝し、羅漢会を設け大赦を行う	園城寺戒壇設立の可否を諸宗に問い、延暦寺のみこれを拒む/延暦寺僧徒、園城寺を焼く(一〇四二)

西暦	インド仏教圏	中国仏教圏	日本仏教
一〇四四	Bアノーヤター王(～七七)即位し、ビルマを統一、パガン王朝始まる	契丹、国史を編纂	この頃、鎮源『法華験記』なる。諸国の新立荘園を停止(一〇四五)
一〇四六	◎ラトナキールティ(一一世紀)	日称(?～一〇七八)汴京に入り『大乗集菩薩学論』『諸法集要経』などを訳す	『小右記』の著者、藤原実資(九五七～)没
一〇四七		河北に弥勒教徒王則の乱起こる	
一〇四九		儂智高の乱起こる(～五三)	興福寺僧徒、大和守源頼親邸を襲撃
一〇五一		雪竇重顕(九八〇～一〇五二)	前九年の役始まる
一〇五二		臨済宗黄竜派祖黄竜慧南(一〇〇二～六九)	この年から末法に入るとする。藤原頼通(九九二～一〇七四)宇治の別業を仏寺として平等院と号し、翌年阿弥陀堂建立。花園神社創建、御霊会を修す
一〇五五	Tリンチェン・サンポ(九五八～)没／Sヴィジャヤバーフ一世即位(～一一一〇)し、ポロンナルワへ遷都	K文宗、綱紀粛正を命ずる／Vこの頃究旨、竜隊山延齢寺にて教化	
一〇五六	Tドムトン・ギャルワ・チュンネ(一〇〇五～六四)、ラデン寺を建立し、カダム派を創始	Kこの頃、王子出家が盛んにみられる	平等院法華堂供養
一〇五七	Bアノーヤター王、タトーンを攻略。舎利・パーリ語三蔵・出家僧などを得、上座部仏教を導入	房山の四大部石刻経の刻造完成	法成寺焼失(一〇五八)
一〇五九	Bアノーヤター王、シュエジーゴン仏塔を建立	契丹版大蔵経刊行。この頃、契丹で仏頂尊勝陀羅尼経幢の建立盛ん	『更級日記』この年以降に成立
一〇六〇	◎ジャヤーナンダ(一一世紀後半)	欧陽修(一〇〇七～七二)『新唐書』を著す	

一〇六一		仏日契嵩（一〇〇七～七二）『輔教篇』を著し、儒仏一致を説く	
一〇六三		V恵生没	
一〇六四		戒珠（九八五～一〇七七）『浄土往生伝』を著す。契丹、国号を遼とする	この頃、藤原明衡『本朝文粋』なる
一〇六九	◎アドヴァヤヴァジュラ（マイトリーパ、一〇〇七～一〇八六頃）	王安石（一〇二一～八六）の改革始まる／V聖宗、占城より中国僧草堂善清を迎え、開国寺に住まわせる。草堂派成立	記録荘園券契所を置く
一〇七〇	Sヴィジャヤバーフ一世、チョーラ朝勢力を駆逐し、ビルマから上座部長老を招聘、上座部教団を再興	程伊川（一〇三三～）没／V聖宗、昇竜城内に文廟を建てる	
一〇七二		日本僧成尋（一〇一一～八一）入宋、のち『参天台五台山記』を著す	
一〇七三	Tゴク・レクペー・シェーラプ、サンプ・ネウトク寺を建立。クンチョク・ギェルポ（一〇三四～一一〇二）、サキャ寺を建立し、サキャ派を創始	周敦頤（一〇一七～）没	成尋より新訳経三千余巻上呈／延暦寺・園城寺の僧徒戒壇を巡り争う（一〇七五）
一〇七七	チャールキヤ朝ヴィクラマーディトヤ六世統治（一〇七六～一一二六）	張横渠（一〇二〇～）没	法勝寺建立。源隆国（一〇〇四～）没
一〇八一	◎サハジャヴァジュラ（一一世紀頃）	程明道（一〇三二～八五）／V法雲寺崇範（～一〇八七）	大原流祖長宴（一〇一六～）没。日吉神社祭事で延暦寺と園城寺の僧徒激しく争い、園城寺を焼く
一〇八二	◎サラハパーダ（一一世紀頃?）『ドーハコーシャ』を著す	訳経事業、事実上廃止される。新法・旧法党の争い	熊野僧徒、入京し強訴
一〇八四		王古『新修往生伝』を著す。司馬光（一〇一九～八六）『資治通鑑』なる	後三年の役始まる（一〇八三）

西暦	インド仏教圏	中国仏教圏	日本仏教
一〇八五		新法党を廃す	検非違使に命じて京の淫祠を破却
一〇八六	この頃までに『時輪タントラ』成立	Vこの頃、六祖定香・禅老門下の無言通派盛ん	白河天皇退位し、院政始まる
一〇八八	◎Sアヌルッダ(一一〜一二世紀)『摂阿毘達磨義論』を著す	V仁宗、枯頭(空路?)を国師とし、また覚海(定覚)を信任	
一〇九〇	◎アバヤーカラグプタ(一一世紀後半〜一二世紀前半)『金剛鬘』などを著す	K義天(一〇五五〜一一〇一)『新編諸宗教蔵目録』を著す/V円照没。『薬師十二経文』『讃円覚経』など	白河上皇、熊野に参詣。増誉を熊野三山検校とし、修験道を統括
一〇九三	Bチャンシッター王(一〇八四〜一一一二在位)アーナンダ寺建立(九一)	V究連教源寺懐信(〜一〇九六)	興福寺僧徒、春日神社の神木を奉じて入京し強訴(神木動座のはじめ)
一〇九四		蘇東坡(一〇三六〜一一〇一)	永超『東域伝灯目録』を著す。この年以降、皇円『扶桑略記』なる
一〇九六	ヴィジャヤセーナ、セーナ朝(〜一一九九)を建てる(一〇九五)	K義天、開城の国清寺に入って天台宗を開き、五教両宗の時代始まる	延暦寺僧徒、日吉神輿を奉じて入京し強訴(一〇九五、神輿動座のはじめ)
一〇九七	Tマルパ(一〇一二〜)没		この頃、大江匡房『本朝神仙伝』を、のち『続本朝往生伝』を著す
一一〇〇	◎モークシャーカラグプタ(一一〜一二世紀)『タルカバーシャー』を著す	元照(一〇四八〜一一一六)『行事鈔資持記』を著し、以後律宗は会正派と資持派に分かれる	仁和寺の覚行を親王とする(法親王の始め)。新立荘園を停止(一〇九九)
一一〇二			尊勝寺建立。興福寺・東大寺僧徒争い、東大寺僧徒、八幡神輿を奉じ入京、強訴/永観『往生拾因』(一一〇三)
一一〇五	Tポトワ(カダム派、一〇三一〜)没		藤原清衡、平泉中尊寺を開創
一一〇六			大江親通『七大寺日記』なる。『東大寺要録』編纂始まる

一一〇八			源平両氏、延暦寺僧徒の入京を防ぐ
一一〇九	Tロデン・シェーラプ(カダム派、一〇五九〜)没	徽宗、有額寺院を功徳院とすることを禁じ、免税権を剥奪。孔清覚(一〇四三〜一一二一)白雲宗を創始。海商越界法を制定	法関白寛助(一〇五七〜一一二五)。この頃『栄華物語』全編なる。この頃以降『今昔物語集』なる
一一一二		辺自知『観音感応集』なる。東禅寺版大蔵経(万寿蔵経)完成/万寿道蔵なる。	この頃、三善為康『拾遺往生伝』なる
一一一三	Bスーリヤヴルマン二世即位(〜四五)し、アンコール・ワットを建設	金、建国(一一一五)/徽宗、「教主道君皇帝」を称す(一一一七)	平正盛・源為義に命じて延暦寺・興福寺僧徒の争いを防ぐ
一一一九	Tミラレパ(一〇四〇〜一一二三、『十万歌謡』)	徽宗、仏教の道教化を図るが、翌年に撤回。金、女真文字を制定	良忍(一〇七二〜一一三二)融通念仏を始める(一一一七)
一一二一	Tガムポパ(一〇七九〜一一五三)ガムポ寺を建立し、カギュー派を創始	方臘の乱起こる(一一二〇)。法道(一〇八六〜一一四七)	延暦寺・園城寺僧徒の濫行を禁ず(一一二〇)
一一二五	ラーマーヌジャ(ヴェーダーンタ学派制限不二一元論派、一〇八九〜一一三八)	金、遼を滅ぼす。耶律大石、西遼を建てる/K李資謙、王位簒奪を謀り王宮を焼く	白河法王、法勝寺で五寸塔三十万基を供養(一一二二)
一一二六		靖康の変。金軍、宋都開封を攻略	中尊寺金色堂完成
一一二七	ジャイナ教ヘーマチャンドラ(一〇八九〜一一七三)『ヨーガ・シャーストラ』	宋、南遷し南宋を建国。この頃、圜悟克勤(一〇六三〜一一三五)『碧巌録』なる。この頃、戦乱により飢饉が発生し、民心動揺	覚鑁(一〇九五〜一一四三)高野山に大伝法院・密厳院を建立(一一三二)行尊(一〇五七〜一一三五)
一一三三		思渓版大蔵経完成	寛信(一〇八四〜一一五三)珍海『決定往生集』を著す。この頃、蓮禅『三外往生伝』なる
一一三九	Tキュンポ・ツルティム・ゴンポ(シャンパ・カギュー派祖、九九〇〜)没	K妙清・趙匡らの反乱起こる(一一三五)/V通弁没(一一三八)	
一一四〇		岳飛(一一〇三〜)秦檜により殺害される。皇統の和議(一一四一)	覚鑁、高野山を追われ、根来に移る。鳥羽僧正覚猷(一〇五三〜)没
一一四二		高宗、度牒の売出しを停止。南宋・金	園城寺僧徒、延暦寺を焼く。覚法法親

西暦	インド仏教圏	中国仏教圏	日本仏教
		の和議成立	王(一〇九一〜一一五三)
一一四三	Tマチク・ラプキ・ドゥンマ(シチェ派、一〇五五〜)没	法雲(一〇八八〜一一五八)『翻訳名義集』を著す	大宰府観世音寺焼失。藤原信西(一一〇六〜一一五九)
一一四五	Tクンガ・ニンポ(サキャ派、一〇九二〜一一五八)	高宗、寺僧の等級を九分し免丁銭を課す/K金富軾(一〇七五〜一一五一)らにより『三国史記』なる	興福寺・東大寺僧徒争う。興福寺僧徒、金峯山を攻める。保寿院永厳(一〇七五〜一一五一)
一一四六		開元寺版大蔵経完成	高野山と根来の和解なる(一一四七)
一一五三	Sパラッカマバーフ一世即位(〜八六)し教団を浄化。大寺派を正統とする	大慧宗杲(一〇八九〜一一六三)	藤原宗友『本朝新修往生伝』なる(一一五一)
一一五六	Tレーチュンパ(レーチュン派祖、一〇八三〜一一六〇)	V英宗、昇竜に孔子廟を建てる。以後儒教隆盛に向かう	保元の乱/後白河法皇の院政始まる(一一五八)/平治の乱(一一五九)
一一六一	Tチャパ・チューキ・センゲ(カダム派、一一〇九〜六九)	金、汴京に遷都/金、世宗、燕京に大慶寿寺を建立(一一六二)	比叡山東西両塔の僧徒争う。源義朝殺れ、頼朝、伊豆に配流(一一六〇)
一一六三	Tパクモドゥパ・ドルジェ・ギャルポ(パクモドゥ派祖、一一一〇〜七〇)	全真教成立。陸象山(一一三九〜九二)	延暦寺衆徒、園城寺を攻め堂塔房舎を焼く
一一六四	タクポ・ゴムツル(ツァル派祖、一一一六〜六九)	白蓮宗子元没(一一六六)	平清盛ら『法華経』を書写し、安芸厳島神社に納める。蓮華王院創建
一一六七		V中国僧開国寺浄空(?〜一一七〇)	重源(一一二一〜一二〇六)入宋
一一六八	Tソナム・ツェモ(サキャ派、一一四二〜一一八二)	K鄭仲夫、文臣を誅殺。斎会道場、繁興する(一一七〇)	高野の大衆、根来を襲い堂宇を破壊。栄西(一一四一〜一二一五)入宋
一一七三		V報天寺道恵没	この頃、心覚『別尊雑記』なる
一一七五	ゴール朝ムハマンド・ゴーリー、インドに侵入	金版大蔵経完成(別説一一八九)	法然(一一三三〜一二一二)専修念仏を唱え、浄土宗を開く
一一七八	Tカルマ・ドゥスム・キェンパ(カルマ派祖、一一一〇〜九三)	朱熹(一一三〇〜一二〇〇)白鹿洞書院の復興を請う(一一七六)	平康頼『宝物集』なる。延暦寺学侶、堂衆と抗争。この頃『梁塵秘抄』なる

一一八〇	Bウッタラジーヴァ、サパタ両長老、スリランカのマハーヴィハーラに留学	密庵咸傑(一一一八～八六)	源頼朝・木曽義仲挙兵。平重衡、南都を襲撃し東大寺・興福寺を焼く
一一八一	Cジャヤヴァルマン七世(～一二二〇頃)即位し、スリランカより上座部仏教を移植、自ら観音の化身と称す		重源、宋の陳和卿と東大寺大仏の修理に着手(一一八三)。『山家集』の著者、西行(一一一八～一一九〇)
一一八五			壇の浦の戦い(平氏滅亡)。諸国に守護、公領と荘園に地頭を置く
一一八六	ゴール朝、ガズニー朝を倒す	『呉船録』の著者、范成大没	法然、大原勝林院で天台僧証真・顕真らと法論(大原談義)
一一九〇	Bサパタ、パガンに帰りシーハラ僧伽を組織		大日能忍、拙庵徳光より印可を受け、日本達磨宗を宣揚(一一八九)
一一九一			栄西、二度目の入宋から帰国し、臨済禅を伝える
一一九二			源頼朝、鎌倉幕府を開く。安居院流澄憲(一一二六～一二〇三)
一一九四			栄西・能忍らの禅の布教活動を禁止
一一九五		慶元の党禁	東大寺大仏殿の再建なる。重源、醍醐寺に宋版大蔵経を施入
一一九七			幕府、八万四千塔を供養し、保元以来の諸国反亡者の冥福を祈る
一一九八			法然『選択本願念仏集』、栄西『興禅護国論』なる
一二〇〇			幕府、念仏を禁止
一二〇一			親鸞(一一七三～一二六二)比叡山を下りて六角堂に参籠、法然の門に入る
一二〇二			栄西、建仁寺を創建。貞観(一一五五～一二一三)唐招提寺に念仏道場を開く

西暦	インド仏教圏	中国仏教圏	日本仏教
一二〇三	ゴール朝軍、ヴィクラマシラー寺院を破壊。インド仏教、衰滅に向かう		東大寺金剛力士像なる。延暦寺学侶、堂衆と争う
一二四六			蘭渓道隆(一二一三～七八)来朝
一二四七	Tサキャ・パンディタ(一一八二～一二五一)、西涼でゴダン・ハーンと会見。モンゴルにチベット仏教を伝える		浄土宗西山派の祖証空(一一七七～)没。この頃、一念義の幸西没
一二五〇		Kこの頃から斎会道場が盛んに設けられ、高宗、しきりに仏事を行う／V太宗、延祐寺を修築	親鸞『浄土和讃』『高僧和讃』なる(一二四八)／京都大火、蓮華王院など焼失(一二四九)
一二五一		海雲印簡(一二〇一～五七)天下の釈教を掌る	宗性『日本高僧伝要文抄』なる／『十訓抄』なる(一二五二)
一二五三	M壬子年籍をつくる		日蓮(一二二二～八二)清澄寺にて法華信仰を弘め始める。建長寺創建
一二五四	Mフランス王ルイ九世の使僧ルブルック、和林に至る	紹曇『五家正宗賛』なる	橘成季『古今著聞集』なる
一二五五		李志常ら、仏寺を道観として占有、以後、仏道の争い激化	親鸞『愚禿鈔』を著す。この頃懐奘、道元の『正法眼蔵』をまとめる
一二五七		K高宗、しきりに斎会・幸寺を行う。高宗、江華島を出てモンゴルに降伏／Vモンゴル、ヴェトナムに侵攻し、一時昇竜を占拠	園城寺僧徒、戒壇設立を求め強訴。住信『私聚百因縁集』なる
一二五八		V太宗、上皇となり普明寺に参禅	親鸞『三帖和讃』を著す
一二六〇	Tサキャ派のチベット支配確立	フビライ・ハーン(成祖、一二一五～九四)即位。パクパ(一二三五～八〇)フビライの帝師となり、のち『彰所知	日蓮『立正安国論』を著し、北条時頼に呈す。鎌倉の衆徒、日蓮の草庵を焼く。宋僧兀庵普寧(一一九七～一二七六)来

		論』などを著す	朝し、建長寺に住す
一二六一			日蓮、伊豆に配流となる
一二六四		劉秉忠(一二一六～一二七四)	延暦寺僧徒、園城寺戒壇を破壊し堂舎を焼く。日蓮、東条景信に襲われる
一二六六		ハイドの反乱勃発	『吾妻鏡』この年までの記事
一二六七			元使、フビライの国書を携え来朝
一二六八	INヴィシュヌヴァルダナ王(一二四八～)没しシヴァ神殿と不空羂索を祀るジャゴ寺に分骨		凝然(一二四〇～一三二一)『八宗綱要』を著す。この頃、北条実時、金沢文庫を創建
一二六九		志磐『仏祖統紀』なる。宣政院を設立。パクパ、モンゴル文字をつくる	大休正念(一二一五～八九)来朝
一二七〇		パクパ、フビライ・ハーンの帝師となる。チベット仏教の大護国仁王寺建立	南禅寺無関普門(一二一二～九一)
一二七一	マルコ・ポーロ、東方旅行に出発(～九五)	フビライ、国号を元とする／Kこの頃から高麗にチベット仏教が伝えられる	日蓮、佐渡に配流となり、のち『開目鈔』『観心本尊鈔』などを著す
一二七二			大谷本願寺建立
一二七四		宋、滅亡(一二七六)	日蓮、流罪を許され、身延山に久遠寺を建立。一遍(一二三九～八九)時宗を開く。了慧道光『黒谷上人語灯録』を編纂。蒙古来襲(文永の役)
一二七七		元版大蔵経なる	この頃、承澄『阿沙縛抄』なる
一二七九	Thこの頃、ラーマカムヘン王の統治(～九八頃)始まる。上座部仏教の伝統を確立し、タイ文字を制定	Vこの頃、仁宗、慧忠を師として参禅	無学祖元(一二二六～八六)来朝し建長寺に住す。駿河国富士地方の日蓮門弟を弾圧(熱原法難)
一二八一		長春宮で仏道論争し、道教を破析	弘安の役。蒙古降伏の祈禱盛ん
一二八二		K忠烈王、一然(一二〇六～八九)を国尊に叙す	北条時宗、円覚寺を創建。鎌倉光明寺良忠(一一九九～一二八七)

西暦	インド仏教圏	中国仏教圏	日本仏教
一二八三	Tカルマ・パクシ(カルマ派、一二〇四〜)没		無住(一二二六〜一三一二)『沙石集』を著す。寒巌義尹(一二一七〜一三〇〇)肥後大慈寺を創建
一二八八	Bモンゴル軍侵入によりパガン王朝滅ぶ(一二八七)	慶吉祥ら『至元法宝勘同総録』を編纂(一二八七)／V仁宗、三度にわたるモンゴル軍の侵入を撃退(一二八九)	頼瑜(一二二六〜一三〇四)大伝法院・密厳院を根来に移し、新義派を分立。日興(一二四六〜一三三三)身延を出、富士で教化。のち、大石寺・本門寺を創建
一二九〇	Tフビライ、イル汗国と結ぶディグン派を攻めディグン寺を破壊	普寧寺版大蔵経開板	院宣により、諸国諸寺に蒙古降伏の祈禱を修す
一二九二	Thラーマカムヘン王碑文。マンライ、ハリプンジャを滅して新都チェンマイを建設、ランナータイ王国を創始	祥邁『弁偽録』を著す(一二九一)。この頃、天下の寺宇四万二千余、僧尼二十一万余	『伝光録』『坐禅用心記』などの著者瑩山紹瑾(一二六八〜一三二五)
一二九三	INマジャパヒト朝興る(〜一五二八)	モンテ・コルビノ、大都に至る／V仁宗、竹林大士と称し竹林派禅宗を創始	『蒙古襲来絵詞』なる。鎮西探題を設置
一二九四		V英宗『仏教法事道場公文格式』を印行頒布。V竹林派二祖花煙寺法螺(?〜一三一七)	忍性(一二一七〜一三〇三)悲田院・敬田院を興す。日像(一二六九〜一三四二)京都で法華宗を弘める
一二九六		周達観、元使に従って真臘に入り、翌年帰国して『真臘風土記』を著す	覚如(一二七〇〜一三五一)『本願寺聖人親鸞伝絵』なる(一二九五)
一二九九	Tトゥクジェ・ツォンドゥ(チョナン派祖、一二四三〜一三一三)	この頃、江南都寺の佃戸五十余万といわれる	一山一寧(一二四七〜一三一七)元使として来朝。『一遍上人伝絵』なる
一三〇〇			土佐吉光『法然上人伝絵』なる
一三〇一			覚如『拾遺古徳伝』を著す
一三〇二		西夏語大蔵経開板される	幕府、一向宗を禁圧

一三〇三		『大元一統志』なる	他阿真教（一二三七～一三一九）
一三〇五	Mチョイジオドセル『入菩提行論』をモンゴル語に翻訳	K紹瓊、高麗に『百丈清規』を伝える（一三〇四）	無住『雑談集』なる／日像、土佐に流される（一三〇七）
一三一一		普度『蓮宗宝鑑』なる（一三一二）	凝然『三国仏法伝通縁起』を著す
一三一三		科挙を復活／Kこの頃、インド僧指空渡来し、金剛山や檜巌寺で禅戒を説く	渡来僧、東明慧日（一二七二～一三四〇）
一三一六		仁宗、勅して五台山霊鷲寺に鉄冶提挙司を置く	文保の御和談（一三一七）／『渓嵐拾葉集』なる（一三一八）
一三二一		K忠宣王チベットに配流（一三二〇）	院政を廃し、後醍醐天皇親政となる
一三二二	Tプトゥン（一二九〇～一三六四）『仏教史』を著す	省悟『律苑事規』を編纂	虎関師錬（一二七八～一三四六）『元亨釈書』を著す
一三二四	Thアユタヤのワット・パネンチュン大仏建立	周徳清『中原音韻』なる	正中の変。宗峰妙超（一二八二～一三三七）
一三二五			呑海（一二六五～一三二七）清浄光寺を建立
一三二六			清拙正澄（一二七四～一三三九）来朝
一三三〇	◎Mシェーラブ・センゲ活躍しモンゴル語訳『金光明経』なる	大承天護聖寺、蔚州広霊県の銀鉱を掌る。『経世大典』なる	明極楚俊（一二六二～一三三六）来朝。この頃までに『一言芳談』なる
一三三一		全国約十六箇所に広教総督府を置く。この頃、農民反乱続発。江浙に大飢饉	元弘の変。この頃、吉田兼好（一二八三～一三五二）『徒然草』なる
一三三三			鎌倉幕府滅ぶ。従覚『末灯抄』なる
一三三四		V竹林派三祖崑山寺玄光没	建武の中興。南禅寺を五山第一とする
一三三六	Tトゥルプパ・シェラブ・ギャルツェン（チョナン派、一二九二～一三六一）	東陽徳輝『勅修百丈清規』を重修（一三三五）	夢窓疎石（一二七五～一三五一）に国師号を授与し、臨川寺を諸山の随一とする。後醍醐天皇、吉野吉水院に移る
一三三八			足利尊氏、将軍となり室町幕府を開く
一三四一	Tロンチェン・ラプチャンパ（ニンマ	念常（一二八一～？）『仏祖歴代通載』	足利尊氏、天竜寺開創を発願。北畠親

西暦	インド仏教圏	中国仏教圏	日本仏教
	派、一三〇八〜一三六二)	を著す。湖東・山東に反乱起こる	房『神皇正統記』なる(一三三九)
一三四二			五山十刹の制を再編
一三四五	Th『トライプーミカター(三界論)』なる	方国珍・張士誠らの反乱(一三四八)／劉福通らの紅巾賊軍蜂起。農民運動、華中・華南に拡大(一三五一)	国ごとに建てる寺塔の名称を安国寺・利生塔とする。「三部仮名鈔」の著者、証賢(一二六三〜)没
一三五三	Lファー・グム、ラーオ族諸国を統一し、ランサン王国を建てる	K恭愍王、復丘(一二七〇〜一三五五)を王師とする。李穡、仏教の粛清を上表(一三五二)	
一三五四	Tパクモドゥ派、サキャ派に替わって中央チベットを支配	覚岸『釈氏稽古略』を著す。この頃、羅漢中『水滸伝』を著す	妙心寺関山慧玄(一二七七〜一三六〇)
一三五六		K太古普愚(一三〇一〜八二)を王師とする	二条良基『菟玖波集』を撰す。この頃『増鏡』なる
一三五七		K懶翁慧勤(一三二〇〜一三七六)唐より帰り、五台山象頭庵に住す	立川流の大成者文観(一二七八〜)没
一三五九		K紅巾賊、高麗に侵入(一三六一、二度目の来寇)	杲宝(一三〇六〜六二)『東宝記』など
一三六一	Thスコータイ王リタイ(一三四六〜七四在位)下ビルマより長老を招聘		堺の人道祐『論語集解』を開版(一三六四)
一三六八	Tツェルパ・ゲウェー没(一三六四)	朱元璋、明を建国。金陵天界寺に善世院を建て釈教を統括。元、大都より開平に移り、北元始まる	幕府、五山諸寺住持入院の制を定める。抜隊得勝(一三二七〜八七)
一三七〇	Thボロマラーチャー王即位(〜八八)し、ランカーラーマを建立	K辛旽、誅殺される。鄭道伝・鄭夢周ら仏教を排斥(一三七二)	存覚(一二九〇〜一三七三)『教行信証六要鈔』『諸神本懐集』など
一三七二	Lパニャー・サーム・セーン・タイ、ワット・マノーロムを建立	周知冊をつくり寺院に頒つ。明版大蔵経(南蔵)雕造始まる。琉球より初の入	歌僧頓阿没。幕府、禅定院法則条々を定める。義堂周信(一三二五〜八八)

		貢使節を迎え、大統暦を授ける	『空華集』『空華日用工夫集』など
一三七五	Tロルペー・ドルジェ(カルマ派、一三四〇～八三)	大明律を制定(一三七三)／『大明宝鈔』刊行	宥快(一三四五～一四一六)『宝鏡鈔』を著す
一三七九	Thアユタヤ朝、スコータイを併合(一三七八)		春屋妙葩(一三一一～八八)を禅寺僧録司に任ずる
一三八一		賦役黄冊をつくり里甲制を敷く／善世院を僧録司と改組(一三八二)	足利義満、十刹の制を定める(一三八〇)／五山十刹の住持を定める
一三八五		V明使入境し、僧二十名を求める	足利義満、相国寺を創建(一三八二)
一三八六	Tチョクレ・ナムギェル(チョナン派、一三〇六～)没	福建に白蓮教徒彭玉林の乱起こる。砧基道人を置く	足利義満、五山の制を改編し南禅寺を五山の上とする
一三九一		申明仏教榜冊を出し、仏教を統制	山名氏清、反乱を起こす(明徳の乱)
一三九二		K高麗滅び、李朝興る。太祖、廃仏崇儒を国是とし、仏教を圧迫	南北朝の合一なる／今川貞世、朝鮮に大蔵経を求める(一三九四)
一三九八	ティムール、デリーに侵入	K大蔵経版木を江華島から京城支天寺に移管し、さらに海印寺に移す	足利義満、金閣寺を建立(一三九七)／幕府、三管領・四職を定める
一三九九		靖難の変起こる	大内義弘挙兵し、応永の乱起こる
一四〇〇	Tレンダワ(一三四九～一四一二)	V黎季犛、陳朝を簒奪して胡朝を創始し、国号を大虞と改める	相国寺を五山の第一とする。第一回遣明船を派遣(一四〇一)
一四〇二		K太宗、活字鋳造所を設立し、儒教関係書籍を刊行	倭寇を禁ずる。この頃、世阿弥『風姿花伝』なる
一四〇四		K無学自超(一三二七～一四〇五)	明との勘合貿易始まる
一四〇六		K議政府、全国の寺刹数を定め田口を制限。またこの頃十二宗を七宗に統合／V明、胡朝を滅ぼし、以後約二十年間ヴェトナムを支配	絶海中津(一三三六～一四〇五)『蕉堅稿絶海和尚偈頌』など
一四〇九	Tツォンカパ(一三五七～一四一九)ラサの大祈願祭を創始。同年、ガンデン	『永楽大典』なる。鄭和、第一回目の南海渡航より帰る(一四〇七)	

西暦	インド仏教圏	中国仏教圏	日本仏教
	寺を建立してゲルク派を開き、『菩提道次第論(ラムリム)』『秘密道次第論(ガクリム)』などを著す		
一四一二	Sパラッカマバーフ六世即位(~六七)し仏教復興。パーリ語・シンハラ語による著作活動盛んとなる	永楽帝、永楽版チベット大蔵教を開版(一四一〇)	
一四一三		K無準己和(一三七六~一四三三)慈母山烟峰寺に涵虚堂を結ぶ	清涼寺本『融通念仏縁起』なる(一四一四頃)
一四一六	Tデプン寺建立	太宗『神僧伝』なる(一四一七)	聖冏(一三四一~一四二〇)小石川に伝通院を開創(一四一五)
一四一九	Tセラ寺建立。ダルマ・リンチェン(一三六四~一四三二)ガンデン寺を継ぐ	道衍(一三三五~一四一八)『諸上善人詠』『浄土簡要録』『道余録』など	朝鮮兵、対馬を攻める(応永の外寇)。『満済准后日記』の著者、満済(一三七八~一四三五)
一四二二	ヴィジャヤナガル第二王朝始まる	山東に唐賽児の乱起こる(一四二〇)	一条兼良(一四〇二~八一)『公事根源』を著す
一四二四	Tシャキャ・イェーシェ(ゲルク派、一三八三~一四三五)	『百丈清規』を天下の叢林に頒つ/K世宗、五教を禅教二宗に統合し、三十六寺のみ残して全て廃す	石清水神人ら幕府に強訴。興福寺僧徒、東大寺僧徒と争う/近江坂本の馬借一揆、京都に乱入(一四二六)
一四二八	Tケートゥプ・ジェ(ゲルク派、一三八五~一四三八)	V黎利即位して黎朝大越国を建てる。太祖、儒教を治世の基礎とする	正長の土一揆起こる/画僧明兆(兆殿司、一三五二~一四三一)
一四二九	Tゴルチェン・クンガ・サンポ(一三八二~一四五六)ゴル・エバム寺建立/Bアヴァにスリランカより大寺派長老が渡来	V僧道の考試を行い、誦経持戒者のみ出家を許し、他は還俗させる	播磨・丹波など諸国に土一揆続発/冊封使柴山、琉球に大安禅寺を建立(一四三〇)。この頃琉球で南方仏教盛行
一四三二	Cアユタヤ朝の攻撃を受けアンコール		足利義教、道淵を明に派遣し、日明国

	帝国滅亡		交回復
一四三三		V太宗、盂蘭盆会を設け恩赦を行う	冊封使柴山、琉球に千仏霊閣を建立
一四三五		V初めて孔子を祀り、釈奠を行う	関東管領足利持氏、日蓮宗を弾圧(一四三六)
一四三九			上杉憲実、足利学校を中興
一四四〇		この頃、明版大蔵経(北蔵)開板	日親(一四〇七～八八)『立正治国論』を上呈、諫言し、拷問をこうむる
一四四一		『尚直篇』の空谷景隆没(一四四三)	将軍足利義教、殺される(嘉吉の変)
一四四五		K世宗、ハングル文字を制定し『訓民世音』を発布	行誉『塵添壒嚢抄』なる(一四四六)
一四四七	Tゲドゥン・ドゥプ、タシルンポ寺を建立。デルゲ・フンドゥプテン寺建立	K世宗『釈譜詳節』を刊行	近江・河内・山城・大和に徳政一揆起こる
一四四八	Thボロマトライローカナート王即位(～八八)。中央集権体制を確立し、ジャータカより『マハーチャート』を作らせる	土木の変起こる(一四四九)	この頃『節用集』なる
一四五一		K平民の出家を禁止	大和土一揆、興福寺・元興寺を焼く
一四五七			蓮如(一四一五～九九)、本願寺第八代法主となる
一四五八		度僧を十年に一度とする。『大明一統志』編纂／K世祖、高麗版大蔵経五十部を印行し名山に分置	僧録の推挙によらない五山諸職の補任を禁止。朝鮮より寄贈の大蔵経と銅銭を建仁寺に寄せる。尼寺の制を定める
一四六一	Tラトナ・リンパ(一四〇三～七六)	K刊経都監を設け、漢訳・ハングル訳仏典を印行。またこの頃、近隣諸国に経典論書を贈与し、高麗版が伝播／V聖宗、寺観の新造を禁じ、のち仏教的民俗を改めさせる	延暦寺衆徒、大谷本願寺を襲撃。蓮如近江堅田に逃れる(一四六五)

西暦	インド仏教圏	中国仏教圏	日本仏教
一四六六		正統道蔵成立。荊襄の乱(一四六五)／V五経博士を置き諸生に習得を命ず	真慧(一四三四～一五一二)高田専修寺を一身田に移す(一四六五)
一四六九		K睿宗、度僧法を定め選試制をしく。古刹の重修を許可し、奉先寺を建立	応仁・文明の大乱起こる(一四六七～七七)
一四七〇		K成宗、刊経都監を廃止	瑞渓周鳳(一三九一～一四七三)『善隣国宝記』を著す。興福寺僧徒、奈良の法華衆徒を撃つ
一四七一			蓮如、越前吉崎に道場を建立
一四七五	Bダンマゼーディ王(一四七二～九二在位)、スリランカに長老二十二名を派遣。カルヤーニー戒壇を設立し、ラーマンニャ派成立	K京城内外の尼寺二十三所を毀つ	一休宗純(一三九四～一四八一)、大徳寺を再興。加賀一向一揆起こる(一四七四)。『新撰菟玖波集』の編者、宗祇(一四二一～一五〇二)
一四七九	Tションヌペー『テプテルゴンポ(青冊史)』なる(一四七八)		蓮如、京都山科に本願寺を建立(一四七八)。雪舟(一四二〇～一五〇六)
一四八一	Tコランパ・ソナム・センゲ(サキャ派、一四二九～八九)	K金時習(雪嶺、一四三五～)没	興福寺僧徒、大和辰市の一向衆徒を襲う。桂菴玄樹(一四二七～一五〇八)朱子の『大学章句』を刊行
一四八三	ツァンニョン・ヘールカ(一四五二～一五〇七)	Kこの頃、寺刹による仏典の開板印行が盛んに行われる／V聖宗、文廟を建立し、崇儒廃仏につとめる	足利義政、銀閣寺の造営を始める。日蓮宗久遠寺・本国寺の僧、尾張で法論(一四八二)
一四八五			山城国一揆起こる(～九三)
一四八六	Tシャキャ・チョクデン(サキャ派、一四八二～一五〇七)『中観決択』		真盛(一四四三～九五)西教寺を再興し戒律・念仏一致の宗風を唱える
一四八八		チベット僧を沙汰、本国へ帰国させる	加賀一向一揆、守護富樫政親を滅ぼす
一四八九		K度僧法を廃す(一四九二)	伊勢山田神人、宇治を攻める

一四九三			『蔭凉軒日録』なる
一四九六			蓮如、石山本願寺を建立
一四九八	ヴァスコ・ダ・ガマ、インド西海岸に到達／Tカルマ派、ラサの大祈願祭の権利をゲルク派から奪う	K戊午の史禍起こる	吉田兼倶(一四三五～一五一一)三十番神勧請に関し日蓮宗を難詰(一四九七)／日蓮・浄土の宗論(一五〇一)
一五〇五	ヴィジャヤナガル第三王朝始まる／Sポルトガル艦隊、ゴールに漂着	K燕山君の廃仏により、僧試の実施不能となる(一五〇三)	琉球の円鑑、弁財天堂経蔵を建立、朝鮮渡来の一切経を納める(一五〇二)
一五〇七	Lパヤー・ウィスーン王即位(～三〇)し、ワット・ウィスーン建立	K中宗、僧科を廃し両宗都会所を撤去	
一五一〇	ポルトガル、ゴアを占領	均徭法施行。河北に劉六劉七の乱河南に白蓮教徒趙景隆の乱起こる(一五一二)	
一五一六	Thランナータイのラタナパンニャー、仏教史『ジナカーラマーリー』を著す		播磨国の一向宗を禁止。山崎宗鑑ら『新撰犬筑波集』を編纂(一五一四)『閑吟集』なる(一五一八)
一五一七	Tゲドゥン・ギャムツォ(一四七五～一五四二)デプン寺に入り、ガンデン宮殿を建立	王陽明(一四七二～一五二九)	
一五二〇	Tゲルク派復権し、大祈願祭を執行(一五一八)	K碧松智儼(一四九四～一五〇六)智異山に入る	永正徳政令
一五二二	Tドゥクパ・クンレク(一四五五～一五二九)	世宗登位。以後四十五年間の治世にわたり、廃仏崇道を行う。普法悪、弥勒出世事件。この頃、善書盛行	高野山金剛峯寺炎上。越後の長尾為景、一向宗を禁ずる(一五二一)
一五二四		この頃、詹陵『異端弁正』を著す。	延暦寺僧徒、日蓮宗徒の舎宅を破壊
一五二五	ムガール帝国成立	K号牌制を復活し、土木工事への僧侶の動員使役始まる	『今川仮名目録』なる(一五二六)
一五二七		V莫登庸、王位を簒い莫朝始まる	近江坂本に徳政一揆起こる
一五三〇	Lポーティサラート王即位(～四七)し、仏教を保護	K『東国輿地勝覧』の記載に基づく寺刹統廃を断行	加賀に一向一揆起こり、朝倉教景、湊川に一揆勢を破る(一五三一)
一五三二	Bトングー朝興る(一五三一～一七五		大和・摂津一向一揆、興福寺を焼く。

西暦	インド仏教圏	中国仏教圏	日本仏教
	一)		六角定頼、法華宗徒を率い山科本願寺を焼く。本願寺証如(一五一六～五四)・一向宗徒と細川晴元の抗争起こる(～一五三五)
一五三六		K領議政、中宗に僧尼法の制定を請う(一五三五)	証如、山科の道場を再興。延暦寺僧徒、洛中の日蓮宗本山二十一寺を襲撃し焼く(天文法華の乱)
一五三七	Tカルマ派・ディグン派連合、ウルカのゲルク派寺院を襲撃、改宗させる		大内義隆、朝鮮に大蔵経を求める(一五三八)
一五三九	Bシャン族ゾーハンポワ王(一五二七～四三在位)の破仏。僧侶千三百人を殺害し、寺院・仏典を破却	V明、莫登庸を下し安南都統使を置く(一五四一)	幕府、撰銭令を出す。日蓮宗本山二十一寺の再興を許す(一五四二)/種子島に鉄砲伝来(一五四三)
一五四四	Tソナム・ギャムツォ(一五四三～八八)デプン寺活仏に認定される	K乙巳の士禍起こる(一五四五)	武田信玄、甲州法度を定める(一五四七)
一五五一	Bバイナウン王即位(～八八)	K虚応普雨の進言により、禅教両宗の制・僧科・度僧法が復活	フランシスコ・ザビエル、鹿児島に上陸、キリスト教を伝える(一五四九)
一五五二			バルタザール・カゴ、豊後府内にきて大内義鎮に謁す
一五五六	アクバル帝即位(～一六〇五)/Bバイナウン王、ランナータイに侵入しチェンマイを攻略/Lセーターティラート王、ヴィエンチャンに遷都しワット・プラケオ、タート・ルアンなど建立		武田信玄と上杉謙信、川中島に戦う(一五五三)/朝倉義景、加賀一向一揆を討つ(一五五五)/山口の会堂兵火にあい、コスメ・デ・トレルスら豊後府内に移る
一五五九			ガスパル・ビレラ、京都で布教
一五六〇			織田信長(一五三四～八二)桶狭間に今

			川義元を倒す
一五六四			徳川家康(一五四二～一六一六)三河の一向一揆を平定
一五六五		憨山徳清(一五四六～一六二三)『金剛経決疑』を著す。四川に白蓮教徒の乱起こる。この頃、呉承恩『西遊記』や『平妖伝』『封神演義』などなる／K普雨、済州島に流され殺害される	ガスパル・ビレラ、ルイス・フロイス(一五三二～九七)ら、勅命により京都から追放
一五六六		K度僧法を禁じ、両宗の僧科を廃す	
一五六七		雲谷法会没。一条鞭法を江西に施行	兵火により東大寺大仏殿など焼失
一五六八		K慶聖一禅(一四八八～)没	大村純忠、大村・長崎にヤソ会堂を建てる。織田信長、京都に入る
一五六九	Thバイナウン王の攻撃によりアユタヤ陥落。ビルマの支配始まる		ルイス・フロイスの京都居住・布教を許可
一五七〇	ヴィジャヤナガル第四王朝始まる／Mアルタン・ハーン(一五〇七～八二)明より順義王に封ぜられる	K芙蓉霊観(一四八五～)没	石山合戦始まる。伊勢長島の一向一揆、織田信興を滅す／織田信長、比叡山を焼き討ち(一五七一)
一五七二			上杉謙信、越中国一向一揆を討つ
一五七三	Mアルタン・ハーン、青海を征服し、チベット仏教を請来		室町幕府滅ぶ。織田信長、伊勢長島の一向一揆を討つ
一五七四			顕如(一五四三～九二)、大阪に挙兵
一五七五			大友義統、洗礼を受ける。長篠の戦い
一五七六			織田信長、石山本願寺を討つ
一五七七	Mチャプチャル大寺(仰華寺)創建		織田信長、紀伊雑賀の一向一揆を討つ
一五七八	Tソナム・ギャムツォ、アルタン・ハーンよりダライ・ラマの称号を贈られ、モンゴル各地に布教		千利久(一五二二～九一)

西暦	インド仏教圏	中国仏教圏	日本仏教
一五七九	Mフフホトにダー・ジョー(弘慈寺)創建		安土にて浄土宗・日蓮宗の法論(安土の宗論)行われる
一五八〇	アクバルのもとへ第一回イエズス会使節派遣される		本願寺顕如、織田信長と和睦。イギリス商船、平戸に来航
一五八一	Sラージャシーハ一世即位(~九二)し破仏を行う/INジャワにイスラム国家マタラム王国興る		織田信長、高野聖千人を斬る。ワリニャーノ(一五三七~一六〇六)安土にセミナリオを建設
一五八二			大友・大村・有馬の三氏、ローマ法王に少年使節団を派遣。本能寺の変
一五八五	Mアバダイ・ハーン、ハルハにエルデニ・ゾーを建立		羽柴秀吉(一五三六~九八)根来を攻撃、堂舎を焼く
一五八七			豊臣秀吉、伴天連追放令を発布、キリスト教に弾圧を加える
一五八九		万暦版大蔵経刊行始まる。李円朗の乱起こる	海賊取締り令・刀狩り令(一五八八)/豊臣秀吉、京都の耶蘇教会を焼く
一五九二		K壬辰の倭乱勃発。西山休静(一五二〇~一六〇四)八道禅教十六宗都総摂に任じられ、僧兵を率いて起つ	豊臣秀吉、朝鮮に出兵(文禄・慶長の役)。天草版『平家物語』『伊曽保物語』刊行
一五九五		袁了凡(一五三三~一六〇六)	日蓮宗日奥(一五六五~一六三〇)不受不施を唱えて方広寺大仏千僧供養に出仕を拒否
一五九六			長崎でキリシタン二十六人を処刑
一五九九		満州文字、創始	徳川家康、大坂城で日奥と受不施派日紹を対論させ、日奥を流罪に処す
一六〇〇	イギリス東インド会社設立	屠隆『仏法金湯録』なる	オランダ商船リーフデ号、豊後に漂着

			し、ウイリアム・アダムス、ヤン・ヨーステンら来朝。関が原の戦い
一六〇一		マテオ・リッチ(利馬竇)北京に教会を建てる。京畿・山東・河南大旱魃	徳川家康、高野山寺中法度を制定
一六〇二	オランダ、バタヴィアに東インド会社設立	『坤輿万国全図』なる	教如(一五五八～一六一四)東本願寺を創始
一六〇三	Tデプン寺活仏ユンテン・ギャムツォ(一五八九～一六一六)チベットに入る	紫栢真可(一五四三～)没	徳川家康、将軍となり江戸幕府を開く
一六〇四	Sセーラナータ王代(～三五)、ポルトガル、寺院や仏像を破壊	雲棲袾宏(一五三五～一六一五)『自知録』を著す	糸割符制始まる
一六〇五	ジャハンギールの統治(～二七)	K松雲惟政(一五四四～一六一〇)講和使節として日本に派遣される	幕府、増上寺を創建
一六〇七	Mシレート・グーシ・チョルジ『十万頌般若』『法華経』などをモンゴル語に翻訳(一六〇二～)	続道蔵成立し、正続合わせて刊行	木食応其(一五三七～一六〇八)
一六〇八	Tターラナータ(一五七五～一六四〇)『仏教史』を著す		比叡山法度を制定。日蓮宗日経と浄土宗廓山、江戸城で法論(慶長宗論)。
一六〇九			聖護院に修験道統括の朱印を下す。オランダの平戸商館設置を許可
一六一〇	Tプンツォク・ナムギェル(一五八六～一六二一)ウー地方を支配		スペインに通商を許可 存応(一五四六～一六二〇)
一六一二			京都の天主堂を壊し、キリシタンを禁止。板倉勝重・金地院崇伝(一五六九～一六三三)寺院行政を管掌
一六一三			公家諸法度・紫衣の法を制定。支倉常長を欧州に派遣
一六一五		K浮休善修(一五四三～)没／後金成立	大阪夏の陣(豊臣氏滅亡)。諸宗諸本山

西暦	インド仏教圏	中国仏教圏	日本仏教
		(一六一六)	法度を制定し、本末制度を規定。武家諸法度、禁中並公家諸法度を制定
一六一八	Tカルマ派、デプン寺・セラ寺を襲撃	如惺『大明高僧伝』なる(一六一七)	日光東照宮完成(一六一七)
一六一九	Tジャン版(リタン版)カンギュル開板(一六二一)	後金太祖ヌルハチ、サルフの戦いで明を破り、遼東に進出	藤原惺窩(一五六一〜)没
一六二二	Tロプサン・ギャムツォ(一六一七〜八二)デプン寺活仏に選ばれダライ・ラマ五世と数えられる。このとき、一世まで遡ってこの称号が与えられる	山東で白蓮教徒徐鴻儒の乱起こる／鐘惺『楞伽経如意』著す(一六二四) ◎V鄭氏と阮氏対立し、鄭氏の安南王国と阮氏の広南王国に分裂	スペイン船の来航を禁止。宣教師ルイス・ソテロ処刑される(一六二四)／天海(一五三六?〜一六四三)寛永寺を創建(一六二四)
一六二七		K後金軍、朝鮮に侵攻	諸宗僧侶の位階を制定。大徳寺・妙心寺などへの紫衣勅許を無効とする
一六二八	シャー・ジャハーンの統治(〜五八)	李自成の農民大反乱起こる	沢庵宗彭(一五七三〜一六四五)
一六二九	M写本モンゴル語訳ガンジョールなる		身延山日暹、幕府に不受不施派取締りを訴える。長崎で踏絵始まる
一六三〇	Th山田長政没		受不施・不受不施を巡り、身延・池上の論争(身池対論)行われる
一六三二		僧録司・道録司を置いて僧道を統括	諸宗本山、幕府に末寺帳を提出
一六三三			奉書船以外の海外渡航、在外邦人の帰国を禁止(第一次鎖国令)
一六三六		元賢『楞伽経略疏』なる。後金、国号を清と改める／K清太宗、朝鮮に親征	参勤交代制確立。寺社奉行を設置(一六三五)
一六三七	Mザヤ・バンディタ・ナムゲーギャムツォ(一五九九〜一六六二)、チベットより帰国(一六三九)後、教化・翻訳に活躍	幻輪『釈氏稽古略続集』なる／K華厳寺覚性、降魔軍を率いて転戦。朝鮮、清に降伏し、以後清を宗主国とする／Vオランダ、興安に商館を開き、鄭氏と	島原の乱起こる(〜三八)／キリシタン禁制を強化(一六三八)／鎖国令を出しポルトガル人の居住と来航を禁止。西本願寺、竜谷学校を設置(一六三九)

一六四〇	Mロプサン・ワンポ・ジャルツァン(一六三五～一七二三)ターラナータの転生者と認定され、初代ジェプツンダンバ・ホトクトの称号を受ける	通商を開始	宗門改役を置き、宗門人別帳を作成。鈴木正三(一五七九～一六五五)『驢鞍橋』『二人比丘尼』など
一六四二	Tグシ・ハーン、チベット全土を制圧。ダライ・ラマ政権始まる	法原『五宗原』を著す。密雲円悟(一五六六～)没	オランダ商館を長崎出島に移す(一六四一)
一六四五	Tダライ・ラマ五世、ポタラ宮殿の造営を開始(一六九四完成)	明滅び、清の世祖入関(一六四四)	林羅山(一五八三～一六五七)。狩野探幽(一六〇二～七四)
一六四八	タージ・マハール完成		天海版大蔵経なる(寛永年中)
一六四九	ヴィジャヤナガル王朝滅亡		慶安の御触書(農民法度)を制定
一六五一			この頃、おかげ参り流行。慶安の変
一六五四	Tソナム・ラプテン(一五九五～一六五八)	藕益智旭(一五九九～一六五五)『閲蔵知津』を著す	隠元隆琦(一五九二～一六七三)来朝し、黄檗宗を伝える
一六五七	ダーラー・シコー、ウパニシャッドのペルシャ語訳『ウプネカット』なる	◎V鱗角、蓮宗を創め、安南に広まる	徳川光圀、江戸彰古館を設け『大日本史』の編纂始まる(一九〇六年完成)
一六五八	アウラングゼーブ(一六一八～一七〇七)登位/Sラージャシーハ二世、オランダの援助を受けポルトガルを撃退。オランダのスリランカ支配始まる		肥前の大村純長、キリシタン六〇三名を処刑。山崎闇斎(一六一八～八二)。山鹿素行(一六二二～八五)『聖教要録』など
一六六一		K京城城内の仁寿・慈寿の尼院を廃止	隠元、宇治万福寺を創建。幕府、関所通行女手形の制を定める
一六六二	Mサガンセチェン『蒙古源流』を著す		伊藤仁斎(一六二七～一七〇五)京都に古義堂を開く
一六六五		K講経が盛んとなる(一六六四頃)	諸宗寺院法度・諸社禰宜神宮法度を制定
一六六六		K『禅門手鏡』の著者、亀巌寺白坡亘璇	水戸藩、領内の寺院を整理。『人倫訓

西暦	インド仏教圏	中国仏教圏	日本仏教
		（一六五九～七四頃）	蒙図彙』なる。浅井了意（一六一二～九二）『伽婢子』なる
一六六八		道開『金剛経貫摂』を著す	寺院の新建を禁止
一六七〇		K大飢饉発生	『本朝通鑑』なる
一六七一			浄土宗、檀林十七条を定める
一六七三		呉三桂らの三藩の乱起こる	『黄檗清規』なる（一六七二）
一六七五		Kこの頃、理判僧・事判僧の別が明確となる	明僧高泉性潡（一六三三～九二）『扶桑禅林僧宝伝』を著す
一六七六		仲文屛『金剛経註正訛』なる／径山蔵（嘉興蔵楞厳寺板）完成（一六七七）	卍元師蛮（一六二六～一七一〇）『延宝伝灯録』を著す（一六七八）
一六七九	Tサンギェー・ギャムツォ、摂政に任ぜられる	◎V阮氏領の広南王国で原紹派禅宗成立し、広く行われる	鉄眼道光（一六三〇～八二）の発願により黄檗版大蔵経完成（一六七八）
一六八二			浄厳『悉曇三密鈔』を著す
一六八七	Sヴィマラダンマスーリヤ二世即位（～一七〇七）し、ビルマより長老三十三名を迎え教団を再興	K妖僧呂、衆を惑わす（一六八八）	生類憐れみの令を発布。契沖（一六四〇～一七〇一）。熊沢蕃山（一六一九～九一）。井原西鶴（一六四二～九三）
一六八九		ロシアとネルチンスク条約締結	松尾芭蕉（一六四四～九四）
一六九〇			ケンペル（一六五一～一七一六）来日
一六九一			日蓮宗悲田派を禁止
一六九二		北京版カンギュル完成	高野山学侶・行人の訴訟を裁断し、行人六二七人を流刑に処す
一六九七	M初代章嘉呼図克図ガクワン・ロプサン・チョルダン（一六四二～一七一五）ドロン・ノールに彙宗寺を創建		光謙（一六五二～一七三九）比叡山安楽律院に入る。『黄檗宗鑑録』なる（一六九三）
一七〇三	◎S比丘教団消滅（一八世紀初頭）	劉智、『天方性理』を著す	卍元師蛮『本朝高僧伝』（一七〇二）

一七〇五	Tサンギェー・ギャムツォ、ラサン・ハーンに殺され、第一次ダライ・ラマ政権崩壊		女巡礼・念仏講を禁止（一七〇四）／おかげ参り流行。生類憐れみの令、数度にわたり出される
一七〇六		キリスト教典礼問題起こる	日蓮宗三島派の僧侶を処罰
一七〇七	Lランサン王国、ルアンプラバンとヴィエンチャンに分裂		シドッチ、屋久島に来着（一七〇八）
一七〇九	T青海にタシキル寺建立	『佩文韻府』なる（一七一一）	生類憐れみの令を廃止
一七一三			貝原益軒（一六三〇～一七一四）『養生訓』なる
一七一五	T『大学説』の著者ジャムヤン・シェーパ（ゲルク派、一六四八～一七二二）		新井白石（一六五七～一七二五）『西洋紀聞』、寺島良安『和漢三才図会』なる
一七一六		『康熙字典』なる	享保の改革始まる
一七一七	Tジュンガル軍、ラサを攻略		荻生徂徠（一六六六～一七二八）『弁道』を著す
一七一八	グンガ・ギャムツォ、チベット・モンゴル語対訳辞書『陽の光』を著す		日蓮宗三島派を禁止
一七二〇	Tダライ・ラマ七世ケルサン・ギャムツォ（一七〇八～五七）ラサのリタン宮殿に入る	北京でモンゴル語訳ガンジョール開板	諸宗寺院の出家作法・法会などを統制。上げ米の制を定める（一七二二）
一七二四		世宗『聖諭広訓』を発布／『古今図書集成』なる（一七二五）	三尺以上の仏像造立を制限。近松門左衛門（一六五三～）没
一七二九			石田梅岩（一六八五～一七四四）心学道話を公開
一七三一	Tチョーネ版カンギュル開板		日潮『本化別頭仏祖統記』なる
一七三二	Tナルタン版カンギュル開板		
一七三三	Tデルゲ版カンギュル開板／Thアユタヤ朝ボロマコート王即位（～五八）	世宗『御撰語録』を編む	山脇東洋（一七〇五～六二）

西暦	インド仏教圏	中国仏教圏	日本仏教
一七三五	M章嘉二世ロルペー・ドルジェ（一七一七～八六）掌印大ラマに任命され、モンゴル仏教を統括。『学説綱要書』やチベット・モンゴル対訳仏教辞典などを編纂著述する	僧道清釐の制を定める。キリスト教に対する迫害起こる。『大清会典』なる。明版北蔵の校訂に着手／V僧陽興らの蓮宗一揆起こる（一七三七）	無着道忠（一六五三～一七四四）『禅林象器箋』など。賀茂真淵（一六九七～一七六九）
一七三八	Mこの頃、ウゼムチン・タイジ・ゴンボジャブ、盛んに著作翻訳活動を行う	竜蔵大蔵経完成し『大清三蔵聖教目録』なる	寺院の本尊・什物の質入れを禁止
一七四二	Tナルタン版テンギュル完成		公事方御定書百ケ条を制定
一七四四	Tデルゲ版テンギュル完成	北京にゲルク派寺院ガンデン・チンチャクリン（雍和宮）を建設	富永仲基（一七一五～四六）『出定後語』を著し仏教を批判
一七四八	Tスムパケンポ・イェシェー・ページョル（一七〇四～八八）『パクサムジョンサン（如意宝樹史）』を著す	北京でモンゴル語訳ダンジョール開板（一七四九）	慈雲飲光（一七一八～一八〇四）正法律を唱える
一七五〇			幕府、一向宗の改派を取り上げぬ旨を通達。諸社寺の勧化願を制限
一七五一	Bアウランパヤー朝成立（一七五二）		白隠慧鶴（一六八五～一七六八）『遠羅天釜』を著す
一七五三	Sキッティシリラージャシーハ王（一七四七～八一）アユタヤよりウパーリ長老を招聘し、シャム派成立		西本願寺、秘事法門の僧を罰する。安藤昌益『自然真営道』を著す（一七五五）
一七五七	プラッシーの戦い	『蕃蔵目録』なる	諸国に神社の書上を命ず（一七五九）
一七六四		K采永『西域中華海東仏祖源流』を著し、以後伝灯系譜が重視される	新寺建立、寺院の改宗、寺院への土地寄進を禁止（一七六二）
一七六七	Thビルマの攻撃によりアユタヤ朝滅び、タークシン、トンブリ王朝を開く		御蔵門徒を禁止（一七六六）。この頃、慈雲飲光『梵学津梁』なる（一七六六）

一七七三	Tチョーネ版テンギュル開板	『満蒙漢蕃四訳対照大蔵全咒』なる／V帰仁に西山党蜂起	上田秋成(一七三四～一八〇九)『雨月物語』なる(一七六八)
一七七四		山東で白蓮教徒王倫の乱起こる	東西本願寺、浄土真宗と公称することを上訴。杉田玄白(一七三三～一八一七)ら『解体新書』なる
一七七五		彭際清(一七四〇～九六)『無量寿経起信論』『居士伝』を著す	池大雅(一七二三～七六) 平賀源内(一七二八～七九)
一七七七	Thタークシン、ラオスを攻略しエメラルド仏をもたらす	V西山党、嘉定を攻略し阮氏を滅ぼす	与謝蕪村(一七一六～八三) 円山応挙(一七三三～九五)
一七八二	Bボードーパヤー王即位(～一八一九)。宗教浄化委員会を設置し、依止阿闍梨制を徹底／Thラーマ一世チャオプラヤー・チャクリ、タークシンを処刑してラタナコーシン朝を創始	『四庫全書』なる	全国の神社は吉田家の許状を受けることとする／大槻玄沢(一七五七～一八二七)『蘭学階梯』、工藤平助『赤蝦夷風説考』なる(一七八三)。天明の大飢饉(～八七)
一七八四	ウイリアム・ジョーンズ、カルカッタにベンガル・アジア協会を設立		喜多川歌麿(一七五三～一八〇六) 山東京伝(一七六一～一八一六)
一七八五	Bボードーパヤー王、アラカン地方を攻略し、ムロウハンよりマハームニ仏を請来	V西山党、鄭氏を駆逐しヴェトナム全土を掌握(一七八六)	一向宗徒の在宅説法を禁止。林子平(一七三八～九三)『三国通覧図説』なり、続けて『海国兵談』を著す
一七八七			寛政の改革始まる
一七八八	Th大黄金版三蔵編纂される	V黎朝、事実上滅亡(一七八九)	寺社奉行、宗門改帳の提出を命ずる。 諸宗本山、幕府に末寺帳を提出
一七九〇		満州語大蔵経完成	寛政異学の禁
一七九一	T『学説宝環』の著者クンチョク・ジクメ・ワンポ(一七二八～)没。グルカ族、タシルンポ寺を掠奪		上総・下総の不受不施派を禁止(一七九五) 式亭三馬(一七七六～一八二二)
一七九六		湖北に劉之協らの白蓮教徒の大乱起こ	幕府、破戒僧を処罰。稲村三伯『ハル

西暦	インド仏教圏	中国仏教圏	日本仏教
		る（～一八〇五）	マ和解』なる
一七九八			三業惑乱の論争起こる。本居宣長（一七三〇～一八〇一）『古事記伝』なる
一八〇〇			伊能忠敬（一七四五～一八一八）蝦夷地沿岸の測量に着手
一八〇一		天主教の大弾圧（辛酉の邪獄）起こる	蒲生君平（一七六八～一八一三）『山陵志』なる
一八〇二	T『トゥカン一切宗義』の著者トゥカン・ロプサン・チューキニマ（一七三七～）没	V阮福英、フランスの援助を得て全国を統一し、阮朝を樹立	十返舎一九『東海道中膝栗毛』なる。 大田南畝（一七四九～一八二三） 小林一茶（一七六三～一八二七）
一八〇三	Sニャーナヴィマラ沙弥、ビルマより帰国しアマラプラ派を設立	銭大昕（一七二八～一八〇四）	ロシア使レザノフ長崎に来る（一八〇四）鶴屋南北（一七五五～一八二九）
一八一一		K洪景来の乱起こる	間宮林蔵、樺太を探検（一八〇九）
一八一三		天理教徒の乱起こる	黒住宗忠、黒住教を開く（一八一四）
一八一五	Sキャンディー条約締結。シンハラ王朝消滅		杉田玄白『蘭学事始』なる 良寛（一七五八～一八三一）
一八一九			塙保己一（一七四六～一八二一）『群書類従』なる
一八二一			『大日本沿海輿地全図』なる
一八二四	B第一次英緬戦争起こる		異国船打払令出される（一八二五）
一八二七			頼山陽（一七八〇～一八三二）『日本外史』なる
一八二八	ラーム・モーハン・ローイ（一七七二～一八三三）カルカッタにブラーフマ・サマージ設立		シーボルト事件起こる。富士講盛んとなる（一八二九頃） 平田篤胤（一七七六～一八四三）

一八三一		Vキリスト教の信仰・布教を禁止(一八三三)	江戸市内の借家・借宅の修験・陰陽師の書上を命ずる。百姓・町人の過分の葬儀・墓碑・法号などを禁止。
一八三五	Mウランバートルにガンダン寺建立		中山みき、天理教を開く(一八三八)
一八四〇		アヘン戦争始まる	蛮社の獄起こる(一八三九)
一八四一			天保の改革始まる。太子講を禁止
一八四二		南京条約締結。香港をイギリスに割譲	木魚講・富士講を禁止
一八四七		Vフランス、ダナンを占拠し武力侵略を開始	オランダ国王、幕府に開国を勧告(一八四四)
一八四八		V浄土系の宝山奇香派創立、南部一帯に広まる	滝沢馬琴(一七六七〜)没。葛飾北斎(一七六〇〜一八四九)
一八五一	Thラーマ四世モンクット即位(〜六八)し、教団を改革	太平天国の乱(〜六四)起こり、仏寺は潰滅的な打撃を被る(一八五〇)	『徳川実紀』なる(一八四九)
一八五二	Bミンドン王即位(〜七七)。第二次英緬戦争		伊藤六兵衛、丸山教を開く。ペリー、浦賀に来航(一八五三)
一八五五	Sイギリスによるキリスト教への改宗強制が強まる	雲南でイスラム教徒の反乱(パンゼーの乱)起こる(〜七三)	米英露と和親条約締結(一八五四)
一八五六	セポイの乱起こる(一八五七)	アロー号事件起こる	アメリカ領事ハリス着任。吉田松陰(一八三〇〜五九)萩に松下村塾を開く
一八五八			日米修好通商条約締結。安政の大獄
一八六〇		キリスト教宣教の自由認められる。英仏露と北京協定を結ぶ	川手文治郎、金光教を開く(一八五九)／桜田門外の変
一八六二	Sアムバガハワッテー・サランカラナ、ビルマより帰国しラーマンニャ派を設立(一八六四)	陝西・甘粛・新疆でイスラム教徒の反乱(ドンガンの乱)起こる。同治の中興／V第一サイゴン条約締結	生麦事件起こる／長崎大浦天主堂完成。各地で一揆・打ちこわし続発(一八六五)
一八六六	Sこの年以降、五回にわたり仏教・キリスト教の公開論争行われる	楊仁山(一八三七〜一九一一)金陵刻経処を設立	薩長同盟なる

西暦	インド仏教圏	中国仏教圏	日本仏教
一八六七			道契『続日本高僧伝』なる。ええじゃないか・おかげ参り流行。大政奉還。王政復古の大号令
一八六八			明治維新。神仏分離令発布され、廃仏毀釈始まる

仏教日常辞典

1994年12月27日　初版第1刷
2007年6月15日　新版第2刷

［著者］
増谷文雄＋金岡秀友
［発行者］
籠宮良治
［発行所］
太陽出版
〒113-0033 東京都文京区本郷4-1-14
TEL.03〈3814〉0471　FAX.03〈3814〉2366
［装幀］
野田健次郎
［印刷］
壮光舎印刷
［製本］
井上製本

ISBN978-4-88469-412-8

索引

(1) →の後に、本文中の項目名を掲げた。その際、付録の部の中項目名まで示す場合、大項目・中項目のように示した。
(2) 同名で、内容的に異なる語は、各々別立した。
(3) 常は、付録Ⅰ・仏教常識の部をさし、日は、付録Ⅱ・仏教から出た日常語の部をさす。また、語を補う場合は［ ］内に、同義異字・漢字音写は適宜に〔 〕内に示した。梵字の真言・種子の索引は末尾。

あ ア

愛語摂（あいごしょう）→ししょうぼう
愛染王（あいぜんおう）→あいぜんみょうおう
愛欲（あいよく）→あい
アヴァダーナ →ひゆせつ
青道心（あおどうしん）→いまどうしん
阿伽（あか）→あか
アーカーシャガルバ →こくうぞう
赤髭毘婆沙（あかひげびばしゃ）→ぶっだやしゃ
秋篠寺（あきしのでら）→常〈寺院〉勅願寺
阿耆多翅舎欽婆羅（あぎたししゃきんばら）→ろくしげどう
阿耆陀跋提河（あぎたばつだいが）→かくりん
阿耆尼（あぎに）→かてん
安芸の安国寺（あきのあんこくじ）→あんこくじ
悪者（あくしゃ）→はじゅん
悪者（あくしゃ）→まら
アクシャパーダ →いんみょう
悪生（あくしょう）→るりおう
悪性拒僧違諫戒（あくしょうこそういかんかい）→じゅうさんそうざん
悪知識（あくちしき）→ぜんちしき
明智寺（あけちじ）→常〈寺院〉秩父三十三所観音・第九番
下炬（あこ）→あこ
阿含部（あごんぶ）→常〈経典〉大蔵経
麻幹（あさがら）→常〈仏事〉麻幹，苧殻
浅草神社（あさくさじんじゃ）→せんそうじ
アサンガ →むじゃく
阿字（あじ）→あうん
足利尊氏（あしかがたかうじ）→やくしじ②
足利義政（あしかがよしまさ）→じしょうじ
アジタ〔阿氏多〕（あした）→じゅうろくらかん
アジタ・ケーサカンバリン →ろくしげどう
阿湿婆恃（あしばった）→ごびく
アージービカ →ろくしげどう
阿字本不生（あじほんぷしょう）→じゅうさんだいいん
アジャータシャトル〔阿闍多設咄路〕（あじゃたせっとつろ）→アジャセ
『阿闍梨大曼荼羅灌頂儀軌』（あじゃりだいまんだらかんじょうぎき）→けいか
阿闍梨田（あじゃりでん）→はちふくでん
アシュヴァゴーシャ →めみょう
阿輸迦（あしゅか）→むうじゅ
阿濕縛窶沙（あしゅばぐしゃ）→めみょう
阿修羅界（あしゅらかい）→じっかい（十界）
アショーカ園（―― おん）→けつじゅう
小豆念仏（あずきねんぶつ）→どうしゃ

く
アスラ →あしゅら
頞哳吒（あせた）→はっかんじごく
阿僧企耶（あそうきや）→あそうぎ
愛宕神社（あたごじんじゃ）→[常]〈行事〉千日参り
アータヴァカ〔阿吒婆狗〕（あたばく）→だいげんすいみょうおう
アタルヴァ・ヴェーダ →ヴェーダ
アチャラナータ →ふどうみょうおう
悪鬼（あっき）→あっきらせつ
悪鬼神（あっきじん）→あっきらせつ，きじん
悪口（あっく）→じゅうあく，はらだいもくしゃ
悪口車匿（あっくしゃのく）→しゃのく
熱田大明神（あつただいみょうじん）→さんじゅうばんしん
安土宗論（あづちしゅうろん）→あづちのほうろん
『吾妻問答』（あづまもんどう）→そうぎ
アートマン →が
穴太寺（あなおじ）→[常]〈寺院〉西国三十三所観音・第二十一番
阿那含（あなごん）→ふげんか
阿若多憍陳如（あにゃたきょうじんにょ）→あにゃきょうじんにょ
頞儞羅大将（あにらだいしょう）→じゅうにじんしょう
阿耨達池（あのくたっち）→あのくかんのん
阿波陀那（あばだな）→くぶきょう，じゅうにぶきょう，ひゆせつ
阿鼻叫喚（あびきょうかん）→あび
『阿毘達磨経』（あびだつまきょう）→ろくぶだいじょうきょう
『阿毘曇甘露味論』（あびどんかんろみろん）→みょうおん
『阿毘曇心論』（あびどんしんろん）→そうぎゃだいば，ほうしょう
『阿毘曇雑心論』（あびどんぞうしんろん）→グナバドラ
『阿毘曇毘婆沙論』（あびどんびばしゃろん）→ぶっだばつま
阿浮達磨（あぶだつま）→くぶきょう，じゅうにぶきょう
阿摩提観音（あまだいかんのん）→さんじゅうさんかんのん
『海人（海女）の刈藻』（あまのかるも）→れんげつに
雨引観音（あまびきかんのん）→[常]〈寺院〉坂東三十三所観音・第二十四番
尼門跡（あまもんぜき）→もんぜき
『阿弥陀経要記』（あみだきょうようき）→ようかん
阿弥陀懺法（あみだせんぼう）→せんぼう
阿弥陀堂（あみだどう）→こんどう（金堂），ほんどう，[常]〈寺院〉金堂
阿弥陀如来（あみだにょらい）→あみだぶつ，ごぶつ
アミターバ・ブッダ →むりょうこうぶつ
阿弥陀聖（あみだひじり）→くうや
アミターユス・ブッダ →むりょうじゅぶつ
阿弥陀庾斯仏陀（あみだゆすぶっだ）→むりょうじゅぶつ
阿密哩多（あみりた）→かんろ
アムリタ →かんろ
雨僧正（あめそうじょう）→にんがい
アモーガヴァジュラ →ふくう
阿目佉跋折羅（あもくきゃばざら）→ふくう
阿踰闍国（あゆじゃこく）→ちょうにちおう，[常]〈経典〉勝鬘経
啞羊僧（あようそう）→ししゅそう①
瘂羊僧（あようそう）→ごしゅのそう
アヨーディヤー →ちょうにちおう，[常]〈経典〉勝鬘経
阿羅漢果（あらかんか）→しか（四果）
阿羅漢向（あらかんこう）→しこう（四向）
新木寺（あらきでら）→[常]〈寺院〉秩父三十三所観音・第四番

新盆（あらぼん）→常〈仏事〉新盆（にいぼん）
アーリヤデーヴァ →だいば
阿楼駄（あるだ）→アヌルッダ
アルタン・ハーン →ダライ・ラマ
アンガジャ →じゅうろくらかん
安養寺（あんようじ）→そんかん
アングッタラ・ニカーヤ →ぞういちあごんきょう
安居院（あんごいん）→ほうこうじ（法興寺）
安国院（あんこくいん）→にちおう
安国寺（あんこくじ）→きょうとのじっせつ
安国寺利生塔（あんこくじりしょうとう）→あんこくじ①
安国論問答（あんこくろんもんどう）→にっこう
安住静慮（あんじゅうじょうりょ）→じょうりょはらみつ
安住心（あんじゅうしん）→くじゅうしん
安祥寺流（あんじょうじりゅう）→とうみつじゅうにりゅう
安心立命（あんじんりゅうみょう）→あんじん，とくだつ
安陀会（あんだえ）→さんえ（三衣），ろくもつ
安底羅大将（あんていらだいしょう）→じゅうにじんしょう
安慧（あんね）→じょうゆいしきろん
頞部陀（あんぶだ）→はっかんじごく
菴摩羅識（あんまらしき）→さんしき
安民（あんみん）→じこくてん
安楽寺（あんらくじ）→常〈寺院〉坂東三十三所観音・第十一番
安楽寺（あんらくじ）→常〈寺院〉四国八十八箇所・第六番
安楽寺（あんらくじ）→常〈寺院〉四国八十八箇所・第三十番
『安楽集私記』（あんらくしゅうしき）→りょうちゅう
菴羅樹園の精舎（あんらじゅおんのしょうじゃ）→ごしょうじゃ
安隆（あんりゅう）→さいだいじ②
安立行菩薩（あんりゅうぎょうぼさつ）→しぼさつ

い　イ

飯泉観音（いいずみかんのん）→常〈寺院〉坂東三十三所観音・第五番
飯沼観音（いいぬまかんのん）→常〈寺院〉坂東三十三所観音・第二十七番
飯沼弘経寺（いいぬまぐきょうじ）→常〈寺院〉檀林
飯山観音（いいやまかんのん）→常〈寺院〉坂東三十三所観音・第六番
庵（いおり）→あん
斑鳩寺（いかるがでら）→しょうとくたいし，ほうりゅうじ
威儀恣態欲（いぎしたいよく）→ろくよく
維祇難（いぎなん）→ほっくきょう
潙仰宗（いぎょうしゅう）→ごけ，れいゆう
易行品（いぎょうほん）→じゅうじゅうびばしゃろん
域竜（いきりゅう）→じんな
育王寺（いくおうじ）→ござん
維口食（いくじき）→しじゃみょうじき
郁芳門院藤原媞子（いくほうもんいんふじわらていし）→まんじゅじ
池上宗仲（いけがみむねなか）→ほんもんじ①
恚結（いけつ）→ごけつ
池坊（いけのぼう）→ろっかくどう
為光（いこう）→きみいでら
威光（いこう）→まりしてん
『十六夜日記』（いざよいにっき）→あぶつに
いざり松（—— まつ）→常〈寺院〉四国八十八箇所・第六十四番番外
『潙山警策』（いさんきょうさく）→れい

ゆう
潙山霊祐（いさんれいゆう）→れいゆう
石川孫三郎能忠（いしかわまごさぶろうよしただ）→ほんもんじ②
異時即（いじそく）→そく（即）
石手寺（いしてじ）→㊥〈寺院〉四国八十八箇所・第五十一番
石札堂（いしふだどう）→㊥〈寺院〉秩父三十三所観音・第二十九番
伊舎那天（いしゃなてん）→じゅうにてん，はっぽうてん
石山合戦（いしやまがっせん）→こうさ，こうじゅ，ほんがんじ
石山御堂（いしやまみどう）→いしやまほんがんじ
医子喩（いしゆ）→ほっけしちゆ
異熟障（いじゅくしょう）→さんしょう（三障）
異生羝羊心（いしょうていようしん）→じゅうじゅうしんろん
威神力（いじんりき）→さんりき②
出流観音（いずるかんのん）→㊥〈寺院〉坂東三十三所観音・第十七番
異相（いそう）→ろくそう
一円相（いちえんそう）→えんそう
一往来果（いちおうらいか）→いちらいか
一月寺（いちがつじ）→ふけしゅう
一行（いちぎょう）→ぜんむい，だいにちきょうしょ，でんぼうはっそ，ふじゃく，㊥〈経典〉三部経・大日三部経
一―三等教師（いち―さんとうきょうし）→㊥〈僧〉僧階
一字三礼（いちじさんらい）→いっとうさんらい
一遵（いちじゅん）→かすいさい
一乗院（いちじょういん）→㊥〈寺院〉門跡
一乗縁起（いちじょうえんぎ）→ほっかいえんぎ
一乗円頓宗（いちじょうえんどんしゅう）→にちれんしゅう
一乗寺（いちじょうじ）→㊥〈寺院〉西国三十三所観音・第二十六番
一乗止観院（いちじょうしかんいん）→こんぽんちゅうどう
一乗道（いちじょうどう）→㊥〈経典〉法華経
一膳飯（いちぜんめし）→㊥〈仏事〉枕飯
一大事因縁（いちだいじいんねん）→いちだいじ
一弾指（いちたんじ）→いちだんし
一道無為心（いちどうむいしん）→じゅうじゅうしんろん
一人半人（いちにんはんにん）→いっこはんこ
一念の心（いちねんのしん）→いちねんさんぜん
一念発起菩提心（いちねんほっきぼだいしん）→いちねんほっき
市聖（いちのひじり）→くうや
一宮寺（いちのみやじ）→㊥〈寺院〉四国八十八箇所・第八十三番
一白三羯磨（いちびゃくさんこんま）→びゃくしこんま
一味同心（いちみどうしん）→㊐ 一味
一味和合（いちみわごう）→㊐ 一味
一門法跡（いちもんほうせき）→㊐〈寺院〉門跡
一葉観音（いちようかんのん）→さんじゅうさんかんのん
一来向（いちらいこう）→しこう（四向）
一類凡夫僧（いちるいぼんぶそう）→ししゅそう③
一蓮社立誉（いちれんしゃりゅうよ）→ていごく
一回忌（いっかいき）→いっしゅうき
『一休骸骨』（いっきゅうがいこつ）→いっきゅう
一境四心（いっきょうししん）→いっすいしけん
一切意業随智慧行（いっさいいごうずいちえぎょう）→じゅうはちふぐうほう

一切皆苦印（いっさいかいくいん）→さんぼういん
一切口業随智慧行（いっさいくごうずいちえぎょう）→じゅうはちふぐうほう
一切種智（いっさいしゅち）→さんち①
一切身業随智慧行（いっさいしんごうずいちえぎょう）→じゅうはちふぐうほう
一切法智通（いっさいほっちつう）→じっしゅつう
一山一寧（いっさんいちねい）→ござんぶんがく
一山派（いっさんは）→にじゅうしりゅう
一処四見（いっしょしけん）→いっすいしけん
一心（いっしん）→だいじょうきしんろん
一説部（いっせつぶ）→しょうじょうにじゅうぶ，だいしゅぶ，當〈宗派〉インド仏教
一尊四士（いっそんしし）→ほけきょうじ
一印会（いっちんね）→くえまんだら
飯縄権現（いづなごんげん）→やくおういん
逸然（いつねん）→いんげん
一拝（いっぱい）→當〈行儀〉礼拝
一筆経（いっぴつきょう）→しゃきょう
伊帝目多伽（いていもくたか）→くぶきょう，じゅうにぶきょう，ほんじ（本事）
井戸寺（いどじ）→當〈寺院〉四国八十八箇所・第十七番
維那（いな，いの）→いのう
稲荷神社（いなりじんじゃ）→だきにてん
犬鳴派（いぬなきは）→當〈寺院〉本山・真言宗
意念往生（いねんおうじょう）→しょうねんおうじょう
位版（いはん）→當〈仏事〉位牌
意不護（いふご）→さんふご
『異部宗輪論』（いぶしゅうりんろん）→しょう（世友）
医方明（いほうみょう）→ごみょう
今迦葉（いまかしょう）→げんしん
今熊野（いまくまの）→當〈寺院〉西国三十三所観音・第十五番
今宮房（いまみやぼう）→當〈寺院〉秩父三十三所観音・第十四番
意密（いみつ）→さんみつ
弥谷寺（いやだにじ）→當〈寺院〉四国八十八箇所・第七十一番
岩井堂（いわいどう）→當〈寺院〉秩父三十三所観音・第二十六番
岩殿観音（いわどのかんのん）→當〈寺院〉坂東三十三所観音・第十番
岩之上堂（いわのうえどう）→當〈寺院〉秩父三十三所観音・第二十番
岩間寺（いわまでら）→當〈寺院〉西国三十三所観音・第十二番
岩本寺（いわもとじ）→當〈寺院〉四国八十八箇所・第三十七番
岩本寺（いわもとでら）→當〈寺院〉秩父三十三所観音・第三番
岩屋寺（いわやじ）→當〈寺院〉四国八十八箇所・第四十五番
印（いん）→ほういん（法印）①
院（いん）→當〈仏事〉法名
因掲陀（いんかだ）→じゅうろくらかん
因果不二門（いんがふにもん）→じっぷにもん
引磬（いんきん，いんけい）→いんきん
陰山（いんざん）→だんどくせん
院主（いんしゅ）→じゅうしょく
印手菩薩（いんしゅぼさつ）→どうあん
印証（いんしょう）→いんか
引声念仏（いんじょうねんぶつ）→いんぜいねんぶつ
陰銭（いんせん）→しせん
印相（いんぞう）→いんげい
因達羅大将（いんだらだいしょう）→じゅうにじんしょう
咽中津液得上味相（いんちゅうしんえき

とくじょうみそう）→さんじゅうにそう
院殿（いんでん）→嘗〈仏事〉法名
インド撰述（——せんじゅつ）→嘗〈経典〉大蔵経
因縁（いんねん）→くぶきょう，じゅうにぶきょう，にだな
因縁果（いんねんか）→いんが
因縁覚（いんねんがく）→えんがく
因縁観（いんねんかん）→ごじょうしんかん
因縁所生（いんねんしょしょう）→くう
引発静慮（いんぽつじょうりょ）→じょうりょはらみつ
『因明正理門論』（いんみょうしょうりもんろん）→じんな
印籠厨子（いんろうずし）→嘗〈法具〉厨子

う　ウ

ヴァイシャ →びしゃ
ヴァイシャーリー →びしゃり
ヴァイシュラヴァナ →びしゃもんてん
ヴァイデーヒー →イダイケ
ヴァイローチャナ・ブッダ →びるしゃなぶつ
ヴァジュラサットヴァ →こんごうさった
ヴァジュラパーニ →こんごうじん
ヴァジュラプトラ →じゅうろくらかん
ヴァジュラボーディ →こんごうち
ヴァスバンドゥ →せしん
ヴァスミトラ →しょう（世友）
ヴァナヴァーシン →じゅうろくらかん
ヴァーラーナシー →はらな
雨安居（うあんご）→あんご
ヴィクラマーディトヤ →ちょうにちおう
ヴィドゥーダバ →はしのくおう，るりおう
ヴィパシュイン →びばしぶつ
ヴィマラキールティ →ゆいま
ヴィルーダカ →ぞうじょうてん
ヴィルーパークシャ →こうもくてん
有縁日（うえんにち）→えんにち
有記法（うきほう）→むきほう
憂世（うきよ）→うきよ
憂苦（うく）→じっく
請花（うけばな）→そうりん（相輪）
有金河（うこんが）→にれんぜんが
有作不自然（うさふじねん）→うさ
牛伏堂（うしぶせどう）→嘗〈寺院〉秩父三十三所観音・第七番
有羞僧（うしゅうそう）→ししゅそう②
雨衆外道（うしゅげどう）→すろん
有主房戒（うしゅぼうかい）→じゅうさんそうざん
有上士（うじょうし）→とうがく
有情世間（うじょうせけん）→さんしゅせけん
有尋有伺定（うじんうしじょう）→しじょうりょ
有身見（うしんけん）→しんけん
有待の身（うだいのしん）→うだい
宇多天皇（うだてんのう）→せいきょういっち，嘗〈寺院〉門跡
歌枕（うたまくら）→のういん
打敷（うちしき）→うちしき
うちならし →けい
鬱多羅僧（うったらそう）→さんえ（三衣），しちじょう①，ろくもつ
有縛（うばく）→しばく
『優婆塞戒経』（うばそくかいきょう）→さんふくでん②，にじゅうはちきょうかい
鄔波駄耶（うばだや）→おしょう
嗢鉢羅（うばら）→はっかんじごく
ウパーリ →うばり
優婆離問法（うばりもんぽう）→じゅうじゅりつ
有法（うほう）→回 無法
厩坂寺（うまやさかでら）→こうふくじ
厩戸豊聡耳皇子（うまやどのとよとみみ

のおうじ）→しょうとくたいし
有無の二見（うむのにけん）→うむ，回 有無
有余依涅槃（うよえねはん）→うよねはん
盂蘭経（うらぎょう）→うらぼんぎょう
卜部兼倶（うらべかねとも）→ゆいいつしんとう
卜部神道（うらべしんとう）→ゆいいつしんとう
盂蘭盆会（うらぼんえ）→うらぼん
ウルヴィルヴァー・カーシャパ →かしょう（迦葉）②
優楼頻螺迦葉（うるびんらかしょう）→かしょう（迦葉）②，さんかしょう
『美わしのナンダ』（うるわしのナンダ）→めみょう
吽（うん）→あうん
雲外雲岫（うんがいうんしゅう）→とうりょう
雲厳寺（うんがんじ）→じっせつ
雲巌曇晟（うんがんどんじょう）→りょうかい
雲崗（うんこう）→まがいぶつ，當〈法具〉龕
雲岡舜徳（うんこうしゅんとく）→せいしょうじ
雲谷軒（うんこくけん）→せっしゅう
吽字（うんじ）→あうん
『吽字義』（うんじぎ）→じっかんしょう
雲堂（うんどう）→當〈寺院〉七堂伽藍2
雲辺寺（うんぺんじ）→當〈寺院〉四国八十八箇所・第六十六番
雲門山（うんもんざん）→うんもん
雲門宗（うんもんしゅう）→うんもん，ごけ

え エ

壊［想］（え［そう］）→くそう
栄叡（えいえい）→がんじん
叡空（えいくう）→ほうねん
英慶（えいけい）→こうけい
穎玄（えいげん）→ほうかいぼう
永源寺（えいげんじ）→當〈寺院〉本山・臨済宗
永源寺派（えいげんじは）→當〈寺院〉本山・臨済宗
栄春（えいしゅん）→りゅうこう
衛世師（えいせいし）→ヴァイシェーシカ
瘞銭（えいせん）→しせん，當〈仏事〉六道銭
永祚寺（えいそじ）→じっせつ
永代読経（えいたいどきょう）→えいたいきょう，當〈仏事〉永代供養
永徳寺（えいとくじ）→だいせつ
永徳寺（えいとくじ）→當〈寺院〉四国八十八箇所・第四十三番番外
永寧寺（えいねいじ）→ぼだいるし（菩提流支）
永福寺（えいふくじ）→當〈寺院〉秩父三十三所観音・第二十二番
栄福寺（えいふくじ）→當〈寺院〉四国八十八箇所・第五十七番
『永平寺語録』（えいへいじごろく）→えいへいこうろく
『永平正法眼蔵』（えいへいしょうぼうげんぞう）→しょうぼうげんぞう③
慧覚（えかく）→げんぐぎょう
慧鶴（えかく）→はくいん
慧可断臂（えかだんぴ）→えか（慧可）
慧観（えかん）→だいはつねはんぎょう②，ねはんしゅう，當〈宗派〉中国仏教・涅槃宗
慧灌（えかん）→じょうじつしゅう，そうじょう（僧正），當〈宗派〉日本仏教・三論宗，成実宗
会下（えげ）→えか（会下）
慧玄（えげん）→みょうしんじは
慧眼（えげん）→ごげん
恵光（えこう）→りょうあんじ
慧曠（えこう）→ちぎ（智顗）

回向方便善巧（えこうほうべんぜんぎょう）→ほうべんはらみつ
回向門（えこうもん）→ごねんもん
慧厳（えごん）→だいはつねはんぎょう②
慧持（えじ）→じゅうはちけん
慧慈（えじ）→さいきょうじ，しょうとくたいし
慧寂（えじゃく）→れいゆう
衣珠喩（えしゅゆ）→ほっけしちゆ
会上（えじょう）→えか（会下）
懐奘（えじょう）→えいへいこうろく
懐譲（えじょう）→なんがく
慧照禅師（えしょうぜんじ）→ぎげん
慧成大師（えじょうだいし）→[常]〈僧〉大師
依正二報（えしょうにほう）→じゅうろくかん，[常]〈経典〉阿弥陀経
依正不二門（えしょうふにもん）→じっぷにもん
廻心（えしん）→えしん
恵心院（えしんいん）→げんしん
恵心流（えしんりゅう）→げんしん，えだんにりゅう
壊相（えそう）→ろくそう
越前三門徒（えちぜんさんもんと）→しょうじょうじ
慧澄（えちょう）→さいきょうじ
『閲蔵知津』（えつぞうちしん）→ちぎょく
慧灯大師（えとうだいし）→れんにょ，じゅうはちだいし，[常]〈僧〉大師
慧南（えなん）→おうりょう
慧日（えにち）→とうめい
慧日院（えにちいん）→りょうくう②
慧便（えびん）→ぜんしんに
慧明国師（えみょうこくし）→もくあん
慧無滅（えむめつ）→じゅうはちふぐうほう
慧文（えもん）→えし，てんだいしゅう，[常]〈宗派〉中国仏教・天台宗
慧力（えりき）→ごりき
衣領樹（えりょうじゅ）→けんえおう，だつえば
柄炉（えろ）→えごうろ
焔王光仏（えんおうこうぶつ）→じゅうにこうぶつ
円戒国師（えんかいこくし）→しんぜい
縁覚界（えんがくかい）→じっかい（十界）②
縁覚乗（えんがくじょう）→ごじょう（五乗），さんしゃ
円覚上人（えんがくしょうにん）→[常]〈行事〉壬生狂言
円覚大師（えんがくだいし）→ぼだいだるま
遠忌（えんき）→おんき
縁起観（えんぎかん）→ごじょうしんかん
円教（えんぎょう）→ごきょう（五教）
円教（えんぎょう）→さんぎょう（三教）
円教寺（えんぎょうじ）→[常]〈寺院〉西国三十三所観音・第二十七番
円空（えんくう）→りゅうしん
燄口餓鬼（えんくがき）→せじきえ
偃渓（えんけい）→そげん
円月（えんげつ）→ちゅうがんは（中巌派）
圜悟（えんご）→こくごん
延光寺（えんこうじ）→[常]〈寺院〉四国八十八箇所・第三十九番
延寿（えんじゅ）→しちそ①，すぎょうろく
円宗寺の最勝会（えんしゅうじのさいしょうえ）→さんだいえ
円宗寺の法華会（えんしゅうじのほっけえ）→さんだいえ，ほっけえ
円修禅師（えんしゅぜんじ）→ちょうかぜんじ
円照（えんしょう）→じょうげんしんじょうしゃっきょうもくろく
円成実性（えんじょうじっしょう）→さんしょう（三性）①
円照大師（えんしょうだいし）→いっぺん，じゅうはちだいし，[常]〈僧〉大師

円照本光国師（えんしょうほんこうこくし）→すうでん
円通寺（えんずうじ）→りょうえい
円澄（えんちょう）→みしほ
遠藤盛遠（えんどうもりとお）→もんがく
円位（えんに）→さいぎょう
円爾（えんに）→べんねん
円融寺（えんにゅうじ）→[常]〈寺院〉勅願寺
円如（えんにょ）→おふみ
焔慧地（えんねじ）→じゅうじ（十地）
円福寺（えんぷくじ）→ずいがんじ
円福寺（えんぷくじ）→[常]〈寺院〉坂東三十三所観音・第二十七番
閻浮壇金（えんぶだごん）→しこん
閻魔（えんま）→[旧] 閻魔王
焔魔天（えんまてん）→はっぽうてん
閻魔堂（えんまどう）→えんまもうで
閻魔参り（えんままいり）→えんまもうで，さいにち（賽日）
円満院（えんまんいん）→じゅうさんもんぜき
円満常照国師（えんまんじょうしょうこくし）→そげん
円満報身盧舎那仏（えんまんほうじんるしゃなぶつ）→じゅうぶつみょう
円明寺（えんみょうじ）→[常]〈寺院〉四国八十八箇所・第五十三番
延命（えんめい）→ろくじぞう①
延明寺（えんめいじ）→[常]〈寺院〉四国八十八箇所・第五十四番
延明寺（えんめいじ）→[常]〈寺院〉四国八十八箇所・第六十四番番外
『延命地蔵経』（えんめいじぞうきょう）→じぞう
延命菩薩（えんめいぼさつ）→ふげん
円融寺（えんゆうじ）→[常]〈寺院〉秩父三十三所観音・第二十六番

お　オ

御家流（おいえりゅう）→そんえん
誑（おう）→じゅうぼんのう①，ずいわく
王阿（おうあ）→みえいどうは
応永の大成（おうえいのたいせい）→ゆうかい（宥快）
奥義書（おうぎしょ）→ウパニシャッド
黄教（おうきょう）→こうきょう（黄教）
応化（おうけ）→おうげん
応化仏（おうけぶつ）→けぶつ
応其（おうご）→もくじきしょうにん①
王子迦羅大黒（おうじからだいこく）→だいこくてん
応頌（おうじゅ）→くぶきょう，じゅうにぶきょう
横竪四義（おうじゅしぎ）→にそうしじゅう①
横出（おうしゅつ）→にそうしじゅう②
横生（おうしょう）→ちくしょう
『往生講式』（おうじょうこうしき）→ようかん
『往生拾因』（おうじょうじゅういん）→ようかん
『住生礼讃偈』（おうじょうらいさんげ）→おうじょうらいさん
『往生論』（おうじょうろん）→じょうどろん
応身（おうじん）→げんしん（現身），さんじん
往相（おうそう）→おうそうえこう，にしゅのえこう
横柱指合掌（おうちゅうしがっしょう）→じゅうにがっしょう，[常]〈行儀〉合掌
横超（おうちょう）→にそうしじゅう②
横超断四流（おうちょうだんしりゅう）→[常]〈行儀〉線香
黄童子（おうどうじ）→こんごうどうじ
黄梅弘忍（おうばいぐにん）→なんしゅ

うぜん
黄檗希運（おうばくきうん）→ぎげん
黄檗山万福寺（おうばくさんまんぷくじ）→おうばくしゅう
黄檗版大蔵経（おうばくばんだいぞうきょう）→おうばくばん
『黄檗普照禅師語録』（おうばくふしょうぜんじごろく）→いんげん
雄誉霊巌（おうよれいがん）→れいがんじ
黄竜山（おうりょうざん）→おうりょう
お会式（おえしき）→えしき
大窪寺（おおくぼじ）→[常]〈寺院〉四国八十八箇所・第八十八番
大阪御堂（おおさかみどう）→いしやまほんがんじ
大沢流（おおさわりゅう）→りょうえい
太田道灌（おおたどうかん）→きちじょうじ，せいしょうじ
大茶盛行事（おおちゃもりぎょうじ）→さいだいじ①
大伴孔子古（おおとものくじこ）→こかわでら
大原談義（おおはらだんぎ）→おおはらもんどう
大御堂（おおみどう）→[常]〈寺院〉坂東三十三所観音・第二十五番
大峰山（おおみねさん）→みねいり
大谷観音（おおやかんのん）→[常]〈寺院〉坂東三十三所観音・第十九番
大谷寺（おおやじ）→[常]〈寺院〉坂東三十三所観音・第十九番
岡寺（おかでら）→[常]〈寺院〉西国三十三所観音・第七番
不拝秘事（おがまずひじ）→ひじぼうもん
苧殻箸（おがらばし）→[常]〈仏事〉麻幹，苧殻
置香炉（おきこうろ）→[常]〈法具〉香炉
『翁の文』（おきなのふみ）→とみながなかもと
荻野堂（おぎのどう）→[常]〈寺院〉秩父三十三所観音・第六番
お経読み（おきょうよみ）→[常]〈行儀〉読経
荻原雲来（おぎわらうんらい）→ほんやくみょうぎたいしゅう
憶念持（おくねんじ）→そばか
奥の院（おくのいん）→[常]〈寺院〉四国八十八箇所・第一番番外
奥の院（おくのいん）→[常]〈寺院〉四国八十八箇所・第二十番番外
奥の院（おくのいん）→[常]〈寺院〉四国八十八箇所・第四十番番外
奥山朝藤（おくやまともふじ）→ほうこうじ（方広寺）②
御蔵秘事（おくらひじ）→ひじぼうもん
おくりな →しごう
小栗栖常暁（おぐるすじょうぎょう）→だいげんすいみょうおう
汚家擯謗違諫戒（おけひんぼういかんかい）→じゅうさんそうざん
おこもり →さんろう
納めの式（おさめのしき）→[常]〈仏事〉斂祭
お十夜（おじゅうや）→[常]〈行事〉十夜
和尚田（おしょうでん）→はちふくでん
御祖師様（おそしさま）→そし
織田信長（おだのぶなが）→いしやまほんがんじ，えんりゃくじ，こうさ，こうじゅ，ほんのうじ
億劫（おっこう）→おっくう，[旧] 億劫
おつとめ →[常]〈仏事〉勤行
御手判寺（おてはんじ）→[常]〈寺院〉秩父三十三所観音・第二十五番
鬼払い（おにはらい）→ついな
鬼若丸（おにわかまる）→べんけい
小野流（おのりゅう）→ひろさわりゅう，やたくじゅうにりゅう
小野六流（おのろくりゅう）→とうみつじゅうにりゅう
小幡流（おばたりゅう）→りょうくう①
小墾田寺（おはりだでら）→とゆらでら
お彼岸（おひがん）→ひがん②，[常]〈行

事〉彼岸会，讃仏会
お盆（おぼん）→[常]〈行事〉盂蘭盆会
お水取り（おみずとり）→にがつどう
オーム →おん
御室御所（おむろごしょ）→にんなじ
御室派（おむろは）→おむろ，にんなじ，[常]〈寺院〉本山・真言宗
尾張法印（おわりほういん）→たんけい
音楽寺（おんがくじ）→[常]〈寺院〉秩父三十三所観音・第二十三番
音楽天（おんがくてん）→にんぴにん
遠行地（おんぎょうじ）→じゅうじ（十地）
怨苦（おんく）→じっく
恩山寺（おんざんじ）→[常]〈寺院〉四国八十八箇所・第十八番
飲食施（おんじきせ）→[常]〈行儀〉布施
飲酒（おんじゅ）→きょうかんじごく，しょうねつじごく，はちねつじごく
恩徳（おんとく）→さんとく
遠日（おんにち）→きにち
陰魔（おんま）→しま
陰陽家（おんみょうけ）→きもん
陰馬蔵（おんめぞう）→おんぞうそう
厭離穢土（おんりえど）→えんりえど

か　カ

害（がい）→じゅうぼんのう①，ずいわく
蓋（がい）→[常]〈法具〉天蓋
海晏（かいあん）→ずいがんじ
『槐安国語』（かいあんこくご）→はくいん
海印寺（かいいんじ）→[常]〈経典〉大蔵経・高麗蔵
『開皇三宝録』（かいおうさんぼうろく）→れきだいさんぼうき
戒学（かいがく）→さんがく
海岸寺（かいがんじ）→[常]〈寺院〉四国八十八箇所・第七十一番番外
開鬼門（かいきもん）→[常]〈仏事〉地獄の釜の蓋
開教師（かいきょうし）→かいきょうし
皆空（かいくう）→りゅうかん
快慶（かいけい）→うんけい
開啓（かいけい）→かいびゃく
快賢（かいけん）→みぶでら
開顕（かいけん）→かいごんけんじつ
開元一切遍知三蔵（かいげんいっさいへんちさんぞう）→ぼだいるし（菩提流志）
開眼光（かいげんこう）→[常]〈仏事〉開眼
開眼式（かいげんしき）→かいげんくよう
開眼法要（かいげんほうよう）→[常]〈仏事〉開眼
『開元録』（かいげんろく）→かいげんしゃくきょうろく
開光（かいこう）→[常]〈仏事〉開眼
開光明（かいこうみょう）→[常]〈仏事〉開眼
戒禁取見（かいごんしゅけん）→じゅうぼんのう③
開三顕一（かいさんけんいち）→かいごんけんじつ
戒師（かいし）→かいだん
海住山寺（かいじゅうせんじ）→じょうけい
戒取見（かいしゅけん）→ごけん，じゅうぼんのう③
『戒疏』（かいしょ）→どうせん
会昌の廃仏（かいしょうのはいぶつ）→さんぶいっそうのほうなん
会昌の法難（かいしょうのほうなん）→えんにん
回心（かいしん）→えしん
開祖（かいそ）→開山
懐素（かいそ）→りつのさんしゅう
戒盗身縛（かいとうしんばく）→しばく
開扉（かいひ）→かいちょう
開敷華王如来（かいふけおうにょらい）→ごぶつ
界分別観（かいふんべつかん）→ごじょ

うしんかん
界方便観（かいほうべんかん）→ごじょうしんかん
戒本（かいほん）→はらだいもくしゃ
開明（かいみょう）→[當]〈仏事〉開眼
戒律復興（かいりつふっこう）→えいぞん，じうん
過海大師（かかいだいし）→がんじん
加賀大乗寺（かがだいじょうじ）→がさん②
餓鬼界（がきかい）→じっかい（十界）
覚愛（かくあい）→ぼだいるし（菩提流志）
廓庵師遠（かくあんしおん）→じゅうぎゅうず
覚有情（かくうじょう）→ぼさつ
我空法有（がくうほうう）→うぶ
学運（がくうん）→むのう
覚鎧（かくがい）→ぶっだばつま
学戒女（がくかいにょ）→しきしゃまな
矍矍婆（かくかくば）→はっかんじごく
覚軍（かくぐん）→ぼだいせんな
覚賢（かくけん）→じゅうはちけん，[當]〈宗派〉中国仏教・華厳宗，〈経典〉華厳経
覚憲（かくけん）→じょうけい
覚樹（かくじゅ）→ぼだいじゅ
覚盛（かくじょう）→とうしょうだいじ，にんしょう
覚信尼（かくしんに）→ほんがんじ
覚心不生心（かくしんふしょうしん）→じゅうじゅうしんろん
覚仙（かくせん）→はらたんざん
『覚禅鈔』（かくぜんしょう）→ろくじぞう⑤
鶴船老（かくせんろう）→せっそん①
鶴巣（かくそう）→はらたんざん
覚他（かくた）→じかく（自覚）
覚天（かくてん）→ばしゃのしだいろんじ
『学道用心集』（がくどうようじんしゅう）→どうげん
我功徳力（がくどくりき）→さんりき①
覚如（かくにょ）→くでんしょう，ほんがんじ，ほんがんじしょうにんしんらんでんね
学法女（がくほうにょ）→しきしゃまな
覚明（かくみょう）→じゅうはちけん，ぶっだやしゃ
学侶方（がくりょがた）→こうやひじり
学林（がくりん）→[當]〈寺院〉檀林
鶴林寺（かくりんじ）→[當]〈寺院〉四国八十八箇所・第二十番
我見身縛（がけんしんばく）→しばく
火光尊（かこうそん）→かてん
火祭祀法（かさいしほう）→ごま
歌祭文（かさいもん）→さいもん
笠置寺（かさぎでら）→じょうけい
笠森観音，笠森寺（かさもりかんのん，―― でら）→[當]〈寺院〉坂東三十三所観音・第三十一番
花山院菩提寺（かざんいんぼだいじ）→[當]〈寺院〉西国三十三所観音・第二十四番番外
花山僧正（かざんそうじょう）→へんじょう
梶井宮（かじいのみや）→じゅうさんもんぜき
カーシー〔迦尸〕国（―― こく）→はらな
加持身（かじしん）→ほんじもん
加持門（かじもん）→ほんじもん
火聚仏頂（かじゅぶっちょう）→ごぶっちょう
カーシャパ →かしょう（迦葉）
カーシャパマータンガ →かしょうまとう
家住期（かじゅうき）→バラモン
勧修寺（かじゅうじ，かじゅじ）→かんじゅじ
迦葉遺部（かしょういぶ）→おんこうぶ
嘉祥寺（かじょうじ）→きちぞう
嘉祥寺（かじょうじ）→[當]〈寺院〉勅願寺
加上説（かじょうせつ）→とみながなか

もと
加持力（かじりき）→じゅうりき③
火神（かしん）→かてん
雅真（がしん）→にんがい
火仙（かせん）→かてん
迦多衍尼子（かたえんにし）→あびだつまほっちろん，せついっさいうぶ
火宅喩（かたくゆ）→ほっけしちゆ
火壇（かだん）→ごまだん
我痴（がち）→しぼんのう
迦絺那衣（かちなえ）→じゅうじゅりつ
過中不飲漿（かちゅうふおんしょう）→じゅうにずだぎょう
月輪大師（がちりんだいし）→じゅうはちだいし，しゅんじょう，[常]〈僧〉大師
渇愛（かつあい）→じっしゅまぐん，しゅ(取)，じゅうにいんねん
渇愛煩悩（かつあいぼんのう）→くじゅうめつどう
月蓋長者（がつがいちょうじゃ）→ぜんこうじ
月忌法要（がっきほうよう）→[常]〈仏事〉月忌
月宮天子（がっきゅうてんし）→にじってん
月光王（がっこうおう）→にじゅうごぼさつ
月光菩薩（がっこうぼさつ）→さんぞん，やくし
合掌観音（がっしょうかんのん）→さんじゅうさんかんのん
月天（がってん）→じゅうにてん
羯磨会（かつまえ）→くえまんだら
羯磨師（かつまし）→かつまあじゃり
渇欲（かつよく）→あい
葛城山人（かつらぎさんじん）→じうん
花亭（かてい）→はなみどう
カーティヤーヤナ →かせんねん
加藤清正（かとうきよまさ）→ほんみょうじ
門茶（かどちゃ）→[日] 接待

カナカヴァッサ〔迦諾迦伐蹉〕（かなかばっさ）→じゅうろくらかん
カナカバラドゥヴァージャ〔迦諾跋釐惰闍〕（かなばつりだじゃ）→じゅうろくらかん
カナーダ〔迦那陀〕→ヴァイシェーシカ，かつろん
迦那提婆（かなだいば）→だいば
金目観音（かなめかんのん）→[常]〈寺院〉坂東三十三所観音・第七番
かねぶつ→ [常]〈行事〉寒念仏
瓦鉢（がはつ）→[常]〈法具〉鉢
カピラ〔迦毘羅〕仙（—— せん）→すろん
カピラヴァストゥ →カピラじょう
迦毘羅衛院海岸寺（かびらえいんかいがんじ）→[常]〈寺院〉四国八十八箇所・第七十一番番外
かびん →けびょう
臥仏像（がぶつぞう）→ねはんぞう
我法二空観（がほうにくうかん）→じょうじつしゅう
鎌倉大仏殿（かまくらだいぶつでん）→こうとくいん
鎌倉の十刹（かまくらのじっせつ）→じっせつ
釜の口開け（かまのくちあけ）→[常]〈仏事〉地獄の釜の蓋
釜蓋朔（かまのふたのついたち）→[常]〈仏事〉地獄の釜の蓋
かまふたの祝い（—— いわい）→[常]〈仏事〉地獄の釜の蓋
カマラシーラ →れんげかい
過慢（かまん）→しちまん
紙衣（かみきぬ）→かみこ
上醍醐寺（かみだいごじ）→[常]〈寺院〉西国三十三所観音・第十一番
亀山上皇（かめやまじょうこう）→なんぜんじ
仮面の仏教徒（かめんのぶっきょうと）→ヴェーダーンタ
ガヤー・カーシャパ〔伽耶迦葉〕（がや

かしょう）→かしょう（迦葉）③，さんかしょう
迦羅鳩駄迦旃延（からくだかせんねん）→ろくしげどう
唐崎の明神（からさきのみょうじん）→[常]〈行事〉千日参り
カランダカ〔迦蘭陀〕長者（からんだちょうじゃ）→ちくりんしょうじゃ
カーリカ〔迦理迦〕（かりか）→じゅうろくらかん
于栗駄（かりだ）→しん（心）②
訶梨跋摩（かりばつま）→[常]〈宗派〉中国仏教・成実宗
ガルダ →かるら
花嶺山人（かれいさんじん）→ほうたん
噉［想］（かん［そう］）→くそう
寛永寺版（かんえいじばん）→だいぞうきょう，[常]〈経典〉大蔵経
観音寺（かんおんじ）→[常]〈寺院〉四国八十八箇所・第六十九番
ガンガー →ごうが
顔回（がんかい）→さんしょう（三聖）③
感覚的唯物論（かんかくてきゆいぶつろん）→ろくしげどう
龕棺（がんかん）→がん（龕）
歓喜（かんぎ）→アーナンダ
歓喜（かんぎ）→がなばち
歓喜（かんぎ）→じゅうろくぜんじん
歓喜行（かんぎぎょう）→じゅうぎょう
歓喜光仏（かんぎこうぶつ）→じゅうにこうぶつ
関鬼門（かんきもん）→[常]〈仏事〉地獄の釜の蓋
看経（かんきょう）→かんぎん
『観経疏記』（かんぎょうしょき）→りょうちゅう
『観経疏私記』（かんぎょうしょしき）→しょうくう（証空）
看経（かんきん）→かんぎん
檻花（かんげ）→まんじゅしゃげ
元慶寺（がんけいじ）→へんじょう，[常]〈寺院〉勅願寺，西国三十三所観音・第十四番番外
勧化帳（かんげちょう）→かんじんちょう
鑑源（かんげん）→いんげん
元興寺（がんこうじ）→じゅうだいじ
観察義禅（かんざつぎぜん）→ししゅぜん
観察正行（かんざつしょうぎょう）→ごしゅのしょうぎょう
観察雑行（かんざつぞうぎょう）→ごしゅのぞうぎょう
観察門（かんざつもん）→ごねんもん
願作仏心（がんさぶっしん）→がんさどしょう
関山（かんざん）→[常]〈僧〉大師
関山慧玄（かんざんえげん）→みょうしんじ
観三時（かんさんじ）→じゅうにもんろん
『寒山詩集』（かんざんししゅう）→かんざん
元三大師（がんざんだいし）→りょうげん
寒地獄（かんじごく）→さんしゅのじごく
願自在（がんじざい）→じっしゅじざい
観自在寺（かんじざいじ）→[常]〈寺院〉四国八十八箇所・第四十番
貫首（かんじゅ）→かんしゅ
寒修行（かんしゅぎょう）→[常]〈行事〉寒念仏
寛助（かんじょ）→かくばん
灌頂（かんじょう）→しょうあん
灌頂住（かんじょうじゅう）→じゅうじゅう
『感身学生記』（かんじんがくしょうき）→えいぞん
観心成仏（かんじんじょうぶつ）→[常]〈宗派〉中国仏教・天台宗
『観心論疏』（かんじんろんしょ）→しょうあん

監寺（かんす）→もうどう
観世音寺（かんぜおんじ）→さんかいだん
観世音寺（かんぜおんじ）→[常]〈寺院〉坂東三十三所観音・第二十三番
観世音菩薩普門品（かんぜおんぼさつふもんぼん）→ふもんぼん，[常]〈経典〉法華経
浣洗（かんせん）→ずだ
観想念仏（かんそうねんぶつ）→ししゅねんぶつ
観像念仏（かんぞうねんぶつ）→ししゅねんぶつ
ガンダーラ王国（―― おうこく）→げっしこく，けんだら
ガンデン寺，甘丹寺（―― じ，かんたんじ）→ツォンカパ
鑑智国師（かんちこくし）→しょうくう（証空）
鑑智禅師（かんちぜんじ）→そうさん
関中創立戒壇図経（かんちゅうそうりつかいだんずきょう）→かいだん
寛朝（かんちょう）→しんしょうじ
寛朝（かんちょう）→ひろさわりゅう
岩殿寺（がんでんじ）→[常]〈寺院〉坂東三十三所観音・第二番
ガンデン派（―― は）→ツォンカパ
関東三山（かんとうさんざん）→やくおういん
関東三不動（かんとうさんふどう）→こんごうじ①
願人（がんにん）→がんにんぼうず
堪忍世界（かんにんせかい）→[日] 堪忍
観念法門（かんねんほうもん）→ぜんどう（善導）
感応道交（かんのうどうこう）→かんのうどうきょう
観音院（かんのんいん）→じゅうさんだいいん
観音院（かんのんいん）→[常]〈寺院〉秩父三十三所観音・第三十一番
観音観（かんのんかん）→じゅうろくかん
観音参詣（かんのんさんけい）→[常]〈行事〉千日参り
観音三十三身（かんのんさんじゅうさんじん）→さんじゅうさんじん
観音寺（かんのんじ）→[常]〈寺院〉西国三十三所観音・第十五番
観音寺（かんのんじ）→[常]〈寺院〉秩父三十三所観音・第二十一番
観音寺（かんのんじ）→[常]〈寺院〉四国八十八箇所・第十六番
観音正寺（かんのんしょうじ）→[常]〈寺院〉西国三十三所観音・第三十二番
観音浄土（かんのんじょうど）→せいがんとじ
『観音別行玄義記』（かんのんべつぎょうげんぎき）→ちれい
観音品（かんのんぼん）→ふもんぼん
『観普賢経』（かんふげんぎょう）→さんぶきょう，[常]〈経典〉三部経・法華三部経
観仏三昧（かんぶつざんまい）→かんぶつ
観法実相力（かんぼうじっそうりき）→じゅうりき②
『観弥勒菩薩下生経』（かんみろくぼさつげしょうきょう）→[常]〈経典〉三部経・弥勒三部経
『観弥勒菩薩上生兜率天経』（かんみろくぼさつじょうしょうとそつてんきょう）→みろくじょうしょうきょう，[常]〈経典〉三部経・弥勒三部経
『観無量寿経疏』（かんむりょうじゅきょうしょ）→かんむりょうじゅきょう
『観無量寿経疏散善義』（かんむりょうじゅきょうしょさんぜんぎ）→みょうこうにん
『観無量寿経疏妙宗鈔』（かんむりょうじゅきょうしょみょうしゅうしょう）→ちれい
観無量寿仏経（かんむりょうじゅぶつきょう）→かんむりょうじゅきょう

観薬王（かんやくおう）→やくおうぼさつ

漢訳蔵経，漢訳大蔵経（かんやくぞうきょう，—— だいぞうきょう）→だいぞうきょう，需〈経典〉大蔵経

願力自然（がんりきじねん）→じねん

き　キ

基（き）→きき

喜（き）→しじ（四事）②

棄悪（きあく）→ぜん①

虚庵懐敞（きあんえしょう）→えいさい

希運（きうん）→ぎげん

帰依僧，帰依仏，帰依法（きえそう，—— ぶつ，—— ほう）→さんきえ

義演（ぎえん）→えいへいこうろく

義演（ぎえん）→だいごじ

祇園御霊会（ぎおんごりょうえ）→ぎおんえ

祇園社（ぎおんしゃ）→ごずてんのう

喜覚支（きかくし）→しちかくし

飢渇（きかつ）→じっしゅまぐん

祈願寺（きがんじ）→きがんじょ

疑偽経（ぎぎきょう）→ぎきょう

騎牛帰家（きぎゅうきか）→じゅうぎゅうず

飢饉災（ききんさい）→さんさい

菊水寺（きくすいじ）→需〈寺院〉秩父三十三所観音・第三十三番

疑悔（ぎけ）→じっしゅまぐん

希玄（きげん）→どうげん

起業相（きごっそう）→ろくそそう

更衣の別れ（きさらぎのわかれ）→ねはんえ

枳師帝掲婆（きしていぎゃば）→じぞう

疑似部（ぎじぶ）→需〈経典〉大蔵経

寄捨（きしゃ）→きしん

祇樹給孤独園（ぎじゅぎっこどくおん）→ぎおん

記主禅師（きしゅぜんじ）→りょうちゅう，需〈行事〉五重相伝

起請文（きしょうもん）→きしょう

暉真（きしん）→もんせん

疑神（ぎじん）→にんぴにん

疑心自力（ぎしんじりき）→きょうぎょうしんしょうもんるい

起誓（きせい）→きしょう

起誓文（きせいもん）→きしょう

器世界（きせかい）→きせけん

貴霜（きそう）→げっしこく

祇陀太子（ぎだたいし）→はしのくおう

北野天満宮（きたのてんまんぐう）→ごんげんづくり

北法相宗（きたほっそうしゅう）→ほっそうしゅう，需〈寺院〉本山

北山別院旧堂（きたやまべついんきゅうどう）→やましなごぼう

北山本門寺（きたやまほんもんじ）→ほんもんじ②

吉祥坐（きちじょうざ）→けっかふざ

吉祥寺（きちじょうじ）→需〈寺院〉四国八十八箇所・第六十三番

吉祥懺法（きちじょうせんぼう）→せんぼう

忌中（きちゅう）→需〈仏事〉忌服

義通（ぎつう）→ちれい

『喫茶養生記』（きっさようじょうき）→えいさい

吉祥（きっしょう）→きちじょう

吉祥院，吉祥天満宮（きっしょういん，—— てんまんぐう）→需〈行事〉六斎念仏

吉祥天（きっしょうてん）→きちじょうてん

義天（ぎてん）→りょうあんじ

虚堂（きどう）→そげん

起塔供養（きとうくよう）→需〈寺院〉塔

諱日（きにち）→きにち

疑人（ぎにん）→にんぴにん

耆年長老（きねんちょうろう）→ちょうろう

帰謬論証派（きびゅうろんしょうは）→

げっしょう（月称），ぶつご，ちゅうがんは（中観派）
木仏師（きぶっし）→えぶっし
擬宝珠（ぎぼし）→ほうじゅ
帰命合掌（きみょうがっしょう）→じゅうにがっしょう，㊅〈行儀〉合掌
帰命尽十方無礙光如来（きみょうじんじっぽうむげこうにょらい）→みだのみょうごう
『帰命本願鈔』（きみょうほんがんしょう）→さんぶかなしょう
喜無量心（きむりょうしん）→しむりょうしん
逆修（ぎゃくしゅう）→ぎゃくしゅ
逆流（ぎゃくる）→よるか
逆流の十心（ぎゃくるのじっしん）→じっしん（十心）
吸江菴（きゅうこうあん）→ろうあん
亀茲（きゅうじ）→きじ
久昌寺（きゅうしょうじ）→㊅〈寺院〉秩父三十三所観音・第二十五番
笈多大王（ぎゅうただいおう）→ちょうにちおう
教（きょう）→しじ（四事）②
憍（きょう）→ずいわく
軽安覚支（きょうあんかくし）→しちかくし
狂雲子（きょううんし）→いっきゅう
『狂雲集』（きょううんしゅう）→いっきゅう
『教王経』（きょうおうぎょう）→こんごうちょうぎょう
教王護国寺（きょうおうごこくじ）→㊅〈寺院〉本山・真言宗
『行誡上人全集』（ぎょうかいしょうにんぜんしゅう）→ぎょうかい
境界相（きょうがいそう）→ろくそそう
驚覚（きょうがく）→さんまや
行学（ぎょうがく）→げぎょう
行願寺（ぎょうがんじ）→㊅〈寺院〉西国三十三所観音・第十九番
行基菩薩（ぎょうきぼさつ）→ぎょうき
行苦（ぎょうく）→さんく（三苦）
仰口食（ぎょうくじき）→しじゃみょうじき
敬供養（きょうくよう）→くよう，㊅〈行儀〉供養
行供養（ぎょうくよう）→くよう，㊅〈行儀〉供養
香厳智閑（きょうげんちかん）→そしぜん，れいゆう
行香（ぎょうこう）→㊅〈行儀〉焼香
憍薩羅（きょうさつら）→コーサラ
匡山（きょうさん）→ろざん
仰山慧寂（ぎょうざんえじゃく）→そしぜん，れいゆう
教師（きょうじ）→㊅〈僧〉僧階
憍尸迦（きょうしか）→むじゃく
『行事鈔』（ぎょうじしょう）→どうせん
頬車如獅子相（きょうしゃにょししそう）→さんじゅうにそう
経集部（きょうしゅうぶ）→㊅〈経典〉大蔵経
教授師（きょうじゅし）→きょうじゅ
行勝（ぎょうしょう）→もくじきしょうにん②
経卓（きょうしょく）→きょうづくえ
経疏部（きょうしょぶ）→㊅〈経典〉大蔵経
脇尊者（きょうそんじゃ）→めみょう
経筒（きょうづつ）→きょうづか
敬田（きょうでん）→さんふくでん①
敬田院（きょうでんいん）→しょうとくたいし
教導師（きょうどうし）→㊅〈僧〉僧階
鏡堂派（きょうどうは）→にじゅうしりゅう
京都三大会（きょうとさんだいえ）→だいじょうえ
行人方（ぎょうにんがた）→こうやひじり
楽欲（ぎょうのく）→しゃのく
巧便（ぎょうべん）→ぜんぎょうほうべん

行満（ぎょうまん）→てんだいしゅう
形貌欲（ぎょうみょうよく）→ろくよく
慶友（きょうゆう）→じゅうろくらかん
敬礼（きょうらい）→なむ
狂乱往生（きょうらんおうじょう）→しょうねんおうじょう
畺良耶舎（きょうりょうやしゃ）→[常]〈経典〉三部経・浄土三部経，〈宗派〉中国仏教・浄土宗
教令輪身（きょうりょうりんじん）→さんりんじん
魚鼓（ぎょく）→[常]〈法具〉木魚
玉磬（ぎょくけい）→[常]〈法具〉磬
玉耶女（ぎょくやにょ）→ぎょくやぎょう
『玉耶女経』（ぎょくやにょぎょう）→ぎょくやぎょう
清澄寺（きよすみでら）→せいちょうじ
清澄山（きよすみやま）→にちれん
清滝寺（きよたきじ）→[常]〈寺院〉坂東三十三所観音・第二十六番
清滝寺（きよたきじ）→[常]〈寺院〉四国八十八箇所・第三十五番
魚板（ぎょばん）→[常]〈法具〉木魚
清水観音（きよみずかんのん）→[常]〈寺院〉坂東三十三所観音・第三十二番
清水寺（きよみずじ）→[常]〈寺院〉坂東三十三所観音・第三十二番
清水寺（きよみずでら）→[常]〈寺院〉西国三十三所観音・第二十五番
清見寺（きよみでら）→せいけんじ
切紙（きりがみ）→くけつ
切幡寺（きりはたでら）→[常]〈寺院〉四国八十八箇所・第十番
禁闕（宮中）守護の三十番神（きんけつ《きゅうちゅう》しゅごのさんじゅうばんしん）→さんじゅうばんしん
径山万寿寺（きんざんまんじゅじ）→ござん
金昌寺（きんしょうじ）→[常]〈寺院〉秩父三十三所観音・第四番
錦織寺派（きんしょくじは）→きべは
錦袋円（きんたいえん）→どうかく
『禁断謗施論』（きんだんほうせろん）→にちおう
キンナラ →にんぴにん
経案（きんなん）→きょうづくえ
経行（きんひん）→きょうぎょう
金峰山（きんぶせん）→しゅげんどう

く　ク

空衣派（くうえは）→ジャイナきょう
共業（ぐうごう）→ごう
宮寺（ぐうじ）→じんぐうじ
窮子喩（ぐうじゆ）→ほっけしちゆ
空心（くうしん）→けいちゅう
空善（くうぜん）→れんにょしょうにんごいちだいきききがき
寓銭（ぐうせん）→しせん
『空善日記』（くうぜんにっき）→れんにょしょうにんごいちだいきききがき
空諦（くうたい）→いっしんさんがん，さんだい（三諦）
空大（くうだい）→ごだい，ろくだい
共十地（ぐうのじゅうじ）→ぶつじ（仏地）
空無辺処解脱（くうむへんしょげだつ）→はちげだつ
空也踊躍念仏（くうやゆやくねんぶつ）→ろくはらみつじ
空輪（くうりん）→くりん
『九会語録』（くえごろく）→そしゅん
久遠成院（くおんじょういん）→にっしん
『鼓音声王陀羅尼経』（くおんじょうおうだらにきょう）→じょうどのしちきょう
究竟不浄（くきょうふじょう）→ごしゅのふじょう
工巧明（くぎょうみょう）→ごみょう
苦々（くく）→さんく（三苦）
供華（くげ）→[常]〈行儀〉仏華
救護一切（くごいっさい）→じゅうろくぜんじん

愚谷（ぐこく）→ちくう
救護衆生離衆生相（くごしゅじょうりしゅじょうそう）→じゅうえこう
拘子城（くしじょう）→クシナガラ
クシティガルバ→じぞう
句捨（くしゃ）→くしゃ
瞿沙（くしゃ）→みょうおん
孔雀王（くじゃくおう）→くじゃくみょうおう
孔雀経法（くじゃくきょうほう）→くじゃくおうほう
クシャーン王朝（—— おうちょう）→げっしこく
口授（くじゅ）→くけつ
口授心伝（くじゅしんでん）→needs〈行事〉五重相伝
救勝（くしょう）→ろくじぞう②
口称念仏（くしょうねんぶつ）→ししゅねんぶつ
九条道家（くじょうみちいえ）→とうふくじ
愚心（ぐしん）→ゆうてん
楠正成（くすのきまさしげ）→しぎさんじ
楠正行（くすのきまさつら）→にょいりんじ
救世観音宗（ぐぜかんのんしゅう）→きみいでら
救世菩薩（ぐぜぼさつ）→かんぜおん
供僧（くそう）→しゃそう
宮僧（くそう）→しゃそう
九想図（くそうず）→くそう
具足大悲力（ぐそくだいひりき）→じゅうりき②
具足方便住（ぐそくほうべんじゅう）→じゅうじゅう
倶蘇摩摩羅（くそままら）→けまん
庫質銭（くちせん）→むじんざい
クチャ →きじ
愚中周及（ぐちゅうしゅうきゅう）→ぶっつうじ，ぶっつうじは
愚中派（ぐちゅうは）→にじゅうしりゅう
倶胝和尚（ぐていおしょう）→くてい
口伝（くでん）→くけつ
苦道（くどう）→さんどう②
愚童持斎心（ぐどうじさいしん）→じゅうじゅうしんろん
功徳（くどく）→にじってん
弘徳円明国師（ぐとくえんみょうこくし）→じょうきん
功徳賢（くどくけん）→グナバドラ
功徳天（くどくてん）→きちじょうてん
功徳福田（くどくふくでん）→さんふくでん②
拘那含牟尼仏（くなごんむにぶつ）→しちぶつ
求那跋陀羅（ぐなばっだら）→グナバドラ
求那毘地（ぐなびじ）→ひゃくゆぎょう
弘忍（ぐにん）→えのう，じんしゅう，しんたんろくそ，なんとんほくぜん，㊫〈宗派〉中国仏教・禅宗
口の四過（くのしか）→もうご
九拝（くはい）→㊫〈行儀〉礼拝
『救抜焔口餓鬼陀羅尼経』（くばつえんくがきだらにきょう）→㊫〈行事〉施餓鬼会
宮毘羅大将（くびらだいしょう）→じゅうにじんしょう
弘福寺（ぐふくじ）→じゅうごだいじ，じゅうだいじ，じゅうろくだいじ
愚夫所行禅（ぐふしょぎょうぜん）→ししゅぜん
グプタ大王（—— だいおう）→ちょうにちおう
クベーラ →やしゃ（夜叉）
弘法（ぐぼう）→でんどう
『九品往生義』（くほんおうじょうぎ）→りょうげん
九品寺派（くほんじは）→じょうどしゅう
九品弥陀（くほんみだ）→くほん
熊谷次郎直実（くまがいじろうなおざね）

→れんしょう
熊谷寺（くまだにじ）→囧〈寺院〉四国八十八箇所・第八番
熊野（くまの）→しゅげんどう
熊野三山，熊野三所権現（くまのさんざん，―― さんしょごんげん）→くまのごんげん
『熊野本地絵巻』（くまのほんじえまき）→くまのごんげん
クマーラジーヴァ →くまらじゅう
口密（くみつ）→さんみつ
弘明寺（ぐみょうじ）→囧〈寺院〉坂東三十三所観音・第十四番
口無失（くむしつ）→じゅうはちふぐうほう
苦滅諦（くめったい）→めったい
久米寺（くめでら）→くうかい，くめのせんにん
供養会（くようえ）→くえまんだら
供養儀式（くようぎしき）→だいにちきょう
鞍部斯末売，鞍部嶋（くらつくりのしまめ，――しま）→ぜんしんに
鞍部徳積（くらつくりのとくさか）→そうず
鞍馬弘教（くらまぐきょう）→くらまでら
鞍馬の火祭り（くらまのひまつり）→くらまでら
庫裏（くり）→くり
繰り位牌（くりいはい）→囧〈仏事〉繰り出し位牌
倶哩迦羅（くりから）→くりから
倶哩迦羅竜王（くりからりゅうおう）→回 倶利迦羅紋紋
拘利城（くりじょう）→しゃかむに
苦輪界（くりんかい）→くかい
拘留孫仏（くるそんぶつ）→しちぶつ
車屋道場（くるまやどうじょう）→せんしょうじ
口礼（くれい）→囧〈行儀〉礼拝
紅蓮華（ぐれんげ）→ぐれん
紅蓮華手（ぐれんげしゅ）→ぐれん
紅蓮地獄（ぐれんじごく）→ぐれん
『黒谷上人和語灯録』（くろだにしょうにんわごとうろく）→わごとうろく
黒谷堂（くろだにどう）→こんかいこうみょうじ
裙子（くんす）→こしごろも
クンダリー →ぐんだりみょうおう
訓導（くんどう）→囧〈僧〉僧階
訓読（くんどく）→囧〈行儀〉読経
軍徒鉢歎（ぐんとはったん）→じゅうろくらかん
クンビーラ →こんぴら

け ケ

悔（け）→ずいわく
敬阿（けいあ）→こうけい
敬愛（けいあい）→しゅほう
契印（けいいん）→いんげい
鶏園寺（けいおんじ）→だいてん
啓龕（けいがん）→かいちょう
慶喜（けいき）→アーナンダ
荊溪尊者（けいけいそんじゃ）→たんねん
猊座（げいざ）→げいか
慶秀（けいしゅう）→しんぜい
荊州玉泉寺（けいしゅうぎょくせんじ）→じんしゅう
髻珠喩（けいしゅゆ）→ほっけしちゆ
稽首礼足（けいしゅらいそく）→せっそくさらい
鯨鐘（げいしょう）→囧〈法具〉梵鐘
桂昌院（けいしょういん）→ごこくじ，りょうけん
磬子（けいす）→けい
『荊叢毒蕊』（けいそうどくすい）→はくいん
計度（けいど）→ふんべつ
景徳寺（けいとくじ）→ほううん②（法雲）
『景徳伝灯録』（けいとくでんとうろく）→こうあん

啓白（けいびゃく）→ひょうびゃく
圭峯（けいほう）→しちそ②
希有（けう）→くぶきょう①，じゅうにぶきょう
仮縁（げえん）→けえん
仮観（けかん）→さんがん（三観）
逆修（げきしゅ）→ぎゃくしゅ
『撃節録』（げきせつろく）→こくごん
化教（けきょう）→けせいのにきょう
外境（げきょう）→ごきょう（五境）
外教部（げきょうぶ）→[常]〈経典〉大蔵経
解空第一（げくうだいいち）→じゅうだいでし，しゅぼだい
下口食（げくじき）→しじゃみょうじき
解夏（げげ）→けつげ
『華厳一乗教義分斉章』（けごんいちじょうきょうぎぶんざいしょう）→ごきょうしょう
華厳王（けごんおう）→にじゅうごぼさつ
『華厳経八十巻本』，『六十巻本』，『四十巻本』（けごんぎょう —— かんぼん）→[常]〈経典〉華厳経
『華厳経疏』（けごんぎょうしょ）→じっしゅえこう，じっしゅつう
『華厳経探玄記』（けごんぎょうたんげんき）→ほうぞう
『華厳孔目章』（けごんくもくしょう）→ちごん
『華厳原人論』（けごんげんにんろん）→げんにんろん
外金剛部院（げこんごうぶいん）→じゅうさんだいいん
華厳寺（けごんじ）→[常]〈寺院〉西国三十三所観音・第三十三番
華厳寺（けごんじ）→ほうたん
『華厳捜玄記』（けごんそうげんき）→ちごん
『華厳大疏』（けごんだいしょ）→だいほうこうぶつけごんぎょうしょ
華厳の三聖（けごんのさんしょう）→さんしょう（三聖）①
華厳の七祖（けごんのしちそ）→しちそ②
華厳部（けごんぶ）→[常]〈経典〉大蔵経
仮根謗戒（けこんぼうかい）→じゅうさんそうざん
化作（けさ）→け（化）②
袈裟衣（けさえ）→えじき
華座観（けざかん）→じゅうろくかん
芥子劫（けしこう）→こう（劫）
解自在（げじざい）→じっしゅじざい
華氏城（けしじょう）→はたりし
解住心（げじゅうしん）→くじゅうしん
化生（けしょう）→ししょう（四生）
下生（げしょう）→くほんいん
化城喩（けじょうゆ）→ほっけしちゆ
化身土（けしんど）→きょうぎょうしんしょうもんるい
下施（げせ）→[常]〈行儀〉布施
解制（げせい）→けつげ
華蔵院流（けぞういんりゅう）→とうみつじゅうにりゅう
華叟宗曇（けそうそうどん）→いっきゅう
仮諦（けたい）→いっしんさんがん，さんだい（三諦）
解脱堅固（げだつけんご）→ごごひゃくさい，ぜんじょうけんご
解脱知見無滅（げだつちけんむめつ）→じゅうはちふぐうほう
解脱房（げだつぼう）→しょうくう（証空）
解脱無滅（げだつむめつ）→じゅうはちふぐうほう
解脱門（げだつもん）→さんもん（三門）
下丹田（げたんでん）→たんでん
外智（げち）→さんち③
結縁衆（けちえんしゅ）→ししゅ（四衆）②
血塗〔想〕（けちず〔そう〕）→くそう
月海（げっかい）→げんしょう
結界石（けっかいせき）→かいだんせき
『決疑論』（けつぎろん）→しゃくじょう

どぐんぎろん
結業（けつごう）→常〈法具〉数珠
月支（げっし）→げっしこく
月支国（げっしこく）→げっしこく
月氏菩薩（げっしぼさつ）→じくほうご
血写経（けつしゃきょう）→しゃきょう
決定業（けつじょうごう）→じょうごう（定業）
決定論（けつじょうろん）→ろくしげどう
決答相伝（けっとうそうでん）→常〈行事〉五重相伝
外道四見，外道四執（げどうしけん，——ししゅう）→むいんけんろん
外道禅（げどうぜん）→ししゅぜん②
下輩観（げはいかん）→じゅうろくかん
化法四教（けほうしきょう）→ぶっきょう
下品下生（げぼんげしょう）→くほんいん，くほんじょうど，回 上品・下品
下品上生（げぼんじょうしょう）→くほんじょうど
下品中生（げぼんちゅうしょう）→くほんじょうど
計名字相（けみょうじそう）→ろくそそう
化楽天（けらくてん）→ろくよくてん
ゲルク派（——は）→こうきょう（黄教），ダライ・ラマ，ツォンカパ，パンチェンラマ
下郎（げろう）→げろう
戯弄の談論（けろうのだんろん）→けろん
繭（けん）→くしゃ
幻有（げんう）→えんご①
懸衣嫗（けんえおう）→だつえば
肩円満相（けんえんまんそう）→さんじゅうにそう
元翁（げんおう）→ほんげん
顕加（けんか）→みょうが
源海（げんかい）→ろくろうそう②
『顕戒論』（けんかいろん）→さいちょう
見牛（けんぎゅう）→じゅうぎゅうず
現行惑（げんぎょうわく）→ずいみん
『賢愚因縁経』（げんぐいんねんぎょう）→げんぐぎょう
幻空（げんくう）→せっそん②
賢憬（けんけい）→むろうじ
見外斎（けんげさい）→そうぎ
慳結（けんけつ）→ごけつ
『玄々集』（げんげんしゅう）→のういん
玄悟（げんご）→ふもん
堅固意（けんごい）→ろくじぞう①
元杲（げんごう）→にんがい
『賢劫経』（げんごうきょう）→じくほうご
建興寺（けんこうじ）→とゆらでら
幻虎道人（げんこどうじん）→ほうたん
堅固力士（けんごりきし）→ならえんてん
眼根（げんこん）→ごこん，ろっこん
験者（げんざ）→げんじゃ
謙斎（けんさい）→とみながなかもと
現在有体過未無体（げんざいうたいかみむたい）→きょうりょうぶ
現在世（げんざいせ）→げんざい
羂索堂（けんさくどう）→にがつどう
眼色如紺青相（げんじきにょこんじょうそう）→さんじゅうにそう
堅実心（けんじつしん）→しん（心）
堅実心合掌（けんじつしんがっしょう）→じゅうにがっしょう，常〈行儀〉合掌
『顕宗記』（けんしゅうき）→ろくじぞう④
『顕宗論』（けんしゅうろん）→ごしゅのそう
甄叔迦（けんしゅくか）→しっぽう②
見取見（けんじゅけん）→ごけん，じゅうぼんのう③
賢首大師（げんじゅだいし）→ほうぞう
現証（げんしょう）→さんしょう（三証）
玄奘三蔵（げんじょうさんぞう）→さん

ぞう
見性大師（けんしょうだいし）→せんかん
『顕浄土真実教行証文類』（けんじょうどしんじつきょうぎょうしょうもんるい）→きょうぎょうしんしょうもんるい
眼睫如牛王相（げんしょうにょごおうそう）→さんじゅうにそう
見思惑（けんじわく）→さんわく
現身仏（げんしんぶつ）→げんしん（現身）②
玄瑞（げんずい）→げっせん
玄通院（げんずういん）→もんえ
源誓（げんせい）→ろくろうそう②
見跡（けんせき）→じゅうぎゅうず
現前地（げんぜんじ）→じゅうじ（十地）
『顕選択』（けんせんちゃく）→りゅうかん
現前の現前（げんぜんのげんぜん）→しほうそうもつ
彦琮（げんそう）→おうじょうらいさんげ，しゅきょうもくろく②
還相（げんそう）→にしゅのえこう
元蔵（げんぞう）→だいぞうきょう，㊥〈経典〉大蔵経
彦琮録（げんそうろく）→しゅきょうもくろく②
見諦道（けんたいどう）→けんどう
源智（げんち）→いちまいきしょうもん
玄中寺（げんちゅうじ）→どうしゃく
顕日（けんにち）→ほんげん
堅慧（けんね）→むろうじ
懸衣翁（けんねおう）→けんえおう
見縛（けんばく）→しばく
玄風（げんふう）→ふだいし
建福寺（けんぷくじ）→おうばくさん
顕密一致（けんみついっち）→㊥〈宗派〉日本仏教・天台宗
顕密合論十住心（けんみつごうろんじゅうじゅうしん）→にそうしじゅう
玄宥（げんゆう）→ちさんは，ぶさんは
玄猷（げんゆう）→そせき
玄誉（げんよ）→せんよ
源誉〔存応〕（げんよ〔ぞんのう〕）→じゅうはちだんりん，ぞうじょうじ
『顕揚聖教論頌』（けんようしょうぎょうろんじゅ）→けんようしょうぎょうろん
『顕揚大戒論』（けんようだいかいろん）→えんにん
顕露（けんろ）→回 秘密
堅牢地神（けんろうじじん）→にじってん
顕露合掌（けんろがっしょう）→じゅうにがっしょう，㊥〈行儀〉合掌

こ　コ

五位思想（ごいしそう）→りょうかい
古逸部（こいつぶ）→㊥〈経典〉大蔵経
古因明（こいんみょう）→いんみょう，ゆ
向阿（こうあ）→さんぶかなしょう
業異熟智力（ごういじゅくちりき）→じゅうりき①
紅衣派（こうえは）→ツォンカパ
皇円（こうえん）→ほうねん
『講演法華儀』（こうえんほっけぎ）→えんちん
広円明鑑禅師（こうえんみょうかんぜんじ）→だいせつ
香王観音，高王観音（こうおうかんのん）→るりかんのん
『高王観音経』（こうおうかんのんきょう）→るりかんのん
香園寺（こうおんじ）→㊥〈寺院〉四国八十八箇所・第六十一番
公海（こうかい）→びしゃもんどう
広覚寺（こうかくじ）→きょうとのじっせつ
向岳寺，向岳寺派（こうがくじ，——は）→㊥〈寺院〉本山・臨済宗
弘覚大師（こうかくだいし）→㊥〈僧〉

大師
香境（こうきょう）→ごきょう（五境），ろっきょう
業鏡（ごうきょう）→じょうはりのかがみ
弘教書院（こうきょうしょいん）→だいぞうきょう
香供養（こうくよう）→㊥〈仏事〉香奠
香華院（こうげいん）→ぼだいじ
業繋苦相（ごうけくそう）→ろくそそう
香華寺（こうげじ）→こうきじ
高顕（こうけん）→とう
向原寺（こうげんじ）→とゆらでら
孝謙天皇（こうけんてんのう）→どうきょう（道鏡），とうしょうだいじ
光孝寺（こうこうじ）→じっせつ
浩々洞（こうこうどう）→きよざわまんし
興国寺（こうこくじ）→じっせつ
弘済慈徳禅師（こうさいじとくぜんじ）→せんがい
幸西大徳（こうさいだいとく）→いちねんぎ
光讃（こうさん）→はちぶはんにゃ
衡山（こうざん）→なんがく
高山寺（こうざんじ）→みょうえ
興山上人（こうざんしょうにん）→もくじきしょうにん①
降三世会（ごうざんぜえ）→くえまんだら
降三世三昧耶会（ごうざんぜさんまやえ）→くえまんだら
衡山南寺（こうざんなんじ）→きせん（希遷）
孔子（こうし）→さんしょう（三聖）③
香資（こうし）→㊥〈仏事〉香奠
業識（ごうしき）→ごっしき
業自在（ごうじざい）→じっしゅじざい
好時難逢（こうじなんほう）→しなん
恒寂法親王（ごうじゃくほっしんのう）→だいかくじ
光聚仏頂（こうじゅぶっちょう）→ごぶっちょう
『業疏』（ごうしょ）→どうせん
光勝（こうしょう）→くうや
洪鐘（こうしょう）→㊥〈法具〉梵鐘
業障（ごうしょう）→ごっしょう
豪盛（ごうじょう）→てんかい
高照院（こうしょういん）→㊥〈寺院〉四国八十八箇所・第七十九番
興正寺（こうしょうじ）→ぶっこうじ
興聖寺（こうしょうじ）→じっせつ
郷照寺（ごうしょうじ）→㊥〈寺院〉四国八十八箇所・第七十八番
毫摂寺（ごうしょうじ）→㊥〈寺院〉本山・浄土真宗
『興聖寺語録』（こうしょうじごろく）→えいへいこうろく
興正菩薩（こうしょうぼさつ）→えいぞん
劫濁（こうじょく）→ごじょく
香塵（こうじん）→ごじん
庚申会（こうしんえ）→こうしんまち
光統の三教（こうずのさんぎょう）→さんぎょう（三教）
光統律師（こうずりっし）→えこう（慧光），さんぎょう（三教）
仰誓（ごうせい）→みょうこうにんでん
『興禅護国論』（こうぜんごこくろん）→えいさい
香象（こうぞう）→㊥〈法具〉香炉
康僧鎧（こうそうがい）→むりょうじゅきょう
高蔵寺（こうぞうじ）→㊥〈寺院〉坂東三十三所観音・第三十番
香象大師（こうぞうだいし）→ほうぞう
『高僧法顕伝』（こうそうほっけんでん）→ほっけんでん
『高僧和讃』（こうそうわさん）→さんじょうわさん
広大智慧観（こうだいちえかん）→ごかん①
光宅寺法雲（こうたくじほううん）→ほううん（法雲）①

鉤召（こうちょう）→しゅほう
光長寺（こうちょうじ）→當〈寺院〉本山・日蓮宗
香奠（こうでん）→こうでん
後伝期（こうでんき）→アティーシャ
革堂（こうどう）→當〈寺院〉西国三十三所観音・第十九番
業道自然（ごうどうじねん）→じねん
広渡寺（こうどじ）→じょうどじ①
神門寺（ごうどじ）→當〈寺院〉秩父三十三所観音・第十八番
降兜率（ごうとそつ）→はっそう①
合糅（ごうにゅう）→えこう（慧光）
神峰寺（こうのみねじ）→當〈寺院〉四国八十八箇所・第二十七番
劫波（こうは）→こう（劫）
業腹（ごうはら）→回 業
弘福寺（こうふくじ）→どうき
興福寺（こうふくじ）→かんとうしせつ
『合部金光明経』（ごうぶこんこうみょうきょう）→當〈経典〉金光明経
高仏頂（こうぶっちょう）→ごぶっちょう
公府の案牘（こうふのあんどく）→こうあん
高弁（こうべん）→みょうえ
業報（ごうほう）→かほう
弘法大師巡礼（こうぼうだいしじゅんれい）→じゅんれい
紅帽派（こうぼうは）→こうきょう（紅教）
黄帽派（こうぼうは）→こうきょう（黄教）
降魔印（ごうまいん）→あしゅく
降魔坐（ごうまざ）→けっかふざ
光味（こうみ）→ろくじぞう②
光明王（こうみょうおう）→にじゅうごぼさつ
光明皇后（こうみょうこうごう）→しょうむてんのう，ほっけじ，當〈寺院〉国分寺
光明寺（こうみょうじ）→ぜんどうじ
光明寺（こうみょうじ）→ぞうじょうじ
光明寺（こうみょうじ）→當〈寺院〉坂東三十三所観音・第七番
光明寺の和尚（こうみょうじのおしょう）→ぜんどう（善導）
光明真言（こうみょうしんごん）→どしゃかじ
光明大師（こうみょうだいし）→ぜんどう（善導），かんぎょうしょ
光明遍照（こうみょうへんじょう）→びるしゃなぶつ
甲夜（こうや）→しょや
曠野鬼神（こうやきじん）→だいげんすいみょうおう
高野山一心院（こうやさんいっしんいん）→もくじきしょうにん②
高野三方（こうやさんがた）→こうやひじり
甲山寺（こうやまじ）→當〈寺院〉四国八十八箇所・第七十四番
広誉（こうよ）→ていごく
『孝養集』（こうようしゅう）→かくばん
高麗蔵（こうらいぞう）→だいぞうきょう，當〈経典〉大蔵経
蛤蜊観音（こうりかんのん）→さんじゅうさんかんのん
鵠林（こうりん）→はくいん
杲隣（ごうりん）→しゅぜんじ
高蓮社理本（こうれんしゃりほん）→りょうえい
興蓮社良祟（こうれんじゃりょうすう）→むのう
鴻臚寺（こうろじ）→じいん→當〈寺院〉寺
御詠歌（ごえいか）→えいか，當〈寺院〉西国三十三所観音
虚応円耳（こおうえんに）→こうしょうじ（興聖寺），こうしょうじは
五陰世間（ごおんせけん）→さんしゅせけん
悟界（ごかい）→じっかい（十界）
語歌堂（ごかのどう）→當〈寺院〉秩父

三十三所観音・第五番
粉河観音宗（こかわかんのんしゅう）→こかわでら
『粉河寺縁起絵巻』（こかわでらえんぎえまき）→こかわでら
五感（ごかん）→けんもんかくち
五観（ごかん）→ごじょうしんかん
五官王（ごかんおう）→じゅうおう②
御願寺（ごがんじ）→きがんじょ
虎関師錬（こかんしれん）→げんこうしゃくしょ
古義真言宗（こぎしんごんしゅう）→しんぎしんごんしゅう，しんごんしゅう
古義派（こぎは）→かくばん
五逆（ごぎゃく）→ごぎゃくざい
五行（ごぎょう）→もくじきしょうにん③
『五教止観』（ごきょうしかん）→とじゅん
五教十宗（ごきょうじっしゅう）→けごんしゅう，[常]〈宗派〉中国仏教・華厳宗
古京の六宗（こきょうのろくしゅう）→[常]〈宗派〉日本仏教
『国清百録』（こくせいひゃくろく）→しょうあん
極悪（ごくあく）→はらい
虚空蔵院（こくうぞういん）→じゅうさんだいいん
『虚空蔵求聞持法』（こくうぞうぐもんじほう）→ぜんむい
虚空夜叉（こくうやしゃ）→やしゃ（夜叉）
国王恩（こくおうおん）→しおん
牛狗外道（ごくげどう）→ろくくぎょうげどう
黒縄地獄（こくじょうじごく）→はちねつじごく
黒沈香木（こくじんこうもく）→きゃら
国仙禅師（こくせんぜんじ）→りょうかん
国泰寺派（こくたいじは）→[常]〈寺院〉本山・臨済宗
黒泥（こくでい）→けさ
黒天（こくてん）→ルドラ
国分寺（こくぶんじ）→[常]〈寺院〉四国八十八箇所・第十五番
国分寺（こくぶんじ）→[常]〈寺院〉四国八十八箇所・第二十九番
国分寺（こくぶんじ）→[常]〈寺院〉四国八十八箇所・第五十九番
国分寺（こくぶんじ）→[常]〈寺院〉四国八十八箇所・第八十番
斛飯王（こくぼんおう）→だいばだった
極無自性心（ごくむじしょうしん）→じゅうじゅうしんろん
極楽寺（ごくらくじ）→にんしょう
極楽寺（ごくらくじ）→[常]〈寺院〉四国八十八箇所・第二番
獄林寺（ごくりんじ）→ほてい
居家（こけ）→ざいけ
五悔（ごけ）→ずいき
古溪（こけい）→ほんげん
牛家部（ごけぶ）→[常]〈宗派〉インド仏教
五下分結（ごげぶんけつ）→よくとん
五眼（ごげん）→ごかん②
五間色（ごけんじき）→ごしき（五色）
五合庵（ごごうあん）→りょうかん
五個五百年（ごこごひゃくねん）→ごごひゃくさい
虎虎婆（ここば）→はっかんじごく
五五百年（ごごひゃくねん）→ごごひゃくさい
五根（ごこん）→しん（信）④
御斎会（ごさいえ）→みさいえ
護讃（ごさん）→ろくじぞう②
五山の上（ござんのうえ）→ござん
護持院（ごじいん）→りゅうこう
護持院大僧正（ごじいんだいそうじょう）→りゅうこう
五支作法（ごしさほう）→じんな
御持僧（ごじそう）→ごじそう
後七日御修法（ごしちにちみしほ）→し

んごんいんみしほ，みしほ
御七夜（ごしちや）→ほうおんこう
五十回忌（ごじっかいき）→ねんき
五事の妄語（ごじのもうご）→だいてんのごじ
ゴーシャ →みょうおん
牛車（ごしゃ）→さんしゃ
護者（ごしゃ）→らせつ
五衆（ごしゅ）→ごうん
五衆（ごしゅう）→ねはんしゅう
五重（ごじゅう）→[常]〈行事〉五重相伝
五重寺（ごじゅうじ）→どうあん
後周の廃仏（ごしゅうのはいぶつ）→さんぶいっそうのほうなん
五種供養（ごしゅくよう）→[常]〈行儀〉焼香
五種三昧道十住心（ごしゅさんまいどうじゅうじゅうしん）→にそうしじゅう
五種衲衣（ごしゅのうえ）→ふんぞうえ
五聖（ごしょう）→ごぶつ
御正忌（ごしょうき）→ぎょき
五正色（ごしょうじき）→ごしき（五色）
御正体（ごしょうたい）→かけぼとけ
『御請来目録』（ごしょうらいもくろく）→しょうらいもくろく
虚心合掌（こしんがっしょう）→じゅうにがっしょう，[常]〈行儀〉合掌
五衰殿の女御（ごすいでんのにょうご）→くまのごんげん
牛頭山幽栖寺（ごずさんゆうせいじ）→ほうゆう
牛頭宗（ごずしゅう）→ほうゆう
牛頭禅（ごずぜん）→ほうゆう
五禅定仏（ごぜんじょうぶつ）→ごぶつ
古先派（こせんは）→にじゅうしりゅう
古則公案（こそくこうあん）→かっとう
子育て呑竜（こそだてどんりゅう）→どんりゅう
古曽部入道（こそべにゅうどう）→のういん
五祖法演（ごそほうえん）→こくごん
五尊（ごそん）→ごぶっちょう
後醍醐天皇（ごだいごてんのう）→[常]〈僧〉国師
五大色（ごだいしき）→ごしき（五色）
五大尊（ごだいそん）→ごだいみょうおう
五大尊明王（ごだいそんみょうおう）→ごだいみょうおう
五体投地（ごたいとうち）→さんらい，ちょうらい，[常]〈行儀〉礼拝
五大部（ごだいぶ）→そしょごだいぶ
五智如来（ごちにょらい）→ごぶつ
五智仏（ごちぶつ）→ごぶつ
骨［想］（こっ［そう］）→くそう
乞士女（こつしにょ）→びくに
兀庵派（ごったんは）→にじゅうしりゅう
兀庵普寧（ごったんふねい）→じょうちじ
骨堂（こつどう）→のうこつ
五哲（ごてつ）→がさん②
五天（ごてん）→りょうくう②
五度（ごど）→ど
五道（ごどう）→ごしゅ（五趣），どう（道）
五道転輪王（ごどうてんりんおう）→じゅうおう②
五度観門（ごどかんもん）→ごじょうしんかん
五徳（ごとく）→しゃけんど
孤独地獄（こどくじごく）→さんしゅのじごく
後得智（ごとくち）→こんぽんち
金刀比羅宮（ことひらぐう）→こんぴら
五度門（ごどもん）→ごじょうしんかん
五鈍使（ごどんし）→ごわく
五念（ごねん）→ごじょうしんかん
ゴーパー →やしゅだら
琥珀（こはく）→しっぽう②，④
五波羅蜜（ごはらみつ）→はんにゃはらみつ
五百上首（ごひゃくじょうしゅ）→ご

ひゃくらかん
五百比丘（ごひゃくびく）→ごひゃくらかん
五仏頂法（ごぶつちょうほう）→みしほ
御仏名（ごぶつみょう）→ぶつみょうさんげ
五分作法（ごぶんさほう）→ゆ
五忿怒（ごふんぬ）→ごだいみょうおう
五遍行（ごへんぎょう）→そく（触）②
五法（ごほう）→もうぞう
護法神（ごほうしん）→きじん
悟本大師（ごほんだいし）→りょうかい
狛犬（こまいぬ）→あうん
小松尾寺（こまつおじ）→當〈寺院〉四国八十八箇所・第六十七番
五無間業（ごむげんごう）→ごぎゃくざい
虚無宗（こむしゅう）→ふけしゅう
薦僧（こもそう）→こむそう
五門（ごもん）→ごじょうしんかん
五門跡（ごもんぜき）→當〈寺院〉門跡
五門禅（ごもんぜん）→ごじょうしんかん
後夜（ごや）→ろくじ
古訳（こやく）→くやく，じくほうご
御利益（ごりやく）→くりき②
コーリヤ城（——じょう）→しゃかにょらい
コーリヤ族（——ぞく）→じょうぼんのう
『五輪九字秘釈』（ごりんくじひしゃく）→かくばん
五輪着地（ごりんちゃくち）→ちょうらい
鼓楼（ころう）→當〈法具〉太鼓，〈寺院〉七堂伽藍③
恨（こん）→じゅうぼんのう①，ずいわく
諂（こん）→じゅうぼんのう①
近縁（ごんえん）→さんえん（三縁）
近果（ごんか）→しょういん
権巧方便（ごんぎょうほうべん）→ぜんぎょうほうべん
金口（こんく）→きんげん
昏寓銭（こんぐうせん）→當〈仏事〉六道銭
金口説（こんくせつ）→こんくじきせつ
金口説法（こんくせっぽう）→こんくじきせつ
金剛王院流（こんごうおういんりゅう）→とうみつじゅうにりゅう
金剛界金剛密号（こんごうかいこんごうみつごう）→けいか
金剛界の五仏（こんごうかいのごぶつ）→ごぶつ
金剛合掌（こんごうがっしょう）→當〈行儀〉合掌
金剛願（こんごうがん）→ろくじぞう③
金剛座（こんごうざ）→回 道場
金剛蔵王権現（こんごうざおうごんげん）→ざおうどう
金剛索（こんごうさく）→けんさく
金剛手（こんごうしゅ）→こんごうじん，しゅうこんごうじん
金剛手院（こんごうしゅいん）→じゅうさんだいいん
金剛手菩薩（こんごうしゅぼさつ）→こんごうさった
金剛蔵（こんごうぞう）→にじゅうごぼさつ
金剛囲山（こんごうちせん）→てっちせん
『金剛頂一切如来真実摂大乗現証大教王経』（こんごうちょういっさいにょらいしんじつしょうだいじょうげんしょうだいきょうおうぎょう）→こんごうちょうぎょう，當〈経典〉三部経・大日三部経
金剛頂寺（こんごうちょうじ）→當〈寺院〉四国八十八箇所・第二十六番
『金剛頂瑜伽中発阿耨多羅三藐三菩提心論』（こんごうちょうゆがちゅうほつあのくたらさんみゃくさんぼだいしんろん）→ほつぼだいしんろん①

『金剛頂瑜伽中略出念誦経』（こんごうちょうゆがちゅうりゃくしゅつねんじゅきょう）→こんごうち
『金剛頂瑜伽念珠経』（こんごうちょうゆがねんじゅきょう）→[常]〈法具〉数珠
金剛幢（こんごうどう）→ろくじぞう③
金剛波羅蜜（こんごうはらみつ）→しはらみつ
金剛悲（こんごうひ）→ろくじぞう③
金剛部（こんごうぶ）→さんぶ
金剛福寺（こんごうふくじ）→[常]〈寺院〉四国八十八箇所・第三十八番
金剛宝（こんごうほう）→ろくじぞう③
金剛密迹（こんごうみっしゃく）→にじってん
『金光明経玄義』（こんこうみょうきょうげんぎ）→こんこうみょうきょう
『金光明経文句』（こんこうみょうきょうもんぐ）→こんこうみょうきょう
『金光明経文句記』（こんこうみょうきょうもんぐき）→ちれい
金剛名号（こんごうみょうごう）→みつごう②
金光明四天王教王護国寺秘密伝法院（こんこうみょうしてんのうきょうおうごこくじひみつでんぼういん）→とうじ(東寺)
金光明四天王護国寺（こんこうみょうしてんのうごこくじ）→とうだいじ
金光明四天王護国之寺（こんこうみょうしてんのうごこくのてら）→こくぶんじ，こんこうみょうきょう，[常]〈経典〉金光明経，[常]〈寺院〉国分寺
金剛夜叉明王（こんごうやしゃみょうおう）→こんごうやしゃ
言語音声欲（ごんごおんじょうよく）→ろくよく
勤策男（ごんさくなん）→しゃみ
勤策女（ごんさくにょ）→しゃみに
金翅鳥（こんじちょう）→かるら，びちゅうてん
権実不二門（ごんじつふにもん）→じっぷにもん
勤事女（ごんじにょ）→びくに
金錫（こんしゃく）→[常]〈法具〉錫杖
金鐘行者（こんしょうぎょうじゃ）→りょうべん
根上下智力（こんじょうげちりき）→じゅうりき①
権少僧都（ごんしょうそうず）→さんがいくきゅう，[常]〈僧〉僧綱，僧階
昏沈（こんじん）→じゅうぼんのう②，ずいわく
惛沈蓋（こんじんがい）→ごがい
金泉寺（こんせんじ）→[常]〈寺院〉四国八十八箇所・第三番
近善男（ごんぜんなん）→うばそく
近善女（ごんぜんにょ）→うばい
金蔵（こんぞう）→にじゅうごぼさつ
金倉寺（こんぞうじ）→[常]〈寺院〉四国八十八箇所・第七十六番
権僧正（ごんそうじょう）→さんがいくきゅう，[常]〈僧〉僧綱，僧階
権僧都（ごんそうず）→[常]〈僧〉僧階
勤息（ごんそく）→しゃもん
権大教師（ごんだいきょうし）→[常]〈僧〉僧階
権大教正（ごんだいきょうせい）→[常]〈僧〉僧階
権大講師（ごんだいこうし）→[常]〈僧〉僧階
権大僧正（ごんだいそうじょう）→[常]〈僧〉僧階
権大僧都（ごんだいそうず）→さんがいくきゅう，[常]〈僧〉僧綱，僧階
権中僧正（ごんちゅうそうじょう）→[常]〈僧〉僧階
権中僧都（ごんちゅうそうず）→[常]〈僧〉僧階
金毘羅大権現（こんぴらだいごんげん）→まつおじ
根本罪（こんぽんざい）→ざいこん
根本十二流（こんぽんじゅうにりゅう）→とうみつじゅうにりゅう

根本上座部（こんぽんじょうざぶ）→じょうざぶ，しょうじょうにじゅうぶ，せついっさいうぶ
『根本中論註』（こんぽんちゅうろんちゅう）→ぶつご
根本無分別智（こんぽんむふんべつち）→こんぽんち
権律師（ごんりっし）→當〈僧〉僧綱，僧階
金輪（こんりん）→じょうこう（成劫）
金輪仏頂（こんりんぶっちょう）→ごぶっちょう

さ　サ

在阿蘭若処（ざいあらんにゃしょ）→じゅうにずだぎょう
西院の河原（さいいんのかわら）→さいのかわら
財供養（ざいくよう）→當〈行儀〉供養
在家主義（ざいけしゅぎ）→當〈経典〉維摩経
西光寺（さいこうじ）→くうや，ろくはらみつじ
西光寺（さいこうじ）→當〈寺院〉秩父三十三所観音・第十六番
西牛貨洲（さいごけしゅう）→ししゅう
細滑欲（さいこつよく）→ろくよく
『摧邪輪』（さいじゃりん）→みょうえ
再住（さいじゅう）→當〈僧〉僧階
『最勝王経』（さいしょうおうきょう）→こんこうみょうさいしょうおうきょう
最勝仏頂（さいしょうぶっちょう）→ごぶっちょう
西善寺（さいぜんじ）→當〈寺院〉秩父三十三所観音・第八番
犀戴寺（さいたいじ）→さいだいじ②
西塔（さいとう）→くろだに
西念寺（さいねんじ）→當〈宗派〉日本仏教・真宗
賽の河原和讃（さいのかわらわさん）→さいのかわら
摧伏毒害（さいふくどくがい）→じゅうろくぜんじん
西方寺（さいほうじ）→かくしん
西芳寺（さいほうじ）→さいじ
西方無量寿仏（さいほうむりょうじゅぶつ）→じゅうぶつみょう
西明寺（さいみょうじ）→當〈寺院〉坂東三十三所観音・第二十番
『西遊記』（さいゆうき）→げんじょう
『西要鈔』（さいようしょう）→さんぶかなしょう
西林（さいりん）→じゅうはちけん
西林寺（さいりんじ）→當〈寺院〉四国八十八箇所・第四十八番
佐伯善通（さえきぜんつう）→ぜんつうじ
酒井忠因（さかいただなお）→もんせん
酒井抱一（さかいほういつ）→もんせん
榊亮三郎（さかきりょうざぶろう）→ほんやくみょうぎたいしゅう
嵯峨御所（さがごしょ）→だいかくじ
作願門（さがんもん）→ごねんもん
桜井寺（さくらいでら）→ぜんしんに，とゆらでら
作黒（さこく）→くりから
刺貫，差貫（さしぬき）→さしぬき
佐白観音（さしろかんのん）→當〈寺院〉坂東三十三所観音・第二十三番
坐相（ざそう）→けっかふざ
佐竹寺（さたけでら）→當〈寺院〉坂東三十三所観音・第二十二番
左竹園（さちくえん）→もんえ
作長老（さちょうろう）→ちょうろう
雑想観（ざっそうかん）→じゅうろくかん
薩埵院（さったいん）→じゅうさんだいいん
薩偸羅遮那（さっちゅうらしゃな）→ちゅうらんじゃざい
薩婆多部（さつばたぶ）→せついっさいうぶ
茶道（さどう）→じゅこう

佐藤義清（さとうのりきよ）→さいぎょう
生飯（さば）→回 生飯
鯖江本山（さばえほんざん）→じょうしょうじ
鯖江御堂（さばえみどう）→じょうしょうじ
鯖大師（さばだいし）→常〈寺院〉四国八十八箇所・第二十三番番外
坐法（ざほう）→けっかふざ，ざぜん，ひほう
サマーディ →さんまい
三昧耶（さまや）→さんまや
三昧耶曼荼羅（さまやまんだら）→ししゅまんだら
サマンタバドラ →ふげん
サムイェー寺（—— じ）→じゃくご，れんげしょう
サムイェーの宗論（—— のしゅうろん）→れんげかい
『サムユッタ・ニカーヤ』→ぞうあごんぎょう
鮫頭［鮫洲］観音（さめずかんのん）→かいあんじ
サラスヴァティー →べんざいてん
猿待ち（さるまち）→こうしんまち
散［想］（さん［そう］）→くそう
三科（さんか）→おんにゅうかい
山外（さんがい）→さんげ（山家）
山海慧（さんかいえ）→にじゅうごぼさつ
三界の諸天（さんがいのしょてん）→ごてん
三界唯一心（さんがいゆいいつしん）→さんがいいっしん
三角布（さんかくきん）→常〈仏事〉経帷子
三角寺（さんかくじ）→常〈寺院〉四国八十八箇所・第六十五番
『山家集』（さんかしゅう）→さいぎょう
サンガデーヴァ →そうぎゃだいば
サンガバドラ →そうぎゃばっだら
サンガミッター →まひんだ
三帰（さんき）→さんきえ
三帰戒（さんきかい）→さんきえ
三帰五戒（さんきごかい）→きしもじん
慚愧第一（ざんきだいいち）→やしゅだら
三祇百大劫（さんぎひゃくだいこう）→りゃくこうしゅぎょう
サーンキヤ学派（—— がくは）→すろん
三形（さんぎょう）→さんまやぎょう
『三教要略』（さんきょうようりゃく）→べんねん
三句の法門（さんくのほうもん）→だいにちきょう
讃偈（さんげ）→さんしゅ（讃衆）
散華供養（さんげくよう）→常〈行儀〉仏華
三業不二門（さんごうふにもん）→じっぷにもん
『三国仏法伝通縁起』（さんごくぶっぽうでんずうえんぎ）→ぎょうねん
三骨一廟（さんこついちびょう）→えいふくじ
三細（さんさい）→ろくそそう
三際（さんさい）→さんぜ
三斎日（さんさいにち）→くさいにち
サンサーラ →りんね
三師（さんし）→かつまあじゃり
三支作法（さんしさほう）→じんな，ゆ
三師七証（さんししちしょう）→じゅかい
散脂大将（さんしたいしょう）→にじってん
三尺虫（さんしちゅう）→こうしんまち
三社権現（さんじゃごんげん）→せんそうじ
三社祭（さんじゃまつり）→せんそうじ
サンジャヤ・ヴェーラーティプッタ →ろくしげどう
删闍耶毘羅胝子（さんじゃやびらていし）→ろくしげどう

ゃまな
色塵（しきじん）→ごじん
色身智通（しきしんちつう）→じっしゅつう
色心不二門（しきしんふにもん）→じっぷにもん
直説（じきせつ）→しゅたら
識大（しきだい）→ろくだい
直綴（じきとつ）→じっとく（十徳），當〈僧〉僧服
食人鬼（じきにんき）→らせつ
尸棄仏（しきぶつ）→しちぶつ
識無辺処解脱（しきむへんしょげだつ）→はちげだつ
四休庵（しきゅうあん）→ていごく
執行（しぎょう）→しっこう（執行）
自行（じぎょう）→けた
『四教儀集註半字談』（しきょうぎしっちゅうはんじだん）→ちくう
思行禅定力（しぎょうぜんじょうりき）→じゅうりき②
慈教大師（じきょうだいし） →ほうねん，當〈僧〉大師
色欲（しきよく）→ろくよく
死苦（しく）→ごく（五苦），しくはっく，じっく
竺高座（じくこうざ）→じくほうご
竺叔蘭（じくしゅくらん）→ほうこうはんにゃぎょう
竺道生（じくどうしょう）→ごぶんりつ
竺曇無蘭（じくどんむらん）→ぎょくやぎょう
竺仏念（じくぶつねん）→しぶんりつ，じょうあごんぎょう，ぼさつようらくきょう
竺法雅（じくほうが）→ぶっとちょう
竺法太（じくほうたい）→ぶっとちょう
四薫習（しくんじゅう）→むみょうくんじゅう
四結（しけつ）→しばく
死穴（しけつ）→だんまつま
四牙白浄相（しげびゃくじょうそう）→さんじゅうにそう
支謙（しけん）→ゆいまぎょう①，當〈経典〉維摩経
子元（しげん）→そげん
慈眼寺（じげんじ）→當〈寺院〉秩父三十三所観音・第十三番
慈眼寺（じげんじ）→當〈寺院〉四国八十八箇所・第二十番番外
慈眼大師（じげんだいし）→じゅうはちだいし，てんかい，當〈僧〉大師
自悟（じご）→じしょう（自証）
慈光寺（じこうじ）→當〈寺院〉坂東三十三所観音・第九番
自高慢（じこうまん）→じっしゅまぐん
持国，持国天王（じこく，――てんおう）→じこくてん
地獄界（じごくかい）→じっかい（十界）
四国遍路（しこくへんろ）→しこくめぐり
四枯四栄（しこしえい）→しゃらそうじゅ
地居天（じごてん）→しおうてん
持金剛（じこんごう）→しゅうこんごうじん
四根本煩悩（しこんぽんぼんのう）→がまん
自在比丘（じざいびく）→ぼだいしりょうろん
自在力（じざいりき）→じっしゅじざい
自坐外道（じざげどう）→ろくくぎょうげどう
師子（しし）→さいてんにじゅうしそ
慈氏（じし）→みろく
持地（じじ）→ろくじぞう①，④
師子威猛（ししいみょう）→じゅうろくぜんじん
師子覚（ししかく）→せしん
師子覚（ししかく）→ぶっとちょう
時食（じじき）→當〈寺院〉庫裡
師子頬王（ししきょうおう）→じょうぼんのう
四事供養（しじくよう）→當〈行儀〉供養

獅子座（ししざ）→げいか
賜紫沙門（ししやもん）→しえ（紫衣）
四悉檀（ししつだん）→しきょう
『視実等象儀詳説』（しじつとうしょうぎしょうせつ）→かいせき
視実等象説（しじつとうしょうせつ）→かいせき
師子無畏観音（ししむいかんのん）→ろくかんのん
使者形（ししゃぎょう）→ふどうみょうおう
寺主（じしゅ）→さんごう（三綱）
地取（じしゅ）→當〈仏事〉四華
四重（しじゅう）→當〈行事〉五重相伝
四宗一源（ししゅういちげん）→當〈宗派〉日本仏教・天台宗
四十歯相（しじゅうしそう）→さんじゅうにそう
持住心（じじゅうしん）→くじゅうしん
四十八軽戒（しじゅうはちきょうかい）→えんどんかい
四十八軽戒（しじゅうはちきょうかい）→ごじゅうはちかい
四種往生（ししゅおうじょう）→しょうねんおうじょう
四種三昧（ししゅざんまい）→じょうぎょうざんまい
四種沙門（ししゅしゃもん）→ししゅそう
四種十住心（ししゅじゅうじゅうしん）→にそうしじゅう①
四種僧物（ししゅそうもつ）→しほうそうもつ
四種涅槃（ししゅねはん）→むよねはん
四種比丘（ししゅびく）→ししゅそう
四種法（ししゅほう）→ごうぶくのほう
自受法楽智（じじゅほうらくち）→ちはらみつ
自受用身（じじゅゆうしん）→じゅゆうしん
四乗（しじょう）→じょう（乗）
自性（じしょう）→すろん
自浄其意（じじょうごい）→しちぶつつうかいげ
四摂事（ししょうじ）→ししょうぼう
資聖寺（ししょうじ）→じっせつ
四正勝（ししょうしょう）→ししょうごん
自性身（じしょうしん）→さんじん
慈摂大師（じしょうだいし）→じゅうはちだいし，しんぜい，當〈僧〉大師
四正断（ししょうだん）→ししょうごん
死生智力（ししょうちりき）→じゅうりき①
自性法身（じしょうほっしん）→ほんじもん
自性輪身（じしょうりんじん）→さんりんじん
四信（ししん）→だいじょうきしんろん
慈心（じしん）→りょうくう①
持水合掌（じすいがっしょう）→じゅうにがっしょう，當〈行儀〉合掌
自誓受戒（じせいじゅかい）→えいぞん
支節（しせつ）→だんまつま
自説（じせつ）→うだな，くぶきょう①
四禅定（しぜんじょう）→しじょうりょ
四禅天（しぜんてん）→くじ（九地），しきかい，じゅうおう①
四相（しそう）→はっそう②，めっそう
自相（じそう）→ぐうそう①
地蔵院（じぞういん）→じゅうさんだいいん
地蔵会（じぞうえ）→當〈行事〉地蔵まつり
至相寺（しそうじ）→ちごん
地蔵寺（じぞうじ）→當〈寺院〉四国八十八箇所・第五番
『地蔵十王経』（じぞうじゅうおうきょう）→じょうはりのかがみ
自相不浄（じそうふじょう）→ごしゅのふじょう
地蔵菩薩（じぞうぼさつ）→當〈行事〉地蔵まつり
地蔵盆（じぞうぼん）→じぞうまつり，

圕〈行事〉地蔵まつり
『地蔵本願経』(じぞうほんがんきょう)→ろくじぞう
『地蔵和讃』(じぞうわさん)→さいのかわら
持息念(じそくねん)→すそくかん
師尊恩(しそんおん)→しおん
支提迦部(しだいかぶ)→せいたせんぶ
四大護院(しだいごいん)→じゅうさんだいいん
四大国(しだいこく)→まがだ
次第乞食(しだいこつじき)→じゅうにずだぎょう
四大洲(しだいしゅう)→ししゅう(四洲)
支提山部(しだいせんぶ)→せいたせんぶ
自体不浄(じたいふじょう)→ごしゅのふじょう
四大訳家(しだいやっけ)→しだいやっきょうけ
斯陀含果(しだごんか)→いちらいか
信陀大黒(しだだいこく)→だいこくてん
自他不二門(じたふにもん)→じっぷにもん
持地(じち)→じぞう
実慧(じちえ)→じゅうはちだいし,圕〈僧〉大師
七回忌(しちかいき)→じゅうおうじゅうさんぶつ,圕〈仏事〉年忌
七巻楞伽(しちかんりょうが)→りょうがきょう④
七逆罪(しちぎゃくざい)→ぎゃくざい
七倶胝仏母(しちくていぶつも)→じゅんでいかんのん
七見(しちけん)→じょうけん
七支(しちし)→はらだいもくしゃ
七七斎(しちしちさい)→圕〈仏事〉中有
治地住(じちじゅう)→じゅうじゅう
七十五法(しちじゅうごほう)→ほっすう
七条衣(しちじょうえ)→さんえ,しちじょう②
七条袈裟(しちじょうけさ)→しちじょう②
七浄衆(しちじょうしゅ)→じゅかいのしちしゅ
七処平満相(しちしょひょうまんそう)→さんじゅうにそう
七朝の国師(しちちょうのこくし)→そせき
『七仏本願経儀軌供養法』(しちぶつほんがんきょうぎきくようほう)→じゅうにじんしょう
七本ぼとけ(しちほん——)→圕〈仏事〉七本塔婆
七滅諍(しちめつじょう)→さんびゃくしじゅうはっかい,にかい
寺中(じちゅう)→じちゅう
嫉(しつ)→じゅうぼんのう①,ずいわく
失意罪(しついざい)→にじゅうはちきょうかい
疾疫災(しつえきさい)→さんさい
十過非(じっかひ)→しゃみかい
十巻書(じっかんしょ)→じっかんしょう
集起(じっき)→い
集起心(じっきしん)→しん(心)
習気(じっけ)→しゅうじ
実悟(じつご)→れんにょしょうにんごいちだいききがき
十劫秘事(じっこうひじ)→ひじぼうもん
実際回向(じっさいえこう)→じっしゅえこう
十刹(じっさつ)→じっせつ
悉地出現(しつじしゅつげん)→だいにちきょう
実叉難陀(じっしゃなんだ)→だいじょうきしんろん,りょうがきょう④
『十宗要道』(じっしゅうようどう)→べ

んねん
執取相（しっしゅそう）→ろくそそう
湿生（しっしょう）→ししょう（四生）
失精戒（しっしょうかい）→じゅうさんそうざん
十声念仏（じっしょうねんぶつ）→じゅうねん②，じゅうねんおうじょう
実僧（じっそう）→ししゅそう②
実相観（じっそうかん）→じりにかん
実相念仏（じっそうねんぶつ）→ししゅねんぶつ
実相無相（じっそうむそう）→はっくぎ
質多（しった）→しん（心）
住胎（じったい）→はっそう①
悉曇部（しったんぶ）→當〈経典〉大蔵経
悉曇文字（しったんもじ）→しゅじ
実忠（じっちゅう）→にがつどう
疾得成仏（しっとくじょうぶつ）→當〈経典〉三部経・法華三部経
実如（じつにょ）→やましなごぼう
十波羅蜜（じっぱらみつ）→かいはらみつ，ちはらみつ，にんはらみつ，はらみつ，ふせ，ほうべんはらみつ
『十不二門指要鈔』（じっぷにもんしようしょう）→ちれい
実法（じっぽう）→けほう
十方三世一切諸仏（じっぽうさんぜいっさいしょぶつ）→じゅうぶつみょう
十方の現前（じっぽうのげんぜん）→しほうそうもつ
十方の常住（じっぽうのじょうじゅう）→しほうそうもつ
七宝竜寺（しっぽうりゅうじ）→當〈寺院〉本山・真言宗
室利摩訶提毘（しつりまかでいび）→きちじょうてん
只底舸部（していかぶ）→せいたせんぶ
四手の山，死天の山（しでのやま）→しでのやま
四天（してん）→むしきかい
寺田（じでん）→じりょう
四顛倒（してんどう）→しとう，しねんじょ，じょうらくがじょう①
史伝部（しでんぶ）→當〈経典〉大蔵経
四土（しど）→じょうじゃっこうど
慈棹（じとう）→がさん③
志度寺（しどじ）→當〈寺院〉四国八十八箇所・第八十六番
ジナ →ジャイナきょう
地内（じない）→じちゅう
死装束（しにしょうぞく）→當〈仏事〉経帷子
死に水（しにみず）→當〈仏事〉末期の水
自然斎（じねんさい）→そうぎ
四念住（しねんじゅう）→しねんじょ
四輩（しはい）→ししゅ（四衆）
地婆訶羅（じばから）→ほうこうだいしょうごんきょう
歯白斉密相（しはくさいみつそう）→さんじゅうにそう
持鉢（じはつ）→たくはつ
私頗胝迦（しはていか）→はり
シーハハヌ王（――おう）→じょうぼんのう
志磐（しばん）→ぶっそとうき
祠皮衣（しひえ）→たもんぶ
『四百論註』（しひゃくろんちゅう）→げっしょう（月称）
地布（じふ）→うちしき
四部衆（しぶしゅ）→ししゅ（四衆）
四部第子（しぶでし）→ししゅ（四衆）
四部律（しぶりつ）→まかそうぎりつ
時分天（じぶんてん）→やまてん
四分律宗（しぶんりっしゅう）→りつのさんしゅう
『四分律蔵』（しぶんりつぞう）→しぶんりつ
紙幣（しべい）→當〈仏事〉四華
四法（しほう）→しん（信）③
四法印（しほういん）→さんぼういん，ほういん（法印）①
四方四仏（しほうしぶつ）→しぶつ

此方無故（しほうむこ）→ごしゅふほん
持法輪（じほうりん）→さんぼうりん
自牧子（じぼくし）→どうき
事法界（じほっかい）→ほっかい
四梵行（しぼんぎょう）→しむりょうしん
四本竜寺（しほんりゅうじ）→りんのうじ
死魔（しま）→しま
紫磨黄金（しまおうごん）→しこん
四万部寺（しまぶでら）→[常]〈寺院〉秩父三十三所観音・第一番
四曼（しまん）→ししゅまんだら
指鬘外道（しまんげどう）→オウクツマラ
持明院（じみょういん）→じゅうさんだいいん
慈明禅師（じみょうぜんじ）→ようぎ
四明尊者（しみょうそんじゃ）→ちれい
慈愍三蔵（じみんさんぞう）→えにち
慈愍流（じみんりゅう）→えにち，ろざんりゅう
寺務（じむ）→そうごしょく
四無色天（しむしきてん）→くじ
四無量（しむりょう）→しむりょうしん
下野薬師寺（しもつけやくしじ）→やくしじ②
四門出遊（しもんしゅつゆう）→しもんゆうかん
捨（しゃ）→だいぜんじほう
ジャイミニ →みまんさ
邪婬（じゃいん）→きょうかんじごく，じゅうあく，しょうねつじごく，はちねつじごく，はらい，はらだいもくしゃ
邪婬戒（じゃいんかい）→しょうかい
釈迦院（しゃかいん）→じゅうさんだいいん
捨覚支（しゃかくし）→しちかくし
釈迦提婆因陀羅（しゃかだいばいんだら）→たいしゃくてん
邪活命（じゃかつみょう）→じゃみょう
釈迦の三会（しゃかのさんえ）→[常]〈行事〉涅槃会
釈迦の三尊（しゃかのさんぞん）→さんぞん
釈迦毘陵迦（しゃかびりょうが）→しっぽう②
釈迦曼荼羅（しゃかまんだら）→べっそんまんだら
斫迦羅伐辣底遏羅闍（しゃからばらていかつらじゃ）→てんりんじょうおう
斫迦羅輪山（しゃかりんせん）→てっちせん
シャーキヤ族（——ぞく）→しゃかむに
邪教（じゃきょう）→はじゃけんしょう
寂慧（じゃくえ）→りょうぎょう
釈氏（しゃくし）→しゃく，しゃくし
赤珠（しゃくじゅ）→しっぽう
鵲巣禅師（じゃくそうぜんじ）→ちょうかぜんじ
釈提桓因（しゃくだいかんいん）→たいしゃくてん
寂天（じゃくてん）→だいじょうじゅぼさつがくろん
『折伏正義鈔』（しゃくぶくしょうぎしょう）→にっしん
折伏法（しゃくぶくほう）→ごうぶくほう
折伏門（しゃくぶくもん）→しょうしゃくにもん
寂黙（じゃくもく）→むに
寂黙外道（じゃくもくげどう）→ろくくぎょうげどう
釈門（しゃくもん）→しゃく
シャクラ →たいしゃくてん
社家奉行（しゃけぶぎょう）→じしゃぶぎょう
硨磲（しゃこ）→しっぽう
邪定聚（じゃじょうじゅ）→さんじょうじゅ
捨子問答（しゃしもんどう）→りゅうかん
捨身飼虎（しゃしんしこ）→しゃしん
捨身聞法（しゃしんもんぽう）→しゃし

ん
『沙石集』（しゃせきしゅう）→むじゅう
析界観（しゃっかいかん）→ごじょうしんかん
釈経論部（しゃっきょうろんぶ）→[常]〈経典〉大蔵経
綽空（しゃっくう）→しんらん
闍那崛多（じゃなくった）→ぶつほんぎょうじつきょう
捨念法事定（しゃねんほうじじょう）→しじょうりょ
娑婆世界（しゃばせかい）→[日] 堪忍
闍毘（じゃび）→[常]〈仏事〉荼毘
沙磨吠陀，娑摩薜陀（しゃまべいだ）→サーマ・ヴェーダ
邪慢（じゃまん）→しちまん，しまん
邪命外道（じゃみょうげどう）→ろくしげどう
捨命日（しゃめいにち）→[常]〈仏事〉命日
沙門那（しゃもんな）→しゃもん
沙羅樹（しゃらじゅ）→クシナガラ
娑羅双樹（しゃらそうじゅ）→しゃらそうじゅ
這裏（しゃり）→なり
舎利子（しゃりし）→しゃりほつ
舎利塔（しゃりとう）→ごじゅうのとう，[常]〈仏事〉塔婆
シャーリープトラ →しゃりほつ
遮利夜（しゃりや）→ぎょう
謝霊運（しゃれいうん）→だいはつねはんぎょう②
じゃわらん →[常]〈法具〉鐃鈸
シャンカラ →ヴェーダーンタ
シャーンタラクシタ →じゃくご
シャーンティデーヴァ →だいじょうじゅぼさつがくろん
ジャンブドヴィーパ →えんぶだい
珠（しゅ）→ほうじゅ
衆（しゅ）→そう（僧）
衆（しゅ）→[常]〈僧〉僧
思惟（しゆい）→ふんべつ
思惟樹（しゆいじゅ）→ぼだいじゅ
守一（しゅいち）→むのう
受一食法（じゅいちじきほう）→じゅうにずだぎょう
守一（しゅいつ）→じょう（定）
手印（しゅいん）→がちりんかん
集印帳（しゅいんちょう）→のうきょう
十悪業（じゅうあくごう）→じゅうあく
住位（じゅうい）→[常]〈僧〉僧位
十一善（じゅういちぜん）→しん（信）①
十一面悔過法会（じゅういちめんけかほうえ）→にがつどう
十一尊天得如来（じゅういっそんてんとくにょらい）→だいねんぶつじ
『十王経』（じゅうおうぎょう）→さんずのかわ
『十往生経』（じゅうおうじょうきょう）→にじゅうごぼさつ
師友恩（しゆうおん）→しおん
宗義（しゅうぎ）→いげ
『宗義決択集』（しゅうぎけっちゃくしゅう）→ゆうかい（宥快）
『宗義制法論』（しゅうぎせいほうろん）→にちおう
愁苦（しゅうく）→じっく
従空出仮観（じゅうくうしゅっけかん）→じゅうえこう
住家（じゅうけ）→ざいけ
周継（しゅうけい）→せっそん①
周金剛（しゅうこんごう）→せんかん
執金剛（しゅうこんごう）→しゅうこんごうじん
十三回忌（じゅうさんかいき）→じゅうおうじゅさんぶつ，[常]〈仏事〉念忌
十三宗五十六派（じゅうさんしゅうごじゅうろっぱ）→[常]〈宗派〉日本仏教
十三月の祭（じゅうさんつきのまつり）→[常]〈仏事〉祥月
十七回忌（じゅうしちかいき）→[常]〈仏事〉念忌
十七僧残（じゅうしちそうざん）→さん

びゃくしじゅうはっかい
宗旨手形（しゅうしてがた）→てらうけじょうもん
十事非法（じゅうじひほう）→りばた②
種子不浄（しゅうじふじょう）→ごしゅのふじょう
十重戒（じゅうじゅうかい）→ごじゅうはちかい
『十住経』（じゅうじゅうきょう）→じゅうじぼん
十住心（じゅうじゅうしん）→じゅうじゅうしんろん，にそうしじゅう
『修習次第』（しゅうじゅしだい）→れんげかい
宗乗（しゅうじょう）→しんごんみっきょう，よじょう
住正威儀（じゅうしょういぎ）→こつじきのしじ
住正戒（じゅうしょうかい）→こつじきのしじ
住正覚（じゅうしょうがく）→こつじきのしじ
住正命（じゅうしょうみょう）→こつじきのしじ
周続之（しゅうしょくし）→じゅうはちけん
住処不浄（じゅうしょふじょう）→ごしゅのふじょう
舟仙（しゅうせん）→がさん③
『十象図』（じゅうぞうず）→じゅうぎゅうず
衆徒（しゅうと）→ ゅと①
十度（じゅうと）→と はらみつ
周那（しゅうな）→じ
終南大師（しゅうなんだ ）→ぜんどう（善導）
十二願（じゅうにがん）→
十二光（じゅうにこう）→むん む
りょうこう
十二支縁起（じゅうにしえんき
うにいんねん
十二頭陀（じゅうにずだ）→ずだ

『十二頭陀経』（じゅうにずだきょう）→じゅうにずだぎょう
十二薬［夜］叉大将（じゅうにやく［や］しゃたいしょう）→じゅうにじんしょう
十念相伝（じゅうねんそうでん）→[常]〈行事〉五重相伝
『十馬図』（じゅうばず）→じゅうぎゅうず
十八界（じゅうはちかい）→うけん②
十八空（じゅうはちくう）→しょうくう（性空）
『十八高賢伝』（じゅうはちこうけんでん）→じゅうはちけん
十八天（じゅうはちてん）→だいぼんてん
十八拝（じゅうはちはい）→[常]〈行儀〉礼拝
十八不共仏法（じゅうはちふぐうぶっぽう）→じゅうはちふぐうほう
十八羅漢（じゅうはちらかん）→じゅうろくらかん，らかん
周遍平等（しゅうへんびょうどう）→えんそう
十魔（じゅうま）→てんま
宗門人別帳（しゅうもんにんべつちょう）→[常]〈仏事〉棚経，檀家
什門の四聖（じゅうもんのししょう）→くまらじゅう
什門の六老僧（じゅうもんのろくろうそう）→ろくろうそう①
什門派（じゅうもんは）→けんぽんほっけしゅう，みょうまんじは
十夜会（じゅうやえ）→[常]〈行事〉十夜
十四世ダライ・ラマ（じゅうよんせい——）→ダライ・ラマ
十四無記（じゅうよんむき）→むき（無記）
十楽寺（じゅうらくじ）→[常]〈寺院〉四国八十八箇所・第七番
『集量論』（しゅうりょうろん）→じんな
『十六箇条疑問答』（じゅうろくかじょうぎもんどう）→そんかん

十六無記（じゅうろくむき）→むき（無記）
修惑（しゅうわく）→しゅどう
授翁（じゅおう）→[常]〈僧〉大師
授戒（じゅかい）→[常]〈仏事〉葬式
朱傘（しゅがさ）→[常]〈法具〉天蓋
手過膝相（しゅかしつそう）→さんじゅうにそう
修伽陀（しゅがだ）→ぜんぜい
修行（しゅぎょう）→[常]〈僧〉僧位
執行（しゅぎょう）→しっこう（執行）
儒教（じゅきょう）→さんぎょう（三教），どうきょう（道教）
修行住（しゅぎょうじゅう）→じゅうじゅう
修行住位（しゅぎょうじゅうい）→[常]〈僧〉僧位
修行入位（しゅぎょうにゅうい）→[常]〈僧〉僧位
修行法師位（しゅぎょうほっしい）→[常]〈僧〉僧位
修行満位（しゅぎょうまんい）→[常]〈僧〉僧位
種玉庵（しゅぎょくあん）→そうぎ
受苦（じゅく）→じっく
縮刷蔵経（しゅくさつぞうきょう）→だいぞうきょう，[常]〈経典〉大蔵経
宿住随念智力（しゅくじゅうずいねんちりき）→じゅうりき①
宿住智通（しゅくじゅうちつう）→じっしゅつう
熟酥味（じゅくそみ）→ごみ
宿命通（しゅくみょうつう）→ごじんずう，ろくじんずう
宿命明（しゅくみょうみょう）→さんみょう
宿夜（しゅくや）→たいや
樹下止（じゅげし）→じゅうにずだぎょう
衆賢（しゅげん）→あびだつまじゅんしょうりろん，あびだつまぞうけんしゅうろん
衆賢（しゅげん）→そうぎゃばったら
修験宗（しゅげんしゅう）→しゅげんどう，しょうごいん
炷香（しゅこう）→[常]〈行儀〉焼香
『守護国界章』（しゅごこっかいしょう）→さいちょう
『守護国家論』（しゅごこっかろん）→にちれん
『守護正義論』（しゅごしょうぎろん）→にちおう
執金剛神（しゅこんごうじん）→しゅうこんごうじん
手指繊長相（しゅしせんちょうそう）→さんじゅうにそう
受持法師（じゅじほっし）→ごしゅほっし
首衆（しゅしゅ）→しゅそ，だいいちざ
授手印相伝（じゅしゅいんそうでん）→[常]〈行事〉五重相伝
種々界智力（しゅじゅかいちりき）→じゅうりき①
種々勝解智力（しゅじゅしょうげちりき）→じゅうりき①
竪出（じゅしゅつ）→にそうしじゅう②
受潤不二門（じゅじゅんふにもん）→じっぷにもん
衆生回向（しゅじょうえこう）→じっしゅえこう
衆生恩（しゅじょうおん）→しおん
修正月会（しゅしょうがつえ）→しゅしょうえ
『修証義』（しゅしょうぎ）→あいご
受生自在（じゅしょうじざい）→じっしゅじざい
衆生濁（しゅじょうじょく）→ごじょく
衆生世間（しゅじょうせけん）→えこう，さんせけん
衆生三密（しゅじょうのさんみつ）→さんみつ
修性不二門（しゅしょうふにもん）→じっぷにもん
数珠，誦珠，呪珠（じゅず）→じゅず

『数珠功徳経』（じゅずくどくきょう）→ 圕〈法具〉数珠
修善寺（しゅぜんじ）→しゅぜんじ
鷲山寺（じゅせんじ）→圕〈寺院〉本山・日蓮宗
衆善奉行（しゅぜんぶぎょう）→しちぶつつうかいげ
衆僧（しゅそう）→ぎょうどう
聚相（しゅそう）→とう
寿蔵（じゅぞう）→圕〈仏事〉寿陵
手足柔軟相（しゅそくにゅうなんそう）→さんじゅうにそう
手足縵網相（しゅそくまんもうそう）→さんじゅうにそう
首陀（しゅだ）→しゅだら
須陀洹（しゅだおん）→よるか
須達多（しゅだった）→しゅだつ
修多羅蔵（しゅたらぞう）→圕〈寺院〉経蔵
修治（しゅち）→ずだ
竪超（じゅちょう）→にそうしじゅう②
守澄法親王（しゅちょうほっしんのう）→りんのうじ
出家者（しゅっけしゃ）→圕〈僧〉僧
出釈迦寺（しゅつしゃかでら）→圕〈寺院〉四国八十八箇所・第七十三番
『出定後語』（しゅつじょうこうご）→とみながなかもと
出世間語言部（しゅっせけんごごんぶ）→せつしゅっせぶ
出世間上上智（しゅっせけんじょうじょうち）→さんち②
出世間説部（しゅっせけんせつぶ）→せつしゅっせぶ
出世間智（しゅっせけんち）→さんち②
出世説部（しゅっせせつぶ）→せつしゅっせぶ
出胎（しゅったい）→はっそう
シュードラ →ししょう（四姓），しゅだら
修二月会（しゅにがつえ）→にがつどう
受念処（じゅねんじょ）→しねんじょ
寿牌（じゅはい）→圕〈仏事〉逆修牌
寿墓（じゅはか）→圕〈仏事〉寿陵
戌博迦（じゅばか）→じゅうろくらかん
輸婆迦羅；戌婆掲羅僧訶；シュバカラシンハ（しゅばから；しゅばけいらそうか）→ぜんむい
守敏（しゅびん）→さいじ
鷲峰山（じゅぶせん）→りょうじゅせん
衆宝王（しゅほうおう）→にじゅうごぼさつ
修法壇（しゅほうだん）→だん
須弥座（しゅみざ）→圕〈法具〉須弥壇
寿門（じゅもん）→ゆうかい（宥快）
シュラーヴァスティー →しゃえいじょう，しゅだつ
修羅道（しゅらどう）→あしゅらどう
『首楞厳経講義』（しゅりょうごんぎょうこうぎ）→はらたんざん
修惑（しゅわく）→けんわく
俊音（しゅんおん）→らいゆ
順暁（じゅんぎょう）→たいみつ
俊源（しゅんげん）→やくおういん
順現法受業（じゅんげんぼうじゅごう）→じょうごう（定業）
準講師（じゅんこうし）→圕〈僧〉僧階
順古故（じゅんここ）→ごしゅふほん
順後次受業（じゅんごじじゅごう）→じょうごう（定業）
順次生受業（じゅんじしょうじゅごう）→じょうごう（定業）
順修（じゅんしゅ）→ぎゃくしゅ⑤
準住（じゅんじゅう）→圕〈僧〉僧階
准陀，純陀（じゅんだ）→じゅんだ
準導（じゅんどう）→圕〈僧〉僧階
准如（じゅんにょ）→ほんがんじは
准門跡（じゅんもんぜき）→もんぜき
順流の十心（じゅんるのじっしん）→じっしん（十心）
順礼（じゅんれい）→じゅんれい
巡礼歌（じゅんれいか）→えいか
諸悪莫作（しょあくまくさ）→しちぶつつうかいげ

除一切障難（じょいっさいしょうなん）→じゅうろくぜんじん
生（しょう）→じゅうにいんねん
章（しょう）→けんど
焼［想］（しょう［そう］）→くそう
鞘（しょう）→くしゃ
浄（じょう）→しはらみつ
常（じょう）→しはらみつ
『小阿含』（しょうあごん）→ごあごん，㊫〈経典〉阿含経，雑阿含経
貞安（じょうあん）→あづちのほうろん
浄一（じょういち）→せんしょうじ
聖一国師（しょういちこくし）→こくし，べんねん，㊫〈僧〉国師
聖一派（しょういちは）→にじゅうしりゅう
定印（じょういん）→くほんいん
松蔭寺（しょういんじ）→はくいん
生有（しょうう）→㊫〈仏事〉四有
上衣（じょうえ）→さんえ（三衣）
浄衣（じょうえ）→㊫〈仏事〉経帷子
浄裔（じょうえい）→ぼんし②
小慧遠（しょうえおん）→えおん②
承遠（じょうえん）→しちそ①
青瘀［想］（しょうお［そう］）→くそう
聖応大師（しょうおうだいし）→じゅうはちだいし，りょうにん，㊫〈僧〉大師
浄音（じょうおん）→ぜんりんじ
正果（しょうか）→しょういん
浄賀（じょうが）→ほんがんじしょうにんしんらんでんね
上界（じょうかい）→げかい
浄界（じょうかい）→じょういき
照覚（しょうかく）→らかんじ
正覚（しょうがく）→そせき
聖覚（しょうがく）→れんしょう
定学（じょうがく）→さんがく
昭覚寺（しょうかくじ）→こくごん
定覚支（じょうかくし）→しちかくし
正学女（しょうがくにょ）→しきしゃまな
正覚坊（しょうがくぼう）→かくばん
勝観，浄観（しょうかん，じょうかん）→びばしぶつ
聖鑑国師（しょうがんこくし）→ほうこうじ②
勝願寺（しょうがんじ）→㊫〈寺院〉檀林
貞観寺（じょうかんじ）→㊫〈寺院〉勅願寺
正幹禅師（しょうかんぜんじ）→おうばくさん
正観音（しょうかんのん）→しょうかんのん
聖観音宗（しょうかんのんしゅう）→㊫〈寺院〉本山
小機（しょうき）→だいき
上機（じょうき）→げき
生貴住（しょうきじゅう）→じゅうじゅう
勝義僧（しょうぎそう）→ごしゅのそう，ししゅそう①
正忌日（しょうきにち）→㊫〈仏事〉祥月
定額寺（じょうぎゃくじ）→じょうがくじ
正教（しょうきょう）→はじゃけんしょう
声境（しょうきょう）→ごきょう（五境），ろっきょう
聖行（しょうぎょう）→ごぎょう②
浄行（じょうぎょう）→バラモン
青頸観音（しょうぎょうかんのん）→さんじゅうさんかんのん
常行乞食（じょうぎょうこつじき）→じゅうにずだぎょう
聖教三蔵（しょうぎょうさんぞう）→さんぞうほっし
正教師（しょうきょうし）→㊫〈僧〉僧階
浄行菩薩（じょうぎょうぼさつ）→しぼさつ①
聖教量（しょうぎょうりょう）→ひりょ

う
生苦（しょうく）→ごく（五苦），しくはっく，じっく
生空（しょうくう）→がくう
性空教（しょうくうきょう）→さんぎょう（三教）
小庫裡（しょうくり）→當〈寺院〉庫裡
勝軍（しょうぐん）→はしのくおう
勝軍地蔵（しょうぐんじぞう）→じぞう
盛華［供養］（じょうげ［くよう］）→當〈法具〉華瓶，〈行儀〉仏華
掉悔蓋（じょうけがい）→ごがい
浄華宿王智如来（じょうけしゅくおうちにょらい）→みょうおんぼさつ①
浄解脱身作証具足住（じょうげだつしんさしょうぐそくじゅう）→はちげだつ
小月支（しょうげっし）→げっしこく
生源寺（しょうげんじ）→しんぜい
『貞元釈経録』（じょうげんしゃっきょうろく）→じょうげんしんじょうしゃっきょうもくろく
定賢律師（じょうけんりっし）→そうじじ
証悟（しょうご）→さとり
掉挙（じょうこ）→ずいわく
聖護院宮（しょうごいんのみや）→しょうごいん
聖護院流（しょうごいんりゅう）→しゅげんどう
小劫（しょうこう）→こう（劫），ちゅうこう
少康（しょうこう）→しちそ①，じょうどごそ
勝光（しょうこう）→はしのくおう
常光一丈相（じょうこういちじょうそう）→さんじゅうにそう
照高院（しょうこういん）→じゅうさんもんぜき
常光院（じょうこういん）→しょうごいん
浄光荘厳国（じょうこうしょうごんこく）→みょうおんぼさつ①
浄光大師（じょうこうだいし）→ぎじゃく
聖光房（しょうこうぼう）→べんちょう
常香炉（じょうこうろ）→當〈法具〉香炉
星谷寺（しょうこくじ）→當〈寺院〉坂東三十三所観音・第八番
浄国寺（じょうこくじ）→當〈寺院〉檀林
相国寺派（しょうこくじは）→しょうこくじ
性厳（しょうごん）→ゆうかい（宥快）
浄厳（じょうごん）→れいうんじ
荘厳具（しょうごんぐ）→當〈法具〉法具
聖根本説一切有部（しょうこんぽんせついっさいうぶ）→せついっさいうぶ
上座（じょうざ）→ちょうろう
上座（じょうざ）→さんごう（三綱），當〈僧〉僧階
常済大師（じょうさいだいし）→じゅうはちだいし，じょうきん，當〈僧〉大師
小三災（しょうさんさい）→さんさい
焼山寺（しょうさんじ）→當〈寺院〉四国八十八箇所・第十二番
『称讃浄土経』（しょうさんじょうどきょう）→はっくどくすい
『称讃浄土仏摂受経』（しょうさんじょうどぶつしょうじゅきょう）→じょうどのしちきょう
長時（じょうじ）→こう（劫）
『小止観』（しょうしかん）→じっしゅまぐん
正色（しょうじき）→けさ
『声字義』（しょうじぎ）→しょうじじっそうぎ
生自在（しょうじざい）→じっしゅじざい
定自在王（じょうじざいおう）→にじゅうごぼさつ
浄師子（じょうじし）→ぜんむい

浄捨（じょうしゃ）→きしゃ
生主（しょうしゅ）→はじゃはだい
聖衆（しょうしゅ）→ししゅ（四衆）
勝受（しょうじゅ）→ごろんじ
上手（じょうしゅ）→回上手
成就（じょうじゅ）→しったん
浄住（じょうじゅう）→ふさつ
常住金剛（じょうじゅうこんごう）→ふどうみょうおう
成就有情智（じょうじゅうじょうち）→ちはらみつ
性住心（しょうじゅうしん）→くじゅうしん
摂住心（しょうじゅうしん）→くじゅうしん
常住の常住（じょうじゅうのじょうじゅう）→しほうそうもつ
正宗分（しょうしゅうぶん）→さんぶんかきょう，るずうぶん
成熟衆生力（じょうじゅくしゅじょうりき）→じゅうりき②
摂衆生の願（しょうしゅじょうのがん）→さんがん（三願）①
摂受門（しょうじゅもん）→しょうしゃくにもん
正受老人（しょうじゅろうにん）→はくいん
承俊律師（じょうしゅんりっし）→かんじゅじ
小祥（しょうしょう）→當〈仏事〉祥月
小鐘（しょうしょう）→當〈法具〉喚鐘
声杖（しょうじょう）→しゃくじょう
省常（しょうじょう）→しちそ①
上生（じょうしょう）→くほんいん
定昭（じょうしょう）→りゅうかん
常少（じょうしょう）→しふかとく
静照（じょうしょう）→ほうかいは
清浄観（しょうじょうかん）→ごかん①
小祥忌（しょうしょうき）→當〈仏事〉年忌
小乗教（しょうじょうきょう）→ごきょう（五教）
清浄行（しょうじょうぎょう）→ぼんし②
清浄光仏（しょうじょうこうぶつ）→じゅうにこうぶつ
小乗薩婆多部（しょうじょうさつばたぶ）→じゅうじゅりつ
清浄寺（しょうじょうじ）→ちごん
正定聚（しょうじょうじゅ）→さんじょうじゅ
小乗十八部（しょうじょうじゅうはちぶ）→しょうじょうにじゅうぶ
小乗禅（しょうじょうぜん）→ししゅぜん②
摂浄土の願（しょうじょうどのがん）→さんがん（三願）①
清浄法身毘盧遮那仏（しょうじょうほっしんびるしゃなぶつ）→じゅうぶつみょう
清浄無垢（しょうじょうむく）→ろくじぞう⑤
小乗律（しょうじょうりつ）→當〈経典〉律蔵
生死流転（しょうじるてん）→回 流転
証信（しょうしん）→當〈行事〉五重相伝
焼身（しょうしん）→當〈仏事〉荼毘
生身（しょうじん）→ぶっしん（仏身）①
声塵（しょうじん）→ごじん
精進明け，精進落ち（しょうじんあけ，――おち）→當〈仏事〉精進落とし
杖杉庵（じょうしんあん）→當〈寺院〉四国八十八箇所・第十二番番外
成身会（じょうしんえ）→くえまんだら
精進覚支（しょうじんかくし）→しちかくし
『正信偈大意』（しょうしんげたいい）→れんにょ
清信士（しょうしんじ）→うばそく
『摂真実論』（しょうしんじつろん）→じゃくご
正心住（しょうしんじゅう）→じゅう

じゅう
証信序（しょうしんじょ）→じょぶん，つうべつにじょ，にょぜがもん
清信女（しょうしんにょ）→うばい
精進如意足（しょうじんにょいそく）→しにょいそく
精進無滅（しょうじんむめつ）→じゅうはちふぐうほう
精進力（しょうじんりき）→ごりき
葬頭河婆（しょうずかのばば）→だつえば
上施（じょうせ）→常〈行儀〉布施
浄施（じょうせ）→きしゃ
韶碩（じょうせき）→がさん②
乗専（じょうせん）→くでんしょう
定善（じょうぜん）→じょうさんにぜん
「定善義」（じょうぜんぎ）→さんえん（三縁）
常泉寺（じょうせんじ）→常〈寺院〉秩父三十三所観音・第三番
小千世界（しょうせんせかい）→さんぜんせかい
聖聡（しょうそう）→ぞうじょうじ
成相（じょうそう）→ろくそう
少僧正（しょうそうじょう）→常〈僧〉僧階
正僧正（しょうそうじょう）→そうじょう（僧正），常〈僧〉僧階
少僧都（しょうそうず）→さんがいくきゅう，常〈僧〉僧綱，僧階
性相不二（しょうそうふに）→しんじんいちにょ
『正像末法和讃』（しょうぞうまっぽうわさん）→しょうぞうまつわさん
上足（じょうそく）→とそつてん
生酥味（しょうそみ）→ごみ
招提寺（しょうだいじ）→とうしょうだいじ
『摂大乗論釈論』（しょうだいじょうろんじゃくろん）→しょうだいじょうろんじゃく①
聖提婆（しょうだいば）→だいば
『静泰録』（じょうたいろく）→しゅきょうもくろく③
聖達（しょうだつ）→いっぺん
上丹田（じょうたんでん）→たんでん
『掌中論』（しょうちゅうろん）→じんな
定澄（じょうちょう）→じょうどじ②
正月（しょうつき）→常〈仏事〉祥月
昌禎（しょうてい）→がさん①
生天（しょうてん）→ごてん
浄天（じょうてん）→ごてん
性瑫（しょうとう）→もくあん
正堂（しょうどう）→常〈寺院〉万丈
正道（しょうどう）→どう（道），はっしょうどう
勝道（しょうどう）→りんのうじ
常騰（じょうとう）→さいだいじ①
正等覚者（しょうとうかくしゃ）→さんみゃくさんぶっだ
青童子（しょうどうじ）→こんごうどうじ
正等正覚（しょうとうしょうがく）→さんみゃくさんぼだい
『浄土往生論』（じょうどおうじょうろん）→じょうどろん
証得（しょうとく）→さとり
聖徳宗（しょうとくしゅう）→常〈寺院〉本山
浄土寺（じょうどじ）→常〈寺院〉四国八十八箇所・第四十九番
浄土宗西山禅林寺派（じょうどしゅうせいざんぜんりんじは）→常〈宗派〉日本仏教
浄土宗西山深草派（じょうどしゅうせいざんふかくさは）→常〈宗派〉日本仏教
『浄土宗名目問答』（じょうどしゅうみょうもくもんどう）→べんちょう
『浄土宗要集』（じょうどしゅうようしゅう）→べんちょう
浄土真宗本願寺派（じょうどしんしゅうほんがんじは）→常〈宗派〉日本仏教，〈寺院〉本山・浄土真宗

浄土変（じょうどへん）→じょうどへんそう
『浄土文類聚鈔』（じょうどもんるいじゅしょう）→しんらん
『浄土要義』（じょうどようぎ）→りゅうかん
招杜羅大将（しょうとらだいしょう）→じゅうにじんしょう
証如（しょうにょ）→ほんがんじ，やましなごぼう
浄如（じょうにょ）→しょうじょうじ
聖人田（しょうにんでん）→はちふくでん
正念（しょうねん）→だいきゅう
上輩観（じょうはいかん）→じゅうろくかん
浄玻璃（じょうはり）→じょうはりのかがみ
小部（しょうぶ）→ごあごん
長部（じょうぶ）→じょうあごんぎょう
小部経蔵（しょうぶきょうぞう）→[常]〈経典〉阿含経・雑阿含経
聖福寺（しょうふくじ）→とうりょう，りんざいしゅう
勝福寺（しょうふくじ）→[常]〈寺院〉坂東三十三所観音・第五番
浄福寺（じょうふくじ）→[常]〈寺院〉勅願寺
常福寺（じょうふくじ）→[常]〈寺院〉檀林
常福寺（じょうふくじ）→[常]〈寺院〉四国八十八箇所・第六十五番番外
摂伏諸魔（しょうふくしょま）→じゅうろくぜんじん
勝仏頂（しょうぶっちょう）→ごぶっちょう
生仏不二（しょうぶつふに）→しょうぶついちにょ
生仏不二迷悟一体（しょうぶつふにめいごいったい）→ちけんいん
聖宝（しょうぼう）→じゅうはちだいし，しゅげんどう，だいごじ，[常]〈僧〉大師
正法寺（しょうほうじ）→[常]〈寺院〉西国三十三所観音・第十二番
正法寺（しょうぼうじ）→[常]〈寺院〉坂東三十三所観音・第十番
正法時（しょうぼうじ）→さんじ①
正法蔵（しょうぼうぞう）→かいげん
照法輪（しょうぼうりん）→さんぼうりん
正法輪身（しょうぼうりんじん）→さんりんじん
『正法華経』（しょうほけきょう）→じくほうご
摂法身の願（しょうほっしんのがん）→さんがん（三願）①
小品（しょうぼん）→はちぶはんにゃ
浄飯（じょうぼん）→じょうぼんのう
上品下生，上品中生，上品上生（じょうぼんげしょう，—— ちゅうしょう，—— じょうしょう）→くほんいん，くほんじょうど，[日]上品・下品
上品上生印（じょうぼんじょうしょういん）→みだのじょういん
勝満（しょうまん）→しょうむてんのう
『勝鬘師子吼一乗大方便方広経』（しょうまんししくいちじょうだいほうべんほうこうきょう）→しょうまんぎょう，[常]〈経典〉勝鬘経
勝鬘夫人（しょうまんぶにん）→[常]〈経典〉勝鬘経
証明（しょうみょう）→あみだきょう
浄名（じょうみょう）→ゆいま
『浄明句論』（じょうみょうくろん）→げっしょう（月称）
称名寺（しょうみょうじ）→じゅこう
称名正行（しょうみょうしょうぎょう）→ごしゅのしょうぎょう
称名雑行（しょうみょうぞうぎょう）→ごしゅのぞうぎょう
長明灯（じょうみょうとう）→じょうとう，[常]〈行儀〉灯明
称名念仏（しょうみょうねんぶつ）→し

しゅねんぶつ
『聖無動経慈怒鈔』（しょうむどうきょうじぬしょう）→りゅうこう
小妄語戒（しょうもうごかい）→らごら
青目（しょうもく）→ちゅうがんは（中観派），ちゅうがんろん
声聞界（しょうもんかい）→じっかい（十界）
声聞僧（しょうもんそう）→ししゅそう③
『成唯識論述記』（じょうゆいしきろんじゅつき）→きき
逍遙園（しょうようえん）→くまらじゅう
浄影寺の慧遠（じょうようじのえおん）→えおん②
常楽会（じょうらくえ）→[常]〈行事〉涅槃会
常楽寺（じょうらくじ）→[常]〈寺院〉秩父三十三所観音・第十一番
常楽寺（じょうらくじ）→[常]〈寺院〉四国八十八箇所・第十四番
定力（じょうりき）→ごりき
青竜寺（しょうりゅうじ）→[常]〈寺院〉四国八十八箇所・第三十六番
清涼（しょうりょう）→しちそ②
清涼院（しょうりょういん）→ほうげん②
精霊流し（しょうりょうながし）→[常]〈仏事〉灯籠流し
正量部（しょうりょうぶ）→しょうじょうにじゅうぶ，[常]〈宗派〉インド仏教
精霊舟（しょうりょうぶね）→[常]〈仏事〉灯籠流し
清涼文益（しょうりょうぶんえき）→ほうげん②，ほうげんしゅう
精霊祭（しょうりょうまつり）→[常]〈仏事〉盆提灯
静慮解脱等持等至智力（じょうりょげだつとうじとうじちりき）→じゅうりき①
勝林（しょうりん）→ぎおん
勝林院（しょうりんいん）→おおはらもんどう
少林寺（しょうりんじ）→[常]〈寺院〉秩父三十三所観音・第十五番
定林寺（じょうりんじ）→[常]〈寺院〉秩父三十三所観音・第十七番
生類憐みの令（しょうるいあわれみのれい）→りゅうこう
浄瑠璃寺（じょうるりじ）→[常]〈寺院〉四国八十八箇所・第四十六番
上礼（じょうれい）→[常]〈行儀〉礼拝
小斂（しょうれん）→[常]〈仏事〉斂祭
青蓮院（しょうれんいん）→じゅうさんもんぜき
青蓮華寺（しょうれんげじ）→にちいん
小路（しょうろ）→しゅりはんどく
精廬（しょうろ）→しょうじゃ（精舎）
鐘楼（しょうろう）→しちどう
鐘楼（しょうろう）→[常]〈寺院〉七堂伽藍1，2，3
『摂論』（しょうろん）→しょうだいじょうろん
除蓋障（じょがいしょう）→ろくじぞう④
除蓋障院（じょがいしょういん）→じゅうさんだいいん
除蓋障仏頂（じょがいしょうぶっちょう）→ごぶっちょう
諸岳寺（しょがくじ）→じょうきん
初割蓮合掌（しょかつれんがっしょう）→じゅうにがっしょう，[常]〈行儀〉合掌
助行（じょぎょう）→しょうじょぞうのさんぎょう
諸行往生（しょぎょうおうじょう）→ねんぶつおうじょう
四欲（しよく）→[日]情欲
職級（しょくきゅう）→[常]〈僧〉僧階
濁色（じょくじき）→けさ
食事五観（しょくじごかん）→ごかん③
燭台（しょくだい）→みつぐそく
蜀版（しょくばん）→だいぞうきょう，

常〈経典〉大蔵経・宋蔵
初更（しょこう）→しょや
初江王（しょこうおう）→じゅうおう②
初地（しょじ）→けんどう
初時（しょじ）→さんじのきょうはん
書写山（しょしゃざん）→べんけい，みょうちょう
書写法師（しょしゃほっし）→ごしゅほっし
初重（しょじゅう）→常〈行事〉五重相伝
諸宗部（しょしゅうぶ）→常〈経典〉大蔵経
除障（じょしょう）→さんまや
除障仏頂（じょしょうぶっちょう）→そんしょうほう
初禅（しょぜん）→しじょうりょ
初禅天（しょぜんてん）→しきかい，じゅうおう①
諸尊菩薩摩訶薩（しょそんぼさつまかさつ）→じゅうぶつみょう
初転法輪（しょてんぼうりん）→したい
除二辺智慧力（じょにへんちえりき）→じゅうりき②
諸如来禅（しょにょらいぜん）→ししゅぜん①
助破僧違諫戒（じょはそういかんかい）→じゅうさんそうざん
処非処智力（しょひしょちりき）→じゅうりき①
諸仏難値（しょぶつなんち）→しなん
序分（じょぶん）→さんぶんかきょう
諸法無我印（しょほうむがいん）→むがいん
初発心（しょほっしん）→回初心
初発心時便成正覚（しょほっしんじべんじょうしょうがく）→そくしんじょうぶつ
除夜の鐘（じょやのかね）→常〈法具〉梵鐘
諸竜（しょりゅう）→ろくじぞう②
尸羅（しら）→かい（戒）
白岩観音（しらいわかんのん）→常〈寺院〉坂東三十三所観音・第十五番
尸羅達摩（しらだつま）→じゅうじきょう
白旗流（しらはたりゅう）→りょうぎょう
シーラバドラ〔尸羅跋陀羅（しらばっだら）〕→かいげん
白峰寺（しらみねじ）→常〈寺院〉四国八十八箇所・第八十一番
事理三千（じりさんぜん）→じりにかん
持律第一（じりつだいいち）→うばり，じゅうだいでし
自立論証派（じりつろんしょうは）→しょうべん，ちゅうがんは（中観派）
思量（しりょう）→い①
四料揀（しりょうけん）→ぎげん
思量心（しりょうしん）→しん（心）②
地輪（じりん）→じょうこう（成劫）
支婁迦讖（しるかせん）→はんじゅざんまいきょう
四論宗（しろんしゅう）→しろん，どんらん
四惑（しわく）→しぼんのう
神（しん）→回神変・神妙
神異僧（しんいそう）→ぶっとちょう
神異僧（じんいそう）→ふけ
信一切仏法精進力（しんいっさいぶっぽうしょうじんりき）→じゅうりき②
心印（しんいん）→ぶっしんしゅう
新因明（しんいんみょう）→いんみょう，じんな
親縁（しんえん）→さんえん（三縁）
真我（しんが）→だいが
真雅（しんが）→じゅうはちだいし，常〈僧〉大師
深覚（しんがく）→もくじきしょうにん①
真覚大師（しんかくだいし）→げんかく
真観（しんかん）→ごかん①
新元興寺（しんがんこうじ）→ほうこうじ

神願寺（じんがんじ）→じんぐうじ
神機独妙禅師（しんきどくみょうぜんじ）→はくいん
新義派（しんぎは）→かくばん
尋牛（じんぎゅう）→じゅうぎゅうず
親教師（しんきょうし）→おしょう
新宮（しんぐう）→くまのごんげん
神宮院（じんぐういん）→じんぐうじ
真空大師（しんくうだいし）→いんげん，じゅうはちだいし，[常]〈僧〉大師
神供寺（じんぐじ）→じんぐうじ
新黒谷（しんくろだに）→くろだに
信解自在（しんげじざい）→じっしゅじざい
心外無別法（しんげむべっぽう）→さんがいいっしん
真現量（しんげんりょう）→げんりょう
心光（しんこう）→こうみょう
身光（しんこう）→こうみょう
神光（しんこう）→えか（慧可）
信弘（しんこう）→ゆうかい（宥快）
新業（しんごう）→ごう
秦広王（しんこうおう）→じゅうおう②
尋香行（じんこうぎょう）→けんだつば
真言亡国（しんごうぼうこく）→しかかくげん
神護国祚真言寺（じんごこくそしんごんじ）→じんごじ①
身骨（しんこつ）→しゃり
身根（しんこん）→ごこん，ろっこん
真言行者十住心（しんごんぎょうじゃじゅうじゅうしん）→にそうしじゅう①
身金色相（しんこんじきそう）→さんじゅうにそう
真言宗御室派（しんごんしゅうおむろは）→[常]〈宗派〉日本仏教
真言宗善通寺派（しんごんしゅうぜんつうじは）→[常]〈宗派〉日本仏教
真言宗泉涌寺派（しんごんしゅうせんにゅうじは）→[常]〈宗派〉日本仏教
真言宗大覚寺派（しんごんしゅうだいかくじは）→[常]〈宗派〉日本仏教
真言宗醍醐派（しんごんしゅうだいごは）→[常]〈宗派〉日本仏教
真言宗智山派（しんごんしゅうちさんは）→ちさんは，[常]〈宗派〉日本仏教
真言宗東寺派（しんごんしゅうとうじは）→[常]〈宗派〉日本仏教
真言宗の七祖（しんごんしゅうのしちそ）→しちそ③
真言宗豊山派（しんごんしゅうぶさんは）→ぶさんは，[常]〈宗派〉日本仏教
真言宗山階派（しんごんしゅうやましなは）→[常]〈宗派〉日本仏教
真言修験宗（しんごんしゅげんしゅう）→しゅげんどう
真言律（しんごんりつ）→りっしゅう
真際，真実際（しんさい，しんじつさい）→じっさい
晋山式（しんざんしき）→しんざん
心地（しんじ）→かくしん
辛寺（しんじ）→ほっけん
信士（しんじ）→[常]〈仏事〉法名
心識（しんしき）→ごしき（五識），ゆいしき
身識（しんしき）→ごしき（五識），はっしき，ろくしき
真識（しんしき）→さんしき②
心自在（しんじざい）→じっしゅじざい
真実行（しんじつぎょう）→じゅうぎょう
真実弘願門（しんじつぐがんもん）→さんがんてんにゅう（三願転入）
塵沙惑（じんしゃわく）→さんわく
心数（しんじゅ）→しんじょ
真珠（しんじゅ）→しっぽう③
心宗（しんしゅう）→そせき
真宗出雲路派（しんしゅういずもじは）→[常]〈宗派〉日本仏教，〈寺院〉本山・浄土真宗
真宗院（しんしゅういん）→ふかくさりゅう，りゅうしん
真宗大谷派（しんしゅうおおたには）→

おおたには，當〈宗派〉日本仏教，〈寺院〉本山・浄土真宗
真宗木辺派（しんしゅうきべは）→きべは，當〈宗派〉日本仏教，〈寺院〉本山・浄土真宗
真宗興正派（しんしゅうこうしょうは）→こうしょうは，當〈宗派〉日本仏教，〈寺院〉本山・浄土真宗
身縦広相（しんじゅうこうそう）→さんじゅうにそう
真宗三門徒派（しんしゅうさんもんとは）→當〈宗派〉日本仏教，〈寺院〉本山・浄土真宗
真宗誠照寺派（しんしゅうじょうしょうじは）→じょうしょうじは，當〈宗派〉日本仏教，〈寺院〉本山・浄土真宗
真宗高田派（しんしゅうたかだは）→たかだは，當〈宗派〉日本仏教，〈寺院〉本山・浄土真宗
真宗東本願寺派（しんしゅうひがしほんがんじは）→當〈寺院〉本山・浄土真宗
真宗仏光寺派（しんしゅうぶっこうじは）→當〈宗派〉日本仏教，〈寺院〉本山・浄土真宗
真宗山元派（しんしゅうやまもとは）→やまもとは，當〈宗派〉日本仏教，〈寺院〉本山・浄土真宗
信受難（しんじゅなん）→しなん
信受奉行（しんじゅぶぎょう）→當〈行儀〉読経
真紹（しんじょう）→ぜんりんじ
晨朝（じんじょう）→ろくじ
津照寺（しんしょうじ）→當〈寺院〉四国八十八箇所・第二十五番
心所有法（しんじょうほう）→しんじょ
心所法（しんじょほう）→ごい
心所六品（しんじょろくぼん）→だいぜんじほう
甚深（じんじん）→田 深甚
信心為本（しんじんいほん）→おうぼういほん
真身観（しんじんかん）→じゅうろくかん
深心力（じんしんりき）→じゅうりき③
沈水香（じんすいこう）→じんこう
神通第一（じんずうだいいち）→じゅうだいでし，もくれん
神通力（じんずうりき）→じゅうりき③，つうりき
浄慈寺（じんずじ）→ござん
真済（しんぜい）→しょうりょうしゅう
新善光寺（しんぜんこうじ）→ぜんこうじ
新善光寺（しんぜんこうじ）→みえいどう②，みえいどうは
神仙思想（しんせんしそう）→どうきょう（道教）
新撰菟玖玻集（しんせんつくばしゅう）→そうぎ
心臓（しんぞう）→しん（心）②
神僧（じんそう）→しゃそう
神足通（じんそくつう）→ごじんずう，ろくじんずう
真達羅大将（しんだらだいしょう）→じゅうにじんしょう
身端直相（しんたんじきそう）→さんじゅうにそう
震旦（中国）の三聖（しんたんのさんしょう）→さんしょう（三聖）③
真智（しんち）→けせいのにきょう
真智（しんち）→さんち③
新到（しんどう）→いまどうしん
辛頭河（しんどが）→しんどが
身毒（しんどく）→インド
瞋恚身縛（しんにしんばく）→しばく
心如意足（しんにょいそく）→しにょいそく
真如寺（しんにょじ）→きょうとのじっせつ，じっせつ
身如師子相（しんにょししそう）→さんじゅうにそう
真如相（しんにょそう）→じゅうえこう
真如堂（しんにょどう）→當〈行事〉十

夜
『真如堂縁起』（しんにょどうえんぎ）→當〈行事〉十夜
神恵院（じんねいん）→當〈寺院〉四国八十八箇所・第六十八番
心王（しんのう）→しん（心）①
瞋縛（しんばく）→さんばく
新版蔵経（しんぱんぞうきょう）→だいぞうきょう
真比量（しんひりょう）→ひりょう
真福寺（しんぷくじ）→當〈寺院〉秩父三十三所観音・第二番
信不具足（しんふぐそく）→いっせんだい
身不護（しんふご）→さんふご
心不相応法（しんふそうおうぼう）→ごい
神仏一体説，神仏習合（しんぶついったいせつ，――しゅうごう）→りょうぶしんとう
真仏土（しんぶつど）→きょうぎょうしんしょうもんるい
真仏［坊］（しんぶつ［ぼう］）→せんしょうじ，ぶっこうじ
神変大菩薩（じんぺんだいぼさつ）→えんのおづぬ
新発意（しんぼち）→いまどうしん，しんぼっち
身命施（しんみょうせ）→當〈行儀〉布施
尽未来際（じんみらいさい）→じんみらい
身無失（しんむしつ）→じゅうはちふぐうほう
身毛上靡相（しんもうじょうみそう）→さんじゅうにそう
新薬師寺（しんやくしじ）→じゅうごだいじ，じゅうろくだいじ
心乱（しんらん）→じゅうぼうのう②
信力（しんりき）→ごりき，さんりき③
神力自在（じんりきじざい）→じっしゅじざい
身論（しんろん）→ろくそくろん

す ス

水煙（すいえん）→そうりん（相輪）
水王（すいおう）→すいてん
垂戒，垂誨（すいかい）→すいじ
随自意門相伝（ずいじいもんそうでん）→當〈行事〉五重相伝
水精（すいしょう）→頗黎
水神（すいじん）→すいてん
随心院（ずいしんいん）→當〈寺院〉門跡，勅願寺
随心院流（ずいしんいんりゅう）→とうみつじゅうにりゅう
水潜寺（すいせんじ）→當〈寺院〉秩父三十三所観音・第三十四番
瑞泉寺（ずいせんじ）→じっせつ
水葬（すいそう）→ごそう，そうほう（葬法），當〈仏事〉葬式
水想観（すいそうかん）→じゅうろくかん
水大（すいだい）→ろくだい
隋の五巻録（ずいのごかんろく）→しゅきょうもくろく②
隋の七巻録（ずいのしちかんろく）→しゅきょうもくろく①
随風（ずいふう）→てんかい
随煩悩（ずいぼんのう）→ずいわく
睡眠（すいめん）→じっしゅまぐん
水輪（すいりん）→じょうこう（成劫）
瑞林寺（ずいりんじ）→かんとうしせつ
スヴァスティカ →まんじ
スヴァータントリカ →しょうべん
嵩嶽寺（すうがくじ）→すうざん，ふじゃく①
崇聖寺（すうしょうじ）→じっせつ
雛僧（すうそう）→當〈僧〉小僧
崇福寺（すうふくじ）→じゅうごだいじ，じゅうだいじ
スガタ →ぜんぜい
スカンダ →いだてん

只管打坐（すかんたざ）→しかんたざ
杉本観音，杉本寺（すぎもとかんのん，—— でら）→㊥〈寺院〉坂東三十三所観音・第一番
誦経（ずきょう）→㊥〈行儀〉読経
宗鏡寺（すぎょうじ）→じゅうごだいじ②，じゅうろくだいじ
誦経法師（ずきょうほっし）→ごしゅほっし
『宿曜経』（すくようきょう）→ほしまつり
鈴掛（すずかけ）→すずかけ
頭陀行（ずだぎょう）→ずだ，㊐頭陀袋
頭陀第一（ずだだいいち）→かしょう（迦葉）①，じゅうだいでし，まかかしょう
スダッタ［須達長者（すだつちょうじゃ）］→ぎっこどく，しゅだつ，はしのくおう
スダナ・シュレースティ・ダーラカ →ぜんざいどうじ
捨聖（すてひじり）→いっぺん
スビンダ →じゅうろくらかん
スブーティ →しゃかむに，やしゅだら
スブーティ →しゅぼだい
スプラブッダ →じょうぼんのう
頭北面西右脇臥（ずほくめんさいうきょうが）→㊥〈仏事〉北枕
宗密（すみつ）→げんにんろん
スメール →しゅみせん
頭面礼足（ずめんらいそく）→せっそくさらい
スリランカ →りょうがせん
数論派（すろんは）→すろん
諏訪大明神（すわだいみょうじん）→さんじゅうばんしん

せ　セ

聖域（せいいき）→れいじょう
清閑寺（せいかんじ）→㊥〈寺院〉勅願寺
誓願寺（せいがんじ）→じょうどしゅう，ふかくさりゅう，㊥〈寺院〉本山・浄土宗
青巌周陽（せいがんしゅうよう）→きちじょうじ
西礀派（せいかんは）→にじゅうしりゅう
制教（せいきょう）→けせいのにきょう
青原行思（せいげんぎょうし）→せんかん
清居禅師（せいごぜんじ）→じゅうぎゅうず
西山光明寺派（せいざんこうみょうじは）→じょうどしゅう
西山浄土宗（せいざんじょうどしゅう）→じょうどしゅう，せいざんは，㊥〈宗派〉日本仏教，〈寺院〉本山・浄土宗
西山禅林寺派（せいざんぜんりんじは）→じょうどしゅう，せいざんは，㊥〈宗派〉日本仏教，〈寺院〉本山・浄土宗
西山深草派（せいざんふかくさは）→じょうどしゅう，せいざんは，ふかくさりゅう，㊥〈宗派〉日本仏教，〈寺院〉本山・浄土宗
勢至観（せいしかん）→じゅうろくかん
勢至丸（せいしまる）→ほうねん
西浄（せいじょう）→㊥〈寺院〉七堂伽藍2
『精神界』（せいしんかい）→きよざわまんし
誠心講（せいしんこう）→どうりょう
精神主義（せいしんしゅぎ）→きよざわまんし
清拙派（せいせつは）→にじゅうしりゅう
聖地（せいち）→れいじょう
西天二十八祖（せいてんにじゅうはっそ）→さいてん——
清弁（せいべん）→ほううん（法雲）②
西来意（せいらいい）→さいらいい

青竜寺（せいりゅうじ）→くろだに
青竜寺和尚（せいりゅうじわじょう）→けいか
石霜楚円（せきそうそえん）→おうりょうは
関寺の大仏（せきでらのだいぶつ）→さんだいぶつ
石頭和尚（せきとうおしょう）→きせん
石碑（せきひ）→㊔〈仏事〉墓
石勒（せきろく）→ぶっとちょう
世間解（せけんげ）→じゅうごう
世間智（せけんち）→さんち②
世自在王仏（せじざいおうぶつ）→しじゅうはちがん，たんぶつげ，ほうぞうびく
世出世護摩法（せしゅっせごまほう）→だいにちきょう
是生房蓮長（ぜしょうぼうれんちょう）→にちれん
是生滅法（ぜしょうめっぽう）→いろはうた
是諸仏教（ぜしょぶっきょう）→しちぶつつうかいげ
『世親摂論』（せしんしょうろん）→しょうだいじょうろんじゃく①
施身聞偈（せしんもんげ）→しゃしん
世々生々（せぜしょうしょう）→しょうじょうせぜ
施設論部（せせつろんぶ）→せっけぶ
世俗僧（せぞくそう）→ごしゅのそう，ししゅそう①
世俗諦（せぞくたい）→ぞくたい
世智弁聡（せちべんそう）→はちなん
節（せつ）→けんど
説因部（せついんぶ）→せついっさいうぶ
説疑城胎宮（せつぎじょうたいぐ）→へんじ②
石溪（せっけい）→そげん
雪蹊寺（せっけいじ）→㊔〈寺院〉四国八十八箇所・第三十三番
摂家門跡（せっけもんぜき）→もんぜき
舌根（ぜつこん）→ごこん，ろっこん
舌識（ぜつしき）→ごしき（五識），はっしき，ろくしき
殺者（せっしゃ）→はじゅん，まら
拙庵徳光（せったんとっこう）→のうにん②
雪竇山資聖寺（せっちょうざんししょうじ）→ほてい
雪竇禅師（せつちょうぜんじ）→へきがんろく
説転部（せつてんぶ）→㊔〈宗派〉インド仏教
拙衲（せつのう）→のう
説法印（せっぽういん）→くほんいん
雪峰義存（せっぽうぎぞん）→うんもん，せっちん
説法第一（せっぽうだいいち）→じゅうだいでし
説法談義（せっぽうだんぎ）→ほうだん
説法難（せっぽうなん）→しなん
『説無垢称経』（せつむくしょうきょう）→ゆいまぎょう③，㊔〈経典〉維摩経
節量食（せつりょうじき）→じゅうにずだぎょう
雪嶺（せつれい）→ちぎょく
世天（せてん）→ごてん
説法第一（せっぽうだいいち）→じゅうだいでし，ふるな
施福寺（せふくじ）→㊔〈寺院〉西国三十三所観音・第四番
施無畏印（せむいいん）→くほんいん
施無畏者（せむいしゃ）→せむい
仙（せん）→むに
染（せん）→あいぜん
善（ぜん）→さんしょう（三性）②
善意（ぜんい）→アヌルッダ
遷移化滅（せんいけめつ）→せんげ
善快（ぜんかい）→あしゅく
善覚（ぜんかく）→じょうぼんのう
善覚王（ぜんかくおう）→しゃかむに，やしゅだら
善覚長者（ぜんかくちょうじゃ）→だい

ばだった
善吉，善現（ぜんきつ，ぜんげん）→しゅぼだい
善現行（ぜんげんぎょう）→じゅうぎょう
善見城（ぜんけんじょう）→たいしゃくてん，とうりてん
『善見律』，『善見論』（ぜんけんりつ，――ろん）→ぜんけんりつびばしゃ
善業（ぜんごう）→あくごう
禅興寺（ぜんこうじ）→じっせつ，だいきゅう
千光派（せんこうは）→にじゅうしりゅう
前五識（ぜんごしき）→てんじき②
善権方便（ぜんごんほうべん）→ぜんぎょうほうべん
善財王（ぜんざいおう）→くまのごんげん
禅士（ぜんじ）→常〈僧〉僧階
漸次（ぜんじ）→ぜんとん
前七識（ぜんしちしき）→てんじき①
善時天（ぜんじてん）→やまてん
善師峰寺（ぜんじぶじ）→常〈寺院〉四国八十八箇所・第三十二番
漸写経（ぜんしゃきょう）→しゃきょう
千社札，千社参り（せんじゃふだ，――まいり）→せんがじまいり
専修阿弥陀寺（せんじゅあみだじ）→せんじゅじ
前住（ぜんじゅう）→常〈僧〉僧階
禅住（ぜんじゅう）→常〈僧〉僧階
『禅宗無門関』（ぜんしゅうむもんかん）→むもんかん
専修寺派（せんじゅじは）→たかだは
千手千眼観音（せんじゅせんげんかんのん）→せんじゅかんのん
禅定印（ぜんじょういん）→ほっかいじょういん
染浄不二門（ぜんじょうふにもん）→じっぷにもん
善信（ぜんしん）→しんらん
善心尼（ぜんしんに）→ちゅうじょうひめ
旃頭摩提城（せんずまだいじょう）→びばしぶつ
千僧会（せんぞうえ）→にちおう
先祖供養（せんぞくよう）→常〈仏事〉盆
闡鐸迦（せんたくか）→しゃのく
旃檀林（せんだんりん）→きちじょうじ
栴檀林（せんだんりん）→だんりん
『選択集決疑鈔』（せんちゃくしゅうけつぎしょう）→りょうちゅう
『選択集要決』（せんちゃくしゅうようけつ）→しょうくう（証空）
善仲・善算兄弟（ぜんちゅう，ぜんざんきょうだい）→かつおうでら
専鎮（せんちん）→ろっかくどう
善通寺派（ぜんつうじは）→ぜんつうじ，常〈寺院〉本山・真言宗
禅天魔（ぜんてんま）→しかかくげん
禅頭（ぜんとう）→しゅそ，だいいちざ
前堂（ぜんどう）→常〈僧〉僧階
善道（ぜんどう）→あくどう
善導寺（ぜんどうじ）→そんかん
善導寺（ぜんどうじ）→常〈寺院〉檀林
善日（ぜんにち）→にちれん
仙遊寺（せんにゅうじ）→せんにゅうじ
泉涌寺派（せんにゅうじは）→せんにゅうじ，常〈寺院〉本山・真言宗
膳如鹿王相（せんにょろくおうそう）→さんしゅうにそう
詮慧（せんね）→えいへいこうろく
善慧（ぜんね）→しょうくう（証空）
善慧（ぜんね）→ふだいし
善慧地（ぜんねじ）→じゅうじ（十地）
専念寺（せんねんじ）→もんえ
千百億化身釈迦牟尼仏（せんひゃくおくけしんしゃかむにぶつ）→じゅうぶつみょう
千部の論師（せんぶのろんじ）→せしん，ろんじゅ
千部の論主（せんぶのろんじゅ）→せし

ん
善分別言音通（ぜんふんべつごんのんつう）→じっしゅつう
仙法（せんぽう）→くめのせんにん
善法行（ぜんぽうぎょう）→じゅうぎょう
仙遊寺（せんゆうじ）→嘗〈寺院〉四国八十八箇所・第五十八番
仙遊寺（せんゆうじ）→嘗〈寺院〉四国八十八箇所・第七十四番番外
善楽寺（ぜんらくじ）→嘗〈寺院〉四国八十八箇所・第三十番
禅林寺（ぜんりんじ）→たいまでら

そ　ソ

蔵（ぞう）→くしゃ
増一法（ぞういちほう）→じゅうじゅりつ
想蘊（そううん）→ごうん
宗叡（そうえい）→ぞうじょうじ
僧叡（そうえい）→くまらじゅう，じゅうはちけん，だいちどろん
総永代経（そうえいたいきょう）→えいたいきょう
雑穢語（ぞうえご）→きご
相応部（そうおうぶ）→ぞうあごんぎょう
繒蓋幡（そうがいばん）→じっしゅくよう
像観（ぞうかん）→じゅうろくかん
葬儀式（そうぎしき）→嘗〈仏事〉葬式
僧伽（そうぎゃ）→さんが，そう（僧），嘗〈僧〉僧
僧伽斯那（そうぎゃしな）→ひゃくゆぎょう
僧伽波尸沙（そうぎゃばししゃ）→じゅうさんそうざん
僧伽婆羅（そうぎゃばら）→もんじゅしりもんぎょう
僧伽藍摩（そうぎゃらんま）→がらん
蔵経書院（ぞうきょうしょいん）→だいぞうきょう
相空教（そうくうきょう）→さんぎょう（三教）
相句説罪（そうくせつざい）→ふさつ
象軍（ぞうぐん）→なせん
僧賢（そうけん）→そうぎゃばっだら
宋杲（そうこう）→だいえ（大慧）
僧綱所（そうごうしょ）→嘗〈僧〉僧綱
相好身（そうごうしん）→しきしん②
総持（そうじ）→だらに
雑司ヶ谷鬼子母神（ぞうしがやきしもじん）→ほうみょうじ
蔵識（ぞうしき）→あらやしき
造寺堅固（ぞうじけんご）→ごごひゃくさい
総持寺（そうじじ）→じょうきん
総持寺（そうじじ）→嘗〈寺院〉西国三十三所観音・第二十二番
僧自恣の日（そうじしのひ）→嘗〈仏事〉盆
総持尊者（そうじそんじゃ）→しょうあん
増支部（ぞうしぶ）→ぞういちあごんぎょう
僧就（そうじゅ）→だいほうどうだいじつきょう
僧濬（そうしゅん）→ほうたん
宗純（そうじゅん）→いっきゅう
僧純（そうじゅん）→みょうこうにんでん
双生（そうしょう）→えんまおう
爪杖（そうじょう）→にょい②
僧肇（そうじょう）→くまらじゅう
増上（ぞうじょう）→こん
増長（ぞうじょう）→ふさつ
増長（ぞうじょう）→るりおう
増上縁（ぞうじょうえん）→さんえん（三縁）
総持力（そうじりき）→じゅうりき③
蔵主（ぞうす）→嘗〈僧〉僧階
総相（そうそう）→ろくそう
宋蔵（そうぞう）→だいぞうきょう

宋蔵官版（そうぞうかんばん）→需〈経典〉大蔵経・宋蔵
総相念住位（そうそうねんじゅうい）→しねんじょ
相続相（そうぞくそう）→ろくそそう
相即不二（そうそくふに）→ぼんのうそくぼだい
相大（そうだい）→さんだい（三大）
宗陳（そうちん）→ほうこうじ（方広寺）①
宋帝王（そうていおう）→じゅうおう②
相伝（そうでん）→需〈行事〉五重相伝
僧田（そうでん）→はちふくでん
僧統（そうとう）→そうじょう（僧正）
層塔（そうとう）→需〈仏事〉墓
僧堂（そうどう）→需〈寺院〉七堂伽藍2，斎堂
曹洞宗江戸三箇寺（そうとうしゅうえどさんかじ）→せいしょうじ，せんがくじ
宋版蔵経（そうばんぞうきょう）→もくじきしょうにん②
相部宗（そうぶしゅう）→りつのさんしゅう
宗炳（そうへい）→じゅうはちけん
双峯（そうほう）→だいせつ
僧房（そうぼう）→需〈僧〉坊主
像法時（ぞうぼうじ）→さんじ①
僧物（そうもつ）→さんぼうもつ
宋訳，宋訳出経（そうやく，――しゅっきょう）→しんやく
増益（ぞうやく）→じゅうろくぜんじん
増益（ぞうやく）→しゅほう，そばか
僧祐（そうゆう）→ぐみょうしゅう，どうせん
増誉（ぞうよ）→しゅげんどう
『綜理衆経目録』（そうりしゅきょうもくろく）→どうあん
麁過（そか）→ちゅうらんじゃざい
蘇我稲目（そがのいなめ）→とゆらでら，需〈寺院〉寺
蘇我馬子（そがのうまこ）→しょうとくたいし，ほうこうじ，やちゅうじ，需〈寺院〉塔
沮渠京声（そきょけいせい）→みろくじょうしょうきょう，需〈経典〉三部経・弥勒三部経
足安平相（そくあんびょうそう）→さんじゅうにそう
『続遺記』（ぞくいき）→ちれい
触境（そくきょう）→ごきょう（五境），ろっきょう
続経疏部（ぞくきょうしょぶ）→需〈経典〉大蔵経
足下二輪相（そくげにりんそう）→せんぷくりんそう
足跟満足相（そくこんまんぞくそう）→さんじゅうにそう
息災（そくさい）→そばか
息災［法］（そくさい〔ほう〕）→しゅほう，需〈行儀〉護摩
息慈（そくじ）→しゃみ
触事而真（そくじにしん）→そくじにしん
息住心（そくじゅうしん）→くじゅうしん
続諸宗部（ぞくしょしゅうぶ）→需〈経典〉大蔵経
触塵（そくじん）→ごじん
『即身義』（そくしんぎ）→そくしんじょうぶつぎ
足千輻輪相（そくせんぷくりんそう）→さんじゅうにそう
触地印（そくちいん）→あしゅく
触女人戒（そくにょにんかい）→じゅうさんそうざん
塞縛悉底迦（そくばしっていか）→まんじ
足趺高相（そくふこうそう）→さんじゅうにそう
足目（そくもく）→いんみょう
足目〔仙〕（そくもく［せん］）→あしだ
続律疏部（ぞくりつしょぶ）→需〈経典〉大蔵経

足論（そくろん）→ろくそくろん
続論疏部（ぞくろんしょぶ）→[常]〈経典〉大蔵経
座元（ぞげん）→だいいちざ，[常]〈僧〉僧階
麁語戒（そごかい）→じゅうさんそうざん
蘇悉地（そしつじ）→[常]〈経典〉三部経・大日三部経
蘇悉地院（そしつじいん）→じゅうさんだいいん
『蘇悉地羯羅経』（そしつじからきょう）→ぜんむい，[常]〈経典〉三部経・大日三部経
『蘇悉地経』（そしつじきょう）→さんぶきょう，しんごんしゅう，[常]〈経典〉三部経・大日三部経
蘇達多（そだった）→しゅだつ
卒哭忌（そっこくき）→[常]〈仏事〉百箇日
蘇東坡（そとうば）→ [日]無一物
外敷（そとじき）→うちしき
窣堵波（そとば）→そとば
ソナム・ギャムツォ →ダライ・ラマ
祖能（そのう）→だいせつ
『蘇婆呼童子経』（そばこどうじほう）→ぜんむい
蘇頻陀（そひんだ）→じゅうろくらかん
蘇摩（そま）→ソーマ
蘇迷盧（そめいろ）→めいろ
存覚（ぞんかく）→ろくようしょう
尊賢（そんけん）→へいげんじ
尊勝寺（そんしょうじ）→りょうくう①
尊勝仏頂（そんしょうぶっちょう）→そんしょうほう
尊勝仏頂（そんしょうぶっちょう）→ごぶっちょう

た　タ

堕（だ）→はいつだい
他阿（たあ）→じしゅう
大安寺（だいあんじ）→じゅうごだいじ，じゅうだいじ，じゅうろくだいじ，ならのしちだいじ，ぼだいせんな
第一覚者（だいいちかくしゃ）→あだいぶっだ
大医王仏（だいいおうぶつ）→やくし
第一義天（だいいちぎてん）→ごてん
第一結集（だいいちけつじゅう）→アーナンダ，うばり，くつげのけつじゅう，けつじゅう，ごひゃくらかん，しちようくつ，まかかしょう，[常]〈経典〉律蔵
大威徳王（だいいとくおう）→にじゅうごぼさつ
大慧遠（だいえおん）→えおん①
『大慧書』（だいえしょ）→だいえ（大慧）
『大慧武庫』（だいえぶこ）→だいえ（大慧）
大慧菩薩（だいえぼさつ）→りょうがきょう
大円［国師］（だいえん［こくし］）→そせき
大円国師（だいえんこくし）→むじゅう
大淵寺（だいえんじ）→[常]〈寺院〉秩父三十三所観音・第二十七番
大円禅師（だいえんぜんじ）→れいゆう
大応国師（だいおうこくし）→みょうちょう
大往生（だいおうじょう）→ごくらくおうじょう
大応派（だいおうは）→にじゅうしりゅう
大和尚（だいおしょう）→[常]〈僧〉僧階
大飲光（だいおんこう）→まかかしょう
大戒（だいかい）→ぐそくかい
大覚寺御門跡（だいかくじごもんぜき）→だいかくじ
大覚寺派（だいかくじは）→[常]〈寺院〉本山・真言宗
大覚禅師（だいかくぜんじ）→らんけいどうりゅう，[常]〈僧〉禅師
大覚派（だいかくは）→にじゅうしりゅ

う
『大覚録』（だいかくろく）→らんけいどうりゅう
大火災（だいかさい）→こうか
諦観（たいかん）→てんだいしきょうぎ
大巌寺（だいがんじ）→當〈寺院〉檀林
大願力（だいがんりき）→じゅうりき③
大喜庵（だいきあん）→せっしゅう
大亀氏（だいきし）→まかかしょう
大機大用（だいきだいゆう）→だいき
大吉祥天女（だいきちじょうてんにょ）→きちじょうてん
大休派（だいきゅうは）→だいきゅう，にじゅうしりゅう
大叫喚地獄（だいきょうかんじごく）→はちねつじごく
大教師（だいきょうし）→當〈僧〉僧階
大教正（だいきょうせい）→當〈僧〉僧階
大極殿の御斎会（だいぎょくでんのごさいえ）→さんだいえ
大愚（だいぐ）→りょうかん
大庫裡（だいくり）→當〈寺院〉庫裡
大慶寺（だいけいじ）→じっせつ
大華厳寺（だいけごんじ）→とうだいじ
大月支（だいげっし）→げっしこく
大月氏国（だいげっしこく）→げっしこく
大堅国（だいけんこく）→ろくじぞう⑤
大元明王，大元師明王（たいげんみょうおう）→だいげんすいみょうおう
大光院（だいこういん）→どんりゅう，當〈寺院〉檀林
退耕行勇（たいこうぎょうゆう）→かくしん，じょうみょうじ
大后寺（たいこうじ）→じゅうろくだいじ
大講師（だいこうし）→當〈僧〉僧階
大広寺（だいこうじ）→ふくう
大興寺（だいこうじ）→當〈寺院〉四国八十八箇所・第六十七番
対告人（たいごうにん）→たいごうしゅ
大光普照観音（だいこうふしょうかんのん）→じゅういちめんかんのん，ろくかんのん
大光普照国師（だいこうふしょうこくし）→いんげん
大光明（だいこうみょう）→ろくじぞう⑤
大光明遍照（だいこうみょうへんじょう）→だいにちにょらい
大国阿闍梨（だいこくあじゃり）→にちろう
醍醐派（だいごは）→しゅげんどう，當〈寺院〉本山・真言宗
第三焔天（だいさんえんてん）→當〈法具〉数珠
太山王（たいざんおう）→じゅうおう②
第三結集（だいさんけつじゅう）→あいく，けつじゅう
大三災（だいさんさい）→こうか，さんさい，すいさい
大山寺（たいさんじ）→こんごうじ①
太山寺（たいさんじ）→當〈寺院〉四国八十八箇所・第五十二番
泰山寺（たいさんじ）→當〈寺院〉四国八十八箇所・第五十六番
泰山府君（たいざんふくん）→じゅうおう②
大士（だいし）→ぼさつ
大寺（だいじ）→じょうざぶっきょう，ぶっとん，まひんだ
大時（だいじ）→こう（劫）
大慈（だいじ）→じっしゅほうべん，ばっくよらく
大慈恩寺（だいじおんじ）→じおんじ
大慈観音（だいじかんのん）→ろくかんのん
第四結集（だいしけつじゅう）→カニシカ，けつじゅう，ごひゃくらかん，しょう（世友）
大自在天女（だいじざいてんにょ）→ぎげいてん
大慈寺（だいじじ）→當〈寺院〉秩父三

十三所観音・第十番
太子七ヵ寺（たいししちかじ）→たちばなでら
第四禅天（だいしぜんてん）→うちょうてん
第七識（だいしちしき）→しん（心）②，てんじき②，びょうどうしょうち，まなしき
大慈普応国師（だいじふおうこくし）→どうき
大寂禅師（だいじゃくぜんじ）→どういつ
大聚（だいじゅ）→とう
大衆（たいしゅう）→回 大衆
第十一願（だいじゅういちがん）→さんがん（三願）②
第十九願（だいじゅうくがん）→さんがん（三願）②，さんがんてんにゅう
『大集月蔵経』（だいしゅうげつぞうきょう）→常〈経典〉大蔵経
『大宗地玄文本論』（だいしゅうじげんもんほんろん）→めみょう
第十七願（だいじゅうしちがん）→さんがん（三願）②
第十八願（だいじゅうはちがん）→ぐがん，さんがん（三願）②，さんがんてんにゅう，しじゅうはちがん，せんちゃくほんがん，ねんぶつおうじょう
大集部（だいしゅうぶ）→常〈経典〉大蔵経
『台州録』（たいしゅうろく）→しょうらいもくろく
大修法（だいしゅほう）→だいほう②
胎生（たいしょう）→ししょう（四生）
大祥（だいしょう）→常〈仏事〉祥月
大乗院（だいじょういん）→常〈寺院〉門跡
大乗有教（だいじょううきょう）→常〈宗派〉インド仏教
大乗円頓教（だいじょうえんどんきょう）→えんどんかい
大祥忌（だいしょうき）→常〈仏事〉年忌
『大乗義章』（だいじょうぎしょう）→えおん②
大乗空教（だいじょうくうきょう）→常〈宗派〉インド仏教
『大乗玄論』（だいじょうげんろん）→きちぞう
『大荘厳経』，『大荘厳経論』，『大荘厳論』（だいしょうごんぎょう，——ぎょうろん，——ろん）→だいしょうごんろんぎょう
大乗寺（だいじょうじ）→じょうきん
大乗始教（だいじょうしきょう）→ごきょう（五教）
大乗終教（だいじょうしゅうきょう）→ごきょう（五教）
大清浄（だいしょうじょう）→ろくじぞう⑤
大紹正宗国師（だいしょうしょうじゅうこくし）→べんちょう
大精進（だいしょうじん）→だいせいし
大正新脩大蔵経，大正蔵経（たいしょうしんしゅうだいぞうきょう，たいしょうぞうきょう）→だいぞうきょう，常〈経典〉大蔵経
大乗禅（だいじょうぜん）→ししゅぜん②
大照禅師（だいしょうぜんじ）→ふじゃく①
太政大臣禅師（だいじょうだいじんぜんじ）→せいきょういっち，どうきょう（道鏡）
大定智悲（だいじょうちひ）→ろくじぞう⑤
大乗通申論（だいじょうつうしんのろん）→だいじょうきしんろん
大聖道場（だいしょうどうじょう）→ほうたん
大乗二宗（だいじょうにしゅう）→常〈宗派〉インド仏教
『大乗入楞伽経』（だいじょうにゅうりょうがきょう）→りょうがきょう④

大焦熱地獄（だいしょうねつじごく）→ごくねつじごく，はちねつじごく
大乗非仏説（だいじょうひぶっせつ）→とみながなかもと
大丈夫（だいじょうぶ）→じょうごじょうぶ
大乗普賢菩薩（だいじょうふげんぼさつ）→じゅうぶつみょう
太上法皇（だいじょうほうおう）→ほうおう（法皇）
大乗方等経典（だいじょうほうどうきょうてん）→ほうどうきょう
『大乗密厳経』（だいじょうみつごんきょう）→ろくぶだいぞうきょう
大聖文殊師利菩薩（だいしょうもんじゅしりぼさつ）→じゅうぶつみょう
大乗律（だいじょうりつ）→〔常〕〈経典〉律蔵
『大日経口之疏鈔』（だいにちきょうくちのしょしょう）→ゆうかい（宥快）
大慈力（だいじりき）→じゅうりき③
大心衆生（だいしんしゅじょう）→ぼさつ
大臣禅師（だいじんぜんじ）→どうきょう（道鏡）
大水災（だいすいさい）→こうすい
大勢志（だいせいし）→だいせいし
大石寺（たいせきじ）→にっこう，〔常〕〈寺院〉本山・日蓮宗
大山寺（だいせんじ）→こんごうじ①
大善寺（だいぜんじ）→〔常〕〈寺院〉檀林
大禅定寺（だいぜんじょうじ）→ふじゃく①
大善難修（だいぜんなんじゅ）→しなん
胎蔵界の五仏（たいぞうかいのごぶつ）→ごぶつ
大僧都（だいそうず）→さんがいくきゅう，〔常〕〈僧〉僧綱，僧階
胎蔵法（たいぞうほう）→だいにちきょう，〔常〕〈経典〉三部経・大日三部経
胎蔵マンダラ（たいぞう――）→たいぞうかいまんだら
大蘇山（だいそざん）→えし
体大（たいだい）→さんだい（三大）
大智勢至菩薩（だいちせいしぼさつ）→じゅうぶつみょう
大智蔵大導師（だいちぞうだいどうし）→ほうげん②
大智母（だいちも）→まやぶにん
大陟居寺（だいちょっこじ）→きちぞう
大通寺（だいつうじ）→じんしゅう
大通智勝国師（だいつうちしょうこくし）→しょうき
大帝（たいてい）→まひんだ
大堂（だいどう）→こんどう（金堂），〔常〕〈寺院〉金堂
大道一以（だいどういちい）→みんちょう
大灯国師（だいとうこくし）→みょうちょう
大導師（だいどうし）→だいし（大師）
大同の石仏（だいどうのせきぶつ）→〔常〕〈法具〉龕
大徳衆（だいとくしゅ）→ししゅ（四衆）③
大徳清浄（だいとくしょうじょう）→ろくじぞう⑤
第二結集（だいにけつじゅう）→けつじゅう，びしゃり，りばた
第二十願（だいにじゅうがん）→さんがん（三願）②，さんがんてんにゅう
第二十二願（だいにじゅうにがん）→さんがん（三願）②
大日（だいにち）→のうにん②
『大日経指帰』（だいにちきょうしいき）→えんちん
大日薩埵（だいにちさった）→じゅうさんだいいん
大日寺（だいにちじ）→〔常〕〈寺院〉四国八十八箇所・第四番
大日寺（だいにちじ）→〔常〕〈寺院〉四国八十八箇所・第十三番
大日寺（だいにちじ）→〔常〕〈寺院〉四国八十八箇所・第二十八番

大日堂（だいにちどう）→ばんなじ
大日派（だいにちは）→ばんなじ
大日遍照（だいにちへんじょう）→だいにちにょらい
大日本蔵経〔正・続〕（だいにほんぞうきょう）→だいぞうきょう
大念寺（だいねんじ）→かんとうしせつ
大念寺（だいねんじ）→[常]〈寺院〉檀林
大念仏会（だいねんぶつえ）→[常]〈行事〉壬生狂言
大念仏宗（だいねんぶつしゅう）→ゆうずうねんぶつしゅう
提婆（だいば）→だいばだった
提婆（だいば）→てん
提婆設摩（だいばせつま）→あびだつましきしんそくろん
提婆達多品（だいばだったぼん）→へんじょうなんし
大般泥洹経（だいはつないおんきょう）→だいはつねはんぎょう，ほっけん
大般若会（だいはんにゃえ）→だいはんにゃしんどく
『大般若経』第九会（だいはんにゃぎょうだいくえ）→こんごうきょう
大悲観世音菩薩（だいひかんぜおんぼさつ）→じゅうぶつみょう
大悲観音（だいひかんのん）→せんじゅかんのん，ろくかんのん
大悲闡提（だいひせんだい）→いっせんだい
大悲の菩薩（だいひのぼさつ）→いっせんだい
『大毘婆沙論』（だいびばしゃろん）→あびだつまだいびばしゃろん
大白衣（だいびゃくえ）→びゃくえかんのん②
大悲力（だいひりき）→じゅうりき③
『大毘盧遮那成仏経疏』（だいびるしゃなじょうぶつきょうしょ）→だいにちきょうしょ
『大毘盧遮那成仏神変加持経』（だいびるしゃなじょうぶつじんぺんかじきょう）→だいにちきょう，[常]〈経典〉三部経・大日三部経
大風災（だいふうさい）→こうふう
大腹，大腹行（だいふく，―― ぎょう）→まごらが
『大部四教義』（だいぶしきょうぎ）→しきょうぎ（四教義）
大不善地法（だいふぜんじほう）→むざん
『大仏寺語録』（だいぶつじごろく）→えいへいこうろく
大仏殿（だいぶつでん）→ほうこうじ①
大弁才（だいべんざい）→にじってん
大弁才功徳天，大弁才天（だいべんざいくどくてん，―― てん）→べんざいてん
大法眼禅師（だいほうげんぜんじ）→ほうげん②，ほうげんしゅう
大宝寺（だいほうじ）→[常]〈寺院〉四国八十八箇所・第四十四番
大方妙機禅師（だいほうみょうきぜんじ）→がさん③
大法師（だいほっし）→[常]〈僧〉僧階
大法師位（だいほっしい）→[常]〈僧〉僧位
『大品［般若経］』（だいぼん［はんにゃきょう］）→はちぶはんにゃ
『大本経』（だいほんぎょう）→[常]〈経典〉阿含経・長阿含経
大梵深遠観音（だいぼんじんおんかんのん）→ろくかんのん
大梵天王（だいぼんてんおう）→ぜんきじん，だいぼんてん
『大梵天王問仏決疑経』（だいぼんてんおうもんぶつけつぎきょう）→ねんげみしょう
大煩悩地法（だいぼんのうじほう）→むみょう②
当麻曼荼羅（たいままんだら）→たいまでら，ちゅうじょうひめ
『当麻曼荼羅註』（たいままんだらちゅう）→しょうくう（証空）

『大無量寿経』（だいむりょうじゅきょう）→むりょうじゅきょう
大滅度（だいめつど）→だいはつねはん
大妄語（だいもうご）→もうご
大門（だいもん）→しちどう，常〈寺院〉三門，七堂伽藍①
逮夜，大夜（たいや）→たいや
大雄（だいゆう）→ジャイナきょう，にけんだにゃくだいし
『大楽金剛不空真実三摩耶経』（だいらくこんごうふくうしんじつさんまやきょう）→りしゅきょう
平定盛（たいらさだもり）→くうやねんぶつ，常〈行事〉空也念仏
大律師（だいりっし）→常〈僧〉僧階
内裏御修法（だいりみしほ）→みしほ
太竜寺（たいりゅうじ）→常〈寺院〉四国八十八箇所・第二十一番
大林寺（だいりんじ）→ござん
台嶺（たいれい）→ひえいざん
大斂（だいれん）→常〈仏事〉斂祭
第六識（だいろくしき）→てんじき②
第六天（だいろくてん）→たけじざいてん
『大論』（だいろん）→だいちどろん
提惒竭羅（だいわかつら）→じょうこう（錠光）
他縁大乗心（たえんだいじょうしん）→じゅうじゅうしんろん
高雄山寺（たかおさんじ）→くうかい，じんごじ①
高楠順次郎（たかくすじゅんじろう）→常〈経典〉大蔵経・大正蔵経
高倉観音（たかくらかんのん）→常〈寺院〉坂東三十三所観音・第三十番
『高田開山親鸞聖人正統伝』（たかだかいさんしんらんしょうにんしょうとうでん）→りょうくう②
高田好胤（たかだこういん）→やくしじ①
高野寺（たかのでら）→さいだいじ①
高幡不動（たかはたふどう）→こんごうじ①
ダーキニー〔吒枳尼，荼吉尼〕（だきに）→だきにてん
沢庵禅師（たくあんぜんじ）→そうほう（宗彭），日 沢庵
托胎（たくたい）→はっそう①
蛸十夜（たこじゅうや）→常〈行事〉十夜
ダシャバラ・カーシャパ →かしょう（迦葉）⑤
他受用身（たじゅゆうしん）→じゅゆうしん
田代観音（たしろかんのん）→常〈寺院〉坂東三十三所観音・第三番
多陀阿伽度（ただあがど）→にょらい
畳袈裟（たたみげさ）→わげさ
立木観音堂（たちきかんのんどう）→常〈寺院〉坂東三十三所観音・第十八番
立江寺（たつえじ）→常〈寺院〉四国八十八箇所・第十九番
塔主（たっす）→常〈僧〉僧階
達摩笈多（だつまぎゅうた）→しょうだいじょうろんじゃく①，ぼだいしりょうろん
達頼喇嘛（だつらいらま）→ダライ・ラマ
駄都（だと）→かい（界）
陀那鉢底（だなぱってい）→せしゅ
谷汲山（たにぐみざん）→常〈寺院〉西国三十三所観音・第三十三番
種間寺（たねまじ）→常〈寺院〉四国八十八箇所・第三十四番
多念義（たねんぎ）→たねん
多念の念仏（たねんのねんぶつ）→いちねんぎ
頼母子講（たのもしこう）→日 無尽
玉虫厨子（たまむしのずし）→常〈法具〉厨子
多聞衆（たもんしゅ）→ししゅ（四衆）③
多聞第一（たもんだいいち）→アーナン

ダ，じゅうだいでし
多聞分別部（たもんふんべつぶ）→せっけぶ
ターラー →たら
多羅樹（たらじゅ）→ばいたら
多羅卒都婆（たらそとば）→[常]〈仏事〉六角塔婆
多羅尊観音（たらそんかんのん）→さんじゅうさんかんのん
ダルマーカラ →ほうぞうびく
ダルマシュリー〔達摩尸利〕（だるましり）→ほうしょう
ダルマダートゥ〔達磨駄都〕（だるまだと）→ほっかい
ダルマトラータ〔達磨多羅〕（だるまたら）→ほっく（法救）
ダルマナンディ →どんまなんだい
ダルマパーラ〔達磨波羅〕（だるまぱら）→ごほう
ダルマラクシャ →じくほうご
ダルマラクシャ →どんむせん
ダルマラクシャ →ほうご
檀家制度（だんかせいど）→[常]〈仏事〉檀家
檀渓寺（だんけいじ）→どうあん
但座不臥（たんざふが）→じゅうにずだぎょう
但三衣（たんさんね）→じゅうにずだぎょう
誕生会（たんじょうえ）→[常]〈行事〉灌仏会
誕生寺（たんじょうじ）→[常]〈寺院〉本山・日蓮宗
嘆身索供養戒（たんしんさくくようかい）→じゅうさんそうざん
断頭（だんず）→はらい
断善根（だんぜんごん）→いっせんだい
断善闡提（だんぜんせんだい）→いっせんだい
『弾選択』（だんせんちゃく）→りゅうかん
湛増（たんぞう）→べんけい
檀陀（だんだ）→ろくじぞう④
断徳（だんとく）→さんとく
旦那（だんな）→[旧] 檀那
檀那波羅蜜（だんなはらみつ）→せはらみつ，だんはらみつ
檀那流（だんなりゅう）→えだんにりゅう
湛然居士従源（たんねんこじしょうげん）→しょうようろく
壇びき（だん――）→[常]〈仏事〉壇払い
断遍知（だんへんち）→へんち
檀林院（だんりんいん）→だんりん，[常]〈寺院〉檀林
檀林寺（だんりんじ）→[常]〈寺院〉勅願寺，檀林

ち　チ

智慧光（ちえこう）→りょうぎょう
智慧光仏（ちえこうぶつ）→じゅうにこうぶつ
智慧第一（ちえだいいち）→しゃりほつ，じゅうだいでし
智慧知過去世無碍（ちえちかこせむげ）→じゅうはちふぐうほう
智慧知現在世無碍（ちえちげんざいせむげ）→じゅうはちふぐうほう
智慧知未来世無碍（ちえちみらいせむげ）→じゅうはちふぐうほう
智慧仏（ちえぶつ）→しぶつ
智海（ちかい）→おおはらもんどう
智解（ちかい）→げぎょう
智行円満（ちぎょうえんまん）→ぎょう
筑後房（ちくごぼう）→にちろう
畜生界（ちくしょうかい）→じっかい（十界）
竹邨（ちくそん）→もんえ
竹生島（ちくぶしま）→ほうごんじ，[常]〈寺院〉西国三十三所観音・第三十番
逐分別説（ちくふんべつせつ）→うばだ

いしゃ
竹林寺（ちくりんじ）→常〈寺院〉四国八十八箇所・第三十一番
『竹林抄』（ちくりんしょう）→そうぎ
智光（ちこう）→こうみょう
智劫通（ちこうつう）→じっしゅつう
痴兀大慧（ちこつだいえ）→ぶっつうぜんじ
智山派関東三山（ちさんはかんとうさんざん）→へいげんじ
知識寺の大仏（ちしきじのだいぶつ）→さんだいぶつ
智者（ちしゃ）→むに
智首（ちしゅ）→どうせん
智昇（ちしょう）→かいげんしゃくきょうろく
智杖（ちじょう）→しゃくじょう
智正覚世間（ちしょうがくせけん）→さんせけん
智証大師（ちしょうだいし）→えんちん，じゅうはちだいし，常〈僧〉大師
智真（ちしん）→いっぺん
智相（ちそう）→ろくそそう
地想観（ちそうかん）→じゅうろくかん
智足（ちそく）→とそつてん
地大（ちだい）→ろくだい
地天（ちてん）→じゅうにてん
知殿（ちでん）→でんす
智徳（ちとく）→さんとく
痴縛（ちばく）→さんばく
千葉寺（ちばでら）→常〈寺院〉坂東三十三所観音・第二十九番
値仏難（ちぶつなん）→しなん
チベット仏教（―― ぶっきょう）→こうきょう（紅教），こうきょう（黄教）
智遍知（ちへんち）→へんち
痴煩悩（ちぼんのう）→むみょう②
著弊衲衣（ちゃくへいのうえ）→じゅうにずだぎょう
択法覚支（ちゃくほうかくし）→しちかくし
地夜叉（ちやしゃ）→やしゃ（夜叉）
茶湯器（ちゃとうき）→常〈仏事〉仏具
チャンダーラ →せんだら
チャンドラキールティ →げっしょう（月称）
中（ちゅう）→常〈宗派〉中国仏教・天台宗
忠阿（ちゅうあ）→さいだいじ②
中院僧正（ちゅういんそうじょう）→へんじょう
中陰法要（ちゅういんほうよう）→常〈仏事〉中有
中衣（ちゅうえ）→さんえ（三衣）
『註往生論私記』（ちゅうおうじょうろんしき）→りょうちゅう
中観（ちゅうがん）→さんがん（三観）
『中観光明論』（ちゅうがんこうみょうろん）→れんげかい
『中観荘厳論』（ちゅうがんしょうごんろん）→じゃくご
『中観荘厳論細疏』（ちゅうがんしょうごんろんさいしょ）→れんげかい
『中観心論頌』（ちゅうがんしんろんじゅ）→しょうべん
中観部（ちゅうがんぶ）→常〈経典〉大蔵経
中国五岳（ちゅうごくごがく）→すうざん
中国浄土教三伝（ちゅうごくじょうどきょうさんでん）→ろざんりゅう
中生（ちゅうしょう）→くほんいん
中乗（ちゅうじょう）→さんじょう
中性院（ちゅうしょういん）→らいゆ
中信（ちゅうしん）→ろくはらみつじ
中施（ちゅうせ）→常〈行儀〉布施
中禅寺（ちゅうぜんじ）→常〈寺院〉坂東三十三所観音・第十八番
中千世界（ちゅうせんせかい）→さんぜんせかい
中僧正（ちゅうそうじょう）→常〈僧〉僧階
中諦（ちゅうたい）→いっしんさんがん，さんだい（三諦）

中台八葉院（ちゅうだいはちよういん）→じゅうさんだいいん
注荼半託迦（ちゅうだはんたか）→じゅうろくらかん
中堂（ちゅうどう）→こんどう（金堂），當〈寺院〉金堂
中道教（ちゅうどうきょう）→さんじのきょうはん
中輩観（ちゅうはいかん）→じゅうろくかん
『中辺分別論』（ちゅうへんふんべつろん）→みろく②
中品（ちゅうぼん）→くほんいん
中品下生，中品上生，中品中生（ちゅうぼんげしょう，――じょうしょう，――ちゅうしょう）→くほんじょうど
沖密慧然（ちゅうみつえねん）→しょうぼうげんぞう②
中門（ちゅうもん）→しちどう，當〈寺院〉七堂伽藍１，４，三門
中夜（ちゅうや）→ろくじ
中律師（ちゅうりっし）→當〈僧〉僧階
『中論頌』（ちゅうろんじゅ）→げっしょう（月称），ちゅうがんは（中観派），ちゅうがんろん，ぶつご
チューダパンタカ→じゅうろくらかん，しゅりはんどく
チュンダ→じゅんだ
智誉（ちよ）→しんちおんじ
冢（ちょう）→はか
脹［想］（ちょう［そう］）→くそう
長翁（ちょうおう）→にょじょう
長覚（ちょうかく）→ゆうかい（宥快）
澄観（ちょうかん）→だいほうこうぶつけごんぎょうしょ
長跪合掌（ちょうきがっしょう）→當〈行儀〉礼拝
長興寺（ちょうこうじ）→當〈寺院〉秩父三十三所観音・第五番
長谷寺（ちょうこくじ）→當〈寺院〉坂東三十三所観音・第十五番
調御丈夫（ちょうごじょうぶ）→じゅうごう
朝護孫子寺（ちょうごそんしじ）→當〈寺院〉本山・真言宗
長寿（ちょうじゅ）→しふかとく
『鳥獣戯画図』（ちょうじゅうぎがず）→かくゆう
超証寺（ちょうしょうじ）→じゅうごだいじ②，じゅうろくだいじ
長生銭（ちょうしょうせん）→むじんざい
頂成肉髻相（ちょうじょうにくけいそう）→さんじゅうにそう
澄真（ちょうしん）→おおはらもんどう
張全（ちょうぜん）→じゅうはちけん
長泉院（ちょうせんいん）→當〈寺院〉秩父三十三所観音・第二十九番
鳥葬（ちょうそう）→そうほう（葬法），當〈仏事〉葬式
長泰寺（ちょうたいじ）→かんとうしせつ
調達（ちょうだつ）→だいばだった
長灯明（ちょうとうみょう）→當〈行儀〉灯明
超日月光仏（ちょうにちがつこうぶつ）→じゅうにこうぶつ
重複衣（ちょうふくえ）→だいえ（大衣）
長福寺（ちょうふくじ）→やましなごぼう
頂法寺（ちょうほうじ）→ろっかくどう，當〈寺院〉西国三十三所観音・第十八番
『長房録』（ちょうぼうろく）→れきだいさんぼうき
長母寺（ちょうもじ）→むじゅう
張野（ちょうや）→じゅうはちけん
長楽寺（ちょうらくじ）→じっせつ
長楽寺（ちょうらくじ）→りゅうかん
長楽寺流（ちょうらくじは）→じょうどしゅう，りゅうかん
『勅修百丈清規』（ちょくしゅひゃくじょうしんぎ）→ひゃくじょうしんぎ

鎮西上人（ちんぜいしょうにん）→べんちょう
鎮西流（ちんぜいりゅう）→べんちょう
珍宝施（ちんぼうせ）→嘗〈行儀〉布施

つ　ツ

追厳（ついごん）→ついぜん
追修（ついしゅ）→ついぜん
追弔会（ついちょうえ）→ついちょう
追福（ついふく）→ついぜん
通戒偈（つうかいげ）→しちぶつつうかいげ
通序（つうじょ）→じょぶん，つうべつにじょ，にょぜがもん
通申（つうしん）→べっしん
通信庵（つうしんあん）→ていごく
通仙亭（つうせんてい）→げんしょう
通大乗経（つうだいじょうきょう）→ほうどうじ
塚（つか）→はか，嘗〈仏事〉墓
塚固め（つかがため）→嘗〈仏事〉六角塔婆
月影堂（つきかげどう）→嘗〈寺院〉秩父三十三箇所観音・第二十七番
月参り（つきまいり）→嘗〈仏事〉月忌
都久夫須麻神社（つくぶすまじんじゃ）→ほうごんじ
津寺（つでら）→嘗〈寺院〉四国八十八箇所・第二十五番
角大師（つのだいし）→りょうげん
椿堂（つばきどう）→嘗〈寺院〉四国八十八箇所・第六十五番番外
『壺坂霊験記』（つぼさかれいげんき）→みなみほっけじ
釣鐘（つりがね）→かね

て　テ

ディグナーガ →じんな
堤綱（ていこう）→ていしょう
帝心尊者（ていしんそんじゃ）→とじゅん
ティソンデツェン王　（── おう）→じゃくご，れんげかい
ティデソンツェン王（── おう）→ほんやくみょうぎたいしゅう
程度（ていど）→ぶんざい
剃髪染衣（ていはつぜんね）→嘗〈僧〉入道
庭幡（ていばん）→嘗〈法具〉幡
底栗車（ていりしゃ）→ちくしょう
デーヴァダッタ →だいばだった，はわごうそう
適意（てきい）→まんだらけ
滴水（てきすい）→がさん①
鉄眼版（てつげんばん）→おうばくばん，だいぞうきょう
『徹選択集』（てつせんちゃくしゅう）→べんちょう
鉄輪囲山（てつりんちせん）→てっちせん
テーラヴァーダ →じょうざぶ
寺手形（てらてがた）→てらうけじょうもん
寺奉行（てらぶぎょう）→じしゃぶぎょう
諂（てん）→ずいわく
天海版（てんかいばん）→だいぞうきょう，てんかい
天下恩（てんかおん）→しおん
天下の総学問所（てんかのそうがくもんじょ）→えんりゃくじ
天行（てんぎょう）→ごぎょう②
天空神（てんくうしん）→ばるな
天鼓雷音如来（てんくらいおんにょらい）→ごぶつ
天外明普（てんげみょうふ）→ふけしゅう
天眼（てんげん）→ごげん
天眼自在清浄通（てんげんじざいしょうじょうつう）→じっしゅつう
天眼第一（てんげんだいいち）→アヌルッダ，じゅうだいでし

天眼明（てんげんみょう）→さんみょう
天后（てんこう）→まやぶにん
電光明（でんこうみょう）→やくじょうぼさつ
転識得智（てんじきとくち）→あらやしき，てんじき②
天竺（てんじく）→インド
天竺五山（てんじくござん）→ござん
伝持八祖（でんじはっそ）→でんぼうはっそ
天子魔（てんしま）→てんま，しま
天酒（てんしゅ）→かんろ
天授（てんじゅ）→だいばだった
転住心（てんじゅうしん）→くじゅうしん
天乗（てんじょう）→じょう（乗）
天上界（てんじょうかい）→じっかい（十界）②，てんがい（天界）
転生活仏（てんしょうかつぶつ）→かつぶつ
天神鬼神（てんじんきじん）→みょうじん
テンジン・ギャムツォ →ダライ・ラマ
殿主（でんす）→でんす
天瑞（てんずい）→ほううん②（法雲）
天叟慶存（てんそうけいぞん）→かいあんじ
『典座教訓』（てんぞきょうくん）→どうげん
天台［の］三大部（てんだい［の］さんだいぶ）→さんだいぶ，ほっけげんぎ，ほっけさんだいぶ，ほっけもんぐ，まかしかん
天台寺門宗（てんだいじもんしゅう）→[常]〈宗派〉日本仏教，〈寺院〉本山・天台宗
天台修験宗（てんだいしゅげんしゅう）→しゅげんどう
天台真盛宗（てんだいしんぜいしゅう）→[常]〈宗派〉日本仏教，〈寺院〉本山・天台宗
天台の三会（てんだいのさんえ）→さんだいえ
天台の三観（てんだいのさんがん）→さんがん（三観）
天台の三教（てんだいのさんぎょう）→さんぎょう（三教）
天台の四教（てんだいのしきょう）→しきょう（四教）
天台法華円頓宗（てんだいほっけえんどんしゅう）→てんだいしゅう
天台葉上流（てんだいようじょうりゅう）→えいさい
天台律宗（てんだいりっしゅう）→しゅんじょう
天地恩（てんちおん）→しおん
天地守護の三十番神（てんちしゅごのさんじゅうばんしん）→さんじゅうばんしん
天童（てんどう）→にょじょう
天童寺（てんどうじ）→ござん
伝灯師（でんとうし）→[常]〈行事〉五重相伝
伝灯住位（でんとうじゅうい）→[常]〈僧〉僧位
伝灯入位（でんとうにゅうい）→[常]〈僧〉僧位
『天童如浄禅師語録』（てんどうにょじょうぜんじごろく）→にょじょう
伝灯法師位（でんとうほっしい）→[常]〈僧〉僧位
伝灯満位（でんとうまんい）→[常]〈僧〉僧位
天徳院（てんとくいん）→せんがい
天耳智通（てんにちつう）→じっしゅつう
転女成男（てんにょじょうなん）→へんじょうなんし
天女堂（てんにょどう）→[常]〈行事〉六斎念仏
天人師（てんにんし）→じゅうごう
天人丈夫観音（てんにんじょうぶかんのん）→ろくかんのん
天寧寺（てんねいじ）→とうりょう

天熱（てんねつ）→だいばだった
転依難証屈（てんねなんしょうくつ）→[日] 退屈
天皇寺（てんのうじ）→[常]〈寺院〉四国八十八箇所・第七十九番
天臂城（てんぴじょう）→じょうぼんのう
転不退法輪（てんふたいほうりん）→じっしゅほうべん
転変（てんぺん）→へんにゃく①
伝法院流（でんぼういんりゅう）→とうみつじゅうにりゅう
伝法灌頂（でんぼうかんじょう）→にんがい
転法輪（てんぼうりん）→さんぼうりん
天魔波旬（てんまはじゅん）→まはじゅん
天妙（てんみょう）→まんだらけ
天文法華の乱（てんもんほっけのらん）→ほんりゅうじ
天夜叉（てんやしゃ）→やしゃ（夜叉）
天与（てんよ）→だいばだった
天竜一指頭の禅（てんりゅういっしとうのぜん）→くてい②
転輪王（てんりんおう）→てんりんじょうおう
転輪蔵（てんりんぞう）→ふだいし，[常]〈寺院〉経蔵

と　ト

訪上げ，訪留め（といあげ，といどめ）→[常]〈仏事〉訪切り
東庵（とうあん）→とうどう
道呙（どうあん）→じゅうはちけん
等一切諸仏（とういっさいしょぶつ）→じゅうえこう
当有（とうう）→さんぬ②
道雲（どううん）→えこう（慧光）
東叡山版（とうえいざんばん）→だいぞうきょう
投淵外道（とうえんげどう）→ろくくぎょうげどう
陶淵明（とうえんめい）→こけいのさんしょう
東海（とうかい）→そうほう（宗彭）
道契（どうかい）→せんがい
東岳文昱（とうがくぶんいく）→こんごうしょうじ
道希（どうき）→ぼだいるし（菩提流支）
当機衆（とうきしゅ）→ししゅ（四衆）②
道行［般若経］（どうぎょう［はんにゃきょう］）→はちぶはんにゃ
道鏡一円（どうきょういちえん）→むじゅう
道鏡慧端（どうきょうえたん）→はくいん
道空（どうくう）→[常]〈行事〉六斎念仏
道敬（どうけい）→じゅうはちけん
倒懸（とうけん）→うらぼん，[常]〈行事〉盂蘭盆会
道光（どうこう）→ふじゃく②
道光（どうこう）→りっしゅう
道興大師（どうこうだいし）→じゅうはちだいし，[常]〈僧〉大師
東国三十三所（とうごくさんじゅうさんしょ）→[常]〈寺院〉坂東三十三所観音
灯作（とうさ）→じょうこう（錠光）
洞山五位（とうざんごい）→りょうかい
『洞山語録』（とうざんごろく）→りょうかい
当山派（とうざんは）→しゅげんどう
瞳子（とうし）→たら
等持寺（とうじじ）→きょうとのじっせつ，じっせつ
同事摂（どうじしょう）→ししょうぼう
東寺真言宗（とうじしんごんしゅう）→[常]〈宗派〉日本仏教，〈寺院〉本山・真言宗
同時即（どうじそく）→そく（即）
トゥシタ →とそつてん
『答釈日本源信問』（とうしゃくにほんげんしんもん）→ちれい

堂主（どうしゅ）→常〈僧〉僧階
童受（どうじゅ）→ごろんじ
道樹（どうじゅ）→ぼだいじゅ
道種智（どうしゅち）→さんち①
東序（とうじょ）→ちじ
道生（どうしょう）→くまらじゅう，じゅうはちけん
道性（どうしょう）→しょうじょうじ
撞鐘（どうしょう）→常〈法具〉梵鐘
東照宮（とうしょうぐう）→りんのうじ
等象斎（とうしょうさい）→かいせき
東勝寺（とうしょうじ）→じっせつ
道場寺（どうじょうじ）→ほっけん
道性上人（どうしょうしょうにん）→じょうしょうじ
東勝身洲（とうしょうしんしゅう）→ししゅう
道信（どうしん）→しんたんろくそ
童真住（どうしんじゅう）→じゅうじゅう
道邃（どうずい）→てんしんどくろう，てんだいしゅう，ろくかんのん
等随順一切衆生（とうずいじゅんいっさいしゅじょう）→じゅうえこう
道世（どうせ）→ほうおんじゅりん
銅青（どうせい）→けさ
洞雪（とうせつ）→せっそん①
等膳（とうぜん）→かすいさい
道璿（どうせん）→けごんしゅう，常〈宗派〉日本仏教・華厳宗
東漸寺（とうぜんじ）→じっせつ
東漸寺（とうぜんじ）→常〈寺院〉檀林
東漸大師（とうぜんだいし）→常〈僧〉大師
同相（どうそう）→ろくそう
陶汰（とうた）→ずだ
東大寺南大門仁王像（とうだいじなんだいもんにおうぞう）→うんけい
当体全是の即（とうたいぜんぜのそく）→そく（即）
唐大和尚（とうだいわじょう）→がんじん
藤沢道場（とうたくどうじょう）→しょうじょうこうじ
道寵（どうちょう）→じろんしゅう
東塔（とうとう）→えんりゃくじ
堂頭（どうとう）→常〈寺院〉方丈
東塔宗（とうとうしゅう）→りつのさんしゅう
兜婆（とうば）→とう
銅盤（どうばん）→にょうばち
幢幡（どうばん）→どう（幢），常〈法具〉幡
到彼岸（とうひがん）→ど②，はらみつ，ひがん①，常〈行事〉彼岸会
刀兵災（とうびょうさい）→さんさい
道分（どうぶん）→どうほん
東方天（とうほうてん）→じこくてん
道明（どうみょう）→はつせでら
道明寺糒（どうみょうじほしい）→どうみょうじ
道融（どうゆう）→くまらじゅう
東陽軒（とうようけん）→かすいさい
東陽大士（とうようだいし）→ふだいし
当来下生弥勒尊仏（とうらいげしょうみろくそんぶつ）→じゅうぶつみょう
当来世（とうらいせ）→げんとうにせ，常〈経典〉三部経・弥勒三部経
東林院（とうりいん）→常〈寺院〉四国八十八箇所・第一番番外
ドゥリタラーシュトラ →じこくてん
道隆寺（どうりゅうじ）→常〈寺院〉四国八十八箇所・第七十七番
道了大薩埵（どうりょうだいさった）→どうりょう
栂尾山（とがのおさん）→みょうえ
伽僧（とぎそう）→常〈仏事〉枕経
読経法師（どきょうほっし）→ごしゅほっし
兜巾，頭巾（ときん）→ときん
特位（とくい）→常〈僧〉僧階
徳川家光（とくがわいえみつ）→だいぞうきょう，常〈経典〉大蔵経・寛永寺版

徳川家康（とくがわいえやす）→こうじゅ，じゅうはちだんりん，ほんがんじ
徳川光圀（とくがわみつくに）→けいちゅう
得牛（とくぎゅう）→じゅうぎゅうず
徳倹（とくけん）→常〈僧〉国師
『毒語心経』（どくごしんぎょう）→はくいん
徳字（とくじ）→まんじ
特住（とくじゅう）→常〈僧〉僧階
読誦正行（どくじゅしょうぎょう）→ごしゅのしょうぎょう，しょうぞうにきょう
読誦雑行（どくじゅぞうぎょう）→ごしゅのぞうぎょう
徳杖（とくじょう）→常〈法具〉錫杖
徳盛寺（とくせいじ）→常〈寺院〉四国八十八箇所・第四十七番番外
徳蔵（とくぞう）→にじゅうごぼさつ
得大勢（とくだいせい）→だいせいし
徳道（とくどう）→はせでら①
徳道上人廟（とくどうしょうにんびょう）→常〈寺院〉西国三十三所観音・第七番番外
得度式（とくどしき）→とくど
特別永代経（とくべつえいたいきょう）→えいたいきょう
徳本行者（とくほんぎょうじゃ）→とくほん
徳門（とくもん）→ふじゃく②
嫉結（とけつ）→ごけつ
都市王（としおう）→じゅうおう②
度衆生心（どしゅじょうしん）→がんさどしょう
都寺（とす）→常〈僧〉僧階
土葬（どそう）→ごそう，そうほう（葬法），常〈仏事〉葬式
独覚（どっかく）→えんがく，びゃくしぶつ
鳥羽絵（とばえ）→かくゆう
弔い上げ（とむらいあげ）→常〈仏事〉訪切り
豊浦堂（とゆらどう）→とゆらでら
十夜が橋（とよがはし）→常〈寺院〉四国八十八箇所・第四十三番番外
豊臣秀吉（とよとみひでよし）→こうさ，ほうこうじ①，ほんがんじ，ほんのうじ
豊臣秀頼（とよとみひでより）→ほっけじ
ドラヴィダ人（――じん）→しゅだら
取上げ仏（とりあげぼとけ）→常〈仏事〉訪切り
止利仏師（とりぶっし）→とり
鳥辺山（とりべさん）→とりべの
鳥部野，鳥戸野（とりべの）→とりべの
ドローノーダナ王（――おう）→だいばだった
呑海（どんかい）→しょうじょうこうじ
曇学（どんがく）→げんぐぎょう
頓機（とんき）→ぜんき
頓教（とんぎょう）→ごきょう（五教）
貪結（とんけつ）→ごけつ
曇恒（どんかん）→じゅうはちけん
敦煌菩薩（とんこうぼさつ）→じくほうご
頓写会（とんしゃえ）→いちにちきょう
頓写経（とんしゃきょう）→しゃきょう
頓着（とんじゃく）→旧 貪着
曇順（どんじゅん）→じゅうはちけん
曇詵（どんせん）→じゅうはちけん
頓速（とんそく）→ぜんとん
貪縛（とんばく）→さんばく
曇摩迦（どんまか）→ほうぞうびく
曇摩伽陀耶舎（どんまかだやしゃ）→むりょうぎきょう，常〈経典〉三部経・法華三部経
曇摩迦留（どんまかる）→ほうぞうびく
曇摩蜜多（どんまみった）→常〈経典〉三部経・法華三部経
曇摩羅察（どんまらさつ）→じくほうらん
曇摩羅刹（どんまらせつ）→じくほうご

曇無徳部（どんむとくぶ）→ほうぞうぶ
曇無徳律（どんむとくりつ）→ほうぞうぶ
曇鸞流（どんらんりゅう）→ぜんどうりゅう

な　ナ

内有色想観外色解脱（ないうしきそうかんげしきげだつ）→はちげだつ
泥洹経（ないおんきょう）→ちみょう
内教（ないきょう）→げきょう②
内外不二門（ないげふにもん）→じっぷにもん
内持仏（ないじぶつ）→じぶつ
内心如夜叉（ないしんにょやしゃ）→げめんにょぼさつ
内智（ないち）→さんち③
内明（ないみょう）→ごみょう
内無色想観外色解脱（ないむしきそうかんげしきげだつ）→はちげだつ
ナイランジャナー →にれんぜんが
那伽（ながか）→りゅう
長尾寺（ながおじ）→[常]〈寺院〉四国八十八箇所・第八十七番
中川実範（なかがわじっぱん）→とうしょうだいじ
那伽樹那（ながじゅな）→りゅうじゅ
ナーガセーナ〔那伽犀那〕（ながさいな）→じゅうろくらかん
ナーガセーナ →なせん
中の太子（なかのたいし）→やちゅうじ
中山観音，中山寺（なかやまかんのん，—— でら）→[常]〈寺院〉西国三十三所観音・第二十四番
ナーガールジュナ →りゅうじゅ
ナクラ〔諾矩羅〕（なくら）→じゅうろくらかん
名越流（なごえりゅう）→そんかん
那古観音，那古寺（なこかんのん，——じ）→[常]〈寺院〉坂東三十三所観音・第三十三番
『那先比丘経』（なせんびくきょう）→なせん
那智（なち）→くまのごんげん
『夏秋草図屛風』（なつあきぐさのずびょうぶ）→もんせん
ナディー・カーシャパ〔那提迦葉〕（なだいかしょう）→かしょう（迦葉）④，さんかしょう
鍋冠り上人（なべかぶりしょうにん）→にっしん
那辺（なへん）→なり
南無大師遍照金剛（なむだいしへんじょうこんごう）→[常]〈寺院〉四国八十八箇所
南無不可思議光如来（なむふかしぎこうにょらい）→くじみょうごう，みだのみょうごう
滑河観音（なめかわかんのん）→[常]〈寺院〉坂東三十三観音・第二十八番
南謨（なも）→きみょう
那羅延金剛（ならえんこんごう）→こんごうじん，におう（二王）
那落迦，那落（ならか，ならく）→じごく，ならく
ナーラーヤナ →ならえんてん
ナーランダー →ならんだじ
成相寺（なりあいじ）→[常]〈寺院〉西国三十三所観音・第二十八番
南宗寺（なんしゅうじ）→そうほう（宗彭）
南円堂（なんえんどう）→[常]〈寺院〉西国三十三所観音・第九番
南閻浮提（なんえんぶだい）→ししゅう
『南海伝』（なんかいでん）→なんかいききないほうでん
南岳禅師（なんがくぜんじ）→[常]〈僧〉禅師
南岳大師（なんがくだいし）→えし，なんがく
南光坊（なんこうぼう）→てんかい
南光坊（なんこうぼう）→[常]〈寺院〉四国八十八箇所・第五十五番

南山（なんざん）→こうやさん
南山宗（なんざんしゅう）→りつのさんしゅう
南山の三教（なんざんのさんぎょう）→さんぎょう（三教）
南山律師（なんざんりっし）→どうせん，にかい
南山律宗（なんざんりっしゅう）→さんぎょう（三教），どうせん
難思光仏（なんしこうぶつ）→じゅうにこうぶつ
難勝地（なんしょうじ）→じゅうじ（十地）
南条文雄（なんじょうぶんゆう）→なんじょうもくろく
南禅寺派（なんぜんじは）→なんぜんじ，[當]〈寺院〉本山・臨済宗
南贍部洲（なんせんぶしゅう）→ししゅう
南蔵（なんぞう）→[當]〈経典〉大蔵経・明蔵
ナンダ →じょうぼんのう
南大門仁王像（なんだいもんにおうぞう）→うんけい，とうだいじ
難陀竜王（なんだりゅうおう）→ぜんきじん
南中の三教（なんちゅうのさんぎょう）→さんぎょう（三教）
南伝（なんでん）→[當]〈宗派〉インド仏教
南道派（なんどうは）→じろんしゅう
難得行（なんとくぎょう）→じゅうぎょう
南都七大寺（なんとしちだいじ）→さいだいじ①，じゅうごだいじ，じゅうだいじ，ほうりゅうじ，やくしじ①
南都の三大会（なんとのさんだいえ）→さんだいえ
南都北嶺（なんとほくれい）→おおはらもんどう
南都律（なんとりつ）→りっしゅう
南都［の］六宗（なんと［の］ろくしゅう）→[當]〈宗派〉日本仏教
南方天王（なんぽうてんおう）→ぞうじょうてん
南浦紹明（なんぽしょうみょう）→みょうちょう
南本涅槃（なんぽんねはん）→だいはつねはんぎょう
南陽慧忠（なんようえちゅう）→えんそう

に　ニ

新精霊（にいじょうりょう）→[當]〈仏事〉新仏
『二巻鈔』（にかんしょう）→ぐとくしょう
ニガンタ・ナータプッタ →にけんだにゃくだいし，ろくしげどう
『二教論』（にきょうろん）→べんけんみつにきょうろん
肉眼（にくげん）→ごげん
肉団心（にくだんしん）→しん（心）②
耳根（にこん）→ごこん，ろっこん
二時（にじ）→さんじのきょうはん
耳識（にしき）→ごしき（五識），はっしき，ろくしき
二色九階（にしきくかい）→[當]〈僧〉僧位
錦織寺（にしごりでら）→きんしょくじ
尼師壇（にしだん）→ろくもつ
西寺（にしでら）→[當]〈寺院〉四国八十八箇所・第二十六番
西院流（にしのいんりゅう）→とうみつじゅうにりゅう
西方丈（にしほうじょう）→[當]〈寺院〉七堂伽藍 3
西枕（にしまくら）→[當]〈仏事〉北枕
二執（にしゅう）→ほっしゅう
二重（にじゅう）→[當]〈行事〉五重相伝
二十五月の祭（にじゅうごつきのまつり）→[當]〈仏事〉祥月
二十四大師（にじゅうしだいし）→[當]

〈僧〉大師
二十二根（にじゅうにこん）→こん
二種供養（にしゅくよう）→［常］〈行儀〉供養
二身説（にしんせつ）→ぶっしん（仏身）①
二足尊（にそくそん）→りょうそくそん
二祖上人（にそしょうにん）→べんちょう
日意（にちい）→みょうでんじ
日円尼（にちえんに）→みょうほうじ②
日義（にちぎ）→ろくろうそう①
日宮天子（にちぐうてんし）→にじってん
日源（にちげん）→ほうみょうじ
日郷（にちごう）→みょうほんじ①
日近（にちごん）→りゅうげじ
日持（にちじ）→ろくろうそう①
日什（にちじゅう）→みょうまんじ，みょうまんじは，ろくろうそう①
日常（にちじょう）→ほけきょうじ
日仁（にちじん）→ろくろうそう①
日陣（にちじん）→ほんじょうじ
日全（にちぜん）→ろくろうそう①
日像（にちぞう）→みょうけんじ
日蔵（にちぞう）→にょいりんじ
日穆（にちぼく）→ろくろうそう①
日妙（にちみょう）→ろくろうそう①
二超二出（にちょうにしゅつ）→にそうしじゅう②
日隆（にちりゅう）→はちぼんは，ほんのうじ
日輪寺（にちりんじ）→［常］〈寺院〉坂東三十三所観音・第二十一番
日蓮三大部（にちれんさんだいぶ）→りっしょうあんこくろん
日蓮宗興門派（にちれんしゅうこうもんは）→ほんもんしゅう
日蓮宗五大本山（にちれんしゅうごだいほんざん）→ほけきょうじ
日蓮正宗（にちれんしょうしゅう）→にっこう，［常］〈宗派〉日本仏教，〈寺院〉本山・日蓮宗
日休（にっきゅう）→あみだきょう
日金（にっきん）→ろくろうそう①
日光（にっこう）→ろくじぞう④
日向（にっこう）→ろくろうそう①
日珖（にっこう）→あづちのほうろん
日光東照宮（にっこうとうしょうぐう）→ごんげんづくり
日光菩薩（にっこうぼさつ）→さんぞん，やくし
日光門跡（にっこうもんぜき）→りんのうじ
日秀（にっしゅう）→ちさんは，ぶさんは
日昭（にっしょう）→ろくろうそう①
日称（にっしょう）→だいじょうじゅぼさつがくろん
日照王（にっしょうおう）→にじゅうごぼさつ
日真（にっしん）→ほんみょうじ
日真（にっしん）→ほんりゅうじ
入胎（にったい）→はっそう
日諦（にったい）→あづちのほうろん
日頂（にっちょう）→ろくろうそう①
日天（にってん）→じゅうにてん
入鄽垂手（にってんすいしゅ）→じゅうぎゅうず
『入唐求法巡礼行記』（にっとうぐほうじゅんれいこうき）→えんにん
『二入四行論』（ににゅうしぎょうろん）→へきかんばらもん
日本三弁天（にほんさんべんてん）→ほうごんじ
日本小釈迦源信如来（にほんしょうしゃかげんしんにょらい）→げんしん（源信）
日本禅宗二十四流（にほんぜんしゅうにじゅうしりゅう）→にじゅうしりゅう
日本曹洞五箇禅林（にほんそうとうごかぜんりん）→こうしょうじ（興聖寺）
日本達磨宗（にほんだるましゅう）→のうにん②

二物相合の即（にもつそうごうのそく）→そく（即）
二門四義（にもんしぎ）→にそうしじゅう①
ニヤーヤ学派（——がくは）→いんみょう
入安居（にゅうあんご）→けつげ
入位（にゅうい）→圌〈僧〉僧位，僧階
入一切平等善根（にゅういっさいびょうどうぜんごん）→じゅうえこう
入三昧解脱門力（にゅうさんまいげだつもんりき）→じゅうりき②
『入中論』（にゅうちゅうろん）→げっしょう（月称）
入涅槃（にゅうねはん）→にゅうめつ
入法界品（にゅうほっかいぼん）→ぜんざいどうじ，だいほうこうぶつけごんぎょう，圌〈経典〉華厳経
入法界無量（にゅうほっかいむりょう）→じゅうえこう
『入楞伽経』（にゅうりょうがきょう）→りょうがきょう③
入流（にゅうる）→よるか
如意（にょい）→アヌルッダ
如意華（にょいげ）→まんじゅしゃげ
如意自在（にょいじざい）→じっしゅじざい
如意珠（にょいしゅ）→しっぽう②，まに
如意通（にょいつう）→ごじんずう
如意輪観自在菩薩念誦法（にょいりんかんじざいぼさつねんじゅほう）→にょいりんかんのん
如意輪堂（にょいりんどう）→にょいりんじ
如意輪曼荼羅（にょいりんまんだら）→べっそんまんだら
鐃（にょう）→にょうばち
遶堂（にょうどう）→ぎょうどう
遶仏（にょうぶつ）→ぎょうどう
饒益行（にょうやくぎょう）→じゅうぎょう
如圭（にょけい）→せっそん①
如信（にょしん）→くでんしょう，たんにしょう，ほんがんじ
如是語，如是説（にょぜご，——せつ）→ほんじ（本事）
如道（にょどう）→せんしょうじ
如々仏（にょにょぶつ）→しぶつ
女人結界（にょにんけっかい）→けっかい
女人高野（にょにんこうや）→こんごうじ②
女人高野（にょにんこうや）→むろうじ
如法念仏（にょほうねんぶつ）→べつじねんぶつ
如来加持力（にょらいかじりき）→さんりき①
如来坐（にょらいざ）→けっかふざ
如来十号（にょらいじゅうごう）→じゅうごう
『如来出現功徳荘厳経』（にょらいしゅつげんくどくしょうごんきょう）→ろくぶだいじょうきょう
如来蔵縁起（にょらいぞうえんぎ）→しんにょえんぎ，りょうがきょう
如来の三密（にょらいのさんみつ）→さんみつ
『如来滅後五五百歳始観心本尊鈔』（にょらいめつごごごひゃくさいしかんじんほんぞんしょう）→かんじんほんぞんしょう
如理智（にょりち）→こんぽんち
ニルヴァーナ →ねはん
人（にん）→さんぜんしゅ
仁（にん）→むに
忍界（にんかい）→しゃば
人牛倶忘（にんぎゅうぐぼう）→じゅうぎゅうず
人空（にんぐう）→がくう
人間（にんげん）→ごあくしゅ
人間界（にんげんかい）→くかい，じっかい（十界）
尼寺のお寺（にんじ——）→圌〈寺院〉

西国三十三所観音・第二十四番番外
人執（にんしゅう）→しんくうみょうう，ほっしゅう
人身難得（にんじんなんとく）→しなん
人相欲（にんそうよく）→ろくよく
人天蓋（にんてんがい）→㊉〈法具〉天蓋
忍土（にんど）→しゃば
人道（にんどう）→どう（道）
仁和御流（にんなごりゅう）→とうみつじゅうにりゅう
忍辱山流（にんにくせんりゅう）→とうみつじゅうにりゅう
人王（にんのう）→ごてん
仁王（にんのう）→㊉〈経典〉三部教・鎮護国家の三部経
仁王講（にんのうこう）→㊉〈経典〉三部教・鎮護国家の三部経
『仁王護国般若波羅蜜多経』（にんのうごこくはんにゃはらみったきょう）→にんのうぎょう①，㊉〈経典〉三部経・鎮護国家の三部経
『仁王般若波羅蜜経』（にんのうはんにゃはらみつきょう）→にんのうぎょう②
ニンマ派（——は）→こうきょう（紅教），ボンきょう
人無我（にんむが）→むが

ぬ　ヌ

怒（ぬ）→しん（瞋）

ね　ネ

根香寺（ねごろじ）→㊉〈寺院〉四国八十八箇所・第八十二番
寝釈迦（ねじゃか）→ねはんぞう
熱地獄（ねつじごく）→さんしゅのじごく
涅槃忌（ねはんき）→ねはんえ
『涅槃経疏』（ねはんぎょうしょ）→しょうあん
『涅槃玄義』（ねはんげんぎ）→しょうあん
涅槃寂静印（ねはんじゃくじょういん）→さんぼういん
『涅槃大疏』（ねはんだいしょ）→どんえん
涅槃部（ねはんぶ）→㊉〈経典〉大蔵経
涅槃妙心（ねはんみょうしん）→ねんげみしょう，はっくぎ
煉香（ねりこう）→こう（香）②
然阿（ねんあ）→りょうちゅう
念安般（ねんあんぱん）→じゅうねん①
念戒（ねんかい）→じゅうねん①
念覚支（ねんかくし）→しちかくし
念休息（ねんくそく）→じゅうねん①
拈香（ねんこう）→しょうこう，㊉〈行儀〉焼香
念死（ねんし）→じゅうねん①
念持力（ねんじぶつ）→じぶつ
燃焼（ねんしょう）→だび
拈盛（ねんじょう）→㊉〈行儀〉供物
念身（ねんしん）→じゅうねん①
念施（ねんせ）→じゅうねん①
念僧（ねんそう）→じゅうねん①
念天（ねんてん）→じゅうねん①
燃灯会（ねんとうえ）→まんどうえ
燃灯仏（ねんとうぶつ）→じょうこう（錠光）
『念仏三心要集』（ねんぶつさんじんようしゅう）→べんちょう
念仏宗（ねんぶつしゅう）→じしゅう
念仏札（ねんぶつふだ）→いっぺん，じしゅう
念仏無間（ねんぶつむけん）→しかかくげん
念法（ねんぽう）→じゅうねん①
念無失（ねんむしつ）→じゅうはちふぐうほう
念無滅（ねんむめつ）→じゅうはちふぐうほう

の　ノ

悩（のう）→じゅうぼんのう①，ずいわく
能依（のうえ）→しょえ，のうじょ
能救諸有（のうくしょう）→じゅうろくぜんじん
能見相（のうけんそう）→ろくそそう
能作（のうさ）→回 所作
能持（のうじ）→だらに
能持自性（のうじじしょう）→にんじじしょう・きしょうもつげ
能遮（のうしゃ）→だらに
能生（のうしょう）→こん
能静観音（のうじょうかんのん）→さんじゅうさんかんのん
能詮（のうせん）→しょせん
嚢中無一物（のうちゅうむいちもつ）→回 無一物
能天王（のうてんおう）→たいしゃくてん
能仁（のうにん）→じゅうろくぜんじん
膿爛［想］（のうらん［そう］）→くそう
野送り（のおくり）→當〈仏事〉野辺送り
野坂寺（のさかじ）→當〈寺院〉秩父三十三所観音・第十二番
野花（のばな）→當〈仏事〉四華
野呂日講（のろにちこう）→ふじゅふせこうもんは

は　ハ

破悪（はあく）→びくのさんぎ
媒嫁戒（ばいかかい）→じゅうさんそうざん
バイシャジュヤグル →やくし
背面相翻の即（はいめんそうほんのそく）→そく（即）
波夷羅大将（はいらだいしょう）→じゅうにじんしょう
パーヴァー →じゅんだ
バーヴァヴィヴェーカ，バウヤ →しょうべん
馬鹿（ばか）→回 莫迦
婆竭羅竜王（ばかつらりゅうおう）→にじってん
婆伽婆（ばかば）→ばがぼん
莫訶羅（ばから）→回 莫迦
波木井六郎実長（はきいろくろうさねなが）→くおんじ
縛（ばく）→えんまおう
パクダ・カッチャーヤナ →ろくしげどう
婆吼輪底柯部（ばくりんていかぶ）→たもんぶ
破羯磨僧（はこんまそう）→はわごうそう
婆沙婆（ばさば）→かしょう⑤，ごびく
伐折羅大将（ばさらだいしょう）→じゅうにじんしょう
波斯（はし）→げっしこく
『破色心論』（はしきしんろん）→だいじょうゆいしきろん
橋立堂（はしたてどう）→當〈寺院〉秩父三十三所観音・第二十八番
土師臣中知（はじのおみなかとも）→せんそうじ
破邪（はじゃ）→しゃくぶく
婆沙の四評家（ばしゃのしひょうけ）→ばしゃのしだいろんじ
伐闍羅弗多羅（ばじゃらほったら）→じゅうろくらかん
『百丈清規』（はじょうしんぎ）→ひゃくじょうしんぎ
婆藪槃豆（ばすばんず）→せしん
長谷観音（はせかんのん）→當〈寺院〉坂東三十三所観音・第四番
長谷観音堂（はせかんのんどう）→はせでら①
長谷寺（はせでら）→當〈寺院〉坂東三十三所観音・第六番
長谷の観音（はせのかんのん）→はつせ

でら
破僧（はそう）→はわごうそう
破草鞋（はそうあい）→みんちょう
破僧違諫戒（はそういかんかい）→じゅうさんそうざん
伐蘇蜜咀羅（ばそみつそら）→しょう（世友）
旗（はた）→[旧] 幡
波多迦（はたか）→[常]〈法具〉幡，[旧] 幡
波多迦長者（はたかちょうじゃ）→[常]〈法具〉幡
畑寺（はたでら）→[常]〈寺院〉四国八十八箇所・第五十番
波多野義重（はたのよししげ）→えいへいじ
鉢多羅（はたら）→はち
跋陀羅（ばだら）→じゅうろくらかん
パータリプトラ →はたりし，まがだ
パタンジャリ →ヨーガ②
婆檀陀（ばだんだ）→だいとく
鈸（はち）→にょうばち
八十華厳（はちじっけごん）→ほうぞう
八十種好（はちじっしゅごう）→ずいぎょうごう，はちじゅうずいぎょうごう
八提舎尼（はちだいしゃに）→さんびゃくしじゅうはっかい
鉢叩き（はちたたき）→くうやねんぶつ，[常]〈行事〉空也念仏
八波羅夷（はちはらい）→さんびゃくしじゅうはっかい
八部衆（はちぶしゅう）→はちぶ
八不定地法（はちふじょうじほう）→まん
八慢（はちまん）→まん
八幡宮（はちまんぐう）→だいじざいおうぼさつ
八禁戒（はっきんかい）→はっさいかい
『八犍度論』（はっけんどろん）→そうぎゃだいば
抜業因種心（ばつごういんしゅしん）→じゅうじゅうしんろん
抜罪垢（ばつざいく）→じゅうろくぜんじん
抜済方便善巧（ばっさいほうべんぜんぎょう）→ほうべんはらみつ
バッジプッタカ →りばた②
跋私弗多羅部（ばっしふつたらぶ）→とくしぶ
八宗兼学（はっしゅうけんがく）→けんがく
『八宗綱要』（はっしゅうこうよう）→ぎょうねん
八宗の祖師（はっしゅうのそし）→りゅうじゅ①
八相成道（はっそうじょうどう）→はっそう
バッダカッチャー →やしゅだら
跋陀禅師（ばっだぜんじ）→しょうりんじ
跋難陀竜王（ばつなんだりゅうおう）→ぜんきじん
八不道人（はっぷどうにん）→ちぎょく
初盆（はつぼん）→[常]〈仏事〉新盆
鉢羅笈菩提（はつらぎゅうぼだい）→ぜんしょうがくせん
跋提（ばてい）→ごびく
馬頭大士（ばとうだいし）→ばとうかんのん
パトナ →はたりし
鉢特摩（はどま）→ぐれん②，はっかんじごく
パドマサンバヴァ →れんげしょう
バドラ →じゅうろくらかん
はな市（――いち）→[常]〈仏事〉草市
花園天皇（はなぞのてんのう）→[常]〈僧〉国師
伐那婆斯（ばなばし）→じゅうろくらかん
花まつり（はな――）→かんぶつえ，ごうたんえ，[常]〈行事〉灌仏会
『埴谷鈔』（はにやしょう）→にっしん
波婆城（はばじょう）→じゅんだ

パーピーヤス →たけじざいてん，てんま，はじゅん
破法輪僧（はほうりんそう）→はわごうそう
浜施餓鬼（はませがき）→[常]〈仏事〉川施餓鬼
ハヤグリーヴァ →ばとうかんのん
林寺（はやしでら）→[常]〈寺院〉秩父三十三所観音・第十七番
婆羅痆斯（ばらなし）→はらな
波羅頗伽羅蜜多羅（はらはからみったら）→だいじょうしょうごんきょうろん
パーラミター〔波羅蜜多〕（はらみった）→ど②，はらみつ，ひがん，[常]〈行事〉彼岸会
波羅蜜力（はらみつりき）→じゅうりき③
ハーリーティー →きしもじん
頗黎の鏡，頗梨の鏡（はりのかがみ）→じょうはりのかがみ
パールシバ →めみょう
縛嚕拏（ばろぬ）→すいてん
幡（ばん）→どう（幢）
鑁（ばん）→ばんなじ
幡蓋（ばんがい）→[常]〈法具〉幡
反叉合掌（はんさがっしょう）→じゅうにがっしょう，[常]〈行儀〉合掌
半字教（はんじきょう）→はんまんにきょう
版首（はんしゅ）→[常]〈僧〉僧階
『般舟讃』（はんじゅさん）→ぜんどう（善導）
般舟三昧（はんじゅざんまい）→じょうぎょうざんまい，はんじゅ，はんじゅざんまいきょう
半鐘（はんしょう）→かね，[常]〈法具〉喚鐘
万松行秀（ばんしょうぎょうしゅう）→しょうようろく
『万松老人評唱天童覚和尚頌古従容庵録』（ばんしょうろうじんひょうしょうてんどうかくおしょうじゅこしょうようあんろく）→しょうようろく
般頭婆提城（はんずばだいじょう）→びばしぶつ
番僧（ばんそう）→ばんそう
半僧坊［大権現］（はんそうぼう［だいごんげん］）→はんそうぼうごんげん
パンタカ〔半託迦〕（はんたか）→じゅうろくらかん
繁多寺（はんたじ）→[常]〈寺院〉四国八十八箇所・第五十番
『般若心経秘鍵』（はんにゃしんぎょうひけん）→くうかい，じっかんしょう
般若堂（はんにゃどう）→おうばくさん
『般若灯論』（はんにゃとうろん）→しょうべん
般若部（はんにゃぶ）→[常]〈経典〉大蔵経
般若坊（はんにゃぼう）→[日] 般若
『般若理趣経』（はんにゃりしゅきょう）→こんごうちょうぎょう，りしゅきょう
攀縁真如禅（はんねんしんにょぜん）→ししゅぜん①
伴夜（ばんや）→たいや，[常]〈仏事〉通夜
万暦版（ばんれきばん）→だいぞうきょう，[常]〈経典〉大蔵経・明蔵
万暦版の復刻（ばんれきばんのふっこく）→どうこう

ひ ヒ

非有（ひう）→む①
非有想非無想処（ひうそうひむそうじょ）→ひそうひひそうじょ
非有非空（ひうひくう）→しもん②
比叡山三塔（ひえいざんさんとう）→よかわ
日吉一実神道（ひえいちじつしんとう）→いちじつしんとう
日枝山（ひえさん）→ひえいざん
日吉神社（ひえじんじゃ）→さんのう，

さんのうしちしゃ
東寺（ひがしでら）→㊥〈寺院〉四国八十八箇所・第二十四番
東方丈（ひがしほうじょう）→㊥〈寺院〉七堂伽藍3
東山天皇（ひがしやまてんのう）→㊥〈行事〉御忌
毘羯羅大将（びからだいしょう）→じゅうにじんしょう
悲観（ひかん）→ごかん①
彼岸花（ひがんばな）→まんじゅしゃげ
比丘形（びくぎょう）→そうぎょう
比丘大黒（びくだいこく）→だいこくてん
備溪斉（びけいさい）→せっしゅう
卑下慢（ひげまん）→しちまん，しまん
鼻根（びこん）→こう（香）①，ごこん，ろっこん
鞞刹者窶嚕（びさしゃぐろ）→やくし
鼻識（びしき）→こう（香）①，ごしき，はっしき，ろくしき
飛錫（ひしゃく）→㊥〈法具〉錫杖
毘舎浮仏（びしゃぶぶつ）→しちぶつ
聖方（ひじりかた）→こうやひじり
非想非々想処解脱（ひそうひひそうじょげだつ）→はちげだつ
『秘蔵宝鑰』（ひぞうほうやく）→くうかい，じっかんしょう
費長房（ひちょうぼう）→れきだいさんぼうき
備中法印（びっちゅうほういん）→うんけい
必栗託仡那（ひつりたくきつな）→ぼんぶ
非天（ひてん）→あしゅら
悲田（ひでん）→さんふくでん①
毘曇部（びどんぶ）→㊥〈経典〉大蔵経
檜前浜成・武成（ひのくまのはまなり・たけなり）→せんそうじ
『毘婆沙律』（びばしゃりつ）→ぜんけんりつびばしゃ
毘婆羅山（びばらせん）→しちようくつ
皮膚細滑相（ひふさいかつそう）→さんじゅうにそう
毘仏略（びぶつりゃく）→くぶきょう①，じゅうにぶきょう
誹謗正法（ひぼうしょうぼう）→ほうぼう（謗法），回 誹謗
非梵行（ひぼんぎょう）→はちねつじごく
秘密儀軌（ひみつぎき）→ぎき
秘密語（ひみつご）→マントラ，みつご②
秘密主（ひみつしゅ）→㊥〈経典〉三部経・大日三部経
秘密荘厳心（ひみつしょうごんしん）→じゅうじゅうしんろん
『秘密道次第論』（ひみつどうしだいろん）→ツォンカパ
秘密不定教（ひみつふじょうきょう）→ひみつきょう
秘密仏教（ひみつぶっきょう）→みっきょう
秘密法（ひみつほう）→ひほう
秘密曼荼羅（ひみつまんだら）→だいにちきょう
『秘密曼荼羅十住心論』（ひみつまんだらじゅうじゅうしんろん）→じゅうじゅうしんろん
氷室御所（ひむろごしょ）→ほっけじ
白（びゃく）→まんだらけ
白衣派（びゃくえは）→ジャイナきょう
白毫（びゃくごう）→びゃくごうそう
白傘蓋仏頂（びゃくさんがいぶっちょう）→ごぶっちょう
百字真言法（ひゃくじしんごんほう）→だいにちきょう
百七十八単堕（ひゃくしちじゅうはちたんだ）→さんびゃくしじゅうはっかい
百衆学（ひゃくしゅがく）→さんびゃくしじゅうはっかい
白処（びゃくしょ）→びゃくえかんのん②
白浄（びゃくじょう）→じょうぼんのう

『百丈古清規』（ひゃくじょうこしんぎ）→ひゃくじょうしんぎ
百丈山（ひゃくじょうざん）→えかい
百丈禅師（ひゃくじょうぜんじ）→えかい
白象王（びゃくぞうおう）→にじゅうごぼさつ
白多羅（びゃくたら）→たら
白払（ひゃくほつ）→[常]〈法具〉払子
白蓮阿闍梨（びゃくれんあじゃり）→にっこう
白蓮華（びゃくれんげ）→ふんだりけ
百ヵ日（ひゃっかにち）→じゅうおう②
百法（ひゃっぽう）→ごいひゃっぽう
百本論師（ひゃっぽんろんじ）→りゅうじゅ①
廟（びょう）→とう
病行（びょうぎょう）→ごぎょう②
病苦（びょうく）→ごく（五苦），しくはっく，じっく
病田（びょうでん）→はちふくでん
平等（びょうどう）→さんまや
平等王（びょうどうおう）→えんまおう
平等王（びょうどうおう）→じゅうおう②，じゅうさんぶつ
平等寺（びょうどうじ）→[常]〈寺院〉四国八十八箇所・第二十二番
病悩苦（びょうのうく）→じっく
平間兼乗（ひらまけんじょう）→へいげんじ
毘梨耶（びりや）→[常]〈行儀〉精進
ビール（Beal, S,）→なんかいききないほうでん，ほっけんでん
毘盧遮那（びるしゃな）→びるしゃなぶつ
毘盧舎那仏（びるしゃなぶつ）→びるしゃなぶつ
毘盧博叉（びるばくしゃ）→じゅうろくぜんじん
毘流波叉（びるはしゃ）→こうもくてん
毘瑠璃（びるり）→るり
毘瑠璃王（びるりおう）→るりおう
毘盧勒叉（びるろくしゃ）→じゅうろくぜんじん，ぞうじょうてん
広沢六流（ひろさわろくりゅう）→とうみつじゅうにりゅう
広田大明神（ひろただいみょうじん）→さんじゅうばんしん
貧窮福田（ひんきゅうふくでん）→さんふくでん②
ピンドーラ・バラドゥヴァージャ〔賓頭盧跋羅惰闍〕（びんずるばらだじゃ）→じゅうろくらかん，びんずる
ヒンドゥー教（―― きょう）→バラモンきょう
ビンビサーラ王，ビンビシャーラ王〔頻毘婆羅王〕（びんびしゃらおう）→ちくりんしょうじゃ，びんばしゃら

ふ　フ

不悪口（ふあっく）→しじ（止持），じゅうぜん
不異（ふい）→はっぷ，はっぷしょうかん
怖畏（ふい）→じっしゅまぐん
不一（ふいつ）→はっぷ，はっぷしょうかん
不婬行（ふいんぎょう）→ぼんぎょう，ぼんし②
風外（ふうがい）→せんがい
風穴道者（ふうけつどうしゃ）→ろうあん
風鐸（ふうたく）→ほうたく
風輪（ふうりん）→じょうこう（成劫）
不壊（ふえ）→じゅうえこう
不飲酒（ふおんじゅ）→はっさいかい
不害（ふがい）→だいぜんじほう
普覚禅師（ふかくぜんじ）→おうりょう
普覚禅師（ふかくぜんじ）→だいえ（大慧）
赴火外道（ふかげどう）→ろくくぎょうげどう
不臥高大床（ふがこうだいしょう）→

はっさいかい
『不可思議解脱法門経』（ふかしぎげだつほうもんきょう）→ゆいまぎょう②
不可知論（ふかちろん）→ろくしげどう
不歌舞観聴戒（ふかぶかんちょうかい）→じっかい（十戒）
不歌舞戯楽（ふかぶけらく）→はっさいかい
普観（ふかん）→じゅうろくかん
豊干（ぶかん）→じっとく（拾得）
不綺語（ふきご）→じゅうぜん
不軽菩薩（ふきょうぼさつ）→じょうふきょうぼさつ
諷経（ふぎん）→常〈行儀〉読経
覆（ふく）→じゅうぼんのう①，ずいわく
不空羂索法（ふくうけんさくほう）→ふくうけんさくかんのん
不空羂索観音（ふくうけんじゃくかんのん）→ふくうけんさくかんのん
不共業（ふぐうごう）→ごう
不空金剛（ふくうこんごう）→ふくう
不共住（ふぐうじゅう）→はらい
不共生（ふぐうしょう）→しふしょう
不空成就如来（ふくうじょうじゅにょらい）→ごぶつ
不共相（ふぐうそう）→ぐうそう②
福聚寺（ふくじゅうじ）→せっそん①
伏住心（ふくじゅうしん）→くじゅうしん
覆手合掌（ふくしゅがっしょう）→じゅうにがっしょう，常〈行儀〉合掌
覆手向下合掌（ふくしゅこうげがっしょう）→じゅうにがっしょう，常〈行儀〉合掌
福寿寺竜光院（ふくじゅじりゅうこういん）→常〈寺院〉四国八十八箇所・第四十番番外
覆障（ふくしょう）→らごら
不休息（ふぐそく）→ろくじぞう②
福田行誡（ふくだぎょうかい）→ぎょうかい
福茶（ふくちゃ）→おおふく
伏鉢（ふくばち）→そうりん（相輪）
浮磬（ふけい）→常〈法具〉磬
普化道者（ふけどうしゃ）→ろうあん
不華鬘瓔珞（ふけまんようらく）→はっさいかい
普賢観門（ふげんかんもん）→常〈経典〉三部経・法華三部経
普賢行願品（ふげんぎょうがんぼん）→さんげもん，さんしょう（三従）
不還向（ふげんこう）→しこう（四向）
不去（ふこ）→はっぷ，はっぷしょうかん
不許葷酒入山門（ふこくんしゅにっさんもん）→かいだんせき，くんしゅ（葷酒）
普済（ふさい）→そせき
不坐高広大床戒（ふざこうこうだいしょうかい）→じっかい（十戒）
賦算（ふさん）→じしゅう
豊山派（ぶざんは）→ぶさんは
不死（ふし）→かんろ
葛井寺（ふじいでら）→常〈寺院〉西国三十三所観音・第五番
藤井寺（ふじいでら）→常〈寺院〉四国八十八箇所・第十一番
不思議法師（ふしぎほっし）→せいちょうじ
不自生（ふじしょう）→しふしょう
『父子相迎』（ふしそうこう）→さんぶかなしょう
富士見寺（ふじみでら）→りゅうげじ
不捨（ふしゃ）→じゅうぼんのう②
不邪婬（ふじゃいん）→しじ（止持），じゅうぜん，はっさいかい
不邪婬戒（ふじゃいんかい）→ごかい，じっかい（十戒）
不邪見（ふじゃけん）→じゅうぜん
不捨衆生大慈力（ふしゃしゅじょうだいじりき）→じゅうりき②
付宗（ふしゅう）→ぐうしゅう
俯首示敬（ふしゅじきょう）→常〈行儀〉

礼拝
無準［師範］（ぶしゅん［しぱん］）→そげん，べんねん
不生（ふしょう）→はっぷ，はっぷしょうかん
普照（ふしょう）→がんじん
不常（ふじょう）→はっぷ，はっぷしょうかん
不定教（ふじょうきょう）→けぎのしきょう，さんぎょう（三教）
不浄潔金剛（ふじょうけつこんごう）→うすさまみょうおう
不正色（ふしょうじき）→けさ
不定地法（ふじょうじほう）→ぎ
不定聚（ふじょうじゅ）→さんじょうじゅ
不正知（ふしょうち）→じゅうぼんのう②，ずいわく
不浄忿怒（ふじょうふんぬ）→うすさまみょうおう
補処の弥勒（ふしょのみろく）→みろく①
藤原伊勢人（ふじわらのいせんど）→くらまでら
藤原鎌足（ふじわらのかまたり）→こうふくじ，ゆいまえ
藤原清河（ふじわらのきよかわ）→とうしょうだいじ
藤原頼通（ふじわらのよりみち）→びょうどういん
不信（ふしん）→ずいわく
不瞋恚（ふしんに）→じゅうぜん
不塗飾香鬘戒（ふずじきこうまんかい）→じっかい（十戒）
不塗飾香鬘歌舞観聴戒（ふずじきこうまんかぶかんちょうかい）→はっさいかい
布施摂（ふせしょう）→ししょうぼう
不殺生（ふせっしょう）→しじ（止持），じゅうぜん，はっさいかい
不退寺（ふたいじ）→じゅうごだいじ②，じゅうろくだいじ
不退住（ふたいじゅう）→じゅうじゅう
不他生（ふたしょう）→しふしょう
補陀洛迦（ふだらくか）→ふだらく
補陀落山（ふだらくさん）→かんぜおん
補陀落浄土（ふだらくじょうど）→せいがんとじ
不断（ふだん）→はっぷ，はっぷしょうかん
不断光仏（ふだんこうぶつ）→じゅうにこうぶつ
不蓄金銀宝戒（ふちくこんごんほうかい）→じっかい（十戒）
不偸盗（ふちゅうとう）→しじ（止持），じゅうぜん，はっさいかい
仏果（ぶっか）→いんに，ぶつどう①
仏界（ぶっかい）→じっかい（十界），ぶつど
『仏果圜悟禅師碧巌録』（ぶっかえんごぜんじへきがんろく）→へきがんろく
仏学三書（ぶつがくさんしょ）→ほんやくみょうぎしゅう
仏龕（ぶつがん）→[常]〈仏事〉墓
仏忌（ぶっき）→ねはんえ
仏器（ぶっき）→[常]〈行儀〉仏飯
仏供（ぶつく）→[常]〈仏事〉仏飯，〈行儀〉仏飯
仏眼（ぶつげん）→ごげん
仏眼清遠（ぶつげんせいおん）→かくしん
仏源禅師（ぶつげんぜんじ）→だいきゅう
仏工（ぶっこう）→ぶっし（仏師）
仏光寺（ぶっこうじ）→ごけ
仏光禅師（ぶっこうぜんじ）→そげん
仏光門徒（ぶっこうもんと）→むがくは
仏国（ぶっこく）→ぶつど
仏国国師（ぶっこくこくし）→みょうちょう
仏慈禅師（ぶつじぜんじ）→じょうきん
払石劫（ふっしゃくこう）→こう（劫）
仏十号（ぶつじゅうごう）→じゅうごう
仏手王（ぶっしゅおう）→ぜんむい

仏餉（ぶっしょう）→[常]〈仏事〉仏飯，〈行儀〉仏飯
仏乗（ぶつじょう）→ごじょう（五乗），だいびゃくごしゃ
仏性院（ぶっしょういん）→にちおう
仏性戒（ぶっしょうかい）→ぼさつかい
仏性伝東国師（ぶっしょうでんとうこくし）→どうげん
払塵（ふつじん）→ほっす，[常]〈法具〉払子
仏心印（ぶっしんいん）→まんじ
仏心寺（ぶっしんじ）→ほうかいは
仏心寺門徒（ぶっしんじもんと）→ほうかいは
仏心禅師（ぶっしんぜんじ）→ふもん
仏身論（ぶっしんろん）→ぶっしん（仏身）
『仏垂般涅槃略説教誡経』（ぶつすいはつねはんりゃくせつきょうかいきょう）→ゆいきょうぎょう
仏刹（ぶっせつ）→ぶつど
仏説（ぶっせつ）→[日] 誹謗
『仏説観普賢菩薩行法経』（ぶっせつかんふげんぼさつぎょうぼうきょう）→[常]〈経典〉三部経・法華三部経
『仏説大般泥洹経』（ぶっせつだいはつないおんきょう）→だいはつねはんぎょう③
ブッダヴァルマン →ぶっだばつま
ブッダガヤー →ガヤ
ブッダゴーシャ →ぶっとん
仏陀什（ぶっだじゅう）→ごぶんりつ
ブッダシンハ →ぶっとちょう
仏陀禅師（ぶっだぜんじ）→えこう（慧光），しょうりんじ
仏陀扇多（ぶつだせんた）→じゅうじきょうろん，しょうだいじょうろん
仏駄跋陀羅（ぶっだばっだら）→まかそうぎりつ，[常]〈経典〉華厳経
ブッダパーリタ →ぶつご
ブッダヤシャス →ぶっだやしゃ
仏弟子（ぶつでし）→ぶっし（仏子）②
仏田（ぶつでん）→はちふくでん
仏殿（ぶつでん）→ほんどう，[常]〈寺院〉七堂伽藍２，３
仏天蓋（ぶつてんがい）→[常]〈法具〉天蓋
仏塔（ぶっとう）→[常]〈仏事〉墓
仏統（ぶっとう）→そせき
仏灯大光国師（ぶっとうだいこうこくし）→[常]〈僧〉国師
仏徳禅師（ぶっとくぜんじ）→ほんげん
弗若多羅（ふつにゃたら）→じゅうじゅりつ
仏飯器（ぶっぱんき）→[常]〈仏事〉仏具
仏部（ぶつぶ）→さんぶ
仏法房（ぶっぽうぼう）→どうげん
仏鳴（ぶつみょう）→ぶっとん
物滅（ぶつめつ）→ぶつめつ②
仏木寺（ぶつもくじ）→[常]〈寺院〉四国八十八箇所・第四十二番
仏物（ぶつもつ）→さんぼうもつ
仏母摩耶山忉利天上寺（ぶつもまやさんとうりてんじょうじ）→まやさん
仏力（ぶつりき）→さんりき③
仏立（ぶつりゅう）→はんじゅ
仏立三昧（ぶつりゅうざんまい）→じょうぎょうざんまい
父田（ふでん）→はちふくでん
浮図（ふと）→ほとけ
不動（ふどう）→あしゅく
不動院（ふどういん）→あんこくじ②
不動金縛り法（ふどうかなしばりほう）→かなしばりのほう
不動地（ふどうじ）→じゅうじ（十地）
不動使者（ふどうししゃ）→ふどうみょうおう
浮屠家（ふとけ）→ほとけ
不貪欲（ふどんよく）→じゅうぜん
不二不別（ふにふべつ）→いちにょかんのん
不非時食戒（ふひじじきかい）→じっかい（十戒），はっさいかい
付法相承（ふほうそうじょう）→ふほう

怖魔（ふま）→びくのさんぎ
不滅（ふめつ）→はっぷ，はっぷしょうかん
不妄語（ふもうご）→しじ（止持），じゅうぜん，はっさいかい
父母恩（ぶもおん）→しおん
父母所生身即証大覚位（ぶもしょしょうしんそくしょうだいかくい）→そくしんじょうぶつ
普門寺（ふもんじ）→きょうとのじっせつ，じっせつ
普門万徳十住心（ふもんまんとくじゅうじゅうしん）→にそうしじゅう①
不来（ふらい）→はっぷ，はっぷしょうかん
不楽著河（ふらくじゃくが）→にれんぜんが
不楽日（ふらくにち）→〔常〕〈仏事〉命日
プラーグボーディ →ぜんしょうがくせん
プラクリティー →すろん
プラサンガ論法，プラーサンギカ（——ろんぽう）→げっしょう（月称），ぶつご
プラジャーパティー →はじゃはだい
プラジュニャー →はんにゃ
プラジュニャー・パーラミター →はんにゃはらみつ
プラセーナジット →はしのくおう
プーラナ・カッサパ →ろくしげどう
ブラフマ・スートラ →ヴェーダーンタ
ブラーフミー →ぼんじ
富蘭那迦葉（ふらんなかしょう）→ろくしげどう
不了義（ふりょうぎ）→りょうぎ
不両舌（ふりょうぜつ）→じゅうぜん
プルシャ →すろん
富楼沙曇藐婆羅提（ふるしゃどんみゃくしゃらだい）→じょうごじょうぶ
プルシャプラ →せしん
プールナ・マイトラーヤニープトラ →ふるな
忿（ふん）→じゅうぼんのう①，ずいわく
墳（ふん）→はか
分位（ぶんい）→ぶんざい
分教判別（ぶんきょうはんべつ）→きょうそうはんじゃく
焚香（ふんこう）→しょうこう
分際（ぶんざい）→ぶんざい
焚焼（ふんしょう）→ごま，〔常〕〈仏事〉荼毘
分段生死（ぶんだんしょうじ）→しょうじ，へんにゃく②
分別事識（ふんべつじしき）→さんしき②
分別説部（ふんべつせつぶ）→せっけぶ
分別智（ふんべつち）→むふんべつち

へ

米元山主人（べいげんさんしゅじん）→せっしゅう
吠舎離（べいしゃり）→びしゃり
吠室羅摩拏（べいしらまぬ）→じゅうろくぜんじん
平僧（へいそう）→こくえ
幣殿（へいでん）→ごんげんづくり
壁観（へきかん）→ぼだいだるま
別教一乗（べっきょういちじょう）→べっきょう
別解脱（べつげだつ）→はらだいもくしゃ
別序（べつじょ）→じょぶん，つうべつにじょ
別相（べっそう）→ろくそう
別相念住位（べっそうねんじゅうい）→しねんじょ
別伝派（べつでんは）→にじゅうしりゅう
辺（へん）→にへん
変（へん）→へんぶん
弁阿弥陀仏（べんあみだぶつ）→べんちょう

遍一切処（へんいっさいしょ）→だいにちにょらい，びるしゃなぶつ
弁基（べんき）→みなみほっけじ
遍計所執性（へんげしょしゅうしょう）→さんしょう（三性）①
変化仏（へんげぶつ）→けぶつ
弁財天（べんざいてん）→べんざいてん
弁才力（べんざいりき）→じゅうりき③
弁事静慮（べんじじょうりょ）→じょうりょはらみつ
辺執見（へんじゅうけん）→へんけん
遍趣行智力（へんしゅぎょうちりき）→じゅうりき①
辺生（へんじょう）→しゅりはんどく
遍照（へんじょう）→へんじょう
変成王（へんじょうおう）→じゅうおう②
遍照寺（へんじょうじ）→ひろさわりゅう
『遍照発揮性霊集』（へんじょうほっきしょうりょうしゅう）→しょうりょうしゅう
『遍照発揮性霊集補闕鈔』（へんじょうほっきしょうりょうしゅうほけつしょう）→しょうりょうしゅう
変相図（へんそうず）→へんぶん
偏知（へんち）→へんち
遍知院（へんちいん）→じゅうさんだいいん
『弁中辺論』（べんちゅうへんろん）→せしん
変易生死（へんにゃくしょうじ）→へんにゃく②，しょうじ
辺鄙衆（へんぴしゅ）→ししゅ（四衆）③
返本還源（へんぽんげんげん）→じゅうぎゅうず
変文（へんもん）→へんぶん

ほ　ホ

炮（ほう）→はっかんじごく
暴悪（ぼうあく）→やしゃ（夜叉）
暴悪（ぼうあく）→ルドラ
法印（ほういん）→ほういん（宝印）
宝印（ほういん）→ろくじぞう④
宝印手（ほういんしゅ）→ろくじぞう①
法印大和尚位（ほういんだいかしょうい）→ほういん（法印）③
宝雲（ほううん）→ぶつほんぎょうきょう
法雲地（ほううんじ）→じゅうじ（十地）
法雲寺（ほううんじ）→當〈寺院〉秩父三十三所観音・第三十番
方会（ほうえ）→ようぎ，ようぎは
法演（ほうえん）→こくごん
法王子（ほうおうじ）→しゃりほつ
法王子住（ほうおうじじゅう）→じゅうじゅう
『報恩鈔』（ほうおんしょう）→そしょごだいぶ
報恩福田（ほうおんふくでん）→さんふくでん②
報果（ほうか）→かほう
法階（ほうかい）→當〈僧〉僧階
宝覚真空禅師（ほうかくしんくうぜんじ）→せっそん②
『宝覚真空禅師語録』（ほうかくしんくうぜんじごろく）→せっそん②
奉加状（ほうがじょう）→ほうが（奉加）
法喜（ほうき）→どんまなんだい
宝貴（ほうき）→當〈経典〉金光明経
伯耆房（ほうきぼう）→にっこう
忘牛存人（ぼうぎゅうそんにん）→じゅうぎゅうず
法経（ほうきょう）→しゅきょうもくろく①
法境（ほうきょう）→いしき，ろっきょ

う
法橋（ほうきょう）→ほっきょう，㊔〈僧〉僧綱
宝篋印塔（ほうきょういんとう）→㊔〈仏事〉墓
『宝鏡三昧歌』（ほうきょうざんまいか）→りょうかい
『宝鏡鈔』（ほうきょうしょう）→ゆうかい（宥快）
『法経録』（ほうきょうろく）→しゅきょうもくろく①
方口食（ほうくじき）→しじゃみょうじき
法供養（ほうくよう）→㊔〈行儀〉供養
法磬（ほうけい）→㊔〈法具〉磬
法眼和尚位（ほうげんかしょうい）→そうず，ほうげん③，㊔〈僧〉僧位
方広（ほうこう）→くぶきょう①，じゅうにぶきょう
放光王（ほうこうおう）→ろくじぞう③
法光大師（ほうこうだいし）→じゅうはちだいし，㊔〈僧〉大師
『放光般若波羅蜜経』（ほうこうはんにゃはらみつきょう）→ほうこうはんにゃぎょう
宝索（ほうさく）→けんさく
法師（ほうし）→ほっし
法自在（ほうじざい）→じっしゅじざい
法自在王（ほうじざいおう）→にじゅうごぼさつ
『法事讃』（ほうじさん）→ぜんどう（善導）
法自然（ほうじねん）→じねん
宝積禅師（ほうしゃくぜんじ）→ふけ
宝積部（ほうしゃくぶ）→㊔〈経典〉大蔵経
法主（ほうしゅ）→ほっしゅ①
宝手（ほうしゅ）→ろくじぞう①
宝珠（ほうしゅ）→ろくじぞう④
法聚（ほうじゅ）→ほううん（法蘊）
宝樹観（ほうじゅかん）→じゅうろくかん
宝寿寺（ほうじゅじ）→㊔〈寺院〉四国八十八箇所・第六十二番
宝処（ほうしょ）→ろくじぞう①
法称（ほうしょう）→だいじょうじゅぼさつがくろん
法上（ほうじょう）→じろんしゅう
傍生（ぼうしょう）→ちくしょう
『方丈記』（ほうじょうき）→れんいん
宝浄国（ほうじょうこく）→たほうにょらい
法勝寺（ほうしょうじ）→さんだいえ，だいじょうえ
放生池（ほうじょうち）→ほうじょうえ
北条時宗（ほうじょうときむね）→えんがくじ，そげん
北条時頼（ほうじょうときより）→けんちょうじ，らんけいどうりゅう，りっしょうあんこくろん
宝生如来（ほうしょうにょらい）→ごぶつ，ほうしょうぶつ
報生仏（ほうしょうぶつ）→しぶつ
法頭（ほうず）→㊔〈僧〉僧綱
法泉寺（ほうせんじ）→じっせつ
法泉寺（ほうせんじ）→㊔〈寺院〉秩父三十三所観音・第二十四番
法蔵（ほうぞう）→しじゅうはちがん，ほうぞうびく
宝蔵（ほうぞう）→にじゅうごぼさつ
宝蔵院（ほうぞういん）→おうばくばん，どうこう
『宝蔵経』（ほうぞうきょう）→さんち③
宝蔵国師（ほうぞうこくし）→どうこう
宝相仏（ほうそうぶつ）→しぶつ
抱歎（ほうたん）→じゅうぼんのう②
宝池観（ほうちかん）→じゅうろくかん
法智尊者（ほうちそんじゃ）→ちれい
法緒（ほうちょ）→ちぎ（智顗）
法長寺（ほうちょうじ）→㊔〈寺院〉秩父三十三所観音・第七番
法長老（ほうちょうろう）→ちょうろう
法灯（ほうとう）→㊔〈行儀〉灯明
宝塔（ほうとう）→㊔〈寺院〉七堂伽藍

3
宝塔（ほうとう）→常〈仏事〉墓
法堂（ほうどう）→常〈寺院〉七堂伽藍2
法堂（ほうどう）→常〈寺院〉講堂
宝幢寺（ほうどうじ）→きょうとのじっせつ，じっせつ
朋党僧（ほうとうそう）→ごしゅのそう
宝幢如来（ほうどうにょらい）→ごぶつ
法如（ほうにょ）→たいまでら，ちゅうじょうひめ
法念処（ほうねんじょ）→しねんじょ
『法然上人伝絵』（ほうねんしょうにんでんえ）→ほうねんしょうにんぎょうじょうえず
捧鉢（ほうはつ）→たくはつ
法波羅蜜（ほうはらみつ）→しはらみつ
宝波羅蜜（ほうはらみつ）→しはらみつ
法服（ほうふく）→ほうえ（法衣）
方墳（ほうふん）→とう
方便化土（ほうべんけど）→しんじつほうど，ほうけにど
方便真門（ほうべんしんもん）→さんがんてんにゅう（三願転入）
方便要門（ほうべんようもん）→さんがんてんにゅう（三願転入）
謗法罪（ほうぼうざい）→ほうぼう（謗法）
法本（ほうほん）→しゅたら
法曼荼羅（ほうまんだら）→ししゅまんだら，しゅじまんだら
法密部（ほうみつぶ）→ほうぞうぶ
法脈（ほうみゃく）→きょうけい
法無我（ほうむが）→むが
法物（ほうもつ）→さんぼうもつ
宝門（ほうもん）→ゆうかい（宥快）
法螺（ほうら）→ほら
法力房（ほうりきぼう）→れんしょう
法隆学問寺（ほうりゅうがくもんじ）→しょうとくたいし，ほうりゅうじ
法琳（ほうりん）→べんしょうろん
宝林寺（ほうりんじ）→じっせつ
法輪寺（ほうりんじ）→せんにゅうじ
法輪寺（ほうりんじ）→常〈寺院〉四国八十八箇所・第九番
法礪（ほうれい）→りつのさんしゅう
炮裂（ほうれつ）→はっかんじごく
法朗（ほうろう）→きちぞう
宝楼観（ほうろうかん）→じゅうろくかん
暮翁（ぼおう）→そうほう（宗彭）
ほおずき市（—— いち）→しまんろくせんにち
慕何，謨賀（ぼか）→旧 莫迦
卜雲寺（ぼくうんじ）→常〈寺院〉秩父三十三所観音・第六番
北磵（ほくかん）→そげん
北魏の廃仏（ほくぎのはいぶつ）→さんぶいっそうのほうなん
牧牛（ぼくぎゅう）→じゅうぎゅうず
北周の廃仏（ほくしゅうのはいぶつ）→えおん②，さんぶいっそうのほうなん
北辰菩薩（ほくしんぼさつ）→みょうけん
北蔵（ほくぞう）→常〈経典〉大蔵経・明蔵
北蔵目録（ほくぞうもくろく）→だいみんさんぞうしょうぎょうもくろく
北伝（ほくでん）→常〈宗派〉インド仏教
北塔（ほくとう）→よかわ
北道派（ほくどうは）→じろんしゅう
北本『大般涅槃経』，北本涅槃（ほくほんだいはつねはんぎょう，ほくほんねはん）→だいはつねはんぎょう①，ねはんしゅう，常〈宗派〉中国仏教・涅槃宗
北林禅尼（ほくりんぜんに）→あぶつに
北嶺（ほくれい）→ひえいざん
『法華経義記』（ほけきょうぎき）→ほううん①（法雲）
菩薩界（ぼさつかい）→じっかい（十界）②
『菩薩地持経』（ぼさつじじきょう）→

[常]〈経典〉律蔵
菩薩僧（ぼさつそう）→ししゅそう③
菩薩の十力（ぼさつのじゅうりき）→じゅうりき②
星供（ほしく）→ほしまつり
星の谷観音（ほしのたにかんのん）→[常]〈寺院〉坂東三十三所観音・第八番
保寿院流（ほじゅいんりゅう）→とうみつじゅうにりゅう
細川勝元（ほそかわかつもと）→りょうあんじ
菩提回向（ぼだいえこう）→じっしゅえこう
菩提広大屈（ぼだいこうだいくつ）→[日]退屈
菩提寺（ぼだいじ）→[常]〈寺院〉西国三十三所観音・第二十一番
菩提樹神（ぼだいじゅしん）→にじってん
『菩提心論』（ぼだいしんろん）→ほつぼだいしんろん①
菩提達摩（ぼだいだるま）→ぼだいだるま
『菩提道次第論』（ぼだいどうしだいろん）→ツォンカパ
菩提道場（ぼだいどうじょう）→[常]〈寺院〉道場
『菩提道灯論』（ぼだいどうとうろん）→アティーシャ
菩提分法（ぼだいぶんぽう）→どうほん
ポータラカ →ふだらく
ポタラ宮 →ふだらく
発一切心堅固力（ほついっさいしんけんごりき）→じゅうりき②
法界（ほっかい）→じゅうじきょう
『法界観門』（ほっかいかんもん）→とじゅん
『法海観瀾』（ほっかいかんらん）→ちぎょく
法界体性智（ほっかいたいしょうち）→ごち，びょうどうしょうち
法界無尽縁起（ほっかいむじんえんぎ）→ほっかいえんぎ
法界力（ほっかいりき）→さんりき①
法起院（ほっきいん）→[常]〈寺院〉西国三十三所観音・第七番番外
発起衆（ほっきしゅ）→ししゅ（四衆）②
発起序（ほっきじょ）→じょぶん，つうべつにじょ
法橋上人位（ほっきょうしょうにんい）→[常]〈僧〉僧位
北京の三大会（ほっきょうのさんだいえ）→さんだいえ
北京律（ほっきょうりつ）→しゅんじょう，りっしゅう
北倶盧洲（ほっくるしゅう）→ししゅう
法華一実教（ほっけいちじつきょう）→しゃくもんかいけん
『法華義疏』（ほっけぎしょ）→きちぞう
『法華玄義講義』（ほっけげんぎこうぎ）→ちくう
『法華玄義釈籤』（ほっけげんぎしゃくせん）→じっぷにもん，たんねん
法華三昧（ほっけざんまい）→えし
法華十講（ほっけじっこう）→しもつきえ，ろくがつえ
法華宗［真門流］（ほっけしゅう［しんもんりゅう］）→ほんりゅうじ，[常]〈宗派〉日本仏教，〈寺院〉本山・日蓮宗
法華宗［陣門流］（ほっけしゅう［じんもんりゅう］）→[常]〈宗派〉日本仏教，〈寺院〉本山・日蓮宗
法華宗［本門流］（ほっけしゅう［ほんもんりゅう］）→[常]〈宗派〉日本仏教，〈寺院〉本山・日蓮宗
法華堂（ほっけどう）→さんがつどう
法華部（ほっけぶ）→[常]〈経典〉大蔵経
法華滅罪之寺（ほっけめつざいのてら）→こくぶんにじ，ほっけじ，[常]〈寺院〉国分寺
『法華文句記』（ほっけもんぐき）→たん

ねん
『法華文句記講義』（ほっけもんぐきこうぎ）→ちくう
発光地（ほっこうじ）→じゅうじ（十地）
法師（ほっし）→罱〈僧〉僧階
法師位（ほっしい）→罱〈僧〉僧位，僧階
法式（ほっしき）→さんしゅ（讃衆）
法師大和尚位（ほっしだいかしょうい）→罱〈僧〉僧位
法照（ほっしょう）→しちそ①
法性寺（ほっしょうじ）→罱〈寺院〉秩父三十三所観音・第三十二番
法性宗（ほっしょうしゅう）→しょうそうにしゅう
『発心集』（ほっしんしゅう）→れんいん
発心住（ほっしんじゅう）→じゅうじゅう
法身禅師（ほっしんぜんじ）→ずいがんじ
法親王（ほっしんのう）→ほうしんのう
法身仏（ほっしんぶつ）→ほっかいしん
法主（ほっす）→ほっしゅ②
法施（ほっせ）→ほうせ
法相唯識説（ほっそうゆいしきせつ）→ごほう
『発智身論』，『発智論』（ほっちしんろん・ほっちろん）→あびだつまほっちろん
法灯円明国師（ほっとうえんみょうこくし）→かくしん，ほうとうは
法灯禅師（ほっとうぜんじ）→かくしん
法灯派（ほっとうは）→ほうとうは
法報応の三身説（ほっぽうおうのさんじんせつ）→ぶっしん（仏身）②
北方天（ほっぽうてん）→びしゃもんてん
『発菩提心経論』（ほつぼだいしんきょうろん）→ほつぼだいしんろん②
最御崎寺（ほつみさきじ）→罱〈寺院〉四国八十八箇所・第二十四番
ボーディ →ぼだい
ボーディサットヴァ →ぼさつ
ボーディセーナ →ぼだいせんな
ボーディダルマ →ぼだいだるま
布袋丸（ほていまる）→れんにょ
ボーディルチ →ぼだいるし（菩提流支）
ボーディルチ →ぼだいるし（菩提流志）
ほら貝（——がい）→ばい
堀内大御堂（ほりうちだいみどう）→ばんなじ
堀ノ内のお祖師様（ほりのうちのおそしさま）→みょうほうじ②
梵論梵論（ぼろぼろ）→ぼろ
梵論字（ぼろんじ）→ぼろ
盆市（ぼんいち）→罱〈仏事〉草市
本縁部（ほんえんぶ）→罱〈経典〉大蔵経
盆踊り（ぼんおどり）→罱〈行事〉盂蘭盆会
梵音深遠相（ぼんおんじんおんそう）→さんじゅうにそう
本覚寺（ほんがくじ）→ふじゅふせこうもんは
本覚大師（ほんがくだいし）→じゅうはちだいし，罱〈僧〉大師
梵行（ぼんぎょう）→ごぎょう②
ポン教（ポンきょう）→ボンきょう
梵行期（ぼんぎょうき）→バラモン
『本行集経』（ほんぎょうじっきょう）→ぶつほんぎょうじっきょう
本宮（ほんぐう）→くまのごんげん
本功徳力（ほんくどくりき）→さんりき②
本興寺（ほんこうじ）→罱〈寺院〉本山・日蓮宗
本圀寺（ほんこくじ）→にちれんしゅう，罱〈寺院〉本山・日蓮宗
本山修験宗（ほんざんしゅげんしゅう）→罱〈宗派〉日本仏教，〈寺院〉本山・天台宗
本山派（ほんざんは）→しゅげんどう
本山門末（ほんざんもんまつ）→もんま

つ
本事経（ほんじきょう）→ほんじ（本事）
『本迹見聞鈔』（ほんじゃくけんもんしょう）→にちろう
本書（ほんじょ）→ごほんじょ
本生（ほんじょう）→くぶきょう，じゅうにぶきょう
梵乗（ぼんじょう）→じょう（乗）
本性戒（ほんしょうかい）→しょうかい
本上座部（ほんじょうざぶ）→しょうじょうにじゅうぶ，せっせんぶ
本生話（ほんじょうわ）→ジャータカ
本初仏（ほんじょぶつ）→あだいぶっだ
本誓（ほんせい）→さんまや
本田善光（ほんだよしみつ）→ぜんこうじ
本通夜（ほんつや）→［常］〈仏事〉仮通夜，通夜
『梵動経』（ぼんどうきょう）→［常］〈経典〉阿含経・長阿含経
本土寺（ほんどじ）→にちろう
本応寺（ほんのうじ）→ほんのうじ
煩悩障（ぼんのうしょう）→さんしょう（三障）
煩悩濁（ぼんのうじょく）→ごじょく
煩悩道（ぼんのうどう）→さんどう②
煩悩魔（ぼんのうま）→しま
反背相互著合掌（ほんはいごそうちゃくがっしょう）→じゅうにがっしょう，［常］〈行儀〉合掌
凡夫禅（ぼんぶぜん）→ししゅぜん②
凡夫僧（ぼんぶそう）→ししゅそう③
本分（ほんぶん）→えこうへんじょう
本法寺（ほんぽうじ）→にっしん
『梵網経』（ぼんもうきょう）→［常］〈経典〉律蔵
『梵網古迹文集』（ぼんもうこしゃくもんじゅう）→えいぞん
本門仏立宗（ほんもんぶつりゅうしゅう）→［常］〈宗派〉日本仏教，〈寺院〉本山・日蓮宗

ま　マ

埋骨（まいこつ）→［常］〈仏事〉納骨
マイトレーヤ →みろく
マウドガリヤーヤナ →もくれん
前神寺（まえがみじ）→［常］〈寺院〉四国八十八箇所・第六十四番
真魚（まお）→くうかい
魔王（まおう）→てんま，にょにんじょうぶつ
摩訶衍（まかえん）→れんげかい
摩訶衍那（まかえんな）→だいじょう
摩訶迦羅，摩訶迦羅大黒天（まかから，――だいこくてん）→だいこくてん
摩訶迦羅大黒女（まかからだいこくにょ）→だいこくてん
『摩訶刹頭経』（まかさつずきょう）→［常］〈行事〉灌仏会
『摩訶止観輔行講義』（まかしかんぶぎょうこうぎ）→ちくう
摩訶僧祇部（まかそうぎぶ）→だいしゅぶ
摩訶提婆（まかだいば）→だいてん
摩訶那鉢（まかなはつ）→だいせいし
摩訶男（まかなん）→ごびく
摩訶般涅槃（まかはつねはん）→だいはつねはん
摩訶鉢特摩（まかはどま）→はっかんじごく
摩訶般若波羅蜜（まかはんにゃはらみつ）→じゅうぶつみょう
摩訶毘盧遮那［仏］（まかびるしゃな［ぶつ］）→だいにちにょらい，びるしゃなぶつ
摩訶羅（まから）→［日］莫迦
摩迦羅大黒（まからだいこく）→だいこくてん
槇尾寺（まきのおでら）→［常］〈寺院〉西国三十三所観音・第四番
枕づとめ（まくら――）→［常］〈仏事〉枕経

摩醯首羅（まけいしゅら）→じざいてん，にじってん
摩醯首羅頂生天女（まけいしゅらちょうしょうてんにょ）→ぎげいてん
摩虎羅大将（まこらだいしょう）→じゅうにじんしょう
マッカリ・ゴーサーラ〔末伽梨拘舎梨〕（まっかりくしゃり）→ろくしげどう
松島寺（まつしまでら）→ずいがんじ
松尾寺（まつのおでら）→常〈寺院〉西国三十三所観音・第二十九番
末仏（まつぶつ）→ほんぶつ
末法時（まっぽうじ）→さんじ①
末法仏教（まっぽうぶっきょう）→常〈宗派〉中国仏教
マッラ〔末羅〕族（—— ぞく）→クシナガラ
松若丸（まつわかまる）→しんらん
魔天（まてん）→てんま
マトゥラ〔末土羅〕国（まとらこく）→だいてん
末那（まな）→しん（心）②
末尼（まに）→ほうじゅ
摩尼珠（まにしゅ）→しっぽう③，ほうじゅ
摩尼宝（まにほう）→ほうじゅ
マハーヴァイローチャナ →だいにちにょらい
マハーヴィハーラ →じょうざぶっきょう，まひんだ
マハーヴュットパッティ →ほんやくみょうぎたいしゅう
マハーカーシャパ →まかかしょう
マハーカーラ →だいこくてん
マハーサンギカ →だいしゅぶ
マハーデーヴァ →だいてん
マハーナーマ →はしのくおう
マハーブラフマン →だいぼんてん
マハーマーユーリー →くじゃくみょうおう
マハーヤーナ →だいじょう
マヘーシュヴァラ →じざいてん
マヘーンドラ →セイロンぶっきょう，ぜんけんりつびばしゃ
マーヤー［夫人］（—— ［ぶにん］）→しゃかむに，はじゃはだい，まやぶにん
摩耶参り（まやまいり）→まやさん
魔羅（まら）→まはじゅん，まら
摩羅迦陀（まらがだ）→しっぽう②
摩羅耶山（まらやさん）→りょうがせん
マリーチ →まりしてん
満位（まんい）→常〈僧〉僧位，僧階
慢過慢（まんかまん）→しちまん
満願子（まんがんし）→ふるな
満願寺（まんがんじ）→常〈寺院〉坂東三十三所観音・第十七番
万行難修屈（まんぎょうなんしゅうくつ）→回 退屈
慢結（まんけつ）→ごけつ
満座（まんざ）→ほうおんこう
万字（まんじ）→まんじ
満字教（まんじきょう）→はんまんにきょう
満慈子（まんじし）→ふるな
曼珠院（まんしゅいん）→じゅうさんもんぜき
万寿寺（まんじゅじ）→じっせつ，ほんげん
マンジュシュリー〔曼殊尸利〕（まんじゅしり）→もんじゅ
曼陀羅（まんだら）→まんだら
曼荼羅寺（まんだらじ）→にんがい
曼荼羅寺（まんだらじ）→常〈寺院〉四国八十八箇所・第七十二番
万福寺（まんぷくじ）→じっせつ

み　ミ

御影供（みえく）→みえいく
御影堂（みえどう）→みえいどう
見かえりの阿弥陀（—— あみだ）→ぜんりんじ
三日月上人（みかづきしょうにん）→

しょうげい
味境（みきょう）→ごきょう（五境），ろっきょう
眉間白毫相（みけんびゃくごうそう）→さんじゅうにそう
獼猴江の精舎（みこうこうのしょうじゃ）→ごしょうじゃ
微細会（みさいえ）→くえまんだら
山陵（みささぎ）→はか
弥沙塞部（みしゃそくぶ）→ごぶんりつ
弥沙塞部和醯五分律（みしゃそくぶわけいごぶんりつ）→ごぶんりつ
御修法（みしゅほう，みすほう）→みしほ
未生怨（みしょうおん）→アジャセ
味塵（みじん）→ごじん
水沢観音，水沢寺（みずさわかんのん，——てら）→當〈寺院〉坂東三十三所観音・第十六番
弥陀直授の四句偈（みだじきじゅのしくげ）→當〈宗派〉日本仏教・融通念仏宗
弥陀の三聖（みだのさんしょう）→さんしょう（三聖）②
弥陀の三尊（みだのさんぞん）→さんぞん
密意（みつい）→旧 秘密
密雲（みつうん）→えんご①
密行第一（みつぎょうだいいち）→じゅうだいでし，らごら
密教部（みっきょうぶ）→當〈経典〉大蔵経
密供（みつく）→しゅほう
密厳国（みつごんこく）→みつごんじょうど
『密厳浄土略観』（みつごんじょうどりゃくかん）→みつごんじょうど
密厳仏国（みつごんぶっこく）→みつごんじょうど
密迹金剛（みっしゃくこんごう）→こんごうじん，におう（二王）
三瀬川（みつせがわ）→さんずのかわ
密蔵（みつぞう）→しんごんしゅう
密林住部（みつりんじゅうぶ）→みつりんせんぶ
密林山住部（みつりんせんじゅうぶ）→みつりんせんぶ
御堂造（みどうづくり）→當〈法具〉厨子
水無月会（みなづきえ）→ろくがつえ
源融（みなもとのとおる）→びょうどういん
源義経（みなもとのよしつね）→くらまでら，べんけい
源頼家（みなもとのよりいえ）→けんにんじ
峰寺（みねでら）→當〈寺院〉四国八十八箇所・第三十二番
未敷蓮華合掌（みふれんげがっしょう）→じゅうにがっしょう，當〈行儀〉合掌
三間の稲荷（みまのいなり）→當〈寺院〉四国八十八箇所・第四十一番
ミーマーンサー →みまんさ
微妙声仏（みみょうしょうぶつ）→しぶつ
微妙大師（みみょうだいし）→當〈僧〉大師
微妙法門（みみょうほうもん）→はっくぎ
御室戸寺（みむろとじ）→當〈寺院〉西国三十三所観音・第十番
宮門跡（みやもんぜき）→もんぜき
明衣（みょうえ）→當〈仏事〉経帷子
妙応光国慧海慈済禅師（みょうおうこうこくえかいじさいぜんじ）→とうりょう
妙音寺（みょうおんじ）→當〈寺院〉秩父三十三所観音・第一番
妙音鳥（みょうおんちょう）→かりょうびんが
妙覚寺（みょうかくじ）→にちおう，ふじゅふせは，當〈寺院〉本山・日蓮宗
明覚大師重顕（みょうかくだいしじゅう

けん）→へきがんろく
妙覚道了和尚（みょうかくどうりょうおしょう）→どうりょう
明月珠（みょうがっしゅ）→しっぽう③
冥感（みょうかん）→みょうが
妙観察智印（みょうかんざつちいん）→みだのじょういん
妙喜（みょうき）→あしゅく
妙吉祥（みょうきちじょう）→もんじゅ
明空（みょうくう）→ろくろうそう②
『妙玄』（みょうげん）→ほっけげんぎ
妙光寺（みょうこうじ）→きょうとのじっせつ，じっせつ
妙高山（みょうこうせん）→しゅみせん
名色（みょうしき）→じゅうにいんねん
命自在（みょうじざい）→じっしゅじざい
妙翅鳥（みょうしちょう）→かるら
妙首（みょうしゅ）→もんじゅ
命終（みょうじゅう）→さいご
『妙宗鈔講義』（みょうしゅうしょうこうぎ）→ちくう
命終日（みょうじゅうにち）→[常]〈仏事〉命日
名称（みょうしょう）→やしゃ（耶舎）
妙成就（みょうじょうじゅ）→じゅうさんだいいん
命濁（みょうじょく）→ごじょく
妙足（みょうそく）→とそつてん
妙徳（みょうとく）→もんじゅ
妙日精（みょうにっしょう）→たら
明忍（みょうにん）→しんごんりっしゅう
明遍（みょうへん）→おおはらもんどう
『妙法蓮華経玄義』（みょうほうれんげきょうげんぎ）→ほっけげんぎ
『妙法蓮華経文句』（みょうほうれんげきょうもんぐ）→ほっけもんぐ
名聞（みょうもん）→やしゃ（耶舎）
冥益（みょうやく）→みょうが
妙楽（みょうらく）→あしゅく
命蓮（みょうれん）→しぎさんじ
妙蓮寺（みょうれんじ）→[常]〈寺院〉本山・日蓮宗
明蓮社顕誉（みょうれんしゃけんよ）→ゆうてん
未了義（みりょうぎ）→りょうぎ
ミリンダ王〔弥蘭陀王〕（みらんだおう）→なせん
『ミリンダ王問経』（——おうもんきょう）→なせん
美露（みろ）→かんろ
『岷峨集』（みんがしゅう）→せっそん②
明蔵（みんぞう）→だいぞうきょう，[常]〈経典〉大蔵経

む　ム

無違逆行（むいぎゃくぎょう）→じゅうぎょう
無為自然（むいじねん）→じねん
無異想（むいそう）→じゅうはちふぐうほう
無一物中無尽蔵（むいちもつちゅうむじんぞう）→[日] 無一物
無因自然（むいんじねん）→じねん
無因生（むいんしょう）→しふしょう
無憂王（むうおう）→あいく
無縁（むえん）→[常]〈仏事〉永代供養，〈行儀〉仏飯
無縁施餓鬼（むえんせがき）→[常]〈行事〉施餓鬼会
無縁の亡者（むえんのもうじゃ）→むえんぼとけ，[常]〈行事〉施餓鬼会
無央数（むおうしゅ）→あそうぎ
無我（むが）→りゅうかん
迎鐘（むかえがね）→[常]〈行事〉六道まいり
無我観（むがかん）→ごじょうしんかん
無学（むがく）→そげん
無学道（むがくどう）→さんどう①
無関（むかん）→ふもん
無願（むがん）→さんもん（三門）
無記往生（むきおうじょう）→しょうね

んおうじょう
無義語（むぎご）→きご
無機子（むきし）→ほううん②（法雲）
無垢称（むくしょう）→ゆいま
無屈撓行（むくつぎょうぎょう）→じゅうぎょう
無碍光仏（むげこうぶつ）→じゅうにこうぶつ
無碍智力（むげちりき）→じゅうりき②
無見（むけん）→うけん②
無間一切時（むけんいっさいじ）→[常]〈行儀〉勤行
牟呼栗多（むこりつた）→しゅゆ
無根謗戒（むこんぼうかい）→じゅうさんそうざん
無際大師（むさいだいし）→きせん
無作戒（むさかい）→むさ①
無作色（むさしき）→むさ①
無作自然（むさじねん）→うさ
武蔵坊（むさしぼう）→べんけい
無慚愧僧（むざんきそう）→ししゅそう①，②
無住（むじゅう）→そばか
無羞僧（むしゅうそう）→ししゅそう②
無主房戒（むしゅぼうかい）→じゅうさんそうざん
無性（むしょう）→しょうだいじょうろんじゃく②
無勝（むしょう）→みろく①
無称光仏（むしょうこうぶつ）→じゅうにこうぶつ
無上士（むじょうし）→じゅうごう
無上正覚（むじょうしょうがく）→むじょうしょうとうがく
『無性摂論』（むしょうしょうろん）→しょうだいじょうろんじゃく②
無所有処解脱（むしょうしょげだつ）→はちげだつ
無瞋（むしん）→だいぜんじほう
無尽縁起（むじんえんぎ）→ほっかいえんぎ
無尽功徳蔵（むじんくどくぞう）→じゅうえこう
無尽講（むじんこう）→[旧] 無尽
無尽灯（むじんとう）→じょうとう
無瞋恚（むしんに）→あしゅく
無尋無伺定（むじんむしじょう）→しじょうりょ
無尽物（むじんもつ）→むじんざい
無尋唯伺定（むじんゆいしじょう）→しじょうりょ
無数（むすう）→あそうぎ
無染（むぜん）→アーナンダ
無相［大師］（むそう［だいし］）→げんかく，じゅうはちだいし，[常]〈僧〉大師
『夢窓問答集』（むそうもんどうしゅう）→そせき
無対光仏（むたいこうぶつ）→じゅうにこうぶつ
無体性智通（むたいしょうちつう）→じっしゅつう
無恥僧（むちそう）→ごしゅのそう
無著（むちゃく）→こくごん
無著行（むちゃくぎょう）→じゅうぎょう
無痴乱行（むちらんぎょう）→じゅうぎょう
無動（むどう）→あしゅく
無貪（むとん）→だいぜんじほう
無貪著（むとんちゃく）→[旧] 無頓着
牟尼（むに）→ろくじぞう②
蒙潤（むにん）→てんだいしきょうぎしゅっちゅう
無縛無著解脱（むばくむじゃくげだつ）→じゅうえこう
無比法（むひほう）→あびだつま
無表業（むひょうごう）→ひょうごう
無表色（むひょうじき）→しきほう
無不定心（むふじょうしん）→じゅうはちふぐうほう
無不知已捨（むふちいしゃ）→じゅうはちふぐうほう
無辺行菩薩（むへんぎょうぼさつ）→し

ぼさつ①
無辺光仏（むへんこうぶつ）→じゅうにこうぶつ
無辺身（むへんじん）→にじゅうごぼさつ
無縫塔（むほうとう）→㊥〈仏事〉墓
無明業相（むみょうごうそう）→ろくそそう
無明縛（むみょうばく）→しばく
無明漏（むみょうろ）→さんろ
『無明論』（むみょうろん）→はらたんざん
無明惑（むみょうわく）→さんわく
無門慧開（むもんえかい）→むもんかん
無文元選（むもんげんせん）→はんそうぼうごんげん，ほうこうじ②，ほうこうじは
無問自説（むもんじせつ）→うだな
無余（むよ）→はらい
無余依涅槃（むよえねはん）→むよねはん
無羅叉（むらしゃ）→ほうこうはんにゃぎょう
ムリガダーヴァ →ろくやおん
無量（むりょう）→あみだぶつ
無量光明覚者（むりょうこうみょうかくしゃ）→むりょうこうぶつ
無量光明土（むりょうこうみょうど）→ごくらく
『無量寿経優婆提舎願生偈』（むりょうじゅきょううばだいしゃがんしょうげ）→じょうどろん
『無量寿経論』（むりょうじゅきょうろん）→ぼだいるし（菩提流支）
無量寿寺（むりょうじゅじ）→せんじゅじ
無量寿如来（むりょうじゅにょらい）→ごぶつ
無量寿命覚者（むりょうじゅみょうかくしゃ）→むりょうじゅぶつ
『無量清浄平等覚経』（むりょうしょうじょうびょうどうがくきょう）→じょうどのしちきょう
無量心（むりょうしん）→しむりょうしん
無漏智（むろち）→へんち

め　メ

明光（めいこう）→ろくろうそう②
鳴杖（めいじょう）→しゃくじょう
明照大師（めいしょうだいし）→ほうねん，㊥〈僧〉大師
冥子（めいす）→そうほう（宗彭）
明石寺（めいせきじ）→㊥〈寺院〉四国八十八箇所・第四十三番
冥土（めいど）→めいど
迷企羅大将（めきらだいしょう）→じゅうにじんしょう
馬勝（めしょう）→ごびく
目白僧園（めじろそうえん）→うんしょう
滅住心（めつじゅうしん）→くじゅうしん
滅受想定解脱身作証具足住（めつじゅそうじょうげだつしんさしょうぐそくじゅう）→はちげだつ
滅定智通（めつじょうちつう）→じっしゅつう
瑪瑙（めのう）→しっぽう①，④
馬鳴（めみょう）→ごろんじ
面授（めんじゅ）→めんじゅくけつ
面壁九年（めんぺきくねん）→へきかんばらもん，ぼだいだるま

も　モ

毛孔生青色相（もうこうしょうしょうじきそう）→さんじゅうにそう
妄語戒（もうごかい）→しょうかい
妄識（もうしき）→あらやしき
妄心（もうじん）→ふかく
木槵子（もくげんし）→㊥〈法具〉数珠
『木槵子経』（もくげんしきょう）→㊥

〈法具〉数珠
木食観海（もくじきかんかい）→もくじきしょうにん③
目録部（もくろくぶ）→當〈経典〉大蔵経
模実（もじつ）→びんばしゃら
母珠（もしゅ）→當〈仏事〉親珠
モッガリプッタ・ティッサ →まひんだ
目犍連（もっけんれん）→じゅうだいでし，もくれん
物初（もっしょ）→そげん
莫勝（もっしょう）→みろく①
盛相（もっそう）→もっそう
母田（もでん）→はちふくでん
本元興寺（もとがんごうじ）→じゅうごだいじ，ほうこうじ
本黒谷（もとくろだに）→くろだに
本長谷寺（もとはせでら）→はつせでら
本薬師（もとやくし）→やくしじ①
本山寺（もとやまでら）→當〈寺院〉四国八十八箇所・第七十番
物部守屋（もののべのもりや）→しょうとくたいし
護良親王（もりながしんのう）→しぎさんじ
門庵（もんあん）→せんがくじ
文覚（もんがく）→みょうえ
文殊［般若］（もんじゅ［はんにゃ］）→はちぶはんにゃ
文殊院（もんじゅいん）→じゅうさんだいいん
文珠院（もんじゅいん）→當〈寺院〉四国八十八箇所・第四十七番番外
文殊師利（もんじゅしり）→もんじゅ
文証（もんしょう）→さんしょう（三証）
門跡寺院（もんぜきじいん）→當〈寺院〉門跡
門徒一跡（もんといっせき）→もんぜき，當〈寺院〉門跡
聞法難（もんぽうなん）→しなん

や ヤ

亦有亦空（やくうやっくう）→しもん②
薬王観音（やくおうかんのん）→ようりゅうかんのん
薬王寺（やくおうじ）→當〈寺院〉四国八十八箇所・第二十三番
訳経（やくきょう）→くやく，しだいやっきょうけ
薬師［の］三尊（やくし［の］さんぞん）→さんぞん，やくし
薬師如来（やくしにょらい）→やくし
ヤクシャ〔薬叉〕（やくしゃ）→やしゃ（夜叉）
薬師瑠璃光如来（やくしるりこうにょらい）→やくし
益信（やくしん）→じゅうはちだいし，當〈僧〉大師
八栗寺（やくりじ）→當〈寺院〉四国八十八箇所・第八十五番
八坂寺（やさかじ）→當〈寺院〉四国八十八箇所・第二十三番番外
八坂寺（やさかじ）→當〈寺院〉四国八十八箇所・第四十七番
ヤサ・カーカンダカプッタ長老（——ちょうろう）→りばた②
八坂神社（やさかじんじゃ）→ぎおんえ
屋島寺（やしまでら）→當〈寺院〉四国八十八箇所・第八十四番
ヤシャ →やしゃ（耶舎）
夜叉大黒（やしゃだいこく）→だいこくてん
耶柔吠陀（やじゅうべいだ）→ヤジュル・ヴェーダ
耶輸陀（やしゅだ）→やしゃ（耶舎）
ヤショーダラー →やしゅだら
『夜船閑話』（やせんかんな）→はくいん
野葬（やそう）→ごそう
矢之堂（やのどう）→當〈寺院〉秩父三十三所観音・第二十一番
藪入り（やぶいり）→さいにち

ヤーマ →やまてん
山階寺（やましなでら）→こうふくじ，ゆいまえ
山階寺（やましなでら）→嘗〈行事〉涅槃会
山階派（やましなは）→嘗〈寺院〉本山・真言宗
山科門跡（やましなもんぜき）→かんじゅじ
大和国分尼寺（やまとこくぶんにじ）→ほっけじ
ヤマラージャ →えんまおう
ヤマーンタカ →だいいとくみょうおう
八溝山（やみぞさん）→嘗〈寺院〉坂東三十三所観音・第二十一番

ゆ　ユ

唯蘊無我心（ゆいうんむがしん）→じゅうじゅうしんろん
唯円（ゆいえん）→たんにしょう
唯識円教（ゆいしきえんぎょう）→さんぎょう（三教）
唯識観（ゆいしきかん）→じりにかん
『唯識三十論頌』（ゆいしきさんじゅうろんじゅ）→ゆいしきさんじゅうじゅ
『唯識二十論』（ゆいしきにじゅうろん）→だいじょうゆいしきろん(2)
唯心寺（ゆいしんじ）→もんせん
『維摩詰経』（ゆいまきつぎょう）→ゆいまぎょう①，嘗〈経典〉維摩経
『維摩詰所説経』（ゆいまきつしょせつきょう）→ゆいまぎょう②，嘗〈経典〉維摩経
『維摩経義疏』（ゆいまぎょうぎしょ）→嘗〈経典〉維摩経
維摩居士（ゆいまこじ）→嘗〈寺院〉方丈，回 一言居士
維摩の方丈（ゆいまのほうじょう）→嘗〈寺院〉方丈
祐海（ゆうかい）→ゆうてん
融観（ゆうかん）→ゆうずうねんぶつしゅう
結城弘経寺（ゆうきぐきょうじ）→嘗〈寺院〉檀林
有喜寺（ゆうきじ）→やくおういん，嘗〈寺院〉本山・真言宗
勇健（ゆうけん）→やしゃ（夜叉）
融通念仏会（ゆうずうねんぶつえ）→りょうにん
宥清寺（ゆうせいじ）→嘗〈寺院〉本山・日蓮宗
用大（ゆうだい）→さんだい（三大）
祐天寺（ゆうてんじ）→ゆうてん
友梅（ゆうばい）→せっそん②
勇猛心地（ゆうみょうしんじ）→じゅうろくぜんじん
西蓮社了誉（ゆうれんしゃりょうよ）→しょうげい
瑜伽教（ゆがきょう）→みっきょう
瑜伽行派（ゆがぎょうは）→みろく②
瑜伽十支論（ゆがじっしろん）→だいじょうしょうごんきょうろん
瑜伽部（ゆがぶ）→嘗〈経典〉大蔵経
遊行期（ゆぎょうき）→バラモン
『遊行経』（ゆぎょうきょう）→嘗〈経典〉阿含経・長阿含経
遊行宗（ゆぎょうしゅう）→じしゅう
遊戯（ゆげ）→ゆげかんのん
夢殿（ゆめどの）→ほうりゅうじ
踊躍念仏（ゆやくねんぶつ）→くうやねんぶつ
熊野権現（ゆやごんげん）→くまのごんげん
由良門徒（ゆらもんと）→ほうとうは

よ　ヨ

陽炎（ようえん）→まりしてん
永嘉玄覚（ようかげんかく）→しょうどうか
『永嘉集』（ようかしゅう）→げんかく
『永嘉証道歌』（ようかしょうどうか）→しょうどうか

楊岐山（ようぎさん）→ようぎ
影堅（ようけん）→びんばしゃら
影響衆(ようごうしゅ）→ししゅ（四衆）②
遥山寺（ようざんじ）→どんらん
楊知客（ようしか）→せっしゅう
葉上房（ようじょうぼう）→えいさい
影像（ようぞう）→ぎょうそう
嬰童無畏心（ようどうむいしん）→じゅうじゅうしんろん
嬰児行（ようにぎょう）→ごぎょう②
『ヨーガ・スートラ』→ヨーガ②
与願印（よがんいん）→くほんいん
欲愛身縛（よくあいしんばく）→しばく
欲界六天（よくかいろくてん）→ろくよくてん
欲作（よくさ）→しゃのく
抑止門（よくしもん）→せっしゅもん
浴堂（よくどう）→[常]〈寺院〉七堂伽藍2
欲如意足（よくにょいそく）→しにょいそく
欲縛（よくばく）→しばく
欲無滅（よくむめつ）→じゅうはちふぐうほう
欲欲（よくよく）→よくとん
欲漏（よくろ）→さんろ
余慶（よけい）→じもんは
横越本山（よこごしほんざん）→しょうじょうじ
横峰寺（よこみねじ）→[常]〈寺院〉四国八十八箇所・第六十番
吉田神社，吉田神道（よしだじんじゃ，——しんとう）→ゆいいつしんとう
吉野衆（よしのしゅう）→きんぶせんじ
吉見観音（よしみかんのん）→[常]〈寺院〉坂東三十三所観音・第十一番
善峰寺（よしみねでら）→しょうくう（証空），[常]〈寺院〉西国三十三所観音・第二十番
良岑宗貞（よしみねむねさだ）→へんじょう
預天賀（よてんが）→ろくじぞう③
夜伽（よとぎ）→[常]〈仏事〉通夜
与薬（よやく）→せんだん
預流向（よるこう）→しこう（四向）

ら　ラ

頼玄（らいげん）→ぶさんは
来迎引接（らいごういんじょう）→くほんのおうじょう
『礼讃偈』（らいさんげ）→おうじょうらいさん
雷次宗（らいじそう）→じゅうはちけん
来禅子（らいぜんし）→じくせん
礼拝正行（らいはいしょうぎょう）→ごしゅのしょうぎょう
礼拝雑行（らいはいぞうぎょう）→ごしゅのぞうぎょう
礼拝門（らいはいもん）→ごねんもん
羅云（らうん）→らごら
羅漢桂琛（らかんけいしん）→ほうげん②
裸形上人（らぎょうしょうにん）→せいがんとじ
楽（らく）→しはらみつ
楽法寺（らくほうじ）→[常]〈寺院〉坂東三十三所観音・第二十四番
羅切（らせつ）→まら
羅刹天（らせつてん）→はっぽうてん
ラトナ・ヴィシュッダ →たほうにょらい
ラトナサンバヴァ〔羅怛曩三婆縛〕（らたんのうさんばば）→ほうしょうぶつ
ラーフラ →じゅうろくらかん，らごら
ラマ〔喇嘛〕→ラマきょう
ラーマーヌジャ →ヴェーダーンタ
ランカー →りょうがせん
卵生（らんしょう）→ししょう（四生）
藍毘尼園（らんびにおん）→らんびに

り　り

離一切怖畏（りいっさいふい）→じゅうろくぜんじん
力日王（りきにちおう）→ちょうにちおう
力波羅蜜の十力（りきはらみつのじゅうりき）→じゅうりき③
利行摂（りぎょうしょう）→ししょうぼう
離垢（りく）→まに
離垢地（りくじ）→じゅうじ（十地）
陸修静（りくしゅうせい）→こけいのさんしょう
梨倶吠陀（りぐべいだ）→リグ・ヴェーダ
利供養（りくよう）→くよう
離間語（りけんご）→りょうぜつ
理源［大師］（りげん［だいし］）→じゅうはちだいし，常〈僧〉大師
理趣会（りしゅえ）→くえまんだら
理証（りしょう）→さんしょう（三証）
離障（りしょう）→アヌルッダ
理性院流（りしょういんりゅう）→とうみつじゅうにりゅう
理即仏（りそくぶつ）→りぶつ②
律衣（りつえ）→常〈僧〉僧服
律国賊（りつこくぞく）→しかかくげん
律宗の三大部（りっしゅうのさんだいぶ）→さんだいぶ
立正［大師］（りっしょう［だいし］）→じゅうはちだいし，にちれん，常〈僧〉大師
『立正治国論』（りっしょうちこくろん）→にっしん
律疏部（りつしょぶ）→常〈経典〉大蔵経
律部（りつぶ）→常〈経典〉大蔵経
理法界（りほっかい）→ほっかい
利益供養（りやくくよう）→常〈行儀〉供養
略偈（りゃくげ）→しちぶつつうかいげ
竜海院（りゅうかいいん）→せんがい
竜蓋寺（りゅうがいじ）→常〈寺院〉西国三十三所観音・第七番
隆琦（りゅうき）→いんげん
竜軍（りゅうぐん）→なせん
隆渓（りゅうけい）→しゅぜんじ
竜華会（りゅうげえ）→常〈行事〉灌仏会
立華供養（りゅうげくよう）→常〈行儀〉仏華
竜華樹（りゅうげじゅ）→常〈経典〉三部経・弥勒三部経
竜光寺（りゅうこうじ）→常〈寺院〉四国八十八箇所・第四十一番
竜興寺（りゅうこうじ）→じゅうごだいじ②，じゅうろくだいじ
竜谷大学（りゅうこくだいがく）→りゅうこくがっこう
竜車（りゅうしゃ）→そうりん（相輪）
竜首（りゅうしゅ）→りゅうず
竜正院（りゅうしょういん）→常〈寺院〉坂東三十三所観音・第二十八番
竜翔寺（りゅうしょうじ）→きょうとのじっせつ，じっせつ
立信（りゅうしん）→りゅうしん
竜石寺（りゅうせきじ）→常〈寺院〉秩父三十三所観音・第十九番
竜象衆（りゅうぞうしゅ）→ししゅ（四衆）③
竜沢寺（りゅうたくじ）→はくいん
竜智（りゅうち）→こんごうち，しちそ③，でんぼうはっそ，ふほうはっそ
劉程之（りゅうていし）→じゅうはちけん
竜統（りゅうとう）→まんぷくじ
隆範（りゅうはん）→へいげんじ
竜門（りゅうもん）→まがいぶつ
了因（りょういん）→ていごく
両腋満相（りょうえきまんそう）→さんじゅうにそう
了恵道光（りょうえどうこう）→わごと

うろく
了翁（りょうおう）→どうかく
『楞伽阿跋多羅宝経』（りょうがあばつたらほうきょう）→りょうがきょう②
了海（りょうかい）→ろくろうそう②
楞伽院（りょうがいん）→じくせん
『楞伽経唯識論』（りょうがきょうゆいしきろん）→だいじょうゆいしきろん(1)
良観（りょうかん）→にんしょう
了義教（りょうぎきょう）→りょうぎ
領解鈔相伝（りょうげしょうそうでん）→當〈行事〉五重相伝
了源（りょうげん）→ろくろうそう②
霊鷲山会（りょうじゅせんえ）→えし
霊瑞華（りょうずいけ）→うどんげ
霊山寺（りょうぜんじ）→當〈寺院〉四国八十八箇所・第一番
霊山寺（りょうぜんじ）→當〈寺院〉檀林
霊山仏慧禅師（りょうぜんぶつえぜんじ）→ぶつえは
良少将，良僧正（りょうしょうしょう，――そうじょう）→へんじょう
良如（りょうにょ）→りゅうこくがっこう
梁の三大法師（りょうのさんだいほっし）→ほううん①（法雲）
梁の武帝（りょうのぶてい）→ぼだいだるま
両部（りょうぶ）→當〈宗派〉日本仏教・真言宗
両部習合（りょうぶしゅうごう）→りょうぶしんとう
了誉（りょうよ）→でんずういん
離欲地（りよくじ）→ぼさつじ
林下派（りんかは）→だいとくじは
臨済院（りんざいいん）→ぎげん
臨済慧照禅師（りんざいえしょうぜんじ）→ぎげん
臨済四喝（りんざいしかつ）→ぎげん
臨済宗永源寺派（りんざいしゅうえいげんじは）→當〈宗派〉日本仏教
臨済宗円覚寺派（りんざいしゅうえんがくじは）→當〈宗派〉日本仏教
臨済宗関山派（りんざいしゅうかんざんは）→しょうき
臨済宗建長寺派（りんざいしゅうけんちょうじは）→當〈宗派〉日本仏教
臨済宗建仁寺派（りんざいしゅうけんにんじは）→當〈宗派〉日本仏教
臨済宗向岳寺派（りんざいしゅうこうがくじは）→當〈宗派〉日本仏教
臨済宗国泰寺派（りんざいしゅうこくたいじは）→當〈宗派〉日本仏教
臨済宗相国寺派（りんざいしゅうしょうこくじは）→當〈宗派〉日本仏教
臨済宗大徳寺派（りんざいしゅうだいとくじは）→當〈宗派〉日本仏教
臨済宗天竜寺派（りんざいしゅうてんりゅうじは）→當〈宗派〉日本仏教
臨済宗東福寺派（りんざいしゅうとうふくじは）→當〈宗派〉日本仏教
臨済宗南禅寺派（りんざいしゅうなんぜんじは）→當〈宗派〉日本仏教
臨済宗仏通寺派（りんざいしゅうぶっつうじは）→當〈宗派〉日本仏教
臨済宗方広寺派（りんざいしゅうほうこうじは）→當〈宗派〉日本仏教
臨済宗妙心寺派（りんざいしゅうみょうしんじは）→當〈宗派〉日本仏教
臨済禅（りんざいぜん）→りんざいしゅう
『臨済録』（りんざいろく）→ぎげん
林棲期（りんせいき）→バラモン
『臨川家訓』（りんせんかくん）→そせき
臨川寺（りんせんじ）→きょうとのじっせつ，じっせつ
林葬（りんそう）→ごそう，そうほう（葬法），當〈仏事〉葬式
輪相（りんそう）→くりん
輪蔵（りんぞう）→當〈寺院〉経蔵
霊隠寺（りんにんじ）→ござん
輪円具足（りんねんぐそく）→まんだら
輪王（りんのう）→てんりんじょうおう

輪王七宝（りんのうのしっぽう）→りんぼう
臨兵闘者皆陣列在前（りんぴょうとうしゃかいじんれつざいぜん）→くじ（九字）
臨命終の仏（りんみょうじゅうのほとけ）

る　ル

流支流（るしりゅう）→ぜんどうりゅう
流転大苦（るてんだいく）→じっく

れ　レ

霊雲寺派（れいうんじは）→れいうんじ
霊我（れいが）→しんが
霊龕（れいがん）→がん（龕）②
霊泉院（れいせんいん）→こくごん，へきがんろく
霊名簿（れいめいぼ）→かこちょう
霊誉（れいよ）→あづちのほうろん
レーヴァタ →りばた
歴住（れきじゅう）→當〈僧〉僧階
暦生譚（れきしょうたん）→ジャータカ
『歴遊天竺記伝』（れきゆうてんじくきでん）→ほっけんでん
蓮馨寺（れんけいじ）→當〈寺院〉檀林
蓮華蓋（れんげがい）→當〈法具〉天蓋
蓮華光院（れんげこういん）→當〈寺院〉門跡
蓮華手菩薩（れんげしゅぼさつ）→かんぜおん
蓮華台，蓮台（れんげだい，れんだい）→れんげざ
蓮華部（れんげぶ）→さんぶ
蓮社の七祖（れんしゃのしちそ）→しちそ①
蓮社の十八賢（れんしゃのじゅうはちけん）→じゅうはちけん
『蓮如上人仰条々連々聞書』（れんにょしょうにんおおせのじょうじょうれんれんききがき）→れんにょしょうにんごいちだいきききがき

ろ　ロ

老苦（ろうく）→ごく（五苦），しくはっく，じっく
『聾瞽指帰』（ろうこしいき）→さんごうしいき
老子（ろうし）→さんしょう（三聖）③，どうきょう（道教）
老死（ろうし）→じゅうにいんねん
臘次（ろうじ）→ほうろう
臘八（ろうはつ）→ろうはち
六会の『金剛頂経』（ろくえのこんごうちょうぎょう）→こんごうちょうぎょう
鹿苑（ろくおん）→ろくやおん
鹿苑寺（ろくおんじ）→ござん
六斎日（ろくさいにち）→くさいにち，はっさいかい
六時往生宗（ろくじおうじょうしゅう）→じしゅう
六時観音（ろくじかんのん）→さんじゅうさんかんのん
六時の鐘（ろくじのかね）→ろくじ
鹿車（ろくしゃ）→さんしゃ
六聚戒（ろくじゅかい）→はいつだい，はらい
六種供養（ろくしゅくよう）→當〈行儀〉焼香，供養
六処（ろくしょ）→じゅうにいんねん
六条御堂（ろくじょうみどう）→まんじゅじ
漉水嚢（ろくすいのう）→ろくもつ
六即仏（ろくそくぶつ）→りぶつ②
六祖大師（ろくそだいし）→えのう
『六祖法宝壇経』（ろくそほうぼうだんぎょう）→えのう
六大体大（ろくだいたいだい）→ろくだい
緑多羅（ろくたら）→たら
六通（ろくつう）→ろくじんずう
六天（ろくてん）→ろくよくてん

六道珍皇寺（ろくどうちんのうじ）→當〈行事〉六道まいり
六道の辻（ろくどうのつじ）→當〈行事〉六道まいり
六道の能化（ろくどうののうけ）→ろくじぞう
勒那摩提（ろくなまだい）→えこう（慧光），じゅうじきょうろん
鹿林（ろくりん）→ろくやおん
ロサンタクパ →ツォンカパ
廬山の慧遠（ろざんのえおん）→えおん①
露地座（ろじざ）→じゅうにずだぎょう
漏尽智力（ろじんちりき）→じゅうりき①
漏尽明（ろじんみょう）→さんみょう
魯達羅，嚕捺羅（ろだら，ろなら）→ルドラ
六輝（ろっき）→ぶつめつ②
六句義（ろっくぎ）→ヴァイシェーシカ
露盤（ろばん）→そうりん（相輪）
論議（ろんぎ）→うばだいしゃ，くぶきょう，じゅうにぶきょう
論議第一（ろんぎだいいち）→かせんねん，じゅうだいでし
論集部（ろんじゅうぶ）→當〈経典〉大蔵経
論疏部（ろんしょぶ）→當〈経典〉大蔵経

わ　ワ

和会（わえ）→えしゃく
若精霊（わかじょうりょう）→當〈仏事〉新仏
和伽羅（わから）→くぶきょう①，じゅうにぶきょう
わきだち →きょうじ（脇士）
脇門跡（わきもんぜき）→もんぜき
惑業（わくごう）→くそう，しゅ（趣）
惑障（わくしょう）→たいじ
『惑病同源論』（わくびょうどうげんろん）→はらたんざん
和合（わごう）→當〈僧〉僧
和合僧（わごうそう）→そう（僧），わごうしゅ
和尚（わじょう）→おしょう
渡辺海旭（わたなべかいぎょく）→當〈経典〉大蔵経・大正蔵経
童子堂（わらべどう）→當〈寺院〉秩父三十三所観音・第二十二番
宏智正覚（わんししょうがく）→しょうようろく

（頁）

宇宙をあらわす種子……………………18
釈迦如来真言……………………23
大日如来（金剛界・胎蔵）真言………32
阿弥陀如来真言……………………65
薬師如来真言……………………76
阿閦如来真言……………………88
観世音菩薩真言……………………219
勢至菩薩真言……………………231
釈迦三尊種子……………………265
大日三尊（金剛界・胎蔵）種子………271
阿弥陀三尊種子……………………285
薬師三尊種子……………………294
千手観音真言、十一面観音真言………296
地蔵菩薩真言……………………307
文殊菩薩真言……………………328
虚空蔵菩薩真言、弥勒菩薩真言………366
普賢菩薩真言……………………376
不動明王真言・不動三尊種子…………388
五大明王種子……………………398
四天王真言・種子……………………418
大黒天真言、吉祥天真言………………456
聖天真言……………………462
毘沙門天真言……………………480
梵天真言、帝釈天真言………………521
光明真言、如意輪観音真言、馬頭観音真言……………………532
生まれ年（十二支）守り本尊種子、十三仏種子……………………533